宋本方輿勝覽

（附）人名引書地名索引

［宋］祝穆編 祝洙補訂

上海古籍出版社

圖書在版編目(CIP)數據

宋本方輿勝覽/(宋)祝穆編；祝洙補訂．—上海：上海古籍出版社，2012.11
ISBN 978-7-5325-6495-8

Ⅰ.①宋…　Ⅱ.①祝…　②祝…　Ⅲ.①歷史地理—中國—宋代　Ⅳ.①K928.644

中國版本圖書館CIP數據核字(2012)第106994號

宋本方輿勝覽[附]人名引書地名索引
[宋]祝　穆編　祝　洙補訂
上海世紀出版股份有限公司
上　海　古　籍　出　版　社　出版
(上海瑞金二路272號　郵政編碼200020)
(1)網址：www.guji.com.cn
(2)E-mail：gujil@guji.com.cn
(3)易文網網址：www.ewen.cc
上海世紀出版股份有限公司發行中心發行經銷
上海展強印刷有限公司印刷
開本 787×1092　1/16　印張 63　插頁 4
2012年11月第1版　2012年11月第1次印刷
印數：1,000
ISBN 978-7-5325-6495-8
K·1595　　定價：280圓
如發現印製質量問題，請向印刷廠調換

總目

浙東路

前　言

——論《方輿勝覽》的流傳與評價問題

譚其驤

《方輿勝覽》七十卷，宋祝穆编，穆子洙增補重訂。

祝穆字和父，建寧府崇安縣人。先世徽州歙縣人，曾祖確，是朱熹的外祖父。父康國，始移家入閩。穆少時名丙，嘗受業於朱熹。除本書外，又著有《事文類聚》前、後、續、别四集，共一百七十卷，今存；《四六妙語》（一作《四六寶苑》）若干卷，今佚。

洙字安道，寶祐四年（1256）進士。嘗取諸家語録為朱熹《四書集注》作注，名曰《四書集注附録》，辛執録其書進呈。景定中除迪功郎，興化軍涵江書院山長，咸淳初轉從政郎，監行在文思院。

《四庫全書總目提要》説祝穆是建陽人是錯的。穆父康國居建之崇安，見《朱文公文集》卷九十八《外大父祝公遺事》、嘉靖《建寧府志》卷十八人物文學。《遺事》有云，康國「二子丙、癸相從於建陽」，這是説丙、癸二人到建陽受業於朱熹，不是説祝氏乃建陽人。本書卷首呂午序在「祝穆和父」上繫以「建陽」二字，這是建寧府的郡名，不是縣名。祝穆自序署鄉貫作「建安」，各卷卷端署「建安祝穆和父編」，「建安」也是郡名。

洙字安道，見《經義考》卷二五三引胡炳文曰，仕履及著作見本書卷十三興化軍涵江書院條、卷末跋及嘉靖《建寧府志》。《四庫提要》將宰執録其所著書進呈、除迪功郎為涵江書院山長誤作祝穆的履歷，此點余嘉錫《四庫提要辨證》已指出。

祝穆《方輿勝覽》原本據卷首吕午序及穆自序，刻印於理宗嘉熙三年（1239）。全書分為前集四十三卷，後集七卷，續集二十卷，拾遺附録若干條。《季滄葦書目》載有此書，清季楊守敬在日本亦訪得此書。據楊氏《日本訪書志》云：自浙西路至廣西路為前集，淮東、淮西兩路為後集，自成都路至利西路為續集，「拾遺則自臨安府至紹熙府每府州各補數條」。「其分數次開雕者，當因資費不足，隨雕隨印行，非别為起迄也」。「每卷標題《新編四六必用方輿勝覽》，蓋本為備四六之用也」。

祝洙增補重訂本刻印於度宗咸淳二至三年（1266—67），去原本梓行凡二十八年。祝洙跋文稱「先君子編輯《方輿勝覽》行於世者三十餘年」，可能是因為原本在刻印以前已經以鈔本行世，所以算到咸淳初共有三十餘年。重訂本去「四六必用」四字，不復分前、後、續集名目，又將拾遺散附各府州下，新增五百餘條，通編為七十卷，而各路次序仍同原本。《季滄葦書目》、《天禄琳琅書目》、《皕宋樓藏書志》皆載有此書，《四庫全書》所收也是這種本；楊守敬在日本除訪得原本外，也訪得了這種本子。

祝穆原本在國内可能早已失傳①。據近年調查，現在全國各地圖書館所藏，都屬於祝洙重訂本，北京圖書館和上海圖書館所藏同是重訂本的宋刻本，但並非同一版刻。不僅字體不同，北圖本中的繁體字，上圖本中又往往用簡體字，如國作国，雙作双，盡作尽。據此，可以認定，北圖本較早，上圖本較遲；上圖本可能利用了一部分舊板，大部分是重刻的。重訂本又有元明刻本，可是清朝和辛亥以來從没有刻印過。

現存的唐宋地理總志，共有唐代的《元和郡縣志》，北宋的《太平寰宇記》、《元豐九域志》和《輿地廣記》，南宋的《輿地紀勝》和《方輿勝覽》六種。《元和志》、《九域志》和《輿地廣記》，既有好幾種清刻本，又有近時排印本，《寰宇記》和《輿地紀勝》，也各有幾種清刻本，都是一般圖書館備有、市上比較易得之書。只有《方輿勝覽》，由於没有清刻本和近時印本，所以需要參考此書的，非得上少數幾家大圖書館的善本書庫借閲不可，極為不便。一九六五年，上海古籍出版社的前身中華書局上海編輯所，決定將北圖、上圖兩個宋本中缺頁較少的上圖本（北圖本缺正文十四頁，上圖本不缺）影印問世，又據北圖本補足所缺祝洙跋四頁、録白一頁，和正文中的缺損文字。一九六六年，已打出毛樣，正在與北圖本的照片逐字進行核校，約我寫的前言也已寫成大半。十年浩劫開始了，這部書當然屬於「四舊」之列，「勒令」不許出版。版子埋没在倉庫中達十多年，前年才翻了出來。上海古籍出版社當即積極將原影印計劃付諸實現。這部宋季「學士大夫家有其書」的名著，終於不日可以以宋版的面目和廣大讀者見面了。這篇前言也就以舊稿為基礎，稍加修訂補充，謹以就正於讀者。

本書編者生平和版本流傳略如上述。下面請再就此書和《輿地紀勝》的關係，七百年來它在學術界裏的遭遇，以及今天我們對它該如何評價等，陳述一下管見。

《方輿勝覽》的體裁迥然不同於《元和郡縣志》、《太平寰宇記》、《元豐九域志》、《輿地廣記》等早期總志，而極為接近於差相同時的王象之《輿地紀勝》。主要表現在：一、《紀勝》與《勝覽》兩書的門類基本相同，只是《勝覽》比《紀勝》少了縣沿革和碑記二門。此外如《紀勝》的景物門在《勝覽》裏分成山川、井泉、樓閣、堂院、亭榭、館驛、橋梁、寺觀、祠墓等門；《紀勝》在人物之外另列仙釋一門，《勝覽》併入人物；《紀勝》將物産附見於風俗形勢門，《勝覽》别立土産一門（或有或無）；都只是在分合上的不同，無關實際內容。

二、《元和志》和《寰宇記》等早期總志所有的州境、四至八到、户數鄉數等門，《紀勝》和《勝覽》都没有。《紀勝》有而為《元和志》、《寰宇記》等所没有的詩和四六兩門，《勝覽》也有，僅將詩改稱為題詠。

三、《元和志》、《寰宇記》只是偶或引用前人詩文片言只語，《紀勝》和《勝覽》除專闢詩（題咏）和四六兩門外，又都搜羅了大量與一地風俗、形勢、景物、人物有關的詩、賦、記叙文字，分繫於各門各條之下。

為什麼出於兩個編者的兩部書的體裁，會如此近似呢？原因有二：一是在同一時代的風尚影響之下，兩書編者的纂輯旨趣本來就相去不遠；二是《紀勝》成書於嘉定寶慶間，早於《勝覽》十餘年，《勝覽》在制定體裁時又受到了《紀勝》的影響，這兩個原因是相輔相成的。若不存在前一因素，則《勝覽》就不會樂於沿用《紀勝》的體裁。若不存在後一條件，則儘管兩個編者的纂輯旨趣略同，兩書的體裁也不可能接近到這個程度。

《日本訪書志》卷六載祝穆原本《勝覽》卷首兩浙轉運司《録白》云：「據祝太傅宅幹人吴吉狀：本宅見刊《方輿勝覽》……係本宅貢士私自編輯，積歲辛勤，今來雕版，所費浩翰。竊恐書市嗜利之徒，輒將上件書板翻開，或改换名目，或以節略《輿地紀勝》等書為名，翻開攙奪。……」這是《勝覽》的編者看到過《紀勝》的的證。但編者頗諱言其事，卷首呂午序和編者自序裏，言及本書的編纂經過，竟連《紀勝》這部書名都没有提到。祝洙重訂本删去了這篇《録白》，元明以後學者由於只看到重訂本，故諸家題跋，未有能明確指出此點者。陸心源撰《宋槧方輿勝覽跋》，察覺到了兩書的相似，但又為本書序文所蔽，因而有「不相謀而相似」之説（《儀顧堂題跋》）。要是他看到了原本的《録白》的話，那就不會這樣説了。

《勝覽》的體裁既與《紀勝》極為近似，而《紀勝》共有二百卷，《勝覽》僅七十卷，所以祝穆深恐刊行後，會被坊賈用節略《輿地紀勝》為名予以翻刻。實際《勝覽》儘管部分沿襲了《紀勝》的體例，但就内容言，却跟《紀勝》并没什麼關係。它根本没有採用《紀勝》作為藍本，當然更談不上是《紀勝》的節略本或改編本；它確是一部由編者「積歲辛勤」、「私自編輯」而成的新著。

《勝覽》全書約有四分之三條目皆見於《紀勝》，相同條目的釋文亦多雷同。粗看好像這些條文都有可能是從《紀勝》鈔襲過來的。但仔細一對勘，就可以知道不是這麼回事。因為《勝覽》若以《紀勝》為藍本，則《勝覽》的文字只能與《紀勝》相同或較少於《紀勝》，但事實上合乎這種情況的只是極少數，多數條目儘管内容基本相同，却多少有幾句話或幾個字，或不同，或溢出於《紀勝》記載之外。由此可見，兩書條目與文字之所以有這麽多雷同之處，顯然不是由於《勝覽》襲用了《紀勝》的資料，而是由於兩書的資料來源相同。來源相同而兩個編者在選材與摘録文字時取捨不免稍有差異，因而出現了這種大同而小異的情況。同出於什麽來源呢？從兩書的序文和書中所徵引的書目和篇名看來，主要應該是當時市上廣泛流傳着的那些各地圖經（方志）和諸家詩文集，而採自圖經的又較之直接採自詩文集者為多。

因為資料來源相同，所以兩書往往犯同樣的錯誤。例如：兩書嘉興府皆有「瀚海」一條。《紀勝》注云：「在華亭，西抵海鹽，東抵松江，長一百五十里。」《勝覽》同，惟省去「長一百五十里」一句。此所謂「瀚海」，實係「捍海塘」之誤，見《新唐書·地理志》杭州鹽官縣下。今按，《紹熙雲間志》卷中堰閘載此塘作「舊瀚海塘」，知誤「捍」為「瀚」，在宋代方志中已然。《紀勝》與《勝覽》此條當同出於某一種嘉興舊志，該志又將「瀚海塘」省作「瀚海」。

又如：《紀勝》贛州風俗形勢引有王安石《虔州學記》一條云：「虔於江南，地最曠大，山長谷荒，交廣閩越，道所出入。」查《臨川先生文集》卷八二《虔州學記》，此節原文作「虔州江南，地最曠，大山長谷，荒翳險阻，交廣閩越，銅鹽之販，道所出入」。可見原文顯然是以「地最曠」為一句，「大山長谷」為一句，「荒翳險阻」為一句。《紀勝》引文因誤以「地最曠大」為一句，「山長谷荒」為一句，致脫去「嶮險阻」三字。《勝覽》贛州風俗也有這一條，徑以「山長谷荒」四字為標題，引文為「虔於江南，地最曠大，云云，交廣閩越，銅鹽之販，道所出入，椎埋盜奪鼓鑄之奸，視天下為多。」句讀之誤和脫字與《紀勝》相同。這一錯誤一直沿襲到《明一統志》。余嘉錫《四庫提要辨證》「明一統志」條追本溯源，乃謂誤「始於王象之，而祝穆因之，《明一統志》又因之」。今按，《紀勝》引文略去「銅鹽之販」一句，截止於「道所出入」，《勝覽》引文不僅沒有略去「銅鹽之販」，又在「道所出入」之下多引了「椎埋盜奪鼓鑄之奸，視天下為多」兩句，足見《勝覽》此條決非出於《紀勝》，當係與《紀勝》同出於某一《贛州圖經》。兩書句讀之誤和脫字，都是從這一圖經沿襲下來的，惟引文繁簡則稍有不同。

《勝覽》的體例和內容基本上與《紀勝》相同，但亦不盡相同。同的一面略如上述，至於不同的一面，除上面所提到的卷帙多寡不同、門數條目有出入外，兩書又各有特色。構成《勝覽》的特色的是下列兩點：

一、編者特別重視四六一門，故原本以「四六必用」四字冠於書名之首。全書各門類皆較《紀勝》為簡，獨此門較《紀勝》為繁；內容亦異多同少。《紀勝》此門所載皆前人舊作，注明出處。此書所載不注出處，據卷首呂午序及編者自序，多數殆出自編者自撰。

二、在搜載詩文方面作了不同的處理。《紀勝》所載詩或整首全録，文則例只節取少數幾句。此書不論詩文，凡被編者認為佳作的，往往整首整篇全録。卷首特分類開列了一個《引用文集》目録，詩文雜志，共計一七五〇篇（内一八一篇係重訂本新增）。「其一聯片語不成章者」不在内。

這兩點特色使《勝覽》在行世後廣泛流傳了一個很長的時期。因為宋人在撰寫表啟文時，例須用四六儷語，為樓閣亭堂作記叙文的風氣，也盛極一時。元明時代，四六之風雖漸衰歇，記叙文仍流行勿替。所以這部書正投合了這一段時期内文人墨客的需要。祝洙在重訂本跋文裏説原本行世三十餘年，「學士大夫家有其書」，殆非虚語。祝洙正是由於原書受人歡迎，而板已漫漶，才進行增補重訂。重訂本梓行不久，在宋末即曾重雕，在元明兩代又迭經翻刻，可見它一直是一部暢銷書。《勝覽》一經暢銷，在當時文人看來，《紀勝》已非必備之書，積久遂漸歸湮没。明代金石家從《紀勝》中鈔出碑記一門，别為《輿地碑記目》四卷，其時全書已亡佚七卷②。清乾隆間纂輯《四庫全書》，《紀勝》竟以未見傳本未收入。其後錢大昕始訪得一影宋鈔本，已佚三十一卷，另有十六卷有闕頁。

可是到了清代乾嘉以後，學者競尚輿地考證之學，《紀勝》與《勝覽》二書的遺際就顛倒過來了。《紀勝》各門的條目本來比《勝覽》豐富，並且幾乎每條都注明出處，不像《勝覽》那樣時有時無；特別在建置沿革方面，《紀勝》的記載很詳細，《勝覽》則於州沿革甚簡，又根本删除了縣沿革；所以對考據學家説來，《紀勝》當然遠比《勝覽》有用。錢大昕《十駕齋養新録》「輿地紀勝」條云：「此書體裁，勝於祝氏《方輿勝覽》」，正代表了這種看法。因而《紀勝》自影宋鈔本被發現後，不久就有廣陵岑氏懼盈齋、南海伍氏粤雅堂兩種刻本，《勝覽》則終清一代未見重雕。

《勝覽》盛行於宋末元明，不僅為綴文之士所重視，對當時的地志編纂，也産生了很大的影響。元代坊刻本《混一方輿勝覽》，在南宋故土範圍内，幾乎全部内容都是根據《勝覽》節鈔下來的，極少差異。《元大一統志》的南宋故土部分，雖多取材於《輿地紀勝》，但其大段或全篇鈔録詩文，還是沿用了《勝覽》所開的例。明景泰中修《寰宇通志》，其初主其事者甚至定議「採事實凡例一准祝穆《方輿勝覽》」（葉盛《水東日記》）；後來雖有所更張，因襲之處還是不少，如景物方面的門類分得很煩碎，各卷之末仍有題詠門，記序文仍全篇登録等等。直到天順間將《寰宇通志》改編為《明一統志》，歸併了景物方面的門類，删除了題咏門，删除了記叙文，才基本上改變了《勝覽》以來的地志面貌。可是在此以後，創修於成化十七年而增修於嘉靖九年的朝鮮《東國輿地勝覽》，並沒有採用《明一統志》的新様，還是沿襲了《勝覽》的舊式。這部書實際上是搜集了《東文選》等書中的有關輿地的詩文，按祝穆《勝覽》體例，逐項分條插入成化十四年修成的《八道地志》而成的。可見《勝覽》的影響，竟遠達三百年以後的鄰邦。

《四庫提要》對《勝覽》作了如下的評論：

書中體例，大抵於建置沿革、疆域、道里、田賦户口、關塞險要，他志乘所詳者，皆在所略；惟於名勝古蹟，多所臚列，而詩賦序記，所載獨備。蓋為登臨題咏而設，不為考證而設。名為地記，實則類書也。然採摭頗富，雖無裨於掌故，而有益於文章，摛藻掞華，恒所引用，故自宋元以來，操觚家不廢其書焉。

這段話上半段將詳於哪幾方面，略於哪幾方面，作為本書的特點，實際除略於建置沿革一點外，皆係沿襲《紀勝》而來，非本書所始創，這是由於四庫館臣没有看到過《紀勝》，致有此誤解。下半段講到本書的作用與性質，説得也不够確切。「為登臨題咏而設」，這是王象之編《紀勝》的主要目的，《勝覽》對登臨題咏當然也有用處，但其纂輯的目的却主要是為了備作四六表啟之用。這不僅從《紀勝》所採詩較《勝覽》為富，《勝覽》所録四六較多於《紀勝》可以看出來，在兩書的自序裏也都講得很明白。「不為考證而設」，這句話是對的。但編者不為考證而設此書，不等於對後人治考證之學一無用處。關於這一點，留待下文再説。

就地志門類而言，此書並不齊備，這是確實的。書中採摭詩文頗富，足供操觚家摛藻掞華之用，並且這部書之所以得以流傳不廢，主要就是由於具有此種作用，這也是事實。但由此便作出「名為地記，實則類書也」這樣的論斷來，却是錯誤的。

一部書只要内容記載的是地理，就是地記，没有理由説哪幾項闕略了就不能算地記。各種地志各有其所詳所略，並不一樣。《提要》所謂他志乘所詳的那幾項，其實他志乘並不一概都詳。《元豐九域志》的建置沿革很簡。《輿地廣記》根本不載疆域、道里、田賦、户口。至於關塞險要，則唐宋地志全都不詳。怎麽能説闕略了這幾項就算不得是地記？更没有理由説多載了名勝古蹟詩賦序記，就不是地記，是類書。名勝古蹟本是地志應有的内容，詩賦序記只要與一地風土有關，當然也可以收入地記，怎麽能説多了就該算類書不算地記？

《提要》這種錯誤的看法，影響很大，竟為後來的藏書家陸心源（《儀顧堂題跋》）和目録學家余嘉錫（《四庫提要辨證》「太平寰宇記」條）等所沿襲，因此不能不予以駁正。

若把《提要》「名為地記，實則類書也」這句話改為「其書雖為地記，實兼具類書之用」，那倒是比較恰當的。那末，能不能説這部書儘管是地志，但作為地志的價值很差，「無裨於掌故」，值得肯定的只是它所兼具的類書的作用，即「有益於文章」呢？也不能。《勝覽》的地志價值比之於它的類書價值，至少應等量齊觀，可以看成是有過而無不及。但它的地志價值不同於《提要》所謂「他志乘」，「他志乘」的價值主要在於有裨於考證建置沿革、疆域、道里，而此書的價值則主要在於提供了許多有關各地風土習俗的資料。

地志載述風土習俗，淵源甚早，在最早的地理著作如《山海經》、《禹貢》、《職方》裏，都有關於這方面的記載。可是這一傳統後世没有很好予以繼承發展。在十六種正史地理志中，只有《漢書·地理志》、《南齊書·州郡志》、《隋書·地理志》、《宋史·地理志》四種，按當時的地理區域或大行政區作了一些很概括粗略的論述。在現存的歷代地理總志中，《元和郡縣志》、《元豐九域志》、《輿地廣記》根本没有這方面的記載；《太平寰宇記》、《元大一統志》、《寰宇通志》、明、清《一統志》在各府州下雖有風俗一門，但簡略已極，且一般只從古籍中摘録數語，隻字不及當代的情況。惟獨《紀勝》和《勝覽》兩書，其各府州風俗門採摭既相當豐富，内容古今並陳，而側重於當代；此外在題咏（詩）和四六兩門内，也有不少關於這方面的描述。所以從研究人文地理和經濟地理這個角度來看，這兩部書的價值，實遠在其他地志之上。

茲舉福建路為例，將《紀勝》、《勝覽》兩書的資料同《寰宇記》和《宋史・地理志》的記載作一對比：

福建一路八郡，《太平寰宇記》風俗門只在福、泉二州下有記載，建州、汀州下作同福州，南劍、邵武下又作同建州，漳州、興化下又作同泉州。福州下面只引了唐《開元録》「即古東甌，……皆夷種，有五姓，……」、《十道志》「嗜欲衣服，別是一方」這麽幾句，不及當代情況。泉州下面講的是「泉郎，即州之夷户」的生活習慣，對當地漢族的風俗竟無隻字道及。

《宋史・地理志》對一路經濟人文情況作了如下的叙述：

有銀銅葛越之産，茶鹽海物之饒，民安土樂業。川源浸灌，田疇膏沃，無兇年之憂。而土地迫陿，生籍繁夥，雖磽确之地，耕耨殆盡，畝直寖貴，故多田訟。其俗信鬼尚祀，重浮屠之教，與江南二浙略同。然多向學，喜講誦，好為文辭，登科第者尤多。

其長處是簡明而扼要，其短處是有所未備，或備而不詳，又未能反映各郡之間的差異。

《紀勝》和《勝覽》的體例是分郡、分門、分條纂輯資料，當然不可能作概括而全面的叙述，但二書輯録資料頗為詳備，各郡之間可以進行比較，正可補《宋史·地理志》之不足。

《宋史·地理志》所未載而見於《紀勝》和《勝覽》的，如關於泉州海港的對外貿易與都市繁榮。

雲山百越路，市井十洲人。執玉來朝遠，還珠入貢頻。（唐包何詩）

（凡兩書共見者不注出處）

岸隔諸蕃國，江通百粵舟。（謝履詩）（凡宋人不注時代）

張海聲中萬國商。（李文敏詩）

州南有海浩無窮，每歲造舟通異域。（謝履詩）

異國悉歸於互市。（陳讜四六）

舶交島夷，而財賦本裕。（陳讜四六，《紀勝》）

水陸據七閩之會，梯航通九譯之重。（《樵樓上梁文》）

更夸蠻貨，皆象犀珠貝之珍。（《勝覽》四六）

四夷琛賮，聿來鴂舌之民。（《勝覽》四六）

諸蕃有黑白二種，皆居泉州，號蕃人巷。每歲以大舶浮海往來，致象、犀、玳瑁、珠璣、玻璃、瑪瑙、異香、胡椒之屬。（《勝覽》土產蕃費）。

城内晝坊八十，生齒無慮五十萬。（《紀勝》陸守《修城記》）

舟車走集，繁華特盛於甌、閩。（《紀勝》傅誠四六）

富商巨賈，鱗集其間。（《勝覽》引《圖經》）

中藏闤闠餘十萬家。（《勝覽》四六）

關於建寧府建陽縣的刻書業：

麻沙、崇化兩坊產書，號為圖書之府。朱元晦《嘉禾縣學藏書記》云：「建陽版本書籍流四方者，無遠不至。」（《勝覽》土產「書籍行四方」條。按，建陽縣於景定元年改為嘉禾，朱熹原文應作建陽縣，祝洙從時制改嘉禾。）

關於福州城内的飲宴遊樂之風：

飲宴直嘗千户酒，盤餐唯候兩潮魚。（龍昌期詩）

百貨隨潮船入市，萬家沽酒户垂帘。（同上）

萬户管絃春賣酒。（《紀勝》黃裳詩）

新城歌舞萬人家。（《紀勝》程師孟詩）

潮迴畫楫三千只，春滿紅樓十萬家。（《紀勝》温益詩）

萬户青帘賣酒家。（黄益民詩）

魚蝦入市不論錢，户無酒禁人争醉；……（鮑祗詩）

都是一些很值得珍視的資料。包何是中唐詩人，他這首《送李使君赴泉州》詩，明顯地説明了其時泉州已為外商麕集之地。這是一條一直没有被近代學者發現的、記述泉州對外貿易的最早的資料。日本桑原騭藏著《蒲壽庚考》，其第一章注十「唐代泉州之外國貿易」，所徵引的資料，只限於明何喬遠《閩書》、陳懋仁《泉南雜誌》對唐代泉州的追叙，和《全唐文》、《唐會要》裏没有指明是泉州的、關於福建海外交通的記載，其價值當然遠不及包何這一首詩。「泉州蕃人巷」一則，亦為《蒲壽庚考》第二章注二「蕃坊」徵引所不及。建陽「書籍行四方」一則，也是現在已發現的一條關於建陽刻書業的最早記載。

《宋史·地理志》所講到的地狹人稠、佛教盛行、封建文化高度發達三點，在《紀勝》和《勝覽》裏都有比較更詳細、更具體、更生動的描述。摘引如下：

邵武軍：户口繁夥。（《紀勝》引建軍奏疏）

地狹山多，田高下百叠。（《勝覽》引《郡志》）

建寧府：山多田少，溪峻水湍。（《勝覽》引《郡志》）

溪行石中，田墾山上。(《勝覽》四六)

桑麻被隴，知農力之甚勤。茶笋連山，喜土風之差勝。(《勝覽》四六)

泉　州：水無涓滴不為用，山至崔嵬猶力耕。(朱行中詩)

泉州人稠山谷瘠，雖欲就耕無地辟。(謝履詩)

以上關於地狹人稠。這裏面特别值得注意的是這些資料所反映出來的山區已普遍墾闢成梯田的情况。

福　州：山路逢人半是僧，城裏三山千簇寺，夜間七塔萬枝燈。(謝泌詩)

三山鼎峙，疑海上之仙家；千刹星聯，實人間之佛國。(陳師尚四六)

除却絃歌庠序外，家家同念佛經聲。(《勝覽》連真詩)

泉　州：其人樂善，素號佛國。(張闡《趙都官契云録序》)

多好佛法。(《勝覽》引《圖經》)

五季以來，實共推於(為)佛國。(《勝覽》四六)

以上關於佛教盛行。

福州：文士莫如今日盛，方袍更比别州遍。（《紀勝》程師孟詩）

城裏人家半讀書。（《紀勝》程師孟詩）

百里三狀元。（《勝覽》風俗。按，此語指乾道丙戌、己丑、壬辰三科狀元皆州之永福人。）

海隅山谷間，人物最多處。（《勝覽》王介甫詩）

路逢十客九青衿，半是同窗舊弟兄。最憶市橋燈火静，巷南巷北讀書聲。（《勝覽》吕伯恭詩）

建寧府：家有伊洛之書，俗如鄒魯之國。（《勝覽》四六）

泉州：地推多士，素習詩書。（曹修睦《乞建州學表》）

家尚禮樂。（《紀勝》《廳壁記》）

氣象宛同於伊洛。（《紀勝》傳誠四六）

清源紫帽，素標圖諜之傳；石笋金鷄，屢讖衣冠之盛。（《譙樓上梁文》）

邵武軍：頗好儒，所至村落皆聚徒教授。（《紀勝》引《武陽志》）

絃誦之聲相聞。（《葉祖洽《泰寧縣記》）

斗絶一隅，在衣冠而獨盛；雲蒸多志，亦絃誦之相聞。（《勝覽》四六）

南劍州：家樂教子，五步一塾，十步一庠，朝誦暮絃，洋洋盈耳。

（《紀勝》引《延平志》）

了齋氣節，冕仲聲名，人才獨盛；龜山淵源，延平學問，道統有傳。（《勝覽》四六。按，陳了齋瓘、黄冕仲裳、楊龜山時、李延平侗，皆郡人。）

興化軍：民物繁夥，比屋業儒，號衣冠盛處，至今公卿相望。（游醉《通判題名記》）

莆蕞爾介於福泉之間，井廛户版，不能五之一，而秀民特多焉。（陳俊卿《貢院記》）

十室九書堂。（《紀勝》引《莆陽志》）

以上關於封建文化高度發達。

上述這三點在《紀勝》、《勝覽》二書中都是有幾郡有資料，有幾郡没有資料，可見這些情況在各郡之間是有差異的。有資料的總是情況比較突出的地區，没有資料的至少是情況不那麼顯著的地區。有時甚至相反：如漳州不是「地曠而土沃」（傅自得《道院記》）之目，汀州不是「多向學」而是「民生尚武」（《鄞江志》）。這都是在《宋史·地理志》裏所看不出來的。

上引這些資料有的並見於二書，有的只見於《紀勝》，但也有不少只見於《勝覽》。由此可見，《勝覽》在這方面也自有其獨特的貢獻，其價值並不亞於《紀勝》。

《勝覽》對建置沿革確是很不講究。各府州下普遍存在的缺點是由於記叙過於求簡而産生的，舉兩浙路幾個府州為例：

臨安府，「隋平陳置杭州，唐改為餘杭郡，後復為杭州；國朝錢俶納土，改為寧海郡」。這一段按文義，應理解為：一、改杭州為餘杭郡始於唐；二、餘杭郡是唐前期的常制，後始為杭州；三、北宋初吴越納土，改杭州為寧海軍。實際並不如此。查隋、唐、北宋諸地志，可知：隋開皇九年平陳置杭州，大業三年改為餘杭郡，入唐復為杭州，天寶元年又改為餘杭郡，乾元元年復為杭州。唐末移鎮海軍節度於杭州，宋淳化五年改曰寧海軍。可見一、改杭州為餘杭郡始於隋不始於唐；二、唐前期稱杭州不稱餘杭郡，天寶乾元間才稱餘杭郡；三、宋初並不是改杭州為寧海軍。而是改設置於杭州的鎮海軍節度軍額為寧海軍。《勝覽》只是因為要省却隋大業改餘杭郡，唐初復為杭州，唐末移置鎮海軍節度於杭州這三句，以致造成了上述這麽些錯誤。

平江府，「隋平陳改蘇州，唐因之；國朝太平興國改為平江軍，政和升平江府」。據文，似宋太平興國改隋唐以來蘇州為平江軍，政和改平江軍為平江府。實際是南唐置中吴軍節度於蘇州，宋太平興國三年改軍額為平江，政和三年改蘇州為平江府。《勝覽》因略致誤。

安吉州，「隋置湖州，唐及皇朝因之，錢氏納土，升昭慶軍」。據文，似宋升湖州為昭慶軍。實際是後周時吴越置宣德軍節度於湖州，宋景祐元年改軍額為昭慶。也是因略致誤。

慶元府，「唐……置明州，……皇朝改奉國節度」。據文，似宋改明州為奉國軍節度。實際是後梁時吴越置望海軍節度於明州，宋建隆二年改軍額為奉國。也是因略致誤。

《宋史·地理志》臨安府、平江府、湖州、慶元府等條下也不及宋以前置鎮海軍、中吴軍、宣德軍、望海軍節度，而於府州名下徑作改或升為寧海軍、平江軍、昭慶軍、奉國軍節度。初以為這是由於元人不諳前朝典制之故，讀《勝覽》方知祝穆父子已有這種疏謬的寫法。修《宋史》者可能即以《勝覽》為本，未遑考之於《會要》、《九域志》、《輿地廣記》、《輿地紀勝》等書。

因簡略而導致錯誤還不能算大錯，但《勝覽》叙建置沿革之疏誤，殊不止此。略舉數例：

湖南路衡州領縣中脱載酃縣。此縣置於嘉定四年，在《勝覽》原本成書前二十八年，重訂本刻成前五十六年。

湖北路漢陽軍領「汉川縣」，「汉」應作「漢」。汉川是唐五代時舊名，宋初改義川，太平興國二年又改漢川。

湖北路常德府沿革作「唐昭宗置武勝軍節度」，「勝」應作「正」；「後唐為武平郡」，「郡」乃「軍」之誤。又「國朝升武平軍節度」，「武平軍」應作「常德軍」。且宋初此郡由節度州降為團練州，至政和七年又以為常德軍節度，故曰「升」，今脱載降團練一節，「升」字遂無着落。

廣東路新州沿革作唐新州，「國朝因之，升威塞軍節度」。按，後唐置威塞軍節度於河東道的新州，故治今河北涿鹿縣。旋為石敬瑭割讓於契丹，兩宋三百年始終未嘗有此新州之地，當然也不存在這個威塞軍軍額。《勝覽》竟以移指宋代的廣東路的新州（今新興縣），這是極大的錯誤。

不僅各府州敘沿革有誤，就是卷首的目録，訛脱之處亦不下五十處之多。其中少數可能是刻工之誤，多數因卷内文字與目録同，可見係編書者之誤。

全書於州縣名稱建制，有斷於祝穆原本成書年嘉熙以前的寶慶或紹定的，亦有載及嘉熙以後的淳祐、咸淳的，差距達四十年。大概編者只是就其耳目所及，隨筆記録，既未嘗留意於此，亦不識著作應有斷限。

甚至府州和路的統隸關係，也有一處是搞錯的。歸州於南宋建炎四年自湖北路割隸夔州路，紹興五年復隸湖北，二十一年又隸夔路，淳熙十四年復還湖北，但次年又有旨令夔州帥臣兼提舉歸、峽二州兵甲司公事：俱見《紀勝》。本書則將歸州誤列為夔州路所領，又於「建置沿革」下作「中興割隸夔州，而夔帥兼提舉歸、峽兵甲」。這是很可笑的。由於淳熙十四年歸州已還隸湖北，十五年又令夔帥提舉不屬於夔路的歸、峽二州兵甲，是出於特旨，與常規不符，所以此後夔帥結銜就得加上「兼提舉歸峽兵甲司公事」一語。本書編者既然認為「中興」以來歸州一直是隸屬於夔路的，那末歸州兵甲當然應由夔帥統轄，是作為夔州一路統帥的份內事，「而夔帥兼提舉歸峽兵甲」一句豈不成了贅辭！祝穆父子對本朝制度懞懂至此，深可詫異；這就難怪元人所修《宋史・地理志》要把淳熙十五年令夔帥提舉歸峽兵甲一事竟誤解為「又隸夔」了。

《勝覽》對建置沿革很不講究，錯誤相當多，那末，是不是全無用處呢？不能這麼說。

首先，《勝覽》保存了一份完整的南宋晚年監司軍帥治所的資料，這是很值得珍視的。監司軍帥治所是宋代各地區兵、民、財賦、刑獄諸政的行政中心所在，極關重要。可是《寰宇記》、《九域志》和《輿地廣記》對此全無記載；《宋史・地理志》記載到的只是少數，多數缺載。《紀勝》從它的體例看來這方面該有全備的記載，但有一部分在今本缺卷缺頁中；在今本卷帙內者亦間有脫誤。此書儘管只是在府州沿革下注上一筆設治於該州的司名，不叙沿革，却是傳世的唯一一份包括制置、經略、安撫、總領、轉運、提刑、提舉、茶馬、坑冶以及市舶、宗正各司全部駐所的資料。

其次，就州縣而言，本書所提供的一份南宋末年的建制名目及其從隸關係，也有一定的用處。《宋史·地理志》合兩宋建制於一篇，往往未能將南渡前後的變革過程記叙清楚，且有脱誤。北宋舊制有《寰宇記》、《九域志》、《輿地廣記》足資驗證，欲求核實南渡後的改制，則有賴於《紀勝》及此書。《紀勝》所載建置沿革詳贍過於本書，可是今傳本缺卷缺頁太多；而本書則詳贍雖不足，却完整無缺，這是它的可珍貴處。

兹先舉《宋志》有脱誤，可據《紀勝》及本書予以補正者數例如下：

《宋志》京西南路隨州脱應山縣，廣南西路静江府脱陽朔縣，淮南東路招信軍脱郭下盱眙縣；《紀勝》、本書不脱。

《宋志》荆湖北路沅州下列有元豐六年已改隸誠州的渠陽縣，京西南路襄陽府下列有紹興七年已省入襄陽的鄧城縣，隨州下列有紹興四年已省入隨縣的唐城縣，廣南西路吉陽軍下列有熙寧六年已廢的吉陽縣(《志》云紹興六年復，實際並未恢復)，淮南東路揚州下列有熙寧五年已省入江都的廣陵縣，皆誤；《紀勝》、本書皆不列。

江南西路南安軍治大庾，《宋志》誤作南康；京西南路光化軍領縣光化，《宋志》誤作乾德；《紀勝》、本書皆不誤。

《宋志》信陽軍屬京西北路，棗陽縣隸京西南路隨州，廣南西路欽州治靈山縣，這都是北宋的制度；《紀勝》、本書載明南渡後信陽軍改隸湖北路，棗陽縣升為軍，欽州移治安遠，《宋志》皆失載。

《紀勝》、本書載明南宋以利州東路劍門關為一郡，領劍門縣，《宋志》失載。

再舉《宋志》失載、亦不見於《紀勝》，獨賴本書得以補正者數例如下：

福建路福州領縣十三，較之《紀勝》、《宋志》所載十二縣，多出福安一縣。按，福安係淳祐四年分長溪所置，見《方輿紀要》及《清一統志》，二書當以方志為本。《紀勝》以成書在前故不及載，《宋志》應載脱載。

淮南西路安豐軍領縣三：壽春、安豐、霍丘。《紀勝》安豐軍在今本闕卷中，《宋志》從北宋時建置作壽春府，領縣四：下蔡、壽春、安豐、霍丘；下蔡下失去注南渡後罷領。

除風土習俗、建置沿革外，山川、名勝、古蹟、名宦、人物等門類，本書採摭雖不及《紀勝》繁富，但亦間有溢出《紀勝》所載之外者；或條目雖二書共有，而文字有所不同，這些資料當然也具有一定的參考價值。

《勝覽》作為地志的價值略如上述。至於它所兼具的類書的作用，主要有下列兩方面：

一、保存了數量很可觀的宋代及宋代以前地志和詩文集中的資料。

《勝覽》各府州一般都有許多注明採自地方志，即宋代所修郡志、圖經和古地記中的資料。舉今湖南省境為例。省境相當於《勝覽》的湖南路一府（寶慶）、五州（潭、衡、道、郴、永）、三軍（桂陽、武岡、茶陵），和湖北路一府（常德）、五州（岳、澧、辰、沅、靖），共十五郡；十五郡中只有道州一郡未見引用方志，其他十四郡共採録了：

盛弘之荆州記　羅含湘中記　郭仲産湘中記　甄烈湘中記　庾仲雍湘中記　湘水記　湘州記　湖南風土記　武陵記　長沙志　潭州圖經　潭州舊志　南岳記　衡州圖經　郴州圖經　郴州郡志　永州風土記　永州舊經　零陵志　寶慶郡志　桂陽志　桂陽舊經　都梁志　武岡軍志　茶陵圖經　茶陵郡志　岳州郡志　岳州舊經　岳州風土記（即岳陽風土記）　常德郡志　常德圖經　常德舊經　澧州圖經　辰州圖經　辰州風

土記　沅州圖經　沅州郡志　靖州圖經

等三十八種。中間有些府州的「郡志」和「圖經」可能實指一書，但也有可能有些相同的書名所指實為二三種不同的書。因此全書一百九十五郡雖未經清點，估計當有一百數十郡採録了方志資料，被採録的方志約達四五百種。今傳世宋及宋以前方志不過二十多郡、四十多種，是則《勝覽》所保存的資料，以郡數種數論，殆七、八倍於傳世者。儘管每種不過寥寥幾條，也就彌足珍貴了。

再者，《勝覽》為王謨《漢唐地理書鈔》、陳運溶《麓山精舍叢書》中湖南古地志輯本輯録所不及。因此，書中所徵引的宋及宋以前地志資料，多出於王、陳二氏輯本之外。王謨書成於《紀勝》流傳之前，所以連《紀勝》都没有看到。陳運溶書成於光緒，故《紀勝》為輯録所及，但他也没有看到本書。今以本書與陳輯湖南地志相核對，則本書所引不見於陳輯者得三十五條，又有若干條二書並見，因陳氏係輯自他書，故文字有出入而互有短長。

方志之外，本書所録自其他古籍的條目，也往往出於今傳本之外。例如：湖南路郴州馬嶺山引《輿地志》一條，與《初學記》所引馬嶺山條完全不同。潭州屈潭引《荆楚歲時記》一條，不見於今傳《漢魏叢書》本《歲時記》。今本《歲時記》非原本，乃明人從類書中輯出，而檢閲未周，挂漏殊多。余嘉錫在其《四庫提要辨證》中為補輯十餘條，但亦未及《勝覽》此條。湖南一省如此，所以《勝覽》全書可供輯録校勘古地理書之用的資料，殆當十倍於此。

此書所搜集名家詩文，據卷首列目，共有二三百家、一七五〇篇。茲任取中間王安石和朱熹二家作品中的文與《四部叢刊》影印明刊本《臨川先生文集》、《晦庵先生朱文公集》相核對，即發現卷二十九邕州風俗門所引王介甫《諭交趾文》（卷首目録作《諭俗文》），為《臨川集》所無；卷十七南康軍堂舍門所引朱元晦《直節堂記》，為《朱文公集》所無。各卷所録詩的數量遠過於文，若一一核對，必能多所發現。除了所採大名家的作品可以補文集的闕佚外，更重要的是，多數人的集子今已不傳，這些人的作品，端賴此書輯録而得以流傳。所以此書對纂輯唐宋人的詩文，肯定能發揮很大的作用。

二、可用以校正傳世宋以前各家詩文集中的訛脱。

《勝覽》採録了大量前人詩文，它所依據的當然是宋本，若據以校勘近代傳世各家詩文集，遇有差異，往往可以發現一些前者較勝於後者處。舉幾個例：

取江西路吉州名宦張中丞條所録唐皇甫湜《吉州刺史廳壁記》，與《四部叢刊》影宋刊本《皇甫持正文集》中此文對校，至少有四處異文，都是《勝覽》勝於《文集》：

《勝覽》「噫貽良久」;《文集》「貽」作「眙」。《勝覽》「法防既周,銖兩之奸無所容」;《文集》「周」作「用」。《勝覽》「雌亦為銛,跖亦為廉」;《文集》「雌」作「雄」,「跖」作「路」。《勝覽》「始紲而苦,終優以恬」;《文集》「而」作「始」。

《四部叢刊》影印宋務本堂本《集注分類東坡先生詩》卷二「虔州八境圖八首」第一首第一句作「坐看奔灘遶石樓」,《紀勝》引此句「奔灘」作「奔湍」,《勝覽》此二字作「驚湍」(江西路贛州亭臺)。「灘」顯係誤字,「驚湍」又勝於「奔湍」。《四部叢刊》影印宋刊本《經進東坡文集事略》卷五十五「錢氏表忠觀碑」末的銘文中「篤生異人,絶類離羣」的「羣」字,《勝覽》作「倫」;「强弩謝江,江海為東」的前一「江」字,《勝覽》作「潮」(浙西路臨安府名宦錢鏐)。「倫」、「潮」也優於「羣」、「江」。

以上這些例子是在隨便核對十來篇詩文中發現的。可見,若能用《勝覽》遍校今傳本宋以前詩文集,收獲必多。

在結束本文之前,還有一個問題需要提出來考索一下,即這部七十卷的宋刊本《勝覽》是不是足本?這是一個不容易徹底解決的問題。而與此書成書年代相近、體例相似的《輿地紀勝》,也存在着同樣的問題,合應一併討論。

《紀勝》卷首編者王象之自序云:「東南十六路則效范蔚宗郡國志條例,以在所為首，而西北諸郡，亦次第編集。」似乎是説全書在「東南十六路」即南宋版圖之外，也包括「西北諸郡」即紹興和議割讓於金的中原地區。而《讀史方輿紀要》和《大清一統志》所引《紀勝》，又確有在北宋京東、京西、陝西、河東等路范圍内的，這就更象《紀勝》全書應不限於南宋偏安版圖，而是兼及北宋全盛時的提封的。那末怎樣解釋今本只有「東南十六路」呢？清道光中岑建功在刻印了《紀勝》後，又倩人輯録諸書所引《紀勝》不見於今本者，刻附於後，以《輿地紀勝補闕》為名，凡十卷。其卷十所録即係輯自《方輿紀要》、《清一統志》的中原地區十一條。在劉毓崧代岑氏所撰的自序③中，認為這幾條是王象之在「東南諸路纂輯告成」後，「復就西北諸州別為續録」中的内容。又説，清初錢曾所藏的《紀勝》，猶是包括續録的完本，《紀要》、《清統志》所引中原諸條，即據此本，「亦未可知」。但到岑氏刻印《紀勝》時，便只剩下記載「東南十六路」的二百卷，記載「西北諸州」的「續録」則已歸亡佚，只能就《紀要》、《清統志》中輯出此十數則了。

按劉氏此説，殊難成立。説《紀勝》在南宋疆域二百卷外另有記述中原的續録，那末為什麽從與王象之差相同時而稍後的陳振孫《直齋書録解題》起，歷代書目著録《紀勝》都只作二百卷，不説另有續録若干卷？何况陳振孫又明説《紀勝》於「關河版圖之未復者，猶不與焉」；説錢曾藏本猶是包括續録的完本，那末為什麽錢曾以前的本子反而不包括續録，如《輿地碑記目》所據以輯録的那個本子也只限於南渡後疆域？又為什麼錢曾自己也有《紀勝》二百卷，「而幅員之版圖未復者不與焉」（《讀書敏求記》）這句話？可見《紀勝》有續録之説是不可信的，王象之只記述了南宋的版圖，別無記述北宋版土的篇帙。

《勝覽》的情況與《紀勝》幾乎如出一轍。在卷首吕午序中，吕氏希望宋朝能恢復「故疆」，祝穆能把《勝覽》的記述范圍擴張到全部「禹蹟」。在重訂本祝洙跋的末尾，提到他在「泚筆以俟」「雪耻百王，除兇千古」，准備「大書特書不一書，鋪張金甌之全盛」。這兩段話本來很清楚，祝穆原本和祝洙重訂本的内容，都只限於南宋版圖；至於把中原郡縣也包括進到這部書裏，那只是表示了他們志存恢復，有此抱負而已，並没有見諸行事。但是，由於在《方輿紀要》和《清一統志》的直隸、陝西、河南三省境内，共有十來條記載引自《方輿勝覽》，因而，清中葉以來學者如劉毓崧、劉師培等，便以為祝穆是在記述東南諸路的《勝覽》「成書之後更有補編」（《輿地紀勝補闕序》），而今所傳宋刊及抄本七十卷「殆非全書」（《左庵集》卷五《方輿勝覽書後》）。這種説法也和《紀勝》在二百卷外另有續録之説一樣，決不可信。祝穆若有記述到中原的補編，祝洙在祝穆身後豈得還在説什麼「泚筆以俟，鋪張金甌之全盛」？祝洙在跋裏明明説全書為七十卷，正與今傳本卷數符合，豈能説不是足本？何況原本的呂午序文，重訂本的祝洙跋文，本身已足以證明這部書從没有記載到中原郡縣。

我們否定了《紀勝》有續録、《勝覽》有補編之説，那末何以解釋《方輿紀要》、《清统志》引用了這兩部書記述到中原的條文呢？當然，不能説顧祖禹和纂修《清统志》的學者們會無中生有，但是，很可能他們是上了當。他們所見到的記述中原郡縣的《紀勝》和《勝覽》，實際應並非出自王象之和祝穆、祝洙父子之手，而是後人依據其他資料編成的冒名的《輿地紀勝》、《方輿勝覽》；就好像嚴觀的《元和郡縣補志》、陳蘭森的《太平寰宇記補闕》，都並不是《元和志》、《寰宇記》原文，而是嚴、陳二氏雜採其他輿地書編集而成一樣。可惜《紀要》和《清统志》所引用的本子現在已看不到了，所以這樣的解釋，還只能説是一種合理的推斷而已；由於未能找到確證，不能説已徹底解決了這個問題。

一九八四年九月十四日

註：① 傅增湘《藏園羣書經眼録》中著録此書共四部，皆作「宋祝穆撰」。其中一部標題作「新編四六必用方輿勝覽」，係傅氏游日本時見於宫内省圖書寮，當即四、五十年前楊守敬所見，確為祝穆原本。此外見於國内的三部，二部標作「新編方輿勝覽」，一部只作「方輿勝覽」，應該都是祝洙重訂本。傅氏因只看到卷首吕午序和祝穆自序，没看到咸淳祝洙的跋，所以只作「宋祝穆撰」而不及祝洙重訂，因而也就誤以咸淳本為嘉熙本。若此三部確係嘉熙祝穆原本，則標題不應無「四六必用」四字；傅氏見此三書在一九二二至一九二九年時，距今不過五六十年，也不至於遽爾杳無下落。

② 清初錢曾《讀書敏求記》著録《輿地紀勝》二百卷，有云：「鏤刻精雅，楮墨如新，乃宋本之佳者。」或據此認為錢氏所藏仍係完帙。然錢所言僅及鏤刻楮墨，不涉有無缺卷，不能得出這樣的結論。

③ 此篇又收入劉氏《通義堂文集》卷七。

方輿勝覽序

輿地有書尚矣自上世九丘既逸而夏之禹貢周之職方燦然明備至秦郡縣天下兩漢遂有地理郡國志歷代多倣之唐圖十道 皇朝志九域

皆是物也然秉筆紀載實難文獻不足無以參稽而互考非足履目睹則眞贋詳略何從信之司馬遷貫紬經傳旁採子史又聞長老之所稱而必觀九江望五湖闚洛

汭行淮泗而後汝河
渠之書東方朔誦詩
書二十二萬言三冬
文史足用又隨師踐
赤縣遨五嶽行澤陂
息名山猶以所見參
酌山海經而後神異
經十洲記始作學問

序

不博聞見不廣涉歷
不親而欲會集四海
九州山川風俗土產
景物人材文章名數
沿革之詳特誣而已
建陽祝穆和父甫新
安人　朱文公先生
之母黨也幼從　文

序

公諸大賢游性温行淳學富文贍雅有素於是書嘗往來閩浙江淮湖廣閒所至必窮登臨與予有連每相見必孜孜訪風土事經史子集稗官野史金石刻列郡志有

可採摭必晝夜抄録無倦色葢爲紀載張本也且許異日成編當以相示如是者累年近訪予錢塘馬城之竹坡曰編成矣敢名以方輿勝覽而鋟梓以廣其傳庶人人

得勝覽也君幸為序以冠其首予丕覩所載辭簡而暢事備而核各州風物見於古今詩歌記序之佳者率全篇登入其事實有可拈出者則纂緝為儷語附於各州之

序 七

末較之録此而闕彼舉略而遺全循訛而失實泛濫於著述而不能含咀其英華者萬〻不侔也信乎其為勝覽矣學士大夫端坐總几而欲周知天下操弄翰墨而欲

序 八

得助江山當覽此書毋庸他及所謂執璿璣以觀大運攟要會以覩方來不勞餘力盡在目中信乎其爲勝覽矣雖然我瞻四方禹迹茫茫思日闢於先王慨未歸於故

疆必也志存乎脩攘步極乎亥章使吾和又涉歷彌長聞見彌詳紀載益鋪張而勝覽益煇煌是乃爲邦家之光予尚得以攫攘其旁嘉熙己亥良月望日新安吕午序

新編方輿勝覽目錄

建安 祝穆 和父編

今將每郡事要標出卷首

事要如前

○卷之六

浙東路 共七州

紹興府 古越州 鎮東軍節度

八縣 會稽 山陰 嵊縣 諸曁 蕭山 餘姚 上虞 新昌

本路安撫提刑提舉置司

事要如前

○卷之七

慶元府 古明州 奉國軍節度

六縣 鄞縣 奉化 定海 慈溪 象山 昌國

衢州

五縣 西安 江山 龍游 常山 開化

婺州 保寧軍節度

七縣 金華 東陽 義烏 蘭溪 永康 武義 浦江

事要並如前

○卷之八

台州

五縣 臨海 黄巖 天台 寧海 仙居

事要如前

○卷之九

瑞安府 古溫州

四縣 永嘉 瑞安 平陽 樂清

處州

七縣 麗水 龍泉 松陽 遂昌 縉雲 青田 慶元

事要如前

○卷之十

福建路 共八州

福州 威武軍節度

十二縣 閩縣 候官 連江 懷安 閩清 古田 長樂 福清 永福 長溪 福安 寧德 羅源

本路安撫提刑西外宗正置司

邵武軍

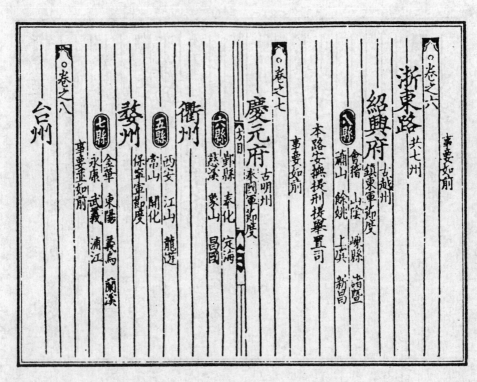

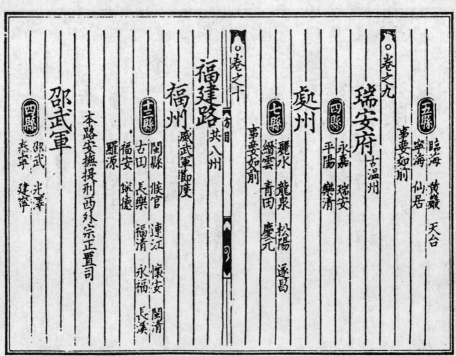

四縣 邵武 光澤 泰寧 建寧

事要並如前

○卷之十一

建寧府 古建州 建寧軍節度

七縣 建安 甌寧 嘉禾 浦城 崇安 松溪 政和

福建轉運提舉置司

事要並如前

○卷之十二

南劍州

五縣 劍浦 順昌 沙縣 將樂 尤溪

泉州 平海軍節度

七縣 晉江 南安 同安 惠安 永春 安溪 德化

南外宗正福建市舶置司

事要並如前

○卷之十三

興化軍

三縣 莆田 仙遊 興化

漳州

四縣 龍溪 漳浦 龍巖 長泰

汀州

六縣 長汀 寧化 上杭 武平 清流 蓮城

事要並如前

○卷之十四

江東路 共九州

建康府 古昇州 建康軍節度

五縣 上元 江寧 句容 溧水 溧陽

本路安撫兼留守本路轉運淮西總領置司

事要並如前

○卷之十五

太平州

三縣 當塗 蕪湖 繁昌

寧國府 寧國軍節度

六縣 宣城 南陵 涇縣 寧國 旌德 太平

事要並如前

○卷之十六

徽州古歙州
六縣 歙 休寧 祈門
婺源 績溪 黟
池州
六縣 貴池 青陽 建德
銅陵 石埭 東流
事要並如前
○卷之十七
南康軍
三縣 星子 建昌
都昌

事要並如前
○卷之十八
信州
六縣 上饒 玉山 弋陽
貴溪 鉛山 永豐
饒州
六縣 鄱陽 餘干 浮梁
樂平 德興 安仁
都大坑冶江東提刑置司
廣德軍

二縣 廣德
建平
事要並如前
○卷之十九
江西路共十一州
隆興府古洪州 鎮南軍節度
八縣 南昌 新建 奉新 分寧
武寧 豐城 進賢 靖安
本路安撫轉運置司
袁州

四縣 宜春 分宜
萍鄉 萬載
事要並如前
○卷之二十
贛州古虔州 昭信軍節度
十縣 贛縣 寧都 雩都 興國 信豐
會昌 瑞金 石城 安遠 龍南
江西提刑置司
吉州
八縣 廬陵 吉水 安福 太和
龍泉 永新 永豐 萬安

瑞州古筠州
三縣 高安 上高
新昌
事要並如前

○卷之二十一

撫州
五縣 臨川 崇仁 宜黃
金溪 樂安
江西提舉置司

建昌軍
四縣 南城 南豐
新城 廣昌

臨江軍
三縣 清江 新喻
新淦
事要並如前

○卷之二十二

江州定江軍節度
五縣 德化 德安 瑞昌
湖口 彭澤

興國軍
三縣 永興 大冶
通山

南安軍
三縣 大庾 南康
上猶
事要並如前

○卷之二十三

湖南路共九州

潭州武安軍節度
十二縣 長沙 善化 衡山 安化 醴陵
攸縣 湘鄉 湘潭 益陽 瀏陽
湘陰
寧鄉
本路安撫轉運置司
事要並如前

○卷之二十四

衡州
五縣 衡陽 耒陽 常寧
安仁 茶陵
湖南提刑提舉置司

道州

四縣 營道 江華
寧遠 永明
事要並如前

○卷之二十五

郴州
五縣 郴縣 桂陽 宜章
永興 資興

永州
三縣 零陵 祁陽
東安
事要並如前

○卷之二十六 方目 十八

寶慶府 古邵州
二縣 邵陽
新化

全州
二縣 清湘
灌陽

桂陽軍
三縣 平陽 臨武
藍山

武岡軍
三縣 武岡 綏寧
新寧

茶陵軍
一縣 茶陵
事要並如前

○卷之二十七

湖北路 共十五州

江陵府 古荊州 荊南軍節度
七縣 江陵 公安 潛江 監利
松滋 石首 枝江
方目 十八
本路安撫置司

漢陽軍
二縣 漢陽
汊川
事要並如前

○卷之二十八

鄂州
六縣 江夏 蒲圻 崇陽
咸寧 通城 嘉魚
湖廣總領湖北轉運置司或守兼漕

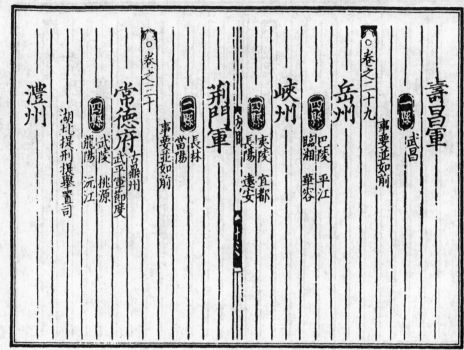

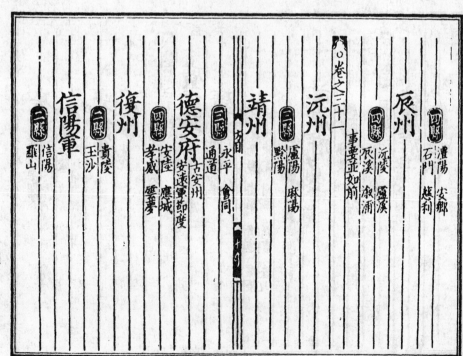

事要並如前

〇卷之三十二

京西路 共七州

襄陽府 古襄州

四縣 襄陽 穀城 宜城 南漳

本路安撫轉運提刑提舉置司

隨州 崇信軍節度

二縣 隨縣 應山

事要並如前

〇卷之三十三

棗陽軍

一縣 棗陽

郢州

二縣 長壽 京山

均州 武當軍節度

二縣 武當 鄖鄉

房州 保康軍節度

二縣 房陵 竹山

光化軍

一縣 光化

事要並如前

〇卷之三十四

廣東路 共十四州

廣州 清海軍節度

八縣 南海 番禺 清遠 懷集 東莞 增城 新會 香山

本路經略轉運提舉市舶置司

肇慶府 肇慶軍節度

二縣 高要 四會

事要並如前

〇卷之三十五

德慶府 永慶軍節度

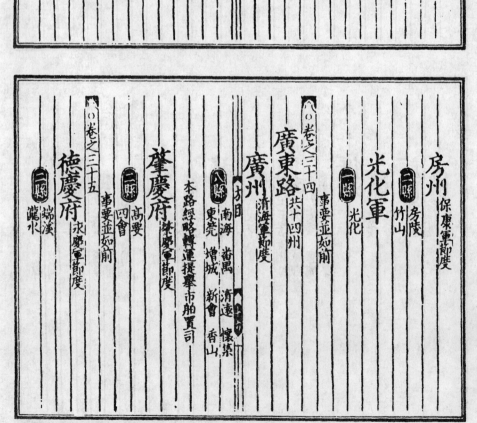

二縣 端溪 瀧水

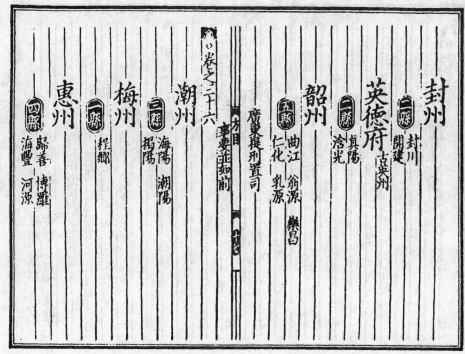

十一縣 臨桂 興安 靈川 陽朔 永福
修仁 理定 古縣 荔浦 義寧

本路經略轉運提刑提舉置司

柳州 三縣 清平 洛容
柳城

事要並如前

○卷之三十九

鬱林州 三縣 南流 興業
博白

橫州 二縣 寧浦
永定

建武軍節度

邕州 二縣 宣化
武緣

廉州 二縣 合浦
石康

事要並如前

○卷之四十

象州 三縣 陽壽 來賓
武仙

潯州 二縣 桂平
平南

藤州 二縣 鐔津
岑溪

梧州 一縣 蒼梧

貴州 一縣 鬱林

昭州 四縣 平樂 恭城
龍平 立山

事要並如前

○卷之四十一

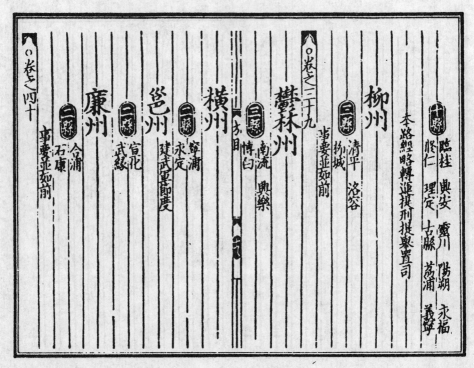

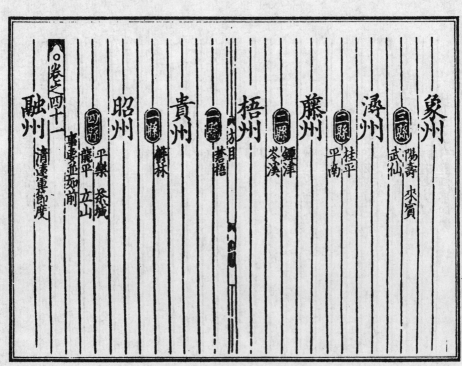

融州 清遠軍節度

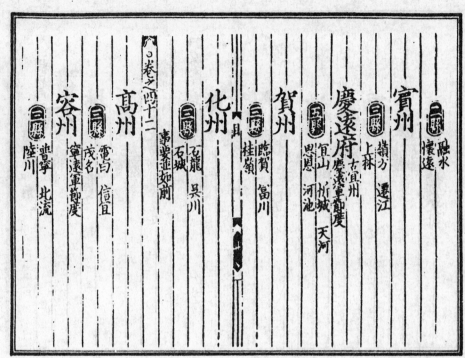

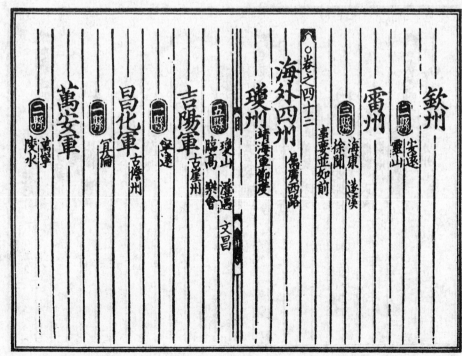

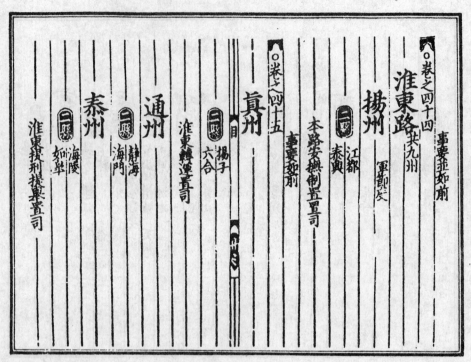

崇慶府 古蜀州 崇慶軍節度

四縣 晉原 新津 江原 永康

簡州

二縣 陽安 平泉

嘉定府 古嘉州 嘉慶軍節度

五縣 龍遊 夾江 犍爲 峩眉 洪雅

本路提刑置司

事要如前

○卷之五十三

眉州

四縣 眉山 彭山 丹稜 青神

隆州

四縣 仁壽 井研 貴平 籍

事要並如前

○卷之五十四

彭州

三縣 九隴 崇寧 濛陽

漢州

四縣 雒縣 什邡 綿竹 德陽

綿州

五縣 巴西 彰明 魏城 羅江 鹽泉

事要並如前

○卷之五十五

雅州

五縣 嚴道 名山 盧山 百丈 榮經

茂州

二縣 汶山 汶川

永康軍

二縣 導江 青城

事要並如前

○卷之五十六

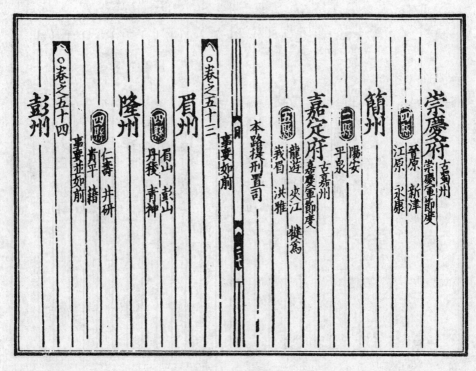

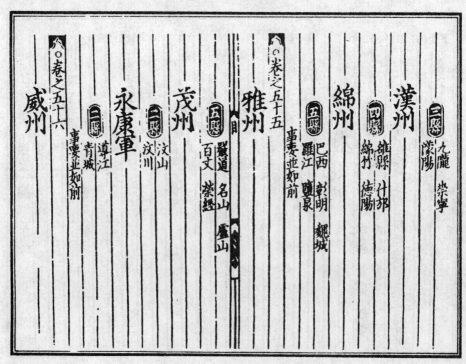

威州

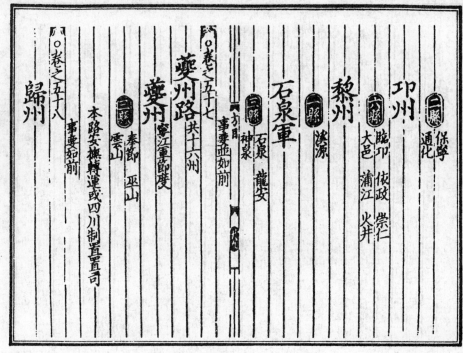

一縣 梁山

施州
二縣 清江 建始

紹慶府 古黔州
二縣 彭水 黔江

重慶府 古渝州
三縣 巴縣 江津 璧山
本路提刑置司

南平軍
二縣 南川 隆化
〇卷之六十一 事要並如前

涪州
三縣 涪陵 樂溫 武龍

咸淳府 古忠州

五縣 臨江 墊江 豐都 南賓 龍渠

珍州
二縣 樂源 綏陽

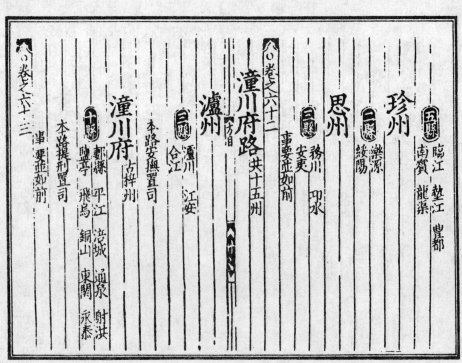

思州
三縣 務川 邛水 安夷
事要並如前

〇卷之六十二 潼川府路 共十五州

瀘州
三縣 瀘川 江安 合江
本路安撫置司

潼川府 古梓州
十縣 郪縣 平江 涪城 通泉 射洪 鹽亭 飛烏 銅山 東關 永泰
本路提刑置司

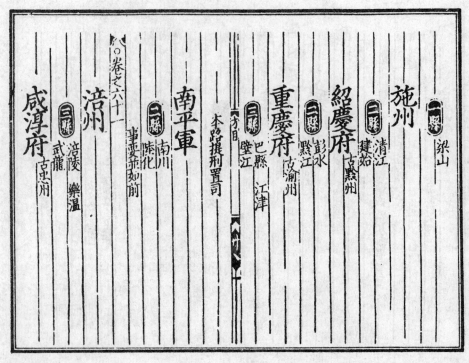

〇卷之六十三 事要並如前

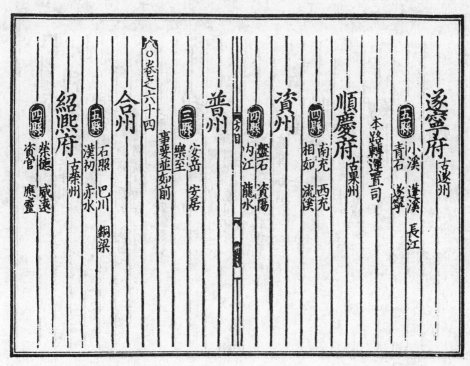

事要並如前
○卷之六十六
利州東路 共十州
興元府 古褒州
五縣 南鄭 廉水 城固
褒城 西縣
本路安撫提刑或制置置司
利州
四縣 綿谷 葭萌
昭化 嘉川

方目 三五

本路轉運或四川總領置司
事要並如前
○卷之六十七
隆慶府 古劍州
五縣 普安 陰平 梓潼
武連 普成
劍門關
一縣 劍門
閬州

七縣 閬中 南部 新井 蒼溪
奉國 新政 西水
事要並如前
○卷之六十八
蓬州
五縣 蓬池 儀隴 營山
良山 伏虞
巴州
五縣 化城 難江 恩陽
曾口 通江
金州

方目 卅六

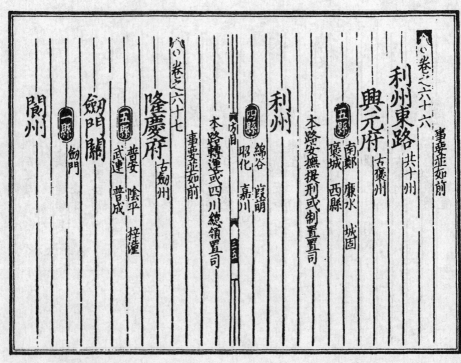

六縣 西城 漢陰 洵陽
石泉 平利 上津
洋州
三縣 興道 西鄉
真符
大安軍
一縣 三泉
事要並如前
○卷之六十九
利州西路 共八州

卷之七十

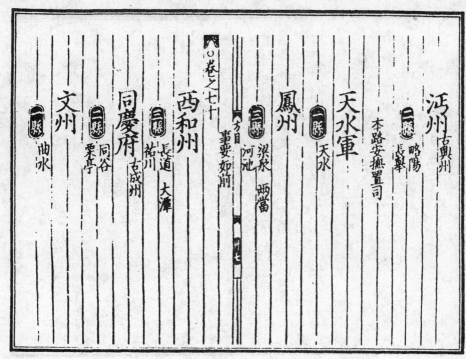

新編方輿勝覽目錄終

今具引用文集于后

是編蒐獵名賢記序詩文及史傳稗官雜説殆數千篇若非表而出之亦幾明珠之暗投今取全篇分類以便檢閱其一𦩘片語不成章者更不復録益演而伸之則為一部郡志總而會之則為一部文集庶幾旁通曲暢云

元本拾遺各入本州之下新增五百餘條除山川風俗等無詩文者餘並標出覽者詳之

記

秦少游龍井記 臨安 下同　歐陽永叔有美堂記
白居易冷泉記　蘇子美滄浪亭記 平江 下同
朱元晦撰吳公祠記　黃直卿撰丹公祠記
錢君倚義田記　孫建吉普明記
蘇子美水月禪院記 新增　范至能三高祠記 新增
蕭定延陵季子廟記 新增　汪彥章月觀記 鎮江
蘇子瞻思堂記 嘉興　白居易太湖石記 安吉
范希文撰子陵祠記 建德　獨孤及新泉記 常州 新增
陸農師適南亭記 紹興　呂伯恭修城記 台州
朱元晦經史閣記 福州 下同　曾子固道山亭記
朱元晦李忠定祠記 邵武　朱元晦雲谷記 建寧 下同
魏華父夢筆山房記　朱元晦游御史祠記
武夷山古記　幔亭峯古記
朱元晦高士軒記 泉州　朱元晦龍巖縣學記 漳州 下同
危逢吉義冢記　朱元晦新安道院記 徽州 下同
汪彥章清風堂記　汪彥章晝錦堂記
朱元晦藏書閣記　朱元晦三先生祠記
范至能金益堂記 新增　曾子固思政堂記 撫州 下同

王平甫清溪亭記　杜牧蕭相樓記 新增
呂伯恭白鹿書院記 南康 下同　朱元晦直節堂記
朱元晦冰玉堂記　張敬夫濂溪祠記
朱元晦劉屯田祠記　韓无咎絕塵軒記 信州
曾子固鼓角樓記 贛州　韓愈重修滕王閣記 隆興 下同
朱元晦濂溪祠記　李太伯州學記 袁州
皇甫湜刺史廳壁記 吉州　黃魯直瑞芝亭記 瑞州
曾子固擬峴臺記 撫州 下同　朱元晦拙齋記
曾子固顏魯公祠記　顏真卿麻姑壇記
朱元晦濂溪祠記 江州 下同　白居易司馬廳壁記
張敬夫嶽麓書院記 潭州 下同　張敬夫敬簡堂記
柳宗元戴氏堂記　范至能南嶽廟記 新增
朱元晦石鼓書院記 衡州　元結刺史廳壁記 道州 下同
掌禹錫鼓角樓記　張敬夫濂溪祠記
柳宗元萬石亭記 永州 下同　柳宗元三亭記
汪彥章玩鷗亭記　朱元晦濂溪祠記 寶慶
朱元晦曲江樓記 江陵　朱元晦社稷壇記 鄂州 下同
閻伯理黃鶴樓記　范希文岳陽樓記 岳州
歐陽永叔至喜亭記 峽州　陶潛桃花源記 常德
胡明仲譙門記 澧州　朱元晦撰上蔡祠記 德安
朱元晦濂溪祠記 郴州 下同　余安道韶亭記 新增
唐子西卓錫泉記 惠州　韓愈燕喜亭記 連州 下同
李覿燕喜亭後記　朱元晦府學記 靜江 下同
張敬夫府廳壁記　柳宗元訾家洲記
張敬夫無倦齋記　張敬夫三先生祠記
柳宗元山水記 柳州　柳宗元茅亭記 邕州
張敬夫州學記 賓州　張敬夫州學記 欽州
張敬夫州學記 雷州　朱元晦州學記 瓊州 下同

朱元晦知樂堂記　洪景盧平山堂記 揚州
歐陽永叔醉翁亭記 滁州下同　歐陽永叔豐樂亭記
曾子固醒心亭記　韓无咎風鶴亭記 廬州
王元之竹樓記 黃州　蘇子由快哉亭記
朱元晦二程祠記　張文潛鴻軒記 [illegible]
蘇明允畫象記 成都　蘇子瞻遠景樓記 眉州下同
蘇子瞻清風閣記　黃魯直四賢閣記 [illegible]
孫樵書褒城驛記 興元　黃魯直黔山題名 黔州
黃魯直整暇堂記 閬州　馬子才顏魯公祠記 蓬州

序

王羲之蘭亭序 紹興　韓无咎極目亭詩集序 婺州
沈存中鴈蕩山序 瑞安　朱元晦武夷圖序 建寧
韓愈送陸歙州序 徽州　王勃撰滕王閣序 隆興
韓愈荊南唱和序 [illegible]下同　韓愈送楊支使序

曾子固送趙監軍序　歐陽永叔送廖倚序
朱元晦楚詞集注序　韓愈送何堅序 道州
韓愈送廖道士序 郴州　柳宗元愚溪序 永州下同
柳宗元陪崔使君讌序　韓愈送崔使君序 [illegible]
韓愈送鄭尚書序 廣州下同　韓愈送竇從事序
韓愈送區冊序 連州　范至能虞衡志序 靜江
曾子固送李材叔序 柳州　劉原父送楊使君序 [illegible]
韓愈盤山十二詩序 閬州　歐陽永叔庶子泉序 滁州

奏議

蘇子瞻開西湖奏狀 臨安下同　朱元晦廟議
太常撰朱文公謚議 建寧

碑誌

蘇子瞻表忠觀碑 臨安　韓愈撰徐偃王廟碑 衢州
韓愈南海廟碑 廣州　蘇子瞻撰昌黎廟碑 潮州

柳宗元文宣王廟碑 柳州下同　韓愈羅池廟碑
韓愈撰柳宗元墓誌　蘇子瞻撰伏波廟碑 雷州
蘇子瞻峻靈王廟碑 昌化

傳

朱元晦記祝公遺事 徽州　陶潛撰孟府君傳 鄂州
蘇子瞻記程公遺事 眉州

書

李白與韓侯書 江陵下同　韓愈與柳公綽論兵

銘

盧光輔胥山祠銘 [illegible]　李白天門山銘 太平[illegible]
張謂長沙土風碑銘 [illegible]州　元結舟崖隱居銘 永州
柳宗元武岡銘 武岡　蘇子瞻九成臺銘 韶州
王履道覺軒銘 新州　蘇子瞻桄榔庵銘 昌化
蘇子瞻四達齋銘 高郵　張孟陽劍閣銘 隆慶下同
柳宗元劍門銘

贊

朱元晦聚星亭贊 建寧　朱元晦撰張南軒贊 潭州
黃魯直撰東坡贊 昌化　王拜二蘇贊 眉州

頌

元結大唐中興頌 永州

檄

孔稚圭北山移文

賦 騷附

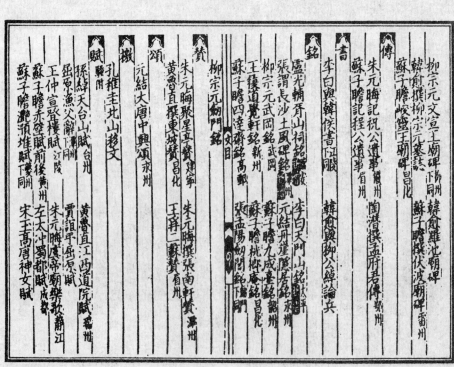

孫綽天台山賦 台州　黃魯直江西道院賦 瑞州
屈原漁父辭 澧州下同　賈誼弔屈原賦
王仲宣登樓賦 江陵　朱元晦虞帝廟樂歌 靜江
蘇子瞻赤壁賦前後 黃州　左太冲蜀都賦 成都
蘇子瞻灩澦堆賦 夔州下同　宋玉高唐神女賦

樂府
朱元晦水調歌頭建寧　蘇子瞻定風波詞眞州
秦少游海棠橋詞楷林　步蟾宮詞揚州下同
蘇子瞻點絳唇詞

雜說
柳宗元捕蛇說永州下同　周茂叔愛蓮說

雜文
蔡君謨戒弄潮文臨安下同　海潮論
汪綱鎮越堂柱記紹興下同　汪綱飛翼樓柱記
汪綱秋風亭柱記　祝和父朱文公祠上梁文建寧
陸龜蒙馬當山文池州　柳宗元逐畢方文永州
韓愈祭鱷魚文潮州　王介甫諭俗文邕州

祭文
朱元晦祭李延平文南劍　朱元晦祭鄭自明文興化
蘇子瞻祭歐陽公文吉州

雜志
都亭驛燕北使首末臨安下同　徑山開山事狀
陳暘叔登西樓鎮江　沈存中夢溪卜居
王羲之題蕺山姥扇紹興下同　謝安東山之遊
王逵剡溪訪戴　賀知章賜鑑湖
續齊諧記流觴曲水　爛柯山事跡衢州下同
江郎廟事跡　金華山王初平事跡婺州
劉阮泛胡麻事跡台州下同　天王祠事跡
雷簫敕六丁事跡　謝靈運末後遊山瑞安
靈含那佛事跡長溪下同　扣冰佛事跡
梨山廟事跡　大乾廣祐王事跡邵武下同
大乾夢錄七條　延平津雙劍南劍
李白撈月辨太平　歐陽硯譜徽州

雷轟薦福碑饒州　許旌陽錦帳隆興
馬祖道場事跡贛州　仰山廟事跡袁州
杜甫牛炙辨衡州　九疑碧梧之辨道州
赤壁之辨鄂州　雲夢之辨沔州下同
呂洞賓事跡　歐陽永叔愛黃牛廟峽州
李衛種橘比千戶侯常德　漢壽鐵鑊事跡辰州
眞武神事跡均州　論端硯品第肇慶
曹溪開山事跡韶州　廣西市馬首末邕州下同
狄漢臣平儂賊首末　海鰌擊賊如紅旗吉陽
王介甫不見知魏公揚州下同　杜牧微服出遊
韓世忠大儀之捷　杜牧骰子賭酒
謝元淝水之捷安豐　巢湖陷事跡無為
陵井監事跡隆州　蠶女事跡漢州
蠶叢魚鳧開國事跡成都

小說
左慈盆中釣鱸魚平江　杜牧觀水嬉湖州
永公為房琯前身常州　唐王摲至烏衣國建康
鵝奔亭女子訴冤肇慶　韓湘開頃刻花潮州
趙師雄梅花下飲惠州　王播飯後鐘揚州下同
腰錢騎鶴　淳于棼槐安宮
張騫乘槎成都

詩
山類
沈約早發定山臨安下同　郭功父天竺峯
王介甫飛來峯　蘇子美天平山平江下同
楊廷秀曉登金山鎮江下同　楊傑金山
韓垂金山　王介甫昆山嘉興下同
王介甫三山岡　葛立之峴山

方文目　七

方文目　八

蘇子瞻武昌西山（壽昌下同）　韓元咎跋西山
劉禹錫君山（岳州下同）　黄魯直君山
湘中老人君山　過客題玉泉山（荊門軍）新增
李白峴山（襄陽下同）　李涉峴山
李群玉二嶷（道州）新增　查許國鳴弦峯（英德）
曹松霍山（循州）　蘇子瞻泉山（惠州下同）
謝靈運羅浮山　劉禹錫羅浮山
蘇子瞻羅浮山　韓愈同冠峽（連州下同）
韓愈貞女峽　張九齡正陽峽（南雄）
胡邦衡鐵坑山（南恩下同）　胡邦衡嵎石山
宋貫之陽朔山（靜江）　陶弼題仙巖（融州）
陶弼仙影山（賓州）　李德裕鬼門關（容州）
夏子喬登狼山（通州）　顧況琅琊山（滁州下同）
歐陽永叔幽谷　梅聖俞石舁路

周明老鑑山迴文（撫信）　楊廷秀第一山
羅隱四頂山（廬州）　王介甫八公山（壽春下同）
阮户部濡須塢　龔相濡須塢
蘇子由九華山（池州）新增　謝元暉八公山（安豐）
蘇子瞻金山（濠州下同）　蘇子由金山
黄魯直龍門山（安慶下同）　李白司空山
周美成投子山　韓子蒼遊赤壁（黄州）
杜甫望（成都）　陳子昂峨眉山（嘉定下同）
李白登峨眉山　李白峨眉山月
馮當可三峯（眉州下同）　范希文盤石山
雍德裕富樂山（綿州下同）　唐子西富樂山
杜甫青城山（永康）　陸務觀青霞峰（邛州下同）
張少俞霧山　杜甫白鹽山（夔州下同）
李白白帝山　杜甫百牢關

杜甫鳳山（大寧監）　黄魯直下巖（涪州）
黄知命猿啼山（施州下同）　黄魯直過瘦驢嶺
蘇子瞻安樂山（瀘州下同）　任伋遊安樂山
歐陽詹題石門鎮（興元下同）　崔覲題駱谷
李義山百牢關　杜甫石櫃閣（利州下同）
杜甫五盤嶺 新增　李嶠白衛嶺
岑參五盤嶺 新增　杜甫劍閣（劍州下同）
李商隱劍門　李白蜀道難（劍門）
陸務觀錦屏山（閬州下同）　杜甫閬山歌
杜甫龍門山（大安）　杜甫飛仙嶺（沔州）
李誠之積麥山（天水下同）　李百能醉仙崖
袁桂豆積山（鳳州下同）　王韋御愛山
杜甫鳳凰山（同慶下同）　杜甫仇池山
杜甫泥功山　杜甫木皮嶺

杜甫石龕

詩

石類

皮日休石公山石板（平江）　方蒼仙象石（興化下同）
方蒼翁粘蠔石　元結石溪石魚（道州）
章希言拄鉢石（南雄）　杜甫石筍行（成都下同）
杜甫石犀行　杜甫石鏡

詩

洞類

余襄公玉京洞（合州）　林迥循猿洞（福州）
李義山毛竹洞（建寧）　李泰伯秦人洞（建昌）
蘇子瞻三遊洞（峽州下同）　歐陽永叔三遊洞
蘇子由三遊洞　陶潛桃花源（常德下同）
蘇子瞻和桃花源　劉禹錫題桃源水洞

王介甫題桃源圖　劉禹錫桃源洞 新增
蘇子瞻浮山洞 壽州　蘇子瞻碧落洞 韶州
黃魯直石牛洞 安慶下同　王介甫題石牛洞
范景仁岑公洞 萬州下同　馬冉岑公洞
黃魯直岑公洞

詩

江淮類

丘希範旦發漁浦潭 臨安下同　謝靈運富春渚
劉禹錫海潮　李白海潮
陳希元吳江 平江下同　王介甫吳江 新增
王介甫松江 新增　孟浩然西津渡 鎮江
王介甫華亭水 嘉興　王龜齡黃龍江 泉州
李白玉鏡潭 淳安　謝靈運出新林浦 建康下同
杜牧秦淮　胡璞釆石渡 太平下同

郭功父釆石渡　劉孝綽發昌浦
劉禹錫牛渚磯　李白牛渚磯
王介甫牛渚磯　沈休文新安江 徽州
李白秋浦六首 池州　余安道贛水 贛州
蘇子由東湖 江州新增　蘇子由射蛟浦 新增
韓愈宿龍 潭州下同　古詩洞庭湖 新增
李白赤壁磯 鄂州下同　杜牧赤壁磯
蘇子由赤壁磯　杜牧漢江 襄陽
楊炯西陵峽 峽州　韓愈泛舟曲江 韶州
蘇子瞻釣潭 惠州　王介甫望淮口 揚州下同
鄭谷瓜洲渡　李白瓜洲新河
胡曾汴河　杜荀鶴巢湖 無為
陸務觀蜀江 眉州　梁簡文帝巫峽 夔州下同
杜甫巫峽客居　李白自白帝下江陵

張祜巫峽　杜甫瞿唐峽
杜甫灩澦堆　白居易入瞿唐峽
范至能瞿唐峽　白居易送人赴峽
杜甫長江二首　鮮于子駿巴江 重慶
韋應物嘉陵江 紹慶　杜甫桔柏潭 利州下同
溫庭筠南渡 新增　杜甫白沙渡 隆慶下同
杜甫水會渡　杜甫閬水歌 閬州
杜甫萬丈潭 同慶

詩

湖類

白居易西湖三首 臨安下同　蘇子瞻西湖三首
林君復西湖　蘇子美太湖 平江
李白鏡湖 紹興　陳長卿西湖 福州
李義山元武湖 建康　李白丹陽湖 太平下同
蘇子瞻慈湖阻風　張濟鵝湖 信州

謝靈運彭蠡湖 南康下同　李白過彭蠡湖
王介甫彭蠡湖　郭功父東湖 隆興下同
戴叔倫東湖　王龜齡西湖 興國
李白郎官湖 漢陽　杜甫洞庭湖 岳州下同
孟浩然洞庭湖　李白洞庭湖
劉元方洞庭湖記鬼　楊廷秀西湖 惠州下同
唐子西謫官湖　江文叔西湖 靜江
黃魯直五湖 高郵　房琯遊湖 漢州下同
趙閱道房公湖　蘇子由房公湖
程珦房公湖　宋景文房公湖
陸務觀房公湖

詩

溪澗類

楊廷秀過霅川大溪 安吉　李紳若耶溪 紹興
楊廷秀晚泊蘭溪 婺州　許渾東橫灘 台州下同
孫應時黄巖溪　倪思湖灘 南劍
朱元晦九曲棹歌 建寧下同　洪景盧遊九曲
蔡君謨上溪 興化　楊脩直瀆 建康下同
王介甫群雁灘　李白姑熟溪 太平
李白清溪 池州下同　李白六刺灘
蘇子瞻皇恐灘 贛州　呂溫遊黄溪 永州
白居易黄牛灘 峽州　郭功父菖蒲澗 廣州下同
蘇子瞻菖蒲澗　崔輔國石頭灘 洪州下同
王介甫邗溝　韋應物西澗 滁州下同
王元之明月溪　王安上濡溪 和州
杜甫浣花溪 成都　姚鉉東溪 隨州
歐陽永叔下牢溪 峽州　蘇子瞻鐵溝行 徐州

文目　十三

詩
池塘類
李白橫塘 平江　劉莘老雷池 滁州
杜牧雷塘 揚州　曾子開織雲池 嚴州
王介甫吳塘陂 安慶　杜甫南池 閬州
鄭谷東池 鄂州下同　宋餘慶東池
司馬君實東沼　蘇子瞻東池

詩
洲堤類
汪聖錫琵琶洲 饒州　孟浩然龍沙 隆興
李白鸚鵡洲二首 江陵　胡明仲偃虹堤 岳州
郭功父藥洲 廣州

詩
泉類
王介甫寒穴泉 嘉興　黄魯直東山泉 常州下同
蘇子瞻惠山泉　趙紫芝龍湫 瑞安
王介甫龍井 隆興　蘇子瞻廉泉 贛州
劉莘老聰明泉 吉州　蘇子由浪井 江州
元結橘泉 郴州　沈傳師蒙泉 澧州下同
蘇子瞻蒙泉　孫觀蒙泉
歐陽永叔蒙泉　范諷題寇公泉 峽州
吳隱之酌貪泉 廣州　蘇子由蜀井 揚州下同
秦少游蜀井　王元之三泉 安慶
杜甫引水 夔州下同　王龜齡義泉
樊汝賢滴浮泉 嘉興

詩
瀑布類
王介甫賦水簾 衢州　畢田水簾 衢州
蔡希蘧瀑布 處州　李白開先瀑布 南康下同
徐凝開先瀑布　蘇子瞻開先瀑布

文目　十四

蘇子瞻開先漱玉亭　朱元晦開先瀑布
陳舜俞棲賢三峽　蘇子瞻棲賢三峽
朱元晦棲賢三峽　唐宣宗瀑布 瑞州

詩
溫泉類
白居易溫泉 南康下同　朱元晦溫泉
蘇子瞻湯泉 惠州　查仲本溫泉 重慶

詩
園塢類
晏同叔金柅園 撫州　王介甫東園 真州下同
獨孤及乖花塢　文與可郡圃 洋州

詩

第宅類

白居易州宅 平江下同　元微之州宅
白居易和微之州宅　王介甫郡齋即事 建康下同
李白陸機宅 新增　劉禹錫江令宅 新增
楊灝江東道院 太平　杜甫茅屋為風所破 成都下同
杜甫成都卜居　杜甫東屯故宅 夔州下同
杜甫遷居白帝城

詩

堂舍類

光宗中和堂御製 臨安下同　趙閱道中和堂絕句
陸天隨太湖堂絕句 平江　陳希元碧瀾堂 安吉
孫尚書題浮遠堂 江陰　趙閱道高齋 衢州
王龜齡觀風堂 紹興　洪景伯三瑞堂 台州
謝靈運西射堂 瑞安下同　蘇子由戲彩堂
江聖錫止戈堂 福州　朱元晦晦菴 建寧下同
朱元晦武夷精舍　李彌遜宿觀妙堂
韓无咎武夷精舍　王龜齡中和堂 泉州下同
王龜齡安静堂　蔡君謨愛松堂
蔡君謨共樂堂 興化下同　陳長卿共樂堂
王介甫鍾山草堂 建康　郭功父姑孰堂 太平下同
郭功父懷青山草堂　蘇子由五老堂 南康下同
朱元晦白鹿書堂　朱元晦臥龍菴
朱元晦清淨退菴　晁无咎西山堂 信州
范希文慶朔堂 饒州　黃魯直夢竹堂 吉州
楊廷秀碧落堂 瑞州　朱元晦題隱齋 袁州
朱元晦題敬簡堂 潭州下同　張敬夫城南書院
阮美成清淑堂 郴州　胡明仲康功堂 永州
郭功父宅生堂 封州　陶弼掛子堂 柳州

蘇子瞻桄榔菴 昌化　王介甫平山堂 揚州下同
蘇子瞻平山堂次韻　蘇子由平山堂
秦少游平山堂次韻　范希文文會堂 泰州
王介甫静山堂 安慶　杜甫草堂 成都下同
杜甫謝寄題草堂　杜甫燕越公堂 夔州
呂澤父安静堂 文州　趙衆吏隱堂 龍州下同
范景仁吏隱堂　司馬君實吏隱堂

詩

亭類

孝宗冷泉亭御製 臨安下同　蘇子瞻冷泉亭
白居易西亭 平江下同　蘇子美其江亭 新增
白居易松江亭　蘇子美賓墨亭 鎮江
蘇子瞻水亭 安吉下同　白居易白蘋洲五亭
張耤西亭 新增　楊廷秀淨遠亭
方千環溪亭 建德下同　方千千峯榭
王介甫鄞縣西亭 慶元下同　司馬君實獨樂亭
王介甫衆樂亭　錢君倚衆樂亭
趙閱道濯纓亭 衢州　陸務觀敬息亭 婺州
謝靈運南亭 瑞安　蔡君謨春野亭 福州下同
王汝舟碧巖亭　朱元晦豁然亭 泉州下同
孫尚書鼻亭　王琪賞心亭 建康下同
王介甫賞心亭　杜牧佳麗亭
王介甫半山亭　王介甫籌思亭
王介甫割青亭　李白勞勞亭
楊億新亭 新增　林君復翠微亭 新增
林君復水亭 新增　楊廷秀刹亭 新增
楊廷秀玩鞭亭 太平下同　韓无咎玩鞭亭
郭功父峨眉亭　黃魯直曲江亭 南康下同

李白登謝公亭　杜牧弄水亭 池州下同
楊廷秀渠徹亭　杜牧貴池亭
楊廷秀漱玉亭 南康下同　朱元晦黃雲觀
張安國玉淵亭　朱元晦歸來館
章希言王光亭 信州下同　王介甫王光亭
韓无咎橋亭　汪聖錫四望亭 饒州下同
王龜齡四望亭　劉長卿白雲亭
黃魯直白雲亭　劉長卿千越亭
黃魯直千越亭　張祐千越亭
王龜齡千越亭　王介甫南浦亭 隆興下同
曾子固幽谷亭　蘇子瞻聲外亭 贛州
蘇子由琵琶亭 江州　鄭谷望湘亭 潭州下同
孟賓于湘江亭　陶商翁望湘門
韓熙谷江亭 衡州　元結白雲亭 道州下同

方文目　十七

元結懋泉亭　元結欸乃亭
柳宗元西亭 永州　留題玉泉亭 荊門
蘇子瞻至喜亭 峽州　蔡持正車蓋亭 德安
鮑溶沉碑亭 襄陽下同　李紳望海亭
蘇子瞻浴日亭 廣州下同　楊廷秀浴日亭
陶弼環珠亭　蘇子瞻蕭美亭 韶州下同
楊廷秀望韶亭　蘇子韶松風亭 惠州
趙德遠雙溪亭 新州　李德遠望闕亭 吉陽
蘇子瞻息軒 昌化　秦少游摘星亭 雷州
楊廷秀飛步亭 招信　米元章壯觀亭 真州
蘇子由九曲亭 黃州下同　曾子開茶山亭
歐陽永叔醒心亭　常安民醒心亭
杜牧烏江亭 和州　范希文羅纓亭 高郵下同
楊廷秀豐社亭 滁州　蘇子瞻短李亭 濠州

王龜齡江月亭 夔州　范希文千峯亭 邛州下同
勾龍信美亭　陸務觀秋風亭 歸州
陸務觀瑞豐亭 咸淳　閻蒼舒海觀亭 萬州
杜甫水亭 瀘州　黃魯直鎖江亭 敘州
張無盡戴仙亭 廣安　文與可翁峯亭 利州
杜甫滕王亭 閬州下同　陸務觀奪錦亭
杜甫玉臺亭　蘇子瞻披錦亭 洋州

詩
軒類
周益東軒 臨江下同　杜牧比軒
周益比軒　趙閱道鶴琴軒 簡州下同
黃魯直也足軒　范至能致爽軒 永康下同
陸務觀致爽軒　黃魯直此君軒 榮州

文目　十八

詩
樓類
蘇子瞻望海樓 臨安　白居易齊雲樓 平江
李白北固樓 鎮江下同　范希文北固樓
曾子固多景樓　劉改之多景樓
米元章多景樓　王元之多景樓
皇甫冉万歲樓　杜牧消暑樓 湖州
楊次公明月樓 安吉　唐子西越王樓 紹興
沈約八詠樓 婺州下同　嚴維八詠樓
李易安八詠樓　崔顥八詠樓
謝靈運登池上樓 瑞安　張九齡石頭驛樓 洪州
楊脩烽火樓 [illegible]　李白北樓 宣州下同
獨孤霖[illegible]樓　王[illegible]蕭相樓 池州下同
杜牧九峯樓　胡致隆星子樓 南康
白居易庾樓 江州　王貞白庾樓 江州

黄魯直南樓二首（鄂州下同）　李白聽黄鶴樓吹笛
李白黄鶴樓送孟浩然　崔顥黄鶴樓
盧郢黄鶴樓　蘇子瞻黄鶴樓
王龜齡黄鶴樓　李白南樓
杜甫登岳陽樓（岳州下同）　李白登岳陽樓
韓愈登岳陽樓　顔延年登巴陵城樓
白居易岳陽樓（新增）　王介甫題白雲樓（鄂州下同）
張説西樓（新增）　陳去非海山樓（廣州）
許渾韶陽樓（韶州新增）　蘇子瞻合江樓（惠州）
齊唐登城樓（南雄）　王子明西樓（南恩）
柳宗元登城樓（柳州下同）　杜牧迷樓
孫逖揚子江樓（揚州）　趙嘏宴花樓（滁州新增）
張頎清淮樓（濠州）　杜牧齊安城樓（黄州）
李白登錦城散花樓（成都）　杜甫越王樓（綿州）
杜甫最高樓（夔州下同）　杜甫題然明府水樓

白居易四望樓（萬州）　白居易登東樓（忠州）
白居易東西樓二首（忠州）　杜甫宴楊使君東樓（叙州下同）
陸務觀西樓

詩

臺類

楊廷秀姑蘇臺（平江）　楊廷秀妙高臺（鎮江）
李白越王臺（紹興下同）　王龜齡月臺
李白鳳凰臺（建康下同）　王介甫九日臺
楊廷秀鳳凰臺　楊無為雨花臺（新增）
周紫芝越臺（和州新增）　杜甫鳳凰臺（同州新增）
蘇子瞻鬱孤臺（贛州下同）　趙閲道鬱孤臺
程公闢題鬱孤臺（新增）　蘇子瞻八境臺
王介甫擬峴臺（撫州）　朱元晦定王臺（潭州）

鄒志完登嶽麓臺（潭州）　劉莘老絳帳臺（江陵）
蔡持正釣魚臺（安陸）　郭功父石屏臺（廣州下同）
陸天隨越王臺　許渾越王臺
張九齡登逍遥臺（韶州）　胡邦衡望海臺（南恩）
蘇子瞻登逍遥臺（惠州下同）　蘇子瞻觀魚臺
文與可天漢臺（洋州）

詩

閣類

陸務觀玉霄閣（台州）　趙季西丹青閣（隆興下同）
徐璣丹青閣　杜牧滕王閣（隆興下同）
王介甫滕王閣　王平甫滕王閣
晏元獻滄浪閣（袁州）　王介甫清風閣（撫州）
黄魯直題蔡氏閣（永州）　黄魯直松風閣（武昌）
秦少游雲山閣（揚州）　郭功父天柱閣（安慶）

蘇子瞻登凌空閣（黄州下同）　蘇子瞻通明閣
張唐民捫參閣（昌州）　秦少游蓬萊閣（越州新增）
程公闢蓬萊閣（越州新增）

詩

館驛類

方干松江驛（平江新增）　張祐平望驛（平江新增）
杜牧雲溪館（安吉）　李伯紀睇真館（建寧）
張祐弋陽館（信州新增）　李白宛溪館（寧国）
韓愈次石頭驛（隆興下同）　朱元晦毛山驛
羅隱江陵館（江陵新增）　張祐洞庭南館（岳州新增）
韓愈題廣昌館（建昌）　李紳水館（滁州新增）
郭功父鳳凰驛（英德）　寇平仲海康西館（雷州）
杜牧横江館（和州）　張㳂題萬安驛（綿州）
黄魯直題歌羅驛（紹慶）　杜甫通泉驛（潼川）

鄭國華牛尾驛（巴州）　元微之青雲驛（興元下同）
胡曾金牛驛　李義山望喜驛（利州下同）
武元衡嘉陵驛　李義山籌筆驛
羅隱籌筆驛　杜牧籌筆驛
薛逢籌筆驛　羅隱上亭驛（隆慶下同）
楊子方上亭驛　石才孺青陽驛二首（沔州）
薛逢黃花驛（鳳州）

詩　橋梁類

王介甫垂虹橋（平江下同）　鄭毅夫垂虹橋
鄭介夫吳江橋（新增）　劉禹錫皁橋
陸務觀題丁卯橋（鎮江）　郭功父洛陽橋（泉州）
郭功父三峽石橋（南康下同）　蘇子由三峽石橋（新增）
楊廷秀三峽橋（新增）　王介甫三峽橋（新增）
趙湘天台石橋（台州）　蘇子瞻何公橋（英州）
陳君舉洛陽橋（泉州）　蘇子瞻西新橋（惠州下同）
蘇子瞻東新橋　杜甫萬里橋（成都）
杜牧二十四橋（揚州）　陶雍折柳橋（簡州）

詩　佛寺類

白居易天竺寺（臨安下同）　宋之問遊靈隱寺
蘇子瞻遊靈隱寺次韻　蘇子瞻靈隱寺禱雨
白居易望孤山寺　蘇子瞻遊徑山寺
綦毋潛天竺寺（新增）　陶翰天竺寺（新增）
白居易遊虎丘寺（平江下同）　蘇子瞻遊虎丘寺
白居易遊靈巖寺　劉禹錫生公講堂
張繼楓橋寺　韋應物承天寺
孟郊崑山寺　張祜崑山寺

王元之虎丘寺（新增）　李德裕虎丘寺（新增）
王介甫崑山寺次韻　沈存中甘露寺（鎮江下同）
蘇子瞻遊甘露寺　孝宗皇帝金山寺御製
張祜金山寺　孫魴金山寺
楊蟠金山寺　王介甫金山寺二首
曾子固金山寺　蘇子瞻遊金山寺
郭祥正金山行　蘇子瞻訪焦山
蘇子美金山寺（新增）　羅隱金山寺（新增）
嚴維甘露寺（新增）　張祜慈和寺（新增）
梅聖俞鶴林寺（新增）　綦毋潛鶴林寺（新增）
李涉鶴林寺　蘇子瞻遊何山寺（安吉下同）
張祜題普利寺　張祜惠山寺（常州）
杜荀鶴石壁寺（衢州）　皮日休國清寺（台州下同）
杜荀鶴天台寺　宋之問雲門寺（紹興）
趙嘏雲門寺（新增）　蔡君謨蒙山寺（福州下同）
丁公言題黃蘗寺　雪峯寺無字碑
朱公晦西林寺（南劍）　朱元晦題石佛院（泉州）
蘇子瞻遊蔣山寺（建康下同）　王介甫半山寺
王介甫定林寺二首　溫庭筠清涼寺（新增）
李白昇元寺（新增）　王介甫長干寺（新增）
王介甫寶剎院（新增）　杜牧開元寺（寧國）
朱元晦歸宗寺（南康下同）　黃魯直落星寺四首
王介甫落星寺　朱元晦落星寺
朱元晦萬杉寺　朱元晦楞伽寺
釋無可二林寺（新增）　馬戴廬山寺（新增）
范希文芝山寺（新增）　蘇子由歸宗寺（新增）
蘇子由萬杉寺（新增）　王介甫落星寺（新增）
劉潛夫清涼寺（建寧下同）　劉潛夫鐵塔寺

陸子靜鵝湖寺 信州　朱元晦鵝湖寺
黃魯直慈雲寺 撫州下同　蘇子瞻天竺寺
黃魯直南坎寺 吉州　白居易大林寺 江州下同
白居易東林寺　李白東林寺
王韶東林寺　白居易西林寺
杜甫道林嶽麓寺 潭州下同　韓愈湘西寺
裴説道林寺 潭州　崔珏道林寺 潭州
韋蟾道林寺 潭州　劉長卿麓山寺 潭州
沈傳師嶽麓寺 潭州　羅隱嶽麓寺 潭州
黃魯直頭陀寺 鄂州　寇平仲甘泉寺 常德
范諷甘泉寺 常德　蘇子瞻靈洲寺 廣州下同
許渾峽山寺　李翱峽山寺
蘇子瞻峽山寺　楊廷秀峽山寺
楊廷南華寺 韶州　宋之問廣智寺 韶州

蘇子瞻栖禪寺 惠州　徐安國靈峯寺 惠州
蘇子瞻宿淨行院 廣州　羅隱禪智寺 揚州下同
蘇子瞻石塔寺　杜牧禪智寺
羅隱開元寺　劉貢父長蘆寺 真州下同
王介甫舟過長蘆寺　韋應物永定寺
黃魯直長蘆寺 真州　白居易靈巖寺 紹興
趙嘏靈巖寺 蘇州　羅鄴靈巖寺 蘇州
韓子蒼景德寺 袁州　呂坦夫大雄院 興元
岑參凌雲寺 嘉定下同　黃魯直東律院
陸務觀凌雲大像　司空文明凌雲寺 嘉定
陸務觀靈泉寺 瀘州　杜甫登牛頭寺 潼川下同
杜甫香積寺　丁公言廣利寺
孫正臣資聖院　崔塗沖相寺 果州下同
鄭谷題汧江寺　陸務觀興聖院 敘州

王雅言圓覺山寺 懷安　白居易東寺 閬州

詩

道觀類

蘇子瞻洞霄宮 臨安　樂正則龍瑞宮 紹興
李白桐柏觀曉望 台州下同　鄭黃桐柏觀
孟浩然宿桐柏觀　趙師秀題桐柏觀
朱元晦景德觀 南康下同　楊次公簡寂觀
朱元晦簡寂觀　李白送女眞歸延眞觀
蘇子瞻簡寂觀 南康　蘇子由白鶴觀 江州
蘇子由仙都觀 江州　李白紫極宮 江州
郭功父五仙觀 廣州　蘇子瞻白鶴觀 惠州
鄭畋白鶴觀 虔州　蘇子瞻玉局觀 成都
李白訪戴山道士 綿州　沈少南題儲福宮 永康下同
胡叔豹題儲福宮

詩

祠廟類

王介甫柘湖神 嘉興　李紳禹廟 紹興
王介甫吳大帝廟 建康　楊廷秀三賢祠 隆興下同
黃魯直宮亭廟　楊廷秀梅仙祠 隆興
胡致隆仰山廟 袁州　白居易靖節祠 江州
陳去非大孤山聖母廟　韓愈謁南嶽廟 衡州
李白黃陵廟　杜甫黃陵廟
戴叔倫三閭廟　韓愈謁杜子美祠 衡州
韓愈木居士廟　羅隱木居士廟
唐軍將三閭廟 潭州　楊廷秀東廟 瀘州
郭功父忠臣廟 寧國　司馬君實伏波廟 德慶
錢諫議淮陰廟 淮安　劉禹錫淮陰廟
羅昭諫淮陰廟　許渾淮陰廟

汪遵淮陰廟　張右史淮陰廟
歐陽永叔露筋廟高郵　蘇子瞻彭祖廟徐州
杜甫項王廟和州下同　胡曾項王廟
許表項王廟　杜甫武侯廟成都
裴微題孟拾遺祠眉州　劉禹錫神女廟夔州下同
蘇子由高唐神女廟　吳簡神女廟
白居易神女廟　李義山神女廟
李群玉神女廟　李賀神女廟
鮑溶神女廟　韋莊神女廟
李涉神女廟　元微之神女廟
蘇子瞻神女廟　杜甫蜀先主廟
劉夢得蜀先主廟　杜甫武侯廟二首
杜甫白帝廟　蘇子瞻白帝廟
蘇子瞻裴公祠下同　白居易明妃廟

方文目　卅五

杜甫明妃廟　李白明妃怨
楊凌明妃怨　王介甫明妃怨
蘇子瞻嚴顏廟忠州下同　杜甫禹廟

詩

墳墓類

錢惟演題曹娥墓碑紹興府下同　朱元晦過張魏公墓
韓愈過杜子美墓衡州　羅昭諫題漂母墓淮安
蘇子瞻屈原塔歸州　杜荀鶴經賈島墓下同
唐安錡過賈誼墓

詩

古跡類

王介甫阿房墩臨安　劉禹錫館娃宮平江
王介甫陸機宅嘉興下同　王介甫吳王獵場
王介甫秦皇馳道　王介甫韻林亭

翁卷獨孤檜常州下同　徐凝寒食過蘇小墓
范希文白雲源二首建德下同　權載之釣臺
黃魯直釣臺二首　胡明仲題釣臺絕句
潘德久題釣臺　許渾題釣臺
項安世題釣臺　王龜齡過蔡端明故居興化
劉禹錫石頭城建康下同　劉禹錫臺城
李白謝公墩　王介甫謝公墩
劉禹錫烏衣巷　陸天隨景陽井
胡曾景陽井　王介甫鍾山草堂
楊廷秀石頭城　李白陸機宅
劉禹錫江令宅　楊脩晉新宮
李白相公井太平下同　李白謝公宅
蘇子瞻過李公擇故居南康　陰鏗豐城劍池隆興
白居易過陶公故宅江州　曾子開園詩贛州

方文目　卅六

蘇子瞻渚宮江陵　謝元暉登孫權故城武昌
鄭谷莫愁村郢州　胡曾桐柱辰州
劉禹錫漢二帝陵荊門　楊廷秀錦木潮州
柳宗元綠珠井鬱林　羅隱題煬帝陵揚州下同
李義山隋宮　張祜雙檜
韓子蒼富公讀書堂袁州　蔣穎叔玉女井高郵
劉禹錫歷陽城和州　張安國東坡黃州
杜甫相如宅成都下同　岑參草玄臺
岑參琴臺　岑參卜肆
李白陽雲臺夔州　蘇子瞻永安宮
杜甫八陣磧　劉禹錫八陣磧
白居易巴子臺南浦　杜甫東屯拾遺學堂夔州下同
杜甫過代公宅　胡曾夔城興元

詩

人物類

真宗賜梁伯倫御製 福州　蘇子瞻題三賢畫像 平江

蘇子瞻題太白真 太平　黃魯直拜劉凝之像 南康

黃魯直梅鄧二仙 臨江　顔真卿詠陶靖節 江州下同

黃魯直濂溪詩并序　王介甫題杜子美像 撫州

杜甫同元道州舂陵行 道州　劉禹錫詠善卷 常德

郭功父紀趙康州忠節 德慶　黃魯直東坡謫居 惠州下同

黃魯直題東坡真　黃魯直送秦少章 郴州

魏矼紀曹覲忠節 封州下同　杜牧贈李甘

王介甫詠范增 無為　徐孝節紀趙師旦忠節 淮安

白居易詠魏令 安慶　黃魯直題王元之墨蹟 黃州

杜甫詠宋玉 歸州　韓愈詠謝自然 全州

韓愈詠賈島 普州　袁世弼題劉仁贍像 安豐

陸務觀龍興寺弔少陵　杜甫詠陳子昂 潼川

詩

花木類

高宗皇帝御製紅木犀　林君復賦梅花 臨安

傅伯成素馨花 泉州　陸務觀偃松亭 瑞州

陸凱寄梅花 南安　二宋落梅 德安

李德裕玉蕊花 揚州下同　劉禹錫后土廟玉蕊花

王元之玉蕊花　劉原父玉蕊花

何遜梅花　范希文牡丹 泰州

蘇子瞻萬松亭 黃州　蘇子瞻松風亭梅花 惠州

蘇子瞻龍眼 廣州　鄭谷海棠 成都

杜甫東閣早梅 崇慶　唐子西芙蓉溪 叙州

白居易木蓮 咸淳　杜甫荔支 瀘州下同

蘇子瞻安樂山天竹 渠　黃魯直題此君軒 榮州

黃魯直荔支 叙州下同　黃魯直苦筍

蘇子瞻賦篔簹谷 洋州　寇平仲慈光院海棠 閬州

詩

菓實類

韋應物洞庭橘 平江　程公闢荔支 福州

蘇子瞻將軍樹荔支 惠州　柳宗元城西種柑 柳州

白居易嘉慶李 萬州　杜牧華清宮荔支 昌州下同

蘇子瞻荔支歎　白居易荔支樓 咸淳

杜甫荔支 瀘州

詩

茶類

杜牧茶山 安吉　黃魯直謝送瀼揀芽 建寧

黃魯直雙井茶 隆興

詩

禽魚類

蘇子瞻五色雀 瓊州下同　蘇子瞻烏喙

杜甫杜鵑行 成都　杜甫子規 夔州

杜甫得房公池鵝 漢州　杜甫觀打魚歌 綿州

詩

器用類

曾文清竹紙 紹興　白居易琵琶行 江州

白居易紫毫筆 宣州下同　白居易紅線毯

王介甫寄謝池紙 池州下同　黃魯直清江紙

王介甫水晶 信州下同　梅宛陵水晶

韓愈謝蘄竹簟 蘄州　白居易寄元九蘄簟

李賀紫石硯 肇慶下同　王介甫端石硯

韓浦蜀箋 成都　杜甫桃竹杖引 潼川

趙閱道聽琴 簡州　杜甫[illegible]鹽 大寧

詩

節序類
蘇子瞻不及赴觀燈平江　杜牧九日登齊山池州
蘇子瞻上元夜惠州

詩

寄贈類
方千贈許明府嘉興下同　楊大年寄劉秀州
王介甫贈湖州守安吉下同　白居易寄錢湖州李蘇州
羅隱贈湖州守　鄭谷寄從叔員外[illegible]
劉禹錫寄常州守　韓愈寄皇甫湜下同德
許棠寄侯郎中[illegible]　朱昌叔寄王荊公江陰
方雄飛贈段處州　元微之寄白居易紹興下同
王介甫寄丁元珍　黃滔贈翟員外[illegible]
白居易寄張使君[illegible]　陳陶贈溫州韓使君[illegible]
陳陶贈張怡使君[illegible]　李白贈王昇州建康
李白贈宇文宣城寧國　李白贈宣州長史
李白贈崔秋浦二首　王介甫望壽亭贈南康守
韋應物寄儲侍御[illegible]　黃魯直寄廖袁州
黃魯直寄吉州司法　王介甫贈白雲叟李生撫州
王介甫寄張鄂州　杜甫贈韓諫議岳州
柳宗元寄京中親故柳州　溫庭筠贈淮陰縣令[illegible]
鮑溶贈海陵韓長官泰州　劉禹錫寄揚壽州安豐
王建寄薛校書成都　白居易寄李蘄州
盧綸寄衛州趙司馬　蘇子由贈梁有象衛州
李光贈杜君昌化　郭功夫寄吉陽守
杜甫寄嚴鄭公成都下同　杜甫呈嚴大夫
韋皋贈何遜韶州　杜甫寄高雷州
白居易寄楊萬州萬州下同　鄭谷寄南浦謫官
杜甫寄裴施州　黃魯直寄張施州

鄭谷寄裴員外遂寧　杜甫寄李劍州

詩

和答類
王介甫金陵懷古建康下同　劉貢父和王介甫韻
王介甫訓朱昌叔江州　謝元暉答呂法曹寧國
蘇子瞻和霍朗請潮州　劉禹錫訓崔朗州常德
蘇子瞻答周循州　達州刺史訓白居易
白居易和劉和州　白居易訓元刺史達州

詩

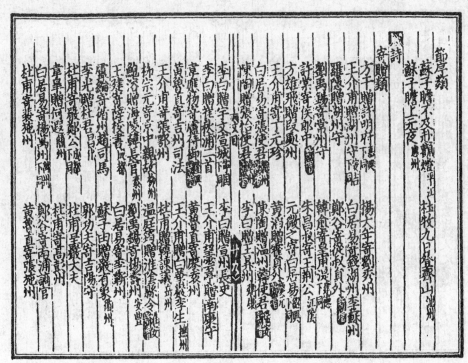

餞送類
仁宗御製送梅摯杭州臨安　王介甫送張仲容赴杭州
殷堯藩送客遊吳平江[illegible]　杜荀鶴送人遊吳平江下同
王介甫送長江宰　張籍送戴女之[illegible]
歐陽永叔送胡學士[illegible]　司馬君實送章伯鎮[illegible]
方千送霍明府[illegible]　王介甫送顧著作紹興下同
張籍送朱餘慶　范至能送丁司理
李白送賀監　王介甫送張宣義
李白送友人遊越[illegible]　張籍送李評事遊越[illegible]
蘇子瞻送錢婺州　李白送楊山人歸天台台州下同
韓愈送惠師歸天台　方千送孫百篇遊天台[illegible]
張端送董台州[illegible]　方千送永嘉王明府[illegible]
趙嘏送張又新除溫州[illegible]　杜荀鶴送朱處州下同
孫逖送楊法曹[illegible]　劉長卿送齊郎中[illegible]
王介甫送元厚之福州下同　呂伯恭送人歸閩
朱元晦送胡正字建寧下同　劉長卿送建安陸使君
黃魯直送閻漕　包何送李泉州
曹松送方千遊上元[illegible]　李白送韋參軍徽州下同
劉長卿送人之歙　戴叔倫送人之廣信信州

白居易送人之信州　楊大年送章玉山
盧綸送姚使君　章孝標送張饒州 饒州
皇甫冉送李録事　姚合送張使君
李端送苗明府　王介甫送人赴官南康
王介甫送秦新張宰 隆興下同　王介甫送程公之豫章
孔平仲送分寧宰　黄魯直送武寧尉
王介甫送李袁州　黄魯直送蔡老任五峯
鄭介夫送呂司理 贛州　傅伯成送留尚書
蘇子瞻送江公著 吉州　羅隱別阮兵曹 撫州
曾子固送錢撫州　周必大送薛尚書 江州
韓愈送人歸湖南 潭州下同　賈至送王員外
賈至送韋明府　戎昱送張秀才
張祜送韋整尉長沙　張籍送嚴郴州
姚合送杜邵州 寶慶下同　朱慶餘送邵州林使君
杜甫送人之江陵　杜牧送人歸江陵
曾子固送漢陽守　皮日休送弟歸復州
雍陶送徐使君 峽州　司空曙送史申之峽州
李白送王君尉龍溪 沅州下同　釋無可送宋明府
韓愈送人從遊鄭侯 衡州　杜甫送李廣州 廣州下同
韓愈送鄭尚書　皮日休送李廣州
梅堯臣送唐御史 英德下同　李誠之送唐御史
王介甫送人之韶州　陳希元送人及第歸潮州
韓愈送嚴桂州 靜江下同　杜甫送楊桂州
白居易送嚴桂州　王建送嚴桂州
張籍送嚴大夫　陶弼送人典織梧州
張籍送王梧州　杜牧送容州守
陳陶送韋象州　釋無可送使君赴瓊州
嚴維送李儋州 昌化　李白送人之廣陵 揚州

趙嘏送盧緘歸揚州　韓翃送鄭贊善 眞州下同
王介甫送吳眞州　劉商送元楚州
羅隱送宿松宰 安慶　白居易送李使君 蘄州
杜甫送嚴公入朝 成都　李百藥送杜蜀州 崇慶
蘇子瞻送呂嘉州　蘇子瞻送張嘉州
賈島送穆少府 眉州　蘇子瞻送宋彭州迎侍
蘇子瞻送周漢州　王介甫送李邛倅
劉禹錫別官吏 夔州下同　盧綸送班使君
司空曙送班使君　元稹別李十一 達州
蘇子瞻送裴施州　唐嘉祐送人赴黔中 紹慶下同
劉長卿送任侍御黔中　杜甫送王判官還黔中
杜荀鶴送人尉黔中　張祐送李長史 瀘州
姚合送楊東川 潼川下同　杜甫送李判官
蘇子瞻送周正孺　王維送梓州李使君
司馬君實送張遂州　杜甫送祁録事 合州
江總別袁昌州　杜甫送鮮于巴州
韓翃送楊巴州　項斯送姚金州
方干送姚員外赴金州　岑參送程成州 同慶
杜甫送章判官　許宗送樊使君 蓬州

詩

餞燕類

杜牧張祜赴燕聯句 揚州　羊士諤燕戍回將士 資州

詩

尋訪類

杜甫謝嚴中丞見訪 成都下同　杜甫謝嚴公攜酒枉駕

詩

留題類

回仙題沈東老壁 安吉　楊廷秀題太平寺畫水 常州

胡德輝題天慶觀畫龍 常州　楊補題陳德逢壁 建康
劉季孫題芥風 饒州　周少隱題東坡戴笠圖 昌化
陳無已題紫極觀畫馬 淮安

詩

哀悼類

徐得之悼黄山谷 [illegible]　杜甫悼陳子昂 潼川
黄魯直悼陳後山 徐州

詩

諸州風土

白居易杭州 臨安　方千狹次錢塘 新增
顧非熊經杭州 新增　白居易杭州春望
陸機吳趨行 平江 下同　韋應物郡中燕集
陸天隨吳中　白居易姑蘇二首
杜牧潤州二首 鎮江 下同　李仲殊潤州
沈存中秀州秋日 嘉興　林子中湖州 安吉 下同
蘇子瞻將之湖州　王介甫常州
王介甫越州　唐人越州
張伯玉越州　寄信道明州
顧況永嘉　韓祇福州
胡曾劍津 南劍　王介甫漳州
張籍汀州　謝靈運金陵鼓吹曲 建康 下同
王介甫金陵郡齋　曾景建金陵百詠
李白金陵二首　劉禹錫金陵懷古
杜牧金陵懷古　張宛丘于湖山 太平
謝靈運宣城晚望　謝靈運宣城呈沈尚書
黄魯直宣城郡　林子中宣城郡
曾紆宣州水西 新增　沈希文上饒郡齋
黄魯直豐城 隆興　蘇子瞻過虔館作 贛州

白居易初到江州　白居易江州晚望
汪聖錫次興國軍　呂温道州途中即事 新增
戴叔倫過郴州 新增　韓愈郴口
李太白江陵　陸務觀楚城 江陵
盧綸晚次鄂州 新增　王建荆門
杜甫峽州　蘇子瞻峽州
胡曾峽州　歐陽永叔峽州
韓愈次安陸 德安　崔[illegible]過襄陽 新增
李百藥郢城懷古 郢州 新增　楊廷秀英州 英德
朱餘慶廣州　韓愈將至韶州
楊廷秀經韶州　韓愈南食 潮州 下同
劉夢得潮州　楊廷秀經梅州
蘇子瞻惠州風物　李伯紀經循州
韓愈陽山縣齋 連州　章公言南雄州
沈彬陽朔縣 靜江 下同　陶弼桂州外縣
柳宗元柳州七首　陶弼邕州
張籍象州　蘇子瞻藤州對月
宋之問發藤州 新增　蘇子瞻梧州二首
陶弼貴州　李義山昭州
郭功父賀州　陶弼容州
丁公言崖州　蘇子瞻儋州擬古二首
韋應物揚州 揚州 下同　劉長卿揚州
獨孤及揚州　杜荀鶴揚州
王建揚州　黄魯直過廣陵
羅隱揚州故都　孟遲廣陵城
劉貢父倅海陵 泰州　陳羽伯淮陰縣 淮安
呂本中次寶應　陶應次寶應
歐陽永叔次高郵二首　王元之滁陽 滁州

楊廷秀□□軍　喻坦之晚泊盱眙 盱眙
鄭肇合肥郡 廬州下同　朱昭合肥
林君復無爲軍　王介甫封舒國 安慶下同
王介甫到舒州　杜牧貴安郡三首
方千齋安郡　盧思道成都
杜甫蜀道畫圖 成都　薛能發嘉州 嘉定下同
陳羽嘉州聞吏歌　陸務觀嘉州
蘇子由初發嘉州　文與可彭山縣 眉州
羅隱綿州逢故人　杜甫夔州五言
陸務觀夔府書懷　杜甫夔州七言
杜甫巫山縣　黃魯直巫山縣
戎昱雲安阻雨　杜甫雲安
陸務觀憶萬州　黃魯直次清江□韻 施州
杜甫鄭典設自施州歸　宋瀛涪陵郡 涪州
杜甫忠州 臨江下同　白居易忠州八首
杜甫梓州五言三首 潼川下同　杜甫梓州七言二首
杜甫次鹽亭二首　杜甫通泉縣二首
范至能合州　陸務觀初到榮州 紹熙
蘇子瞻敘州　方千金州客舍
杜甫發閬中歌 閬州下同　杜甫蒼溪縣
和凝洋州　韓億洋州
陸務觀鳳州　韓維圭鳳州
王拱辰鳳州　趙閱道鳳州
杜世昌經成州 同慶下同　杜甫同谷縣
邵稽仲龍州

詩

拾遺類

蘇子瞻將往富陽 臨安下同　大學生洪浩父寄詩

晁无咎七述　蘇子由鶴林招隱 鎮江
謝靈運初發都 臨安下同　謝靈運齋中讀書
謝靈運初去郡　韓愈賦李郴州禱雨
白居易倭奴 道州　黃魯直讀中興頌 永州下同
張右史讀中興頌　米元章讀中興頌
張安國讀中興頌　潘大臨讀中興頌
王叔瞻讀中興頌　范至能讀中興頌
趙汝譜讀中興頌　李白襄陽歌
張安國送人赴省 江陵　李善美大堤曲 襄陽
蘇子瞻江郊 惠州　杜牧揚州珠簾十里
杜甫負薪行 夔州下同　劉禹錫竹枝歌
李白自序 琳州　杜甫最能行 歸州
黃魯直竹枝歌 黔州

引用文目終

新編方輿勝覽卷之一
建安祝穆和父編

○浙西路

臨安府

錢塘　仁和　餘杭　臨安　富陽
於潛　新城　鹽官　昌化

建置沿革　禹貢揚州之域寰宇記牽牛婺女吳地斗分野
漢地理志春秋時初屬越越敗屬吳吳滅又屬
越越敗屬楚秦併天下爲會稽郡漢因之東漢分浙西爲
吳郡陳立錢塘郡隋平陳置杭州唐改爲餘杭郡後復爲
杭州　國朝錢俶納土改爲寧海軍分浙東西爲兩路陞
爲帥府　中興駐蹕陞杭州爲臨安府仍舊浙西安撫使
兼兵馬鈐轄統郡八領
縣九治錢塘仁和兩縣

○兩浙轉運置司

事要　郡名　行在所　漢書天子以四海爲家故所
居曰——。國朝紹興八
年　詔昔在光武之興雖定都於洛而車駕往返見於前史
若非一用能奮揚威靈遍行天討上繼陸漢　朕甚慕之
朕荷　祖　宗之休克紹大統夙夜兢懼不常厥居比者巡
幸建康撫綏淮甸既已申固邊圉獎率六軍是故復還臨安
內脩政事繕治甲兵以定基業非厭雨露之苦而圖
宮室之安也遂定都故　今日以臨安府爲————　脩門
見宋玉賦　京華　見選詩　武林　以山得名　錢塘　九域志錢塘初爲潮水所損州人華信以
私錢作塘捍潮因號錢塘　餘杭　寰宇記夏禹捨舟航登陸于此因名　風俗　其俗輕

揚　闕經古揚州——勁躁而——故曰揚州　其民好用劍　漢志吳越之君尚勇故云
云輕死易發　其君子尚禮　隋志云云傭庶淳龐　其習俗工巧
見後有美堂記　邑屋華麗　同上　俗尚侈靡　臨安志　米珠薪
桂　馬子才送陳自然西上序畧曰朔風驚沙拈捐襲寒子行亦良苦闕之京師曰——如買——如束——骨肉如玉
酒樓如登天驟雨至矣黑潦滿道則馬如游龍
清歌激風客衣無襦抱膝而苦調則火如紅金　以舟檝
爲車馬　吳越春秋人性脆水行山處以舟爲車以檝爲馬　商賈並湊　隋志餘杭
有海陸之饒云云　五方雜處　周淙告詞輦轂之下云云豪強輕於犯法姦伏易以乘間巧僞充斥
奸獄繁興非得材臣罔克彈治　形勝　西界浙河　唐杜牧云云東奄左海　內抱
湖山　秦少游雪齋記杭大州也外帶濤江漲海之險云云竹林之勝其俗工巧羞質朴而尚靡麗其事佛爲最
勤　一爲一都會　見有美堂記　平陸皆江之故地　蘇子瞻六井記潮水避錢塘而東擊西陵所從來遠矣沮洳斥鹵化爲桑麻之區而久乃爲城邑聚落凡今州之云云　輦
轂之下先彈壓　唐柳仲郢云　天下之形勢　晁无咎七述云杭之故封左浙江右具區北大海南天目萬川之所交會萬山之所重複或瀨或湍或灣或淵或岐或孤或袞或連滔滔湯湯渾渾洋洋鬢鬢浪浪隆隆卭卭若金城天府之疆其民既庶而有餘既姣而多娛可導可疏可航可梓可跋可踰可

㩳可卓若九洲三山接乎人世之廬連延迤邐環二十里邑居攸聚蛾台蜂起萬城附之如帶繞指隱以爲脊折以爲尾湮河塹華不足方比方城漢水胡敢僟美當昔夫差之盛時內姑蘇以爲心腹而外城此以爲肩筆車千乘甲士萬人粟支十年帛散千也灑汗成雨連衽成雲乃有大夫伯嚭行人伍員之徒通其謀將軍孫武公子夫差之徒用其衆當以國政之闕發徒越江命習戰事於是張翠羽之蓋靡魚須之斿擢鷁足之楫變龍尾之舟凌鱗鼉之東戲齊肩之濤飄鼓吹乎下風隨戈矛乎上流作往作來作後作先若亂而若聯作止作馳作合作離迭唱而迭隨驚駭人泣馮夷清江忽乎怒濤颷風爲之揚旗已而即次食具樂作三軍甘賀響震山壑其強如此故姑蘇恃以爲南藏而能驅南蔡蹂齊魯侵爭乎百粤窮突乎三楚捷掇踐乎鄒山鞬平五手領莫此亦天下之形勢也

過其地者必駐軾

西征部自浙江艤舟古岸下登其上曰杭州橫空列城爲國大藩東熊軾而建隼旟必王公巨人非刺史郡太守常二千石比也觀其閩商海賈雲赴蝸潦舉良魚鹽騈羅於其中龍山據其首西湖蟠其腹天竺聳其膺東山卧其背樓臺上下如綿繡圖被髮文身若吳越之舊俗也水犀射首若戰江之前勇也金堤玉渠靈臺廣榭若錢氏之故基也霓裳羽衣綽約嬋娟若蘇小之遺態也故過其地者必軾焉

〔山川〕

鳳凰山在城中下瞰大江直望海門今大內在焉。郭璞地記天目山前兩乳長龍飛鳳舞到錢塘

吳山在錢塘縣南六里上有伍子胥廟命曰胥山有升泉清而且甘

孤山去錢塘舊治四里湖中獨立一山人多留題紹興十六年建四聖延祥觀。張祐詩斷橋荒蘚合空院落花深

包家山在嘉會門外多植桃春時都人游觀最爲勝賞

武林山在錢塘舊治之北半里今又爲錢塘門裏太一宮道院土阜是也元名虎林避唐朝諱改虎爲武

寶蓮山在吳山之北

龍山在城南十里郭璞所謂龍飛鳳舞

天目山在臨安縣西五十里有兩峯峰頂各一池左右相對名曰丨丨丨有洞府三十六所嘗有徐五仙張道陵飛昇

定山在錢塘南四十七里突出浙江數百丈潮至此輒抑遏過此復雷吼霆怒。沈約早發詩鳳齡愛遠壑晚涖見奇山標峯綵虹外置嶺白雲間傾壁忽斜豎絶頂復孤圓歸海流漫漫出浦水濺濺野棠開未落山櫻發欲然忘歸屬蘭杜懷祿寄芳荃眷言採三秀徘徊望九仙

浮山在錢塘舊治東南四十里蘇子瞻奏狀云潮水東來勢若雷霆而丨丨峙於江中犬牙錯入以亂潮水

廟山在錢塘縣南七十里突出江心潮勢至此方殺

臨平山晉武帝時丨丨崩出一石鼓擊之無聲以問張華華云可以蜀中桐木刻作魚形扣之

赤松山在富陽縣赤松子嘗駕鶴于此

萬松嶺去錢塘十里夾道栽松。白居易詩萬株松木青山上十里沙堤明月中

慈雲嶺在嘉會門外上有錢王郊壇

風篁嶺脩篁怪石風韻淒然因名丨丨

鷲嶺在府西十二里有巖石龍泓洞十三洲記曰錢塘武林山泉源出焉晉咸和中有西竺乾梵僧登此山歎曰此武林山是中天竺國靈丨山之小丨不知何年飛來乃創靈隱寺

北高峯在靈隱山後

南高峯在南山石塢煙霞洞後

飛來峯又名天竺山乃葛仙翁得道之所。郭功父詩誰從一天竺國移得一峯來占盡湖山秀最宜煙雨間。王介甫詩飛來山上千尋塔聞說雞鳴見日昇不畏浮雲遮望眼自緣

身在最高處此亦可見公跛遇神者始終人不能閱也

呼猿洞 在飛來峯下其洞有路可透天竺

水樂洞 在南山泉流空谷中自然宮商東陽亦有之

風水洞 去錢塘舊治五十里在楊村慈巖院洞極大流水不竭洞頂又有一洞清風徹出故名

九里松 乃入天竺路

蘇公堤 元祐間蘇子瞻築堤湖上自孤山抵北山夾道植柳林子中榜曰……章子厚詩天面長虹一線痕直通南北兩山春後呂惠卿奏毀之乾道作新堤自南山淨慈寺前直抵北山湖分為兩遊人大舟不能達於北山紹興中始造二高橋出北山達於大佛頭舟行往來始無礙

浙江 在錢塘莊子云浙河即浙江取其曲折以為名○吳王既賜子胥死乃取其屍盛以鴟夷之革浮之江中子胥因流揚波依潮來往蕩激隄岸勢不可禦或有見其乘白馬素車在潮頭者因為之立廟每歲仲秋既望潮水極大杭人以旗鼓迓之弄潮之戲蓋始乎此然或有沉溺者○治平中郡守蔡襄作戒弄潮文云斗牛之分吳越之中維江濤之最雄乘秋風而益怒乃其習俗于以遊觀厥有善泅之徒競作弄潮之戲以父母所生之遺體投魚龍不測之深淵自為矜夸時或沉溺精魄求淪於泉下妻孥望哭於水濱生也有涯盍終於天命死而不弔重棄於人倫推予不忍之心示爾無窮之戒所有今年觀潮並依常例其軍人百姓輒敢弄潮並行科罰

海潮 江源自歙州界經州又東北流入于海江濤每日晝夜再上常以月十日二十五日最小月三日十七日極大小則水漸漲不過數尺大則濤湧高數丈每年八月十八日數百里士女共觀舟人漁子泝濤觸浪謂之迎潮○高麗圖經云潮汐往來應期不爽為天地之至信古人嘗論之在山海經以為海鰌出入之度浮屠書以為神龍之變化竇叔蒙海嶠志以為水隨月之盈虧盧肇海潮賦以謂日出于海衝擊而成王充論衡以為水者地之血脉隨氣進退率未之盡大抵天包水水承地而一元之氣升降於太空之中地乘水力以自持且與元氣升降互為抑揚而人不覺亦猶坐於船中而不知船之自運也方其氣升而地沉則海水溢上而為潮及其氣降而地浮則海水縮而為汐計日十二辰由子至巳其氣為陽而陽之氣又自有升降以運乎晝由午至亥其氣為陰而陰之氣又自有升降以運乎夜一晝一夜合陰陽之氣凡再升再降故一日之間潮汐皆再焉然晝夜之攻擊乘日升降如應乎月日臨於子則陽氣始升月臨於午則陰氣始升故也夕潮之期日皆臨子晝潮之期月皆臨午焉又日行遲月行速以速應遲每二十九度過半而月行及之日月之會謂之合朔故月朔之夜潮日亦臨子月朔之晝潮日亦臨午焉且晝即天上而言之天體西轉日月東行自朔而往月速漸東至於漸遲而潮亦應之以遲於晝故晝潮自朔後迭差而入於夜此所以一日午時二日午末三日未時四日未末五日申時六日申末七日酉時八日酉末也至夜即海下而言之天體東轉日月西行自朔而往月速漸西至於漸遲而潮亦應之以遲於夜故夜潮自朔後迭復而入於晝此所以一日子時二日子末三日丑時四日丑末五日寅時六日寅末七日卯時八日卯末也以時有交變氣有盛衰而浙潮之所至亦因之為大小當卯酉之月則陰陽之交也氣以交而盛故潮之大也獨異於餘月當朔望之後則天地之變也氣以變而盛故潮之大也獨異於餘日今海中有魚獸殺取皮而乾之至潮時則毛皆起豈非氣感而類應之自然歟○吳越備史梁開平四年武肅王錢氏始築捍海塘在候潮通江門之外潮水晝夜衝激版築不就因命強弩數百以射潮頭又致禱於胥山祠既而潮水避錢塘

岸擊西陵遂成陂岸。劉禹錫詩八月濤聲吼地來頭高數丈觸山迴須臾却入海門去卷起沙堆似雪堆。李白詩浪打天門石壁開海神來過惡風迴浙江八月何如此濤似連山噴雪來。楊巨源送章孝標歸杭州詩曾過靈隱江邊寺獨宿東樓看海門潮色銀河鋪碧落日光金柱出紅盆。蘇子瞻望海樓詩海上濤頭一線來樓前指顧雪成堆從今潮上君須上更看銀山十二回。横風吹雨入樓斜壯觀應須好句誇雨過潮平江海碧電光時掣紫金蛇。江神河伯兩醯雞海若東來氣吐霓安得夫差水犀手三千強弩射潮低。楊廷秀海潮詩海湧銀爲郭江横玉繫腰

漁浦潭

在州南。丘希範旦發漁浦潭詩漁潭霧未開赤亭風已颺擢歌發中流鳴鞞響沓嶂村童忽相聚野老時一望詭怪石異象嶄絶峯殊狀森森荒樹齊析析寒沙漲藤垂島易陟崖傾嶼難傍信是永幽棲豈徒暫清曠坐嘯昔有委卧治今可尚

西湖

在州西周迴三十里其澗出諸澗泉山川秀發四時畫舫遨遊歌鼓之聲不絶好事者嘗命十題有曰平湖秋月蘇堤春曉斷橋殘雪雷峯落照南屏晚鍾麯院風荷花港觀魚柳浪聞鶯三潭印月兩峯插雲。蘇子瞻脩西湖表狀昔西漢之末翟方進爲丞相始決壞汝南鴻隙陂父老怨之歌曰壞陂誰翟子威飯我豆食羹芋魁反乎覆陂當復誰言者兩黃鵠蓋民心之所欲而託之天以爲有神下告我也孫皓時吳郡上言臨平湖自漢末草穢壅塞今忽開通長老相傳此湖開天下平皓以爲己瑞已而晉武帝平吳由此觀之陂湖河渠之類久廢復開事關興運雖天道難知而民心所欲天必從之杭州之有||如人之有眉目蓋不可廢也唐天寶中白居易爲刺史方是時西湖溉田千餘頃及錢氏置撩湖兵士千人日夜開浚自 國初以來稍廢不治水涸草生漸成葑田熙寧中臣通判本州則湖之葑合者蓋十二三年至今纔十六七年之間遂塞其半父老皆言十年以來水淺葑合如雲翳空倏忽便滿更二十年無西湖矣使杭州無西湖如人而去眉目豈復爲人乎臣愚較之竊謂西湖有不可廢者五天禧中故相王欽若奏以西湖爲放生池禁捕魚鳥爲人主祈福自是以來每歲四月八日郡人數萬會于湖上所放羽毛鱗介以百萬數皆西北向稽首仰祝千萬歲壽若一旦堙塞使蛟龍魚鼈同爲涸轍之鮒則臣子坐觀亦何心哉此西湖之不可廢者一也杭之爲州本江海故地水泉鹹苦居民零落自唐李泌始引湖水作六井然後民足於水井邑日富百萬生聚待此而汲今湖狹水淺六井漸壞若二十年之後盡爲葑田則舉城之人飲鹹苦其勢必自耗散此西湖之不可廢者二也白居易作西湖石函記云放水溉田每減一寸可溉十五頃可無凶歲今雖不及千頃而下湖數十里間茭菱穀米所獲不貲此西湖不可廢者三也西湖深闊則運河可以取足於湖水若湖水不足則必取江潮潮之所過泥沙渾濁一石五斗不出三歲輒調兵夫十餘萬工開浚而河行市井中蓋十餘里吏卒搔擾泥水狼籍爲居民莫大之患此西湖之不可廢者四也天下酒税之盛未有如杭者也歲課二十餘萬緡而水泉之用仰給於湖若湖水漸淺水不應滿則當勞人取山泉歲不下二十萬工此西湖之不可廢者五也臣以侍從出膺寵寄目覩西湖有必廢之漸有五不可廢之憂伏望 聖斷賜臣度牒若干道使得畢志半年之間目見西湖復唐之舊環三十里際山爲岸則農民父老與羽毛鱗介同詠 聖澤無有窮已臣不勝大願。白居易錢塘湖春行詩孤山寺北賈亭西水面初平雲腳低最愛湖東行不足綠楊陰裏白沙堤。湖上泛舟詩排比管絃行翠袖指麾舩舫點紅旌慢牽好向湖心去恰似菱花鏡上行。西湖留別詩征途行色慘風煙祖帳

羅擘咽瞥絃翠黛不須留五馬皇恩只許住三年綠藤陰下
鋪歌席紅藕花中泊妓船處處回頭盡堪戀就中難別是湖
邊。蘇子瞻懷西湖寄美叔詩西湖天下景誰能得其全三
百六十寺幽尋遂窮年君持使者節風采爍雲煙胡不屏騎
從暫借僧榻眠讀我壁間詩清淨洗煩煎。湖上詩水光瀲
灧晴方好山色空濛雨亦奇欲把西湖比西子淡粧濃抹總
相宜。蘇子瞻云杭有西湖潁亦有西湖皆為游賞之勝而
子瞻連守二州其初得潁也有潁人在坐云內翰但只消遊
湖中便可了郡事言其訟簡也及守杭秦少游有詩云十里
荷花菡萏初我公所至有西湖欲將公事湖中了見說官閑
事亦無。林君復詩混元神巧本無形匠出西
湖作畫屏春水淨於僧眼碧晚山濃似佛頭青

宮闕

大內 在鳳凰山東以臨安舊子城增築南曰麗正門門外建
東西闕趨東西待漏院北曰和寧門門外亦建百官待
漏院東曰東華門朝野
雜記——即杭之州治 慈寧宮 朝野雜記紹興九年和議成 太后有歸耗命
有司作 德壽宮 中興小曆紹興三十二年望仙
———橋新葺宮成詔以——為名 重華
宮 壽皇遜位處此即德壽宮 慈福宮 即德壽宮 壽慈宮 即德壽宮
康宮 朝野雜記 寧宗受禪丞相趙汝愚議以秘書省為泰寧宮已而不果行以 慈懿皇后外第為之 光
宗不欲遷因以舊寧福殿為
———而更建寧福殿焉 崇政殿 紹興十二年始作行大朝會之禮又
有———
說書之職 垂拱殿 紹興十二年始作 紫宸殿 紹興十二年以射殿作崇
政殿遇朔權
作——— 寧福殿 紹興二十八年始作 祥曦殿 同上 文德

殿 降赦則御焉 集英殿 策士御焉 大慶殿——講武殿
復古殿 端平元年重修 選德殿 孝宗新創於御座後作金漆大屏風分畫諸道各列
監司郡守於兩行以黃簽標識居
官者職位姓名其背為華夷圖 東宮 朝野雜記——舊無有但聽讀於資
善堂 孝宗為皇太子始居東宮在麗正門內其地甚隘
光宗之為太子 孝宗謂輔臣曰 朕宮中空閑不用宮殿
甚多可撥
移修立 皇城 會要紹興三十八年殿前都指揮使楊存中乞通展十三丈以五丈作御路六丈令
民居將來 聖駕親郊由候潮
門經從所展御路直抵郊臺 太廟 在瑞石山之左朝野雜記
京師———舊十六楹其十四楹為七室東西二楹為夾室及
哲宗祔廟七室已滿用李邦直議祔 哲宗主於東夾室室
既隘 神帳祭器至不能容乃裁削
其制創立崇寧始改曰行在 太廟 九廟之制 朝野雜記太廟
自 仁宗以來皆祀七世崇寧初始取王肅說謂二祧在七
世之外乃建九廟奉 翼祖 宣祖咸歸本室焉紹興中
徽宗祔廟以與哲宗同為一世故無所祧及升祔 欽宗始
祧 翼祖 高宗與 欽宗同為一世亦不祧由是淳熙末
年太廟祀九世十二室及阜陵復土趙汝愚為相遂祧 僖
宣二祖而祔 孝宗有 旨集議。時朱熹方在講筵獨以
九廟為正其議曰 今日宗廟之制未能如古姑以權宜而
論莫若以 僖祖擬周之后稷而祭於太廟之初室 順
祖為昭 翼祖為穆 宣祖為昭而藏其祧主于西夾室 太
祖擬周之文王為祖而祭於太廟之第二室 太宗為昭擬
周之武王而祭於太廟之第三室其 太祖 太宗又皆百
世不遷而謂之世室 真宗為穆其祧主亦且權藏於西夾

室　仁宗爲昭爲宗而祭於第四室亦爲世室如　太宗之
制　英宗爲穆藏主如　真宗之制　神宗爲昭祭第五室
哲宗爲穆祭第六室　徽宗爲昭祭第七室　欽宗爲穆祭
第八室　高宗爲昭祭第九室　孝宗爲穆祔第九室異時
亦當爲宗爲世室如　太宗　仁宗之制三歲祫享則　僖
祖東享如故而自　順祖以下至於　孝宗皆合享焉則於
心爲安於禮爲順盡焉　太祖以東享者義也奉　僖祖以
東享者恩也義者天下臣子　今日之願也恩者　太祖當
日之心也與其伸義屈恩以快天下臣子之願孰若全義伸
恩以慰　太祖當日之心乎韓愈所謂祖以孫尊孫以祖詘
者正合此意而又以爲四時各祭其廟則所伸之祭
常多三年然後一祫則所詘之祭常少亦中事情　**神御**
殿　在大內朝野雜記東都舊有之號欽先孝思殿紹興十
九年秋始創在崇政殿之東凡朔望節序生辰　上皆
親酌獻行香蓋　**景靈宮**　在新庄橋之西朝野雜記　祖
用家人之禮也　宗帝后　神御皆寓道釋之館
神宗元豐中始做漢原廟之制即｜｜｜之東西爲六殿以
奉　宣祖以下後殿以奉　母后至　徽宗時又立｜｜西
宮建炎改元之日即建｜｜於江寧而不克成渡江以後
祖　宗神御皆寓溫州天慶宮○中興小曆又云紹興十三
年｜｜｜成　祖　宗神御自溫州來至是迄于行在　上
乃詣天章閣告遷　徽宗及　恭顯　恭肅二后神御乙未
並奉安於｜｜｜四孟躬行獻禮上元結灯樓寒食設鞦韆
七夕設摩睺羅小曆又云紹興十八年監登聞鼓院徐璉言
自古帝王必有佐命之臣功銘鼎彝侑食
清廟望詔有司訪求舉行｜｜｜之兩壁　〔宮觀〕　**圜壇**　在嘉
會門外　**熙成殿**　在壇側　**太社太稷壇**　在觀橋之東　九
南三里

宮壇　在東青門外一里歲祀太乙攝提權主　**先農壇**
招搖天符青龍咸池太乙天乙九宮神
在嘉會門外玉津園南
親耕帝籍以先天下　**高禖壇**　在嘉會門外　〔館閣〕　**龍圖**
閣　太宗御書　**天章閣**　真宗御書　**寶文閣**　仁宗御書　**顯謨閣**
神宗御書　**徽猷閣**　哲宗御書　**敷文閣**　徽宗御書　**煥章閣**　高宗御書
華文閣　孝宗御書　**寶謨閣**　光宗御書　**寶章閣**　寧宗御書　**秘**
書省　在天井巷之東　**右文殿**　在秘書省　**秘閣**　在秘書省　**史館**　在秘書省
〔苑囿〕　**玉津園**　在嘉會門外　**富景園**　在新門外　**聚景園**　在
在錢湖門外　**集芳園**　在北山　**瓊華園**　在城內　**南昇園**　在淨
慈寺又天竺延祥寺亦有　〔學校〕　**太學**　在紀家橋西初十齋曰服膺禔
身守約習是存心允蹈養正持
志率履誠意續置七齋曰觀化貫道務本果行篤信時中循
理凡十七齋後增三齋曰節性經德立禮共二十齋諸齋扁
榜皆米友仁書續置三齋張安國書○紹興十四年　光堯
太上皇帝御謁　先聖止輦於大成門外降登步趨執爵奠
拜注視像貌聖翼欽慕復幸｜｜御崇化堂頒示手詔示樂
育羣材之意今命國子司業高閱講周易泰卦賜羣臣諸生坐
垂聽講說首肯者再三復幸養正持志
二齋頓瞻生徒肄業之所徘徊久之　**武學**　在前洋街　**宗學**
在睦親宮之右　〔公廨〕　**三省樞密院**　在和寧門北　**尚書六部**

在朝天門裏御史臺在清河坊其餘史不盡錄禮部貢院在觀橋西都亭驛在候潮門裏國信所附朝野雜記云北使至闕先遣館伴使賜 御筵于班荊館明日始至｜｜｜又明日入見伴使至南宮門外下馬北使至隔門內 上御紫宸殿六參官起居北使見畢退赴客省茶訖遂宴垂拱殿酒五行惟從官以上預坐是日賜茶器名菓又明日賜生餼見之二日與伴使皆往天竺寺燒香 上賜沉香乳糖齋筵酒果次日至冷泉亭呼猿洞而歸翌日賜內中酒果風藥花賜赴守歲夜筵酒五行用傀儡正月朔旦引見朝賀方北使之始至也閤門官先為之說朝見儀投朝見牓子至是日禮畢復回｜｜｜分位 上賜被褥紗羅等既而臨安府書送酒食上遣大臣就賜 御筵中使傳旨宣勸酒九行三日客省僉賜酒食內中賜酒果遂赴浙江亭觀潮酒七行四日赴玉津園燕射朝廷命諸校善射者假管軍觀察使伴之 上賜弓矢酒行作樂伴射官與大使並射弓館伴副使與國信副使並射弩酒九行退五日大燕集英殿尚書郎監察御史以上皆與學士撰致語六日朝辭退賜襲衣金帶大銀器臨安府書送贐儀 上復遣執政官就驛 御宴次日 上賜龍鳳等茶金鍍合乘馬出北關門登舟宿赤岸又次日 上遣近臣押賜
御筵

井泉

六井東都事畧杭瀕海水泉鹹苦唐刺史李泌始導西湖水入城分為｜｜以便民汲

龍井去城十五里○秦少游記云｜｜舊名龍泓吳赤烏中方士葛洪嘗煉丹於此事見圖經其地當西湖之西浙江之北風篁嶺之上深山亂石之水泉也每歲旱禱雨於他祠不獲則禱於此輒應故老相傳以為有龍居之然泉者山之精氣所發也西湖深靚空闊納光景而涵煙霏菱芡荷花之所附麗龜魚鳥蟲之所依憑漫衍而不迫紆餘而成文陰晴之中各有意態而不可以言盡也故岸湖之山為所誘而不克以為泉浙江介於吳越之間一夜一晝濤頭自海而上者再疾擊而遠馳兕虎駭而風雨作過者摧當者壞乘高而望之使人毛髮盡立心掉而不禁故岸江之山多為所脅而不暇以為泉惟此地蟠幽而踞阻內無靡曼之誘以散越其精外無豪悍之脅以虧疏其氣故嶺之左右大率多泉龍井其尤者也嘗有大魚自泉中躍出然後知井之有龍不誣

參寥泉在智果院蘇子瞻嘗有詩

六一泉在報恩院孤山之址歐陽永叔雖不到東勤思之蘇子瞻因以名此泉

撫掌泉在洞霄宮相傳錢武肅王至宮撫掌而泉涌因以為名

堂亭

有美堂舊在郡治守梅摯建○歐陽永叔｜｜｜記云嘉祐二年龍圖閣直學士尚書吏部郎中梅公出守于杭於其行也天子寵之以詩於是始作有美之堂蓋有取賜詩之首章而名之以為杭人之榮然公之甚愛斯堂也雖去而不忘今年自金陵遣人走京師命余誌之其請至六七而不倦余乃為之言曰夫舉天下之至美與其樂有不得而兼焉者多矣故窮山水登臨之美者必之乎寬閑之野寂寞之鄉而後得焉覽人物之盛麗夸都邑之雄富者必據乎四達之衝舟車之會而後足焉蓋彼放心於物外而此娛意於繁華二者各有適焉然其為樂不得而兼也今夫所謂羅浮天台衡嶽廬阜洞庭之廣三峽之險號為東南奇偉秀絕者乃皆在乎下州小邑僻陋之邦此幽潛之士窮愁放逐之臣之所樂也若乃四方之所聚百貨之所交物盛人衆為一都會而又能兼有山水之美以資富貴之娛惟金陵錢塘為然二邦皆僭竊於亂世及 聖宋受命海內為一金陵以後服見誅今其江山雖在而其頹垣廢址荒煙野草過而覽者莫不躊躇而悽愴獨錢塘自五代

特知尊中國勍臣順及其亡也頫首請命不煩干戈其人民幸富庶安樂又其習俗工巧邑屋華麗蓋十萬餘家環以湖山左右映帶而閩商海賈風帆浪舶出入於江濤浩渺煙雲杳靄之間可謂盛矣而臨是邦者必皆朝廷公卿大臣若天子之侍從又有四方遊士為之賓客故喜占形勝治亭榭相與極遊覽之娛然其於所取有得於此者必有遺於彼獨所謂有美堂者山水登臨之美人物邑居之繁富目而盡得之蓋錢塘兼有天下之美而斯堂者又盡得錢塘之美焉宜乎公之甚愛而難忘也梅公清慎好學君子也視其所好可以知其人焉

中和堂 光堯太上皇帝御製詩一首云六龍轉淮海萬騎臨吳津王者本無外駕言蘇遠民瞻彼草木秀感此瘡痍新登堂望稽山懷哉夏禹勤神功既盛大後世蒙其仁願同越勾踐焦思先吾身艱難務遵養聖賢有屈伸高風動君子屬意種蠡臣又御書謂斯堂偉特之觀無愧上都薰風南來我意雖快願與衆人共之後改為偉觀堂。先是趙閱道詩老來重守鳳凰城千里人心豈易平樂職古賢形歎詠中和終不為虛名

虛白堂 白居易詩刻石堂上。羅隱——牡丹詩云莫背欄干便相笑與君俱受主人恩蓋謂居易植此花又有紫薇兩本亦謂居易所植蘇子瞻有詩堂今廢

三賢堂 在孤山竹閣今在湖上蓋樂天君復子瞻也

冷泉亭 在飛來峯下杭州刺史元稹建。白居易亭記東南山水餘杭郡為最由郡言靈隱寺為尤由寺觀——為甲亭在山下水中央寺東南隅高不倍尋廣不累丈而撮奇得要地搜勝槩物無遯形春之日吾愛其草薰薰木欣欣可以導和納粹暢人血氣夏之夜吾愛其泉渟渟風泠泠可以蠲煩析酲起人心情山樹為蓋巖石為屏雲從棟生水與階平坐而翫之者可濯足於牀下臥而狎之者可垂釣於枕上矧又潺湲潔澈粹冷柔滑若俗士若道人眼耳之塵心舌之垢不待盥滌見輒除去潛利陰益可勝言哉斯所以最餘杭而甲靈隱也杭自郡城抵四封叢山複湖易為形勝先是領郡者有相里君造虛白亭有韓僕射皋作候仙亭有裴庶子棠棣作觀風亭有盧給事元輔作見山亭及右司郎中河南元藇最後作此亭於是五亭相望如指之列可謂佳境殫矣能事畢矣後來者雖有敏心巧目無所加焉故吾繼之述而不作 孝宗皇帝御製冷泉堂詩一堂虛敞臨清沼密蔭交加森羽葆山頭草木四時春閱盡歲寒長不老。蘇子瞻呈唐林夫詩靈隱寺前天竺後兩澗春淙一靈鷲不知水從何處來跳波赴壑如奔雷無情有意兩莫測肯向冷泉亭下相縈迴我在錢塘六百日山中暫來不煖席今君欲依靈隱居葛衣草屨隨僧蔬能與冷泉作主一百日不用二十四考書中書

浙江亭 錢起宴浙江西亭詩瀲浦浪花搖素壁西興樹色入秋窗

夢兒亭 在武林山顛晏謝靈運會稽人也世不宜子息乃於錢塘杜明甫舍寄養明甫是夜夢有賢人相訪及曉乃靈運至

樓閣

豐樂樓 在湧金門外瞰湖揚靖建

四照閣 在孤山。鄭毅夫詩湖山天下之絕境羣山繞湖十百重幾番四捲明鏡綠此閣正落明鏡中

佛寺

天竺三寺 在北山李心傳繫年錄紹興十二年虜使劉筈等往上天竺焚香因以為例。中天竺在二者之間。下天竺葛澧帝都賦傍西深入巖谷益秀。白居易天竺詩一山門作兩山門兩寺元從一寺分西澗水流東澗水南山雲起北山雲前臺花發後臺見上界鐘清下界聞遙想吾師行道處天花桂子落紛紛。綦毋潛詩郡有化城家西峯疊嶂深松門當澗口石路在峯心幽見夕陽霽高逢暮雨陰佛身瞻紺髮寶地踐黃

金雲間竹溪盡月從花洞臨因物成真悟遺世在茲岑。陶翰詩松柏亂巖石西山微徑通天關一峯見宮闕生虛空正殿倚霞壁上方標石叢夜來張鳥靜鐘於響雲中峰翠映湖月泉聲亂溪風心超諸境外了與懸解同明發氣候改起視長崖東湖色濃蕩漾海光漸朦朧葛仙迹尚在許氏道猶崇獨往古今事幽懷期二公

天竺觀音像 石晉天福間僧道翊一夕見山間光明往視之得奇木乃命匠者孔仁謙刻觀音像會僧勳從洛陽持古佛舍利來納之頂間妙相具足吳越時忠懿王夜夢白衣仙人求治其居左右曰天竺觀音白衣仙像也乃一新道場凡水旱必禱焉至今如此

靈隱寺 在錢塘十二里靈隱天竺兩山由一門而入。宋之問遊靈隱夜吟云鷲嶺鬱岧嶤龍宮隱寂寥久不能續有老僧坐禪曰何不道樓觀滄海日門對浙江潮桂子月中發天香雲外飄捫蘿登塔遠刳木引泉遙云云淨明僧不見人以為駱賓王也。蘇子瞻次李寺丞韻君不見錢塘湖錢王壯觀今已無屋堆黃金斗量珠運盡不勞折簡呼四方官遊散其筝宮關留與閑人娛盛衰交樂兩須臾何用多憂心鬱紆溪山處處皆可廬最愛靈隱飛來孤喬松百丈蒼髯鬚擾擾下笑柳與蒲高堂會食羅千夫撞鐘擊鼓喧朝晡凝香方丈眠氍毹絕勝絮被縫海圖清風時來驚睡餘遂超羲皇傲几蘧歸時棲鴉正畢逋孤煙落日不可摹

淨慈寺 在暗門外湖上周顯德建祥符改今額寺有五百羅漢各身高數丈大數圍又有大鐵鑊蘇子瞻遊丨丨丨謁本長老詩云卧聞禪老入南山淨埽清風五百間

孤山寺 白居易西湖晚歸回望孤山寺詩柳湖松島蓮花寺晚動歸橈出道場盧橘子低山雨重栟櫚葉戰水風涼煙波澹蕩搖空碧樓殿參差倚夕陽到岸請君回首看蓬萊宮在水中央。又遊雨詩拂波雲色重洒葉雨聲繁水鳥雙飛起風荷一向翻空濛連北岸蕭颯入東軒或擬湖中宿留船在寺門。張祜詩樓臺聳碧岑一徑入湖心不雨山長潤無雲水自陰斷橋荒蘚澁空院落花深猶憶西窻月鐘聲在北林

徑山寺 在餘杭縣北圖經徑山乃天目山之東北峯也中有徑路後通天目故名徑山有龍井事狀云國一大師因獵者導自重岡之西至於危峯之北有須素衣老人前而致拜請師登山絕頂入五峯之間顧捨此地為師立錫之所有大湫指謂師曰吾家若去此湫當涸留一水穴幸勿堙之我將時至而衛師言訖雲霧晦冥風雨驟作及明既霽湫水盡涸惟一穴尚存謂之龍井今庵基見在諸草不生。蘇子瞻遊詩衆峯來自天目山勢若駿馬奔平川中途勒破千里足金鞭玉鐙相迴旋人言山住水亦住下有萬仞蛟龍淵道人天眼識王氣結茅宴坐荒山顛精神貫山石為裂天女下試顏如蓮寒窻暖足來扑握衣鉢呪水降蜿蜒雪眉老人朝扣門願為弟子長參禪爾來變興三百載奔走吳會輸金錢飛樓湧殿壓山破朝鐘暮鼓驚龍眠晴空偶見浮海蜃落日下數投林鳶有生共處覆載內擾擾膏火同烹煎近來愈覺世議隘每到寬處差安便嗟余老矣百事廢卻尋舊學心茫然問龍乞水歸洗眼欲看細字銷殘年

大佛石 乃秦皇繫纜石僧思淨刻作大佛爾

寶所塔 在大佛頭之上

雷峯塔 在西湖之南山

六和塔 開寶中建在龍山月輪峯之開化寺初九級後發紹興再造七層。蘇子瞻詩話云舊讀蘇子美六和塔詩松橋待金鯽盡日獨遲留初不喻此語及倅錢塘乃知寺後池中有此魚如金色也昨日復游池上投餅餌乃略出不食復入則此魚自珍貴久矣。搢紳脞說張君房為錢塘令宿月輪山寺僧報曰桂子下塔遂中夜登塔望之紛

紛如煙霧回旋成穗散墜如牽牛子黃白相間咀之無味

【寺觀】**四聖觀** 在西湖孤山之上祠佑聖翊聖天猷天蓬四聖。靖康末 上自北邸北使將就馬或見四金甲人執弓劍以衞 顯仁后聞之曰我事四聖香火甚謹必有陰助乃令曹勛奏 上宜加崇奉其像乃沉香斲之

洞霄宮 在餘杭縣西十八里漢武帝元封開創祥符間改爲丨丨丨。按眞境錄宮有五洞交篇九峯回挹千巖萬谷秀聚其中。蘇子瞻詩上帝高居愍世頑故留瓊館在凡間青山九鎖不可到作者七人相對閑亭下泉流翠蛟舞洞中飛鼠白鴉翻長松怪石宜霜鬢不用金丹苦駐顔。又和張子野過舊遊便欲洞霄爲隱吏一庵聊地且相留

【祠廟】**胥山祠** 盧元輔銘幷序元和七年冬十月朝散大夫杭州刺史上柱國某視事三歲塵天子書上畏群靈下慙蒸乂乃啓眞祠銘而序曰維唐叡祀典于天下發淫置明資父事君罔有不舉纂朝既殷我命厥新有周行人伍公字子胥陪吳之職得死直言國人求忠者之屍禱水星之舍將職鴟華遂臨浙江千五百年廟貌不改漢史遷曰胥山今云青山者繆也吁善父爲孝記曰父讎不與共戴天諫君爲忠經曰諸侯有諍臣不失國當批于宋鄭絕楚出亡在平爲末官在奢爲飯壯子坎壈伏節乞師於吳軍鼓丁寧於五戰至郢先詰王建邦啓土者以詰言戮后推大人屬惟后成湯用爲大義孔子立爲大經子胥修爲大仇雖人賦爲大怨咸令在上慢惡不生則前戈難墓非倒行也後戈走昭非逆施也夫差既王宰嚭受賂二十年內越祀又顛太伯廟血將乾闔閭劍光且失公朝爲宴焉入則諫焉孰謂大壽孰謂刀寒雖言釁出口而車甲已困於齊矣鑊稻已奪於歲矣屬鏤之賜竟及其身鴟夷盛屍投于水濆憤悱致怒配濤作神迄今一日再至來也海鷗群飛陽侯夾從聲遠而近聲近而遠奮于吳怫于越爻于楚乃退於是仲秋闚望杭人以旗鼓迓之節簫和之百城聚觀大羅威靈卷沙墨裂地崇巖岩岸圻成坑迎潮民格之如呂梁丈人爲靈戈威矛激浪百重渚塞不先跳牆揭舳再飯之間絕其音聲蕩漭千里洪濤砥平有滑有腊有醢有腥遐貢乎下庭山海梯航雞林扶桑交臂于郊皆金狄在戶雷鼓在堂魏搏瀆豆六代罍尊奇謂奉天爵之聲香獲神人之盛禮佐皇震怒驅叱大邪萬里永清人觀叶氣銘曰武王鉞紂子胥鞭平爲人爲父十死一生矯矯伍員執弓挾矢扶其寶劍以謁吳子稽首斯罪皆中紂琨蒸報子妻臧鉏直士赫赫王閭賓聽奇謨錫之金鼓以號以誅黃旗大舉右廣皆朱戮墓非諸瞻昭乃烏於王嗣立執書以泣顛越言羅宰嚭讒輯步光欲飛姑蘇待執吾則切諫抉眼不入投于河上自古波濤晝夜兩至懷沙類騷洗滌南北欺蕩東西蠻夷卉服罔敢不來雖非命祀不讓瀆齊帝王王代代明明表我忠誠

【古迹】**陳朝檜** 在廣化寺。蘇子瞻詩雙檜一先神物化九朝三見太平年

仙姥墩 在府西五里按葛洪神仙傳王方平過蔡經家以千錢與餘杭姥求沽酒須臾信還得酒五斗許又東晉初有裘氏姥不知何許人居此墩采衆花醞酒沽貧者貰與經數年忽有三人至姥所各飲數斗不醉謂姥曰予非常士知姥當仙故來相命因授藥數丸姥餌之月餘不知所在。王介甫送惠思歸錢塘詩綠淨堂前湖水綠歸來正復有荷花花前若見餘杭姥爲道仙人憶酒家

【名宦】**袁仁敬** 唐明皇自擇仁敬爲刺史嘗種九里松

李泌 爲刺史引西湖水爲六井

白居易 爲刺史築堤捍錢塘

宋璟 爲刺史在官清廉

皇朝錢鏐 蘇子瞻代趙閱道撰表忠觀碑云熙寧十

年十月資政殿大學士右諫議大夫知杭州軍州事臣抃言吳越國王錢氏墳廟及其父祖妃夫人子孫之墳在錢塘者二十有六在臨安者十有一皆蕪廢不治父老過之有流涕者謹按故武肅王鏐始以鄉兵破走黃巢名聞江淮復以八郡兵討劉漢宏并越州以奉董昌而自居於杭及昌以越叛則誅昌而併越盡有浙東西之地傳其子文穆王元瓘至其孫忠顯王仁佐遂破李景兵取福州而仁佐之弟忠懿王俶又大出兵攻景以迎周世宗之師其後卒以國入覲三世四王與五代相終始天下大亂豪傑蜂起方是時以數州之地盜名字者不可勝數既覆其族延及于無辜之民罔有子遺而吳越地方千里帶甲十萬鑄山煮海象犀珠玉之富甲於天下然終不失臣節貢獻相望於道是以其民至於老死不識兵革四時嬉遊歌舞之聲相聞至于今不廢其有德於斯民甚厚　皇宋受命四方僭亂以次削平而蜀江南負其險遠兵至城下力屈勢窮然後束手而河東劉氏百戰守死以抗王師積骸爲城釃血爲池竭天下之力僅乃克之獨吳越不待告命封府庫籍郡縣請吏于朝視去其國如去傳舍其有功於朝廷甚大昔竇融以河西歸漢光武詔右扶風脩理其父祖墳塋祠以太牢今錢氏功德殆過於融而未及百年墳廟不治行道傷嗟甚非所以勸獎忠臣慰荅民心之義也臣願以龍山廢佛祠曰妙因院者爲觀使錢氏之孫爲道士曰自然者居之凡墳廟之在錢塘者以付自然其在臨安者以付其院之净土寺僧曰道微歲各度其徒一人使世掌之籍其地之所入以時脩其祠宇封植其草木有不治者縣令丞察之甚者易其人庶幾永終不墜以稱朝廷待錢氏之意臣抃昧死以聞制曰可其妙因院改賜名曰表忠觀銘曰天目之山苕水出焉龍飛鳳舞萃于臨安篤生異人絕類離倫奮挺大呼從者如雲仰天誓江月星晦蒙強弩射潮江海爲東殺宏誅昌奄有吳越金券玉冊虎符龍節大城其居包絡山川左江右湖控引島蠻歲時歸休以燕父老曄如神人玉帶毬馬四十一年寅畏小心厥篚相望大貝南金五朝昏亂罔堪託國三王相承以待有德既獲所歸弗謀弗咨先王之志我維行之天胙忠孝世有爵邑允文允武子孫千億帝謂守臣治其祠墳毋俾樵牧愧其後昆龍山之陽巋然新宫匪私于錢唯以勸忠非忠無君非孝無親凡百有位視此刻文

張詠 爲守歲歉聽民鬻鹽又民家子與壻訟家財云妻父臨終令異日以十之三付幼子餘七分與壻詠覽之曰汝妻父以子幼故託汝儻以家財十之七與子則子死於汝手矣亟命兩易之人皆服其明斷

范仲淹 以參政知州

梅摯 知杭州

李及 知杭州

薛映 知杭州

陳襄 知州務先學校薦達人才

趙抃 兩知杭州謚清獻

蘇軾 熙寧四年通判杭州高麗使者過杭但稱甲子遂却其書使者亟稱　本朝年號　圖經云元祐四年知州適值水旱請于朝減上供米三之一故穀價不翔全活者衆又蘇氏家傳子瞻知杭州以疾疫多裒羨緡發私橐作病坊州民全活者甚衆

梅詢 知仁和縣

毛滂 元祐中蘇子瞻守杭滂爲法曹掾秩滿辭去有小詞卒章云今夜山深處斷魂分付潮回去坡曰郡僚有詩人而不及知軾之罪也留之數月

人物

顧歡 鹽官人年六七歲父使田中驅黃雀歡作黃雀賦而歸雀食稻父怒欲撻之見賦而止貧無以授業於舍後倚聽鄰人誦書夕則燃松節讀書隱居不仕

褚遂良 錢塘人工隸楷爲諫議大夫進拜中書令

許遠 杭人與張巡同年生唐祚艱難守死成名

羅隱 新城人有能詩名唐光啓間爲錢塘令辟掌書記後爲給事中

遷發運使**皇朝錢易**章聖在東宮嘗圖山水𫉬命易作歌其卒章有好開今日太平基萬里山河歸掌握之句帝賞愛之**沈括**字存中錢塘人爲翰林學士**林逋**錢塘人故廬在孤山處士橋死葬於廬側仁宗賜謚曰和靖先生喜爲詩其語孤峭澄淡居西湖二十年未嘗入城市李及薛映知州事每造其廬清談終日而去有梅詩云踈影横斜水清淺暗香浮動月黄昏又云雪後園林唯半樹水邊籬落忽横枝又有詩云草泥行郡索雲木叫鉤輈皆爲士大夫所稱其臨終一絶云湖上青山對結廬墳前脩竹亦蕭踈茂陵他日求遺藁猶喜曾無封禪書○筆談云逋隱孤山畜兩鶴縱之則飛入雲霄久之復入籠中逋泛舟遊西湖諸寺有客至則童子開籠縱鶴逋即棹小舟以歸蓋常以鶴爲驗也**洪皓**詩話總龜餘干進士洪皓熙寧間負笈游上庠力學不偶十年不歸其父年七十思之寄皓詩云太學何蕃久不歸十年甘旨誤庭幃休辭客路三千遠須信人生七十稀腰下雖無蘇子印篋中幸有老萊衣歸時定約春前後免使高堂賦式微皓得詩即日辭歸

〔題詠〕**東南第一州**仁宗賜梅摯知杭州詩地有湖山美云云剖符宣政化持橐輟才流暫出論恩列遙分旰昃憂循良勤撫俗來暮聽歌謡**吳國水中央**殷堯藩送客遊吳云云波濤白渺茫衣逢梅雨漬路入稻花香海戍通鹽竈山村帶客旁欲知蘇小小君試到錢塘**夜艣隔城聞**顏非熊經杭州郡國遶江濱人家近白學晚濤臨檻看云云浦轉山初盡虹斜雨未分有誰知我意心緒逐鷄群**樹引越山禽**方千旅次錢塘詩此地似鄉國堪爲終日吟雲藏吳相廟云云潮去海人散鐘遲秋寺深我來無舊識終見寂寥心**三**

吳佳致悅高情眞宗賜王欽若詩二浙輿區期惠化云云○紫錢譓抄云酈道元水經注吳興郡會稽郡謂之三吳**餘杭形勝世間無**白居易詩云云州傍青山縣枕湖郭荷花三十里拂城松木一千株夢兒亭古傳名謝教妓樓新道姓蘇獨有丈君年太老風流不稱白髭鬚**大屋簷多裝鴈齒**白居易守蘇日寄答劉杭州詩爲我踟蹰停酒盞與君約略説杭州山名天竺一堆青黛湖號錢塘瀉綠油云云小航舡亦畫龍頭所嗟水路無三百官繫因何得再遊**唯有惆悵心尚在**蘇子瞻同周徐二令禱雨靈隱詩百重堆案掣身閑一葉秋聲對榻眠云云起占雲漢更茫然**笑歌長在綺紈間**王介甫送張仲容赴杭州倅詩萬壑相參漆與冊云云餘舡春戲城邊水盡蜀秋尋寺外山**望海樓明照曉霞**白居易杭州春望詩云云護堤紅白踏晴沙濤聲夜入伍員廟柳色春藏蘇小家紅袖織綾夸柳葉青旗沽酒趁梨花誰開湖寺西南路草綠裙腰一道斜

〔外邑〕**旦及富春郭**謝靈運富春渚詩宵濟漁浦潭云云定山緬雲霧赤亭無淹泊遡流觸驚急臨圻阻參錯亮乏伯昏分子出險過呂梁壑渟至宜便習兼山貴止託平生協幽期淪蹟困微弱久露干祿請始果遠遊諾初心漸申寫萬事俱零落懷抱既昭曠外物徒龍蠖**人行山頂半天上**汪彥章餘杭縣詩云云舟邊溪流亂石中**古邑居民半海濤**蘇子瞻千佛閣詩**金鯽池邊不見君**蘇子瞻往富陽李節推先行留風水洞見待詩

春山磔磔鳴春禽此間不可無我吟路長漫漫傍江浦此間
不可無君語云云追君直過定山村路人皆言君未遠騎馬
少年清且婉風巖水穴舊聞名只隔山溪夜不行溪橋曉溜
浮梅花知君繫馬巖花落出城三日尚逶遲妻孥怪罵歸何
時世上小兒誇疾走
如君朼待今安有

四六

寵蹤漢扎　擢拜月卿　粵縣起部　中命侍臣
尹正周畿　就兼天府　就尹神皋　就兼京尹
暫紆帝城之彈壓　控于滄海　培其固本　本根攸繫
仍兼王所之論思　實曰大藩　殊餘弱支　齊澤宜先
惟三輔幅員之大　權從宥府　百司庶府　浙右奧區
萃四民囊橐之蕃　兼尹神州　萬旅連營　餘杭故壤
湖山信美於他邦　眷三吳之奧壤　忽半夜由中而批敕
獄市亦繁於諸路　蜀千里之京畿　至黎明交印以尹京
水陸抗舟車之會　惟浙西之都會　雖六飛暫駐於東南
衣冠當風俗之樞　冠天下之浩穰　而二浙實爲於畿甸
欲觀王佐之才　天子千里之畿　控吳越之要區
乃付神州之政　京師諸夏之本　帶湖山之勝景
皇皇千里之畿悉令莫犯　下丞相一等西府之任既隆
翼翼四方之則無用胥甯　尹京兆十年南渡以來未有
前朝後市拱日象之尊嚴　出則尹正紀傳中夜之敕書
左江右湖控地形之雄麗　入則論思又奏明朝之封事
文昌八座之賢久儀禁路　長樂漏催舉賦趁朝之騶導
商邑四方之極就尹神京　集英臚唱首觀擢第之錦標
擢長月卿妙斡大農之計　民居莫於當嚴周火城之防
就兼天府式觀命世之才　歲課流錢尤重漢榷酤之制
千里爲畿握髒符而彈壓　販銅謀利當嚴江上之雲帆
九重列衛陪豹尾以論思　持楮易錢盍驗市閭之若肆

夜月九街列兩行之寶貨　凜凜壯懷肯受湖山之拳養
春風十里看弗捲之珠簾　蕭蕭真隱不知朝市之繁華
閩商海賈來萬里之貨珍　于時歷旅無非即芮鞠之濱
越女吳娃奴九衢之歌舞　到處舟航何異處江湖之上
漢世以來待張敞王尊之傑　萬户千門之營繕靡辦不移
我朝所選若韓維包拯其人　百司庶府之請求供需匪易
殘月香水影之清文章京樣　堤邊翠蓋消香遙而不辭
覽雲陣銀山之壯覺氣天豪　湖上青舡脆管繁絃之交奏
夜市三更燦爛樓臺之燈火　百萬户之民雜襲韶樑賓繁
春風萬井喧闐簾幙之笙歌　十三庫之酒盈歷利源所繫
奉王音而分尹就宣彈壓之威
聽綸綸以侍朝仍參論思之益
分吏六百負禁暴止奸之非易
居民百萬户發姦擿伏之尤難
度支領二十使是安用於拙踈
京兆須第一流頓更求於賢俊
提封百萬井有列司庶府之供需
飛甍十二衢乃四海群方之走集

新編方輿勝覽卷之一

新編方輿勝覽卷之二　　建安祝　穆　和父編

平江府

吳縣　長洲　崑山
常熟　吳江　嘉定

禹貢揚州之域漢地理志吳地斗分野晉天文
【建置沿革】志星紀之次周爲吳國封太伯於此至闔閭强
盛浙西盡爲吳有後吳地又盡爲越有楚滅越封黃歇於
吳秦滅楚置會稽郡漢高帝封荆王賈吳王濞並有會稽
之地東漢以浙西爲吳郡浙東爲會稽郡三國屬吳孫氏
陳爲吳州隋平陳改蘇州唐因之　國朝太平興國改爲
平江軍政和陞平江府領
縣六治吳縣長洲兩縣
○浙西提刑提舉置司

【事要】【郡名】姑蘇因山得名　吳郡見沿華注　吳會圖經吳東南一
都會　吳門　吳中　【風俗】俗好用劍郡國志｜｜｜｜輕死盖
湛盧屬鏤干將　所化者遠圖經序太伯遜天下季札辭
要離之遺風　一國德之｜｜｜｜矣更歷
晉漢風俗清美昔吳太守糜豹出行屬城問功曹唐景風俗
所尚景曰應家無不孝之子立朝無不忠之臣文爲儒宗武
爲將帥時人以爲善言　士夫淵藪繫年錄諫議鄭㲄言　陛下南
渡當推吳中之秀以爲用況平
江常潤湖杭明越號爲吳中｜｜｜｜　好儒好佛圖經蓋朱買臣陸機顧
野王之徒顯名於當代
而人尚文支遁道生慧嚮之儔倡
法於羣山而人尚佛有所自來也　驕奢好侈同上然｜｜
｜｜｜自

古有之帝都賦云競其區宇則併疆兼
巷矜其宴居則珠服玉饌亦非虛語　上元燈毬郡志上｜｜
｜影巧麗它郡莫及有萬眼
羅及琉璃｜首尤妙天下　七夕摩睺羅同上土人工於泥塑
所造摩睺羅
尤爲精巧　四郊無曠土同上吳中自昔號盛云云
高下悉爲田人無貴賤往
往皆有常産
故多奢少儉　有海陸之饒隋志田澤衍沃云云　無墊溺之
患舊經城中未嘗有
墊溺蕩析之患　【形勝】具區在西漢地理志　北枕
大江漢武帝賜嚴助書會稽東
接於海南近諸越云云　水國之勝范至能吳江主簿廳
壁記松江太湖云
云當天下第一　旁連湖海徐蕆告詞眷惟中吳密拱
行闕｜｜｜｜外控江淮
控江連海沈度告詞吳門介濬云云　爲東南冠孫尚書普明院
記自唐白公爲
刺史時即淨賦詩已謂八門六十坊三百橋十萬戶｜｜｜
之｜詩云茂苑太繁雄是也逮乾符光啓間大盜蠭起爭爲
強雄而威肅王錢鏐以破黃巢誅董昌之功盡有浙東之地
五代分裂諸藩擁數州惟王獨營順事中國有　宋受命盡
籍土地府庫率其屬朝京師遂去其國蓋自長慶　宣和更
七代三百年吳人不見兵革覆露生養至四十三萬家而吳
太伯廟棟猶有唐昭宗賜海軍鎮東
節度使錢鏐姓名書其上可謂盛矣　【土産】彩牋郡志吳
中所造
名聞四方以諸色粉和膠刷牋隱以羅紋然後砑花唐皮陸
有唱和魚牋詩曰向日乍驚新鮮色臨風時辨白萍紋注魚
子曰白萍此豈用魚子耶今其法不傳而
所造品第尤新奇蠟牋畫牋尤精絕云　太湖石郡志
出洞

庭西以生水中者爲貴石在水中歲久爲波濤所衝擊皆成嵌空石面鱗鱗作靨名曰彈窩亦水痕也沒人縋下鑿取極不易得石性溫潤奇巧扣之鏗然如鐘磬在山上者名旱石枯而不潤或贋作彈窩以售亦得善價白君易記見安吉州

蓴鱸 郡志生松江後漢左慈嘗在曹操坐曰今日高會珍羞略備所少吳江鱸魚耳慈曰求銅盤貯水以竹竿餌釣於盤中須臾引一鱸魚出操使膾之周淡曾著金谷園記謂鱸魚常以仲秋後從海入江菰葉南越人以蒲笋和爲羹其珍魚白如玉菜黄如金隋人已呼爲金羹玉膾云〻蘇子美論風俗丨丨稻蟹可以適口

山川

虎丘山 在城西北九里又名海湧山遙望平田中一小丘。越絕書吳王闔閭葬丨丨丨下發五都之士十萬人共治葬穿土爲川積壤爲丘池廣六十步水深一丈五尺銅棺三重澒池六尺黄金珠玉爲鳧鴈扁諸之劍魚腸之于在焉葬三日金精上騰爲白虎蹲踞于上。世說始皇嘗登此阜將發塚取寶劍俄有白虎始皇拔劍刺虎虎隱入山因名虎丘後避唐諱改虎爲武山有雲巖寺。范至能再到詩不過溪橋又兩年偶隨節竹訪幽禪有緣再踏雲岩路無興重尋石井泉擬辦半山分坐住先携一枕借床眠覺來飽喫紅蓮飯正是塘東稻熟天。葉正則詩虎丘之名歲二千虎丘之丘何耿然衆山爭高隱日月笑此拳石埋平田雖然培塿疑異物劃開劍崖十丈懸冢中有恨寒遺指亭上無語傳枯禪偏是吳人愛山急逐面分方夸凭立屋承陊唐良穩稱墨顋興豐尚新濕松梢莫遣風雨橫石盤自添苔鮮滋春來春去吳人遊足頑蹭蹬踏塵泣

靈巖山 在城西二十四里又名硯石山吳王之別苑在焉有館娃宮琴臺響屧廊西施洞山頂有池生蓴菰下瞰太湖望洞庭兩山滴翠叢碧在白銀世界中亦宇內絕景山前十里有採香徑對

置秀峯寺

天平山 在城西二十里巍然特高群峯拱揖郡之鎮也。揚備詩人間多少嶮巇路縱是天平還不平。蘇子美詩吳會括衆山峨峨不可數其間號天平突兀爲之主巍然鎮西南羣嶺争拱輔吾知造物意必以昇大府清淡至其下仰視勢飛舞偉石如長人聚立欲言語捫蘿緣險磴倒以松竹古中腰有危亭前對紺碧聚石齊落玉泉冷冷四時雨潀生白雲閒頭色若粉乳旱年或播灑潤可足九土奈何但泓澄未爲應龍取子方棄塵中藏璧素自許盤桓擇雄勝至此快心膂庶得耳目清終甘心於虎

姑蘇山 在吳縣西三十里或曰姑胥或曰姑餘。越絕書闔閭就山起臺三年聚材五年乃成高見三百里。史記吳破越越進西施請退軍吳王許之王得西施多遊姑蘇子胥諫曰臣恐姑蘇不久爲麋鹿之游王不聽。太史公嘗登姑蘇臺以望五湖。李白詩舊苑荒臺楊柳新菱歌春唱不勝春只今惟有西江月曾照吳王宮裏人。劉禹錫詩故國荒臺在前臨震澤波綺羅隨世盡麋鹿占時多築用金椎力摧因石鼠窠昔年雕輦路唯有採樵歌

包山 在吳縣西南百二十里又名洞庭山中有洞庭深遠吳王使威靈丈人入洞穴十七日不能盡因得禹書又有林屋洞十大洞之一也。蘇子美水月院記中有山七十二惟洞庭稱雄其間地占三鄉戶率三千環四十里民俗誓朴以橘柚爲常產每秋高霜餘丹苞朱實與長松茂樹相差間於岩壑間望之若圖畫

陽山 在長洲西北三十里又名秦餘杭山有龍母廟相傳東晉隆安中有繆氏女遇一白衣老人歸而有娠產一肉塊驚棄水中倏化爲龍夭矯母前母遂驚絕葬此山下人爲立祠紹興間有雲霧數起於是山俄頃有風暴雨龍自郡城過捲去女牆數百丈居民余氏小亭吸入雲中有負販者被吸去復墜而無傷

華山

在吳縣西六十里故老云山頂有池生千葉蓮華人服之能羽化故名｜｜巖石甚奇勝山半有大盤曰天池最佳處也

石公山 山前有石版○皮日休詩翠石數百步如板漂不流空疑水妃意浮出青玉洲中若瑩龍劍外惟疊蛇矛狂波忽然死浩氣清且浮似將翠黛色抹破太湖秋安得三五夕携酒棹扁舟召取月夫人嘯歌於上頭又恐霄景闊虚皇拜仙侯欲建九錫碑立當十二樓瓊文忽然下石板誰能留此事少知若唯應波上鷗

龜山 在洞庭西出背石可以襞砌緣池

橫山 在吳縣西南十里據湖山之中以鎮西南

三江 書云三江既入震澤底定三江者北江中江南江也歷丹陽毗陵者爲北江今之大江也首受蕪湖東至陽羨者爲中江分於石城過宛陵至吳區者爲南江三江在震澤上下而皆入于海

松江 在吳江縣一名笠澤○范希文詩有浪即山高無風還練靜秋宵誰與期月華三萬頃○陳希元詩平波渺渺煙蒼蒼菰蒲纔熟楊柳黄扁舟繫岸不忍去秋風斜日鱸魚鄉○王介甫詩宛宛虹霓墮半空銀河直與此相通五更縹緲千山月萬里凄凉一笛風鷗鷺稍回青靄外汀洲時起綠蕪中騷人自欲留佳句忽憶君詩思已窮

吳江 王介甫詩莽莽昔登臨秋風一散襟地留孤嶼小天入五湖深柑橘無千里魚蝦有萬金吾雖輕范蠡終欲此幽尋

五湖 舊經謂貢湖遊湖胥湖梅梁湖金鼎湖鄭善長謂長塘湖上湖滆湖與太湖而五韋昭云胥湖蠡湖洮湖滆湖就太湖而五虞仲翔云太湖之水通五道謂之｜｜

太湖 在吳縣南五十里○皮日休詩三萬六千頃頃頃玻瓈色踈岑七十二蒼蒼露寸戟○陸龜蒙詩嘗聞咸池氣下注作清質至今涵青霄尚且浴白日○蘇子美詩杳杳波濤閲古今四無邊際莫知涯濁通曉月爲清露氣入霜天作暝陰笠澤鱸肥人鱠玉洞庭柑熟客分金風煙觸目相招引聊爲停橈一楚吟

石湖 在盤門西南十里蓋太湖之派范蠡所從入五湖者本朝范至能所居　孝宗御書｜｜二字賜之

滬瀆 在華亭縣陸龜蒙敍矢魚之具云列竹於海澨曰滬

許浦 乃海道風寒之衝大軍屯于此

〔井泉〕

石井 在虎丘張又新水品第三松江第四橋水第六今｜｜實勝劍池井旁有亭以爲烹茶宴坐之所

白雲泉 在天平山爲吳中第一水

憨憨泉 在寶華山寺之東極清冽相傳爲得道僧名｜｜者卓錫所出

〔堂舍〕

州宅 後臨大池○白居易詩紅紫共紛紛祗承老使君移舟木蘭棹行酒石榴裾水色窗窗見花香院院聞戀他官舍住雙鬢白如雲

黄堂 郡志今太守所居之宅即春申君之子爲假君之殿也因數失火塗以雌黄故曰｜｜以厭火災

木蘭堂 嵐齋錄唐張摶爲刺史植木蘭花於堂前嘗盛開燕客命即席賦之陸龜蒙後至張醼酌浮之徑醉强索筆題兩句云洞庭波浪渺無津日征帆遠送人穎然醉倒客續之皆莫詳其意既而龜蒙稍醒續曰幾度木蘭舡上望不知元是此花身遂爲絕唱

白檜堂 在州治池中小山上有檜相傳白公手植今非矣

〔樓閣〕

齊雲樓 在郡圃子城上宏敞壯麗○白居易齊雲晚望詩重樓江山壯平舒井邑寬｜｜｜北面終日凭欄干

西樓 在郡治子城門上○白居易｜｜夜宴詩風月萬家河兩岸笙歌一曲郡｜｜

六經閣 建安志載張伯玉守吳郡語司户曾子固曰我方作｜｜｜子爲我記之子固呈藁終不合意遂自爲之子固一見歎服其詞曰｜｜｜諸子百家皆在焉不書尊經也吳郡州學始由高平范公經統

之至今尚書富郎中十年更八政學始大成經南豐史西豐子集東豐標之以油素揭之以油黃澤然匾匾如蛟龍之鱗罷如日月之在紀不可得而亂矣判天地之極致皇王之高道生人之紀律舉在是矣

亭榭

西亭 在郡學即今西齋〇白居易詩幸有酒與樂又時且歡娛忽其辭郡印他人來此居

滄浪亭 東〇蘇子美記予以罪廢無所歸褊舟南遊旅於吳中始僦舍以處時盛夏蒸燠土居皆褊狹不能出氣思得高爽虛曠之地以舒所懷不可得也一日過郡學東顧草樹鬱然崇阜廣水不類乎城中並水得微徑於雜花脩竹之間東趨數百步有棄地縱廣合五六十尋三向皆水也杠之南其地益闊旁無民居左右皆林木相虧蔽訪諸舊老云錢氏有國近戚孫承祐之池館也坳隆勝勢遺意尚存予愛而裴回遂以錢四萬得之築亭北碕號滄浪焉前竹後水水之陽又竹無窮極澄川翠幹光影會合於軒戶之間尤與風月為相宜予時榜小舟幅巾以往至則洒然忘歸觴而浩歌踞而仰嘯野老不至魚鳥共樂形骸既適則神不煩觀聽無邪則道以明返思向之汩汩榮辱之場日與錙銖利害相磨戛隔此真趣不亦鄙哉噫人固動物耳情橫于內而性伏必外寓於物而後遣寓久則溺以為當然非勝是而易之則悲而不開唯仕宦溺人為至深古之才哲君子有一失而至于死者多矣是未知所以自勝之道予既廢而獲斯境安於沖曠不與衆驅因之復能乎內外失得之原沃然有得笑閔萬古尚未能忘其所寓自用是為勝焉

三高亭 蘇子瞻戲書吳江三賢畫象〇范蠡詩誰將射御教吳兒長笑申公為夏姬却遣姑蘇有麋鹿更憐夫子得西施〇張翰陸龜蒙家詩已見名官

松江亭 白居易攜樂觀魚宴宿震澤平蕪岸松江落葉波在官常夢想為客始經過水面排罾網船頭挾綺羅朝盤鱠紅鯉夜燭舞青娥鴈斷知風急湖平得月多繁弦與促管不解和魚歌

吳江亭 蘇子美詩氣象清雄天與鄰世間不合有埃塵擬將累句酬佳景只恐江山解笑人

垂虹亭 米元章有詩云斷雲一葉洞庭帆玉破鱸魚霜破柑好作新詩繼桑苧垂虹秋色滿東南

姑蘇臺 在山上〇楊廷秀詩有云我亦閑來散病身遊人不用避車塵插天四塔雲中出隔水諸峯雪後新道是遠瞻三百里如何不見六千人吳亡越霸今安在臺下年年花草春

館驛

姑蘇館 在盤門裏河西城上紹興中為國信館待之所下有百花洲

平望驛 張祐題一派吳興水西來此驛分路遙經幾日身去是孤雲雨氣朝杜蟻雷聲夜聚蚊何堪秋草色到處重離羣

松江驛 方千題———便向中流出太陽兼疑大岸遙浮桑門前白道通舟闕浪裏青山占幾鄉帆勢落斜依浦淑鍾聲斷續在滄茫古今悉不知天意偏把雲霞媚一方

橋梁

皐橋 在閶門內漢皐伯通居此〇劉夢得泰娘詩有時妝好乘天氣走上———折花戲風流太守常尚書路旁忽見停隼旟

乘魚橋 在子城西前志琴高於此見大鯉魚長丈餘遂乘魚飛騰上昇

垂虹橋 在吳江縣即利往橋東西千餘尺用木萬計前臨具區橫絕松陵湖光海氣蕩漾一色乃三吳之絕景橋之中有亭曰垂虹〇蘇子美詩長橋跨空古未有大亭壓浪勢亦豪〇王介甫詩三江五湖口地與天不隔日月所蔽虧東西渺然白漫漫浸北斗浩浩浮南極誰投此虹蜺欲濟兩間阨中流雜蛩氣攔楯相承翼初疑神所為滅沒在頃刻晨興坐其上繳兀至中昃獨憐造化功不謂因人力今君持酒漿說笑傾賓客頗跨九州物壯麗此無敵熒煌舟杪拄璀璨黃金

壁中家不歷始助我皆豪殖嚼子獨不可還當米民力○鄭穀夫詩三百欄干鐵畫橋行人波上踏瓊瑤飾天螮蝀玉腰闌跨海鯨鯢金背髙路直鑿開元氣白影寒壓破大江豪此中自是銀河接不必仙槎八月高**小長橋**在石塘累石爲之○王逢原詩老匠鐵手風運斤一扶刀入千山覧明堂有柱不見用此爲失地猶潛人西瀦巨澤江海通陽侯利溺驚濤風當道獨能支地險更東公得與天窮莫比垂天紳莫比跨地帶渴龍乾死枯無鱗絶海失舟鯨踏背秦帝東遊遂仙迹累重肉多飛不得三洲水盡朝宗海安得身乘破浪風爲約他年可歸興獨倚欄干不思吳季鷹范蠡不足奇待我爲名千古歸**新橋**在松江○蘇子美中秋對月和鄭令之什月晃長江上下同虛橋横截冷光中雲頭灔灔開金餅水面沉沉卧彩虹佛氏解爲銀色界仙家多住玉華宮地雄景勝言不盡但欲追隨乘曉風**三百九十橋**白居易三月三日閑行詩黄鸝巷口鶯欲語烏鵲河頭冰欲消緑浪東西南北水紅欄||||||此乃城內官橋大數也

佛寺

虎丘寺在城西北九里晉司徒王珣及弟珉捨宅爲寺○白居易詩香刹看非遠祇園入始深龍蟠松矯矯玉立竹森森梵石千僧坐靈池一劍沉海當亭兩面山在寺中心酒熟凝花勸詩成倩鳥吟寄言軒冕客此地好抽簪○又夜遊詩不厭西丘寺閑來即一過舟船轉雲島樓閣出煙蘿搖曳雙紅旆娉婷十翠娥香花助羅綺鐘梵雜笙歌領郡時將久遊山數幾何一年十二度非少亦非多○蘇子瞻|||詩入門無平田石路細穿嶺陰風生欄楯古木翳澗井湛盧誰復見秋水光耿耿鐵花秀巖壁殺氣噤蛙黽幽幽生公堂左右立頑獷當年或未信異類服精猛胡爲百歲後仙鬼互馳騁窈然留清詩讀者爲悲哽東軒有佳致雲水麗千頃

熙熙覧生物春意頗淒冷我來屬無事暖日相與永喜鵲翻初旦愁鳶蹲落景坐見漁樵還新月溪上影悵彼良自㗂歸田行可請○李德裕追和太師顔公同清遠道士遊寺顔茂挽有靈峯嗟予未遊觀藏山半平陸壑谷多高岸岡巒繞數仞墻巖猶千丈谿乃知造化意回斡資奇玩鋸騰昔虎銛劍沒當龍煥潭黛入海底崟岑聳霄半曾巒未升日哀狖寧知旦緑蘿夏凝陰碧林秋不換其搜既窈窕回望何蕭散川晴嵐氣收江春雜英亂皃人綴沂藻前哲留篇翰共扣哀玉音皆舒文綉段難追彦回賞徒起興公嘆一夕如再升含毫星斗爛○王元之詩鮮墻圍却碧潺湲曾是當年湧山盡把好峯藏寺內不教幽景落人間劍池草色經冬在石座苔花自古斑珍重晉朝吾祖宅一回來此便忘還**生公講堂**在虎丘寺生公異僧竺道生也講經于此無人信者乃聚石爲徒與講至理石皆點頭○劉禹錫詩生公說法鬼神聽身後空堂夜不扃髙坐寂寥煙漠漠一方明月可中庭**劍池**在虎丘寺始皇試劍于此乃石罅深數十丈闊丈餘水無底寺中日汲此水其聲潺湲極可聽**千人坐**在虎丘山側有平石可坐千人○顔真卿詩劍池穿萬仞盤石坐千人**靈巖寺**在吳縣西南三十里舊名秀峯○孫覿記梁天監中以吳館娃宮故地爲|||○白居易詩娃宮屐廊尋已傾硯池香徑又欲平二三月時但草緑幾百年來空月明使君雖老頗多思攜觴領客處處行**承天寺**舊名重光寺在長洲縣西北二里庭列怪石有銅佛像○韋應物詩時暇陟雲構晨霽澄景光始見吳都大十里鬱蒼蒼山川表明麗湖海吞大荒合沓臻水陸駢闐會四方俗繁節又喧雨順物亦康禽魚各翔詠草木遍芬芳於茲記吭俗一用勸農桑誠知虎符遠但恨歸路長**楓橋寺**

在吳縣西十里○唐人張繼詩月落烏啼霜滿天江楓漁火對愁眠姑蘇臺下寒山寺半夜鐘聲到客船

崑山寺

在縣西北三里○孟郊詩昨日到上方片霞封石牀錫杖莓苔青袈裟松柏香晴磬無短韻晝燈含永光有時乞鶴歸還訪逍遥場○王介甫次韻僧蹊蟠青蒼莓苔上秋牀露翰飢更清風蘤遠亦香埽石出古色洗松納空光久游不忍還迫迮冠蓋場○張祜詩寶殿依山險凌虛勢欲吞畫簷齊木末香砌壓雲根遠景窗中岫孤煙竹裏村憑高聊一望歸思隔吳門○蔣頴叔出没江湖相吐吞林浮海角臺殿遠山根百里見漁艇萬家藏水村地偏來客少幽興孤桑門

水月禪院

在洞庭山蘇子美記予乙酉歲夏四月來居吳門始維舟即登靈巖之巔以望太湖俯視洞庭山嶄然特起雲霞綵翠浮動於滄波之中予時據闌竦首精爽下墮欲乘清風躐落景以翱翔乎其間莫可得也自爾平居紛然思欲一到惑於險說而未果行則嘗若有物鯁塞於胸中是歲十月遂招徐陳二君子輕舟出横金口觀其洪川蕩潏萬頃一色不知天地之大所能并容水程踰七十里而逆初宿社下踰日乃至入林屋洞陟毛公壇宿包山精舍又泛明月灣南望一山上摩蒼煙舟人指云此所謂縹緲峯下也即岸步自松間出數里至峯下有佛廟號水月者闌殿甚古像設嚴煥旁有澄泉潔清甘涼極旱不枯不類他水梁大同四年始建佛寺至隋大業六年遂廢不存唐光化中有浮圖志勤者歷遊四方至此愛而不能去復於舊址結廬誦經後因而屋之至數十百楹天祐四年刺史曹珪以明月名其院勤老且死其徒嗣之迄今七世不絶　國家大中祥符初有詔又易今名予觀震澤受三江吞嚙四郡之封其中山之名見圖誌者七十有二唯洞庭稱雄其間地占三鄉户率三千環四十里民俗真朴歷歲未嘗有訴訟至于縣吏之庭下皆樹桑栀甘柚爲常産每秋高霜餘丹苞朱實與長松茂樹相差間於巖壑間望之若圖繪金翠之可愛縹緲峯又居山之西北深遠奧高聳出於衆山爲洞庭勝絶之境居山之民已少事尚有歲時蠟紉擷蘇捕採之勞浮屠氏本以清曠遠事物已出中國禮法之外復居湖山深遠勝絶之地壞斷水接人迹罕至數僧宴坐寂默於泉石之間引而與語殊無纖介世俗間氣韻其視舒舒而行于于豈世上之遺民者耶予生平病悶鬱塞至此爆然破散無復餘矣反復身世惘然莫知但如蛻解俗骨傳之羽翰飛出乎八荒之外吁其快哉後二年其徒慧源造予乞文識其居之發興於其見請攬筆直述且敘昔遊之勝焉時慶曆七年十一月五日記

祠墓

言偃吳公祠

朱元晦記云平江府常熟縣學吳公祠者孔門高第弟子言偃子游之祀也按太史公記孔門諸子多東州之士獨子游爲吳人而此縣有巷名子游有橋名文學相傳至今圖經又言公之故宅在縣西北而舊井存焉則今雖不復可見而公爲此縣之人蓋不誣矣然自孔子之没以至于今千有六百餘年郡縣之學通祀先聖公雖以列得從腏食而其鄉邑乃未有能表其事而出之者慶元三年七月知縣事會稽孫應時乃始即其學官講堂之東偏作爲此堂以奉祠事是歲仲冬長至之日躬率邑之學士大夫及其子弟奠爵釋菜以安其靈而以書來曰願有記也某惟三代之前帝王之學率在中土以故德行道藝之教其行於近者著而人之觀感服習以入焉者深若夫勾吳之墟則在虞夏五服是爲要荒之外爰自太伯採藥荆蠻始得其民而端委以臨之然亦僅歿其身而虞仲之後相傳累世乃能有以自通於上國其俗蓋亦樸陋而不文矣公生其間乃獨能悦周公仲尼之道而北學於中國身通受業遂因文學以得聖人之一體豈不可謂豪

傑之士哉今以論語考其語亡類皆簡易疎通高暢宏達其曰本之則無者雖若見誚於子夏然要爲知有本也則其所謂文學固宜有以異乎今世之文學矣旣又考其行事則武城之政不小其邑而必以詩書禮樂爲先務其視有勇足民之効蓋有不足爲者至使聖師爲之莞爾而笑則是與之之意豈淺淺哉及其取人則又以二事之細而得滅明之賢亦其意氣之感默有以相契者以故近世論者意其爲人必當敏於聞道而不滯於形器豈所謂南方之學得其精華者乃自古而然也耶紹今全吳通爲畿輔文物之盛絶異曩時孫君於此又能舉千載之闕遺稽古崇德以勵其學者則武城絃歌之意於是乎在故某喜聞其事而樂爲書至於孔門設科之法與公之言所謂本所謂道及其所以取人者則願諸生相與勉焉以進其實使此邑之人百世之下復有如公者出而又有以洒夫偷儒憚事無廉恥而嗜飮食之譏焉是則孫君之志而亦某之願也公之追爵自唐開元始封吳侯我朝政和禮書已號丹陽公紹興御贊猶有唐封至淳熙間所盼位次又改稱吳公云

尹和靖祠

在虎丘寺。○黄直卿祠記和靖尹先生寓居平江府虎丘西菴榜曰三畏齋所題雜録論語解皆可考所寓即上方也去之七十有五年郡守直秘閣陳君茀通守太學博士丁君焴始度菴空地爲屋繪先生像祠焉尊前賢勵後學也先生諱焞洛陽人年二十師伊川程子舉關東士議誅元祐黨人不答遂棄舉子業靖康初以布衣召不至詔賜號和靖處士洛陽陷家殲焉先生死復甦濱長安山谷中逆豫以禮聘溺水逃去展轉蜀道累年紹興五年以崇政說書召凡二十辭八年冬始入見除秘書郎明年遷少監太常少卿權禮部侍郎每遷輒力辭其冬除徽猷閣待制提舉萬壽觀辭不已遂奉外祠即虎丘以居年已七十矣貧無以爲歸也後二年竟没於

會稽之寓舍先生所寓於世如此蓋嘗考先生之所學篤於踐行不爲虛語未嘗求人之知人亦莫能窺其所蘊也今其可見者經帷進講門人記録耳惟即其所遇於世若觀其所處然後知先生之於道卓乎不可及矣利害者人心之私義理者道心之公公私之間迭爲勝負一取一舍而賢不肖可知也至於歷險難之極而不變處貴顯之驟而不動抱仁戴義終其身而不悔非盛德能若是乎理義充於中則禍福成敗榮辱得失雖萬變日陳乎前而此心自若也程子之門從遊之士皆閎博俊偉極天下之選而於先生亟稱之其察之審矣顏淵退然如愚而夫子稱之亦曰簞瓢陋巷不改其樂又曰庶乎屢空然則先生者程門之顏氏歟里巷小人顛冥於利害之塗不足道學士大夫則知理義矣臨利害未毛髮許棄其所守者可嘆也聞先生之風得無少愧有志於道者亦可以自勉歟二君爲是祠有補於名教大矣故述其躬行之大節以示學者庶幾驗之於身而得先生之道云

三高祠

范至能記乾道三年二月吳江縣新作︱︱︱︱成三高者越上將軍姓范氏是爲鴟夷子皮晉大司馬東曹掾姓張氏是爲江東步兵唐右補闕姓陸氏是爲甫里先生三君生不並世而鴟夷子皮又嘗一用人之國功大名顯而去之季鷹魯望蕭然臞儒使有爲於當年其所成就固不可踰度要皆以得道見幾脫屣天刑清風峻節相望於松江太湖之上故天下同高之而邑人獨私得奉嘗以夸於四方曰此吾東家丘云爾縣大夫趙伯虛以故祠偪陋將改作鄉老王份獻其地雪灘乃築堂於上告遷而奠焉且屬郡人范成大爲之識傳曰不有君子其能國乎今乃自放寂寞之濱人又從而以爲高此豈盛際之所願哉後之人高三君之風而蹈其所以爲世道計者可以懼矣至於豪傑之士或肆志乎軒冕寔安留連卒悔於後者不將有感於斯堂而

其何足以述之然屈平既從彭咸而桂叢之賦猶招隱士敍若幽奧林薄不死而仙況如三君蟬蛻溷濁得全於天者嘗試倚檻而望水光浮空雲日下上風颿煙蓬飄忽晦明意必往來其間其亦何足以見之姑効小山作歌三章以招焉辭從而歌之曰若有人兮扁舟撫五湖兮遠遊衆芳歇兮高丘忽獨君兮不可留長風積兮浪波白蕩搖空明兮南極一色鏡萬里兮擬魚龍列星剌兮其下孤蓬眇顧懷兮斯路與涼月兮入滄浦戰爭蝸角兮昨夢一笑水雲得意兮垂虹可以儀翟僊之人兮壽無期樂哉垂虹兮去復來載歌曰若有人兮橫大江秋風起兮歸故鄉鴻其飛兮白鷗舞吳波鱗鱗兮而在下嗟人胡爲兮天地四方美無度兮吾之土瞻惝怳兮靈飛登孤蕣兮毫之水仙縹兮脩命君可望兮不可追瀕倒景兮揮碧寒娛燕息兮江之皋素巔瑩兮廬杜若一杯之酒兮我爲君酌又歌曰若有人兮北江之渚拔蕢而睇兮顧煙雨翦莎兮杞棘歲晚晚兮何以饋君兮食俎五鼎兮腥腐蓋三泉兮終古千秋風露兮歸來故墟月明無人兮誰不與語牛宮泖兮生蒲荷潮西東兮下田一波訟南涇兮隣曲山川良是兮丘壠多像九曉兮今其刈聊春容兮兹里是歲六月既望書遺邑人使習之以侑祠趙伯虛請遂刻記

吳延陵季子廟

蕭定陵修廟記有吳之興也太伯讓以得之有吳之衰也季子讓以失之爲讓之清同而興衰之跡異何哉太伯之讓讓以賢也故周有天下而吳建國焉季子之讓讓以讓也當周德之衰而吳爲邦焉或曰非所讓而讓之使宗祀泯絶而不血食豈曰能賢斯可謂知存而不知亡者矣夫治亂時也興亡運也故至至而不可卻然終而不可留黄河既濁阿膠無以正其色鹽池斯鹹弊章不能匡其味與夫當濁亂之世召力勝之戎焉與爭孰勝乎易曰知幾其神則季子之見可謂知幾矣季子之明可謂知進退存亡而不失其正矣至於聽樂辨列國之興亡審賢知世數之仔殺挂劒存不言之信遜國保無欲之貞故有吳之祀寂寞而延陵之墓如在玄風可想至德與數英之辭哲人其萎表墓著嗚呼之篆向微德仁兩至則夫子不復歎焉詳其精義被物鈞深致遠之旨焉可究其津涯而窺其墻仞哉是知讓之爲德在於生靈不獨其子孫明矣國有祀典人懷永思定彝列蕭條歆崇懿範于以加敬儀乎閟宮別闢壼之內外正衆神之序位舊以太伯在於蘇臺而制季子之祠像設列於軒楣春秋禮薦俎豆當陳於正殿俾觀像者識賢人之遺風同律審度者知毓德之禮秩無差來學陋辭不足頌其休烈寒來暑往敢用同於紀年時唐大曆十四年己未八月戊戌朔二十七日甲子記

仲雍墓

在常熟虞山之東

古跡

吳王城

按越絶書曰吳大城即闔閭之所築周四十七里陸門八以象天八風水門八以象八卦城中有水城周十二里吳都賦重城結隅通門二八謂此也○劉禹得詩二八城門開道路五千兵馬引旌旗

吳城五門

春秋諸國之門止一字今婁與越皆亡矣惟吳中諸門獨仍古不變焉○闔門孫權記注云吳西郭門夫差作以天門通閶闔故名之後春申君改爲昌門陸機詩昌門何峩峩飛閣跨通波○胥門晏公類要吳相伍員字子胥家於此後以諫死令抉其目垂于此門觀越兵之入因以爲名○匠門本名干將門有干將墓後訛爲匠○盤門郡國志古作蟠吳嘗刻木爲蟠桃之象以厭勝越又吳地記水陸縈回盤曲故謂之盤○齊門吳越春秋齊女質吳吳爲太子聘之女少思齊而病闔閭乃起望齊門令女遊其上孟子云齊景公涕出而女於吳即此

長洲苑

在本縣西南七十里〡〡吳都賦佩〡〡之茂〡○白居易詩春入長洲草又生鷓鴣飛起

少人行年深不辨娃宮
夙夜夜蘇臺上月明
館娃宮在硯石山上蓋以西施得名。劉禹錫詩云宮
館貯嬌娃當時意太誇豔傾吳國盡笑入楚王家月
殿餘椒壁天花代舜華惟餘採香徑一帶繞山斜
響屧廊在靈巖寺以西子行則有聲皮日休詩||中金玉步
眞娘墓在虎丘吳之樂妓文士多題詠
陸羽泉在吳縣西北九里鴻漸以此泉爲天下第三水。王元之詩甃石封苔百尺深試茶嘗味
少知音唯餘半夜泉中月留得先生一片心
南園在城西吳越錢氏元璙創。石林過庭錄王黃州初登科
知吳縣已有盛名蘇州||爲一郡勝處有詩云他年我若
成功去乞取||作醉鄉後爲守者因以醉鄉名其堂政和
初蔡魯公罷政事欲歸吳下詔以||賜之公感賦詩曰八
年帷幄負清時更賜||寵退師堪笑當年王內翰功名未
有便題詩

鬬鴨欄陸龜蒙家有||一||頗極馴養一旦驛使過焉挾彈斃其尤者龜蒙曰此鴨善人言
欲附蘇州上進使者奈何斃之使人懼盡與橐中
金以窒其口徐使人問其狀龜蒙曰能自呼名耳
鶴市在閶門外吳越春秋吳王有小女王與夫人會食蒸魚王嘗半
女怒曰王食魚辱我不忍久生乃自殺闔閭痛之甚葬於郭
西舞白鶴於吳市中令萬人隨觀遂
男女與鶴入羨門因塞之以送死
柳毅泉在太湖側按異聞集唐儀鳳中有儒生||遇姻于此

名宦

太伯王季歷之兄太王欲立季歷於是太伯與弟仲雍乃
奔荊蠻斷髮文身示不可用
鄧攸爲守載米之郡俸祿無所受惟食吳水而已歲飢攸輒開倉救之後去郡
百姓數千人留牽攸船歌曰紞如打五鼓
雞鳴天欲曙鄧侯挽不來謝令推不去
韋應物爲蘇州牧

惟凝香齋館哦詩自娛
白居易作虎丘路
劉禹錫爲刺史
張旭爲常
熟尉一日有父老來爲判其狀不數日復至張甚怒以爲好
訟欲罪之父老扣頭曰非敢訟也誠見少公筆勢殊妙欲家
藏之耳
皮日休爲郡從事
王仲舒叠石崖隄松江爲路
皇朝王元之爲長洲宰由此拜拾遺
張方平知崑山縣
范仲淹吳縣人景祐間
爲守開五河公有義宅在普濟橋之側使其族屬世世居焉
又有義田以贍群族。錢君倚義田記曰范文正公蘇人也
平生好施予擇其親而貧疏而賢者咸施之方貴顯時置負
郭常稔之田千畝號曰義田以養濟群族之人日有食歲有
衣嫁娶凶葬皆有贍擇族之長而賢者主其計而時其出納
焉日食人一升歲衣人一縑嫁女者五十千再嫁者三十千

娶婦者三十千再娶者十五千葬者如再嫁之數葬幼者十
千族之聚者九十口歲入給稻八百斛以其所入給其所聚
沛然有餘而無窮仕而家居俟代者與焉仕而居官者罷其
給此其大較也初公之未貴顯也嘗有志於是矣而力未逮
者二十年既而爲西帥及參大政於是始有祿賜之入而終
其志公既歿後世子孫脩其業承其志如公之存也公雖位
充祿厚而貧終其身歿之日身無以爲斂子無以爲喪惟以
施貧活族之義遺其子而已昔晏平仲敝車羸馬桓子曰是
隱君之賜也晏子曰自臣之貴父之族無不乘車者母之族
無不足於衣食者妻之族無凍餒者齊國之士待臣而舉火
者三百餘人如此而爲隱君之賜乎彰君之賜乎於是齊侯
以晏子之觴而觴桓子予嘗愛晏子好仁齊侯知賢而桓子
服義也又愛晏子之仁有等級而言有次也先父族次母族
次妻族而後及其疏遠之賢孟子曰親親而仁民仁民而愛

物晏子爲近之今觀文正公之義田賢於平仲其規模遠舉又疑過之嗚呼世之都三公位享萬鍾祿其邸第之雄車輿之飾聲色之多妻孥之富止乎一己而已而族之人不得其入者豈少哉況於施賢乎其下爲御爲大夫爲士廩稍之充奉養之厚止乎一己而已而族之人操壺瓢爲溝中瘠者又豈少哉況於他人乎是皆公之罪人也公之忠義滿朝廷事業滿邊隅功名滿天下後必有史官書之者予可畧也獨高其義因書以遺於世云

孫冕 爲守甫及引年而去詳見臨江

胡嶧之 景祐中范希文以内閣典藩請于朝立學自安定先生丨丨首居于此而博洽有道之士如王逢張芻張伯玉之儔繼踵其任學者甚衆故滕正議元發錢翰林醇老稍稍出焉

張伯玉 爲守

人物

言偃 見前祠廟注

季札 兄弟四人丨丨賢父欲立之不可吴人必欲立丨丨札逃去後事闔廬夫差

方二 十九

澹臺滅明 有墓在吴縣南八十里

朱買臣 吴人爲會稽守前漢綬謂之會稽

嚴助 吴人守會稽數年不聞問天子賜書曰君厭承明之廬勞侍從之事懷故土出爲郡吏間者闊焉久不聞問具以春秋對上書謝願奉三年計最

張翰 吴人齊王冏辟翰爲大司馬東曹掾因秋風起乃思吴中蓴菜鱸魚膾曰人生貴得適志何能羈宦數千里以要名爵乎遂命駕而歸○蘇子瞻詩浮世功名食與眠季鷹真得水中仙不須更說知幾事只爲鱸魚也自賢

陸機 吴郡人祖遜吴丞相父抗大司馬機少有文章弟雲六歲能文與兄齊名

陸龜蒙 居松江甫里自號江湖散人天隨子○蘇子瞻詩千首文章二頃田囊中未有一錢看却因養得能言鴨驚破王孫金彈丸

陸德明 蘇州人

顧野王 吴人陳朝著玉篇

梁鴻 吴縣西四里有墓

皇朝元絳 字厚之嘗參大政居是邦

蘇舜欽 字子美舉進士爲大理丞爲人倜儻長於古文歌詩行草士大夫叔之以爲異寶范仲淹薦其才得集賢校理監進奏院以故紙祠神會賓爲御史所糾除名舜欽既廢居蘇州買水石作滄浪亭以自適後二年得湖州長史卒

范成大 參政自號石湖

黄由 狀元

題詠

土風清且嘉 陸機吴趨行楚妃且勿歎齊娥且莫謳四坐並清聽聽我歌吴趨吴趨自有始請從閶門起閶門何峩峩飛閣跨通波重欒承游極回軒起曲阿藹藹慶雲被吟冷鮮風過山澤多藏育云云太伯導仁風仲雍揚其波穆穆延陵子灼灼光諸華王迹隳陽九帝功興四遐大皇自富春矯首頓世羅邦彥應興運衆若春林葩屬城咸有士吴邑最爲多八族未足珍四姓實名家文德熙淳懿武功侔山河禮讓何濟濟流化自滂沱淑美難窮紀商搉爲此歌

方二 廿

兵衛森畫戟 韋應物郡中與諸文士讌集詩云云燕寢凝清香海上風雨至逍遥池閣涼煩痾正消散嘉賓復滿堂自慙居處崇未覩斯民康理會是非遣性達形迹忘鮮肥屬時禁蔬果幸見嘗俯飲一盃酒仰聆金玉章神歡體自輕意欲凌風翔吴中盛文史羣彥今洋洋方知大藩地豈曰財賦彊

人家盡枕河 杜荀鶴送人遊吴詩君到姑蘇見云云古宮閑地少水港小橋多夜市賣菱藕春船載綺羅遥知未眠月鄉思在漁歌

東下姑蘇臺 杜甫壯遊詩云云已具浮海航到今有餘恨不得窮扶桑王謝風流遠闔閭丘墓荒劍池石壁側長洲芰荷香嵯峨閶門北清廟映回塘每懷吴太伯撫事淚浪浪

盈筐盛菱芡 陸龜

蒙吳中苦雨詩笠澤卧孤雲桐江釣明月云云蒲益蒼鱸鱠

乘舡向山寺 張籍送從弟戴玄之蘇州楊柳閶門外悠悠水岸斜云云看筱到人家夜月紅柑樹秋風白藕花江天詩境好迴日莫令賖

書後欲題三百顆 韋應物詩聞君病後思青橘欲摘猶酸亦未黃云云洞庭猶待滿林霜

蘇州刺史例能詩 劉禹錫詩云云西掖吟來替左司

家家門外泊舟航 白居易詩閶門四望鬱蒼蒼始覺州雄土俗強十萬夫家供課稅五千子弟守封疆閶閭城碧鋪秋草烏鵲橋紅帶夕陽處處樓前飄管吹云云雲埋虎寺山藏色月耀娃宮水放光曾賞錢塘并茂苑今來未敢苦誇張

七堰八門六十坊 白居易詩半酣憑檻起四顧云云遠近高低寺間出東西南北橋相望

京兆平反一笑春 蘇子瞻和蘇州太守王規父侍太夫人觀燈之什余時滯留京口不及赴此命其詩云云不覺朱轓輾後塵爭看綵幰錦纏輪洛濱侍從三人貴云云但逐東山攜妓女那知後閤走窮賓滯留不見綵華車空作寮詩第七人

外邑

草屨隨舡賣 杜荀鶴送人宰吳縣詩云云綾梭隔水鳴

蕭條江縣去鳴弦 王介甫送吳江宰詩避近都門誰識洒云云猶疑甫里英靈在到日憑君爲艤舡

四面漁家遶縣城 李貫吳江縣詩

四六

維時浙部　在昔吳都　二浙雄藩　疏滢漢廷　有古吳門　于今漢輔　三吳近輔　移牧吳會

由猴岳司　矧是蘇臺　俗號富饒　矧闔閭之故城　牧股肱郡　猶依行闕　民多輕剽　爲浙江之上郡　惟吳會之奧區　冠黃圖三輔之雄　矧長洲茂苑之雄　寶日畿之巨屏　森畫戟千兵之衛　規馮翊扶風之盛　襟帶江湖兆虎丘之形勢　沃壤平疇稻蟹擅吳中之最　輔陪畿甸環象魏之觚稜　澄湖別派蓴鱸亦天下之稀　燕寢凝香樂郡齋之暇日　蘭橈擲裾煩稱使君之行樂　鱸魚膾玉彝澤國之勝遊　金柑玉鱠每形文士之清吟　樓櫓萬艘擁要衝於海道　割雲湖雪腴田利及於它州　衿襦千里爲屏藩於京畿　鏤玉服珠錦室胥成於侈俗　軍餉轉輸舟運自此邦而出　若論禮遜有太伯季子之遺風　戶租充羨倉儲亦它郡所無　細考詩篇皆夢得樂天之陳迹

新編方輿勝覽卷之二

新編方輿勝覽卷之三　　建安祝穆和父編

鎮江府　丹徒　丹陽　金壇

【建置沿革】禹貢揚州之域。吳地斗分野。春秋時屬吳。其地爲朱方，後屬越，及楚。秦改爲丹徒，屬會稽郡。西漢屬江都國，東漢屬吳郡。孫權自吳徙丹徒，謂之京城，亦曰京口。晉元帝渡江，於京口僑置南徐州，宋以南徐治京口。隋文帝於南徐置潤州，取潤浦以名。唐因之，後改丹陽郡，德宗爲鎮海軍。皇朝陞鎮江軍節度，後以徽宗皇帝潛邸陞府。領縣三，治丹徒。

○淮東總領置司

【事要】

【郡名】**京口** 圖經：其城因山爲壘，緣江爲境。爾雅：丘絕高曰京，故名。 **南徐** 見沿革注。

【風俗】**人性驕奢** 見寰宇記。 **習戰尚禮** 隋志：京口人｜｜而君子｜｜。 **六代之風流** 徐鉉甘露寺記云云：人物綜萃於斯，三吳之山川林泉鍾發於此。

【形勝】**東通吳會** 郡國志云云：西連都邑，南接江湖。 **西接漢沔** 曾鞏潤州集序：控江流之會云云，北拒淮泗。 **浙西門户** 繫年錄：知鎮江府劉寧止上言云。 **控扼大江** 同上。 **內蔽日畿** 鎮江志序云：外連天塹。 **望海臨江** 見南齊志。 **險過金湯** 周世宗問孫忌，對曰：長江千里云云。 **桑梓帝宅** 南齊志：宋氏以來云云。 **北府兵可用** 元溫嘗謂京口酒可飲云云。○劉貢父詩：縹壺盈前京口酒，紅旆指麾北府兵。

【山川】**北固山** 在州北一里，迴嶺下臨長江，其勢險固，即府治所據，及甘露寺基。建康實錄：梁武帝幸京口，登北固樓，遂改名北顧。 **五州山** 在城西。○蔡天啓詩：西升崇丘望培塿，見五州。 **蒜山** 在城西三里，山上多蒜，故名。蘇子瞻云：｜｜可居。 **花山** 在城東，即東山。○蘇子美詩：寺裏山因花得名。皇甫冉詩：東山後盛遊即此。 **土山** 在城西，劉禹錫有詩，見後。 **茅山** 在金壇縣六十五里，即三十六洞天華陽第八洞天也。漢有三茅來治，故名。真誥云：金壇華陽之天，茅盈之祖濛得道，號金壇。 **黃鶴山** 在城西南三里。宋武帝潛龍時息此山，有黃鶴飛舞，因名。○一名戴公山。南史：戴顒世居剡中，又徙京口，止｜｜。宋文帝每欲見之，曰：吾東巡，當宴戴公山。 **京峴山** 在府治東五里，晉謂之京鎮。祥符圖經：不載京口得名以此。鮑昭有從京峴拜陵詩。 **丹陽山** 古雲陽縣也。秦時亦言其地有天子氣，始皇鑿此坑以敗其勢，截直道使阿曲，故謂之曲阿。天寶初，號丹陽。非晉漢之丹楊，漢丹楊郡治宛陵，晉丹楊郡治秣陵。山多赤柳，故名。 **金山** 在江中，去城七里。唐李錡鎮潤州，表名｜｜。因裴頭陀開山得金，故名。山前有三島，號石牌礁、郭璞墓。按唐書韓滉傳：建中之難，陳少游在揚州，以甲士三千臨江大閱，滉亦總兵臨金山，與少游會。則是建中之時已有｜｜之名，非始於李錡也。○長編：建炎四年夏，兀朮回至鎮江，韓世忠提兵駐揚子江、金山以邀之。虜衆數萬，世忠戰士纔八千。兀朮約日會戰，世忠以海舡百餘艘泊金山下，預命工鍛鐵爲長綆，貫一大鉤，比合戰，世忠分海舟爲兩

道每縋一綆則曳一舟而入虜不得渡以輕舡絶江而遁俘
獲殺傷甚衆○政和間嘗以金山龍遊寺改建神霄宮汪彥
章記云父老相傳先唐時嘗以爲龍遊觀已而爲浮屠氏所
有者幾二百年故金華楊氏洞天記曰中國洞天不載於名
籍者尚多有之——其一也蓋其前臨滄海卻倚大江獨立
無朋以天爲際風濤朝夕赴其呑吐日月晦冥環其左右攬
數州之秀於俛仰之間而下盤魚龍之宮神靈之府蓋宇宙
區奧古今勝處也○周洪道雜記云山在京口江心上有龍
游寺登妙高峯望焦山海門皆歷歷此山大江環繞每風四
起勢欲飛動故南朝謂之浮玉山別有山島相傳爲郭璞墓
大水不能沒下元水府亦在此讃云金山山裹寺焦山寺裹
山○楊廷秀曉登金山詩金山東金山西金山排霄南斗齊
天將三江五湖水併作一江字揚子來從九天上瀉入九地
底遇嶽嶽立摧逢石石立碎乾坤氣力聚此江一波打來誰
敢當金山一何強上流獨立江中央一塵不隨海風舞一髮
不隨海潮去四旁無蒂下無根浮空躍出江心住金宮銀闕
起峯頭鮀鼓撞鍾聞九州詩人蹈雪來清遊天風吹儂上瓊
樓不爲浮玉飲玉舟大江端的替人羞金山端的替人愁○
唐錡垂詩云廬山一峯秀岧然疏衆山盤根大江底插影浮
雲間雷霆常間作風雨時往還象外懸清景千載長躋攀

焦山 在江中金——二——相去十五里唐圖經云後漢焦光隱於此山因名

雙峯 在海門○韓持國登潤州城詩一帶分江紀——照海門

大江 在城北六里亦名京口○三國志魏文帝將東征出廣陵臨——戍
卒數十萬旌旗數百里不敢渡嘆曰波濤洶湧天所以限南
北也觀雖有武騎千羣何所用之遂於馬上賦詩云觀兵臨
江水水流何湯湯戈矛成山林玄甲曜日光猛將懷暴怒膽
氣正從橫誰云江水廣一葦可以航○林大聲詩南徐江山
天下雄淞江一水如盤龍○楊傑詩海上波平千里白
江東兵壯萬大雄雲開雲合山頭月潮落潮生渡口風

練湖 去城四十里○李華頌并序辭曰土反其宅水歸其壑
先王因流下而導之故曰九川滌源因池匯而瀦之故
曰九澤既陂以疏天地之氣以利元元之用崇伯汩五行而
殛羽山臺駘章大澤而封汾川洪範首之春秋載之地有廣
狹事無今古大江具區惟潤州其藪曰——幅員四十里菰
蒲菱芡之多龜魚鼈蟹之產餧飫江淮膏潤數州其傍大族
強家泄流爲田專利上腴畝收倍鍾富劇淫衍自冊陽延陵
金壇環地三百里數合五萬室旱則懸耜水則具舟人罹其
害九十餘祀凡經上司紛紜與奪八十一斷嗚呼曲能掩直
強者以得之老幼怨痛沈聲無告永泰元年王 大翦西戎
丙戌既騐矣生人舒息詔公卿選賢良先除二千石以江南
經用所資首任能者是歲十一月二十三日拜前常州刺史
京兆韋公損爲潤州聲如颷馳先詔而至吏人長伏男女相
賀即日上無貪刻下無冤憤公素知截湖潤壞災甚頻發臨
事風生指期以復群議雷動山鎮恬然中明獨裁文之以禮
乃白本道觀察使兼御史中丞韋公元甫中丞撫掌愜心如
公之謀且曰興利除害得其人而後行非常之政敢歸叔父
公乃申戒縣吏率徒闢之人不俟召呼抃從役畚鍤蓋野俊
泉成蹊增埤故塘繚而合之廣湖爲八十里像月之規儔金
之固水復其所如鯨噴射洶洶隱地雷鬬泉中先程三日若
海之游控瀕瀦如吞吐日月沈沈如翠蓄風雨所潤者遠原
隰皆春耕拖髮者泰於是疏爲斗門既殺其溢又支其澤
沃塉均品河渠通流商旅以價人勇輸賦逋逃受利豈惟此
州每歲頭陰乘陽二氣相薄大雨時行暴潦奔流水勢所入
盈而無傷龍見方雩稼穡其溼時前相國彭城公劉尚書晏
統東方諸侯平其貢稅聞而悅之白三事以聞詔書褒異焉

彭城公宣命至江南捧詔授公公率元僚掾史令丞已下至于耆艾西向拜手惝戴皇明人心上感天降嘉澤如有神祗昭格歌志公正直而和卑靜而斷姦惡宥過惠人察姦絕約精堅百鍊不耗伐氷之貲降從上禮詩云靖共爾位好是正直宜其有福也吏人入賀公拱而謝之曰尚書劉公觀察韋公奉行王澤也鄙何力之有焉丹陽令杜孟寅秉公之清白延陵令李令從如公之愛人金壇令胡比與公之成規及丹陽耆壽周孝襄百姓湯原等拜首而請曰兌為澤兌悅也水歸於澤而澤悅於人百年浸塞而公啓之臣哉鄰哉克諧帝休永代是式三縣無災若不碣而刻之則王命不揚於歌後後之人無以倚負也華嘗學古見訪為頌曰　望沄沄兮視冥冥鳥閑魚樂葭炎生膏腴利倍起訟爭斯人悲抑痛無聲常公正直動神靈百年游淤為湊清飢者飲兮病者寧詔書光寵恩榮劃然耽贍復明追琢刻頌揚英聲

潤浦 在丹徒縣東二里州以此得名一曰東浦

新亭渚 李善注云十洲記在丹陽郡。謝元暉別范零陵詩停驂我悵望輟棹子夷猶廣平聽方藉茂陵將見求

西津渡 戴叔倫詩云大江橫萬里古渡渺千秋。孟浩然詩北固臨京口夷山對海濱江風白浪起愁殺渡頭人

漕渠 貫城中司馬遷曰禹之治水於吳則通渠三江五湖其來久矣六朝都建康凡三吳船避京江之險自雲陽西城鑿運瀆徑至都下隋平陳發雲陽二瀆大業末穿河西京江至餘杭八百餘里面闊十丈擬通龍舟以備東遊之役自是始便禹通渠故道唐世因之白居易詩平河七百里謂此河也

【堂亭】

衛公堂 在府治之後

蕭閑堂 在鐵甕門西接芋山洞中有丨丨居顏況詩蕭閑隱洞旁

相公堂 蘇京宰丹陽奉其父頌至邑遇誕日築堂為壽

後人因名之

向吳亭 在府治。陸蘊蒙詩秋來瀨上向吳亭。王介甫寄刁景純詩遙約丨丨丨下路

寶墨亭 蘇子美詩云山陰不見換鵝經京口今傳瘞鶴銘蕭洒集仙來作記風流太守為開亭

【樓觀】

望海樓 在府治昔蔡君謨經此題曰丨丨丨城中最高處密視甘露金山如屏障中畫出信江南之絕致也後改曰連滄觀。米元章和孫少述潤州丨丨丨詩雲間鐵甕近青天縹緲飛樓百尺連三峽江聲流筆下六朝山影落樽前幾番晝角催紅日無事滄洲起白煙忽憶賞心何處在春風秋月兩茫然

北固樓 輿地志在北固山上天色晴明望見廣陵城如青霄中鳥道相去五十里。李白詩丹陽北固是吳關畫出樓臺雲水間千巖烽火連滄海兩岸旌旗遶碧山。僧仲殊詩海門凝日山雙峙江北迎人樹幾行。范希文詩北固高樓海氣寒史君應此凭欄干春山雨後青無數借與淮南子細看

多景樓 在甘露寺。曾子固詩欲收嘉景此樓中倚徙欄干四望通雲亂水光浮紫翠天含山氣入青紅一川鐘唄淮南月萬里帆檣海外風老去衣衿塵土在祇將心目羨冥鴻。劉攽之詩壯觀東南二百州景於多景最多愁江流千古英雄淚山掩諸公富貴羞北固槪今唯有酒中原在望莫登樓西風戰艦成何事只送年年使客舟。又詩金山焦山相對起挹盡東流大江水一樓坐斷天中央收拾淮南數千里。米元章題丨丨丨呈太守裴如晦學士六代蕭蕭木葉稀樓高北固落殘暉兩州城郭青煙起千里江山白鷺飛海近雲濤驚夜夢天低月露濕秋衣史君豈負時平樂長倒金鍾盡興歸

得江樓 盤洲洪景伯為之記

喜雨樓 在城內規模宏壯占一郡勝概頗有登覽之快

城樓 劉長卿和顏使君登

潤州｜｜山城沿邐巘高樓鼓角吹鐃居上頭春草連天隨北望夕陽浮水共東流江田漠漠全吳地野樹蒼蒼故蔣州王粲曾為南郡客別來無處更銷憂

萬歲樓 皇甫冉同客登樓詩高樓直上思依依極浦遙山合翠微江客不堪頻北望寒鴻何事獨南飛維揚古渡寒煙積瓜步空洲遠樹稀聞道王師猶轉戰誰能談笑解重圍

東軒 在甘露寺。周孫詩每日憑晴檻閒吟只自娛山從平地有水到遠天無老樹多封蘚飄帆暗沒吳雖居此廊下入戶亦踟躕

北軒 在甘露寺。杜牧寄題曾上蓬萊宮裏行｜｜欄檻最留情孤高堪弄桓伊笛縹緲宜聞子晉笙天接海門秋水色煙籠隋苑暮鐘聲他年會著荷衣去不向山僧道姓名。周孫詩曉色宜閒望山風遠益清白雲連晉閣碧樹盡燕城水靜沙痕出煙銷火野平最堪佳此境為我長詩情

月觀 在燕樓西晉為萬歲樓唐孟浩然有詩。汪彥章記云京口以江山名天下其來尚矣而為國要地尤重於齊梁晉宋之間觀其千峰所環中據巨浸風濤日夜駕百川而東之其形勢之雄實足以控制南北豈直為騷人墨客區區登覽之勝哉州治之西有樓爲並城而出名曰千秋若考諸圖志始於晉王恭之時蘇樓西南措城百餘步忽飛簷曲檻岸然起於城隅之上望數百里見之若月觀也紹興八年吳興劉岑季高來刺是州承變亂之後公私掃地無復故時季高以精明彊敏之才易民觀聽於談笑之頃既府寺閭井鳩集經營悉復其初始遑暇於游息之地乃即｜｜之址韓而新之客有登而歎曰嗚呼壯哉未之見也前此頹甍圯棟蕪沒於荒煙灌莽之中雖江山不與時變遷者亦莫吾觀今晨霧夕靄晴嵐煙翠復得於几席之上而風颿浪舶離鴻落鶩羅陳於樽俎之前如客得歸如蒙得發也季高於此可謂能矣非政有餘力能至是哉或曰是未足以言季高之政也季高嘗於侍從之臣出分天子顧憂方時艱難此州實為標要其經理規摹必有足大者嘗與子四顧而望其東曰海門鵰臺子皮之所從逝也其西曰瓜步魏佛狸之所嘗至也若其北廣陵則謝太傅之所築埭而居於江之中流則祖豫州之所擊楫而誓也計其一時英雄懷抱憤中原之未復反虜之未禽欲吞之以忠義之氣雖狹宇宙而隘九州固其胸中之所積亦江山有以發之今攬而納諸數楹之地使千載之事了然在吾目中則季高之志可知矣然自有天地則有山川其閱人多矣而山川勝處非人不傳襄陽峴首以羊叔子傳武昌南樓以庾元規傳蜀之籌筆驛以諸葛武侯傳吾知月觀與季高之名藉藉天下矣姑書其本末以補京口故事之遺使後人知此觀復新自吾季高始豈不可喜季高曰可識

連滄觀 揚廷秀題｜｜呈太守張幾仲詩云開窗納盡大江秋天半飛樓不是樓海江南徐無絕頂下臨北顧虎回頭蒜山舊址空黃鶴瓜步新城照白鷗好事主人盼詩客風煙一眼到揚州

[illegible]

妙高臺 在金山。楊廷秀｜｜詩金山未到時羨渠奄有萬里之長江金山既到了長江不見只見千步廊老夫平生不耐事聽檢風光難可意老僧覺我見眼眉引入妙高臺上嬉不知老僧有妙手卷舒江山在懷袖挂上西樓萬丈間長江浮在煙端長江南邊千萬山一時飛入兩眼寒最愛誓前絕奇處江心峴然景純墓僧言道許乃浪傳龍宮持書珠貝篇初云謝靈運變山如愛命撥取天台鴈蕩惟石頭疊作假山立中流又云王逸少草聖入神妙天賜琉璃筆格玉硯屏仍將大江作陶泓老僧閒二說沈吟未能決長年抵死催上舡徘徊欲去空茫然

橋梁

清風橋 在府南范希文建子瞻詩傷心范橋水漾漾與其漂

千秋橋

在府治西晉王恭作萬歲樓於城上其下有樓故以千秋名

寺院

甘露寺

在城東角土山上臨大江李德裕建時甘露降因名焉。沈存中詩丞相高齋半草萊舊時風月滿亭臺地從日月生時見天到江山盡處回三國是非春夢斷六朝城闕野花開心隨潮水漫漫去流徧煙村半日來。蘇子瞻遊――有二客相過遂與偕行寺有石如羊相傳謂之狠石云諸葛孔明坐其上與孫仲謀論曹公也大鐵二接銘梁武帝所鑄黄獅子一菩薩二陸探微筆衞公所留祠堂在寺手植柏合抱矣近寺僧發古冢甚得舍利七粒并石記乃衞公爲穆宗追福所葬也詩云古郡山爲城層梯轉朱欄樓臺斷崖上地窄天水寬一覽吞數州山長江漫漫却望大明寺惟見煙中竿狠石卧庭下穹窿如伏羱緬懷卧龍公挾策事琱鑽一談收猘子再說走老瞞名高有餘想事往無留觀蕭公古鐵鑊相對空團團坡陀受百斛横兩生環瀾泗水遶周鼎渭城辭漢盤山川失故態惟此能獨完僧繇六合人霓衣掛冰紈隱見十二疊觀者疑夸謾破板陸生畫青猊戲盤蹋上有二天人揮手如翔鸞筆墨雖欲盡典刑垂不刋赫赫贊皇公英姿凜以寒古柏手親種挺然誰敢干枝撑雲雾裂根入石窟蟠薙草得斷碑斬崖出金棺瘞藏豈不牢見伏理可歎四雄皆龍虎遺迹儼未刓方其盛壯時爭奪肯少安廢興屬造物遷逝誰控搏況彼妻甯子而欲事所難古今共一軌後世徒辛酸聊興廣武歎不待雍門彈。盧肇詩云北固巖端寺佳名自上台地從京口斷山到海門廻曙色煙中滅潮聲日下來一隅通雉堞千仞聳樓臺林暗疑降虎江空想度杯福庭增氣象仙署落昭回竟路花非染流年景詎催隋宫凋綠草晉室散黄埃西蜀波濤盡東溟日月開如登最高處應得見蓬萊。周繇詩盤江上幾層峭壁半垂藤殿瑣南朝像龕禪外國僧海濤摘砌檻山雨洒窗燈日暮疎鐘起聲聲徹廣陵

金山寺

在金山上屹立江中真宗夢游此寺後改名龍游。庚溪詩話載孝宗詩曰崒然天立鎮中流雄跨東南二百州狂虜每臨須破膽何勞平地戰貔貅有堂曰雄跨蓋取聖製中語。張祜詩一宿金山頂微茫水國分僧歸夜船月龍出曉堂雲樹影中流見鐘聲兩岸聞因悲在朝市終日醉醺醺。孫魴詩萬古波心寺金山名日新天多剩得月地少不生塵樹過妨僧夢濤驚濺佛身誰言張處士題後更無人。楊公濟陪潤州裴如晦學士遊金山廻作世上蓬萊爭幾洲長雲漠漠鳥飛愁海山亂點當軒出江水中分繞檻流天遠樓臺横北固夜深燈火見揚州廻船却望金陵月獨倚牙旗坐浪頭。王介甫詩天末海雲横北固煙中沙岸似西興已無船舫猶聞笛遠有樓臺祇見燈山月入松金破碎江風吹水雪崩騰飄然欲作乘桴計一到扶桑恨未能。又詩北攙南檣泊四垂共憐金碧爛參差孤高萬丈蒼波底除却蛟龍世不知。曾子固詩壓外岩嶤鷲嶺宫架蜃排陰出青紅抹光巧轉滄波上海色遥涵白日東夜靜神龍聽呪食秋涼蒼鷁起搏風迤邐控蜀長江水盡在廻廊顧盼中。羅隱詩老僧齋罷關門睡不管波濤四面生。又題僧院根盤蛟蜃路盤難四面無塵輟棹過得似吾師始惆悵眼前終日有風波。蘇儀甫詩僧依玉鑑光中住人踏金鼇背上行。蘇子瞻遊金山寺詩長江欲盡闊無邊金山當中惟一石潮平風靜自浮海縹緲樓臺轉金碧爪洲初見石頭城城下波瀾與海平山中轉拖終無岸泊舟未定僧先迎山中岑寂恐未足復將江水遶山鳴四無鄰家群動息鐘聲鏗鍧吞山谷鳥鷹力薄墮中路惟有胡鷹石上宿誰知江海多行舟遊人上下集巖幽老僧心定身不安送往迎來何足竟朝遊未厭夜未歸愛山往往如今稀不待遊人盡歸去恐君未識山中趣。郭功

父金山行金山杳在滄溟中雪崖冰柱浮仙宮乾坤扶持自
今古日月髣髴𨔫西東我泛靈槎出塵世搜索異境窺神工
一朝發臨重太息四時想像何其雄卷簾夜閣掛北斗大鯨
駕浪吹長空舟摧岸斷豈足數往往霹靂鎚蛟龍寒蟾八月
蕩瑶海秋光上下磨青銅鳥飛不盡暮天碧漁歌忽斷蘆花
風蓬萊久聞未成往壯觀絶致遥應同潮生潮落夜還曉物
與數會誰能窮百年形影浪自苦便欲此地安微躬白雲南
來入我望又起歸興隨征鴻。蘇子美詩孤峯蹲滄江突兀
臺殿積驚波四面兆日夜走霹靂陰崖滴風雲陽崖產金碧離
披萬年樹根抱太古石脩廊轉峻閣翁鬱象山脊鐵像浮海
來珠瓔冷光滴叩闌見黿鼉揚首意自得偃蹇互出没日此
饒餘食又有翠羽禽擊飛喜賓客口銜紺帶花近我若相識
開軒眺絶上下與異色氣象特清壯所覽輒快適余心本
高洒誤爲塵土隔不知人間世有此物外迹落日將發舟低

回空

焦山寺

在江心與金山相對有海雲堂贊善閣叹
自惜
江亭。歐陽集古録載華陽真逸撰瘞鶴
銘刻於焦山之足常爲江水所没好事者伺水落時摹而傳
之。蘇子瞻自金山訪焦山詩金山樓觀何耽耽撞鐘擊鼓
聞淮南焦山何有有脩竹採薪汲水僧兩三雲霾浪打人迹
絶時有沙戶祈春蠶我來金山更留宿而此不到心懷慚同
遊盡返决獨往賦命輕薄窮江潭清晨無風浪自湧中流歌
嘯倚半酣老僧山下驚客至迎笑喜作巴人談自言久客忘
鄉井只有彌勒爲同龕困眠得就紙帳暖飽食未厭山蔬甘
山林飢餓古亦有無田不退寧非貪展禽雖未三見黜叔夜
自知七不堪行當投劾謝
簪組爲我佳處留茅庵

鶴林寺

在黃鶴山舊名竹林
寺宋高祖嘗遊獨卧
講堂前上有五色龍章即位改名鶴林今名報恩。周賓鎮
浙西——有杜鵑花贊謂殷七七曰鶴林之花天下奇絶
嘗聞能開頃刻花可副重九乎以九日爛熳如春因遊賞爲
。李涉鶴林詩終日昏昏醉夢間忽聞春盡强登山因過竹
院逢僧話又得浮生一日閑。蘇子瞻遊鶴林招隱詩郊原
雨初霽春物有餘妍古寺滿脩竹深林閒杜鵑睡餘柳花墮
目眩山櫻然西窗有病客危坐看香煙。行歌白雲嶺坐詠
脩竹林風輕花自落日薄山半陰澗草誰復識聞香杳難尋
時見城市人幽居惜未深。韓无咎跋云鶴林招隱皆京口
勝處也余頃遊焉鶴林近城猶客數聞招隱迴在山中至亦
無矣況脩林戢東坡所謂古寺滿脩竹也惜其未深者治鶴
林耶。摘璧俞詩松竹暗山門颼颼給清吹傳聞宋高祖舊
宅爲慈寺地以黑龍升經因白馬至何必問興亡山川應可
記。綦毋潛鶴林寺詩道門憑形勢向背臨層霄松覆山殿
冷花藏溪路遥珊珊寶幡挂焰焰明燈燒遲日半空谷春風
連上朝少憑水木興暫令身心調頭謝攜手客茲山禪誦饒

慈和寺

張祜秋夜登潤州——上方詩清夜浮埃暫
歇鄰鉤輪金照露華鮮人行中路月生海鶴語
上方星滿天樓影半連深岸水鐘聲寒徹遠
林煙僧支閒盡下樓去一半夢魂離世緣

古跡

鐵甕城

唐乾符中周寶爲潤帥築羅城二十
餘里仍號——又云吳孫權所築

很石

見甘露寺
注。羅隱
詩紫髯桑盖此沈吟——猶存事可尋漢鼎未安聊把手楚
醆雖美肯同心英雄已往時難問苔蘚何知日漸深還有市
鄽沽酒客雀喧
鳩聚卧蹄涔

丹徒

地理志秦時望氣者云其地有天子
氣始皇使赭衣三千人鑿城敗其勢
改云——

呂城

去郡城百五十
里呂蒙所築

劉裕宅

裕徙居京口里。
蘇子瞻詩——
邊霜
竹老

夢溪

沈存中宅在朱方門外存中嘗夢至一處小山
花如覆錦喬木覆其上山之下有水夢中樂之

將謀居焉後守宣城有道人無外者爲存中言京口山川之盛且云郡人有地求售存中以錢三十萬得之又六年因邊議坐謫官乃廬于潯陽元祐初道京口登道人所買之地即夢中所遊處存中歎曰吾緣在是矣遂築室焉因名曰｜｜

名宦

謝安都督徐兖等州　李德裕爲浙西道節度使　蕭穎士爲金壇宰　皇朝范仲淹自饒州徙潤　張耒以直龍圖閣爲守　程珦明道伊川之父爲支使　曾布南豐人元符末拜相崇寧初守潤州有宅在千石壩之東今爲統制司酒庫

人物

韋昭雲陽人　祖逖本傳爲奮威將軍將部曲百餘家自京口渡江中流擊楫而誓曰｜｜不能清中原而復濟者有如大江　許渾郡志居京口有別墅在丁夘橋。陸游詩裴相功名冠四朝｜｜身世老漁樵若論風月江山主丁夘橋應作午橋　皇朝刁約字景純直史館浩然掛冠而歸作藏春塢爲此州絶景日遊其間　陳升之建陽人後居于潤神宗朝拜相。沈存中筆談云秀公治第于潤極爲宏壯宅成已疾惟肩輿一登西樓而已爲詩曰丞相旌旗久不歸處堂寧止嘆伊威綠槐樓閣山蟬響青草池塘野燕飛蓋謂是也　蘇頌字子容泉之同安人元祐拜相其父紳爲翰林學士宅在朱方門外曾子開銘之曰築室京口僅庇風雨蓋謂是也　張綱宅在金壇縣希墊村湯鵬舉宅在縣東同時執政邑人呼張爲西府湯爲東府　沈括字存中錢塘人爲翰林學士謫官至京口營夢溪居焉今半爲嶽廟半爲軍寨　米芾字元章襄陽人其爲文不襲前人作其字有晉唐風流愛京口溪山之勝遂定居焉作菴於城東號海岳

題詠

鐵甕郡城牢劉禹錫詩土山京口峻云云　城高逼斗牛白居易詩　東南第一州僧仲殊詩北顧横江盡云云六朝都在望回首倦登樓　風俗太伯餘白居易詩　城高鐵甕横強弩杜牧之詩謝朓詩中佳麗地夫差傳裏水犀軍云云柳暗朱樓多夢雲畫角聲飄江北去釣歌長向月中閒揚州塵土試回首不惜千金借與君　綠水橋邊多酒樓杜牧詩向吳亭東千里秋放歌曾作昔年遊青苔寺裏無馬跡云云大抵南朝皆曠達可憐東晉少風流月明更想桓伊在一笛同吹出塞愁　青山不與興亡事僧仲殊詩一昨丹陽王氣銷盡將豪俊謝塵囂衣冠不復宗唐代父老猶能道晉朝萬歲樓邊誰唱月千秋橋上自吹簫云云只共垂楊伴海潮　京口浪花迎棹白王元之送牛學士知潤州詔從書殿理江千江外生民識諫官云云海門山色入檻寒茅君仙洞披圖見張祐詩牌辨蘚看忙日政成無一事好吟新句寄長安

四六

吳頭巨鎮　起從綠野　升華中秘　外控大江

京口名州　往鎮朱方　擢守南徐　內拱行闕

眷京口金湯之固　惟北固之名邦　眷北固之地雄

按石頭形勢之雄　實近畿之奥壤　控長江之天險

內蔽日畿莫重南徐之鎮　誦東坡甘露之詩足爲感慨

外連天塹尤雄北府之兵　讀龍溪月觀之賦直欲規恢

陞龍潛之大府地望本雄　夜望揚州尚見城中之燈火

宿虎視之重屯軍容尤壯　秋臨京口益嚴江上之鼓鼙

遊甘露而誦坡老之名章　萬旅雲屯軍政必明於紀律
訪金山而懷韓公之雄槩　一江天險舟師尤謹於隄防
城馬鐵甕既嚴兵甲之屯　臨江水以觀兵宜魏人之發嘆
覽勝金山尤恃波濤之險　鑿河渠而通漕由隋帝之開端
樓登多景可徙悵望於中原　京口卜居有元祐相臣之陳迹
舟濟大江直欲誓清於此水　江心奏捷餘建炎大將之英風

嘉興府

嘉興　華亭
海鹽　崇德

【建置沿革】禹貢揚州之域吳地斗分野漢書地理志春秋書於越敗吳于檇李即此也秦爲由拳縣始皇時見山下出王氣使諸囚鑿之因僂後人訛爲由拳漢因之吳改爲嘉禾縣又改爲嘉興縣隋屬蘇州又屬杭州五代石晉時吳文穆王元瓘始經邑爲州置秀州　國朝賜名嘉禾以　孝宗誕聖之地陞嘉興府領縣四治嘉興

【事要】

【郡名】嘉禾 郡志吳黃龍五年｜｜生於由拳改今名　檇李 漢志曰由拳應劭曰即古之｜｜

【風俗】風俗淳秀 題名記惟秀介二大府旁接三江擅湖海魚鹽之利號澤國秔稻之鄉土膏沃饒云云文賢人物之盛前後相望百工衆技與蘇杭等　慕文勤農 國然其俗尤｜｜儒頰｜｜務

【形勝】秀澤國也 見月波樓記　若漢右 扶風 張元成嘉禾志序密拱鳳城云云　負海控江 章峴會浦河記｜｜｜｜土爲上腴　地爲通津 王銍璧記｜｜｜｜故井邑繁雄訟牒坌積舟車夫集使賓交馳急索疾呼殆無虛日

【土產】鹽 海｜縣序云昔吳王煮｜于此　草布 鄉落間績此布以爲業　蠏 崇德學記

稻｜之利
轉徙數州

【山川】胥山 在嘉興縣東三十里舊經伍子胥經營於此水經云子胥死於吳而浮尸於江吳人憐之立祠於江上名曰｜｜　由拳山 在嘉興縣其地產佳紙　安山 在嘉興縣西南六十里昔道士父葬尸解於此　鳳山 在華亭縣　崑山 在華亭縣西北三十里按吳地記陸氏之祖葬於此因生機雲皆負詞學時人以玉出崑岡而名焉王介甫和唐詢十詠玉人生此山山亦傳此名崖風與穴水清越有餘音悲哉世所與一出受欺傾不如鶴與猿棲息尚全生　金山 在華亭縣南九十里上有寒穴舊經昔周康王遊鎮大海遂築城以接此山　澱山 在華亭縣東南三十里小湖中　秦住山 在海鹽縣十八里輿地志秦始皇嘗登因名之　陳山 在海鹽縣東北四十里有龍津及廟祈雨必應　華亭谷 輿地志吳大帝以漢建安中封陸機爲｜｜侯即以所居爲封｜｜出嘉魚蓴菜又多白鶴清唳故陸機嘆曰千里蓴羹未下鹽豉及臨刑嘆曰華亭清唳不可復聞　三女岡 在華亭縣東南八十里相傳吳王葬妃於此王介甫詩自古世上雄慷慨擅功名當時豈有力能使死者生三女共一丘此憾亦難平音容若可作無乃傾人城　鶴坡 在華亭東七十里此地出鶴俗謂之｜｜　瀚海 在華亭縣西抵海鹽東抵松江　柘湖 在華亭縣南七十里湖中小山生柘因名吳越春秋海鹽縣淪沒爲｜｜吳地記秦時有女人入湖爲神今其祠存王介甫詩｜林著｜山蔆葉蔓湖瀆秦女亦何事能爲此湖神年年賽雞豚漁子自知津幽妖與險阻禍福易欺人　南湖 在嘉興又名鴛鴦湖按｜｜草堂記檇李澤國也東南皆陂湖而｜｜尤大其故處百有二十頃

谷水在華亭縣南長百五十里舊記曰｜｜出吳小湖逕由拳縣故城下神異傳曰由拳縣秦長水縣也始皇時縣有童謠曰城門當有血城陷沒爲湖有老嫗聞之旦旦往窺城門門侍欲縛之嫗言其故嫗去後門侍殺犬以血塗門嫗又往見血走去不敢顧忽有大水乃淪陷爲谷矣因目長水城水曰｜｜　白龍潭去嘉興縣五里淳熙中用太平廣記所載撓龍法以長繩繫虎頭骨投之即雨。許同詩呼吸潮中水山搬寄此身洞門風雨夜雷火逐霜鱗　華亭水水自華亭谷行三百里入松江。王介甫詩巨川非一源源亦在衆流此谷乃清淺松江能覆舟蟲魚何所知上下相沉浮徒嗟大盈此浩浩無春秋　寒穴在華亭縣。王介甫詩神泉冽冰霜高穴與雲平空山渟千秋不出嗚咽聲山風吹更寒山月相與清北客不到此如何洗煩酲　滬瀆在華亭縣東江之側蓋廣潭表淞防海之處　悲溪在州南八里

宮室　思堂在華亭丞廳章貫夫建蘇子瞻記曰嗟夫余天下之無思慮者也遇事則發不暇思也未發而思之則未至已發而思之則無及以此終身不知所思是故臨義而思利則義必不果臨戰而思生則戰必不力若夫窮達得喪死生則吾有命矣且夫不思之樂不可名也虛而明一而通安而不懈不處而靜不飲酒而醉不閉目而睡將以是記思堂不亦繆乎雖然言各有當也萬物並育而不相害道並行而不相悖以貫夫之賢其所謂思者豈世俗之營營於思慮者乎易曰無思也無爲也我願學焉詩曰思無邪貫夫以之　月波樓在州西北城上下瞰金魚池元祐令狐挺立。後守毛滂重脩記云望而見月無有遠近容光必照而秀澤國也水濱之人起居飲食與月波接意將覽取二者於一樓之上也。鄭毅夫詩古壕鑿出明月貝樓閣飛來近景中野色更無山隔斷天光直與水相通溪藏畫舫清絃撥人在荷花碧玉叢若把金魚破杵晉曉雲深處待歸風　浩然亭在州宅取沈存中｜｜詩意米元章書　花月亭張子野倅秀創此亭取雲破月來花弄影之句　會景亭在春波門外　列岫亭在普濟院。張堯同吾州風物好唯是欠青山忽有洞庭色來從一笑間

佛寺　鹿苑寺在海鹽縣西北三十五里曾賁之初宰此邑夢胡僧來迎參政及瞻羅漢像即夢中所見　招提寺在嘉興縣西有靜照堂王介甫范景仁｜｜時諸賢皆留題

祠墓　陸宣公祠東萊呂伯恭記云贄蘇州嘉興人在晉時吳越王元瓘奏以嘉興置州今城東橋有以宣公名者相傳即公所生之地也。其故宅今爲寶花寺　劉伶墓在嘉興縣東二十七里　蘇小小墓在嘉興縣西南六十步乃晉之歌姬今有片石在通判廳題曰｜｜｜｜豈非家在錢塘而墓在嘉興乎。徐凝寒食詩嘉興郭裏逢寒食落日家家拜掃回只有縣前蘇小小無人送與紙錢財

古跡　吳王獵場在華亭谷東陸遜子孫遊獵於此又名陸機宅故陸士衡云五茸春草雉媒嬌。王介甫詩吳王好射虎但射不操戈匹馬掠廣地萬兵助遮羅時平事非昔此地桑麻多猛獸亦已盡牛羊在田陂　秦皇馳道在嘉興西北嶷山南四里相傳有大擺路即馳道也。王介甫十詠穆王得八駿萬事不期脩茫茫千載間復此好遠遊車輪與馬跡此地亦嘗留想當治道時勞者如山丘　禦兒分境通典吳越分境之所。國語吳用禦兒臨之。張堯同詩云用此臨吳戰何人爲越謀夫差終

不𥨍亡國始知羞

裴休宅 去嘉興四里，今爲眞如寺

陸機宅 在崑山。王介甫詩：故物亦已歲，嗟此歲月深。野桃自著花，荒棘徒生鉞。芊芊谷水陽，鬱鬱崑山陰。俛仰但如昨，逝者不可尋。

養魚池 在城外，即陸瑁池。又唐刺史丁延贊得金鯽魚于此，即今之西湖。○王介甫詩：野人非昔人，亦復水上居。紛紛水中游，豈是昔時魚。吹波浮遺沫，飛食糟糠餘。吞舟不可見，守此歲月除。

顧野王讀書堆 在海鹽縣東顧亭湖，即今載寺。○唐詢詩：平林標大道，曾是野王居。往事將誰語，凄涼六代餘。○顧林亭詩：寥寥湖上亭，不見野王居。平林常舊物，歲晚空扶踈。自古聖賢人，邑國皆丘墟。不朽在名德，千秋想其餘。

名宦

周顒 隱金陵之北山，應詔出爲海鹽令，孔稚圭作北山移文譏之。

李諤 爲海鹽令，在縣西境創閘二所，蓄河灌田。

皇朝魯宗道 爲海鹽縣令。

龐籍 知州，召爲殿中侍御史。

李綱 爲華亭尉。

人物

陸遜 爲孫權海昌令，即今鹽官，墓在華亭縣西北二十三里。

陸抗 遜之子，守邊，與晉羊祜交和。墓在華亭縣北二十三里。

陸機 成都王穎討長沙，王乂假機後將軍、河北大都督，爲孟玖譖於穎，遇害於軍中。與穎牋詞甚悽惋，弟雲亦遇害。

陸雲 機之弟，號二陸。閔鴻見而奇之，曰：此兒若非龍駒，當是鳳雛。

朱買臣 嘉興縣北七里有死灣亭，即買臣爲內史衣錦還鄉時，其妻羞死之地。

皇朝陳舜俞 嘉興人，應賢良第一。

題詠

月在江樓倚玉簫 陸魯望和皮日休吳中即事云云。

惆悵月中千歲鶴 胡宿詩云：陸機西沒洛陽城，吳國春風草又生云云。夜來猶爲唳華亭。

華亭鸛夢九皋禽 楊大年寄劉秀州：騎置迢迢阻玉音，左魚江海遼仞心。朱弦道直消浮謗，春草才多動苦吟。震澤折酲千樹橘云云。郡樓晴日東西望，幾處甘棠接翠陰。

潮上孤城帶月回 沈存中秀州秋日：草滿池塘霜送梅，林踈野色近樓臺。天圍故越侵雲盡云云。答蒙吟隨風葉斷，愁心低逐雁聲來。流年又喜經重九，可意黃花是處開。

外邑

勤苦學人酬帝力 方千贈嘉興許明府詩：橋里傳閭風俗好，重門夜不上重關。腰懸墨綬三年外，身去青雲一步間云云。從容對客閒家山，昇沈路別情猶在，不忘鄉中舊往還。

四六

翊惟檇李，寄拱武林。言從檇李，少憩甘棠。躡蔡符竹，擁鎮嘉禾。要今一麾，如昔三輔。

清蹕定都，作輔藩而增重；控江負海，在藩翰而匪輕。

阜陵毓秀，陞府號以更新；就日望雲，去闕廷而不遠。

封圻廣袤，是爲檇李之區；經行郡境，哦荊國之十詩。

井里豐登，肅表嘉禾之瑞；俛仰風堂，誦坡公之一記。

攬月波於層樓，起居必接；著覓發命薄蓬萊，孰窺雅志。

酌雲泉於寒穴，襟袍俱清；左扶風右馮翊，欲畏過村。

過宣公之祠下，忠藩如生；廣章子之堂中，記文有嚮。

建安祝穆和父編

安吉州

烏程 歸安 安吉 長興 德清 武康

建置沿革 禹貢揚州之域古防風氏之國乃震澤具區之間分野於天曰丑次曰星紀伯曰斗牛楚爲菰城即春申君之邑也秦以其地置烏程縣屬會稽郡漢因之東漢光和末張角亂荊揚尤甚此郡守險助國漢朝嘉之立縣名安吉吳置吳興郡隋平陳廢吳興郡置湖州取太湖爲名唐及皇朝因之錢氏納土陞昭慶軍太平興國析歸安置烏程縣寶慶二年改湖州爲安吉州領縣六治烏程歸安兩縣

事要

郡名 吳興 苕溪 在烏程縣南五十步兩岸多生蘆葦故曰—— 霅川 九域志霅溪四水合爲一溪自清源門入曰苕溪其溪獨自定安門入曰霅溪其流清餘不溪出天目山前溪出銅峴山舊經謂霅者四水激射之聲其説誤矣 笠澤 在州東二十二里又名具區藪

風俗 人性敏柔而惠 三朝國史志云云尚浮屠之教 奢靡而亡積聚 同上云云急於鬭利奇巧之技出焉 寡求而不爭 蘇子瞻墨妙亭記吳興自東晉爲善地號爲山水清遠其民足於魚稻蒲蓮之利云云賓客非特有事於其地者不至焉故凡守郡者率以風流嘯咏投壺飲酒爲事

形勝 江表大郡 顔況璧記云云吳興爲一夏爲揚州秦屬會稽漢屬吳郡吳爲吳興郡其野星紀其藪具區其貢橘柚纖縞茶紵其英靈所誕山澤所通舟車所會物土所產雄於楚越雖臨淄之富不若也其冠簪之盛漢晉以來敵天下三分之一 山水清遠 見上注 土沃俗清 李方直白蘋堂記吳江之南震澤之陰曰湖州幅員千里棊布九邑弁山依盤而爲之鎮五溪叢流以導其氣其土沃其俗清其人壽其風信實

土産 太湖石 白居易太湖石記古之達人皆有所嗜玄晏先生嗜書嵇中散嗜琴靖節先生嗜酒今丞相奇章公嗜石石無文無聲無臭無味與三物不同而公嗜之何也衆皆怪之走獨知之昔故友李生名約有云苟適吾意其用則多誠哉是言適意而已公之所嗜可知之矣公以司徒保釐河雒治家無珍產奉身無長物惟東城置一第南郭營一墅精葺宮宇慎擇賓客性不苟合居常寡徒游息之時與石爲伍石有族聚太湖爲甲羅浮天竺之徒次焉今公之所嗜者甲也先是公之僚吏多鎮守江湖知公之心惟石是好乃鈎深致遠獻瑰納奇四五年間纍纍而至公於此物獨不廉讓東第南墅列而致之富哉石乎厥狀非一有盤拗秀出如靈丘鮮雲者有端儼挺立如真官神人者有縝潤削成如珪瓚者有廉稜銳劌如劍戟者又有如虬如鳳若跧若動將翔將踴如鬼若獸若行若驟將攫將鬬風烈雨晦之夕洞穴開喧若欲雲歕雷嶷嶷然有可望而畏之者煙霽景麗之旦巖㟪霮𩅬若拂嵐撲黛靄靄然有可狎而翫之者昏曉之交名狀不可撮要而言則三山五岳百洞千壑覼縷簇縮盡在其中百仞一拳千里一瞬坐而得之此所以爲公適意之用也與公迫觀熟察相顧而言豈造物者有意於其間乎將胚腪凝結偶然成功乎然而自一成不變已來不知幾千萬年或委海隅或淪湖底高者僅數仞重者殆千鈞一旦不脛而來無腔而至爭奇騁怪爲公眼中之物公又待之如賓友親之如賢哲重之如寶玉愛之如兒孫不知精意有所召耶將尤物有所

歸耶孰不爲而來耶必有以也石有大小其數四等以甲乙
丙丁品之每品有上中下各刻于石陰曰牛氏石甲之上丙
之中乙之下噫是石也百千載後散在天壤之内轉徙隱見
誰復知之欲使將來與我同好者觀斯石覽斯文知公之嗜
石之自

紫笋茶 見顧渚注 **金蓋玉膽** 蘇子瞻嘗云吳興庖人所松江鱸鱠士人
謂之｜｜｜｜。司馬君實送張伯鎮知湖州詩江
外饒佳郡吳興天下稀草茭紫絲滑鱸鱠雪花肥 **烏程**
美酒 吳興新綠泰時程林烏巾二家以釀美酒因得其名

山川

何山 在烏程縣亦曰金蓋
山。蘇子美遊雲上何山詩今古｜｜是勝遊亂峰縈轉繞
滄洲雲含老樹明還滅石礙飛泉咽復流遍獵煙霞迷俗客
一溪風雨送歸舟自嗟塵土
先衰老長事孤憎亦白頭

卞山 亦曰弁山上有龍池。蘇子瞻和章湖州雪水
未渾纓可濯弁
峯初見眼應明

杼峯 在烏程南三十里昔夏后杼南遊之所須真鄉於此起三癸亭陸羽釋皎
然皆
有詩

毗山 在烏程縣東北九里。渠吳均和柳惲｜｜亭詩平湖曠復遠高樹峻而危

昇山
王逸少爲太守嘗昇此山顧謂賓客曰
百年之後誰知王逸少與諸卿遊此乎

峴山 在州南五里唐李相適之
爲別駕有石酒罇在焉。葛立之詩話云羊叔子鎮襄陽嘗
與從事鄒湛登｜｜慨然有泯沒無聞之嘆｜｜亦因是以
傳古今名賢賦詠多矣吳興｜｜去城三里有李適之窪罇
在焉蘇子瞻守吳興日嘗登此山有詩云苕水如漢水鱗鱗
鴨頭青吳興勝襄陽萬瓦浮青冥我非羊叔子愧此｜｜亭
悲傷意此同歲月如流星湛輩何足道當以德自銘東陽峴
山去東陽縣亦三里舊名三丘山宋殷仲文素有詩望自謂
必登台輔忽除東陽太守意甚不樂嘗登此山悵然流涕郡
人愛之如襄陽之於叔子因名｜｜二峯相峙有東峴西峴
唐寶曆中縣令于興宗結亭其下名曰涵碧劉禹錫有詩云
新開潭洞疑仙府遠寫
丹青到雍州即其所也

三山 在歸安縣西南八十三里吳興記在太湖中白波四合三
點黛色。陸士龍詩我
家五湖陰君住三山陽

天目山 在安吉南七十五里上有兩池故名避齋閑覽
云昔有登此山者遇暑雨見
雲霧皆在山腰雷似嬰兒聲

西塞山 即慈湖鎮道山磯詳見張志和注

茶山 在長興縣西產紫笋茶。杜牧茶山詩山實東吳秀茶稱瑞草魁剖符雖俗吏脩貢亦仙才溪盡停蠻棹
旗張卓翠苔東遊難
自剋俛首入塵埃

五湖 在烏程縣詳見平江

太湖 在長興東占湖常宣蘇四
州之
境

白蘋洲 在雲溪東渠柳惲詩汀洲採白蘋日暮江南春

顧渚 在長興西北即水口
鎮唐置貢茶院于此張元之銘云昔吳
夫差顧其渚次平衍可爲都邑故名

箬水 在吳興縣南有上箬下箬
惟下｜｜釀酒醇美。劉禹錫詩駱
駝橋上春風起鸚鵡盃中｜｜香

前溪 在武康縣西唐于鵠云即南朝
習樂之所。崔顥詩舞
愛｜｜妓歌憐子夜長

番畫溪 在武康縣西八里花時遊人常競集于此溪半
有｜｜亭在焉唐
鄭谷有詩見後

霅溪 楊廷秀過霅川大溪詩氣蕭際天青無邊只堪漁蕩不堪田中有一
溪元不遠摺作三百六十灣政如綠錦地衣上玉龍盤屈於
其間前船未轉後船隔前灣望得到不得及至前灣到得時
只與後灣纔咫尺朝來已渡數百灣問知德清
猶半程老夫乍喜權夫悶管有到時君莫問

井泉

金沙泉 在長興縣啄木嶺即每年造茶之所也湖常二郡接界于此上有境會亭每茶節二牧畢至祈泉奧沙中

居常無水將造茶太守具犧牲祭泉久之發源清溢造御茶畢水則微減供堂者畢水已半矣太守造茶畢即涸矣

消暑樓 在譙門東。杜牧題吳興丨丨丨詩晴日登攀好危樓物象饒一溪通四境萬岫遶層霄鳥翼舒華屋魚鱗棹短橈浪花機乍織雲葉匠新雕臺榭羅嘉卉城池敞麗譙蟾蜍來作鑑螮蝀引成橋燕任隨秋葉人空集早朝楚鴻行盡直沙鷺立偏翹暮角淒遊旅清歌慘泬寥景牽遊目困愁託酒腸消遠吹流松韻殘陽渡柳橋時陪庚公賞還悟脫煩囂。滕宗諒上范希文詩序曰覩名與天壤齊者有若豫章之滕閣九江之庾樓吳興之消暑宣城之疊嶂此外不過更二三所而已

明月樓 在子城西。苕溪詩話刺史楊漢公詩曰江南地暖少嚴風九月炎涼正得中溪上玉樓樓上月清光合作水晶宮吳興因此謂之水晶宮

碧瀾堂 杜牧建。陳希元詩苕溪清淺霅溪斜碧玉寒光照萬家誰向月明終夜聽洞庭漁笛隱蘆花

五亭 白居易記湖州城東南二百步抵霅溪溪連汀洲洲一名白蘋梁吳興守柳惲於此賦詩云汀洲採白蘋因以名焉也前不知幾千萬年後又數百載有名無亭鞠爲荒澤至大曆十一年顏魯公眞卿爲刺史始翦榛導流作八角亭以遊息焉旋屬災潦荐至沼堙臺圮後又數十載委無隙地至開成三年弘農楊君爲刺史乃疏四渠濬二池樹三園構五亭卉木荷竹舟橋廊室洎遊宴息宿之具靡不備焉觀其架大溪跨長汀者謂之白蘋亭介二園閱百卉者謂之集芳亭面廣池目列岫者謂之山光亭玩晨曦者謂之朝霞亭狎清漣者謂之碧波亭五亭間開萬象迭入嚮背俯仰勝無遁形每至汀風春溪月秋花繁鳥啼之旦蓮開水香之夕賓有集歌吹作舟棹徐動觴詠半酣飄然恍然遊者相顧咸曰此不知方外也人間也又不知蓬瀛崑閬復如何哉時予守官在洛陽楊君緘書賫圖請予爲記予按圖握筆心存目想覼縷梗槩十不得其二三大凡地有勝境得人而後發人有心匠得物而後開境心相遇固有時耶蓋是境也實柳守濫觴之顏公椎輪之楊君繢素之三賢始終能事畢矣楊君前牧舒舒人治今牧湖湖人康康之曲華弊興利若改茶法變稅書之類是也利興故府有羨財政成故居多暇日繇是以餘力濟高情成勝槩三者旋相爲用豈偶然哉昔謝柳爲郡樂山水多高情不聞善政龔黃爲郡憂黎庶有善政不聞勝槩兼而有者其吾友楊君乎君名漢公字用乂恐年祀寖久來者不知故名而字之時開成四年十月十五日記

西亭 在城西門外臨溪唐太守柳惲建有詩見白蘋洲注。張籍霅溪西亭晚望霅水碧悠悠西亭柳岸頭夕陽生遠岫斜照逐迴流此地動歸思逢人方倦遊吳興耆舊盡空見白蘋洲

六客亭 在郡圃中。元祐中守張詢作後亭曰昔李公擇爲此郡張子野劉孝叔在焉而楊元素蘇子瞻陳令舉過之會於碧瀾堂子野作六客詞傳於四方今僕守是邦子瞻與曹子方劉景文蘇伯固張秉道來過與僕爲六而向之六客獨子瞻在後繼前作子野爲前六客詞而子瞻爲後六客詞

墨妙亭 孫覺建蘇子瞻記自莘老之至歲適大飢莘老振廩勸分及朝廷更化當日夜治文書期會而莘老以其餘暇網羅前人賦詠數百篇爲吳興新集其刻畫尚存而僵仆斷缺於荒陂野草之間者又皆集於此亭

水亭 在安門外舊尉治。元豐中守蘇子瞻嘗賦詩云兩尉鬱相望東南百步場摐旗蒲柳市伐鼓水雲鄉已作觀魚檻仍開射鴨堂全家依畫舫極目亂紅妝瀲瀲波頭細疎疎雨脚長我來聞濯足溪漲欲浮床澤國山圍裏孤城水影旁欲知歸路處苕外聽風檣

霅

溪館杜牧得替後移居此館詩萬家相慶喜秋成處處樓臺歌板聲千歲鶴歸猶有恨一年人住豈無情夜涼丨丨留僧語風定蘇潭看月生景物登臨開始見頭爲開客此閑行

佛寺

何山寺汪彦章何氏書堂記云吳興環城皆水獨西南岡嶺相屬十餘里而得浮碧氏之居二焉東曰道場西曰何山何山立於宋元嘉中道場近出於唐末五季之初然道場蹤相躡得人法席雄盛鍾魚殷殷聲聞東南何山敗屋數椽殘僧數輩望之蕭然游者弗顧也紹興初余守吳興得二禪老曰慧琳曰慧居使分居二山慧居何山數年剪薙榛蕪易其圮腐而一新之於是游道場者如入王侯之家其隆棟傑閣足以納光景而吞江湖已而過何山則草樹蔥蘢軒窻窈窕經行之地皆雅潔幽深如造高人隱士之廬至者忘歸不勝雄盛移而爲清勝也

萬壽院在道場山詳見上注○蘇子瞻遊二山詩道場山頂何山麓上徹雲峯下幽谷我從山水窟中來尚愛此山看不足陂湖行盡白漫漫青山忽作龍蛇蟠上高無風松自響誤認石齒號驚湍山僧不放山泉出屋底清池照瑤席階前合抱香入雲月裏仙人親手植出山回望翠雲鬟碧瓦朱欄縹緲間白水田頭問行路小溪深處是何山高人讀書夜達旦至今山鶴鳴夜半我今廢學不歸山山中對酒空三歎

東林寺王會回仙碑熙寧間湖州歸安縣之東林有隱君子沈思字持正隱於東林因以東老名焉能釀十八仙白酒一日有客自稱回道人長揖曰知君白酒新熟願求一醉東老與之語無不通究知非塵埃中人也因坐與飲自日中至暮飲數斗殊無酒色回曰久不游浙中今爲子有陰德留詩贈子乃擘席上石榴皮題詩于壁曰西鄰已富憂不足東老雖貧樂有餘白酒釀來因好客黃金散盡爲收書既別莫知所往後蘇子瞻和其詩三首其一曰凄涼兩鬢三年後彷彿塵埃數字餘至用榴皮緣底事中書君豈不中書沈氏捨宅爲寺即今之東林寺是也

古跡

堯市在長興縣堯時洪水於此山作市○唐僧皎然曰堯市人稀紫筍多皮日休詩閑尋堯市山

蘇公潭唐蘇瓌爲烏程尉陷此潭間人語云扶出後爲相有記見存

相國池烏程令李晤生相國紳於縣廨學步之歲誤墮此因名見李蟾修廨記

何氏書堂在何山寺汪彦章記圖記相承以何氏爲晉何楷嘗讀書此山後爲吳興太守以其居爲寺而名其山顔魯公書杼山碑亦曰寺西南有何楷釣臺則楷嘗居此山無疑然於晉史無所考見惟宋書及唐林寶姓纂云楷爲晉侍中

名宦

陸抗唐顔況湖州太守廳壁記鴻名大德在晉則丨丨陸納謝安謝萬王羲之坦之獻之在宋則謝莊褚彦回在齊則王僧虔在陳則吳明徹在唐則顔眞卿袁高于頔

謝安爲守在官無當時譽去後爲人所思

柳惲爲守

顔眞卿在郡與李萼陸羽等討論韻海鏡源烏程縣西南寶積院寺碑載之甚詳

杜牧爲刺史建碧波亭先是牧佐宣城幕聞湖州多奇麗往遊焉刺史崔君張水嬉牧見一女妓期之曰吾不十年來守此郡不來從所適泊牧守是州女已從人三載矣牧因賦詩曰自是尋春去較遲不須惆悵怨芳時

于頔爲刺史經陂塘溉田

皇朝

胡宿爲守大興學校學者盛於東南自湖學始

胡翼之寶元間守滕宗諒請建學延安定胡翼之主學四方之士雲集受業有經義齋有治道齋是年京師建太學請下湖學取爲太學法○歐陽永叔詩吳興先生富道德詵詵子弟皆賢才先收先生作梁棟以次收拾桷與榱

蘇軾自徐徙湖言者

指軾謝表語以爲然誇坐貶黃州團練副使陳瓘爲湖州掌書記召爲太學博士陳與義爲守有簡齋詩文同字與可爲守

人物

吳均注范曄後漢書沈約著晉宋梁書沈傳師德清人陸羽隱于苕溪自稱桑苧翁著茶經孟郊字東野武康人有詩名張志和郡人自稱煙波釣徒又號元真子有漁父詞云西塞山邊白鷺飛桃花流水鱖魚肥青箬笠綠蓑衣斜風細雨不須歸皇朝沈括郡人徐處仁爲相張子野詞語清麗號張三影

題詠

霅溪殊冷僻白居易寄錢湖州李蘇州俱求滄海郡半作白頭翁謾道風煙接何曾笑語同云云茂苑太繁雄惟此錢塘郡閑忙恰得中全在水雲中鄭谷寄湖州從叔員外顧渚山邊郡溪將罨畫通遠看城郭裏云云西閣歸何晚東吳興未窮茶香紫筍露洲迴白蘋風歌鬟看低翠杯明蠟剪紅玫戍發往事般棹問漁翁夜棚集茶檣杜牧出守吳興詩綠水棹雲月洞庭歸路長春橋垂酒幔云云箬影沈溪暖蘋花遶郭香吳興水晶宮歐陽永叔送胡學士知湖州武平天下才四十滯鉛槧忽乘使君舟傍揖不可攬都門春漸動柳色綠將暗掛帆千里風水閣江灩灩云云樓閣在寒鑑橘柚秋苞繁烏程春甕釀清溪越客醉吳娘艷寄詩毋憚煩以慰離居念環城三十里蘇子瞻荷花詩云云卿鄭背尚絕蒲蓮浩如海時見舟一葉綠水烏程地王介甫詩云云青山顧渚濱酒醴猶美好茶蒔正芳新聚泛尊前月分班焙上春仁風已及俗樂事始聞

身橘柚供南貢楓桃望北宸知君白羽扇歸日未生塵鱸鱠雪花肥司馬君實送章伯鎮知湖州江外饒佳郡吳興天下稀蓴羹紫絲滑云云星斗寒相照煙波碧四圍柳塘還作牧章樹轉清輝詩好何妨戀白蘋雖隱貴提金印出咸秦瀟洒江城兩度春一派水清疑見勝數重山翠欲留人望崇早合歸黃閣云云自是受恩心未足卻垂雙翅羨吳均萬家笑語荷花裏林子中詩送郭芙蕖拍岸平花深蕩槳不聞聲云云知是人間極樂城反聞吳興更清絕蘇子瞻將之湖州戲贈孫莘老詩餘杭自是山水窟云云湖中橘林新著霜溪上苕花正浮雪顧渚茶牙白於齒梅溪木瓜紅勝頰吳兒膾縷薄欲飛未去先說饞涎垂亦知謝公到郡久應怪杜牧尋春遲鬢絲只好對禪榻不用湖亭張水嬉

四六

轂班楓陛　出鎮苕溪　眷是吳興　爲今馮翊　延顧霅川　實雄浙右　苕霅奧區　晉唐名郡

銷暑樓高敷作民間之清蔭　水晶宮爽恍如鼎上之仙居　膏田沃野樂雞豚社稷之豐　大澤荒陂足魚鱉蒲蓮之利

郡佳地近背循泆從之肯來　賦嵩訟簡今復近親之難問　建齋芹泮當稽安定之遺規　擁節苕溪尚訪文忠之陳迹

火雲尚熱諒少留水晶之宮　玉露漸凉當即趨文石之地　蓴羹鱸鱠備形汚叟之詩　橘林荼芽更紀坡仙之詠

地非孔道罕來車去騎之將迎　郡乃名區有飲酒投壺之閒雅

徐亭無恙或尋斷碑於榛莽之間　胡學未忘願訪遺規於泮芹之地

常州 晉陵 武進 無錫 宜興

【建置沿革】禹貢揚州之域。於天文爲須女之分，星紀之次，於辰在丑。春秋時屬吳，延陵季子之采邑也。後屬越，又屬楚。秦置會稽郡，延陵等四縣俱屬焉。漢改延陵爲毗陵縣。東漢屬吳郡。晉爲毗陵郡，又諱毗改晉陵郡。隋於蘇州常熟縣置常州。李唐因之。皇朝平江南，歸版圖。今領縣四，治晉陵、武進兩縣。

【事要】【郡名】毗陵 見沿革注。 陽羨 輿地志云：吳越間謂荊爲楚，秦以子楚改爲—。 錫山 圖經：昔有讖述其地云：無錫寧，天下平；有錫兵，天下爭。故縣名無錫。

【風俗】人性吉直 寰宇記云云。黎庶淳遜 異材挺生 風俗記頌——之——。 此邦學子知所嚮慕 朱元晦宜興縣學記：知縣事括蒼高君商老之來，躬爲講說，開之以道德性命之指，博之以詩書禮樂之文，使其士知所學蓋有卓然科舉文字之外者，於是縣人云云。 大觀貢士 ——二年，毗陵——五十三人，實最諸郡。天子下詔褒異，守、貳、教官皆旌賞焉。 一榜三魁 熙寧癸丑，朝廷方以經術取士，諫議邵林首登天府，朝奉邵剛後冠南宮，學士余中遂居廷試褎然之選，盡出茲邑。 遠騖之流棲伏于此 毗陵志：由唐以來云云，李堪拂衣詞場，陸希聲辭榮當府，又有杜牧之水榭、李幼卿玉潭、陸勳禪居、顧況茶舍，皆見於紀詠。 兼有水族土產 同上：水族之珍，陵產之貴，乃兼有之。

【形勝】湖有洮滆 常州有洮湖、滆湖，皆與具區通。 林麓鬱然 郡志：毗陵雖號澤國，而岡阜相屬云云。

【山川】橫山 在晉陵。徐楷碑云：晉右將軍曹橫所葬。 慧山 去無錫縣七里，山東西有泉，皆合於溪，西南入太湖。 柯山 在慧山側，吳仲雍五世孫柯相所治之處。 顧山 在宜興縣，陸相隱遯之所。 南嶽 雲林漫錄：宜興亦有——。 安陽山 在無錫縣，山頂峻，俗號文筆峯。 夫椒山 左傳：吳王敗越王於——。杜預注：太湖中椒山是也。 太湖 在州東百里。 荊溪 在宜興南二十步。 陽溪 在宜興東北，入太湖。 百瀆 上——至宜興縣五十七里，下——至宜興縣五十里。荊溪既居下流，受數郡之水，古人以一溪不能當，故於震澤之口疏爲百派，又開橫塘一道，綿亘數十里，以貫——。蓋橫塘直南北以經之，——列東西以緯之，分流以下震澤。 犇牛閘 楊廷秀過——詩：春雨未多河未漲，閘官惜水如金樣，聚舡久住下河灣，等待舡齊不教放，忽然三板兩板開，驚雷一聲飛雪堆，衆舡過水水不去，舡底怒濤跳出來，下河半篙水欲滿，上河兩平勢差緩，一行一十四艘舡，相隨過閘如魚貫。

【井泉】新泉 獨孤及慧山寺——記：此寺居吳西神山之足，山小多泉，其高可憑而上，山下有靈池異花，載在方志。山上有真儒隱客遺事故迹，而披勝錄異者淺近不書。無錫令敬澄字深源，以割雞之餘，考古按圖，葺之築之，乃飾乃圬，有客竟陵陸羽多識名山大川之名，與此峯白雲相與爲賓主，乃稽厥創始之所以而志之，談者然後知此山之奇，方擅他境。其泉伏湧潛泄，潗滀舍下，無沚無竇，蓄而弗注。深源順地勢以順水性，始發壁衮丈之沼，疏爲懸流，使瀑布下鐘，甘潔激若醴灑乳，噴及于禪床，周于僧房，灌注于德池，經營于法堂，潺潺有聲，聆之耳清，濯其源

飲其泉使貪者讓躁者靜惰者勤道遒者堅固境淨故也夫
物不自美因人美之泉出於山發於自然非夫人疏之鑿之
之工則水之時用不廣亦猶無錫之政煩民貧深源導之則
千室鬻誇仁智之所及功用之所格動者響答其揆一也余
飲其泉而悅之

堂亭

凝露堂

唐大曆中州內麗東堦下二松甘露降刺史獨
孤及上其事故名

漪瀾堂

在慧山坡詩一步｜｜｜

五雲亭

陸希聲頤山錄曰頤
山之前百餘步衆水合而東流岸多朱槿花水相映俗呼爲
疊畫溪又云頤山有四亭曰綠陰曰西陽曰弄雲曰卧龍

曲水亭

在惠山泉上

多稼亭

在郡城上。揚廷秀望｜｜詩過望城頭｜｜｜
亭邊稻檜老更青當年老守携稚子芒鞋㝡竟城行隴前
移梅春插柳踏雪衙泥不停手柳未成陰梅未花著帽又迎
新太守後來新守復迎新到今新舊知幾人向來手植今在否寄與此詩聊問春

淨遠亭

揚廷秀晚登｜｜｜詩薄書纔了晚衙催且上高亭眼
暫開野鴨成群忽驚起定知城背有舡來

寺觀

普利寺

在慧山有泉陸鴻漸煎茶驗其味於諸水爲第二。唐
張祐詩舊宅人何在空門客自過泉聲到池盡山色上
樓多小洞穿斜竹重階夾瘦莎殺勤望城市雲水暮鍾和。
黄魯直詩錫谷寒泉擴石俱併得新詩蠆尾書急呼烹鼎供
茗事澄江急雨看跳珠是功與世滌塵腴今我一空常晏如
安得左轓箕潁尾風爐煮茗卧西湖擴音妥蓋取井旁數小
石置瓶中澄水令其不濁。蘇子瞻集焦千之求慧山泉詩
兹山定空中乳水滴其腹遇隙則發見臭味實一族淺深各
有值方圓隨所賞或爲雲洶湧或作線斷續或鳴空洞中雜
佩閒琴筑或流蒼石縫宛轉龍鳳蹙蹁躚走千里真僞半相
瀆貴人高宴罷醉眼亂紅綠赤泥開方印紫餅絶圓玉傾甌
共歎賞竊語笑童僕豈知泉上僧盥灑自挹掬故人憐我病
篛籠寄新馥欠伸北窗下晝睡美方熟精品猒凡泉願子致一斛

太平寺

費袞云吾州｜｜｜畫水則郡人徐友作清濟貫河一筆紆繞長數十丈不斷却立而
觀濤瀾洶湧目爲之眩仰首近之凜然若飛流之濺於面也
。揚廷秀爲守賦畫水長句曰太平古寺劫灰餘夕陽惟照
一塔孤得得來看還不樂竹茎荒處破殿虛偶逢老僧聽僧
話道是壁間留古畫徐生絶筆今百年祖師相傳妙天下壁
如雪色一丈許徐生畫水纔盈堵橫看側看只麼是分明是
畫不是水中有清濟一線波橫貫萬里濁浪之黄河雷奔電
卷儘㲾猛獨清元自不隨他波瀾盡㲾忽掀怒攪動一河秋
色暮分明是水不是畫老眼向來元自誤佛廬化作金捷據
銀山雪堆風打頭是身飄然在中流奪得太一蓮葉舟僧言
此畫難再覓官歸江西却相憶井州剪刀剪不得鵝溪匹絹官莫惜貌取秋濤懸坐側

天慶觀

費袞云吾州｜｜｜畫龍蓋姑蘇道士李懷仁所畫懷仁者酒豪
不羈嘗呼龍松江之上御而觀之遂畫龍入神品過毗陵｜
｜｜大醉索墨狂潑數斗曳高帚裂巾扶濡墨號呼奮擲斯須
龍成觀者辟易懷仁後不知所終郡人胡德輝賦古風曰道
人龍中來醉與神物會寫出蜿蜒質日月爲其晦崩翻江海
姿素碧起濤瀨呼吸見雌雄抉石疑可碎蕭森殺陰古衆真
儼飛旆注觀忽騰踏夜半失縱繪飛光者明珠靈祕一何恠
爛爛照夔棟那得久在外偷兒伺酣睡不怕嬰鱗害頭言悼
所託未用期一快

祠墓

五賢祠

蓋獨孤及柳開李餘慶陳襄王安石也

延陵季子墓

在晉陵縣北七十里申浦之西孔子嘗題其墓曰嗚呼｜｜｜｜之｜舊石堙滅唐元宗命殷

仲容模以傳

【古跡】獨孤檜翁若詩此檜何人種相傳是獨孤年深成古物名重入州圖老節堅難蠹皴皮裂以拮託根列帝廟懸不實撫夫

劒井陸士元記胡文恭公爲副樞脩簡公爲右丞余中霍端友悉廷試邵剛魁南省邵林魁鄉薦靜公入西府皆先一歲瑞氣貫井騰數日爲之祥證

【名宦】吳隱之爲守在郡清儉　獨孤及爲刺史　孟簡爲刺史唐志無錫縣有太伯瀆孟伯所開或云武進宦與盧仝遊此湖盡買漁人所獲魚放之仝作放魚歌　皇朝王安石以常博出爲知州　陳襄初建郡學安石作記

【人物】周盤龍州人位至散騎常侍齊武戲之云卿著貂蟬何如兜鍪對曰此貂蟬從兜鍪中生耳　顧凱之無錫人號顧虎頭　皇朝胡宿晉陵人爲樞副　鄒浩晉陵人除右正言章子厚用事發孟后立劉氏爲后浩上疏謂陛下廢孟氏詔書有別選賢族之語故天下釋然不疑今果立之則天下莫之信矣哲宗怒遂貶竄

【名賢】蘇軾以諷時事貶黃州徙汝上書自言有田在常願得居之

【題詠】高城帶水閉李嘉祐送陸士倫之義興詩陽羨蘭陵近云云淺流通野寺綠茗滿春山　天子須嘗陽羨茶盧仝謝孟諫議詩云云百草不敢先開花　一甌風煙陽羨里杜牧之有卜築陽羨之意詩云云解龜歸去路非賒　今朝自請左符來劉禹錫寄揚廣卿詩曾士廣書輕刺史云云青雲直上無多路卻要斜飛取勢回　披襟番畫溪頭月鄒祖之宰送義興王尉詩　葦陂竹塢情無限鄭谷獻揚舍人詩云云閑語毗陵問杜陵　豈知身得兩朱輪王介甫酬邵提刑詩曾詠常州送主人云云田疇之濫川方壅廚傳蕭條市亦貧以我薄材思俯仰賴君餘教得因循詢求故有風謠在不鐫詩尚未泯　久聞陽羨溪山好王介甫寄闕下諸父兄詩云云頗與淵明性分宜

【四六】眷惟浙右　有若毗陵　雖號小邦　密拱行闕　地望若輕　文風獨盛　領此一麾　介于三輔

眷毗陵之支郡　亦浙水之輔藩　三吳襟帶之邦　百粵舟車之會　由民生之孔匱　致郡計之亦艱

列屋萬家當舟車之孔道　環地千里亦輦轂之輔藩　荊公得郡偏夸陽羨之溪山　城老卜居亦買宜興之田宅

數大觀之儒科號稱多士　讀宜興之學記知慕大賢　望晉畫溪頭之月遥共清光　酌惠山谷裏之泉尚同雅趣

酌惠山之石泉俗廢滁盞　誦道鄉之諫章氣節凜存　俗陋市貧廚傳有蕭條之歎　地卑川溢田疇多泛濫之虞

乏兵廚之美醞敢事苞苴　分錫谷之寒泉或堪餽餉　送別毗陵賦竹塢葦陂之句　尋幽錫谷吟泉聲山色之詩

新編方輿勝覽卷之五　　建安　祝　穆　和父編

建德府

建德　淳安　桐廬　分水　遂安　壽昌

【建置沿革】禹貢揚州之南境斗之分野春秋時屬越秦以爲鄣會稽兩郡之境漢以隸吳郡及丹楊郡東漢仍之建安十三年分丹楊郡之歙縣立始新新定等縣置新都郡晉改郡曰新安而縣改新定曰遂安隋仁壽三年割杭之桐廬立遂安縣置睦州大業改睦州爲遂安郡唐復爲睦州而析桐廬爲嚴州七年廢嚴州屬東睦州八年去東字乾元復爲睦州逮　國初錢氏納土始入版圖太宗以親王領防禦使政和陞爲建德軍節度又爲　高宗潛邸方臘平改軍曰遂安軍州曰嚴州咸淳元年八月旨係　今上潛藩之地陞爲建德府今領縣六治建德

【事要】

【郡名】新定　嚴陵　桐廬

【風俗】俗號輯睦 圖經序云云因以名邦可以無事治不可以多事理　民貧而嗇 同上州地山谷居多云云穀食不給仰給它州

【形勝】號清涼國 新定志桐廬溪山秀麗陸魯望所謂云云　浙江上游 錢塘淳橋記　疊峯回環 蘇子容靈香閣記郡自晉宋以來文士多稱述之城邑閭井皆坦途平陸與它州無異及登高而望則丨丨丨丨一水縈帶不離指顧而萬景在目　錦峯繡嶺 費袞云圖經載嚴陵山清麗奇絕號丨丨丨丨乃子陵隱居之所後以名山然嚴陵山水稱甦率有經據如杜若汀洲見於杜紫微詩云杜若芳洲翠嚴光釣瀨喧如丁溪見於杜紫微詩云翠巖千尺倚溪斜曾見嚴光作釣家越嶂遠分丁字水江梅遲見二年花蔡天啓牋遂用此作四六云溪縈紫回二水合而成字山城寂歷一葉墜而亦聞莫不有所據又如吳根越角亦見杜牧詩昔事文皇篇中云溪山侵越角風埃帶吳根獨未知丨丨丨丨圖經何所據而云　州在萬山中 見杜牧樊川集云云　山嶮而土磽 曹邦告詞桐廬居浙右上流云云民貧而俗悍

【土產】蒸茶剡漆 圖經稚蠶桑是務且云云以要商賈貿易之利

【山川】松巖 在城東　雉山 在淳安縣西一里山形如雉　嚴陵山 在桐廬縣西本漢富春縣避晉簡文帝鄭太后諱改曰富陽按嚴光傳耕於富春山圖經不載此山但云今名丨丨丨者是其所耕處卻載嚴光富陽人耕於富春山沈約宋書云時分富春之地置桐廬縣則丨丨丨即所耕富春山無疑矣　桐君山 在桐廬有人採藥結廬桐木下人問其姓指桐木示之江山因以桐名郡曰桐廬。西征記自睦州發至新定曰睦州觀二江之水會合亭下有山巍然直壓其首如渴驥怒猊奮迅躍奔而入水之狀上有丨丨祠乃載顯飛仙之地也　武強山 在遂安縣西山極險峻人常保爲盜不能攻故名　靈巖山 在遂安縣北十五里有洞上有泉分注三井溢爲瀑布二百尺許　戴村 桐廬縣東北宋戴顒隱處　錦沙村 在淳安縣西林木森聳波流澄澈映石如錦冠軍吳喜曰名山美石故不虛賞　浙江 在州南十里新安東陽水合流入江　洞溪 一名紫溪水自此溪至於潛有十六瀨嚴灘乃第二瀨也　七里灘 距州四十餘里與嚴陵瀨相接諺云有風七里無風七十里謝靈運七里瀨詩自覩嚴子瀨想

屬任公釣

【井泉】**孝子泉** 九域志州民夏孝先喪父廬於墓側嘗有野火奄至廬而火爲之滅尋復涌泉出其地

【亭榭】**環溪亭** 在郡中○方千詩爲是仙才登望處風光便似武陵春閒花半落猶迷蝶白鳥雙飛不避人樹影興餘侵枕簟荷香坐久著衣巾暫來此地非多日明日那容借寇恂

千峰榭 在州宅自唐有之范希文嘉其後名思范○方千詩豈知平地似天台朱戶深沉別徑開曳響露蟬穿樹去斜行沙鳥向池來窗中早月當琴榻牆上秋山入酒盃何事此中如世外應緣羊祜是仙才

【祠廟】**嚴先生祠** 在釣臺○先生名光字子陵漢光武少與光同遊學及即位首以物色訪之得於齊國累召不至拜諫議不受去耕釣於富春山今有釣臺祠堂又作九龍寺以奉香火子陵本姓莊避明帝諱改姓嚴○范希文作祠記云先生漢光武之故人也相尚以道及帝握赤符乘六龍得聖人之時臣妾億兆天下孰加焉惟先生以節高之既而動星象歸江湖得聖人之清泥塗軒冕天下孰加焉惟光武以禮下之在蠱之上九衆方有爲而獨不事王侯高尚其事先生以之在屯之初九陽德方亨而能以貴下賤大得民也光武以之蓋先生之心出乎日月之上光武之器包乎天地之外微先生不能成光武之大微光武豈能遂先生之高哉而使貪夫廉懦夫立是有大功於名教也某來守是邦始構堂而奠焉乃復其爲後者四家以奉祠事又從而歌曰雲山蒼蒼江水泱泱先生之風山高水長○呂伯恭記明道二年范文正自右司諫守是邦始築屋祠先生而爲之記瀨之旁白雲源乃唐人方處士故廬文正公之遊釣臺也嘗絕江訪其遺跡以其象貢祠之左文正公歿郡人思之遂俑食於右坐

【古跡】**釣臺** 在桐廬西南二十九里東西二臺各高數百丈○西征記自桐君祠而西有羣山蜿蜒如兩蛇對走於平野之上三江之水並流於兩間驚波閒馳秀壁雙峙上有東漢故人嚴子陵一一孤峯特操聳立千仞奔走名利汩沒爲塵埃客一過其下清風襲人毛髮豎立使人有芥視功名之意○推載之詩云絕頂聳孤岑清湍石瀨先生晦其間天子不得臣潛驅東漢風日使薄者淳焉用佐天下持此報故人○許渾詩潮去潮來洲渚春山花如繡草如茵嚴陵臺下桐江水解釣鱸魚有幾人○范希文詩漢包六合網英豪一箇冥鴻惜羽毛世祖功臣三十六雲臺爭似一一高○黃魯直詩平生久要劉文叔不肯爲渠作三公能令漢家重九鼎桐江波上一絲風○又詩古風蕭索不言歸貧賤交遊富貴稀世上若非天下量嚴陵那得釣魚磯○潘德久詩貂蟬未必似羊裘出處當年已熟籌既有諸公依日月不妨老子臥林丘英雄陳迹千年在香火空山萬木秋堪笑紅塵吹帽客要來祠下繫行舟○項安世題一一詩二首辣關山頭破草亭只須此地了生平崎嶇狹世才伸足又被劉郎賣作名○君房足下竟成諛只有歸歟已破除豈有江湖釣竿手與君基閣奉文書○朱文公水調歌詞云不見嚴夫子寂寞富春山空餘千丈巖石高挿碧雲端想象羊裘披了一笑兩忘身世來把釣魚竿不似林間翮飛倦始知還中興主功業就鬢毛斑驅馳一世豪傑相與濟時艱獨委狂奴心事不羡癡兒鼎足放去任疏頑爽氣動星斗千古照林巒

朱池 距城三十里朱買臣有祠

【名宦】**房琯** 明皇雜錄云開元中一一之宰桐廬也邢真人和璞自太山來琯虛心禮敬因以携手閑步行數十里之夏口村過一廢佛寺松竹森映和璞坐於松下以杖叩地令侍者掘數尺得一瓶子瓶中皆是婁師德與永公書和璞謂房曰省在此乎方記其爲僧時求公即房之前身也蘇子

贈詩夏口甕中藏畫像謂此 **杜牧** 號紫微爲守 **皇朝范仲淹** 以論廢郭后出知睦州 **趙抃** 爲殿院求郡得睦 **胡寅** 以待制知州 **張栻** 爲守 **陸游** 爲守

人物 **嚴光** 詳見前祠記 **方干** 故居在白雲源其子孫登科知名者相繼○范希文詩風雅先生舊宅存子陵臺下白雲村唐朝三百年冠蓋誰聚詩書教子孫○公又有詩與方楷曰高尚繼先君嚴居與俗分有泉皆漱玉無地不生雲鄰里多垂釣兒孫半屬文幽蘭在深處終日自清分 **皇甫湜** 新安人以卞急數忤同省至不容於朝其分司東都也適遇裴晉公以德量禮士因修福先寺求文於白樂天而湜怒其舍己遽援筆立就亭贈遺之復怒以爲薄公謝之○韓愈寄 詩敲門驚晝睡問報睦州吏手把一封書上有皇甫字折書放床頭浮與溪雖泗昏昏還就枕惆悵夢相值悲哉無奇術安得生兩翅 **皇朝江公望** 徽宗初任左司諫抗疏極論時政及宮禁事坐廢終身 **詹良臣** 以罵方臘死子大方後爲簽樞 **王縉** 並郡人爲右司諫與江諫議並以風節著

方五　五

題詠 **瀟洒桐廬郡** 范希文云云烏龍山靄中使君無一事心共白雲空 **不聞歌舞事** 又瀟洒桐廬郡家家是道情云云遶舍石泉聲 **浙水半江分** 方干吳山中路斷云云 **湍險方自茲** 晏公類要浙江潮信至桐廬其水沂流故任彥升詩云滄江路窮此云云疊嶂易成響重以夜猿悲 **嵐翠撲衣裳** 杜牧詩水聲侵笑語云云 **夜潮人到郭** 張祜詩云云春樹鳥依山 **因君**

水更清 劉長卿詩今日新安郡云云 **頻年經虎害** 翁卷送嚴州守詩云云人望使君來地重分旌節州清管釣臺 **部伍雜聞音** 許棠寄睦州侯郎中詩云下國多高趣終年半是吟潮濤通越分云云曉郭雲藏市春山鳥護林東浮雖未遂日日至中心 **名是東南** **俗阜州** 張伯玉詩碧泉千脈瀉余清云云任昉舊遊詩題縣壁賀新高壘照江流

四六 淛水上游　近止朝廷　桐溪列壤　疏澤蕃釐　嚴陵名郡　隱然藩輔　木瀨橫江[illegible]分符新定　春東京漁釣之鄉　辭闕未更於積日　編居半雜於山林　乃中興龍潛之邸　驅車已屆於新封　稔歲尤艱於衣食　氣象蔚然上聖肇興王之迹　民淳事簡俗相尚於儉勤　溪山瀟洒前賢餘高世之風　山高水長郡素稱於消洒

方五　六

州麽增重文正之遺愛尤存　嚴先生之清節山高水長　江水益清高齋之餘風可挹　方處士之遺分源深雲繞　雖土曉山瘠號民俗之素貧　盧依桐姓之人幸逢仁政　然勢便地親接皇畿而密邇　門扣睦州之吏忽遺素書　呻嘆嘔吟宜朝傳而暮達　賣絲糶穀未裕於養生　撫摩涵養當月俗以成豐　割漆蒸茶人亦甘於逐末

江陰軍 江陰

建置沿革 禹貢揚州之域於天文爲須女之分吳地斗分野古延陵邑之地季札封于延陵故其地屬吳秦漢以來郡則會稽吳郡縣則毗陵郡則晉陵武置毗陵郡併置暨陽縣爲烏溪敬宗時始於此置江陰郡及江陰縣隋廢唐置暨州南唐始建江陰軍　皇朝嘗三廢爲縣　中興復爲軍繼以知縣兼軍使及虜亮入寇復爲軍

其廢也並爲毗陵屬邑其後也皆爲軍今領縣一治江陰

【事要】【郡名】澄川保大元年擁隱院記　暨陽見沿革注　申浦春申君所開今名申港

【風俗】人秀而文葛郊貢院記得江山之助故其——有准楚之風故其人愿而循理　長桅巨舶輻湊蔣靜黃田港閘記富商大賈——夾蟻海錯魚鹽果布之滙——城市故居民富饒井邑繁盛　珠犀魚蠏之富黃田港記蘇子瞻賛唱大誇——

【形勝】左控姑蘇唐郁擧老建興寺碑云云右接毗陵　東連海道向子豐奏劄邊臨大江正是下流北與通泰相對云云西接鎮江最爲控扼　背山嚮江君山浮遠堂記最爾邑介於數大郡之間貢輸之入不能當他郡之十二三惟云云風物殊勝

方五　十七

【山川】黃山—在軍治之北六里其峯如席帽相傳其下乃郭璞宅　青山在江陰縣西十里有干將鑄爐九所　君山在軍北澄江門外盖軍之鎮山也上有松風亭下有寺　暨陽湖在江陰東十五里　香灣十國紀年吳徐溫張司淙以江陰之兵敗吳越於——即此

【井泉】玉乳泉又有金沙泉劉攽有詩

【堂亭】江陰道院瀧水燕談江陰北距大江地僻鮮過客將迎之煩所隷一縣民醇事簡士大夫謂——爲兩浙——真樂土也　雙檜堂在郡治後張安國書　清白堂在郡圃　浮遠堂在君山上取蘇子瞻江遠欲浮天之句北臨大江南望城市東眺鵝鼻西俯黃田號爲勝概○孫覿詩月明山城曉沙寒水國秋雲根拔地起氷柱蹴天浮紫翠分縈碧青紅雜聚樓舟舡通萬里城郭數三州　練江亭在郡圃子城上楊公濟詩曉日蕭蕭聞落葉晴天歷歷數飛鷗　翠光亭蔣靜詩君山堆翠出危尖練水浮光照短簷

【古跡】釣臺在縣東南二十里其石廣一丈三尺舊經云即姜太公釣魚之所　石虎石橋東有石如虎相傳王氏開酤每夜失酒道人過之曰山際有石如虎爲祟即繫其足虎今猶存

【祠廟】聖英祠劉遊之神錄曰或云魚子英廟按列仙傳子英英鄉人因捕得一魚愛之養以穀食後遂生角翅大如兩子英上魚背騰空而去

【名宦】李嘉祐爲江陰令　皇朝楊蟠爲江陰僉判

【人物】庚冰有宅今爲祥符寺

方五　十八

【題詠】鄉多釣浦人方干送江陰霍明府逍遙去舸新浸郭章蘋頻樹列巢籬鶴云一云江分陽羨雨浪闊廣陵春知竟三年化琴書外是貧　孤城對海安李嘉祐詩萬室邊江次云云朝霞晴作雨濕氣晚生寒　魚蝦接海隨時足朱昌叔寄王介甫憶江陰詩云城上城隍古鏡中城邊山色翠屏風云云稻米連湖逐歲豐太伯人民堪教育春申溝港可疏通　萬里風檣看賈舡王介甫酬朱昌叔黃田港口水如天云云海外珠犀常入市人間魚蟹不論錢

【四六】眷惟申浦實控江津　雄云斗大實與風寒　裂地雖微去天爲近　乃眷江城素稱道院　雖江陰之小壘實浙右之要區　以江城之斗大當海道之風寒

昔者爲邦僅曰雷封之小　征商稅賦特如劇邑之封
今爲陞郡亦惟斗壘之微　送使留州僅足公家之用
人近珠犀之市頗亦富饒　封疆狹小實分輔郡之魚符
郡居魚蟹之鄉未爲岑寂　節制尊嚴兼總戍江之虎士
雖江流之天險足壯藩宣　考葛相貢闈之記有取其文
然海道之風濤嘗嚴備禦　觀荊公港口之詩欲求此郡
天近帝畿已覺王孫之貴　江環海繞居擁長檝之轉輪
地名道院諒無刺史之難　地僻道遙驛馬高車之罕至
負海瀕江外控臨於淮甸
連吳引楚內屏蔽於京畿

新編方輿勝覽卷之五

十九

新編方輿勝覽卷之六　建安祝穆和父編

浙東路

紹興府

會稽　山陰　嵊　諸曁　蕭山　餘姚　上虞　新昌

【建置沿革】禹貢揚州之域粵地星紀之次牽牛婺女之分野昔禹東狩會群臣於會稽之山執玉帛者萬國至少康封少子無餘於會稽號曰於越後二十世勾踐稱王與吳王闔閭戰敗之檇李其後用范蠡計滅吳後爲楚所併秦立會稽郡漢以其地封同姓更屬江都國東漢以浙西爲吳郡浙東爲會稽郡晉因之隋改爲越州唐改會稽郡又爲越州唐末陞義勝軍節度尋改爲鎮東軍皇朝中興陞紹興府兼帥鎮東軍節度今統郡七領縣八治會稽山陰二縣

浙東提刑提舉置司

【事要】【郡名】**會稽** 史記會計也吳越春秋會計脩國之道因以名山　**山陰** 秦始皇移在會稽之北故曰丨丨　**越上** 見沿革注

【風俗】**民性敏柔而慧** 三朝國史云云奢靡而無積聚　**文身斷髮** 史記越世家云云黿鼉之與處　**食物常足** 漢志火耕水耨民食魚稻果蓏蠃蛤云云　**有陂湖灌溉之利** 會稽西阻制河東漸于海云云故歲多順成有絲枲魚鹽之饒故俗重犯法　**以舟楫爲車馬** 越絕書夫越性脆而愚水行山處云云

【形勝】**鑑水環其前** 王子敬閣記云云臥龍擁其後稽山出其東秦望直其南　**天下繁劇** 宋略會稽編戶三萬號爲丨丨丨丨　**襟海帶江** 圖經晉元帝以爲今之關中江左諸公比之鄭杜之間其地云云方之千里實爲東南一大都會也　**浮鄞達吳** 王龜齡賦航甌舶閩云云浪舉風帆千艘萬艫　**千巖萬壑** 顧凱之傳人問會稽山水荅曰丨丨競秀丨丨爭流草木蒙籠其上若雲興霞蔚　**山川之美** 王子敬云云使人應接不暇　**勝遊珍觀** 秦少游將公唱和集序會稽之爲鎮積矣皆推山川形勢之盛實控拖於東南其丨丨丨丨相望乎楓柟竹箭之上秋帶乎荇藻芙蕖之濱可以從事登臨乎月慶游而忘年者殆非它州所及而臥龍山鑑湖尤爲一郡佳處蓋府治所占樓堞臺榭之所憑非若窮崖絕壑麋鹿豕而家魚龍不可與民同樂

【土産】**剡紙** 舒元輿有弔剡溪古藤文其意蓋謂今之爲文者皆夭閼剡藤者也所以言弔　**竹紙** 曾文清詩會稽竹箭東南美來伴陶泓住管城可惜不逢韓吏部相從但說楮先生　**日鑄茶** 在會稽東南五十里有丨丨嶺其地産丨丨歐陽公嘗曰兩浙産茶日鑄第一

【山川】**臥龍山** 府治據其東麓越大夫種所葬處一名種山○元稹州宅詩序子城因種山之勢盤繞回拖若臥龍形故名○蘇子瞻詩丨丨盤屈半東州萬室鱗鱗枕丨股　**蕺山** 在府西六里舊經云越王嗜丨采於此丨故名○王羲之傳嘗在丨丨見一老姥持六角扇賣之羲之書其扇各爲五字人競買他日姥又持扇來羲之笑而不荅　**宛委山** 在縣東南十五

里○遁甲開山圖禹闢丨丨得赤珪如日碧珪如月長一尺二寸○吳越春秋此山東南曰天柱號宛委中藏金簡書青玉爲字編以白銀水以文玉覆以盤石禹登衡山血白馬以祭之見赤繡文衣男子自稱玄夷蒼水使者云欲得簡書知導水之方請齋於黃帝之岳乃登山發石果得其文具知四瀆之脈百川之理遂周天下而盡力於溝洫矣

射的山 在縣南十五里孔曄記山半有石室乃仙人射堂東峯有丨丨遥望丨壁有白點如射侯諺云射的白米斛百射的玄米斛千

會稽山 在州西二十里周禮揚州之鎮山曰丨丨又名衡山又名苗丨○龜山白玉上經丨丨周廻三百五十里名陽明洞天一名極玄太元之天此三十六洞天之第十一也○史記封禪書禹封泰山禪會稽又云始皇上會稽祭大禹望于南海而立石刻頌秦德司馬遷傳禹巡狩至會稽而崩因葬焉上有孔穴民間云禹入此穴○遁甲開山圖禹治水至丨丨宿于衡嶺宛委之神奏玉匱之書十二卷以授禹禹末及持之四卷飛入泉四卷飛上天禹得四卷開而視之乃遁甲開丨圖因用以治水訖乃緘書於洞穴

鄭弘山 在縣東南三十里○孔靈符會稽記射的山南有白鶴嘗爲仙人取箭漢太尉丨丨嘗采薪得一遺箭頃有人覓弘還之問何所欲弘識其神人也曰每患若耶溪載薪爲難願朝南風暮北風後果然故若耶溪風至今呼爲鄭弘風亦名樵風○宋之問詩歸舟何慮晚日暮有樵風

若耶山 在州東南四十里葛仙翁學道于此

秦望山 在州南四十里爲衆峯之傑

歷山 在縣東八十里按本紀舜冀州人耕丨丨鄭玄云在河東漁雷澤鄭曰今在濟陰陶河濱今以濟號則知舜不居於越明矣今越有丨丨舜井象田若蓋餘姚縣周處風俗記舜之餘族所封舜姚姓故曰餘姚疑其子孫思舜之鄉取象於此亦尤漢新豐之義也

塗山 在山陰縣西北四十五里云禹會萬國之所

東山 在上虞縣西南四十五里○王珪游丨丨記會稽南則晉太傅文靖謝公安石丨丨也巋然出衆峯間加鳳飛鳳舞至山下於千峯掩抱間得微徑循石路而上今爲國慶禪院即文靖故居也絕頂有謝公調馬路至此山川始軒豁呈露萬峯林立下視煙海渺然天水相接蓋萬里景也文靖樂居其在茲乎山半有薔薇洞相傳文靖携妓處○葛立之詩話云會稽臨安金陵皆有丨丨俱傳以爲謝安携妓之所按謝安本傳初安石居會稽與王羲之許詢支遁游處被召不至遂棲遲東土唐裴混與呂渭等鑑湖聯句有云興衰還尋戴丨丨更問安此會稽之東山也本傳又云安石常往臨安山中坐石室臨峻谷悠然嘆曰此與伯夷何遠今餘杭縣有東山蘇子瞻有游餘杭東西巖詩註云即謝安丨丨所謂獨携縹緲人來上東西山是也此臨安之丨丨也本傳又謂及登台輔於土山營墅樓館林竹甚盛每携中外子姪游集今土山在建康上元縣崇禮鄉建康事跡云安石於此擬會稽之東山亦號丨丨此金陵之東山也李白有憶丨丨二絕云不到東山久薔薇幾度花白雲還自散明月落誰家又云我今携謝妓長嘯絕人羣欲報丨丨客開關歸白雲不知何處之丨丨陳軒乃錄此詩於金陵集中將別有所據耶南史載宋劉勔經始鍾嶺以爲棲息亦號丨丨金陵遂有兩東山矣

城山 在蕭山西九里闔閭侵越勾踐保丨丨山冢有泉多嘉魚王意其乏水以鹽米來餽越取雙鯉報之吳兵夜遁○華鎮詩兵家制勝矯多門贈答雍容亦鮮紛綏報一雙文錦鯉坐歸十萬水犀軍

羅壁山 在餘姚縣南十八里晉人鄭楷故居之地○華鎮詩鄭家池館雖蕪沒金谷形容能自然

天姥山 在新

昌縣東四十五里接天台山。謝靈運詩瞑投剡中宿明登天姥岑高高入雲霓安期還可尋。李白有夢遊｜｜歌見台州

苧羅山 在諸暨南五里。吳越春秋越王使相者求美女於中國得之｜｜鬻薪之女西施鄭旦家飾以羅縠教以行步三年學成而獻有西施家東施家當姓施而在西也

五泄山 在諸暨山西南四十里沿歷五級始下注溪壑故曰｜｜飛沫如雪淙激之聲雄於雷霆俗謂之小鴈蕩下有龍湫禱雨輒應。刁約詩西源窮盡見東源直注層崖五磴泉

桐柏山 在嵊縣東七十二里。晏殊要越有｜｜金庭養真之福地

浙江 在蕭山縣西詳見臨安府山居江中潮水衝山即回入海故曰｜｜

漁浦 在蕭山縣西二十里對岸則爲杭之龍山

西興渡 在蕭山縣西十二里本名西陵吳越武肅王以非吉語改｜｜。謝惠連西陵遇風詩云行行道轉遠去去情彌遲昨發浦陽汭今宿浙江湄臨津不得濟佇楫阻風波積憤成疢痗無萱將如何

鏡湖 在州南二里。後漢馬臻順帝永和五年爲太守於會稽山陰二縣界築塘周廻三百一十里以畜水。輿地志曰南湖在城南百許步東西二十里南北數里縈帶郊郭連屬峯岫白水翠巖互相映發若鑑若圖故王逸少云從山陰路上行如在鑑中遊湖水高平疇丈許築塘以以防之開以泄之水適中而止故山陰無荒廢之田。李白詩鑑湖三百里菡萏發荷花五月西施採人看隘若耶。杜甫詩越女天下白鑑湖五月涼剡溪蘊秀異欲罷不能忘

若耶溪 在會稽縣東南北流二十五里與照湖合越絕記薛燭對越王曰｜｜之｜涸而出銅。唐徐浩遊之云曾子不居勝母之里吾嘗遊｜｜之｜因改五雲溪。西施採蓮處冶鑄劍所李紳詩風光花影繞山陰山轉花稀到碧潭傾國美人妖艷遠鑿山良冶鑄鐔深凌波莫惜登臨而坐銛當期出匣心應是蛟龍長不去若耶秋水尚沉沉

剡溪 在嵊縣南一百九十步一名戴溪。晉王子猷居山陰夜雪初霽月色清朗四望浩然獨酌酒詠左思招隱詩忽憶戴逵時在剡便夜乘小船詣之經宿方至造門不前而返人問其故子猷曰本乘興而前興盡而返何必見安道耶

陵寢

攢宮 王明清揮麈錄紹興初昭慈聖獻皇后升遐曾紆以江東漕兼攝二浙應辦用元符末京西漕陳向故事也朝論欲建山陵紆議以爲帝后陵寢今存伊洛不日復中原即歸祔矣宜以｜｜爲名僉以爲當從後易攢爲欑實始於紆之請也　寧宗茂陵其地乃泰寧寺之舊址嘉定十七年冬命楊燁爲按行使燁歸奏云獨泰寧寺之山山岡偉特五峯在前直以上皇青山之雄翼以紫金白鹿之秀宜爲　先帝弓劍之藏遂還寺定卜焉

堂舍

鎮越堂 汪綱柱記由蓬萊而下九三級始達舉事永平時皆有堂宇廢圯已久後來者乃由中臺磴道以便往來而亭宇延見吏民之所遂爲通行之路非獨失帥府之觀瞻其於陰陽家尤爲妨忌郡寖不如昔民亦多艱未必不由於此於是補其罅漏芟其草萊築一堂於其上以鎮越名蓋東南之鎮其山曰會稽而鎮東又越之軍鎮也名實而校地高而爽堂奥而明泰望諸山皆欣然領會其效奇獻秀之勢又創行廊四十間於西翼聯屬蓬萊且併與閣一新之山川朝拱氣象環合而斯堂之勝遂將獨擅於越中矣

觀風堂 紹興中曾詠建。王龜齡詩薄俗澆風有萬端欲將眼力看應難但令心境無塵垢端坐斯堂即可觀

清白堂 在州治。范希文記會稽府治據臥龍之南足其西巘之下有地方數丈密蔓深叢一日闢之得廢井呼工出其泥滓曰嘉泉也又

云引嘉賓以建溪日注卧龍雲居之茗試之則甘液華滋説人襟靚因署其堂曰|||

棣萼堂 洪邁領帥以其兄适乾道中嘗|||出守取綸告中語命名

州宅 後枕龍卧面直秦望。唐元微之云||居山之陽嘗以誇於白居易州城縈繞拂雲堆照水稽山滿目來四面無時對屏障一家終日在樓臺星河影向簷前落鼓角聲從地底回我是玉皇香案吏謫居猶得小蓬萊。居易和答云賀上人回得報書大誇||似仙居知君暗數江南郡除却餘杭盡不如

樓閣

飛翼樓 汪綱柱記越之爲都距今二千年遺宮故苑漫不可考獨||||范蠡所築雄據西山之顛樓雖不存邦人尤有能指其處者中間易以爲亭曰望海曰五桂既而亭與桂俱廢復爲望海寶慶丁亥六月余帥越至是六年矣望日大風雨屋茨飛墮亭幾壓焉遂撤而新之爲樓三楹於其上復||之舊而||之下則仍望海之名萬壑千巖四顧無際雲濤煙浪渺渺愁予使登斯樓者撫霸業之餘基思卧薪之雄槩感憤激烈以毋忘昔人復仇之義庶幾乎鴟夷子之風尚有嗣餘響於千百世者余老矣無能爲役姑識歲月云

越王樓 唐子西登樓詩左綿城北長安道馬足翻翻人自老||||高|藏道邊道上行人迷不到樓前西日墮江紅一見如逢鄰舍翁向來何處識面目應在杜陵詩句中

蓬萊閣 在設廳後卧龍山上吳越錢鏐所建名以||||若舊志云蓬萊山正屬會稽元微之有詩見州宅注。滕子京知湖州送范希文詩爲問玉皇香案吏||何似水晶宮

臺榭

越王臺 舊經在種山今在卧龍之西汪綱創氣象開豁極目千里爲一郡登臨勝處

月臺 舊有此臺不知其址汪綱創在鎮越堂之前。王龜齡詩明珠迸吐臥龍頭漸覺清光萬里浮人望

使君如望月要須如鏡莫如鈎

蘭亭 在山陰縣二十五里天章寺有曲水。王羲之|||敘永和九年歲在癸丑暮春之初會于會稽山陰之||修禊事也羣賢畢至少長咸集此地有崇山峻嶺茂林脩竹又有清流激湍映帶左右引以爲流觴曲水列坐其次雖無絲竹管絃之盛一觴一詠亦足以暢叙幽情是日也天朗氣清惠風和暢仰觀宇宙之大俯察品類之盛所以游目騁懷足以極視聽之娛信可樂也夫人之相與俯仰一世或取諸懷抱晤言一室之内或因寄所託放浪形骸之外雖趣舍萬殊靜躁不同當其欣於所遇暫得於己快然自足不知老之將至及其所之既勌情隨事遷感慨係之矣向之所欣俛仰之間已爲陳迹猶不能不以之興懷況脩短隨化終期於盡古人云死生亦大矣豈不痛哉每覽昔人興感之由若合一契未嘗不臨文嗟悼不能喻之於懷固知一死生爲虛誕齊彭殤爲妄作後之視今亦猶今之視昔悲夫故列叙時人録其所述雖世殊事異所以興懷其致一也後之覽者亦將有感於斯文。遯齋閑覽王右軍||敘天朗氣清自是秋景以此不入選然絲竹管絃語亦重複。續齊諧記晉武帝問尚書摯虞曰三月曲水其義何答曰漢章帝時平原徐肇以三月初生三女至三日而俱亡、村以爲怪乃相携至水濱盥洗遂因水以泛觴曲水之義起於此帝曰若所談非好事尚書束晳曰仲治小生不足以知此臣請説其始昔周公成洛邑因流水以泛酒故逸詩曰羽觴隨流波又秦昭王三日置酒河曲見有金人出奉水心劍曰令君制有西夏乃因其處立爲曲水二漢相沿皆爲盛事帝曰善賜金五十斤左遷仲治爲陽城令

適南亭 陸農師記會稽爲越之絕而山川之秀甲於東南自晉以來高曠宏放之士多在於此。至唐餘杭始盛而與越爭勝見於元白之稱然山川之勝殆有鬱而未發者

也熙寧十年給事中程公出守是邦公吏師也下車未幾政成訟清與賓客泛鑑湖上蘸山以尋右軍秘監之跡登望稍倦未愜公意於是有以梅山之勝告公者蓋指其地昔子眞之所居也今其少西有里曰梅市其事應史公間往焉初為僧剎橫見湖山一面之秀以為未造佳境也因至其上望之峯巒如列間見魯山煙海杳冥風帆隱映有魁偉絕特之觀而高情婁氣適相値也已而山之僧因高築宇名之曰適南蓋取莊周大鵬圖南之義暇日領賓飲而賞焉於是閩州以為觀美而春時無貴賤皆往又其風俗樂雅嬉遊皆乘畫舫平湖清淺晴天浮動及登是亭四眺無路風物日永若上蓬萊之上可謂奇矣雖然公之美志喜於發揚幽懿豈特賁一山而已凡此鄉人藏道蓄德晦於耕隴釣瀨屠市卜肆魚鹽之間者庶幾託公之翼摶風雲而上矣

秋風亭 汪綱桂記秋風亭辛幼安曾賦詞膾炙人口今廢矣予即舊基西東為亭復創數椽於後以為賓客往來館寓之地嘗必有高人勝士如宋玉張翰者來游其間游目騁懷幸為我留其毋遽起悲秋思歸之興云

冷香亭 在倅廳之東取曾子固憶越中梅詩冷香幽艷為誰開之句

佛寺

戒珠寺 本王羲之故宅門外有二池曰墨池鵝池

雲門寺 在會稽南三十一里今名雍熙為州之偉觀昔王子敬居此有五色祥雲詔建寺號雲門○杜甫詩若耶溪雲門寺青鞋布韈從此始○宋之問遊寺詩維舟深靜域作禮事尊經投跡一蕭散為心自杳冥龕交大禹穴樓倚少微星沓嶂圍蘭若迴溪抱竹庭覺花塗砌白甘露洗山青鷲嶺含金地虹橋轉翠屛人天宵念影神鬼晝潛形理勝常虛寂緣空自感靈入禪從鴿鷇發法有龍聽劫累終期滅塵躬且暫寧搖搖不安寐待月詠嵩爲○又宿寺詩雲門若邪裏泛鷁路紛通夤緣篠岸遂得青蓮宮天香擬巖藹夜梵前山空瀟瀟灘際月飄飄衫上風弦焉多羞遜數子今莫同鳳歸慨歎上鹿化問仙公樵路鄭州北學井問藏東求夜豈云癡瞻望忽蔥蘢谷鳥轉尚湍源桃花未紅雨來期春蒔薄港林端窮無幾蹤謝客開山投劍中○趙抃浙東陪元相公遊詩松下山前一逕通燭迎千騎滿山紅溪雲乍斂幽巖雨曉氣初高大旆風小檻宴花容客醉上方看竹與僧同歸來吹盡嚴城角路轉高堂亂水東

天衣寺 在山陰南三十里○于良史詩擲水月在手弄花香滿衣

寶相寺 在新昌縣西南五里有齊僧護鑿百尺彌勒像

道觀

龍瑞宮 在會稽東南二十里道家謂黃帝時嘗建候神館于此有龍現壇處汪綱以旱來祈有物蜿蜒於壇上人皆知為神龍變化也繼而雨如傾注○葉正則詩感格孰如汪仲舉步虛未了龍來語會稽參差都洗清越人喚依提刑雨

千秋鴻禧觀 初賀知章入道以其所居宅為觀始曰千秋後改曰天長乾道四年郡守史浩奏移天長觀於會稽東南五里嘉定十三年賜名｜｜｜｜仍為祠官典領之地前有亭曰鑑湖一曲又一亭曰懷賀皆史浩建觀之前郡守汪綱築一園曰賜榮取李白憶賀監詩敕賜鑑湖水為君臺沼榮

祠墓

禹廟 在會稽縣東南七里今為告成觀獨｜｜為舊址紹興間祠之前一夕忽光焰閃爍人即其處斸之得古珪璧珮環藏于廟然今所存者非其真矣○李紳詩削平水上窮滄海俗歸東南盡會稽山擁翠屏朝玉帛亦通金闕架雲霓秘文鏤石藏青壁寶檢封雲化紫泥清廟萬年長血食始知明德與天齊

曹娥墓 在會稽東七十二里典錄云娥上虞人父盱迎江神泝濤為水溺娥年十四投江而死縣長度尚憐而葬之命邯鄲子作碑蔡邕來觀題

云黄絹幼婦外孫虀臼後人又爲立廟。錢惟岳詩曹娥廟銘榭豐碑千古行人誦色絲苦恨當年題八字不旌賢孝只旌辭

嚴光墓 子陵本餘姚人

古蹟

禹穴 在龍瑞宮之側東萊云大石中斷成罅殊不古恰非司馬子長所探也。楊萬里謁永裕陵歸途遊龍瑞宮觀｜｜我昔騎風遊九疑今復御風登會稽禹穴下窺王深黑地老天荒知是非好筆禹鄉偏薄霧秋熱若時恰輕雨回頭却望昭陵松雲氣成龍或成虎

窆石 在禹廟舊經云禹葬以此石爲｜

石甕 在｜山下號秦皇酒｜

｜坐石 在州西會稽山上輿地志秦始皇刻石前有方石廣數丈云是始皇坐兩邊有方石八所云是丞相以下石

梅梁 在禹廟中按四明圖經大梅山在鄞縣東七十里蓋漢梅子真隱此山頂有大梅木其上則伐爲會稽禹廟之梁其下則爲它山堰之梁禹廟之梁張僧繇畫龍於其上夜或風雨飛入鏡湖與龍鬬後人見梁上水淋漓而萍藻滿焉始駭異之乃以鐵索鎖于柱舊經云梁時脩廟忽風雨飄一梁至乃｜｜也今梁在禹殿長不能尋丈乃他木耳猶絆以鐵索抑亦好事者爲之也

柯亭 在山陰縣昔蔡邕避難會稽之｜｜仰見椽竹知有奇音取之作笛遂爲寶器

龍井 在餘姚縣。蘇子瞻詩餘姚古縣亦何有｜｜白泉甘勝乳。王介甫詩山頭石有千年潤石眼泉無一日乾天下蒼生望霖雨不知龍向此中蟠

浣紗石 在諸暨南五里苧蘿山下相傳云西施｜｜處

名宦

朱買臣 吳人武帝時拜會稽太守懷其印綬郡吏見之曰會稽太守章也

劉寵 拜會稽太守郡中大化召爲將作大匠將去山陰縣有五六老叟自若邪山谷間出人賫百錢以送寵寵勞之爲人選一大錢受之號一錢太守

王羲之 爲會稽內史子凝之亦爲內史

元稹 爲浙東觀察使所辟幕職皆妙選當時文士鑑湖秦望之遊月三四爲副使竇鞏有海內詩名與稹唱酬號蘭亭絕唱

顧凱之 爲山陰令理繁以約縣內無事晝日垂簾門皆閑寂

嚴助 爲會稽守帝賜書曰君厭承明之廬勞侍從之事懷故土出爲太守

丘仲孚 梁時爲山陰令有聲百姓稱之曰二傳沈劉不如一丘蓋傳琰父子沈憂劉玄明相繼宰山陰

裴子野 梁時爲諸暨令不行鞭罰闔境無訟

度尚 後漢時爲上虞長時人稱其神明

皇朝

范仲淹 爲守諡文正

趙抃 曾子固作趙公救菑記曰熙寧八年夏吳越大旱九月知越州趙公前民之未飢爲書問屬縣所被菑者二萬一千九百餘人公斂富人所輸及僧道食之羨者得粟四萬八千餘石又爲之出官粟得五萬二千餘石或給或糶又僦民完城四千一百丈

趙鼎 以紹興元年知越州

曾公亮 爲會稽令後相三朝

曾鞏 爲郡倅

楊時 號龜山先生知蕭山縣

汪綱 以郎官爲帥在任九年除侍制召爲戶侍

人物

勾踐 其先禹之苗裔夏后少康之庶子封於會稽奉禹祭祀文身斷髮披草萊

孫綽 會稽人著天台賦

丁固 會稽山陰人少夢松生腹上謂人曰松字十八公果爲司徒

謝安 山陰人

王徽之 詳見剡溪注

戴逵 字安道居剡溪

謝靈運 陳郡人移籍會稽

虞世南 餘姚人

賀知章 乞爲道士賜鑑湖一曲。李白送賀知章詩鏡湖流水漾清波狂客歸舟逸興多山陰道士如相見應寫

黄庭揆白鷺 張志和 會稽山陰人詳見湖州注 皇朝杜衍 會稽人封祁國公

陸佃 字農師山陰人受經於王介甫而不以新法爲是 李光 上虞人仕至參政 陸游 山陰人左丞佃之孫自號放翁有劍南詩集 莫子純 狀元 詹騤 狀元 王佐 狀元

題詠

越郡佳山水 權載之詩云云菁江接上虞 枕戈憶勾踐 杜甫詩云云渡浙想秦皇 無家水不通 張籍送朱餘慶歸越東南歸路遠幾日到鄉中有寺山皆遍云云湖聲蓮葉雨野氣稻花風州縣知名久爭邀與客同 會稽遊宦鄉 王介甫送張宣義詩云云海物錯勾章七潤簡萌美水甘茶串香君今試暫飫他日恐難忘惟有西興渡靈胥或怒張

西陵繞越臺 李白送人尋越中山水聞道稽山去偏宜謝客才千巖泉灑落萬壑樹縈迴東海橫秦望云云湖清霜鏡曉濤白雪山來八月枚乘筆三吳張翰盃此中多逸興早晚向天台 梅市門何在 張籍送李評事詩未習風塵事初爲吳越遊露沾草湖晚日照海山秋云云蘭亭水尚流西陵待潮處知汝不勝愁 海天東下越王州 張伯玉詩云云碧城繚繞環山立春晴紫翠堆綺壓日暮煙雨濺朱樓禹祠花底巖穴峻賀老門前鏡漢秋何當獨把釣竿手笑擲一艘東去遊 越絕溪山第一州 陳希元詩云云 越山長青水長白 王介甫詩云云越人長家山水國 蓬萊清淺水仙家 唐人詩綠楊陰轉畫橋斜舟有笙歌岸有花盡日會稽山色裏云云 郡樓對望千山月 白居易聞元微之除浙東觀察喜得相隣詩稽山鏡水歡遊地犀帶金章榮貴身官職比君雖較小封疆與我且爲隣云云江界平分兩岸春杭越風光詩酒主相看更合與何人 路隔西陵三兩水 秦少游詩林擘城撼動秋風共躡丹梯上卧龍云云門臨南鎮一千峯湖吞碧落詩爭發塔湧青冥幾重非是登高能賦客可怜猿鶴自相吞

外邑

山深水急無艇子 王介甫役至曹娥堰寄剡縣丁元珍詩溪水渾渾來自北千山抱水清相射云云欲從故人安可得故人昔日此水上擧酒命舟從行役津亭把酒坐一笑我喜滿懷君動色今年却坐相逢處惆悵難求別時迹可憐溪水自南流安得溪船問消息 靈胥引水清穿市 王介甫送蕭山錢著作才高諸人故無嫌兄弟同時擧孝廉東觀外除方愚愛西州相見已蒼顏云云神禹分山翠入簾好去絃歌聊自慰郡人誰敢慢陶潛 南巖氣爽橫郛郭 趙嘏發剡中正懷何謝俯長流更覽餘封識嵊州樹色老依官舍晚溪聲涼傍客衣秋云云天姥雲晴拂寺樓日暮不堪還上馬蓼花風起路悠悠

四六

眷今於越　雄稱東輔　疏渥中宸　西控出綸

視漢左馮　密邇行都　保釐東土　東郊作鎮

矧東越之奧區　矧越上之名城　今爲關輔之雄

有會稽之巨鎮　號浙東之都會　更恃寢園之重

發勾踐之故棲　連七州之封域　惟稽山之巨屏

想神禹之遺迹　總一道之兵師　實行殿之陪都

風肅寢園朝百靈於禹會　野服黃冠羨季真於剡曲

露零原廟祀列聖於漢陵　青鞋布襪想子美於雲門

在周則衛鎬京之視雖色　卧聽鼓角之聲寂從天下
於漢則聲咸陽之右扶馮　行視山川之色覺在鏡中
嘗聞海岱報五月之政成　蓬萊閣已以為瀛洲之符
豈後會稽奉二年之計最　錢塘江豈能作弱水之隔
千巖競秀已儲維石之瞻　由禹得名至勾踐遂為强國
一葦可航歸作濟川之用　自秦置郡逮紹興始號陪都
暮春天霽摩洋脩禊之題　秦帝大書於不續斷石空存
半夜月明纖史泛舟之興　曹娥嘗刻於豐碑色絲未泯
登會稽探禹穴足騁壯懷　家住稽山元稹大誇於州宅
從山陰訪戴溪聊乘佳興　身輕軒冕季真頓賜於鑑湖
發芒碭之雲先兆已知於赤帝
占南陽之氣中興果應於真人
會稽東粵之奧區實萬壑千巖之秀
嶽牧西周之重任擅五侯九伯之征

新編方輿勝覽卷之六

新編方輿勝覽卷之七

建安祝穆和父編

慶元府

鄞縣　奉化　定海　慈溪　象山　昌國

建置沿革 禹貢揚州之域，粵地星紀之次，牽牛婺女之分野。春秋時吳封越王勾踐東至于鄞，即今鄞縣也。勾踐滅吳，欲徙吳王甬東，即此郡之境。秦以其地置鄞縣，屬會稽郡。漢順帝時以勾章、鄞、鄮三縣隸會稽郡。隋併餘姚、鄞、鄮三縣入勾章縣，隸吳州，後改越州，仍隸焉。今之州乃隋勾章一縣之地。唐置鄞州，尋廢爲鄮縣。元宗時以越州之鄮縣置明州，以境內有四明山遂名。唐末爲錢氏所據。皇朝改爲奉國軍節度。中興兼沿海制置使。紹熙五年陞慶元府。

領縣六　治鄞縣

事要

郡名 四明 見沿革注。甬東 左傳越滅吳，使吳王居於｜｜，注云｜｜越地，會稽勾章縣東海中洲也。勾章，鄞縣也。

風俗 尚禮淳厖 隋志：君子｜｜，庸庶｜｜。人才比他郡爲冠 李璜撰府學記云：四明山川之勝，所以云云。民訟繁夥 書院堂記：鄞云云。富於稻蟹 李璜云：鄞縣｜｜｜｜之利，地大物萃。蠡蠯錯出 錢彥遠倚司郡目序：田膏且腴，云云。居人岨巘，倚時無蓋積之實，倚將負雖百有二十貲，產覌它郡爲瘁。夷商越賈 李璜學記：風颿海舶，云利源徙化，紛至沓來。民剽多盜 張津告詞：四明並海，云云，發其上伍，通窮竇，出沒海浪，多所勝遺。

形勝 東濱海

洋 錢彥遠序：明州濱之鄮縣，其地云云，嶔山聯偶。太湖漫其西南 揚溪引水記：四明澤國也，云云。大江帶其東北 同上。羣山拱其外 潘良貴三江亭記：大江橫其前，云云，島嶼出沒，雲煙有無，浪舶風帆，來自天際，州之井屋盡在目中。枕山臂江 李璜學記：四明據會稽之東，云云，重阜峻嶺，連亘數千里。蛟門虎蹲 圖經云：明之爲州，乃海道輻湊之地，故南則閩廣，東則倭人，國北拒高麗，商舶往來，物貨豐衍，東出定海有｜｜｜｜天設之險，此亦東南之要會也。負瀕渤控扶桑 九經堂記文云云。倚巨鎮吞長江。肅清海道 朝野雜記：沿海制置，云云。節制水軍。控制海道 趙伯圭告詞：四明重鎮，二浙名邦，內以藩屏王畿，外以｜｜｜｜。

山川 四明山 在州西八十里。○陸龜蒙云：山有峰最高，四穴在峰上，每天色晴霽，望之如戶牖相倚。○福地記云：三十六洞天第九曰｜｜｜，二百八十峰，周迴一百八十里，名丹山赤水之天，上有四門，通日月星辰之光，故曰四明。｜｜｜ 鄮山 在鄞縣東。四蕃志：以海人持貨貿易於此，故名。象山 在州東一百六十里，山如象形，故名。東南北皆至海，惟西南有陸路，接台州寧海縣界。○山出紅木犀，嘗移植禁中。高宗雅愛之，嘗爲賦詩云：月宮移向日宮栽，染得嬌紅入面來。多謝秋風揚雨露，丹心一一爲君開。天童山 在鄞縣東六十里，有寺。○王介甫詩：溪水清漣樹老蒼，行穿溪樹踏春陽。溪深樹密無人處，惟有幽花渡水香。雪竇山 在奉化縣西，資聖禪寺南有隱潭，東有一心替潭，前有合珠林，千丈巖瀑布，頗爲一郡勝槩。育王山在鄞縣東三十里○陸務觀詩人間八萬四千塔使合推爲第一仙 蓬萊山在昌國縣四面大洋徐福求仙嘗至此 鄞江亦曰鄞水 廣德湖在鄞縣西二十里南豐記東七鄉之田錢湖溉之其西七鄉之田水之注者則此湖也州之通越者皆由此湖而湖之産有鳧雁魚鱉茭蒲葭菼葵莼蓮芡之饒其舊名曰鶯脰湖而今名大曆八年令儲仙舟之所更御史李後素刺史李敬方皆賦詩今刻石湖上 錢湖在鄞縣東三十里周八十里

亭榭

鮚埼亭 漢地理志鄞縣有鮚埼亭顏注云鮚音結蚌也埼岸曲也其中多鮚故以名亭 西亭 王介甫鄞縣——詩收功無路去無田竊食館城度兩年更作世間兒女態亂栽花竹養風煙 衆樂亭 在西湖中錢公倚所建○司馬君實詩橫橋通廢島華宇出荒榛風月逢知己湖山得主人使君如獨樂衆庶必深顰何以知家給笙歌滿水濱○王介甫詩使君慎府開東部名高海曲人知慕鱸魚談笑政卽成洗滌山川作佳趣乎泉浩蕩銀河注寫見明星弄機杼藏步第成天上路按虹爲橋取孤嶼歸除荊棘水中央碧瓦朱甍隨指顧春風滿城金版舫來看置酒新亭上百女吹笙綵鳳悲一夫伐鼓靈鼉壯安期羨門相與遊方丈蓬萊不可求酒酣忽跨驚鯨去陳迹空令此地留○錢公輔詩云誰把江湖付此翁江湖更在廣城中他年若數東南勝須作蓬萊第一宮

名宦

房琯爲慈溪令 皇朝王安石知鄞縣 曾會天聖中爲守丞相公亮在侍下一日遊延慶寺而上僧知禮夢伽藍告之曰翌日相公來也而僧公至 曾鞏爲郡守 柳耆卿監定海曉峯鹽場有題詠 范成大爲守

人物

賀知章李白詩四明有狂客風流賀季眞然知章越人鄞本越之屬邑 皇朝史浩相孝宗裕陵封越王 史彌遠嗣居相位二十七年封衞王

題詠

魚鹽多驗海豐舒信道詩近澤知田美云云 鮚埼千蚌熟前人在奉化縣作 市港兩潮通前人郡樓狐嶺對云云 湖靈夜放光前人海近春蒸濕云云謂廣德湖 海日旗邊出黃滔贈明州霍員外惠化如茹雨隣州亦可依正衙魚吏近高會覺人稀云云 沙禽角外歸四明多隱客閑約到巖扉 四明山水東南表舒信道詩云云海鰲背上三山島麗譙高逼斗牛寒一曲梅花萬家曉 南去司刑成越民范希文送丁司理赴明州仙家枝葉今成孫云云金闕道書藏百大在獄多陰德是眞人道書謂升眞者皆須曾爲獄官 業才臣有此州王介甫贈太守王大卿云云昆孫今駕鹿鶴游 尚記西亭一艤舡王介甫觀明州圖明州城郭畫中傳云投老心情非復昔當時山水故依然

四六

疏恩一札 殿今四明 地重輔藩 雖居海表

作鎮四明 相漢三輔 擁尊制閫 實近日邊

矧此鄞山之奧 惟四明之鎮嵩 維南東之名郡

實居浙水之維 要百粵之東偏 爲浙左之奧區

相鄉之地望既隆 有舟東商賈之饒 但今瀕海之澄波

制閫之兵權尤重 兼營壘甲兵之衆 是即京師之衮福

近長安之日 豈捨王哉 孫綽賦天台並目靈仙之宅

望蓬萊之雲 行召君矣 知章居永興或謂狂客之名

地重海邦貫鎮臨於鮚岸分虎其邦宜有南豐之遺迹

天開御閫仍殫聯於鯨波飛鳧支邑亦爲荊國之舊遊

天設海門之險既重隄防西風便面猷隨京洛之塵

雲屯水戰之師盡歸節制東海遺頑坐挹蓬萊之氣

山號四明與隱淪之不及威今曲沃肅清東海之波

亭名衆樂欲愁嘆之俱消政通人和奔引西湖之樂

世系休明時乃生於多士特叢東鈞飲相鄰於同里

氣鍾清淑運實在於四明本兵與政又並出於明時

列戍相望蓋戈船之說琛賨入貢護使客之行彊

百蠻畢至有來卉服之遊舳艫相銜來夷商之互市

衢州

西安　江山　龍遊　常山　開化

【州沿革】禹貢揚州之域星紀之次牽牛須女之分春秋爲越姑蔑之地秦屬會稽爲太末縣漢因之東漢分太末立新安縣晉改曰信安唐平李子通析婺州之西境於信安縣置衢州　國朝因之今領縣五治西安

【事要】

【郡名】三衢　元和志以州有三衢山故名　吳會須知以路通三越故名　太末　見沿革注　信安　同上　柯山　見後爛柯山注

【風俗】俗悍以果　程俱保安院記郡接江閩風氣相薄其山邃以廉其水清以駛云云　君子尚氣敏於事　同上　多九言而篤行　毛幵郡學記其君子云云

【形勝】東望九峰　同上　西瞻靈石　同上南臨樵谷　姑蔑之墟　韓愈徐偃王廟碑銘　四達之衢　趙令衿新政橋記云云控武江湖　川陸之會　毛幵舫舟亭記衢爲云云南走閩西適婺距浙江五百里而近　當東南孔道　毛幵和風驛記衢爲州云云閩越之交舟車往來之都會　大溪貫其中　北山集溪橋記衢之爲郡郊邑疆理錯與衆山間云云東會浙江入于海其溪實出巖谷畎澮至郡城始大

【山川】三衢山　在常山圖經昔有洪水暴出派玆山爲三道因名○誠安道云自浙江而東環郡皆山唯信安得山水之勝而——又信安之絕境

爛柯山　一名石室又名石橋山在西安乃青霞第八洞天昔樵者王質入此山忽見橋下二童子對奕以所持斧置坐而觀童子指示之曰汝斧柯爛矣質歸見鄉閭已及百歲云

江郎山　在江山○周雲叟詩巨靈一夜擘山開三石推從天外來仙客所開修月路化工節作挽河臺○詳見祠廟

烏巨山　在西安東三十五里竹木蓊蔚乃信安精藍第一山

靈山　在西安縣南七十里有徐偃王廟

景星山　在江山縣南五里縣治面之本名突星樂之入抃詩突星如落星後塔其上邑人始多登第

龜峯　其形如龜昂首伸足○毛樵記守居跨——之上環境諸山皆若可以周覽而坐致孟郊羅隱有詩

九仙巖　在西安東十五里琢削百仞下有寺趙閱道有詩

仙霞嶺　在江山縣黃巢傳云巢破饒信衢等州刋山開道即此

芹嶺　在開化縣○黃异仲未第時有詩云任爾巍巍千萬丈也須還我上頭行

煙蘿洞　在江山縣南五里舊傳——子隱焉

縠溪　出西安合江山常山之水顏野王輿地志——之水交錯如羅紋

浮石潭　在西安東北五里潭中有石高丈餘水泛亦不沒

【亭臺】風亭

在城西南洪邁記 **濯纓亭** 趙閱道詩釣臺逸老心非傲浮石仙人迹尚存對岸煙林雙佛寺隔灘風笛一漁村 **穀波亭** 呂微仲詩地軸抽不盡風梭織又成 **證夢亭** 晏類要在州治之前唐豆盧署夢一老人謂之曰二十年後爲此郡守可於此建亭後果如所言

寺院

仙居院 在江山東南有水簾。王介甫作僧惠珠家水簾詩云淙淙萬音落石顛皎皎一派當簷前清風高吹鸞鶴唳白日下照蛟龍涎浮雲裝額自能捲缺月琢鉤相與懸朱門試問幽人價幾許鮫綃不直錢 **永年寺** 在常山縣北三十里又名黃岡寺張相趙鼎侍郎魏矼侍讀范冲避地南來寓居寺中有酬唱 **烏石院** 在龍游縣北張魏公浚解相位西歸留題云清河張德遠聽顏師古鼓琴而去。岳公飛題云紹興三年假宿幽巖覽見山川之勝志

期爲國掃平黠虜恢復輿圖迎二聖沙漠之還輔聖主無疆之運 **石壁寺** 在龍游。杜荀鶴詩石壁早聞僧說好今來偏與我相宜有山有水堪吟處無雨無風見景時漁父晚船分浦釣牧童寒笛倚牛吹畫人畫得從他畫畫得應輸八句詩

祠墓

徐偃王廟 在西安縣南七十里靈山下。韓愈撰廟碑云徐與秦俱出伯翳爲嬴姓秦處西偏專用武勝卒償其國徐處得地中文德爲治至偃王誕當國益除去刑君國子民一出於仁義時周穆王無道得八龍騎之西遊同王母宴于瑤池之上歌謳忘歸諸侯爭辨者無所質正賓于徐之庭者三十六國穆王恐命造父御長驅而歸與楚連謀伐徐徐不忍鬭其民北走彭城百姓從而歸之偃王死民號其山爲徐山鑿石爲室以祠偃王衢州故會稽太末也民多姓徐氏支縣龍丘有偃王廟或曰偃王之逃戰不之彭城之越城之隅棄玉几研於會稽之水或曰徐子章禹之宗族子孫即其居立先王廟 **江郎廟** 在江山南五十里文思博要云有江姓三昆弟登其巔化爲三石峯因名焉湛滿者亦居山下其子仕路遭永嘉之亂不得歸湛使祝宗言於三石之靈能致其子歸妻斯牲白日中湛子出洛水邊見三少年使閉眼入車欄中但聞去如疾風俄頃間從坐墮良久乃覺是家中後園也 **郭璞墓** 在戟門內相傳謂璞曰五百年太守爲一一發之紹聖二年太守孫貴知非一一發之得二石其一題云乾符五年五月安於此見毛滂以石堂記

名宦

第五琦 爲須江丞即今之江山縣 **皇朝陳康伯** 爲通判 **李光** 知開化縣

人物

趙抃 嘗帥蜀以一琴一鶴自隨謚清獻嘗作高齋有詩云軒外長溪溪外山捲簾空曠水雲間高齋有問如何樂清夜安眠白晝閑 **趙鼎** 寓居常山 **劉章** 衢州人乙丑廷試第一

周頴 朱元晦江山縣學景行堂記云正介先生周君頴之行信於鄉而聞於朝其立言垂訓褒善貶惡足以爲後世法 **毛注** 同上諫議一一排擊巨姦奪其政柄不幸廢黜以死 **毛眞** 同上罵賊不屈以明守官之義 **徐揆** 同上捐軀膺營以紆君父之急 **徐存** 同上遊平先生一一受業於程氏之門人學者自遠至者常以百數今未遠也吾意大山長谷之中隘巷窮閻之下必有獨得其傳而深藏不市者爲我訪而問焉則知所以爲教之方矣

題詠

千山紅樹萬山雲 方干衢州別李秀才詩云云把酒相看日又曛一曲離歌兩行淚更知何處再逢君 **風高綠野苗千頃** 羅隱寄三衢孫員外詩云

云露冷平攙酒滿卮　**削玉高峯環地起**　徐嘉趙覧堂詩峥嵘揀宇壓城頭四面清奇入寸眸云云凝藍遠水拍天浮　**野林參天陰翳長**　王介甫衢州道寄平甫弟詩淺淺溪受月光炯碎云云　**浮石潭邊停五馬**　白居易歲暮在衢州張使君書并詩因以長句報之兩州彼此意何如官職蹉跎歲欲除云云望濤樓上得雙魚萬言摛手才難敵五字新題思有餘貧薄詩家無好物反投桃李報瓊瑶

四六

出綍九䆒　眷惟瀔水　姑蔑古郡　析壞三衢
分符三輔　莫重衢城　瀔江上游　去天一握
維今四達之衢　眷太末之提封　推兹太末之里
即古三輔之地　賔瀔河之要口　賔本東陽之墟
衢故太末也今賔輔藩　徒御從容宿舂糧而已至
君濤淮陽耶即歸禁闥　吏民企羨晝衣錦以何殊
望九重之關輦轂匪遥　舟車交湊雖名走集之衢
㮣四闔之衝舟車相屬　冠蓋相望頗有將迎之役
昔偃王之遺民尚餘雅俗　圍棊別墅尋晉朝柯斧之仙
今清獻之故國可挹高風　觀瀑名山和荆公水簾之句
州當孔道固餙騎傳以邀名　避地黄岡曾有名賢之陳迹
地近神京每歌袴襦而得召　監州瀔水亦爲公相之舊遊

婺州

金華　東陽　義烏　蘭溪
永康　武義　浦江

建置沿革　禹貢揚州之域粤地星紀之次牽牛婺女之分野春秋時爲越西界後六世王無彊爲楚威王所併秦滅楚屬會稽郡即漢會稽之烏傷縣吳分會稽置東陽郡在金華山之陽瀔水之東因名東陽梁置金華郡隋廢郡置吳州尋又分吳州置婺州唐或爲金華郡或爲婺州石晉時陞爲武勝軍　皇朝仍爲婺州改武勝軍爲保寧軍節度領縣七治金華

事要

郡名　**金華**　王奉新詠序云金星與婺女爭華故曰——　**東陽**　見沿革　**婺女**　同上　**寶婺**　圖經

風俗　**俗勤耕織**　見東陽志　**名士輩出**　同上　**士知所學**　東萊祠記

形勝　**江南劇郡**　唐馮伉八詠後序云云與出宣城東陽　**三洞雙溪之勝**　東陽志云云降靈於人　**東陽爲山水佳地**　權載之送道士歸婺州序

山川　**金華山**　在縣北二十里亦曰金盆山一名長山有赤松觀。神仙傳黄初平蘭陵人年十五家使牧羊遇道士愛其良謹將至金華山石室中四十餘年兄初起尋之遇道士引山中相見兄問羊安在但見白石初平叱之石皆起成羊數萬首初起遂棄妻孥食松栢茯苓五萬日後神仙　**金華洞**　在縣北三十里第三十六金華洞元之天其洞有三巖然在山去天尺五者曰朝真洞自朝真而下百餘步至冰壺洞洞在山之腰視之若井其深百尺泉聲如擊鼓攀崖而下石皆離列水奔注其中頓沫成雪長三十尺雙石斬然壁立曰石筍自冰壺而下行五十步有石若白龍之升降者曰雙龍洞可容胡床百數　**紫微巖**　在金華縣北二十五里有石室梁孝標棄官舍其下撰類苑居之　**鮑令巖**　在縣南五里亞碧亭之上元豐間知縣鮑極率僚屬來修禊事撫觀古跡令磨其崖唐最書鮑令巖三字鐫之石樓巖在義烏縣西巖曾級高下類東樓複巖蓋勝絕之地也東陽江丨丨永康合流爲一又名雙溪一源出東陽之大盆山一源出縉雲繡川丨在義烏縣蘭溪在縣南七里一名瀔水出于衢會于婺二水類雖紋岸多蘭前故名○楊廷秀曉泊丨丨詩金華山高九天半夜雪裝成珠玉案丨丨水清千頃強瀨風凍作琉璃缸日光雪光兩相射病眼看來忘南北恨身不如波上鷗脚指爲揖身爲舟恨人不如沙上雁鷺花作家梅作伴折綿水酒未是寒曉寒真欲冰我肝急問翁蓬擁爐去竹葉梨花十分注

【堂亭】仁風堂在州宅取袁宏奉揚丨丨之義涵碧亭在東陽縣北五里峴山之下唐寶曆間東陽令于興宗建劉禹錫有詩故名水樂亭在東陽縣西南八里兩山對峙有飛泉數丈界山而落泠然有聲宰

王㮚作亭濡上取元次山水樂之說蘇子瞻寄題詩云但向空山石壁下愛此有聲無調之清流流泉無弦石無竅強名水樂人人笑東峯亭在蘭溪縣馮宿亭記云松門蓋空石道如帶最高亭葉相園○陸務觀詩高亭新築冠鰲峯眼力超然信不窮膚寸油雲澤天下大千沙界納胸中春游到處花擁夜飲歡時百榼空劉向老來忘世味只思詩酒伴裴公極目亭韓无咎丨丨丨詩集序婺之牙城東南隅有亭巍數椽郡守周彥廣嘗取米元章所書丨丨丨三大字揭之然元章舊題乃上蔡也既隱沒不可見猶得見於吾州豈特其名之適實而字畫之妙亦因是顯矣然棟宇狹甚不足以陳觴豆列絲竹客至倚徙而愛之主人僅爲茗飲或奉一杯相壽而已耳乎再爲婺之明年值歲豐少事乃闢而新焉其規制不能侈大顧與其地爲稱於是來登者酒酣歡甚往往賦詩或歌詞自見則皆巨公長者及郡評之彥與縉從賢士大夫也蓋婺城臨瞰之許九三中爲雙溪樓西爲八詠樓東則此亭皆盡見群山之秀兩川貫其下平林曠野景物萬態而雙溪直雖門涉通衢百舉武八詠在郡庠之偏距州治尤遠且須女之祠寓焉二樓不可頻至惟丨丨丨在後圃之隙不必命駕煩民得與賓客共之乎以山林麋鹿之姿遇退食之餘好風佳月必攜幼稚支筇躡屐徜徉于茲盡溪光山色奇花美卉與日而非我有也吾恐異時太守之賢不得而嚴則嘯歌觴詠有以慰吾之暇者可不傳乎雖蘭亭逸少之風莫及而峴山叔子之嘆未忘因類而錄諸木俾好事者其考之

【樓閣】八詠樓在子城西即沈隱侯元暢樓至道間郡守馮伉更今名○沈約八詠詩登臺望秋月會圃臨春風秋至愍衰草寒來悲落桐夕行聞夜鶴晨征聽曉鴻解佩去朝市被褐守山東○嚴維詩明月雙溪水

清風丨丨丨少年爲客處今日送君遊○李易安詩千古風流丨丨丨江山留與後人愁水通南國三千里氣壓江城十四州○崔顥詩梁日東陽守爲樓望越中綠窗明月在青史古人空江靜闔山抗川長數塞鴻登臨白雲晚留恨此遺風雙溪樓在郡城上米元章書

【橋梁】山橋在州北二巖對立溪流亂石間故名丨丨

【寺觀】智者寺在州西北五十里丨丨禪師道場後倚石巖乃金華第一刹也寶婺觀在子城門西與州學連接樓宇高聳古桐森然諺云桐齊蕃出狀元紹興癸丑桐與蕃齊而陳亮以廷試魁多士繼則桐爲風所折後再生一枝柯葉濃茂至嘉定庚辰桐與蕃齊劉渭繼爲大魁應前讖云

【祠墓】東萊祠先生作麗澤書院爲講學之地今爲祠堂仍勅賜額

【名宦】袁宏出爲東陽太守謝安

以翁贈之荅曰歲當

奉揚仁風慰彼黎庶 沈約字休文爲守 于興宗補東陽令 皇

朝錢藻爲守 蘇頌爲守遷州學

人物

顏烏累死不東陽以淳孝稱父死負土成墳群烏銜土助焉而烏口皆傷漢以名縣以此名今義烏是也 舒元輿東陽人作牡丹賦 皇朝葉衡金華人拜相 王淮金華人拜相 呂祖謙字伯恭號東萊先生申公夷簡之後特賜謚成公 ○朱元晦祭其畫像贊云以一身而備四氣之和以一心而涵千古之秘推其有足以尊主而庇民出其餘足以立教而垂世然而狀貌不逾乎中人衣冠不詭於流俗迎之而不見其來隨之而莫睹其躅㓹 丹青貌形心曲推觀之者有以得其天馬則庶幾眞編之可續

題詠

江天婺女分 唐包何別婺州鄧史君云云風月 斗牛之故墟 隱侯詩別恨雙溪急留歡五馬遲 王介甫詩況乃溪烏傷云云 落帆金華岸 李白送魏萬詩徑入梅花橋幾溪約歸潮云云赤松若可招 老手便劇郡 蘇子瞻送錢藻守婺州云云高懷猷承明聊紆東陽紱一濯滄浪纓東陽佳山水未到意已清過家父老喜出郭壺漿迎子行得所願愴恨居者情吾君方急賢日旰坐邇英黃金招樂毅白璧賜虞卿子不少自貶陳議空崢嶸古甫爲郡樂漸恐煩敲搒臨分不敢盡醉語別還醒

題詠

東陽本是佳山水 劉禹錫寄東陽令于興宗詩云云何況曾經沈隱侯化得邦人解吟咏如今縣令亦風流新開潭洞疑仙府遠寫丹青到雍州落在縣當畫師手猶能三伏凛生秋 縣舍江雲裏 韓翃送金華王明府詩云云公閑景又偏家貧簡令酒月俸沈郎錢黃鶴術山酒青楓暮雨天時聞引車騎竹外尚銅泉

四六

蹴恩丹綍 疏綍日織 暫辭北闕 眷此輔藩

作填金華 分符星婺 出守東陽 介于行闕

别婺女之奧區 輟奉明齊之館 進直奎文之閣

實浙江之巨鎮 出臨寶婺之區 出臨婺女之區

沈休文之八詠風月長清 雙溪勝境守臣乃得於名流

劉夢得之一詩山水增重 七縣奧區化國正逢於樂歲

秘殿讀書幸得金華之彥 揚袁侯之翁仁風既幸於及民

名邦出相益增寶婺之輝 趣曹公之裝召節即聞於載道

金華洞天訪初平之遺迹 聽舊上星飛方覺文昌之炳煥

紫微石室懷孝標之故居 兵衛森畫戟屢從婺女以番宣

元豐戊辛紀修禊於磨崖 老手便劇郡抗章自詭於民庸

淳熙大儒賓會文於麗澤 岳牧用詞臣奏命來宣於王澤

洋洋大對相輝魁宿之光躔

赫赫元勳更續相鄉之衣鉢

一州七邑之繁上直斗星之次

三洞雙溪之勝素鍾人物之英

新編方輿勝覽卷之七

新編方輿勝覽卷之八　　建安祝穆和父編

台州

臨海　黃巖　天台　寧海　仙居

建置沿革　禹貢揚州之域，南斗須女之分。春秋時屬越，秦屬閩中郡，漢屬東甌國，後立爲冶縣。東漢末，吳分冶縣爲東南二部都尉，東部臨海，南部建安。後以會稽東部爲臨海郡。梁改爲赤城郡。隋屬永嘉郡。唐改爲台州。國朝因之。今領縣五，治臨海。

事要

郡名　**天台**　真誥：天台山上應台星，故曰天台。州以此名。　**霞城**　孔靈符會稽記：赤城山色皆赤，狀似朝霞，亦謂赤城。　**臨海**　見沿革注。

風俗　**閭閻興禮遜**　陳述古鄭閎中仙居詩云云：囹圄長榛蕪。　**有海陸之饒**　圖經云：川澤沃衍，云云。　**託靈越以正基**　神邕山圖采浮屠氏說，以爲閻浮震旦國秘東鄙，又號靈越，故孫綽賦云云。

形勝　**臨海越谷**　杜牧台州制。　**三方岸江湖**　呂伯恭作修城記：臨海郡南東西三云云，秋水時至，北限大江，舩不得騁，如驕蹄足生羈，恃城以爲命。距海百餘里，浦亡剽悍之所，曹惡歲輙，睢盱洲溆，睥睨郛郭，儆警者不敢弛柝，故閑修之政在是郡，爲首務焉。所以遠帘寄銜敷萌，非徒區畫封表備侯邦之制也。　**距海百餘里**　見上。　**春遊天台**　續志云云：風日和暢，秋遊鴈蕩，巖壑呈露，各因其時之所宜也。

山川　**大固山**　紹興間道士賈德滋卓菴，斸地得晉斷碑，有龍頭山字，亦曰龍頭，即郡之主山。在州西北三十步，高八十丈，周回五里。按舊經：晉隆安末，孫恩爲寇，刺史辛景於此掘塹守之，恩不能犯，遂以大固名。　**巾子山**　在州東南一里一百步，連小固山，橫峙江之下，流在城中，兩峯如帽恰幘，其頂雙塔，塔有明樓，塔院之南有翠微閣，北有廣軒，下瞰闤闠，南眺郊墟，原市山川之盛，一目俱盡，故其勝號名天下，登臨者必之焉。有曲肱亭，亭側有紫雲軒，又其顛有息庵，今廢。○任翻詩：絕頂新秋生夜涼，鶴飛松露滴衣裳，前峯月照半江水，僧在翠微開竹房。　**天台山**　在天台縣西一百一十里。臨海記：天台山超然秀出，山有八重，視之如一，高一萬八千丈，周回八百里。又有飛泉垂流千仞似布。○洞天福地記：天台山名上清玉平之天，即桐柏真人所理，亦名桐柏山。○孫綽字興公，爲永嘉太守，意將解印以向幽寂，聞天台山神秀，可以長往，因使圖其狀，遥爲之賦。賦成，示友人范榮期，榮期曰：此賦擲地必作金聲。遊天台賦云：天台山者，蓋山嶽之神秀也。涉海則有方丈、蓬萊，登陸則有四明、天台，皆玄聖之所遊化，靈仙之所窟宅。夫其峻極之狀，嘉祥之美，窮山海之瓌富，盡人神之壯麗矣。所以不列於五嶽，闕載於常典者，豈不以所立冥奧，其路幽迥，或倒景於重溟，或匿峯於千嶺，始經魑魅之塗，卒踐無人之境，舉世罕能登陟，王者莫由禋祀，故事絕於常篇，名標於奇紀。然圖像之興，豈虛也哉！非夫遺世翫道、絕粒茹芝者，烏能輕舉而宅之？非夫遠寄冥搜、篤於通神者，何肯遥想而存之？余所以馳神運思，晝詠宵興，俛仰之間，若已再升者也。方解纓絡，永託茲嶺，不任吟想之至，聊奮藻以散懷。太虛遼廓而無閡，運自然之妙有，融而爲川瀆，結而爲山阜。嗟台嶽之所奇挺，寔神明之所扶持。蔭牛宿以曜峯，託靈越以正基。結根彌於華岱，直指高於九疑。應配天於唐典，齊峻極於周詩。

邈彼絶域幽邃窈窕近智者以守見不之知者以路絶而莫曉哂夏蟲之凝水整輕翮而思矯理無隱而不彰啓二奇以示兆赤城霞起以建標瀑布飛流以界道覩靈驗而遂徂忽乎吾之將行仍羽人於丹丘尋不死之福庭苟台嶺之可攀亦何羨乎曾城釋域中之常戀暢超然之高情被毛褐之森森振金策之鈴鈴披荒榛之蒙蘢陟峭崿之崢嶸濟楢溪而直進落五界而迅征跨穹隆之懸磴臨萬丈之絶冥踐莓苔之滑石搏壁立之翠屏攬樛木之長蘿援葛藟之飛莖雖一冒於垂堂乃永存乎長生必契誠於幽昧履重險而逾平既克濟於九折路威夷而脩通恣心目之寥朗任緩步之從容藉萋萋之纖草蔭落落之長松覿翔鸞之裔裔聽鳴鳳之嗈嗈過靈溪而一濯疏煩想於心胸蕩遺塵於旋流發五蓋之遊蒙追羲皇之絶軌躡二老之玄蹤陟降信宿迄于仙都双闕雲竦以夾路瓊臺中天而玄居朱闕玲瓏於林間玉堂陰

方八　三

映於高隅彤雲斐亹以翼臨皦日烱晃於綺疏八桂森挺以凌霜五芝含秀而晨敷惠風佇芳於陽林醴泉湧溜於陰渠建木滅景於千尋琪樹璀璨而垂珠王喬控鶴以冲天應真飛錫以躡虛騁神變之揮霍忽出有而入無於是遊覽既周体靜心閑害馬已去世事都捐投刃皆虛目牛無全凝思幽巖朗詠長川爾乃羲和停午遊氣高褰法鼓琅以振響衆香馥以揚煙肆覲天宗爰集通仙挹以玄玉之膏漱以華池之泉散以象外之說暢以無生之篇悟遣有之不盡覺涉無之有間泯色空以合迹忽即有而得玄釋二名之同出消一無於三幡恣語樂以終日等寂默於不言渾萬象以冥觀兀同体於自然○韓愈送惠師詩惠師浮圖者乃是不羈人發跡入四明梯空上秋旻遂登天台望萬壑皆嶙峋夜宿最高頂舉頭看星辰光芒相照燭南北爭羅陳茲地絶翔走自然嚴且神微風吹木石澎湃聞韶鈞夜半起下視波光銜日輪○

杜荀鶴詩一到天台寺高低景旋生共僧巖上坐見客海邊行野色人耕破山根浪打鳴忙時向閑處不覺有閑情○方干詩路入仙溪氣象清垂鞭樹石罅中行霧昏不見西陵岸風急先聞瀑布聲○李白天台曉望詩天台隣四明華頂高百越門標赤城霞樓標滄海月憑高遠登覽直下見溟渤雲垂大鵬翻波動巨鼇沒風潮爭洶湧神怪何翕忽觀奇跡無倪好道心不歇攀條摘朱實服藥鍊金骨安得生羽毛千春卧蓬闕○蔡天啓詩天台四萬八千丈玉京五城十二樓欲乘西風跨獨鶴直度南斗騎牽牛

赤城山

在天台縣北六里一名燒山其上石壁皆如霞色望之如雉堞然故後人以此名山

天姥山

在天台縣之西北有一峯嶋起孤峭秀拔與天台山相對○李白有夢遊——吟云天姥連天向天橫勢拔五嶽掩赤城台山一萬八千丈對此欲側東南傾

瀑布山

乃天

方八　四

台山之別岫有瀑布垂流千丈聲若雷霆觀者爲之震悼

寒石山

在天台縣西北七十里其山深邃當暑有雪亦名寒巖南有泉如屋霤寺僧廣竹緶引之轉西一里亂泉醲流鏘寶閒敵若虬髯因號髯洞盖台山勝絶處也○郭三益詩道人棲碧山雲居在空曲十年海潮音外物緣已熟時携貝葉書步入深林讀宵眠護禪虎晝引穿花鹿禽中三昧語藥我貪嗔毒何嘗脫雙鳧藉杖追高躅

劉阮山

在縣西北二十里先是漢永平有劉晨阮肇入山採藥失道食盡見桃實食之覺身輕行數里至溪邊持盃取水見一盃流出有胡麻糝溪邊有二女子笑曰劉阮二郎捉向所失流杯來便迎歸作食有胡麻飯山羊脯甚美後欲求去會集奏樂共送劉阮指示還路既出無復相識至家子孫已七世矣○元稹題詩云芙蓉脂肉綠雲鬟罨畫樓臺青黛山千樹桃花萬年藥不知何事憶人間

東

横山在天台縣東十里。許渾宿東横瀨詩孤舟路漸迷時見碧桃花溪雨灘聲急岩風樹勢斜韋羌山在天台山西四十里上有石壁字如科斗。陳述古詩夫年曾覽韋羌圖云有仙人古篆書千尺石岩无路到不知科斗是何書福應山在仙居縣東二里陰陽家謂其邑居龍首得地之勝邑人建浮圖其上自是取青紫不乏焉。上有尽美亭張景脩記仙居邑之美者也而一山盡焉一一一之美者也而一亭尽焉尽美於亭者非尽一山之謂也尽一邑之謂也蓋竹山在臨海縣中有洞名長耀寳光之天金鰲山在臨海縣東南百二十里有曾濟院西有軒下臨長江前挹海門諸峯。雲抄漫録載建炎四年天子航海泊一一一留十四日幸永嘉復幸金鰲揵書至航海由四明還委羽山在黃岩縣南五里世傳仙人劉奉林於此控鶴輕舉墮羽故名眞誥云天下第二洞號大有空明之天。王龜齡龜山蚊翠日開昇羽客逍遥此閉高早起留雲閑放鶴夜來伴月靜看經岩前方石有多好竈是丹砂且是靈應有赤城爲鳳過一声長嘯入青冥雙巖在縣南十五里峭峨並峙爲江南諸山之冠州治對焉白巖在臨海縣南二十四里孤絶秀異上皆白石華頂峯在天台縣東北六十里盖天台第八重最高処高一萬丈絶頂東望滄海俗號望海尖草木薰郁殆非人世孫綽所謂陟降信宿迄乎仙都是也玉霄峯在天台縣北三十五里重巖疊嶂松竹葱蒨且産香草世號小桐柏焉。皮日休詩青冥向上一一一元始先生戴紫蓉曉按瓊文光洞瑩夜壇香氣惹杉松閑迎仙客來爲鶴靜噗靈符去是龍子細捫心无俗骨欲隨師去肯相容瓊臺雙闕在赤城山

兩崖万仭森倚相向石橋在縣北五十里即五百應眞之境相傳在方廣寺有石梁架兩崖間龍形龜背廣不盈尺其上双澗合流洩爲瀑布梁既峭危且多莓苔甚滑下臨絶澗過者心悸石罅有木爪華時有蛇蟠糾至突苔洛供大士乃去號爲護聖爪。趙湘詩白石峯猶在横橋一仭微多年无客過落日有雲歸水淨台生髮山寒樹著衣如何方廣寺千古去人稀丹丘孫綽天台賦仍羽人於一一丹霞洞在天台觀東北玉京洞在縣北七里赤城山右叢第六洞天許邁常居之因與王羲之書曰自天台至臨海多有金堂玉室仙人芝草。余奕詩東臨滄海宴羣仙誤入桃源小洞天一局甚殘消戱刻老龍鱗甲已蒼然括蒼洞在天台縣東南二十里按臨外記一一成德隱元之天蓋第十一天也蒼嶺在仙居西北五十里高五千丈黃巖溪孫應時詩云得雨溪声壯无風雲氣多山花依翠竹灘石乱寒莎青溪在天台縣。謝靈運詩旦發一一陰尾閭在仙居縣東海中與海門焉筋相直推高山可望其水湍急陷爲大渦者十餘舟楫不敢近舊傳爲東海泄水処詳見夷堅志東湖在崇和門外爲春夏行樂之勝境靜鎮堂在州治唐李嘉祐爲守實常賛之有一一方州之句三瑞堂洪公遵爲守海正淳時建適以荷花桃实竹穗有連理之瑞已而生子适。故适以貳車行縣題詩云久矣馳魂夢今登一一一故山有喬木近事話甘棠展驥慚充位占熊憶問祥白雲留不住極目是吾鄉巖老堂在仙居縣廳東令陳襄建自注云嘗穿池引水入分繡閣在添倅廳洪景伯爲記玉霄閣在天台寺。陸務觀詩竹輿衝

雨到天台綠樹陰中小閣開樓作玉霄君會否要知小吏按行米

亭榭

交翠亭在寧海縣洪景伯建

赤城奇觀在郡圃後山上

萬壑風煙在倅廳後

寺觀

國清寺在天台縣北十里隋僧智顗夢定光告曰寺若成國即清故名李邕記柳公權書額時以齊州靈巖荊州玉泉潤州棲霞台州一一爲四絕今名景德一一皮日休詩十里松門國清路飯猿臺下菩提樹怖來煙雨路晴天元是海風吹瀑布

崇道觀在桐柏山間環有九峯玉女卧龍紫霄翠微玉泉蓮華列香琳玉霄是也○唐崔尚碑連山峩峩四野皆碧茂木壯樹四時丞青雙峯如闕中天豁開一道瀑布洞門長松夾道○孟浩然桐柏觀詩海從信風帆夕宿逗雲島捫蘿亦踐苔輟棹恣窮幽討○鄭薰詩深山桐柏觀殘雪路猶分數里踏紅葉全家穿碧雲月冷鸞障曉風遠藹闌分明日出林去吹笙不可聞○道師炎詩山深地忽平縹緲見殊庭瀑近春風濕松多曉日青石壇遺鶴羽粉壁剝龍形道士工靈寶經強滿百齡

祠廟

滕侯廟東萊修城記宣和中盜發仙居鬬虛寨入城縛欲發則有戶掾滕君膺師爲吏士圍以方略賊不爲患父老紀爲○郡人爲立祠於郡側山上朱元晦有記

天王祠舊說唐太宗從高祖起義兵有神自稱毗沙門天王願同力定亂將有猶首家鼻者故所向成功及即位詔天下公府皆祀之天寶初又詔諸郡於城隅置祠仍建佛寺俱以天王爲額

古跡

狀元塘在州東一里舊爲普濟寺陳侍郎公輔居之客怨謂曰此寺爲池當有擢上第者後徙寺地竟爲池陳果魁辟雍遂以名其塘

僉廳宣和間台州守奏今尚書省公相廳已改作都廳內外郡縣並行禁止欲將本州都廳以一一爲名詔從之此一一得名之始也

名宦

孫綽爲臨海令嘗作天台賦詳見前

謝靈運爲內史

江淹嘗爲臨海王長史

鄭虔貶司戶○杜甫送台州一一司戶詩天台隔三江風浪無晨暮鄭公縱得歸老病不識路

皇朝

畢士安太守○真宗有君子人之稱

章得象爲守

夏竦大中祥符元年爲通判倚小水泛濫寮僚禱于山椒忽見黃衣道士泛舟冒雨而來衣不沾濕目睞曰若遂脩道可登真籙否以欲作顯官以報罔極道士曰亦須位極人臣拂衣登舟而去見王樂道詠淵

陳襄號古靈知仙居縣和鄭閎中詩十一首皆以我愛仙居好發端

曾肇爲黃巖簿建中初爲翰林學士時治上封事與趣者因追咎肇章求言詔貶濮州又徙台州

元絳呂伯恭記云慶曆之水幾不爲郡元章簡公來守而城復立

趙汝愚呂伯恭修城記乾道九年里旅不戒於火延及郡城堵頹毀圮徑踰无禁害氣來格民譌不寧閭一歲太守一一侯一一自信從鎮暇日備行闉落曰昇嚴廢撤若是其何以待不虞土功於古雖有常律傳春秋者復出啓塞從時之例豈非城闉之啓塞实有邦之大紀隨時築治有不得而已者耶又云大抵取具於壯城之籍間民頗即工者厚酬之不欲勿強維侯憂民急病之意既達於下而精思周慮又足以綜理之故公無責人无留力工无餘技役事首尾歷再時版甫迤作觀堞崛興而後郊之毗初未嘗繹騷亂也

尤袤自號遂初嘗爲守禱旱有詩云三日靈霖已滿漫天晴三日又言乾從來說道天難做天到台州分外難

人物

顧歡隱天台山早孤讀詩至哀哀父母輒廢書慟哭由是受業者廢蓼莪篇不講

王

遠知 異人記台州道士｜｜｜善易知死生禍福作易總千五卷一日雷雨雲霧中一人叱遠知曰所泄者書何在上帝命吾攝六丁雷電追取遠知檀攫拔地旁有六人青衣已捧書立矣老人責曰上方禁文自有飛天保衛金科秘藏玄都汝何者輒藏緗帙遠知曰青丘元老傳授也。韓愈詩天官敕六丁雷電下取將盖用此也

司馬承正 續仙傳字子微隱於天台山玉霄峯自號白雲子蜀女謝自然泛舟將詣蓬萊求師舡為風飄到一山見道人指言天台山｜｜｜名在丹臺身居赤城此眞良師也蓬萊隔弱水三萬里非舟楫可往非飛仙不到自然回來承正受度後白日上昇

皇朝呂頤浩 濟南人寓于台

謝深甫 為宰相自深甫始

左譽 自稱中谷道人為杭州司錄丁難居鄉謝參政為守婺一僧開堂疏見一聯云盡十方佛真教進步與門此一瓣香未審何人有分大喜既登政府遂薦之又常舉以自代有謝啓云知揚雄之竊比孟氏嘗有是心雖孔子謂不如顏淵何容於聖

名宦

陳瓘 南劍人字瑩中號了翁初為司諫上疏論神宗實錄辨宣仁誣謗得罪京下編置台州謚文肅

陳與義 西洛人自號簡齋紹興參知大政建中避地臨海

題詠

剖竹赤城邊 李白送楊山人我家小阮賢云云詩人多見重官燭未曾燃興引登山屐情催泛海舡石橋如可度攜手弄雲煙

藥少覺山貧 杜牧詩魚多知海熟云云

台州地闊海冥冥 唐杜甫送鄭著作詩云云雲水長和島嶼青

山城別是武陵源 劉長卿送李使君詩露冕新承明主恩云云花閣五馬時行縣戶外千峯常在門

海邊津吏棹舡迎 方干詩山下縣條張樂送云云

高低無處不泉聲 方干送孫百篇詩遊天台東南去路落斜行入樹穿村見赤城遠近常聞鍊藥氣云云映巖月向城頭沒濕燭雲從柱底生更有仙花與靈草恐君多半不知名

一江寒水抱城斜 舒信道詩閒說天台太守家今家日日在煙霞四郭青山連市合云云

四六

金爲天闕　陛華奎閣　跡異冊陛　眷是天台

剖竹台城　作填霞城　趣填赤城　介于日甸

惟天台之古郡　推是赤城之壤　推赤城本今古之福庭

實海嶠之奧區　實鄰翠甸之封　在靈越爲東南之佳郡

霞起赤城獨擅興公之賦　摩崖碑記分符多入於黃扉

雲和青嶼繼傳子美之詩　點檢圖經得道或升於丹闕

託靈越以正基山奇神秀　弦歌小試古齋老子之曾遊

說天台之爲郡家住煙霞　簿領卑棲南豐先生之不鄙

海深山複素称魚稻之鄉　海闊冥冥雲水長和於島嶼

事簡民醇各遂蠶桑之業　色齊兩兩星躔上應於台符

碧雲紅藥聊尋野徑之幽　瀕水三方當謹嚴城之患

流水胡麻頗資仙源之近　距海百里或多藏聚之姦

新編方輿勝覽卷之九

建安祝穆和父編

瑞安府

永嘉　瑞安　平陽　樂清

建置沿革 禹貢揚州之域斗牛須女之分野春秋屬越秦屬閩中郡漢初爲東海王之都武帝時東甌舉國內徙後屬會稽郡之回浦縣後改回浦爲章安縣章帝分章安縣東甌鄉置永寧縣吳孫亮以會稽東部都尉爲臨海郡晉明帝分臨海郡五縣立永嘉郡隋改括州唐初置東嘉州復爲括州高宗分括州置溫州後陞靜海軍使國朝降爲軍事　咸淳元年八月　旨係今上潛藩之地陞瑞安府今領縣四治永嘉

事要

郡名 永嘉見沿革注　東嘉同上　東甌寰宇志永嘉爲｜｜耕林爲西甌

風俗 俗少爭訟隋志永嘉之｜｜　尚歌舞　俗喜競渡舊俗以端午日競渡於會昌湖里人游觀彌岸綺羅繽紛鱗集數里華靡爲它郡冠　婦勤紡績同上｜人｜於｜｜有從浣紗而旦成布者俗謂之雞布　富貴不務本郡志土狹民貧云云嘗用嫁娶以財氣相高喪葬以繼黃自固　織紝工而器用備永嘉志溫居塗泥之鹵土薄艱植民勤於力而以力勝故地不宜桑而｜｜｜不宜漆｜｜｜　不宜粟麥而稻足同上　海有多於地產商賈溷云云　名流繼踵同上此邦素號多士學有淵源近歲｜｜｜勝士｜｜而出　以齒不以爵每歲旦於郡學養源堂上交拜叙賀鄉曲聚會云云郡守致酒三爵而退至今以爲常自許橫塘始　其俗剽悍以嗇席益告詞永嘉學者之交云云其貨纖靡其人多賈其士風任氣而矜衒

形勝 城當斗口郡志郭璞議建城郭璞登山相地錯立如北斗城之外曰松臺曰海壇曰郭公曰積穀謂之斗門而華蓋直其口瑞安門外三山曰黃土曰吳吉仁王則近類斗柄因曰若城于山外當驟致富盛然不免兵戈火水之虞若城繞其顛寇不入斗則安逸可以長保於是城于山上且鑿二十八井以象列宿又曰此去一千年氣數始旺云　負山瀕海趙屼鼓壁記溫之爲州僻在浙東之窮處云云冬無祁寒夏無盛暑　百里荷花郡志自百里坊至平陽嶼一｜｜皆｜｜王羲之自南門登舟賞荷花即此也

土產 柑宴蘩年錄民有柑實每歲後郡例科市於民以遺權要張子韶爲州罷｜｜○故事上元燈夕上御端門以溫州所進柑分賜從臣謂之傳柑

山川 東山在子城西南二里一名海壇○　西山去城三里連嶂疊巘永嘉登覽勝處○謝靈運詩遊望城西岑　華蓋山去子城一里山有洞乃容成太玉之天第十八洞天也○楊蟠詩七山如北斗城鎮幾重斗口在何勅正當｜｜峯　鳴山在平陽之萬全鄉山腹有大洞穴舊常有鳴聲故名其上多亭榭　雁蕩山在樂清縣叙山六此山數百谷谿峯巒行者不能徧分而爲東西谷列而爲十八寺始有駐足之地能仁寺今爲雁山第一刹靈岩寺所攬奇怪爲｜山第一峯又北有白巖石溪九折仙橋瀑烏斯水之所由也　南雁蕩在平陽縣北自分嶺｜施嶺西五十里間皆｜｜山也初

吳越錢王與僧願齊同參韶國師於天台願齊遊永嘉禮智覺禪師聞平陽明玉峯頂有鴈蕩山天晴則鐘梵相聞杖錫尋訪喜曰此山水盡處龍鴈所居豈非西域書所謂諾矩羅震旦鴈蕩龍湫者耶結茅其間黄冕仲云觀此則平陽鴈蕩五代時已著樂清鴈蕩乃祥符間始見○沈存中筆談温州鴈蕩山天下奇秀然自古圖牒未嘗有言者祥符中因造玉清宮伐山取材方有人見之此時尚未有名按西域書阿羅漢諾矩羅贊有鴈蕩經行雲漠漠龍湫宴坐雨濛濛之句此山南有芙蓉峯峯下有芙蓉驛前瞰大海然未知鴈蕩龍湫所在因伐木始見此山頂有大池相傳以為鴈蕩下有二潭水以為龍湫又有經行峽宴坐峯皆後人以貫休詩名之也謝靈運為永嘉守凡佳山水處游歷殆徧獨不言此山蓋當時未有鴈蕩之名予觀鴈蕩諸峯皆峭拔險怪上聳千尺穹崖巨谷不類他山皆包在諸谷中自嶺外望之都無所見至谷中則森然干霄原其理當是為谷中大水衝激沙土盡去唯巨石巋然挺立如大小龍湫水簾初月谷之類皆是水鑿之穴自下望之則高巖峭壁從上觀之適與地平以至諸峯之頂亦低於山頂之地面世間溝壑中水鑿之處皆有植土龕巖亦此類耳今成皋陝西大澗中立土動及百尺迥然聳立亦鴈蕩具體而微者但此土彼石耳既非挺出地上則為深谷林莽所蔽故古人未見靈運所不至不足怪也

白鶴山 在樂清縣一名丹霞 舊傳王右軍訪文君遁入竹中右軍不獲見而去○李建中詩云玉簫峯下仙君宇千樹巖花幾百春當日會稽王內史如何不見竹間人

白石山 在樂清縣名嶼鄉謝靈運有詩○王龜齡詩路從飛鳥上頭過人在白雲高處行

青嶼

奧山 在永嘉海中宋郡守顔延之於此立亭

大若巖 在城北百五十里其山水石清澈巖大略如鴈蕩又有水簾谷

醉翁巖 在平陽之鳳棲鄉○王龜齡詩兩石如丨丨挹清泚然相對坐丨丨爲啼春山鳥自相勸滿地落花猶未醒

孤嶼 在城北江中東西有雙峯○謝靈運詩江南倦歷覽江北曠周旋懷新道轉迥尋異景不延亂流趨正絕丨丨媚中川雲日相輝映空水共澄鮮表靈物莫賞藴真誰為傳想象昆山姿緬邈區中緣始信安期術得盡養生年○李白與周生宴青溪玉鏡潭詩康樂上官去永嘉遊石門江亭有丨丨千載跡猶存

温嶺 去永嘉縣一百六十里其地常燠少寒

丹芳嶺 一名四十九盤自此入鴈山境

永嘉江 在丨縣

瑞安江 東連大海

會昌湖 在州西南受二溪水○謝靈運詩昏旦變氣候山水含清暉

南塘 在鴈山之南舊多荷花夾岸多橘園

象浦 在樂清縣六十七里○謝靈運詩[illegible]宇隣蔽室人遲接岳美

龍潭 在瑞安縣東北四十里有瀑布四道皆懸流數百尺

龍湫 在鴈蕩山○陳去非詩白龍三千丈欲下留顧來○范宗尹詩丨丨信奇絕飛泉落雲間晚投野僧家山作碧玉環○趙師秀詩一泓落處空如何得同高風吹作兩低日射成虹西域書曾說先朝路始通或言龍已去幽處別為宮

井泉

蒙泉 在城內深二尺許其味極清甘今汲以釀酒

堂亭

西堂 在州宅謝靈運知族弟惠連有才謂人曰每對惠連輒得佳句嘗於永嘉丨丨思詩竟日不就忽夢惠連即得池塘生春草之句○登池上樓詩潛虬媚幽姿飛鴻響遠音薄霄愧雲浮棲川怍淵沉進德智所拙退耕力不任徇祿反窮海臥痾對空林衾枕昧節候褰開暫窺臨傾耳聆波瀾舉目眺嶇嶔初景革緒風新陽改故陰池塘生春草園柳變鳴禽祁祁

傷歸歎莫蔓感楚吟素居易永久離羣難處心持操豈獨古無悶徵在今

西射堂 在城西南十里○謝靈運晚出ーー詩步出城西門遥望城西岑連嶂疊巘崿青翠杳深沉曉霜楓葉丹夕曛嵐氣陰節往戚不淺感來念已深羈雌戀舊侶迷鳥懷故林含情尚勞愛如何離賞心撫鏡華緇鬢攬帶緩促衿安排徒空言幽獨賴鳴琴

戲彩堂 在倅廳通判趙屼迎其父清獻公抃來遂以名堂○蘇子由詩春晚安輿適浙東水邊別乘喜無窮橐裝已笑分諸子吏道何妨問醉公

南亭 在城郡之南一里許○謝靈運有游ーー詩云時竟夕澄霽雲歸日西馳密林含餘清遠峯隱半規久痗昏墊苦旅館眺郊岐澤蘭漸被徑芙蓉始發池未觀青春好已覩朱明移戚戚感物歎星星白髮垂樂餌情所止衰疾忽在斯逝將候秋水息景偃舊崖我志誰與亮賞心惟良知

北亭 在州東五里圖經云太守謝靈運於此與吏民別詩云晚末愛餘榮想泊瞰海漘前期眇已往後會邈無因

【樓閣】**思遠樓** 劉述建對西山羣峯瞰會昌湖里人於此觀競渡今人歌ーーー前路之詞即此是也

【寺觀】**龍翔院** 在永嘉縣江中一峯對峙舊有斷流截其中建二浮圖于上○程兵部詩東西二寺絕塵氛齋鼓金鴉守曉潮解事江流更分斷與君題作小金焦○建炎四年　高宗皇帝幸是剎御書清暉浴光二軒名

天慶觀 在華蓋山殿閣壯觀

【名宦】**孫綽** 王右軍引爲長史後爲守

王羲之 守永嘉庭列五馬繡鞍金勒出即控之今有五馬坊

謝靈運 本傳出爲永嘉太守郡有名山水靈運素所愛好出守既不得志遂肆意遊遨理人聽訟不復關懷所至輒爲詩詠以致其意在郡一周稱疾去職靈運因祖父之資生產甚厚鑿山浚湖功役無已尋山陟嶺肴著木屐上山則去其前齒下山去其後齒嘗自始寧南山伐木開徑直至臨海從者數百太守王琇驚駭謂山賊未知爲靈運也

李繁 韓愈撰孔子廟碑云刺史鄴侯ーー新作孔子廟其爲政知所先後可歌也已

張又新 爲守自汀州以下賦三十五篇

顔延之 爲守作五君詠

丘遲 爲守嘗於吹臺山採琴楔寄吳興柳暢

皇朝 **楊蟠** 嘗爲守有百韵詩

【人物】**張九成** 紹興間出守時米斛四緡率倍其輸曰重斂澇民二千石之責斗尺皆立定制

皇朝 **周行己** 爲大學博士求便親養詔授本州教授從程氏學發明中庸之旨此邦始知有伊洛之學

劉安節 紹聖間與弟安上從程氏學俱以學行見推鄉里

仰忻 家于永嘉以孝行稱

徐復 紹興爲省元時相秦檜欲以女妻之復乃陽狂廷對不答一字乃附第五甲末時人爲之語曰殿榜若還顛倒掛ー依前作狀元

王十朋 紹興魁多士有梅溪文集○朱元晦爲之序云予嘗切推易說以觀天下之人凡其光明正大疎暢洞達如青天白日如高山大川如雷霆之爲威而雨露之爲澤如龍虎之爲猛而麟鳳之爲祥磊磊落落無纖芥可疑者必君子也而其依阿淟涊回互隱伏糾結如蛇蚓瑣細如蟣蝨如鬼蜮狐蠱如盜賊詛呪閃倏狡獪不可方物者必小人也而況於事業之際尤所謂磊然若彼小人者雖曰難知亦豈得而逃哉又云所謂光明正大疎暢洞大磊磊落落而不可揜者太子詹事王公龜齡其亦庶幾乎此者矣

陳傅良 字君舉號止齋

蔡幼學 爲南省魁

葉適 字正則號水心

【題詠】**述職期**

閑暑謝靈運之郡初發都詩云云理棹變金素秋岸澄夕
陰火旻團朝露平昔誰爲情遊子值頽暮愛似莊念
昔久敬曾存故如何懷土心持此謝叔度李牧愧長袖郤克
慙躧步良時不見遺醜狀不成惡曰余亦支離依方早有恭
生幸休明世親蒙英達顧空班趙氏璧徒乖魏王瓠**虛館**
從來漸二紀始得傍歸路將窮山海迹永絕賞心悟
絕爭訟謝靈運齋中讀書詩昔余遊京華未嘗廢丘壑
矧乃歸山川心迹雙寂寞云云空庭來鳥雀臥
疾豐暇豫翰墨時間作懷抱觀古今寢食展戲謔既笑沮溺
苦又哂子雲閣執戟亦已疲耦耕豈云樂萬事難並歡達生
幸可託**促裝返柴荊**謝靈運初去郡詩彭薛裁知恥貢公未遺榮或可優貪競豈足稱達
生伊余秉微尚拙訥謝浮名廬園當棲巖卑位代躬耕顧已
雖自許心迹猶未幷無庸妨周任有疾象長卿畢娶類尚子
薄游似邴生恭承古人意云云牽絲及元興解龜在景平負
心二十載於今廢將迎理棹遄還期遵渚騖脩坰溯溪終水
涉登嶺始山行野曠沙岸靜天高秋月明憩石挹飛泉攀林
搴落英戰勝臞者肥止監流歸停即是羲唐化獲我擊壤聲
夷歌出煙島顧況詩東甌傳舊俗風月江邊好何勵樂神聲云云**從來喚**
作小杭州楊公濟詩一片繁華海上頭云云水如棊局分香陌山似屛風繞畫樓**海國**
甌鄉浙水東宋綬詩云云暫煩良守此凞熊**分野長如二月**
天方千送王明府詩云波濤不應三春水云云**地與剡川分水石**趙嘏
送張又新除溫州詩云東晉江山稱永嘉莫辭紅斾向天涯
凝然夜醉松亭月歇馬曉尋溪寺花云云境將蓬島共煙霞

卻愁明詔徵非晚
不得秋來見海樓**嚴城鼓動魚驚海**陳陶贈溫州韓使君康樂
風流五百年永嘉鈴閣又登賢云云華星摇開月下天內史
筆鋒光按牘隱陵詩句滿山川今來誰似韓家貴越絕麾幢
鴈影連**土宜多說似吳風**方千送永嘉王明府雖展縣圖如到縣王程猶入繒
雲東山閒閣道盤花底海界孤村在浪中禪法未聞
雖漢制云云宇人若用非常術唯要旬時便立功

四六
出綸丙掖　輟班朝路　環地千里　人才最盛
剖竹東嘉　出守海邦　負海一隅　文獻可稽
土俗頗淪於嬌侈　郡當甌粵之窮　維出東甌之勝
民生多務於貿遷　地負海山之險　實居左浙之窮
踏擊鷗鷺請稽沈氏之筆談　地近海鄉頗富魚鹽之利
頫盼龍湫更和簡齋之詩句　郡鄰仙境號爲龍鴈所居
詩成孤嶼棹舟尚想於長庚　報政東嘉之郡愛滿甘棠
訟息空庭蠟屐宜追於靈運　賦詩西射之堂夢生春草
鴈蕩幾千年康樂未窺於勝槩　鈴齋多暇聊成夢草之章
龍湫三十丈簡齋曾託於雄觀　貢篚所將行侍傳柑之宴
周太博明伊川之學盍得正傳　陳止齋之文足爲模範
朱夫子序梅溪之文尚存勁氣　葉水心之學信有淵源

處州　麗水　龍泉　松陽　遂昌　縉雲　青田　慶元

建置沿革禹貢揚州之域古縉雲之墟天文吳地斗分野春秋時爲越秦爲會稽郡後越王無彊七世孫搖佐漢有功立爲東越王都東甌今溫州永嘉是也後以甌地爲迴浦縣東漢改爲章安吳立臨海郡晉分臨海立永嘉郡隋改爲處州尋改爲括州領括蒼麗水二縣唐爲松州元宗改爲縉雲郡德宗又改爲處州大曆間以處士

星見詔更州名　國朝因之今領縣七治麗水

【事要】【郡名】括蒼見沿革注　古括同上　縉雲同上【風俗】地瘠人貧圖經縉雲連山顛溪云云故躬儉尚朴素　家習儒業同上自郡侯李繁興學之後云云　賦輸素辦楊大年與章廷評書獄訟甚稀云云【形勝】宛在窮山楊大年書郡齋少寂云云引領萬目羣峯倚天清溪南奔淺深見底人家櫛比多在煙嵐中　湍流險阻郡志云云九十里間五十六瀨　黃牛臥處好安州舊城在州東南七里今呼為舊州唐末郡人盧約切據是州遂徙今地舊傳約之將徙訪三平和尚云云因訪近山適有黃牛臥寢因徙于此　郡齋夏在霄漢楊大年與李起居書云云石磴盤亙兼為登臨嵐靄滴衣煙霞滿目【山川】括蒼山福地為七十二福地之一　小括山高三十五丈周迴三里州治在其上其路屈曲為九盤以入譙門寰宇記云括蒼山在台州今之蒼嶺是也隋志云處州有括蒼山　天王山在州西北隅城壁繞其上有唐時天王像故名　縉雲山在麗水縣舊傳黃帝遊仙之處有孤石特起高二百丈峯數十或如羊角或如蓮花有鼎湖章云是羣臣攀龍髯所墮者　徐凝題——詩黃帝旌旗去不回空餘片石碧崔嵬有詩風卷鼎湖浪散作晴天雨點來　仙都山在縉雲東三十里謝靈運名山記山傍有孤石屹然高二百尺三面臨水周圍一百六十丈山頂有湖生蓮花○輿地志云即三天子都○曹唐詩孤峯疑得日一柱自擎天　吏隱山在州東北五十里山南有唐李陽冰為縉雲令挾涵退居于此為洼樽瀑布飛泉灑落三百餘尺上有四井周回四丈因名——留題篆刻至今人寶之　瀑布山在縉雲縣北三十五里○詳見上注　謝公巖好溪上亦名康樂巖　馮公嶺在縉雲西亦名木合嶺○胡升詩駕山高處更高峯俯瞰茫茫雲滿空　石門洞在青田縣七十五里兩峯壁立高數十丈相對如門因名有瀑布直瀉至天壁九三百尺自天壁飛灑至下潭九四百尺有亭曰噴雪道書載青田山玄鶴洞天即此　好溪在麗水縣東五里舊名惡溪內多水怪唐段成式為刺史有善政怪族自去改名好溪　洄溪大溪之源　雙溪在遂昌　靈溪在龍泉東一里崇因應福院北其溪夾長洲為兩派里讖云沙洲到寺上龍泉出宰相沙洲到寺前龍泉出狀元後何執中拜相劉知新釋褐為首蓋符其讖云　鼎湖在仙都山頂相傳以為黃帝上仙處　幞頭壇在遂昌縣東五里大溪中其狀似之水涸則見諺言——上岸遂昌官一半今溪南漲沙與山麓等去壇纔數尺而登桂籍者相望【堂亭】州宅長編咸平二年知處州楊億言本州城壁舊在平隰唐末寇亂移於山上吏民不便請復之　上以歲旱不許　照水堂在郡治米元章書　點易亭在南園○唐明皇贈葉法善詩青溪道士人不識上天下天鶴一隻洞門深鎖碧窗寒滴露研朱——周——【樓閣】煙雨樓在州治范至能書○錢仲韶詩風雲出沒有時有——空濛無日無　洄溪閣在州宅取謝靈運劉領臨——之句　少

微閣在州治。少微乃郡之星也。留槎閣在龍泉縣濟川橋畔，有東坡留題。○何才翁詩：朱户夜開千嶂月，畫簾秋捲兩溪風。

名宦

李邕爲刺史。段成式嘗爲守，詳見好溪注。李陽冰爲縉雲令，詳見前吏隱山。皇朝楊億爲守。

人物

皇朝葉致遠王介甫贈——直講詩云：葉侯越若姓，冑出青松葉。縉雲雖窮遠，冠蓋傳累葉。何執中龍泉人，爲太宰。葉夢得字少蘊，累遷左丞，號石林先生。

流寓

秦觀紹聖中坐蘇子瞻黨，謫監酒稅。

題詠

路劍李北海李白送王屋山人魏萬詩：縉雲川谷難，石門最可觀。瀑布掛北斗，莫窮此水端。噴壁灑晴雪，空濛生晝寒。却思惡溪去，寧懼惡溪惡。咆哮七十灘，水石相噴薄云云。皆爲處州此州羅巖開謝康樂。來守縉雲城楊大年詩：遠辭金虎觀云云。官舍類樓居楊大年郡齋書事：征途泝太合，嶺名云云。生齒三萬家楊大年詩：括蒼古名郡云云。溪清玉有聲沈約禮好溪詩：山碧煙無色云云。瀑布和雲落姚令送薛員外赴處州詩云云：仙都與世疎。勸耕滄海畔劉長卿送蘇郎中典括州：星象移何處，旌麾獨向東云云。聽訟的雲中，樹影疊溪合，溪聲萬嶺同。石門康樂在，幾里枉帆通。巖險煩登陟孫逖送楊法曹按括州：東海天台山，南方縉雲驛。溪谷問人隱云云。潭壑隨星使，軒車繞春邑。儼寒棋樹人，爲報長相憶。郡城孤峭似仙居方雄飛贈段郎中詩云：幸見仙材領郡初云云。杖藜邑東登臺閣，瀑布聲中閲簿書。德重自將天子合，情高元與世人疎。寒潭見處清連底，賓席何心望食魚。連蜀君家弟與兄杜荀鶴寄處州朱尚書并呈軍倅崔太博詩：縉雲名郡昔推名云云。教化静師龔渤海，篇章高躰謝宣城。山從海岸粧吟景，水自城根潤政聲。今日老輸崔博士，不妨蹤逸傍雙旌。雲開遠樹曾城出班宏送李處州詩云云：路轉千峯五馬遲。聲聲弦誦半儒家姚述堯過青田詩：蔟蔟魚鹽喧古市云云。

四六

出蒞嚴城，入分符古括。——眷是縉雲，介于浙水。括山名郡，浙水窮源。雖連浙部，實控閩山。何太宰之名邦，既雄虵望；葉石林之故里，亦富人才。維縉雲山之墟，實爲古郡；當少微星之分，宜屬名流。瀑飛湍噴，好賡太白之名篇；縣古山深，更訪陽冰之遺刻。雲藏州宅，覺嵐翠之染衣；月映譙樓，聽江流之喧枕。宅在雲霄，內相之書詞備述；樓名煙雨，石湖之題扁猶存。鄰侯興學，郡始盛於儒風；成式化民，溪自銷於惟族。閲簿書於瀑布聲中，抑何清也；聽弦誦於魚鹽市裏，可謂盛哉。郡齋岑寂，既獄訟之素稀；編户朴淳，亦賦輸之易集。

新編方輿勝覽卷之九

新編方輿勝覽卷之十　建安祝穆和父編

福建路

福州

閩縣　候官　連江　懷安　閩清　古田　長樂　福清　永福　福安　寧德　羅源

建置沿革　禹貢揚州之域，星紀牛女須之分野。古閩越地。周爲七閩地。後屬楚。秦爲閩中郡。其後七世至閩君搖佐諸侯平秦，高帝復以搖爲越王，王閩中故地，都冶。冶故地名即候官縣。武帝屬會稽郡。後漢始有候官縣，又改曰入候官。人分冶地爲會稽東南二部，吳分南部置建安郡。晉屬揚州。陳置閩州。隋改泉州。煬帝爲閩州，尋改建安郡，治東候官。唐置泉建二州，又移泉州於晉江縣，置而此復爲閩州，更閩州爲福州。自此福建泉三州始不相紊。唐末王潮之弟審知入福州，升爲威武軍，後封閩王。周改威武爲彰武軍。皇朝屬兩浙西南路，復爲威武軍。雍熙分爲福建路，陞爲帥府。今統郡八，領縣十二，治閩、候官兩縣。

西外宗正　福建提刑置司

事要

郡名　合沙　郭璞遷城讖：南臺沙合河口，路通，先出狀元，後出相公。　三山　在城裏，故名。　長樂　閩中記地名～～，居者安之。　福唐　見沿華注　閩中　見道山亭記　東冶　漢立冶縣，以越王冶鑄得名。　東甌　舊經閩越地，即古～～。今建亦其地。　七閩　職方氏注閩子孫分爲七種，故曰～～。

風俗　民俗紆緩　長樂志由建劒溪湍而下，泉漳潮瀕而上，適至是而平，民生其間，故其性紆緩，其志強力，可以久安，樂豪真樂土也。　產薄用嗇　長樂志～～懼～以勤，素～喜～以賓華。　君子內嗇外文　同上其云云，而小民謹事畏法。　女作登於男　同上市壘阡陌之間云云。　四民皆溢　同上云云，雖樂歲無狼戾，能執伎以遊四方者，亦各植其身。　海濱幾及洙泗　圖經晉永嘉衣冠避閩，自是畏亂無復仕。神龍中州人薛令之始登上第，其後李錡、常衮皆以崇重學校爲意，于時云云，如歐陽詹、林藴咸登於朝焉。　百里三狀元　乾道丙戌狀元蕭國梁居永福之福界上之龜嶺；第三科壬辰重舉第二科己丑狀元鄭僑居求；狀元黃定居永福之龍漈。　遇兵不饑　郭璞遷城有銘曰：泰康之載，邊插號基四色，牢城雷鑾三經，洪許南流，端龍地應，其主螺女，現對花峰，千載不雜，廿代興隆，諸邦萬古，繁盛仁風，其城形狀，如鸞似鳳，勢氣盤拏云云，遇荒不掠，逢災不染，其甲子滿癈而復興。　上元燈毬　郡志燃燈弛門禁，自唐先天始。本州準假令三日，舊例官府及在城乾元、萬歲、大中、慶成、神光、仁王諸大刹皆掛燈毬、蓮花燈、百花燈、琉璃屏，及列置盆燎，推左右二院燈各三或五，垂徑丈餘，簇百花其上，燃蠟燭十餘炬，對結綵樓，爭靡鬪豔，又爲紙偶人作緣竿履索飛龍戲獅之象，士民觀賞者通夕不絕。

形勝　東帶滄溟　舊記百川叢會，控清引濁，隨潮去來。　北抵永嘉　同上云云，南出莆田，西連延平。　南望交廣　郡志云云，北睨淮浙，渺在天外，東風轉柁，不過三數日。歲小儉，穀價踊，南北艦囷載徙至。　順流東下　同上自鐔津云云然亦紆數百里危隘狭經行者曁夏輕舟朝發一夕可至吻海派江沈亞之集閩城｜｜而｜｜附山以居越地肥衍韓愈作歐陽詹哀詞有云閩｜｜｜｜有山泉禽魚之樂其地坦夷舊記上四州多險山之險謂建劍汀邵下四州云云謂福泉漳莆也東南一都會何述蔡襄文無諸國爲云云

土産

荔支按｜｜譜有曰江家緑曰十八娘紅曰狀元紅曰將軍紅此皆絶品也○程公闢詩水浮蠻貨通番舶日出扶桑照戟門一等翠林無別木四邊惟有｜｜園素馨蔡君謨詩｜｜出南海萬里來商舶末麗蔡君謨詩團團｜｜叢繁香暑中拆漁鹽郡志其地瀕海故擅｜｜之利壽山石出懷安縣稷下里叢浄順如玉柔而易攻蓋珉類

山川

烏石山在州西南一里形如龜亦曰閩山其東則九仙山其北則粤王山此三山皆在城裏○歐陽光祖皇華館記仙人釋子之宮縹緲於三山煙翠間九仙山在閩縣又名于山相傳何氏兄弟九人登仙于此其上有四微亭　蔡君謨詩偶爾乘幽上翠微遊人啼鳥促前期花間行印露沾紙山下救衝雲濕旗艶艶舞衣朝日動飄飄高棹落潮時傳盃且與乘春醉身世悠悠兩自遺越王山在城内九域志｜｜｜無諸九月九日嘗宴于此大石爲樽尚存鼓山在閩縣有石狀如｜故名或云每雷雨作中若鼓聲有銘曰鼓山前頂峯特窮島夷鳩封城上有亭朱元晦書天風海濤四大字○趙子直嘗賦詩云幾年奔走厭塵埃此日登臨亦快哉江月不隨流水去天風直送海濤來故人契闊情何厚禪客飄零事已灰堪嘆人生祗如此危欄獨倚更徘徊鍾山在城西内有山時聞鐘聲故名方山在州南○王逵詩衆狀皆窮險孤形獨擅方坦夷中羝礪端正外青蒼長樂山在州南六里越王時有神仙騎白馬來又名白馬山鳳池山在閩縣有｜｜寺按十國紀年云閩王葬夫人任氏于此山其後忠懿亦葬焉釣龍臺山在州南九里臨江書記昔越王餘善於此釣得白龍怡山在侯官縣南梁王霸善黄老術嘗登此山福山在長樂縣郡國志上有神人裸身散髪人見必有福又云董奉嘗隱此山故其名遂著霍童山在寧德北七十里洞天記所謂霍林洞天是也唐武后時司馬煉師於此修煉後駕鶴昇天遂賜名鶴林又吳郡人鄧元顯官人褚伯玉沛國王玄南於此授鬣青精飯白霞丹景之法太姥山在長溪縣王烈嘲桃記堯時有老母得九轉丹法登仙此山有三十六峯石竹山在福清縣南一里有林真君玄光煉丹於此南交山在海洋中鼇頂峯在閩縣嘉福院乃陳誠之肄業之所○王逵詩眼看滄海近身與白雲高煙影連三島盤根壓六鼇梨嶺歐陽詹詩南北風煙即異方連峯危棧倚蒼蒼哀猿咽水偏高處誰不沾衣望故鄉宿猿洞在烏石山怪石森聳藤蘿翳薈昔隱者畜一猿俗因以名○林迥詩荔支影裏安吟榻紅藕香中繫釣舟榴花洞在閩縣之東山唐永太中樵者藍超遇白鹿逐之渡水入石門始極窄忽豁然有雞犬人家主翁謂曰吾避秦人也留卿可乎超云欲與親舊訣乃來與｜｜一枝而出恍若夢中再往竟不知所在靈巖洞在鼓山○蔡君謨詩孤青浮海山長白掛天瀑西洋在巨海中莫知畔岸金崎江

在閩縣東南七十里昔漁者於此釣得金鏁

螺江 在候官縣西北二十五里○搜神記閩人謝端得一大螺如斗畜之家每歸盤食必具竊伺之乃一姝麗其問之曰我天漢中白水素女天帝遣妾具君膳令去留殼與君其米常滿

浴鳳池 在鼓山大頂峯北唐末樵者見五色雀羣浴于此

龍首澗 在閩縣東山乃許將肄業之所

蘇溪 在福清讖語云ㄧㄧ不用舡此時出狀元

鯤潭 在永福縣讖云ㄧㄧ生芝草溪沙架高樓此時出公侯

東湖 在閩縣西二里

西湖 在閩縣北三里○陳長卿詩鑿開百頃碧瀲灩潁上錢塘約略同楊柳兩堤連綠蔭芰荷十里醱香風波涵翠巘疊疊出岸接新河處處通輿誦載塗衰事起從今歲歲作年豐

井泉

湧泉 在鼓山有一竇自平地ㄧ出ㄧ

湯泉 在湯院○僧可遵詩云必

待衆生塵垢盡我方清冷混常流

學校

州學 朱文公ㄧㄧ經史閣記福州之學在東南爲最盛弟子員常數百人比年以來教養無法師生相視漠然如路人以故風俗日衰士氣不作長老憂之而不能有以救也紹熙四年今教授臨卭常君濬孫始至既日進諸生而告之以古昔聖賢教學之意又爲之飭厨饌葺齋館以寧其居然後謹其出入之防嚴其課試之法朝夕其間訓誘不倦於是學者皷勸始知常君之爲吾師而常君之視諸生亦閔閔焉惟恐其不能自勉以進於學也故常慮其無書可讀而業將病於不廣則又爲之益買書史合舊爲若干卷度御書閣之後更爲重屋以藏之而以書來請記其事且致其諸生之意曰願有以教之也乎惟古之學者無它明德新民求各止於至善而已夫其所明之德所止之善豈有待於外求哉識其在我而敬以存之其亦可矣其所以必曰讀書云者則以天地陰陽事物之理脩身事親齊家及國以至於平治天下之道與凡聖賢之言行古今之得失禮樂之名數下而至於食貨之源流兵刑之法制是亦莫非吾之度內有不可得而精粗者若非考諸載籍之文沈潛參伍以求其故則亦無以明夫明德體用之全而止其至善精微之極也然自聖學不傳世之爲士者不知學之爲本而唯書之讀則其所以求於書不越乎記誦訓詁文詞之間以釣聲名干利祿而已是以天下之書愈多而理愈昧學者之事愈勤而心愈放詞章愈麗議論愈高而其德業事功之實愈無以逮乎古人然非書之罪也讀者不知學之有本而無以爲之地也今觀常君之爲教既開之以古人教學之意而後爲之儲書以博其問辨之趣建閣以致其奉守之嚴則亦庶乎本末之有序矣予雖有言又何以加於此哉然無已而有一焉則亦曰姑使二三子者知夫爲學之本有無待於外求者而因以致其操存持守之

力使吾方寸之間清明純一真有以爲讀書之地而後宏其規審其度循其先後本末之序以大玩乎閣中之藏則夫天下之理其必有以盡其纖悉而一以貫之異時所以措諸事業者亦將有本而無窮矣因序其事而并書以遺之二三子其勉之哉

臺亭

止戈堂 在州治○汪彥章題程學士ㄧㄧㄧ詩此老胷中百萬兵暫勞試手犬羊拳山頭不復望廷尉柱後何妨用惠文觧帶爲城聊戲劇賣刀買犢便耕耘三山勝處開華屋千載人傳舊史君

眉壽堂 在州宅張丞相浚爲其母秦國夫人建

道山亭 曾子固ㄧㄧㄧ記閩故隸周者也至秦開其地列於中國始并爲閩中郡自粤之太末與吳之豫章爲其通路其路閩者陸出則阸於兩山之間山相屬無間斷累數驛乃得一平地小爲縣大爲州然其四顧亦山也其塗或逆坂如緣絙或垂崖如一髮或側徑鉤出於

不測之溪上皆石芒峭發擇地然後可投步負戴者雖其土人猶側足然後能進非其土人罕不躓也其谿行則水皆自高瀉下石錯出其間如林立如士騎滿野千里上下不見首尾水行其隙間或衡縮蟉糅或逆走旁射其狀若蚓結若虫鏤其旋若輪其激若矢舟泝沿者投便利失毫分輒破溺雖其土長川居之人非生而習水事者不敢以舟楫自任也其水陸之險也如此漢嘗處其衆江淮之間而虛其地蓋以其陿多阻豈虛也哉福州治侯官於閩爲土中所謂閩中也其地於閩爲最平以廣四出之山皆遠而長江在其南大海在其東其城之內外皆涂旁有溝溝通潮汐舟載者晝夜屬於門庭麓多桀木而匠多良能人以屋室鉅麗相矜雖下貧必豐其居而佛老子之徒其宮又特盛城之中三山西曰閩山東曰九仙山北曰粵王山三山者鼎趾立其附山蓋佛老子之宮以數十百其瓌詭殊絕之狀蓋已盡人力光祿卿直

昭文館程公爲是州得閩山嶔崟之際爲亭於其處其山川之勝城邑之大宮室之榮不下簟席而盡矚程公以謂在江海之上爲登覽之觀可比於道家所謂蓬萊方丈瀛洲之山故名之曰道山之亭閩以險且遠故仕者常憚往程公能因其地之善以寓其耳目之樂非獨忘其遠且險又將抗其思於埃壒之外其志壯哉程公於是州以治行聞既新其城又新其學而其餘功又及於此蓋其歲滿就更廣州拜諫議大夫又拜給事中集賢院修撰今爲越州字公闢名師孟云

春野亭 在州宅○蔡君謨詩云江潮漲晚綠山穠延朝紅

環峯亭 在越山吉祥寺亭古山巔乾道間賜宸翰

碧巖亭 王汝舟詩云人去已升蓬島路客來空愛玉溪泉仙翁世界藏仙洞佛子樓臺出半天

〔樓閣〕**萬象樓** 在州治

衣錦閣 在州治以太宰余復常典鄉郡故名

〔佛寺〕**雪峯寺** 在侯官縣西百餘里○唐咸通中真覺禪師義存游其徒蝟集至武陵傳法於五祖德山乃歸閩居芙蓉山石室其徒於是得象骨峯誅茅爲庵一日登巔遇雪留宿其上因名雪峯○閩中實錄閩王問雪峯曰師住象骨峯有何異答曰山頂冬月常有積雪審知曰可名——○寺中有无字碑或人題詩云一片如屏紫翠開風吹日炙蘚花斑莫言个裏无文字正要當人著眼看

囊山寺 在城西有石屏蔡君謨書陳伯孫詩六合乃籟息秋林月正輝琴中彈不盡石上坐忘歸

大乘寺 在州西寺有榴花洞神移泉

黃蘗寺 在福清縣西南有瀑布數十丈○丁公言題詩云莫言塵世人來少幾許遊方僧到難

〔名宦〕**常袞** 韓愈作歐陽生哀詞云閩越虽有長才秀民通文書吏事與上国齒者未嘗肯

出仕——爲福建諸州觀察使往治其地袞以文詞進縣鄉小民有能誦書作文詞者袞故宰相有名於時臨涖其民親與之爲客主之禮未幾皆化

皇朝蔡襄 東都事畧襄以右正言直史館知福州以便親遂爲福建路觀察轉運使　仁宗聞其母老特賜冠帔以寵之迁龍圖閣直知開封府進密直知泉州徙福州復移泉州又奏減閩人五代時丁口稅之半

曾鞏 以龍圖知召赴闕

元絳 以天章待制知在任迁給事中

張浚 先謫後知継奉祠

陳俊卿 以觀文知後再知

史浩 以節度使判

梁克家 以資政殿學士知

胡銓 出爲僉判

〔人物〕**皇朝陳襄** 侯官人爲御史知雜乞罷青苗貶斥王安石呂惠卿以謝天下熙寧中以經筵薦司馬光等三十三人皆爲名臣

許將

見嘉祐進士仕至門下侍郎時章子厚羅織元祐臣僚言欲欲發司馬光墓將曰發人之墓非盛德事 哲宗曰朕意與卿同

鄭俠 福清人曾師事王安石調光州司法秩滿至京師見安石具言青苗免役用兵之害安石不答久之監安上門會大旱又上疏云今天下憂苦質妻鬻女父子不保遷徙逃竄困頓藍縷拆屋伐桑爭貨於市輸官糶米皇皇不給之狀繪為一圖此臣安上門所見 陛下觀臣之圖行臣之言自今已往十日不雨即乞斬臣以正欺罔之罪 神宗出圖以示宰執且責之遣吏送出知江寧命下之日京師大風雨後詔赴獄編管英州

陳烈 高卧七閩屢詔不起初與蔡君謨同研席君謨鎮福唐先生往見焉聞其嚴察不入謁留題津亭曰溪山龍虎蟠六月夜衾寒慇懃祝舟子穩棹過前灘公見之為少霽威嚴

鄭穆 字閎中篤學修飭

周希孟 字公闢通五經尤長於易

劉彝 字執中少師事胡安定先生

陳祥道 博學嘗著礼書

陸祐 刻意禮書

余深 為太宰以衛國公知本州

朱倬 右相

陳誠之 狀元

蕭國梁 狀元

黃定 狀元

蔡伯倫 應童子科 真宗賜詩七閩山水多奇俊四歲兒童出盛時家世應傳清白行嬰孩自許老成姿纔方學步來朝謁未及能言便賦詩更勵孜孜圖進步青雲千里有前期

雲海訪甌閩 唐孟浩然詩云云風濤泊島濱

海隅山谷間 王介甫送元厚之知福州詩云云人物最多處平旦息相吹連城然如霧閣王舊宮室冊漆美無度今為大帥府千里來赴憩元侯文章翁更以吏能著我我中天閣鳴玉新改步衢詔出梨嶺方為遠人慕雉堞繞瀰流水冠蓋東西馳四座共咨嗟疑

侯不當去張仲稱孝友欒侯正求助名城韓云樂行矣未宜遷

忽擁貔貅鎮越城 劉禹錫送唐舍人誥鎮閩出蓬瀛云云

北畔是山南畔海 杜荀鶴閩中秋思雨匀紫菊叢叢色風弄紅蕉葉葉聲云云不堪圖畫只堪行

中華地向城中盡 韓偓詩云云外國雲從島上來四序有花長見雨一冬無雪却聞雷

巷南巷北讀書聲 東萊呂伯恭送朱叔賜赴閩中詩路逢十客九青衿半是同窗舊弟兄最憶市橋燈火靜云云

家家同念佛經聲 連真詩除却弦歌庠序外云云

萬戶青帘賣酒家 黃康民詩三山寶剎樓禪地云云

蒼煙巷陌青榕老 龍昌期詩云云向露園林紫蔗甜

潮上百川皆倒行 黃通詩云春歸萬木不知老云云

百貨隨潮舡入市 龍昌期詩云云萬家沽酒戶垂簾

潮田種稻重收穀 謝泌長樂集云云山路逢人半是僧

盤餐唯候兩潮魚 龍昌期詩飲宴直嘗千戶酒云云

魚蝦入市不論錢 鮑祗詩兩信潮生海接天云云戶無酒禁人爭醉地少冬霜花正然

夜閒七塔萬枝燈 謝泌詩城裏三山千簇寺云云

四六

抗章九陛 輟班八座 刻是福唐 三山鼎峙

作牧三山 謀師七閩 冠于既越 八郡支分

推南閩之都會 既襟山而帶海 推閩越東甌之俗

有東鄒魯之文風 亦控廣而連吳 本會稽南郡之邦

三山鼎峙嶷海上之仙家　騎麒麟而上閶闔方覲儀朝
千刹星聯實人間之佛國　擁貔貅而鎮粵城忽聞謀帥
十連謀帥適臨荔子之邦　河圖寓直峻躋七閩之班聯
八郡承休盡是棠陰之愛　晝錦還鄉喜動八州之歌詠
海山環境古稱富庶之邦　三山七塔少供但坐嘯之娛
人物瑞朝今曰詩書之國　一札十行即有不俟駕之召
道山記在特新訪於蓬萊　彬彬文物有唐常袞之遺風
文石班高即趣歸於禁籞　井井提封實秦閩君之故壤
大魁十年三度自古則然　燈火萬而讀書東萊之詩特美
進士三萬終場于今尤盛　文詞工而干祿雲谷之訓甚嚴
陳古靈之薦賢此邦鉅望　天風海濤飛動朱文公之妙畫
蔡端明之使義當日至榮　稻田借路形容謝長樂之新詩
付升翰於魏公正禮樂詩書之謂也
求字記於朱子豈辭草議論之云乎

邵武軍

邵武　光澤　泰寧　建寧

建置沿革　星土分野與建寧府同本漢冶縣之地吳於此立昭武鎮屬建安郡晉平吳更昭武曰邵武縣至隋郡縣俱廢尋復立邵武縣屬撫州唐屬建州石晉復爲昭武縣劉漢又改爲邵武縣　皇朝陞爲邵武軍仍割建之三縣來屬又添置光澤縣隸焉今領縣四治邵武

事要

郡名　昭武見沿革注　武陽　樵川

風俗　人性獷直郡志云云尚氣治生勤儉力農重穀　儒雅之俗同上昭武人喜以儒術相高是爲云云里人獲薦登第則厚賄慶賀是爲樂善之俗○業博礼泰寧縣記云弦誦之声相聞　地狹山多郡志云云田高下百疊　買售他州郡志云家有餘財則遠貿遷往ーー於ーー

形勝　東抵富沙同上云云西抵盱江南抵臨汀北抵廣信　前據重岡胡明仲作軍治記云云後帶鹿水　三峯峙其南郡志云云一水界其北　甌閩西戶胡明仲軍治記　四州之上游郡志云云其封略與江東西接　如在碧玉環中同上其土夷曠其氣清淑其勢蜿蜒拘負云云○袁轂詩云邦人遊冶處知在月輪中

山川　登高山在郡西道義坊特下瞰城郭爲邦人歲時遊觀之地上有熙春臺釣魚臺守袁師中建庵其上號吉老　七臺山在邵武縣東百里山有七級峯峦相比故名○磷礴於邵武汀劍三州之境昔福唐劉道人居之號劉聖者善役虎豹勅封真濟慧應大師　雞籠山在邵武縣西以形得名土人祠祭劉二聖者於其上水旱必禱有飛蜂之應　雞鳴山在邵武東二十五里昔盧峰叛兵入閩人未知逃避夜有雞鳴山頂人皆起而賊適至一方兒告故以名之　龍湖山在郡西五十里寶興院在焉唐僖宗子國主奔道境山頂有天湖瀰田二百畝舊俗相傳有老蛟穴其中　烏君山在光澤縣○寰宇記秦漢間有徐仲仙於此山遇神仙其宛偶多假烏皮爲羽飛走上下故名　爐峯山在泰寧縣治之西圓峙如古爐乃一邑之勝槩　金鐃山在泰寧縣跨建泰寧化三邑○陳軒詩巨爲三縣鎮雄據衆山萁　三臺山在邵武縣東路四十里梅元任地名楊源古老相傳昔有頭陀從廣信界龍脉來此開地

種植善驅雀純道貌淳朴嘗語人曰老朽姓楊俗居上饒溼地人也蒙參真覺師曰逢梅執處遇西即止梁開平年間卓庵修行於梅元二臺楊源西坑水繞山環林木深秀有虎隨侍驅呼而前鄉人失羊尋蹤到彼聖者出迎曰汝無恐羊在山後少頃果獲因此稱號楊公聖者伏虎大師長興三年四月師謂人曰吾以六月四日生與汝鄉俗緣已盡至期果跏趺逝化後人爲其塔于師開山手植杉木之下鄉紳修建傳有偈云雪峯三隻虎最幼是楊公混成無縫塔眈原落下風廼立祠板繪像歲時齋祀之凡水旱疾疫有禱即應福庇遐邇人皆德之道者朱公善因募衆緣廣其殿宇時宝慶丁亥五月辛未立棟架梁爭效材力工畢雨至巳而塵土滌木石潔貞光現齋色開天花繽紛咸稱嘉瑞昭武黄大昌鄉先生集詩辭作天花頌云陟彼北山北山有楊楊園之道金玉其相維此聖人肅雝顯相濯濯厥靈赫赫在上天作高山殖其庭庶民攻之築之登登如翬斯飛大啓尒宇四方來賀百神尒主習習谷風零雨其濛杲杲出日亦方中灼灼其花如披雨雪如金如錫或黄或白猗儺其華良發其祥載飛載下萬舞洋洋施于中林華如桃李民人所瞻周邦咸喜匪降自天何有何亡有倬其道邦家之光天子萬年矢其文德降福穰穰惠此中國六月但暑陟其高山鐘鼓既設旅楹有閑虎拜稽首維師尚父作此好歌獻于公所游侍郎九功以廣福名其菴至今菴側古杉巨木可取枝餘療病隨獲感應宋朝閩聖若有功于民錫號加封慈濟普應廣惠顯祐大師桃源山在廣福菴東北行二里餘峯迴路轉泉源深石徑縈紆樹林蒼蔚洗菜池邊留佛跡種桃蹊上築菴基聖水靈極人皆敬信劉篁嶸詩云山木鎖寘迷山前無路岐無端流菜葉剛被世人知

道人峯 在邵武縣南去八十里負長溪面羅水秀峙於數十里外其險處名曰羅漢巖下臨絶壑上有盤石歲旱禱雨置淨瓶石下有水滴瓶中水滿自止極爲神異郡志云昔有道人結菴脩竹號龍聖者嘗乘龍往來頗有異迹勅封神濟妙應大師

瑞豐巖 在泰寧縣西四十里上有院初闢時得龍骨數車取其牙刻觀音像至今存中有金身羅漢五百尊兆巖巧絶

甘露巖 在泰寧縣西南二十五里巖外石門天成紙通單騎往來俯瞰溪流澄碧數十頃尋幽者以不到爲恨

飛猿嶺 在邵武縣西百七十里其地産紙衾

百丈嶺 在建寧縣乃閩撫入分界處道縣絶昔越王築臺之所

筆筍石 在泰寧縣南七十里雙峙雲外有卓筆植筍之象

樵溪 在邵武縣北溪九九曲正朝郡治前

杭溪 在光澤縣東二里

龍潭 郡志灘江之水自何山下環遶泰寧縣治深邃儲爲潭其勢漸若斗角故老傳有何潭流斗角此地出三元之讖

館前洲 在縣東水心狀如游魚出水楊柳生其上有游魚出黄侍郎生之讖

亭臺

會景亭 在登高山最高絶處前視井邑萬戶鱗次左瞰清流右臨翠巘

熙春臺 在登高山頂蓋一郡最高處

祠廟

廣祐廟 在邵武縣西五十里○王諱祐姓歐陽洛陽人也隋義寧中爲温陵太守代還舟過大乾愛其江山之勝顧夫人崔氏曰此可立廟發舟之夕江水暴漲王夫婦溺焉其尸泝流而下至向所艤舟處輒止見者隨流送之二十里翌日泝流復返再送之加十里又如之於是衆驚異斂而葬之屢出靈響遠近爭來椎牛刺豕以祭有龍湖山圓竟大師潤戕物命遺偈以告遂以齋蔬易血食或云師嘗與神以道力角勝負朝傍有大松師舉手以指拂地者三神僅能再遂屈而從之水旱之禱如響邵武謂之夫天五十里云

按夢録士有以前程來謁夢者皆驗。李公綱字伯紀邵武人嘗造祠下夢王者降階延接遜以主位李固辭王曰他日更侯主盟及爲相値王加封果與署名。葉公祖洽字惇禮邵武泰寧人先名光字亨父謁廟夢王者令掌籍判官檢簿與看即無葉光止有葉祖洽名字遂用之當年果領舉赴省謁廟王者將一片犬肉置於几上命食之又殿下有竹一束王者指示云此是題目莫曉其義明年作大魁方悟一片犬肉乃狀字置于几上乃元字殿下竹一束者以前廷對出賦題殿試問策自祖洽時始竹一束乃策字也。黄公中字通老方勝冠同交二三人詣正興黄於中途適値親戚酌以大斗及到祠下酣猶未醒是夜俱無夢惟友人之臧亦宿于廟夢王者云荷你秀才來甚至誠只有一个黄尚書如何與得恁地醉後黄作大魁以有官人降第二累仕至尚書八十五歲終贈端明而友人者止爲秀才云。袁公樞字機仲建寧府人嘗到祠下夢云温黄前後並殿下不須行覺而惡之以並病同音後省試木待問作省元乃温州人第二名黄洽袁以賦魁第四是歲諒陰榜不放殿試即殿下不須行也。曾公從龍温陵人也慶元戊午之秋即於私居遥禱正殿是夕夢云两爵並躍於今秋一爲獨横於天下又夢一人屈指數云四十年事是科兄弟同發解所謂两爵並躍於今秋明年從龍作狀元所謂一爲獨横於天下四十年者蓋泉州自梁克家作大魁之後到從龍時恰四十年也。福唐人蘇大章治易其家贍奉香火甚勤慶元戊午之秋即於私居齋宿有禱中夜夢一朱衣吏分明報云今年發解名位已排定第十一語之再三及覺頻異其事話旦告人人猜疑之試期遂爲殿士人經州投狀而紬與脫示及開榜至十一名府主不許拆號懷中出士人前所投詞遂於待補中取一名易卷對換及拆卷乃是蘇大章而待補却是爲狀首之人明年蘇作省元非豈偶然。江俞建昌人也治声律詣祠下有禱中夜夢王者坐於殿庭屏退左右之人呼而告之曰俗不如古詩之至于數四及覺莫之曉次夜復假宿此夢如初於是專誌之後於壬子年解試出聖上撰以阜賦韻脚以聖上以此還民之淳初欲押還字民字之字俱不穩忽思夢中之句遂押淳字破云俗不如古聖期再淳以此阜風之質樸夫天下之人主司批破題四字冠場遂中高選。高字夢得詩云碧岸宋聲天外鎖黄花六葉掌中開繼登第娶黄司業女六娘爲妻碧岸宋聲乃高字也。建安耆必勝兄弟三人謁夢得詩云万里無雲天一色秋風吹起鴈行高乃倒書之及秋闈同預薦果弟先而兄後矣不勝紀悉見謁夢録

李忠定祠

在軍學朱元晦記云公少有大志自爲小官即切切然以天下事爲己憂宣和初一日大水犇至幾冒都城人莫能究其所自來相與震懼而無敢以爲言者公時適爲左史以爲此夷狄兵戎之象亟上疏言之遂以謫去數歲得召還則虜騎已入塞而長驅向闕矣公慨然圖上内禅之策言未及發而大計已決虜圍既迫群小方謀挾至尊犯不測爲幸況計公又獨扣殿陛力陳大義得複城守以退虜兵然自是割地講和之議遂起公又再謫而大事去矣光堯太上皇帝受命中興首召公宰相方詐僭逆而小人有害公者遂三謫以去而不復還矣

古跡

瑞榴之讖

海録碎事郡庭有石榴士人觀所實之數以爲登科之信熙寧間結二實頗大是年葉祖洽上官均名在一二祖洽詩云已分桂葉爭雲路不負榴花結露根

官吏

皇朝張士遜 知邵武縣後爲相

石中立 知軍後參政

蘇爲 知軍能詩

宋咸 建陽人知軍建公廨創學舍置學田以給生徒李泰伯作學田記

上官

均郡人廷試第一歷御史論蔡確謫知光澤吳逵知泰寧縣愛民如赤子馭吏如束溼尹師
魯知光澤縣沈諒知光澤縣〔人物〕葉祖洽神宗初革聲律命以策廷試多
士祖洽陳數千言冒窄古今擢爲第一孫諤邵武人字正臣王介甫作兩宋止孫正臣欲行以詩留之紛紛
應接使人愁與子從容眞問關下日故將泥自庇今朝欲以兩相留黃履再登右轄李綱熙照紹李興
之子右丞黃履之甥相高宗纔七十五日而罷黃潛善爲右僕射時李綱爲左僕射黃中字通
老仕至端明朱元晦作墓誌黃渙南省第一〔題詠〕登臨高下樓鼎守
蘇爲詩愛重八九月云云紅雲何處起寒瀨泊漁舟東南千里遙司馬君實送張景陽知邵

方十　十六

武詩閩嶺知何在云云路入樵溪似到家方維飛詩舟停漁浦方爲客云云
溪上千峯碧玉環葉儀鳳詩云云颭溪臺榭紫雲間鳥啼花落非人世似在金鑾
山上山天鍾秀氣魁文陛前人詩云云池湧仙源接武夷
〔四六〕疏榮之檄作鎮樵川　樵川小郡閩水上游　郡多顯族代有聞人　賦甚無繇巍爲命脈
眷武陽之名壘據閩嶠之上游　昔時最盛於文風今日乃餘於獷俗　山川之秀甲于全閩人物之興盛於今日
昔號審封本延安之支邑今新斗壘乃閩越之上游　掄魁繼作皆元祐之聞人釣軸對持有熙寧之盛事
斗絕一隅在衣冠而獨盛蠻蒸多士亦絃誦之相聞　雖里閭安集業浸復於耕桑然井邑蕭條地或餘於荊棘

樵川邑小懷師曾之舊遊會景亭高誦蘇爲之妙句　妙斡神機多唐代樵樓之侶默持文柄有隋朝廟食之賢

新編方輿勝覽卷之十

十七

新編方輿勝覽卷之十一

建安　祝穆　和父編

建寧府

建安　甌寧　嘉禾　浦城　崇安　政和　松溪

【建置沿革】禹貢揚州之域星紀須女之分古閩越地秦屬閩中郡漢立無諸爲閩越王王閩中故地武帝立爲冶縣屬會稽郡後漢改爲東候官其後分冶地爲會稽東南二部都尉東曰臨海南曰建安是也吳孫休分南部爲建安郡隋廢爲縣屬泉州煬帝分建安郡隋末改爲泉州唐改建安郡後爲建州唐末爲閩王所有改鎭安軍又改鎭武軍南唐改永安軍又改忠義軍　國朝初隷江南又隷兩浙南路尋以隷福建路又陞爲建寧軍　孝宗潛邸陞建寧府領縣七治建安甌寧兩縣

福建轉運提舉置司

【事要】

【郡名】建安 韓无咎丨丨縣題名記自秦收閩粤漢始縣閩丨丨中分東候官且益置丨丨縣蓋用漢年也　富沙 古有丨丨驛城北有大洑洲意者以此得名歟　東甌 郡國志建安縣有古丨丨城漢吳王世子劉駒發兵圍丨丨即此也

【風俗】尚倹而好浮 郡志鬻市井者云云居田里者勤身而樂業　尚氣而喜鬬 同上云云易鬬而輕生君子勇於爲善小人敢於爲惡　其民之秀者狎於文 韓无咎記　賦其屬氣者亦悍以勁 韓无咎記云云佩刀挾矢間起而爲鬬驟不則匿役避賦持短長以競其私

民猓黠而易隨 盛均論建州之民云云　家有詩書 韓无咎記云云戶藏法律三歲貢籍甲東南　道義之鄉 郡志自朱元晦倡道東南彬彬然云云　山多田少 郡志云云溪峻水湍　力耕崔嵬 朱行中詩云水無涓滴不爲用山到崔嵬猶力耕

【形勝】當閩之上游 韓無咎記　東閩奧地 楊載之送建州趙使君序是邦爲云云故相安平穆公常理焉　襟山束水 盛均送建安郡守序閩嶠一臂西指則建安在爲其郡云云　東接括蒼 建安志云云北距上饒　西南抵延平 同上南比帶溪　碧水丹山 楊大年談苑吾鄉山水奇秀梁江淹爲浦城令以爲云云珍木靈草平生所愛不覺行路之遠　溪行石中 韓无咎記

【土產】書籍行四方 麻沙崇化兩坊產書號爲圖書之府○朱元晦嘉禾縣學藏書記云建陽版本丨丨丨丨者無遠不至而學於縣之學者乃以無書可讀爲恨今知縣事姚某始鬻書于市上自六經下及訓傳史記子集凡若干卷以充入之又云嗚呼讀聖賢之言而不通於心不有於身猶不免爲書肆況其所讀又非聖賢之書哉以此道人乃欲望其教化行而習俗美豈不難哉　貢龍鳳等茶 北苑焙在城東二十五里鳳凰山○南唐保大間命建州製的乳茶號曰京鋌臈茶之貢自此始遂罷陽羨茶貢○郡志其品大概有四曰銙曰截曰鋌而最麄爲末○國朝太平興國二年始置龍焙造龍鳳茶咸平丁晉公爲本路漕監造御茶進龍鳳團慶曆間蔡公端明爲漕始改造小龍團茶　仁廟尤所珍惜是後

最精者曰龍團勝雪外有密雲龍一品號爲奇絶方靈芽數拆之初常先民焙十餘日異時進發飛騎疾馳不出中春頭綱已至京師○韓無咎記云其地不富於田物産瘠甚而洊利通天下每歲方春摘山之夫十倍耕者○黄魯直謝送壑源揀芽詩商雲從龍小蒼璧元豐至今人未識壑源包貢第二春緗奩碾香供玉食睿思殿東金井欄甘露薦餅天開顔橋山事嚴庀百局補袞諸公省中宿中人傳賜夜未央雨露恩光照宮燭右丞似是李元禮好事風流有涇渭肯憐天祿校書郎親敕家庭遣分似春風飽識太官羊不慣腐儒湯餅腸搜攪十年燈火讀令我胃中書傳香已戒應門老馬走客來問字莫載酒○王介甫送元厚之詩新茗齋中試一旗茶牙謂之一槍一旗○韓无咎次韻沈清臣遊龍焙詩武夷仙人獻壓埃金鞭白馬飛崔嵬丹砂已就不可識尚有瑤草分靈栽千花剪巧綴密露秀色不待春風催東溪路入三十里

山如舞鳳連翩來槍旗未動供採擷雷鼓夜作空山雷蒼虬繞老龍護壑而爲鐵石心瓊瑰鼎煎闘水出好事珠瓔玉字相縈迴已嗟雙井甘退步况復日注真雞儕我來竊食端爲此把玩一日三徘徊手斟清泉吊陸子底用濁酒供歡咍頭風快愈春睡散老眼尚爲群書開知君此遊故不惡坐有纖纖時捧盃

兔毫琖 出甌寧之水吉黄魯直詩曰建安甕碗鷓鴣斑又君謨茶録建安所造黑琖紋如兔毫然其毫色異者土人謂之毫變琖其價甚高且艱得之

紅綠錦 出嘉禾有濯錦橋又號嘉禾爲小西川

紙被 出松溪縣○陸務觀謝朱侍制‖‖之况二首紙被圍身度雪天白於狐腋煖於綿放翁用處君知否不是蒲團夜坐禪○又詩云木枕藤床席見經即看飛雪入窗櫺布衾‖‖元相似只欠高人爲作銘

山川

雞籠山 在城東北五里又有馬鞍山在城東北三里皆以形得名二山連屬乃府治之主山也

鐵獅頂 在城南三里即府治對山也山之巔有菴有鐵鑄文殊獅子像先是陰陽家謂府治來山若猛虎出林溪西諸山若群羊然欲其不爲傷也乃於對山置鐵獅以鎮之宣和間移置開元寺未幾樂氾二冦鑿作且有虎渡河之異紹興間守劉子翼復還故處或云恐鐵獅下視城中仍於府治之廳事及建安堂柱下埋小獅二十四以明子母相應之義

紫芝峯 在鐵獅之左王審知據閩日其山產‖‖

雲際山 在鐵獅之右有陸羽泉疑後人託爲此名○楊大年詩陸羽不到此標名慕昔賢

黄華山 在城東北二里寰宇記元嘉初太守華瑾之徒郡治於此山之西建炎初韓世忠討范汝爲屯兵其上

白鶴山 在郡城東二里東晉時望氣者言此山有異氣命工鑿之已而有白鶴雙

翔其上因名今立嶽祠于山之麓有靈泉有病者飲之輒愈

鳳凰山 在城東北二十五里○蘇子瞻鳳咮石硯銘序云北苑龍焙山如翔鳳下飲之狀當其咮有石黝然中太原王頤取以爲硯余名之鳳咮然其產不富或以黯黮灘石爲之狀酷類而多拒墨云

壑源山 在鳳凰山之南北山之茶爲外焙冠

梨山 在郡城東十五里

梅山 在城南三里方輿記梅福葺煉丹于此有升仙壇

響山 在城南三里其山空洞行人相語則響答

菴山 在嘉禾縣東南十五里舊志後唐時有隱士姓石名湖結菴此山因名今有廟神像乃就山石刻成

雲谷 朱元晦記云在嘉禾西北七十里蘆山之巔處地最高而群峯上蟠中阜內寬外密自爲一區雖當晴晝白雲坌入則咫尺不可辨倏忽變化則又莫知其所如往乾道庚寅予始得之因作草堂間榜曰晦

菴又云昔有王君子思者弃官棲道來練形辟穀之法數年而去今東寮即其居之遺址也然地高氣寒又多烈風飛雲所霑器用衣巾皆濕如沐非志完神旺氣盛而骨強者不敢久居其四面而登皆緣崖壁援蘿葛崎嶇數里非雅意林泉不憚勞苦者則亦不能至也

百丈山 在崇安朱文公記其上皆蒼藤古木雖盛夏亭午無暑氣東南望見瀑布自前巖穴瀵湧而出投空下數十尺其沫乃如散珠噴霧日光燭之璀璨奪目不可正觀

龜山 在嘉禾有萬壽院陳軒讀書于此○及第後重遊詩云寒樹似添新喜色野猿尤聽舊吟聲

硯山 在嘉禾縣東北三十五里山之西有石如巨硯相傳華子期師角里先生于此

夢筆山 在浦城縣西五里其下有江淹祠

游果山 在近陽鎮之南乃周朴真人修煉之所

武夷山 在崇安南三十里山多猕猴按神仙傳第十六昇真元化洞天昔有神仙降此山曰予為武夷君統錄地仙受館于此由是得名○武夷志云周迴百二十里凡峯巒巖石三十有六此外以名著者復不下十餘所○古記云昔有神降于山自稱武夷君後人因名曰武夷又云混沌初開有神星曰聖姥母子二人來居此山秦時號為聖姥飛仙立為皇太姥聖母又天台山玄虛老君華真仙師遺第七子屬仁乘雲駕鶴遊歷此山詮敘地仙今稱控鶴仙人是也又云昔有張湛孫綽趙元奇彭令昭劉景顧思遠白石先生馬鳴生并胡氏李氏二魚氏三姓女子四人九十二人同詣此山求道借謁魏王值魏王祭仙祈雨湛等獻詩仙人甚喜乃遣何鳳兒往天台山取仙籍回歸探視具載魏王子騫與張湛一行先於上筵飲酒過度觸犯黃元真人謫居此山八百年後方得換骨歸天時仙人既見此籍各有姓名因語魏王等至八百年後可斫取黃心木為函於

小藏巖中沖化迄今存焉○朱元晦武夷圖序云武夷君之名著自漢世祀以乾魚不知果何神也今崇安有山名武夷相傳即神所宅峯巒巖壑秀拔奇偉清溪九曲流出其間兩崖絕壁人迹所不到處往往有枯查插石罅間以度舟船棺柩之屬柩中遺骸外列陶器尚皆未壞頗疑前世道阻未通川壅未決時夷俗所居而漢祀者即其君長蓋亦避世之士生為衆所臣服而傳以為仙也今山之群峯最高且正者尤以大王為號半頂有小丘焉豈即君之居耶然舊記相傳詭妄不足考信故有版圖追述遺漫亦難辨識今沖佑羽人高君文舉始復更定此本於是鄉背隱顯之間為能有以盡發其秘凡儒隱釋精舍仁智堂主為題其首以祛往傳之惑云○趙閱道遊山詩武夷之山千萬峯一溪詰曲流其中尋真結勝舟楫過登舟仰視奇靈蹤白鶴不歸為嶠寥鄰虎一嘯來清風遺棺蛻骨遺化外絕壑寫舡神鬼功寒岩懸箔失雞犬窑搖松檜盤虬龍行自喜亡塵谷觀身頭竟餅擬翻龍當年今日是幔亭會左仙右仙之曲紅紫皇歸去曾孫散不見幔亭歡躋虹余亦亦捫心有素無待逃韁鎖追鴻濛可得洪崖浮丘輩揖袂拍肩吾適從○建守陳貴民武夷詩昇真洞口接天門露早丹桃日日春聽說列仙來瑞世二朝德業在斯民蓋 章聖出自武夷事見楊大年家集 神考 哲廟亦武夷君應世故此有二朝德業之句事見氏族編○楊大年詩靈嶽標真牒孤峯入紫氛藤蘿晴仙亦猿鳥駭人群白道千年在懸流萬壑分漢壇秋醉駁曾祀武夷君○朱元晦詩秋斧入庭戶殘暑不敢驕起越汗漫期兩袂天風飄眷焉此家山名號列九霄相與一來集曠然心朗寥棲息共雲屋追尋喚漁船一水縈迴千峯鬱岧嶢蒼然六隱屏林端聳孤標下有雲一壑仙人久相招授我黃素書贈我英瓊瑤異洪幾時見自此遺紛囂○方伯謨過武夷作丹崖石氣凝高

秋碧溪上引天河流金堂石室不可到玉棺舞台生古愁仙人昔乘紫雲去白馬接轅在何处茫茫塵世那得知幔亭空說當年事君不見戈林松竹已蕭疎乾魚猶祭同亭祠

東錢山 古記云聖姥箕鞭牛以車載錢於此因名

幔亭峯 一名鐵佛嶂。古記云秦始皇二年八月十五日武夷君致酒肴會鄉人於｜｜｜上初召男女二千餘人如期而往乃見山徑平坦虹梁架空層輕心喜不覺其倦至山頂有幔亭綵屋玲瓏映隱前後左右可數百間就幔亭北壁中間設一寶牀謂之太極玉皇座北壁西廈設一寶牀謂之太姥魏真人座北壁東廈設一寶牀謂之武夷君座悉施紅雲裀紫霞褥初鄉人至幔亭外聞擊鼓聲少頃空中有呼鄉人爲曾孫男由東亭女由西亭進既而聞讚者云汝等曾孫可拜又聞讚者云命鼓師張安陵打引鼓趙元奇拍副鼓劉小禽抄鈴鼓曾少重擺鼗鼓喬智滿振

嘈鼓高子春持短鼓管師鮑公希吹橫笛板師何鳳兒拊節板於是東幔奏賓雲左仙之曲次命弦師董嬌娘彈箜篌謝英妃撫長琴呂荷香戛圓鼓琵琶管師黃次姑噪悲懷篳篥秀淡鳴洞簫朱小娥運居巢笙金師羅妙容揮鈴鈸鄒毅於是西幔奏賓雲右仙之曲行酒進食百味珍奇皆非世俗之所有乃令歌師彭令昭唱人間可哀曲詞曰天上人間兮合會疎稀日落西山兮夕鳥歸飛百年一餉兮志與願違天宮咫尺兮恨不相隨歌罷彩雲四合環珮人馬之音亘空而至俄而聞讚者云曾孫可再拜而別乃下山則風雨暴至回顧山頂無復一物但危峯峭拔如初耳鄉人感幸因相與立祠其山號同亭云

天柱峯 一名大王峯在武夷山東南隅石壁上有室曰昇真洞洞中有神仙蛻骨莫計其數室前有黃心木棧又有四木舡兩兩相覆亦盛仙骸半枕室棧不墜不壞峯南一隅稜層三出可緣梯級而上近峯之頂有天鑑池絕頂有投龍洞洞門小而直下縋綆百二十丈乃可至水每　朝家遣使投金龍玉簡之屬悉詣之峯上有嘉竹仙柏仙橘仙李仙荔支之類。蕭子開建安記巖石悉紅紫二色其石間有木雌雄難辨著什物。昔魏王子騫於此得道有張湛等十二人偕謁魏王會天旱魏王置酒脯祭仙祈雨時控鶴仙人乘紫雲跨白馬從空而下大霈雨澤湛等獻詩云武夷山上武夷君白馬垂鞭入紫雲空裏只聞三奠酒龍潭波上雨霏霏

玉女峯 辛幼安詩｜｜｜前一櫂歌煙鬟霧髻動睛波游人去後楓林夜月滿空山可柰何

仙鶴巖 在溪北峭壁畫仙鶴

仙學堂巖 在溪南半巖有石室其間几桉具在舊仙家翰墨之館

仙掌巖 掌面三處石紋紅潤如掌有瀑流界於仙掌學堂二山直下千尺

仙機巖 在武夷溪北水際巖上有

石室石機杼猶存

石堂院巖 在溪北巖石環列景物俱勝先是我　朝天聖十年四月一日子夜大風雷雨院東白面巖開剝巨石一片飛下覆壓院宇五十餘間鄉鄰視之已爲深沼矣

小藏巖 在溪南下際無底之淵上亘斗絕之壁中開數室昔揷版木望之如機室中有器圓者如斛方者如笥又有如盤如杵之狀者古記云昔有仙雞棲鳴其間故又名仙雞巖

鼓樓巖 在武夷溪北巖間有樓其下四楹有路可以攀援而上舊記云是仙家鼓樓旁有鼎竈

換骨巖 在幔亭峯北中巖一室平廣可六七丈室前路斷數尺不可度舊有黃心木一根爲橋不知年代而堅固不壞故世人得以造其間室內有仙蛻九函又有四柱樓一所如世俗庋閣其上置蛻兩函中仙蛻皆貲小而色紅相傳方外之士得道尸解者悉於此巖換骨不獨武夷一洞天而已

虎嘯巖昔嘗有虎嘯于此

金雞巖在崇安縣北十五里巖有瀑布下有龍井深不可測舊記云或見二金雞翔集其上故名

昇真洞在大王石東隅石壁之上洛餅一室徑數丈而深倍之中有雷文鑿顯五盆仙蛻其一置石寶中不可出窗口狹而東故中餘艘列布巖外洞室之前悉以黃心木縱橫為棧若可通神仙往來者洞室之上又有一穴橫插雙木為橋將踰三丈橋之西壁近在十數步之內別開一竅方廣丈餘中有香爐藥竈之屬可望而不可親此洞室之下直裂一隙其旁鼎爐有焉相傳仙人煉丹之所

毛竹洞在西溪上流去武夷山百餘里徧生毛竹每節出一幹其枝細與根等○李義山詩只得流霞酒一盃空中簫鼓當時回武夷洞裏生毛竹老盡曾孫更不來

風洞在九曲之上其中謂之一線天

玉清洞在郡之水

西天慶觀側深潭中○蕭子開建安志云昔漁人入潭中見石室金字題額曰玉清之洞有一青衣童子出曰此司命真君之府也

三娘石亦名玉女峯並有而立紅膩玉色○古記云秦時三少女遊其上

兜擔石一名略姊巖○古記云昔有娶婦者與仙人賭而隨其去遺下兜擔化而為石

三姑石在換骨巖北三十步三石連屬紅白鮮膩○舊記云秦時有三女遊此石因名

綢繆石石紋纏絡如卷絲之狀

城高石山形高峙長亘五十餘丈儼若城壁

大隱屏在武夷山○朱元晦詩上有蒼石屏百仞聳巉觀巖巖嶙峋突兀倚霄漢公自近云此峯夷上銳下拔地峭立如方屋帽遂築武夷精舍于此

九曲溪在武夷山西南隅發源於毛竹洞灣環九曲貫於羣岫○洪邁赴建安守泛舟遊九曲詩武夷之山如畫圖中有玉洞藏仙都一溪穿空森激瀨九曲度盡方盤紆細看直疑路中斷已轉始覺川平鋪諸峯削成鳥亦怖危礎豈復人能踰機巖李館第傳授鼓樓石床知有無坐令舟楫化一鶴又喚立笋成三姑遊人來觀但借問道士指說猶驚呼神君曾孫在何許想々慢亭空藥爐千崖萬壑心賞倦正喜松風清坐隅歸舟瞥然前脫手醉目眩我雙明珠○李左史詩溪流玉雪二三曲山鎖煙霞六六峯○朱元晦棹歌云武夷山上有仙靈山下寒流曲曲清欲識个中奇絕處棹歌閑聽兩三聲○一曲溪邊上釣船慢亭峯影蘸晴川虹橋一斷無消息萬壑千巖鎖翠煙○二曲亭亭玉女峯插花臨水為誰容道人不復荒臺夢興入前山翠幾重○三曲君看架壑船不知停櫂幾何年桑田海水今如許泡沫風燈敢自憐○四曲東西兩石巖巖花垂露碧㲯毿金雞叫罷無人見月滿空山水滿潭○五曲山高雲氣深長時煙雨暗平

林林間有客無人識欸乃聲中萬古心○六曲蒼屏遶碧灣茅茨終日掩柴關客來倚櫂巖花落猿鳥不驚春意閑○七曲移船上碧灘隱屏仙掌更回看人言此處無佳景只有石堂空翠寒○八曲風煙勢欲開鼓樓巖下水縈洄莫言此處無佳景自是遊人不上來○九曲將窮眼豁然桑麻雨露見平川漁郎更覓桃源路除是人間別有天

龍潭溪在武夷山之東南隅

建溪源出武夷至城外今東溪

驂鸞渡在郡城南蕭子開建安記真人上升驂馬於山之西松溪因以驂馬洲渡曰丨丨丨

瀑布泉在浦城西北四十五里萬藥寺後亘地數百尺天下號為第二瀑布

水簾在九曲溪之上流

玉仙堂在郡圃以玉清洞梅仙山合名

脩真堂在漕臺

觀妙堂在武夷山冲佑觀○李彌遜宿

觀妙堂遇雨既度復廻一日竟遊九曲而行賦詩二首人問何地奇哀翁偶列神仙一輩中可是仙君謝逋客舡頭無處避剛風。渡口回舟未忍移淨坊聽雨坐題詩餘齡儻有尋真路試與披雲問鳳兒。朱元晦跋云觀妙堂東楹李公侍郎遺墨語意清婉字畫端勁至其下輒諷玩不能去然歲久剝裂又適當供帳處後十數年當不復可讀矣別爲模刻按道士使脩貢壁間庶幾來者得以想見前輩風度李公諱其時以力抵和議出守臨漳云慶元乙卯正月新安朱某謹奉書

紫霞洲 在郡圃取幔亭紫霞褥之義舊記其水發源於廢之龍泉至爲龍窠口有一洄南注經月城僧舍穿城而入至閩王無諸祠東折絕濠達于子城以灌郡圃

紅雲島 在龍焙

丹青閣 在開元寺側元豐初太守石禹勤建。宣和中趙季西命名且賦詩云跨壑飛簷屋數楹上橫山色下溪聲等閑題作□□□未必丹青畫得成。徐璣留題云翠靄空浮忽有無筆端誰着此工夫溪山本被人圖畫却道溪山是畫圖

晝寒亭 在崇安縣五夫里之密庵朱文公嘗遊。韓元咎詩紅塵熱客那知此赤脚青松意自閑

聚星亭 在嘉禾之考亭。朱元晦作畫屏贊并序云按世說陳太丘詣荀朗陵貧儉無僕役乃使元方將車季方持杖從後長文尚少載著車中既至荀使叔慈應門慈明行酒餘六龍下食文若亦小坐著膝前于時太史奏真人東行考亭陳氏故有離榭名以聚星蓋取續陽秋語中更廢壞近始作新適灒漑盡因得捐其役事既又爲之本原事迹盡着屏上并爲之贊以視來者云猗歟陳子神嶽鍾英文約懿範道廣心平危孫汚隆卷舒自我是曰庶幾無可不可猷身安衆乎孺全邦燗然方寸秋月寒江頠言懷人曰我同志故朗陵君荀季和氏建筆對起飛澤潛滋優而不見有驚其思薄言造之頎無僕役獨呼二兒駕予以出青牛黃犢布幰柴車萊紀前衡杖諸後趍所造伊何高陽之里維時荀君聞至而喜顛謂汝靖往應于門七龍矯矯布席開樽肴羞而前翁拜其子何悟斯晨得見清穆命奕行觴孫鑽次陳獻酬交錯禮度情親載笑載言罔非德義益遵乃獻以輔斯世髮毫兩稚亦置膝前源深本固莫出匪賢維此慈明特謝儕匹晚際閹屯敢憚濡迹贊蔟之命持以少延邦朋之最孰與爲先郁乃附曹群亦忘漢嗣守之難古今共歎崇臺回極于以占天猶曰叙野德星萃焉我寓有亭舊業斯號今刺前聞象儀以告高山景行好德所同課忠責孝獨無余東百爾寬臨鏡考毋忘死國承家永奉明戒。今士大夫亦多以此圖繪于屏云

滄洲精舍 朱元晦築于考亭以館四方之來者周益公題扁今爲祠堂

武夷精舍 朱元晦築于五曲大隱屏之下。韓元咎記武夷在閩粵直北其山勢雄深盤礴自廣以來見于祀事閩之諸山皆後出也其峯之最大者豐上而斂下巋然若巨人之戴弁緣隙蹬道可望而不可登世傳神仙者蛻骨在焉溪出其下絕壁高峻皆數十丈岸則巨石林立磊落奇秀好事者一目不能盡則卧小舟抗溪而上號爲九曲以左右顧視至其地或平衍景物環會必爲之停舟曳杖徙倚而不忍去山故多王孫鳥則白鷳鷓鴣聞人聲或磔磔集崖上散漫飛走而無驚懼之態水流有聲其深處可泳草木四時敷華道士即溪之窮僅爲一廬以待游者之食息往往酌酒未半已迫曛暮而不可留矣山距驛道纔一二里許然猿遥望不憚僕夫馬足之勞幸而至老氏之宮宿焉明日始能畢飯命舟而溪之長復倍於驛道之遠促促而來遽遽而歸前後踵相屬也予嘗家閩中兩官于建安遠亦遽歸之一耳吾友朱元晦居于五夫山在武夷一舍而近若其後圃暇則遊

焉與其門生弟子挾書而誦取古詩三百篇及楚人之詞哦而歌之得酒嘯詠留必數日蓋山中之樂悉爲元晦之私也予每愧焉淳熙十年元晦旣辭使節於江東遂賦祠官之祿則又曰吾今營其地果盡有山中之樂矣盍其遊而數而於其溪之五折負大石屛規之以爲精舍取道士之廬猶半也誅鋤草茅僅得數畝而勢幽清奇石佳木拱揖映帶若陰相而遺我者使弟子輩具畚鍤集瓦竹相役成之元晦躬畫其處中以爲堂旁以爲齋高以爲亭密以爲室講書肄業琴歌酒賦莫不在是予聞之恍然如醉而醒醒而忻隱隱猶記其地之美也且曰其爲我記之夫元晦儒者也方以學行其鄉善其徒非若畸人隱士遁藏山谷服氣茹芝以慕夫道家者流也然秦漢以來道之不明久矣吾夫子所謂志於道亦何事哉夫子聖人也其步與趨莫不有則至於登泰山之巓而誦言於舞雩之下未嘗不遊胷中蓋自有地而一時弟子鼓瑟鏗然春服旣成之詠乃獨爲聖人所予古之君子息焉者豈以是拘拘乎元晦旣有以識之試以告夫來學者相與酬酢於精舍之下俾或自得其視幔亭之風抑以爲何如也是歲八月穎川韓元吉記。朱元晦行視武夷精舍作神仙九折溪沿泝此中半水深波浪闊浮綠春漫漫上有蒼石屛百仞聳雄觀嶄巖露垠堮突兀倚霄漢淺麓下縈迴深林久叢灌胡然閟千載遽此開一旦我乘皁村仰綴榜青阜岸榛莽喜誅鋤面勢窮考按居然一環堵妙處豈輪奐左右矗奇峯躋攀極佳玩是時芳節闌紅綠紛有爛好鳥時一鳴王孫遠相喚暫遊意已愜獨往身猶絆珍重舍瑟人重來足幽伴。詩云琴書四十年幾作山中客一日茅棟成居然我泉石

仁智堂 我慚仁智心偶自愛山水蒼崖無古今碧澗日千里

隱求齋 晨窗林影開夜枕山泉響隱去復何求無言道心長

觀善齋 負笈何方來今朝此同席日用無餘功相看俱努力

止宿寮 故人肯相尋共寄一茅宇山水爲留行無勞具雞黍

石門塢 朝開雲氣擁暮掩碧巖深自笑晨門者那知孔氏心

寒棲館 竹間彼何人抱甕靡遺力遥夜更不明焚香坐看壁

晚對亭 倚筇南山巔卻立有晚對蒼峭矗寒空落日明影碎

鐵笛亭 舊名聳秀亭故侍郎胡公明仲嘗與山之隱者劉君兼道游陟而賦焉劉少豪勇游俠使氣晚更晦迹自放山水之間善吹鐵笛有穿雲裂石之聲胡公詩有更煩橫鐵笛吹與衆山聽之句。何人轟鐵笛噴薄兩崖開千載留餘響猶疑笙鶴來

釣磯 削成蒼玉稜倒影寒潭碧永日靜垂竿茲心竟誰識

茶竈 仙翁遺石竈宛在水中央飲罷方舟去茶煙裊細香

漁艇 出載長煙重歸裝片月輕千巖猿鶴友愁絕櫂歌聲

。以上係朱文公武夷雜詠

晞真館 起居舍人龔原記在第六曲仙掌峯之側以爲遊人一息之地。李伯紀云余今夏夢乘舟行亂石間四顧峯巒奇秀有如玉色者覺頗異之及謫官劍浦道武夷山小舟泝流水落石出徧覽勝槩至一一一雲作巖石皆白恍如舊遊然後信出處之分定而斯遊之清絕已先兆於夢寐雖欲不到不可得也作小詩以紀其事。詩云清夢先曾到武夷千峯積雪倍幽奇小舟遊罷尋歸路恰似倏然夢覺時

晦菴 朱文公建菴峯上。詩云憶昔屛山翁示我一言教自信久未能巖棲冀微効

夢筆山房 魏華父記世傳江文通爲吳興令夢人授五色筆繇是文藻日新今浦城縣故吳興也縣故有孤山里人因以一一稱之鄉先生楊文莊公嘗讀書其間比歲眞希元於山之麓得數畝地藝卉木營闈犀爲息遊藏脩之所旣爲文莊識其事又以書抵了

翁曰子爲我發之乎翁每推由周而上聖賢之生鮮不百年蓋歷年彌久則德彌盛仁熟故雖從心所欲罔有擇言皆足以信今貽後詩三百聖賢發憤之所爲者十六七六藝之作七篇之書亦出於歷聘不遇允皆坦明敷暢日星垂而江河流也聖人之心如天之運純亦不已如川之逝不舍晝夜雖血氣盛衰所不能免而才壯志堅始終弗貳豈嘗以老少爲銳惰節竒爲榮悴者哉靈均以來文詞之士興已有虛驕恃氣之習魏晉而後則以纖文麗藻爲學問之極致方其年盛氣強位亨志得往往時以所能譁世駭俗歲消月遇血氣隨之則不惟形諸文詞衰颯不振雖建功立事蓄縮顧畏亦非復盛年之比無他非有志以基之有學以成之徒以天資之美口耳之知才驅氣駕而爲之耳如史所書任彥升丘靈鞠江文通諸人皆有才盡之嘆而史於文通末年至謂爲張景陽奪錦郭景純徵筆才不逮前夫才命於氣氣禀於志志立於

學者也此豈一夢之間他人所得而予乎竊嘗謂堅老當益壯而他人亦可以奪之乎爲此言者不惟昧先王夢祲之義亦未知先民志氣之學由是夢筆之事如王元琳紀少瑜李巨山李太白諸人史不絕書而杜子美歐陽永叔陳履常疾幾知道者亦曰老去才盡曰詩隨年老曰才隨年盡雖深自抑損亦習焉言之不知二漢時猶未有是說也希元用力於聖賢之學今既月異歲殊志隨年長其自今所資益深所趨益廣則息游藏脩於是山也其必謂吾言然矣歎聖武公年九十五作抑之詩曰相在爾室尚不愧於屋漏嗚呼爲學不倦如此才可盡而志可躓乎既以復於希元又以自儆云

【橋梁】

平政橋 跨大溪立趾十有一各高七十二尺釃水之道有九梁空而行復爲屋二百六十楹於其上而欄翼之

萬石橋 在北津爲趾十有五屋一百七十有二楹長百四十餘丈

朝天橋 在嘉禾縣南

拱辰橋 在嘉禾縣北

【佛寺】

開元寺 在郡西有冊青閣相傳爲呂蒙故宅

東西二瑞相院 在封山崇峽兩保之間唐天后垂拱二年正月八日有佛像從空而降漸隱入地飯牛姥適見之抱持號呼遠近皆至掘得半軀於是刻木以續之高七尺一寸手結盧舍那佛印因號天降盧舍那佛兩保居民爭奉事之遂建二院更迭迎奉

瑞巖院 在崇安乃扣冰禪師道場俗姓翁名藻光崇安人母將娠父感夢老比丘荷錫求宿乃生襁褓中視經像輒有笑容出家得度參雪峯真覺師深肯之謂曰汝後必爲王侯師嘗持錫晝歷道場院前有溪遇冬輒扣冰而浴常衣楮衣不爲暑着變云。其傳唐末有唐葛周三將軍廢於此又傳古有雙劍藏於巖下。趙清獻公詩寒冰扣曉人無垢古劍藏秋谷有聲

【道觀】

冲佑觀 在崇安縣武夷山舊名武夷觀保大間更曰會仙　皇宋紹聖二年改賜今額歲聽秩二千石奉祠者領之觀之北有漢祖壇存焉

【祠廟】

朱文公祠 先生之子在今煥章待制埜從士友之請也。祝和父撰上梁文云先儒講道續泗水之正宗後學建祠宅富沙之勝緊非徒崇於香火將昭示於典刑恭惟故太師徽國朱文公爲百世師承千聖統自孔子以來未有豈孟氏之後無傳乃若四書尤勤乙覽雖龍冊哀恨不與之同時濟蹌青衿悵莫親於前哲故或於生長燕遊之地以寓其悲蒿悽愴之心然爭靈匪屬於吾州而卜宅又居於外邑曾是大府雄藩之故獨無精廬釋菜之儀宜國人於是推尊實天下所同嚮慕遠規元公於濂溪近稽呂氏於金華皆即鄉邦立爲祠宇援例明來於學子合詞上請於都堂雖吾道無終窮當自識其大者然名世不常有要使聞而知之盡畧

做於構思厥共知於景行今則侍郎欽承朝旨來相城闉改
卜室廬甚即肯堂之意先建宗廟未忘過庭之時聽茲萬家
闤闠之喧闢此數畝高明之址將奉安於遺像幸甫就於傍
功要皆士友之僉謀豈特人子之私頌鄉黨恂恂朝廷侃侃
宛如親見於平生雲山蒼蒼江水泱泱相與永存於奕世用
陳短韻敬舉脩梁抛梁東編簡常存道不窮孔孟以來千百
載泰山今復仰文公抛梁西道統如今說建溪好似雷霆驚
衆聵又如日月覺群迷抛梁南瞻望延平古劍潭弦歌已創
新書院道統寧忘舊晦庵抛梁北一葉可航懷舊宅精神如
水行地中鑿井得泉隨所得抛梁上升掌甫拜瞻遺像云胡
必擇郡城中祗爲邦人知所嚮抛梁下玩索遺編毋暫捨懍
將持敬爲入門何患淵源不游夏伏願上梁之後教雨督施
文風益暢天開 休運表章既重於聖經代有偉人 澤民
啓沃必推於家學抑使曉閩之俗永爲鄒魯之鄉

方十一 十七

廟 在城東十五里梨山 祥符郡守盧幹立碑謂唐宗室李
回按本傳則回未嘗仕閩運使鄭士秀以爲李頻蓋頻
爲建州刺史郡人立廟 靈濟廟 在建安縣登仙里神姓
祀之當以鄭碑爲正 倪諱彦崧大唐人祖居
貞溪世授龍虎山天師 威懷廟 在嘉禾縣南二十五里
泆游建安家于黨溪 地名蓋竹神姓陳諱湃
昔爲邑録事以貞方清幹爲己任子三人俱以行義稱當唐
正元中父子以讒同時遇害投于溪泝流而上數十里邑人
收而 庇民廟 在嘉禾縣東三步神姓李第三僞閩時王
瘞之 從珂舉兵侵州境宰官李義兵拒守授銀
青光禄大夫檢校太保領嘉禾縣崇
樂鎮公事以戰殁葬於水南之後坂 官吏 江淹 方輿志浦城邑
本漢東候官之北鄉吳永安三年改爲吳興縣
圖經晉尚書陸邁梁尚書郎江淹皆爲吳興令 陸長源

唐人爲 皇朝龐籍 景祐中爲 陳襄 以審直知浦城人
太守 轉運使 有失物捕得莫知
的爲盜者述古乃紿之曰某廟有鍾能辨盜不爲盜者摸之
則無聲爲盜者摸之則有聲述古率同列禱鍾甚肅乃陰使
人以墨塗鍾祭訖以帷圍之引囚逐一令引手入帷
摸之出乃驗其手惟一囚無墨訊之遂伏見筆談 趙抃
爲崇安宰立祠
於學朱元晦記 汪應辰 以正字轉對及和議有上 陳
下相蒙之語出爲建州倅
俊卿 王淮 梁克家 並以宰相判 傅自得 爲漕 子伯
壽伯成 並爲守 韓元吉 爲建安宰自作廳壁記云用廣而賦嗇
貿遷醎鹺以佐其費折獄敵訟之外計
量猶大 人物 顔野王 其先吳郡人因官居建嘗撰建
商也 安記後又撰玉篇輿地志爲陳

方十一 十八

光禄卿 江爲 嘉禾人有詩名今靖安寺乃其故居○殿院
今有坊 陳洙詩云處士亡來一百年故居牢落變祇
園詩名長共江山在 潘佑 郡人爲南唐給
劍氣尚磨星斗昏 書今有坊存焉 皇朝章得
象 浦城人爲相 章楶 章援 葉煥 並省魁 楊億 浦城人生
之夕祖父夢 楊儀之 浦城人謚
懷玉山人來 曰文莊 祖秀實 釋褐狀元 葉
齊 端拱初廷試第一 徐奭 郡人今建安有狀元坊 章衡 浦城人大魁 楊蟠
建安人嘉祐 吳育 建安人中賢良科慶曆中參大政 吳充 育之弟知禮院 章
閭有詩名
子厚 浦城人作相嘗與蘇子瞻遊南山抵仙遊潭下臨絕
壁萬仞岸甚狹子厚推軾下潭書壁軾不敢子厚復

陰而下以漆墨濡筆大書石壁上曰蘇軾草
悄來試揩其背曰子厚必能殺人子厚大笑
阮逸 嘉禾人景祐初
上樂論十二篇與布衣胡瑗同召校定新舊樂律
柳耆卿 崇安白水人長於詞范蜀公嘗曰 仁宗
四十二年太平鎮在翰苑十餘載不能出一語歌詠乃於耆
卿詞見之 仁宗嘗曰此人任從風前月下淺斟低唱豈可
令仕宦遂流落不偶卒於襄陽死之日家無餘財羣
妓合金葬之于南門外每春月上冢謂之弔柳七
陳升之 嘉禾考亭人爲相後居潤州
陳洙 考亭人 仁宗朝上疏助司馬光論推舉且欲樂而卒以明無
所顧
陳師錫 爲殿中侍御史論蔡京蔡下者四論章子厚者三
望
陳軒 嘉禾人元祐中
廷試居第二先是進士賜袍笏例於廷下脫白服綠軒衣如
縣鶵 上解黃衣賜之至今賜袍笏有淡黃衣自軒始後知
汀州
游酢 嘉禾人 徽廟朝爲監察御史○朱元晦作州學祠記云按龜山楊文靖公作先生墓誌云予元豐
中受學明道先生兄弟之門有友二人焉曰上蔡謝顯道公
其一也初伊川先生以事至京師一見公謂其資可與適道
是時明道知扶溝縣事先生兄弟方以唱明道學爲已任設
庠序聚邑人子弟敎之召公來職學事欣然往從之得其微
言於是盡棄其學而學焉其後得邑河清予往見之伊川謂
予曰游君德器粹然問學日進政事亦絕人遠甚於師門見
稱如此其所造可知已又云乃悉論著撝公本語而不敢輒贊一辭云
劉韐 崇安人靖康時東京城陷虜聞
其名必欲得之宰相遣韐往虜欲用之韐曰當以死報
國耳遂自經死謚忠顯子子羽寶學侍郎孫珙爲樞密
胡安國 崇安人 高宗朝張浚薦公遂進春秋傳後謚文定
子寅號致堂以論秦檜謫新州著讀史管見寧嘗除

郎亦忤秦檜遂被論罷去終不仕自號
五峯南軒從之遊有知言皇王大紀
胡憲 居崇安之籍溪嘗爲本州
教官召爲正字○朱元晦以詩送之併呈劉共甫云先生去
上芸香閣閣老新峩豸角冠留取幽人臥空谷一川風月要
人看又云瘦馬前頭列書弄晚來相對靜儀刑浮雲一任閑
舒卷萬古青山只麼青後胡五峯更爲一章云幽人偏愛青
山好爲是青山青不老山中出雲雨太虛一洗塵埃山更好
朱元晦爲之跋云右衡山胡子詩也初紹興庚辰熹臥病山
間親友仕於朝者以書見招熹戲以兩詩代書報之曰云云
或傳以語胡子子謂其學者張欽夫曰吾未識此人然觀此
詩知其庶幾能有進矣特其言有體而無用故吾爲是詩以
箴之庶其聞之而有發也明年胡子卒又四年熹始見欽夫
而後獲聞之恨不及見胡子而卒請其目也因
敘其本末而書之於策以無忘胡子之意云
劉子翬 崇安人號屏山先生有文集
劉勉之 字致中少入辟雍從涪陵譙定明易象之學諫議劉公安世一
見器之以白衣再召至闕竟引疾而歸
朱熹 新安人後居嘉禾之考亭甫冠屏山劉子翬字以元晦而祝
之曰木晦於根春華曄敷人晦於身神明內腴故又號晦菴
云年十九登第仕至侍講謚文後 御筆以所著四書有補
治道特贈太師○先是太常章穎擬謚議云公躬履純誠踐
心聞學近承伊洛遠接洙泗居鄉則信於朋友而有講切之
功居官則信於吏民而以教化爲務爲郡太守則勤恤民隱
如恐傷之任部使者則糾發大吏雖忤時相必得其職乃已
至於立朝則從容奏對極言無隱方權臣初得志竊弄威福
知其漸不可長禍且及天下抗章極論繼於講筵密奏雖知
取禍弗顧也尋以論者詆爲僞學奪職而公終亦下世矣
劉彌正覆議云公中科第時猶少也薄遊徑歸閉門潛思朝

廷每以好官召莫能例不得已而出摧恐去之不早官湖書考者九而閑居者四十餘年山林之日長學問之功深也嗚呼師友道喪人各自是公力扶聖緒本末宏闊而弄筆墨小技者以爲迂癖於山澤與世無競而汨没朝市者以爲矯自童至耄動以禮法而斷弛於繩墨者嫺笑以爲誕世嘗以是病孔孟矣公何恨焉

魏挍之 嘉禾人自號艮齋以白衣召爲國録天子悦之擢爲學官在職未幾數上書論政事以至力遏近倖之不當進者遂不安而告歸以卒

真德秀 浦城人中宏博科仕至參政謚文忠○王邁作文集序云先生壯年游蓬山直聲嶷立嶠坳每上一諫疏草一制誥朝大夫與都人士爭相傳寫出而駕使軺開大藩府九贊封疆奏之達於上若庭諭璧戒之布於下鏗鏘一出深山長谷窮閻委巷之氓烏蠻象郡風帆浪船之賈競售之如獲至寶中間嘗勇退閒居執經問難於學易之齋蓋有來自岷蜀萬里者

題詠

春灘建水狂 羅昭諫送沈侍御赴閩中詩

建溪富奇偉 蘇子瞻詩云云葉氏方隱淪

惸獨困吏饕 黃魯直送劉士彦赴福建漕判詩紅葉雨催東宜鴻天資高卑馬氣成霧九衢行沼沼中有寂寞人靈府扃鐍牢西風持漢節騎從嚴弓刀維閩七聚落云云土瘠禾黍惡水煩鱗介勞南驅將仁氣百城共陶鎔人極涇渭閩俗及豚羔官閑得勝日杖屨之林皐人間閱史尊物外訪英豪

漢廷初拜建安侯 劉長卿送建州陸使君詩云云天子臨軒寄所憂從此向南無限路雙旌已去水悠悠

四六

疇咨明牧　易鎮嚮藩

建水上游　冨沙名郡

建安古郡　甌粤奧區

溪行石中　田墾山上

知甌城之雄據　實龍郎之初潜

惟建溪之作屏　實代邸之啓封

當一路之咽喉　亦八州之眉目

向多名德之相忘　今亦人才之輩出

眷真主潜龍之邸　實大臣歇馬之邦

習俗輕生而好鬭　比閭多忿而喜爭

試官白玉之堂蚤陪後乘　儕貢紅雲之島幾作先驅

雄稱大府台符之所肯臨　對峙崇臺地望於焉增重

肆夏升歌擬宣麻於文德　陽春有脚還擬名於武夷

列營增竈務莫急於軍儲　滄海熬波利每歸於私鬻

朱轓皂蓋分刺史之左符　碧水丹山入詩人之吟筆

鄭由橐座而分符餓歸杭地　傳自玉堂而出牧旋拜樞庭

儕貢春山尋端明之舊譜　懷賢雲谷訪侍講之遺編

閩俗及羔豚山谷之詩云耳　姜君超鸞鶴坡仙所詠非耶

家有伊洛之書見聞遠矣　俗如鄒魯之國文物藹然

桑麻被隴知農力之甚勤　茶荈連山喜土風之差勝

生武夷之下其稟至清　近考亭之居所漸者遠

或以布衣而力排於近書　或以聘幣而高卧於故山

文章則楊内相得其宗　氣節則劉忠顯爲之冠

章陳秉翰屬熙寧之際　游胡講學承伊川明道之傳

牙籤玉軸盡人間未見之書　玉乳金甌貢天上至珍之味

兩橋虹卧素稱宏壯之規撫　萬室星聯頗有繁華之氣象

武夷洞天訪仙子虹舡之遺迹　大隱精舍誦儒宗倚棹之清歌

新編方輿勝覽卷之十一

新編方輿勝覽卷之十二

建安祝穆和父編

南劒州

劒浦　順昌　沙縣　將樂　尤溪

【建置沿革】三國以前並同建安。吳孫休立建安郡，以南平縣爲屬。晉武平吳，易南平爲延平縣。宋明帝廢延平縣。五代王審知以爲延平鎮，審知子延翰改爲永平鎮，又改爲龍津縣。王延政僭位於建州，國號大殷，以將樂縣爲鏞州，延平鎮爲鐔州。南唐分延平、劒浦、富沙三縣置劒州。皇朝以利路亦有劒州，乃加爲南劒州。今領縣五，治劒浦。

事要

【郡名】**延平** 見沿革注。**劒津** 晉書張華傳言斗牛之間有紫氣，在豫章豐城。補雷煥爲豐城令，掘獄基得雙劒，一與張華，留一自佩。華得劒，報煥曰：詳觀劒文，乃干將也，莫邪何爲不至？天生神物，終當合耳。華死，失劒所在。其後煥之子持劒行延平津，劒忽躍出墮水，使人沒水取之，但見兩龍。時人以爲雙劒復合。**鐔川**　**龍津**

【風俗】**民儉嗇而尚氣質** 延平郡志云云。不爲姦詐。**學館肇于天聖** 天聖中郡將曹修古建學館于西山，爲諸郡倡。慶曆三年始詔天下條學校置師儒之官，而延平有學已二十年矣。**學有淵源** 郡志云云。

【形勝】**劒溪環其左** 金良弼双溪樓記云云。樵川帶其右，二水交流。**負山阻水** 延平郡志云云：爲福建襟帶之地。**桃寒泉倚青嶂** 黃裳仲撰遊山記云云。**崇**

山峻嶺爲郛郭 龜山楊中立作資善禪院記云云。**驚湍急流爲濠池**　**竹引山泉** 郡志：郡居山椒，清泉自石崖奔迸而下，用鉅竹引泉，綿亘數里，徧及郡中。**居七閩之咽喉** 郡志云云。**山水爲東南最** 楊中立乾明修造記：清明偉麗。

【土產】**石硯** 葉少蘊云：此石有二種，其一出齒水，去黯淡灘四十里，細潤而不甚發墨；黯淡灘石宜墨而膚理不遠。然世亦未知此石之可珍也。○蘇子瞻鳳咮硯，或以爲此石。

【山川】**衍仙山** 在劒浦縣東北十里。昔衍客避晉亂，結廬煉丹其上，相傳以爲仙去。○吳致堯神秀軒記：延平號山水佳處，衆峯連爲鳳騫翥，峙墊之蔚然神洌，天劃者衍山也。**百丈山** 在劒浦縣北，越王於此建臺榭。**董山** 在尤溪縣北二十里，山上有石室，董真人嘗居之。**文筆峯** 在劒浦三十里。**雙峯** 一名雙髻山，在尤溪縣北二十五里，峭壁萬仞，如倚雙劒於天外。**七峯** 在沙縣，李丞相有詩。**中巖** 在劒浦縣東北五里，兩山對峙，即感慈大師道場也。**靈東巖** 在尤溪西百四十里，中有巖竇，可入，若聽事者二所，可環坐千人。**玉華洞** 去將樂縣十五里，有兩門相距一二里，中分二路，後復相通。**交劒潭** 東溪自建溪來，西溪自邵武、順昌、沙縣來，合流於此，即劒躍之所。**太史溪** 在沙縣七峰之下，丞相李伯紀謫官于此。**黯黮灘** 在郡東十里，灘極峻，人多憚之。

【學校】**延平書院** 在水南，陳宓建。

【堂院】**衍仙堂** 在郡圃，據山之皐，溪山環繞，一目可盡，有登覽之勝。

劒歸閣 在郡治之後，丞相李伯紀書碑。凝翠閣 在沙縣。李伯紀詩：七峯倒影蘸寒碧，千里平津流向東。

亭軒

畫屛軒 蔡君謨舟宿延平津詩：｜｜曾指孤舟看，今日孤舟在｜｜。

｜野軒 黃魯直作｜｜賦。溪山偉觀 在判官廳直界，元記：延平據山爲州，軍事判官廳處山之半，後從崇阜，前挹大溪，溪之南九峯森羅，雄峙天表。廳事之西故有小亭，對溪山最佳處。予之爲判官也，方習詞科，兀坐亭中，紬閱古今書，閱一年，首則澄光秀氣歘入几席。

寺觀

西林寺 朱元晦云：紹興庚辰，予來謁隴西先生，退而寓於西林院惟可師之舍，以朝夕往來受教焉。詩云：窈窕雲房深復深，曾軒俯此快登臨。卷簾一目遙山碧，底是高人達觀心。又賦詩云：一自籃輿去不回，故山空鎖舊池臺。傷心觸目經行處，幾度親陪杖屨來。上疏歸來空皂囊，未妨隨意宿僧房。舊題歲月那堪數，慙愧平生一瓣香。黯黮院 在郡東十里，有妙峯閣，蔡君謨題字。天慶觀 在溪南，有吟風閣，面衍山，俯劒潭，登斯閣者有出塵之想。

名宦

皇朝張讀 閩縣人，攝郡事。郡卒丘賡、童戡等結黨爲變，讀得其籍凡六十人，捕而殺之，無漏網者。紹興初爲守，會范汝爲叛，謀據福唐，賴讀堅守其咽喉，瀕海四郡不罹其禍，讀之力也。李綱 邵武人，宣和上疏論時政，謫監沙縣稅，後爲相。朱松 爲尤溪尉，榜一室曰韋齋，子文公始生於尉之解舍。石墪 爲尤溪宰，重修縣學。朱元晦爲作學記云：縣之學故在縣東南隅，地隆然以高，面山臨流，背廛囂而挹清曠。石君始撤而新之，又能使其學者知脩身窮理，以成其性，厚其倫爲事，而視世俗之學所以干時取寵者有不屑爲，則石君之教教作人可書之大者。

人物

黃裳 郡人，字冕仲。爲書生時，常有魁天下之志。元豐四年，郡之譙門一柱忽爲迅雷所擊，冕仲聞之，口占四句云：風雷昨夜破枯株，借問天公有意無。莫是卧龍頭角困，教伊頭角入亨衢。次年對策，爲天下第一。胡璞 劍浦人，經采石渡，留一絶句云：抗議金鑾反見讎，一抔蟬蛻此江頭。當時醉弄波間月，今作寒光万里流。蘇子瞻見之，疑唐人作，嘆賞之。陳瓘 郡人，徽廟朝除右正言，以論蔡京罷。後又著尊堯集，竟以貶竄而卒，自號了齋。楊時 字中立，將樂人，號龜山先生，爲學者所宗，故當時以爲吾道南矣。朱元晦云：公師事河南二程先生，得中庸鳶飛魚躍之傳於言意之表，踐履純固，卓然爲一世儒宗。或云蔡京用事，國勢益壞，一旦招福州士人張觷居館席，誨其子，觷但教以健走。父頗怪，詢使問之，觷曰：天下爲汝父弄得如此，如何不走。京因就問計，觷曰：今惟召用善類，可以收拾人心，且以龜山爲薦，遂有除命。廖剛 順昌人，爲中丞。秦檜欲斥逐異己，若遣人風之去，曰：枉道徇人，非吾志也。李侗 號延平先生。朱元晦祭文：道喪千載，兩程勃興，有的其緒，龜山是承。龜山之南，道則與俱，有覺其徒，望門以趨。惟時豫章，傳得其宗，一簞一瓢，凜然高風。猗歟先生，早自得師，身世兩忘，惟道是資。精義造約，窮深極微，凍解冰釋，發於天機。乾端坤倪，鬼秘神彰，風霆之變，日月之光，爰暨山川，草木昆蟲，人倫之正，王道之中，一以貫之，其外無餘。縷析毫差，其分則殊，體用混貞，隱顯昭融，萬變並酬，浮雲太空。仁孝友弟，洒落誠明，清通和樂，展也大成云云。

題詠

兩溪相並水歸南 黃賓華題劒津詩：雙劒已成龍化去云云。峭壁危岑一萬重 胡曾詠史詩：延平津路水溶溶。

云云眎夜七星源底見分明神劍化爲龍**雙流入分處帶三州**黃德美詩化成冊碧出鬵頭獨占閩川最上游两劍合來靈一境云云**秪欠休文入詠樓**廖挺雙溪閣詩餘波直下雙溪水云云**何須欲速冒驚湍**倪思溪灘詩長幾顛石三百里險過瞿唐十八灘辛有溪傍平穩路云云

四六

鳳擲疏榮延平古郡　前臨深壑星芒落地
龍津出鎮閩粤上游　後逼峻崖寶氣騰空
惟雙劍之要津倚崇山而爲郛郭不離几席之間
乃七閩之孔道枕巨壑以爲溝池盡閩溪山之秀
鳳衮疏榮帝遣一麾之出征商龍斷曾李忠定之謫居
龍津增煥神催雙劍之歸寓宅鵝湖憩朱文公之毓秀
千山拱秀雲霞棲衍客之冊閣題蘇翠永懷李忠定之風
二水交流雷電化張侯之劍軒牓書升請和蔡端明之句
閩山八郡文星輝斗野之躔地居閩會衢衝來往之舟車
劍水萬家寶氣聚龍津之浦郡枕水濱屹屹高低之樓閣
了齋氣節昺仲聲名人才獨盛
龜山淵源延平學問道統有傳

泉州

晉江　南安　同安　惠安　永春　安溪　德化

建置沿革

禹貢揚州之域星紀牛女須之分野古閩粤地秦爲閩中郡後閩君搖佐諸侯平秦漢興復立搖爲粤東海王又立無諸爲閩粤王漢元封發建武中屬會稽郡吳改隸建安郡晉屬揚州陳立閩州又改豐州隋爲南安縣屬建安郡又改爲泉州名蓋始此然其治乃在今福州唐聖曆分泉州置武榮州治南安即今泉州是也天寶後爲清源郡乾元復爲泉州唐末爲王潮王審知所有既而留從効據漳泉二州南唐陞泉州爲清源軍以從効爲節度使又稱藩于周從効卒李煜授陳洪進清源節度使　國初陳洪進納土改爲平海軍今領縣七治晉江

南外宗正福建市舶置司

事要

郡名

溫陵圖經其地少寒故曰一一**清源**見沿革注**武榮**同上**桐城**留從効重加版築傍植刺桐環繞其木高大而枝葉蔚茂初夏開花極鮮紅如葉先萌芽而其花後發則五穀豐熟○丁公言東閩至此賦詩云聞得鄉人說刺桐葉先花發始年豐我今到此憂民切只愛青青不愛紅

風俗

風俗淳厚治中張闡趙郡官勢壁錄序泉之爲郡云云**名賢生長**郡志韓魏公生於州治陳了翁兩隨侍來守郡此泉人所喜談者**民淳訟簡**曾會事王龜齡止訟文泉在七閩之中云云素號易治**其人樂善**同上云云素號佛國**素習詩書**曹修時建學表**多好佛法**圖經云云**煮鹽鬻魚爲業**同上云云**重昏姻喪祭**同上云云儉薄爲恥**商賈鱗集**同上富商巨賈鱗集其間**檳榔代茶**檳榔消瘴今賓客相見必設此爲重俗之皆聘亦藉此以贄爲

形勝

其地瀕海圖經云云**遠連二廣**連南夫修城記近接三吳云云萬騎貔貅千艘舉象**川通溟渤**歐陽詹作二公亭記云云山連蒼梧炎氣時迴寒氣多來**閩粤領袖**

張贊明記環島三十六丨泉之晉江東出海閒舟行三日抵彭湖嶼在巨浸中云云清源云云○施肩吾詩腥臊海邊多鬼市島夷居處無鄉里黑皮年少學採珠手把生犀照鹹水

土産

蕃貨 諸蕃有黑白二種皆居泉州號蕃人巷每歲以大舶浮海往來致象犀玳瑁珠璣玻璃瑪瑙異香胡椒之屬

荔支 郡有荔支歷蔡端明嘗爲之譜○韓偓詩遐方不許貢珍奇密詔惟教進荔支

素馨花 傅伯成詩昔日雲鬟鎖翠屏只今煙冷伴荒城香魂斷絕無人問空有幽花獨擅名注云素馨舊南漢宮女名

山川

泉山 郡之主山又名北山在州北五里周環四十里顏師古注漢書朱買臣所謂越王所保之泉山是也山有石乳泉泓澄清絜而味絕甘美其源流衍下達于江以泉名山及州以清源名郡豈亦本於此

紫帽山 郡之前山峯巒聳摩天其絕頂常有紫雲故名○山椒有泉眼相傳有龍蟠其間故名龍池○李邴詩序云唐時有泉人客洛陽邂逅一羽衣折簡寄丨丨丨人既歸達簡山人遺以粟米半升及到家視之金粟

九日山 去城十五里延福寺之後山也舊俗常以重陽日登高于此故名○朱元晦有寄題丨丨丨豁然亭詩云昨遊九日山散髮巖上石仰看天宇近俯歎塵境窄歸來今幾時夢想掛蒼碧聞名結茅地恍復記疇昔年隨流水逝事與浮雲失了知豁然處初不從外得遙憐植杖翁鶴骨雙眼碧永歎月明中秋風桂花白

雙髻山 在永春縣鄭厚朱元晦皆有詩

九座山 在德化縣東北八十里唐正覺大師智廣道場重巒疊嶂小路崎嶇走危飛峭躡者足掉始到大師隱跡處初大師至此有巨蟒錦皮電睛盤遶於庵師端坐禪寂蟒遂化去且山有石龕廣闊數丈昔師由九仙來宴坐其間故俗謂師坐蟒口中

大輪山 在同安縣一里群峯環列如異人奇鬼或乘車張蓋或衣冕峩冠或如帶甲或如躍馬勢若奔輪故名有寺曰梵天最據勝境建隆初寺僧名自嚴者乃南安巖主定光圓應白衣菩薩也其靈迹不可勝紀

城山 在惠安東南

文圃山 在同安縣西上有花圃唐文士謝脩嘗居此

高士峯 在九日山西昔秦系隱于此因名

姜相峯 在九日山之東唐姜公輔貶爲州別駕居此○王龜齡詩相國忠如宋廣平危言流落晉江城天資自立無心買何事青山亦得名

石笋峯 譙樓上梁詩人傑比知符石笋

五峯巖 中一峯有大石穴可容百人異石森列游人未嘗不徘徊而惜去也

龜巖 在泉山乃昔林藻林蘊歐陽詹讀書之室有石硯存焉

無等巖 在延福寺西唐高僧丨丨禪師住此四十年號西峯庵山有古木不知名○處士周朴詩建造上方藤影裏高僧往往似天台不知名樹簷前長曾問道人巖下來

魁星巖 永春縣庠之對山

龍頭嶺 歐陽詹別墅

醉月石 在龜巖見李文敏記

清源洞 在泉山之巔有巖石皆瑰傑山之陰有井刹四區峻峯聳巘寓目登眺如在天上郡人歲時遊焉有蔡尊師居此修真蛻骨而去

海道 出東海行二日乃至高華嶼

晉江 在縣南一里以丨之南渡衣冠士族避地者多沿丨以居

洛陽江 在州東二十里源發於惠安至晉江入海與潮水通廣三百丈石橋下生蠣房其品爲泉州珍異○圖經唐宣宗微行覽山川勝槩有類吾洛陽之語舊傳以爲落洋乃洋水之所落與其說俚甚當以丨丨爲正

黃龍江 在南

安縣相傳有黄龍見於溪南而曾楚、俞會爲進士第二乾道四年龍復見石起宗亦爲第二。王龜齡題法石院詩清源太守蠻邊縣未遂歸農又勸農農事正與天不雨誰能喚起老｜｜

金溪 按夷堅志云去南安縣數里讖語云｜｜通人行狀元方始生建炎丁未年江公謹命爲小橋是年梁克家始生

巽水 按建安志云葉廷珪知泉州嘗通｜｜云後十年當出大魁後梁克家果魁天下

東湖 在城之東歐陽詹記曰郭｜奇阜高不至崇卑不至夷舍之以瀦｜萬頃縋之以奇峯千疊

亭堂

中和堂 在郡治。王龜齡詩堂前老木幾經春偏關泉南郡守臣盡向｜｜｜上坐中和爲治有何人

安靜堂 在郡治。王龜齡詩前賢治迹尚堪尋留得堂名直至今若欲斯民各安靜要須安靜自家心

愛松堂 蔡君謨詩偏愛東堂砌下松三年瀟洒伴衰翁寒聲動蕩潮初上疎影孤圓月止中

魁瑞堂 在州學。解邦俊記紹興己卯雙蓮生于梁文靖讀書堂次年克家廷對魁天下乾道戊子生于貢院石起宗復以亞魁顯慶元戊午雙蓮復産於州學之槐亭曾從龍作第一人

四卿堂 在城西朱明院天聖中藍承嗣誠宋宜陳侁于此讀書其後登科同時爲列卿故名

二公亭 在東湖中正元間郡牧席公别駕姜公得奇阜二公建亭郡人名之。歐陽詹席公嘗宴舉子於東湖亭

茅亭 陳洪進宴遊之地今廢。太守孫逢吉詩陳氏當年爲勝槩吾徒今日作良游時還代謝皆如此細雨燈花莫浪愁

西軒 在同安縣簿廳。朱元晦有詩云窗户納凉氣吏休散朱墨暫偶豈非閑無論心與迹

高士軒 朱元晦記云同安簿廨西北隅一軒亢爽可喜予因更以爲高士軒客或難予曰漢世高士不爲主簿者胥御史屬漢官御史府典制度文章大夫位上卿亞丞相主其簿書名秩亦不卑矣彼猶以爲浼己而不顧焉故足以爲高也今子僕僕馬塵埃之中左右朱墨蒙犯箠楚以主縣簿於此而以高士名其居不亦戾乎予曰固也夫士誠非有意於自高然其所以超然獨立乎萬物之表者亦豈有待於外而高耶知此則知主縣簿者雖甚卑果不足以害其高而此軒雖陋高士者亦有時而來也

橋梁

萬安橋 一名洛陽橋嘉祐間太守蔡君謨勸州民成此橋。蔡君謨石橋記曰累址于淵釃水爲四十七道梁空以行其長三千六百尺廣丈有五尺翼以扶欄如其數之長而兩之靡金錢一千四百萬云。洛陽橋有題柱詩不知何人作云百年河洛汚腥羶何事斯橋浪得名欲洗胷中不平恨時來倚柱看潮生。陳君舉洛陽橋詩跨海爲橋布石牢那知直下壓鯨鼇基連岳嶼規模壯勢截淵潭氣象豪鎮馬著行橫絳漢玉鯨張鬣露寒濤綠圖已幸天顏照應得元豐史筆褒蓋元豐初運使王公嘗進畫本天子嘉賞之故卒章及此。王公詩接玉架開三島勢積金衡斷兩潮聲泥沙滿斂時時見風月樓臺夜夜清

太師橋 在同安之東留從効用石架陳洪進嗣成之

安平橋 在石井鎮紹興中趙令衿造其長八百餘丈

寺院

開元寺 在州西唐武后垂拱二年民黄守恭宅園中桑樹忽生白蓮花因捨宅爲寺又戒壇居殿後可容千人堂宇靜深巷陌繁紆廊廡長廣别爲院一百二十爲天下開元寺之第一東塔咸通間僧文偁造西塔梁正明間王審知造

粥院 在開元寺右傳有兵官就院索兩大粥桶盛草飯馬一宿主僧曰本院土地不能守護之擡背像壓磨石下後一夜於長廊誦經忽見一人曰吾爲取之是夜兵官兩馬俱斃亟敲

門還兩臂補後復見神曰頃從今去守首積廚永無鼠雀耗遂許之仍立廟像焉

承天寺 在子城東

延福寺 在南安縣西一里山水秀絶爲七閩之冠。唐南郭國公留從効舊宅規模雄壯爲泉南第一

石佛院 在九日山有亂峯軒。朱元晦留題云因依古佛居結屋寒林杪當戶碧峯捫雲煙自昏曉。又詩云巖中老釋子白髮對青山不作看山想秋雲時往還　歟上劉乙有詩云曾看畫圖勞健羨今來親見畫猶慳

祠墓

蘇公祠 公諱頌。朱元晦立祠在同安縣學作記云公博洽通古今通知典故偉然君子長者也嘗掌外制時王丞相用事欲有所引拔公以其人不可用且非故事封上之用此罷歸不自悔守益堅當世高其節與李才元宋次道並稱三舍人又祝文惟公著節於熙寧登庸於元祐而幅巾謝事偃仰婆娑於紹聖元符之間然則公之進退可謂無所苟矣

二朱先生祠 在石井。傅伯成記紹興初故吏部郎朱公松爲鎮士向慕之故侍講贈太師謚文熹後二十年來官同安間至鎮與鎮之長上訪父時事嘉定中鎮官游絳於鎮西爲書院繪二先生像而祠焉

飛陽神廟 晉太康中夜有雷電起於廟庭及明日已移於汀北故名。嘉祐中蔡君謨爲守嘗禱雨於廟作詩曰年年乞雨問山神羞見耕耘隴上人太守自知材德薄彼蒼何事罪斯民

姜相墓 吳栻滿林黃葉墜紛紛耆老猶言別駕墳舊府光華闕朧月故鄉蕭索海南雲

名宦

吳隱之 爲守

席相 爲守歐陽詹北樓序云安定席公正元七年下東

姜公輔 正元末謫爲別駕後築室九日山與秦系相近見系輒窮日不能去

留從効 仕閩主王氏爲本郡神機指揮使天德二年朱文進竊閩以黃紹頗爲泉州刺史從効殺紹頗迎立王繼勳爲刺史王延政降南唐李氏從効切繼勳入建康白須留務嗣主即以泉州爲清源軍授從効節度及王氏滅汀建歸南唐而福州爲錢氏所有從効以海濱之州介于江廣吳越三國之間雖稱藩南唐而實自雄據一隅彼雖環視莫敢議者先是妙應大師黃涅槃者讖云先打南後打北留取清源作佛國旣而清源果無干戈之擾乃從効姓名所應建隆間封鄂公後以病亟乃令從弟從讓齎符印出授統軍陳洪進乾德二年朝廷命康延澤來建平海軍特加洪進太傅泉州刺史初王潮略草閒盡有閩地弟審知襲位而審知又能喜儒招賢亦一時之傑——有意雄據一方陳洪進見幾而作納款天朝保其令名榮矣哉

皇朝

蔡襄 仁宗朝以便養知泉州架洛陽橋先是蔡君謨爲閩部使者夾道種松以蔽歊毒閩人即橋旁作堂以祠之。又作詩二章以貽閩父老俾祠公而歌之一曰道邊松大義渡至漳泉東門誰植之我蔡公歲久廣蔭如雲濃甘棠蔽芾安可同委蛇夭矯騰蒼龍行人六月不知暑千古萬古長清風一曰洛陽橋一望五里排琨瑤行人不憂滄海潮衝衝來往乘仙飇蔡公作成去還朝玉虹依舊橫青霄考之溱洧功何遼千古萬古無傾搖

游酢 授學於二程爲泉州僉判召爲監察御史

陳康伯 爲守

劉子羽 爲守

趙鼎 爲守

孫逢吉 爲守後移福州

陳俊卿 泉州察推後知泉州

汪藻 父轂嘗任晉江丞于時公始生後爲郡守藻謝表曰訪六十年之父老恍若前生佩二千石之印章敢期今日

朱熹 爲同安簿

王十朋 爲守嘗宴七邑宰詩九重宵旰愛民深令尹宜懷撫字心今日黃堂一盃酒慇懃端爲庶民斟

人物

秦系 會稽人天寶末避亂客遊於泉愛九日山結廬其上穴石爲硯注老子彌年不出刺史薛播往見之歲時致餽而系未嘗至城門與劉長卿善以詩相贈答權德輿常曰長卿自以爲五言長城系用偏師攻之雖老益壯

韓偓 鄭誠之哀詞云有唐翰林丨丨因左遷遂家焉

歐陽詹 晉江人也唐常袞爲福建觀察使一見大奇之詹首舉進士登正元第與韓愈等聯名詹爲榜眼皆天下選時稱龍虎榜韓愈嘗作哀詞云閩人舉進士自詹始

皇朝曾愈 進士第二人及第子公亮

曾公亮 公亮精於法令多知朝廷典章臺閣故事韓琦爲上相歐陽脩爲參政琦於法令以問公亮文學人才以問脩公請老以子孝寬簽書密院西府侍養時人榮之

蘇紳 同安縣人終於翰林學士子頌

蘇頌 字子容紳之子元祐拜相縣學有祠

傅察 孟州人蔡京欲妻以女察力拒之宣和中使金國見斡离不不拜遂死之夫人趙氏清獻公之女也抵泉因居焉子自得○朱元晦狀云自得以忠肅死節補官居泉杜門讀書三應博學宏詞科子伯成伯壽皆登進士第伯壽擢中宏詞

梁克家 爲相 **留正** 爲相 **劉達** **石起宗** 並榜眼

題詠

清源第一州 謝履泉南詩閩嶺天南表云云朝廷推重鎮師帥得賢侯

江通百粵州 前人蛇岡蹋龜背蝦嶼據龍頭岸隔諸蕃國云云

連年不見雪 包何送李使君赴泉州詩傍海皆荒服分符重漢臣雲山百粵路市井十州人執玉來朝遠還珠入貢頻云云到處即行春

肥膾海鄉魚 李畋詩紅沽村落酒云云

水清山秀 鄭介夫酬蘇源明詩云云

傅溫陵

山至崔嵬猶力耕 朱行中詩水無涓滴不爲用云云

泉州人稠山谷瘠 謝履泉南歌云云雖欲就耕無地力

每歲造舟通異域 同上泉南歌州南有海浩無涯云云

千家沽酒萬家鹽 楊炳詩云云釀溪流海恩無極

蒼官影裏三州路 李文敏詩云云漲海聲中萬國商

[illegible]

縣郭四依山 朱元晦留安溪縣作云云清流下如駛居民煙火少市列無行次又云奉檄正淹留何當語歸計

枳籬茅屋共桑麻 韓偓寓南安詩

飯思白石紅桃米 曾會詩云云菜憶黃龍紫芥心黃龍白石皆南安縣地名

四六

前驅畫戟顯膺之檢　選牧中宸　乃眷泉城
出鎮清源　榮牧桐城　開藩南國　素稱佛國
眷武榮之奥壤　偉平海之望郡　商賈舟車之所會
居海嶠之一隅　實全閩之奥區　簿書獄訟之尤繁
水陸據七閩之會　外宗分建於維城一中藏闤闠餘十萬家
梯航通九譯之重　異國悉歸於互市　外宿貔貅九數千竈
清源紫帽素標閩諜之傳　溫詔趣行笑擁東方之千騎
石筍金溪饑識衣冠之盛　先聲派暨來爲南國之諸侯
清源紫帽素稱節制之雄　姜公流落正人之遺迹未忘
皂蓋朱幡莫重蕃宣之寄　秦系徜徉隱士之清風猶凜
七閩垂盡雖寖遠於神京　蔡侯分虎難泯洛陽橋之功
五季以來實共推於佛國　朱子棲寓可稽高士軒之記

試考州圖有蕬荔蠏蠔之美　百世本支分爲麟宗之籍
更夸蠻貨皆象犀珠貝之珍　四夷琛賮率來鴃舌之民
歐陽之後六人亞魁虎榜　桐木環城每兆積倉之慶
魯公以來四相輔洽龍池　虹橋跨海頗疑鞭石之功
二十年而蘇縣曾篤登鳳凰池
三百載而梁繼歐聲書龍虎榜
汪龍溪由壓弧而至剖竹恍記重來
陳退傅先入幕而後把麾卒基大用

新編方輿勝覽卷之十二

新編方輿勝覽卷之十三

建安祝穆和父編

興化軍 莆田 仙遊 興化

星土分野與泉州同陳文帝朝陳寶應走至莆
口其地始見載籍唐析泉州置豐州領縣二曰

[建置沿革]

南安曰莆田又置武榮州莆田隸焉後武榮州改爲泉州
莆田自此常爲屬縣五代初屬王氏又屬留從効後屬陳
洪進 國朝 太宗時洪進納土於泉州游洋百丈鎮置
太平軍尋改爲興化軍及置興化縣併割莆田仙遊等縣
以屬焉又以游洋地不當衝要移於
莆田縣爲軍理今領縣三治莆田

[事要]

[郡名] **莆田** 見公華注 **莆陽** **莆中**

[風俗] **秀民特多** 陳長卿作貢院記云莆壤介於福泉之間市廛户版不能五之一而云云烏 **比屋業儒** 游醇通判題名記民物繁夥云云甕衣冠盛勳至今公卿相望 **儒風非在常袞後** 郡志梁陳以來已有鄭露書堂及唐正元林藻俯仰因之隷業歐陽詹來自泉山原其所倡蓋非常袞入閩之後

[形勝] **南揖壺公** 莆田志郡治自游洋徙建始因郡巡檢廨爲之即異僧黄涅槃所指之地北枕陳岩云云東薄寧海西縈石室木蘭壽溪環流左右 **山川之秀** 同上云云甲於閩中 **介泉福之間** 游醇記莆田云云通海道舟車所會

[土産] **荔支** 徐師仁壺山集云蔡君謨譜荔支以宋家香爲上品至和丙申宋氏老管以餉公公謝以詩其叙云世傳此植已三百年黄巢兵過欲伐之時王氏主其木媼抱木願并戮巢兵爲之不伐今雖老矣其實益滋繁味益甘滑真佳植也 **子魚** 王介甫詩長魚俎上通三印○蘇子瞻詩通印丨丨猶帶骨○黄魯直詩丨丨通印蠔破山

[山川] **烏石山** 在城北一里郡志莆田荔支爲天下第一烏石荔支爲莆田第一識云烏石山前官職聯聯自唐以來曰林陳黄方曰宋劉王鄭李皆世居之 **壺公山** 在城南二十里頂有泉脉通海潮消縮舊經云昔隱者遇一老人於絶頂爲言神仙事恍忽如夢中宫闕臺殿似非人間老人曰此壺中日月也因名○唐諫議翁承贊詩井邑斜連北蓬瀛直倚東秋高嶽溜白日上海波紅○御史黄滔詩日月中時近龍蛇蟄處腥又云井漏鰌吐脉僧萬虎栖禪注云正元中有僧號法通曾下山遇虎爭一牛喝而分之 **福平山** 在郡西北二十里歐陽詹讀書之所 **雙髻山** 在莆田東五十里亦名筆架山 **梁山** 在仙遊西四十里平田之中突起一峯疊巒排溪多爲神祠佛寺 **百丈山** 在興化東北山有六巖 **湄洲山** 去郡東北七十里在海上與流求國相望出博石可爲黑白碁子 **州峯** 在軍治之西 **陳巖** 在城北十里古有陳姓者隱此山上有石洞廣可數丈旁有巨人迹石茶竈石碁枰 **石室巖** 在城西三里有二石室 **北山巖** 在興化北十里有石室可坐百人○鄭樵詩云倚杖巖頭秋獨坐稀疎煙靄是人間 **蔡溪巖** 在興化西六十里陳聘君易隱居于此 **粘蠔石** 在陳巖山上距海七十里山頂有石蠔山粘殼猶在○方以雲詩累累蠔山着石面此非所有能無疑細看大石深孔繋舟人撑篙跡猶遺乃知此山千載前

淘湧尚作海渺渺蛟龍魚鼈占宿宅不省造化能寄移

仙篆石 在陳巖巨石坦平文跡縱横若篆書

○方次雲詩如讀岣嶁神禹碑

上溪 在莆田縣西二里○蔡君謨詩疑溪因過上溪遊雨後溪潭水亂流因傍堤邊卻飛蓋爲聞山鳥數鳴騶

赤湖 在莆田縣四十里

子魚潭 在莆田縣東北五十里迎仙橋下潭僅數百步所産子魚爲真而不可得王介甫諸賢皆曰通印按藝苑雌黄云古人以爲食味之珍通印者言其大可容印今潭之旁有雙魚山上有小窗政和間里人劉仲箇題其額曰通應賓在王介甫作詩之後或者遂謂通應子魚豈非傳襲之訛

井泉

蟹井 在壺山石穴中有雙蟹歲旱縣官率諸祈禱以掌藥引之置金中迎歸即雨○劉子翬詩髻弟小變盤控御蛟龍隨

學館

涵江書院 在涵頭去軍二十里知軍事楊棟建景定四年知軍事徐直諒奏請于朝 御書今額時祝洙任山長併纂章特薦云臣試郡那續誤淮還班衛荷聖恩厖然稱塞惟有薦進賢士圖報萬分臣恭惟 本朝以人文化天下道學大明濂洛諸儒發其秘於前考亭朱熹集其成於後 陛下臨御以來尤尊尚朱熹之學是以登其門者如陳文蔚黄榦蔡元定輩其傳若如真德秀蔡抗或蒙褒録或蒙擢用天下咸知 聖意之所向矣臣竊見迪功郎宜差興化軍涵江書院山長祝洙趣向不凡學問有本其祖姑實爲朱熹之母朱熹嘗述外大父遺事且俾時出以屬其子孫洙生也後雖不及親炙其父穆隱德弗仕從朱熹於雲谷之間微言緒論目染耳濡洙在家庭講論精密嘗讀朱熹四書集註見其間有引而不發者遂摭諸家語録附註于逐章之下名曰附録纂稽互考曲暢旁通洙歲在丙辰蒙恩賜進士第于時宰執程元鳳蔡抗嘗取其書進呈乙覽有旨與陞擢差遣洙一第八年方兩初筮孤寒安分不求躁進比來涵江闡揚師說發明經旨請篇時出士論稱之臣察其人觀其學蓋得朱熹之正者若進進不已當亦能以其道鳴于世臣嘗以聞陛奏舉之矣私竊又念 陛下不鄙疎遠小臣之請特賜 御書涵江書院四大字 聖恩沛然吾道榮甚而洙適居長席逢千載之幸會伏望 睿慈特賜録用若後不如所舉臣甘坐謬舉之罰 謹録奏聞伏候 勅旨

堂舍

壺公堂 在郡治之内

共樂堂 在州峯之巔爲城中登眺勝處○蔡君謨詩曾巒高興赤霄通歲節觀娛衆庶同庭有美音非獨樂會當炎暑自多風山川勝勢欄干下井徑追遊月色中私賞編民居客在使君樽酒未應空○陳雁求詩共樂堂前花木深登臨當暑豁塵襟紅垂荔子千家熟翠擁貢茶十畝陰老退已尋居士服清歡時伴醉翁吟憑欄四望豐年稼差慰平生憂國心

國清堂 鄭耕老詩六月□□□上望依稀身更在西湖

祠廟

聖妃廟 在海島上舟人皆敬事之

名宦

皇朝薛奎 嘗爲莆田令盡削王氏無名之租以便民

廖剛 南劍人爲陳瑩中所知時蔡氏當國剛未嘗造其門外補興化通判

人物

劉子翬

林藻 唐人仕至侍御史

林蘊 藻之弟元和間爲西川節度推官劉闢有逆謀蘊切諫闢戒行刑者抽刃磨其頂蘊叱之曰死即死我頂豈礪石耶闢知不可屈乃釋之

歐陽詹 有墓在靈巖浮屠之陰

林攢 事母孝有白鳥甘露之瑞旌表門閭歐陽詹爲之記

黄滔 唐光化中爲御史

翁承贊 天啓中爲諫議

皇朝蔡襄 莆田人歐陽永叔論書云蔡君謨獨步當世此爲至言行書第

一小楷第二草書第三○王龜齡過端明故居詩懷章南過蔡公鄉駐馬逃贈數仍增冊荔枝枝經品藻喬松葉葉蔭清涼四賢詩出人增氣三謙章成國有光真是濟川三昧手清源游戲作虹梁

陳次升入元祐黨籍

徐鐸狀元

劉夙南省第二人遷著作佐郎上封事詆近習

劉朔南省第一人召對論近習

鄭樵以布衣召

鄭厚長於易

葉顒丞相

陳俊卿歷侍御首劾韓仲通黨附秦檜論奪大將楊存中兵請起張浚拜授尚書左僕射謚正獻

龔茂良參知政事

鄭僑廷試第一仕至樞密

黃公度廷試第一唐御史滔之孫

林光朝專心踐履之學自號艾軒仕工部侍郎

鄭鑑字自明莆田人○朱元晦祭文比年以來士氣衰弱觀時俯仰徇勢前却其心有一身而無天下其以有唯唯而無諤諤儒哉自明之爲人信所謂喧啾百鳥之群忽見秋天之一鶚者也蓋自其布衣而已有憂天下之心其指邇人主之前則直欲排佞倖之萌而折其角其言明白切至磊磊落落憤激峻厲嶢嶢嶽嶽明主所爲虛心而嘉歎群公所爲變容而駭愕善類所爲喜幸而心開邪黨所爲戚嗟而氣索儒哉自明之爲人凜乎其有古爭臣之風求之近世則惜之鄭陳之間而無怍者也夫何天命之不延奇禍一朝而遽作使前日之悲者喜而喜者悲紛慶弔之交錯嗚呼哀哉君昔過我寒泉之濱一語定交情義日親遠上饒之草次論背分而更僕謂當擇善以潛心毋以一長而自足與今茲之秋孟又札書以申之眷予心之惘歎實千載以爲明書適往而訃來欻然號其焉及哦殄瘁之悲詩全百憂之來集惟平生之忠亦謂雖死而不亡跪陳情於一酹詞與涕而俱揚

〔詞詠〕**莆陽朱**

紫半古讖云水遶壺公山此時方好看壺公山欲斷云云蔡君謨興水利灌民田引水遶壺公山而登第者相前爲多

一方文武魁天下薛奕熙寧九年武舉第一時徐鐸亦擢進士第一神宗御製詩賜之云云萬里英雄入彀中

海國民皆興禮義陳長卿送葉守詩云云漢池盜已息干戈農桑四境豐年簫鼓千村叶氣多

〔四六〕抗章擲陛　環城千里　閩嶠將窮　水繞壺山

作垣莆田　並海一隅　海邦尤盛　地窮海嶠

乃眷莆陽之郡　維莆水之爲邦　地不大於曹滕

實爲荔子之鄉　實桐城之析壤　俗已幾於鄒魯

七閩衣冠之區蔚爲小壘　蕪猴香凝但覺壺天之永

千里襟儒之慶宛在細侯　龍墀詔下即爲文石之趨

端明筆法蓋坡老之所推　荔錦雕蠅曉日閩端明之譜

艾軒心傳自程門而有得　稼雲瓞瓞豐年歌正獻之詩

狙登通印之魚詩琴荊國　陳浪傳之全名大節巍巍堂堂

品貴莆田之荔譜述端明　鄭正字之讜論危言嶢嶢嶽嶽

瀕海而居頗擅漁鹽之利　介乎二大國旅錯較泉福而獨微

自閩而論素稱文物之鄉　考諸名儒文風自梁唐而已盛

漳州

龍溪　漳浦

龍巖　長泰

〔建置沿革〕自唐以前並同泉福武后時析閩州西南境置漳州以南有漳浦故名初置於漳浦縣南八十里後徙治李澳川改漳浦郡復爲漳州徙治龍溪今州理是也唐末光州刺史王緒渡江陷漳州爲王潮所殺遣王審知圍泉州拔之遂有漳泉之地梁封王審知爲閩王至後晉齊王時朱文進擅命以程贇爲漳州刺史既而泉州

留從効聞之亦殺程贇迎王繼成爲刺史從効遂據泉漳二州改漳州爲南州從効卒陳洪進有其地　皇朝乾德以南州爲漳州　太宗朝陳洪進獻漳泉二州今領縣四治龍溪

【郡名】漳浦見淞華注　臨漳　龍溪

【風俗】

【事要】其民務本傅自得道院記云云不事末作而資用繞給　俗故窮陋朱元晦作龍巖縣學記云予聞龍巖爲縣斗僻介於兩越之間云云其爲士者雖或頴聰明樸茂之姿而莫有開之以聖賢之學是以自甘爲縣以來今數百年未聞有以道義功烈顯於時者是豈其材之不足哉殆爲吏者未有以興起之也因告其諸生曰夫所謂聖賢之學者非有難能難知之事也孝弟忠信以養其心禮義廉恥以脩其身而求師取友誦詩讀書以窮事物之理而已是二端者豈二三子之所不知不能哉特在反是心以求之而一用其力則實大聲閎將有自然不可揜者矣

【形勝】地曠土沃傅自得記　建州泉潮之間唐垂拱間陳元光威烈廟記云公乞丨丨丨於丨丨丨丨以控嶺表即其屯置郡　以控嶺表同上　居閩會之極南登科記序云　婆娑乎山水之間郭功父記爲守令者得云云

【山川】梁山在城西古記梁岳閩中之望也秀甕而崇圓又名圓山大峯十有二圖經序云丨丨紀華泰之游○郭功父詩劇食丨丨忘歲年自言耽酒未能還身披羽衣手持樂時時泥迹在人間○浦存實詩盤根來楚蜀作鎮表甌閩　九侯山在漳浦圖經謂丨丨傳夏后之緒似指爲夏之子孫

而蔡如松漳南十辨則云九峯之神各主一山不同　登高山在州治之西二里　岐山郭功父有岐山仙亭巖乃作十詠　天城山一曰名第山後有周滿書堂遺基　石獅巖李彌遜詩翠入合峯巒萬疊巢雲擁佛屋出巖幽春光不到庭陰樹曉日先明竹外樓　蓮峯石即前梁山中峯相傳爲齊武帝所賞晉亭在其西○張登詩孤高齊帝石蕭洒晉亭峯　漳江在梁山下徐脩有丨丨晚望詩　龍溪即九龍山下水梁大同中有九龍游戲此江今祭九龍翁甚盛　南溪端明蔡君謨有詩　東湖在州東郭功父有詩　西湖泉極甘美可以辟瘴癘○蔡君謨詩湖上山光一望青佛宮高下倚巖崗

【井泉】瀑布泉在梁山蔡希蘧詩曾稽之南羅浮北中有大梁神仙宅瀑流今古掛長虹瀉下銀河數千尺

【亭臺】序賓亭蔡君謨有詩　清白亭王聖嘗有詩　雙清亭林迪有詩　白雲亭在開元寺蔡君謨有詩　月淵亭在淨殿院○郭功父詩仰攀明月輪俯瞰滄海淵乾坤惜形勢此地何其偏靈溪九龍躍仙山一峯圓邇近擁邦守所樂多林泉　得仙亭在名第山○程遹詩危亭誰結構山椒名第仙人不可招繚郭溪山嶽圖畫萬家樓閣插雲霄　澤露亭李育伯守邕管丁內艱邊郡不許解官五章哀請而後許明年甘露降其家庭柏之上張商英作詩以賦其事鄒志完陳瑩中皆有詩　臨漳臺唐張登有詩　嘯臺郭功父詩縹緲臨滑峯巒卷濃雲開秀特不可攀天碧佳見　半漳臺郭功父詩登飛突兀壓會丘見盡臨漳一半州

〔山川〕**滿月池** 在開元寺蔡君謨嘗有詩 **臨漳道院** 郡志官於此者往往樂其風俗之簡靜號爲|||| **漳浦驛** 蔡君謨王陶有詩 〔樓閣〕**南樓** 唐尹忞有陪韓漳州登||詩 **齊雲閣** 蔡君謨詩紫閣青梯疊翠岑春愁秋思昔登臨兩嵐供眼横千仞星漢垂簷直半尋 〔祠墓〕**陳侯祠** 廟碑云公姓陳諱元光永隆二年盜攻潮州公擊賊降之請置漳州委公鎮撫久之蠻賊復嘯聚公因戰殁廟食于漳○李顯詩當年嶺北正危時數郡生靈未可知不是有人横義槊也應無計保藩維 **義塚** 危稹記人死曰歸葬曰藏歸者復其所也藏者欲人之不得見也故先王制礼喪葬有期下至於士則踰月而已何漳之爲子若孫者乃有不葬之俗耶其親死往往舉其柩而置之僧寺是蓋始於苟簡中則因循久則忘之矣嗚呼已則忘之矣而不知虚廊冷殿之間寒螢泣霜弱影吊月其望於子孫一旦之興念者猶未已也蓋常命官偹藏其事近城之五里乃有木𣏌棺合二千三百有奇爰擇於城之西南北高燥地立爲義塚三每所大爲之域既封覆以青莎使如舊識前塗白堊書其有名氏者庶幾子孫猶來祭享也訖事郡人合辭以請記余曰義之名立其始於不義而後見也此其不義果起於誰乎曰僧人其作俑者也是閒僧山疊林梵宇無數廊廡間率不置神若佛類爲土室其入如竇黯然無光斯皆誘愚俗以來殯者也彼棘人者舉其親而即安于彼死者一入杳無葬期使其子若孫良心陷溺不復知有天理之正人道之終此有識者之所深恨也原道曰不塞不流不止不行近因爲令下諸浮圖必令盡改其室以爲僧居不改則鞭其人而俗之籍其田而公之蓋治盗之法治其藏者此法常存則誘者始有所畏死者始

覽十三 九

有所歸矣是爲記 〔名宦〕**皇朝蔡襄** 嘗爲州判官 **胡銓** 知全州 **朱熹** 知州欲行經界法不果 〔人物〕**周康物** 唐人漳之擢第自康物始 **皇朝李耳伯** 郡人仕至全州守王鞏作神道碑劉安世書其碑陰曰自嘉祐以來引年而去者如歐陽永叔以六十五范景仁以六十三公掛冠方六十四耳目之所覩者三人而已 **高登** 朱元晦作東溪先生高公祠記云公靖康間遊大學與陳公少陽伏闕拜疏以誅六賊留种李爲諸用事者欲兵之不爲動也紹興初君至政事堂又與宰相秦檜論不合去爲靜江府古縣令後投檄以歸秦閩大怒奪官徙容州 〔名賢〕**趙鼎** 自潮量移于漳居住 **劉子羽** 謫居 〔題詠〕**剖竹海邊州** 郭士元送陸貞外赴漳州詩含香臺上柏云云 **言送漳州牧** 白居易送呂漳州今朝一壺酒云云 **城標漲海頭** 張登詩漳州悲遠道地里極東甌境曠窮山外云云 **閩山到漳窮** 王介甫送李宣叔倅漳州詩云云地與南越錯山川鬱霧毒瘴藏春冬作荒蔓篁竹間蔽虧有城郭居人特鮮少市井宜蕭索野花開無時變酒持可酌窮年不用客誰與分杯杓朝廷尚賢俊五品兩充臺閣君能喜節行文藝又該博超然萬里去識者爲不樂子聞君子居自可救民瘼苟能樂外物得地無美惡似聞最南方比客今勿藥林麓換風氣獸蛇雕毒蠹如漳猶近州氣冷又鍋鑠珍足海物味其厚不爲薄章舉馬甲柱固已輕羊酪蕉黃荔子丹又勝柤梨酢繼衣比多士往往在丘壑從容與笑語豈不慰寂寞太守好觴詠嘉賓懸在幄想即有新詩流傳至京洛 **南盡封郵見**

覽十三 十

好山楊發漳浦驛詩云云蒼蒼桂嶺類商顏諳儂後夜思鄉處白葦黃茅舊漢關　風候已應同嶺北常袞漳浦驛詩云云雲山仍舊似終南　漳溪郡有佳山水桑維翰云云漂寄因之作勝遊惟得千峰聳晴嶽枯槎百尺攤湲流　虔嶺東邊吏隱州唐韓泰詩云云溪山竹樹亦清幽　往往六月披重袍郭功父詩長風吹海作寒霧云云　仙魚通印勝鷄炙郭功父詩云云荔子用艷疑蟠桃　漳州盡戟擁詩人陳與義贈漳守綦叔厚詩過盡蠻荒興復新云云　水遶漳城潮巳平張至能詩云云向來有記出公卿白袍不倦三冬學錦綬行看驅馬榮　符節恩深隔瘴雲陳陶贈漳州張怡使君詩德徐方天下聞當此熊軾繼清芬井田異政光鑾府云云已見嘉祥生北户嘗嫌夷貊蠹南熏幾時徵拜征西鉞學者緣胡從使君　回峰疊嶂遶庭隅楊發詩云云散點煙霜勝畫圖月暮華軒春長治太清瑩上對塗壺

分邑

蠻煙漁火接鯨波陳希元題漳浦縣壁云云樹拖枝處處歌況是天涯好行樂莫教憔悴鬢絲多

四六

疏榮鳳闕　分符卅闕　維漳爲郡　臨漳古邦
出守龍溪　閩道清漳　與潮相鄰　閩嶠窮處
蓋七閩窮絕之鄉　眷臨漳之小壘　地居濱海之濱
實今日安閑之地　居區越之窮陬　城俯清漳之上

人生五馬騰收及物之功　舉溪壁記乃朱文公所蒞之邦
山有九龍宜少專城之樂　累撿圖經亦趙忠簡嘗遊之地
魚佩虎符香自凝於燕寢　青梯橫星漢盡尋端明之舊遊
鳳城龍渚患何有於鱷溪　畫戟擁詩人爲和靖之妙句
地瀕嶺嶠不無瘴霧之侵　道院名標務本考傅公之記
郡屬甌閩尤覺文風之盛　漳州氣冷產珍奇荊國之詩
虎榜儒科自元和而已盛　剖海邊半竹有郭正元之賦詩
龍巖學記欲伊洛之有傳　送漳州一壺乃白居易之載酒

汀州

長汀　寧化　上杭
武平　清流　蓮城

建置沿革

禹貢揚州之域閩在揚州東南汀又在閩之南周職方氏有七閩皆列於荒服秦併天下遂閩粵王無諸列其地爲閩中郡後漢屬會稽郡晉分建安郡置晉安郡又立新羅縣而汀州始基于此宋而後無所考據唐開撫福二州山洞置汀州因長汀以爲名治新羅改臨汀郡復爲汀州初置州在新羅後移理長汀白石村唐王緒陷汀漳二州不能有而王潮又陷福建汀隸州潮卒其弟審知繼有其地　國朝平江南地歸版圖今領縣六治長汀

事要

郡名

臨汀　鄞江即東溪　平沙圖經水際平沙曰汀又云虧丁位也以水合丁於文爲汀

風俗

民生尚武鄞江志　島居安漁鹽同上｜｜者｜｜｜之利　山居任耕織｜｜者｜｜｜之勞

形勝

南通交廣張潛修學記云云北達江右實甌閩之奧壤也　西接贛水戴覺同虞

寺羅漢閣記云云南鄰百粵深林茅竹之間南接潮海鄰江郡志云云實江西二廣往來之衝後桃臥龍黃巒宗記前直圓峯云云云在閩山之窮處戴覺記汀爲州云云復嶂重巒亘數百里介於虔梅之間鄭強移汀州學記汀在西南境云云銅鹽之間道所往【山川】南山在州南一里屹然如屏其下坦夷有文殊同慶二寺○陳軒詩吁然碧玉洞屹立分雙户天生洪佳景常恐塵土汚臥龍山州主山圓珠山在州正南一里陰陽家謂應山梁山在武平東三十里山上有仙巖銅鼓山在武平東南二百里石壁上有倒書千年字今猶存金山在上杭縣西十里康定中產金因名雞籠山在長汀縣○郭功父詩神仙之府名雞籠千尋翠玉擎寒空靈洞山在武平有湯泉大洞三十六小洞二十八南安巖去武平八十里○郭功父詩汀梅之間山萬重南安巖實何玲瓏青瑤屹立巖四壁巧匠縮手難爲工○按定光佛泉州人姓鄭名自嚴乾德二年駐錫武平南安巖淳化二年別立草庵居之景德初遷南康郡盤古山祥符四年汀守趙遂良即州宅刱後庵延師至八年終于舊巖見周必大定光庵記侍郎巖在清流縣乃熙豐中侍郎張龔祭酒楊時左司陳瓘少時讀書之所舊傳三公隸業其間不置卧榻歠粥飲水終歲不到巖下獅子巖在長汀東南五十里定光佛刱振錫于此蒼玉洞在城東五里洞口兩石壁天然成門清氣逼人潭飛磜在寧化縣南鄉

重岡複嶺環布森刻登陟極難磜居其中坦然而平山環水合有田有池草茂林深易於藏聚寇恃其險爲私販爲剽盜根據百年莫敢誰何比紹定間始禍之地未幾爲淮兵蕩平之因置南平寨焉三溪水東溪水自鄞坑來西溪水自湘洪來合○陳軒詩一川遠匯三溪水千嶂深圍四面山寅湖在長汀縣東二里居郡寅位五百灘自汀抵潮其灘險有五百【堂亭】三瑞堂在州治橫翠亭在東禪寺中門之左山光野色橫在目前【樓閣】南樓郡志郭功父有詩北樓陳||郭功父有詩謝公樓張九齡詩謝公樓上好醇酒二百青蚨買一斗雙清閣在瀕川門之左或謂有滕王門氣象【名宦】陳劒唐人爲刺史先是開元置郡累遷東方口劒始更卜卧龍之白石與汀相爲終始焉皇朝陳軒爲守○黃魯直贈詩平生所聞陳汀州蝗不入境年屢豐郭祥正爲別駕與陳軒登山臨水觴詠酬唱極多【人物】羅或長汀人登太平興國第　眞廟親征或扈從至澶淵與宰相參議軍務虜人乞和遣或爲報使還京乃歸里賜錦衣金帶錦旂二仍繡八字云明時折桂衣錦還鄉領本州刺史鄭文寶寧化人登太平興國第官至工部侍郎○嘗題緱氏山云秋陰漠漠秋雲輕緱氏山頭月正明帝子西飛仙馭遠不知何處夜吹笙○歐陽永叔亦稱其詩一聯云水暖鳧鷖行哺子溪深桃李卧開花湯莘叟郡人能詩○嘗有馬上吟曰宿雨洗山新綠嬌曉風吹杏淺紅乾沙頭路暖日欲上行客揚鞭不覺難【名賢】曾肇元祐間貶汀州李光以論蔡攸朱勔謫監汀州

酒
税
【題詠】全家遠過九龍灘張籍送汀州元使君詩云曾成趙北歸朝計因拜王門最好官為郡暫辭雙鳳闕云云山鄉秪有輸蕉戶水鎮應多養鴨欄地僻尋常來客少刺桐花發共誰看
木犀花發認春香孫奮學詩慈竹筍生湖夏擇云云
花繼臘梅長不歇陳軒云云為嘯春谷半無名
地有銅鹽家自給陳軒詩居人不記甌閩事遺跡空傳福撫山云云歲無兵盜戍長閑
水與潮陽作上流陳軒山連庾嶺為南嶠云云
嵐煙𤋮濕同梅嶺郭功父詩云云地脉遙迎接贛城

【四六】疏棨中褒　趣鎮平沙　斷碑奐綍　出守臨汀　雖遠閩部　實繇炎方　秀氣攸鍾　異材間出
雖居南粤之窮陬　幸賦輸之易集　里閭安循吏之撫摩
實有中州之雅俗　亦獄訟之甚稀　景物繼詩人之題詠
析福撫二州之山洞肇創此州　峻陞奎閣之清自天錫命
接梅潮兩郡之鄰封獨推雅俗　為愛汀州之好特地分符
自洞寇敢矜於地險輙肆憑陵　地瀕庾嶺豈無瘴霧之侵
幸淮兵克戢於天聲迄從掃滌　境接閩山頗覺文風之盛
郡城更卜自唐刺史以開先　巖谷盤旋有張楊之遺迹
年穀屢豐惟陳汀州而鮮儷　郡齋酬唱多陳郭之名篇
辭雙鳳闕抗章自詭於民庸　斗絶一隅罕車馬往來之迹
過九龍灘涉險徧關於藩府　雲埋疊嶂多銅鹽負販之姦

新編方輿勝覽卷之十四
建安祝穆和父編

江東路

建康府

建康府上元　江寧　句容溧水　溧陽

【建置沿革】禹貢揚州之域吳地斗分星紀之次春秋屬吳戰國屬越後屬楚初置金陵邑秦改曰秣陵屬
鄣郡漢改鄣郡爲丹陽郡吳大帝自京口徙此因改爲建
業晉武帝改爲秣陵又分秣陵北爲建業改業爲鄴後避
愍帝諱改爲建康東晉元帝渡江復都焉又爲丹陽郡宋
齊梁陳因之隋廢郡更於石頭城置蔣州唐爲揚州置江
寧爲潤州屬縣後改爲昇州僞吳改爲江寧府　國朝尅
復爲昇州　仁宗以昇王建國復陞江寧府建康軍節度
六飛駐蹕　詔改建康府建　行都　紹興八年移蹕
錢塘置行宮留守司今統郡八領縣五治上元江寧
淮東總領江東轉運置司

【事要】【郡名】陪都見文選吳都賦建康志序坐鎮江淮以爲丨丨金陵楚威
以其地有王氣埋金鎮之故曰丨丨或曰以其地接華陽金
壇之陵○盱江曾極百詠○丨丨云鑿地破除函谷帝埋金
厭勝郢中王興亡揔不關君事五百年前枉斷腸秣陵詳見秦淮注建鄴見沿革注白
下在上元縣西北十四里唐武德移江寧於此故名丨丨○王介甫贈上元宰詩云丨丨有賢宰能詩如紫芝

【風俗】衣冠萃止通典永嘉以後云云藝文儒術斯爲盛同上
云云有頻謝徐庾之風有風帆海舶之饒胡安定云三吳爲東門荊蜀爲西戶
丨丨七閩二廣丨丨丨丨丨丨爲南府【形勝】西以峨嵋爲壁壘唐李白爲
宋中丞請都金陵表云云東以滄海爲溝池守海陵之倉鎮長洲之苑南以長淮爲伊
洛藝文類聚丹楊尹序東以赤山爲城皋云云北以鍾山爲曲阜西以大江爲黃河北據大
江胡安定文集云云外阻長淮内控湖海繫年錄衛膚敏言外連江淮云云爲東南要會
之地長江天塹陳孔範曰云云豈能飛渡耶金陵天險繫年錄劉珏云云前
據大江可以固守龍蟠虎踞諸葛亮謂吳大帝曰鍾阜龍蟠石城虎踞眞帝王所都也黃
旗紫蓋司馬德操與徐恭嗣書丨丨丨丨運在東南戰艦所聚通鑑梁徐溫以
金陵形勝云云經營四方之根本王導曰金陵帝宅孫仲謀劉元德皆言欲經營
四方者未嘗不以此爲根本○言行錄張德遠謂人主居此則北望中原常懷憤惕不敢暇逸實王者
之都衛膚敏云建康倚山帶江云云可以控扼險阻以建不拔之基【山川】鍾山在上元縣
東北十八里○輿地志古曰金陵山縣名因此又名蔣山漢
末秣陵尉蔣子文討賊死事於此吳大帝爲立廟子文祖諱
鍾因改曰蔣山此山本無草木東晉時刺史還任者栽松三
千株下至郡守各有差一名北山齊周顒隱於此○王介甫
丨丨詩偶向松間覓舊題野人休誦北山移丈夫出處非無
意猿鶴從來自不知○小雨輕風落楝花細紅如雪點平沙

撻籬竹屋江村路時見宜城賣酒家。投老歸來供奉班塵埃無復見鍾山何須更待黃粱熟始覺人間是夢間。蒼藤翠木江南山激激流水兩山間山高水深魚鳥樂車馬迹絶人長閑雲埋樵舞陽穎舊月弄釣影臨滄浪黃塵滿眼衣可濯夢寐惆悵何時還

東山 在上元縣南三十里丹陽記晉太傅謝安舊隱會稽——築此擬之無巖石又名土山。王介甫詩定林職土山近乃在眉睫

攝山 在城東北四十五里有齊文惠太子鑿石爲佛見存江東地記村有草可以攝生故名陳軒有——十詠。曾極詩詠一丈唐碑今露立千尋梵塔已低摧覓曾石佛雲間出水閣齊梁成刼灰

三山 在上元縣西南四十五里。謝元暉晚登三山還望京邑詩灞涘望長安河陽視京縣白日麗飛甍參差皆可見餘霞散成綺澄江靜如練喧鳥覆春洲雜英滿芳甸去矣方滯淫懷哉罷歡宴佳期悵何許淚下如流霰有情知望鄉誰能鬒不變

方山 葛玄煉丹之地。曾極百詠人間底事有方壺翻截青揺界碧虚試上殊庭瞻醉島仙雲垂帶護儲胥

湯山 在溧水縣東北五十里其山不甚高有湯泉大小六處

鳳臺山 在城南二里餘保寧寺是也宋元嘉中鳳凰集於是山乃築臺山以旌嘉瑞。唐李白詩置酒延落星金陵鳳凰臺長波寫萬古心與雲俱開昔時有鳳凰鳳凰爲誰來鳳臺去已久正當今日回明君越羲軒天老坐三台豪士無所用彈琴醉金罍東風吹山花安可不盡杯六帝沒幽草深宮冥綠苔置酒勿復道歌鍾但相催。宋齊丘詩嵯峨壓洪泉岧嶤撐碧落宜哉秦始皇不驗爲不鑿上有布政臺八顧皆城郭山蹙龍虎健水黑螭蜃作白虹欲吞人赤驥相搏爍畫棟泥金碧石路盤境埇倒挂哭月猿危立思天鶴鑿池養蛟龍栽桐棲鸞鳳梁間燕教雛石罅蛇懸殼養花如養賢去草如去惡日晚蟠城鼓風來蕭寺鐘掃地驅塵埃剪蒿除鳥雀金桃帶葉摘綠李和衣嚼貞竹無從衰媚柳先揺落壁飛景陽井草合臨春閣芙蓉如佳人迴首似調護當軒有直道無人肯駐腳夜半鼠勃窣天陰鬼敲椓拟孤不易立石醜難安着自憐啄木鳥去蠹終不錯晚風吹梧桐樹頭鳴嘌嘌我我江令石青苔何淡薄不語興亡事舉首思邈邈吁哉未到此褊劣同尺蠖龍鶴羨兕毛猛虎愛蝸角一門賢太守與我觀橐籥往往獨自語天帝相唯諾風雲偶不來寰宇銷一鑠我欲岸長鯨四海爲鼎鑊我欲取大鵬天地爲網繳女得生羽翰雄飛上寥廓

牛頭山 在上元縣南四十里兩峯如闕

幕府山 在郡西二十五里晉琅琊王初渡江丞相王導建幕府於其上

三茅山 在句容縣南五十里。山記云漢時有三茅君各乘一鶴來此故名焉秦始皇閒民間先有謠曰神仙得者茅初成駕龍上昇入太清時下三洲戲赤城繼世而往在我盈於是有尋仙之意後有茅盈茅固茅衷即三茅君也。大茅山有漢帝命東海神埋大銅鼎於上有盤石鎮之秦始皇命李斯篆璧文。王介甫登大茅山頂詩一峯高出衆山巔擬隔塵沙道里千俯視煙雲來不極仰攀蘿蔦去無前人間已換嘉平帝地下誰通句曲天陳迹是非今草莽紛紛流落尚師仙。中茅山司命真君埋玉門丹砂以鎮之石上有徐鍇篆字王介甫詩云百年風雨草苔昏尚有當年寶墨存抵恐終隨野碑盡西風吹燒滿秋原。王介甫小茅山詩捫蘿路到半天窮下視茅州杳靄中物外真游來几席人間榮辱付苓通白雲坐馭龍池杳明月歸時鶴馭空回首三君誰更似子房家世有高風

覆舟山 在城北五里晉北郊壇宋樂遊苑冰井甘露亭皆在此山。曾極詩六代興亡貉一丘繁華夢逐水東流操蛇神之列子壯山崖向

山前笑三百年前幾覆舟

樂官山 南唐初下時諸將置酒樂人大慟殺之聚瘞此山故名。曾極詩城破轅門宴賞頻伶倫執樂泣橫巾駢頭就戮緣家國罹死南歸結綬人

天門山 又號東西梁山詳見太平州。曾極詩鰲翻鬱負倚江潭天險由來客偎談高壘建瓴無計取二梁剛把當殽函

雞籠山 寰宇記在城西北九里宋雷次宗居此元嘉中改曰龍山以黑龍嘗現於真武湖此山臨湖上

千佛嶺 在攝山棲霞寺之側按江總棲霞寺碑明僧紹居士子仲璋爲臨沂令於西峰石壁與度禪師鐫造無量壽佛嶺之中道有沈傳師徐鉉張稚圭王雱題名

西原 曾極詩衰草塞雲鴈一行牽愁水似九回腸遊人欲問千官事翁仲無言卧夕陽

龍洞 在清涼寺前。曾極詩江流遠引背煙嵐平陸何年事舉帆斷岸倚天危欲墜六朝龍去紙空巖

段石岡 在上元縣南三十里丹陽記云有大碣石長二丈折爲三段紀吳功德其文東觀令華覈作其字大篆或又云皇象書也。梅聖俞詩云丫頭雖斷石文字未全訛年葬赤烏遠書疑皇象多

鍾阜 在縣東北周回六十里。南史宋散騎常侍劉勔經始鍾嶺之南以爲棲息又雷次宗元嘉中文帝爲築室於此山又陳後主與張譏遊是山嘗以松枝代麈尾故梅摯詩有千松麈尾之句

三巖石 在臺城內千福禪院本梁同泰寺有小石池言是陳時景陽井今有古石井欄其上有刻字惟戒哉二字可辨

三品石 曾極一士真能重本朝中原勍敵是天驕無情石卻登三品不念忠賢屈下僚

鍾山石 此山有石脈理皆紅潤。曾極戰血潛流石脈中蒼崖鑿斷見殷紅千年殺氣方回薄草木無春山盡童

梁金華宮石 金華故基在清溪旁不今在府治。曾極詩云照影清溪眩恠奇推遷十代市朝非莫欺蘚眼看苔面曾伴昭明識蔡妣

大江 魏文帝出廣陵望——曰嗟乎此天所以限南北也。曾極詩胡兵歲歲泛江干將帥誅求盡少寬未得三軍如挾纊憑誰數勵護風寒

秦淮 在縣南三里始皇時望氣者言金陵有天子氣使朱衣鑿山爲瀆以斷地脈改金陵爲秣陵晉陽秋秦開故曰——或云淮水發源句曲不類人工。杜牧詩煙籠寒水月籠沙夜泊——近酒家商女不知亡國恨隔江猶唱後庭花。曾極詩鑿斷山根役萬人祖龍癡絕更東巡石城更度更新主贏得淮流尚繫秦

元武湖 在上元縣北十里宋元嘉間有黑龍見故名今爲後軍寨。唐李義山詩——中玉漏催雞鳴堞口繡襦迴誰言瓊樹朝朝見不及金蓮步步來。曾極詩當日湖光瀲鏡心龍旗鳳吹此登臨而今識馬迴旋地斜照黃塵一尺深

丹陽湖 在溧水縣西南二十八里

四太子河 曾極詩上東門舊本同科天誘胡雛智詐多刀斗夜鳴兵四合五更平陸已成河

青溪 宋都記羅挨多居其側建康志吳大帝鑿通城北塹以洩元武湖水發源於鍾山接於秦淮及楊溥城金陵——始分爲二在城外者自城濠合於淮在城內者湮塞僅存

新林浦 去城二十里。謝朓之宣城出——詩云江路西南永歸流東北騖天際識歸舟雲中辨江樹旅思倦搖搖孤遊昔已屢既懽懷祿情復協滄洲趣囂塵自茲隔賞心於此遇雖無玄豹姿終隱南山霧

西浦 張碩遇杜蘭香處。曾極詩珠璫錯落江皐佩羅襪輕盈洛浦妝欲採蘋花鄰春信停橈難覓杜蘭香

桃葉渡 一名南浦渡。金陵覽古在秦淮口桃葉者晉王獻之愛妾名也獻之詩云桃葉復桃葉渡江

不用楫但渡無所苦若我自迎接渡不用楫者謂橫波急也獻之歌此送之。曾景建裙腰芳草抱長堤南浦年年怨別離水送橫波山斂翠一如桃葉渡江時

采石渡 事見揮麈録及楊文公談苑。曾景建石琢浮屠遍水濱興亡歲久已成塵長江靜夜蘆花月莫信牽愁撥棹人

五馬渡 晉元帝渡江童謡云｜｜｜江一化龍識者謂吳越之地當興王。曾景建神達欺孤與操同豈能長世撫提封瑤圖暗換君知否班特浮江自化龍

白鷺洲 丹陽記在江中心南邊新林浦西邊｜｜｜上多白鷺故名。曾景建江水悠悠緑染衣淮山瀲瀲翠成圍南朝鷺序歸何處惟見滄洲白鳥飛

蔡洲 在上元縣西二十五里元和志宋高祖於此擒盧循

黃天蕩 曾景建受金縱敵將何知曹沫功名失此時傷足不來貔虎散沙頭蚌鷸誤相持

三十六陂 曾景建瀲然｜｜｜｜春石黛潮生歲歲新楊柳杏花渾好在吟邊只欠跨驢人

覆盃池 在城北三里一名西池。晉元帝頗以酒廢政王導諫帝因｜｜於此｜

洛义池 在寶公塔之東悟真庵前舊傳迦毗羅神隋梵僧寂多至此與神交戰｜｜於此｜

橫塘 金陵覽古自江口沿淮築堤謂之｜｜。吳都賦曰｜｜查下樓臺之盛天下莫比。李白詩人言橫江好我道橫江惡一風三日吹倒山白浪高於瓦棺閣

潮溝 金陵覽古吳大帝以引潮抵于秦淮

霹靂溝 建康志在城西五里。王介甫詩｜｜｜西路柴荊四五家憶曾騎款段隨意入桃花

直瀆 吳後主孫皓所開楊脩詩注云瀆在幕府山東北長十四里闊五丈深二丈初開之時晝穿夜復自塞經年不就傷足役夫臥其側夜見鬼物來塡因嘆曰何不以布囊盛土棄之江中使吾徒免殫力於此傷者異之曉白有司如其言乃成瀆道直故名｜｜北征記吳將甘寧墓在此俗云墓有王氣孫皓惡之乃鑿其後爲直瀆。孫盛晉春秋云方山有｜｜。唐人詩雲開直瀆三千里青蓋何曾到洛陽。王介甫詩山蟠直瀆輸淮口水挹長干轉石頭

〔井泉〕

臙脂井 曾景建寒泉玉甃泯沒春燕石染臙脂潤不枯杏然桃紅嬌欲墮猶將紅淚洒黃奴

寶公井 在市心。曾景建一片當街百尺深行人環轍免苔侵塵容俗狀暫窺影欲汲寒泉洗此心

湯泉 在上元縣東六十里

〔宮殿〕

大內 即舊府治

木園 曾景建寢殿重重設｜｜巋巍天位不勝危高人業許憑知此占得冀山最坦夷

射殿 有七十間旁多槐竹李賀詩春熱張鶴蓋兔目宮槐小蘇子瞻竹詩紛紛蒼雪落夏簟丁公言詩困憶南朝石步廊。曾景建鶴立陰陰覆苑墻更添蒼雪助清涼高皇儉德規撫遠不作南朝石步廊

行廊 曾景建負矢前驅敵未擒虎侯島揭意何深文皇決拾精天下偏愛良工辨木心

古龍屏風 宣和舊物高宗携之渡江後壞爛宮官惜之裁剪背成屏風立殿上。曾景建東雲遊霧過江東繪事當年笑藥公可恨橫空千丈勢剪裁今入小屏風

〔堂宇〕

玉麟堂 在府治取留守玉麟符之義

芙蓉堂 在舊府治今行宮猶有舊基。王介甫答韓持國詩投老歸來一幅巾尚私榮祿備藩臣｜｜｜下疏秋水且與龜魚作主人

〔亭臺〕

新亭 在城南十五里洛陽四山圍伊洛瀍澗在中建康亦四山圍秦淮直瀆在中故云風景不殊舉目有山河之異李白云山似洛陽多許渾云只有青山似洛中謂此也蔡疑作天津橋亦以此。曾景建青山四合

遶天津風景依然似洛濱江左于今成樂土新亭垂淚亦無人○楊廷秀新亭送客詩六朝豈是乏勳賢爲底京師不要然栢壁置人天一笑甦因對泣後千年鍾山喚客長南望江水留人懶北旋強管興亡談不盡狂歌吟殺夕陽蟬○楊脩詩蕭目江山異洛陽北人懷土淚千行不如亡國中書令歸老新亭是故鄉

水亭 在臺城寺即今法寶寺○林君復詩云金井前朝事林僧問不知綠苔欺破閣白鳥占閑池清楚曾經晉荒涼直到隋南廊一聲磬斜照獨凝思

白鷺亭 在府城上與賞心亭相接下瞰白鷺洲柱間有蘇子瞻留題

賞心亭 下臨秦淮盡觀覽之勝丁晉公謂建曾以周昉所畫袁安卧雪圖張於屏後太守易去續志又云丁始典金陵陛辭之日真宗出八幅袁安卧雪圖付丁謂曰卿到金陵可選一絕景處張此圖謂遂張于｜｜｜○柱上有蘇子瞻題名猶存○王介甫詩檻竹攢傾野水旁臺城佳氣已消亡難披拂舞翾千古獨倚青冥望八荒坐覺塵沙昏遠眼忽看風雨破驕陽扁舟此日東南興欲盡江流萬里長○曾景建柱上題名客姓蘇江山清絕冠吳都六花飛舞憑欄處一本天生卧雪圖

佳麗亭 太守馬亮建在折柳亭之東○杜牧之詩謝朓詩中佳麗地夫差傳裏水犀軍○王介甫詩盤互長千有絕陘并包｜｜入江｜

折柳亭 張忠定建爲祖餞之所

半山亭 即王介甫故宅在城東北蔣山半道○王介甫詩放歌扶杖出前林逋和豐年擊壤音曾侍玉皇知帝力曲中時有擊堯心餘不盡載

此君亭 高齋詩話王介甫題金陵｜｜｜詩誰憐直節生來瘦自許高才老更剛

翠微亭 在城西五里清涼寺山頂南唐建○林君復詩亭在江干寺清涼更翠微

籌思亭 在灒

方十四　九

司○王介甫詩昔人何計亦何思許國憂民適此時寓興中原爲遠趣託名華榜有新詩

越臺 在縣西七里今尉廳後故老相傳云昔越王女嫁於此懷土思歸故取越土築臺以居之慰其懷土之思○周紫芝古樂府越臺吟云玉顏如花越王女自小嬌癡不歌舞嫁作江南國主妃日日思歸淚如雨江南江北梅子黃潮頭夜漲秦淮江江邊雨多地卑濕旋築高臺勾曉妝千艘命載越中土直見越人仍越語人生腳踏鄉土難無復歸心越中去高臺何異傾曲池亦傷平越姬一去向千載不見此臺空有名

鳳凰臺 故基在保寧寺後○李白詩｜｜｜上鳳凰遊鳳去臺空江自流吳時花草埋幽徑晉代衣冠成古丘三山半落青天外二水中分白鷺洲總爲浮雲能蔽日長安不見使人愁○杜甫題亭亭｜｜北對西康州西似今寂寞鳳聲自悠悠山峻路絕蹤石林氣高浮安得萬丈梯爲君君上頭恐有無母雛飢寒日啾啾我能剖心出飲啄慰孤愁心以當竹實炯然忘外求血以當醴泉豈徒比清流所重王者瑞敢辭微命休坐看綵翮舉纖意八極周自天銜圖識飛下十二樓圖以獻至尊鳳以垂鴻猷再光中興業一洗蒼生憂深衷正爲此群盜何淹留○楊廷秀望｜｜｜詩云千年百尺｜｜｜送盡潮回鳳不回白鷺北頭江草合烏衣西面杏花開龍蟠虎踞山川在古往今來鼓角哀只有謫仙留句處春風掌管拂珠煤

雨花臺 梁武帝時有雲光法師講經于此感得天雨賜花天厨献食○楊與爲詩空書泉瘦日康樂造淵微貝葉深山澤曇花半夜飛香清雖誇筆藥散不霑衣舊社白蓮老遠公應望歸○王介甫詩盤互長千有絕陘并包佳麗入江亭新霜浦淑綿綿淨薄晚林巒往往青南上欲窮牛首怪北尋難望草堂靈蹤與却夫垂揚陌已載寒雲一兩星○劉潛夫詩云昔日講師何處在高臺猶以

方十の　十

兩花名有時實尚泥尋得一片山無草敢牛落日磬殘鄰寺閒晴天牛上廢陵耕𤼵臨不用深懷土君看鍾山幾个爭

梁昭明讀書臺 在蔣山定林寺後山北高峯上

〔樓閣〕

冶城樓 曾景建裴鬱跡林集晚鴉鍾山雲氣入簷牙何人乘月吹長笛夜看金陵百萬家

烽火樓 在石頭城南最高處○楊脩詩注云沿江築臺以舉烽燧自建康至江陵五千七百里有警半日而達魏太武齊武帝皆嘗登此臺

石頭驛樓 張九齡候使登樓作山檻憑欄望川途眇此流遠林天翠合前浦日華浮萬井緣津渚千艘咽渡頭漁商多末事耕稼少良疇自守陳蕃榻嘗登王粲樓徒然騁目處豈是獲心遊向跡雖愚谷求名亦盜丘息陰勞木所空復起鄉憂

昇元閣 一名瓦棺閣乃梁朝建高二百四十尺李白有日月隱簷楹之句今之||非古基矣

〔軒榭〕

南軒 在保寧寺方丈旁有小屋魏公開督府時子讀書於此號||下有井土人指爲建業水○曾景建詩劒磨驛騁倦征途三歲||客寓居建業水甘供日飲波間亦有武昌魚

〔苑圃〕

芳樂苑 齊東昏侯方在位時與宮人於閱武堂元會皇帝正位閹人行儀帝戎服臨視又於閱武堂爲|||日與潘妃放恣又於苑中立店肆模大市日遊市中雜取貨物與宮人閹豎共爲裨販以潘妃爲市令自爲市吏錄事將鬬者就妃罰之帝小有得失妃則杖又開渠立埭躬自引舡埭上設店坐而屠肉于時百姓歌云閱武堂種楊柳至尊屠肉潘妃沽酒

芳林苑 一名桃花園本齊高帝舊宅在府城之東秦淮土路北武帝永明五年嘗幸其苑禊飲王融曲水詩序云載懷平浦乃眷芳林即此

上林苑 建康實錄在縣北十三里有古池號飲馬池地連雞籠山

桂林苑 在縣北落星山之陽左太冲吳都賦數軍實於||之|

〔館驛〕

涼館 在府治米芾書

弋陽館 張祐題一葉飄然下弋陽殘霞皆日樹蒼蒼暮漢讀淬干將劒却是猿聲斷客腸

〔橋梁〕

板橋 在城內○曾景建輪鞅千年路欲迷||名在市朝非元暉太白微吟魂獨酌悠然命駕歸

〔寺院〕

蔣山寺 去城十五里太平興國寺西有木末軒王介甫命名俯視巖壑虬松參天爲山之絕景王介甫詩見鍾山注○蘇子瞻同王勝之遊蔣山詩到郡席不暖居民空惘然好山無十里遺恨恐他年欲歎南朝寺同登北郭舡朱門收畫戟紺宇出青蓮夾路蒼髯古迎人翠麓偏龍腰蟠故國烏爪寄曾頗竹杪飛華屋松根泫細泉峯多巧障日江遠欲浮天略彴橫秋水浮屠插暮煙歸來踏人影雲細月娟娟

半山寺 今名報寧寺即王介甫故宅自東門往蔣山至此半道故以爲名亦曰白塘自王介甫卜居乃鑿渠決水以通城河後請以宅爲寺因賜今額○王介甫詩水際柴門一徑開小橋分路入蒼苔背人照影無窮柳隔屋吹香並是梅

定林寺 定林有上下二寺舊基在蔣山應潮井後王介甫讀書處米元章榜曰昭文齋李伯時寫王介甫真於壁楊次公爲之贊○王介甫詩定林脩木老參天橫貫東南一道泉五月披襟蘇石路午陰多處弄潺湲○屋繞灣溪竹繞山溪山卻在白雲間臨溪放艇依山坐溪鳥山花共我閑

高座寺 名永寧寺在城南門外或云晉朝法師竺道生所居因号|||蓋用劉禹錫詩中語見蘇州注○曾景建石子岡前|||猶帝曾向此排佪清談未辦傾人國更引胡僧度海來

清涼寺 即李主殿○溫庭筠詩黃花紅樹謝芳蹊宮殿參差

綠巘西詩閣曉窗藏雪嶺畫堂秋水接藍溪松飄晚吹撼金
鐸竹蔭寒苔上石梯妙跡奇名竟何往下方煙暝草萋萋○
當景建秋月春花迹未陳裘龍曾逃夢中身夾門金鼓從天
落驚起床頭鼻鼾人○李主避暑處至今多竹曾極詩鳴鞘
響斷苑墻平駭夏惟聞風玉聲三百年間陵谷變寒潮不到
石頭城○劉後村詩塔廟當年甲一方千層金碧萬緇郎開
山傑已成胡鬼住院僧猶說李王遺像有壁龕塚壁斷
碑無首立斜陽惟應駐馬城頭月曾見金輿夜納凉

昇元寺

即瓦棺寺也在城西隅前瞰江面後據崇岡最爲古
跡李主時昇元閣猶在乃梁朝故物高二百四十尺
李白詩所謂日月隱簷楹是也今西南隅飛壇乃是故基南
唐將歸我　宋數年前昇元寺殿基掘得古記乃詩讖其辭
曰若問江南事不愁抱雞昇寶位（謂李昪丁酉生也）走犬出金陵（[illegible]）
鄰（[illegible]）甲戌子建居南極（[illegible]）安仁秉夜燈（[illegible]）
也東陵驕小女騎虎渡河冰（[illegible]）瓦棺
寺之名起自西晉長興年中長沙城河陸地生青蓮兩朶民
間聞之官司掘得一瓦棺開見一僧形貌儼然其花從舌根
頂顱生出詢及父老父老曰昔有一僧不誦姓名平生誦法
華經萬餘部臨終遺言曰以瓦棺葬之此地所司具奏朝廷
乃賜建蓮華寺五代兵火焚之○李白登瓦棺閣極眺金陵
詩鍾山對北戶淮水入南榮漫漫雨花落嘈嘈天樂鳴兩廊
振法鼓四角吟風箏杳出霄漢上仰攀日月行山空霸氣滅
地古寒陰生寥廓雲漢晚蒼茫宮觀平門餘閶闔寺樓識鳳
凰名雷作百山動神扶萬拱傾靈光何足貴長此鎮吳京

長干寺

郡南五里有大長干小長干東長干並是地名
江東謂山隴之間曰干長干寺今名天禧寺在
長干○王介甫詩梵館清閑倒布金小塘回曲翠文深柳條
不似千絲直花葉相依萬蓋陰淡淡晉雲相上下翩翩沙鳥
自浮沉羈人樂此忘歸
意忍向西風學舊名

棲霞寺

在攝山齊明僧紹故宅也　仁廟朝嘗賜金寶
方牌熙寧間取寄華藏寺中石佛額有玻瓈珠後鑿地因置
閣盛之大觀中爲權要取去米芾嘗作詩紀其事寺今有唐
高宗陳尚書令江總碑沈傳師齋跡及沈傳師徐鉉題名按
陳軒金陵集劉長卿顏況李紳皮日休韓熙載徐鉉權德輿
皆有詩德輿詩略云縈紆松路深繚繞雲山
曲重樓回木杪古像鑿巖腹皆山中景也

法寶寺

在城
北亦名臺城寺寺前有醜石四各高丈
餘俗呼爲三品石　政和間取歸京師

能仁寺

保大中李建勳
嘗捨莊田入寺

同泰寺

在臺城內梁武帝窮竭帑藏造大佛閣七層爲天火所焚○曾極詩布薩閣齋
泮泗揮大通基在昔人非此身
絲屬侯丞相誰辦金錢屬帝歸

宋興寺

劉裕故居也○曾極詩晉至昌
明祚已終讖文猶有兩昏童稻玄
偷得宮中璽却屬新河伐荻翁

湘宮寺

事見通鑑○曾極詩數椽
敗屋[illegible]慼忠規正凜然十
級浮屠那復有盧姬貼婦貴兒錢

鐵塔寺

元徽太子攢宮在焉○劉
後村詩細認苔間字方知鑄塔時不因兵廢壞似有物扶持
古殿人閒少深窗白日遲僧言明受事相對各攢眉○曾極
詩逝水無情去不回蔣陵窣堵陽風埃
摩挲鐵塔堪流涕此是　先皇思子臺

太平興國寺

在蔣山梁武帝天監十三年以錢二十萬易定
林寺前岡獨龍阜以葬誌公今寺即其地也

石頭城寺

張祜詩山勢抱煙光重門突兀傍連簷佛像閒半壁石
龕郎碧樹叢高頂清池占下方徒悲宦遊意盡日老僧
房

寶剩院

乃齊周顒隱居之所時有釋慧約姓婁少遑
妙理顒素所欽乃造草堂寺以居之○王介

甫草堂寺詩周顒宅作阿蘭若婁約身歸窣堵坡

寶公塔 蘇子瞻詩欲向鍾山誌公雲間白塔如孤鶴○曾極六帝園陵墮刼灰獨餘靈骨葬崔嵬行人指點雲間鶴喚得齊梁一夢回

長干塔 事見僧史○曾極詩十丈祥光起相輪鐵浮屠鎮法王墳只愁西域神僧至夜捧——刹入雲

劉莎衣菴 逆虜入寇　高宗召問之云沒事沒事兩家都換主○曾極詩佛貍麾騎飲長江呼吸安危闔國扗南北兩家都換主從容一語悟高皇

八功德水 在蔣山悟真菴後援梅鑿亭訖梁天監中有胡僧曇隱寓錫于此山中之水時有厖眉叟相謂曰予山龍也知師渴飲措之無難俄而一沼沸成後有西僧繼至云本域八池巳失其一似竭彼盈此也其泉一清二冷三香四柔五甘六淨七不饐八蠲痾故名————自梁以前嘗取給○曾極詩數斛供廚替八珍穿松漱石瑩心神中泓百衲煙霞色不浪齊梁歌舞塵

方十四　十九

宮觀

三茅觀 在句容南五十里晉茅君得道於此九域志即三十六洞天之第八洞金壇華陽之洞天山中有十五觀又元符宮石刻云　真宗嘗遣左瑞薛茅山祈嗣遇異人言王真人巳降生於　宋朝嘗問何人答曰古燧人氏而　章懿皇后亦夢羽衣數百人從一真人來託生及生宮中火光燭天

祠墓

後主祠 曾極詩真珠簾下變離聲多少嬙妃掩袂聽贏得窄愁三萬斛孤舟撐入大梁城

荊公祠 曾極詩霜筠雪竹古精藍投老歸與平志自甘一食萬錢終忍垢魚羹飯美憶江南

文孝廟 曾極詩德隱前星民巳和山隈水曲廟何多皇孫不得承天統猶使而翁恨蠟鵝

謝元廟 曾極詩兆䇿能軍國未危更令朱序助聲威秦人若也全師集雲母東盛

晉鼎歸

蔣帝廟 曾極詩白馬千年數廟門爐煙浮動袞龍衣闔桁謾說棗枯定青骨猶當復至尊

吳大帝廟 在石頭城世代相傳廟基即吳時故宮○王介甫詩云強吳大帝矜雄圖上樓酒灑羣臣怒蘆花枝巢石城廟行人過者皆嗟吁○曾極詩云曾將一劍定全吳斗大祠庭泣楚巫故國神遊應撫掌蘆花楓葉幾年無

晉元帝廟 曾景建詩芒芒綿蕝寄江東陵廟回看淚血紅石社危纏纔自保未能與責敢言功

中主像 據鼓為粥事見五代史○曾景建東時節窮豈與人三主相傳事有因必竟老天怜一念據鼓為粥飼飢民

謝公像 曾景建失喜向來因折屐今悲今日為聞箏人間悲喜何時了攜妓東山載酒行

大茅君像 曾景建面如槁下騎驢寒散鬢垂腰槲葉乾不向大茅峯頂見時人多作伏羲看

覽十四　十六

吳大帝陵 曾極老瞞虎烈橫中州何物生兒作仲謀四十帝中功第一壞陵無主使人愁

荊公墓 曾極誤把清標犯世紛平生忠業自超群如何今代麒麟閣只道詩名合策勳

卞將軍墓 曾景建握節頹公拳透爪歸元先軫向如生晉陵發掘今無主獨有忠魂只冶城

張麗華墓 在賞心亭天井中間有光氣如匹練捫之如冰銀漸流散○曾景建佯侶聲沉王氣銷香魂血流有誰招遂科三尺光塵在猶作臺城花月妖

古跡

五城 晉德宗時浙江觀察使韓晃於建康石頭築——曰石頭城曰冶城曰臺城曰苑城曰新城

臺城 曾景建紫蓋儀天聳復斜興亡接迹似昏鴉當時石闕摩霄處荻壘荊棘一兩家

冶城 即今天慶觀地本吳冶鑄之地晉元帝移於石頭城東

石頭城 蓋六

朝形勝所必爭之地在城西二里。劉禹錫詩山圍故國周遭在潮打空城寂寞回淮水東邊舊時月夜深時過女墻來。楊萬里詩序陪留守余尚書恭總領錢進思提刑傅景仁游清涼寺即古石頭城詩三首山自鍾山走下來化爲一虎首重回平吞雪浪三江水卧對雨花千丈臺點檢故城遺址在凄涼浩歎宿雲開六朝蹤跡發臨徧底事茲遊獨壯哉。萬里長江天上來石頭却欲打江回青山外面周如削紫府中間劃洞開蘇峻戰場今草樹仲謀城貌古塵埃多情白鷺洲前水月落潮生夢自哀。已守臺城更石城不知併力或分營六師只遣環天闕一壘真成借寇兵向若王蘇俱解此寬哉隗協可於生甚言虎踞渾堪倚萬歲千秋無戰爭

東府城 輿地志晉安帝時築其城西本簡文爲會稽時第其東丞相會稽王道子府謝安石薨以道子代領揚州州在第西時人號爲東府西州

方十四　十七

宋受禪壇 曾景建赤紙縢書宋鼎歸寄奴柴燎告功時普天大慶交新主惟有徐公雙淚垂

南唐郊壇 曾景建上帝神兵破石頭別離歌奏六宮愁蠟柴空有高壇在乙與千年麋鹿遊

李氏宮 本朝修李氏宮掘地得水銀數十斛宮娥棄粉膩所積也事見湘山野錄。曾景建埋愁無地奈君何可是黃爐飲恨多玉鏡臺前棄脂水深泉流汞尚盈斛

晉新宮 謝安作新宮造太極殿欠一梁忽有梅木流至石頭城下因取爲梁殿成乃畫梅花於其上以表嘉瑞。楊脩詩玉案金爐對御床巋然應似魯靈光蟠頭直下雙魚尾不讓西京舊柏梁

金華宮 輿地志云梁大同中所築昭明太子棼妃所居在清溪東

靈和殿 北史齊武帝時益州刺史劉悛獻蜀柳帝命植于靈和殿帝曰此柳風流可愛似張緒少年時

含章殿 宋武帝女壽陽公主人日卧於｜｜｜簷下梅花落公主額上

謝安墩 在半山寺後。李白登冶城望｜｜｜詩冶城訪古跡猶有謝公墩憑覽周地險高標絕人喧想像東山姿緬懷右軍言即謝安與右軍王羲之同登。王介甫詩我名公字偶相同我屋公墩在眼中公去我來墩屬我不應墩姓尚隨公

長干里 去上元縣五里李白長干行同居｜｜｜乃秣陵縣東里巷江東謂山隴之間曰干

景陽井 在法華寺或云白蓮閣下有小池面方丈餘或云在保寧寺曬輝亭側。陳末後主與張麗華孔貴嬪投其中以避隋兵舊傳云欄有石脈以帛拭之作胭脂痕一名胭脂井又名辱井。陸龜蒙詩古堞烟埋宮井樹陳主吳姬墮泉處舜沒蒼梧萬里雲却不聞將二妃去。胡曾詩景陽宮井剩堪悲不盡龍鸞誓死期腸斷吳王宮外水濁泥猶得葬西施

方十四　十八

澄心堂 王直方詩話云｜｜｜紙江南李後主所製。劉貢父詩當時百金售一幅｜｜｜中千萬軸後人聞名寧復得就令得之當不識

新亭 金陵覽古在江寧縣十里例近江渚晉初過江僕射周顗與親公游宴坐中歎云風景不殊舉目有江山之異因而流涕王導曰諸公當戮力中原以壯王室何至作楚囚對泣耶衆皆肅然

割青亭 在段約宅今青溪上有故基存焉。王介甫詩昔時江令宅今日段侯家又有割我鍾山一半青之句

勞勞亭 在勞山上日新亭中門臨滄觀又名｜｜｜。李白詩金陵勞勞送客堂蔓草離離生道傍古情不盡東流水此地悲風生白楊

東冶亭 晉時士大夫餞別之所。王介甫詩欲望鍾山來因知冶城路

九日臺 四蕃記齊武帝九月九日宴羣臣於孫陵岡即此也去城南十五里。王介甫詩九日無歡可得追飄然

隨意登山陂蒔陂西曲風 華隱樓 即陶隱居宅○曾極詩松聲聽罷獨看雲煙簷也有黃花一兩枝 丨丨中控鶴自治國神方 華林園 曾極詩羽葆來臨鼓吹停華林帳飲難自獻紙將本草語時人 倒長瓶萬年天子肯騰 養種園 後主於宮中作紅羅亭賞紅梅韓熙載獻詞云眼錯認長星作酒星 桃李不須誇爛熳已輸了春風一半○曾極詩百花叢裏當芳菲江左羈臣淚飛衣腸斷上林桃李樹春風一半未全歸 樂遊苑 在覆舟山南宋文帝禊飲於丨丨會者賦詩顏延之為序 潑墨池 在茅山費長房學道處圖經云石墨池蓋大小二酉山藏異書見穆天子傳唐人穴石為硯注道德經見隱逸傳○曾極詩二酉珍儲已徧窺仙班寧肯列愚癡注經穴石須勤苦留得千年丨丨丨 商飆館 即九月臺也地產臙脂菊○曾極詩商飆基在昔人非草木猶為富貴移曾是六朝歌舞地黃花一半染胭脂 夢筆驛 曾極詩晉尚清談筆力衰文章高下亦隨時景純不作文通死五色毫錐付與誰 蛇盤驛 曾極詩枳籬華屋半彫殘列肆看羊客御䩞霸氣銷沉形勝歇龍盤何事作蛇盤 朱雀橋 晉孝武建朱雀門上有兩銅雀故橋亦以此得名去烏衣巷不遠 朱雀航 在城東南四里○王敦作亂溫嶠燒絕至是始用杜預河橋法作之 邀笛步 舊名蕭家渡在城東南青溪橋之右今上水閣是也○晉書云桓伊善樂盡一時之妙為江左第一有蔡邕柯亭笛常自吹之王徽之赴召京師泊舟青溪側伊素與徽之不相識令人謂之曰聞君善吹笛為我一奏徽便下車據胡床為作三弄畢便上車去客主不交一言故名 天水碧 南唐末時前數年宮人接薔薇水染生帛一夕忘收為濃露所漬色倍鮮翠因令染坊染必經宿露之號為丨丨丨宮中競服之識者以為天水趙之 彎碕 吳都賦左稱丨丨右號臨硎丨丨名也○王介甫詩殘暑安所適丨丨北窗北伐作清堂也曠培方 射雉場 曾極詩不救臺城北射狐却貪媒翳取儲芩寂獸娛山梁飲啄關何事浪費君王金僕姑 陸機宅 圖經云在縣南五里秦淮之側有二陸讀書堂在焉○李白題王處士水亭云齊朝南苑是丨丨丨其詩云王子耽玄言賢豪多在門好鵝尋道士愛竹嘯名園樹色老荒池光蕩華軒此堂見明月更憶陸平原歸地青玉簟為余置金樽醉罷欲歸去花枝宿鳥啼何時復來此再得洗囂煩 江令宅 陳尚書令江總宅也建康實錄云南朝鼎族多夾青溪丨丨丨尤占勝地後主嘗幸其宅○劉禹錫詩南朝詞臣北朝客歸來惟見秦淮碧池臺竹樹三畝餘至今人道江家宅今城東段大夫之宅正臨青溪即其地也○南史尚書令沈約陳起部尚書孫瑒皆居青溪 吳隱之宅 在縣東南五里○隱之罷廣州刺史並無第宅籬垣仄陋妻子寒露茅屋六間女妓謝安移尉助之使人至日高齋然乃令其婢牽一犬入市曹其清操如此 烏衣巷 在秦淮南去朱雀橋不遠晉紀瞻立宅丨丨丨王導自卜烏衣宅○南史謝密傳叔父琨風格高充少所交納唯與從子靈運瞻晦等並以文義賞宴居丨丨丨其外雖高流時譽莫敢造門○劉禹錫詩朱雀橋邊野草花丨丨丨口夕陽斜舊時王謝堂前燕飛入尋常百姓家○鄧史詩話丹陽陳輔每歲清明過金陵謁湖陰先生楊德逢清談終日元豐癸亥訪之不遇因題一詩於壁云北山楊柳未飄花白下風輕麥腳斜身似舊時王謝燕一年一度到君家湖陰吟賞其介甫見之曰此正

指君爲尋常百姓家耳。湖陰亦大笑。異聞小說唐王榭居金陵以航海爲業一日海風飄舟破榭獨附一板抵一洲鶩見翁嫗皆皂服揖榭曰吾主人郎也何由至此榭以實對乃引至其家住月餘又引見王翁曰某有小女年方十七此主人家所生也欲以奉君乃擇日備禮成婚因詢其國曰烏衣國也女忽閤淚曰恐不久睽別王果遣人謂榭曰君某日當回命取飛雲軒來令榭入其中戒以閉目不爾即墮大海榭如其言但聞風聲濤響既久開目已至其家四顧無人惟梁上有雙燕呢喃乃悟所至蓋燕子國也後人因目榭所居爲烏衣巷云。曾極詩吳兵曾駐黑雲都江左夷吾此卜居休把烏衣輕馬糞懸鶉結騶揔丘墟

馬糞巷 王氏別族居之

鍾山番人窟 曾極詩兒單于輦遠來侵鑿穴一一用意深天塹連空遮不斷胡塵直到海中心

方十四　卅八

名宦

王導 賓禮

顧榮 **賀循**

庾亮 修石頭城

鮑照 宋人爲秣陵令

顏眞卿 爲刺史

皇朝

張詠 爲守

王安石 自知制誥知州後除翰林又以觀文知州復拜平章又以使相判鎭。有郡齋詩談經投老校悠悠爲吏文書了即休深炷爐香閉齋閤臥聽簷雨瀉高秋。心事悠悠只自知強顏於世轉參差移床獨向秋風裏臥看蜘蛛結網絲

呂頤浩 爲大使

張浚 爲大使兼紫岩先生

呂蒙正 作倅

蘇頌 知江寧縣

程顥 主上元簿日始茅山有龍蛇其形如蜥蜴而五色祥符間中使取二龍至中途忽奏一龍飛空而去自昔嚴奉以爲神物公捕而脯之使人不惑。朱文公作祠記云邑有上元者先生少日宦遊之處也考之書記均田塞隄及民之政爲多脯龍折竿教民之意亦備

陳俊卿 再任

張孝祥 爲帥

人物

陶弘景 秣陵人讀書萬卷掛冠神武門隱於句曲山時人謂之山中宰相

紀瞻 秣陵人石勒入寇元帝以爲都督勤退帝稱爲社稷臣

周顒 字彥倫隱北山後應詔爲海鹽令欲過此山孔稚圭假山神之意作文以却之曰鍾山之英草堂之靈馳煙驛路勒移山庭夫以耿介拔俗之標蕭灑出塵之想度白雪以方潔干青雲而直上吾方知之矣若其亭亭物表皎皎霞外芥千金而不盼屣萬乘其如脫聞鳳吹於洛浦值薪歌於延瀨固亦有焉豈有終始參差蒼黃翻覆淚翟子之悲慟朱公之哭乍迴跡以心染或先貞而後黷何其謬哉嗚呼尚生不存仲氏既往山阿寂寥千載誰賞世有周子雋俗之士既文既博亦玄亦史然而道遁東魯顏闔習隱南郭子綦竊吹草堂濫巾北嶽誘我松桂欺我雲壑雖假容於江皋乃纓情於好爵其始至也將欲

方十四　廿二

排巢父拉許由傲百氏蔑王侯風情張日霜氣橫秋或歎幽人長往或怨王孫不歸談空空於釋部覈玄玄於道流務光何足比涓子不能儔及其鳴騶入谷鶴書赴隴形馳魄散志變神動爾乃眉軒席次袂聳筵上焚芰製而裂荷衣抗塵容而走俗狀風雲悽其帶憤泉石咽而下愴望林巒而有失顧草木而如喪至其紐金章綰墨綬跨屬城之雄冠百里之首張英風於海甸馳妙譽於浙右道帙長殯法筵久埋敲扑喧囂犯其慮牒訴倥偬裝其懷琴歌既斷酒賦無續常綢繆於結課每紛綸於折獄籠張趙於往圖架卓魯於前籙希蹤三輔豪馳聲九州牧使我高霞孤映明月獨舉青松落陰白雲誰侶磵戶摧絕無與歸石逕荒凉徒延佇至於還飆入幕寫霧出楹蕙帳空兮夜鶴怨山人去兮曉猿驚昔聞投簪逸海岸今見解蘭縛塵纓於是南嶽獻嘲北隴騰笑列壑爭譏攢峯竦誚慨遊子之我欺悲無人以赴弔故其林慙無盡澗愧

不歇秋桂遺風春蘿罷月騁西山之逸議馳東皋之素謁今又促裝下邑浪拽上京雖情殷於魏闕或假步於山扃豈可使芳杜厚顏薜荔無耻碧嶺再辱丹崖重滓塵遊躅於黃路汚淥池以洗耳宜扃岫幌掩雲關斂輕霧藏鳴湍截來轅於谷口杜妄轡於郊端於是叢條瞋膽疊穎怒魄或飛柯以折輪乍低枝而埽迹請迴俗士駕爲君謝逋客

名宦

李白 嘗於城西孫楚酒樓翫月叅醉著紫綺裘烏紗巾與酒客棹歌秦淮往石頭訪崔侍御

題詠

江南佳麗地 謝元暉鼓吹曲云云金陵帝王州逶迤帶綠水迢遞起朱樓飛甍夾馳道垂楊蔭御溝凝笳翼高蓋疊鼓送華輈獻納雲臺表功名良可收

金波麗鳷鵲 謝元暉夜發新林至京邑贈西府同僚詩大江流日夜客心悲未央徒念關山近終知反路長秋河曙耿耿寒渚夜蒼蒼引領見京室宮雉正相望云云玉繩低建章驅車鼎門外思見昭丘陽馳暉不可接何況隔兩鄉風雲有鳥路江漢限無梁常恐鷹隼擊時菊委嚴霜寄言罻羅者寥廓已高翔

山爲龍虎蟠 李白詩晉家南渡日此地舊長安地即帝王宅云云金陵空壯觀天塹淨波瀾醉客迴橈去吳歌且自歡

巨海一邊靜 李白贈昇州王使君詩六代帝王國三吳佳麗城賢人當重寄天子借高名云云長江萬里清應須救趙策未肯棄侯嬴

禮樂秀羣英 李白別金陵諸公作詩云至今秦淮間云云地扃鄒魯學詩騰顏謝名

鴈入石頭城 曹松秋日送方干遊上元詩天高淮泗白料子趣脩程汲水疑山動揚帆覺岸行雲離京口樹云云後夜分遙念諸峯霧露生

石頭巉巖如虎踞 李白金陵歌云云凌波欲過滄江去鍾山龍蟠走勢來秀色橫分歷陽樹四十餘帝三百秋功名事迹隨東流白馬小兒誰家子泰清之歲來關囚金陵昔時何壯哉席卷英豪天下來冠蓋散爲煙霧盡金輿玉座成寒灰扣劍悲吟空咄嗟梁陳白骨亂如麻天子龍沉景陽井誰歌玉樹後庭花此地傷心不能道目下離離長春草送爾長江萬里心他年來訪南山皓

千尋鐵鎖沉江底 劉禹錫金陵懷古王濬樓船下益州金陵王氣黯然收云云一片降幡出石頭人世幾回傷往事山形依舊枕江流而今四海爲家日故壘蕭蕭蘆荻秋

禾黍高低六代宮 杜牧金陵懷古玉樹歌沉王氣終景陽鍾合曙樓空梧楸遠近千家冢云云石燕拂雲晴亦雨江豚翻浪夜還風英雄一去豪華盡惟有青山似洛中

只緣一曲後庭花 劉禹錫詩臺城六代競豪華結綺臨春事最奢萬戶千門成野草云云

祇有青山繞建康 蘇子瞻詩江令蒼苔圍故宅謝家語燕集華堂先生笑說江南事云云

東府舊基留佛剎 王介甫金陵懷古霸祖孤身取二江子孫多以百城降豪華盡出成功後逸樂安知與禍雙云云後庭餘唱落船窗黍離麥秀從來事且置興亡共酒缸

山水雄豪空復在 天兵南下此橋江敵國當時指顧降云云君王神武自難雙留連落日頻回首想像餘墟獨倚窗却怪夏陽纔一葦漢家何事費罌缸

山水寂寥埋王氣 地勢東回萬里江雲間天闕古來雙兵纏四海英雄得聖出中原次第降云云風煙蕭颯滿僧窗廢陵壞冢空冠劍誰復沾纓酹一缸

紫氣空收劍一雙 憶昨天兵下蜀

江將軍談笑士爭降黃旗已盡年三百云云破堞自生新草木廢宮誰識舊軒窻不須搔首尋遺事且倒花前白玉缸。以上並王介甫詩

萬事朝雲隨逝水 劉貢父和韻虎踞群山帯繞江爲誰興國爲誰降高臺麋鹿看無數簽沿鳧鷖未自雙云云百年西日過簷牕白門酒美東風快笑歎英雄盡一缸

亟傳單騎馘王雙 樓舡兩下數橫江元帥旌旗就約降旋報前師覆張佛云云然焚正自當煙突蟻潰何堪値水衝[illegible]傳云金陵城衝自陷下水賊以回首三軍歡奏凱萬牛行酒千缸

浩唱庭花倒玉缸 楚貢來遊說問江漢收群策士心降一言已重黃金百再見仍夢白璧雙要客脫身甘馬革老儒投筆謝書窻豈知三閣酣詩酒云云

潮聲半夜來寒渚 頹垣落水半平江喬木呼風不易降新出珠璣時得一道逢麟鳳不成雙云云月色深秋照舊窻唯有魚鼉城下市橋烏相望集飛缸。前人

展上公 高辛時人居玉李溪。曾極浩劫循環無始終年年玉李果春空初成未占茲山頂古老惟傳丨丨

東晉 曾景建斷簡殘編沉可尋諸賢興復不關心未應全罪王夷甫一任神州自陸沉

漁父 後主召一隱者問近曾作何詩云有漁父詩風雨揭却屋渾家醉不知。曾極習士夢觀當局迷滄浪釣叟出陳詩江頭風怒敗漁屋底市全家醉不知

昇元閣鐸 石柱二見此立右軍數場中。曾景建擘峯石柱鮮瘢班江國如鴻去不還無復切雲三百尺秪傳風鐸在人間

孫陵鵝眼錢 曾景建六代初終幾變遷孫陵無樹起寒煙青蚨細薄如榆莢猶是當年買笑錢

澄心堂紙 曾極褚生玉面務深藏未肯橫陳翰墨場一幅降牋何用許償萬綵寫宋文章

德慶堂字 李主所書南唐但餘此物李主筆法有鐵鉤瑣見淨休集山谷集。曾極詩森然筆勢聚千將氣軋鍾王未肯降惆悵當年鐵鉤鎖可能無意鎖長江

南唐金銅香爐 曾極詩製作元從建業宮形模奇古雜金銅煙昏塵暗君休笑曾在紅鸞翦影中

南唐宮中殘獐 丨丨丨丨忽得丨丨一枚陳陶云是夜狼星上直。曾極詩周廬列千兵那得殘獐墮禁庭鹿走棘生先有象天文未必直狼星

南唐遣使 曾極詩談鋒竟所強鄰卑對當年亦有人國老曾中原百萬不將全力鏖江神

玉樹後庭花 曾極詩結綺臨春成草莽繁華都入暮煙中後庭玉樹迎秋色猶帶張妃臉上紅

三段石 孫權時碑今移在府中。曾極詩凜然星象法書存重暈應無野火焚劉據英雄餘一念斷碑千載尚三分

沒字碑 曾極詩漫漫荒池浸綠無殘碑一丈載龜趺當年刻畫書勳閥雨打風吹字已無

校官碑 在溧陽縣官解。曾極詩風摧雨剝丨丨丨集古先生竟不知同是光和千歲刻未容古縣獨稱奇

石麒麟 地名。曾極詩短峽長壟起寒煙知是何人古墓田千歲石麟相對立肘駿膊焰鼓依然。石步道中有丨丨丨數十又詩云地悴天荒丘隴平難從野老問衰興蕪煙落日低迷處折足麒麟臥壞陵

水精大珠 真廟所賜貺物皆倒又物影沉在下上段無影。曾極詩云氷玉摩尼如鵲卵大千世界倒懸中何人提向江頭照照見神州一半空

轀車 曾極娙娥共音今古同宮粧袨服已成空雕文結角丨丨巧猶有梁陳宮掖風

決囚燈

後主聽死囚燃佛燈決之囚家賂左右竊益膏油輙得不死
。曾極詩五詳三覆始施刑明欸蘭膏豈是憑可惜當年投
嚴續無人爲
益決囚燈
江南録 事見荆公集。曾極詩自古嬰鱗
戉以狂悖誅潘佑事堪傷無誰寄
語徐常侍不殺
忠臣國未亡
蜀海棠 曾極詩傳芳遠遠自西鄰錦傘
高張翠眼新花睡覺來紅淚落
年年如憶
故宮春
鳳州柳 鳳州柳蜀主與江南結婚求得其種
鳳州出手柳酒。曾極詩蜀主函封
遣使時芳根元自鳳州移柔荑
醞醁今安在唯有青絲拂地垂
南燭草木 曾極詩駐采
還年枉費功
羞將老色照青銅仙方不厭
無消息南燭雨珠顆顆紅
榠樝 形如木瓜熟時金黃偏
弘景五和糅中用之。
曾極詩子冉進饑色微黃仙老調膈有禁
方伍和糅奇無處覓楨擕新熟壓枝香
青松路 曾極
詩致
君堯舜事何難投老鍾山賦考槃愁殺天津橋上客杜鵑聲
裏兩眉攢。王介甫手種松又詩云暈進群姦卒召戎萌孽
培養自熙豐當時手植留
遺蘗尺有嚴前十八公

四六

況鳳蹕恩 疇咨上宰 光奉宸綸 行宮萬鑰
玉麟分閫 居守陪京 出司留鑰 禁旅千營
乃眷留都之重 眷建康之古都 惟大江襟帶之區
仍兼制閫之隆 乃江左之雄鎮 實前代綺羅之地
況六朝之故國 控四路之要津 宜襟帶咽喉之地
控三路之要津 揔諸軍之會府 屬股肱心膂之臣
往司管鑰之嚴 六朝都邑之舊 萬屯霜肅於貔貅
乃總兵符之重 四面山川之雄 列宿風清於刁斗
眷惟虎踞之邦 前代創業之邦 留都非它鎮之比
實藉龍蟠之略 仁祖興王之國 管鑰異左符之分

襟帶控禦昔傳天塹之雄 人物浩繁蓋南北要衝之地
管鑰留司今接日畿之近 江山佳麗號古今形勝之區
龍蟠虎踞坐增形勢之雄 元帥領十連之重兼總兵民
箕張翼舒頓覺精神之改 別宮備萬乘之臨實司管鑰
共令父老復見漢官之儀 湘水岸花我正哦公之留詠
亦冀士夫不作楚囚之泣 鍾山雲竹公當訪我之舊游
八命作牧榮蹤出綍之恩 紫蓋黃旗接帝城之葱鬱
十國爲連兼總留臺之務 玉符金鑰護輦路之深嚴
欲壯小朝廷之風釆 道家蓬萊山豈不戀神仙之樂
用資賢賓客之才名 金陵佳麗地奈適閒曠晃之憂
惟大江上下數千里 一相揭日月之光俯江淮而下燭
宿南渡東西百萬師 萬乘分旌旗之半俾夷夏之聳觀
雖節制獨巍於江面寄護京畿
然威聲遠暢於邊頭期清河洛

新編方輿勝覽卷之十四

新編方輿勝覽卷之十五

建安 祝 穆 和父編

太平州 當塗 蕪湖 繁昌

建置沿革 禹貢揚州之域吳地斗分野春秋屬吳後屬越又屬楚秦屬鄣郡漢武改鄣郡曰丹陽郡晉平吳分丹陽置于湖縣成帝時以江北之當塗縣流人過江在于湖者僑立爲塗縣屬淮南郡宋以來或治姑孰或徙于湖隋徙當塗於姑孰隸蔣州唐屬宣州五代立新和州又爲雄遠軍 皇朝改平南軍太平興國二年改興國軍並建分紀年以名之 今領縣三治當塗

事要

郡名 于湖 當塗 姑孰 並宏華注

風俗 民安俗阜 郡國志其丨其丨丨 田利倍他壤 曾子固靜應山修造記云丨丨之入丨於丨丨魚蝦竹葦柿栗之貨既足以自資而其江山之勝又天下之奇處也

形勝 鐵甕直其東 洪景嚴記姑孰在大江之南左天門右牛渚云云石頭枕其北襟帶秦淮自孫吳迄于陳常爲巨屏 牛渚北臨 陳宣帝詔龍山南指云云 江津之要 丹陽記 斯爲上游 金陵記姑孰之南淮曲之陽置南豫州六代英雄迭居于此云云廣屯兵甲建築墉壘至隋平陳改南豫州爲宣州徙當塗於姑孰

山川 青山 在當塗縣東南三十里○寰宇記齊宣城太守謝朓築室於山南遺址猶存絕頂有謝公池唐天寶改爲謝公山朓詩云還望丨丨郭山下有青草市一名謝家市○郭功父懷丨丨草堂詩三峯連延一峯尊龍山白紵如兒孫重岡複嶺控官道北望金陵真國門石崩駿井謝公宅龜仆斷碣長庚墳斯人白骨已化土英氣往往成煙雲 龍山 在當塗縣南十里舊經載孟嘉落帽事按丨丨當在江陵而元和志及寰宇皆云此山 采石山 在當塗北三十里山下有磯江源記人於此取石因名上有蛾眉亭下有廣濟寺中元水府廟又承天觀○李白懇求還山帝賜金放還白嘗乘月與崔宗之自采石至金陵着宮錦袍坐舟中旁若無人○郭功父采石渡頭風浪惡九道驚湍注山腳金牛出沒人不知犀燎磧嶮峴巇如削上有藤蘿霧張羽蓋下有洞窟崩漸震天樂水神開府志歲年耳燭朱衣馬字躍皇朝受禪歸寰區夜半虹橋自天落萬壑龍虎下金陵巨斧連營剖城郭霸主張纓來就俘摧殘頭角龍變魚羅綺半隨灰燼滅珠樓玉殿成荒墟衣冠文物歸中國誰道長江限南北白日輪蹄午闐闐煙波自與蘆花白我來覽古憑陽春高吟未遇謝將軍騎鯨捉月去不返空餘綠草翰林墳風期亢爽非今古冥漠神交兩相許倒提金斗傾濁醪酒瀝招魂寂無語斜陽衡山噴潮退西兩漁舟迷向背便欲因之垂釣竿六鰲一擲天門外○曹彬大敗江南軍二萬衆於采石磯○中興小曆紹興三十一年逆亮入寇欲由采石渡江時詔王權至行在以李顯忠代之命中書舍人虞允文趣顯忠交軍時防江諸軍未有統屬允文自建康至因督統制官時俊盛新等以海鰍船逆擊之皆死鬭虜舟沉溺者以萬數其回北岸者亮皆殺之遂不能濟允文具以捷聞 牛渚山 在當塗縣北三十里山下有磯古津渡也與和州橫江相對隋師伐陳賀若弼從此北渡六朝以來爲屯戍之地輿地志丨丨昔有人潛行云此處通洞庭傍達無底見金牛狀異乃見怪而出○溫嶠平蘇峻亂進錄尚書事遷

不受還藩笙牛渚磯水深不可測世云下多怪物嶠遂燃犀照之須臾水族覆火奇形異狀或乘車馬著赤衣衣幘其夜夢人謂曰與君幽明道別何意相照嶠至鎮未旬而卒○謝尚鎮牛渚嘗秋夜乘月與左右微服汎江會袁宏在舫中諷詠聲既清暢詞又藻拔遂迎升舟與之談論宏自此名譽日茂○劉禹錫泊牛渚詩蘆葦晚風起秋江鱗甲生殘霞忽改色遠鴈有餘聲戍鼓音響絶漁家灯火明無人能詠史獨自月中行○李白詩牛渚西江夜青天無片雲登舟望秋月空憶謝將軍余亦能高詠斯人不可聞明朝掛帆席楓葉落紛紛○又詩絶壁臨巨川連峯勢相向亂石流洑澗迴波自成浪但驚群木秀莫測精靈狀更聽猿夜啼憂心醉江上○介甫詩歷陽之南有牛渚一風微起萬舟阻華戎蠻蜀支百川合爲大江神所纏山盤水怒不得泄到此乃有無窮淵朱衣乘波作官府操制生殺無非權陰靈秘惟不欲露燃犀得禍刼偶然

天門山 在當塗西南三十里又名蛾眉山夾大江東曰博望西曰梁山○李白詩||中斷楚江開碧水垂流至此迴兩岸青|相對出孤帆一片日邊來○李白銘有曰梁山博望關扃楚濱夾據洪流寔爲吳津兩坐錯落如鯨張鱗惟海有石惟川有神牛渚惟物日圍車輪光射島嶼氣凌星辰卷沙揚濤溺馬殺人國泰呈瑞時訛返珍開則九江納錫閉則五嶽飛塵天險之地無德匪親

褐山 在當塗西南楊行密攻趙鍠戰于此

白紵山 在當塗東五里按寰宇志名楚山桓温領妓遊山奏樂好爲白紵歌因名○王介甫詩云||衆|頂江湖所縈帶浮雲卷晴明可見九州外肩輿上寒空置酒故人會巒峯張錦綉草木吹竽籟登臨信地險俯仰知天大留歡薄日晚起視飛鳥背殘年苦局束往事嗟摧壞歌舞不可求栢公井空在

慈姥山 在當塗縣之西北四十五里按地志山上出竹堪爲簫管○李白曰||||竹作簫笛有妙聲○丹陽記自伶倫採竹嶰谷後見此奇故歷代常給樂府又呼爲歎吹山○王褒洞簫賦原夫簫幹之所生兮于江南之丘墟洞條暢而罕節兮標敷紛以扶疏○李白詩對竹攢石生含煙映江島翠色落波深虛聲帶寒早龍吟曾未聽鳳吹應好不學蒲柳凋貞心常自保

望夫山 在當塗縣正對和州郡樓昔人往楚累歲不還其妻登此山化爲石○李白詩顒望臨碧空怨情感離別江草不知愁巖花但爭發雲山萬重隔音信千里絶春去秋復來相思幾時歇○劉禹錫詩終日望夫夫不歸化爲孤石苦相思望來已是幾千載只似當初初望時○後山詩話望夫石在處有之古今人詩共用一律黃叔達魯直之弟也以顧況爲第一云山頭日日風和雨行人歸來石應語

横望山 在當塗東北六十里漢晉以來陶氏諸墓域環遶山麓

靈墟山 在當塗南十里郡志丁令威遼東人學道於仙於||||後化鶴歸遼集華表柱歌云有鳥有鳥丁令威去家千年今始歸城郭如故人民非何不學仙冢纍纍○李白詩丁令辭人世拂衣向仙路伏鍊九丹成方隨五雲去松蘿蔽幽洞桃杏深隱處不知曾化鶴遼海歸幾度

二梁山 楊廷秀題東西||||詩二梁雙黛點東西牛渚看來活底眉阿誰畫時微失手一眉高着一眉低○傳道臨春惜麗華不從陳帝入隋家獨將六國千年恨留下雙鬟寄岸花

三山磯 在繁昌東北四十里○郡志陳希元泊舟||||有老叟曰來日午時有大風舟行必覆宜避之來日午黑雲起大風暴至怒濤若山行舟皆溺公驚嘆又見前叟曰某江之遊奕將也以公他日當位宰相故相告

蟂磯 在蕪湖西南七里蟂毛蛟也黃魯直書||||云蟂似蛇四足能

害人賈生所謂偭蟂獺以隱處者也

姑孰溪 在縣南二里西入大江。李白詩愛此溪水閑乘流興無極漾楫怕鷗驚垂竿待魚食波翻曉霞影岸疊春山色何處浣沙人紅顏未相識

丹陽湖 在當塗縣東南七十里。李白詩湖與元氣連風波浩難止天外賈客歸雲間片帆起龜游蓮葉上鳥宿蘆花裏少女棹輕舟歌聲逐流水

慈湖 在當塗北六十五里郡志晉陶侃與蘇峻戰于丨丨。蘇子瞻丨丨阻風詩捍索桅竿立嘯空篙師酣寢浪花中故應管領知心腹弱纜能爭萬里風

蕪湖 在當塗西南八十里源出丹陽湖寰宇記以其地卑畜水非深而生蕪藻故名

繁昌浦 劉孝綽詩夕逗丨丨丨暮煙生遠渚歸鳥赴前洲隔山聞戍鼓

堂舍

江東道院 在設廳西北楊瀕詩道院由來不浪傳兩衙封印日蕭然絕無爭俗頻刑禁贏得江天弄簡編

姑孰堂 在清和門外。郭功父詩誰謂江南地褊小丨丨之丨天下少丹湖千里浸城東蒲葦藏煙春渺渺牛渚對峙凌歊臺長江倒掛天門開有時浪止皓月滿琉璃宇宙無纖埃帆檣隱隱飛鳥沒漁歌細下天邊來

蛾眉亭 在采石山上望見天門山。郭功父詩前登千丈峯萬里瞰瀰漫丨丨聳雙碧斬斬天塹斷披榛結危丨突兀出天半。壁間有詩曰中分黛色三千尺不着人間一點愁

四望亭 在當塗縣東

十詠亭 在城東盖姑孰溪丹陽湖謝公宅凌歊臺桓公井慈姥竹望夫石牛渚磯靈墟山天門山十詠也。蘇子瞻有云余嘗舟次姑孰堂下讀姑孰丨丨怪其語淺近不類李白王平甫云此李赤詩也赤見柳子厚集自比李白故名赤其後為廁鬼所惑以死今觀其詩止此而以太白自比則其人心疾久矣非廁鬼之罪也

夢日亭 在蕪湖北二十里。晉王敦鎮姑孰明帝時敦將舉兵內向帝密知之乃乘巴滇駿馬微行至湖陰察敦營壘敦正晝寢丨丨環其城驚起曰此必黃鬚鮮卑奴來也乃使五騎追帝帝亦馳去見逆旅賣食嫗以七寶鞭與之曰後有騎來可以此示之俄而追者至因以鞭示之五騎傳玩稽留帝僅獲免出是樂府有湖陰曲亭名以此

吳波亭 張安國書取溫庭筠曲丨丨不動楚山碧之句

玩鞭亭 楊廷秀老賊平欺晉鼎輕一輪五色巳夢中驚寶鞭脫急派無策何以休將日逸營。問着無聲是阿兄半看家賊只吞聲戮死大放經綸手長柄判將錫茂弘。韓無咎詩黃鬚鮮卑勇無策自驅騎馬來窺賊賊奴但在日繞營起有飛塵巳無迹寶鞭不惜棄道旁坐令老嫗知興亡百年社稷有大意姦鋒逆將徒賜張孤城遺跡森在目平湖無復春草綠却對青山憶謝公父老衙爐人姓木邊兵巳重朝士輕中原有路何由行柙中虎兕不可制江左夷吾浪得名。張文潛云頃遊無湖問父老湖陰所在皆莫知之然則帝至于湖當為斷句乃作于湖曲以誌之武昌雲旗蔽天赤夜繞于湖洗鋒鏑巳滇綠駿風作蹄去如滅沒來不嘶日圍萬里纓孤壁勇氣如霜巳潛釋蝕矛賤匕識天顏玉帳鬚奴落妖魄君不見銅駝陌上塵沙起胡騎春來飲澠水浮江天馬是龍兒飛踏揚州開帝里王氣高懸五百秋弄兵老魄空白頭石城戰骨臥秋草更欲君王分上流

古跡

凌歊臺 在城北黃山上宋武帝南遊嘗登此臺且建離宮焉。李白詩曠望登古臺臺高極人目疊嶂列遠空雜花閒平陸閑雲入窗牖野翠生松竹欲覽碑上文苔侵豈堪讀

桓公井 在白紵山。李白詩桓公名已古廢井曾未竭石甃冷蒼苔寒泉湛孤月秋來桐暫落春至桃還發路遠人罕窺誰能見清澈

謝公宅　在城東青山。李白詩：青山日將暝，寂寞謝公宅。竹裏無人聲，池中虛月色。荒庭衰草徧，廢井蒼苔積。唯有清風閑，時時起泉石。

祠墓

李白墓　郡志：李白初葬采石，後還青山，去舊墳六里。○按李陽冰草堂集序、劉全白作墓碣，皆謂以疾終。五侯鯖録載太白過采石，酒狂捉月，恐好事者為之。而梅聖俞詩云：采石月下逢謫仙，夜披錦袍坐釣船。醉中愛月江底懸，以手弄月身翻然。不應暴落飢蛟涎，便當騎鯨上青天。蓋信此而為之說也。新唐書云：李陽冰為當塗令，白依之。是時當塗未為州，隷宣城。而陽冰序謂白疾亟，抗上授簡，俾為集序，無捉月之説。皆古不取溺，故史氏為白諱耶？抑小説多妄，而詩老好奇，姑以發新意耶？○蘇子瞻書丹元子所示李太白真二首云：天人幾何同一漚，謫仙非謫乃其遊。麾斥八極隘九州，化為兩鳥鳴相訓。一鳴一止三千秋，開元有道得少留。梟之不可犯，肯求。○西望太極横峨岷，眼高四海空無人。大兒汾陽郭令君，小兒天台坐忘真。平生不識高將軍，手汚吾足乃敢嗔。作詩一笑君應聞。

名宦

周瑜　孫策時為春穀，今即姑孰也。

陸遜　嘗出鎮姑孰。

謝尚　以建威將軍鎮牛渚。

李陽冰　客遊燕趙間，為當塗令。高才尚氣，自言其書後千年有人，吾不知之；後千年無人，將盡於斯矣。

皇朝蔡確　為繁昌宰。

宋敏求　為守。或送詩：浪蕩春流涵，蕪湖候吏迎。旌旗曉日麗，鉦鼓野風清。暫起紅塵遠，休嗟素髮生。蕪城方四十，自古以為榮。

曾鞏　司戶，召為編修。

黃庭堅　為守。

呂希哲　為守。

李之儀　為編修。徽廟時，范純仁口占遺表，有「惟宣仁之誣謗未明，致保佑之憂勤不顯」，皆權臣務快於私忿，非泰陵實謂之當然。命李之儀次第之。小人附會，以為儀之撰，謫知太平州。

人物

謝朓　宋人，居青山，文章清麗。為齊隨王子隆鎮西功曹。長史王秀之以朓年少相動，欲以啓聞。朓知之，因事求還。道中為詩寄西府曰：常恐鷹隼擊，時菊委嚴霜。寄言罻羅者，寥廓已高翔。

皇朝郭祥正　當塗人。其母夢李太白而生，自號謝公山人。梅聖俞一見，呼為謫仙。仕至殿中丞。所居有醉吟庵，東坡過而題詩。

名賢

石待問　蜀人，以諫營昭應宮，坐謫滁州。又卜居蕪湖縣，卒，因葬焉。黃魯直書其墓曰：有宋賢良方正九論不悔自下剩上眉山石公之墓。

題詠

平原周遠近　謝朓：積水照頹霞，高臺望歸翼。云云。連汀見紆直。

故壘猶連謝尚城　潘逍遙遊當塗詩篇：舟不復見袁宏。云云。

山連吳楚周遭起　楊顯詩：云云。水合湖湘洶湧來。

暮潮聲帶九江來　李中元詩：晴嶂勢吞三楚盡。

詫看蕪城是勝遊　郭功父蕪湖詩有云：詩中長愛杜池州。云云。

小邑

人惠旋生當路縣　杜荀鶴贈秋浦張明府詩：君為秋浦三年宰，萬慮關心兩鬢知。云云。吏才難展用兵時。農夫背上題軍號，賈客船頭插戰旗。他日親知問官況，但教吟取杜家詩。

四六

分符牛渚，疏綍鰲藩。

實控江津，眷惟州治。

地控風寒，江為天險。

實維道院，乃眷鈴齋。

矧當塗之樂土，實江左之雄藩。

惟當塗之巨鎮，恃采石之驚濤。

龍墀方賴於論思，牛渚乃資於鎮撫。

擇地屯兵，自晉已為重鎮；沿江設險，至今尤號要衝。

中興擊賊，嘗欣采石之捷聞；今日防江，尤覺當塗之地重。

在昔升平固可稱於道院上車強顏又作甘泉之法從
屬時多事詎敢忘於兵防開緘見面重逢采石之謫仙
豈但詩人能發山川之秀山標白紵看與追荊國之遊
正須郡牧益圖藩翰之功湖汎丹陽尚擢和謫仙之句
載酒龍山尋孟嘉之風味青山故宅永懷翠蔚之莫莚
汎舟牛渚賦太白之詩篇采石扁舟尚想錦袍之同載

寧國府

宣城 寧國 旌德 南陵 涇縣 太平

建置沿革 禹貢揚州之域吳地斗分野春秋時屬吳後屬越戰國屬楚秦置鄣郡漢改為丹陽郡理宛陵即今理也東漢立宣城郡宋齊因之梁置南豫州隋改為宣州唐昭宗時號寧國軍 皇朝為宣州仍為寧國軍節度繼以 孝宗潛藩陞寧國府今領縣六治宣城

事要

郡名 宛城 宣城 陵陽 宛陵

風俗 民安俗阜 唐權德輿新興寺碑其土樂其丨丨其丨丨 清涼高爽 韓愈與崔群書宣州雖稱云云然皆大江之南風土不並以北 惟宣州為多賢 韓愈送楊儀之序 舟車繁會之鄉 唐尉遲樞新安院記陵陽古稱名郡今日為最雄乃丨丨丨丨丨丨風俗和柔之境 土廣人庶 白居易宣陵陽與壤云云

形勝 據吳上游 陳勢大寧塔記惟宛陵郡作藩南吳丨丨丨丨地產氣厚之平夷江漢岡巒之襟帶 阻山帶江 唐陳簡甫良吏記宣州秦故鄣之地云云銅陵鐵冶繁阜其中 水石幽奇 王元之送姚著作序云云

土產 紫毫筆 白居易詩起居郎侍御史爾知紫毫不易致每歲宣城進筆時紫毫之價如金貴謹勿空將彈失儀謹勿空將錄制詞 紅線毯 白居易丨丨丨詩美人踏上歌舞來羅襪繡鞋隨步沒太原毯澁毳縷硬蜀都褥薄錦花冷不如此毯溫且柔年年十月來宣州宣州太守加樣織自謂為臣能竭力百夫同擔進宮中綫厚絲多捲不得宣州太守知不知一丈毯千兩絲地不知寒人要暖少奪人衣作地衣 木爪 宣州人種丨丨始成顆則鏤紙花以貼其上夜露日曝而變紅花紋如生可愛

山川 陵陽山 在宣城一峯為疊嶂樓一峯為譙樓一峯為景德寺 敬亭山 在宣城北○謝朓遊丨丨丨詩茲山亘百里合沓與雲齊隱淪既已託靈異居然棲上干蔽白日下屬帶迴溪交藤荒且蔓樛枝聳復低獨鶴方朝唳飢鼯此夜啼渫雲已漫漫多雨亦淒淒我行雖紆組兼得尋幽蹊緣源殊未極歸路匐如迷要欲追奇趣即此陵丹梯皇恩竟已矣茲理庶無睽○李白詩敬亭一回首目盡天南端仙者五六人常聞此遊盤溪流琴高水石聳麻姑壇白龍降陵陽黃鶴呼子安羽化騎日月雲行翼鴛鸞下視宇宙間四溟皆波瀾汰絕目下事從之復何難百歲落半途前期浩漫漫強食不成味清晨起長歎願隨子明去鍊火燒金丹○劉禹錫詩丨丨之丨黃索漢元如斷岸無稜角宣城謝守一首詩送使聲名齊五嶽 昭亭山 在宛陵之北 雙羊山 在宣城南五里以山有雙羊石故名○梅聖俞詩風雪丨丨路梅花丨下村 響山 在宣城縣南五里○李白詩禁土樓丨丨俯臨死水湄 中山 一名獨山有白兔世傳以為筆精妙○韓愈作毛穎傳惟居丨丨者能繼父業 籍山 在南陵縣

乃邑鎮山

水西山在涇縣西一五里林壑深邃。郡志唐宣宗詩長安若問江南事說道風光在水西

石壁山在旌德三十里古峯對起清溪中流安定胡公有詩

黃山在太平縣南三十里舊經黃帝棲真之地山當宣歙二州之境有三十六源二十四溪八大巖。李白送溫處士歸｜｜詩黃山四千仞三十二蓮峯丹崖夾石柱菡萏金芙蓉仙人煉玉處羽化有遺蹤他日還相訪乘橋躡綵虹

文脊山在寧國西三十里舊名昌山府治以為案有六洞樹聖俞有留題

魁峯在涇縣南七十里詩云｜｜項秀王女峯高入仕路者紫綬金章

疊嶂在陵陽山之上

陽坡杜子美詩｜｜好種瓜注云毛錫秦譜宣城有鳴如山其東為朝日所燭號曰｜｜

雙溪在城下二水合流。揚廷秀詩敬亭宛水故依然疊嶂｜｜阿那邊謝守不生梅老死倩誰海內掌風煙

宛溪在宣城東。李白詩吾怜｜｜水百尺照心明

句溪在宣城東五里

清溪李白詩｜｜清我心水色異諸水借問清安江見底何如此人行明鏡中鳥度屏風裏向晚猩猩啼空悲遠遊子

涇溪李白別山僧涇川作云何處名僧到水西乘舟弄月宿｜｜

澀灘李白下涇縣至｜｜詩澀灘鳴嘈嘈兩山足猿猱白波若卷雪側石不容舠漁人與舟人撐折萬張篙

六剌灘李白下陵陽溪三門｜｜｜｜詩三門橫峻灘六剌走波瀾石驚虎伏起水狀龍縈盤何慙七里瀨使我欲垂竿

堂亭

宛陵堂在便廳西。呂居仁詩疊嶂樓前納涼處｜｜｜下採梅時

景呂堂在旌德簿廳呂獻可嘗為此官

曲肱亭黃魯直題宛陵張持舉｜｜｜詩仲蔚蓬蒿宅宣城詩句中晨雞催不起擁被聽松風

謝公亭在宣城縣北二里舊經云謝元暉送范雲零陵內史之地。李白詩池花春映日窗竹夜鳴秋謝今離別處風景亦生愁

高齋在府治東謝元暉有詩

樓閣

疊嶂樓在府治唐刺史獨孤霖建。獨孤霖書云郡地四出皆卑即阜以垣故於樓為易而賦名必著其當正據廓亦雄胪競修由是綠步逾千萬目相瞻則壯邦麗解之動慷在第一繁絲機羅錯卉障錦春以融獨峯採雲雙波屹風暑以澄曉黛蛾入夕蟾娟來秋以揚雲併半空氷偏一岸冬以明此槩舉爾縷不盡也然而月話方御獨醉始酣則防城健卒警三而環藝諸至越俗從走奏禍黨呼去挨課雖黃度展和不能不憮而數嚮之歷舉四美悉估而陪之不足贖矣余春至逮秋偶步池北得小亭之直上居然最勝因命植棟闢狹出城屋之脊周方數間小亭如初而中與諸樓相壓者自為一地其上則朗出高際平與空等向所謂越課者不復遊處則其四美不俟說而聞不假到而見非聞非見其然也始聞始見其向之未必然也且聞且見而今之所以然也向既舉既今不可默夫北望條風清暑之流皆編攬收戢莫全厥美或能伸左臂或肘右目或獨全正面總而有諸則我無讓斯又不聞不見而以其然為然矣郡以溪山著名而溪小負則疊嶂之名為宜至於欄干踏道沙子門戶等咸有曲肯成於新致舉之則縷溉煩於槩故抑之而中地亦晦而不彰咸通十二年十二月辛亥宣州刺史某書

北樓謝朓建。李白詩江山如畫裏山晚望晴空兩水夾明鏡雙橋落彩虹人煙寒橘柚秋色老梧桐誰念｜｜上臨風懷謝公

雙溪閣在府治取宛句二水以名

寺觀

開元寺杜牧詩六朝文物草連空天淡雲閒今古同鳥去鳥來山色裏人歌人哭

水聲中深秋簾幕千家雨落日樓臺一笛風惆悵無因見范蠡參差煙樹五湖東

名官

庾亮 晉人爲宣城內史 **范曄** 還宣城太守不得志乃刪眾家後漢書爲一家之作 **江淹** 爲太守 **謝朓** 字玄暉爲太守 **羊元保** 宋文帝善棊與元保奕元保賭得宣城太守當日敕受人以爲處受 **顏真卿** 爲觀察使 **李翱** 盧坦刺宣城辟致幕下 **崔羣** 韓愈送揚儀之支使歸湖南序嘗聞當今藩翰之賓客惟宣州爲多賢與之游者有二人焉隴西李博清河丨丨君與博之爲人吾知之道不行於其主人與之處者非其類雖有享之以季氏之富不一日留也以君博論之凡在宣州之幕下者雖不盡與之游皆可信而得其爲人矣愈未嘗至宣州而樂頌其主人之賢者以其取人知之也雖擺見 **沈傳師** 嘗爲觀察使 **杜牧** 爲判官 **杜荀鶴** 牧之子田頵守宣城延置幕下嘗賦詩云風暖鳥聲碎日高花影重時稱佳句 **皇朝沈括** 謫知宣州 **張耒** 爲太守 **晏殊** 殊爲推副坐以笏擊折從者齒出知宣州 **余靖** 爲司理後至尚書 **胡宿** 爲通判 **孫覺** 太平令 **呂士龍** 知宣州好笞官妓會杭州一妓至士龍喜之一日欲笞一妓妓曰不敢辭但杭妓不能安也士龍怒而釋之梅聖俞作莫打鴨詩云莫打鴨打鴨驚鴛鴦鴛鴦新向西池落不比孤洲老禿鶖

人物

蔣華 宣城人李白集有詩哭之 **梅詢** 宣城人 **梅堯臣** 宣城人王晦叔見其文曰二百年無此作矣歐陽永叔論其詩曰世謂詩少達而多窮蓋非詩能窮人殆窮者而後工也

名賢

黃庭堅 作承天院記使者觀望宰相趙挺之意以庭堅有幸災之言貶宜州

題詠

平楚正蒼然 謝朓郡城登望詩借問下車日匪直望舒圓寒城一以眺平楚正蒼然云云山積陵陽阻溪流春穀泉威紆距遙甸巉巖帶遠天切切陰風暮桑柘起寒煙悵望心已極惝怳魂屢遷結髮倦爲旅平生早事邊誰規鼎食盛寧要狐白鮮方棄汝南諾言稅遼東田

高閣常晝掩 謝朓在郡臥病呈沈尚書云云荒堦少諍辭珍簟清夏室輕扇動涼飈嘉魴聊可薦綠蟻方獨持夏李沉朱實秋藕折輕絲良辰竟有許夙昔夢佳期坐嘯徒可積爲邦歲已朞絃歌終莫取撫几今自嗟

窗中列遠岫 謝元暉答呂法曹詩結構何迢遰曠望極高深云云庭際俯喬林已有池上酌復此風中琴非君美無度孰爲勞寸心惠而能好我問以遥華音若遺金門步見就玉山岑

遠近聞佳政 張九齡寄裴宣州詩云故人宣城守亦作江南篇云云平生仰大賢如何分虎符相與間山川

冰壺照清川 李白贈宣城宇文太守詩君從九卿來水國有豐年魚鹽滿市井布帛如雲煙下馬不作威云云霜眉邑中叟皆美太守賢

宗英佐雄郡 李白贈從弟宣州長史淮南望江南千里碧山對我行倦過之半落青天外云云水陸相映帶長川豁中流千里瀉吳會君心亦如此包納無小大摇筆起風霜推誠結仁愛訟庭垂桃李賓館羅軒蓋何意蒼梧雲飄然忽相會才將聖不偶命與時俱背獨立山海間空老聖明代知音不易得撫劍增感慨當結九萬期中途莫先退

土控吳兼越 杜牧云云州連歙與池山河地襟帶軍鎮國藩維

晚樓明宛水 黃魯直詩試說宣城郡停盃且細聽云云春騎

狹昭亭攞徑豐紆戶枋揚卧訟庭謝公歌舞慶時對換鵝經宣城四面水茫茫王建詩云云章謝朓青山李白樓陸龜蒙詩陵陽佳地昔年遊云云盡江城竹夾墻碧落神仙擁使君劉同叔送凌侍郎詩江南富郡古宣城云云江山謝守高吟地風月朱公故里情虎丘換得敬亭山吳郡志載林希疊嶂樓有懷吳門朱伯原詩云云句水松陵數含闔天下難如兩州好君恩乞與一身閑宣州水西天下勝曾紆宣州水西詩林藏出郭一水近石磴古路穿松筠萬仞絕壁倚天末八節灘當寺門泉聲飛下錦綉谷殿影插入玻璃盆云云閣州城南何足云

四六

疏錢宬庭　眷是宣城　徼池鄰境　惟宣置郡
建牙江國　介于江閫　俾謝舊邦　以江為城
惟宛陵之名郡　惟地望之推高　在三江二浙之間
乃帝子之潛藩　因詩人而增重　占疊嶂雙溪之勝
溪山行樂方巾擇勝之車　澄江如練行將賡謝朓之詩
老稚縱觀幟擁班春之旆　疊嶂有樓抑且續獨孤之記
地稱高爽清涼韓文載紀　誦明鏡彩虹之句昔已流傳
民興嘆息愁恨漢治重違　作晚樓春騎之詩今尤膾炙
一州六邑夙稱富饒之雄　謝宣城五字之詩古今絕唱
疊嶂雙峯九覽江山之勝　黃山谷一篇之詠山水增輝
溪山甚勝宜不廢於登臨　不惟太守賦詩躡謝朓之才
獄訟自清政何妨於嘯詠　更想賓僚入幙盛推群之選

新編方輿勝覽卷之十六　建安祝穆和父編

徽州　歙　休寧　祁門　黟　婺源　績溪

建置沿革　禹貢揚州之域吳地斗牛分野春秋屬吳後屬越又屬楚秦置鄣郡漢武改爲丹陽郡而丹陽都尉分治于歙黟歙二縣皆屬焉吳孫權分丹陽郡置新都郡晉武改新都爲新安郡隋置歙州煬帝改爲新安郡後爲歙州　皇朝因之宣和改爲徽州今領縣六治歙縣

事要

郡名　新安　古歙

風俗　人性剛而喜鬪見後朱元晦道院記　君子則務爲高行奇節同上　異材間出朱元晦跋東溪勝侯傳云婺源爲縣窮僻斗入重山複嶺間而百十年來云云如翰林汪公及我先君子太史公皆以學問文章顯重於世云云　地雜甌駱呂和叔集博陵崔某狀歙州云云號爲難理

形勝　歙大州也見後韓愈送陸歙州序云　山峭厲而水清激見後道院記　有佳山水權載之送陸歙州序新安云云以資勝踐　在萬山間郡志新安爲郡云云其地險陿而不夷其土騂剛而不化至於大山深谷民之田其間者層累而上指十數級不能爲一畝快牛剡耜不得旋其間刀耕而火種之十日不雨則仰天而呼一遇雨澤山水暴出則糞壤與禾蕩然一空蓋地之勤民力也如此　鳥道縈紆同上自睦州青溪縣界至歙州皆云云曲

待制出守於兩岸上駐兵下瞰來路雖蚍蜉之微皆可數賊不敢犯後移屯山谷間遂陷　州治復還故處朱元晦記外大父祝公遺事云方臘之亂郡城爲墟鄉人有竭重權貴者挾累數從州治北門外以便其私而所從來下瞰平地數尺衆皆不以爲便將列其事以訴諸朝者餘二千人而莫敢爲之首公奮然以身任之其人忿挾復取特旨坐公以違御筆之罪公爲變姓名崎嶇道途猶下諸路迹捕不置如是累年時事變更舉小破散然後得免州治亦還故處鄉人至今賴之

土産　硯歐陽永叔研譜端石出端溪色理瑩潤本以子石爲上子石者在大石中生蓋精石也而流俗傳訛遂以紫石爲上又以貯水不耗爲佳有鸜鵒眼爲貴眼石病也然惟北巖石則有之然十無一二發墨者但充翫好而已歙石出於龍尾溪其石堅勁大抵多發墨故前世多用之以金星爲貴其石理

微麤以手摩之索索有鋒鋩者尤佳余少時又得金坑礦石尤堅而發墨然世亦罕有端溪以北巖爲上龍尾以深溪爲上較其優劣龍尾遠出端溪上而端溪以後出見貴耳　紙有麥光白滑冰翼凝霜之目今歙縣績溪界有地名龍鬚者紙出其間大抵新安之水清澈見底利以漉楮故紙如玉雪者水色所爲也。　墨李廷珪本姓奚易州人父名超南遷至此南唐賜姓李氏故老云昔李後主嘗用其墨今則無矣而世言歙州具文房四寶其實三耳歙本不出筆墨　山出美材郡志云云歲貢爲桴下浙河者往往多取富又云祁門水入于鄱民以茗漆紙木行江西仰其米自給　柹心黑木圖經新安貢一十一黟之名縣職此之由　茶有勝金嫩桑仙芝來泉先春運合華英之品又有不及號者曰片茶

山川　黃山舊名黟山在歙縣西北百二十八里

高千一百八十仞郡志其山有摩天戛日之高宣歙池饒江等州山並是此山之支脉明矣諸峯有如削成煙嵐無際雷雨在下其霞城洞室敞實瀑泉則無峯不有信靈仙之窟宅西北類太華山有峯二十六其水源亦三十六溪二十四洞十有二巖八水流而下合揭之水為浙江之源第四峯有泉沸如湯嘗湧朱砂世傳黃帝嘗命容成子浮丘公同遊合丹于此其後又有仙人曹阮之屬○唐李白送人歸丨丨黃鶴峯詩丨丨四千仞三十二蓮峯丹崖夾石柱菡萏金芙蓉伊昔升絕頂下窺天目松仙人煉玉處羽化留餘蹤亦聞溫伯雪獨往今相逢採秀辭五嶽攀巖歷萬重歸休白鵝嶺渴飲丹砂井鳳吹我時來雲車爾當整去去陵陽東行行芳桂叢迴溪十六度碧嶂盡晴空他日還相訪乘橋躡綵虹

烏聊山 在歙縣西北漢建安之亂歙人毛甘以萬戶屯此山隋末越國公亦屯兵于此義寧中遷州治此山下

鳳凰山 在歙縣北十五里嘗有鳳來集

問政山 在歙縣東五里唐有于方外者自荊南掌書記棄妻從太白山道士學養氣之術時從弟德晦為歙州刺史方外來訪之德晦為築室于此號問政房縣人聶師道少事方外後入吳為國師號問政先生今有觀○詩話總龜云歙州丨丨丨聶道士所居嘗有人陟險攀巔至絕壁於巖下撥空處見題詩一首雖苔蘚昏蝕而文尚可辨題云黃台詞不知台何人也詩曰千尋練帶新安水萬仞花屏丨丨丨自少雲霞居物外不多塵土到人間壺懸仙島吞丹罷珮浸星宮沉水閑寶錄護垂金縷帶絳囊懸鎖玉連環靜張棊勢鋪還打默考仙經補又刪床並葛鞋遊兜伏窗橫欞几老龍蹤溪童乞火朝敲竹山鬼聽琴夜撼欞草暗碧潭思勾曲松昏紫氣度深關龜成淺甲毛猶綠鶴化幽翎項更般阮洞神仙分藥去蔡家兄弟寄書還黃精苗倒眠青鹿紅杏枝低掛白鵰春易老茶供客用辛勤栽果與猿攀常尋靈穴通三島擬過流沙化百蠻新隱漸開侵月窟舊林猶恍恍沙灣手疏俗禮慵非傲肘護丹書實不慳海上使頻青鳥黯壺中藏久白驢頑節枝健柱菖蒲節笋揷高簪越瑁斑花氣薰心香馥郁澗聲聒耳響潺潺倚巖自掩浮生骨短影難窮不死顏早晚重逢蕭嶠客頃隨芝蓋出塵寰台 國初時任屯田員外郎世有全篇

城陽山 在歙縣南二里唐許宣平嘗隱于此

紫金山 在歙縣東三十五里

石鼓山 在歙縣南天有雨則往往聞鼓角之聲

紫陽山 在歙縣其下有觀

孔靈山 在歙縣二十五里晉孔愉避地入新安山讀書

墨嶺山 在黟縣南六十里出石墨

赤嶺山 在祁門縣北百二十里下有大溪潭有人為梁取魚魚不得下遂夜飛越嶺而去人復於嶺上張網其飛不過者皆化為石遇雨則丨故名丨丨而浮梁縣亦因此得名吳都賦所謂文鰩夜飛而觸綸蓋此類歟

岐山 在休寧縣西六十里有石室石橋垂瀑百仞乾元中有道士龔棲霞隱于此

率山 在休寧縣東南四十里寰宇志三天子都在焉

白嶽山 在休寧西四十里絕壁斷崖松蘿森靄

龍尾山 在婺源東南百里西連武溪開元中獵人葉氏見石瑩潔攜歸粗成研子孫持以獻今令訪匠琢由是世始傳一名羅文山有石理所似為名

大鄣山 在績溪東六十里郭璞云三天子都在焉

雲峯 在黟縣南十五里孤峭如削

徽嶺 在績溪縣西北十里○王介甫度丨丨詩曉渡藤溪霜落後夜過翬嶺月明中

樵貴谷 在黟縣北昔土人入山行之七日至一穴豁然周三十里中有十餘

家云是秦人入此避地。按邑圖有潛村至今有數十家同
爲一村或謂之小桃源。李白詩黟縣小桃源煙霞百里間
地多靈草木
人尚古衣冠

釣臺 在黟縣南十八里亦名浮陽臺相傳李白嘗釣于此有詩云磨盡石嶺墨潯陽釣赤魚靄峯尖似筆堪畫不堪書

新安江 自歙縣來者出黟山自休寧者出率山自績溪者出大鄣
山自發源者出浙山自浙江沂休寧者爲灘三百六十。李
白送人之東陽詩聞說金華渡東連五百灘他年一攜手搖
艇入丨丨。沈休文云丨丨丨水至深淺深見底貽京邑同
好春言訪舟客茲川信可珍洞澈隨深淺皎鏡無秋春千仞
寫喬樹百丈見游鱗滄浪有時濁清濟涸無津豈若乘斯去
俯映石磷磷紛吾隔囂滓寧假濯衣巾願以潺湲水沾君纓
上

黃墩湖 一名蛟潭其湖有蜃常與呂湖蜃鬭程靈銑好勇而善射夢蜃化爲人告之曰吾爲呂湖
蜃厄君若助吾必厚報東帛練者吾也明日靈銑彎弓助之
正中後蜃後有一道人教靈銑求善葬地靈銑隨陳武帝有
功爲佐
命功臣

績溪 圖經與乳溪相去一里離而復合謂之丨丨。寰宇記臨溪有石方圓三丈其平如砥水
宜浣紗婦人於石上績而守之。羅昭諫
詩云野雲如火照行塵會丨丨澇去閒降

發水 在丨源丨繞縣三面

堂院

新安道院 朱文公記休寧大夫信安祝侯汝玉以書來曰休寧之爲邑雖有難治之
名而吾之爲之已再歲矣始也不能不以人言爲慮中乃意
其不然而今則遂有以信其果不然也蓋其封域實鄣山之
麓而浙江出焉山峭厲而水清激故禀其氣食其土以有生
者其情性習尚不能不過剛而喜鬭然而君子則務以其剛
爲高行奇節而尤以不義爲羞故其俗雖以力服而易以理
勝苟吾之所爲者出於公論之所是則雖或拂於其私而卒

不敢以爲非也以是吾之始至蓋不能無不悅者而今則雖
然無與爲異吾嘗困於事之不勝其繁而今則翛然無事之
可爲也吾將更葺聽事之東參采賓佐屬詠之什而榜之以
丨丨丨丨子能爲我記之則後之君子益知所以爲治而無
吾始者之虞矣乎惟汝玉之爲此可以見其政之成民之服
而官曹之無事矣然道之得名正以人所共由之路而非無
事之謂也以汝玉之始至坐於堂皇之上則左簿書右法律
日夜苦心勞力而不得休其或少暇則又不免衝寒風冒烈
日以出入乎阡陌之中而不敢怠凡所以勸民之善而懲其
惡與民之利而除其害者非有道以行之則何以致今日之
無事哉顧其名此乃若衷取乎今日之無事而反厚前日之
瘽事爲非道其毋乃出於老子浮屠之謂而汝玉未之思耶
抑嘗試之天下之事雖有動靜勞逸之殊而所謂道者則無
彼此精粗之間汝玉之學固有以知此矣彼其所以喜於政

成之無事而不避罷勞之隆名豈非方寸之間猶欲從容於
此以深思前日之已行而益求其所未至而卒以究夫無彼
此精粗之間者而大發於功名事業之間乎抑故邦人且汝
玉之舊也樂其意爲書本末以示來者使於此邦之俗賢守
之志尚
有考云

清風堂 汪彥章記云婺源去州二百餘里皆取道山間縈紆不可舟車之地當四方之
窮非人物都會七者之民且十萬寡求而易足多貧窶使氣
爭爲長雄疑難於彈治故吏之守婺源者往往畏避隱去如
探湯然豪猾惡聲既久而不衰然邑有溪山之秀足以發臨
有魚稻之珍足以宴樂卒歲無過客使者厨傳之勞足以安
佚其人實聰明康武好義而尚施苟幸而得其平有終身不
肯遷徙者故至而悉其風土者亦樂而安之崇寧三年叔孫
元功之爲政也留中恐渭甚明既來而得民所以易治之意
則冢除煩苛一鎮之以清靜蓋未期月而數百年之陋坐失

於談笑之間於是昔之吏俗朋黨投隙抵巇爲鑿穴首鼠者旣化而爲心膂股肱而惟狸慓輕武斷鄉里爲豺蜂乳虎者亦從而爲嬰兒處女元功多民之訴罷刮垢果可以與治也乃築燕居之堂而以清風名之余聞而嘆曰天下之物蓋無不可化者然其所以化非深於理者不與焉今夫衲袢於帑物之表而人得之以滌煩解暑者惟清風爲然是故至人之所御隱君子之所賞騷人才子大夫之所樂致足樂也如使不善爲政者結意於繩墨之端置民於牛羊之地物我俱弊矣乃始紛紛焉而翕翕之攻之愈勞而愈熾而其於治日益遠矣尚能知清風所以滌煩解愠之理而與民同快適之樂哉惟元功才有餘而不區區俗務之所營從以從容無爲使斯民熙熙然以新釋然以喜而元功亦將鳴嘯於此而羽儀於天朝也宜其所得清風爲尤多且吾邑雖多秀民安知無儒者作樸如之頌歌詠吾子以配斯堂之求父者元功博古靖深

〈卷十六　七〉

君子也觀其命名之意足以知其爲人

黃山堂 自有唐以來有之

含蓋堂 范至能記徽在江左多名山少平陸州所治街從不能十里而陵衍猶相半坦然砥如者太守之居而已訴新安江枝而西爲之休陽山益叢美樾生之斧斤所材浮數溝入于濬江以輸行都當匠卿費什八而徽人顧不事華室雖仙佛之廬壓支壓循不可風雨其能獨以壯麗稱者亦莫如太守之居而東序之正寢尤其炙焉者也寢成之二十五年前守林於物惟之說棄去弗勵後皆因之間無足音又十七年而當紹興己卯番陽洪公實來典城明年正月旣報政謂廣厦邃寢可惜乃規以爲便坐易其西熟實出日撤兩翼之重檐以納光景侗三隅之複壁使可雖胡床數十與諸吏及四方之賓客共之避而不裹鄉故名之曰含蓋暇日列觴豆揮麈劇談竅户情深遠然卑之則以昔前杰之傑觀挹山川之神以稽舊聞其右則閟政紫陽羣峯綿聯許聶蚖蟬之隱居也左則黃山天都雲雨在下容成子浮丘公飈車羽輪所往來煙消日出猶髣髴其音塵客之從遊者皆有馭長風躡倒景以方羊天地間意知有樂乎斯堂而不知前日之蛛絲鼠壤空虛幽暗而爲蘊也初公以忠臣子擢珠科登道家山輙自列去國　天子更化古人望公在至州四千里而遙有詔盼輔郡符節引以自近其不留外父户知之簿書期會之報宜非所以煩公然始至之日不鄙野其吏民端委聽直無倦容於是六邑之留獄空訟皆奏千府朝案其說景牘充棟數十年弗堅究者部批窾折隨刃迎解狡獪之庸雖欲並緣閒辭以弭筆豪州里情見力屈禁無從發歸財一冊張望田里晏然庭中無復事春容燕居於斯堂之上而其民歡欣舞歌於溪山千里之外唯恐外之百頃儉陋而不足以安公聞其登新堂而樂則相與傳含蓋之名而珍之以爲琳房綺寮神仙之居徒以公

〈卷十六　八〉

在焉故也嗚呼孟子所謂賢者而後樂此者幾是歟公書於隸尤工得先魏古法鍾繇元常而下無議也堂旣名大書其榜屬參軍事范成大爲之記後之來者皆觀心畫之妙而咨製名之意必有指斯名而告者焉

翠眉亭 在績溪。韓無咎記歙之績溪縣西隅有亭曰一一不知其何人作也前則二小山對出自亭而望之蔚然如眉地勢平衍林木茂蔚元豐末蘇文定公爲縣愛其倩幽時往游焉賦詩其上公去而邑人思之即其亭爲祠紹興中好事者飾縣廨一堂名以景蘇後令曹訓刻公在績溪所爲詩凡三十六篇於石而摹公之象於翠眉亭云

歲寒亭 在歙縣蘇子由在績溪時賦詩今刻石亭上

藏書閣 在州學朱文公記云道之在天下其實原於天命之性而行於君臣父子兄弟夫婦朋友之間其文則出於聖人之手而存於易書詩禮樂春秋孔孟氏之籍

本末相須人言相發皆不可一日而廢焉者也又云某故邑人也而客於閩嬉以事歸而拜於其學鄉人子弟相率踵門曰子誠未忘先人之國獨不能因是而一言以曉之哉於是切記所聞以告鄉人之願學者

祠廟

三先生祠 朱文公記云婺源大夫周侯始作周程｜｜｜於其縣之學而使人以書來曰子故吾邑之人也先生之學其始終本末之趣願吾子之悉陳之也某發書慨然曰今既得以日見先生之貌象而瞻仰之則曷若遂讀其書求其旨以反諸身而力行之乎諸君其亦勉之哉

朱文公祠 州學及婺源縣學皆立其祠

五通廟 在婺源縣乃祖廟兄弟凡五人本姓蕭每歲四月八日來朝禮者四方雲集

名宦

任昉 為守廉潔著名後歸舡中惟桃花米二十石初昉因行春至其雲溪桑幽累日傍有大石往往坐釣其上因名昉溪村今有任公寺在休寧縣

卷十六

徐摛 梁書高祖謂曰新安大好山水任昉並經為之卿為我臥治此郡

張率 嗜酒為新安守遣家童載米三千石還吳既至遂耗大半率問其故曰鼠雀耗率笑曰壯哉鼠雀竟不研問

薛稷 善畫鶴嘗為歙縣令後位至少保

皇朝蘇轍 為績溪令 **呂大防** 以太常博士知休寧縣 **鮮于侁** 字子駿為黟令又補婺源豪強畏之後為京東轉運司馬公曰福星往矣 **崔頤** 為績溪宰

人物

吳少微 新安人開元中為中舍 **呂文仲** 新安人景德中為刑部侍郎 **謝泌** 歙縣人為諫議 **查道** 休寧人擢賢良 **俞獻可** 歙縣人龍圖待制弟獻可侍郎 **聶冠卿** 歙縣人為內翰 **呂溱** 士元之子景祐進士

汪伯彥 祁門人拜尚書左僕射 **汪藻** 婺源人為內翰 **汪勃** 黟縣人仕至樞密子作碣提刑孫義和侍御史義端給事中

祝確 歙人乃朱文公之外祖文公嘗記其遺事云外家新安祝氏世以貲力順善聞于州鄉其邸肆生業幾有郡城之半因號半州祝家有諱景先者號二公翁尤長者元祐黃太史賛其書堂大書百許字辭甚環偉經亂而逸某少時見外大父猶頗能誦其語至諸舅則皆已不復能記憶矣二公翁諸子皆謹書外大父其第二子也諱確字永叔恃淳厚孝謹少時聞父母將為謀昏避匿累日家人驚索得之猶涕泣不能已問其故則曰審爾則將不得與父母兄弟晝夜相親矣親歿廬墓下手植名木以千數率誦佛書若干過乃植一本比終制而歸則所植已鬱然成陰矣一兄一弟先後死熙河皆親往致其喪往返徒步不啻萬里所舍輒悲號上食如禮夜寢柩旁

卷十六　十

不忍違步輒去路人皆為太息時四妹猶未行公獨竭已貲以遣之其一歸同郡汪公勃汪公後登二府終身德公不能忘人兩賢之歲大疫親舊有舉室病臥者雖至親莫敢闖其門公每清旦輒挾瑰藥造之徧飲食之而後反日以為常其他濟人利物之事不勝計雖傾貲竭力無吝色鄉人高其行學試又多占上列是時先君子年甚少未為人所知公獨器重以女歸之後卒以文學致大名世乃以公為知人年八十三以終生二男一女伯舅嶠少敏悟有文叔舅峯後公十餘年亦即世今惟叔舅之子康國家建之崇安而康國之子穆已總髮能誦書矣某惟外大父之淳德懿行先人後已其誠心所格固宜有後天之報施其將在於此乎竊感陶公作孟府君傳及近世眉山蘇公亦記程公遺事不勝凱風寒泉之思書此以遺康國使藏于家時出而訓習之以厲其子孫云○某既叙此事而瀞之弟以疾不起其子穆相從於建陽因

書畀之俯仰今昔爲之涕下不能已

祝有道 新安志云黄山谷謫黔中歙人｜｜｜訪之山谷爲書帖云凡士大夫胸中不時時以古今澆之則俗塵生其間照鏡則面目可憎對人亦語言無味又贈以詞所謂長楊風挑青驄尾者也又有八月十七夜張寬夫園待月有詞云老子平生江南江北最愛臨風笛孫郎微笑坐來聲噴霜竹蜀人謂笛音如噴故用之今俗本改笛爲曲非也

朱松 婺源人自號韋齋娶祝氏生太師文公熹按傳自得作韋齋集序云公幼小喜讀書弱冠而擢第未嘗一日捨筆硯年二十七八聞二程先生之遺論皆先賢未發之奥始捐舊習從事於其間雖兩入東觀三爲尚書郎卒不待年而歿又云建炎紹興間公詩聲滿天下間嘗爲予舉簡齋開門知有兩老樹半身浮叉韋蘇州諸生時列坐共愛風滿林之句且言古之詩人貴衝口直致蓋與彭澤採菊東籬下悠然見南山同一關捩

勝十六　十一

形勝

江傳水至清 劉長卿送鄭說之歙州謁薛侍郎詩漂泊來千里謳謠滿百城漢家專太守曾國重諸生俗變人難理云云舡經危石住路入亂山行老得滄洲趣春傷白首情嘗聞馬南郡門下有康成

千山帶夕陽 皇甫曾題劉長卿碧澗別業詩南憶新安郡云云

黟

水含香繞郡流 喬伍爲歙州倅寄張翰林詩黄山向晩盈軒翠云云遥想郡齋多暇日花時誰伴出城遊

千尋練帶新安水 聶夷中詩云云萬仞花屛問政山

四六

輟自蓬山　維歙爲州　維千里地　號爲名郡　出臨黟水　因山築壘　在萬山間　間出異材　維古歙之名地　竊以新安之古郡　溪山一隅號爲偏郡　有昉溪之勝槩　實爲江左之名區　農桑千里實曰富州　官尊州大不輕刺史之符　自孔愉之隐遁地望已清　山峭水清尤號人才之藪　及查道之賢良文風益盛　古曰富州自昌黎而推重　雖曰山城亦羣珍之所産　今爲佳郡以任昉之曾臨　載瞻京邑惟一葦而可航　道傳雲谷遠聞清廟之音　郭山左麓凡數十級而後耕　文擅龍溪争作玉堂之樣　浙江上游灘三百餘而難泝　道院一碑實救異端之害　尊君陸傪古歙之州城甚大　文房四寶尤夸奇産之多　廉如任昉新安之江水益清

池州

貴池　青陽　建德　銅陵　石埭　東流

建置沿革 禹貢揚州之域吴地斗分野春秋及秦漢爲古鄣郡之地漢屬丹陽晉屬宣城郡梁屬南陵郡隋廢南陵置秋浦縣唐置池州　皇朝中興爲池州路安撫使尋罷今領縣六治貴池

○江東提舉置司

勝十六　十二

事要

郡名 **池陽**　**秋浦** 並見沿革注

風俗 **民醇氣和** 盛約中和堂記｜｜｜衆貨畢集　**人物稠夥** 同上雖｜｜｜而有訟必囂雖賦租浩穰而聞令必集　**土風清和** 李虚已記井邑平曠云云

形勝 **俯瞰大江** 同上｜｜｜｜仰倚崇嶠　**清溪南來** 盛約記｜｜｜｜九華東引洪流環繞沃野彌望　**鎮以齊山** 徐鉉作天慶觀浸以秋浦｜｜｜｜　**依貴池據石城** 裴度撰池州廳壁記｜｜｜之美｜｜｜之固　**山川清曠** 胡兆作秋浦志序有曰九華五松清溪秋浦玉

鑑之潭水車之嶺成紀白笴之陂太白樂天牧之論文垂釣問山弄水登覽遊躅隱然在人耳目山川風物清和平曠

【土産】

劄紙 王介甫酬贈池紙微之出守秋浦時椎氷看池霜紈奪色賈不售虹玉喪氣山無暉方舟穩載獻天子壽價徐取供吾私千年零落尚百一持以贈我隨清詩君寧久寄金殺地方孰賜筆塵坳蟠當留此物朝上國日侍帝側書新儀不然名山副史本褒技元凱誅窮奇洛字文章非世用書鏤空竹灤氷脂揮毫才足記姓字切學文恥從師宜怨怒點汙亦何忍嘉貺但覺難爲辭篇終有意青菹勞窮國恐誤連城歸傾囊倒篋聊一報安敢坐以秦爲雌

【山川】

齊山 在貴池南五里按王晳｜｜記有十餘峯其高等故名｜｜或曰以齊映得名○杜牧之九日登｜｜詩江涵雲影鴈南飛與客攜壺上翠微塵世難逢開口笑菊

方十六　十三

花須插滿頭歸直須酩酊酬佳節不用登臨怨落暉古往今來只如此牛山何必更沾衣

九華山 在青陽縣舊名九子山李白以有峯如蓮花改爲｜｜○詩云昔在九江上遥望九華峯天河挂綠水秀出九芙蓉○崔慤郡樓望九華歌有時朝峯變蹤蹊八峯和煙一峯出有時風卷天雨晴聚立連連如弟兄○潘逍遥詩將齊華嶽猶多六若並巫山又欠三好是雨餘江上望白雲堆裏潑濃藍○王介甫詩巍然九女鬟爭出一鏡奩

五松山 在銅陵縣○李白詩我愛銅官好千年未擬還要須回舞袖拂盡｜｜｜

馬當山 在東流橫枕大江○陸龜蒙文云言天下之險者在山曰太行在水曰呂梁合二險而爲一吾又聞乎馬當比之爲險也屹乎大江之旁怪石憑怒跳波發狂日黯風助摧牙折檣幸而脫死神魂飛揚殊不知堅輪蹄者夷乎太行仗忠信者通乎呂梁使舟楫而行乎｜｜合是三險而未爲敵小人方寸之包藏

半巖 李元方嘗刻碑於有侍巖謂齊山大小泉凡十一而｜｜爲勝秋浦千重嶺而水車嶺最奇若壁之號十五而有侍爲大壑之號九而上清爲最洞之號十四而潛虬爲奇又有洞五曰｜｜曰奇隱曰子昭曰妙峯曰翠微翠微特高尤宜登眺

水車嶺 郭功父追和李白秋浦歌萬丈｜｜｜還如九疊屏北風來不斷六月自生氷

五溪 在青陽縣源出九華會于龍池溪曹溪漂溪闌溪入江

玉鏡潭 李白秋浦宴詩清溪｜｜｜溪當大樓南

秋浦 池陽記北帶郡城南連驛道爲舟楫之路○李白詩羌笛梅花引吳溪隴水清寒山｜｜月腸斷玉關情○｜｜多白猿超騰若飛雪牽引條上兒飲弄水中月

白笴陂 李白詩｜｜夜長嘯爽然溪谷寒魚龍動｜水風颯生波瀾

方十六　十四

貴池 郡縣志梁昭明太子以其魚美封爲｜｜

【堂舍】

思政堂 曾子固記云所與由之以人之所安也所與違之必人之所厭也如此者未有不始於思然後得於已得於已故謂之德正已而治人故謂之政政者豈止於治文書督賦斂斷獄訟而已乎然及其已得矣則無思也已他矣則亦豈止於政哉古君子之治未嘗有易此者也

【亭榭】

弄水亭 杜牧詩使君四十四兩佩左銅魚爲吏非循吏論書讀底書晚花紅豔靜高樹綠陰初亭午清無比溪山畫不如嘉賓能嘯詠官妓巧粧梳逐日愁皆碎隨時醉有餘偃須求五鼎陶秖愛吾廬趣尚人皆異賢豪莫笑渠

貴池亭 同上勢比凌歊宋武臺分明百里遠帆開蜀江雲浪西江滿強半春寒去却來

如剡亭 在倅廳○李白詩愁作秋浦曲強看秋浦花山川如剡縣風日似長沙

清溪亭 王介

甫記臨池州之溪上隸軍事判官之府京兆杜君建夫吳楚荆蜀閩越之徒出入於其而離離洞庭鄱陽之水浮於日月之無窮四方萬里之人飛帆鼓楫上下於波濤之中犯不測之險於朝暮之際而吾乃於數楹之地得偉麗之觀於寢食坐作之間是可喜也君曰夫備其形於事者宜有以佚其勞厭其視聽之喧囂則必之乎空曠之野然後能無患於晦明飛翁之喝啾怒浪之洶湧漁達樵隱嘯於前而歌於後孰與夫訟訴簿書之交於耳也岸幘穿稜弦歌而詩書投壺飲酒談古今而忘賓主孰與夫擎跽折旋之容接於吾目也此亭之所以作也

翠微亭 楊廷秀詩序云從提舉黃元章登齊山寺後上清巖｜｜｜望郡城左清溪右大江蓋絕境云西山落日浴長江併貫清溪作一光千嶂圍來天四合孤城涌出水中央樓臺玉塔雲間見楊柳金堤鏡裏長客子要窮秋浦眼｜｜｜上上清旁

【樓亭】

蕭相樓 在州治北唐蕭復建後杜牧重建○王琫詩盧杞姦邪四海憂相君邦國自同休分符朝去雲中閣開游南來江上州百尺樓高瞻故國九華山色倚晴眸定知直道傳千古杜牧文章在上頭○杜牧池州重建｜｜｜記蕭丞相為刺史時樹樓于大廳西北隅上藏九經書下為刺史便廳事大曆十年乙卯建會昌四年甲子摧木悉朽壞無一可取者刺史李方玄具材刺史杜牧命工南北霤相距五十六尺東西四十五尺十六柱三百七十六椽上下凡十二間上有其三焉皆仍舊制以會昌五年五月畢自初至再凡七十一年丞相諱復實相德宗皇帝焉

九華樓 即子城東門樓

九峯樓 杜牧登｜｜｜寄張祜詩百感由來不自由角聲孤起夕陽樓碧山終日思無盡芳草何年恨即休睫在眼前長不見道非身外更何求誰人得似張公子千首詩輕萬户侯

【名宦】

齊映 為太守見齊山注 **蕭復** 為太守即八座宰相者 **裴度** 為觀察使 **杜牧** 為太守

皇朝包拯 為太守 **呂頤浩** 以大使兼

【人物】

杜荀鶴 自號九華山人

【題詠】

紅旆行春到九華 按唐詩紀事載湯文圭贈池州張守詩絲幃夜坐窮三史云云只怕池人留不住別遷征鎮擁高牙

【外邑】

吾愛崔秋浦 李白贈崔秋浦詩云云宛然陶令風門栽五楊柳井夾二梧桐山鳥下廳事簷花落酒中懷君未忍去惆悵意無窮

公庭人吏稀 同上秋浦舊蕭索云云因君樹桃李此地忽芳菲搖筆望白雲開簾當翠微時來引山月縱酒酣清暉

【四六】

暫輟朝班　出臨秋浦　雖曰偏州　實為重鎮　江左要衝　池陽重鎮　山紀齊侯　樓標蕭相

矧今池陽之重鎮　乃昔江右之帥垣　州牓揭曾公之筆　壁記遺裴令之文　暇日謹包桑之戒　重兵嚴細柳之屯

桑麻六邑既有待於撫摩　介胄三軍亦豈輕於統御　壯老羆當道之勢端在斯時　和飛鴈涵江之詩姑遲他日

竊考唐朝乃杜牧把麾之舊　共臨秋浦亦齊侯解組之餘

干戈載戢則必佩服包桑之戒　兵農雜居則必洽比細柳之屯

新編方輿勝覽卷之十七

建安祝穆和父編

南康軍

星子 建昌 都昌

【建置沿革】禹貢荆揚二州之域吳地斗分野春秋吳楚之地戰國屬楚秦屬九江郡漢屬豫章晉置尋陽郡宋齊因之隋屬九江及豫章唐屬江州及洪州僞吳以其地立星子鎮 國朝陞爲縣屬江州 太宗時陞南康軍又割洪之建昌饒之都昌隷焉今領縣三治星子

【事要】【郡名】星渚 康廬並見山川注

【風俗】其在康哉太平興國六年相國張師亮轉漕江表請改邑爲軍 詔曰南方之俗云云可賜名南康軍 以興教善俗爲務張敬夫作濂溪祠記新安朱侯首云云乃立濂溪祠于學宮 揖先儒淳固慤實之餘風呂伯恭作白鹿洞記云詳見後

【形勝】負康廬面彭蠡南康志云云 其西五峯彭園南致霖亭記云云峭壁隱然在望者爲廬阜其南巍巖疊疊若來向者爲蘇山 十大禪刹廬山云云而山南居其六曰歸宗開元萬松棲賢羅漢慧日是也 鍾梵相聞於青嵐白雲中唐呂和叔作裴氏海昏集序廬山云云

【山川】廬山在城北十五里○周武王時有匡俗兄弟七人皆有道術結廬於此山中仙去廬在故曰丨丨太史公亦嘗登廬山白樂天草堂記康廬奇秀甲天下○李白丨丨謠我本楚狂人鳳歌笑孔丘手持綠玉杖朝別黃鶴樓五嶽尋仙不辭遠一生好入名山遊丨丨秀出南斗傍屏風九疊雲錦帳影落明湖青黛光金闕前開二峯長銀河倒挂三石梁香爐瀑布遥相望迴崖沓嶂凌蒼蒼翠影紅霞映朝日鳥飛不到吳天長登高壯觀天地間大江茫茫去不還黃雲萬里動風色白波九道流雪山好爲丨丨謠興因丨丨發閑窺石鏡清我心謝公行處蒼苔沒早服還丹無世情琴心三疊道初成遥見仙人綵雲裏手把芙蓉朝玉京先期汗漫九垓上願接盧敖遊太清○歐陽永叔作丨丨高贈同年劉中允丨丨高哉幾千仞兮根盤幾百里截然屹立乎長江長江西南走其下是爲揚瀾左蠡兮洪濤巨浪日夕相舂撞雲消風止水鏡淨泊舟登岸而遠望兮上摩青蒼以香霧下壓后土之鴻厖試往造乎其間兮攀緣石磴窺空谾千巖萬壑響松檜懸崖巨石飛流淙水聲聒聒亂人耳六月飛雪灑石矼仙翁釋子亦往往而逢兮吾嘗惡其學幻而言哤但見丹崖翠壁遠近映樓閣晨鍾暮鼓杳靄羅幡幢幽花野草不知其名兮風吹露濕香澗谷時有白鶴飛來雙幽尋遠去不可極便欲絕世遺紛厖羨君買田築室老其下插秧盈疇兮釀酒盈缸欲令浮嵐暖翠千萬狀坐卧常對乎軒窻君懷磊砢有至寶世俗不辨珉與玒策名爲吏二十載青衫白首困一邦寵榮聲利不可以苟屈兮自非青雲白石有深趣其氣兀硉何由降丈夫壯節似君少嗟我欲說安得巨筆如長杠○朱元晦詩登車閩嶠息駕康山陽康山高不極連峯鬱蒼蒼金輪西崖我五老東昂藏想象仙聖集似聞笙鶴翔林谷下凄迷雲關杳相望千巖雖競秀二勝終莫量仰瞻銀河翻俯視蛟龍驤長吟謫仙句和以玉局章疇昔勞夢思玆今幸徜徉尚恨忝符竹未愜棲雲房已尋兩峯間結屋依陽岡上有飛瀑駛下有清流長循名協心期弔古增悲凉壯齒乏奇節頹年矧皆荒

瞽將塵土蹤暫寄雲水鄉封章儻從頗歸哉滄浪。○晁無咎題南康南麓江洲北五百僧房綴峦脾盡是——佳絕處不知何處合題詩。○王貞白題嶽立鎮南楚雄名天下聞五峯高閬日九疊翠連雲夏谷雪猶在陰巖晝不分惟應嵩與華清峻得為群

屏風山在城南北四十里晏類要山有九疊川有九派郡志卅崖紫壁縈繞磅礴若——爲

歐山在建昌相傳有歐岌得道此山

蘇山在都昌吳時有蘇耽居於此乃七十二福地之數

釣磯山在都昌郡國志晉陶侃嘗釣于此後得一梭化爲龍而去

石壁山在都昌有謝靈運樂石壁精舍。○靈運詩昏旦變氣候山水含清暉清暉能娛人遊子澹忘歸出谷日常早入舟陽已微林壑斂暝色雲霞收夕霏芰荷迭映蔚蒲稗相因依披拂趨南徑愉悅偃東扉慮澹物自輕意愜理無違寄言攝生客試用此道推

大小孤山在湖中詳見江州

石鍾山同上

石門山同上並不重載

五老峯在廬山五峯相連故名浮圖老子之宮皆在其下。○李白詩云廬山東南———青天削出金芙蓉九江秀色可攬結吾將此地巢雲松

雙劍峯在開先院南

香爐峯在城北山南山北皆見其形圓聳常出雲氣故名。○白居易詩倚石攀蘿歇病身青筇竹杖白紗巾他時畫出廬山障便是香爐峯上人

紫霄峯在西北塔院後有夏禹石刻。○洪駒父詩塊視落星石杯觀彭蠡湖又云荒哉秦漢君抗旌上崎嶇求懷太史公九江觀禹謨

漢陽峯在廬山上

獅子峯在五老峯之東

金輪峯在歸宗寺後有———三大字

鐵舡峯許旌陽傳旌陽與吳猛乘鐵舡二龍挾而行戒勿妄視至紫——茂林憂擊有聲舟人竊視之龍即委之而去舡墮于此

凌霄峯在昭德之北巉巖萬狀

凌雲峯在城東十三里上插空碧下吞江湖

上霄峯始皇嘗登于此

蓮花峯在廬山

龜行峯言如——而朝北斗也山上有淵明醉石右軍鵝池。○楊廷秀詩淵明醉眠處石上印耳迹逸少養鵝池髣花漬餘墨

石鏡峯在金輪峯側下有溪二

石梁潯陽記廬山有——長數尺廣不盈尺杳然無底吳猛與子弟躡石梁而度見金闕玉房地皆五色見一老翁坐桂樹下以玉杯承露與猛

青牛谷在五老峯下。○九江錄昔有道士洪志乘青牛得道于此。○張固白鶴觀記云昔至九江上石室之崖以瞰青牛蓋天下山川秀拔處也。○唐楊衡詩隨雲步入———青牛道士留我宿可憐夜靜月明中惟有壇邊一枝竹

錦繡谷廬山記奇花異草不可殫述三四月間紅紫匝地如——故名。○王介甫送黃吉父赴官南康詩還家一笑即芳辰好與名山作主人邂逅五湖乘興往相邀———中春

彭蠡湖在城東南五里禹貢——既瀦又曰東匯澤爲——又名宮亭——又名左蠡湖。○謝靈運詩客遊倦水宿風潮難具論洲島驟迴合圻岸屢崩奔乘月聽哀狖浥露馥芳蓀春晚綠野秀巖高白雲屯千念集日夜萬感盈朝昏攀崖照石鏡牽葉入松門三江事多往九派理空存靈物恡珍怪異人祕精魂金膏滅明光水碧輟流溫徒作千里曲絃絕念彌敦。○李白詩謝公入彭蠡因此遊松門余方窺石鏡兼得窮江源前賞逝可見後來道空存而欲繼風雅豈惟清心魂雲海方助興波濤何足論青嶂憶遙月綠蘿鳴愁猿水碧或可採金膏秘莫言吾今將振衣羽化出囂

煩。朱元晦詩茫茫彭蠡春無地白浪春風濕天際東西捩柂萬舟回千歲老蛟時出戲少年輕事鎮南來水怒如山帆正開中流蜿蜒見脊尾觀者膽墮予方怡衣冠今日龍山路廟下沽酒山前住老矣安能學佽飛買田欲棄江湖去。有宮亭廟能分風黃魯直詩云左手作圓右手方世人機敏便可爾一風分送南北舟斟酌鬼神宜用此

井泉

温泉 在建昌白居易詩一眼湯泉流向東浸泥燒草暖無窮驪山温水因何事流入金鋪玉甃中。朱元晦詩連山西南來中斷還崛起孑霄幾千仞據地二百里飛峯上靈秀衆壑下清美遠兹勢力窮猶能出奇偉誰然丹黃燄爨此玉池水客來爭解帶萬劫付一洗當年謝康樂弦絕今久矣水碧復流温相思五湖裏自注云康樂湖中詩云水碧輟流温豈未見此水耶

明月泉 在郡治管以名酒黃太史有銘

學館

白鹿書堂 唐李渤與兄涉俱隱於此山嘗養一白鹿因名之南唐昇元中建學館以李道爲洞主掌其教授長編云太平二年知江州周述言廬山白鹿洞學徒嘗數千百人乞賜九經使之肄習詔國子給本仍傳送之。呂伯恭白鹿洞書院記淳熙六年南康軍秋雨不時高仰之田告病郡守新安朱侯熹行眡陂塘並廬山而東得白鹿書院廢址慨然顧其僚曰是蓋唐李渤之隱居而太宗皇帝驛送九經俾生徒肄業之地也書院剏於南唐其事至鮮我太宗於訊端區宇日不暇給之際獎勸封殖如恐弗及規摹遠矣中興五十年釋老之宮圯于寇戎者斧斤之聲相聞各復其初獨此地委於榛莽過者太息庸非吾徒之耻哉郡雖貧薄顧不能築室數楹上以宣布本朝崇建人文之大指下以續先賢之風聲於方來乎遂屬軍學教授揚君大經星子縣令王君仲傑董其事又以書命祖謙記其成祖謙竊嘗聞之諸公長者國初斯民新脫五季鋒鏑之阨學者尚寡海內向平文風日起儒先往往依山林即閒曠以講授大率多至數十百人嵩陽嶽麓睢陽及是洞爲尤著天下所謂四書院者也祖宗尊右儒術分之官書命之禄秩賜之扁榜所以寵綏之者甚備當是時士皆上質實下新奇敦行義而不偷守訓詁而不鑿雖學問之淵源統紀或未深究然甘受和白受采旣有進德之地矣慶曆嘉祐之間豪傑並出講治益精至于河南程氏橫渠張氏相與倡明正學然後三代孔孟之教始終條理於是乎可考熙寧初明道先生在朝建白學制教養考察賓興之法綱條甚悉不幸王氏之學方興其議遂格有志之士未嘗不嘆息於斯焉建炎再造典刑文憲浸還舊觀關洛緒言稍出於毀棄剪滅之餘晚進小生驟聞其語不知親師取友以講求用力之實躐等陵節忽近慕遠未能窺程張之門庭而先有王氏高自聖賢之病如是洞之所傳道之者或鮮矣然則書院之復豈苟云哉此邦之士盍相與揖先儒淳固慤實之餘風服大學離經辨志之始由博而約自下而高以答揚熙陵開迪樂育之大德則於賢侯之勸學斯無負矣至於考方志紀人物亦有土者所當謹若李渤之遺迹固不得而畧也侯於是役重民之勞賦功已狹率損其舊十七八力不足而意有餘矣興廢始末見於當塗郭祥正所記者皆不書。朱元晦詩清冷寒澗水窈窕青山阿昔賢有幽尚眷言此婆娑事往今幾時高軒絕來過學館空廢址鳴弦息遺歌我來勸相餘杖策搴緑蘿謀野欣有獲披圖知匪訛永懷當年盛莘莘衿佩多博約感明恩涵濡熙泰和凄凉忽荒榛俯仰驚頹波發教遠綱紀喟然心匪他伐木猶除尚結屋依陽坡一朝謝塵濁歸哉碩人邁。昔人讀書地町疃白鹿場世道有升降茲焉更表章挹今中興年治具一以張弦歌獨不嗣山水無輝光荒榛適剪除聖謨已汪洋亦有皇華使肯來登此堂

閑熔良爍惻懷賢增慨慷
雅歌有餘韻絕學何能忘　堂舍　五老堂蘇子由詩五老高閑不入
城開軒肯就使君迎坐中不着閑賓客物外真成六
峯兄。黃太史月明如畫九江水天靜無雲——峯　直節
堂在郡圃。朱元晦記云庭有八杉繼城蘇文定公爲郡
守徐君師回作記又手書而刻石焉其來領郡問堂所
在則既無有而杉亦不存求之記文則又非復故刻而委之
他所矣獨廳事之旁有堂無額而庭中有老柏焉焚斵之餘
生意殆盡而屹立不僵如志士仁人更歷百變而剛毅特立
凜然不衰者因取直節寓之此堂而韓記石附堂間以彷彿
前賢之意云　水玉堂劉渙隱廬山子恕取蘇轍所謂潔廉不撓水清玉剛之語名其祠張耒爲記。
朱元晦記云郎劉凝之故居之遺址顧今百年之外臺頹沼
平鞠爲灌莽而使樵兒牧子皆得以歔歌躑躅於其上又何
其可悲也郡守曹侯致虛出少府羨錢贖於民間遂作水玉
之堂而繪劉公父子之象於其上且閒陳忠肅公之嘗館於
是也又繪其象以侑焉　愛蓮堂周茂叔嘗守是邦後人作是堂於郡圃朱元晦書——二字。濂溪
愛蓮說云水陸草木之花可愛者甚蕃晉陶淵明愛菊自李唐
來世人甚愛牡丹予獨愛蓮出於淤泥而不染濯於清漣而
不妖中通外直不蔓不枝香遠益清亭亭淨植可遠觀不可
褻翫焉予謂菊花之隱逸者也牡丹花之富貴者也蓮花之
君子者也噫菊之愛陶後鮮有聞蓮之愛同予者何人牡丹之愛宜乎衆矣　拙齋朱元晦書扁以濂溪拙賦
命名　樓觀　黃雲觀在書院東北五里折桂院後取李白萬里黃雲動風色之句。朱元晦詩
城中東北望五老何蒼蒼下有前朝寺一原頗深藏門外林
澗幽屋後雲木蒼開窻亦明潔有此瑞錦張繒旁有瑞香花更能理

枯節步上林北岡仰視天宇闊俯瞰江流長愛書彼何人姓
字不足詳竹帛有遺臭桂樹徒芬芳。李遵吉嘗讀書此院
以故得名　金芙蓉觀在郡圃朱元晦取唐李白詩削出金芙蓉之句以命名　臥龍庵
在城西北二十里。朱元晦繪諸葛武侯像於庵中爲記云
予少時讀龜山先生楊公詩見其說臥龍劉君隱居辟穀木
食澗飲蓋已度百歲而神清眼碧客至輒先知之庵中怒瀑
中瀉大壑淵深有黃石數丈在激浪中蜿蜒飛關故名——
又緣名潭之義盡漢丞相諸葛公象寘之堂中。朱元晦詩
空山龍臥處蒼峭神所鑿下有寒潭幽上有明河落我來愛
佳名小築寄幽壑永念千載人丹心豈今昨英姿嚴繪事凜
若九原作寒藻薦芳馨飛泉奉明酌公來識此意顧步慘不
樂抱膝一長吟神交付冥漠　清淨退庵在棲賢西三里劉凝之舊隱作亭取黃太史詩語。朱元
晦詩凌兢度三峽窈窕復一原絕碧擁蒼翠奔流浙潺湲閒
昔避世人寄此茅三間壯節未云遠高風杳難攀尋深得遺
址縛屋臨清灣坐睨寒木杪飛泉閟雲舞兹游
非昔游累解身復閑保此清淨退當歌不能諼　亭榭　折
桂亭在郡治背倚五老峯面對大江千島萬淑出沒煙雲波浪間真奇觀也　玉淵亭在棲
賢寺門外淵中白石不以數計如卧羊故曰——張安國書
二字。仍作詩云靈源直上與天通借路來從五老峯試向
欄干敲柱杖爲君喚起玉淵龍　漱玉亭楊廷秀詩山根玉泉仰面飛飛出山頂却下馳自從鑿阜瀉雙
練至今銀潭乾兩支雷聲鬬龜龍伯眼雪點濺
濺端娥衣寄言蘇二李十二莫愁瀑布無新詩　橋梁　三
峽橋楊廷秀題棲賢寺——詩棲賢與招伽初本共一山古潭宅神龍睡醒欻久跧是夕起雷雨震得天地

谿此山圻爲兩一溪斷中間下窺黑無地上攀青到天從此兩禪寺路絶不往還祖師見之笑彈指見神奸閙天借横寬搭度溪兩邊倒傾千崖雪飛下一玉淵餘怒尚雷吼聲拔諸峯根我來不能去輕生倚危欄忽然心爲動毛骨森以寒土人指斷岸猶帶初坼痕

三峽石橋 在廬山郭功父｜｜｜行銀河源源天上流新秋織女望牽牛淇波欲渡渡不得比鵲爲橋誠拙謀胡不見廬山三峽水此源亦接明河底壁崖裂嶂何其雄崩雷泄雲勢披靡飛鳥難過虎豹愁四時白雲吹不収燭龍此地無行迹六月遊子披貂裘誰將巨斧鑿大石突兀長橋跨蒼壁行車走馬安如山下視龍門任淙激寄言牛女勿相疑地下神工尤更奇喚取河邊作橋棟一年不必一佳期。蘇子由詩三峽波濤飽泝沿過橋雷電記當年江聲夢繞瞿唐口石角參差灔澦前應有夜猿啼古木已將秋葉作歸船老僧未省遊巴蜀松下相逢問信然

【館驛】**五柳館** 在東昌縣棲隱寺即淵明故宅

虛白館 在尋真觀之右正當五老峯九疊屏之下雙澗支流别是一壷天也

歸去來館 在歸宗西五里有陶公醉石是館乃朱文公建。詩云予生千載後尚友千載前每尋高士傳獨嘆淵明賢及此逢醉石謂言公所眠况復巖壑古緜綿藏風煙仰看喬木陰俯聽横飛泉景物自清絶優游可忘年結廬倚蒼峭舉觴酹潺湲臨風一長嘯亂以歸來篇

【樓閣】**星子樓** 胡致隆詩萬中藤杖竹遶除靜夜江樓縱目初海歔擘山出彭蠡玉龍銜水下羗蘆三更雲盡猿啼露十里月寒人捕魚已問湖山借圭角他年來此老樵漁

重湖閣 在尋陽門外延慶院極目湖波與天無際

【寺院】**開先寺** 在城西十五里三國時李中主嘗建此寺。舊傳梁昭明太子棲隱之地寺後有瀑布山南瀑布無慮數十皆積雨方見惟此不竭水源在山頂人未有窮者或曰西入康王谷爲水簾東爲開先瀑布。文與可妙明庵記棲賢石橋不爲混沌氏之所設非工能之開先瀑布不可量其高遠奔騰傾涌若决星漢此尤天下之勝處世間不復更有之絶觀也。李白詩日照香爐生紫煙遥看瀑布掛長川飛流直下三千尺疑是銀河落九天。徐凝詩虛空落泉千仞直雷奔入江不暫息今古長如白練飛一條界破青山色。蘇子瞻詩帝遣銀河一派垂古來惟有謫仙詞飛流濺沫知多少不爲徐凝洗惡詩。子瞻云余遊廬山南北得十五六奇勝殆不可勝紀懶不作詩獨摘其尤者作漱玉亭三峽橋二篇開先漱玉亭詩云高巖下赤日深谷來悲風擘開青玉峽飛出兩白龍亂沫散霜雪古潭揺青空餘流滑無聲快瀉雙石谼我來不忍去月出飛橋東蕩蕩白銀闕沉沉水晶宫願從琴高生脚踏赤鯶公手扶白芙渠跳下清冷中。朱元晦詩奇哉康山陽雙劍屹對起上有横飛雲下有瀑布水崩騰復璀粲佳麗更雄偉勢從三梁外影落明湖裏平生謫仙句詠嘆深仰止三年落星灣悵望空眼眯今朝隨杖屨得此弄清泚更誦玉虹篇塵襟諒昭洗

棲賢寺 李渤搆寺於是山有水曰鸞溪又有方橋潭陸羽以其水爲第六。陳舜俞詩磴蛇行若蟠開寺拭眼高僧尚有瑱龍帶雨歸三峽水鳥銜花出五峯雲。寺有三峽橋爲廬山之雄觀蘇子由記水行石間聲如雷霆如千乘車行者震掉不能自持雖三峽之險不能過也。蘇子瞻三峽橋詩吾聞泰山石積日穿綫溜况此百雷霆萬世與石鬪深行九地底險出三峽右長輸不盡溪欲滿無底竇跳波翻潛魚震響落飛狖清寒入山骨草木盡堅瘦空濛烟雨間㵎洞金石奏彎彎飛橋出瀲瀲半月彀玉淵神龍近雲雨亂晴晝垂瓶得清甘可嚥不可

瀲。朱元晦詩兩岸蒼崖對直下成斗絶一水從中來湍漪知幾折石梁據其會迎望遠明滅倏至走長蛟捷來翻素雪聲雄萬霹靂勢倒千崤嵲足掉不自持魂驚詎堪說老仙有妙句千古擅奇絶尚想化鶴來乘流弄明月

雲居寺 在山之顛諺云天上雲居地下歸宗言其相亞云

歸宗寺 在城西二十五里即王羲之宅墨池鵝池存焉。唐寶曆中有赤眼禪師居之。朱元晦和提舉尤延之遊山詩金輪紫霄上寶界鴛溪濱住昔王内史頗香有餘煙千年今一歸景物還依然澗水既湯滴山花亦清妍不辭原隰勞樂此賓從賢訪古共紆鬱勞農獨勤拳憐我垂勝踐裂牋寄真詮逃禪公勿遽且畢區中緣。蘇子由詩來聽——早晚鍾疲勞懶上紫霄峯墨池漫疊溪中石白塔微分嶺上松佛宇爭推一山甲僧廚坐待十方供欲遊山北東西寺巖谷相連更幾重。此寺王逸少所置云有墨池在焉

落星寺 輿地廣記昔有僧墜水化爲石亘秋之交湖水方漲則星石汎于波瀾之上至隆冬水涸則可以步涉寺居其上曰法安院有清輝閣玉京軒嵐漪軒。黄魯直詩巖巖康俗先生廬其下宮亭水所都北辰九關隔雲雨南極一星在江湖。北風捲沙過夜窗枕底鯨波撼蓬島閣中即是地行仙但使心閑自難老。又詩云星宮游空何時落着地亦化爲寶坊詩人晝吟山入坐醉客夜愕江撼床蜂房各自開戶牖蟻穴或夢爲侯王不知青雲梯幾級更借瘦藤尋上方。——開士深結屋龍閣老翁來賦詩小雨藏山客坐久長江接天帆到遲寒藤清香與世隔畫圖妙絶無人知蜂房各自開戶牖處處煮茶藤一枝。王介甫詩崒雲臺殿起崔嵬萬里長江一酒杯坐見山川吞日月杳無車馬送塵埃鴈飛雲路聲低過客近天門夢易迴勝槩惟詩可收拾不才羞作等閒來。朱元晦詩浩浩長江水東逝無停波及此一回薄平湖烟浪多孤嶼屹中川層甍知周阿展望愛明滅夕遊驚駭極目青冥茫回瞻碧嵯峨不接車馬迹惟聞榜人歌我願辭世紛茲焉老漁簑會有滄浪子鳴航夜相過又詩四面真誠開玉鑑三山應是失金鰲

萬杉寺 在廬山僧大超植杉萬本　仁宗賜御製篆金仙寶殿額今有御書及國泰清淨四大字。朱元晦詩休沐聊命駕駕言何所之行尋慶雲寺推象昭陵時門前杉徑深屋後杉色奇空山歲年晚霜霰凌寒姿當年雨露恩千載有餘滋匠石不敢睨孤標儼相持更啓石室藏仰瞻天象垂願以清淨化永爲太平基。蘇子由詩萬本青杉一手栽滿堂白佛九天來涓涓石溜供廚足四方山界遠寺開半榻松陰秋氣冷一杯香飯午鐘催安眠飽食平生事不待山僧喚始廻

芝山寺 范希文詩樓殿冠崔嵬雲泉安在哉雲飛過江去花落入城來得食鴉朝聚閑經虎夜回偶臨西閣望五老夕陽開

二林寺 釋無可寄題廬山——詩廬嶽東南秀香花惠遠蹤名齊松嶺峻氣比沃洲濃積岫連何處幽崖越幾重霜流溪隱隱九派掉憧憧山限東西寺林交旦暮鍾平天傾瀑溜數郡見爐峯巖並金繩道潭分玉像容江藏匡俗路日杲晉朝松援徑新苞折梅籬故葉摧嵐光生晝砌霞焰發高墉寂寞顏虛閣抗疑煙黑過龍定傳仙嶠起通客秀溪逢渡客垂楊戶飛冰種杏封搭留紅舍利池吐白芙蓉畫壁披雲貝禪衣對鶴鐘喧經泉滴瀝沒猴草羊茸翠實射攀乳杏橋側杖筇探奇忽夢想搜峭滌心胸冥奧終難盡登臨惜未從上方薇蘚滿歸去養年慵

廬山寺 馬戴詩白茅爲屋宇編荊教廄增塒石疊成東谷笑言西谷聞上方雲雨上方晴鼠驚樵客綠苔壁猿戲山頭樾紫櫻別有一條投澗水竹筒斜引入茶鐺

楞伽院 在城北三十五里子瞻記

余友李公澤嘗讀書於五老峯白石菴之僧舍公擇既去山中之人思之指爲李氏山房藏書凡九千餘卷。子瞻過公擇故居詩彭蠡東北源廬山西南麓何人脩水上種此一雙玉思之不可見破宅餘脩竹四鄰戒莫犯十畝森似束我來仲夏初解籜呈新綠幽鳥向我鳴野人留我宿徘徊不忍去微月掛喬木遥想他年歸解組巾一幅對床老兄弟夜雨鳴竹屋卧聽林寺鍾書窗有殘燭。又詩偶尋流水上崔嵬五老蒼然一笑開若見謫仙煩寄語匡山頭白早歸來。朱元晦詩蜀石脩忽凋零林度重岡俛入幽谷遂仰見奇峯蒼李公英妙年讀書此雲房一去上臺閣致身何偉哉蘇公託藏書文字有耿光餘事亦騷雅戲墨仍風霜兩公不歸來歲月忽已荒何用建遺烈寒泉薦孤芳

祠觀

景德觀 舊記昔秦始皇并吞六國楚王避難此地有康王觀二十里入康王谷又十五里有水如簾布巖而下者

覽十七

三十餘派陸羽茶經其水爲天下第一。朱元晦詩循澗西北鶩崎嶇幾盤互前往荒蹊斷豁然清溪流一涉臺殿古再涉川原幽縈紆復屢渡乃得寒巖陬飛泉天上來一落散不收披崖日璀璨噴壑風颼飀追薪爨絕品瀹茗澆窮愁敬酹古陸子何年復來游

簡寂觀 在城西二十三里宋陸脩靜封丹元真人明帝召至建康卒于崇虛館謚簡寂此即脩靜故居今名太虛觀後有二瀑布及白雲樓。夢溪筆談云觀有竹相傳脩靜所植出苦筍而味反甜歸宗寺造鹹齏而味反淡蓋山中佳物也山中人語云簡寂觀中甜苦筍歸宗寺裏淡鹹齏。楊傑詩紫霄峯下陸先生飛出紅塵鶴羽輕斗壇石凝雲三尺丹井泉寒月一泓。錢聞禮詩先生舊隱在廬山幽谷千年竹萬竿偃松掃盡煎茶石苦筍撐開禮斗壇。朱元晦詩高士昔遺世築室蒼崖陰朝真石壇峻煉藥古井深結交五柳翁屢賞無弦琴相攜白蓮社一笑傾夙心歲晚更市朝故山鎖雲岑柴車竟不返鸞鶴空遺音我來千載餘舊事不可尋四顧但絕壁苦竹寒蕭椮。蘇子由詩山行但覺鳥聲殊漸近神仙簡寂居門外長溪淨客足山腰苦筍助盤蔬喬松定有藏丹處大石仍存拜斗餘弟子蒼髯年八十養生世世授遺書

白鶴觀 在城西北二十里今名爲承天觀。觀記云廬山峯巒之奇秀巖穴之佳遂林泉之茂美爲江南第一此觀復爲廬山第一。漁隱叢話蘇子瞻云司空表聖自論其詩得味外味棊聲花院閉幡影石壇高此句最善吾嘗獨遊五老峯入白鶴院松陰滿地不見人惟聞棊聲然後知此句之工。蘇子由詩云五老相攜欲上天玄猿白鶴盡疑仙浮雲有意藏山頂流水無聲入稻田古木微風時起籟諸峯落日盡生煙歸鞍草草還城市慙愧幽人正醉眠

延真觀 在城北四十里舊名昭德唐女真李騰空所居騰空宰相

覽十八

李林甫之女。李白送女真歸廬山詩羨君相門女學道愛神仙一往屏風疊乘鸞着玉鞭

尋真觀 在城北二十五里道藏經三十六洞天此其一也唐正元女冠蔡尋真居屏風疊之南李騰空居屏風疊之北

祥符觀 觀記云秦末有武士三人留此一夕雷電化成二溪溪中盤石上有飛簡天篆曰神化靈溪金簡標題真人受百玉澗潛插

康王觀 在城西七十里按舊經楚康王避難於此山梁大同元年張道士置在洞裏至隋開皇丁道士移出洞口銅馬廟場置觀

祠墓

陶威公祠 劉義仲記云子瞻嘗爲亭言陶公忠義之節橫秋霜而貫白日晉史所書折翅之事豈有是乎。吳縝辨云蘇峻之誅庾亮恥爲之佐既士行遣先朝露後嗣零落庾氏謗之耳

五賢祠 朱元晦祝文云誤膺朝命來守是邦至止之初得拜劉李二公

之像于學欽挹高風考覩正論既有以慰夙心者既又咨訪得陶公栗里故居於郡境且知祕丞劉公嘗隸于紫陽而忠肅陳公又嘗屏為遷民也。

濂溪祠 朱元晦立。○張敬夫記：蓋自近世以來先生之書徧天下士知尊敬講習者寖多而其間未免或失其旨妄意高遠不由其序游談相夸不踐其實反以病夫真若是者適為吾道之罪人耳夫惟端篤懇惻近思躬履不忽於卑下而審察乎細微是為不負先生之訓

三賢祠 在廬山楞伽寺。○楊廷秀云：南康太守曾致虛詩：山房牙籤三萬軸，六丁下取歸羣玉。空餘坡老枯木枝，雪骨霜筋插雲屋。楞伽老僧懷西賢，作堂要與祠千年。只供清風薦明月，不用秋菊兼黃泉。江西社裏曾常伯，李家玉澗蘇家客。併遣巫陽招取來，分坐廬山泉上石。

劉西澗祠 黃魯直拜劉凝之畫像詩：并官清潁尾，買宅落星灣。身在菰蒲中，名滿天地間。誰能四十年，保此清淨退。往來澗谷中，神光射牛背。

名宦

韋應物 唐人，為刺史，嘗游賞於其間，叙觀其詩孕章云：曠歲懷茲賞，行春始重尋。聊將橫笛吹，一寫山水音。

何易于 為建昌令，築縣西捍水堤二里。

皇朝周頤 舂陵人，嘗以呂公著薦擢廣東運判，移提刑，以病求知南康軍，病劇，上印分司南京。

朱熹 淳熙中為守，值歲歉，救荒有功，後又請于朝建白鹿書院。

人物

康俗 漢武帝時封俗為大明公，稱廬君，詳見廬山。

陶潛 義熙中為彭澤令，郡遣督郵至，曰：吾不能為五斗米折腰向鄉里小兒。遂棄官去，賦歸去來詞。嘗居廬山栗里，籃輿往來，醉輒卧大石上，今號醉石。

李常 字公擇，仕至御史，詳見楞伽院注。

名賢

翟道 尋陽人，晉王導辟不就，隱于廬山之南，祖父子孫四世皆隱，稱尋陽四隱。

劉驎之 字子驥，一字遺民，即桃源記中劉子驥者也。石林過庭錄：遠法師白蓮社中遺民最勝。

周續 鴈門人，徙居建昌，預范甯受業，入廬山，與劉遺民、陶淵明號尋陽三隱。

熊仁贍 海昏人，丁母憂，哀毀廬墓，有慈烏來巢。大曆中旌表門閭，朱文公嘗遺於立門。

李白 蜀綿白性喜名山，飄然有物外志，以廬阜水石佳處，遂往遊焉，卜築五老峯下，有書堂舊基。後北歸猶不忍去，指廬山曰：與君將會，不敢寒盟，丹崖綠壑，神其鑒之。杜甫詩：匡山讀書處，頭白早歸來。或以為綿之匡山。

李渤 詳見書堂注。

皇朝劉渙 字凝之，筠州人，為潁上令，掛冠歸隱廬山，嘗作騎牛歌曰：我騎牛，君莫笑，世間萬事從吾好。號西澗先生。歐陽脩作廬山高以贈之。○朱元晦記云：予假守南康，訪求先賢遺迹，得故尚書屯田員外郎劉公凝之之墓於城西門外草棘中。予惟劉公清名高節著於當時而聞於後世，不幸顛墓無主，而其丘墓之寄於此邦者又如此，亦是長民者之責也。乃作小亭於前，立門牆以限樵牧，用歐陽公語名其亭以壯節，因屬友人黃銖大書以揭焉。

劉恕 字道原，渙之子。司馬君實修資治通監，以史事之紛錯者委之。王介甫引為三司條例，不就。

劉羲仲 字壯輿，渙之孫，詔為編脩，至京，自宰相以下並不造謁，未幾致仕，蘇子由有詩。

陳舜俞 字令舉，嘉禾人，少登制科，為華亭令，以不奉行青苗謫官，居山南，與劉凝之乘黃犢往來，以六十日盡南北之勝，龍眠李伯時畫為圖，今有碑刻。

陳瓘 坐論蔡氏父子，最後謫南康。

蘇庠 字養直，丹陽人，少作清江曲，東坡見之嘆賞，卜築廬山，屢詔不起。

題詠

急呼疾索初不聞 王介甫題望雲亭詩。南康父老傳使

君云云未嘗遺汲公藤水三藏紙望香爐雲雲徐無心靜無
澤使君恬淡亦如此欻然一去歸遺陰便覺煩歊悵千里歸
田兮戴子與妻團蔬園果西山西出門亭皋百頃綠望雲繞
喜一犂足我知新亭望霽好欲斷比鄰成二老莫嫌雞黍數
往來爲報囊
陽德公嫂

四六

疏綺天閣　眷此康廬　維地千里　即此星斗
分符星渚　控于匯澤　據江上流　割夫斗壘
剡南山之道院　康廬萬古之山川　瀰彭澤以爲恩波
爲江左之名邦　白鹿幾年之文物　從康廬而作治蹟
俗樸訟稀號山南之道院　歸宗寺古號內史之墨池
民貧土瘠實江上之商征　栗里源幽卧陶公之醉石
鈴齋豐暇迎五老於清尊　長庚之詠瀑布題後無詩
學館靜深對諸儒於黄卷　鴻漸之第水簾經中絕品
李氏山房尚訪森脩之竹　即山南北以分疆尤欣接畛
濂溪故宅有懷淨植之蓮　豈江東西之異道遂斷餘波
白鹿書堂之創遺址猶存　郡得循良無急索疾呼之政
紫陽夫子之來斯文大暢　山多奇秀有微吟緩諷之遊
棲賢峽漱玉亭壯矣坡仙之句
玉京軒落星寺奇哉山谷之章
丹崖翠壑爲青蓮仙客之舊遊
皂蓋朱轓振白鹿儒宗之奥學
誦李仙昇風九疊之謡神游汗漫
讀歐子廬山千仞之句心厭寵榮
雖云小郡環井邑於山光水色之中
猶幸大江通商賈於蠻煙瘴雨之外

新編方輿勝覽卷之十七

新編方輿勝覽卷之十八　　建安祝穆和父編

信州

上饒　玉山　弋陽　貴溪　鉛山　永豐

【建置沿革】禹貢揚州之域，吳地斗十分野。春秋戰國迭爲吳楚之地。秦屬九江、會稽二郡。漢屬豫章之餘汗縣及會稽郡之太末縣。三國又屬鄱陽郡葛陽縣之地。晉宋及隋屬鄱陽、東陽二郡。陳改葛陽爲弋陽縣。唐折饒之弋陽、衢之玉山、常山及建、撫二州之地置信州。皇朝因之。今領縣六，治上饒。

【事要】

【郡名】**上饒** 寰宇記所謂一一者，以其旁下饒州之故也。**廣信** 同上。上元元年因江淮轉運使元載之請，謂川原曼遠，關防襟帶，宜置州；又謂其信可美也，故名州。

【風俗】**土瘠民貧** 郡國志：其一一。**文風日盛** 同上：自本朝來云云。

【形勝】**地控閩粵** 韓元咎修子城記：一一一一。鄰**犬牙於閩** 同上閩氏義居記：信安之地云云。**江吳閩越之交** 元絳靈山寺：淳地據云云。**爲東南望鎮** 李彌大玉山海法院記：當吳楚閩粵之交云云。**今爲通要** 郡志：福建、湖廣、江西諸道必出其途，昔爲左僻云云。**富於水泉** 洪駒父石井泉記：富於巖岫云云。**山巖珍奇** 鄱陽記：產銅鉛鐵云云。

【土產】**水晶** 靈山出一一。○王介甫詩：靈山寧與世爲仇，斤斧傷殘不休。水玉比來聞長價，市人無數起相𠜂。○梅宛陵送裴信州詩：攢青歷歷面靈山，刺史日坐雲屏間。楚人競提水晶璞，漢女買作玉珮環。

【山川】**靈山** 在上饒西北九十餘里，有七十二峯，亦名靈鷲山，爲州之鎮山。衆峯聳天末，岡勢迤邐從北來，州宅枕其趾。○韓元咎詩：諸峯七十二，石碕碕略可推。定知水晶宮，開藏神所司。

南屏山 在上饒。其山由東南以來，爲波濤起伏之狀，及至於州治前，則周環拱護，秀潤之氣可挹也。

銅山 在上饒南四十里。

鐵山 在上饒東南七十里。

懷玉山 縣以此名。

鉛山 在上饒西八十里。

象山 在貴溪縣，以形得名。陸荊門九淵嘗作書院其上，以待講學之士，且以自號云。

龍虎山 在貴溪西南百里。方輿記：兩石相峙，山峯屹立，狀若一一，乃漢張道陵所居。

月巖 在上饒西三十里，上有穴，穿出山背，遠望如月。○朱喬年詩：鑿破巉巖不計春，山腰千古掛冰輪。誰知鑿破三峯石，輸出嬋娟戲路人。○陸務觀詩云：幾年不作月巖游，萬里重來已白頭。雲外嬋娟何所似，平羌江上半輪秋。

南巖 去上饒縣十里，巖旁巨石儼然，其下寬平，可坐千人，士女遊賞之地。晁補之、韓元咎皆有詩。

洞巖 去玉山三十里，林巒蓊映，巖石奇秀。

僊巖 在貴溪南七十里，峯巒峭立，高出雲表，巖石嵌空，多爲洞穴、房室、窗牖、床榻、倉廩、椸枷、雞犬、禽鳥之狀。晁太史以爲大水時人宅山上所作。○或題詩云：稽天巨浸洗南荒，上有千峯皆立儘。民未降丘壑宅此，舉頭天壁有困倉。

徐巖 在貴溪縣負郭，徐紹讀書之所。○王介甫贈詩云：茂林脩竹翠紛紛，坐占山阿與水濱。笑傲一生雖自樂，有司還欲選方聞。

丫頭巖 在弋陽西六十里，有大石岐首，故名。○或題詩云：何不梳妝便嫁休，長教人喚作一一。後施逵續云：只因未有良媒在，直到如今萬萬秋。

分

水嶺在信州崇安縣界。朱文公詩水流無彼此地勢有西東若識分時異方知合處同 雲洞去州二十餘里頗有遊者 神石在弋陽東橫出大溪縣治頗以捍截波流 玉溪在玉山縣前 弋溪在弋陽東二十里有大石面如鐫弋字。元絳詩玉露精神山合沓溪成文字水橫斜 葛溪在弋陽。施肩吾弋陽訪古詩行逢丨丨水不見葛仙人空拋青竹杖呪作葛陂神 紫溪在鉛山縣南四十餘里有市 鵝湖在鉛山縣西南十五里上有葛玄家傳經謂昔有龔氏居山傍畜鵝成羣有仁壽院。張濱詩丨丨山下稻粱肥豚柵雞栖對掩扉桑柘影斜春社散家家扶得醉人歸。淳熙初年晦庵朱文公與山陸公曾會于此。陸子靜詩墟墓生哀宗廟欽斯人千古最靈心涓流積至滄溟水拳石崇成泰華岑易簡工夫終久大支離事業竟浮沉欲知自下升高處真偽先須辨古今。朱元晦和韻德義風流夙所欽別離三載更關心偶扶藜杖過寒谷又枉藍輿度遠岑舊學商量加邃密新知培養轉深沉只愁說到無言處不信人間有古今二詩兩存之以俟後之君子

【學舍】宗文書院在鉛山縣鵝湖寺淳祐庚戌江東提刑蔡抗建奏請于朝 御書令額蓋文公朱先生與山陸先生曾講辨于此

【堂亭】面山堂在州宅。晁太史詩誰榜鈴齋作面山晦直終日捲簾看賦成夜燭纔銷寸衙退朝曦未半竿 玉光亭在玉山縣廳東不知創始之自。章希言詩千疊巘玉對軒窗池上新亭號玉光抵此便堪爲吏隱神仙官職水雲鄉。王介甫詩傳聞天王此埋湮千古誰分僞與真每向小庭風月夜却疑山水有精神

【軒榭】絕塵軒韓元吉記貴溪尉舍舊有黃梅出於垣間元符己卯歲康明略嘗以宋廣平之事題曰能賦堂以况尉君曾敬之也明略既爲之記而晁無咎題其後謂其於敬之遠矣又和其試茶看花二詩有兩絕塵之句則敬之爲人固可知也後八十有二年福唐鄭肇之爲尉于此乃葺堂而更新之訪梅之所而增培之字因榜之曰絕塵蓋取無咎詩中語也

【祠廟】陸象山祠先生撫州人諡文安學者即象山書院而爲之祠

【名宦】柳渾爲永豐縣令 皇朝錢易爲信倅。揚大年送行詩叙廟藏紫麥京塵黦黑貂 章得象爲玉山令 孔武仲爲推官修學記謂爲教授蓋權耳 晁補之紹聖中嘗爲酒官 王愈汪彥章先憂後樂二堂碑云宣和間寇發清溪入睦入歙蹂十二州之地初部使者不以聞守州令邑若比彊連壤無一人奉尺書爲朝廷言者獨信州王公曰賊不百里俯吾境萬一不戒如吾民何即斥金帛募士增陴浚隍修戰鬭具賊果以偏師嘗我先之已而盡銳攻號數萬乃縱奇兵壓擊大敗拔營去追奔俘馘至不勝計歸縛其僞統軍以獻東南以平愈進職若官殊等

【人物】皇朝張叔夜靖康間將勤王兵入京城爲簽書樞密後死國難其家葬衣冠於靈鷲山後立廟賜名旌忠朱文公爲記 陸鴻漸號東岡子在城北有故居 鄭驤玉山人知同州虜入寇死之遂與張叔夜立雙廟 陳康伯弋陽人爲相判信州 汪應辰字聖錫玉山人本名洋紹興進士第一賜今名仕至端明 韓元吉字无咎號南澗仕至尚書 徐元杰上饒人壬辰廷對第一仕至國子祭酒禮部侍郎自號楳埜。趙茂實序其文集曰士君子有正主庇民之學不幸當其時之

所難積誠所感既足以回事勢於危疑矣肆深忌竟殞其身於非命漢之蕭望之李固杜喬近日之楊棐是也望之以身捍恭顯固喬以身捍梁冀楊棐以身捍權臣或誤下廷尉死或同日以獄死或以非病死其死一也獄死者義甚明而非病死者至今未得明其尤可悲也夫楊棐番從朱文公先生之門人陳君文蔚游又嘗取正於真文忠公其學固已知大標本而心事真切禍福利害有所不入又其所素長也故自其對大廷已純正不雜而其後入告又皆忠實無隱李者稱之淳祐甲辰適值權臣起復六館之士譁然言于　天子之廷　天子疑焉公以二疏入對經幄明白懇到上當帝心自是群言不聽權臣奪起復而杜立齋相游克齋召矣當是時朝廷清明衆正來會公論爲之大快臣知有忠子知有孝士大夫知有邪正上之嚮公意日甚而公身遂危矣公守事未衰順養無玷一旦遽罹于死中外震驚行道之人莫不愀然以疑廟堂部寺監百執事皆爲之寢食嗟夫孰不有死公之死亦異矣哉當是時朝廷詔獄而檢壬以身任折獄之責其事竟不得而明至今累年矣忠臣義士未嘗一日不究之追論往事至有爲之泣下者近廷紳狂夜之夫忽唱異論謂公死實瞞死且誣公以羽翼權臣曲學阿世而破千萬載公議之是非其疏一出萬口唾斥於公何傷而其人之亡忌憚乃至於是重爲世道嘆也公之子良諒直方文學氣節克肖厥父以公遺文來請序余讀之盡卷其忠大如望之其忠切如喬固而其殁又皆可閔故併論之淳祐己酉夏四月壬寅朔後儀趙汝騰序

【名宦】

龐籍 祥符中侍其父爲鉛山令嘗隸業於崇壽院

楊億 字大年祖文逸宰玉山億生之夕文逸夢一羽衣自稱懷玉山人覺而億生億後有詩送表弟章得象知玉山縣云懷玉煙霞接武夷我思祖德淚沾衣縣齋舊部留遺愛庭樹藏環長幾圍

彭澤公田今已廢遼東邑子半應非津亭送別空回首籍在含闌未得歸

【題詠】

傳聲典信州 杜子美送王信州詩云下詔選郎省云云

強染作知州 徐俯詩云雲洞看雲生月巖和月留元來是野老云云

冰爲溪水玉爲山 唐戴叔倫送人之廣信詩有云家在故林吳楚間云云更將善政化鄰邑遙見逋人相逐還

地僻山深古上饒 白居易送人貶信州判官詩云云土風平薄道程遙不惟還客須棲宿見說居人也寂寥

銅鉛滿穴山能富 盧綸送信州姚使君詩云朱轓徐轉揖羣官隸鳥無聲郡宇寬楚國上腴收賦重漢家良牧得人難云云鴻鴈連羣地亦寒幾日政聲聞外戶九江行旅得相歡

【四六】

疏榮中衆　惟信置郡　聰言古郡　近聯閩浙

作填上饒　自唐分疆　閩出異材　遠控江淮

惟上饒之名郡　析建撫二州之地　列楚尾吳頭之地

實江左之奧區　當江吳四塞之衝　據閩商粵賈之衝

地僻山深尚帶甌閩之俗　峭壁奇巖見太中歸於淬水

民貧賦嗇偶聯江浙之區　茂林脩竹徐隱君應於方閒

郡分江左奈士俗之素賓　性覺心通得象山講論之要

地近日邊幸政聲之易達　源同派別參鵝湖酬唱之篇

蹈白刃於艱危既高氣節　蚤冠羣英有汪端明之學問

位黃扉於平治尤盛勳名　見推巨擘爲韓南澗之文章

玉山冰水可知太守之清操　縣在水雲況是郇公之臨莅

雲洞月巖盡屬詩人之勝槩　亭藏風月亦嘗荊國之留題

饒州

鄱陽　餘干　浮梁　樂平　德興　安仁

【建置沿革】禹貢揚州之域星紀之次牽牛須女分野春秋屬楚吳伐楚取番秦爲鄱陽縣屬九江郡漢屬豫章郡東漢置鄱陽郡屬廬陵郡隋改鄱陽郡爲饒州唐因之南唐建饒州爲永平軍　國朝復爲饒州今領縣六治

鄱

陽

○都大坑冶江東提刑置司

【事要】【郡名】鄱陽 見浴華注 【風俗】物產豐饒 徐湛鄱陽記云饒州之北有堯山嘗以堯爲號又以地饒術遂加食爲饒○通典曰隋置饒州 家富戶羨 吳孝中作餘干縣學記饒之爲州壤土肥而養生之物多其民｜｜而｜｜爲父兄者以其子弟不文爲咎

民不迫遽 趙汝礪誌處士夏侯君墓有金錫緡泉魚稻之饒故其云云 其人喜儒 同上云云故其俗不鄙 薦士德興爲最 任舟章德興縣學記環饒之境歲以士薦于州其縣六而德興爲最難其風氣使然亦山川有以相之 有陶唐之遺風 元祐餘干進士都頡曰堯山之民云云 履番君之故地 劉禹錫荅饒州之書瀕江之地饒爲大云云漸顯越之遺風餘干有訟鐘之地武林有千章之材 【形勝】據大江上流 趙汝礪作墓志鄱江云云 地沃土平 歐陽詢法帖云年二十時至鄱陽縣嘗其｜｜｜｜ 【土產】

白金 程迥撰重建德興縣亭記元祐四年銀場廢以至于今耆老云方產｜｜時邑無俊造之民自後與計偕

衣冠紱著甲於饒之諸邑名儒繼公相望而出矣 鎔銀擅名 唐元稹行齊煦饒州刺史制饒爲沃野而鄱有｜｜之利 冶鑄之地 開寶間置錢監於鄱陽後分於饒嶺復併歸饒 魚蝦之鄉 郡志瀕江郡蓋云云 【山川】堯山 在鄱陽西相傳堯時洚水避難者居之

芝山 洪遵詩注云唐元朔間山産芝草故名又云饒瀕大江而｜｜院危拔屹起可以眺望○范希文詩樓殿冠巖崖靈芝安在哉雲飛過江花落入城來 石印山 圖經吳時鄱陽歷陵山石文理成字讖云石印發封天下太平 餘干山 一名羊角山兩峯面面相向狀如羊角有乘風亭爲一邑絕覽之地天氣清明望見廬山今名吳楚冠冕 樂平山 在縣西十里一名石墨 文筆峯 乃妙果禪院一峯也范希文曰此文章之應也名爲｜｜｜下枕湖水目爲硯池且謂二十年後當出狀元治平乙巳趙尚書汝礪果廷對第一 石城巖 在樂平縣南六十里九十餘里間皆怪石李常名曰叢玉李伯時寫爲圖曾鞏諸人皆有詩 洪巖 在樂平東北九十里此巖最著其中雲氣泉聲相雜 雷岡 大｜｜雷義仲所居小｜｜雷煥所居 鄱陽湖 其湖綿數百里中有山 鄱江 三縣水合流入彭蠡湖 琵琶洲 在餘干縣南水中攤沙成洲狀如｜｜唐朝韓賓客裴尚書李侍郎故居于干詩戟戶盡移天上去里人空說碧琉璃○容齋三筆云紹興中汪洋一絕句云塞外風煙能記否天涯淪落自心知眼中風物參差是只欠江州司馬詩

【堂亭】慶朔堂 在州治范希文創取古諸侯饋朔之義公詩云｜｜前花自我種便移官去未

曾開年年憶着成離恨祇託春風管別來

得心堂 在州宅取呉芮得民心之義范希文名

識山堂 在州宅望廬山於三百里外最爲楚東勝地

四望亭 在郡城上范希文建。汪彦章詩縱横盡得江山勝俯仰方知宇宙寬千里風煙環廣坐四時星斗轉危欄。王龜齡詩有澤國觀水無聲不礙山鄱君千里圖俯仰一亭間

秋香亭 在坑冶范希文有賦

白雲亭 劉長卿餘干縣故城詩孤城上與白雲齊萬古荒涼楚水西官舍已空秋草緑女墻猶在夜烏啼平江渺渺來人遠落日亭亭向客低沙鳥不知陵谷變朝飛暮去弋陽溪。黄曾直次韻呉可權詩曩誰築孤亭勝日有感遇詠懐劉隨州因榜白雲名遺老不能談新陳恕成萋緑陰斤斧盡華屋風雨仆呉侯七閩英宰縣有真趣弦歌緩民愠根節夫東蘇材汲佛宮餘工有子來助屓成燕雀賀水滿鳧鴈翥四海名士來一笑佳客飛雲興碧山留雲隨清江去斯須成蒼狗皆適不如故至人觀萬物誰有安立處寄語呉令君但還攜束住

干越亭 與白雲亭相對李德裕建據載之詩|||邊歳暮逢。劉長卿詩云天南愁望絶亭下柳條青落日獨歸鳥孤舟何處人。王龜齡詩云我來鄱君山水州山水入眼常遲留絶勝遥瞻雲錦洞清百下瞰琵琶洲干越亭前越風起湖鄱陽三百里晩來一雨洗清秋身在江東畫圖裏

聚遠亭 在德興縣中最勝處鄱功父箭闋道皆有詩

五峯亭 張安國和鄱陽||||詩云廬山真滿眼秀句懷東坡

［古迹］

鄱江樓 在南城上唐有此名有鐵起詩

［祠廟］

饒娥廟 柳宗元|||碑云娥父醉漁風卒起不能舟遂以溺死娥聞父死走哭水上氣盡伏死明日魚鼈蛟浮死萬數鄉人葬娥鄱水四

［官吏］

周魴 呉人

呉芮 漢人爲番陽縣令得江湖間民心

虞翻 按會稽典録云文章之士則鄱陽大守||也

虞溥 晋人爲内史

王廙 晋人爲内史立學北門内

陸襄 梁人爲内史

柳莊 隋人

梁文謙 並爲刺史

張廷珪 唐人

顔真卿 爲刺史

李德裕 爲餘干令

皇朝范仲淹 坐朋黨出知饒州。冷齋夜話云公守饒日有書生獻詩甚工自言平生未嘗飽時歐陽率更薦福寺碑墨本直千錢文正爲打千本使售京師紙墨已具一夕雷擊碎其碑東坡詩一夕雷轟薦福碑是也

王安石 爲本路提刑

［人物］

陶侃 鄱陽縣人今城中之延賓坊即其故居也後徙居尋陽

皇朝洪皓 樂平人奉使北虜不屈後講和好還朝兼權直院出知鄱郡三子适遵邁皆中詞科繼踵北門邁作謝表云父子相承四上鑾坡之直弟兄在望三陪鳳閣之遊時人榮之以爲忠義之報适爲相自號盤洲遵爲揔密有别墅曰小隱邁爲内翰有别墅曰野處孝宗御書二字

趙汝愚 居餘干爲相。趙蕃有詩云五王不解去三思石顯端能殺望之未到浯溪讀唐頌已留衡嶽伴湘纍生前免見焚書禍死後重刊黨籍碑滿地疾藜誰敢哭謾留楚些作哀詞

［題詠］

江向弋陽斜 李端送樂平苗明府詩云本自求彭澤誰云道里賒山從古壁斷云云暮色隨楓樹陰

饒陽因得富 雲暗荻花諸侯舊調鼎應重宰臣家

州名 唐章孝標送饒州張使君詩云云不謂農桑别有營日暖持箱依茗叢天陰抱火入銀坑江寒魚動槍旗

影山曉雲和鼓角聲大守能詩兼愛靜西樓見月幾篇成 三出遶城鬢似絲 范希文詩云云齋中瀟洒過禪師每㖆歌酒緣多病不負雲山賴有詩半兩黃花秋賞健一江明月夜歸遲人間禍福何須道問着衰翁也自知

惠及饒民幾萬家 李深簡范文正公祠堂詩一章奏免貢新茶云云遺老至今懷德政爲茶談此最咨嗟

杖藜攜酒看芝山 葉少蘊石林話

劉季孫以左班殿直監饒州酒稅王介甫爲江東提刑循歷案務見壁間有詩云風吹燕語落簷間底事驚回夢裏閑說與傍人都未信云云公大稱賞問誰所作或以季孫對召之與語嘉嘆升車而去不復問務事既至傳舍郡學生請差官攝州學事公判監酒殿直一郡大驚遂知名云

方十八

郡國開處是詩題 姚合送饒州張使君鄱陽勝事聞難比千里連連是稻畦山寺夫時通水路云云化行因免農人勸庭前惟多野鶴栖欲罷春朋門外別蕭修驛路夕陽低

江到潯陽九派分 皇甫冉送李錄事赴饒州北人南去雪紛紛雁叫汀洲不可聞積水長天隨遠客孤舟極浦足寒雲山從建業千山遠云云借問督郵纔弱冠府中年少不如君

四六

紫分漢竹　維時饒郡　州名若富　江湖之濱
小駐鄱江　自古奧區　郡計不優　水陸之會
剖東楚之名邦　乃眷丹車之會　眷吳頭楚尾之邦
實番君之故國　設爲治鑄之場　得召父杜母之政
番君山水之國惠然臨之　餘干乃番之故都有華作牧
范公廊廟之材自此升矣　遠方聞滕之仁政必顧受釐
廣谷大川當吳楚之交會　州以富名擅榷茗鎔銀之利
流風善政有頻范之典刑　地皆沃土夸植桑播穀之饒

拜頎覺公於堂已知嘉落　棠棣相輝有洪盤洲之人物
繼范文正之轍行即騫騰　公槐進位乃韓忠定之聲名
地饒縣宗未炙遂來之國　地沃土平請閱寧東今之帖
江富魚蝦亦足養生之具　江寒山瞻更吟章孝標之詩
抗章而辭蓬島似厭直廬　番君得江湖之心定酬民望
攜酒而看芝山肯臨便郡　雷令候斗牛之氣乃借鄰光

廣德軍 廣德 建平

建置沿革

禹貢揚州之域吳地斗牛分野春秋屬吳楚子伐吳及桐汭其地後屬越戰國屬楚秦置鄣郡漢改鄣郡爲丹陽郡復以爲廣德國封中山靖王之後後漢置廣德縣晉屬宣城縣宋立綏安縣梁分置石封縣隋改石封爲綏安縣又屬宣州又更綏安縣爲廣德縣 皇朝建爲廣德軍以郎步鎮置建平縣以隸焉領縣二治廣德

方十八

郡名

桐川 廣德縣西南有桐水故名　桐汭 水內曰汭

風俗

民醇事簡 桐汭志云云號江東道院　食貨富饒 南豐鼓角樓記

形勝

故鄣之墟 同上云云　體如大邦 同上　溪流抱其後 郡志云云峯拱其前云云

山川

靈山 在軍南七十里泉石甲於一郡　橫山 城外五里最爲高峻　鴉山 產茶〇梅詢詩茶貴丨丨雪霜皚　伍牙山 在建平伍員伐楚經此　東湖 在朝陽門外三十里　南湖 去建平四十里入丹陽湖　桐水 在軍西北源出白石自宣城界流入丹陽湖

堂亭

靜治堂 在郡治　秀遠亭 陳天麟詩云笋蕨秧針入

圖畫令人魂夢到家山

【樓臺】**鼓角樓** 曾子固記云熙寧元年冬廣德軍作新門……成太守令文武賓屬以落之既而以書走京師屬鞏曰為我記之鞏辭不能書反覆至五六辭不得乃為文曰蓋廣德居吳之西疆故障之墟境大壤沃食貨富穰人力有餘而獄訟赴訴財貢輸入以縣附宣道路四阻衆不便利歷世久之　太宗皇帝在位四年乃按地圖因縣立軍使得奏事專決體如大邦自是以來田里辨爭歲時稅調始不勤遠人用宜之而門閎隘庳樓觀弗飾於以納天子之命出令行化朝夕吏民交通四方賓客弊在簡陋不中度程治平四年尚書吏部員外郎知制誥錢公公輔守是邦始因豐年聚財積土將改而新之會尚書駕部郎中朱公壽昌來繼其任明年政成封內無事乃擇能吏揆時庀徒以畚以築以繩以削門阿是經觀闕是營不督不期役者自勸自冬十月甲子始事至十二月甲子卒功崇墉崛興複宇相瞰壯不及僭麗不及奢憲度政理於是出納士吏賓容於是馳走尊施一邦不失宜稱至於伐鼓鳴角以警昏昕下漏數刻以節晝夜則又新是四器列而樓之邦人士女易其聽觀莫不悅喜推美頌嘆夫禮有必隆不得而殺政有必舉不得而廢公於是兼而得之宜刻金石以書美實使是邦之人百世之下於二公之德尚有攷也

集仙臺 在祠山絕頂乃張王興迹之地守梅詢建。詢詩與郡守王渙曰我有集仙經始在勞君一到為重脩

【祠廟】**張王祠** 在軍西五里祠山上顏真卿碑新室之亂野火焚其祠又云其靈跡自漢始著或云即張安世

【名宦】**皇朝范仲淹** 言行錄范希文以進士解褐為廣德司理日抱其獄與太守爭是非守盛怒公不為屈歸必記其往復辨論之語於屏上比去至字無所容貧止一馬鬻馬徒步而歸。孫覺莘老以詩紀其事云維時陛下聖枉直情畢通太守異趣舍挺然不曲從事事爭救之粉屏記其終官小俸祿薄家居乏窮空賣馬以自給徒行氣彌充

梅詢 為太守

孫覺 為右正言因論青苗之害黜知廣德

【人物】**張介** 隱居城北紹聖間正言孫諤出守是邦嘗携酒造之與之酬唱有竹林藏月讀書家之句屢欲薦于朝力辭不就

查深 字道源力學隱居郡守錢公輔築堂延請教誘郡人子弟

【題詠】**濃綠浮空四面山** 李參政光留題郡子城三峯樓曰上饒季泰定提兵平宣城寇回登此留宿紹興壬子季春五日題一川花柳擁雕欄云云便欲携家來此住不將名姓落人間

【四六】
跳梁芝檢　恭命竹符　析宣城之雷邑
來牧桐川　承流桐汭　創汭水之斗邦
載仰行都未覺九重之天遠　凝旒裊之香文書既簡
雖云支郡足當一路之風寒　赭鵝山之雪風味亦清
拍日待權皆尺籍伍符之舊　高牙列戟檣未遜於大邦
無時致餉當大車駟馬之衝　堅甲利兵備嘗嚴於要地
自孫莘老之分符尚存詩句　事簡民醇昔蓋稱於道院
及查道源之設教益盛文風　財殫賦冗今頗窘於軍需
城角吹梅曾是曾南豐之作記
圜扉翻草況逢范文正之詳刑
范文正盛時之名相理掾嘗臨
曾南豐間世之大儒譙樓是記

新編方輿勝覽卷之十九　建安祝穆和父編

○江西路

隆興府　南昌　新建　奉新　分寧　武寧　豐城　進賢　靖安

【建置沿革】禹貢揚州之域星分翼軫春秋戰國屬楚秦屬九江郡漢高祖始置豫章郡東漢因之隋爲洪州唐置洪州總管改曰都督府又置觀察使陞節度使後避代宗諱止稱章郡加鎮南節度南唐遷都南昌　國朝復爲洪州以爲江南西路兵馬鈐轄升馬步軍都總管升安撫使以　孝宗皇帝潛藩陞府領今統郡十一領縣八治南昌新建兩縣

○江西轉運置司

【事要】

【郡名】豫章　陳留風俗記曰豫章以木氏郡酸棗以棘名邦○應劭漢官儀曰有｜｜生於庭中木嘗枯晉永嘉中一旦更茂咸以爲中興之祥其後元帝果興大業焉　南昌　見前沿革注　洪都　王勃記｜｜新府○星子志隋文帝以洪崖所居遂以名州

【風俗】俗同吳　隋志豫章之｜｜｜｜其中君子善居室小人勤耕稼　風土爽塏　豫章記云云山川特秀　土沃人庶　白居易行裴堪制云云今之奧區　人傑地靈　王勃宴滕王閣記　人好經學　晉書范宣豫章人以講誦爲業譙國戴逵聞風宗師自遠而至太元中太守范甯亦立鄉校教授常數百人由是並好經學化二范之風也　人尚黃老　雷次宗豫章記｜｜｜｜清淨之教重於隱遁蓋洪崖徐孺子之風也　人自得於江湖之外　見後韓愈重脩滕王閣記

【形勝】地接衡廬　見後王勃滕王閣序　上控百粵　唐杜牧文集　吳頭楚尾　職方乘記豫章之地爲｜｜｜｜　左九江右洞庭　獨孤及記　襟三江帶五湖　見後王勃序　當淮海之襟帶　封敖滕王閣記有長江巨湖爲之浸有靈嶽名山爲之鎮云云作吳楚荊蜀之把握　扼甌閩交廣之吭　汪彥章記云云　東南一都會　南豐門記其境屬于荊閩南粵方數千里其田宜秔稌其賦粟輸于京師爲天下最在江湖間｜｜｜｜也　凡十一州五十六縣官吏皆受約束　鄭升卿五賢堂記

【土產】雙井茶　黃魯直送｜｜｜與蘇子瞻詩人間風日不到處天上玉堂森寶書想見東坡舊居士揮毫百斛瀉明珠我家江南摘雲腴落磑霏霏雪不如爲君喚起黃州夢獨載扁舟向五湖

【山川】南昌山　雷次宗記在｜｜｜高水激遠灑如風雨　西山　余安道記在縣西四十里巖岫四出千峯北來嵐光染空高二千丈屬連三百里水經云有天寶洞天○唐宋詩話載詩僧詩洪州太白方積翠倚空蒼萬古遮新月半江無夕陽　大雄山　即吳猛得道之所勢出群山○唐宣宗詩｜｜真跡枕危巒古梵層樓峻萬般日月每從肩上過山河長在掌中觀仙花

不問三春秀靈境無時六月寒更有上方人竿到寒鍾朝磬暮雲端

南山 在分寧隔溪跨橋穿石竇而入縣崖峭壁下瞰俯水有釣磯石王溜石有黃山谷題字與鳳山對矗周覽一縣之景

鳳山 在分寧多靈草

幕阜山 在分寧西百四十里。黃魯直詩山行十日雨沾衣幕阜峯前對落暉

始豐山 在豐城南七十里即神仙三十七福地之一也

柳山 在武寧縣西四十里縣之絕景唐史丨惲棄官隱于武寧丨

梅嶺 在西山極峻與相傳梅仙棄官學道于此

清水巖 在分寧東北二十里南有石室北多蘭蕙黃魯直云丨丨丨為天下勝與巖前平衍可坐千人亦有詩

洪崖 去郡三十里。楊傑記西山洪崖在翠巖應聖宮之間石壁峭絕飛泉北來其下井洞深不可測每歲六七月時水高一二丈湍激可畏其傍人語不相聞又過井洞即聲勢斗殺餘流出山前代有異人居之世以為丨丨先生云先生三皇時人蓋得道之士也

鸞岡 西有鵲嶺

鳴水洞 在分寧縣黃龍山之東水行石間高數十丈聲如雷霆韓駒有詩

天寶洞 在新建西八十里西山勝絕處也道經所載第八洞天。楊無為詩云丨丨丨中如不到西江元似不曾來

章江 源出豫章

東湖 在郡東南周廣五里。後漢太守張恭築塘謂之南塘。宋太守宋興宗更築小塘。唐地理志韋丹開斗門。南豐徐孺子祠堂記云南昌城西有孺子宅又李侍郎盧己徐擢孫俯皆卜築湖上俯自號丨丨居士。郭功父詩云丨丨入望晚波平蒲葉圓荷各自青不用更尋徐孺宅編亭揩竹一碑亭

宮亭湖 西有宮亭神能分風上下

日月湖 讖云丨丨丨明良將出

石人灘 在進賢北讖云石人灘合狀元生

投書渚 殷羨為豫章守及去郡人多附書一百餘封行至江西石頭渚岸以書投水中祝曰沉者自沉浮者自浮殷洪喬不是寄書郵時人號丨丨丨

龍沙 在郡北堆阜遶遠潔白高峻而形似龍舊俗九日登高于此。孟浩然詩龍沙豫章北九日掛帆過風俗因時見湖山發興多

南浦 在廣潤門外

劍池 曹續廟記在豐城縣之故址。陰鏗詩清池自湛淡神劍久遷移無復連星氣空餘似月池

脩水 在分寧西六十里其源自郡城東北流六百三十八里至海昏又東流百二十里入彭蠡湖以其遠故曰脩水

【井泉】

雙井 在分寧縣西二十里黃山谷所居之南溪有二井土人汲以造茶為草茶之第一

湯泉 在奉新縣九仙院側

【學校】

東湖書院 漕趙崇憲創於添倅廳之舊基滕強恕以逼近市廛請于朝遷之東湖晏家山上

【堂亭】

民安堂 胡澂獻陛辭上有使民安業之語故名

正義堂 在漕司取理財正辭之義張安國書扁

南浦亭 在廣潤門外往來艤舟之所唐已有之。王介甫詩南浦隨花去回舟路已迷暗香無覓處日落畫橋西

愛蓮亭 在南昌縣治以濂溪嘗宰是邑故名

幽谷亭 在靖安縣。曾子固詩行盡車馬塵豁見水石環誰為千家縣正在清華間

石頭驛 汪彥章丨丨丨記云自豫章絕江而西有山屹然並江而出者石頭渚也阻江負城十里而近。韓愈次丨丨丨寄江西王中丞詩憑高回馬首一望豫章城人由戀德泣馬亦別群鳴寒日夕始照風江遠欲平黙然都不語應識此時情

【樓閣】

物華樓 舊在西城上。王介甫詩千里名城楚上

游江山多在

滕王閣 在郡城西唐高祖之子滕王元嬰所建夾以二亭南曰壓江北曰挹秀自唐至今名士留題甚富。初滕王閣成九月九日都督大宴滕王閣宿命其壻作序以夸客因出紙筆偏請客莫敢當勃欣然不辭都督怒起更衣遣吏伺其文輒報一再報語益奇乃矍然曰天才也。王勃秋日燕滕王閣詩序南昌故郡洪都新府星分翼軫地接衡廬襟三江而帶五湖控蠻荊而引甌越物華天寶龍光射牛斗之墟人傑地靈徐孺下陳蕃之榻雄州霧列俊彩星馳臺隍枕夷夏之郊賓主盡東南之美都督閻公之雅望棨戟遥臨宇文新州之懿範襜帷暫駐十旬休暇勝友如雲千里逢迎高朋滿座騰蛟起鳳孟學士之詞宗紫電清霜王將軍之武庫家君作宰路出名區童子何知躬逢勝餞時惟九月序屬三秋潦水盡而寒潭清煙光凝而暮山紫儼驂騑於上路訪風景於崇阿臨帝子之長洲得

方廿九

仙人之舊館層臺聳翠上出重霄飛閣流丹下臨無地鶴汀鳧渚窮島嶼之縈迴桂殿蘭宮列岡巒之體勢披繡闥俯雕甍山原曠其盈視川澤盱其駭矚閭閻撲地鐘鳴鼎食之家舸艦迷津青雀黄龍之軸虹銷雨霽彩徹雲衢落霞與孤鶩齊飛秋水共長天一色漁舟唱晚響窮彭蠡之濱鴈陣驚寒聲斷衡陽之浦遥吟俯暢逸興遄飛爽籟發而清風生纖歌凝而白雲遏睢園緑竹氣凌彭澤之罇鄴水朱華光照臨川之筆四美具二難并窮睇眄於中天極娛遊於暇日天高地迥覺宇宙之無窮興盡悲來識盈虚之有數望長安於日下指吳會於雲間地勢極而南溟深天柱高而北辰遠關山難越誰悲失路之人萍水相逢盡是他鄉之客懷帝閽而不見奉宣室以何年嗟乎時運不齊命途多舛馮唐易老李廣難封屈賈誼於長沙非無聖主竄梁鴻於海曲豈乏明時所賴君子安貧達人知命老當益壯寧知白首之心窮且益堅不

墜青雲之志酌貪泉而覺爽處涸轍以猶懽北海雖賒扶摇可接東隅已逝桑榆非晚孟嘗高潔空懷報國之情阮籍猖狂豈效窮途之哭勃三尺微命一介書生無路請纓等終軍之弱冠有懷投筆慕宗慤之長風捨簪笏於百齡奉晨昏於萬里非謝家之寶樹接孟氏之芳鄰他日趨庭叨陪鯉對今晨捧袂喜託龍門楊意不逢撫凌雲而自惜鍾期既遇奏流水以何慚嗚呼勝地不常盛筵難再蘭亭已矣梓澤丘墟臨別贈言幸承恩於偉餞登高作賦是所望於羣公敢竭鄙懷恭疏短引一言均賦四韻俱成。滕王高閣臨江渚佩玉鳴鑾罷歌舞畫棟朝飛南浦雲珠簾暮捲西山雨閑雲潭影日悠悠物換星移幾度秋閣中帝子今何在檻外長江空自流。韓愈重脩滕王閣記云愈少時則聞江南多登臨之美而滕王閣為第一有瑰奇絶特之稱及得三王所為序賦記等壯其文辭益欲往一觀而讀之斥守揭陽又不得過南昌償

方十九

所願焉至州之七月詔以太原王公為御史中丞觀察江南西道洪江饒虔吉信撫袁悉屬治所八州之人前所不便及所願欲而不得者公至之日皆罷行之大者驛聞小者立變春生秋殺陽開陰閉今脩於庭户數日之間而人自得於湖山千里之外吾雖欲出意見論利害聽命於幕下而吾州乃無一事可假而行者則滕王閣又無因而至焉前公為從事此邦適治新之公所為文實書在壁今三十年而公來為邦伯於是棟楹桷榱撓折者以新之既訖功以書命愈曰子其為我記之愈既未得造觀焉喜載名其上雖老矣如獲從公游尚能為公賦之。杜牧詩滕王閣中綺席開柘枝蠻鼓殷晴雷垂楼萬幕連雲合破浪千帆陣雨來未掘雙龍牛斗氣高懸一榻棟梁材遠巳控蜀知何事珠翠沉檀處處堆。王介甫白浪翻江無巳時陳蕃徐孺去何之愁來徑上滕王閣反覆文公一片碑。王平甫詩滕王昔日好追遊高閣依然

枕碧流勝地幾經興廢事夕陽偏照古今愁城中樹簇千家市天際人歸一葉舟極目煙波吟不盡西山重疊亂雲浮

秋屏閣 在大梵寺之側一目可盡江山之勝。潘逍遥詩有云鎮魚白鳥明殘照抱石幽雲點半山

【寺院】

上藍院 唐馬祖道一禪師道場今爲府城叢林第一

雙林院 在靖安縣北五里柳公權書額

雲溪寺 在新建縣西二十里曾子固王介甫來遊樂其山水之勝後於其旁卜居今爲西山勝槩

香城寺 在豫章西山。陳陶有詩云十地岩宮禮竺皇猶標樓閣半天香祇園樹老梵聲小雪嶺花香燈影長霄漢落泉供月界蓬壷靈鳥侍雲房何年七七空人降金錫珠壇滿上方

【道觀】

玉隆萬壽觀 在新建縣界舊名遊帷觀初許旌陽孝道於丹陽黃堂諶母以五色錦帷施於黃堂及旌陽上昇錦帷飛還故宅俄復昇天晋遂立遊帷觀唐有道士胡惠超有道術能役鬼神其觀也以夜興工至曉則止今正殿雄麗非人工所能致其扁榜有遊帷之觀四字乃徐鍇書祥符中改賜玉隆萬壽觀額。楊無爲詩四十口升金闕去半千年後玉函開

鐵柱觀 政和間改建真宮許旌陽既斬蛟蜃謂豫章濱水之地百怪叢居吾上昇之後或害人鑄丨丨二一在子城南縻以鐵索封鎮蛟蜃又奉新縣延真觀有鎮蛟石尚存

【祠墓】

梅仙祠 在南昌尉廳。楊廷秀詩梅郎絳節朝玉臺朝遊五城暮九垓遺民香火答遺愛何年祠屋荒[illegible]苔勒律詩客子張子住持仙壇判山水上書台斗大居士作綠氷灣皇華使二十年擻孔家兄經始新祠不日成西山南浦作賓賓野梅官柳俱歡聲

濂溪祠堂 朱元晦祠記隆興府學教授南康黃君灝既立丨丨先生之祠於其學而以書來語其曰先生之學自程氏得其傳以行於世至於今而學者尊信之以故自其鄉國及其平生遊宦之所歷皆有祠於學以致其瞻仰之意若此邦者蓋亦先生之仕國也而視於其學獨未有所祠擧闕也既言於府而敬立之且奉程氏二先生以配焉又將藏取其書日與學者誦習之而患未知其所以說也吾子蓋嘗爲是以幸教吾邦之人是殆有以識其意者願得一言以記茲事庶乎有以發也其謝不敏而黃君要之不置其惟先生之學之奧固非末學所敢知抑不敢謂與其志者竊黃君之請之勤若是亦安得不爲之言乎蓋嘗切謂先生之言其高極乎無極太極之妙而其實不離乎日用之間其幽探乎陰陽五行造化之賾而其實不離乎仁義礼智剛柔善惡之際其體用之一源顯微之無間秦漢以來誠未有臻斯理者而其實則不外乎六經論語中庸太學七篇之所傳也蓋其所謂太極云者合

天地萬物之理無不在是故曰無極而太極以其見天地萬物之理而無器與形故曰太極本无極也是豈離乎生民日用之常而自爲一物哉其爲陰陽五行造化之賾者固此理也其爲仁義禮智剛柔善惡者亦此理也性此理而安焉者聖也復此理而執焉者賢也自堯舜以來至於孔孟其所以相傳之說豈有一言以易此哉顧孟氏既没而諸儒之智不足以及此是以世之學者茫然莫知所適高則放於虛無寂滅之外卑則溺於雜博華侈之中自以爲道固如是而莫或知其非也及先生出始發明之以傳於程氏而其流遂及於天下天下之學者於是始知聖賢之所以相傳之實乃出於此而有以用其力焉此先生之教所以繼往聖開來學而有大功於斯世也今黃君既立其祠以及於程氏而又欲推其說以傳學者是必有以默契於心而無疑矣而若有待於某之言者豈將以是輔其說而久其傳耶既不得辭乃叙其事

而并書是詩以復焉黄君幸以為不悖於先生之言則願刻之石晉之祠門以告來者庶幾其或小補云

徐孺子墓 圖經章水者逕南昌城西歷白社其西有孺子墓又北歷南塘其東為東湖其南小洲上有孺子宅號孺子臺吳嘉禾中太守徐熙於孺子墓隧種松太守謝景於墓側立碑太守夏侯嵩於碑旁立思賢亭拓跋魏時謂之聘君亭墓失其地莫可考而知詳見曾南豐所作記。楊廷秀孺子墓詩并序南昌尉廳之右有孺子墓墓前故有思賢亭後經兵餘亭毀墓湮今尉劉淳張敬之因異公嶭披榛得墓按圖考墓旁有九里井求之得井又有畦耕拓伊墓下得甓三欵識云晉平南將軍墓表聘君墓七里驗其遐邇而信因表其墓復其亭云敬為賦之有客棲霞外無名漢黨中南州一高士東漢獨清風舊國已禾女荒阡猶石翁更煩吹笛鬼端為洗榛叢

名宦

熊遠

獨孤及記由陽湖而來千有二百餘年其間名帥材大夫賢君子有——雷次宗胡藩沈季詮楊相如龔其英李勉魏少遊裴胄沈傳師周墀為之帥李泌甄濟崔祐甫權德輿杜牧贊其治又禮賢若陳仲舉有道若徐孺子直言若梅子真興學若范武子遺愛若韋文明端可師表

梅福 為南昌尉後去官嘗上疏譏刺王鳳元豐間封壽春真人有廟

陳蕃 為守不接賓客惟禮徐孺子特設一榻孺子去則懸之

雷煥 為豐城令掘獄基得劍詳見延平

范寗 為守見前風俗注

張九齡 為都督

韋丹 韓愈曰丹為刺史教為瓦屋又築堤捍江

皇朝章得象 以屯田郎知後拜相

唐介 事略 仁宗朝知諫院論陳升之交結中人升九奏卒罷升之介出知洪州

曾鞏 嘗知洪州會歲疫責醫候視散藥全活者甚衆

張商英 為守

周頎 初任分寧縣簿有疑獄久不決先生至一訊立辨邑人驚詫曰老吏不如也後知南昌邑人見其來咸曰是能辨分寧獄者吾屬得所訴矣

趙鼎 知州召還為參政後為相

李綱 紹興制置大使

人物

徐穉 字孺子南昌人。蘇子由過豫章詩白屋可能無孺子黄堂不是欠陳蕃古人冷淡今人笑湖水年年到舊痕

雷次宗 南昌人

吳猛 晉書藝術傳豫章西安人邑人丁義授以神方因還洪州江波甚急猛不假舟指畫水而渡觀者異之後封真人

許遜 南昌人太康元年為蜀旌陽令師事女真諶母永嘉末海昏大蛇斷道遂伏劍斬之寧康二年四十二口與雞犬皆上昇今封為真君

陳陶 羅情集載南唐處士陳陶隱西山操行清潔時嚴譔牧豫章欲撓之遣小妾蓮花往侍焉陶殊不顧妾乃獻詩求去曰蓮花為號玉為腮珍重尚書遣妾來處士不生巫峽夢虚勞雲雨下陽臺陶荅云近來詩思清於水老去風情薄似雲已向昇天得門戶錦衾深愧卓文君

皇朝陳執中 郡人為相

黄庭堅 其先婺之金華人六世祖贍知分寧縣因家焉始庭堅與秦觀張耒晁補之皆游蘇軾之門號四學士而庭堅於文章特長於詩獨江西君子以庭堅配蘇軾謂之蘇黄云

徐俯 與郡守陳瓘為忘年交

洪師民 南昌人娶黄氏山谷之女弟也生三子長曰朋字龜父次曰芻字駒父山谷嘗稱其才及為諫議大夫有職方乘及老圃集今傳於世幼曰炎字玉父高宗召為中舍

題詠

分野連荆俗—— 王介甫詩— 經綸屬漢疆

氷壺幕下清 韋應物寄洪州幕府盧侍郎忽報南昌令乘驄入郡城同時趨府客

此日望塵迎文苑臺中妙云
云洛陽相去遠猶使故林荒　南昌城郭枕江煙　唐韋
莊晚眺詩云云章水悠悠浪拍天芳
草綠遮仙子宅落花紅襯賈人船　畫舫插幟搖秋
光　王介甫送程公闢之豫章詩云云鳴鐃伐鼓水洋洋豫
章太守吳郡郎行指斗牛先過鄉鄉人出郭航酒漿包
鼈膾魚炊稻粱芡頭肥大菱腰長醉歸喧呼坐滿床㤀君三
年帶鞬嬉又鞿傳馬登太行縱旌脫轡登大梁翩然出走天
南疆九江左股貢與章揚灊吹澴浩無旁老蛟戲水風助狂
盤渦忽圻千丈强君聞此語悲慨慷迎吏乃前持一觴郡州
暨選多俊良鎮撫時有諸侯王捫天高閣朱鳥翔西山盤上
繞牽腸水中林下逢衲子東西南北古道王中户尚有千金
藏漂田種秔出穰穢沉檀珠犀雜万商大舟如山起牙檣輸
瀉交廣流荆揚軺輕褐利侈列名娼春風踏謡能斷腸平湖彎
洪十九　十
鳩煙渺沆樹石珍怪花草香幽勝往往開筌篁地靈人秀古
所藏豺兵可使酒可嘗十州將吏隨低昂談笑指揮回雨暘
非君才高力方剛豈得跨有此一方無爲聽客
欲嗟嘗使君謝吏趣治裝我行樂矣未渠央　城邑　豐
城邑巖巖　黄魯直集―|―|―津亭其上有李衡公翃池賦
户石隈眠長虹轄棹日沉霧今君政有聲新亭延客步淺落
世父碑心傾父饒賦憶昔兩神兵埋獄思武庫寒光射漢津
兩賢紹一一韻張公拆中台木拱孔章墓不能從兒嬉歲晚龍
蛇去空餘寒泉泓因兩長蛙鮎鉛刀藏寶室万世同此度
爲吏要清心　黄魯直送徐景淵尉分寧詩李舌少人
樀酒醇無巷深當官莫避事云云髙蠹
松千尺寒泉綆百尋公朝有仮引吾子茂徽音○黄綬補一
尉還依水竹居身隨南渡馬書寄北來魚風俗諳鄰並艱難

試事初官閑莫歎
舜教子誦詩書　士多儒雅出公侯　孔平仲送分寧宰詩西安
靖洒我嘗遊多自備川之小舟民本豊饒於氣節云云梅山
昭翠弄當户茶井香浮滿盞甌須想絃歌富閑暇白雲深侍
鳳凰　故人爲邑士多稱　王介甫送張頡知奉新縣
樓　詩云云縣賦寬餘獄訟平
老吏閑門無重稱荒山開隴有新粳方揮玉塵日邊坐
又綰銅章天外行去去料君歸不久挾材如此即公卿
四六
半臂一札　監綸北闕　抗章丹陛　襟帶七閩
出總十連　分閫西江　出帥洪都　咽喉百粵
惟南昌之故郡　控甌閩而奠壤　眷吳真主之潛龍
控全楚之上流　直牛斗以交躔　允爲大臣之歇馬
天開翼軫之鄉　尚書象台斗之躔　大纛高牙之雲擁
地控江湖之國　都督居翼軫之分　朱簾畫棟之春生
洪十九　十一
帝渫連帥付江湖襟帶之區　九重圖任起東府之元勳
公以名儒當礼樂詩書之選　十乘申洛撫南昌之故郡
雲飛南浦來訪季閣上之詩　南浦飛雲目極滕王之閣
夜直北扉行入草禁中之詔　東湖設榻夢游孺子之亭
驂人社下足白鷗野水之盟　燕寢蘇州暫凝香之森衛
帝子樓前餘孤鶩落霞之興　鑾鳴滕閣又雅望之遙臨
斗台脊邑益足光牛斗之墟　設榻東湖宜君侯之有斯
霖雨思賢會即騎箕尾而上　迷津南浦歎病吏之無緣
徽皇定尉安之府肇自政和　賓客鼎來座下凝塵之榻
忠獻登齋鉞之壇適當皇祐　江山改觀一新卷雨之樓
總百官均四海真廊廟之瞻　洪督府貫江湖襟帶之地
襟三江帶五湖壯藩維之勢　滕王閣爲東南壯觀之遊
分翼軫接衡廬壯千番之勢　夜醉長沙曉行湘水
儀星辰運樞紐諧變立之求　朝飛南浦暮捲西山

地接衡廬而星分翼軫允謂上流今脩庭户而人樂湖山父安美政山爲翠浪水作玉虹方出臨於千里雨捲珠簾雲飛畫棟飯易鎮於十連連峯去天枯松倚壁不肆蜀道之難蜀珠簾卷雨畫棟飛雲盡領洪都之勝

袁州

宜春　分宜
萍鄉　萬載

建置沿革　禹貢揚州之域吳地斗分野春秋屬吳戰國屬楚秦屬九江郡地漢爲宜春縣屬豫章郡後漢因之吳立安成郡領宜春等六縣晉屬江州又避太后諱改宜春爲宜陽縣隋廢安成郡置袁州因袁山以爲名唐改宜春郡復爲袁州　皇朝因之今領縣四治宜春

十九

事要

郡名　宜春見松華注　宜陽同上注

風俗　土俗愿撲　汪聖錫序宜春云云惡業舉筆之名因傳氏求詩作數句爲邦人洗之曰只今頭上半儒冠誰肯公庭弄筆端試問毛錐將底用奪標他日萬人看

細民險而健　黄魯直江西道院賦序云云士夫秀而薄義而喜爭

曾子固分寧縣雲峯院記云分寧人勤生而嗇施云云其土俗然也長少族坐里閭相講語以法律意向小戾則相告訐結黨詐張事閒節以勤視聽甚者刻囊金木爲章印摹文書以給吏立縣庭下變僞一日千出虽鞭扑徒死交跡不以屬以其喜爭訟豈比他州縣哉民虽勤而習如是漸涵入骨髓故賢令長佐史比肩常病其未易治而教使移也

士力學知廉恥　阮閱無訟堂記｜｜而｜｜｜民樂耕而｜｜｜｜｜賦税又好儉嗇

形勝　州小地狹　韓愈謝表時民安吏循閭里無事徵臣推當布陛下維新之澤守國家承平之規勸以農桑使無怠惰

山水秀麗　寰宇志

湘閩孔道　郡志曰云云

山川　袁山　在州東北五里郡志昔有高士｜京居之故名

仰山　在州南八十里爲州之鎮山周回一千里高聳萬仞不可登陟只可仰觀以此得名有寺曰太平興國寺及二神廟舊傳二神指地與小釋迦結庵于此山有水分流會于正祠○胡致隆詩山下清泉迸石流山前松竹自春秋猿吟古寺偏深處雲集諸峯最上頭一老有靈飛窣堵二神無語瑣寒湫諸天更在靡蘿外欲到峯前恨未由

鍾山　在分宜縣東十里水中有大｜其銘秦時所造因名王孚記其山臨水兩岸湍洑有沙如米若一岸沙淤則其方豐稔

二十

謝山　在萬載北七十里因｜康樂封邑得名謝真君上昇之地丹竈存焉

毛仙山　在萍鄉縣東二十三里方輿記昔人行過此逢一人徧身有毛自云姓毛異於凡人後不見因以爲名

羅霄山　在萍鄉縣東六十里有石孔大旱祠之以大木長三四丈投井即雨水溢令木湧出而止

盤龍山　在州南五十里自大路至山頂三十六曲

楊岐山　在萍鄉縣北七十里世傳｜朱泣｜之所

羊角峯　在州東十里

龍成巖　在州西五里唐李衛公嘗讀書于此後因爲祠頂有浮圖其西建妙峯亭盡登臨勝概

震山巖　在州西有弋林乃盧氏隱居

石乳洞　在州東三十里滴乳成佛像教授鄭王賓記其事

洪陽洞　在州西十五里有石室七十二間及晉宋人留題神仙傳

葛洪壺陽二仙所居　**裏大洞** 在萍鄉縣南三十里兩洞相接可容千人建炎初巨寇張成叛人於此避寇縣北有石陂洞　**石筍** 在萬載北二十里南唐鍾傳所居　**東湖** 在丨城之外　**九曲水** 在州城南五里縈迴二十里　**宜春水** 在縣西五里宜釀酒王烈記丨丨醇酎隨歲入貢　**雷塘** 在州東北七里方三頃昌黎有丨丨祈雨文　**釣渚** 在袁山巖乃彭氏隱居　**西陂** 在州丨四十里唐刺史李將順决丨入城以通航時人謂之李渠

〔學校〕**州學** 唐天寶五載太守房琯始立夫子廟於城北門外五十步　國朝皇祐五年郡守祖無擇以舊居隘陋乃改營於州治之東今學是也學成盱江李泰伯爲記京兆章友直篆額河東柳淇書世號三絕熙寧間第天下學記以袁爲冠○盱江李泰伯記　皇帝二十

有三年制詔〻縣立丨惟時守令有哲有愚有屈力單慮祗順德意有假官借師苟具文書或連數城亡弦誦聲倡而不和教尼不行三十有二年范陽祖君無擇知袁州始至進諸生知學官闕狀大懼人才放失儒效闊疏無以稱上意旨通判潁川陳君侁聞而是之議以克合相舊夫子廟陿隘不足改爲乃營治之東厥土燥剛厥位面陽厥材孔良瓦甓黝堊丹漆舉以法故殿堂室房廡門各得其度生徒有舍庖廩有次百爾器備並手偕作工善吏勤晨夜展力越明年成舍菜且有日盱江李覯諗于衆曰惟四代之學考諸經可見已秦以山西鏖六國欲帝萬世劉氏一呼而關門不守武夫健將賣降恐後何耶詩書之道廢人惟見利而不聞義焉耳孝武乘豐富世祖出戎行皆孳孳學術俗化之厚延于靈獻今代遭聖神爾袁得賢君俾爾由庠序踐古人之迹天下治則譚禮樂以陶吾民一有不幸猶當仗大節爲臣死忠爲子死孝使人有所賴且有所法是惟朝家教學之意若其弄筆以徼利達而已豈惟二三子之羞亦爲國者之憂

四益齋 在郡齋張栻刻魏公所書丨丨碑　**隱齋** 在郡治太守張杓建南軒張敬夫命名仍爲作記云蓋取孟子則丨之義○朱元晦詩大東榮萬生異體實同氣云胡分彼此直以私自蔽君家桂林伯德學妙一世閉戶不忘憂發纓趨行義眷言介弟賢四發謹先昇千里各分符一心同盡瘁遠題齋戶冊來表棲息地系述寫心胸俯仰首惕驚陽嘉既滌蕩陰慝失封閉介然彼疴癢赫若我黔剝榭擊柝京洞征取斂亡藝戰競一日力浮溢四封被君看物我間隱顯豈殊致顧反振民功更撫根本計

〔齋閣〕**棲霞閣** 在城內高真觀○王定國詩春債君欲洸石塔月含松韻雜琴聲　**潺潺閣** 在仰山廟右廡下○黃乾德詩一泒泠泠繞檻清曉襟洗滌自涼生夜深好夢纔驚破疑是半天風雨聲

〔亭臺〕**介亭** 在東湖之南廣漢張公杓知州事南軒先生栻過之爲書東湖扁榜且易盧石堂爲丨丨仍題榜側云丨丨之石本盧肇家故物也挺然特立望之有汲黯在朝之氣象乎既取豫卦六二之義以題其亭併告來者　**紅陰亭** 在倅廳王莘公布衣時作記今猶在　**宜春臺** 在郡城○劉學隆題詩云風送江聲穿郡閣日推雲影下峯巒

〔館驛〕**毛山驛** 在萍鄉縣朱元晦書驛壁人言毛女住青冥散髮吹簫夜夜聲卻是郵僮解端的向儂說道野狐精

〔佛寺〕**蟠龍寺** 在宜春之丨丨山端瀑飛瀉爲勝境也　**五峯寺** 黃魯直送寄老住丨丨詩我行高安過萍鄉七十二度遶羊腸水遶林下逢衲子東西南北古道場五峯秀出雲雨上中有寶坊如側掌去與青山作主人不

負法昌老神將【祠廟】昌黎廟在州治東三十步祖无擇撰仰山廟古老相傳昔有邑人徐潘舟至大孤山見一人称蕭大分一人称蕭陸云居宜春｜｜石橋與同載而歸至浦東告別而去期後至石橋相尋後潘見二龍於此會昌三年洪水推山忽平高毓下出田五頃移｜於文明鄉去城三十里

【古跡】龍鱗木在萍鄉縣東本檀香木客有用錢六十緡市其木將伐之其木夜生｜｜不敢伐至今猶存

羅漢松在萍鄉縣宝積寺有黄山谷手植｜｜｜士夫題詠者甚多

【名宦】謝靈運封康樂侯今萬載縣是也

房綰為守

韓愈元和貶潮州刺史又改袁州。詩云北望距令閩塞鷓南迁繞兗葬江魚

李德裕為長史

皇朝祖無擇知州李泰伯入李請說建韓公祠修鄭都官基

張希顏范延貴者為殿直押兵過金陵張忠定公為守因問曰天使沿路來還曾見好官員延貴曰昨過袁州萍鄉縣邑宰｜｜｜著作者雖不識之知其好官員也忠定曰何以言之延貴曰自入萍鄉境驛傳橋道皆脩治田萊墾闢野无惰農及至邑則鄽肆无賭博市易不敢喧爭夜宿邸中聞更鼓分明以是知其必善政也忠定大笑曰希顏固善矣天使亦好官員也即日同薦于朝

黄大臨山谷之兄宰萍鄉山谷來省焉

孫逢吉宰萍鄉後為吏書

謝諤新喻人為分宜宰後爲礼書

張杓自左司為守

【人物】陳重漢｜｜宜春人與同郡雷義為友曰膠漆自謂堅不如雷與｜

盧肇宜春人李德裕為宜春長史肇文行及肇薦送而德裕為太尉曰昔今榜已得狀元。肇詩嘆道是龍君不信果然奪得錦標歸

易重會昌五年狀元時內庭再考復中既選寄宜春宰姪詩云一春攀折兩重枝

鄭谷五代史補云谷在袁州與僧齊己俱有詩名齊己賦早梅詩曰前村深雪裏昨夜數枝開谷見之曰數枝非早也不若一枝自是遂呼為一字師

【名賢】鄭浩責監袁州酒稅

陳瓘除名安置袁州

【題詠】江山多勝遊韓愈送上涯詩莫以宜春遠云云

宜春城郭繞樓臺王介甫送袁守曹伯玉詩云云想見登臨把一盃瀟、、嶺雲生竹菌箕、、江雨熟楊梅政成定入邦人詠詩就還隨驛使來錯落風沙侵病眼不知何日為君開

公移猥甚叢生笋黃山谷寄袁守康獻卿詩云云訟牒紛如蜜分窠幸得曲肱成夢蝶不堪衙吏報鳴鼉已荒里社田園了可奈春風桃李何想見宜春賢太守无書來問病維摩

袁州司法多兼局黃山谷用韻和袁州劉司法詩云云日暮歸來印幾窠詩罷春風榮草木書成快劍斫蛟鼉遥知吏隱清如此應問卿曹果是何頻憶病餘居士否在家无意伞維摩

【四六】
陛華奎閣　郡方開府　接衡湘之奥壤
出守春臺　人已登臺　有韓謝之遺風
土風甚朴盛存卉箐之名　訟牒紛如黄山谷形於紀詠
郡望頗高實有把麾之樂　土風朴甚江端明與之解嘲
李泰伯州李之記就擬斯文　雖康樂賜履之鄉誰尋遺迹
朱文公隱齋之詩克雄有政　然昌黎分符之地蔚有流風
士風頗寬矣循盧肇之高蹤　稼穡盈疇閭里相安於无事
果俗相安尚有昌黎之遺化　旌旗小隊江山宜訪於勝遊

宜春多勝盖具見韓昌黎之詩
爾表得賢亦足考李泰伯之記
有新澤勸農桑請驗昌黎之表
得賢君遊庠序自有泰伯之文

新編方輿勝覽卷之十九

新編方輿勝覽卷之二十

建安 祝穆 和父編

贛州

贛縣 寧都 雩都 興國 信豐 會昌 瑞金 石城 安遠 龍南

【建置沿革】禹貢揚州之域於天文爲星紀之分野春秋時屬吳越後屬楚秦號九江郡漢高使灌嬰畧定江南始爲贛縣後漢置廬陵郡贛縣屬焉吳孫權分廬陵立南部都尉晉罷都尉立南康郡東晉太守高琰置郡城於章貢二水之間即今城是也宋梁陳皆爲南康郡隋罷南康郡爲虔州以虔化水爲名唐因之○皇朝陞爲昭信軍節度 中興爲管內安撫尋爲江西兵馬鈐轄紹興改爲贛州今領縣十治贛縣

○江西提刑置司

【事要】

【郡名】章貢 二水名 贛城 紹興二十三年校書郎董德元言虔州謂虎頭州非佳名也今天下舉安獨此郡有小警意其名有以召之既而廷臣建議亦謂虔有虔殺之義請去其不令之名遂改名贛州取章貢二水合流之義

【風俗】山長谷荒 虔於江南地最曠大云云交廣閩越銅鹽之販道所出入椎埋盜奪鼓鑄之姦視天下爲多 王介甫虔州學記 地廣人稠 董德元奏虔之風俗固有儒良美秀然云云大抵嗜勇而好鬪輕生而忘死 嗜勇好鬪 注見上 伉健難治 圖經云漢書地理志江南地廣或火耕水耨民食魚稻以漁獵山伐爲業蓋在贛尤甚其民｜｜其作工巧好佛信鬼人多逋漏姦欺之訟而力訙亡賴幸時艱悚與長吏之治不滿其意大者相從爲盗小者白晝殺人以身觸死不悔舊以生變號爲｜｜ 俗號珥筆 古諺云筠袁贛吉腦後插筆

【形勝】郡當二廣之衝 趙抃奏曰云云由南来者必自郡易舟而北 當嶺嶠咽喉 韓絳奏云云贛南公私貨物所聚 江湖嶺海樞鍵 郡志○高宗以其地爲二云置管內安撫後罷之復置江西鈐轄督南安南雄等州兵甲擁㩦出鎮必選名德重望

【山川】崆山 在州南二十里南康記山出空青因以名之或呼爲崆峒山多林木巢實蓋州治地脉之得也 黃唐山 在贛縣北六十里輿地志山行六里有石室如數十間屋東坡詩所謂石樓山者圖經不載豈即此耶 螺亭山 南康記昔有貧女採螺忽夜中見衆螺張口乱噉其肉女死因殯其旁化爲巨石螺殼無數 上洛山 在興国南九十六里高一千七十丈○西京雜記上有石墨可書○寰宇記山中多木客乃鬼類形似人語亦似人能斫杉枋與人交易徐鉉小說載鄱陽山中有木客自言秦時造阿房宮採木者也食木實遂得不死時就民間飲酒○爲詩云酒盡君莫沽壺傾我當發城市多囂塵還山弄明月 龔公山 在贛縣北百八十里隱士龔亮宅所棲 金精山 在寧都西十五里白玉京記係第三十五福地漢初張芒女麗英入山獲二桃得道長沙王吳芮聘焉至洞中見其女乘紫雲在半空謂芮曰吾爲金星之精降治此山言訖即升天而去 通天巖 在贛縣西二十里○雜端王奇有詩云松蘿石室中清雅勝支公地靜與塵到山高有允通 馬祖巖 在贛縣東道一禪師駐錫之地姓馬氏天下謂之｜｜得法於南嶽讓禪師六祖能和尚謂讓曰向後佛法從

汝邊去出一馬駒踏殺天下初馬祖嘗欲棲於此巖一夕山鬼忽爲築垣馬祖見之曰學道不至爲邪祟所測此非吾所居也因棄去營龔公巖往居焉故蘇文忠作塵外亭詩亦援此事詩見後注

贛水 東江發源於汀州界之新樂山經雩都會于章水西江導源於南安大庾縣之聶都山與貢水合會于丨丨二水合而爲贛在州治後北流一百八十里至萬安縣界由萬安而上爲灘十有八惟石如精鐵突兀廉隅錯峙波面自丨丨而上信豐雩都俱有石磧險阻視十八灘故俚俗以爲上下三百里贛石也。余安道詩萬推頑石碧嶕嶢壓過江流氣勢驕戰馬陣橫秋戰苦水犀軍亂夜聲囂呂梁護記莊鳴險灘頑休誇蜀道逝怒激波聲猶可避中傷榮路不相饒

金鄉池 今湮廢紹興間守曾端伯浚門撤地得石上有詩云穿開御子兩條泉九秀回流出大官丨丨出丨賜金紫鳳凰池出貴公卿

廉泉 在報恩寺本張氏居宋元嘉中一夕霹靂忽有湧泉時郡守以廉名故曰丨丨。蘇子瞻詩水性故自清不清或撓之廉者謂我廉何以此名爲。又詩云贛水兩已濁丨丨春未流同烹貢茗雪一洗瘴茅秋

塵外亭 蟆公崖頂有丨丨今在州治東形勢最高絕凡四境之山川可以枚閱。蘇子瞻丨丨詩楚山淡無塵贛水清可厲散策塵外遊麾手謝斯世山高惜人力十步輒一憩却立浮雲端俯視萬井麗幽人宴坐處龍虎爲斬薙馬駒獨何疑宣喚山鬼計夜垣非助我詩敢欲其逝嚴留一轉語千載起搖秋

鬱孤臺 在郡治坤維隆阜鬱然孤起平地數丈冠冕一郡之形勢而襟帶千里之江山唐李勉爲虔州刺史登臨北望慨然曰余雖不及子牟而心在魏闕一也丨丨豈令名乎改爲望闕。趙閱道詩云翠峰鬱然起惟此峯獨孤築臺山之巔鬱孤名以呼贛江足樓閣危壓斗墟贛川繞左右庾嶺前崎嶇望闕址其後北向日月都人家雜煙樹原野周城郭垣潤或晴雨明晦或曉晡春榮夏物茂秋痛冬林枯氣象日千變一一如屏圖比予去諫著乞州養痾思事訛得以正俗瘵得以蘇歲豐盜數息獄冷兔鼠無戚然與民共所喜明僚俱中流有琴綠外喧有歌飲搏壘有美酒盤殽有嘉魚優游一臺上四序不暫空乃知爲郡樂況復今唐虞。程師孟題昔人美名名鬱孤下視百里如平鋪千巖巉巖何獨秀白雲蔽虧青瑣瘦兩來一見開心胸脫然身在蓬萊宮江南山水盡頭處盡處屏風歸北去。蘇子瞻鬱孤臺詩吾生如寄耳嶺外亦聞遊贛石三百里寒江尺五流楚山微有霰蠻瘴久無秋望斷橫雲嶠魂飛咤雪州曉鐘時出寺暮鼓各鳴樓歸路迷千嶂勞生閱百州不隨猿鶴化甘作賈胡留紙有貂裘在猶堪買釣舟

章貢臺 在城西北隅章貢二水之會勢與鬱孤對峙而甲乙稱雄

白鵲臺 在郡治趙閱道有記

八境臺 在城上。蘇子瞻詩序云南康江水歲歲壞城孔君宗翰作石城城上樓觀臺榭東望七閩南望五嶺覽羣山之參差俯章貢之奔流乃作詩八章題之圖上。坐看奔湍遶石樓使君高會百無憂三犀竊鄙秦太守八詠聊同沈隱侯。濤頭寂寞打城還章貢臺前暮靄寒倦客登臨無限意孤雲落日是長安。白鵲樓前翠作堆縈雲嶺路若爲開故人應在千山外不寄梅花遠信來。朱樓深處日微明皂蓋歸時酒半醒薄暮漁樵人去盡碧溪青嶂遶螺亭。使君那暇日參禪一望叢林一悵然成佛莫教靈運後著鞭從使祖生先。却從塵外望塵中無限樓臺煙雨濛山水照人迷嚮背只尋孤塔認西東。煙雲縹緲鬱孤臺積翠浮空雨半開想見之罘觀海市絳宮明滅是蓬萊。回峯亂嶂鬱參差雲外高人世得知

誰向空山弄明月，山中木客解吟詩。黄魯直詩

寺院

慈雲寺

城東寶坊。金碧重道人脩惠剪蒿蓬一瓶一鉢三十年瓊樓碧瓦上秋空稻田摩衲擁黃髮更築書閣諸天中三石在天遺墨百神受職扶琳宮文思帝澤餘溫潤雨露下國常年豐貢川章川結襟帶梅嶺桂嶺來朝宗參旗斗柄羅欄楯清坐耳聞河漢風道人飽參口掛壁頻喜作詩如已公家風秀句刻琬琰邀我落筆何能工安得雄文壓勝境九原喚起杜陵翁

天竺寺

在水東三里。白居易贈韜光禪師墨迹舊存，眉山老蘇嘗至寺觀焉。後四十七年，東坡南遷再訪，惟見石刻。因賦詩云：香山居士留遺迹，天竺禪師有故家。空詠連珠并疊璧，已無飛鳥及驚蛇。

名宦

李渤

為虔州刺史，濬湖築堤，嘗撰龔山碑。

皇朝余靖

為贛尉，以司諫為守。

趙抃

守虔，改鹽法，疏鑿贛石，民賴其利。

孔宗翰

為守，嘗築石城捍水。

呂景山

温陵人。鄭介夫送丨丨丨赴虔州理掾詩：江西古浩穰，昭信雄江濱。州獄千里平，訴慘繫問寫。景山之留中，曉然烏兎輪。敢為虔人賀，何以致龍麟。

留正

知贛州三年，恩威各得其所。代者拊御失宜，軍中若為變者，復遣公知贛州往鎮安之。傅伯成送行詩云：尚書領章江，慈母懷嬰兒。去年南去郡，未覺棠陰移。如何失調燮，衆目驚睽睽。詔書念前績，趣起持州麾。重臨亦云龍，去後良多思。

人物

王鴻

雩都人，羲獻之後，善書，有家法。國初隱霽巖。

王奇

贛縣人，為縣小吏。令題鴈詩一聯於屏上云：隻鴈含蘆背曉霜，孤隨驚鷺立寒塘。奇續成之曰：晚來漁棹驚飛去，書破遥天字一行。令因激賞，使遊學京師。真宗見其詩云：鴈飛不到歌樓上，秋色偏欺客路中。召見賜第。又詩云：不拜春官為座主，親逢天子作門生。

孫立節

字介夫，寧都縣人。天資剛鯁不肯。後為御史，為條例司屬官。東坡嘗作剛說以表其事。二子勰、勴，皆從軾遊。

題詠

詔下虎頭州

蘇子瞻和霍朝請詩：文字先生飲，江山清獻遊。典刑傳父老，摶俎繼風流。度嶺逢梅雨，還家指麥秋。自慙鴻鴈侶，争集稻粱洲。野闊橫雙練，城堅聳百樓。行看鳳尾丨，却丨丨丨丨。君意已吴越，我行無去留。歸途應食粥，乞米使君舟。

山為翠浪湧

蘇子瞻過虔作詩云：八境見圖畫，鬱孤如舊遊。山為翠浪湧，水作玉虹流。日麗崆峒曉，風酣章貢秋。丹青未變葉，鱗甲欲生洲。嵐氣昏晨樹，灘聲入市樓。煙雲侵嶺路，草木半炎州。故國千峯外，高臺十日留。他年三宿處，準擬繫歸舟。

人煙五嶺北

陶弼送趙樞寺丞宰虔化縣詩云云：星斗大江西，暖雪梅花樹，晴雷贛石溪。

四六

踈恩北闕，開鎮南康。出綸鳳闕，植戟虎城。惟今之贛，蓋迫於蠻。雖曰偏州，實為重鎮。

惟贛川之望郡，控江國之上流。粤自五季以來，九遭幾變於此。介江倚重於番宣，踰嶺倚尊於節制。

涉江而右，一歸節制之尊；由嶺以南，悉倚番宣之重。江西嶺南之交地，毋乃惡風聲氣習之舊，頑不可鐫。

宣乃王靈，嘗假中權之節；彊之戎索，遂吏窮徼之風。撫摩千里，固知地望之雄；彈壓群蠻，更總兵戎之寄。

虎頭重鎮，統三郡之甲兵；豹尾從班，寬九重之宵旰。湧翠浪而麗崆峒，定傳好語；近紫微而連華蓋，會見遥歸。

蠻獠相挻，既弄兵之間作；屢綿難化，亦弭筆之素聞。虎頭城下，雖爭為竹馬之迎；豹尾班中，恐催看槐龍之舞。

吉州

廬陵　吉水　安福　太和　龍泉　永新　永豐　萬安

〔建置沿革〕禹貢荆揚二州之域兼荆揚吳楚之分野為星紀鶉尾及斗牛女翼軫之次春秋屬吳戰國屬楚秦屬九江長沙郡漢屬豫章郡及長沙國東漢置廬陵郡晉以廬陵郡隷揚州又割隷江州吳孫皓置安成郡隋改為安福縣又改為廬陵郡唐為吉州　國朝因之今領縣八治廬陵

〔事要〕

〔郡名〕廬陵　安成　螺川見沿革注

〔風俗〕郡多秀民學粮記云云而學宮之盛與上國等　儒術為盛通典衣冠所萃藝文||斯之||雖閭閻賤品力役之際吟詠不輟　戶口繁衍朱晞顏修城狀吉州地望雖出洪贛之下而其云云田賦浩穰實為一路之最　土沃多稼皇甫湜廬陵縣廳壁記||||散粒荆揚

〔形勝〕吉為富州見後皇甫持正為州張刺史作聽壁記　吉為大邦周益公詠歸亭記云云文物盛於江右　南接贛劉弇序云云北竟贛水東西控臨川長沙　騈山貫江皇甫縣壁記云云扼嶺之衝　據江上流|朱晞顏有云|||外與汀衡之界相接　咽喉荆廣劉登彥譙門記云云啓齒淮浙江山映帶在眉宇間　介于吳楚之間王庭珪安福縣鳳林橋記吉為郡云云○何恪祭龔齋記介于湖湘嶺嶠之間

〔山川〕東山在郡東南蓋劉智請移郡所謂東通大山是也　仁山在郡西　香城山在城南地跨三縣聳秀如筆鋒○周益公云廬陵南四十里有|||其名見唐皇甫持正所作碑碣峻拔廣袤中一峯尤奇秀誇所謂文筆者胡氏世居其下至忠簡公遂以直節脩能名震當世　青原山在廬陵縣○王庭珪遊青原詩異時黃魯直嘗賦青原詩今日|||名與星斗垂　螺子山在郡城北下有潭圖經昔漁人遊此忽遇風雨見神螺光彩五色因名　龍須山在廬陵西南六十里登禪師之道場也唐代宗時士人龍須施地築庵故名○曹輔送周吉州有詩云廬陵太守告我行先把廬陵為君說|||對殼侯池池面山容兩清絕　南山在吉水西北六十里三石挺聳能興雲雨　鳳山在吉水東五里山半有鳳凰巖瀑布自巖而下　三顧山在太和南五峯相次頗類五老　石灰山在永新山有兩洞及石龍石塔之類　金山在龍泉西北一里有塔　銀山在龍泉東一里有塔　石笋峯在廬陵山頂巨石如笋　席帽峯泰和之朝山　朝元嶺在吉水西北五里有黃金臺○或傳楊仙留題云洛落萬古石悠悠千載心人間不相遇白雲深處尋　金舡嶺在萬安南有法輪院舊名香林寺趙閱道嘗知虔州赴召通判周茂叔餞于此寺倡和有詩　焦岡在郡西木茂壤亦蜿蜒可數里　日岡在吉水北四十里　月岡與日岡相距五里　瀧岡在永豐南百六十里歐陽之故居及有墓謂之||阡　元陽洞在永新禾山有姚崇書堂故址　牛吼石在泰和縣西十里自黃公灘而下江流平濬經此石則復險灘聲如群牛之吼○葛敏脩詩一瀉三百里列為十八灘　廬陵江自泰和縣界流入　黃公灘在萬安縣訛呼為皇恐灘○蘇子瞻南遷過此賦詩云十八灘

頭一華身七千里外二毛人山憶喜歡勞夢想地名皇恐泣孤臣

吉水 有仁山與丨丨相傳水紋成吉字

盧水 在安福東至盧陵入贛江

龍洲 在太和南有讖云丨丨過縣前太和出狀元故名齋曰察然周益公作丨丨書院記

白鷺洲 在贛江中有洲曰白鷺其長數里。徐俯江上野望詩金陵與盧陵俱有丨丨相望萬里江中同二水流

井泉

聰明泉 劉沖之丨丨詩義山山下有靈泉號聰明自古傳四百年中三出相不才何幸繼前賢

堂閣

三瑞堂 在州宅熙寧中城西產雙蓮玉虛觀產芝草天慶觀有甘露。蔣穎叔詩云好在盧陵守年來強健無一事新佩印三瑞更為圖

詩人堂 在司戶廳盧家以唐詩人杜審言曾居是官故名有楊萬里銘周必大箴

六一堂 在州宅繪丨丨像楊誠齋記

二友堂 在州宅舊有古松與竹對植太守李彌遜開軒其下胡銓為記

愛竹堂 黃魯直寄題安福李令丨丨丨詩淵明喜種菊子猷喜種竹託物雖自殊心期俱不俗千載得李侯異世等風流為官恐是陶彭澤愛竹最知王子猷寒窻對酒聽雨聲夏簟烹茶卧風月山僧知令不凡材自掃竹根培老節富貴於我如浮雲安可一日無此君人言愛竹有何好此中難為俗人道我於此物更不疎一官寄東何由到

快閣 在太和縣寺黃魯直登丨丨詩癡兒了却公家事丨丨東西倚晚晴落木千山天遠大澄江一道月分明朱絃已為佳人絕青眼聊因美酒橫萬里歸船弄長笛此心吾與白鷗盟。又和李才甫丨丨詩山寒江冷丹楓落爭渡行人簇晚沙孤葉蒲花飛白鳥一張紅錦夕陽斜。雲橫章貢雨翻盆寺下江深水到門落日荷鉏人著本西風滿地葉歸根。楊廷秀題丨丨詩太史留題丨丨詩舊碑未必是真題六丁搜出嚴家墨白日青天橫紫蜺

先春閣 黃魯直寄題安福李令丨丨丨詩宮殿繞飛煙江山壯城郭令君藝桃李而春築飛閣春至最先知雨霽偏花藥是日勸農桑氷銷土膏作弦歌出縣齋徘徊問民瘼雖大聲相聞嬰此簿領縛安得携手嬉烹茶煨鴨脚

緩齋 周洪道箴云戶曹掌州務或行獄訟事皇族公括以緩名齋為作箴

寺觀

大明寺 有愛竹軒黃太史為太和宰日嘗賦詩又能仁院清涼軒東山寺朝華亭皆有詩

南塔寺 在太和縣。黃魯直詩熏爐茶鼎暫來同寒日鵶啼柿葉風萬事盡還杯酒裏百年俱在大槐中

崇元觀 在吉水縣。昔呂洞賓嘗留題云褰裳懶步尋真宿清景一宵吟不足月在碧潭風在松何必洞天三十六

古跡

殷仲堪讀書堂 安成記仲堪為守於城西大池上築臺讀書遺址尚存

搗衣石 在永新縣前市相傳顏真卿嘗游息其上

名宦

孟嘉 晉太尉庾亮領江州辟嘉為盧陵從事嘉還都亮引問風俗得失對曰還傳當問吏亮舉麈尾掩口笑曰嘉故是盛德人

張中丞 皇甫湜吉州刺史廳壁記自江而南吉為富州民朋吏黨分土艱政蠹以近歲不幸紹繼無狀大官以降為者羞薄而不省務子弟以資授者纖欲而不顧法州遂瘠瘵御史中丞張公歷刺縉雲尋陽用清白端正之治詔書寵褒賜以金紫移莅于吉下車之初視簿書簿書紛如絲視胥吏胥吏澥如麋召詰其官皆眊然如醒登進其民皆釋然而瘳公噫貽良父於是大新其典為之開之以脩省簡便儇之以勤強練密凡事宜厲約以躬率之省賞一倍法防既周銖兩之姦無所容畢俗斯息單民得職威令

神行東利川流未及再朞富庶而教至於無事百姓扶老提
擕載路而歌曰昔吏訑訑今吏藹藹公能馭之雖亦爲鈷鉐
亦爲廉始絀而苦終優以恬昔民嗷嗷今民哈哈公能撫之
鰥寡有怡流亡既來繇税先具汙洿盡開鄉廩官倉無斗
粮公來幾時積粟埋陂郡閣官庫無尺繒公來幾時山積
曾曾瑞露溶溶降味公松瑞蓮猗猗合蔕公池公有異政神
之祢之民歌路謡糞聞京師天子明堂恩光遠而於是掾吏
將卒趍伏固請願書於公堂之北壁夫堂碑有記本以志善
悛惡名氏遷次末也別東西之舊則
備今用絶編以首能爲政垂爲後戒 **杜審言** 黄曾直寄舒申之司
戶詩吉州司戶官雖
小曾屈詩人丨丨 **顔真卿** 爲司馬 **皇朝向敏中**
丞相謚文簡公既
葺爲倅又爲守 **呂士元** 休寧人爲太和令子溙隨侍縣圃有讀書堂 **余**

靖 慶曆中使契丹通外國語爲蕃語詩被劾出守 **元絳** 知永新宰 **程珦** 知廬陵宰 **龐**
敏 爲太和宰 **戚綸** 爲太和宰 **黄庭堅** 知太和縣。蘇子瞻和魯直食筍詩凜凜白下
宰太和古白下也會須頒冢宰績贍於齊不忍以賦貧民詢
求民瘼或逹旦不寐邑多强族不忍以枉後吏文齊之云
江公著 爲太守 人物 **歐陽脩** 廬陵人生於綿州官舍四歲而孤母鄭氏
守節自誓教以讀書以省則推筆後爲參政自號六一居士
以文章道德天下皆師事之。蘇軾祭文云公之生於世六
十有六年民有父母國有蓍龜斯文有傳學者有師君子有
所恃而不恐小人有所畏而不爲譬如大川喬嶽雖不見其
運動而功利之及於物者蓋不可數計而周知今公之歿也
赤子無所仰庇朝廷無所稽疑斯文化爲異端學者至於用

夷君子以爲無與爲善而小人自以爲得時譬如深山大澤
龍亡而虎逝則變怪百出舞鰌鱓而號狐狸昔公之未用也
天下既以爲病而其既用也則又以爲遅及其釋位而去也
莫不覬其復用至於請老而歸也莫不悵然失望而猶庶幾
於萬一者幸公之未衰孰謂公無復有意於斯世也奄一去
而莫予追豈厭世之溷濁潔身而逝乎將民之無禄而天莫
之遺昔我先君懷寶遯世非公則莫能致而不肖無狀因緣
出入受教門下者十有六年於斯聞公之喪義當匍匐往乎
而懷禄不去愧古人以忸怩緘詞千里以
寓一哀蓋上以爲天下慟而下以哭其私 **劉沆** 永新縣人爲宰相
胡銓 廬陵人上書乞斬檜王倫孫近三人可斬坐流吉陽孝宗召爲侍郎遺表云相如草封禪以貢諛竊所不
敢張巡爲厲鬼以擊賊 **楊萬里** 吉水人初丞零陵時張忠獻勉公以正心誠意
死亦難忘自號澹庵

之學遂以誠名齋歿後勅講東
宮 光宗御書誠齋字賜之 **周必大** 字洪道公早歲登第繼擢詞科
高宗一見其文大奇之由臺閣登侍從 孝
宗朝正宰席閑居者十五年號平園老叟 題詠 **廬陵**
地控虔與洪 王庭珪寄作廬陵行云夫孤城斗絶吳楚東 **紅粧執樂**
三千指 蘇子瞻送江公著知吉州詩奉親官舍當有擇得郡江南差可喜白檠連檣一萬艘云云薄書
期會得餘閑亦 **爲愛江西物物佳** 歐陽永叔寶積寺詩云云作詩
念人生行樂耳
當向北人夸青林霜日換楓葉白水秋風吹
稻花釀酒烹雞留醉客鳴機織苧徧山家
四六 疏恩鳳闕 惟大江以西 醉翁之文而澹庵之忠
分理螺川 獨廬陵爲右 益國之勳而誠齋之節

螺江千里之封暫煩牧御　連檣一萬艘嘗奏紅粧之執樂
鳳詔十行之下佇見褒揚　起家二千石佇看黃紙之除書
考之壁記昔人固謂之富州　議論文章則有六一翁之學
試以州壓今日實稱於佳郡　勳名事業則有平園叟之賢
字民白下實爲山谷之舊遊　萬室連甍剗舍時鳴於桴鼓
得郡江南曾康城公之奇説　千艘銜尾轉輸日困於舳艫
胡濟崎嶇慨梗和不爲勢屈　帶牛佩犢還遊魑魅之鄉
楊誠齋剛方立操豈但文鳴　鋒蝟斧螳佇築鯨鯢之觀

瑞州　高安　上高　新昌

建置沿革　禹貢揚州之域吳地斗分野春秋屬吳戰國屬楚秦屬九江郡漢爲豫章郡之建城縣三國南朝並屬豫章郡唐即縣地置靖州又以隱太子諱改建城曰高安又改靖州爲米州是年又改爲筠州土產筠竹故名　皇朝因之仍分高安上高二縣地置新昌縣寶慶初以州名犯　御諱改瑞州領縣三治高安

事要

郡名　高安　瑞陽見沿革內注

風俗　獨不囂於訟見後江西道院注　士秀而文同上注　其細民儉而健同上　其吏民朴野蘇子由聖壽院記云云　郡庠獨後建曾子固記筠爲州在大江之西其地僻絶當慶曆之初詔天下立學而筠獨不能應詔州之士以爲病治平三年知州事董君儀相州之東南得亢爽之地築宮於其上使筠之士相與升降乎其中講先王之遺文以致其知非獨使夫來者玩思於空言以干世取祿而已

形勝　負山面水蜀江志云郡丨鳳丨丨錦丨

郡居溪山之間蘇子由聖壽院記　其地僻絶南豐學記　四方舟車之所不由蘇子由記

山川　鳳山在上高縣西七里　大愚山在州東行春門外有真如寺○冷齋夜話余還自朱崖館于此寺○慶元中呂伯恭論韓侂胄謫居寺中○蘇子由詩東郊丨丨丨自古鬱蒼林　白雲山在高安縣西北七十里下有超果寺有瀑布水孫伯溫記謂之小麻姑　九峯山在上高西五十里其峯奇秀　石臺山在新昌縣南二十里有清涼院東坡欒城嘗遊賦詩今有石刻　黃蘗山在新昌縣西百里一名鷲峯山○唐宣宗微時以武宗忌之遯跡爲僧遊方外至黃蘗與丨丨禪師同觀瀑布黃蘗得一聯云千巖萬壑不辭勞遠看方知出處高宣宗續之曰溪澗豈能留得住終歸大海作波濤　荷山楊廷秀碧落堂曉望丨丨詩丨丨非不高城裏白不見一登碧落堂山色正對面如人卧平地躍足立天半指揮出伏兵萬騎橫隔岸後乘來未已前驅騁已遠晨光到巖壑人物俱蒨絢綠屏紛開闔翠旗閃舒卷安得垂天虹橋虛慶雲巘老鈴偶報事郡庭集賓贊怱怱換山巾默默下林坂　西嶺在新昌東北七十里峯巒萬疊有飛瀑三四道頗爲奇觀　龍岡在州西一里　迷仙洞在郡圃相傳即李八百洞閉塞不可入蘇子由有詩　濯湖在新昌縣東門外今水清潔故名　劔池在州後圃乃李仙磨丨丨中有白蓮花山谷所謂劔丨丨之菡萏以爲裳是也　蜀水源出縣內小界山相傳許遜爲蜀旌陽令時人疾疫遜以器水投於上流疾者飲之輒愈故名丨丨古識云錦水入市河朱紫滿城

多錦水市河邊
筠州出狀元

江西道院黃魯直———賦並序江西之俗士大夫多秀而文其細民險而健以終訟爲能由是玉石俱焚名曰珥筆之民雖有辯者不能自解免也惟筠爲州獨不嚚於訟故筠州太守號爲守———然與南康廬陵宜春三郡並蒙惡聲元祐八年武陵柳侯子儀守筠之明年也樂其俗之孅使爲政者不勤乃新燕居之堂榜曰———以鼓舞其國風且爲高安之父老雪耻焉秋七月遣使來告成於雙井求思堂於是爲之賦曰勾吳之墟維斗所直半入於楚終蝕於越有泰伯虞仲季子之風故勵士有嚴穴之雍容有屈原宋玉枚乘之筆故文章有江山之秀發吳越之君多好勇故其民樂鬭而輕死江漢之俗多䰠鬼故其民尊巫而淫祀雖郡異而縣不同其大略不外是矣若乃高安之城豫章之別離風氣之未遂亦孅俗之可悅故柳侯下車解牛而不割未嘗發硎初不折缺則喟然嘆曰———名不虛生爰作新堂𡕒合陳鼓笙有斐翰墨賓贊令丞作爲歌詩接民訟聲昔也憂民之憂今則樂民之樂懷仙伯之蛻蟬有勿翦之喬木製劍池之菡萏以爲裳釀丹井之清冷以爲酌醉而起舞父老持足共使君之仙去而鰥寡之長失職也吾聞風行於上而水波此天下之至文仁形於心而民服此天下之善化豈可多爲令而病民慢自設險而病民詠耶九轉丹砂鑄鐵成金兩漢循吏鑄頑成仁我簡靜則民來我平易則民親今使高安之農蠶生於術揚之外珥筆教訟者傳問孝之章務耳鋤方苦深春耕之耒賣私鬭之刀劍以爲牛蓄淫祠之樽俎以養親雖承平百年雨露滲漉非二千石所以牧人者乎雖然有一於此堂客有美縱而未聞勵士之節岑蔚有於菟而不見墨客之文豈其龍藏而自秘蠖屈而不伸者耶公試酌樽中之淥謝山川之神爲予問之

無訟堂在郡治

碧落堂在鳳凰山郡之井邑一目可盡。楊廷秀留題仙人白日上青冥千載如聞月下笙南北萬山俱在下中間一水獨穿城江西箇是奇絕處天下幾多虛得名滕閣孤臺雖不好秖緣猶帶市朝聲

棲真堂在郡圃蓋仙人李八百故居之址中有遺像。楊廷秀詩云李真宅子故依然道院西偏古洞前一日身遊八百里三番花落九千年劍池丹井俱蒼蘚絳節霓旌已碧天借問飛仙那用步步行猶是地行仙

瑞芝亭黃魯直記晉陵邵君叶爲新昌宰視事之三月靈芝五色十二生於便坐之室吏民來觀無不動色相與言曰吾令君殆將有嘉政以福我民乎山川鬼神其與知之矣不然此不蒔而秀不根而成非人力所能致而自至者何也乃相與闢其室四達爲亭命曰———奔走來謁記於豫章黃庭堅黃庭堅曰予觀神農草木經青芝生泰山赤芝生衡山黃芝生嵩山白芝生華山黑芝生常山皆久食而輕身延年而不老蓋序列養生之藥不言瑞世之符又其傳五芝曰赤者如珊瑚白者如截肪黑者如澤漆青者如翠羽黃者如紫金皆光明洞徹如堅冰而世之所名芝草不能若是也故嘗考於信書自先秦之世未有稱述芝草者及漢孝武厭飫四海之富貴求致神仙不死天下騷然元封中乃有芝草九莖連葉生甘泉殿齋房中於是赦天下作芝房之歌孝宣興於民間竊精萬事事無過舉然廟享數有美祥頗甘心焉故復脩孝武郊祀以瑞紀年元康中金芝九莖又產函德殿銅池中然此芝不生於五嶽果神農經所謂芝者耶予又竊怪漢世既嘉尚芝草而兩漢循吏之傳未有聞焉何也豈其所居民得其職所去民思其功生則羽儀於朝殁則烝嘗於社則是民之鳳凰麒麟醴泉芝草也耶抑使民田畝有禾黍則不必芝草生戶庭使民伏臘有雞豚則不必麒麟鳳在

郊撫黜吏不辦文則不必虎渡河里胥不追擾則不必蝗不
入境此其見效倏於空文也耶嘗試論之古之傳若有曰上
世蓋有軼拾佞蓮甫翁尾實莫紀曆蝌竹生律既不經見後
世亦不聞有之則前世之有者豈特未定也邵君家世儒者
又能好脩求自列於循吏之科故即其氣燄而取之異草來
端使因是而發政於民慘怛而無偽民將盡力於田士將盡
心於學則非常之物不虛其應且必受賜金增秩之賞用儒
術顯於朝廷矣豈獨歎耀下邑而已乎故書予所論使歸刻
之

偃松亭 在州宅。陸務觀詩巨松偃蹇閱世歸獨存頗疑古仙翁藏丹在其根或是結靈藥百尺有伏龜終隨風雨化不死何足言

琴樾亭 在郡治名半山

郡圃 蜀江記|||崎嶇高下斷崖深壑宛如洞府滄江遠岫疊出聚見於搆粗間

名宦

皇朝毛維瞻 為守嘗與潁濱唱和

崔鶠 陽翟人調本州推官因上書論章子厚徽宗善之以為相州教授

人物

任濤 為詩清婉嘗有人門釣舟流之句

沈彬 高安人吳先主授以秘書郎有湘江詩云數家漁網疎煙外一岸斜陽細雨中。觀山水圖詩須知手筆安排定不怕山河整頓難人皆傳誦之至今以為佳句也

皇朝劉渙 高安人詳見南康軍注

趙師民 上高人子彥若相繼為相

名賢

蘇轍 自作東軒記云余以罪謫監筠州鹽酒稅未至水泛溢敗刺史府門鹽酒稅治舍乃告於郡假部刺史者府以居廳事堂之東為軒種杉二本竹百箇以為宴休之所然晝則坐市區鬻鹽沽酒稅豚魚與市人爭尋尺以自効暮歸筋力疲廢輒昏然就睡不知夜之既旦旦則復出營職終不能安於所謂東軒者未嘗不啞然自笑也

余靖 謫監酒稅

風詠

清廉不負民 蘇老泉送張守職方詩老大偏諳事云云

子舍只鄰城 范景仁送張職方詩南國一麾守知公安此行家山雖萬里云云驛問中宵至風謠接吟聲定應持課最同命到天京職方名正子公紀亦守衡州

新有虹梁水上橫 蘇子由詩歸時不怕江波晚云云

鈞陽舊是朝天路 楊廷秀云國家都大梁鈞當孔道故詩云云六十年來行信州

四六

出綸甚捷　分竹高安　地僻民淳　土腴農力　眷分虎之名麾　乃潛龍之舊邸

惟端為州風號江西之道院　實蜀之水允為錦里之主人　賦成道院求懷山谷之名言　記考東軒尚訪潁濱之遺迹

庭參之草未為農畝之豐　岑有於菟孰若文儒之盛　得山谷亭文而盡恥民訟不囂　因南豐學記而致知士風寖盛

新編方輿勝覽卷之二十

新編方輿勝覽卷之二十一　　建安祝穆和父編

撫州

臨川　崇仁　宜黃　金谿　樂安

【建置沿革】禹貢揚州之境，於天文爲星紀之分野。春秋爲吳境，後屬越，又屬楚。秦屬九江郡。漢爲豫章郡之南城縣。後漢分南城北境爲臨汝縣。三國時吳王孫亮分豫章之東部南城、臨汝二縣置臨川郡。隋罷郡爲州。時總管楊武通奉使安撫，即以撫州爲名。唐平林士洪，置撫州，領臨川、南城、邵武、宜黃、崇仁、永城、東興、將樂八縣，尋省東興、永城、將樂三縣，又割邵武屬建州。南唐爲建武軍。國朝仍爲撫州。今領縣五，治臨川。

江西提舉置司

【事要】

【郡名】臨川　臨汝水名

【風俗】其民樂於耕桑　見後擬峴臺記　其俗風流儒雅　溪堂云：昔有右軍、康樂、曾公爲之守，故云云。青士而尚氣節　樂讀書而好文詞　同上。有晏元獻、王文公爲之鄉人，故其人云云。人物盛多　周洪道進士題辭曰：此邦非特地大人庶而云云。若元獻之進賢好善，荊公之文學行誼，南豐之主盟斯文，汪公革以奇才冠南省，陳公䜣以版授遂大魁，皆後來所當思齊者。

【形勝】地大人庶　同上　瀕汝水以爲城　謝靈運集序云云　粵閩犬牙其疆　獨孤及撫州新亭記與兩｜七｜｜｜｜　非通道　擬峴臺記云云

五峯三市　臨川志：城中有｜｜｜｜，或謂青雲嶺、道遙嶺、蕭嶺、黃家嶺與學嶺，而五

【土產】清江紙　黃魯直謝陳適惠紙：蠻溪工藤卷盈尺，側釐羞滑繭絲白。想當鳴杵砧面平，桄榔葉風溪水碧。

【山川】靈谷山　在臨川縣東三十里。荀伯子臨川記云：縣巖半岫有泉流，分於木末，映日望之如掣練。○王介甫｜｜｜詩序曰：吾州之東南有｜｜者，江南之名｜也。龍蛇之神，虎豹翬翟之文章，楩楠豫章竹箭之材，皆自此出；而神林鬼冢魑魅之穴，與夫仙人釋子說詭之觀，咸付託焉。至其淑靈和氣，盤礴委積於天地之間，萬物之所不能得者，乃偏之於人。

羊角山｜　在郡治譙樓前。○舊有詩云：｜｜｜高吹畫角，虎頭洲畔釣魚磯。

峩峯山　在臨川西四十里，謝靈運有詩。李政李壁書作｜｜書堂以面之。

英巨山　在臨川縣巖內，有石人坐盤石上，有塵鐵則興風，澍則致雨。

臨川山　在崇仁縣南六十里。

豐材山　在崇仁西百九十里。蔡之茗坳壽麝獻彭蠡皆在其下。

寶蓋山　在崇仁縣覽江南絕頂，有形如｜｜。上有浮休壇，乃王、郭二真人昇仙之地。顏魯公爲之記。

王笥山　在崇仁縣。顏魯公有記。

翠雲山　在金谿縣，有瀑布。治平中，儒士胡采發榛荊而出之，有躍馬泉、試茗泉、鳴玉亭，皆見於荊公詩。

銅斗山　曾文昭記：在金谿南二十里，山能出雲雨，弭旱甞禱，爲一州五縣之望。

踈山　在金谿。唐大中初，有何仙舟棄官讀書于此，今遺址猶存，下有寺，其景尤勝。

軍山　曾子開｜｜廟碑：｜｜南豐之望也。其高十有九里，餘二百步，其上四峯峭起，望之蒼然。其旁飛瀑一瀉千尺，其下龍穴，投以鐵石，雨即隨至。縣周多山，而茲

山脉出見於百里之外宜爲此邦之望也又云舊傳昊芮攻南粤駐軍此山其將椰銜祭焉禮成若有士騎鼞甲之狀因號曰軍山邦人祀之蓋自此始唐開元中復見靈跡**白華巖**在金雞巖主是寶月禪師。王介甫李生｜｜修道詩｜｜｜主是金仙假此山僧學道禪珍重此行吾不及爲傳消息問因緣**烏石岡**距臨川三十里下有塘。王介甫烏塘詩烏塘渺渺綠平堤堤上行人各有攜試問春風何處好辛夷如雪柘岡西**柘岡**在臨川。王介甫送黃吉父歸金谿詩｜｜西路白雲深想子重歸得重尋亦見舊時紅躑躅爲言春至毎傷心**一石禀**在臨川東荀伯子記稟口開則歲歉閉則年豐**一石碧**在宜黃石梁橫空。孫公覿詩烏鵲填成天上路鬼神鞭出海中山**汝水**在臨川東北六里**臨川水**在縣東九十餘里出定川流十里與汝水合**清江渡**在金溪縣出劄紙**文昌堰**地讖以堰合爲大魁之讖**溫湯**在臨川西三十二里銅山下**驪塘**王介甫故居在焉送鄧監簿詩不見｜｜路于今四十春

擬峴臺曾子固記尚書司門員外郎晉國裴君治撫州之二年因城之東隅作臺以遊而命之曰｜｜｜謂其溪山之形擬乎峴山也數與其屬與州之寄客者遊而間獨求記於余初州之東其城因大丘其隍因大溪其隅因客土以出溪上其外連山高陵野林荒墟遠近高下壯大宏闊壯奇可喜之觀環撫之東南者可坐而見也然而雨隳潦毀蓋藏委棄於榛叢莽草之間未有即而愛之者也君得之而喜增甓其土易其破缺去榛與草發其元爽繚以橫檻覆以高甍因而爲臺以脫埃氛絕煩囂出雲氣而臨風雨然後溪之平沙漫流微風遠響與夫浪波洶湧破山拔木之奔放至於高桅勁艫沙禽水獸下上而浮沉者皆出乎履舄之下山之蒼顏秀色巔崖拔出挾光景而薄星辰至於平岡長陸虎豹踞而龍蛇走與夫荒蹊聚落樹陰晻曖遊人行旅隱見而斷續者皆出乎衽席之內若夫雲煙開斂日光出沒四時朝暮雨暘明晦變化之不同則雖覽之不厭而雖有智者亦不能窮其狀也或飲者淋漓歌者激烈或靚觀微步旁皇徙倚則得於耳目與得之於心者雖所寓之樂有殊而亦各適其適也撫非通道故貴人蓄賈之遊不至多良田故水旱螟螣之菑少其民樂於耕桑以自足故牛馬之牧於山谷者不收五穀之積於郊野者不垣而晏然不知桴鼓之驚發召之役也君既因其土俗而治以簡靜故得以休其暇日而寓其樂於此州人士女樂其安且治而人得遊觀之美亦將同其樂也故予爲之記其成也。王介甫詩君作新臺擬峴山羊公千載得追攀歌鐘隱地登臨處花木移春指顧間城似大隄來宛宛溪如清漢落潺潺時平不比征吳日緩帶尤宜向此閑**見山閣**在倅廳王介甫作記**清風閣**在州宅介甫詩飛甍孤起下州墻勝勢崢嶸壓四方遠引江山來控帶平看鸞隼去飛翔高蟬感耳何妨靜赤日焦心不廢涼況是使君無一事日陪賓從此傾觴

五峯堂在州宅用南豐詩中語**射亭**在金谿縣即飲歸之亭也。曾子固書作記云金谿尉汪君爲尉之三月斥其四垣爲｜｜既成數士於其間而名之曰飲歸之亭。王介甫詩因射築茲亭序賢仍闕兵庶民觀禮教羣寇避威聲**拙齋**郡守趙景明建。朱元晦記云便坐之北循廡而西入叢竹間得前人所爲秋聲齋者老屋數椽人跡罕至嘆曰是室之陋非予之拙則孰宜居之乃更其榜曰｜｜抑嘗聞之天下之事不可勝窮其理則一而已矣君子之學

所以窮是理而守之也其窮之也欲其通於一其守之也欲其安以固以其一而固也是以近於拙蓋無所用其巧智之私而推理之從極其言則正其誼不謀其利明其道不計其功是亦拙而已矣

思軒 在倅廳林慥所立。王介甫題云名郎此地昔徘徊天誘良孫接踵來萬壑尚歌餘澤在一軒還向舊堂開名郎指慥之祖水部也

祠廟

謝康樂祠 在郡治

顏魯公祠 在郡圃。曾子固記云初公以忤國忠斥爲平原太守策安祿山必反爲之備祿山既舉兵公與常山太守杲卿伐其後賊之不能直闚潼關以公與杲卿撓其勢也在肅宗時數正言宰相不悅斥去之又爲御史唐旻所構連輙斥李輔國遷太上皇居西宮公首率百官請問起居又輙斥代宗時與元載爭論是非載欲有所壅蔽公極論之又輙斥楊炎盧杞既相德宗益惡公所爲連斥之猶不滿意李希烈陷汝州杞即以公使希烈希烈初慁其言後卒縊公以死是時公年七十有七矣公殁垂三十年小人繼續任政天下日入於弊大盜繼起天子輙出避之唐之在朝臣多畏怯觀望能居其間一忤於世失所而不自悔者寡矣至於再三忤於世失所而不自悔者蓋未有也至於起且仆以至於七八遂死而不自悔者則天下一人而已若公是也

王文公祠 在城內即公故宅

古跡

康樂繙經臺 在城內寶應寺顏真卿爲記

右軍故宅 荀伯子臨川記羲之爲臨川內史置宅於郡城東名曰新城旁臨迴溪特據層阜其地爽

右軍墨池 在臨川學宮。曾子固記云王羲之嘗慕張芝臨池學書池水盡黑教授王君壇書——以揭之此爲其故迹豈信然耶。韓子蒼雜記池中忽時水黑謂之墨龍此物每見士之試于有司者得人必多率以此爲驗。咸平間御史黃公符詩往往吐烏雲依依如皂蓋

臥冰池 在郡城東王祥乃琅琊人豈祥避地豐江遂成遺跡耶。張右丞詩雖隳猶堪貴前賢況可師

魏夫人壇 在臨川縣西北六里按神仙內傳夫人姓魏名華年八十有三不飲不食以成道咸和九年歲在甲子用藏景文法託形神劒化成死孩既而羣仙來迎乘飈輪之車言會於陽洛之宮也所修行壇上有天然石龜其首不見故老相傳昔烏龜源有石龜每犯田苗被人擊之首折即其處也刺史顏真卿撰仙壇碑

花女壇 花姑姓黃名令徽顏真卿撰碑云

戒壇 在城內寶應寺顏真卿記

金石臺 讖云——分丞相出文昌堰合狀元生

金柅園 臨川郡舊有——。晏同叔詩臨川樓上柅園中十五年前此會同一曲清歌滿樽酒人生何處不相逢

名宦

王羲之 晉人爲臨川內史

謝靈運 爲內史

杜佑 爲刺史有言思碑

戴叔倫 爲刺史有遺愛碑

皇朝黃庭堅 爲太和令

人物

樂史 宜黃縣人嘗編寰宇記

晏殊 端州志殊祖墉唐咸通中官江西始著籍於高安祖父客遊臨川故殊生撫州中童科　仁宗朝爲相范仲淹歐陽脩孔道輔皆出其門富弼楊察皆其壻也

王安石 臨川人　神宗朝爲宰相封荊國公謚曰文

王安國 安石之弟也初呂惠卿謟事安石安國惡之一日安石與惠卿論新法於其弟安國好吹笛安石曰宜放鄭聲安國曰願兄遠佞人惠卿深銜之乃因鄭俠獄陷安國坐罪放歸田里

謝逸 臨川人自號溪堂黃庭堅語及江南文士每嘆賞焉從弟邁字幼槃自號

竹交爲時人爱道 **劉堯夫** 以殿褐魁上舍 **汪革** 魁南省 **陳孺** 以版築避大默 **羅點** 榜眼仕至樞密 **王克勤** 自童科者館閣 **陸九淵** 號象山有書院在貴溪

【題詠】**鶴髮州民擁使車** 權德輿得撫州報戴員外詩云云人人自說援恩初如今天下无寬氣乞爲邦人雲誘贍 **内史宅邊今有恨** 羅隱贈撫州阮兵曹詩雲晴天外見晴天幽軋行輪有去蹤云云步兵廚畔肯相容十年別貿疑朝競千里歸心着晚鐘若不他時更青眼未知誰肯薦臨卭 **畫堂煙雨五峯秋** 曾子固薦撫州錢郎中詩名郎元是足風流得郡東南地更優翠幄管絃三市晚云云黃柑巧綴星垂擷香秔新非雪滿甌應与諸公答健筆邦人才薄詎能誦

【四六】蹤綮北門 寵借真綍 基分五邑 管絃三市 往鎮西州 共理臨川 鱗次万甍 篁懷万家 眷臨川之重地 肆頌漢札之十行 瞻言頻謝入名邦 爲江右之名邦 來牧汝溪之千里 宜得龔黃之循吏 墨池清淺不妨戲弄明月之珠 若論地望蓋外羅而中捍 英巨堪鬼正好頭頑飛霞之佩 既得賢侯宜上恬而下樂 祠象徹存盡康樂平原之舊治 民頑健訟相師成珥筆之風 儒風浸盛本荊公元獻之故鄉 吏黠多奸玩習弄舞文之波

建昌軍 南城 南豐 新城 廣昌

【建置沿革】禹貢揚州之域爲斗牛之分野於古爲荒服之国春秋時爲吳南境戰国屬楚秦屬九江郡漢屬豫章郡南城縣隸焉後漢因之吳分豫章東郡置臨川郡治南城隋罷臨川郡置撫州唐末五代僞唐升南城縣爲建武軍 皇朝改建昌軍今領縣四治南城

【事要】

【郡名】**盱江** 西漢地理志南城縣注云盱水西北至南昌入湖漢｜｜之名肇於此或謂江南盱村有老姥自此山去故號｜母｜見南唐韓偓晟盱江亭記或謂盱真君窮水源至血木四因此得名

【風俗】**其民氣剛而才武** 朱元晦建昌進士題名記建昌之爲郡據江西一道東南上游其地山高而水深云云其士多以經術議論文章致大名如直講李公中書韓林曾公兄弟尤所謂傑然者也其他能以詞藝數身取高科而登顯仕者亦不絕於當世鄉先達乃考自国初以至今日得若干人凡將礱石刻之以俟來者之嗣書焉 **比屋絃誦** 張允脩平遠臺記建昌佳山水云云 **市肆繁盛** 見盧鎮撰設廳記云云其邑屋華好

【形勝】**控五嶺** 唐南城縣羅城記｜｜封疆之要捍七州轂鐵之虞 **控三吳** 胡幹化詩｜｜之襟帶 **抗輿七閩** 王平叔建昌軍記云云寧制百粵 **其城壁堅峻** 吳鎰記云云 **其地山高而水清** 朱元晦序 **水土衍沃** 曾子固軍山廟碑曰地迫兩粵其風氣和平云云 **林奇谷秀** 唐刁尚羅城記云云水遶川環 **两溪合流於其下** 陳起云亦鸞峰聯屬如璧舁云云

【山川】**鳳凰山** 在郡城北二里蓋郡之主山也相傳｜｜曾降於此 **麻姑山** 在城西南十五里高九里五十步周迴四百一十四里至山巔有郵真亭東隅石磴盤旋山腹而上下平

乍峻至山之半有界青軒對筆二谷水飛流而下又攀援二里間有瀑布淙下三十餘丈立雙練枕流二亭又登萬壑旁有石池百餘步入山門榜曰丹霞小有洞天至忘歸亭亭跨清流其下有水簾巖舊有龍居之夾兩山間東望遠峯煙雨杳靄秀出如畫自是而入地勢寬平有田數百畝路之東南隅則碧蓮池仙壇記所謂紅蓮變白今又碧之處也玳瑁石介其左由池畔坦途一望間有會仙亭入觀門瀾水冬夏長流乃蔡經宅麻姑王方平所會之處○劉禹錫詩雲蓋青山龍臥處日臨丹洞鶴歸時霜凝上界花開晚月冷中天菓熟遲○沈彬詩花洞路中逢鶴信水簾巖底見龍眠○李太伯｜｜賦路蹊盤礡前後相失岡巒拱揖左右馳突鳴泉百甫躍下雲峯喬松万尋森破煙霄○曾子固｜｜｜送南城尉羅君詩麻姑之路摩青天蒼苔白石松風寒峭壁直上无攀援懸磴十步九屈盤上有錦繡百頃之平田山中遺民耕紫煙又有白玉万仞之飛泉噴崖直瀉蛟龍湫豐堂廣殿何言言階脚插入斗牛間樛枝古木不記年空槎拷然卧道邊幽花自媚娟淋深為誰妍但見塵跡境靜翔白鶴吟清猿雜禽乳鹿往往喧荒顛却視來徑如綠組千重万疊躡蠻下有荊吳粟粒之羣山又有隴闔一髪之平川交並縱橫遠近布城郭魚鱗參差高下分岡原千奇万異可意得筆墨乖尽誰能傳丈夫舒卷要宏達世路俯仰多拘牽偶來到此醒心目便欲洗耳辭喧讙羅夫子一日遠補東南官愛此曾崖峻壑之秀發開軒把酒可縱觀吾此坟衆插漢之危起出門衆足得往還羅夫子一尉東南方屈盤此邦人人衣食足問境年年桴鼓閑兒案剸裁得休暇山水登躡遺紛煩我行送之思故國引領南望心長懸

軍山 在南豐一名南山重九於此登高乃上肝絕頂

杉嶺 在南城縣界○劉涓韜詩古文也多杉煙光鎖翠嵐夜來風景好宿處是

江南

飛猿嶺 在南城東五十里○謝靈運詩朝發｜｜｜暮宿落峭石

仙人巖 去南城五十里臨溪峭壁數百仞五巖連屬上二巖有二棺用小尾石平其下

華子岡 謂仙人華子期○謝靈運詩南州実炎德桂木凌寒山銅陵映碧澗石磴瀉紅泉既枉隱淪客亦棲肥遯賢險徑无測度天路非術阡遂登羣峯首邈若升雲煙羽人絕髣髴丹丘徒空筌圖諜復磨滅碑版誰聞傳莫辨百世後安知千載前且申獨往意乘月弄潺湲常充俄頃用豈為古今然

秦人洞 去仙都觀二里○李泰伯詩秦法虽甚苛秦吏若猶拙山林不數里便亦逃得絕

丹霞洞 在觀西七里係小有洞天弥望皆黃茅白葦紹興甲寅郡人避寇登其上忽見一庵有道人觀書

麻源 在南城縣西十里有三谷循溪而入茂林脩竹有擣

方石 在南豐東半里古讖云沙洲到｜｜前南豐出狀元

曬禾石 在南豐東四十五里鄉人於此｜｜｜○紹興間風雨晝晦雷震石上忽成介我黍稷四篆字郡境豐登

龜湖 在南城東五里地鈐云｜｜衝破狀元生今衝破已久而未應

石虎潭 去南城半里地鈐有｜｜｜塡出宰相之語紹興中潭塡曾公布正拜

盱水 祀前注○曾布詩軍山流泉初濫觴縈繞東出為盱江峯亦隱映洲源長地靈物秀雄吾邦

井泉

鳳山泉 在郡西偏其泉甘冽釀酒醇美

虎跑泉 在秦人峯下舊傳有｜至山爪地｜湧李泰伯呂灌園陳都官皆有詩

堂亭

平遠堂 在郡治東地勢高爽眺望江山宛若圖畫取郭然善畫山水｜｜以名之

七賢堂 在仙都觀繪陳彭年李泰伯曾子固子宣子開王无咎呂南公鄧溫伯年

京朱彥十賢皆近之先達**鳳山亭**在郡治後

寺觀

雲門院在麻源第三谷乃唐德琳禪師卓菴之地

仙都觀在麻姑山今爲祠官典領之職乃王方平隱長生登道得仙之山。蘇子由詩道士白髮著面黑嵐氣染目言王方平登道古有驗道成白晝飛人世不留空後有陰長生此地亦所占並驅雙翔龍霞綴紫雲揚揚玉堂上與世作豊歉

古跡

麻姑壇顏真卿記一一有葛稚川神仙傳云王遠字方平欲東之括蒼山過吳蔡經家教其尸解如蛇蟬也經去十餘年忽還語家言七月十日王君當來過到期日方平乘羽車駕五龍各異色旌旗導從既至見經父兄遣人與麻姑相聞麻姑至蔡經亦舉家見之是好女子年十八九許頂中作髻餘髮垂之至腰其衣有文章而非錦綺得見方平坐定各進行廚金盤玉杯多是諸華而香氣達于內外擗麟脯行之麻姑自言接待以來見東海三爲桑田矣方平笑曰海中行復揚塵也麻姑手似鳥爪蔡經心中念言背蛘時得此爪爬背乃佳也方平心知即使人牽經鞭之

七星杉在仙都觀殿後猶圍二三丈高切雲漢橫列有七株

名宦

謝靈運臨川內史 **顏真卿**爲內史 **皇朝** **楊傑**嘗爲南豐令

人物

曾致堯盱江貢士擢第自致堯始第四子易簡第五子易占俱登第易占五子鞏布肇 **曾鞏**長於史學仕至中書舍人號南豐先生。王介甫送子固詩曾子文章衆无有水之江漢星之斗 **曾布**仕至尚書右僕射謚文肅封魯公 **曾肇**爲翰林學士後謚文昭 **陳彭年**南城人在翰林十餘載皆文翰清祕之目人謂其術爲一條氷後仕至參政 **李泰伯**南城人爲文自成一家嘗試制科六論不得其一曰吾書无不讀必孟子注疏也嚮筆而出人再檢視果然范仲淹余靖薦補將仕郎海門簿乃爲太學說書葬鳳凰山下无子孫每歲春秋守二同文官拜掃以爲故事 **鄧温伯**名潤甫從李泰伯學後爲尚書左丞 **朱軾**南豐人三子相繼登第仲子彥以從官出守金陵錢塘迎侍就養邦人榮之 **曾漸**爲省元

名賢

李綱謫居

題詠

軍壘近仙山梅堯臣嘗題詩云云麻姑第三谷靈運詩亦存曾公記可讀 **此邦人人衣食足**見麻姑山注南豐送羅尉詩

四六

輟自道山 郡劍盱江 臨川支邑 澤国上游
出臨盱水 地鄰閩嶠 盱水名邦 盱江勝槩
道通百粵山川 地分翼軫之奧區 本屬臨川之支邑
堂紀十賢人物 境接神仙之真宅 今爲江右之名邦
中更變故半爲瓦礫之場 爲南豐之擲香既知正字
久被撫摩乃是樵漁之俗 賦靈運之詩句足紀勝遊
左臨盱水帶雙江之清流 銅陵石磴尋謝客之風流
右瞰麻源綿三谷之翠色 金盤玉杯識顏碑之氣骨
山多隱逸谷通華子之岡
地富仙靈壇近蔡經之宅

臨江軍

清江 新淦 新喻

建置沿革

禹貢揚州之域吳地斗分野春秋屬九江漢分九江置豫章郡而建城新淦隸焉吳置成安郡新喻縣隋唐更洪州之建城縣爲高安南唐吳鸞以蕭灘之地當南粵虔吉袁洪四會之衝編氓牒訴不及官事大夫

辦集逆期唐王從其請遂取高安及新喻建安之三鄉爲清江縣屬洪州又置筠州以清江縣隸焉　國朝轉運使張鑑請建爲郡昭以筠之清江縣爲臨江軍仍以吉之新淦袁之新喻隸焉今領縣三治清江

【事要】

【郡名】清江見公華注

【風俗】尚禮教而畏清議臨江志其君子云云崇德儉而尚名節　勤力而知分同上其小人云云

【形勝】閤皂玉笥爲鎮山境內之名山　新淦嘗爲制置治所同上揚行密得吉州欲圖贛州嚴可求之策以新淦爲都制置治所　國朝樊知古奏廢

【土産】黃雀鮓昔呂嘉問爲守荆公以詩送之曰黃雀有頭顱常行万里餘想因君出守暫得免苞苴

【山川】章山在郡城西偏郡之來山也宣和中太守汪師心修郡圃得碑石於地中始知問名富壽　閤皂山在新淦縣北六十里淦山南一里爲神仙之收館臨江志云山形如閤山色如皂故以名道書云第二十福地即漢張道陵丁令威葛孝先修煉之地○陶弼詩万仞天然閤皂形陰陽不似衆山青一區海上神仙宅數曲人間水墨屏華表鶴歸春谷響玉京龍起夜潭腥可憐張葛與人繼三級高壇拂杳冥　玉笥山在新淦縣上有群玉峯九仙臺金牛城白龍岩棲霞谷山中有蕭子雲宅○詩云郁木坑頭春鳥呼雲迷帝子在時居風流掃地無尋處只有寒藤字草書○山谷題玉笥山梅真壇詩吳門不作南昌尉上疏歸來朝市空笑拂岩花問塵世故人子是国師公○又題——鄭仙詩九真承語上龍湖恐是驪山所送徒唯有鄭公留不去松根猶鼎炙

菖蒲　清江發源清江縣　淦水漢書地理志豫章郡宜春南水東至新淦入湖　蕭洲舊志名蕭雖鎮韓文云自袁州還京去簡秉鯽激我於——

【景物】富壽堂在軍治太守汪師心建又見章山往　文公堂天禧辛酉王益損之爲軍判官其子荆公實生於此　坐嘯堂在軍治司諫韓璜爲之記

【古迹】吸川亭在判官廳面對大江眼界甚奇　清江臺在軍圃頗高爽

【官吏】皇朝王益荆公之父嘗爲軍判官　龐籍爲守

【人物】孫冕新淦人引年掛冠詳見蘇州　王欽若新喻人爲相　劉式字叔度清江人　国朝平江南入京歷華要長子立本以特旨出身次立言立德立禮相繼登第皆位星郎孫儆放皆至侍從立德四世孫靖之清之相繼登第○朱文公劉氏墨莊記云劉清之五世祖工部府君仕　太宗朝佐邦計者十餘年既沒而家無餘貲獨有圖書數千卷夫人陳氏指以語諸子曰此乃父所謂墨莊也海陵胡公先生聞而賢之爲記其事其後諸子及孫比三世果以文章發業爲時聞人云云　劉敞字原父於諸書無所不通有公是集行於世　劉攽字貢父博極群書有公非集行於世　孔文仲字經父刻苦孝問自經史傳注百氏之書無不精究　孔武仲字常父嘉祐礼部第一　孔平仲字毅父並坐元祐黨籍

【題詠】蒿峯相對爲文筆李與詩云云蕭水回環當墨池說與職衙休報事長官亭上有新詩　亭扁江西太史詩棚琳詩云云名垂詩逸幾經時

〔四六〕塗金之丹掖　出緯天關　爰自皇朝　民力於農
分竹清江　分符斗壘　始為佳郡　士知所事
介平大国若声望之不侔　峯標玉笥尚存山谷之舊題
藐是小邦亦賦輸之易辦　水紀蕭州重訪昌黎之陳迹
文風最盛是為劉孔之鄉　文章爵位有王劉孔之諸賢
民俗亦醇易奏龔黄之最　土地人民析瑞吉袁之三邑

新編方輿勝覽卷之二十一

新編方輿勝覽卷之二十二

建安祝穆和父編

江州

德化 德安 瑞昌 湖口 彭澤

【建置沿革】禹貢荆揚二州之境。尚書禹貢彭蠡既豬又曰九江孔殷蓋古三苗國斗牛之分春秋爲吳西境爲楚東境後屬楚秦屬廬江郡漢高改九江曰淮南國晉置江州因江水爲名又分尋陽柴桑二縣置尋陽郡屬江州陳理尋陽隋置江州移理湓城即今郡是也唐爲尋陽郡復爲江州南唐爲奉化軍節度皇朝爲江州大觀元年升爲定江軍節度今領縣五治德化

【事要】

【郡名】尋陽 棲賢院記郡在大江之陰山在｜｜之北○廬山記曰郡本大江之尋水之陽故曰尋陽

九江 晁氏志太湖一湖而名曰五湖昭餘祁一澤而名曰九澤｜｜一水而名曰九江

湓城 詳見湓浦註

【風俗】土高氣清 長慶集左康廬右江湖｜｜｜｜富有佳境

土瘠民貧 圖經 習知武事 同上

【形勝】南面廬山 圖經云云北背九江 左挾彭蠡 同上云云右傍通川引三江流而據其會 北望九江 廬山記太史公東遊登廬山而觀南眺五湖云云東西肆目若陟天庭 陸通五嶺 晉地道記云云江行岷漢亦一都會 據三江口 吕誨奏劄｜｜｜｜之｜三巴二廣水陸數十路沿泝上下舟車所聚 之勳 江西重鎮 江淮表裏論江西之鎮莫重尋陽而舒蘄實尋陽之表也 襟帶上流 寰宇記歷齊梁陳頗爲重鎮彈壓九派云云係年錄楊存中言九江上流要害之地請置都統以廣屯備江州控扼自此而始 險要必爭之地 江淮論

【山川】大孤山 在德化縣東與都昌分界 小孤山 在彭澤縣北九十里今屬舒州宿松界○歐公云江南有大｜｜｜江側有彭郎磯云彭郎者小姑婿也余嘗過｜｜｜廟像乃一婦人而敕額爲聖母豈止俚俗之誤哉○陳簡夫詩云山川獨孤字嬋娟女郎形過客雖知誤行人但乞靈時稱佳句 廬山 在德化縣詳見南康○晁補之詩南康南麓江州北五百僧房綴蜜脾尺是｜｜佳絕處不知何處合題詩○揚万里過江州｜｜詩云廬山山南刷銅綠黃金鋸解綠蒼玉廬山山北潑藍青碧羅帷裏翡翠屏昨日山南自歷徧今朝山北舟中看山如西子破瓜歲山南是面北是背○廬山有十大禪刹而山南居其六鐘梵相聞於青巔白雲中白樂天草堂記云匡廬奇秀甲天下山上有漢陽峯蓮花峯獅子峯在五老峯之東又有三石梁長數尺廣不盈尺杳然無底廬山記云錦繡谷奇花異卉三四月間紅紫匝地宛如錦繡李太白詩云廬山東南五老峯青天削出金芙蓉九江秀色可攬結吾將此地巢雲松○廬山謠云廬山秀出南斗傍影落明湖青黛光金闕前開二峯長銀河倒掛三石梁香爐瀑布遥相望迴崖疊嶂凌蒼蒼翠影紅霞映朝日鳥飛不到吳天長登高壯觀天地間大江茫茫去不還黃雲万里動風色白波九道流雪山好爲廬山謠興因廬山發閑窺石鏡清我心謝公行處蒼苔沒早服還丹無世情琴心三疊道初成遙見仙人綵雲裏手把芙蓉朝玉京先期汗漫九垓上願接盧敖遊太清○我本楚狂人鳳歌笑孔丘手持綠玉杖朝別黃鶴樓五嶽尋仙不辭遠一生好入名山遊○又詩康廬爲巨

鎮風浪襄盤根平地安然者饒他五嶽尊**石鍾山**在湖口酈元謂下臨深潭微風鼓浪水石相搏響若洪鍾李渤謂扣而聆之南音涵糊北音清越蘇子瞻嘗泛舟至其下以為酈元所見殆與子同**石門山**寰宇記在山西兩岸對聳形如門關當使石之上垂流數丈有石可坐千人。謝靈運登丨丨最高頂詩晨策尋絕壁夕息在山棲疏峯抗高館對嶺臨迴谿長林羅戶庭積石擁基階連巖覺路塞密竹使徑迷來人忘新術去子惑故蹊活活夕流駛噭噭夜猿啼沈冥豈別理守道自不攜心契九秋幹目翫三春荑居常以待終處順故安排惜無同懷客共登青雲梯。白居易詩嘗聞東遠篁題詩此巖壑雲霞疑若封蒼然無處覓**柴桑山**在德化縣西南九十里近栗里源陶潛此中人**香爐峯**山南北皆有之。權載之送孔江州詩九派尋陽郡分明似畫圖秋光連瀑布晴翠攢丨丨。五老峯及其餘諸峯並見南康軍**山陽**蘇子由遊廬山丨丨山上流泉自作溪行逢石缺瀉虹蜺定知雲外波瀾闊飛到峯前本末齊入海明河驚照耀倚天長劍失提攜誰來卧枕莓苔石一洗塵心萬斛泥**石鏡**四蕃志山東有一圓石明淨照人如丨**九江**尚書注江於此分為九道。在德化縣一烏江二蚌江三烏白江四嘉靡江五畎江六源江七廩江八提江九菌江與前說不同當考**彭蠡湖**在德化縣東四十里郡國志周迴四百五十里有石高數十丈大禹刻石以紀功焉又有乙飯島䑵舟行舟人常摶飯拋與則接之不遺一粒詳見南康**南湖**刺史李君濬之舊水為湖**瀼溪**在瑞昌見元結注**濂溪**去軍城五里**虎溪**在彭澤縣南三十五里有橋遠師送客不過此橋。李白詩東林送客處月出白猿啼別笑廬山去何煩過丨丨**湓浦**在德化西一里郡國志有人於此洗銅盆墮水取之見一龍而出晉志作盆隋志作湓**射蛟浦**蘇子由詩萬騎巡遊偏千帆破浪輕射蛟江水赤教戰越人驚山轉樓船影岸摧連弩聲祈昭無為賊酣寢盡平生。浦上積水相傳漢武帝教樓船手此**谷簾水**在德安東北十里景德觀詳見南康或云二水並流其輕重不同**敷淺原**在德安縣

亭軒

琵琶亭在西門之外其下臨大江。白居易貶江州司馬自序云送客湓浦聞舟中夜彈丨丨問其人本長安倡女年長色衰嫁為商人婦為作琵琶行潯陽江頭夜送客楓葉荻花秋索索主人下馬客在船舉酒欲飲無管絃忽聞水上琵琶聲主人忘歸客不行移船相近邀相見添酒回燈重開宴千呼萬喚始出來猶抱琵琶半遮面我聞琵琶已嘆息又聞斯語重唧唧同是天涯淪落人相逢何必曾相識莫辭更坐彈一曲為君翻作琵琶行座中泣下誰最多江州司馬青衫濕。蘇子由詩湓江暮雨晴孤舟瞑將發夜聞胡琴語展轉不成別草堂寄東林雅意存此關潸然涕泗下安用無生說**虎渡亭**在北門外取宋均虎渡江之義**魯望亭**在彭澤馬當山黃魯直有詩**百花亭**在都統司梁刺史邵陵王綸建**漱玉亭**蘇子由詩山回不見落銀潢餘溜喧豗響石塘自亂珠璣濺空谷足寒雷電繞飛梁入瓶銅鼎春茶白接竹齋厨午飯香從此出山都不棄滿田秔稻插新秧

樓閣

庾樓在州治後庾亮領江州刺史故名。白居易詩重過蕭寺宿再上丨丨行郡人猶認得司馬詠詩章。王貞白雨後從陶郎中登庾樓丨丨逢霽色夏日欲西曛虹截半江雨風驅大澤雲江邊魚樂聚天畔鳥行

入州此景誰堪畫與文翁請宗文。前人賦栽詩獨凭朱攔亦陵晨山色初明水色新竹霧曉籠銜嶺月蘋風暖送過江春子城陰處猶殘雪衙鼓声前未有塵三百年來庾樓上曾經多少望鄉人

東林寺 晉武帝建遠師道場作殿時神運梁木。白居易詩｜｜北堂水湛湛見底清中生白芙蓉菡萏三百莖白日發光彩清飈散芳馨泄香銀囊破瀉露玉盤傾我慚塵垢眼見此瓊瑤英乃知紅蓮華虛得清淨名夏萼敷未歇秋房結經成夜深眾僧寢獨起繞池行欲收一顆子遠寄長安城但恐出山去人間種不生

西林寺 晉太和中建水石之美亞於東林。白居易詩下馬｜｜脩然進輒曳朝為公府吏暮是靈山客二月匡廬北冰雪始消釋陽叢抽茅芽陰竇洩泉脉又云是年淮寇作處處兵革智士勞思謀戎臣苦征役獨有不才人山中弄泉石

方州三　五

大林寺 白居易遊｜｜記云山高地深時節絕晚初到恍若別造一世界者因成絕句云人間四月芳菲盡山寺桃花始盛開長恨春歸无覓處不知春向此中來見曰此地實廬第一境

紫極宮 去州二里即今天慶觀。李白｜｜詩何處聞秋聲翛翛北窗竹回薄萬古心攬之不盈掬靜坐觀眾妙浩然媚幽獨白雲南山來就我簷下宿懶從唐生訣羞訪季主卜四十九年非一往不可復野情轉消散世道有翻覆陶令歸去來田家酒應熟

太乙宮 即祥符觀在德化南二十里。圖經昔漢董奉為人治病愈者令栽杏五株謂之杏林即此地。杜子美詩巫山不見廬山遠松林蘭若秋風晚香爐峯邑隱晴湖種杏仙家近白榆

太平宮 在德化縣南三十里即唐九天使者祠明皇自言見使者降於殿庭因立祠今為｜｜興國｜

靖節祠 在德化西南九十里柴桑里即其故居也。白居易訪陶公舊宅詩今來訪故宅森若君在前不慕樽有酒不慕琴無絃柴桑古村路栗里舊山川不見籬下菊但餘炉中煙

狄梁公祠 在彭澤縣

白公祠 在湓江門徐鉉為記

濂溪祠 朱元晦作記云先生家舂陵而老於廬山之下因取故里之號以名其川曰｜｜而築書堂於其上今其遺墟在九江治之南十里其荒蕪不治則有年矣淳熙丙申潘侯慈明與通守呂侯勝己始復作堂其處揭以舊名以奉先生之祀書來屬某記之惟先生不繇師傳默契道體建圖屬書根極領要當時見而知之有程氏者遂廣大而推明之使夫天理之微人倫之著事物之眾鬼神之幽莫不洞然畢貫于一嗚呼盛哉非天所畀其孰能與於此某切嘗伏讀先生之書而想見其人嘗欲一泛九江入廬阜躡緩此水之上以致其高山景行之意而病不得往誠不自意乃今幸其獲因文字以附姓名於其間也

方州三　六

晉杉 在凝寂塔傍遠公以晉義熙間亦葬此山杉蓋當時所植

浪井 孫權令於灌嬰城湓江有風水輒動因名。李白詩浪動灌嬰井尋陽江上風。蘇子由詩江波浮陣雲岸壁立清鐵胡為井中泉湧浪時驚發水性本無定得止自澄澈誰為女媧手補此天地裂

王嘉 漢時為守

宋均 後漢時為守郡多虎為民患均飭屬縣退姦貪進忠善一去陷穽虎相與東渡江而去

陶侃 晉時為刺史勤於吏職嘗夢生八翅飛至天門登八重而不得入後為侍中太尉

庾亮 晉時領江荊豫州刺史

陶潛 刺史王弘每令人候｜｜知其當往廬山乃遣人賫酒於半道要之至州問其所乘曰素有脚疾向乘肩輿亦足自反嘗為彭澤令郡嘗遣督郵吏請束帶見之歎曰安能為

五斗米折腰向鄉里小兒即解印綬去賦歸去來詞在官八
十餘日。顏真卿詩嗚呼陶淵明奕葉為晉臣自以公相後
每懷宗国屯題詩庚子歲自謂羲
皇人手持山海經頭戴漉酒巾 **孫愐** 太康中孫愐為尋陽守逍遙潛際見
一輕舟陵波俄而漁父至神韻蕭洒垂綸長嘯愐異之乃問
買魚漁父笑而荅曰其釣非釣寧賣魚耶鼓棹而去愐益異
焉 **王羲之** 為内史 **狄仁傑** 唐人授中為來後臣所誣貶彭澤令生祠記云武后
革唐為周公至邑朔望嵩宗
平像於脩真觀朔望朝拜 **白居易** 以言事貶江州司馬。自作壁記云自武
德已來庶官以便宜制事大耳小事優輕郡守之職總於諸
侯帥郡佐之職移於部從事故自五大都督府至于上中
郡司馬之事尽去唯負與俸在凡内外文武官左迁右移者
第居之凡执伎事上與給事於省寺軍府者遥署之凡仕久

方卌二　七

資高耋昏軟弱不任事而時不忍棄者实莅之莅之者進不
課其能退不殿其不能才不才一也若有人畜器貯用急於
兼濟者居之雖一日不樂若有人養志忘名安於獨善者處
之雖終身无悶官不官繫乎時也適不適在乎人也江州左
康廬右江湖土高氣清富有佳境刺史守土臣不可遠遊觀
羣吏執事官不敢自暇逸惟司馬綽綽可以從容於山水詩
酒間由是郡南樓山北樓水湓亭百花亭風篁石巖瀑布廬
宫源潭洞東西二林寺泉石松竹司馬尽有之矣苟有志於
吏隱者捨此官何求焉按唐典上州司馬秩五品歲廩數百
石月俸六七万官足以庇身食足以給家州民康非司馬功
郡政壞非司馬罪无言責无事憂噫為国謀則尸素之尤蠹者
為身謀則祿仕之優穩者予佐是郡行四年矣其心休休如
一日二日何哉識時知命而已又安知後之司
馬不有與吾同志者乎因書所得以告來者 **李渤** 号白鹿治
生長慶間為刺史
築堤号白棠湖 **皇朝呂誨** 以論陳升之出守 【人物】 **慧遠**
晉一法師居廬山東林寺有白蓮池與劉遺民雷次宗周
王之宗炳陶潛等道生等十八人同脩浄土之法然遠公招
陶潛入社終不能致謝靈
運求入社而以心雜不許 **元結** 居瑞昌湓濱上自号漫叟浪士有詩云左界一溪水
而能存
讓名 **李白** 浮遊四方安祿山叛轉從廣廬宿松間 **皇朝周頤** 字茂叔酷愛廬
阜買田築室浪居濂溪之上二程先生嘗過而問道焉明道
曰吾再見茂叔吟風翫月而歸得吾與點也之意伊川曰吾
再見茂叔論道遂厭科舉之習。黄魯直序云茂叔人品甚
高胷中灑落如光風霽月好讀書雅意林壑初不為人窘束
世故權于仕籍不卑小官職思其憂寓中歲乞身老於湓城有
水發源於蓮花峯下潔清紺寒下合於湓江茂叔築室於其

方卌二　八

上用其平生所安樂媲水而成名曰濂溪與之游者曰溪名
未足以对茂叔之美雖然茂叔短於取名而惠於求志薄於
徼福而厚於得民菲於奉身而燕及惸嫠陋於希世而尚友
千古聞茂叔之餘風猶足以律貪則此溪之水配茂叔以永
久所得多矣。詩云溪毛秀兮水清可飯羹兮混絲不漁民
利兮又何有於名弦琴兮觴酒寫溪声兮延五老以為壽蟬
蛻塵埃兮玉雪自清聽潺湲兮鑑澄明激貪兮敦薄非青蘋
白鷗兮誰與同樂。津有舟兮湯有蓮勝日兮與客就閒人
閒聲音兮不知何處散髮醉高荷為蓋兮倚芙蓉以當妓山
清水寒兮舟著平沙八方同宇兮雲月為家懷連城兮佩明
月魚鳥親人兮野老同社而爭席白雲蒙頭
兮與南山為伍非夫人攘臂兮誰余敢侮 **夏竦** 徙安人為相封
英
公 **周紫芝** 號竹坡先生有詩名晚居九江 【題詠】 **野水多於地**

白居易早秋晚望呈韋侍御詩九派繞孤城城高生遠思人家半在煙云云夫君亦淪落此地同飄寄柴陽酒甚濃相勸時時醉

溢城去鄂渚 韓愈至江州寄鄂渚李大夫程詩云云風便一日耳不枉故人書無因泛江水

作郡廬山下 蘇子瞻詩讀書廬山中云云平湖浸山脚雲峯對歷歷紅葉紛欲落白鳥時來下猶思隱居勝亂不驚瀟灑

鄉户半漁翁 周繇送江州薛尚書詩匡廬千万峯影匝郡城中忽佩虎符去遥疑鳥道通煙霞明浦郭波浪碧連空樹驛樓臺月帆飛鼓角風郡齋多獄客云云王事行春外題詩寄遠公

人家低濕水煙中 白居易江州詩潯陽欲到思無窮庾亮樓南溢浦東樹木凋疏山雨後云云菰蒲餧馬行無力蘆荻編房卧有風遥見朱輪來出郭相迎勞動使君公

方廿二　九

浪生溢浦千疊雪 來明詩云云雲起爐峯一炷煙

四六

擢從朝路　榮剖漁符　乃眷潯陽　千艘烏合

遥護江城　兼提虎旅　密邇淮甸　萬騎雲屯

眷潯陽之要地　控西江之要地　亦嘗大藩府之開

乃江右之名藩　宿南渡之重師　號為小朝廷之勝

瞰大江為深池　居襟帶之上流　惟溢浦柴桑之置郡

宿勁兵為重鎮　擁貔貅之萬騎　依康廬彭蠡以為城

在東晉則視荆豫以總提　版籍浩繁深有關繫之責

至紹興則建舒蘄而節制　舟車曷交當郵傳之衝

九江屢騰來暮之歌　彭澤遺祠無復就荒之菊

十年興池恐有見晚之嘆　濂溪故宅尚餘淨植之蓮

溢亭江上紹懷樂府之新　載駕朱轓和尋陽琵琶之曲

彭澤門前頓使官情之薄　行持紫槖聽長樂鐘鼓之聲

興國軍

永興　大冶　通山

建置沿革　禹貢荆州之域分野介於吳頭楚尾之間南斗十度為吳頭軫十一度為楚尾春秋屬楚秦屬南郡漢屬江夏郡之鄂縣後漢因之孫權改鄂曰武昌郡分立陽新縣隋置鄂州改陽新曰富川縣又改富川曰永興縣唐因之　皇朝太平興國二年陞興國軍今領縣三治永興

事要

郡名　**富川** 見沿革注

風俗　**郡小民醇** 周紫芝之記

圜圍畫閒 同上云云衎揚不拖

形勝　**西控荆楚** 同上妙香寮記東連江池云云

山連楚嶠 霧谷寶録云一水接湘川

方廿二　十

山川　**印山** 在永興縣西南百里形如印

龍角山 在永興西八十里兩峯相對

鍾山 在永興西南百七十里舊傳鍾繇學書于此

通羊山 在通山邑西八十里有墨池

東方山 在大冶縣北三十里丨丨朔之故隱也

田山 在大冶東五十里山有泉元結名之曰異泉仍作銘

吉祥山 在大冶東武昌記吳主微時嘗隱於此○羅隱詩吳主識時隱此山吳都去後綠潺潺

飛雲洞 在田山之顛有元結書堂故基

富池湖 源出永興之聚屏六溪至丨丨口入江

散花洲 在大冶縣大江中流世傳周瑜敗曹操於赤壁吳王迎之至此釃酒散花以勞軍士謂之吳王丨丨丨

堂亭　**十詠堂** 在軍治周紫芝有丨丨以形容風物之美

滄浪亭 在軍治放生池上荷花彌望遶堤皆楊柳

羣山如列戟浮巒疊几在雲煙紫翠間〇王龜齡記江山之勝似杭之西湖

【樓臺】**捲雪樓**在富池忠勇廟前臨大江張安國書扁

【名宦】**王琪**慶曆間為守 **周紫芝**紹興間為史官以非進士出身出知興國 **陸九齡**為教授

【人物】**吳中復**登景祐第其兄弟幾復嗣復聯名登科中復由御史登法從仁宗飛白鐵御史三字以賜 **吳鷄**為光祿寺丞雅好山水九奇麗亭

【題詠】**鷄渚佗時縣**周紫芝之詩云云江南从處州 **萬頃平湖几案間**陶去泰富川郡治居高閣云云 **八公餘身在水雲鄉**王龜齡詩浦月江山富一堂云云 **江圍浦稗富川城**汪彦章次

興國詩路入灊麓亭子嶺云云北風捲地來無際西日銜山未肯晴絕浦疎梅和雪點長天數鵰背人横侵尋短鬢愁中老行盡江南春復生 **杭頴西湖堪鼎足**王龜齡詩窮途甚見富川波已覺旅行所得多云云更憐六乙與東坡 **湖光十里皆荷花**郡守周紫芝云湖中歲取荷葉可貿百千一日曝之湖濱大風吹捲飛數十里俱盡遂賦詩云湖邊老守湖是家云云我來不見花如錦但聞荷葉飛天涯

【外邑】**居民山作城**李傳正詩我愛通羊好云云眼前無俗事枕畔有灘声 **白雲深處宿**蔣頴叔詩我愛通羊好青山便是城云云一枕玉泉聲

【四六】拜命宸廷　輟從朝路　雖云斗大　江右名區　承流江國　來護江城　實控風寒　富川要郡

鄂渚劉州此僅一同之地　自吳氏兄弟以同年而登科　江南尽勳今專千里之權　故求興縣邑取双仙而名里　襟江帶湖既近依於天險　千里政成聊訪西湖之勝景　控淮連楚實足禦於風寒　一封詔下佇聯北闕之近班　方此無虞郡政不勞於卧治　屬時多事軍儲常仰於今之興

南安軍

大庾　南康　上猶

【建置沿革】禹貢揚州之域為星紀之分野春秋時屬吳又屬越戰國時屬楚秦屬九江郡漢分九江置豫章郡南埜縣為前漢南越不賓遣將軍姓庾討之築城於此因為名今理大庾是也隋以大庾為鎮唐升大庾為縣屬虔州　皇朝至　太宗陞為南安軍今領縣三治大庾

事要

【郡名】**橫浦**唐地理志在大庾縣西南康記昔漢將軍楊僕討呂嘉出章郡下即此 **南埜**同上

【風俗】**儒術之富**蘇子瞻作軍學記云南安江西之南境云云與閩蜀等而太守曹侯登所至必建學故南安多士甲於江西

【形勝】**南抱交廣**范大用生祠記云云西距湖湘 **處江西盡頭**楊邦彦跋橫浦集云云 **據江西上流**連帥軍學記云云 **控南荒之境**同上云云 **當五嶺之一**南康記秦守五嶺第一塞嶠即大庾也通道交廣此其咽喉

【土產】**茶磨石**圖經以石門之石為之蒼碧緻密鑱琢得所以磨盤與輪同璞者為佳其最謂之舀石蚧硯之精坑也脉紅如線揉鮮明不過

三兩脉今亦難得土人又以白脉者爲銀線黄爲金線云

【山川】

玉枕山在郡正北山蓋郡之主也　南源山在大庾嶺上上有飛瀑百丈其下湫潭深不可測　聶都山在大庾縣西南山海經云丨丨之丨諸水出焉　南臺山在南康縣上有三巖　大章山在上猶縣西介於江湖廣三路延數百里出巨木　龍鳳山在上猶縣有丨丨飛舞之狀即縣主丨　石筍山在上猶縣挺立衆山間宛如卓筆　獨秀峯在南康縣東舊名雞籠東坡南遷更名丨丨　大庾嶺在大庾縣西南二十里吳録南野縣有丨丨山自丨嶠九嶝二里至嶺下七里平行十里至平亭劉嗣之南康記云平亭謂之横亭圖經云嶺初險捕唐張九齡開鑿新路乃斷崖成峽兩壁聳立仰視霄漢中塗

坦夷又名梅嶺其上多梅　九日嶺祥符經有丨丨臺山在南康縣北蓋縣治之主山陳魏公來主縣簿夢九日山神來謁已而生秀公升之官至宰相元名旭蓋取此義　月巖在上猶石嶂山穴正圓如月徑數十尺表裏不隔　常娥嶂在大庾蓋郡城之朝山傑出衆山之表　梅關在大庾嶺頭以分江廣之地　浮石在大庾形如覆鐘水環其外○蘇子瞻詩丨丨已乾霜後水是也　巽水在南康縣由縣岸巽維會于章水　章水同上其源即涼熱水也

【堂亭】

面面亭在軍治取韓昌黎丨丨者芙蓉之句　揖秀亭在郡治有双峯拱揖于前

【古迹】

卓錫泉郡志大庾雲封寺有六祖圓明真空大鑒禪師塔左丨丨丨一名錫杖泉有放鉢石釋氏壇經云六祖自黄梅傳衣鉢之曹溪五百大衆欲爭取之追至大庾嶺久立告渴六祖拄錫於此石泉湧清冷甘美衆駭而退

【名宦】

周頤東都事略舂陵人嘗爲南安軍司理有囚法不當死運使深欲治之茂叔爭不勝投其告身以去曰如此尚可仕乎殺人以媚人吾不爲也運使感悟因賴以活　劉安世字器之號元城先生哲宗朝除右正言論蔡確章子厚黄履邢恕妄要交策之罪及子厚入相落職知南安軍

【名賢】

江公望蔡京用事與任伯雨俱貶南安　張九成公與僧宗杲爲莫逆交時往來其間秦檜恐其議己於是言者論公遂有南安之謫結廬城頭題于柱曰子平生嗜書老來自病就書就明于此者十四年矣倚立積久双趺隱然因號横浦居士　二程先生圖經云惟河南丨丨丨丨道德性命之說天下所宗其初也侍父通守而濂溪周先生爲理曹掾相從請學焉

能紹千載不傳之秘

【題詠】

折梅逢驛使荆州記云吳陸凱與范曄相善自江南寄梅花一枝詣長安與曄贈詩云云寄與嶺頭人江南無所有聊贈一枝春　兩州南北護梅關章穎詩云云尽日人行石壁開　地占江西最上頭前人詩路當庾嶺初通驛云云　地近嶺南冬不冰鄭億詩人逢歲稔家餘粟云云　南踰梅嶺陟嶙峋余安道詩行尽章江庾水濱云云　上得梅山不見梅南安志嶺上有寺有婦人題云妾幼侍父任英州司寇既代歸以大庾有梅嶺之名而反無梅遂植三十株於道傍既又題此詩于壁間云英江今日掌刑回云云韓侔買將三十本清香留與雪中開　詩

人嘗說嶺頭梅張子壽詩云云往往春風自此來我到嶺前都不見空將春夢又空回

四六

問道江西　光膺是擇　昔爲雷邑　欲撫峒蠻

分符嶺北　遠護梅關　今曰斗州　式資郡將

惟嶺下之小邦　肇始隋家之鎮戍　控南北之會

實江西之窮處　繼爲唐代之縣隅　廣積前後之逋

民力凋殘無以追隨他郡　江源欲絕　既非澤國之規模

地望卑薄不足動揺有司　嶺路初通　漸有蠻方之氣象

平反郡獄　曾聞名世之片言

撫字州民　亦有先賢之遺愛

郡置皇朝　於是分賢侯之竹

地瀕庾嶺　不妨寄驛使之梅

新編方輿勝覽卷之二十二　十五

新編方輿勝覽卷之二十三　　建安祝穆和父編

○湖南路

潭州

長沙　善化　衡山　安化　醴陵　攸縣　湘鄉　湘潭　益陽　瀏陽　湘陰　寧鄉

建置沿革　禹貢荆州之域三苗之境其星土當鶉尾之次翼軫之度長沙自有一星在軫中周成王分封屬楚長沙之名始見於威王之時春秋戰國屬楚黔中地秦分黔中置長沙郡漢高徙吳芮爲長沙王都臨湘景帝封子發爲長沙定王晉置湘州隋改爲潭州又改長沙郡唐爲長沙郡復爲潭州領欽化節度　皇朝降爲防禦使復爲武安節度陞爲帥府統郡十領縣十二治長沙善化

○湖南轉運置司

事要

郡名　長沙　郡以丨丨星得名寰宇記引關駰十三州記云西自湘江至東萊万里故曰丨丨

壽沙　晉隋天文志長沙明則主壽

星沙　見上

熊湘　昔丨繹始封於此故名

三湘　寰宇記湘潭湘鄉湘源

風俗　有舜遺風　湘中記其俗丨丨之丨丨人多純朴今猶好彈五弦琴又爲漁父吟

頗雜越風　湖南風土記亭[illegible]爲堅云云

長沙卑濕　同上云云俗信鬼好淫祀○漢書長沙定王發景帝二年立以母微无寵故王丨丨貧國應劭注時諸王來朝有詔更前称壽歌舞定王但張小袖舉手左右笑其拙恠問之對曰臣國小地狹不足以回旋帝乃以武陵零陵桂陽屬焉

其人勁悍決烈　隋書云云頗同揚州

瀟湘爲洙泗　王黃州碑云云荆湖爲鄒魯

形勝　雲陽之墟　遁甲經長沙福地云云可以避難可以隱居雲陽氏古仙人也

列山氏之故墟　圖經云云

三苗國之南境　同上云云

南以五嶺爲限　元和郡縣志云云北以洞庭爲界

右吞夏汭　唐飛文應詔曰云云左控荆門

邑連溪洞　帥董華表

唇齒荆雍　晉譙王承爲湘州刺史元帝謂曰湘州控上流之形勢據三江之會云云

依負喬嶽　長沙志云云襟帶重湖

居三江五湖之中　大觀陞州爲帥府詔云云地大物衆

山川

方卅三

秀麗稱衡湘　見後歐公送廖倚序

瀟湘八景　湘山野錄本朝宋迪度支工畫有平沙鴈落遠浦帆歸山市晴嵐江天暮雪洞庭秋月瀟湘夜雨煙寺晚鍾漁村落照謂之八景

土產　鵩鳥　土風碑有云巴蛇食象空見於圖書丨丨似鴞但聞於詞賦巖草惟蘇蘭蓀杜若茶衡留夷揭車出焉

蘭蓀　見上注

山川　麓山　丨丨盛弘之荆州記長沙西岸有丨丨蓋衡山之足又名靈麓峯乃嶽山七十二峯之數自湘西古渡登岸夾徑喬松泉澗盤繞諸峯叠秀下瞰湘江嶽麓寺道林寺嶽麓書院皆在此焉

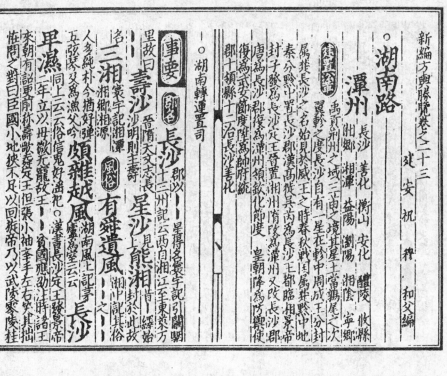

湘山　在益陽洞庭之中即熊耳山湘君所游処亦曰君山秦皇至丨丨祠大風不得渡遂赭其山○山海經洞庭之山浮於水上下有金石絲竹之聲楚懷王以四仲遊山奉四仲之氣以爲樂章○任鵠君山詩波濤四面白雲木一

雎昭山元和志在長沙南七十里臨湘水下有淡潭曰丨青潭州之得名因此寰宇記昔昭王南征而不返没于此潭故曰昭潭

玉笥山甄烈湘中記笥潭之左有丨丨丨屈平之放棲於此山而作九歌焉。輿地廣記在湘陰隋於此置玉州

雲陽山在攸縣即丨丨之壇

雲母山在湘潭北九里列女傳長沙丨丨丨服之不朽

小廬山在益陽似九江廬山故曰丨丨丨晏類要即浮丘公上昇之所上有清修寺。張敬夫詩峯勢香爐直溪添峽水瀉居然一蘭若喚作丨丨丨

尖山在長沙西一名士峯讖云丨丨青辛相生

南嶽一名衡山在衡山縣西三十里晉因山以名郡。湘中記度應斗衡位直离宮故曰丨丨又名霍山尔雅疏泰与岱衡与霍皆一山有二名。丨丨記衡山者朱陵之靈臺太虛之宝洞上承翼軫鈐總万物故名衡山下踞离宮統攝火師故號丨丨赤帝館其嶺祝融宅其陽遷于軒轅以潛霍二山副焉。長沙志軒翔聳拔九千餘丈尊卑差次七十二峯岩洞溪澗泉石之勝交錯於中又有數十洞十五岩三十八泉二十五溪九池九潭六源八橋九井三穿三漏此最著者七十二峯最大者五祝融紫盖雲密石廩天柱而祝融為最高。杜甫望嶽詩丨丨配朱鳥秩礼自古王嶽汲頓地靈鴻洞半炎方邦家用祀典在德非馨香巡守何寂寥有虞今則亡洎吾隘世網行迈越瀟湘渴日絶壁出漾舟清光旁祝融五峯尊峯峯次低昂紫盖獨不朝爭長嶫相望恭聞魏夫人羣仙夾翱翔有詩五峯氣散風如飛霜牽迫限脩途未暇杖崇岡歸來覬命駕沐浴休玉堂三歎問府主曷以贊我皇牲璧忍衰俗神其思降祥。劉禹錫詩東南倚蓋卑維岳資柱石前當祝融居上拂朱鳥翮青冥結精氣磅礴宜地脉遂闊膚寸陰能致弥天澤。李白詩衡山蒼〃入紫冥下看南極老人星回飆吹散五峯雪往往飛花落洞庭。靈叢峯登丨丨蘭若詩祝融絶頂万餘曾策杖攀枝步〃登行到月宮霞外寺白雲相伴兩三僧

祝融峯位直离宮。盧戴詩五千里地望皆見七十二峯中最高。朱元晦自上封登祝融絶頂次南軒韵衡岳千仞起丨丨一丨高羣山畏突兀犇走如曹逃我來雪月中應覽快所遭擲天滑青壁俯瞰崩銀濤所恨无十觴一掣了六鰲端歸青蓮宮坐對白玉毫重閣一倚從霜風利如刀平生山水心真作貨食饕明朝更清澈再往豈憚勞中宵撫世故劇如千蝟毛嬉遊亦何益歲月今滔〃起望東北雲茫然首空搔。又下丨丨我來万里駕長風絶壑層雲許盪胸濁酒三盃豪氣發朗吟飛下丨丨丨

聖燈巖在衡山之青玉壇。張敬夫詩陰崖傳聞烱夜灯残人高閣費追尋山間光景祇常事堪笑塵寰万種心。朱元晦詩神灯遊夜唯聞說皓月當空不用尋箇裏忘言真得所便應從此正人心

金牛岡在長沙湘中記載赤牛渡江糞金於沙中舟人跡逐至山不見乃掘地求之掘処尚存謂之丨丨丨今在城中之嚴福寺有裴休書堂在焉

清風峽在岳麓寺下泉石清激南軒有詩

朱陵洞在衡山南岳記名太虛小有之天三十六洞天中第三

靈龜洞在安化東南四十里上有石壘水瀉洞前三十丈前後賦詩者甚衆

湘江在長沙。羅含湘中記丨水至清深五六丈下見底了了石子如樗蒲白沙如雪霜赤岸若朝霞。長沙志瀟湘千里聞漁父吟中流相和其声綿遠可聽所謂汲清湘燃楚竹欸乃一声山水動色此豈俗漁境界耶

洞庭湖長沙志丨丨之水滿為七百里日月出入其中。史記黃帝南至於江登熊湘作咸池張楽於洞庭之野

○或題詩云湖光秋月兩相和潭面无風鏡未磨遥望洞庭山水翠白銀盤裏一青螺

青草湖長沙志南曰丨丨北曰洞庭所謂重丨。○黃山谷詩乙丑越洞庭丙寅渡青草

東湖在長沙。戴叔倫詩偶向丨丨東復東數声雞唱翠微中遥知楊柳是門处似竟芙蓉无路通

湘灕一水而背流丨猶相也丨猶離也以言湘水有所合而离則遥湘而南也湖頮之間湘水貫之无出湘之右者九水皆會焉但以瀟水合則曰瀟湘以蒸水合則曰蒸湘以沅水合則曰沅湘耳

昭潭在丨山下

屈潭在湘陰縣六十里。酈道元水經云汨水西經王笥山又西為丨丨即羅潭也。屈原漁父篇原既放遊於江潭行吟澤畔顏色憔悴曰寧赴湘流葬於江魚腹中乃作懷沙之賦自投汨羅而死。圖經今有屈原冢在汨測或謂楚人招魂葬之又有屈大夫碑而字滅无迹矣賈誼渡湘為賦以弔屈原史迁亦嘗經此水。荊楚歲時記屈原以五月五日投汨羅水楚人哀之至此日輒以竹筒貯米祭之人或夢原曰多為蛟龍所食願以練索繫用黍以投庶免此患今俗因此。○韓昌黎詩猿愁魚躍水翻波自古流傳是汨羅蘋藻滿盤无处奠空聞漁父扣舷歌

舜溪在衡山安上峯相傳舜因陟方過此

禹溪在雲密峯。郡守石才詩須知此溪水名着百王前

青楓浦在瀏陽縣。杜子美詩輟棹丨丨丨双楓舊已摧

雷池在祝融峯側。劉辛老詩九千丈外雲間寺一万年餘石上松引手莫高駭觸斗臨池毋久恐具龍。張拭丨丨觀日詩云朝曦何处升彷彿認微紅金鉦忽湧出洸蕩浮双瞳乾坤俗呈露羣物光芒中誰知丨丨景乃与日觀同

銅官渚在寧鄉縣界三十里舊志楚鑄錢处杜子美有丨丨丨阻風詩

橘洲類要在長沙西南四十里湘江中泗洲曰丨丨曰直洲曰誓洲曰白小洲夏中水泛惟此不没上多美橘故名。○晋泉與生此洲讖曰昭潭无底丨丨浮

駱駝觜在瀏口讖云丨丨貞出狀元

井泉

碧泉在湘潭西南七十里澄丨如染溉田五千畝南入湘胡安国朱文公嘗遊有詩五峯胡宏刻亭曰有本

學校

嶽麓書院南軒張敬夫記云湘西故有藏室背陵向壑木茂而泉潔為士子肄業之地始開寶中郡守朱洞首度基創宇以待四方來者李允則來為州請于朝乙以書藏方是時山長周式以行義著祥符八年召見便殿拜国子主簿使歸教授　詔以丨丨丨丨名增賜中秘書紹興辛亥更兵革灰燼乾道改元建安劉侯珙下車既駁兵東教民俗安靜湘人今肄以書院請侯竦然曰是固　章聖皇帝加惠一方以風厉天下者而可廢乎來半歲而屋成其徒多士往觀焉曰侯之為是舉也豈特使子羣居佚談但為決科利禄計乎亦豈使子習為言語文辭之工而已乎蓋欲成就人才以傳道而济斯民也其傳果何哉曰仁也仁人心也率性立命知天地而宰万物者也孟子曰惻隱之心仁之端也於此焉求之則不差矣嘗試察吾事親從兄應物处事是端也苟能充而達之則仁之大体豈不可得乎及其至也与天地合德鬼神同用悠久无疆變化莫測而其則初不遠也是乃約居肄处庸何損得時行道事業滿天下而亦何加於我遂書斯言以厉同志俾无忘侯之德

文定公書院胡公安国渡江而休于衡岳買地結庐名曰書堂十五年不出

五峯書堂胡宏所築在寧鄉縣之靈峯

城南書院在臨湘門街乃南軒先生講學之地題扁筆势豪勁張紫微平生得意書池其間鑿池以涯自澤之水本屬納氏故名納湖。○張敬夫云

積雨欣始霽清和在此時林葉既敷榮禽声亦融怡鳴泉永不窮湖風起淪漪西山卷餘雲迴竟秀色滋潤曾〻叢綠間愛彼松栢姿青〻初不改似与幽人期坐久深起來堤邊足遠遊游魚傍我行野鶴向我飛敢忘昔賢志亦復詠而歸寄言山中友和我和平詩。朱元晦跋云久聞敬夫城南景物之勝常恨未得往遊其間今讀此詩使覓風雲水月去人不遠然敬夫道学之懿為世醇儒今乃欲以筆札之工追蹤前作豈其戲耶不然則敬夫之豪放奔逸與西臺之溫厚靚深必有能辨之者。詩云詩簡連夜卷坐看復行吟想象南湖水秋來幾許深

堂觀

敬簡堂 在府治張紫微建以為燕室兩壁書中庸大學中界篆書顔淵問仁一章皆張自篆侍講張栻記云盖心宰万物而敬者心之道所以生也生則万理森然而万事之綱總攝於此凡至乎吾前者吾則因其然而酬酢之也故動靜微而吾固經緯乎吉之先事虽大而吾処之若飲食之常此所謂居敬而行簡者埶故先貴程子謂飭私智以為奇非敬也簡細故而自崇非敬也非敬則是心不存而万事垂折矣可不畏歟虽然若何而能敬克其所以害敬者則敬立矣害敬莫甚於人欲自容貌辭氣之間而察之天理人欲絲毫之分則敬在其中引而達之則將有常而日新日新而无窮矣。朱文公一一一詩煌〻定方中崇峦去冬月君侯瀟斎非華榜新未揭我來適茲時亦有大夫姜清湘不留行晤語得超越更看雷雨勢翻動龍蛇窟襟懷頓能輸肝膽亦已竭老仙來何方湖海氣肆砚君侯歛衽起顛越承襟袵坐人驚劍見引去殊卒〻伊余不忍逝頻首頻有謁人生均秉彝天浩豈偉歇云何利害判所較无一髮茲焉辨不早大本恐將蹶吾言寔自箴君聽未宜忽。後林累易以靜香堂

湘山觀 在漕廳東 張安国書

臺閣

定王臺 俗傳定王載米博長安土築臺于此以望其母唐姬墓張安国名曰一一一自為書扁。朱文公詩寂寞番君後光華帝子來千年餘故国万事只空臺日月東西見湖山表裏回定知爽鳩樂莫作雍門哀

楚樓 在郡城上

清風閣 在湘潭縣

歸鴻閣 在瀏陽北揚中立建後為祠張敬夫記

亭館

望湘亭 鄭谷詩湘水似伊水湘人非故人登臨獨无語風柳自搖春

湘江亭 有一一孟賓于一詩云獨伯大中年裏寺樊龍得出事先以寒山夢覓一声磬霜葉滿林秋正深

風雲亭 張敬夫亭云嶽麓書院之南有曾丘焉於登眺為曠建安劉公作亭其上以為青衿遊息之地廣漢張敬夫名以一一一

碧湘門 冷齋夜話黃山谷南迁与寺會于長沙留一一一若一月。陶弼詩城中煙樹綠波漫幾万樓臺樹影間天闊鳥行疑沒草地卑江勢欲沉山

長沙驛 柳宗元有詩

三元坊 淳熙乙巳上大舍釋褐魁易祓丁未省元湯璹狀元王容皆郡人

佛寺

道林寺 在嶽麓山下距善化縣八里寺有四絕堂係大中馬氏建謂沈傳師裴休筆札宋之問杜甫篇章治平間蔣穎叔作記曰彼以杜詩沈書為絕吾无敢言若夫遺歐陽詢而取裴休買韓愈而取宋之問則未然乃為詮次沈書一也詢書二也杜詩三也韓詩四也此之謂四絕。杜甫嶽麓山一一二一詩玉泉之南麓山殊道林〻壑爭盤紆寺門高開洞庭野殿腳插入赤沙湖五月寒風冷佛骨六時天樂朝香爐地靈步〻雪山草僧寶人〻滄海珠塔劫宮墻壯麗敵香廚松道清涼俱蓮花交響共命鳥金牓双迴三足烏方丈涉海費時節玄圃尋河知有无暮年且喜經行近春日兼蒙暄暖扶飄然班白身奚適旁此煙霞茅可誅桃

源人家島制度橘洲田土仍膏腴潭府邑中甚淳古太守庭內不喧呼昔遭衰世皆晦迹今幸樂國養微軀依止老宿亦未晚富貴功名焉足圖久爲野客尋幽慣細舉何顯免與孤一重一掩吾肺腑山鳥山花吾友于宋公放逐曾題壁物色分留與老夫○韓愈陪杜侍御遊湘西寺詩長沙千里平勝地猶在險況當江闊處斗起勢匪漸深林高玲瓏青山上琬琰路窮臺殿闢佛事煥且儼剡竹走泉閑廡架崖广又云客堂喜空涼華榻有清簟澗蔬煮蒿芹水果剝菱芡又云小樓黑無月漁火燦星點夜風一何喧杉檜屢磨颭猶疑在波濤怵惕夢成魘靜思屈原沉遠憶賈誼貶椒蘭爭妬忌絳灌共讒諂誰令悲生腸坐使淚盈臉翻飛之羽翼指摘困瑕玷珥貂藩維重政化類分陝礼賢道何優奉己事苦儉大厦棟方隆巨川楫方剡經營誠少暇遊宴固已歉旅程愧淹留徂歲嗟荏苒平生每多感柔汗遇頻染展轉嶺猿鳴曙燈青睒睒○崔珏詩臨湘之瀕麓之隅西有松寺東岸无松風十里擺不斷竹泉瀉入于僧廚宏梁大棟何足貴山寺難有山泉俱四時惟夏不敢入燭龍安敢停斯須遠公池上種何物碧羅扇底紅鱗魚香閣朝鳴大法鼓天宮夜轉三乘書野花市井栽不着山雞飲啄声相呼金鑑僧廻步々影石盆水戲聯聯珠北臨高处日正午舉手欲摸黃金烏遙江大舡小於葉遠村雜樹斉如薺潭州城郭在何处東邊一片青模糊今來古往人蒲地勞生未了歸丘墟長鄉之門久寂寞五言七字誇規模我吟杜詩清入骨灌頂何必須醍醐白日不照耒陽縣皇天厄死飢寒軀明珠大貝採欲尽蚌蛤空滿赤沙湖今我題詩亦無味懷賢覽古成長吁不如興罷過江去已有好月明歸途○韋蟾詩石門迥接蒼梧野愁色陰深二妃寡廟殿崔嵬万壑間長廊詰曲千岩下靜聽林飛念佛鳥細看壁畫馱經馬暖日斜明螮蝀梁濕煙散冪鴛鴦瓦北方部落泥

杏煙西園文書且無焉壞欄迸竹醉好題窮路無藤困堪把沈裴筆力鬭雄壯宋杜詞源兩風雅他方居士來施齋彼岸上人投結夏悲我未離擾々徒勸我休孝悠々者何時得與刘遺民同入東林遠公社○裴說詩獨立住危欄高低落照間寺分一派水僧鎖半旁山對面浮生隔垂簾到老閑煙雲與塵土寸步不相關

嶽麓寺

在山上百餘級乃至今名惠光寺下有李邕麓山寺碑晉杉庵卅傳晉太尉陶侃手植今存者七八株其圍三丈中空空如庵絕頂有道鄉臺昔鄒道鄉謫新州道過潭々守溫益下逐客之令逆旅之人不敢舍夜渡湘江湘西林禪師公鄉人以火迎之公贈詩八年之中三往回道人一意金石開非關桑梓有分好自是針水無嫌猜焚香說了四句偈把手直上千尺臺洞庭青草不我隔東吳可歸々去來浩字志完爲右正言因論元符事貶○沈傳師詩承明年老輙自論乞得湘守東南奔爲問昌国富山水青嶂遠遍僧家園含香珥筆皆眷舊識抱自忘臺省尊不令執簡候亭館直許携手遊山樊忽驚列岫晚來逼朔雪洗尽煙嵐昏碧波廻崋三山轉丹檻綠郭千艘屯畫戟蹀躞徇砂步大旆縹緲輝松門瞪枝旅鷺龍蛇勢折幹不滅風霆痕相重古殿倚岩腹別引新徑縈雲根目傷平楚虞帝魂情多思遠郎開樽疤絃細管逐歌颺舞鼓繞靴隨節翻鏘金七言陵老杜入木八法蟠高軒嗟余老倒久不利忍復感激論元元○羅隱春日湘中題僧院蟠宮虎穴兩皆休來凭危欄送遠愁多事林鶯還護語薄情邊雁不迴頭春融只恐乾坤醉水闊深知世界浮欲共高僧話心跡野花芳草奈相尤○劉長卿自道林寺西入石路至麓山寺過法崇禪師故居詩山僧候谷口石路掃莓苔深入泉源去遥從樹杪回香隨青靄散鍾過白雲來野雪空齋掩山風古殿開桂寒知自發松老問誰栽惆悵湘江上何人更渡杯　大

潙寺在寧鄉西百五十里唐元和中司馬頭陀開山 上封寺在祝融之絶頂早秋已冰夏亦夾衣木之高大者不過七八尺謂之矮松上有雷池題詠甚多

（同）文帝廟在湘西漢景帝三年置

定王廟在長沙東北一里

南嶽廟在衡山西三十里南嶽記南岳四面險絶無得至者漢武帝移於霍山隋文帝移於今所○韓愈謁衡嶽廟遂宿南嶽寺題門樓詩五嶽祭秩皆三公四方環鎮嵩當中火維地荒足妖怪天假神柄專其雄噴雲泄霧藏半腹雖有絶頂誰能窮我來正逢秋雨節陰氣晦昧無清風潛心默禱若有應豈非正直能感通須臾靜掃衆峯出仰見突兀撑青空紫蓋連延接天柱石廩騰擲堆祝融森然魄動下馬拜松柏一逕趨靈宮粉牆丹柱動光彩鬼物圖畫填青紅升階傴僂薦脯酒欲以菲薄明其衷廟令老人識神意睢盱偵伺能鞠躬手持盃珓導我擲云此最吉餘難同竄逐蠻荒幸不死衣食纔足甘長終侯王將相望久絶神縱欲福難爲功夜投佛寺上高閣星月掩映雲曈曨猿鳴鐘動不知曙杲杲寒日生於東○范至能驂鸞記衡山縣西望嶽山岩嵬半空湘中山既皆岡阜迤邐至嶽山乃獨崷崒特起若衆山避其高寒者八日入南嶽半道憩食望雲亭夾路古松三十里至嶽市宿衡嶽寺嶽市者環廟皆市區江浙川廣衆貨之所聚生人所須無不有既憧憧往來則污穢喧雜流賊亡命多隱其間或期會約結於此官置巡檢司焉南嶽廟四河各有角樓西南隅土偶仗衛皆取則帝所正殿獨一神坐臨廟與禮直官曰上香火後殿乃與后並坐湖南馬氏所植古松納庭殿後東西北三廊壁畫後宮武洞清所作紹興二十五年火發殿上通燒後廊壁本不圮官不時葺隳爲風雨所壞帥司遞遣衆工模搨新廟成用模本更畫雖不復武氏筆法

然位置意象十存七八自宴樂優戲琴博圖畫弋釣紡織下至絺縧汲井九宮中四時行樂作務粲然畢陳良工運思苦心有如此者朶殿又畫頻御上真齋香羞衣之事尤爲精研廟宇常扃後宮門非命官盛服毋得擅入

黄陵廟在湘陰北八十里韓愈作廟碑云湘旁有廟曰黄陵自前古立以祠堯之二女舜二妃者庭有古碑乃晉太康九年其額曰虞帝二妃之碑○李白詩洞庭西望楚江分水盡天南不見雲日落長沙秋色遠不知何處弔湘君○許渾詩九疑望斷幾千載斑竹淚痕今更多

三閭大夫廟在湘陰之羅洲名忠潔侯○戴叔倫詩沅湘流不盡屈子怨何深日暮秋風起蕭蕭楓樹林

賈誼廟在長沙南六里即誼故宅有井上圓下方有局脚石床猶存

（同）鄴侯書堂唐李泌當肅宗時隱李繁嗣國表之泌長揭額衡山有詔賜隱士服爲治室廬

戴氏堂柳宗元記云弘農公刺潭三年因東泉爲池環之九里丘陵林麓距其涯坻島洲渚交其中其岸之突而出者水縈之若玦焉池之勝於是爲最公曰是非離世樂道者不宜有此卒授賓客之選者譙國戴氏曰簡爲堂而居之堂成而勝益奇望之若連艫縻艦與波上下就之顛倒萬物遼廓眇忽樹之松柏杉櫧被之菱芡芙蕖鬱然而陰粲然而榮凡觀望浮游之美專於戴氏矣戴氏以文行累爲連率所賓禮貢之澤宮而志不願仕與人交取其退讓受諸侯之寵不以自大其離世歟好孔氏書旁及莊文莫不總統以至虛爲極得受益之道其樂道歟賢者之舉也必以道當弘農之選而專茲池之勝豈易得哉地雖勝得人焉而居之則山若增而高水若闢而廣堂不待飾而已奂矣戴氏以泉池爲宅居以雲物爲朋徒攄幽發粹日與之娛則行宜益高文宜益峻以道宜

懸交相者也既碩其内又揚于時吾懼其離世之志不果矣君子謂弘農公刺潭得其政爲東池得其勝授之得其人豈非動而時中者歟於戴氏堂也見公之德故不可以不記

文昭園 在瀏川門外興國閒何承矩守園吏云昔屬馬家今歸趙氏因閒擾毫有感作詩云馬家公子好樓臺鑿破青山碧沼開啼鳥不知人事變數声猶傍水邊來

長沙土風碑 張謂銘并序天文長沙一星在軫四星之側上爲辰象下爲郡縣通甲所謂沙土之地雲陽之墟可以長往可以隱居者爲其山麓山其水湘水其畜宜鳥獸其谷宜秫稻厥草惟蘇杜若荃蘅番夷蔣車出焉厥木惟楠樗桐桂檉貞松文梓生焉繁湯嬋娟於原野賦詠照灌於崖谷昔熊渠嗣在此地番君因之而後定王國王漢道陵遷着草根顧文臺以三湘之衆續著勤王梁朝瀆陵侯景亂禍僭稱以一州之人勲成定國桓文之舉亦何加焉至於殺盡君請死婦葬桓氏之子可謂忠也殞身強寇有死無辱尹氏之女可謂貞也獻祭劉之宅足以厚儒風表古初之蹟足以敦素行斯皆之俗其何遠哉巨唐八葉元聖六載正言待罪湘東郡臨江湖大抵卑濕修短疵癘未違天常而云家有重膇之人鄉無頒白之老談者之過也地邊嶺嶂大抵炎熱寒暑晦明未必時序而云秋有赫曦之日冬無凜冽之氣傳之者差也巴蛇食象空見於圖書鵬鳥似鷄但聞於詞賦則知前古之善惡凡八之毀譽焉可爲信哉因徵故老之言用紀仙山之石辞曰舜去蒼梧於焉悠遊禹逐玄夷於焉滯留五嶺南指三湘北流澧浦縈洄浪滄浩漭嵯湘山之下青青衆草有蕙有蘭在江之島煙雨冥冥波瀾浩浩不采不顧棄捐遼道湘山之上青青衆木有枯有松在嶺之麓風霜淒淒柯葉沃沃不攘不採老朽空谷陸有玉璞水有珠胎隋侯云亡卞氏不來湘雲莽莽湘月徘徊貞石紀

事會城之隈

名宦

賈誼 漢文帝時謫爲長沙王太傅誼在長沙三年有鵩飛入誼舍誼以長沙卑濕自恐壽命不長作賦以自廣

謝朓 齊武帝時有恭役湘州與吏民別詩

褚遂良 唐高宗時以爭立后忤潭州都督

楊憑 韓愈作荊潭裴均楊憑唱和序從事有示愈以荊潭酬唱詩者愈既受以卒業因仰而言曰夫和平之音淡薄而愁思之声要妙懽愉之辭難工而窮苦之言易好也是故文章之作常發於羈旅草野至若王公貴人氣得志滿非性能好之則不暇以爲今公開鎮蠻荊統郡惟九常侍楊公領湖南之壤地二千里德刑之政並勤爵祿之報兩崇乃能崇志乎詩書寓辭乎詠歌往復循環有唱斯和搜奇抉怪雕鏤文字與韋布里閭憔悴專一之士較其毫釐分寸鏗鏘發金石幽眇感鬼神信所謂材全而能鉅者也兩府之從事與部屬之吏屬而和之苟在編者咸可觀也宜乎施之樂章紀諸冊書從吏曰所言是矣告於公書以爲荊潭唱和序

沈傳師 自中舍除刺史

楊儀之 韓愈送楊儀之支使歸湖南序鯛服見今中丞之在朝愈日侍於門下其來鎮茲土也有問湖南之賓客者愈曰知其客可以知其主其主者宣州也知其主可以信其客客者湖南也去年冬奉詔爲邑於陽山然後得謁湖南之賓客於幙下於是知前之信之也不失矣及儀之之來也聞其言而見其行則向之所謂羣與儔者於吾何先後焉儀之智足以造謀材足以立事忠足以勤上惠足以存下而又侈之以詩書六藝之學先聖人之德音以成其文而輔其質宜乎從事於是府而流声實於天朝也夫樂道人之善以勸其歸者乃吾之心也謂我爲邑長於斯而媚夫人云者不知言者也工乎詩者歌以繫之

皇朝

寇準 以工侍知

張詠 知益陽縣

唐介

湘山野錄潭州籍一巨賈皆明珠太守而下悉輕其估以自售時介爲倅偶分珠獄發奏方入 仁宗謂近臣曰唐介必不肯買果然

趙抃 爲武安節度推官有僞造印者以疑讞之得免死

趙宏 曾子固送行序云荆民與蠻合爲寇潭傍数州被其害天子宰相以潭重鎮守臣不勝任爲改用人又不勝復改之守至上書乞益兵詔與撫兵三百天水趙君希道實護以往希道雅與予接聞過予道潭之事予曰潭山川甲兵如何食錢何賊衆寡強弱如何予不能知能知者書言之載若潭之事多或合數道之兵以數萬卒絶山谷而進其勢非不衆且健也然而卒殲焉者多矣或單車獨行然而以克者相踵焉顧其信義如何耳致吾義信雖單車獨行寇可以無事襲遂張綱祝良之類是也義信不足以致之雖合數道之兵以數萬卒殲焉適重寇耳況致平耶楊旻裴行立之類是也則兵不能致平致平者在太守

身耳明也前之守也果能此天子宰相烏用易之必易之爲前之守者不能此也今往者復曰請益兵何其與書之云云若異耶予憂潭民之重困也寇之益張也往時潭吏與旁近郡勤力勝賊者暴衆若戰降者有之今之往者將特不爲是而已耶抑猶不免乎爲是也天子宰相任之之意其然耶潭守近侍臣使撫視潭者郎吏御史博士相望爲我諗其賢者曰今之言古書往往曰迂然書之事乃已試者也師已試而施諸治與時人之自用孰爲得失耶愚言儻可以平潭之患今雖細然大中祥符之間南方之憂常劇矣夫豈階於大哉爲近臣郎吏御史博士者獨得而不思也耶希道固喜事者因其行遂次第其語以送之

楊時 張敬夫歸鴻閣記云瀏陽實潭之屬邑六年嘗爲之宰歲飢發廩以振民而部使者以催科不給罪公公之德於民多矣

劉珙 知潭州一新嶽麓書院

張孝祥 以集撰知

周必大 以少保判

朱熹 以秘撰知

（人物）

屈平 字原○楚詞云屈原既放遊於江潭行吟澤畔顏色憔悴形容枯槁漁父見而問之曰子非三閭大夫歟何故至於斯屈原曰世人皆濁我獨清衆人皆醉我獨醒是以見放漁父曰聖人不凝滯於物而能與世推移舉世皆濁何不淈其泥而揚其波衆人皆醉何不餔其糟而歠其醨何故深思高舉自令放爲屈原曰吾聞之新沐者必彈冠新浴者必振衣安能以身之察察受物之汶汶者乎寧赴湘流葬於江魚腹中安能以皓皓之白蒙世俗之塵埃乎漁父莞爾而笑鼓枻而去乃歌曰滄浪之水清兮可以濯我纓滄浪之水濁兮可以濯我足遂去不復與言○賈誼弔屈原賦恭承嘉惠兮竢罪長沙仄聞屈原兮自湛汨羅造託湘流兮敬弔先生遭世罔極兮乃殞厥身烏虖哀哉兮逢時不祥鸞鳳伏竄兮鴟鴞翱翔闒茸尊顯兮讒諛得

志賢聖逆曳兮方正倒植謂隨夷溷兮謂跖蹻廉莫邪爲鈍兮鉛刀爲銛于嗟默默生之無故兮斡棄周鼎寶康瓠兮騰駕罷牛驂蹇驢兮驥垂兩耳服鹽車兮章甫薦屨漸不可久兮嗟苦先生獨離此咎兮誶曰已矣國其莫吾知兮子獨抑鬱其誰語鳳飄飄其高逝兮夫固自引而遠去襲九淵之神龍兮沕深潛以自珍偭蟂獺以隱處兮夫豈從蝦與蛭螾所貴聖人之神德兮遠濁世以自藏使麒麟可繫而羈兮豈云異夫大羊般紛紛其離此郵兮亦夫子之故也歷九州而相其君兮何必懷此都也鳳凰翔于千仞兮覽德煇而下之見細德之險徵兮遥增擊而去之彼尋常之汙瀆兮豈容吞舟之魚橫江湖之鱣鯨兮固將制於螻蟻○朱元晦楚詞序原之爲人其志行雖或過於中庸而不可以爲法然皆出於忠君愛國之誠心原之爲書其辭旨雖或流於跌宕怪神怨懟激發而不可以爲訓然皆生於繾綣惻怛不能自已之至意雖

其不知學於北方以求周公仲尼之道而獨馳騁於變風變雅之末流以故醇儒莊士或羞稱之然使世之放臣弃子怨妻去婦校淚謳吟於下而所天者幸而聽之則於彼此之間天理民彝之善豈不足以交有所發而增夫三綱五常之重此予所以每有味於其言而不敢直以詞人之賦視之也

蔣琬 湘鄉人爲廣都長諸葛亮嘗曰琬社稷之器非百里才

歐陽詢 臨湘人爲太子率更令子通夏官尚書父子俱善書號大小歐陽體

皇朝

廖倚 歐陽永叔送廖倚歸衡山序元氣之融結爲山川山川之秀麗稱衡湘其蒸爲雲霓其生爲杞梓人居其間得之爲俊傑秀才生於衡山之陽而秀麗之精英者得之尤多故其文則雲霓其材則杞梓始以進士舉於有司不中遂遊公卿間所至皆虛館設席爭以禮下之今求興太原公雅識沉正器君尤深其初鎮秦川也請君與俱行遂趨函關以覽秦都則西方士君子得以承望乎風采矣凡居秦幾歲而東將過京師以歸予嘗以上計吏客中都識君於文述之以益友嘗君之西也獲餞於國門及夫斯來又相見於洛道語故舊數日乃行夫山川固能產異物而不能畜之者誠有利其用者爾今君之行也余疑夫不能久蓄於衡山之阿也

胡安國 建人寓居南嶽之下著春秋傳有子曰寅曰宏曰寧

胡寅 嘗著讀史管見號致堂先生

胡宏 嘗見楊中立於京師又從侯師聖於荆門居五峯之下餘二十年

張浚 字德遠廣漢人寓居長沙封魏公號紫巖。朱元晦拜墓下有詩云衡山何巍巍湘流亦湯湯我公獨何往劒履在此堂念昔中興初孽豎倒冠裳公時首建議自此扶三綱精忠貫宸極孤憤磨穹蒼元戎二十萬一日先啓行西征奠梁益南轅撫江湘士心既豫附國威亦張皇緇素哭新宮哀聲連萬方黔黎聞訃晚經營久彷徨于京嶠往來士馬且伏藏公謀適不用拱手遷南荒白首復來歸鬢短丹心長拳拳冀感格汲汲勤修攘天命竟難諶人事亦靡常悠然謝台鼎騎龍白雲鄉生今此空山名與日月彰

張栻 浚之子號南軒先生。朱元晦嘗爲之贊曰擴仁義之端至於可以彌六合謹義利之辨至於可以析秋毫拳拳乎其致主之勤汲汲乎其幹父之勞仡仡乎其信道之篤卓卓乎其立心之高知之者識其春風沂水之樂不知者以爲湖海一世之豪彼其揚休山立之姿既與其不可傳者死矣觀於此者尚有以卜其見伊呂而失蕭曹耶

題詠

夜醉長沙酒 唐杜甫詩云云曉行湘水春岸花飛送客檣燕語留人

風壤帶二南 杜甫詩云山兼五嶺云云

秋晚嶽增翠 杜甫詩曰云云風高湖捲波

衡霍生春草 杜甫詩云云潭湘共海浮

兩邊楓作岸 張九齡詩征鼓窮郢路歸棹入湘流云云數處橘爲洲

楚岫千峯碧 韋昭寄杜甫詩云云湘潭一葉黃

洞庭值秋晚 韓愈送李正字歸湖南詩長沙入楚深云云人隨鴻鴈少江共蒹葭遠

雲水洞庭寬 張祐送韋整尉長沙詩遠遠長沙去憐君利一官風帆彭蠡疾云云木客提蔬束江烏接飯丸莫言卑濕地未必乏新歡

水溢洞庭湖 賈至送王員外赴長沙詩攜手登臨處巴陵天一隅春生雲夢澤云云共歎虞翻枉同悲阮籍途長沙舊卑濕今古不應殊

雲日楚天暮 賈至送長沙韋明府之任詩秋入長沙縣蕭條旅宦心煙波連桂水官舍映楓林云云沙汀白露深遙知訟庭裏佳政在鳴琴

江煙

作夕嵐戎昱送張秀才之長沙詩君向長沙去長沙僕舊諳雖云桂嶺北終是洞庭南山霧生朝雨云松醪能醉客恒勿滯湘潭　潭府邑中甚淳古杜甫詩云云　便領吳王第一州郭鞏送吳中復詩初登兩漢文章府云云繞郭白雲衡嶽近滿帆明月洞庭秋

四六

出綸天閫　一札由中　出綸鳳掖　長沙巨鎮

作屏星沙　三湘謀帥　作牧熊湘　南楚上流

眷長沙之巨屏　天開熊楚之封　推翼軫牛女之墟

居南紀之上游　星爛壽沙之次　接猺獠蠻黎之俗

全楚號古要區　控百粵以分封　洞有蠻猺之獠俗

長沙為今巨屏　包九疑而奠壤　野無鬪鬩之猺民

彬彬濂洙之鄉　推荆楚之奧區　陸梁蠻嘯於猩鼯

濟濟文物之盛　控江湖之孔道　蒐獮久勤於貔虎

眷此鬻熊之壤　壯三營之甲胄　方休兵爭買於犢牛

鄰於蠻獠之居　飭兩學之衣冠　而小醜肆為於虺蜴

嶽麓置書院而復建學官鴻儒接迹　比植叢棘建牙於此地

武安總州兵而增屯禁旅虎士奮威　多運籌秉軸之大臣

洞庭青草之波澄無非惠澤　長沙千里之平寄隆撫牧

嶽麓道林之境勝盡入詩篇　洞庭九州之大責重藩垣

控重湖而亘九疑郊圻甚廣　還則邊鄙守禦之計未撤

餉三營而給兩學賦入頗艱　近而軍旅調發之費不貲

泰階騰兩兩之輝掌運覽軫　五營將卒犇犨角以雲屯

維石巖巖之勢特鎮湖湘　兩學儒生紛芓袍而雪委

學兼嶽麓脩明遠自於前賢

壤帶洞庭鎮拊近煩於元老

新編方輿勝覽卷之二十四

建安祝穆和父編

衡州

衡陽　耒陽　安仁　常寧　茶陵[illegible]

建置沿革　禹貢荊及衡陽為荊州當鶉尾之次翼軫之分野春秋屬楚秦屬長沙郡漢屬桂陽郡及長沙國吳置湘東郡晉立湘州宋為國齊為郡梁置衡州陳置東衡州以本州為西衡州隋置衡州煬帝改為衡山郡唐復為衡州　國朝因之領縣五治衡陽

。湖南提刑提舉置司

事要

郡名　衡陽郡在衡山之陽故曰衡陽　古酃漢為酃縣　蒸湘見蒸水注

風俗　民豐土閑南獄志湘州之奧云云　人多純朴寰宇記有舜之遺風云云　必有魁奇之民見下韓文

形勝　東傍湘江郡縣志云云北背蒸水　瀟湘帶其左圖經衡之為郡直鴈峯北云云　獨衡山為宗韓文南方之山巍然高大者以百數云云神氣所感必有魁奇忠信才德之民生其間詳見郴州　回鴈為首徐靈期曰南嶽周回八百里云云麓嶽為後　山川之秀麗歐陽永叔云云接衡湘人得之為俊傑詳見潭州

山川　石鼓山在城東三里山有東巖西溪朱陵後洞。酈道元水經注云臨蒸縣有石鼓高六尺湘水所逕鼓鳴則有兵革之事　熊耳山在安仁縣東南七十里　衡嶽在衡陽縣。寰宇記宿當翼軫度應璣衡書所謂南嶽也乃朱陵之靈臺太虛之寶洞國初緣舊制祠官所春上東西北中四嶽開寶元年有司按祭典請祭南嶽於衡山從之詳見潭州　岣嶁峯在衡陽北湘水記衡山南有一山名丨丨東西七十里南北三十里高一千五百丈禹登山獲金簡玉牒治水之書山上承翼宿銓得鈎物故名岣下據離宮攝統火師故名嶁。韓愈詩岣嶁山尖神禹碑字青石赤形摹奇科斗拳身薤葉披鸞飄鳳泊拏虎螭事嚴跡祕鬼莫窺道人獨上偶見之我來咨嗟涕漣洏千搜萬索何處有森森綠樹猿猱悲　回鴈峯在衡陽之南鴈至此不過遇春而回故名或曰峯勢如鴈之回　紫蓋峯山海經山有玉牒遙望如陣雲有峯名紫蓋禹治水登而祭之遇元夷蒼水使者授金簡玉字果得治水法或曰其形如蓋　兜率峯陶弼詩云兜率一峯旁林開見寶幢為行萬避縣山骨下連江　白雲峯在南嶽下有龍潭又有碧雲峯明月峯香爐峯天柱峯石廩峯石闌峯芙蓉峯　曾青岡出曾青可合仙藥　酃湖郭仲堅湘中記衡陽縣東二十里有丨丨周二十里深八尺湛然綠色土人取以釀酒其味醇美晉武帝平吳始薦酃酒於太廟。吳都賦飛輕軒而酌綠酃　茶溪寰宇記茶陵有茶水　黃溪呂溫詩云偶尋丨丨日欲沒早梅未盡山櫻發典事江城閑此身不得坐待花間月　湘水自陽海發源至零陵而營水會二水合流謂之瀟湘　蒸水衡陽本漢酃縣屬長沙國吳分酃縣立臨蒸縣今郡西七十里蒸陽故城是也。郡國志俯臨丨丨其氣如蒸故曰臨蒸　耒水在耒陽縣一名歷水中有大歷可容百斛　宜溪水在耒

陽湘州記傍有穴天旱以水灌之輒致暴雨吳都賦所謂龍穴所蒸靈雨所儲是也

瀟湘水 柳宗元湘口館詩序瀟湘二水所會

上潢水 在衡陽縣出岣嶁山屈曲流六十里會湘水勝小舟

大别水 水經注丨丨丨所出耒陽

水簾 在耒陽洞○畢田詩洞門千尺掛飛流玉碎珠簾冷噴秋今古不知誰捲得綠蘿為帶月為鉤

青草渡 在衡陽縣北一里即蒸水

學館

石鼓書院 朱元晦記石鼓山據烝湘之會江流環帶最為一郡佳處故有書院起唐元和間州人李寬之所為至國初時嘗賜勑額其後乃復稍徙而東以為州所則書院之迹於此遂廢而不復脩矣淳熙十二年部使者潘侯畤德夫始因舊址列屋數間榜以故額將以俟四方之士有志於學而不屑於課試之業者居之未竟而去今使者成都宋侯若水子淵又因其故而益廣之別建重屋以奉先聖先師之象且摹國子監及本道諸州印書若干卷而俾郡縣擇遣脩士以充入之蓋連帥林侯栗諸使者蘇侯詡官侯鑑衡守薛侯伯宣皆奉金齋割公田以佐其役踰年而後落其成焉於是宋侯以書來曰願記其實以詔後人且有以幸教其學者則所望也予惟前代庠序之教不脩士病無所於學往往擇勝地立精舍以為羣居講習之所而為政者乃或就而褒表之若此山若嶽麓若白鹿洞之類是也逮至本朝慶曆熙寧之盛學校之官遂徧天下而前日處士之廬無所用則其舊迹之蕪廢亦其勢然也不有好古圖舊之賢孰能謹而存之哉抑今郡縣之學官置博士弟子員皆未嘗攷其德行道藝之素其所受授又皆世俗之書進取之業使人見利而不見義士之有志於為己者蓋羞言之是以嘗欲別求燕閒清曠之地以共講其所聞而不可得此二公所以慨然發憤於斯役而不敢憚其煩蓋非獨不忍其舊跡之蕪廢而已也故特為之記其本末以告來者使知二公之志所以然者而無以今日學校科舉之意亂焉又以風曉在位使知今日學校科舉之害將有不可勝言者不可以是為適然而莫之救也若諸生之所以學而非若今人之所謂則昔者吾友張子敬夫所以記夫嶽麓者語之詳矣顧於下學之功有所未究是以誦其言者不知所以從事之方而無以蹈其實然今亦何以它求為哉亦曰養其全於未發之前察其幾於將發之際善則廣而充之惡則克而去之其亦如此而已矣又何俟於予言哉

亭榭

合江亭 在石鼓山後唐刺史齊映建○韓愈自山陽令徙江陵掾過衡陽有合江亭寄鄒使君詩云江亭枕湘江蒸水會其左瞰臨渺空闊綠淨不可唾維昔經營初邦君實王佐翦林遷神祠買地費家貨梁棟宏可愛結構麗匪過伊人去軒騰茲宇遂摧挫老郎來何暮高唱久乃和樹蘭盈九畹栽竹逾萬箇長綆汲滄浪幽溪下坎坷波濤夜俯聽雲樹朝對臥初如遺宦情終乃最郡課人生誠無幾事往悲豈那蕭條綿歲時契闊繼庸懦勝事誰復論醜聲日已播中丞黜凶邪天子閔窮餓君侯至之初閭里自相賀淹滯樂閑曠勤苦勸慵惰為余掃塵階命樂醉眾坐窮秋感平分新月憐半破願書巖上石勿使塵泥涴

望嶽亭 在縣南唐韋虛舟建

祠墓

木居士廟 韓愈詩火透波穿不計春根如頭面幹如身偶然題作木居士便有無窮求福人○羅隱題木居士廟詩烏噪殘陽草滿庭此中枯木似人形只應神物長為主未必浮槎即有靈八月風波飄不去四時黍稷薦惟馨南朝庾信無因賦牢落祠前水氣腥○元豐初耒陽令禱旱無雨析而薪之今所祀者乃寺僧再刻也

杜子美墓 本傳大曆中出瞿唐下江陵泝沅湘以登衡山

因客耒陽游嶽祠大水遽至涉旬不得食縣令具舟迎之乃得還令嘗饋牛炙白酒大醉一夕卒劉斧摭遺小説謂子美由蜀往耒得以詩酒自適一日過江上舟中飲醉不能復歸宿酒家是夕江水暴漲子美爲驚湍漂泛其尸不知落於何處玄宗還南内思子美詔求之聶令乃積空土於江上曰子美爲白酒牛炙脹飫而死葬於此矣以此聞玄宗故唐史氏因有牛炙白酒大醉一夕卒之語信哉史氏之訛也。元稹作墓誌云扁舟下荆楚竟以寓卒旅殯岳陽其後嗣業啓柩襄袝事於偃師途次于荆拜余爲誌。韓愈詩今春偶客耒陽路悽慘去尋江上墓招手借問牧童兒牧兒指我祠堂處一堆空土煙蕪裏空使詩人悲歎起怨聲千古寄西風寒骨一夜沉秋水當時處處多白酒牛炙如今家家有飲酒食肉今如此何故常人無飽死捉月走入千尺波忠諫便沉汨羅底固知天意有所存三賢所歸同一水過客留詩千百人千古醜聲竟誰洗明時好古疾惡人憑以我意知終始。王介甫題杜子美像云吾觀少陵詩謂與元氣侔力能排天斡九地壯顏毅色不可求浩蕩八極中生物豈不稠醜妍巨細千萬殊竟莫可以窮雕鏤惜哉命之窮顛倒不見收青衫老更斥餓走半九州瘦妻僵前子仆後攘攘盜賊森戈矛吟哦當此時不廢朝廷憂嘗願天子聖大臣各伊周寧令吾廬獨破受凍死不忍四海赤子寒颼颼傷屯悼屈只一身嗟時之人我所羞所以見公像再拜涕泗流推公之心古亦少願起公死從公遊

〔名宦〕**呂溫**爲刺史　**皇朝張齊賢**廷試唱名得旨一榜盡除通判　**寇準**準之貶雷州也天下莫不冤之初過零陵行囊爲溪冠所掠其酋長聞而趣還之踰年遷衡州司馬　**劉摯**爲御史裏行上疏論常平免役法十害責監衡州鹽倉

〔人物〕**蔡倫**有宅在耒陽縣

有泄叉摘然曰

〔詩〕**中有古刺史**杜甫詩云云盛才冠巖廊扶顛持柱石獨坐飛秋霜　**郡邑地卑饒霧雨**唐郭受寄杜子長詩云云江湖天闊足風濤　**湖南爲客動經春**杜甫詩云云燕子銜泥兩度新　**衡陽太守虎符新**唐韓翃詩湘竹班班湘水春云云　**可獨衡山解識韓**蘇子瞻詩

〔四六〕跳渥龍韝　分符鴈嶠　剛辰啓籥　蒸水建牙　湖右奧區　衡陽名郡　地雄州望　星躔倉臺　瞻言蒸水之邦　乃析長沙之地　載惟翼軫之區　莫重荊衡之域　豈伊南服之州　尚爲東方之騎　符分漢室之魚　書寄衡陽之鴈　開藩有俶　賀鳳敢稽　詩述昌黎　句成杜老　閭里賀使君之至　巖廊輟刺史之臨　指衡嶽之五峯　分湖湘之千里　正須彈壓　有賴撫摩　開天柱紫蓋之雲　溢洞庭青草之水　民嵒洞見　地險彌堅　皂蓋朱轓　黃扉青瑣　豈鴈峯之久駐　即鳳閣之遄歸　肅擁州麾　頻過書院　直可開衡山之雲氣　又將詠沂水之春風　韓昌黎之叙衡山　必多忠信魁奇之士　朱文公之記石鼓　欲聞性命道德之談

道州　營道　江華　寧遠　永明

〔建置沿革〕禹貢荊州之域舜封象於有庳國即其地也楚越之分翼軫之星春秋戰國屬楚秦屬長沙郡漢武分長沙置零陵郡吳分零陵郡置營陽郡今州是也以郡在營水之南故名南齊爲營道郡梁改永陽郡唐改南營州尋改道州　皇朝因之今領縣四治營道

事要 郡名 舂陵長沙定王封中子買爲｜｜侯有故城在寧遠縣

風俗 俗尚韶歌晏類要云云因舜二妃泣望於瀟湘號曰湘君湘夫人遂作此歌其來久矣 島夷卉服同上引風俗記云別有山徭白蠻倮人三種書所謂云云是也

形勝 僻在嶺隅元結曰臣州云云其實邊裔 有九疑山山海經注云蒼梧之川云云在零陵界 與五嶺接寰宇記云云雖有炎熱而無瘴氣 南控百粵之徼掌禹錫壁記云云北湊三湘之域

土產 州產侏儒陽城傳城爲道州刺史云云謂之矮奴城奏州民盡短自是罷貢州人感之以陽名子○白居易矮奴詩道州之民多侏儒長者不過三尺餘市作矮奴年進送號爲道州任土貢一自陽城來守郡不進矮奴頻詔問城云臣按六典書任土貢有不貢無道州水土所生者只有矮民無矮奴吾君感悟璽書下歲貢矮奴宜悉罷道州民欲說使君先下淚仍恐兒孫忘使君生男多以陽爲字

山川 營道山在｜｜縣西四十五里其始名曰營陽又曰南營又曰洪道 瀟山在營道縣西 九疑山在寧遠縣南六十里亦名蒼梧山九峯相似望而疑之謂之｜｜｜有九峯峯各有一水四水流灌於南海五水北注合爲洞庭其一曰朱明峯其下湘水源二曰石城峯其下澁水源三曰石樓峯其下巢水源四曰娥皇峯其下池水源五曰舜源峯其下瀟水源亦曰華蓋此峯最高六曰女英峯其下砅水源七曰簫韶峯其下濟水源八曰桂林峯其下歘水源九曰梓林峯其下洒水源舊圖錄所載不同與九峯不相涉○蒼梧九疑之辨禮弓云舜葬於蒼梧之野晉習鑿齒云虞舜葬零陵元和郡縣志亦云九疑舜之葬也按太史公曰舜南狩行死於蒼梧之野歸葬於江南之九疑是爲零陵則是舜死於蒼梧之野歸葬於零陵之九疑山海經云舜之所葬在今道州零陵縣界蒼梧九疑當是兩處後人誤引舜死之地以爲舜葬之所耳太史遍歷天下名山大川必有所據當從史記及山海經

舂陵山在營道縣北七十五里五山相接山勢峭秀舂陵水所出即漢舂陵 含暉巖在營道縣南五里唐劉夢得記云薛君景晦爲道州得異境有石室窅然如夏屋因名其地曰｜｜｜ 斜巖在縣南二百餘步古木蒼煙石田甘泉布巖竇可二丈其中深不可極或云通天執炬而入但見峻崖峭壁寒泉冷風滴乳如佛像如車蓋如花葉如器皿如飛走虎豹伯高命名至道初太守張觀名曰紫虛洞有寇萊公題名在焉 玉琯巖在古舜祠之側漢哀帝時零陵郡文學奚景得玉琯十二於此今舜祠後石室是也前有天皇元年舜碑尚存 月陂巖在田村梁武帝時有雙師自南嶽來止於黃庭觀居白馬巖一日臨溪浴既隱去留所衣｜｜在杉林間數百年不壞巖中坐席舊迹宛然 高士巖在舜祠西二里間舊名野猪巖立順甫欽若改曰｜｜｜昔有獵者見猪家遂入巖不見因得樂器一部無爲觀道士以獻之朝事見唐王維賀表 龍巖在丹桂鄉耽坡嫉之側瀨江相傳若聞巖有龍吟之聲即其鄉有登科級者 陽華巖在營道縣東南七里山下有大岩向東元次山名之作銘命邑大夫瞿令問以二體篆書刻之崖石元次山招陶別駕家陽華詩云海內厭兵革騷騷二十年陽華洞中人似不知亂焉 斑竹巖在營道縣南五十里多小斑竹相傳云舜葬九

疑二妃昇湘水以手拭淚把竹遂成斑色也。劉長卿詩蒼梧在何處斑竹自成林點點留殘淚枝枝寄在心

白芒嶺在江華縣西亦名岹渚五嶺之一世說五嶺一大庾二永明三白芒四臘嶺五臨源白芒嶺在江華杜甫云五嶺皆炎熱此居其一

永明嶺在永明蓋五嶺之一也

暖谷在寒亭傍治平四年邑尉李伯英得之邑大夫蔣祺名之蔣頴叔作記謂方盛寒入此谷中其氣溫然雖挾纊熾炭不若也

碧虛洞水流過碧橋南注舜溪亦名嘉魚洞其實碧虛池也元次山名曰無爲洞篆刻在焉洞在永福寺東十步上有正元間李嶠篆刻行五里間有南北二徑一徑適舜峯一徑通紫虛洞行二十里有石穴上通於天有元次山永泰年題名自天聖中寺僧雲亮於洞前百步築堤爲塘瀦水溉田洞遂爲池

左湖在州東

濂溪在營道縣西二十里

洄溪在江華縣三十里四山之間乳竇松膏之所漬泉甘宜稱飲之者壽元次山宿洄溪翁宅詩序云翁代宗時人姓黃

春溪在故大歷縣即都溪也

右溪在城西水流石間元次山名之有游右溪勸學者詩薛伯高即其旁建學溪在學之東。元次山詩吾愛石魚湖石魚在湖裏魚背有酒尊繞魚是湖水兒童作小舫載酒勝一盃且欲坐湖畔石魚長相對

二十四灘亦能病舟

瀟水在營道縣西北南流一百里至州城東南與沲水合

營水在營道西一里

（井泉）

七泉元結銘序云道州東郭有泉七穴命其五曰潓泱涍汸淔欲飲者有所感發一曰漫泉自箕漫浪一出山東命曰東泉垂流特異

（樓閣）

萊公樓在州治之西公貶道州司馬既去人爲之建樓以萊公名之初寀王安中書額

鼓角樓天聖間司理黃禹錫記云鼓角之制有自來矣肇帝鴻之御宇戰蚩尤於涿野亢壯乎虎豹取象乎龍吟爾後始皇備於鹵簿稷嗣定於雅樂前代烏於之國遂寢乎勞勒之曲後分熊軾之寄乃限乎天驕之奏故有屹巢湖之峻堆敞雲構之飛譙三吹之調彌切七萃之師咸肅不顧乎威武底寧乎邊鄙則知聖人備物致用其利博哉

（亭榭）

燊燊亭在州治後蓋取杜詩丨丨元道州之句

欣欣亭同上取道州民歌老者幼者何丨丨之句

振振亭同上取柳子厚文宣王廟碑丨丨薛公之意

肅肅亭同上取杜甫餞裴道州詩丨丨秋初楚之意

欸乃亭元結有詩云下瀧船似入深淵上瀧船似欲昇天瀧南欲到九疑郡應絕高人乘興舡

白雲亭元結詩有云出門見南山喜逐松徑行窮高欲極遠始到丨丨

潓泉亭在潓泉北。元結詩云問吾常燕息泉上何處好獨有丨丨丨令人可終老天寒宜泉溫泉寒宜大暑請到丨丨丨其心肯辭去

寒亭在江華縣陽江東巖洞今問棧險道入洞穴因作亭於石上元結大暑登之疑天時將寒故名

菊圃在州治元結有詩

（古迹）

舜陵或云在女英峯之下寰宇記云名永陵自古禁樵採置守陵六户

有庳國舜封象於有庳後世以道州爲有庳之國國始封今失其地唐通典爲有鼻柳宗元記薛伯高刺道州斥鼻亭神事亦以庳爲有鼻云

麓牀三級在舜廟前簫韶峯之東北與爲觀後相去十餘里古有道之士作之以棲息

修真四壇第一壇乃第一麓牀上有芮草長丈餘如虎鬚古人鍊丹之地鐵臼鐺釜猶存第二壇乃第二麓牀有清池東流鐵臼鐵磬一曰在與爲

觀其文云齊永明五年四月五日國主爲一切含識造鐵磬十二枚第三壇上有石牀笙竹圍大者幾二尺第四壇有石盆水流不竭

九井 在九疑山世傳何侯採藥九疑山鍊丹于此汲一井而八井皆動

窊樽 在城中報恩寺之西元結集云道州城外左湖東二十步有小石山山巔有窊穴可以爲樽乃爲亭樽上○元結詩巉巉小山石數峯戴窊亭窊石堪爲樽狀類不可名

五如石 在下津門之外江之北左如蹲龍右如鷲鴻前如飲虎後如怒龜坐于石巔如乘露犢亦元結名之

初寮石 在州子城西開元寺前江中王安中謫居每乘舟往坐其上有刻字

祠廟

舜祠 在舜峯下

濂溪祠 魏華父記營道之西十八里爲濂之源又東流二十里爲濂溪保左曰龍山右曰豸則故居之實也

名宦

裴虬 爲刺史歐陽永叔集古録怡亭跋尾稱虬爲道州刺史蓋亭銘裴虬所撰

徐履道 元結道州刺史廳壁記天下太平方千里之內生植齒類刺史能存亡休戚之天下兵興方千里之內能得發兵能攘患難在刺史耳凡刺史若無文武才畧若不清廉肅下若不明惠公直則一州生類皆受其害於戲自至此州見井邑丘墟生民幾盡試問其故不覺涕下前政刺史或有貪猥惛弱不分是非但以衣服飲食爲事數年之間蒼生蒙以私欲侵奪兼之公家驅迫非姦惡強富殆無存者問之耆老前後刺史能恤養貧弱專守法令有徐公履道李公廙而已徧問諸公善或不及徐李二公惡有不堪說者故爲此記且刺史作戒自置州已來諸公改授遷黜年月則舊記存焉

李廙 詳見上徐履道注

元結 本傳結爲刺史搜攬山水佳處被之詩歌由是此邦山水甲天下又奏免百姓所負租稅十三萬八千餘緡容齋三筆云

元結爲刺史作舂陵行又作賊退示官吏一篇杜甫覽結二詩亦志之曰今盜賊未息知民疾苦得結輩十數公落落然參錯天下爲邦伯萬物吐氣天下少安可待矣

陽城 城至道州治民如治家不以簿書介意課當上考功城自書曰撫字心勞催科政拙考下下

薛伯高 唐元和七年由刑部郎爲州刺史遷州學於城西柳宗元爲記

皇朝寇準 景德間與畢士安同相以謀廢丁謂事泄出知州未幾貶道州司馬公之謫此也百姓競荷土木爲構舍守土者以聞遂有海康之行

人物

李郃 太和元年擢進士第一崔鄲爲坐主或謂即與劉蕡同應賢良方正科者

何堅 韓愈送何堅序何與韓同姓爲近堅以進士舉於吾爲同業其在太學也吾爲博士堅爲生生與博士爲同道其識堅也十年爲故人同姓而近也同業也同道也故人也於其志不得願而歸其可以無言耶堅道州人道之守陽公也道於湖南爲屬州陽公賢也堅爲民堅又賢也湖南得道爲屬道得堅爲民堅歸倡其州之父老子弟服陽公之令道亦倡其縣與其比州服陽公之令吾聞鳥有鳳者常出於有道之國當漢時黃霸爲潁川守是鳥實集而鳴焉若史可信堅歸吾將賀其見鳳而聞其鳴也已

皇朝周頤 始名惇實改避舊諱年十五偕母往京師依舅家居用舅氏向恩補將作監簿調洪州分寧縣主簿南安軍司理郴州郴縣令桂陽令又知洪州南昌縣合州判官虔州通判永州通判遷駕部郎受廣東運判就轉虞部郎提刑以疾求南康上印分司南京卜居九江廬山名曰濂溪書堂葬江州先生初往京師不知其師誰也年未冠已爲二程師先生有通書四十章舊無太極圖程氏本有之在通書之後或曰傳於穆脩脩傳先天圖於种放放傳於希夷先生陳摶此殆其學之一師也通

書有草其篇目則後人爲之五峯胡公宏爲序焉

題詠

粲粲元道州 杜甫和元使君舂陵行云遭亂髮盡白轉衰病相嬰沉綿盜賊際狼狽江漢行歎時藥力薄爲客羸瘵成吾人詩家秀博采世上名云云前聖畏後生觀乎舂陵作欻見俊哲情復覽賊退篇結也實國楨賈誼昔流慟匡衡嘗引經道州憂黎庶詞氣浩縱橫兩章對秋月一字偕華星致君唐虞際純樸憶大庭何時降璽書用爾爲丹青獄訟永衰息豈惟偃甲兵悽惻念誅求薄斂近休明乃知正人意不苟飛長纓涼飆振南嶽之子寵若驚色沮金斗大興含滄溟清我多長卿病日夕思朝廷肺枯渴太甚漂泊公孫城呼兒具紙筆隱几臨軒楹作詩呻吟內墨淡字欹傾感彼危苦詞庶幾知者聽

肅肅秩初筵 杜甫湘江餞裴道州詩白日照舟師朱紱散廣川羣公餞南伯云云

朝食是草根 元結舂陵行詩州小經亂亡遺人實困疲大鄉無十家大族命單羸云云暮食乃木皮

隼旟辭瀟水 劉禹錫送李策一麾出營陽惠彼嗚嗚民云云居者皆涕零

路入畫屏中 呂溫道州途中詩秋桂佳山水營陽舊日同經途看不暇遇境說難窮疊嶂青時合澄湘瀆動空舟移明鏡裏云云巖壑千家接松蘿一徑通漁燈生縹緲犬吠隔瓏璁戲鳥留餘翠幽花怯晚紅光翻沙瀨日香散橘園風信美非吾土分憂屬賤躬守愚資地僻鄰隱望年豐且保心能靜那求政必工課終如覓戾歸養洛城東

余昔發軔於蒼梧 屈原離騷經曰云云歷沅湘以南征兮就重華而陳詞

登九疑兮望清川 李白悲清秋賦云云見三湘之潺湲

方二十四　十三

四六

乃眷舂陵　瀟水名邦　雖云地僻　山近九疑

實鄰炎嶠　濂溪遺俗　九峯民淳　俗同五嶺

乃眷蒼梧之野　平霽均於湘水　民貧而土地希入

爰分左竹之符　昔虞舜於蒼梧　俗悍而蠻獠雜居

陽諫議字民之政此意可稽　郡臨瀟水居多蠻徼之氓

周濂溪毓秀之鄉斯文有賴　地近嶺隅尚有炎荒之象

撫字心勞每愧當時之陽子　豈特矮民猶誦陽公之德

品題句妙重逢今代之漫郎　抑令黎庶能知元子之憂

新編方輿勝覽卷之二十四

十三

新編方輿勝覽卷之二十五

建安 祝穆 和父編

郴州

郴縣 桂陽 宜章 永興 資興 桂東

建置沿革 禹貢荊州之域翼軫之分野春秋戰國屬楚秦屬長沙郡項羽徙義帝於長沙郴縣即此地也漢高祖屬荊州三國吳蜀分荊州以湘水為界長沙江夏桂陽以東屬吳晉屬江州又屬湘州隋廢桂陽郡立郴州因漢縣名也唐改桂陽郡復為郴州 國朝因之 中興領縣四 寧宗朝以溪峒擾攘創資興桂東兩縣今領縣六

治郴縣

事要 郡名 郴陽 見沿革注 郴江 風俗 清淑之氣蜿蟺扶輿 韓愈送廖道士序五嶽於中州衡山最遠南方之山巍然高而大者以百數獨衡山為宗最遠而獨為宗其神必靈衡之南八九百里地益高山益峻水清而益駛其最高而橫絕南北者嶺郴之為州在嶺之上測南其高下得三之二焉中州清淑之氣於是焉窮氣之所窮盛而不過必蜿蟺扶輿磅礴而鬱積衡山之神既靈而郴之為州又當中州清淑之氣蜿蟺扶輿磅礴而鬱積其水土之所生神氣之所感白金水銀丹砂石英鍾乳橘柚之包竹箭之美千尋之名材不能獨當奇也意必有魁奇忠信材德之民生其間而吾又未見也其毋乃迷惑溺沒於老佛之學而不出耶廖師郴民而學於衡山氣專而容寂多藝而善遊豈吾所謂魁奇而迷溺者耶廖師善知人若不在其身必在其所與遊訪之而不吾告何也於其別申以問之 必有材德生其間 見上 民俗愿朴而勁 宋伯嵛社壇記 風俗脆薄 許荊傳郡濱南州云云 人才之盛 李材谷郴江後序悼楚傑之徙嘉唐相之節叙三賢之政績紀三仙之功行○吳仲權甲古賦蠑螾揖東山謝劉公之忠擊楫北湖味韓子之窮

形勝 古桂陽郡 張浮休百詠詩序云云在湘之東南五六百里其地皆山谷實嶺之北麓也當五嶺未開之時郴為南方極遠之地今南有廣西有桂廣桂猶善部則郴可知 西接九疑 圖經云楚漢上游南接五嶺云云東南距湖北距衡山 控扼交廣 阮閱休跋云云襟帶湖湘 為湘楚上游 郡守凌伯裕作郴江集序郴云云 在海嶠之北 練亨甫叢壽山記云州環山而州云云衡湘之南 州在百重山之內 張浮休南遷錄 實嶺麓斗僻之地 吳仲雍記郴古郡地而云云 南直五嶺之衝 陳紘夫州學記北瞻衡嶽之秀云云 鈞扶景象 郴江續集序若昔杜草堂韓昌黎筆端有神云云而郴江殆無遺賞 自唐以山水名天下 郴江前集序云云

山川 馬嶺山 在郴縣東北七里舊名牛皮山又名蘇仙山輿地志昔有仙人蘇耽入山學道其母往闞之見其乘白馬飄然故又謂之白馬嶺其上有壇 黃岑山 在郴縣南三十六里即五嶺之一或云即騎田嶺 五蓋山 在郴縣東西六十里湘中記山有五峯如蓋郴人每歲以盃占豐年云五蓋雪普米賤如上盃𥐥不均米貴如銀 萬壽

山在郴縣南郡國志山有靈壽杖漢平帝賜孔光靈壽杖出於此又有冷暖二泉黃相山在郴縣東南九里○闕孝忠詩東帶連山接五羊西分郴水下三湘路人到此休南去嶺外千峯盡瘴鄉耒山在桂陽縣南十里四面孤絕兜率巖在郴縣資興寨傍有石像如僧十八北湖在縣西北隅城門外灌田頃餘韓愈云航北湖之空明即此程鄉溪輿地廣記在郴縣之程鄉首置官醞於山下名曰程酒同酃酒焉陷池在郴縣北二十里又名陷浦相傳昔有萬民居此一旦雷雨全家皆陷故以為名郴水過郡城一里始勝舟又北行四十五里至鯉魚步江口合東江始為大郴江入耒水方有水程桂水在郴縣西南○杜甫詩飄飄桂水遊

井泉

橘井在蘇仙故宅即今開利寺傳云仙君將去世謂母潘曰明年郡有災民大疫母取橘葉井水飲之如期疫果作郡人聽前言競詣飲飲下咽而愈日起百餘人以故爭持錢致謝潘○元結詩靈橘無根井有泉世間如夢又千年郴關不見重歸鶴姓字今為第幾仙風冷露壇人悄悄地閑荒徑草綿綿如何蹋得蘇君跡白日霓旌擁上天○沈彬詩眼穿林罅見郴州井里相逢側局揪味道不來閑處坐勞生更欲幾時休蘇仙宅古煙霞老義帝墳荒草木愁千古是非無歇閒夕陽西去水東流潮井在黃岑山上一日三潮三翁井郴縣土富山有銀井人鑿之轉深忽見三老翁授之以杖遂是銀故名圓泉郡志在州南二十里張浮休來慶寺記云世傳陸羽著茶經定水品張又新益水品為二十而一一第十八然來慶寺今易為州學在城內不能半里或以為即會勝寺蒙泉劍泉在城內康泰坊石罅間泉躍而出世傳項將英布卓劍處因成泉燕泉在城西燕來時泉生去時泉竭折彥質居郴時郡葺為其亭今廢牛鼠溲飲其中熱泉在桂陽東百里其沸如湯

堂閣

清湫堂在州宅○阮美成詩三仙一相有遺風清湫誰言到此窮寄語郴陽忠信士得名端合謝韓公覽秀閣在倅廳

寺觀

蘇仙觀在郡子城東門外即漢蘇耽故宅紹興封冲素普應真人觀名集靈成仙觀在郡子城外北後漢有成武丁者蛻假而卒葬武丁岡今以其居為成仙觀露仙觀在子城外南王真人諱錫為郡衙校唐咸通間其靈降於所居竹木葉上真人食之遂仙

古跡

義帝都按人記義帝乃楚懷王孫心項羽陽尊為義帝後項羽徙義帝於長沙都郴有陵在城內明倫坊窊尊石在江畔張浮休有刻銘石羊在城南五里巨冢嶢然前有石如羊

名宦

楊璆前漢時人築州城衛颯後漢循吏傳序舉天下郡國歷三百餘年纔得十二人桂陽乃有其三河內一一南陽茨充會稽許荊皆以桂陽政得名茨充代颯為桂陽教民種植桑柘麻紵許荊為設喪紀婚姻制度李郴州韓愈有李郴州祈雨詩云乞雨女郎魂炰羞潔且繁廟閑鼯鼠叫神降越巫言旱氣期銷蕩陰官想駿奔行看五馬入蕭颯已隨軒皇朝周頤為郴令移桂陽令唐介以言事謫監酒張舜民自號浮休謫監酒稅

人物

孟琯韓愈序云今年秋見孟氏子琯於郴手其文一編甚鉅

名賢

陳瓘謫居秦觀以黨籍安置陳師錫以言事謫

題詠

郴州頗涼冷杜甫送段氏詩云云橘井尚凄清風起三湘浪柳宗元和楊尚書郴州登樓詩游鱗出隱浦唳鶴繞仙岑云云雲生萬里陰石路九疑深戴叔倫過郴州詩云地盡江南戍山分桂北林火雲三月合云云暗谷隨風過危橋共鳥尋羈魂愁似絕不復待猿吟城頭鶴立處柳宗元和楊侍郎郴州紀事詩旌節下朝臺分重從北回云云蘇耽鶴眈化爲鵠立成東北隅驛樹鳳棲來圖經有威鳳降于庭隅莎城百粵北張籍送嚴大夫之郴詩旌旆過湘潭幽奇得遍探云云行路九疑南有地多生桂無時不養蠶聽歌難辨曲風俗自相諳山作劍攢江瀉鏡韓愈郴江詩云云扁舟斗轉疾於飛回頭笑向張公子終日思歸今日歸千峯險似三川峽阮美成詩云云水聲如八月潮

四六

推郴右郡　眷惟楚望　乃眷郴江　眷惟斗壁
號楚上游　孰若郴邦　實居嶺麓　頗帶煙嵐
惟郴江之名郡　橘井蘇仙之井　郴素稱於姱俗
實湘楚之上游　茲乃義帝之碑　地新控於賊巢
序老韓公鍾扶輿清淑之氣　桂林地近雜當五嶺之衝
詩形杜老有凄清冷之風　橘井凄清在三湘之上
來紹濂章勉繼周濂溪之政
畢接酒正求懷唐御史之風

永州　零陵　祁陽　東安

建置沿革禹貢荊州之域楚地翼軫之分野春秋戰國屬楚秦屬長沙郡漢武分置零陵郡屬荊州蜀先主既得益州乃分荊州之湘水爲界長沙江夏桂陽以東屬吳南郡零陵武陵以西屬蜀及關羽敗零陵屬吳孫皓分零陵南部爲始安郡分北部爲邵陵郡晉穆帝分零陵立營陽郡南齊爲零陵郡隋置永州唐復爲永州五季後周時我　藝祖皇帝以勝敵爲功加永州防禦使開禧發祥實由此邦有若漢之沛唐之晉陽也今領縣三治零陵

事要

郡名零陵二水柳宗元湘口館記瀟湘二水所會也州因二水而名三吾浯溪㾆亭峿臺皆元結命名

風俗參百粵之俗柳集瀟湘云云又謝表地極三湘俗參百粵左衽居椎髻之半可墾乃石田之餘其人鬼且禨柳宗元息壤記居楚越間云云又曰惟是南楚風俗尚鬼舉棹則有此聲柳拱辰風土記云云如楚詞欸乃同上云云欸乃即所以之些一助語也歌則有欸乃聲發歌柳宗元西巖詩亦用之今樵夫野老之歌猶有此聲游觀之佳麗見後柳宗元所作南池記

形勝北接衡嶽舊經南接九疑云云面俵瀟湘周中行撰元結祠堂記昔負九疑云云古泉陵一縣地零陵志隋置永州之後割營道永陽置道州馮乘爲賀州又析湘源灌陽二縣爲全州存者惟零陵祁陽本朝雖析零陵增置東安爲三縣然大要不過云云九疑之麓柳宗元新堂記永州實云云山水奇秀倪均題浯溪亭云云

土產異蛇柳宗元捕蛇說永州之野產異蛇黑質白章觸草木盡死以嚙人無禦之者然得之以爲餌可以已大風其始

太醫以王命聚之歲賦其二募有能捕之者當其租入有蔣氏者專其利三世矣問之則曰吾祖死於是吾父死於是今吾嗣為之幾死者數矣余悲之曰若毒之乎余將告於涖事者更若役復若賦則何如蔣氏大戚汪然出涕曰君將哀而生之乎則吾斯役之不幸未若復吾賦不幸之甚也又安敢毒耶余聞而愈悲孔子曰苛政猛於虎也孰知賦斂之毒有甚於是蛇者乎故為之說以俟觀人風者得焉

香茅 山川記永之野有丨丨芬馥數里貢以縮酒蓋禹貢荊州所貢而楚苞茅不入即此

零香 生湘源

石磬 產零陵

石屏 出祁陽

山川

永山 在零陵縣南九十里州因山以名

西山 在州西瀟江之外柳宗元愛其勝槩有西山宴游記云攀援而登箕踞而遨則凡數州之土壤皆在衽席之下。柳子詩云漁翁夜傍西巖宿曉汲清湘燃楚竹煙銷日出不見人欸乃一聲山水綠

九疑山 零陵郡之望山元結云方二千里四州各近一隅

小石山 柳記有積石無土壤而生嘉樹美箭

香零山 在零陵縣東數里

石角山 在州東北十里。柳詩石角恣幽步長烏遂遐征磴回茂樹斷景晏寒川明

洞庭山 謝元暉送零陵內史范雲詩洞庭張樂地瀟湘帝子游

石燕山 唐仰雍湘中記零陵有石燕得風雨則飛翔風雨止則還為石

朝陽巖 在零陵南二里下臨瀟湘舊經道州刺史元結曾維舟山下以地高而東向遂名朝陽有記猶存。元結詩丨丨丨下湘水深朝陽洞口寒泉清零陵徒有先賢傳水石為娛安可羨。柳宗元詩高巖瞰清江幽窟潛神蛟開曠延陽景迴薄攢林樹。黃魯直遊朝陽洞云排佪水濱久之有白雲出洞中散漫洞口咫尺不相見

詩云散策窮幽聖磐洞中出寒泉同遊四五客排石弄潺湲俄頃生白雲似欲駕我仙。又作欸乃曲云千里楓林煙雨深无朝无暮有猿吟停橈靜聽曲中意好是雲山韶濩音。張魏公德遠詩路幽遲晚日巖古挹流湘。杜陵有歌云朝陽巖下湘水深朝陽洞中寒泉清零陵城郭夾瀟岸巖洞幽奇當郡城荒蕪自古人不見零陵徒有先賢傳水石為娛安可忘長歌一曲留相勸

澹巖 在零陵南二十五里巖有二門中有澹山寺巖殿屋室隱隙罅中雖風雨不能及四顧石壁削成萬仞傍有石數古今莫測其遠近目之者有長往之意。大中張顥記云出乎天巧盤伏於兩江之間其形如龜其勢如龍周回二里中有巖竇可容萬夫古有老人軌其下以澹氏稱因為此山之名秦有周君貞實避焚坑之禍隱于此石床石井猶存唐興有僧到巖下坐盤石敷演法華真常妙理見二蟒各長數十尺蟠於前師曰若受吾訓當釋汝形須化雙狐能飛鳴名曰訓狐師居巖中凡五十年。黃魯直詩去城二十五里近天與隔盡俗子塵春蠶秋蠅不到耳夏涼冬暖總宜人巖中清磬僧定起洞口綠樹仙家春惜哉次山曲未顯不得雄文鑱翠珉又詩云澹山澹姓人安在徵君避秦亦不歸石門竹徑幾時有野草瓊室至今疑洞中明潔坐十客亦可呼樂舞翠衣閬州城南果何似永州城南天下稀

柳巖 在瀟水西五里零陵守王淮記零陵人世傳有巖在愚溪之右柳司馬嘗游焉既而失所在今乃得於荒谷中

東巖 在州治東子城外舊有湍流相傳牧守流觴此水

華嚴巖 在城南唐為石門精室據法華寺南隅崖下。柳宗元詩稍疑地脈斷悠若天梯往

火星巖 在州西江外巨竹高脩古木樛曲地勝景清為零陵最奇絕處

暗巖 去澹巖三里必秉燭乃可入其間廣袤可容數萬人

丹

崖在州南百里零陵瀧下石色如丹唐永泰中有瀧水令唐節去官家于崖下自稱丹崖翁元結刺道州路出崖下見節甚重之因爲作宅刻銘曰嶒嶒丹崖其下誰家門前斷舟籬上釣車不知幾峯爲其西牖竹出石罅泉飛戶中

石鏡在中興崖石之側有劉原父石鏡序曰以水澤之其光㸌然江山之盤紆草木之榮悴皆不可得而遁也

息壤在零陵縣南故龍宮寺中狀若鵾吻色若青石自地出尺餘寺之初興吏之益高人不敢犯子厚以爲息壤所以堙洪水事非經見因爲記以辨之

浯溪在祁陽縣南五里流入湘江水清石峻唐上元中容管經略使元結家焉結作大唐中興頌顏真卿大書刻于此崖結又爲峿臺㾓亭石室諸銘○陳衍題浯溪圖云元氏始命之意因水以爲浯溪因山以爲峿山作屋以爲㾓亭三吾之稱我所自也制字從水從山與广我所命也三者之自皆自吾焉我

所擅而有也○元結大唐中興頌并序天寳十四年安祿山陷洛陽明年陷長安天子幸蜀太子即位於靈武明年皇帝移軍鳳翔其年復兩京上皇還京師於戲前代帝王有盛德大業者必見於歌頌若今歌頌大業刻之金石非老於文學其誰宜爲頌曰噫嘻前朝孽臣姦驕爲惛爲妖邊將騁兵毒亂國經羣生失寧大駕南巡百僚竄身奉賊稱臣天將昌唐繄睨我皇匹馬北方獨立一呼千麾萬旟戎卒前驅我師其東儲皇撫戎蕩攘羣兇復復指期曾不逾時有國無之事有至難宗廟再安二聖重歡地闢天開蠲除妖災瑞慶大來兇徒逆儔涵濡天休死生堪羞功勞位尊忠烈名存澤流子孫盛德之興山高日昇萬福是膺能令大君聲容沄沄不在斯文湘江東西中直浯溪石崖天齊可磨可鐫刋此頌焉何千萬年○黃魯直讀中興頌詩春風吹船着浯溪扶藜上讀中興碑平生半世看墨本摩挲石刻鬢成絲明皇不作包桑計顛倒四海由祿兒九廟不守乘輿西萬官奔竄鳥擇棲南內淒凉幾苟活高將軍去事尤危臣結春秋二三策臣甫杜鵑再拜詩安知忠臣痛至骨世上但賞瓊琚詞同來野僧六七輩亦有文士相追隨斷崖蒼蘚對立久凍雨爲洗前朝悲○張文潛詩玉環妖血無人埽漁陽馬厭長安草潼關戰骨高於山萬里君王蜀中老金戈鐵馬從西來郭公凜凜英雄才舉旗爲風偃爲雨洒埽九廟無塵埃元功高名誰與紀風雅不繼騷人死水部胷中星斗文太師筆下蛟龍字天遣二子傳將來高山百丈磨蒼崖誰持此碑入我室使我一見昏眸開百年興廢增嘆慨當時數子今爲在君不見荒凉浯水弃不收時有遊人打碑賣○米元章詩胡羯自干紀唐綱竟不維可憐德業淺有愧此碑辭○張安國詩綠綳兒啼思塞酥重床燎香馳騃胡黃裙綿襪無尋處一夜驚眠搖帳柱朔方天子神爲謀三郎歸來長樂樓樓前拜舞作奇祟中興之功

不贖罪日光玉潔十丈碑蛟龍盤拏與天齊北望神京淚雙落只今何人老文學○潘大臨詩公汎浯溪春水舡繫舡啼鳥青崖邊次山作頌今幾年當時治亂春風前明皇聰明真曉諤乾坤付與歌奴手骨肉何傷九廟焚蜀山騎騾不回首天下寧知再有唐皇帝紫袍迎上皇神器倉皇吾敢惜兒不終孝聽五郎父子幾何不豺虎君臣寧能責胡虜南內淒凉誰得知人間稱家作端午平生不識顏真卿去年不吝高將軍老來讀碑淚沾臆公詩與碑當並行不賞邊功有許不殺奏章猶未諳雨淋日炙字未訛千秋萬歲所鑒多○王叔瞻詩蜀日既哀洛日亡前星靈武騰光芒元功百戰兩京復萬里何瞞歸故鄉干戈紛紛徧四海浯碑已立湘江旁太師鄴難喜粗定作此大字龍鸞翔紙摹墨鏤四百載家家傳寶瑜琳琅唐文中世未變古豈許偶儷爲班揚次山之文何也簡此頌未追周嘗商祿山滔天等窮浇春秋之法誅無將騁

兵二字斥邊將此語宜足懲姦強末篇三章頗辭費筆力不復能鏗鏘磨崖勤銘亦何有反復自贊乃腆辭向來各人過許與舉世附和無雖黃淮西仆碑無墨本可惜哉不得逢鍾王○范至能云頌者美盛德之形容以其成功告於神明者也商周曾見之遺篇可以槩見今次山乃以魯史筆法婉辭含譏蓋之而章後來詞人復發明呈露則磨崖之碑乃一罪案何頌之有竊以爲未安題五十六字刻之石傳與來者共商略之云三頌遺音和者希丰容寧有刺譏辭絕憐元子春秋法却寓唐家清廟詩歌詠當諧琴搏拊策書自管璧瑕疵紛紛健筆剛題破從此磨崖不是碑○趙汝鐺詩蒼崖拂遍溪清漲縣元頌費墨今屋高千年此安用蘇翻天寶末歷謂朔方般還都迎上皇嗚咽拖餘痛兩宮見童臺樂萬國盡朝貢當時紀成功小雅見微諷頗公發勁書金玉相錯綜我於碑刻間衆羽得孤鳳觀危人物雖忠烈鬼神重摹取掛野堂英風凜生

愚溪在州西一里○柳宗元丨丨詩序灌水之陽有溪揀焉東流入于瀟水或曰冉氏嘗居也故姓是溪爲冉溪或曰可以染也名之以其能故謂之染溪余以愚觸罪謫瀟水上愛是溪入二三里得其尤絕者家焉古有愚公谷今余家是溪而名莫能定土之居者猶齗齗然不可以不更也故更之爲愚溪愚溪之上買小丘爲愚丘自愚丘東北行六十步得泉焉又買居之爲愚泉愚泉凡六穴皆出山下平地蓋上出也合流屈曲而南爲愚溝遂負土累石塞其隘爲愚池愚池之東爲愚堂其南爲愚亭池之中爲愚島嘉木異石錯置皆山水之奇者以余故咸以愚辱焉夫水智者樂也今是溪獨見辱於愚何哉蓋其流甚下不可以溉灌又峻急多坻石大舟不可入也幽邃淺狹蛟龍不屑不能興雲雨無以利世而適類於余然則雖辱而愚之可也甯武子邦無道則愚智而爲愚者也顏子終日不違如愚睿而爲愚者也皆不得爲真愚今余遭有道而違於理悖於事故凡爲愚者莫我若也夫然則天下莫能爭是溪余得專而名焉溪雖莫利於世而善鑒萬類清瑩秀澈鏘鳴金石能使愚者喜笑眷慕樂而不能去也余雖不合於俗亦頗以文墨自慰漱滌萬物牢籠百態而無所避之以愚辭歌愚溪則茫然而不違昏然而同歸超鴻濛混希夷寂寥而莫我知也於是作八愚詩紀于溪石上

高溪在州北九十里有唐叟者世居溪上乾德中忽厭喧雜謂諸子曰吾舡居矣生涯蕭然往來垂釣伏臘暫歸受子孫謁見如此累年

黃溪在州北九十里柳子厚記有云環永之治其間多名山水而丨丨最善

南池在子城外丨丨柳宗元陪崔使君燕丨丨序零陵城南環以羣山延以林麓其崖谷之委會則泓然爲池灣然爲溪其上多楓柟竹箭哀鳴之禽其下多芡芰蒲蕖騰波之魚韜涵太虛澹灔里閭誠游觀之佳麗者已崔公既來其政寬以肆其風和以廉既樂其人又樂其身于暮之春徵賢合姻登舟於茲水之濱連山倒垂萬象在下浮空泛景蕩若無外橫碧落以中貫陵太虛而徑度羽觴飛翔匏竹激越熙然而歌婆然而舞持頤而笑瞪目而倨不知日之將暮則於向之物者可謂無負矣昔之人知樂之不可常會之不可必也當歡而悲者有之況公之理行宜去受厚錫而席之賢者率皆在官蒙澤方將脫鱗介生羽翮夫豈趑趄湘中爲憔顇客耶余既委廢於世恆得與是山水爲伍而悼茲會之不可再也故志之

瀟水去零陵縣三十步源出九疑山至永興湘水合

湘水在零陵北十五里其源自全來求與瀟水合

新堂傳在九疑山之麓今在郡治唐太守韋宙立○柳宗元記公之蠲濁而流清豈不欲廢貪而立廉公之居高而望遠豈不欲家撫而戶曉然則吾公之立是堂豈獨草木土石水泉之適山原

林麓之觀殿 康功堂 在倅廳。胡明仲詩政拙催科永陵守實賴賢僚相可否邦人復嗣海沂歌倉廩雖空閭里有又酒闌四壁讀前碑吏隱猶勝五馬隨千古瀟溪周別駕一篇清獻錦江詩 臨瀟館 在州西江山奇秀浮梁直其下漁村蕭寺上下映帶唐裴宙以碧湘名之 美瑱館 在東湖之上即南池唐刺史李衢建今爲館范忠宣嘗家于此其旁有思范堂張敬夫書 亭軒 萬石亭 在子城北。柳宗元記御史中丞清河崔公來莅永州間日登城北墉臨于荒野藂翳之隙見怪石特出度其下必有殊勝步自西門以求其墟伐竹披奥欹側以入綿谷跨溪皆大石林立渙若奔雲錯若置碁怒者虎鬪企者鳥厲抉其穴則鼻口相呀搜其根則蹄股交峙環行卒愕目疑若搏噬於是刳闢朽壤剪焚榛薉決溝澮導伏流散爲疏林洄爲清池寥廓泓渟若造

物者始刋清濁效奇於茲地非人力也乃立游亭以宅厥中直亭之西石若屏分可以眺望其上青壁斗絕沉于淵潭莫究其極自下而望則合爲千嶺杳與山無窮明日州邑耋老雜然而至曰吾儕生是州藝是野眉厖齒鯢未嘗知此豈天墜地出設茲神物以彰我公之德歟既賀而請名公曰是石之數不可知也以其多而命之曰丨丨丨耋老又言曰懿夫公之名號也豈專狀物而已哉公嘗六爲二千石既盈其數然而有道之士咸恨公之嘉績未洽於人敢頌休聲祝公于明神漢之三公秩號萬石我公之德宜受茲錫漢有禮臣惟萬石君我公之化始于閨門道合於古祐之自天野夫獻辭公壽萬年宗元嘗以牋奏隷尚書敢專筆削以附零陵故事 三亭 柳宗元記河東薛存義來莅零陵宿蠹藏姦披露首服然未嘗以劇自撓山水魚鳥之樂澹然自若也縣東有山麓泉出石中乃作丨丨陟降晦明高者冠山巔下者俯清池游息具於是 西亭 在零陵縣東山法華寺柳宗元有留題 雙鳳亭 郡守彭合建學有異石伏壤間其上成文睨視之若羽而翻飛者蓋鳳之形記云鳳文物也永之士將以文鳴歟 玩鷗亭 在州西江彥章謫居日建自爲記曰客有過而問焉者曰子之鷗信可玩乎余曰我與物同見於天地之間者以形而我之知物物之知我者以心使吾心有以勝物則李廣之石可使爲虎使吾爲物所勝則樂令之弓亦能爲蛇是二者無情之木石也設以人心之故使之若出於有情如此苟吾心反如木石而無所示焉則鷗莫得而闚矣何爲而不可玩哉 西軒 在龍興寺柳宗元闢下瞰大江 花月樓 在州前雄冠一州 古跡 秦馳道 在零陵東八十里闊五丈餘類今之河道兩岸如削夷險一致始皇帝命天下脩道以備遊幸即

此也 懷素臺 在州東五里相傳唐僧懷素嘗於此草書有墨池筆塚在其側 漫郎宅 在浯溪上。曹輔詩浯臺倚漢雲唐亭枕溪石水石競奇麗中有丨丨丨 畢方之恠 柳宗元逐畢方文云永州元和七年夏多火災人無安處老弱燔死晨不爨瞑不燭皆列坐屋上左右視盡類物之爲者訛言相驚云有恠鳥莫睹其狀山海經云章莪之山有鳥如鶴一足赤文白喙其名曰畢方見則其邑有譌火若今火者其可謂譌歟而人有以鳥傳其異方歟遂命邑中狀而圖之禳而磔之爲之文而逐之云歘攸爆熾兮混合恢台民氣不舒兮偃踣顛躓又云祝融悔禍兮回祿屏氣太陰駐威兮玄冥行事 螭室 柳宗元云零陵城西有螭室于江法曹史唐登浴其涯螭牽以入作愬螭文投之江 名臣 召信臣 爲守 龍述 字伯高馬援戒其兄

子曰龍伯高端厚周謹願汝曹效之後爲零陵太守

柳宗元 河東人正元間爲監察御史裏行王叔文韋執誼得政引與計事擢禮部員外郎叔文敗貶永州司馬

薛存義 爲守

韋宙 爲刺史州負嶺轉餉艱險每飢人輒死宙始築常平倉收羨餘以濟

皇朝

周頤 治平爲倅嘗著拙賦今倅廳有拙堂取此以名南軒作州學祠記曰本朝文忠寶公范內翰公鄒侍郎公皆建祠於學宮矣惟先生嘗倅此州遂即殿宇東偏闢祠

胡安國 紹興間知永州

胡寅 紹興八年以徽猷知十年再知

楊萬里 爲零陵丞建誠齋紹興賜宸翰

人物

蔣琬 零陵湘鄉人爲蜀丞相

黃蓋 零陵泉陵人也仕吳赤壁之役建策火攻領武陵太守

元結 後魏常山王十五代孫少居商餘山稱元子避時入猗玗洞稱猗玗子後居瀼濱自稱浪士天寶十二載舉進士第禮部侍郎楊浚見其文曰一第溷子耳有司得子是賴時人謂浪者亦漫爲官遂呼漫郎及家瀼上漫遂顯廣德元年拜道州刺史喜浯溪因家焉

名宦

皇朝

蘇軾 自昌化徙永州

蘇轍 自雷循徙永州

黃庭堅 謫宜州道過永州留連數月

邢恕 謫永州丞相劉莘老有答恕書云永州佳處第往以俟休復

張浚 謫居

方疇 字耕道以上書忤罪謫居永州作困齋張南軒記

題詠

寓居湘岸四無鄰 柳宗元詩云云世網難嬰每自珍

青玻璃盆插千岑 黃魯直慈氏閣詩云云湘水水清無古今何處拭目窮表裏太虛飛閣暫登臨

四六

眷茲二水　地連荊楚　地極三湘　文士所臨

冠于三湘　水合瀟湘　俗參百粵　地望增重

况二水之名邦　濫承分憂之恩　矧是永陽之古郡

乃九疑之支麓　方軫補苴之念　實惟平楚之中流

山靈因柳子之詩而猶晶采　濂溪夫子嘗因半刺以拜官

石崖有元郎之頌誰不品題　山谷老人亦泛扁舟而懷古

讀子厚之文當念斯民之重斂

勸次山之頌更觀今日之中興

碩屬鈞陶益見容我等之數百輩

特看勳業當爲刻中興之第二碑

新編方輿勝覽卷之二十六

建安祝　穆　和父編

寶慶府　邵陽　新化

【建置沿革】禹貢荆州之域於辰在巳楚之分野春秋戰國屬楚秦爲長沙郡漢爲昭陵縣屬長沙國東漢屬長沙零陵二郡漢又改昭陵縣爲昭陽縣吳立邵陵郡屬荆州即今郡是也晉武改昭陽曰邵陽縣隋廢郡地屬潭州唐置南梁州改爲邵州　皇朝乾德間陞爲中州以　理宗潛藩陞寶慶府領縣二治邵陽

【郡名】邵陽　邵陵　並見沿革　資川

【風俗】

【事要】其人尚氣而貴信　邵陽郡志序曰云云喜直而惡欺節儉而不奢朴直而不恌

其水宜稻　呂稽中豐年堂記　其陸饒黍稷麻麥　同上記

【形勝】東距洞庭西連五嶺　郡志　同上東南擁僞山南接蒼梧云云

據三湘上游　僧希白開元寺塔記據九疑之〻形勢丨丨丨之丨丨土饒地靈實南楚之望也

爲湖嶺衝要　侯延慶脩門記自鼎宰中納梅山爲省地通道置驛而郡云云

控引溪蠻　任貲言脩城記云云盤錯數百里

介于長沙零陵之間　郡志序云云有唇齒輔車之勢

【山川】熊山　昔黃帝登丨丨意其此也

龍山　介于二邑之間秀峯四出上有龍池泉

梅山　與中興寺相連

文仙山　在新化西二十里晉高平脩養之地上有三峯石壁峭絕半山之間有石室旁有龍池

青山洞　在新化北巖石環起奇怪萬狀

邵水　去郡一里

資水　在新化縣東流入益陽

西湖　上有渚亭

【井泉】濂泉　在通道坊以周茂叔得名

【亭臺】光風霽月　在郡治

望仙亭　在郡圃○歐陽識詩云資水西來兼邵水龍山橫鶩際梅山

法華臺　在東山絕頂下瞰長江實邵陽勝槩

【名宦】周頥　治平五年以永倅來攝郡遷家於郡東郡學有祠○朱元晦記邵陽太守潘侯燾以書來曰郡學故有濂溪先生祠既又以故府張九成之學爲出於先生也則亦祠以侑焉熹惟先生之學實得孔孟不傳之緒以授二程先生而道以大明然自再傳之後則或僅得其髣髴或遂失其本真而不可以若是班矣乃更闢堂東一室特祀先生以致區區尊嚴道統之意某爲之嘆曰先生之精立圖以示先生之蘊因圖以發而其所謂無極而太極者又一圖之綱領所以明夫道之未始有物而實爲萬物之根柢也夫豈以爲太極之上復有所謂無極者哉近世讀者不足以識此而或妄議之既以爲先生病史氏之傳先生者乃增其語曰自無極而爲太極則又無所依據而重以病夫先生故嘗欲援故相蘇公請刊國史草頭木脚之比以正其失而恨其力有所不逮也

張九成　字子韶號無垢先生紹興十年守是邦

【人物】胡曾　居邵之永成鄉有詠史詩一百首

【名賢】陳與義　號簡齋建炎初避地邵陽周氏之家長於詩後爲參政

【題詠】水邊花氣薰章服　朱慶餘送邵州林使君詩軒車此去也逢時地屬湘南頻入詩一月計程那是遠中年出守未爲遲云云嶺上

嵐光濕畫旗想得化行風土變州人應爲立生祠 **驛路算程多是水** 姚少監送人赴邵州詩詔書飛下五雲閒才子分符不筭閑云云州圖經地少於山江頭斑竹應尋遍洞裏丹砂自採還清淨化人人自理終朝無事更相閑 **俗朴應無爭競人** 張籍送林邵詩有云詞客南行寵命新瀟湘郡入曲江津山幽自足探微處云云郭外相連排殿閣市中多半用金銀知君不作家私計遷日還同到日貧 **路在好山寧厭多** 章子厚過石櫓鋪詩瘴癘潛銷瑞氣和梅峯千里潤煙離人運雙帳雜云 **人家迤邐見板屋** 章子厚開梅山詩云云火耕磽确名畬田長藤酌酒跪而飲何物爽口鹽爲先 **此地從來寒暑偏** 張迪詩云云窮紈不曾遺棄指

四六

榮膺鳳綍　旁連百粵　雖曰小邦　乃眷邵陽
出守龍藩　近控群蠻　有隆潛邸　甲于楚地
春濱川之名郡　接九疑之勝境　地攬楚尾之餘封
據楚國之上游　據三國之上流　實接梅山之故境
地少於山安得膏腴之可種　惠綏民俗載觀侯度之賢
道通於嶺當知寒暑之亦偏　鎮撫峒蠻尤藉使名之重
念濂溪遊宦之邦當明道統　粵從分虎昔特謂之偏州
考朱子論人之意則有記文　爰自潛龍今有隆於此地

全州 清湘 灌陽

建置沿革 禹貢荆州之西境楚地翼軫之分野春秋戰國屬楚秦屬長沙郡漢屬長沙國洮陽縣屬焉即今湘源武帝分置零陵縣即今灌陽三國屬吳隋改零陵郡爲永州五代晉高祖時改永州之湘源縣爲清湘縣置全州割永之清湘灌陽二縣隸焉皇朝因之今領縣二治清湘縣

事要

郡名 清湘　湘源

風俗 **風俗儉陋** 郡志云云獄訟希簡 **民訟甚簡** 王元之云云民獄甚鮮 **不漁則樵** 李之儀全州隱靜堂記清湘間山深水闊可耕而盧者十無二三凡爲生云云土地風氣雖與閩粵不同而生理則易

形勝 **南抵桂嶺** 郡志 **北爲湘水** 柳開記云舟抵嶺下問其嶺之名即分水嶺分水即湘灕水也二水異流謂其東出海陽至此分南北而離也云云南爲灕水 **漢洮陽之地** 寰宇記云云在湘江之西岸 **介西嶺之下** 王輦休齋亭記云云 **當湖南窮處** 清湘郡志 **鄙于蠻獠** 陸游撰郡守壁記郡云云而復當交廣之衝 **陸走山巖** 貢院記道衡嶽而南云云水浮浯瀨藥 **雲**回曲折趨於荆楚而得所謂湘源故名 **泉竹樹** 王元之送柳無咎倅湘源序江山環爲云云爲天下甲

山川 **湘山** 在郡治 **黃華山** 在湘源縣即今之清湘 **龍巖** 在清湘北十五里虛明深窈有飛泉數百丈縈後如飛練 **羅水** 在清湘西百里北流入湘江 **灌水** 在灌陽南五十步自靜江界來 **洮水** 在清湘北五十里出文山南流入湘江水北爲陽故漢置縣以洮陽名 **龍川水** 在灌陽縣之西北

學校 清湘書院 趙華父記吾友林岊守全得柳侯仲塗讀書遺址築室館士今守趙必愿增而大之
樓閣 楚南偉觀 在子城西 湘春樓 在郡治西 捲煙閣 柳開有詩 皆山閣 楊廷秀記衡湘以衡左的遠於中州而亦以山水重天下
名宦 柳開 知全州有西溪洞粟氏常抄掠開遣牙吏勇辯若三華使諭之粟氏懼率其酋俱來作時鑑一篇刻石戒之遣其酋入朝 李亨伯 爲守年六十四即掛冠詳見漳州
人物 蔣舉 居母喪結茅墳側芝生於石紹興間旌表門閭
題詠 瀟水連湘水 唐戴叔倫詩云云千波萬浪中知君未得去慙愧勿尤風 郡城如在畫圖中 陶弼詩南北東西幾萬峯云云

煙郭遙聞向晚雞 杜牧晚次湘源縣云云水平舟靜浪聲齊爲秋帶雨楊梅熟曲岸籠雲謝豹啼
四六 金芝丹禁 分竹清湘 地居荊楚 水合瀟湘 夾嶺雜居 邊圉所繫 封圻雖狹 民物實繁
惟湘源之古郡 實南楚之上游 眷彼湘源之遠 實惟嶺嶠之衝 郡境雖連於南粤 土風猶接於中州
天開洞府疑仙聖之去來 壤接炎荒尚蠻猺之錯雜 泝湘江之窮源乃建偏州 當衡嶠之要衝有同遠俗
山深水闊地固少於可耕 俗陋訟稀郡亦稱於無事 雖考亭文有竹石雲泉之勝 然觀壁記亦山巖水瀨之多

桂陽軍 平陽 臨武 藍山

建置沿革 禹貢荊州之域於辰在巳楚之分野春秋戰國屬楚秦屬長沙郡漢高帝分長沙爲桂陽郡臨武今之臨武縣南平今之藍山縣郴縣今之平陽縣屬焉東漢因之吳分桂陽置始興郡後屬東衡州隋改東衡州爲郴州又改桂陽郡唐置郴州憲宗時即平陽縣置桂陽監以其地在桂洞之南故曰桂陽 皇朝陞桂陽軍今領縣三治平陽

事要
郡名 桂陽 見沿革注
風俗 淳朴近古 桂陽志云畏法少訟 侏儒其言 同上志峒猺斑斕其衣云云㺜猺王子孫或遣子入學 減歲貢銀 長編開寶二年上覽桂陽監歲入白金數謂宰相曰山澤之利雖多頗聞採納不易詔減三分之一 戶只貢銀 類要云云無夏秋稅
形勝 襟帶江湘 陳亨甫五雲觀記云云控引交廣

外撫五峒 紹興二十二年乞陞改軍額奏狀云內轄三縣云云
土産 白金 郡志産丨丨丹砂水銀錫碧之寶長柵文粹設樂美荷之材
山川 藍山 在平陽縣 壇山 在平陽唐高祖詔南方有山巖險中有聖人足跡 大湊山 在城西搭谿云出銀鑛當其盛時爐煙蓊然上接雲漢烹丁紛錯商旅輻湊因名 鹿頭山 在東門山有石如鹿 龍渡山 在軍南三十里有神甚靈陳傅良爲文記之 芙蓉山 在城西諸峯特出下有泉曰蒙泉 歸水 在藍山縣又名舜水與舂陵水合流 湟水 漢武帝使路博德將兵出桂陽下丨丨以伐南越 藍湖 在軍治左 豐湖 水源出寶積寺前流入子城
學校 湖南道院

在郡治

甘露堂 在郡治元豐甘露降

石林亭 去城二里有石列空職方郎中黃照鄰父子讀書於此

名宦

衛颯 為桂陽太守鑿山通道列亭置驛

皇朝李綱 以常博知監

人物

黃照鄰 見石林亭注

題詠

奏最謁承明 陽持寄朗陵兄詩剸舉官猶屈風謠政已成行看換龜組云云

桂水橫煙不可涉 李白送族弟歸桂陽詩秦雲連山海相接云云

嶺開越嶠通交趾 潘正夫桂陽詩云云路轉荊門入九疑

地連五嶺雜蠻風 石景立游鹿山詩峰對九疑閩觸喉云云

不征穀粟只征銀 章侁詩官中遂月催租稅云云

四六

出綍綱宸　若推一監　推桂陽之為郡

建牙桂水　今號十同　極湘水之盡頭

嶺外名邦　竊稽漢史之封　爰究之代此郡俗始農桑

湖南道院　不但衛颯之政　許荊之繼是邦民知教化

盤孫嫣舌之與居七風雜習　育蚕植柘將課效於前脩

蠻獞犬牙之相入雖亢在旁　飛鳳塗芝即召還於近列

武岡軍

武岡　新寧　綏寧○

建置沿革

禹貢荊州之域楚地翼軫之分野春秋戰國為楚地秦屬長沙郡自漢武分長沙為零陵郡而都梁夫夷二縣皆屬焉吳分零陵北部為邵陵郡晉分都梁立武岡縣隋廢武攸縣唐復為武岡　皇朝崇寧陞為武岡軍以制溪洞

今領縣三治武岡

事要

郡名

都梁 今武岡山東五十里有漢都梁故城

風俗

儉陋 都梁志云云獄訟亦簡

市井稠密 崇寧敕牒云疆境闊戶口繁云云商旅往還

形勝

當湖南僻處 都梁記

楚際南壤 置軍敕牒云云元冥所不統

黔山之嶺 柳宗元武岡銘

控制溪峒 唐開元間敕牒云云彈壓諸蠻

紹興用文臣 軍志云自置軍後守臣用武自紹興十六年守臣始用文臣

山川

雲山 在武岡縣此山為一郡勝處又有月華山杏花鳩投龍洞猿藤水道者嚴侯公洞第六十九福地也○李思聰詩杏花鳩投投龍洞瀑瀨蒼崖鶴骨寒

武岡山 去軍城五里舊經東漢伐五溪蠻保此岡故曰武岡左右岡對峙相去可二里○柳宗元銘并序云元和七年四月黔巫東鄙蠻獠雜擾盜弄庫兵賊脅守帥南鈎牂牁外誘西原置魁立伍殺牲盟誓洞窟林麓嘯呼成羣皇帝下銅獸符發庸蜀荊漢南越東吳之師四面討問畏罪憑阻逃不即誅時惟潭部戎帥御史中丞柳公綽練立將校提卒五百屯于武岡不震不驚如山如林告天子威命明白信順亂人大恐視公之師如百萬視公之令如風霆悲號呻吟喜有攸訴投刃頓伏願完父子卒為忠信奉職輸賦進比華人無敢不龔丗率生胥蠉來于潭咸致天庭皇帝休嘉式新厥命兇渠同惡革面向化如醉之醒如狂之寧公為藥石俾復其性詔書顯異進臨江漢發兵三倍為時碩臣賜于大邦文儒中申有此武功於是夷人始服開公之去相與爲踊泮呼若寒去衮昔公不夸首級爲已能力事務教誨俾邦斯平我老洎幼由公之仁小不為虺蜮大不為鯨鯢恩重事特不遹而

遠莫可追已頓帰武岡首以慰我思以昭我鄰以示我子孫彌億萬年俾我奉國如今之誠鄰之我懷如公之勤其辞曰○黔山之嶺巫水之礌魚駭而離獸犯而殘戶恐谷竄披攘仍亂王師來誅期死以綏公明不疑公信不欺授師定命俾邦克正皇仁天施我反其性我塗四闢公示之門我愚抵死公示之恩既骨而完既亡而存奉公之訓貽我子孫我始登賦由公而仁我始冠婚由公而親山畋澤虞輸賦于都陶穴刋木室我烟族烝牲是祀公受介福揲蓍以占公宜百福皇懋公功保于大邦遠哉去我誰嗣其良有穴之卅有舉之頑匪曰余固公不可脱視鄰之德當遵公則勉余之世永謹邦制南夷作詩刻示來裔

金城山 在武岡縣界是石真人所治之處第六十八福地也○李思聰詩杳祀洞天路崎嶇曾見千年石斛奴

寶坊山 去軍城五里有法相寺又有巖洞八所

紫陽山 有千尋石室即周謙議讀書處前瞰溪陳簡齋所謂雷霆鬼神之所爲非人力所就者是也

都梁水 源出都梁縣西南百里與邵水合

紫苑洲 洲上產此藥

【亭榭】

湖光亭 在郡城

漁父亭 即屈原見漁父處

清涼境界 在郡治

雲山不夜 在郡治

七十二峯閣 在郡治

【名宦】

王導 以討華軼功封武岡侯

陶侃 按陶侃補武岡令與太守呂岱有嫌遂棄官歸爲郡小中正

柳公綽 見前武岡注

【人物】

鄧處訥 五代時爲邵州刺史會節度使閣育爲周岳所殺處訥興兵問罪積八年攻岳斬之其子孫鄧遇爲駕部郎中元恭爲殿中丞延鑪爲大理

皇朝周儀 登雍熙科子湛登天禧第少讀書山中後爲諫議稱嘉祐名臣

【題詠】

前江後嶺通雲氣 陳去非詩云云萬壑千巖送雨聲

松花照夏山無暑 陳去非詩南澗題詩風滿面東橋行樂露沾衣云云桂樹留人吾豈歸

山中城裏總非家 陳去非詩風送孤蓬不可適云云

【四六】

都梁樂土歲租仰於永邵蓋一歲止萬石之租
巫水舊藩峒寇接於辰沅而四郊無百金之子
崇寧拔縣而陞軍甫百餘歲此地之峻嶺崇岡羣蠻竄至
嘉定偃兵而置倅亦三十年同坐之清風明月半刺平分
民採雜處窘於猺獠之難調控八百圖之溪洞默寓恩威
營戍猥多困於鄰饟之莫繼贍二千衆之戎兵尤難供億
鄰餉不繼則費用不容無節
弊冗素多則滲漏烏得弗稽

茶陵軍 茶陵

【建置沿革】

自漢以前沿革與衡州同西屬長沙國武帝時封長沙定王子訢爲茶陵侯漢爲長沙縣界吳改曰聲鄉晉屬湘東郡隋屬湘潭唐立南雲州仍立茶陵縣武帝因故縣復置南茶陵縣即今理也　中興以來湖南路安撫提刑奏陞軍額知縣曰茶陵軍使兼知茶陵縣事仍隸衡州今領縣一治茶陵

【事要】

【郡名】 **雲陽**

【風俗】 **頗有蠻風** 圖經云云尚勇好鬭 **民貧山居** 見下注

【形勝】 **古茶王城** 郡志茶陵者陵谷名也今

攸縣東北四十里有茶陵故城是漢所理俗名茶王城

山川 茶山在軍城之東 彌勒山在茶陵縣東五十里高一千二十丈 大悲山在軍東十里 雲陽山在茶陵縣○丹臺録黄初平自號赤松子治于南嶽之陽即此地有松高百丈 茶水源在縣西百二十里出景陽山北流至龍丅十餘里合白鹿泉 桃源溪出雲陽五洞溪至此溪二百里合雲陽水至縣五十里合茶水 靈巖泉在縣東二十里

名宦 丘旭字孟陽宣城人南唐狀元及第自江寧尉調邑簿呂聖功判銓曰吾以為古人今乃見之薦試斈士院不中久之為茶陵縣秩滿致仕見江南野史 皇朝彭友方瀏寧主茶陵簿民貧而山居輸潭州造舡木以折歲租江行千餘里其費數倍民益困友方白護漕朱初平請均出木即縣造舟公私兩便

人物 唐譚子茶陵雲陽人失其名以文章隱居山谷元次山居九疑扁舟往從之遊有送譚山人歸雲陽序

題詠 闕

四六 寵膺恩綍茶榷專城　名雖邑寄權貴州符　自軍號之更新加使名而增重

名雖小邑有疊組以蒐棠體若大邦可片言而專決　撫摩疲俗瘵病不異於邑民節制兵權號令實均於郡將

俗多私販每嘯聚於鑿兇事可便宜庶肅清於千里

新編方輿勝覽卷之二十七　建安祝穆和父編

○湖北路

江陵府

江陵　公安　潛江　監利
松滋　石首　松江

【建置沿革】禹貢荊及衡陽爲荊州楚地翼軫之分野鶉尾之次春秋時謂之郢都秦以其地置南郡項羽時封共敖爲臨江王都江陵漢爲南郡後漢因之三國鼎立荊州亦分爲三關羽既沒南郡屬吳荊州之名南北雙立魏立荊州理宛今南陽郡是也吳立荊州理江陵今郡城是也晉武帝以南郡爲荊州治所晉或理武昌王澄還治江陵自桓溫於江陵營城府此後常以江陵爲荊州理所宋文帝常鎮荊州魏於穰苑置荊州於是復有二荊州陳置荊州於公安以長江爲界隋廢南荊州爲公安鎮煬帝罷荊州爲南郡唐改江陵郡復爲荊州置荊南節度使又置南都以荊州爲江陵府尋罷都　國朝以高繼沖爲江陵尹　中興陞爲帥府改荊南府復爲江陵府荊南節度今統郡十六
領縣七治江陵

【事要】

【郡名】古荊 釋名曰荊州取名於荊山又曰荊警也南蠻數寇常置警備故謂之荊　荊臺 在監利縣西三十里土洲之南家語云楚王游｜｜司馬子祺諫王怒今尹子西賀即此地是也　南楚 孟康漢書注三楚舊名江陵爲｜｜　西荊 陶潛還江陵詩曰遙遙至西荊｜｜注時京在東故謂荊州爲西荊　鶴澤 晉羊祜鎮荊州江陵澤中多有鶴常取之教舞以娛賓客因名｜｜後人因之遂呼江陵郡名爲鶴澤

【風俗】蠻荊之地 詩蠻荊來威晉元康記荊州爲古｜｜　五方雜居 宗字記唐至德之後流傭浮食者衆云云風俗大變　衣冠藪澤 見載江陵號云云孫謂琵琶多於飯甑措大多於鯽魚　競渡之戲 隋志荊州尤重淫祀屈原爲制九歌蓋由此也原以五月五日赴汨羅土人追至洞庭不見湖大船小莫得見者乃歌曰何由得渡湖因此爭歸競會亭上習以相傳爲競渡

【形勝】東連吳會 通鑑諸葛亮語劉備曰荊州方城爲城漢水爲池北據漢沔利盡南海云云西通巴蜀此用武之國也　南有洞庭 史蘇秦說楚威王曰楚西有黔中巫郡東有夏州海陵｜｜｜｜蒼梧北有陘塞郇陽地方五千里帶甲百萬此霸王之資也　南通五嶺 高武信王神道碑云云旁帶一江控壤吳蜀舟車四達　北繞潁泗 淮南子曰楚地南卷沅湘云云西包巴蜀東裹郯邳潁汝以爲城江漢以爲池垣之以鄧林綿之以方城　控扼巴蜀 胡旦開河記｜｜｜｜襟帶吳越　可出三川 繫年錄知郢州王庶言左吳右蜀利盡南海云云涉大河以闚中原曹操所以畏關羽者此　下瞰京洛 趙鼎奏荊襄左顧川陝右視湖湘而云云在三國所必爭眞帝王之宅也　楚有七澤 張孝芳景濂堂記云云水物之美甲於天下離騷所述雲夢所賦非涉其境者安能知之○史記江陵故郢都西通巴巫有雲夢之饒　熊繹所封 周封熊繹於楚　國之西門 通鑑晉何充云　爲吳蜀之門戶 皇朝繫年錄吳拱遺大臣書荊南云云襄陽爲荊州之藩籬

有西陝之號郡縣志東晉以後皇居在建業以揚州爲京師根本荊州爲上流之重鎮此周召之分陝故云云　據江湖之會重脩渚宮記南夏劇鎮云云　即西川

江南廣南都會之衝通鑑云穆昭嗣曰荊南云云旣克此則水陸皆可趨蜀

甲兵所聚通鑑宋紀曰晉氏南遷爲京畿穀帛所資者皆出焉以荊州爲重鎭故｜｜｜｜者在焉

爲四戰之地通鑑楚將王環曰江陵云云　得人則中原可定通鑑晉永和庾翼旣卒朝議欲以便愛之代其任何充曰荊楚國之西門戶口百萬北帶強胡西鄰勁蜀云云失人則社稷可憂　置使視揚益宗荊持正集

【山川】

荊山郡志其首曰景山金玉所出卞和得玉於此獻厲王及武王皆以爲石刖其兩足和抱璞哭於｜｜之下　龍山在江陵縣西有落帽臺　紀山在府北四十里自荊門西山而來蓋州治主山。江陵志後梁宣明二帝陵林木鬱然　巴山在松滋縣左傳巴人伐楚拔荊南志云巴人後逋而歸有巴復村故名　九岡山在松滋縣西九十五里。昔人詩江分三峽濁山帶九岡青　畫扇峯荊州記脩竹亭西一峯遠而望之如畫扇然　息壤淮南子曰鯀湮洪水盜帝之｜｜帝使祝融殺人於羽淵今荊州南門外有石狀若屋宇陷入地中不可犯畚鍤又頗以致雷雨歲旱有應。唐元和中裴宇牧荊州掘之得石城與江陵府同中徑六尺八寸徙棄之是年霖雨不止遂埋之見息壤記。蘇子由詩南郡城南偏何者平地生長殊不休　江水出岷山南過江陵

漢水杜預曰禹貢漢水至大別南入江　沮水出漢中房陵縣東南過枝江縣入于江　漳水出臨沮南至枝江入于沮。左傳云江漢沮漳楚之望也此水也　夏水楚詞過夏首而西浮即此左傳吳伐楚至于夏汭注今名夏口　東湖在公安門外五里佛華寺東北張商英建廣袤數里爲遊賞之勝　高沙湖在江陵梅廻州上四蕃志鄭聘士文範先生嘗家焉。苗當直詩不趁吏部曹中板且膽高沙湖裏魚　三海江陵以水爲險陸抗之築大堰建隆閒高勉得之名北海是也紹興逆亮將渝盟李師夔檀上下海以爲遏敵之計開禧兵端旣開劉帥甲又再築上中下三海吳帥獵繼之引漳沮及諸湖之水注三海綿亘數百里瀰漫相連又爲八櫃丁卯春虜犯荊門距江陵纔百餘里而去亦知有三海之險也　漕河在江陵縣北四里。紹興元年省劄江陵府城下舊有漕河若略加開淘則江陵城下綱運順流從江漢直達襄峴契勘本府漕河乃晉元帝建武初所鑿自羅堰口出大漕河由里社沌口漢水口直通襄漢二江。張孝芳修渠記　國朝端拱元年閻文遜奏開東漕渠自師子口以入于漢以達于襄陽遂發丁夫治荊南漕河至漢可勝二百石舟上泝之人利焉天禧末尚書李夷庚濬古渠達夏口以通賦輸蓋自襄而郢順流也勢易也自郢而襄遡流也勢難也且有風濤不測之險

百洲枝江縣江津中有九十九洲楚諺曰洲不滿百故不出王者桓玄有問鼎之意乃增其一僭號旬時及其傾覆洲亦銷戚至宋文帝在藩忽生一洲果龍飛江表　龍陽洲在江陵縣界舊經云後漢李衡於洲上作宅種橘。○史記江陵千樹橘其人與千户侯等　菊潭十道記云荊州菊潭其源旁芳菊被涯其滋液極甘潛谷

中有三十餘家不得穿井仰飲此水上壽二三百中壽百餘其七十八十猶以爲夭

沙頭市 去城十五里四方之商賈輻湊舟車駢集。元稹江陵觀月詩闤闠｜｜｜玲瓏竹岸隈

寸金堤 在府城外萬壽寺西張孝祥記

【樓閣】

仲宣樓 在府城東南隅後梁時高季興建名以望沙樓｜｜魏志王粲山陽高平人少而聰惠有大才仕爲侍中時董卓作亂仲宣避難荊州依劉表遂登江陵城樓因懷歸而有此作述其進退危懼之情也賦曰登茲樓以四望兮聊暇日以銷憂覽斯宇之所處兮實顯敞而寡仇挾清漳之通浦兮倚曲沮之長洲背墳衍之廣陸兮臨皋隰之沃流北彌陶牧西接昭丘華實蔽野黍稷盈疇雖信美而非吾土兮曾何足以少留遭紛濁而遷逝兮漫踰紀以及今情眷眷而懷歸兮孰憂思之可任憑軒檻以遙望兮向北風而開襟平原遠而極目兮蔽荊山之高岑路逶迤而脩迥兮川既漾而濟深悲舊鄉之壅隔兮涕橫墜而弗禁昔尼父之在陳兮有歸歟之歎音鍾儀幽而楚奏兮莊舃顯而越吟人情同於懷土兮豈窮達之異心惟日月之逾邁兮俟河清其未極冀王道之一平兮假高衢而騁力懼匏瓜之徒懸兮畏井渫之莫食步棲遲以徙倚兮白日忽其將匿風蕭瑟而並興兮天慘慘而無色獸狂顧以求群兮鳥相鳴而舉翼原野闃其無人兮征夫行而未息心悽愴以感發兮意忉怛而憯惻循階除而下降兮氣交憤於胷臆夜參半而不寐兮悵盤桓以反側

明月樓 劉孝綽所建。顏之推詩屢陪明月樓

曲江樓 舊有南樓張曲江嘗登樓賦詩張南軒建樓因易今名。朱元晦記廣漢張敬夫守荊州之明年歲豐人和幕府無事顧常病其學門之外即阻高墉乃直其南外門通道以臨白河且爲樓觀以表其上一日與客往而登焉則大江重湖縈紆渺彌一目千里而西陵諸山空濛晻靄又皆隱見出沒於雲空煙水之外敬夫於是歎曰此亦曲江公所謂江陵郡城南樓者耶昔公去相而守於此其平居暇日登臨賦詠蓋皆翛然有出塵之想至是傷時感事寤歎隱憂則其心未嘗一日不在於朝廷而汲汲然惟恐其道之終不可行也

七澤觀 在東南隅城門帥張安國名

一柱觀 郡縣志在松滋東丘家湖中按渚宮故事宋臨川王義慶在鎮於羅公洲立觀甚大而惟一柱。梁劉孝綽詩經從一柱觀出入三休臺｜杜甫詩孤城｜｜｜落日九江秋

【亭臺】

樂楚亭 鄭穀夫有記

繡林亭 在石首縣陽岐寺黃魯直題扁

南極亭 在松滋縣山谷有｜｜｜與鄭天錫詩

濯纓臺 在監利東三里屈原濯纓處

落帽臺 見龍山注。李白詩九日龍山飲黃花笑逐臣醉看風｜｜舞愛月隨人。胡槃落帽臺記曰萬年固佳士然所事非其人風伯爲之免冠耳

【館驛】

江陵館 羅隱荊州江陵館詩西遊象闕愧知音東下荊溪稱越吟風動芰荷香四散月高樓閣影相侵閑歌別棹千般夢醉送征帆萬里心薜荔衣裳木蘭檝異時煙雨好追尋

【古迹】

郢城 左傳襄子歸絲謂子庚必城郢荊州記云掘得石函曰楚都郢

郢城 在江陵縣南二百里楚昭王時郢公所築今松滋楚城號｜｜

脩門 離騷曰來入｜｜王逸注郢城門也

渚宮 郡縣志楚別宮左傳楚子西沿漢泝江將入郢王在｜｜今之城楚船宮地也梁元帝名以｜｜唐高從誨築城西南隅爲池築亭名曰渚宮｜｜蘇子瞻詩渚宮寂寞依古郢楚地荒茫非故基二王臺閣湘東王高氏已鹵莽何況遠問縱橫詩楚王獵罷擊靈鼓猛士操

舡張水嬉釣魚不復數魚鼈大鼎千石烹蛟螭當時郢人架
宮殿意思妙絶般與倕飛樓百尺照湖水上有燕趙千蛾眉
臨風揚揚意自得長使宋玉作招詞秦兵西來取鍾簴故宮
禾黍秋離離千年壯觀不可復今之存者蓋已卑池空野迥
樓閣小惟有深竹藏狐狸臺中絳帳誰復見臺下野鴨浮清
漪綠窻朱户春晝閉想見深屋彈朱絲腐儒亦解愛聲色何
用白首談孔姬沙泉半涸草堂在破牕無紙風颼颼陳公蹤
跡最未遠七端寥落今何之百年人事知幾變直恐荒廢成
空陂誰能爲我訪遺迹章中㸐有湘東碑

章華臺 晉杜預云在今南郡華容城中華容即今監利張文昌樂府有章華行

絳帳臺 郡志東漢馬融教授弟子于此今鼓角樓之西是其處也○劉莘老詩馬融號耆舊太守南郡來橫經坐絳帳自歎何崔嵬帳前列徒弟帳後歌管陪書生貿賤志遷以聲色回

寇萊公竹 勝覽卄七 在褙江縣師院寇萊公卒于海康詔許歸葬道出公安邑人祭於道斷竹插地以掛紙錢竹遂不根而生邑人立廟于側奉祀甚謹侍讀王公樂道紀其事於石

名宦

郭賀 爲荊州刺史百姓歌之賞以章服勑行部去襜帷露冕使百姓見其容服以章有德

馬融 爲南郡太守教養諸生常以千數坐高堂施絳帳前授生徒後列女樂今子城西有絳帳臺

法雄 爲守先是猛獸爲害雄令毀去陷穽虎暴遂去因名虎渡里出本傳

劉昆 爲江陵令時縣連年火災昆輒向火叩頭而降風止人稱其至誠所感

劉弘 白氏六帖弘爲荊州每有手書郡國丁寧款密人皆感之曰得劉公一紙書賢於十部從事

陶侃 代王敦爲刺史治江陵勤於吏職終日斂膝危坐閫外事千緒萬端罔有遺漏遠近書疏莫不手答引接疏遠門無停客諸參佐或以手談廢事者命取其酒器蒲博之具投之江嘗語人曰大禹聖人乃惜寸陰至於衆人當惜分陰

謝安 桓溫辟爲征西司馬旣至溫甚喜言平生歡笑竟日旣出溫問左右頗嘗見我有此客否溫嘗詣安値其理髮安性舒緩久而方罷使取幘溫見留之曰令司馬著幘其見重如此

謝奕 爲桓溫司馬在坐岸幘嘯詠無常溫曰我方外司馬

王徽之 字子猷爲桓溫參軍蓬首散帶不綜府事又爲車騎桓沖騎兵參軍沖問卿署何曹對曰似是馬曹又問管幾馬曰不知沖嘗謂曰卿在府日久比當相料理徽之不答直高視以手版拄頰云西山朝來致有爽氣耳

孟嘉 爲桓溫幕府九日遊龍山僚佐畢集並著戎服有風至吹嘉帽落嘉不之覺溫命孫盛作文嘲之嘉答之其文甚美

張九齡 勝覽卄七 以爭牛仙客事貶荊州長史嘗以文史自娛○賦詩云謬忝爲邦寄多慚理人術陳力儵無效謝病從芝朮

張柬之 武后曰安得一奇士用之仁傑曰荊州長史張柬之雖老宰相材也用之必盡節於國

姚崇 天寶遺事崇牧荊州三年授代闔境民吏泣擁馬首不使之去所乘之馬鞭鐙民皆截留

元結 安史之亂以討賊遷荊南節度使

段文昌 帥荊南或旱禱解必雨或久雨禱出遊必晴民爲語曰旱不苦禱雨雨不愁公出遊

孟浩然 張九齡爲荊州辟浩然置幕府嘗賦觀獵詩

韓愈 德宗時爲監察御史上疏論宮市貶陽山令正元移荊州法曹參軍

韓朝宗 李白與韓荊州書白聞天下談士相聚而言曰生不願萬户侯但願一識韓荊州何人之景慕一至於此君侯不以長揖見拒若必接之以高宴縱之以清談請日試萬言倚馬可待今天下以君侯爲文章之司命人物之權衡一經品題便作佳士而今

君侯惜階前盈尺之地不使白揚眉吐氣激昂青雲耶

元稹 字微之憲宗時拜監察御史不避中人仇士良怒擊損敗面宰相謂稹年少輕立威失憲臣体貶江陵士曹參軍

皇朝陳堯咨 祥符中知荆南母馮氏問曰汝典郡有何治效堯咨曰稍精於射母曰汝不務仁政而專一夫之技扶而擊之

元絳 湘山野錄公成童時侍錢塘府君於荆南每從李於龍安僧舍後三十年以龍圖二郡爲帥昔僧猶有存者公因建堂名曰碧落詩云九重侍從三明主四紀乾坤一老臣

鄭獬 帥江陵劉忠肅摯爲察推章子厚爲帥屬役人以爲一時盛事

劉摯 治平中爲察推

張商英 以言事出監荆南商稅

胡安國 爲江陵察推改除數授今江陵北地名新店文定故宅存焉

張栻 爲帥

張孝祥 爲帥嘗有送李人赴省詩云解道珍貢入琢王宝光寒簇仗春旗巷看君東治安

方共廿 一之九

〔人物〕

老萊子 寰宇記楚人事親至孝常服斑斕之衣年七十尚爲嬰兒啼戲於親前

漢陰叟 寰宇記楚人居漢水之陰子貢南遊見丈人爲圃鑿池抱甕出灌圃用力多子貢教之鑿木爲桔槔丈人曰吾聞有機事者必有機心也

陸通 楚人謂之楚在接輿

接輿

宋玉 有故宅○杜甫詩曾聞宋玉宅每欲到荆州

胡廣 華容人西漢平帝時大司徒馬宮辟之值王莽居攝廣解衣冠垂府門而去遂亡命交趾隱於屠肆莽敗歸鄉

岑文本 家江陵封江陵縣子或勸其營產業文本曰吾漢南一布衣以文墨致宰相奉稍已重尚何殖產耶

皇朝唐介 荆南人　仁宗朝爲御史論張堯佐除四使因劾宰相文彥博介貶英州別駕　仁宗朝參大政因與王安石爭前論事不屈發疽死

唐恪 靖康爲少宰

朱昂 太宗朝爲翰林李士引年請考上以荆南故兆賜之力辭乃賜城東一坊爲宅是時知制誥陳堯咨爲尹乃題坊曰垂車

孫諤 元祐末掛冠同時退休者吳師道梁宋宋光俊賈貴度張叔達布衣唐參爲七老人會飲酒賦詩五日一集

田偉 燕人歸朝授江陵尉因家焉作博古堂藏書至五万七千卷元重樓者黃魯直過之曰吾校中秘書及徧遊江南文士圖書之富未有過田氏者

〔題詠〕

江漢分楚望 文選顏延年詩云云行巫莫南服三湘淪洞庭七澤藹荆牧

巴國山川盡 陳子昂詩云云荆門煙霧開

地利西通蜀 杜甫江陵望幸詩云云天文北照秦

漢水照天碧 白居易和江陵士曹元微之詩云云楚山拂雲霄

方共廿 一之十

北行連鄧許 蘇子瞻詩云云南去極衡湘

楚地盡平川 蘇子瞻詩游人出三峽云云北客隨南賈吳檣間蜀舡江侵平野斷風卷白沙旋欲問興亡事重城千古堅

風煙紀城南 杜甫北南歌云云壁土荆門路

關梁豁五湖 韓愈赴江陵法曹寄王翰林詩云云騰佞尺戈矛

此府雄且大 張九齡登荆州城樓詩

槃槃此都會 李頻詩楚地八千里云云巍我數里城遠水相映帶

府中丞相閣 孟浩然陪張丞相登荆城樓云云江上使君灘

兵符下渚宮 劉禹錫寄荆州嚴司空詩巫水阻朝宗云云

三楚多秀士 阮籍詠懷詩

白魚如切

玉杜甫詩云云朱橘不論錢僅橘過霜收李維詩使梅和李賞云云南荊西蜀大行臺劉禹錫與嚴司空成都武相公唱和煙開碧樹渚宮秋武元衡酬荊南嚴司空見寄詩雖探青山巫峽雨云云千里江陵一日還李白詩朝辭白帝彩雲間云云兩岸猿聲啼不盡輕舟已過萬重山清江依舊遶空城杜牧送劉秀才歸江陵詩鄉人來話亂離情淚滴殘陽向楚荊內社已應無故老云云起居八座太夫人杜甫送蜀州別駕將中丞命赴江陵起居衛尚書太夫人示從弟位詩中丞問俗畫熊頻愛弟傳書彩鷁新遷轉五州防禦使云云楚宮臘送荊門水白帝雲偷碧海春與報惠連詩不惜知吾班鬢總如銀荊州佳境不須山鄭毅夫夷陵張仲孚以荊州無山爲戲作云云自有碧江無限好漢家太守治才高司馬君實送鄭學士知荊南詩云云楚國山川氣象豪旌旆逶迤盤夢澤樓船舳艫壓江濤來依絳帳馬融州黃魯直詩誰謂石渠劉校尉云云地連雲夢水無邊張商英詩云云天斷東陵欲盡山曾是劉虬高飲地不知何處扣玄關江村竹樹多於草姚合從陳彤之江陵從事云云山路塵埃半是雲只有灘聲似舊時陸務觀荊州城詩江上荒城猿鳥悲隔江便是屈原祠一千五百年間事云云脊令飛急到沙頭杜甫喜弟觀到沙頭詩鴻鵠影

來連峽內云云兩岸綠楊遮虎渡公安人張景居城南之方城　仁宗召見問曰卿在江陵何處居景對曰云云一番青草覆龍洲上喜其對

外邑

野曠呂蒙營杜甫公安懷古云云江深劉備城縣吏迎來怪到遲張籍送枝江劉明府詩家僮促去愁行遠云云定訪玉泉幽院宿應過碧澗早茶時

四六

演綍北門　坐專方面　卽閫草嚴　肅清三楚
開藩南紀　遐制邊頭　兵威震肅　彈壓重湖
眷荊楚之西門　惟全楚之上流　摘山之黨播毒而方張
實江漢之南紀　實皇家之要屏　荷戈之卒弛備而不武
惟重湖之重地　伊荊州用武之國　內連嶺嶠之奧
乃全楚之奧區　最今日任人之先　北倚襄漢之長
惟是重湖之外　鄉爲藩澤之深阻　雖爲魚米富饒之鄉
實連三楚之區　甚者潢池之繹騷　亦號盜賊出沒之地
控引吳蜀　財賦之所委輸　由中興百餘載以來最爲重鎮
通達關河　舟車之所走集　凡屬部二千石以下悉肆元戎
洞庭青草無可戮之鯨鯢　貔貅萬竈肅先聲於淼漫之間
武陵桃源皆相安之雞犬　蜂蟻千屯戢大憝於笑談之頃
田土膏腴莫盡新耕之利　控持中原是爲四通八達之地
人煙蕭瑟靡聞舊觀之還　考按前古豈但三國六朝所爭
地控上游允謂江淮之屏蔽　一江天險廓襟喉控扼之中
兵屯重鎮尤爲巴蜀之輔車　萬旅雲屯屬順指驅馳之下

漢陽軍　漢陽　汉川

建置沿革

禹貢荊州之域在天文爲翼軫之分野春秋時鄖國地戰國爲楚秦爲南郡漢爲江夏郡安陸

縣地魏初定荆州此沔陽以爲重鎭晉立沔陽縣而江夏郡自上昶城移理焉後移理夏口縣晉陶侃爲荆州刺史鎭沔口即此宋齊梁因之後周於此置復州隋改爲沔州以沔水爲名尋復爲沔陽郡唐置沔州周世宗以漢陽漢川二縣置軍　國朝嘗廢爲縣隸鄂州尋復爲軍今領縣二治漢陽

【事要】

【郡名】古沔　沔陽見公華注　沔口漢水入江處曰——

【風俗】美化行江漢詩文王之時——乎——之域

【形勝】沔口重鎭輿地志漢入江處謂之沔口魏及吳人皆以爲重鎭　呑江納漢吳都賦云　前枕蜀江元和志云云　北帶漢水　却負大別李知新學記云云　路通荆雍通監梁武帝曰云云控引秦梁　左武昌陳澤鳳棲經藏記漢水合大江夾江而城——右漢陽

【山川】鳳棲山軍治在其陽劉辟強記昔有——于——故名　大別山在沔陽縣東一名魯山。郡志云梁武帝築漢口城以守魯山即今漢陽軍城是也史本新經云上有橫江將魯肅祠豈因是而名山歟。梁武帝曰漢口不闊一里以前道交至不若遣軍逼郢吾自圍魯山以通漢沔使郢城竟陵之粟方舟而下。渚大臨登——眺望詩云人事漢口渡日落陽臺坂鼓吹陽岸間樓觀排雲見　赤壁山在汊川縣西八十里。輿地紀勝里人多言是周瑜破曹操處按曹操舟師自江陵順流而下周瑜自柴桑泝流而上兩軍相遇於赤壁則赤壁當臨大江臨嶂及汊川皆非臨江處舊經云今江漢間言赤壁者有五黃州嘉魚江夏漢陽漢川其說各有所據惟江夏之說近古而合於中　臨嶂山在漢陽西六十里晉置沔陽縣江夏郡自上昶城移理焉　湖盖山在漢陽縣山形似盖南臨漢水西帶大湖故名　陽臺山在漢川縣南三十五里。或言宋玉作高唐賦處有裴敬碑載其事當考　郎官湖李白郎湖詩序故人尚書郎張謂出使夏口沔州牧杜公漢陽宰王公觴於江城之南湖方夜水光如練清光可掇白因舉酒酹水號之曰————亦鄭圃之有僕射陂也但白詩謂沔州城南今乃在城北不同耳。李白詩張公多逸興共泛沔城隅郎官愛此水因號郎官湖詩南湖秋月白王宰夜相邀笛聲喧沔鄂歌曲上雲霄　江水在軍南　漢水按桓宣傳宣鎭襄陽石季龍使騎七千渡沔襲之則——自襄陽以下在晉時皆名沔水。杜牧漢江詩溶溶漾漾白鷗飛淥淨春

深好染衣南去北來人自老夕陽長送釣船歸。劉滄之山水記沔口古以爲滄浪水即屈原遇漁父作歌處　漢陽渡李白贈漢陽輔錄事詩鸚鵡洲橫——————水引寒煙沒江樹又云漢口雙魚白錦鱗令傳尺素報情人　煙波灣在漢陽西北三十里唐崔顥詩日暮鄉關何處是煙波江上使人愁　鎖穴在大別山之陰即孫皓以鐵鎖鎖江處

【堂亭】漢廣堂在軍治　南紀樓在軍治。夏倪詩江發岷山如甕口漢從嶓冢又東流滔滔從此爲南紀我憶禹功時倚樓　秋興亭在軍治後山巔唐刺史賈載建中書舍人賈至云詩人之興秋最高故以名亭　竹齋唐張謂題從弟沔州判官——詩竹裏藏公案花間隱使車

【名宦】陶侃王敦表——爲荆州刺史鎭沔陽　皇朝游

酢為知軍。**彭乘**益州人，為漢陽判官，乞歸侍養。寇準薦之，召為集賢校理，求便親，得知晉州。舊制蜀人不許赴蜀官，特恩自乘始。

【名宦】**李白**乾元間選夜郎，過此嘗游南湖。

【題詠】**漢陽抱青山**唐李群玉詩云云：飛樓映襄渚，白雲藏黃鶴，綠樹藏鸚鵡。**水從嶓冢來**王貞白曉泊漢陽渡詩雲向蒼梧去云云。**西州風物好**溫庭筠詩云云：遙見武昌樓。**漢水橫衝蜀浪分**杜牧之寄牛相公詩云云。**夾江分命兩諸侯**曾子固送漢陽守詩：楚國封疆最上頭云云。

【四六】跡紆嚴宸，分南北之一江；湖浸郎官之風月。擁麾古沔，置東西之二郡；洲橫處士之煙波。

禹貢披圖，大別之名自古；源出蜀江，欲重上流之勢。周南紀詠，漢廣之化至今；州臨沔水，遂分太守之符。畫地為疆，昔特稱於支邑；無嫌多暇，不妨泛月於南湖。夾江分命，今仍託於附庸；馹召亟馳，行即就雲於北闕。

新編方輿勝覽卷之二十八

建安 祝穆和父編

鄂州

江夏 蒲圻 崇陽 咸寧 通城 嘉魚

【建置沿革】禹貢荊州之域。於天文爲翼軫鶉尾之次。自周夷王時入于楚，楚熊渠封其子紅爲鄂王。春秋時謂之夏汭。秦屬南郡。漢置江夏郡，領鄂縣。獻帝時黄祖爲江夏太守，始於沙羡置屯，今郡治是也。吳孫權自公安徙治鄂，更名曰武昌。晉立鄂縣，惠帝分荊州置江州，而武昌改隸江州，江夏仍隸荊州。宋江夏郡治夏口。宋武立郢州，治江夏，是爲郢城。隋改鄂州，後爲江夏郡。唐復爲鄂州，陞武昌軍節度。皇朝因之，或兼制置，或兼安撫，或兼漕。

今領縣六 治江夏

〇湖廣總領湖北轉運置司

【事要】

【郡名】鄂渚 在江夏西黄鶴磯上三百步。輿地記：楚襄之南是爲鄂渚。其名於離騷見之。○晏類要：隋立鄂州，似渚故名。 武昌 吳破黄祖於沙羡，遂改名武昌。 江夏 見沿革。 夏汭 書注：水北曰汭，汭亦名夏口。

【風俗】人多勁悍 圖經：火耕水耨，以漁稻爲業云云決烈

【形勝】地接荊峴 喬大觀南樓賦云云：江吞雲夢。 扼東江湖 記室新書云云：襟帶吳楚。 通接梁雍 何尚之議：夏口在荊江之中云云，實爲津要。 江漢爲池 吳趙咨對魏王曰：吳帶甲百萬云云。 江漢合流 通典：江漢二水在州西合流。○禹貢：江漢朝宗于海。 三國爭衡 郡國志：夏口以督口，吳置督將於此云云，吳之要害。

【山川】鳳凰山 在江夏縣北二里，其形如鳳故名。 江夏山 本名峽山，唐天寶改名。 黄鶴山 一名黄鵠，在江夏東九里，遺縣西北二里有黄鶴磯。○李白詩：東望黄鶴山，雄雄半空出。四面生白雲，中峯倚紅日。巖巒行穹跨，峯嶂亦冥密。頗聞列仙人，於此學飛術。一朝向蓬海，千載空石室。金竈生烟埃，玉潭祕清謐。地古遺草木，庭寒老芝术。蹇余羨攀躋，因欲保閑逸。觀奇徧諸岳，茲嶺不可匹。結心寄青松，永悟客情畢。 赤壁山 郡縣志：在蒲圻西百二十里，北岸烏林，與赤壁相對，即周瑜用黄蓋策焚曹公船處。今江漢間言赤壁者五：漢陽、漢川、黄州、嘉魚、江夏，惟江夏之說爲近。烏林與赤壁即非一地，蓋赤壁初戰，操軍不利，引次江北，而後有烏林之敗，則烏林當在江北。詳見黄州注。○李白詩：二龍爭戰決雌雄，赤壁樓船掃地空。烈火漲天照雲漢，周瑜於此破曹公。○杜牧詩：折戟沉沙鐵未銷，自將磨洗認前朝。東風不與周郎便，銅雀春深鎖二喬。 大觀山 在江夏東南五十里，巖壑頗勝。 金城山 在江夏東南二百里，吳將陸渙屯兵于此。 蒲磯山 在嘉魚縣境，蓋蒲圻縣初置于此。 幕阜山 在通城東南五十里，周五百里，跨三縣。吳太史慈拒劉表，于此置營幕，故名。 黄龍山 即幕阜之東頂，有湫池，中有黄魚，能致雨，有瀑泉。 鍾臺山 在咸寧東南百里，有桃花洞，即李常讀書之所，石室尚存。 龍泉山 在崇陽西南六十里，周二百里，山有洞，石渠泉流清駛，鄉人號魯溪，巖有茶甚美。 夏口 一名魯口，似指夏水之口，然何尚之云：夏口在荊江之中，正對沔口。

浦大容舫於中爲便而章懷太子注東漢亦謂夏口戍在今
鄂州故唐史皆指鄂州爲夏口本在江北自孫權取對岸夏
口之名以名之而**東湖**在城東四里有東園**南湖**在望
江北之名始晦爲近城登覽之勝澤門
外周二十里舊名赤欄湖外與江通長**太平湖**在嘉魚
堤爲限長街貫其中四旁居民蟻附縣南三
十里頃歲中湖夜有光掩誌其處而摑**蒲圻湖**晏公類
之得古銅鐘秦少游爲吊鑄鐘文即此要湖多
蒲草吳大帝時**南浦**在江夏南三里離騷云送美人兮
蒲圻縣於湖側丨丨水出景首山西入大江冬涸
夏盈商舟聚泊**黄金浦**在鸚鵡洲上以吳將孫
今名新開港黄蓋屯軍于此得名**盧洲**仲
謀娃江遇大風掩師請所之仲謀欲往丨丨其僕谷利以力
擬掩師使泊樊口鑿山通道歸武昌今謂之吳王峴有洞穴
土紫色可**鸚鵡洲**在江中黄祖殺禰衡處衡賦鸚鵡故
以磨鏡名初孔融薦衡於操操不能容送與
劉表表不能容送與江夏太守黄祖祖善待爲祖長子射尤
善於衡時大會賓客人有獻鸚鵡者請賦以娛嘉賓衡攬筆
而作文不加點後以言不遜祖竟殺之○李白詩魏帝營八
極蟻視一禰衡黄祖斗筲人殺之受惡名吳江賦鸚鵡落筆
超羣英鏘鏘振金玉句句欲飛鳴鷙鶚啄孤鳳千春傷我情
五嶽起方寸隱然詎可平才高竟何施寡識冒大刑至今芳
洲上蘭蕙不忍生○來過吳江水江上洲傳鸚鵡名鸚
鵡西飛隴山去芳洲之樹何青青煙開蘭葉香風暖岸挾桃
花錦浪生遷客此時徒**萬金堤**在城西南隅紹熙間大
極目長洲孤月向誰明筆築壓江亭於其上
景物下　**南樓**晉庾亮在武昌諸佐史殷浩之徒乘秋夜共
登丨丨俄而庾至諸人將避之亮曰諸人可

佳老子於此興復不淺便據胡床與浩等談詠竟夕丨丨在郡
治南黄鶴山頂上有登覽之勝稱甚不知其剏中間改爲白
雲閣元祐間守方澤重建復舊名記文以爲庾亮所登故基
非也亮所登乃武昌安樂宮端門也李寶叢書作鄂州丨丨
記云吳孫氏更名漢鄂曰武昌今州東百八十里武昌縣是
也今鄂州乃漢沙羨當晉咸康時沙羨未始有鄂及武昌之
名庾亮安復至此○李白陪宋中丞武昌夜飲懷古詩清景
丨丨夜風流在武昌庾公愛秋月乘興坐胡床龍笛吟寒水
天河落曉霜我心還不淺懷古醉餘觴○黄魯直登丨丨詩
江東湖北行畫圖鄂州丨丨天下無高明廣深勢抱合表裏
江山來畫閣雲披襟夏簟寒胸吞雲夢何足言庾公風流
冷似鐵誰其繼之方公悅○四顧山光接水光憑欄十里芰
荷香清風明月無人**黄鶴樓**在子城西南隅黄鵠山上
管併作南樓一味涼此樓因山得名蓋自南朝
已著矣○南齊志仙人子安乘黄鶴過此○閻伯理記州城
西南隅有丨丨者圖經云費禕登僊嘗駕黄鶴返憩于此
遂以名樓事列神僊之傳迹存述異之志觀其聳構巍峨高
標巃嵸上倚河漢下臨江流重簷翼舒四闥霞敞坐窺井邑
俯拍雲煙亦荊吳形勝之最也何必賴鄉九柱東陽八詠迺
可賞觀時物會集靈僊者哉刺史兼侍御史淮西租庸使鄂
岳沔等州都團練使河南穆公名寧下車而亂繩皆理發號
而庶政其凝或逶迤退公或登車送遠游必於是宴必於是
極長沙之浩浩見衆山之纍纍王室載懷思仲宣之能賦僊
蹤可揖嘉叔偉之芳塵迺喟然歎曰黄鶴來時歌城郭之並
是浮雲一去惜人世之俱非有命抽毫紀茲貞石時皇唐永
泰元年歲次大荒落月孟夏日庚寅記○張敬夫云丨丨丨
以山得名也而唐閻經何自而爲怪誕謂費文禕仙去駕鶴
來憩于此閻伯理記中乃實其事而或者又引梁任昉記所

謂駕鶴之賓乃荀叔偉非文禕也此皆因黃鶴之名而世之喜事者妄爲之說後來者既不之察又從而並緣增飾之樓旁有石照亭不知何妄男子題詩觀聞遂相傳曰此仙人呂洞賓所書也文人才士又爲之夸大其事而蘇子瞻亦載焉當世之說有羽衣著𧙗之詩吁世亦容有是理哉甚矣世俗之好怪也○李白聽黃鶴樓吹笛詩一爲遷客去長沙西望長安不見家黃鶴樓中吹玉笛江城五月落梅花○又送孟浩然詩故人西辭黃鶴樓煙花三月下揚州孤帆遠影碧空盡惟見長江天際流○崔顥黃鶴樓詩昔人已乘白雲去此地空餘黃鶴樓黃鶴一去不復返白雲千載空悠悠晴川歷歷漢陽樹芳草凄凄鸚鵡洲日暮鄉關何處是煙波江上使人愁○蘇子瞻云李公擇求黃鶴樓詩因記舊所聞於馮當世者詩曰黃鶴樓前月滿川抱關飢卒老不眠夜聞三人笑語言羽衣著𧙗響空山非鬼非人意其仙石扉三扣聲清圓洞中鏗鋐落門關縹緲入石如飛煙雞鳴月落風馭還迎拜稽首願執轡汝非其人骨腥臊黃金乞得重莫肖持歸包裹斃席櫃夜穿茅屋光射天里閭來觀已變遷似石非石鉛非鉛或取而有眾忿喧訟歸有司今幾年无功藉得喜欲顛神人戲汝真可憐願君與考然不然此語可信馬令傳

石鏡亭 在黃鶴樓西臨崖有石如鏡爲西日所照則炯然發光○賀鑄詩西戍夕陽晴東城石鏡明有山分八字供作兩眉橫

壓雲亭 在黃鶴山椒隸統制司

江漢亭 在倅廳張芸叟記云因古城爲之

寺院

頭陀寺 在黃鶴山上自南齊王中作寺碑遂爲古今名刹○黃魯直詩頭陀全盛時宮殿梯雲級城中空余碧雲外僧藏藏人亡經緯盡屋破龍象泣惟有簡西碑文章巍然立

靈竹院 在江夏本孟宗泣竹之所天聖中孫晟有記今安遠樓即其故基

祠廟

社稷壇 宋元晦記云清江劉君清之行州事遂屬錄事參軍周明仲行視得城東黃鶴山廢營地一區東西十丈南北倍差按政和五禮畫爲四壇而屬其役事於兵馬監押趙伯炬其月壇成東社西稷居前東風伯西雨雷師居後少卻壇皆三成有壝壝四門前二壇趾皆方二丈五尺崇盡二寸後二壇趾皆方一丈六尺五寸崇八寸其再成方面皆殺尺崇四分而去一三成方殺亦如之而崇不復殺前二壇皆方四丈二尺門六尺閒丈五尺後二壝皆方二丈八尺門五尺閒四丈九尺其崇皆四尺社有主棐二尺五寸方尺剡其上培其下半石也南五丈爲門三閒北二丈有奇爲齋廬五閒繚以重垣甃以堅甓而植以三代之所宜木又云其按社實山林川澤丘陵墳衍原隰五土之祇而后土句龍氏其配也稷則專爲原隰之祇能生五穀者而后稷周棄氏其配也風師箕也雨師畢也是皆著於周禮領於大宗伯之官唯社稷自天子之都至於國里通得祭而風雨之神則自唐以來諸郡始得祀焉至於雷神則又唐制所與雨師同壇共牲而祀者也

名宦

庾亮 鎮武昌見南樓注

黃祖 劉表以爲江夏太守

陶侃 鎮武昌商浩庾亮皆爲佐史時號多士

孔覬 爲內史每醉輒彌日不醒醒則判決未嘗有壅眾云孔公一月二十九日醉勝他人二十九日醒也

陸遜 輔孫登於武昌令建昌侯慮毀鬪鴨欄

牛僧孺 陶甓甃城

元稹 爲武昌節度使

周瑜 孫策以瑜爲江夏守討黃祖始治夏口自此以前江夏太守乃治安陸耳

柳公綽 韓愈與鄂州柳公綽書淮右殘孽尚有巢窟環寇之師殆且十萬瞋目難語自以爲武人不肯循法度頡頏作氣勢竊爵自尊大者肩相摩也不聞有一人援桴鼓誓衆

而前者但月令走馬來求賞給助冠爲聲勢而已閤下書生也詩書禮樂是習仁義是修法度是秉一旦天文就武鼓三軍而進之陳師鞠旅親與爲辛苦慷慨感激同食下卒將二州之牧以壯士氣斬所乘之馬以祭踶死之士雖古名將何以加茲

皇朝張詠爲崇陽令民以茶爲業公曰茶利厚官將榷之命拔茶而植桑民以爲苦其後榷茶而崇陽之桑已成

張商英爲守時蔡京行方田又築圜土囚罪人公謝表曰方田擾安業之民圜土聚供鄉之惡人傳以爲口實

【人物】

丁固母作大被以招賢學

李邕文名天下時稱李北海

元結始稱猗玗子又稱浪士又稱漫郎客樊上更曰聱叟

孟嘉按陶潛作孟府君傳云嘉江夏鄂人也庾亮以帝舅民望鎮武昌并領江州辟君部廬陵從事亮引見問風俗得失對曰嘉不知亮以麈尾掩口而笑曰嘉故是盛德人也又爲安西將軍庾翼府功曹再爲江州別駕征西大將軍譙國桓溫參軍九月九日溫遊龍山參佐畢集四弟二甥咸在坐時佐吏並著戎服有風吹君帽墮落君初不覺良久如廁溫命取以還之仍命孫盛爲文嘲之君請筆作荅文辭超卓四座嘆之溫問君酒有何好而卿嗜之君曰明公但不得酒中趣尒淵明先親君之第四女也凱風寒泉之思實鍾厥心謹採行事撰此傳

馮京字當世江夏人自鄉選至廷對俱爲第一

【名賢】

王欽若祖郁官鄂渚時其母李氏將免娠汎江水驟溢已逼廨舍亟還黃鶴樓生男即公也

李綱以侍御史張浚論鄂州居住

黃庭堅謫監州稅

【題詠】

鐃吹發夏口王維送江夏南康守云云

乘鄂渚而反顧屈平涉江有曰云云兮欸秋冬之緒風

過夏首而西浮屈平哀郢云云兮顧龍門而不見

落帆黃鶴之浦庾信哀江南云云藏船鸚鵡之洲

路指鳳凰山北雲唐岑參詩云云衣沾鸚鵡洲邊雨

漢水北吞雲夢入游儀云云蜀江西帶洞庭流

雲開遠見漢陽城盧綸晚次鄂州詩云云猶是孤帆一日程估客晝眠知浪靜舟人夜語覺潮生三湘愁鬢逢秋色萬里歸心對月明舊業已隨征戰盡更堪江上鼓鼙聲

【四六】

武昌上流　武昌屏翰　遠控湖湘　萬騎雲屯

湖右巨鎮　江左衿喉　旁帶漢沔　一江天險

眷茲沔鄂之雄　仍以收臨之郡　眷洞庭彭蠡之間

實控江淮之勢　就煩兼部之勞　接牂牁夜郎之境

臺隍枕吳楚之郊　夏口武昌三國之山川如舊

形勢盡湖湘之秀　江沱漢廣諸侯之風化一新

惟武昌大都會之邦　誦崔李黃鶴之詩曾樓故在

實江國最上流之地　考周曹赤壁之戰折戟未銷

舟車輻湊商賈之往來　南樓乘興當知天下之所無

貔虎雲屯軍民之雜處　北關歸班即慶日邊之有召

浩渺波濤來舳艫於千里　鎮臨鄂渚常兼漕節之榮

崢嶸城壘屯貔虎於列營　彈壓淮壖更總制垣之重

左洞庭右彭蠡據湖湘形勢之區

東夏口西武昌實吳魏興亡之迹

壽昌軍

武昌

【建置沿革】

吳以前並同鄂州孫權改鄂曰武昌郡晉宋齊梁因之隋以江夏爲鄂州武昌以縣屬焉唐又

五代以至國朝並屬鄂州嘉定十五年陞爲軍使尋又陞武昌軍以與鄂州節鎮之名相類因士貢奏奇昌文錫名壽昌軍今領縣一治武昌

事要

郡名 東鄂晉地理志 樊楚水經注

風俗 土地塉确吳陸抗疏｜｜危險而｜｜

形勝 捍禦上流郡志晉庾翼欲移鎮樂鄉王述與庾冰牋武昌實江東鎮戍之中非但云云而已 吳晉重鎮舊唐志云云 吳王故宮張文潛吳故宮賦云發武昌之故墟弔西門之衰柳是｜｜之｜｜兮昔仲謀之所有

山川 武昌山在縣南百九十里舊云孫權都鄂欲以武而昌故名 樊山在武昌西三里一名西山下有寒溪○蘇子瞻云鄂聖求爲武昌令遊寒溪西山余時居黃與武昌相望常往來溪山間後與聖求會宿玉堂話舊作詩云春江綠漲蒲萄醅武昌官柳知誰栽憶從樊口載春酒步上西山尋野梅西山一上十五里風駕兩腋飛崔嵬同遊困臥九曲嶺褰衣獨到吳王臺中原北望在何許但見落日低黃埃歸來解劒亭前路蒼崖半入雲濤堆浪翁醉處今尚在石臼抔飲無樽罍爾來古意誰復嗣公有妙語留山隈至今好事除草棘常恐野火燒蒼苔當時相望不可見玉堂正對金鑾開豈知白首同夜直臥看椽燭高花摧江邊曉夢忽驚斷銅環玉鎖鳴春雷山人帳空猿鶴怨江湖水生鴻鴈來請公作詩寄父老 石門山在武昌縣西石對峙如門○郭功父詩雙崖屹然起往和萬壑松風哀剔蘚認題字乃知賢令尹曾同漫叟醉唐武昌令馬安與元次山同遊石刻存焉 東方山在縣南百五十里有石刻云東方朔故隱 西塞山在縣東百三十里介于西山之間爲關塞也土俗編吳楚舊境孫策擊黃祖子射于此袁宏賦公西塞之峻崿 吉祥山在武昌東七十里吳主微時嘗隱此○羅隱詩吳王當時隱此山吳都去後綠潺潺 郎亭山在樊山西路出武昌退谷中朱梁時朱友恭鑿山開道射以強弩遂拔武昌即此 西山武昌｜｜天下勝處也自孫氏黨集以來至元子始顯逾二百年鄧安惠公爲邑訪元子之跡爲之作篆搆銘則又顯東坡先生謫居黃岡間往游焉愛其山水多見於文字中翻鴉落雪之句雖盡工不能盡也則又加顯夫物之興廢有時到天下勝處終不可掩必有賢人君子爲之品題而況於人乎方二公對直玉堂刻燭揮制曾不及人間名利事而詩章往來獨夢寐於寂寞之濱則其胸中所期蓋相索於閬風之上矣今安惠之孫侯能追叙其酬唱以貽好事之玩眞不墜其家聲者嗚呼元子遠矣二公之流風餘韻既不可復得而一時金馬石渠文士之盛亦豈可多得哉三復遺音爲之興歎 吳王峴輿地志孫權於樊口被風破舡鑿嶺而歸因名 退谷在郎亭元結故居 爪圻在縣西南十里何頡詩序有云吳王種瓜于此地 蟠龍石在縣東北江上舊傳有龍蟠於此庾信哀江南賦龍蟠鳳集之鄉 杯樽石在郎亭西孟往源居其下有石臨樊水有窊元結命爲杯樽銘日時俗澆狡日益僞薄誰能扶欲其淳朴 車湖在武昌縣東二十里有車武子墓 南湖在武昌縣東八里寰宇記舊名南浦江淹別賦送君南浦即此 樊溪在武昌縣亦名袁溪 寒溪在樊山下有菩薩泉東坡銘郡志云吳王有避暑殿在｜｜山間西山寺即故基

釣臺在北門外大江中郡志孫權常斂陳於｜｜　峥嶸洲在縣西劉毅嘗破桓元於此

蘆洲在武昌西子胥奔吳出關於江上求渡漁父曰灼灼兮侵已私與子期兮蘆之漪子胥既渡解劍與之直千金不受子胥令其勿露漁父知其意遂覆舟而死

井泉

異泉在西塞山郡志天寶中泉出山巔垂流四百仞元結命曰｜｜　白巖泉在武昌縣南百六十里泉石幽絕有馬祖禪師道場

樓閣

南樓見鄂州｜｜注　松風閣在西山寺黃魯直命名詩依山築閣見平川夜闌箕斗插屋椽我來名之意適然老松魁梧數百年斧斤所赦今參天風鳴媧皇五十弦洗耳不須菩薩泉

亭榭

殊亭臨大江馬向理武昌日作元結取其材殊政異故以名亭　怡亭蔣頡叔序云｜｜銘刻于江濱巨石上乃李陽冰篆李莒八分書裴虬作銘　廣識亭在樊山相傳吳主游宴于此元結有記　九曲亭蘇子由序子瞻遷於齊安無名山而江之南武昌諸山中有浮屠精舍西曰西山東曰寒溪適西山行於羊腸九曲而獲少平乃營亭而西山之勝始具

名宦

陸遜孫權遷都建業留遜輔太子登掌武昌留事　陶侃鎮武昌課種柳都尉夜盜柳為己種侃問西門柳何以盜種都尉驚怖謝罪。劉禹錫詩一辨溫室樹幾見武昌柳　庾亮與庾翼庾冰俱鎮武昌

人物

孟嘉武昌人　孟陋嘉之弟桓溫召之不至

名賢

元結逃亂居樊山有子曰叔閑直若故詩曰將牛何處去耕彼西山陽叔閑修農具直者畔我耕又有子曰叔靜正若故詩曰將舡何處去釣彼大回中叔靜能鼓棹正若隨釣翁

題詠

樊山開廣識謝元暉和伏武昌登孫權故城詩炎靈遺劍璽當塗駭龍戰聖期缺中壤霸功興寓縣鵲起登吳山鳳翔陵楚甸襟帶窮巖險帷帟盡謀選北拒溺驂鑣西龍收組練江海既無波俯仰流英眄裘冕類禋郊卜揆崇離殿釣臺臨講閱云云文物共葳蕤聲明且葱蒨三光厭分景書軌欲同薦參差世祀忽寂寞市朝變舞館識餘基歌梁想遺囀故林衰木平荒池秋草徧雄圖悵若茲茂宰深遐睇幽客滯江皋從賞乖纓弁清卮阻獻酬良書限聞見幸藉芳音多承風采餘絅于役儻有期鄂渚同游衍

不食武昌魚吳初欲都武昌陸凱上疏言武昌土地危險磽确非王者之都且童謡云寧飲建業水云云寧還建業死不向武昌居人心所在天意可知

津亭踈柳風錢起詩曉泊武昌岸云云數株曾手植好事憶陶公　起來望樊山唐孟彥深為武昌令元次山居樊山新春大雪彥深以詩問之江山十日雪雪深紅鑪濃云云但見群玉峯

武昌無限新栽柳韋蟾罷鄂州祖席賓寮書文選云悲莫悲兮生別離登山臨水送將歸以牋授賓從請續其句逡巡有妓泫然起曰妾不才不敢染翰遂占兩句曰云云不見楊花撲院飛

家家開門枕江水鄧伯溫以子瞻韻武昌山水誠佳哉當年五柳親栽培云云春風照耀桃與梅

亦復不厭武昌居王介甫寄鄂州張使君詩云昔人寧飲建業水共道不食武昌魚公來建鄴每自如云云武昌山川今可想綠水遶迤煙莽蒼白鷗晴飛隨雨禁岸蘐茸茸映魚網投老留連陌上塵思公一語何由往

出綍西垣　鎮臨要郡　惟義昌之小壘

四六　剖符東鄂　控欒上流　乃鄂渚之故封

訪樊口之梅何妨覓句　若論勝境乃元郎題詠之鄉

折武昌之柳聊可贈行　雖曰小邦亦庾亮鎮臨之地

分鄂渚之鋭兵足知地重

鬧樊山之廣讌姑俟時清

新編方輿勝覽卷之二十八

十三

新編方輿勝覽卷之二十九　　建安祝穆和父編

岳州 巴陵 平江 臨湘 華容

【建置沿革】禹貢荆州之境古三苗國也楚分翼軫之次春秋麇羅二國秦屬長沙郡漢屬南郡吳以爲重鎮晉屬長沙郡宋曰巴陵郡梁置巴州又置羅州隋曰岳州又置玉州復曰巴陵郡唐置巴州改岳州　國朝因之以　英宗潛邸領岳州團練使陞岳陽軍節度　中興改純州華容軍尋復爲岳州及岳陽軍節度領縣四治巴陵

【郡名】岳陽 居天岳山之陽

【風俗】人性悍直 郡志

【事要】土厚水深故云云

女子皆服力役 郡志云云弱者債賣力奪男夫否則恥之

以漁爲生 同上諸邑之地面背江湖每遇霖潦則壞堤決埽民無安止中人之産不過十金以舟爲家云云者十室而四五其土人則以漁户名之

【形勝】左洞庭右彭蠡 同上古三苗國云云

背衡嶽面重湖 譙門記云云

北通巫峽 同上云云南極瀟湘

湘水環其左 同上云云岷山擁其右

兼有江湖之勝 郡志地有四瀆江爲之長五湖洞庭爲之最江湖之勝巴陵兼有之

城小而固 舊經云魯肅所立唐天寶初裴光贊重加版築今以前史考之侯景之亂湘東王繹以王僧辯爲大都督軍至巴陵遣僧辯書曰但守巴丘以逸待勞又謂僚佐曰巴陵云云僧辯足可委任景水陸並進僧辯乘城固守偃旗卧鼓安若無人景服其膽勇

荆潭黔蜀四會之衝 歐陽偃虹堤記

據衡湘巴蜀荆楚之會 滕宗諒桂亭記

【山川】天岳山 在洞庭湖一名幕阜前有培塿曰巴蛇冢高一萬八千尺周亘五百餘里昔有真人艾君居之石崖壁立飛鳥莫息壁有篆文夏禹治水嘗至此東隅有温泉三穴○郡縣志山臨大江吳使魯肅以萬人屯巴丘即此又云蜀先主稱尊號凡文誥策命皆劉巴所作李彝爲岳陽後人因號爲巴陵○尋江記羿屠巴蛇於洞庭其骨若陵故謂之巴陵

白鶴山 在巴陵縣山之南有兩池潛巨鱗呂翁招而出化而爲鶴南阜有老木木末懸槁翁嘗憩其下有人自木杪降而拜之惟松之精翁授之藥○小説有江叟者好吹笛嘗遇樵叟而辭謝道江鐵笛於君山之龍潭吹之魚聲一日攜笛登丨丨吹於紫荆臺鸞鶴林谷忽有兩女子出授神藥云服此當爲水仙後不知所終女子蓋龍云

道巖山 在巴陵縣有巨石中豁而邃東西可以與馬往返容屋百楹上下流泉不竭有斷石云許旌陽嘗以礪劍斬蛟

君山 在湖中方六十里亦名洞庭之山昔舜之二女居之曰湘夫人又曰湘君所遊故名丨丨○湘中記昔秦皇欲入湘觀衡山而遇風浪幾溺至此山而免○郡志君山狀如十二螺髻○北夢瑣言湘江北流至岳陽達蜀江夏潦後蜀江漲遏住湘波溢爲洞庭湖凡數百里而君山宛在水中秋水歸此山復居于陸惟一條湘川而已○劉禹錫詩湖光秋色兩相和潭面無風鏡未磨遥望洞庭山水翠白銀盤裏一青螺○黄魯直詩滿川風月獨凭欄綰結湘娥十二鬟可惜不當湖水面銀山堆裏看青山○湘中老人者有洞庭客呂雲卿嘗遇之於丨丨側索酒數行老人歌曰湘中老人讀黄老手援紫藟坐碧草春至

不知湘水深日暮忘却巴陵道○蘇子瞻云唐末有人誦此詩殆是李謫仙輩老人真道出者也

酒香山 湘州記君山上有美酒飲者不死漢武帝遣欒巴求得之未進御東方朔竊以飲帝怒欲殺之對曰苟殺臣臣亦不死已死酒亦無驗遂赦之

玄石山 亦名墨山在華容縣楚詞有云馳余車於玄石即此地也

石門山 張說詩序｜｜與墨山相連有禪堂道觀天下絶境

石牛山 在平江上有井泉可以避地

烏黎山 亦名烏林郡志漢沔在夏口北赤壁在夏口南烏林在赤壁南巴陵又在烏林南華容道在巴陵西

楞伽峯 在巴陵東南有無姓和尚居之柳宗元爲記

三江 郡縣志巴陵城對｜｜岷江爲西江澧江爲中江湖湘爲南江

洞庭湖 在巴陵縣西西吞赤沙南連青草橫亘七八百里日月若出沒其中風土記鼎澧沅湘合諸蠻黔南之水匯于洞庭至巴陵與荊江合○王直方云老杜有過洞庭詩曰蛟室圍青草龍堆擁白沙護江盤古木迎梢舞神鴉破浪南風止收帆畏日斜雲山千萬疊底處上仙槎李希聲云得之江心小石上○孟浩然詩八月湖水平涵虛混太清氣蒸雲夢澤波撼岳陽城欲濟無舟楫端居恥聖明可憐垂釣者空有羨魚情○李白遊洞庭詩洞庭西望楚江分水盡天南不見雲日落長沙秋色遠不知何處弔湘君○小說開寶中有賈知微遇曾城夫人及二妃於洞庭歌曰黃陵廟前春草生黃陵女兒茜羅裙輕舟短棹唱歌去水遠天長愁殺人歌畢贈之羅巾而去○劉元方嘗宿湖岸驛中夜聞歌聲朝聞搖間有題云爺娘送我青楓根不記青楓幾回落當時手刺衣上花今日成灰不堪著

青草湖 一名巴丘湖北洞庭南瀟湘東納汨羅之水自昔與洞庭並稱

赤亭湖 在華容縣郡縣志有赤亭城三面臨水即梁遣胡僧祐所據城

赤沙湖 與洞庭通

澨湖 在巴陵南十里左傳定公四年吳人敗楚於雍澨即此郡志夏潦奔注則洪爲此湖冬霜飲零則涸爲平野

雲夢澤 禹貢曰雲土夢作乂則是二澤也按左傳栢公四年載邛夫人使棄諸夢中言夢而不言雲定公四年載楚子涉睢濟江入于雲中言雲而不言夢正與禹貢合杜預注雲夢跨江之南北漢陽圖經雲在江之北夢在江之南

西水 郡志荊江六七月間其水泛漲逆泛洞庭旬日乃復謂之｜｜

五瀦 資水沅水澧水湘水同注洞庭北會大江謂之｜｜戰國策秦與荊戰大破之於洞庭五瀦

金沙堆 在洞庭湖中延袤數里張安國有賦

鱘魚觜 風土記昔傳有異人識曰江西沙洲過岳陽樓即出狀元

鴨欄磯 即建昌侯孫慮作鬬鴨欄於此

楊子洲 在華容縣昔日荊佽飛斬蛟之所

偃虹堤 城濠東北湖面百里每西南風濤聲萬鼓晝夜不息激齧城下滕子京欲爲｜｜以捍之預求記於歐陽公未幾滕去遂不果築建安胡明仲詩云有時風浪戰城西何啻漁陽萬鼓鼙押水虫虫志蟄溺誰人能續｜｜｜蓋傷之也

井泉

雲母泉 在華容大雲寺李華詩存玄石山盡生雲母如列星井泉溪澗色皆純白

樓閣

燕公樓 在岳陽樓北滕子京序張說謫守作

岳陽樓 在郡治西南西面洞庭左顧君山不知創始爲誰唐開元四年中書令張說出守是邦日與才士登臨賦詠自爾名著滕宗諒作而新之范希文爲之記蘇子美書其舟邵竦篆其首時稱四絕○范希文記云慶曆四年春滕子京謫守巴陵郡越明年政通人

和百廢具興乃重修岳陽樓增其舊制刻唐賢今人詩賦於其上屬予作文以記之予觀夫巴陵勝狀在洞庭一湖銜遠山吞長江浩〻湯〻橫無際涯朝暉夕陰氣象萬千此則岳陽樓之大觀也若夫霪雨霏霏連月不開陰風怒號濁浪排空日星隱耀山岳潛形商旅不行檣傾楫摧薄暮冥冥虎嘯猿啼登斯樓也則有去國懷鄉憂讒畏譏滿目蕭然感極而悲者矣至若春和景明波瀾不驚上下天光一碧萬頃沙鷗翔集錦鱗游泳岸芷汀蘭郁郁青青而或長煙一空皓月千里浮光躍金靜影沈璧漁歌互答此樂何極登斯樓也則有心曠神怡寵辱皆忘把酒臨風其喜洋洋者矣嗟夫予嘗求古人之心或異二者之為何哉不以物喜不以己悲居廟堂之高則憂其民處江湖之遠則憂其君是進亦憂退亦憂然則何時而樂耶其必曰先天下之憂而憂後天下之樂而樂歟噫微斯人吾誰與歸○顏延年與張湘州登巴陵城樓作

江漢分楚望衡巫奠南服三湘淪洞庭七澤藹荊牧經途延舊軌登闉訪川陸水國周地險河山信重複却倚雲夢林前瞻京臺囿清氛霽岳陽曾暉薄瀾澳悽矣自遠風傷哉千里目万古陳往還百代勞起伏存沒竟何人炯介在明淑請從上世人歸來藝桑竹○韓愈岳陽樓詩洞庭九州間厥大誰與讓南匯群崖水北注何奔放瀦為七百里吞納各殊狀自古汀不清環混无歸嚮炎風日搜攪幽怪多冗長軒然大波起宇宙隘而妨巍峨拔嵩華騰踔較健壯聲音一何宏轟輵車万兩猶疑帝軒轅張樂就空曠蛟螭露笋簴縞練吹組帳鬼神非人世節奏頗跌踢陽施見夸麗陰閉感悽愴朝過宜春口極北缺隄障夜纜巴陵洲叢芮才可傍星河盡涵泳俯仰迷下上餘瀾怒不已喧聒鳴甕盎明登岳陽樓輝煥朝日亮飛廉戢其威清晏息纖纊泓澄湛凝綠物影巧相況江豚時出戲驚波忽蕩漾時當冬之孟隙竅縮寒漲前臨指近岸

側坐眇難望渺漼神魂清幽懷舒以暢主人童孩舊握手乍欣悵憐我竄逐歸相見得无恙開筵交履舄爛漫倒家釀盃行无停留高柱送清唱中盤進橙栗投擲傾脯醬歡窮悲心生婉孌不能忘念昔始讀書志欲干霸王屠龍破千金爲藝亦云亢愛才不擇行觸事得免也前年出官日此禍最無妄公卿採虛名擢拜識天仗姦猜畏彈射斥逐恣欺誑新恩移府庭逼仄廁諸將于嗟苦駑緩但懼失宜當追思南渡時魚腹甘所葬嚴程迫風帆劈箭入高浪顛沉在須臾忠鯁誰復諒生還真可喜剋己自懲創庶從今日後粗識得與喪事多改前好趣有獲新尚誓耕十畝田不敢萬乘相細君知蠶織稚子已能餉行當挂其冠生死君一訪○杜甫登樓詩昔聞洞庭水今上岳陽樓吳楚東南坼乾坤日夜浮親朋無一字老病有孤舟戎馬關山北憑軒涕泗流○李白詩樓觀滄海盡川迥洞庭開鴈引愁心去江銜好月來雲間連下榻天上

接行盃醉後涼風起吹人舞袖迴○白居易題岳陽城下水漫〻獨上危樓凭曲欄春岸綠時連夢澤夕陽紅處近長安猿攀樹立啼何苦鴈點湖飛渡亦難此地惟堪畫圖障華堂張與貴人看

【館驛】

洞庭南館

張祐題詩云一逕逗霜林朱欄繞碧岑地盤雲夢角山鎮洞庭心樹白看煙起沙紅見日沉還因此悲屈惆悵又行吟

【佛寺】

興國寺

在城南寺有西閣李白詩明湖落天鏡香閣凌雲闕

法寶寺

唐白龍興下瞰灉湖李白嘗與賈舍人于此剪桐望灉湖作詩云剪落青桐枝灉湖坐可窺雨洗秋山淨林光澹碧滋

【祠廟】

三閭廟

屈平沉沙之處曰汨羅江在岳州境內正廟以漁父配享唐末有洪州衙前軍將題一絕云蒼藤古木幾經春舊祀祠堂小水濱行客謾陳三酹酒丈夫元是獨醒人

【名宦】

張說

唐人謫守岳詩益淒惋人謂得江山之助 劉長卿為觀察使 皇朝王旦為平江宰

人物

胡廣後漢人居華容縣 鄭田自唐以來隱者九七八人曰一一二劉山人嵇處士

而劉長卿李頻王昌齡鄭谷輩皆有詩見稱 呂巖客字洞賓河中府人唐禮部侍郎謂之孫會昌中

兩舉進士不第去遊廬山遇異人得長生訣多遊湘潭岳鄂之間人莫之識也。岳陽風土記岳陽樓上有呂先生留題云朝遊北奧暮蒼梧袖有青蛇膽氣麤三入岳陽人不識朗吟飛過洞庭湖。東軒筆録滕宗諒守巴陵有華州回道士上謁風骨聳秀滕知其異人口占以贈之曰華州回道士來到岳陽城別我遊何處秋空一劍橫回聞之憮然大笑而別或云宗諒因寫令畫工傳其像今岳陽樓傳本狀貌清俊與俗本特異

名賢

韓註以直言仵代宗

貶岳陽。杜甫贈韓諫議詩今我不樂思岳陽身欲奮飛病在牀美人娟娟隔秋水濯足洞庭望八荒鴻飛冥冥日月白青楓葉赤天雨霜玉京群帝集北斗或騎麒麟翳鳳凰芙蓉旌旗雲霧樂影動倒影搖瀟湘星宮之君醉瓊漿羽人稀少不在旁似聞往者赤松子恐是漢代韓張良昔隨劉氏定長安帷幄未改神慘傷國家成敗吾豈敢色難腥腐餐楓香周南留滯古莫惜南極老人應壽昌美人胡為隔秋水焉得置之貢玉堂 陳與義嘗假館郡圃所居室自號簡齋

題詠

江國踰千里杜甫詩云云山城僅百層岸風翻夕浪舟雪灑寒燈留滯才難盡艱危氣益增圖南未可料變化有鵾鵬 地圖封七澤竇庠酬退之詩云云天限鏁重扃 清晨登巴陵李白詩云云周覽無不極 城郭蜂房綴

朱頔詩岳陽多丘山云云 瀟湘春水來杜牧早春寄岳州李使君李善基愛酒情地閑雅云城高倚峭巘地勝足樓臺朔漠暖鴻去云云縈盈幾多思掩抑若為裁返照三聲角寒香一樹梅烏林芳草遠赤壁健帆開往事空遺恨東流豈不迴分符潁川政平屈洛陽才拼匣調珠柱磨鉛勘玉杯棊鞦小窗勢爐撥凍醪酩此興予非潚何時得奉陪 猿叫洞庭秋雍陶送徐使君赴岳州詩渺渺楚江上風旗搖去舟馬歸雲夢曉云云別思滿南渡鄉心生北樓巴陵山水郡應稱謝公遊

四六

問津湖右　控連七澤　維郡之分　北通巫峽

分畺岳陽　彈壓重湖　據水之會　西極瀟湘

惟岳陽之渴郡　分符夢澤之濱　地分千里以雖均

占湖右之要衝　息駕洞庭之野　郡以一樓而增重

面湖背嶽乃形勝之要區　吞雲夢八九於胸方將坐嘯

囊山帶江亦往來之孔道　展洞庭萬里之眼自足生春

啼猿嘯虎聊尋駭異之觀　京洛雲山外方佇來儀

驂鳳騎麟行慶清華之召　乾坤日夜浮又煩坐填

壁題呂巖客之詩知非俗境

樓有范公之記喜得壯遊

先天下之憂後天下之樂不在茲乎

有刺史之榮無刺史之難亦足試矣

峽州

夷陵　宜都　長陽　遠安

建置沿革

禹貢荊州之域鶉尾之分野春秋及戰國屬楚秦漢為南郡魏武置臨江郡蜀改宜都郡吳曰西陵晉宋齊並為宜都郡梁置宜州西魏改為拓州後周以地扼三峽之險改拓為硤隋改夷陵郡唐改峽州始從

山國朝因之中興移治于紫陽山又于石鼻山尋復故今領縣四治夷陵

事要

郡名　夷陵　西陵　峽口

風俗　民俗儉陋郡志常自足無所仰於四方　業儒者鮮上同　地僻而遠歐陽永叔至喜亭記云云　地僻而貧歐陽永叔記曰云云故夷縣爲下縣而峽爲小州

形勝　西通全蜀荆渚記夷陵郡居大江之上云云故夷陵有安蜀古城　北轅襄漢張商英記云云南下荆郢　陸聾秦鳳歐陽永叔至喜亭記曰云云　距三峽之口郢見義三游洞記云云介重湖之尾　在吳蜀之介寰宇記云云

方廿九　九

西陵重鎮元和志郡城陸抗所築吳改丨丨以爲丨丨　楚之西塞袁崧宜都山川記云南有荆門山北有虎牙山相對云云也在今宜都　國之西門通鑑吳陸抗曰西陵建平國之蕃表臣父遜昔上言西陵云云君有不守則荆州非吳有也　峽險至此平夷歐陽方叛送田秀才序巴之丨丨丨地始丨丨　丨西陵勝景二張安國記丨丨之丨丨丨亭曰至喜擾曰楚塞洞曰三游　夏后疏鑿文選江賦巴東之峽云云　楚王墳臺夷堅志丨丨丨丨之地

土產　米麪魚歐陽永叔與尹師魯書夷陵有丨丨丨如京洛　椒　紙漆歐陽公記有丨丨丨以通商賈○夷陵紙不甚精熟然最柰久歐公紙説三省中帳籍惟峽州若不壞

山川　夷陵山一名西陵峽在夷陵縣西北二十五里○吳志云陸遜破劉備還屯丨丨守峽口以備蜀即此丨是也　宜陽山有風井穴大如甕夏出冬入有樵人置笠穴口風噏之後於長陽溪口得笠則知潛通也　落鍾山系本云廩君之先故出巫峽丨丨丨石穴中穴有二所廩君出於赤穴餘姓出於黑穴　黃牛山荆州記南崖有重嶺疊起崖間有石色如人牽牛人黑牛黃成就分明加以江湍紆迴行途經宿猶望見之○行者歌曰朝發黃牛暮發黃牛○白居易詩白狗次黃牛灘如竹節稠路穿天地險人續古今　虎牙山在夷陵東南三十五里荆州記丨丨二丨臨江楚之西塞　馬鞍山愁在夷陵縣通鑑陸遜攻劉備備升丨丨丨陳兵自遠即此山　石鼻山夷陵志後周移峽州州治於此

方廿九　十

其山陽大江高五百餘仞廣袤二十里下臨江流中有石橫六七十丈如簰筏又呼爲石簰　重山在長陽上有風穴夏則風出秋則風入春秋分則靜　孤山在遠安縣有陸抗城袁崧嘗登此山謂俯見大江舟如鳧鴈　丹山在遠安時有赤氣故名　鹿溪山在遠安西六里鹿死寺之側山皆鹿疃居士陸法和二公著腳名山多矣未有如鹿溪者遂棲隱焉石龕猶存　百井山在遠安西四十五里高三千五百丈有清泉數十級絕頂望見江陵　望州山在宜都縣可望見州　巫峽其間首尾百六十里謂之丨丨○宋玉賦我帝之季女名曰瑤姬未行而亡封於丨丨之陽高唐之岨旦爲雲暮爲雨朝朝暮暮陽臺之下故爲立廟號朝雲焉　明月峽在夷陵倚江千崖面其白如月又如扇　西陵峽楊炯詩絕

壁聳萬仞長波射千里盤薄荆之門滔滔南國紀楚都昔全盛高丘烜望祀秦兵一旦侵夷陵火潜起四維不復設關塞良難恃洞庭且忽焉靑門終已矣自古天地闢流爲峽中水行旅相贈言風濤無極已及余踐斯地瓌奇信爲美江山若有靈千載伸知已

白起洞 在夷陵世傳白起燒夷陵時駐此

三游洞 白居易與弟知退及元微之會於夷陵尋幽踐勝知退曰斯景勝絶天地間有幾乎。蘇子瞻三游洞詩一逕遶山翠縈紆似去蛇忽驚溪水急爭看洞門呀滑磴攀秋蔓飛橋踏古槎三豚迎北吹一穴向西斜難息煙雲老追思歲月遐唐人昔未到古俗此爲家。歐陽永叔詩漾檝泝晴川捨舟緣翠嶺探奇冒曾巘因以窮人境弄舟終日愛雲山徒見青蒼杳靄間誰知一室煙霞裏乳竇雲腴凝石髓蒼崖一徑横查渡翠壁千尋當户起昔人心賞爲誰留人去山河迹更幽青蘿綠挂何岑

勝覽卅九　十八

寂山鳥嘐嘐不驚客松鳴澗底自生風月出林間來照席仙境難尋復易迷山回路轉幾人知惟應洞口春花落流出巖前百丈溪即下牢溪也。蘇子由詩洞前危逕不容足洞中明曠坐百人蒼崖硉兀起成柱亂石散列如驚麏清溪百丈下無路水漏沙上如魚鱗夜深明月出山頂下照洞口纔及唇沉沉深黑若大甕野老構火青如燐平明欲出遊上下洞氣飄亂爲横雲深山大澤亦有是野鳥鳴噪孤熊蹲三人一去無復見至今冠蓋長滿門

清江 在宜都寰宇記云一名夷水東自施州開蠻界流入昔巴蠻五姓未有君長令各乘土舟約浮者爲君惟務相獨浮因共立之爲廪君乃乘土舟從夷水下因立城其傍四姓臣之

青溪 唐田遊巖愛夷陵青溪上廬其側側高宗親至門謂曰先生比佳否答曰臣所謂泉石膏肓煙霞痼疾

赤溪 在夷陵昔陸抗封步闡自青溪築城至故市即此

綠羅溪 歐陽永叔送川秀才序曰遊東山窺丨丨丨

滄茫溪 在宜都溪生五色石細紋紅如瑪瑙青如玻璃夏雨過人競採掇

姜詩溪 在州南。歐陽永叔詩叢林已廢姜祠在事跡難尋楚語訛詩廣溪人故云。郭璞詩青溪千仞餘中有一道士借問是何人云是鬼谷子

諸灘 曰青草曰西蛇曰雞裝曰三瑠曰偏劫曰叱波曰越灘曰老翁曰大蛇曰鹿角曰南北兩虎頭曰上狼尾皆在州西北

硯池 在州南昔郭景純注爾雅汲水于此有黑水出焉

鳳凰洲 在遠安縣昔令韋皐有美政鳳凰雙集

蝦蟇碚 在夷陵縣之南凡出蜀者必酌水以瀹茗陸羽第其品爲第四。唐張又新水記言峽州扇子峽石中突而洩水獨清冷俗謂蝦蟇石其水煎茶爲第一。黄魯直云蝦蟆培從舟中望之頤項口吻甚類蝦蟆尋泉源入洞中石

勝覽卅九　十九

氣清寒流泉出石骨若虬龍吼。蘇子瞻詩蟆背似覆盂蟆頤如偃月謂是月中蟆開口吐月液根源來甚遠百尺蒼崖裂當時龍破山此水隨龍出入江江水濁猶作深碧色禀受苦清潔獨與凡水隔豈惟煮茶好釀酒應無敵。歐陽永叔石溜吐陰崖泉聲滿空谷能邀弄泉客繫舸留巖腹陰精分月窟水味標茶錄共約試春芽槍旗幾時綠

【井泉】

五眼泉 在宜都西三十五里有龍今有祠

【堂亭】

絳雪堂 在州治歐陽永叔集云峽州署中舊有千葉紅梨花知郡朱郎中始加欄檻命坐客賦之。公詩云風輕絳雪樽前舞日暖繁香露下開

四賢堂 在州治二蘇歐黄也

六乙堂 在夷陵縣

至喜亭 歐陽永叔作亭記云蜀於五代爲僭國以陸爲險以富自足舟車之迹不通於中國者五十有九年宋受天命一海内四方次第平

太祖改元之三年始平蜀然後蜀之絲枲織文富衣被于天下而貢輸商旅之往來若陸輦秦鳳水通岷江不絶于萬里之外岷江之來合蜀衆水出三峽爲荆江傾折回直捍怒鬬激束之爲湍馘之爲旋順流之舟頃刻數百里不及顧視一失毫釐與崖石遇則糜潰漂没不見蹤跡故凡蜀之可以充内府供京師而移用乎諸州者皆陸出而其羡餘不急之物乃下於江若棄之然其爲險且不測如此夷陵爲州當峽口江出峽始漫爲平流故舟人至此者必瀝酒再拜相賀以爲更生尚書虞部郎官朱公再治是州之三月作至喜亭於江津以爲舟者之停留也且誌夫天下之大險至此而平夷以爲行人之喜幸夷陵固爲下州廪與俸皆薄而僻且遠雖有善政不足爲名譽以資進取朱公能不以陋而安之其心喜夫人之去憂患而就簡易詩所謂愷悌君子者矣自公之來歲數大豐因民之餘然後有作惠于往來以館以勞動不違時而人是賴是皆宜書故凡公之佐吏因相與謀而屬筆於脩焉

天開圖畫 在城東五里雲際院

楚西第一 在州對江普濟院山巔望夷陵其偉

亭臺

南紀樓 胡明仲詩西望巫峽峯東望洞庭湖南望大江横北望楚王城平時十萬户熊羆百賈區夜半車擊轂差鱗銜舳艫麥麻讀沃衍家足粳魚又云古來上流地最重荆州符形勢在東南横跨此其樞

楚塞樓 在州宅○許自誠詩雄當蜀道三千里巍壓荆南十五州○何麟詩但見岑樓名楚塞不知元是國西門

爾雅臺 在州宅方輿記郭璞注爾雅於此臺有廟

祠廟

黄牛廟 在黄牛峽名靈應廟相傳佐禹治水有功蜀後主建興初諸葛武侯建祠然三國時西陵建平非蜀土而任清臣記亦不言日月○歐陽永叔爲夷陵令日作黄牛廟詩曰大川雖有神淫祀亦有俗石馬繫祠門山鴉噪林木後子瞻跋云嘗聞之於公予昔以西京留守推官爲館閣校勘時同年丁寶臣元珍適來京師夢與予同舟泝江入一廟中拜謁堂下予班元珍下方拜時像爲起既出門見一馬隻耳覺而語予固莫識也已而元珍除峽州判官余亦貶夷陵令一日與元珍泝峽謁黄牛廟入門惘然皆夢中所見予爲縣令固班元珍下而門内鐫石爲馬缺一耳相視大驚乃留詩廟中蓋私識其事也

名宦

張飛 先主既定江南以飛爲宜都太守

陸遜 領宜都太守

許紹 爲峽州刺史蕭銑圍峽州紹擊走之悉獲戰艦云

韋皐 爲建安令

顔真卿 代宗時以言祭器不飭元載以爲誹謗由刑書貶峽州

皇朝

歐陽脩 以切責諫官遂貶峽州夷陵縣令

人物

何參 夷陵縣人居篤學坊以博學孝義著不求聞達人稱曰勵士

郭雍 河南府人父忠孝從伊川先生二十年頗得其學後持憲陝西死於金人之難雍隱於長陽縣之下魚山懼父學之湮没乃推先志纂前書乾道初召力辭授冲晦處士有易中庸說

名賢

程頤 貶涪州移峽州

劉安世 爲正言論蔡確章子厚貶嶺外後徙峽州

張商英 以斥蔡京謫峽州

題詠

巫山夾青天 李白上二峽題詩曰云云巴水流若茲巴水忽可盡青天無到時三朝上黄牛三暮行太遲三朝又三暮不覺鬢成絲

白居易初入峽詩上有萬仞山 **闊狹各一葦** 下有千丈水蒼蒼兩崖間云云

巖腹有穿壙 蘇子瞻出峽忽聞巫峽尾云云仰見天蒼蒼石室開兩向宣尼古廟宇叢木作幃帳鐵楯横半空俯瞰不計丈

古人誰架構下有不測浪石實見天困厄棺非古葬王虚悔不至實爲舟人誰退思偶成篇聊贈舟人唱

峽口

巴江水 司空曙送史中丞之峽州詩云云無風浪亦翻兼葭新有鴈雲雨不離猿江客思鄉遠愁人賴酒昏櫝郎好聯句

一條白練峽中央 白居易詩万丈赤幢灘底日云莫帶謝家門云

一葉纔通石罅間 雜陶峽中行兩岸開盡水回環云云人心更險於山

出峽朝天第一州 劉長源詩云云史君重激最高樓蜀江雪浪初平處欲盡頭

金江轉荆湖第二州 張祜題詩巴渝東畔楚西畔云云

夷陵城闕倚朝雲 胡曾詠史云云戰敗秦師縱火焚何事三千珠履客不能西禦武安君

國勢元依陸抗城 查瓷篇詩云浪寨自訊彭岑壘云云

南標銅柱北虎牙 王龜齡詩云云天險城邊古西塞

【邑】 **夷陵雖小邑** 蘇子瞻至喜堂詩云云自古控荆吳形勝今無用英雄久已無誰知有文伯遠謫自王都人去年年改堂傾歲歲扶治思猶名呂感歎亦憐朱儁種孤楠老新霜一楠枯清篇當峽洞醉墨爲邦圖故老問行客長官今白鬚著書多忘慮許國藏歡娛寄語公知否還須數倒壺

【四六】 西陵古郡 荆爲重地 遠聯胡嶠 山號虎牙 南國上游 峽占上游 近接帆江 灘名很尾 巴蜀詩爲咽喉 據南楚之上游 截惟三峽之偏州 荆楚倚爲根柢 控西蜀之要會 乃是六朝之要地 郡鄰襄漢當折衝禦侮之機 雖云僻郡固難要譽以進身 地控東南爲淮根固帶之所 然念遠民尤在承流而宣化 山覽水擲而揮翰宿春天前杯杜老 揖之晴川而捨舟綠翠嶺後美歐公 公將把塵登至喜之亭躬覽醉翁之迹 僕方杜門絲歸來之賦敢希靖節之風

荆門軍 長林 當陽

【建置沿革】 星土分野三代以前並同江陵府前漢南郡有臨沮當陽編都縣皆荆門之地而編都乃今長林也晉立武寧軍於故編縣其屬有長林縣唐省入長寧縣屬南郡改長寧爲長林唐置基州後廢屬荆州尋以舊基州之地長林縣立荆門縣屬江陵府五代朱梁割據爲荆門軍 皇朝以荆南之荆門鎮爲軍後廢爲縣屬江陵元祐間知荆南唐義問請復爲軍後之今領縣二治長林

【事要】

【郡名】 **荆門** 春秋時楚地故曰一一

【風俗】 **冠蓋旁午** 朱震叢泉詩序荆門控扼要衝一一于道

【形勝】 **東帶漢水** 朱震鼓角樓記 **南距**云云西被峽石

西控巴峽 蒲中行壁記云云扼其咽喉東連鄢郢爲之襟帶

江陵 張式鼓角樓記云云北界漢水 **北抗沮川** 晏類要 **介荆襄之兩間** 張師中撰鼓角樓記云云

信荆楚之門戶 蒲中行荆門軍記云云襄漢之潘垣

與襄陽相犬牙 荆門軍記云云

爲用武之國 朱漢圖經

序云俯雲夢連巫峽據襄陽之阻通沮漳之利由楚漢迄唐季云云

【山川】

荊門山 江都山記即楚西塞張式記峯巒對起厥狀如門 **章山** 在長林縣九域志云即禹貢所謂內方也 **蒙山** 一名硤石山在軍城西百餘步兩巒對起如蛾眉有二泉水發其麓曰蒙惠 **屏風山** 在長林西北三十五里壁立如屏幢絕頂平衍中有兩泉紹興間郡守建鑪其上爲避地之計開禧丙寅郡守李直柄亦携居焉 **磨劒山** 在長林縣馬鞍山西有秦王磨劒石上多礪痕 **東山** 去軍城一里許 **西山** 在城西三里有洞及海會院 **靈鷲山** 在長林北舊有寺有亢口龍洞有石臺甚高 **金薄山** 在長林有金石如雲母 **中城山** 在軍城磨林溪之東舊有石碑上有城壘極峻險 **紫蓋山** 在當陽縣有二峯四垂若繖有聞及丹井○葛立方送舒殿丞詩紫蓋無亭亭秀荊渚股分綠水穿林莽尚想當年老阿瞞燕騎蛇矛赤先主 **綠林山** 元和志在當陽縣東南百二十里漢光武起兵于此輿地廣記即所謂當陽之長坂也曹公追劉備而張飛拒之於此後漢劉元傳諸亡命共攻離鄉聚藏於綠林中 **圓臺山** 在當陽縣東六十里俗傳唐玉真公主建紫霞觀于此 **方山** 在當陽北三十里漳水之上四顧峯巒環列 **玉泉山** 山有寒泉過客多題詩 **左溪** 在長林縣善溪人姓左所居 **鑾水** 在雞鳴澗北即東水也桓溫又名昜段曰丨丨○王建詩荊門行喚起官船渡丨丨 **漳水** 在當陽縣北左傳江漢沮漳楚之望也 **綠水** 出紫蓋山下刀綠碧聲香 **建水** 在郡北百里 **金龍潭** 在常陽北二十五里徽廟時嘗投金龍鎮潭中

【井泉】

南泉 出白崖麓之南其水溉田千頃 **蒙泉** 在城西蒙山南曰蒙泉北曰惠泉晝夜兩潮水溢數寸世傳南出玉北出珠朱震詩序詞人才客臨流濯纓賦詩絡行徘徊乎清冷之濱而不忍去○沈傳師詩京路馬駸駸塵勞日向深蒙泉聊息駕可以洗君心○蘇子瞻詩棐人少井飲地氣常不洩蓄之爲惠泉空若有所折○楊總詩注一泒白謂之雄一泒碧謂之雌源有雌雄分碧白○孫僅詩孤城深鎖亂雲間城上雲開面面山負郭惠泉誰共訪簿公詩碣綠苔斑○歐陽永叔詩淹留桂樹幾經春野鳥巖花識使君使君今是尊前客誰與山泉作主人 **惠泉** 在荊門○蘇子由詩泉源何從來山下長溪發油然本無營誰使自激烈洋洋九地底大水浮一巢使水皆爲泉地己不勝瀺灂泉衆水中獨不容至潔消自顧瀉奕奕見清澈石泓淨無塵中有三尺雪下爲百丈溪冷不受魚鱉脫衣浣中流解我雙足熱樂哉泉上翁大旱不知渴

【祠寺】

湖北道院 在郡治 **荊苓偉觀** 在郡治 **潛玉亭** 在蒙山亭午云有下氏抱玉亭在隴內則此山之有美玉信矣○李衞公詩明珠雖秘彩美玉詎藏珍 **寒亭** 在玉泉山人多題詩獨一篇云朔風吹凜凜雪漫漫來是寒亭分外寒六月火雲天不雨請君來此凭欄干

【佛寺】

玉泉寺 在當陽縣西南二十里玉泉山陳光大中浮屠知覬自天台飛錫來居此山寺雄於一方殿前有金龜池○五泉詩序山水之勝甲天下張曲江孟浩然輩嘗託於詩以寫其勝

【名宦】

皇朝陸九淵 爲守號象山

【人物】

皇朝胡安國 有故居在金龍潭上

【[illegible]】

策馬傍荆岑張九齡詩指途躋舞望云云　荆門蔽三巴孟浩然詩云云　塵土荆門路劉禹錫歌云飛煙紀南城云云天寒多獵騎走上樊姬墓　春水月峽來李白荆門浮舟望蜀江詩云云浮舟望安極正見桃花流依然錦江色　玉馬朝周從此辭劉禹錫後梁宣明二帝陵詩云云園林寂寞對豐碑千行宰樹荆門道暮雨瀟瀟聞子規　宋臺梁館尚依依劉禹錫荆門道中南國山川舊帝畿云云　霜落荆門江樹空李白秋下荆門詩云云布帆無恙挂秋風　斜分漢水横湘水王建作詩云云山青水綠荆門間　土風南去接荆蠻孫權送岳州舒殿丞詩江路北來通漢水云云　看炊紅米煑白魚王建荆門行峴亭西頭路多曲楪林深深石簇簇云云夜向灘頭店家宿　楚俗歲時多雜鬼歐陽永叔詩春山四顧亂無涯雞犬蕭條數百家云云蠻風言語不通華

（四六）

蹤恩觀闕　紆紱荆門

擁江帶漢　控蜀接淮

有嚴要害之防　兼制剽輕之俗

昇爲要地乃古人交戰之場　千里分疆什險壯貔貅之旅

雖曰小邦實今日必爭之地　五方雜處受廛多鴻鴈之民

其在荆襄實相依於脣齒　發而爲邑賦租備嵩而不優

若論巴蜀亦有係於襟喉　陸以作邦保鄣要衝而當守

新編方輿勝覽卷之三十

建安祝穆和父編

常德府 武陵　桃源　龍陽　沅江

建置沿革　禹貢荆州之域，星土爲翼軫鶉尾之次。殷周爲蠻蜑所居。春秋戰國時屬楚。秦爲黔中郡。漢更武陵郡，今州是也。梁置武州，隋改爲辰州，煬帝更武陵郡。唐因之，復爲朗州。昭宗置武貞軍節度。後唐爲武平郡。國朝祥符避聖祖諱改鼎州，陞永安軍，改靖康軍，陞武平軍節度。乾道以孝宗潛邸陞爲常德府。今領縣四，治武陵。

事要

郡名　古鼎 舊名鼎，以神鼎出於此，故名。　武陵 晉書潘京，｜｜漢壽人，辟主簿，太守問曰：貴郡何以名武陵？京曰：本名義陵，在辰陽縣界，與夷獠相接，光武移東山，遂得完其議，易號。傳曰：止戈爲武。詩注：高平曰陵。於是名焉。　義陵 初項羽殺義帝於郴，武陵人縞素哭於招屈亭，高帝聞而義之，故曰｜｜。　常武 詩序：有常德以立武事。

風俗　人氣和柔 伍安貧武陵記云：人多淳孝，少宦情，以黃老自樂，有屈原之遺風。　信鬼而好巫 屈原九歌序云：昔楚南郢之邑，沅湘之間，俗云云，其祠必作樂鼓舞以樂諸神。　以漁獵山伐爲業 西漢地理志云云。

形勝　東抵洞庭 樓閣南奏狀云：云云西接夜郎。　右控五溪 郡志云云。　沅湘之濱 劉禹錫爲朗州司馬上杜司徒求澧陽啓云：云云，寒暑一候，陽鴈不到，華言罕聞。古

黔中地 郡志：在昔黔中爲楚之南寧，左包洞庭之險，右控五溪之要。秦以虎狼之威，志在吞楚，而必欲得楚之黔中，故楚由是衰。武陵實黔中郡也。　故郢之裔邑 劉禹錫楚望賦：武陵云云，夜郎諸夷雜居。　乃張若之遺址 郡縣志：在州東五十步。初秦昭王使白起伐楚，張若築此城以拒楚，自義陵移治武陵，今州東是也。　桃源八景 如桃川仙隱、白馬雪濤、綠蘿晴晝、梅溪煙雨、辟陽古寺、楚山春曉、沅江夜月、草坊晚渡，亦一方之佳致也。　提舉五州兵馬 乾道九年府守樓閣南奏：本府東抵洞庭，盜賊之所淵藪；西鄰夜郎，蠻夷之所巢穴。乞依舊｜｜鼎澧辰沅靖｜｜｜｜盜賊節制兼提舉。

山川　柱山 宋起居注云：元嘉中武陵大水，｜｜崩，崖石闕，其高數丈，下穴死若雕刻。元和郡縣志一名善德山，在武陵縣東九里。此山本名柱山，開皇中刺史樊子蓋以善卷嘗居此，名善德山。　武山 山半有盤瓠石，水出謂之武陵溪。　梁山 在武陵縣北三十九里，舊名陽山。按舊注云：陽山之女，靈異之神，嘗以夏首秋分獻魚。唐天寶六載始改｜｜濮。梁嵩廟食于此，故以名山。　桃源山 在｜｜縣二十里。圖經云：山下有桃川宮，西南一里即桃源洞，云是昔秦人避亂之地，有洞如門，巨石屏蔽，蹤跡猶存，有水自中流出注沅水不絕。陶潛桃花源記云：晉太元中，武陵人捕魚爲業，緣溪行，忽逢桃花夾岸，芳華鮮美，落英繽紛，漁人異之。前行盡水源，便得一山，有小口，捨舟從口入，豁然開朗，屋舍儼然，有良田美池桑竹之屬，男女衣著悉如外人，黃髮垂髫，見漁人驚問，還家設酒殺雞作食，自云先世避秦時亂來此。問今是何世，乃不知有漢，無論魏晉。停數日辭去，既出，得其船，便扶向路，處處誌之。及郡

下詣太守說如此太守即遣人隨其往迷不復得路後遂無問津者○任安貧武陵記晋太康中武陵漁人黄道真泛舟自沅泝流而入道真既出白太守劉歆歆與俱往則已迷路與陶記畧同○李白桑桃源序水引漁者花藏仙溪春風不知從來落英何許流出三十六洞別為一天耶○陶潛敘桃源事初無神仙之說梁任安貧為武陵記亦祖述其語耳後人不深考因謂秦人至晋猶不死遂以為地仙洪駒父云介甫桃源行子瞻和桃源詩皆得之王摩詰韓退之劉夢得諸人以為神仙皆非是○陶潛詩嬴氏乱天紀賢者避其世黄綺之商山伊人亦云逝往跡浸復湮來逕遂蕪廢相命肆農耕日入從所憩桑竹垂餘蔭菽稷隨時藝春蚕收長絲秋熟靡王稅荒路曖交通雞犬互鳴吠俎豆猶古法衣裳無新製童孺縱行歌班白歡游詣草榮識節和木衰知風厲雖無紀曆誌四時自成歲怡然有餘樂于何勞智慧奇蹤隱五百一朝敞神界淳薄既異源旋復還幽蔽借問游方士焉測塵囂外願言躡輕風高舉尋吾契○子瞻和陶淵明詩凡聖無異居清濁共此世心閑偶自見念起忽已逝欲知真一處要使六用廢桃源信不遠藜杖可小憩躬耕任地力絕學抱天藝臂雞有時鳴尻駕無可税苓龜亦晨吸杞狗或夜吠耘樵得甘芳齕齧謝炮製子驥雖形隔淵明已心詣高山不難越淺水何足厲不知我仇池高舉復幾歲從來一生死近又等癡慧蒲澗安期境在廣州羅浮稚川界夢往從之游神交發吾蔽桃花滿庭下流水在戶外却笑逃秦人有畏非真契○韓愈桃源圖神仙有無何渺茫桃源之說誠荒唐流水盤迴山百轉生綃數幅垂中堂武陵太守好事者題封遠寄南宮下南宮先生忻得之波濤入筆驅文辭文工畫妙各臻極異境恍惚移於斯架巖鑿谷開宮室接屋連牆千萬日嬴顛劉蹶了不聞地坼天分非所恤種桃處處惟開花川原近遠蒸紅

霞初來猶自念鄉邑歲久此地還成家漁舟之子來何所物色相猜更問語大蛇中斷喪前王群馬南渡開新主聽終辭絕共淒然自說經今六百年當時萬事皆眼見不知幾許猶流傳爭持酒食來相餽礼數不同尊俎異月明伴宿玉堂空骨冷魂清無夢寐夜半金雞啁哳鳴火輪飛出客心驚人間有累不可住依然離別難為情舡開棹進一回顧萬里蒼蒼煙水暮世俗寧知偽與真至今傳者武陵人○王介甫詩望夷宮中鹿為馬秦人半死長城下避世不獨商山翁亦有桃源種桃者一來種桃不計春採花食實枝為薪兒孫生長與世隔知有父子無君臣漁郎放舟迷遠近花間忽見驚相問世上空知古有秦山中豈料今為晋聞道長安吹戰塵春風回首亦沾巾重華一去無消息天下紛紛經幾秦○劉商詩桃花流出武陵洞夢想仙家雲樹春今看水入洞中去却是桃源洞裏人○古木高士詩山前溪是當時水源上桃非舊日花多是黄郎露消息洞門從此鎖桃花○劉禹錫桃源行漁舟何招招浮在武陵水拖綸擲餌信流去誤入桃源行數里清源尋盡花綿綿踏花覓徑至洞前洞門蒼黯煙霧生暗行數步遂虛明俗人毛骨驚仙子爭來致詞何至此須臾皆破冰雪顏笑言委曲問世間因嗟隱身來種玉不知人世如風燭筵羞石髓勸客餐燈爇松脂留客宿雞声犬声遙相聞曉光葱蘢開五雲漁人振衣起出戶滿庭無路花紛紛翻然恐失鄉縣處一息不肯桃源住桃源滿溪水似鏡塵心如垢洗不去仙家一出尋無蹤至今流水山重重○王維桃源行時年十九漁舟逐水愛山春兩岸桃花夾古津坐看紅樹不知遠行盡清溪忽值人山口潛行始隈隩山開曠望旋平陸遙看一處攢雲樹近入千花映煙竹樵客初傳漢姓名居人未改秦衣服居人共住武陵源還從物外起田園月明松下房櫳靜日出雲中雞犬喧驚聞俗客爭來集競引還家問都邑平

明閒巷掃花開薄暮漁樵乘水入初因避地去人閒及至成仙去不還峽裏誰知有人事世上遥望空雲山不疑靈境難聞見塵心未盡思鄉縣出洞無論隔山水辭家終擬長遊衍自謂經過舊不迷安知峯壑今來變當時只記入山深青溪幾度到雲林春來遍是桃花水不辨仙源何處尋○漁隱叢話載子瞻云世傳桃源事多過其實淵明所記止言先世避秦來此則漁人所見似是其子孫非秦人不死者也又云殺雞作黍豈有仙而殺者乎使太守得而至焉則已化爲爭奪之場久矣

緑蘿山 在桃源縣南下有潭

聞山 在武陵縣西百四十里武陵記曰昔臨沅人黄道真在此山釣魚見桃花源即陶潛所記是也

白馬洞 第三十五洞天

樊坡 在武陵縣北八十九里後漢樊重隱於此有肥田數千畝

橘洲 在龍陽縣西北五十里周回三里按盛弘之經云李衡字平叔仕吴爲丹陽太守每欲理産業妻習氏不許衡密遣人於武陵龍陽汎洲種丨千株臨終謂其子曰汝母惡吾營家故窮如此吾於汎丨種橘乃千頭木奴不責汝衣食太史言江陵千株丨丨其人與千戶侯等蓋謂此也今丨丨上民數百家橘不存矣

玉帶河 端拱元年太守錢顗書壽水斗門四字熙寧中有神仙海蟾翁劉易遊斗門曰此秀水河乃武陵郡一條玉帶也他年必有繫玉帶之人故又謂之丨丨丨○熙寧中章子厚來平辰州蠻奇居張待制頡爲章條畫蠻事及章歸朝起復張充東南發運使仍畀以白玉帶一條

延溪 寰宇記云在武陵縣有柘樹千餘頃枝條茂暢昔有烏集其上枝下垂著地烏去枝還振折舉烏號名曰烏號

武陵溪 在縣西二十里亦名德勝泉

五溪 司馬錯爲秦將定黔中據城以阨丨丨丨酈元水經注武陵有五溪謂雄溪樠溪酉溪潕溪辰溪是爲蠻夷所居謂之丨丨蠻

朗水 在武陵縣其水西南自辰錦州入郡界經郡城入大江謂之丨江漢書何邵所封於此

沅水 經武陵南二十步

枉水 出武陵縣南耆山名曰枉渚書卷所居時人號曰丨丨楚詞云朝發枉渚夕宿辰陽亦謂此也

芷水 即沅水之別派其兩岸多生杜衡并白芷仍以杜衡爲村名

西水 在龍陽縣東百八十里漢志云武陵郡酉陽水所出

滄浪水 在龍陽縣二十里浪水與滄水合故號丨丨丨寰宇記云在武陵縣西二水合流禹貢又東爲丨丨之丨乃漁父濯纓之處

鼎口 寰宇記云在武陵縣有水名丨丨蓋沅澧二江最深之處尤多魚按朗陵地圖云昔有神鼎出乎其間

井泉

萊公泉 在武陵縣北六十里皇朝類苑云鼎州甘泉寺介官道之側始寇萊公南遷日題於東楹曰平仲酌泉經此回望北闕黯然而去未幾丁晉公又過之題於西楹曰謂之酌泉禮佛而去後范諷留詩於寺曰平仲酌泉回北望謂之禮佛向南行煙嵐翠鎖門前路轉使高僧厭寵榮詩牌猶存○崔嶧詩云二相南行至道初記名留詠在精廬甘泉不洗天涯恨留與行人鑑覆車○淳熙中南軒張敬夫榜曰丨丨丨

亭館

招屈亭 在城南相傳三閭大夫以五月五日由黔中投汨羅上人以舟救之爲何由得渡湖之歌其名咸呼云何在

佛寺

甘泉寺 塵史云在武陵縣北二十里許有丨丨丨行人多憩止焉寇萊公往雷州九題二十字曰庚申年秋九月平仲南行至甘泉院僧以詩板視之征途不暇吟詠代記年月後丁晉公謫朱崖過寺留題云翠影人踈曳波光琵琶疑帝家金掌露仙署玉壺冰曉井侵星汲宵廚向月燈豈惟蠲肺渴灌頂助三乘因而至寺

下者多所賦詠

【祠墓】

伏波祠　劉禹錫詩蒙蒙篁竹下有路上壺頭漢壘麏鼯鬬蠻溪霧雨愁

安義王廟　在武陵縣之梁山即梁松也。劉禹錫陽山廟觀賽神詩漢家都尉始征蠻血食于今配此山

春申君墓　在開元寺——坊即其故宅。杜牧詩烈士思酬國士恩春申誰與快幽魂三千賓客綴珠履欲使何人殺李園

【古跡】

采菱城　在桃源縣武陵記云其湖産菱殼薄肉厚味特甘香楚平王嘗採之有——亭

張顛墨池　龍陽淨照寺有小池乃張旭學書于此

【名宦】

馬援　征五溪蠻以薏苡能辟瘴而食之其後載數車還有譏之者以援所載皆文犀蠙珠也

李翱　字習之爲朗州刺史今有文集在郡齋

劉禹錫　居朗川十五年惟以文章吟詠陶冶情性作爲新詞以教巫祝故武陵溪洞間夫歌多禹錫之詞

黃蓋　吳人爲武陵太守擊蠻有功

劉伯寵　爲太守

皇朝薛居正　國初平湖湘以居正知朗州有亡卒數千爲盜監軍使疑城中釋子爲應欲盡殺之居正以計緩其事因擒賊首汪端詰之乃知釋子千數無與謀者咸得免

唐介　嘗爲武陵尉縉爲沅江令

【人物】

善卷　武陵縣東一十五里枉山之上有——壇按南華真經云舜以天下讓於善卷曰余逍遙於天地之間而心意自得吾何以天下爲哉遂不受而去古傳——隱此山後人爲之立觀　國朝政和間訪天下道跡賜號曰遁世高蹈先生郡守李燾常爲壇記。劉禹錫詩曰先生見堯心相與去九有斯民誰已治我得安林藪道爲自然貴名是無窮壽瑤壇在此山識者常廻首

伍安貧　梁朝漢壽人撰武陵記

皇朝管師復　自號白雲先生又學師常齋名號二晉陳公襄以公與伊川經明行脩薦爲學官

柳拱辰　其先青州人五季避地荊楚爲武陵之青陵人年六十即有掛冠之志創亭於青陵館名橋曰歸老南豐曾鞏爲之記

【題詠】

百雉俯清沅　劉禹錫詩西漢開支郡南朝號戚藩四封當列宿云云茗折蒼溪秀蘋生枉渚暄

李衡墟落存　前人沈約臺榭故云云

西南奠遐服　劉禹錫司馬錯故城詩將軍將秦師云云故壘清江上蒼煙晦喬木蕃寒贊重壘蠻溪紛詰曲

蠻陬相犬牙　劉禹錫登武陵城詩星象承鳥翼云云俚人祠竹節仙洞閉桃花

十見蠻江白芷生　劉禹錫酬朗州崔員外昔日居鄰招屈亭楓林橋樹鷓鴣聲一辭御苑青門路云云

百姓縣前挽魚罟　劉禹錫龍陽歌縣前白日無塵土云云

武陵控扼五溪猺　皇朝大觀初楊川詩云云路入京城馮國朝石櫃雄排抗水勢浮圖高聳接雲霄

【四六】

光奉漁恩　出臨常武　潛龍舊邸　分虎新綸　剖竹新疆　種桃遺俗　總提列戍　彈壓五溪

報武陵之善政　賦仙洞之新篇——雖今南楚之上游　式據重湖之舊壤　左連川蜀舟車之衝　右控辰沅溪洞之險

雲氣秦洞之桃　香泛沅川之芷——眷今股肱之名郡　爲古神仙之舊遊　利兵堅甲兼制五州　大纛高牙長雄千里

挹江芷之香風悉爲德化　酌溪桃之流水總是恩波——青草洞庭無復艱艱之爲患　桃花流水又皆雞犬之相聞

卑城剖竹雖遠控於巒溪　農桑千里劇談太守之風流
流水種桃乃幸鄰於仙境　雞犬萬家依舊仙源之和樂

澧州

澧陽　安鄉　石門　慈利

【建置沿革】禹貢荆州之域爲翼軫鶉尾之次春秋戰國皆屬楚秦屬黔中郡漢改爲武陵郡屬荆州今州理即漢武陵之零陽縣地吳立天門郡晉置南平郡及南義陽郡陳廢郡置松州尋改澧州以州在澧水之北故以爲名仍廢天門郡爲石門縣尋改澧陽郡唐改澧陽郡復爲澧州　國朝因之今領縣四治澧陽

【事要】

【郡名】澧陽　涔陽見屈原離騷

【風俗】有屈原之遺風元微之行澧州刺史制澧旁荆之劉郡沅湘沅怨抑激云云　南州美莫如澧柳宗元送南涪州移澧州序自漢而丨丨之丨者丨丨丨　風俗夷獠唐戎昱頌水陸呉楚云云

【形勝】東接洞庭樓大防澧陽樓記云云西連施黔　右接巫峽陳相之郡守題名記云左界洞庭云云衡岳峙其前漢沔荆峴帶其後　彭皐聳其西圖經云云藥山列其東蘭江前陳仙洲外蔽所謂神仙窟宅也　江陵在其北大樓防澧陽樓記武陵在其南云云湖廣之孔道　倚連崗以起伏唐戎昱新城云云面長江以演漾登覽則山川在目綏鎮則黔巫可航　荆之近庸同上澧州云云國之南屏

【山川】彭山丨丨廟碑云崇山連天外界越巂岡阜糜迤如舞如馳渴千重之勢於洞庭之野屹峨郡治並爲丨丨孟

澧邦之所瞻也　藥山在澧陽縣南八十里昔多芍丨　大浮山在澧陽縣西南一百三十五里圖經載石門縣亦有浮山以爲浮丘先生學道之所蓋浮山闊遠跨據數縣也　崇山輿地廣記云昔舜放驩兜於此　黃山在安鄉縣北六十里有謝晦潮南麓有唐處士洪古墓柳宗元作誌　天門山在慈利縣寰宇記云古嵩梁山也有十六峯相次最高爲天門空明透徹明貫山頂其上有泉門之兩向有竹磬折垂地搖拂無塵人謂天帚○圖經慈利縣亦有丨丨丨五代有道之士周朴有題天門十六峯詩　赤松山在慈利縣天門山相對耆老相傳以爲丨丨子隱猶之鄉舊有赤松庵而上下數十里號赤城村　長嘯峯僧推儼禪夜登山見雲開月現大嘯一聲聞數里李翱嘗贈詩　花石在慈利縣武口寨石上自然有花如堆心牡丹之狀技巢纏繞雖精於畫者莫能及或以物擊其花應手而碎既拂拭之其花復見重疊非一莫不異之　蘭江楚詞云捐余珮兮澧浦因稱珮浦又云澧有蘭故曰丨丨　洳溪寰宇記在澧陽縣源出龍洳山極清昔楚莊辛說楚襄王飲丨丨之流是也　雙溪在慈利縣乃前後江合流之口有芙蓉洲至秀花渡今爲一邑之勝　澧水在澧陽縣南六十步○楚詞湘夫人曰遺余褋兮澧浦　澹水在澧陽縣東二十里○王仲宣詩悠悠丨澧丨

【井泉】廉泉在大同山唐人有銘

【池館】明月池在郡圃東李群玉遊息之地也　八桂堂在州治胡明仲記以堂之前有一叢桂生八幹故名之　譙門延平羅爲守日建○胡明仲爲記云古之爲城也非曰必可恃也其爲門也非曰必可鍵也蓋立制度焉

耳苟得民心雖書地而守植表而限效死若莫肯去冒死若不能入不然崇城到大嚴新重附金鋪而銅環鐵扇而石樞無以內固民心不於內攜而外叛曾不若折柳之樊吾圃也澧陽舊有衆溪蠻俗成寇附防然後郊與市成得奠厥居歲在乙酉此盜南鶩有守者嬰隍召水以自保賊既引去城亦隨陷他日立郡於荆榛瓦礫中天水時至沈灊崖齧穉荎病之太守羅侯下車訪民疾苦莫先斯事即帥百姓修缺補壞乃作譙門徇民之欲閑內外謹啓閉置壺箭以謹時擊鼓角以警車匠則借工役則鳩兵材則斬浮箬氏之山泛流以來未幾告成而民不與焉

〔古跡〕**隋朝栢** 在石門。范希文詩百尺參天隋代栢可憐終老棟梁材

范公讀書堂 在安鄉縣范希文幼孤從母歸朱氏來寄安鄉與俱來讀書此地

〔名宦〕**彭思王** 諱元則高祖之子嘗為刺史民懷其惠至今祠之

李泌 字長源大曆中為澧州刺史更築新城澧人德而歌之戎昱為之頌

杜綜 以駙馬都尉為澧州刺史

〔人物〕**申鳴** 劉向新序曰楚士ㄧㄧ以孝聞王相之白公勝為亂申鳴曰始吾父之孝子也今吾君之忠臣也何以得全身遂殺白公其父亦死王欲賞之鳴遂自殺云

白善將軍 白公勝之孫為楚將白公欲亂其國乃召之將軍白從子而亂其國則不義於君背子而殺其私則不仁於孫遂棄其祿築湖澧陽以終其身楚人名之曰ㄧㄧㄧ藥園今其地在州東藥園寺

車武子 博學不倦家貧不常得油夏月練囊盛螢火照書江夏紀詠張俞有車湖詩云憶昔車公居此地遺黎繞繞臨清淵惜哉斷石文尚在野老不識投波淵自為之注云武子墓下得碑其文尚存田父斷而沉之江則武子及墓皆在車湖上

李羣玉 裴休入相以詩薦之遂授校書郎

〔題詠〕**上有清使君** 唐戎昱作李泌新城頌云云下有清江流

涔陽兮極浦 庾信哀江南賦云云

雄風吞七澤 劉禹錫詩云云異產控三巴秋原被蘭藥春渚漲桃花

夷音語嘲哳 白居易詩云云蠻態鄉雖盱

水市通闤闠 前人詩云云煙林混舳艫

吏征魚戶稅 前人詩云云人納火田租

謂冠漢南州 樓編忠以申鳴著學首車公優外擅蘭溪水下俯仙明洲讀書晁詞群玉採蘋思浮丘況得子厚語云云

蘭浦蒼蒼春欲暮 杜牧之詩云云落花流水動離襟

澧水店頭春盡日 白居易詩云云送君馬上適通川

鄰境諸侯同舍郎 劉禹錫詩云云芝江蘭浦恨無梁秋風門外旌旗動曉露庭中橘柚香

新賜魚書墨未乾 劉禹錫寄澧州元郎中詩云云賢人曾屈遠人安朝驅行旆盼時令夜見星辰憶舊官梅葉覆階鈴閣暖雪峯當戶戟枝寒容知楚客思公子北望長吟澧有蘭

一話涔陽舊使君 杜牧發澧州驛寄京兆韋尹詩云云郡人回首望青雲

〔四六〕疏恩楓宸　紆紱蘭江　湖右名州　涔陽極浦　澧浦小邦　荆湖佳郡　夷音嘲哳　漁戶腥膻

訪文正之遺祠每懷賢德　士風其陋地頗近於風寒

讀致堂之壁記當問民心　郡計未優財尤難於天雨

眷涔陽之極浦備著楚騷

考漢南之美州更陳柳序

辰州

沅陵　辰溪　漵浦　盧溪

【建置沿革】古蠻荆地槃瓠之後楚地翼軫分野春秋屬楚秦為黔中郡漢置武陵郡屬荆州而沅陵辰陽酉陽義陵皆以水得名東漢屬武陵郡三國時或吳或蜀自晉及宋齊並為武陵郡地隋改為辰州取辰溪為名煬帝改為沅陵郡唐復置辰州明皇改盧溪郡後為辰州皇朝熙寧中章子厚置沅州割辰之麻陽招諭二縣以隸焉今領縣四治沅陵

【事要】【郡名】**酉陽** 以水得名 **辰陽** 郡在辰水陽取辰溪為名

【風俗】**頗雜猺俗** 郡縣志夷獠雜居其處城市者衣服言語皆華人而山谷間丨丨丨

裔出蠻瓠 同上蠻瓠者蓋雄溪樠溪辰溪酉溪武陵之五溪蠻是也漢建武二十三年精夫相單程等叛劉尚擊之為所敗復遣伏波將軍馬援馬武等擊破之始乞降　本朝太祖既下荆湖有辰州猺人秦再雄者身長七尺武健多謀歷山飛塹捷如猿猱及至闕下除為辰州刺史官其一子使自辟吏屬盡與一州租田蠻猺遂皆向化○大抵蠻猺種類猥雜不一挾山阻谷依林積木以為居人迹罕至推髻跣足登危歷險如履平地言語侏離衣服斒斕畏鬼神喜淫祀刻木為契不能君長持弓挾矢匿草射人復讎報怨視死如歸

板竹覆屋 圖經云風俗尚治屋宇五溪俗謗辰州閃屋今連甍接棟皆覆以板竹意古今貧富有不同也

仰給鼎澧荆岳 風土記曰辰沅靖三州朝廷非有望其賦入也往時本路轉運使每歲於鼎州撥支錢七万貫綿二千五百疋紬四百疋布五百疋岳州撥紬一千七百疋綿七十兩澧州撥絹一千疋綿一万兩荆門軍撥絹一千　以此當一歲之計而沅靖所入亦稱是故兵廩贍給足以控制自紹興初湖湘連相寇竊猺之後而辰之歲計不行支撥止於鼎州支錢四千五百貫自是官兵俸給日窘至隆興初守臣徐彭年有請于朝歲添給二千緡然未能紓其窘也

【形勝】**内控諸蠻咽喉** 辰州風土記云大抵辰當沅靖諸蠻咽喉出沒之地内可以控諸蠻而外為武陵障蔽諸蠻不由此則商販不通武陵不得此則諸蠻不通雖欲高枕而卧不可得也

非古夜郎 正觀八年以龍標置叙州析其地為夜郎縣九年省以唐志考之奬州二峩山渭溪皆夜郎更名則龍標夜郎不隸辰久矣唐人以為夜郎者以其風声氣習相近耳

五溪十洞 寰宇志按沅陵記云云頗為邊患自馬伏波征南之後雜為郡縣其民叛擾蓋恃險所致

【土産】**輸賨布** 古者蠻夷無税漢興始以口計賦丨丨丨

辰砂不出於辰 辰砂本出麻陽縣唐以麻陽縣及開山洞為錦州今隸沅州不屬辰也其地產丹砂而砂井之名有九皆在猺獠窟穴之中而錦之舊城猶在焉遇歲寒猺以新竹爆火爆石以取之時出與土人貿易不知者以辰砂為辰所出也

【山川】**光明山** 在沅陵縣一名龍門山有砂井土人採取入井把火行二里燒石取之

壺頭山 在沅陵縣百三十里寰宇記云後漢馬援征蠻穿山為室以避炎氣武陵記曰山邊有石窟即援所居石室也

明月山 在沅陵縣東百三十里山下有明月池兩岸素崖若被霜寒松如揷翠

芋山 寰宇記在沅陵縣山有蹲鴟如兩斛大食之終身不飢今民取之

葱

山寰宇記在沅陵縣有孤山巖石上有蔥如人植人往取輙絶禱神而求不拔自出武陵記謂之蔥嶺

武山 在盧溪縣西百八十里後漢書南蠻傳云昔高辛氏有大戎之寇帝患其侵暴而征伐不克乃訪募天下有能得犬戎之將吳將軍首者賜黄金千鎰邑萬家又妻以少女有畜狗其毛五彩名曰槃瓠下令之後槃瓠銜人頭詣闕下群臣怪而診之乃吳將軍首也帝大喜且謂槃瓠不可妻之以女又無封爵之道議欲報之而未知所宜女聞以爲皇帝下令不可違信因請行帝不得已以女配槃瓠槃瓠得女負而走入南山石室中險絶人跡不至經三年生六男六女槃瓠死後因自夫妻好色衣服製裁皆有尾其母後歸以狀白帝於是使迎諸子衣裳斑斕言語侏離好入山壑不樂平曠帝順其意賜以名山廣澤其後滋蔓號曰蠻夷今長沙武陵蠻是也武山本作瀨其五溪之一唐章懷太子注後漢云在令辰州之盧溪縣

小酉山 又名烏速山在酉溪口方輿記云山下有石穴中有書千卷秦人避地隱學于此湖湘東王謂訪酉陽之逸典是也耆舊相傳堯時善卷唐張果老皆嘗隱居于此又名爲大酉華妙洞天或云自酉溪西北百餘里有洞

五城山 在辰溪縣東南三百六十里武陵記云楚威王使將軍莊蹻定黔中因山造此城

無時山 坤元錄云在漵浦縣西北三百五十里此山之下蠻俗當吉慶之時親族會集歌舞於此

五溪 水經云武陵有ㄧㄧ謂雄溪樠溪酉溪潕溪辰溪悉是蠻夷子孫後漢書注云今在辰州界元和郡縣志亦曰ㄧㄧ盡在辰州

武溪 在盧溪縣事類錄曰馬援門生善吹笛援作歌以和之名曰武陵深其曲曰滔滔武溪深復深鳥飛不能渡獸遊不能臨嗟哉武溪多毒淫

辰溪 即五溪之一也

沅水 在沅陵縣西南五里

盧水 在盧溪縣西二百五十里即武溪所出ㄧ唐王昌齡作箜篌引云盧溪郡南夜泊舟夜聞兩岸羌戎謳

漵浦 在漵浦縣出鄜梁山

【祠墓】

善卷先生墓 見莊周書有墓在辰溪縣西南龍溪觀本朝封瑩立祠

【古跡】

銅柱銘 在會溪城一里天福五年溪州刺史彭士愁納土求盟楚王馬希範請于朝以立之學士李皐爲銘ㄧ胡曾銅柱詩云一柱高標險塞垣南蠻不敢犯中原功成自合分茅土何事翻銜薏苡冤

【名宦】

宋均 爲辰陽長其俗少學者而信巫鬼爲立學校禁絶淫祀

皇朝張綸 辰州溪洞蠻寇邊以綸知辰州賊遣去後擢爲辰澧沿邊安撫諭蠻酋使偕貢與之盟刻石于境上

邵隆 繫年錄云紹興中ㄧㄧ在商州披荊棘立官府川界金人隆怏怏不已秦檜怒以隆知辰州

【名賢】

段成式 唐人著酉陽書數十篇

皇朝王庭珪 胡銓鄉人也銓過海以詩送之曰癡兒不了公家事男子要爲天下奇又云百辟動容觀奏牘幾人回首愧朝班得責辰州居

【題詠】

夕宿辰陽 離騷朝發枉渚云云

山留槃瓠迹 晏類要云云洞有秦人書

草市人朝醉 陶弼云云畬田火夜明瀧江入地爲棧道出雲行

蠻帥引旌旗 韓翃送辰州李中丞詩巴人迎道路云云

入漵浦而邅回 離騷云云

一曲青溪一曲山 陶弼題白霧壁云云鳥飛魚躍白雲閒

採金人簇青莎岸 陶弼詩詔條符節古連今王澤漸濡豈不深賦役未行中國法謳歌

猶帶遠夷音云云射虎兵圍黃葉林
寄語湖頭灘上客預將忠信待浮沉

四六

出綸午位　湖右名區　披剖竹之新榮
分竹辰陽　辰陽小郡　訪佩蘭之幽致
一札十行寵被循良之選　朱幡皂蓋肯臨竹壘之蕭條
五溪十洞往宣彈壓之威　丹詔紫泥即覲楓宸之嚴邃
言語侏儒俗尚遺於盤瓠
名聲赫奕政當效於伏波
衝蠻煙瘴雨於千嶂之間僕宜久處
挹光風霽月於九霄之上公亦肯來

新編方輿勝覽卷之三十

十七

新編方輿勝覽卷之三十一　建安祝穆和父編

沅州 盧陽 麻陽 黔陽

建置沿革　鶉尾楚分春秋元命包曰軫星散爲荆州昔秦昭王使白起侵楚取蠻夷地爲黔中郡漢高帝改爲武陵郡屬舞陽地武帝置牂牁郡屬益州梁置沅陵郡隋以郡爲陝州唐析辰溪置麻陽縣以龍標置巫州更曰沅州復爲巫州爲潭陽郡又更巫州爲叙州　本朝熙寧命章子厚收復其地置沅州今領縣三治盧陽

事要

郡名　沅陵　潭陽

風俗　槃瓠之後　隋地理志嗜好居処頗與巴渝同俗本承｜｜｜服章多以班布爲飾○今州西南有犵狑獠獠其名皆犬屬乃其子孫

俗好巫鬼　西漢南夷傳地多雨潦云云

江山風物之所蕩　劉禹錫集又謫于沅湘間爲云云往往指事成歌詩

形勝　牂牁武陵之交　圖經云云

四塞重阻　隋地理志

溪山阻絶　郡縣志云云非人跡所復

山川　明山　郡主山也岡巒重複朝拱郡治飛雲瀑風如列畫屏

武陽山　郡國志龍標｜｜｜有仙人每土人聚即來入衆莫能辨惟脚趾向後而踵向前以刀斫之不死唯以杉木爲刀𣃁之方得其去

辰山　在麻陽縣

苞茅山　在麻陽縣西南三百五十里武陽記云上有三脊茅可以縮酒寰宇記云即楚国入貢之茅

九疊山　山勢盤紆九峯相次舟遇天晴月明煙紫峯巒翠微若盈圖之中

大谷洞　在黔陽去州三十三里洞中深邃泉流不絶

芙蓉江　來自湖南蓋唐之芙蓉縣

雄溪　郡志即渠河潭江沅江及沅州江等會衆溪水入于此江九溪之中昔所謂｜｜江也

九溪　曰郎曰潕曰雄曰辰曰龍曰叙曰武曰杜曰酉而雄其一也

鑿字溪　元豐癸亥通道於廣西溪旁得古碑乃唐久視中遣將王思齊率甲兵征蠻過此陽礙山險負舟而濟刻石以記歲月而夷人以爲｜｜｜今分入廣西界

龍溪　在鎮江寨界今謂之｜門｜

沅水　在黔陽

潕水　在盧陽新經曰巫無｜舞一｜而五名聲之変耳

名宦　王昌齡　新唐書王昌齡江寧人爲詩緒密而清新自江寧縣丞貶爲龍標縣尉

皇朝章子厚　爲湖北常平使者收復沅州夜築城西偏一面比曉而畢東南北三面三日而成○東皋雜録子厚於熙寧間奉　詔城沅州時陶弼知辰州贈詩云苦戰尤如新息侯漢兵纔渡緑蘿洲愛君挽我陶溪粟直到牂牁水口頭今有詩在洪江寨正與牂牁水相直

王憲之　政和間黄安俊叛死之下賊邦人爲立祠

汪長源　靖康間爲州太守集將戰其樂退曹寇

題詠　人臨沅水望　僧无可送沅江宋明府擬之任祁閶從事日邦渚動芳芥一逐鈞衡薦今爲長吏歸云云鴈映楚山飛唯有傳声政家風重發揮

沅有芷兮澧有蘭　楚詞云云思公子兮未敢言

聞說龍標過五溪　唐王昌齡嘗尉是邑李白以詩送之云楊花落尽子規啼云云我愁心寄明月隨君直到夜郎西注云龍標在古夜郎東南今之辰溪縣乃

隋之夜郎此云西若以隋地理志言之也州符就領五蠻溪守陶弼詩云使介重

登双衡闕云云爭雄白鵲臨崖闘憶子玄猿遶澗啼溆浦潭陽隔楚山王昌齡送

別詩十萬屯田古未耕陶弼寄新沅守謝麟詩險盡天開溪路平詩書新將典新

城三千戍卒今无幾云云屬縣乞除防虎檻生蠻頗獻採砂坑

四六

拜恩宸陛　肅撫州壁　地近牂牁　撫摩以惠

住塡蠻溪　遠臨蠻徼　種雜盤瓠　彈壓以威

香溢沅江之芷宜入詠歌　山深溪阻蟲蛮俗之雜居

陰濃召國之棠更蕃恵愛　地僻人稀亦土風之素朴

朱幡地重敢論五馬之榮　虫喜則人怒則獸性固靡常

棨戟兵森聊化九溪之俗　然賣尓劍買尓牛化之亦易

靖州

永平　通道　會同

建置沿革　鶉尾楚分野春秋爲荆州秦置黔中郡漢更黔中爲武陵郡武帝置牂牁郡屬益州唐爲夷播敘二州之境後周時節度使周行逢死敘州刺史鍾存志奔武陽而楊正岩以十洞称徽誠二州　皇朝十峒酋長楊通蘊送款內附楊通宝來見朝廷以通宝爲誠州刺史其子珙復爲誠州刺史又詔於武岡之西作城在渠河之陽爲誠州後廢爲渠陽軍尋廢爲寨隸沅州復置誠州改爲靖州蓋自崇寧排帰戰方今領縣三治永平

事要

郡名　渠陽見沅州注

風俗　槃瓠餘種圖經——之——今尚有猫猺犵獠之號其計歲月率以甲子其要約以木鐵爲契其樂器有秋笛蘆笙其兵器與中同等東通于

邪南通于融北通于沅土風不惡魏華父與人書靖爲天下窮処其最陋又在峽郡下而——民俗亦淳時歲豊則物平如土

形勝　漢牂牁武溪之間圖經與澧州同與蠻壤相犬牙汪彥章靖州營造記云初夷人散居溪谷間各爲酋長及上版圖戢方氏爲王民擬彼之山川幾比疆連犬牙相入也歲久亦教所輩去椎髻之俗而飾冠巾轉侏儺之音而通字畫奉官吏約束一如中州

山川　飛山在州北十五里比諸山爲最高四面絕壁千仞九疊山注見沅州福湖山在州南四十里通道縣北之諸山最爲蒼翠元豐中通道廣西出是山之間青蘿山在州南二十里屬永平縣煙蘿蒼翠故名沅江出西南溪蕃界郎江源出湖耳山

青陂湖在會同縣寶溪在州城之東北屬永平縣大抵洞中諸溪皆產金武溪九溪之一

井泉　金井邪直深淺不等宝之所生皆有礦石以爲之墻壁而礦在其中書取者乃得其礦辨礦之術鋼石爲先黃巢鳥巢次之若一星見於石則爲因發之兆也有炉院有水池臨池作亭乃监官閲視之所

名宦　呂師周楚書六馬氏偏霸之初飛山洞酋潘全盛遣其黨楊承磊略武岡馬氏遣——討之援羅踊石跌夜燕行兵抵飛山分軍布柵全盛大駭曰此兵從天降也承磊來戰師周破其軍縛降者爲鄉導襲飛山擒全盛斬之尽平飛山巢穴今環飛山有濠塹而遺址尚存

名賢　程子山魏華父觀亭記靖爲州南距廣西東障湖南北抵沅辰西極夜郎四旁之外自靈均後代有顯人播之詩歌靖以晚出未嘗有顯者

來推｜｜｜以忤檜居歲餘土人爲作觀亭於溳江之左僅存遺址**魏了翁**以謫居築鶴山書院云山因瀨繫益得循念昔遊

【人物】—【題詠】並闕

【四六】簡求郡將　自易州麾　湖右奧區　地近牂牁
鎮撫蠻猺　始雄地望　溳陽名郡　種餘槃瓠
十洞創州肇自聖明之世　九溪十洞蠻子舊屬於羈縻
雙旌出守遴求豈弟之賢　五馬双旌郡將效爲之彈壓

德安府

安陸　應城　孝感　雲夢

【建置沿革】禹貢荊州之域楚地翼軫之分野春秋鄖子之国秦屬南郡漢置江夏郡安陸預焉東漢晉因之宋置安陸郡齊寄治司州梁置南司州復爲安陸縣西魏置安州隋煬爲宣郡唐改安州又改安陸郡置亂安黃州節度又號奉義軍梁置宣威軍後唐改安遠軍節度皇朝爲安遠軍後以神宗潛邸陞德安府依前軍額今領縣四治安陸

【事要】【郡名】**安陸**【風俗】**其土風醇厚**姜堂記**其士多秀傑**同上云云其民多隱德永平時宦游者樂焉**俗喜儒學**李元衡記云云**名勝相望**李元衡記近世云云由進士擢天下第一者三人謂王世則宋庠鄭獬也**地多磽确**李元衡李由記云云殖貨不饒**郡務甚簡**張師亮知江陵府乞知安州云云可以頤養醫藥【形勝】**西枕溳水**郡縣志**北接漢東**李元衡鎮恭堂記云云南控沔鄂儼然爲一都會也**控荊衡之遠勢**李白代淮南壽山荅孟少府文云云**唐之督府**武德改爲大都督府**人境之勝**前人記西揖白兆峯亦秀出其下李太白之廬想見翠丹砂抵青海而陵八極北壽山即太白所謂攢吸霞雨隱若靈仙者也云云如此

【山川】**石巖山**在府南十里晉張昌作亂於｜｜上織竹爲鳥形衣以五綵聚肉於其旁而集百鳥詐云鳳凰降而建元神鳳即此山也**陪尾山**在府東北即禹貢｜｜｜**白兆山**｜在安陸西三十里北史于謹爲安州刺史遇旱祈雨於｜｜｜李白有桃花崖寄李侍御詩**紫金山**在今府治西北峭壁斗絕石皆紫色故名有鸚鵡亭**大安山**在安陸縣西六十里。李白忤高力士放還而黃山晦寂桃花岩詩云｜｜婦翁舍時來枕流眠則許負相国師家此山下**壽山**在安陸縣西北六十里昔山民有｜百歲者**鳳山**在府東南以形得名**章山**在安陸縣東四十里古人以爲内方山**京山**在應城有溫泉**五家山**在應城東三十里王得臣麈史云伍氏所居之地**九嵕山**在孝感北疊嶂深林景物幽邃。范雍詩山奇號｜｜名與雍州同長安亦有此｜**桃花巖**在白兆山即李白讀書處。蔡持正詩聞說｜｜｜石畔讀書曾有謫仙人**司馬巖**在郡圃**鳳凰岡**在孝感縣晉永和鳳凰產其上**雲夢澤**在安陸南五十里。杜預云南郡枝江縣有雲夢城安陸縣亦有｜｜城此｜江南江北皆有詳見岳州**溳水**在安陸西北繞城西隅入雲夢**漳水**在安陸西五十里。沈存中筆談清濁相揉者爲漳章文也別有雲夢之漳與溳合流色理如蝃蝀數十里方混**溳水**出應城縣唐置環州于此

井泉 **玉女泉**在應城縣西四十里相傳王女煉丹之地

佛寺 **救苦寺**在府西四里今名勝業院李白有春遊｜｜｜詩又有周世宗微時洗腳石古檜一株云柴氏所植

堂宇 **黄堂**郡守滕甫建記曰擷紫金之秀而碧玉之奇郎溪鳳臺之屬拱如揖**四賢堂**始連氏之父舜賓有隱德歐陽求叔表其墓二子庶庠從學於二宋相繼登第與二宋同學於法興寺。張文潛作｜｜｜記**五桂堂**在書記廳元豐中方城范公爲掌書記官舍西偏有桂甚茂後范公之子致君致明致虛致祥致厚相繼登第致君記其事後周洪道爲之記云**七相堂**在府治。郡守陸世良詩七相登名俱爲此尚期他日更添君**跨鰲堂**鄭昂記云平沙回岸縈帶城郭商帆漁舟出沒煙波瀟洒有江郊之興楚山水之觀未有以易此者也

亭樓 **車蓋亭**在郡治西北隅。魏文帝詩西北有浮雲亭亭如車蓋是也。漁隱叢話云蔡確守安州日登｜｜｜賦詩云紙屏石枕竹方床手倦拋書午夢長睡覺莞然成獨笑數聲漁笛在滄浪殊有閑適之意**浮雲樓**杜牧之有題安州浮雲寺樓詩周顯德中毀寺改建黄堂而樓遂備宴遊。滕甫詩舉頭便是長安日弄袖時飄夢澤風戍死久拋飛鳥外葬基遙在碧雲中

古迹 **古蒲騷城**在應城北三十里左傳有云鄖人軍于蒲騷即此**釣魚臺**在安陸縣石崇村云是郝處俊遺迹。蔡確詩矯矯名臣郝甑山忠言直節上元間釣臺蕪沒知何處嘆息思公俯碧灣。東都事略蔡確傳知漢陽軍吳處厚奏確在安州作詩借郝處俊事以譏訕　太皇太后宣仁太后怒曰蔡確以吾比武后當重譴確奏曰臣在安州州有溳溪溪舊有郝處俊釣臺蓋上元中高宗令其子周王等分朋角勝爲樂又欲傳位於武后皆爲處俊論諫所回故臣詩因嘆其忠直　今太后以　帝之祖母垂簾聽政而輒無故引唐高宗遜位與皇后之事上瀆　聖聽其迹固可見**西湖村**去孝感九十里　太祖嘗潛龍日因渴索酒飲村嫗家嫗持酒以進言榷禁甚嚴此私醞當察之與金不受及至　太祖既貴省西湖村酒禁至今置萬戶酒

名宦 **傅介子**封義陽侯**皇朝張齊賢**知江陵謝病乞知安州**范純仁**坐議濮王典禮出通判安州有題名在九嵕山寺中**范雍**爲太守**謝良佐**爲應城宰朱元晦作應城縣上蔡先生祠記云先生名良佐字顯道學於河南程夫子兄弟之門初頗以該洽自多夫子笑曰可謂玩物喪志矣先生爽然自失乃盡棄所學而學焉如以生意論仁以實理論誠以常惺惺論敬以求是論窮理其命意皆精當而直指窮理居敬爲入門則於夫子教人之法又最得其綱領中間嘗宰是邑胡文定公以典學使者行部過之不敢問以職事顧因紹介請以弟子禮見入門見吏卒植立庭下如土木人肅然起敬遂稟學焉

人物 **楚鬭穀於菟**生於鄖通典安州春秋鄖子之國**黄香**江夏安陸人京師爲之語曰天下無雙江夏黄童子黄瓊**郝處俊**爲中書令請唐高宗毋遜位武后**許紹**安陸人棄縣東名宰相林**皇朝令狐揆**卜築溳溪雨雪中跨馬入城詣侯君學借

書令小童攜書囊負琴皂繒帷幄杳然長吟曰借書離近郭冒雪渡寒溪後有布衣林逸喜繪爲今孤雪中渡寒溪圖

張君房 安陸人爲著作郎　真宗時日本遣使入貢詔本國建寺夷使乞詞臣撰寺記時直院之文多君房代爲之旣宣令撰寺記夷使待命而君房醉飲市肆索之不得直院大窘後楊億作閑忙令曰世上何人最號忙紫微失却丨丨丨

鄭獬 仁宗重於選士廷試旣考定前一日取首卷焚香祝之曰願得忠孝狀元而公遂魁天下

宋庠 父玘爲應山令嘗因僑寓安陸今城中錦標坊即其所居與弟郊俱以文學顯夏英公嘗守安陸有書表吏鄭生者鄭二宋情跡甚熟凡郡守所欲牋狀多二公爲之英公怪而問焉若將興學而自爲此耶對曰非也乃二宋秀才之文英公他日見之得其所著大喜賞因命賦落花莒公一聯曰漢皐珮冷臨江逕金谷樓危到地香景文公一聯曰將飛更作回風舞已落猶成半面粧英公曰詠落花而不言落大宋君異日作宰相小宋君非所及然亦須登嚴近後皆如其言初其母錢氏夢人以文選一部與之遂生子京小名選郎云

名宦 **李白** 有上裴長史之書曰見鄉人相爲大夸雲夢之事云楚有七澤遂來觀焉而許相公家見招妻以孫女便憩迹于此至移三霜焉

皇朝寇準 自相州徙安州後又徙道州司馬

呂大防 紹聖初安州居住嘗寓郡齋有呂公亭

題詠 **蒹葭出夢中** 韓愈自袁州除官還京行至安陸先寄周循州詩行指漢東暫喜笑言同兩雪離江上云云向循含瘡色眼已見華風歲夢難相值酬敵未可縱

民淳詞訟少 范伯純詩安陸號方鎮江邊無事州云云務簡官政優

遂泛扁舟安陸郡 王昌齡送人赴安陸詩云云天邊何處穆陵關

春風只到穆陵西 劉文房行次安陸詩暮雨不知溳口處云云孤城盡日空花落三戶無人但鳥啼

朱欄流水牧之詩 錢繆詩望夢澤盤山長卿賦云云

四六 光膺鳳綍　古爲重鎮　繼北夢之學區
來坑龍藩　今號潛藩　寶南京之名部
俗多尚朴故訟簡之亦稀　世屬升平深有官游之樂
民稍力農故興賦之僅足　時方偃橐遂爲爭戰之場
宋莒公毓秀之鄉文風獨盛　俾夢相輝有四賢之擢秀
謝上蔡宦遊之地道學有傳　竹符分寵於七相之聯芳

復州 景陵 王沙

建置沿革 禹貢荊州之域楚地翼軫鶉尾之次春秋戰國並屬楚秦屬南郡在漢即江夏之竟陵縣晉宋齊因之梁置沔陽郡周武改置復州取復池湖以爲名隋改沔州又爲沔陽郡唐改復州獨理沔陽改竟陵郡又爲復州　皇朝因之熙寧州廢　元祐復立今領縣二治景陵

事要

郡名 **景陵** 孫宗鑑東皋雜錄曰自蔡州南至信陽軍始有山路險溢迤邐至安陸又西驛至復州皆平地南至大江並無丘陵之阻渡江至石首始有淺山謂之竟陵者陵至此而竟謂之石首者石自此而首也

沔陽 見沿革

風俗 **人性淳和** 舊經地多卑濕云云

風俗之美 陸羽自傳曰云云無出吾國

多雜蠻俗 隋地理志

民足魚蟹

復州從事廳壁記地濱江漢之滸云云之饒

形勝

襟帶隨郢 朱昂廣澤廟序云云腹背吳楚

沅湘之間 楚辭南郢之邑云云

有古帝王之祀二 曰伏羲氏曰神農氏

夢澤之南 舊經雲——七——澤皆水鄉

地窪而卑 朱昂序云云水漾而瀦

山川

五華山 在竟陵縣東七十里即古風氏国之城也風国即伏羲之後子城上有伏羲廟胡明仲爲記又臨津門外有神農廟

天門山 在景陵縣西六十里唐鄭夫子別墅在焉陸羽自傳云負書於———鄭子別墅

三陽湖 在玉沙縣西二里東曰朝陽南曰南陽北曰水陽故曰———

三澨水 書曰過———左傳有漳澨薳澨皆——澨地名

七里汚 周地圖記夏水合諸水同入滄白漢入瀦名爲———即屈原逢漁父処

亭館

境會亭 祥符間因創故角樓掘得一塊石乃唐實使君———記故名

鴻軒 右史張文潛謫居景陵日所創遺址在来園湖後起倅黄州有望復州詩去他年若問———人堂下薔薇應解語蓋其処植薔薇故也今黄州亦有———豈如老杜之在夔三易居而皆以高齋命名也耶

夢野奇觀 景祐間郡守王琪作于子城西南隅後晏殊宋祁呂育楊友之蘇紳石延年皆有詩

寺觀

西塔院 今名廣教有文亭井謂陸羽泉也。裴拾遺詩竟陵文亭泉蹤跡尚空虛不獨支公住曾經陸羽居草堂荒散蛉茶井冷生魚謂此也

紫極觀 有皮陸讀書堂日休襄陽人但黽蒙乃吳人何爲皆讀書于此然黽蒙有寄日休讀襄陽耆舊傳而日休次韵有云結彼山外交遇之於邂逅則或邂逅於此耳

古跡

汜澌市 在玉沙西四十里瀕漢江。晋鄭交甫南遊漢江遇二女佩兩珠交甫與言願得子之佩二女解佩與交甫懷去十餘步探之亡矣回視二女亦失所在

名宦

韋放 梁人爲竟陵守

狄仁傑 唐人爲刺史

李齊物 爲守見陸羽於伶人中異之授以詩

崔訂 韓愈送崔復州序有地數百里自長史司馬已下數十人其祿足以仁其三族及其朋友故舊樂乎心則一境之人喜不樂乎心則一境之人懼大丈夫官至刺史亦榮矣然幽遠之小民其足跡未嘗至城邑苟有不得其所能自直於鄉里之吏者鮮矣況能自辯於縣吏乎能自辯於縣吏者鮮矣況能自辯於刺史之庭乎由是刺史有所不聞小民有所不宣賦有常而民産无常水旱疾疫之不期民之豐約懸於前縣令不以言連帥不以信民就窮而斂愈急吾見刺史之難爲也崔君爲復州其連帥則于公愈以爲崔君之仁足以蘇復人于公之賢足以庸崔君有刺史之榮而无其難爲者將在於此乎愈嘗辱于公之知而舊遊於崔君慶復人之將蒙其休澤也於是乎言

皇朝

王彦超 後周爲復州刺史按国史建隆二年 太祖幸作坊宴射酒酣顧王彦超曰卿曩在復州朕往依卿何不納我彦超降堦頓首曰臣當時一刺史勺水豈可容神龍乎使臣容陛下 陛下安有今日 上大笑而罷之

人物

陸羽 號竟陵子有煎茶碣舊傳鴈橋乃得——処初見群鴈翔集覆小兒於下僧史種師得而育之既長以易筮之得蹇之漸曰鴻漸于陸其羽可用爲儀乃氏以陸名以羽字以鴻漸因以鴈目其橋唐書有僧得之水濱既長以易筮之事同

皇朝張徽 以能詩名有滄浪集司馬溫公范忠宣公皆與之友善

【詩題】八十年前棠樹陰李義物爲竟陵太守生李臨蔡後復爲竟陵守故周愿三感吟云云竟陵太守公先人　家家門外一渠蓮皮日休送弟歸復州詩羨爾優游正少年竟陵煙月似吳川車螯近岸無妨取舴艋隨風不費牽處處路旁千頃稻云云慇懃莫笑襄陽住爲愛南塘縮項鯿　所至先傳喜雨詩呂本中寄適道寺丞刻江漢樓柱詩聞道復州賢太守只如前在武陵時相逢未說爲州樂云云【四六】疏符按垣惟茲七澤之南乃眷竟陵之郡分符澤國實在重湖之右實居沔水之陽地多斥鹵本稱魚稻之鄉天威大震掃空狡兔之群郡有循良化作蠶桑之俗王澤旁流安集鰥寡之衆晝千里之封圻莫非王土宣九重之德意共爲帝臣

信陽軍 信陽 羅山

【建置沿革】禹貢荆豫二州之域鶉尾之分古申國之地春秋時屬楚秦屬南陽郡漢立平氏縣隸荆州之南陽縣魏分置義陽郡宋文帝於北義陽復立司州又置宋安郡梁改北司州尋陷北宋又改郢州周武帝改申州隋煬帝改爲義州尋爲義陽郡唐守申州改爲義陽郡後復爲申州即今之軍治　皇朝以戶口少降爲義陽軍改信陽軍今領縣二治信陽【事要】【郡名】義陽　古申【風俗】申伯遺俗元和志申在周爲侯伯此其遺俗也【形勝】北接陳汝寰宇記云云控帶許洛齊宋以來常爲邊鎮　三關之險左傳定公四年蔡侯與吳子唐侯伐楚還塞大隧直轅冥阨所謂太隧即黃峴關直轅冥阨乃武陽平靖也黃峴今名九里關在郡南百里武陽在今大寨嶺郡東南九十里平靖今名行者城在軍南七十五里自中原失守談兵者謂堅守三關則安陸以南可無虞莫汲菴論之曰三關險矣關外百里皆險也昔虜人得信陽將與我分險而守營要陂以抗武陽營雞頭以抗平靖營石門以抗黃峴是棄信陽是舉三關併棄之也信陽與三關勢如首尾欲全三關必固守信陽。鄱陽志余童知信陽軍終更圖上山川形勢以爲欲復宛洛則必自此地始當使與三關控扼緩急相應上覽之喜擢知蘄州　與德安相表裏繫年錄紹興三十一年金人寇信陽軍趙撙屯德安曰信陽雖小云云不可失也自將所部馳赴之虜騎徑去【山川】金山在軍南一十里通鑑梁天監七年魏辛祥堅守義陽梁遣將胡武城陶平虜州南一一之上連營侵迫辛祥遂夜出襲其營　義陽山寰宇記云在軍治東五十步即郡之主山也　石城山在軍東南五十五里輿地廣記云有石城山甚高峻史記曰魏攻冥阨蓋謂此山也呂氏春秋言九塞冥阨其一焉於此山置義陽郡今廢城猶在　鵲山在羅山縣南九里　覇山比於諸山最高大每出雲則必雨雪　陪尾九域志　冥阨塞在軍東南五十五里屬信陽又有大小石門皆鑿山爲道以通往來荆楚守隘之地也淮南子云大維冥阨荆阮方城殽坂井陘勾注居庸是謂九塞　淮水西自唐州桐柏縣流入　溮水至南

隨縣界流入江

【景物】白雲樓在子城東北　咸喜堂在軍治取申伯周邦咸喜之意　相公園范忠宣公爲郡日創，後人因以相公名園

【古迹】武城在軍東二十五里，今有遺基。而吳楚之爭有武城，里謂令尹子常治於此。　方城圖經：方城塞在軍東三十里。左傳：吳伐楚，司馬戍謂子常曰：子必漢而與之上下，我悉方城之外以毀其舟。　謝城在軍東三十里，申伯所封之邑也。詩曰：于邑于謝，是也。　曹城在軍城南三十五里，有曹店，即曹景宗擊魏口所築。

【名宦】申伯周宣封國於申　傅介子封義陽侯　姚崇坐與宋璟謀出太平公主，於東都坐貶申州刺史　皇朝呂公著封申國　范純仁知軍　劉安世哲宗朝爲右正言，論蔡確責嶺外，後爲知軍

【人物】鄧禹新野人　來歙同上，並仕漢　鄧艾義陽棘陽人，後封鄧侯，爲征西將軍　費禕江夏鄳人也，後代蔣琬爲大將軍　孟嘉陶潛爲嘉作傳以爲鄂人，而晉史以爲鄳人，乃今信陽軍羅山縣也

【題詠】山空水復清方雄飛過申州詩：涼風吹古木，野火燒殘營，寥落千餘里云云　獨憐溮水在劉文房不申州云云　時亂亦能清　城邊一水抱城流郡志載古詩曰云云　城外羣山擁郡樓　春來芳草滿雞頭郭究義陽懷古　郡有雞頭山

【四六】拜命宸庭，承流中國　此是謝城，臨于溮水　惟義陽之名郡，乃京右之要區　城惟斗大，少於千里之封；地有風寒，幸以三關之險　內控荆襄，固軍番宣之寄；外連光洛，足爲進取之圖　邦人咸喜，報騰良翰之歌；天子載嘉，即遣禁密之列　市邑蕭條，頗覺文書之省；江山環遶，不妨吟詠之清

新編方輿勝覽卷之三十一

新編方輿勝覽卷之三十二

建安祝穆和父編

○京西路

襄陽府

襄陽　穀城　宜城　南漳

【建置沿革】禹貢荊豫二州之域。楚地，翼軫之分野。於周諸國則穀、鄧、鄾、盧、羅、鄀之地。春秋時爲楚襄陽城。本楚之下邑。秦兼天下，自漢以北爲南陽，今鄧州是也；自漢以南爲南郡，今荊州是也。襄陽乃南陽、南郡二郡之地。東漢劉表爲荊州刺史，始理襄陽。魏分南郡置襄陽郡。自赤壁之敗，魏失江陵，南守襄陽。西晉爲荊州治所，羊祜、杜佑皆鎮襄陽。東晉於襄陽僑置雍州，遂爲雍州刺史治。梁置南雍州。西魏改曰襄州。隋、唐皆爲襄州。唐復爲山南東道節度，以襄州爲襄陽府。皇朝因之。真宗潛藩，陞襄陽府。寶慶以京湖制置安撫兼領。今統郡七，領縣四，治襄陽。

○京西轉運提刑提舉置司

【事要】

【郡名】古雍　古峴　襄漢　穀城古穀伯國　鄧城在穀城縣，蕭何所封。　鄧城古樊邑，仲山甫之國。

【風俗】其民尚文 舊志：宋玉、王逸、張悌、習鑿齒之徒皆生此土，故云云。　田土肥良 蕭子顯齊志雍州序：襄陽云云，桑梓野澤，蓋頗敷而有。　俗尚豪侈 舊志：由洪、徐鯉皆襄陽人，尚豪侈，人化之，府中謠曰：北路魚，南路徐。　啀雜難理 曲江襄州刺史遺愛銘序：江漢間州以十數，而襄陽爲大，皆名三輔之雄。今則一都之會，故在晉稱南雍，在楚爲北津戍，縣｜｜亦云｜｜。

【形勝】北據漢沔 諸葛亮說先主曰：荊州云云，利盡南海，東連吳會，西通巴蜀，此用武之國。　西接梁益 庾翼疏：襄陽荊楚之舊，云云；與關隴咫尺，北去河洛不盈千里，土沃田良，方城險峻，進可以掃盪秦隴，退可以保據上流。　外帶江漢 魚豢說孫權曰：云云，內阻山陵，有金城之固，沃野萬里，士民殷富。　北接宛許 庾亮表云云：南阻漢水，其險足固，其土足食。　南包臨沮 習鑿齒記云云，北接宛鄧。　獨雄 趙善俊告詞：眷念襄陽，云云，蔽淮右而奠荊河之奧壤，接洛南而扼楚沔之要區，田土肥良，山澤淵邃。　西控蜀漢 張松告詞：襄陽重地，控制上流，云云，東帶吳楚，自古用武之地，三國之所必爭。　吳會上游 本郡志：江漢之紀，居｜｜之｜｜，楚蜀之交，以襄陽爲重鎮。　峴山亘其南 前人云云，橫溪帶其西。　挾大漢以爲池 晉順陽碑文云云，面宗山以爲固。　壓平楚之千里 魏泰文選樓賦：漢流東下，楚山南峙；西挾沮漳，北通鄧鄀，據蜀望之上流，云云，雲夢七澤之區，方城漢水之大，畫工吟筆之所不能盡者，皆致吾几席之中。　南北必爭之地 鄭見義營造記：跨荊豫之遠徒，江淮之衝｜｜｜｜。　襄陽江陵勢同唇齒 郡志云：由江陵步道五百里至襄陽，勢同唇齒，無襄陽則江陵受敵。　臂淮楚面巴

蜀｜孫仲賦｜｜｜而｜｜｜足交廣而首幾句

【山川】

峴山 去襄陽十里。十道志羊祜嘗與從事鄒潤甫登峴山垂泣曰自有宇宙便有此山由來賢達勝士登此遠望者多矣皆湮滅無聞潤甫對曰公德冠四海道嗣前哲令聞令望當與此山俱傳後人思其德遂立羊公廟并碑。李白峴山懷古詩訪古登峴首憑高眺襄中天清遠峯出水落寒沙空弄珠見遊女醉酒懷山公感歎發秋興長松鳴夜風。李嶠詩方城漢水舊城池陵谷依然身世移歇馬特來尋故事逢人惟說峴山碑 襄山 荊楚記水駕山而下者皆呼為襄 萬山 在襄陽西十里有解佩渚即鄭交甫遇龍女解珠之所詳見復州 鳳山 在襄陽東南梁蕭叡立寺 伏龍山 襄陽穀城皆有之曾鞏知州嘗祈雨於此山 臥龍山 在襄陽縣有高陽池 白馬山 在襄陽城東南十里以白馬泉名每年三月三日刺史禊飲于此 馬鞍山 一名登楚山高處有三磴即劉洪山簡九日宴處 百丈山 在襄陽南二十里舊傳云有竊香獸劉表遣人採藥得麝香數斗 穀山 在穀城西北十里古穀伯綏之舊國 薤山 在穀城西北六十里寰宇記諸山雲起此山無雲終不降雨 屏風山 在穀城北九十里有白玉堂仙人於此得素書 獨樂山 在鄧城西七里諸葛亮嘗登于此作梁父吟 荊山 在南漳縣西北八十里禹貢云荊及衡陽惟荊州即此是也有抱璞巖云是卞和宅 鹿門山 在宜城東北六十里上有二石鹿故名。後漢龐德公與龐統孟浩然皮日休俱隱于此 漢江 出嶓冢。蘇子瞻詩襄陽逢漢水宛似蜀江清文王化南國遊女儼如卿 襄水 亦名涑水在襄陽西北五里 沮漳水 並在中廬鎮 粉水 在穀城北六里南雍州記蕭何夫人漬粉鮮潔異於諸水故名 檀溪 在襄陽縣西南郡縣志云蜀先主乘的顱馬西走至此溪一躍而過 沉碑潭 杜預南征紀功勒為二碑一沉萬山之下一立峴山之上。鮑溶詩襄陽太守沉碑意身後身前幾年事漢江千里未為沉水底魚龍應識字

【井泉】

金沙泉 在宜城縣東一里造酒極美世謂之宜城春又名竹葉酒

【堂亭】

漢廣亭 在府治南望羣山環繞有漢水映帶平陸萬里故名 峴山亭 歐陽永叔記峴山臨漢上望之隱然蓋諸山之小者而其名特著於荊州者豈非以其人哉其人謂誰羊祜叔子杜預元凱是已方晉與吳以兵爭常倚荊州以為重而二子相繼於此遂以平吳而成晉業其功業已蓋於當世矣至於流風餘韻藹然被於江漢之間者至今人猶思之而於思叔子也尤深蓋元凱以其功而叔子以其仁二子所為雖不同然皆足以垂於不朽余頗疑其反自汲汲於後世之名者何哉傳言叔子嘗登茲山慨然語其屬以謂此山常在而前世之士皆已湮滅於無聞因自顧而悲傷然獨不知茲山待己而名著也元凱著功於二石一置茲山之上一投漢水之淵是知陵谷有變而不知石有時而磨滅也豈皆自喜其名之甚而過為無窮之慮歟將自待者厚而所思者遠歟山故有亭世傳以為叔子之所遊止也故自其屢廢而復興者由後世慕其名而思其人者多也熙寧元年余友人史君中輝以光祿卿來守襄陽明年因亭之舊廣而新之周以回廊之壯又大其後軒使與亭相稱君知名當世所至有聲襄人安其政而樂從其遊也因以君之官名其後軒為光祿堂又欲紀其事于石以與叔子元凱之名並傳于久遠君皆不

能止也乃來以記爲於余余謂君知恭叔子之風而襲其遺迹則其爲人與其志之所存者可知矣襄人愛君而安樂之如此則君之爲政於襄者又可知矣此襄人之所欲書也若此左右山川之勝勢與夫草木雲煙之杳靄出没於空曠有無之間而可以備詩人之登高寫離騷之極目者宜其覽者自得之至於亭屋臺榭興或自有記或不必究其詳者皆不復道

望海亭 在卧龍山頂上李紳題烏盈兎缺天涯迥鶴背松梢拂檻低湖鏡坐隅看匣滿海濤生處辨雲齊夕嵐明滅江帆小煙樹蒼茫客思迷蕭索感心俱是夢九天應共草萋萋

呼鷹臺 在鄧城東南一里〇蘇子贍詩莫上丨丨丨平生笑劉表表有野鷹來曲

題詠

善謔驛 襄州有驛名善却唐之丨丨丨也乃淳于髡放鵠處柳宗元和劉禹錫丨丨丨莫淳于先生者即此地

古迹

冠蓋里 荆州記峴首山南至宜城百餘里其間雕墻峻宇漢宣末有刺史二千石數十家朱軒華蓋騈映於太山下號丨丨丨〇杜審言詩冠蓋仍爲里臺池尚識名

文選樓 梁昭明太子立聚賢士共集文選

習家池 襄陽記峴山南有習郁大魚池依范蠡養魚法當中築一釣臺將亡敕其兒曰必葬我近魚池山季倫每臨此必大醉而歸按郁後漢人封襄陽公即鑿齒之先也

大隄城 今城是也李白有大隄曲〇李善美大隄曲云酒旗相望大隄頭隄下連墻隄上樓日暮行人争渡急槳聲幽軋滿中流

長渠 在宜城縣曾子固記荆及康狼楚之西山也水出二山之間春秋之世曰鄢水楚屈瑕伐羅及鄢亂次以濟是也其後曰夷水水經所謂漢水過宜城是也其後避桓溫父名改曰蠻水是也秦昭王使白起攻楚去鄢百里立堨壅是水爲渠以灌鄢鄢楚都也遂拔之漢惠帝改曰宜城宋武帝築宜城之大隄爲城今縣治是也而更謂鄢曰故城鄢入秦而白起所爲渠因不廢引鄢水以灌田田皆爲沃壤今長渠是也令孫永曼叔理渠皆復其舊請余文以爲之記

名宦

劉表 爲荆州刺史軍馬入宜城遂理襄陽

關羽 字雲長攻曹仁於樊圍呂常於襄陽破降于禁威震華夏曹操議徙都以避其鋭

羊祜 字叔子太山南城人出鎮南夏其得江漢之心後卒百姓爲建碑於峴山望其碑者莫不墮淚杜預名曰墮淚碑〇祜與吳將陸抗相對使命交通抗嘗病祜饋之藥抗服之無疑心人多諫抗抗曰丨丨豈酖人者時談以爲華元子反復見於今

杜預 字元凱京兆人羊祜舉預自代都督荆州

山簡 字季倫河內懷人也爲征南將軍都督荆州鎮襄陽每至習家池未嘗不大醉而歸時人歌之曰山公何所詣往至高陽池日暮倒載歸酩酊無所知時時能騎馬倒着白接䍦舉鞭問葛彊何如并州兒〇李白襄陽歌落日欲没峴山西倒着接䍦山下迷襄陽小兒齊拍手攔街争唱白銅鞮傍人借問笑何事笑殺山公醉似泥君不見晉朝羊公丨一片石龜頭剝落生莓苔淚亦不能爲之墮心亦不能爲之哀清風明月不用一錢買玉山自倒非人推舒州杓力士鐺李白與爾同死生襄王雲雨今何在江水東流猿夜聲

陶侃 劉弘爲荆州辟侃爲南蠻長史

裴度 爲節度使

沈約 爲襄陽令

元結 嘗參山南東道攝領府事

皇朝

潘美 爲山南東道節度使

趙普 爲山南道節度使

曾鞏 知襄州

岳飛 繫年録紹興五年復郢州遂引兵復襄陽六年爲京西宣撫使置司襄陽

尹洙 授山南道掌書記

人物

宋玉 宜城人有宅在城南〇陸龜蒙詩自從宋

玉辭特立冠者其離騷既日月九辯即列伯卓然悲秋詞合在風雅右

王逸 宜城人注楚詞

龐德公 後漢南郡襄陽人也居峴山南廣昔里未嘗入城府夫妻相敬如賓時劉表延請不能屈乃就候之曰先生苦居畎畝而不肯官祿後世何以遺子孫公曰世人皆以危今獨遺之安後遂攜妻子登鹿門山採藥不返○司馬德操嘗詣龐德公值德公上冢德操徑入其室命德公妻子速作黍云徐元直當來就此共談其妻子供設須臾德公還直入相就不知何者是客也

龐統 字士元襄陽人從父德公以爲鳳雛

習鑿齒 襄陽人博學洽聞以文章稱

馬良 諺曰馬氏五常白眉最良

張東之 以賢良召年七十餘對策第一

孟浩然 襄陽人也隱鹿門山年四十游京師王維私邀入內省俄而元宗至詔浩然出問其詩云不才明主棄多

方輿勝覽卷三十二　七

病故人疏元宗曰朕亦何嘗棄才因放還山○今郡治有孟亭

杜審言 襄陽人有孫曰甫有故宅在焉曾子固嘗有詩以紀其事

皇朝

胡旦 鄧城人進士冠天下

魏泰 襄陽人章子厚欲官之拂袖還家

米芾 襄陽人

【題詠】

送別峴山頭 梁簡文帝詩分手桃林岸云云君欲寄音信漢水向東流

江漢變鄒魯 元帝示荊州吏民詩方今丨丨士丨為丨丨俗

漢池水如帶 沈約別謝文學詩云云巫山雲似蓋一望沮漳水寧思江漢會

南關繞桐柏 江淹望荊州詩奉詔至江漢始知楚塞長云云西岳出魯陽

控帶荊門遠 韓愈送李尚書赴襄陽詩帝憂南國切改命付忠良壤畫星搖動旗分獸簇揚五營兵轉肅千里地還方云云飄浮漢水長賜書寬屬郡戰馬隔鄰鄉獄霆迅攬梟玉石杌風流峴首客花艶大隄娼富貴由身致誰教不自強

盧羅遵古俗 陸龜蒙續襄陽耆舊傳作詩云漢水碧於天南京豁然秀云云鄢郢迷昔圃

訪古登高峴 李白詩云云憑高眺襄中天晴遠峯出水落沙塞空

山色郡城頭 岑參詩別乘向襄州蕭條楚地秋江聲官舍裏云云

夜入橘花宿 前人云云朔穿楓葉紅

果得槎頭鯿 孟浩然詩試垂竹竿釣云云漢水鯿魚極美襄人以槎斷水因謂槎頭鯿

閒訟日已稀 蘇子瞻遊峴山題詩吏民憐我懶云云我來無時節杖屨自排扉

煙雨接三湘 權湜襄陽作朝堂初解印郡邸忽腰章按節巡河右鳴騶入漢陽城臨南峴出

方輿勝覽卷三十二　八

樹峴北津長好山風猶潤詩才俗未亡江山距七澤云云蛟浦荷菱淨魚舟橘柚香醉中求習氏夢裏憶襄王宅毀仍思鳳碑存更憶羊下車愁政美閉閤幸時康多謝征南術于今尚不忘

玉節前臨南雍州 劉禹錫詩金貂曉出鳳池頭云云

重與江山作主人 張籍詩商路雪開旌旆遠楚堤梅發驛亭春襄陽風景出來好云云

平明旌旆入襄州 戎昱收復襄陽詩二首悲風慘慘雨瀟瀟峴北山低草木愁暗發前軍連夜戰云云○五營飛將擁霜戈百里僵屍滿盡河日暮歸來看劍血將軍卻恨殺人多

南通交廣西峨岷 歐陽永叔詩言語輒清徹帶秦云云

人道使君如羊杜 蘇子瞻詩襄陽春遊樂何許峴山之陽漢江浦使君朱旆

來翻翻云云 **襄陽州望古爲雄** 王介甫詩云云 若稽相使有素風四葉表閭唐尹氏一門逃世漢龍公 **遊人多是弄珠仙** 顏亮詩渙積盡成鳴鳳曲云云

【四六】 眷是邊城屹然制閫 控此上游式是南服 峴山同峻漢水俱清 雙犖龍跡掃清狐兔

眷荊襄之沃壤 在晉則稱南雄 帝眷西鄙之名部

據江漢之要津 在楚則爲北津 地鄰北虜之極邊

方城漢水素稱用武之區 毋失我陵尺地莫非王土

峴首習池亦號勝遊之地 各守爾典黎獻共爲帝臣

休兵屯田正須元凱之規畫 北控關河拓祖宗之故境

輕裘緩帶曾繼叔子之功名 東連楚吻據江漢之上流

夜奏捷書請繼旌旆入襄州之句

晨開幕府更歌江山作主人之詩

隨州 隨縣 應山

【建置沿革】 禹貢豫州之域韓地角氐亢八分野春秋爲隨國楚以爲縣秦屬南陽郡二漢因之晉屬義陽郡後分置隨郡梁曰隨州西魏於隨郡置并州唐爲隨州改漢東郡 國初陞爲崇義軍節度改崇信軍 中興以來陷於僞齊岳飛始復隨州今領縣二治隨縣

【事要】 【郡名】 **漢東 隨陽** 【風俗】 **其地僻絕** 曾子固尹公亭記隨去京師遠云云 **其俗醇厚** 范公擇長慶寺碑其人繁阜云云 **庳貧薄陋** 同上云云自古然也 **常有賢者** 太平興國改崇信軍詔隋於春秋雖號小國然觀其

應接鄰敵云云 **山澤無美材** 歐陽永叔李氏東園記──之產──土地之貢無上物

【形勝】 **實下州** 同上雖名藩鎮而── **未嘗通中國** 同上在春秋世云云與會朝聘僻居荊蓋於蒲騷鄖蓼小國之間特大耳 **介襄郢申安之間** 漢東志

【山川】 **大洪山** 在州西南隅乃慈忍盧著者道場舊爲奇峯寺今爲保壽院山崛起一方巉然雲間四面斗險其絕頂峯巒崖石中有大湖常見雲氣在下靖康避寇之人立寨柵自保賊竟不能破以斗絕不可躋攀也 **厲山** 禮記祭法云厲山氏之有天下也其子農能殖百穀注云厲山氏炎帝也起於厲山西漢志注隨故厲國也皇甫謐今隨之厲鄉○荊州記山有三穴云是神農所生遂即此地爲神農社常年祀之

望山 在隨縣東最高四望皆見 **壽山** 在州東北三十五里詳見德安府 **高貴山** 在應山縣西有靈濟祠前有龍井聖水 **大義山** 在州東北幾環百里民居其間資給自瞻取足有淺風故 **九十九岡** 自棗陽至厲鄉道路交錯素號────名 **湞川** 在隨縣○劉長卿詩淮南楚落客心悲──悠悠怨別離早鴈初鳴傳關塞秋風先入古城池 **武河** 西南流五里至楚芳湖合縣東河 **檟溪** 在隨縣 **汶水** 在應山縣北 **溠水** 左傳云楚人除道梁溠營軍臨隨即此 **㵐水** 在州城西北○陳師道詩云㵐溳雙水絕城隅高前閣李大夫九十九岡風俗厚人人況已握靈珠 **天井澗** 在應山東湖之內有平原寨兩宜避寇侵犯居民皆在此寨

【古迹】 **漢東**

樓沈括詩野草粘天雨未休客心自冷不關秋寒西風是猿啼魚蒲目傷心悔上樓

白雲樓邢居實賦云洞庭之北兮漢水之東高樓之特起兮群山環峙曾不知其幾重

溳陰亭張天覺詩篤言㝡出漸臺隔溳上登臨酒拍臺不似峴山羊叔子心隨漢水欲吞吳

古跡

舜井斷碑碑字漫滅惟碑陰有五大夫字相傳秦時碑猶在舜子巷草間今在漢東閣下。元祐間許覺之詩一千二百餘年外萬古銷磨不可尋舜子井泉誰記古隨人閭巷秖如今隸書字雜科蟲體民爵名存樂石陰發鼎時來醒醉眼也勝他物在園林

名宦

柳元景宋元嘉爲守斬獲纍纍

李繁容齋隨筆云韓愈詩鄴侯義訓李繁時爲隨州刺史藏書既多且記甚敏故鐵軸嚴整如是耳。韓愈詩鄴侯家多書插架三萬軸一一懸牙籤新若手未觸爲人強記覽過眼不再讀偉哉羣聖文磊落載其腹

皇朝呂大防紹興爲守

范純仁以忤章子厚落職爲守

人物

季梁使隨侯修政楚不敢伐見左傳

周章後漢時隨人爲諫大夫論事甚懇

皇朝連舜賓應山人歲飢出穀萬碩損價以糶惠及鄰邑歐陽公表其墓

李堯輔歐陽永叔作呂緫文集序云予寓漢東大姓李氏子堯輔頗好學予多游其家得呂緫集六卷因乞李氏以歸讀之見其源深而雄博

名賢

尹洙慶曆中貶隨州寓居金燈院後人立尹公亭

沈括神宗求洛城隋括以始議責隨州

題詠

彼美漢東國李白詩云云川藏明月輝誰知喪亂後走有一珠歸

陸產不萬一王安中詩隨岡百丈一一云云

鈴齋終日敞閑扉范純夫詩山郡總非無好客云云

四六

蹤榮天上　剖竹漢東

曾延名賢　來臨此郡

聚落隨山之下　煙嵐溳水之湄

井邑蕭條既苦無於陸產　寂寞山城雖舟車之罕至

里閭窮陋亦不富於農田　慈祥郡政幸儒袴之相安

供山斗絕或爲穢治之謀　指日就行迎寒窮猿之衆

漢郡星羅即奏歸覲之捷　聞風奔避掃除狐兎之聚

新編方輿勝覽卷之三十二

新編方輿勝覽卷之三十三

建安祝穆和父編

棗陽軍 棗陽

【建置沿革】本漢蔡陽縣地，屬南陽郡。後漢分蔡陽立襄陽縣，屬義陽郡。後復置南荆州。西魏改昌州。後周改襄陽縣曰廣昌縣。隋改廣昌曰棗陽縣。唐改昌州曰唐州，以棗陽縣屬焉。國朝因之。中興以來屬隨州。莫將申請陞爲軍，尋降軍使。後因京湖制置趙方申請陞棗陽軍。今領縣一：治棗陽。

【事要】

【郡名】棘陽

【風俗】佳氣鬱鬱葱葱 按東漢長沙定王發子舂陵戴侯仁求徙南陽，元帝以蔡陽白水鄉徙仁爲舂陵侯。蔡陽屬南陽郡。望氣者蘇伯阿見舂陵城郭，嗟曰：氣佳哉，鬱鬱葱葱。則南陽之舂陵也。世祖即位，幸舂陵，復其徭役，改曰舂陵。

【形勝】漢白水鄉 圖經：武帝封長沙王子買爲舂陵侯，至戴侯仁以舂陵地形下濕，上書請徙南陽，元帝許之，以蔡陽之白水上唐二鄉徙仁爲舂陵侯。光武其後也。故張衡賦曰：白水龍飛。晉改舂陵曰安昌郡，隋屬昌州。 爲襄外屏 戰守編：襄峴爲今巨鎮，而棘陽又云云。 密邇虜境 荆湖制置趙方申照得隨州棗陽縣云云。雄壁爲先。官府稍卑，體面不振，如縣雖兼軍使，境土實隸隨州，俾自爲郡，實護風寒，庶壯邊城。

【山川】資山 在軍北，其上深邃，閬遠，居其間者可以耕種，脩竹巨木環山之民皆資焉，故名。舊屬隨縣，新撥隸棗陽。 赤眉山 在棗陽縣東北八十里。世傳昔赤眉嘗軍此山下，地名北寨。 武王山 在棗陽縣南七十里。世傳楚武王獵于此。 觀岡 上同 戴斛林岡 同上 白水 即白河 濜水 源出濜山，南流入昆水，西北入襄陽縣界。張衡南都賦湍瀨濚濜是也。 漯水 ｜｜出棗陽縣，經襄陽縣界。

【古迹】光武宅 按本紀注：｜｜舊｜在今棗陽東南，宅旁二里有白水是也。 馬城 在縣東北水中，有石羊虎存焉。 驌驦橋 左傳云：唐成公有兩驌驦馬，今唐城鎮之南北地名唐里，有石刻｜｜｜三字。 蔡倫池 荆州記：在棗陽縣。

【名宦】岑彭 棘陽人。王莽時守本縣，後降光武。

【人物】鄧艾 棘陽人。司馬宣王辟爲掾，後爲將滅蜀。 岑文本 棘陽人。其父之象仕隋爲邯鄲令，坐爲人訟不得伸。子文本年十四，詣司隸理冤。令作蓮花賦，合臺嗟賞焉。

方州三

【題詠】魯堰田疇廣 孟浩然次夕陽館詩：聽歌知近楚，投館忽如歸。云云。章陵氣象微。 重岡九十九 邢居實棗陽道中詩：春仲賦南征，成暮復北走。岐路劉羊腸云云。馬瘦須著鞭，袖短難藏手。與君從此別，把袂倚禁柳。 何處南陽有近親 韓愈題廣昌館詩：白水龍飛已幾春，偶逢遺迹問耕人。丘墳發掘當官道云云。

【四六】
疏榮之檢　昔乃雷封　眷惟斗大之城
共理棘陽　今爲斗壘　實控風寒之地
昔非要地，第閫百里之弦歌；雖號小邦，實襄陽之外屏。
今乃極邊，肅作重城之保鄣；正須賢守，爲并郡之長城。
氣望鬱葱，難訪白水真人之故宅；
兵嚴守衛，今爲黃堂太守之新疆。

郢州　京山　長壽

【建置沿革】禹貢荆州之域。楚分野，翼軫之次。春秋屬楚，為郊郢。秦為南郡。二漢為江夏郡、雲杜縣之地。魏立郢州，尋廢。晉分江夏郡立竟陵郡。宋立郢州。梁為南司、北新二州之境。西魏平漢東，以石城為牙境，改南司州為安州，改北新州為溫州，又立富水郡。隋廢溫州入安陸郡，又廢郢州入竟陵郡。唐初於長壽縣復立郢州，後為富水郡，復為郢州。　皇朝因之。今領縣二，治長壽。

【事要】

【郡名】富水。

【風俗】民俗朴儉　石才孺風土考古記云云。　土饒粟麥　同上。其——有西北之風聲氣習焉。

【形勝】西浮江漢　唐刺史劉丹記甚郢之境云云，東聳京嶺。　東抵安陸　考古記——，西抵荆門，南徑荆湖，云云。　張孝祥圖經序：東走江淮，西通梁漢，云云，北則馳騖乎陳蔡汝潁之郊。　北抵襄陽　考古記云云，南抵景陵，蓋通荆襄川陝陳蔡汝潁，舟車往來，水陸之衝也。　郢子之國　左傳。　古石城戍　唐裴耿記：今郢之理，——也。郢跨大江之東，因山以為固。○圖經：子城三面墉基皆天造，正西絕壁下臨漢江，石城之名本此。　臨漢水以為限　序。　圖經　水急岸高　以北云云。晉羊祜欲移鎮石城，裝諫曰：自沔以北云云，曲滑泝流，水陸異勢。

【山川】章山　在長壽縣南。西魏平漢東，立基州，仍統——郡，即此是也。又見德安、荆門注。　擣木山　在長壽縣，見左傳楚武王事。　大洪山　在京山，詳見隨州注。　石人山　在京山，形像如人。　漢江　在州之西，自北來經石城而南，歷漢陽入大江。　泗河　在京山西四十里，東入竟陵縣界。　臼水　在京山南四十里。左傳楚昭王奔隨，涉成臼，即此。　曲水池　寰宇記：梁大清四載，邵陵王綸為富水郡太守，雅好賓客，效王右軍為曲水池。　鹿湖池　在長壽縣聊屈山之麓。舊傳有白鹿入水，禱雨即應，今為善利廟。

【井泉】煉丹井　在長壽縣東南八十步。舊傳今縣治乃梅福宅，嘗煉丹於此，有井在焉。　潮泉　在州北深谷中，有泉出於石，日再潮，至則有聲如雷。

【樓閣】白雪樓　選宋玉問：客有歌於郢中者，其始曰下里巴人，國中屬而和之者數千人；其為陽春白雪，屬而和者不過數十人。故其曲彌高，其和彌寡。○今在郡治。謝絳重建樓記曰：楚地諸州皆有樓觀，收攬奇秀，而郢之白雪尤雄勝。○王介甫寄題白雪樓詩：折楊黃華笑者多，陽春白雪和者少。知音四海無幾人，況乃區區郢中小。千載相傳始欲絕，一時獨唱誰能曉。亡心以此分冥冥，但耳至今徒擅名。樓碧瓦何年有，欄楯連空欲驚矯。郢人欄場醉浮雲，郢女參差踏飛鳥。丘墟餘響難再得，欄檻故名復誰表。秋來欲歌對更苦，石城寒江暮空繞。　西樓　張繼郢城西樓吟：連山盡塞水縈迴，山上戍門臨水開。朱欄直下一百尺，日暖遊鱗自相向。昔人愛險閉層城，今人復愛閒江清。沙洲楓岸無求客，草綠花開山鳥鳴。　蘭臺　在州城龍興寺，宋玉所遊。

【堂亭】五客堂　唐李昉嘗畜五禽於堂閒，以鶴為仙客，孔雀為南客，鸚鵡為隴客，鷺鷥為雪客，白鷳為閑客。　孟亭　唐詩紀事：王維過郢，畫孟浩然像於刺史廳，後名以浩然咸通中刺史鄭誠以賢者之名不可斥改曰孟亭○皮日休郢州孟亭記北齊美蕭慤有芙蓉露下落楊柳月中疏先生則有微雲淡河漢疏雨滴梧桐樂府美王融日霽沙嶼明風動甘泉濁先生則有氣蒸雲夢澤波動岳陽城謝朓之詩句精者有露濕寒塘草月映清淮流先生則有荷風送香氣竹露滴清響此與古人爭勝於毫釐也

陽春亭 在通判廳

古迹

宋玉石 凡二石李昉守郡日得之於榛莽間今移在白雪樓前

莫愁村 古樂府云莫愁石城人在今漢江之西而名傳於曾史孔樂志並以其爲宋人乎○容齋三筆云梁武帝河中之歌曰河中之水向東流洛陽女兒名莫愁莫愁十三能織綺十四採桑南陌頭十五嫁爲盧家婦此莫愁者洛陽人也近世周美成西河一闋專詠金陵有莫愁艇子曾繫之語豈非誤指石頭城爲石城耶○鄭谷詩石城昔有莫愁鄉憶愁秋魂散石城荒江人依舊棹舴艋江岸還飛雙鷺鶿帆去帆來風浩渺花開花落春悲涼煙濃草遠望不盡千古漢江閑夕陽

名宦

許志雍 韓送許郢州志雍序愈嘗以書自通于公頗累數百言其大要也言先達之士得人而託之則道德彰而名聞流後進之士得人而託之則事業顯而爵位通下有矜乎能上有矜乎位雖常相求而有不相遇于公不以其言爲不可復書曰足下之言是也于公身居方伯之尊蓄不世出之才而能與卑鄙庸陋相應答如影響是非忠乎君而樂乎善以國家之務爲己任者乎愈雖人敢私其大恩抑不可不謂之知己恒矜而誦之惜已至而事不從小人之所不爲也故於使君之行道刺史之事以爲于公贈凡天下之事成於自同而敗於自異爲刺史者常私於其民不以實應乎府爲觀察使者常急於其賦不以情信乎州繇是刺史不安其官觀察使不得其政財已竭而斂不休人已窮而賦愈急其不去爲盜也亦幸矣誠使刺史不私於其民觀察使不急於其賦刺史曰吾州之民天下之民也惠不可以獨厚觀察使亦曰某州之民天下之民也賦不可以獨急如是而政不均令不行者未之有也其前之言者于公既已信而行之矣今之言者其有不信乎縣之於州猶州之於府也有以事乎上有以臨乎下同則成異則敗者皆然也非使君之賢其孰能從之愈於使君非燕遊一朝之好也故贈行不以頌而以規

皇朝

王安石 孔東甫有送王介甫赴郢州京山丞詩

岳飛 爲江西制置復郢州偽州判超投崖而死

人物

申包胥 郢人與伍子胥友善

宋玉 郢人

名賢

尹洙 謫居

呂大防 謫居

題詠

郢客吟白雪 李白詩云云遺響飛青天徒勞歌此曲舉世誰爲傳試爲巴人唱和者乃數千吞聲何足道歎息空淒然

日與政聲流 錢起送元使君詩遙聞江漢水云云

山川鬱重複 李白樂郢城懷古客心悲暮序登墉瞰平陸林澤宵芊綿山川鬱重複霸功資設險名都距江漢方城次北門濱海窮南服長策挫吳豕雄圖競周鹿萬乘重沮漳九鼎輕伊穀大寶雲夢擒壯觀章華築人世更盛衰吉凶良倚伏遷見鄰交斷仍覩賢臣逐南風忽不競西師日侵蹙運圮爵驅除時屯恣敲扑負救夷陵火無復秦庭哭鄢郢遂丘墟風塵俄慘黷狐兔竟遊踐霜露日沾沐鈞渚曲池平神臺層宇覆陣雲埋夏首窮陰慘荒谷振矣舟壑遷悲哉年代倏雖異三春望終傷千里目

縷切魚膾肥 司馬君實送張伯常移居郢州詩楚江白遂遂楚山碧參差玉炊稻粒長云云

跪恩鈴閣　土風朴陋　但覩政理而訟平

【四六】紆紋石城　郡政清閑　可謂調高而和寡

政聲洋溢與漢水以俱流　郡樓嘯詠不妨和白雪之歌

歡誦翕揚皆郢人之相和　朝路論思行即侍紅雲之列

均州　武當　鄖鄉

【建置沿革】禹貢豫雍之域秦韓之交角亢氐東井輿鬼之分野春秋爲麋戰國屬韓及楚秦漢屬南陽漢中二郡地魏屬南鄉郡晉屬順陽郡永嘉之亂僑置始平郡齊因之又置齊興郡梁爲南始平郡後魏改爲武當郡梁置興州西魏改爲豐州隋改爲均州又爲淅陽郡又爲武當郡唐復置均州　皇朝陞爲武當節度今領縣二治武當

【郡名】均陽　【風俗】俗好楚歌 晏類要云云

【事要】民多秦音 圖經　桑麻蔽山 陸愷宗海樓記云云衣食自足　公庭無事 同上民人朴野云云　風物美秀 同上云云泉甘土肥　魚稻之鄉 同上櫚芳珍而鱠紫鱗蓋——也

【形勝】東連襄沔 均陽郡志序云云西徹梁洋　南通荊衡 同上——北抵襄鄧——　襄陽堡障 郡守題名記　當襄鄧之衝 通鑑唐僖宗紀均州云云

【山川】西山 一名錫義山在鄖鄉縣西南三里其山　南臨漢水　武當山 荊州記在縣南二百里一名仙室一名大和斯山乃嵩高之參佐五嶽之流輩。武當記云周迴四五百里中有一峯名曰參嶺清明之日然後見峯山有三十六巖。郭仲南雍州記學道者常以百數若學者心有隆替輒爲百獸所逐有石門石室相傳尹喜所棲之地山在南陽界而去洛陽甚近。圖經引道書載真武開皇三年三月三日生生而神靈誓除妖孽救護群品捨俗入道居武當山四十二年功成飛昇遂鎮北方人召而至語以其故妖氣遂息因曰斷後每遇庚申甲子及三七日當下人間斷滅不祥五龍觀即其隱處　天柱山 在武當山上有三石門　金鎖嶺 在武當山前有流水相傳國師鎖獮猴於此水涸乃放去　法華巖 在俞公巖西　俞公巖 古記隋僧慧哲往巖中誦蓮花經有白衣老人自謂曰我東漢之了論君此地限滿得還斯我所居願奉仁者。陳圖南題詩云萬事若在手百年聊稱情他時南嶽去記得此巖名

漢水 在武當縣北四十里中有滄浪洲即漁父棹歌處　均水 前漢地理志丹水東來折入均水　龍池 在武當山頂祈禱無不應者　黯池 在武當東南百里水氣所染者草木如霜雪土人呼爲黯花

【樓亭】宗海樓 陸愷記下臨漢江山映帶景物之變無窮　太和樓 向太和峯爲一州之壯觀　紫雲亭 晁端夫記云西迎武當之疊嶂左瞰漢川之巨浸

【古迹】濮王故宮 唐濮王泰竄鄖閻氏捨宮地建延福寺今乾明寺是也　仙李園 潘岳閑居賦房陵朱仲家有縹李世所希有在千丈峯下　社柏樹 圖經南陽武當南門有——大四十圍梁蕭恢爲守伐之忽有大蛇從樹腹中出群蛇隨入南山其聲如風雨

【名宦】皇朝梁翰

太祖征蜀以翰爲均州刺史鑿山開道商旅以濟嘗爲鄖鄉簿戍者遊宦就居於此歟

人物 **張士遜** 均州人按士遜乃光化人

名宦 **尹洙** 謫監均州酒稅 **范純粹** 坐元祐黨謫均州

題詠 **二紀重來愧此身** 張順之雍熙中植桐於蕭寺壬辰登科後告老留題於寺云桐枝手植有桐孫云云三世衣冠聯貴仕卞州軒冕接清塵耕桑雖喜多新隴書史堪嗟少故人蕭寺門前題粉壁又書丁巳對壬辰

四六 疏恩天上紆紱漢濱 郡臨漢水地近洛陽 盡爲均水之封疆用作襄城之保鄣 民俗相安盡是桑麻之野江流所漑亦爲魚稻之鄉 山名岳而乃仙聖之所始水號朝宗亦臣民之所慕 上風秀美人或育於奇才民俗朴淳郡亦稱於易治

房州 房陵 竹山

建置沿革 禹貢梁州之域彗地翼軫之分野鶉尾之次舜封丹朱於房古麋庸二國之地春秋爲房子國戰國屬楚秦屬漢中郡西漢因之東漢立房陵郡又置上庸郡魏合房陵上庸西城三郡爲新城郡歷晉宋齊爲新城上庸二郡梁置岐州理房陵改新城爲光遷國後州爲遷州隋爲房陵郡唐改遷州又於竹山縣置房州 皇朝雍熙後爲保康軍以劉繼元爲節度使 中興置金房開達四州安撫使房隷金今領縣二治房陵

事要

郡名 **房陵** **防渚** 圖經云其地即春秋之——也

風俗 **有蠻夷之風** 唐書韋景駿傳州窮陋云云 **兼秦楚之俗** 郡縣志房自戰國時更秦屬楚故其民云云 **少從學之士** 同上男子耕畬爲田婦人則績麻爲布以給衣食云云 **無兵火之患** 陳希夷撰衙城記云歷五代亂離云云誠乂安之地也

形勝 **東聯襄鄧** 譙樓記云云西接金商當南北風寒之衝據巴蜀咽喉之會 **三面際水** 水經注云上庸郡云云 **居萬山底** 庾斯助房渚貢銀記龍馬渡江京右爲北面屬郡凡六獨防渚云云 **陴塹有法** 書瓊集修城記房陵爲州隘陋無遊適之地獨是城矗矗言言而門觀——一如邊壘皆有法度 **其地四塞險固** 華陽志秦始皇以云云徙呂不韋舍人萬家於房陵○又載蜀郡孟達云所在深險司馬公必不來吾無患矣○澧周館至喜館記房在畿右爲僻郡兵火之後以險獲全繁盛甲於一路 **有江漢川澤山林之饒** 地理志 **有建鼓馬鬣之崔嵬** 呂昌明登凝嵐門賦其險也云云其勝也有騰嶽龍光之嵱嵷

山川 **房山** 在房陵西南四十三里山四面有石室似房因名 **景山** 在房陵西南二百里山海經荊州之首曰景山 **南山** 在房陵南三里○陳去非有過房奔入南山詩石門泄風無晝夜古木截道藏雲雷 **定山** 吳曾漫錄此山有朱仲李園三十六所 **筑山** 在房陵縣又有筑水昔劉備屯兵筑口是 **白馬山** 元和志在竹山縣西南三十里山似石馬昔孟德嘆金城千里即此也○荊州記孟也

達爲新城太守登白馬塞而嘆曰劉封中就孫金城千里而不能守豈丈夫哉

建鼓山　在房陵縣袁崧記谷句將山見馬鬣是鼓屹然半天與馬鬣山相接

方城山　又名甫城山在竹山縣東三十里山上平坦四面險固山南有城周十餘里春秋庸地楚使廬戢黎侵庸方城在上庸縣

女媧山　在竹山縣與燕子山相對

沮水　出景山入于漢江

堵水　在竹山縣即今南江水通漢江

粉水　源出房陵水宜陶粉

浸水　在王家山下宜染纑紗

上元水　源出庸嶺下南流入孔陽水有一潭投石其中即有雷雨

【亭館】

道院　在郡治

至喜館　在房陵縣北二十里舊名悔來館

【名宦】

崔述　唐人權載之集述爲房州刺史惻隱所被四封章靜

韋景駿　李白贈詩曰推君周房陵識節冠古今

勝覽卅三　十一

皇朝陳希亮　富弼薦知房州素無兵備希亮以牢城卒雜山河戶得百人日夜部勒聲振山南盜不敢入境

許安世　爲倅元豐間有曰三花仙來自京師羣鬟三朶花遊於市廛頗能詩安世以告蘇子瞻有詩序因云郡守李侯在京師與之相善知以前事則至房中說之及侯守房三花日記房中之言否既見李侯七日而尸解

【人物】

黃香　後漢時爲吏書

尹吉甫　圖經世傳爲房陵人今城西三里有廟房之人尹姓爲多豈其苗裔歟

【名賢】

張舜民　謫房州號浮休居士

【題詠】

售用無非竹　張舜民詩云云衣褐盡是麻

未恨落房州　陳去非詩同行得快上勝處頻淹留乘除了身世云云

南北兩巖花　前人紙坊山絕頂直下夕陽斜卻看來時路云云

十里平郊連郡堞　周詢詩云云一溪清水溉民田

【四六】

疏榮宸扆　分千里地　封房陵之小壘

出守房陵　在萬山間　介邊瑣之窮鄉

邑舍稀疎殆若三家之市　舟車少而行旅弗通

山蹊險阻甚於九折之途　田畝狹而農夫告病

民染蠻夷之俗有待撫摩　地推險阻足爲自固之圖

士稀文學之風正須教養　時苟驛騷獨號久安之地

光化軍　光化

【建置沿革】

禹貢豫州之域韓地角亢氐之分野春秋穀伯國楚地 國所遷秦漢爲陰縣及鄼縣屬南鄉郡後漢末魏武分南鄉郡晉武改南鄉爲順陽郡梁立鄼城郡領陰鄼二縣後周廢爲縣屬襄陽郡隋改陰曰陰城唐立鄼州領穀城鄼城二縣尋廢爲鎮隸襄陽之穀城縣皇朝陞陰城鎮爲光化軍後爲通化軍復爲光化軍今領縣一治光化

勝覽卅三　十二

【事要】

【郡名】　鄼城　南陽

【風俗】　其俗朴陋　圖經注

【形勝】

蕭何所封　漢書蕭何傳注云鄼屬南陽縣即非沛之鄼縣也

【山川】

固封山　在軍城西北九里晉順陽王城西舊經本名崇山唐天寶改

馬窟山　在鄼城東南六里雍州記漢時有馬百疋從此窟出故名

漢水　出嶓冢是水有四名曰漾曰沔曰漢

曰滄浪特以地爲別耳 **溫水** 在城南三里西南流入漢江 **白河** 在城東百五十里 **泌河** 在城東南

【亭閣】**齊景樓** 李商詩曾樓□清漢初上便志歸夕露藏平野晴煙滿翠微

【名宦】**蕭何** 封鄼侯今軍城內有廟 **皇朝棄康直** 四明志爲光化令人歌之曰棄光化豐穀城清如水平如衡

【人物】**張士遜** 光化人。皇朝類苑退傳少孤貧讀書武當山有道士見而異之曰子有道氣可爲我學仙公不欲道士曰不然亦位極人臣

【題詠】**溪山動越吟** 況存中光化道中遇雨詩半送初翻棄隨風已結陰雨蓬宜佬枕鄉夢入寒衾莎笠侵夜俗云云煙波千里夫誰識魏牟心

【四六】踐榮宸陛擢守邊城 粵由一鎮陞作十同 推鄧城之小壘實京峴之要區 有社稷有人民豈輕郡寄非城池非兵甲當固人心 地近窮邊正欲風寒之護郡也勁卒初何斗大之嫌 內而恤畝買牛自此相安外則淺彌牧馬至於不敢 昔雄地望乃蕭相國賜履之區今盛人才亦張退傳垂弧之地

新編方輿勝覽卷之三十四

建安祝穆和父編

○廣東路

廣州　南海　番禺　清遠　懷集　東莞　增城　新會　香山

【建置沿革】禹貢揚州之域，在天文牽牛婺女，則越之分野兼得楚之交。春秋時百越之地。秦置南海郡。趙佗自立爲南海王，漢因封之。武帝既定越地，以爲南海、蒼梧、鬱林、交阯、九真、日南、珠崖、儋耳郡。按南海即秦故郡也，屬交阯刺史。獻帝末，孫權以步騭爲交州刺史，遷州於番禺，即今之州理也。孫休以交州土壤太遠，廼徙交州理龍編，分交州置廣州，領郡十，理番禺。晉因之。安帝時盧循陷番禺，執廣州刺史吳隱之，自稱平南將軍，爲裕所敗。宋、齊皆爲廣州，理番禺。隋置總管府，改廣州以爲番州。煬帝改爲南海郡。唐置廣州總管府，後以廣、桂、容、邕、安南五府皆隸廣州，以廣州爲嶺南五府節度五管經略使理所，曰清海軍經略使；又曰桂管經略使，曰容管經略使，曰安南經略使，曰邕管經略使，名嶺南五管。陞五管爲嶺南節度，改爲南海郡，復爲廣州。自杜佑爲嶺南節度，常兼五府經略。適執政者貴脫，佑獨不兼。唐末分爲東西道，改嶺南節度使爲東道節度。黃巢攻破廣州，以士卒疾疫乃去，掠湖湘。賜東道爲清海軍節度。皇朝平嶺南，地歸版圖，仍舊爲清海軍節度，兼廣南東路兵馬鈐轄，帶本路經略安撫使。陞爲帥府。今統郡十四，領縣八，治南海、番禺二縣。

○廣東轉運提舉廣南市舶置司

【事要】

【郡名】南海　番禺　五羊　羊城

【風俗】質直尚信　隋書地理志：其俚人則云云。椎髻箕踞　同上：其人性並輕悍云云，乃其舊風。胡賈雜居　余安道知廣州謝表：越臺之俗云云。俗雜五方　余安道羅漢院記：番禺大府節制，五嶺泰漢以來號爲都會云云。喜則人怒則獸　見後呂黎韓愈送鄭權序云云。下瀧上霧　馬援曰：吾在浪泊西里間，虜未滅時云云，毒氣薰蒸，仰視飛鳶跕跕墮水中。黃茅瘴　五代史：成汭鎮荊門，鄭準相徐彥若不平衡之。及彥若出鎮南海，路過江陵，汭思嶺外有黃茅瘴，患者髮落，乃謂彥若曰：黃茅瘴望相公保重。彥若應聲答曰：南海黃茅瘴不死成和尚。蓋譏汭皆爲僧也，汭甚慚。可以避地　五代史劉隱傳：唐末天下已亂，中朝士人以嶺外最遠，可以避地，故多遊焉。唐人皆客嶺表　劉隱傳：唐世名臣謫死南方者，往往有子孫皆客嶺表。賈胡齎貨　許得已撰南海廟達奚司空碑云：番禺控引海外諸國，賈胡歲具大舶齎貨，涉巨浸以輸中國。

【形勝】鉅海敵其陽　見後呂黎韓愈送竇平從事序云云。五嶺峙其北　蔣頴叔州學記云云：大海環其東，衆水匯于前，羣峯攢于後，氣象雄偉。五嶺乃大庾、始安、臨賀、桂陽、揭陽是也。祝融之宅　見後韓愈南海廟碑云云。謂之嶺表　類要：廣南越分云云。負山險阻　西漢南粵傳云：番禺云云，南北數千里。地控百粵　史通云云。

境接羣蠻（許致撰魏公遺愛碑遐彼番禺去都萬里云云地居海澨）環水而國以百數（柳宗元集云云則統于押蕃使爲）以保南藩（史記南粵叙傳集揚越云云）以殿南服（見後韓愈南海廟碑云云）選帥重於他鎮（同上云云）獨爲大府（韓愈送鄭尚書序嶺之南其州七十其二十二隸嶺南節度府其四十餘分四府府各置帥然獨嶺南節度爲大府大府帥始至四府必使其佐啓問起居謝守地不得即貿以爲禮歲時必遣賀問致水土物大府帥或道過其府府必戎服左握刀右屬弓矢帕首袴鞾迎于郊及既至大府帥先入據館帥守屏若將趋入拜庭之爲者大府與之爲讓至一至再乃敢改服以賓主見適位執爵皆興拜不許乃止慶若小侯之事大國有大事咨而後行隸府之州離府遠者至三千里懸隔山海使必數月而後能至蠻夷悍輕易怨以變其南州皆岸大海多州島颶風一日踔數千里漫不見蹤跡控御失所依險阻結仇黨機毒矢以待將吏撞搪呼號以相應和蜂屯蟻雜不可爬梳好則人怒則獸故常薄其征入第節而疎日時有所遺漏不究切之長養以兒子至紛不可治乃草薙而禽獮之盡根株痛斷乃止其海外雜國若躭浮羅流求毛人夷亶之州林邑扶南真臘干陀利之屬東南際天地以萬數或時候風潮朝貢蠻胡賈人舶交海中若嶺南帥得其人則一邊靜治不相寇盜賊殺無風魚之災水旱癘毒之患外國之貨日至珠香象犀玳瑁奇物溢於中國不可勝用故選帥常重於他鎮非有文武威風知大體可畏信者則不幸往往有事）戎服袴鞾迎于郊（同上云云）南海一都會（隋地理志自嶺以南二十餘郡云云）

勝覽卅四　三

尉佗霸迹（南越志云丨丨餘基亦有丨丨）

【土產】鹽（洪適鹽倉記吾州南肘大海厥土廣鹵斥鹹取嬴百他郡）珠香犀象玳瑁（見韓愈送鄭尚書序云云）荔支（杜甫詩憶昔南海使奔騰獻荔支）

【山川】番山（在南海縣南十餘里）禺山（在番禺縣即尉佗葬處番山在南禺山在北）堯山（在南海盛弘之荊州記緒巖決起冠以青林郡國志云堯山高四千丈自番禺迄交趾見之）峽山（在清遠縣東三十里崇山峻峙如壁太華中通江流廣慶寺居峽山之中有殿甚古梁武帝時物也舊傳黃帝二庶子善音律南採崑崙竹爲黃鍾之管隱于此山祠在東廡詳見峽山寺注）寶山（在東莞有銀坑今廢）覘山（在增城東南二十里多娑婆羅竹劚三四尺至堅里人以爲弓）崑山（在新會縣有道人卓菴於上其嶺有井）嵛山（在新會縣上有白龍池）羅浮山（在南海本名蓬萊山一峯在海中與羅山合因名山有洞通勾曲又有璇房瑤房七十二所裴淵廣州記云羅浮二山隱天唯石樓一路可登羅浮山記曰羅浮者蓋二山總名在增城博羅二縣之境）靈洲山（在南海南越志蕭連山西十二里有靈洲爲其山平原彌望郭景純云南海之間有衣冠之氣者斯其地也唐志靈洲山在鬱水中有寶陀院○蘇子瞻詩靈洲峯上寶陀寺白髮東坡又到來前世德雲今我是依稀猶記妙高臺）抱旗山（在水南）觀亭山（一名中宿峽在清遠縣東三十五里譚子和偷海嶠志云二月五月八月有潮上此峽逐浪返五羊一宿而至故曰中宿峽又云晉時縣人使洛有一人寄書云吾家在觀亭山石間懸藤即其處也還者如其言果有人出水取）

勝覽卅四

書同入泉中，于禮界道出，耕經潘泳衣不沾濡。**石鼓山** 在東莞東南四百里。南越志：其上有亂則鼓鳴。昔盧循東寇，隱然有聲，備兆。**大奚山** 在東莞海中，有三十六嶼。慶元間提舉徐安國捕鹽，島民嘯聚爲寇，錢望用火箭射之，賊遂大敗。**白水山** 在增城，有五距烏，有瀑布四時不竭。**佛迹山** 在｜｜寺上，有大盤石，中有佛足跡子，象迹宛然。**亂石山** 在浦澗後。○杜審言詩：乍將雲鳥倚，還與星河次。山嶺忽如飛，下臨如欲墜。**九曜山** 郭功父詩：番禺城西偏，九石名｜｜。危根插滄浪，古魄鎮臨仳。**文筆峯** 在水南，與州相對。**滴水巖** 在蒲澗上，崗壁屹立，飛泉下瀉，勢若建瓴。○蘇子瞻詩：千章古木臨無地，百尺飛濤瀉漏天。**二巖** 在蒲澗寺後。○李羣玉詩：五仙騎五羊，何代降茲鄉。澗有堯時韭，山餘禹代粮。樓臺籠海色，草樹羨天香。吟嘯秋光裏，浮溟興甚長。**標幡嶺** 在峽山頂上。唐大曆間哥舒晃叛，廣州遣將平之，夢神人謂曰：見幡即出兵。賊平回師，果見掛二幡於崗山上，乃二神之助云。**石門** 在州西北二十里，西山對峙，横截巨浸。漢樓船將軍楊僕將精卒破｜｜，即其地。**南海｜** 在｜縣南。**沓潮** 劉禹錫集：元和十年，終風駕潮，南海羨溢。南人曰：｜｜也，率三更歲一有之。**鰐湖** 在東莞之東，縣舊有鰐魚。**黃木灣** 韓愈南海廟碑云：在州東十八里。**東溪** 在州東，夾流皆刺桐，郡人踏青之地。**牛潭** 一名金鎖潭，在清遠縣東三十里。秦時洗翁貢牽牛，帶金鎖走入潭中。**菖蒲澗** 在州東北二十里，澗舊有菖蒲，一寸九節。○昔咸平中，姚成甫採藥於｜｜，側遇一丈夫，曰：此澗菖蒲，昔安期生所餌，可以忘老。今有寺。○郭功父詩：｜｜｜｜中宅，九節流水遶作菖蒲香。安期服之已仙去，謾說駝雙鳥留秦皇。○蘇子瞻詩云：舊日菖蒲方士宅，後來薝蔔祖師禪。如今只有花含笑，笑道秦皇欲學仙。**藥洲** 在西園之石洲。○郭功父獨遊｜｜懷顏叔作：擬驅車欲何適，獨往觀｜｜。荒蘆喧鳥雀，怪石森龍虬。大亭枕曾城，下虹跨深溝。雙門控西省，右門九星聚。中流九曜石，其名何壯哉。像兒儼可求，鈸王卷國去。故物惟此留，滄溟霸氣歇。落日孤煙浮，空睚巴无樂。曹董青柔柔，常年一百五。載酒傾城遊，炎炎二聖作。德澤覃海隅，士師用文儒。靜鎮十五州，請公揮筆刻。辭揮戈矛，仍要水宮月。一笑挹浮丘，蓬萊自茲在。稽踏金鰲頭。**茘支洲** 在南海東四十五里，周迴五十里。劉氏創昌華苑于上。**圓沙** 郡志：昔有賴布衣改邑基，留讖云：沙頭圓，出狀元。**聖池** 在新會縣北二里。山頂有撼花，果不種而生，撚去採之輒雨。**貪泉** 在番禺縣西二十里石門北岸。○郡國志：呂嘉拒漢，積石江中爲門，因名石門。○晉吳隱之爲廣州刺史，酌泉賦詩：古人云此水，一歃懷千金。試使夷齊飲，終當不易心。

廣平堂 在州治，以宋璟得名。**十賢堂** 在子城上，滕脩、吳隱之、王綝、宋璟、李尚隱、盧奐、李勉、孔戣、盧鈞、蕭倣。**八賢堂** 在十賢堂東。潘美、向敏中、余靖、魏瓘、邵曄、陳世卿、陳從易、張頡。**浴日亭** 在扶胥鎮南海王廟之右，小丘屹立，亭冠其巔，前瞰大海，茫然無際。○蘇子瞻詩：劍氣崢嶸夜插天，瑞光明滅到黃灣。坐看暘谷浮金暈，遙想錢塘湧雪山。○楊廷秀詩：南海水爲四海魁，扶胥絕境信奇哉。日從若木梢頭轉，潮到占城國裏回。最愛五更紅浪沸，忽吹萬里紫霞開。天公管領詩人眼，銀漢星槎借一來。

海山

樓 在城南。陳去非詩百尺闌干横海立一生襟
抱與山開岸邊天影隨潮入樓上春容帶雨來 **石屏**
臺 在經略廳西有池百餘步池中列石其狀若屏或云南
漢時王頒池也。郭功父詩云——下臨泉流崖
石屏青崗嵬蓋直應須費萬金園圃森羅供
無良劉龑於盡已無餘此石猶存舊基址 寺觀 **資福**
寺 在東院一百六十步有羅漢閣蘇子瞻為之 **廣慶**
記蘇公又以犀帶并藏閣上及作舍利閣銘
寺 在峽山傳奇小說載廣德中有孫恪者游洛中遇袁氏
女遂納為室後十餘年因至峽山寺袁氏欣然改服理
鬢請老僧乃持一碧玉環獻僧曰是此院舊物僧初不曉及
齋罷有野猿數十悲嘯捫蘿而躍袁氏惻然餞命筆題詩云
無端變化幾湮沉剛被恩情役此心不如逐伴歸山去長嘯
一聲煙霧深詩畢遂裂衣化為老猿追嘯者躍附而去老僧
方悟曰乃貧道為沙門時所養者碧玉環則胡人所施繫於
其頸者也。李翱詩博若不足信見景勝如聞一水遠趨海
兩山高入雲魚龍晴自戲猿狖晚成羣酌酒斜陽下離心草
自薰。許渾詩夜𠡠晨方起孤吟恐失羣海鰌闌上見江鵲
霧中聞木腊梅先行絲冬草自薰樹隨山崦合泉到石棱分
虎跡空林雨猿聲絕頂雲翻嫌舞鄉鬢明月共紛紛。蔣穎
叔西峽偈檢一訪僧鶴巢橫卧柳依欲倒垂藤水曲岸千壽
雲垂樹白留山風寒數聲溪雨夜船燈幾點溪松棲沒泉衝惟
石崩中臺一樹深歲秋別良朋。蘇子瞻與胡忠州賦詩云人
間清遠峽地轉凝碧灣我行無遲速攝衣步孱顏山僧本幽
獨乞食況未還云確水自舂松門風為關石泉解娛客琴筑
鳴空山佳人劍翁孫遊戲暫人間忽憶嘯雲侶賦詩留玉環
林深不可見霧雨埋煙鬟。楊廷秀詩清遠縣山山脚無
半里小舟行雲間五日翠未已並馳兩蒼龍中夾一玉水送

我到英州渠當自回轡。誰開峽山寺正要遊世喧深潭無
來路斷崖有青天聊飢摘山果擊磬頌頷接人跡今搜搜只
綠一 **五仙觀** 在南海宸字記昔高固為楚相有五仙人
漁船 騎五色羊各持穀穗一莖六出以遺州人
騰空而去今呼為五羊城周十里初尉佗築之後為步騭
修之既而為黃巢所焚。郭功父廣州五仙詩番禺五仙人
騎羊各五色手持六非穗翱翔遶城壁翩然去乘雲諸羊化
為石至今留空祠尚像猶可識曾聞紅火亭髮無痕跡五
仙寧復來三說頗難則只憂風雨至半夜隨霹
靂君不見羌種劉鋹之祠天為爽奔羅無一尺 祠墓 **南**
海廟 東廟在州東即南海王廟西廟去城十五里蓋勅封
祭東助順顯衛妃行祠也。韓愈南海廣利王廟碑
海於天地間為物最鉅自三代聖王莫不祀事考於傳記而
南海神次最貴在北東西三神河伯之上號為祝融天寶中
天子以為古爵莫貴於公侯故海岳之祀犧幣之數放而依
之所以崇極於大神今王亦爵也而禮海岳尚循公侯之事
虛王儀而不用非致崇極之意也由是冊尊南海神為廣利
王祝號祭式與次俱升因其故廟易而新之在今廣州治之
東南海道八十里扶胥之口黃木之灣常以立夏氣至命廣
州刺史行事祠下事訖驛聞而刺史常節度五嶺諸軍仍觀
察其郡邑於南方事無所不統地大以遠故常選用重人既
貴而富且不習海事又當祀時海常多大風將往皆憂戚既
進觀顧怖悸故常以疾為辭而委事於其副其來已久故明
宮齋廬上雨旁風無所蓋障牲酒瘠酸取具臨時水陸之品
狼藉籩豆薦裸興俯不中儀式吏滋不恭神不顧享盲風怪
雨發作無節人蒙其害元和十二年始詔用前尚書右丞國
子祭酒孔公為廣州刺史兼御史大夫以殿南服公正直方
嚴中心樂易祗慎所職治人以明事神以誠內外單盡不為

表禠至州之明年，將夏，祝冊自京師至，吏以時告，公乃齋祓冊，誓羣有司曰：冊有皇帝名，乃上所自署，其文曰嗣天子某謹遣某官某敬祭，其恭且嚴如是，敢有不承！明日吾將宿廟下，以供晨事。明日，吏以風雨白，不聽。於是州府文武吏士凡百數，交謁更諫，皆揖而退。公遂陞舟，風雨少止，棹夫奏功，雲陰解駁，日光穿漏，波伏不興。省牲之夕，載暘載陰；將事之夜，天地開除，月星明概。五鼓既作，牽牛正中，公乃盛服執笏以入即事，文武賓屬，俯首聽位，各執其職。牲肥酒香，樽爵靜潔，降登有數，神具醉飽。海之百靈，祕怪恍惚，畢出蜿蜿，蛇蛇來享。飲食闓闓，旋艫祥飈，送颿旗纛，旄麾飛揚，晻藹鐃鼓，嘲轟高管，噭譟武夫，奮棹工師，唱和弯鼉長魚，踊躍後先。乾端坤倪，軒豁呈露。祀之之歲，風災熄滅，人厭魚蟹，五穀胥熟。明年祀歸，又廣廟宮而大之，治其庭壇，改作東西兩序，齋庖之房，百用具修。明年其時，公又固往，不懈益虔，歲仍大和，耋艾歌

求。始公之至，盡除他名之稅，罷衣食於官之可去者，四方之使，不以資交，以身為帥，燕享有時，賞與有節，公藏私畜，上下與足。於是免屬州負逋之緡錢，十有八万，米八万二千斛，賦金之州，耗金一歲八百，困不能償，皆以丐之。加西南守長之俸，誅其尢無良不聽令者，由是皆自重慎法，人士之落南不能歸者，與流徙之胄百二十八族，用其才良，而廩其無告者，其女子可嫁，若與之錢財，令無失時。刑德並流，方地數千里，不識盜賊。山行海宿，不擇處所，事神治人，其可謂備至矣。咸願刻朝石，以著厥美，而繫以詩，曰：南海之墟，祝融之宅，即祀于旁，帝命南伯，吏惰不躬，正自今公，明用享錫，佑我家邦。惟明天子，惟慎厥使，我公在官，神人致喜，海嶺之陬，既足既濡，胡不均弘，俾執事樞，公行勿遲，公無遽歸，賵我私，公神人具依。以揭挺秀許羅浮山，如方石鍾，一股南走，如渴龍西奔，電邁迸不住，直抵海濱無去處，低頭飲海吐綠霞，舉頭戴若

祝融家，珠宮玉宅水精殿，乃水一日朝兩衙。青山四圍作城郭，海濤半浸青山脚。客來莫上浴日亭，亭上見海君始驚。青山缺處如玉玦，潮頭飛來打雙闕。晴天無雲奔碧霄，天下都無此奇絕。大海更在小海東，西廟不如東廟雄。南來若不到東廟，西京未睹建章宮。海神喜我著奇語，為我收容斂霧雨。乾坤軒豁未能許，小試日光穿漏句。

趙佗墓 在南海，孫權使交趾求發其墓，卒不能得，得其子嬰齊墓，得珠襦玉匣之類。

【古跡】

越王臺 在州北悟性寺。○唐子西記云：臺據北山，南臨小溪，橫浦牂牁之水輻湊於其下，顧瞻則越中諸山不召而自至，而立延望則海外諸國蓋可髣髴於煙濤杳靄之間。○陸龜蒙和皮日休寄南海詩：城連虎踞山圖麗，路入龍編海舶遥。江客漁歌衝白荇，野人𧶠語映紅蕉。庭中必有君遷樹，莫向空臺望漢朝。交州記云：有君遷樹。有朝漢臺，尉佗望漢所

築。○許渾登尉佗樓：劉項持兵鹿未窮，自乘黃屋島夷中。南來作尉任囂力，北向稱臣陸賈功。

達磨井 在悟性寺。初達磨指其地曰下有黃金，貪者力鑿，泉湧而金亡。

甘泉池 在州東北五里。番禺雜記云：晉陸史君以海水味鹹，導以給民，唐節度盧鈞鑿山取泉以廣之，名曰甘泉。

劉王花塢 乃劉氏華林園，在郡治六里，名泮塘。

廣州古塼 皇朝頼苑魏侍郎瓘知廣州，忽於子城一角頽得古塼，範四大字云委於斯，蓋合而成銘也。乃大築子城，未幾儂智高破廣外城，一擊而摧，獨子城堅完。

【名宦】

鍾離牧 意之孫，仕吳，近南海太守。

陶侃 仕晉，為廣州刺史，在州無事，朝暮運甓，常惜分陰。

吳隱之 隆安中為刺史，酌貪泉賦詩。

滕脩 為刺史，獲一巨蝦，鬚長四丈四尺。

王琨 齊書：琨為

廣州刺史南土沃實在任者常致巨富世謂廣州刺史但經城門一過便得三千萬也琨無所取納表獻祿俸之半及罷任孝武知其清問還資多少琨曰臣買宅百三十萬餘物稱之帝悅其對

宋璟 徙廣州刺史廣人以竹茅覆屋多火璟教之陶瓦築堵。賈至爲璟作遺愛碑云駕五管之政教揔三軍之鼓旗不怒而威不言而信雖有文身衣卉種落異俗而化發言諭不通而心喻矣

鄭權 韓愈送鄭公序前段見形勝注長慶三年四月以工部尚書鄭公爲刑部尚書兼御史大夫往踐其任鄭公嘗以節鎮襄陽又帥滄景德棣歷河南尹華州刺史皆有功德可稱道入朝爲金吾將軍散騎常侍工部侍郎尚書家屬百人無數畝之宅僦屋以居可謂貴而能貧爲仁者不富之效也及是命朝廷莫不悦將行公卿大夫士苟能詩者咸相率爲詩以美朝政以慰公南行之思韻必以來字者所以祝公成政而來歸疾也

盧鈞 擢嶺南節度不取商舶珍貨時人稱其廉潔

李勉 拜嶺南節度使素稱廉潔以召歸至石門盡搜家人所蓄犀珍諸物投之江中

孔戣 初明州歲貢淡菜蚶蛤蝛奏罷之憲宗擢授廣州刺史

陸鴻漸 佐南海隴西公幕府自號東園先生即廣州東郊園也

竇平 韓愈送竇從事序云踰甌閩而南皆百越之地於天文其次星紀其星牽牛連山隔其陰鉅海敵其陽是維島居卉服之民風氣之殊著在古昔唐之有天下號令之所加無異於遠近民俗既遷風氣亦隨雪霜時降癘疫不興瀕海之饒固加於初是以人之於南海者若東西州爲皇帝臨御天下二十有二年詔工部侍郎趙植爲廣州刺史盡牧南海之民署從事扶風竇平平以文詞進於其行也其族人殿中侍御史牟合東都交遊之能文者二十有八人賦詩以贈之於是昌黎韓愈嘉趙南海之能得其人壯從事之荅於知我不憚行於遠矣又樂貽周之愛其族叔父又能合文辭以寵榮之是爲序

皇朝

向敏中 知廣州至荊南市南藥以往以清節聞

馬亮 知廣州值賊未就戮上面遣之委以綏靖至則輯睦

余靖 廣之番舶裝舡稍皆取稅公奏罷之以來遠商又請立法戒當任官吏不得市南藥及公北歸不載廣南一物

方滋 容齋四筆秦氏當國先忠宣公鄭亨仲胡明仲宋新仲皆在謫籍分置廣東方務滋爲經略待之盡禮秦頗云云客曰方滋之爲人雖以周旋爲志非獨遷客然也

汪應辰 通判廣州

人物

區冊 韓愈送區冊序前段見連州愈待罪於斯且半歲矣有區生者誓言相好自南海挐州而來升自賓階儀冠甚偉坐與之語文義卓然莊周云逃空虛者聞人足音跫然而喜矣況如斯人者豈易得哉入吾室聞詩書仁義之說欣然喜若有志於其間也與之翳嘉林坐石磯投竿而漁陶然以樂若能遺外聲利而不厭乎貧賤也歲之初吉歸覲其親酌壺既傾序以識別

題詠

南斗避文星 杜甫送李大夫赴廣州詩斧鉞下青冥樓船過洞庭北風隨爽氣云云日月籠中鳥乾坤水上萍王孫丈人行垂老見飄零

文章落上台 杜甫送翰林張司馬南海勒碑冠冕通南海云云詔從三殿去碑到百蠻開

漢節梅花外 杜甫寄廣州段功曹詩云云春城錦水邊

蓋海旂幢出 韓愈送鄭尚書赴海南詩番禺軍府盛欲說暫停盃云云連天觀閣開

衙時龍戶集 同上云云上日馬人來風靜鶢鶋去官廉蚌蛤迴

貨通獅子國 同上云云樂奏越王臺事事皆殊異毋嫌

屈大才邑里雜鮫人岑參送楊瑗尉南海詩縣樓重蜃氣云云海暗三山雨江明五嶺春毛氈家家織王建送鄭權尚書詩戍頭龍腦鋪關口象牙堆云云紅椒爽颯戚梛蕉瘴雲集張籍送蠻客詩云云桂枝鳶鳥聲遠人來百越劉真卿送徐大夫赴廣州詩云云元老事三朝霧遠龍川暗山連象郡遥海對羊城闊高適送柴司户判官之嶺外詩云云山連象郡高規外布星辰交廣間南極浸高北極浸低圓規度外星辰至衆大如五暉若數十皆不在星經元徼之和樂天詩波心湧樓閣云云鳶跕路難登高適餞宋判官之嶺外詩猿啼山不斷云云海岸出交趾江城連始興花鳥名皆別杜荀

鶴送友人遊南海詩云云寒暄氣不均巨船通蕃國張少思廣州城樓詩湖風驚瘴海霧雨破蠻荒云云孤雲遠帝鄉海屋爭翡翠許渾詩云云溪邊鬪芙蓉翠耀孔家禽張祐送蘇紹之歸嶺南詩夜月江流闊春風嶺路深珠繁楊氏果云云蠻唱與黎歌蘇子瞻將至廣州詩云云餘音猶杳杳石有羣星象余安道題廣州西園詩云云謂九曜石也花多外國香皆船上來嶺北所無嶺南封管送圖經張籍送鄭尚書詩海北蠻夷來舞蹈云云此駆莫言多瘴癘天邊看取老人星徼入中臺作侍郎韓愈贈馬摠紅旗照海壓南荒云云海花蠻草連天有

張籍送侯判官詩云云行處無家不滿舡經冬來往不踏雪朱慶餘詩越嶺向南風景暑人人傳說到羊城云云盡在刺桐花上行映日颿多寶舶來刘禹錫詩遠天浪盡長鯨息云云銅鼓臨軒舞海夷劉禹錫詩象筵照日會詞客云云百粤酋豪稱故吏十州風景助新詩乳蕉花發訟庭前皮日休送李明府五羊城在蜃樓邊墨綬提腰正少年山靜不應聞屈鳥草深從使醫貪泉蠻奴賸上臨朝擷燕婢秋隨過海舡一事與君消遠宦云云候吏多來拾翠洲陸龜蒙居人愛近沈珠浦云云賓稅盡應輸紫貝陸龜蒙詩云云蠻童多學佩金鈎退公秖傍

蘇勞竹皮日休送南海二同年詩云云移宴多隨茉莉花人贍颶母識陰晴余安道詩客聽潮雞迷早夜云云黑面胡兒耳帶環丘濬詩碧晴蠻婦頭蒙布云云雞販穫臺皆枕水四周城郭半圍山

進職西清　疏恩鳳闕　申命紫宸　牀班東觀
擁麾東廣　分閫羊城　宣威玉帳　宅牧南郊
眷番禺之古郡　島夷載新於卉服　高牙拍黃木之灣
實嶺海之名藩　滄海自息於鯨波　大旗開紅蓮之府
念嶺嶠之地偏　宋廣平古之遺愛　舟車之會水陸之衝
去闕庭之天遠　吳隱之直哉惟清　商旅所藏蕃僑所聚
自晉唐置守僅數於十賢　威聲所壓掃清鯨海之波濤
而蕃漢錯居幾重乎九譯　號令初傳改觀羊城之風物

萬里鯨波旣息旄旟之誓　戎服迎郊選帥風推于大府
千村犢佩各安耕耨之常　鋒車載道觀君即遷於近班
貪泉酌水已知隱之之心　聞隱之貪泉之賦坐想清風
祥飈送颿佇應孔戣之召　續廣平德政之碑佇擴宋業
專方面十四城雖大相聞　地聯夷島象犀寶貨之川流
制水北數萬籠貔貅甬立　境接閩山常布衣冠之都會
瑚戈并森樹嶺外之雄藩　使扶胥黃木之灣民皆自樂
袞衣繡裳仰海邦之大老　則甘泉紫荷之橐王曰緇歸

肇慶府 高要 四會

【建置沿革】古百粤之地分野星土與廣州同本秦南海郡地漢武置蒼梧郡高要以縣爲屬東漢因之宋文帝割南海郡四會等縣置綏建郡梁立高要郡隋廢高要立端州煬帝罷端州爲信安郡唐立端州以州當入廣西之要口也爲高要又以四會縣置南綏州改綏州爲真州尋廢真州以四會縣隸端州改高要郡復爲端州　皇朝平嶺南地歸版圖以　徽宗潛邸陞興慶軍節度廣東運判鄭埃奏元係端州今爲潛邸欲望親洒　宸翰賜以美名遂賜名肇慶府仍爲肇慶軍節度今領縣二治高要

【事要】

【郡名】古端　端溪　高要見上注

【風俗】土曠民惰郡國志　不力於耕同上云人惟逐鹽鈔以爲業　夷獠雜居郡國志　一日之間有四時蔡茂良詩晴雲宿午僧揮扇曉雨生寒人着綿此是嶺南天氣候日中常有四時天

【形勝】北望頂湖圖經云云乃何時其後

南瞻銅鼓同上云云四峯列其前白羊岡居其左鶴柯山居其右　州當西江口元和志｜｜｜入廣西要｜

【土產】端硯柳公權曰端州有溪曰端溪其硯有赤白黃色點者謂之鸜鵒眼或脈理黃者謂之金線紋。郡志云有青紋若謂之音條其斑若謂之眼筋下巖石亦有之色微斑者謂之火黯下巖無此又有曰赤裂曰黃霞曰鐵線曰白鑽圓而深如鸜眼曰鬣矢其色斑駁其舊坑則有龍線汲綆黃圖三石汲綆全無眼其新坑則有後歷小湘唐竇黃坑蚌坑鐵坑六勳皆不及上三石。蘇易簡硯譜端溪硯水中者石色青山半者石色紫山頂石尤潤如豬肝色者佳若匠者識山之脈理鑿一寶自然有圓石青紫色者琢而爲硯可直千金謂之子石硯。東軒筆錄魏泰曰端溪硯有三種曰巖山曰西坑曰後磨石石色深紫襯手而潤叩之清遠有青綠圓小鸜鵒眼乃巖石其次色赤呵之乃潤鸜鵒眼色紫紋慢而大此乃西坑石也其下青紫色向明側視有碎星光點如沙中雲母乾而少潤謂之後磨石西坑硯三當巖石之一後磨石三當西坑之一其品可知。李賀紫石硯歌端州石匠巧如神蹋天磨刀割紫雲紗帷晝暖墨花春輕漚漂沫松麝薰。昔丁寶臣知端州以詩送綠石硯於介甫所謂玉堂新樣者介甫以詩報之云玉堂新樣世爭傳況以蠻溪綠石鐫嗟我長來無異物愧君持贈有新篇久埋瘴霧看猶濕一取春波洗更鮮還與故人袍色似論心於此亦同堅。蘇子瞻硯銘千夫挽綆百夫運斤篝火下縋以出斯珍　蠻布寰宇記有夷夏人織蕉竹苧麻都落等布以自給　翠羽韓翃送端州馮使君王樹羣兒爭翠羽金盤少妾揀明珠

【山川】北山在城北七里　峽山在城西二十里　奢山在城南九十里上有砂夷

人語訛爲沓　**爛柯山**　在高要東三十六里峯頂常有紫霧披瀧州亦有爛柯山蓋二郡名信安遂在吳爲信安則去王質時爲近端名信安乃始於隋不應載晉人事跡不可不辨此山產美石爲硯　**銅鼓**

山　在南岸府治之對山　**石室山**　在城北六里南北有盤石如二門士人謂之嵩臺綠瑜竹記又有七星巖○郭功父詩雙峽天開控江水水自牂牁來萬里端州正在雙峽間石室嵩臺壓孤壘　**扶盧**

山　在四會縣東四十里上有池水相傳六祖嘗隱于此六祖姓盧故名　**三足山**　在四會縣西百五十里有人姓蘇仙者　**下巖**　在大江中又名北壁有龍潭硯最佳　**騰豜嶺**　在高要縣山有人豜即沐猴之類似人髮覆面又有飛鼺山鞏　**龍子嶺**　又有鳳頭岡淳熙丁酉邑宰蘇邦平縣其得古

方三四　七

碑乃鹿鳴燕士詩云龍嶺推行歌龍已化鳳頭將見鳳齊鳴　**西江**　在高要縣　**四會水**　東在古津

南滇江西有建水北有龍江四水俱會因名　**新江水**　在高要南六里源出新州　**端溪**　在高

要縣　（堂館）　**相堂**　在四會縣廳尉廳先是郭其姓者作尉丞相梁克家嘗館焉故名此　**雲秀**

臺　在高要西北八里祥符間五色雲現於臺峯之上郡守氾雍建　（古跡）　**陳霸先墓**

在府治南五十里有句逗山有載碑石龜其大數丈　**鴝奔亭**　干寶搜神記漢九江何敞爲交趾刺史行部至蒼梧高要縣暮宿|||夜未半有女子從樓下呼曰明使君妾冤人也妾本廣信縣脩里人嫁爲同縣施氏妻薄命夫死有雜繒百二十疋及婢名致富之旁縣賣繒日暮爲亭長龔壽操刀刺脇下又刺致富立死合埋於樓下取財物

而去故來告訴敞乃掘尸以驗令吏捕壽拷問具伏初發尸時有雙鵲奔其亭故名○郭功父詩新江自南來西與端江匯屹然|||遺意溢千載　**桄榔亭**　李翱與監察御史韋君皆自東京來嶺南約偕行翱居信安四十餘日比及西江韋君已前行矣|||||見韋紀姓名且有念我之意李翱題　（名宦）　**李紳**　唐人貶端州司馬　**皇朝鄭端義**　貞陽人爲守築外城有記　**陳堯叟**　詩話總龜云|||知端州轄州於靈陵阻風數日有胡僧謂公曰骨方神清身當極貴但虎目猿聲當有攀附然後有所立因贈詩云虎目猿聲形最貴抵因攀附即升高知君今向端州去願助清風泛怒濤　**包拯**　爲守歲貢視前守所取輒數十倍以遺權貴公命製者纔足貢數歲滿不持一硯歸　**鄭祥正**　爲守　（人物）　**李積**

中　寓居張章子良爲安國大性大異大理大東皆其後也　**譚惟寅**　梁榜乙科讀書一覽終身不忘

九

（題詠）　**越井人南去**　賈至送陸協律云云湘川水北流　**西江瘴**

癘多　張說端州別高六詩南海風潮壯云云於焉須判手此別傷如何

（四六）　昔號信安　土風醇厚　惟高要之屬藩

今稱高要　民物殷繁　乃炎荒之名郡

地重偕藩亦是羊城之亞　不持一硯足知包孝肅之清

民歌政績即爲鳳闕之歸　來擁遊旌巳卜陳文忠之貴

新編方輿勝覽卷之三十四

新編方輿勝覽卷之三十五・

建安祝穆和父編

德慶府 端溪 瀧水

建置沿革 越地牛女之分野秦屬南海郡漢置蒼梧郡及端溪縣晉分蒼梧立晉康郡隋廢郡以端溪縣屬端州煬帝時屬信安郡唐高祖置南康州又置康州太宗復置南康州已而去南字改晉康郡復爲康州 皇朝爲端州尋復舊以瀧州瀧水縣來屬以 高宗潛邸陞德慶府仍爲永慶軍節度今領縣二治端溪、瀧水

事要

郡名 晉康

風俗 夷獠相雜 寰宇記云云康瀧一同 其俗食稻與魚 隋書

形勝 居西江上游 郡志

土産 果下馬 虞衡志土産小駟以出德慶之瀧水者爲最高不踰三尺駿者有兩脊骨

山川 端山 在端溪縣有樹冬榮子大如杯味似豬肉 藿山 在端溪山有草如藿 香山 一名利人山出五色石 瀧峽 張子壽詩霜清百丈山風落萬重林 三洲巖 在端溪縣西江之三島也 錦石 在端溪陸賈使南越時設錦帳于此 西江 在端溪 端溪 在縣南

亭榭 壽康亭 在譙門之內 艤舟亭 在郡治之東

祠墓 忠景廟 郭功父題趙康州石磬編後詩一賊鳴銅鼓孤城隕使星形骸糜矢石忠義貫丹青皎皎張巡傳堂堂刑新新李子錦刑公吾詩慨消滴何以助南溟 五龍廟 蕭注字岩夫新喻人少侍父之官康州過悅城題——詩五龍兄弟古英名今日拏舟過悅城皇向草茅久盤屈早施霖雨治蒼生孔道輔見其詩曰未可量也登慶曆第爲番禺令儂智高圍廣州注突圍出募壯士二千人併圍與賊格鬬焚其舟數百斬首五千級 溫媼墓 南越志昔有溫氏媼端溪人常捕魚忽於水側得一物如守宮能入水捕魚媼後治魚誤斷其尾遂去數年乃還媼曰龍子復來也後媼殞瘞于江濱龍子當爲大波縈浪轉沙以成墳土今在悅城鄉之東

名宦 皇朝 趙師旦 字叔潛楚州人倦游錄云濃賊破邕州偶江漲遂乘桴沿流入番禺時趙師旦知康州到任始一日賊既迫境諭官屬吏民使避賊守城而死乃臨兵泊岸之戰也城陷趙與監兵皆死先是一日趙方出其妻藏於山谷道上生一子棄草中賊去九三日後歸見之尚生人謂忠義之感康人立祠祭祀 馮拯 以左正言知州

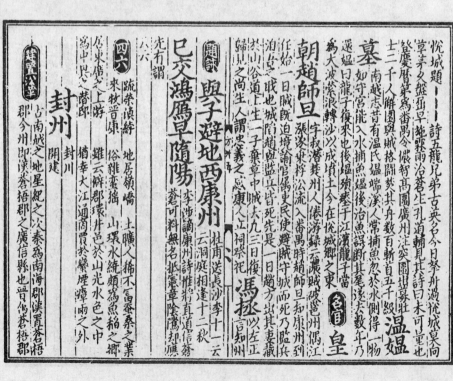

題詠 與子避地西康州 杜甫送長沙李十一云云洞庭相逢十二秋 已交鴻鴈早隨陽 李涉謫康州詩雅將直道信蒼蒼可料無名抵憲章陰隲却應先有謂六六

四六 疏榮湞紵來牧晉康 地居嶺嶠俗雜蠻猺 土曠人稀不富蠶桑之業山環水繞頗爲魚稻之鄉 居東廣之上游爲中興之潛邸 雖云僻郡環井邑於山光水色之中猶幸大江通商賈於蠻煙瘴雨之外

封州 封川 開建

建置沿革 古南越之地星紀之次秦爲南海郡漢置蒼梧郡今州即漢蒼梧郡之廣信縣也晉爲蒼梧郡

丨又屬晉康郡宋文帝分置開建縣齊因之梁置梁信郡王置成州陳改成州爲封州煬帝時廢以縣屬蒼梧郡唐太立封州改臨封郡復爲封州　國朝陞爲望郡紹興間併封州入德慶府未幾復爲封州今領縣二治封川

〔事要〕

〔郡名〕臨封　封川

〔風俗〕其民知義　臨封志云云蘇子瞻作司馬溫公神道碑云公薨封州父老相率致祭且作佛事公之至誠元所不感而封之民獨見称於坡公亦足以見丨丨之丨丨也　民淳訟簡　同上　荖詹尊户　郡国志其俗荒陋市肆鮮陶瓦而多云云

〔形勝〕據三江口丨丨丨　臨封志丨豈挂賀誠控扼之地

〔山川〕東山　去城一里舊於山爲三合亭基　西山　在州西隅江下有寺　登高山　在州治後山上舊有花藥圃郡人九日遊此　忠讜山　在開建北七十里舊經居人多丨丨　龍石山　出石膏　猿居山　在州北二十里多猿猱　麒麟山　在州東八十里視諸山最高　風溪　在州南三十里源出豐壽山入大江　西江　源出邕州經歸融象柳州入州界合桂江南越志漢武帝自巴蜀檄夜郎兵下牂牁江會番禺即此水　封溪　源出賀州馮乘縣合封口入大江　龍吟水　在金井村有莫狀元讀書堂山水清音人呼丨丨丨

〔堂亭〕宅生堂　郭功父題李封州丨丨丨詩鱗鱗鴛瓦構新堂去思在黔爲因澤長峴首去思猶墮淚召南遺愛有甘棠水光送月浮珍席山勢和雲掃畫梁安得才如張相国爲君重賦宅生章　五友堂　在城西沈清臣有記取江山風月與太守而五　致爽樓　在州宅之西

〔亭臺〕吸江亭　在州府之東　望雲臺　在州北太守沈清臣有記

〔官吏〕皇朝陳升之　爲守時称循良後爲相　孔延世　嘉祐間爲守遺愛在民有三子曰文仲武仲平仲後人榜其讀書之所曰桂堂　曹覲　建安人脩古之子皇祐中以儂賊死節建州守臣魏瓘奏賜謚忠肅○魏詩云文武龍門日再晡空拳猶自把戈鈇身垂虎口方安坐命棄鴻毛更疾呼柱下杲卿存大節誇問祈曰得遺孤可勝三尺英雄氣不愧山西士大夫○方雝詩云青膽雄於金斗大赤心堅比成山高　鄭東甫　吳郡志郡人也嘉祐中監高郵稅遇一術士曰年不過三十五調封州判官預知死日至期沐浴更衣公舍有面溪一亭東甫至其間親書偈擲方揮手指畫間屹然立化猶作指畫之狀見墨客揮犀

〔人物〕陳欽　漢書云封川人也武帝時治左氏傳　莫宣卿　開建人唐大中間狀元及第

〔名宦〕李甘　爲常之詩話載唐史丨丨嘗論鄭注不可相故有封州之謫杜牧之贈甘詩云太和八九年訓注極虓虎吾君不省察二兇日威武喧喧皆傳言明晨相登注和鼎雇亭云我死有處所明日詔書下謫斥南荒去

〔題詠〕唯於日高衙　田開臨封十詠秋冬三醆酒風景四時花守官真吏隱云云　海上荔支莊　同上嶺南蕉子国云云民有千年壽家存十歲粮○荔支莊去城十里

〔四六〕光膺漢渥　榮從臨封　地分千里　水合三江　熊羆凝香　虎符奏最　挹西山之佳致　歸北門之清班

眷封川之小郡　宅生有賴請稽郭功父之名章
乃嶺嶠之名區　報政既優當踵陳秀公之盛事

英德府　真陽　浛光

建置沿革　禹貢揚州之域天文牽牛婺女之分野古百越地戰國屬楚秦為南海郡漢屬桂陽郡吳晉爲始興郡宋屬廣興郡齊復屬始興郡梁置衡州及陽山郡隋改衡州為洭州廢湞陽縣入曲江尋廢洭州以含洭縣隸廣州唐置洭州五代時南僞漢爲擴嶺表於真陽縣置英州　皇朝潘美克英雄二州紹聖五年以潛藩陞英德府宣和賜名真陽郡

今領縣二治真陽

事要

郡名　真陽

風俗　頗同中夏　圖經婚嫁禮儀云云　俗樂商販　同上云云巨産之家得米則東下於廣州糶買鈔鹽以取贏貧則採山之奇石以貨焉　地廣人稀　同上云云爲農者擇沃土而耕磽地不復用力　茅簷土床　楊廷秀詩人人藤葉嚼檳榔户户丨丨覆丨丨只有春風不寒乞隔溪吹度柚花香

形勝　地接南海　圖經云云有魚鹽之利

土産　英石　同上丨丨之山丨名擅天下鄉評云峯巒聳秀巖竇分明無斧鑿痕有金玉聲

山川　湞山　在真陽北四十里尉佗爲城於此　堯山　在浛光北四十餘里寰宇記四面瀑布傾瀉萬丈始興記丨延袴經此丨或謂此山堯然而高故名○米元章詩信美此山高穹窿遠朝市暑木結蒼陰飛泉落晴翠　鷂岡　在郡東八里蓋郡之印山　鳴弦峯　在州南二里相傳虞舜南巡撫琴於此○黄許國詩木葉蕭蕭江水清幅巾藜杖逸山行忽然行到山深處聽得鳴弦一兩聲　南巖　在州南鳴弦峯之前石壁上有唐人元傑所刻涵暉谷銘　通天巖　在州西十五里與碧落洞相去二里有竅通天　真陽峽　在真陽東南十五里崖壁千仞　碧落洞　在州南十五里懸石如霓旌羽蓋狀洞中有蛻骨骨勾連因號爲蛻仙臺南越志有沈侍郎隱于丨丨丨丨旁之靈華堂唐元和六年真陽令侯著來遊○蘇子瞻詩槎牙亂峯合晃蕩絶壁橫遥知紫翠間古來仙釋并陽崖射朝日高處連玉京陰谷叩白月夢中遊化城果然石門開中有銀河傾幽龕入窈窕別户生靈明泉流下珠琲乳節交纓纓我行畏人知恐爲仙者迎小語輒響答空山雷自驚蒙扶歸去來治具煩方平　涵暉谷　在州南中有潛靈洞棲雲洞晞暘島飛雲巖嶺夢弼巖桃花洞　牯牛石　在縣南十九里真陽峽中諺云過得丨丨抄丨灘寄書歸去報平安　溱水　一名始興江亦名真水避仁廟諱　羅溪　在浛光西四十六里　桃溪　在浛光縣東五里　桂溪　在浛光縣　光水　在浛光縣本名恒水避廟諱改今名

樓閣　煙雨樓　在府治之東千巖萬壑羅列遠近爲一郡登臨之勝○郭功父詩江路分韶廣城樓壓郡東妓歌星漢上客醉水雲中　寒翠亭　在晞陽岩之北石壁東坡留題云蜀人蘇子瞻南遷惠州艤舟巖下與幼子過同遊聖壽寺遇隱者石君汝礪話羅浮之勝至暮乃去紹聖元年書　鳳凰驛　郭功父詩晚泊丨丨丨丨得名知謂何鳳凰不可見望竹空婆娑驛東指英州兩舍皆平坡天寒無瘴癘虚市饒鷄鵝

橋梁　何公橋　今名

政和橋咨齋三筆英州小市江水貫其中郡守建安何智甫始疊石爲橋橋成而蘇子瞻適自海外智甫求文以記蘇子瞻作詩云天壤之間水居其多人之往來如鵜在河順水而行雲駛鳥疾惟水之利千里咫尺亂流而涉過膝則止惟水之害咫尺千里㳂彼灘瀨蛙跳傴游溢而懷山神禹所憂覺無一木支此大壞雖千盤渦米拆膏解坐使此邦畫爲兩州雞犬相聞胡越莫救允毅何公甚勇于仁始作石梁其艱其勤將作復止吏此百難公心如鐵匪石則堅公以身先民以悅使老壯負石如負其子疏爲玉虹隱如金堤直欄橫檻百賈所按我來與公同載而出驩呼闐道抱其馬足我嘆而言視此滔滔未見剛者孰爲此橋頡公千歲與橋壽考持節復來以慰父老如朱仲卿食于桐鄉我作銘詩子孫不忘

名宦

侯著　唐朝爲真陽令題名在涵暉洞

皇朝王仲達　景德間爲守建涵暉書院慶曆中建學始移宣聖祠於州學

蘇軾　紹聖初御史論軾知英州道貶惠州過英州憩小廳西今名坡公堂

米芾　作浛光尉

唐介　爲臺官廷疏宰相文彥博之失仁廟怒貴英州別駕仍命中官押赴任朝中士夫以詩送行者衆○獨李師中待制一篇爲人傳誦詩云孤忠自許衆不與獨立敢言人所難去國一身輕似葉高名千古重於山並游英俊顔何厚已死姦諛骨尚寒天爲吾皇扶社稷忍教夫子不生還

人物

石汝礪　真陽人閉學淹該撰易解易圖擬進于朝爲荆公所抑有水車賦刻南山石壁

馮安上　真陽人元祐間父子相繼登科

名賢

孔平仲　坐黨籍英州安置

鄭俠　貶英州

劉安世　紹聖初章子厚入相安世坐謫英州

洪皓　奉使虜庭得歸秦檜嫉其功皓謂檜悟室燃否室燃若虜庭用事之人也檜深憾之出知饒州又謫英州

題詠

萬室通釀酤　梅堯臣作英州別駕唐子方送行詩英州五千里瘦馬行䮄䮄裹弩不同塗風浪過蛟窟越林多蔽天黃柑雜丹橘云云撫遠無禁律醉去不論錢醒來弄琴瑟

萬疊青山一水間　李孝博次蔣穎叔韻維舟亭下號三灣云云偶愛谿江照天碧飛來幾片白雲閑

支與真陽幾石山　揚廷秀詩郡官不患無供給云云

四六

維此東衡介于南服　扼真陽之小壘控東廣之上流　家乏百金之產郡無一歲之儲

真陽山石誠齋今供給之珍　仙風冉冉數千年碧落洞天碧落洞天坡老記神仙之勝　佳氣葱葱五百歲潛龍福地

韶州

曲江　翁源　樂昌　仁化　乳源

建置沿革

禹貢揚州之域星土分野與廣州同春秋爲百越地戰國皆楚地漢初趙佗有國地屬南粵武帝平南粵而曲江以縣隸桂陽郡統於荆州後漢因之置始興都尉三國屬吳晉以始興郡屬廣州宋更郡名曰廣興齊復爲始興陳霸先爲始興太守起兵討侯景於此置東衡州隋改爲韶州唐置番州又更名韶州改始興郡皇朝爲韶州領縣五治曲江

○廣東提刑置司

事要

郡名

始興　韶陽　曲江　余靖韶州真水館記真水

出大庾嶺與武水合回曲而流故名曲江

【風俗】其民短力弱材圖經云云不能勤作故呰窳偷生而無積聚　習樸而不雜同上云云淳而不澆　拳勇善戰通鑑何无忌拒盧循報闡曰始興溪子云云　爲農者不力於耕云云而運販鹽鈔歲月可以致富　爲士者鮮力於學云云而臺府奏公願官可以如愆故其人優吏而不知懼　惟簡質之是安云云而市井貿易自日用飲食之外珍奇之貨不售焉並郡志　士多原愨朱元晦濂溪祠堂記云韶故名邦云云少浮華可與進於道者蓋有張文獻余襄公之遺風　士之名聲抗衡上國圖經如王鄴之世科陸續謂王式子陶孫籠韶撫子堂孫弼亮也蕭氏之棣萼連輝蕭雄弟雅又繼也　翁源氣候之異同上翁源在萬山之間氣候又異地峻山高嵐氣四合朔風初厲則黃蜂四集蔽塞窻牖土人謂之黃蜂瘴

【形勝】控扼五嶺余安道儀州衙記云云韶爲交衝　咽喉交廣同上云云唇齒江湖　唐開北嶺唐徐浩張文獻碑始興北嶺峭峻巉絕大庾南谷坦然平易公乃獻狀韶委開道曾不閱時行可方軌　嶺道九十里余安道撰真水館記云云爲馬上之役餘皆篙工楫人之勞　地高氣清皇甫集朝陽樓記　韶郡最大余安道望京樓記廣之旁郡一十五而韶最大　越之北門九朝通畧潘美長驅至韶州奏云此地越之北門也　在番禺

北余安道州衙記韶｜｜之｜　樂石奇恠許申撰張曲江祠記庾嶠之南舜遊之地云云而甲出曹溪甘棠而泌湧八泉會而同沼二流合爲曲江　山水之名聞天下韶石圖記

【土產】鍾乳柳文與崔連州書｜｜始興爲上次乃廣連

【山川】韶石在州東北八十里郡國志斗勞水間有兩石相峙高百仞廣五里相去一里大小畧均似雙闕州取名焉此外又有三十六石各有名相傳舜登此石奏韶樂隋開皇九年取以名郡　蓮花山在州東五里以形得名州治對山　芙蓉山在州西五里。許渾芙蓉寺詩宋王含懷愛亦繼焉｜｜｜晉一猿聲　越王山在州北六里有廟太守柳至皆榮謁焉　大峒山余安道｜｜｜序韶之景富于山水而佛剎相望莽

野　靈鷲山山似天竺｜｜｜因名始興記嶺南佛寺此爲最唐沈佺期有詩　浮山在州東北五里踊地一處百餘步地動　桂山在州西北四十里蓋一郡之望　靈池山在翁源縣池中有石人或隱或見自號老翁人居此源皆壽考因名翁水源曰翁源　昌山在樂昌士庶嬉遊之所　帽子峯州治主山　書堂巖在城東十五里白芒嶺相對巖洞豁然泉清石潔張曲江讀書之所　錦石巖在仁化南十七里有三巖其徑彎環直二千餘級夾道杉松高凌霄漢　紫微洞在州西南十餘里紹興間朱新仲自詞掖謫居曲江遇父老指示始得此洞可容數百人　石室在樂昌西五里舊經石高三千餘丈室外藤蘿交聯登之者攀援而入有石牀石臼仙經七十二福地此係泐溪福地有

陸羽題名**湞水**在城東六步源出大庾嶺南流三百六十里入曲江合武水柳宗元酬裴韶州詩湞水想澄灣是**勞水**韶石在水中**武水**在城西二十步復出桂陽臨南流合真水**盧水**在曲江縣與武水合處其險名曰新瀧有太守周昕廟即始開此瀧若舟人放鹽散米以祈福忌濕衣入廟云**瀧水**在樂昌自臨武東南流入曲江界。韓愈詩南行逾六旬始下樂昌一險惡不可狀舡石相舂撞**滄湖**在樂昌東南十里周迴三十五里**曹溪**在曲江縣東南三十五里源出本縣界牛嶺下西流五十里合大江真水南流下英州以上人曹叔良捨宅爲寺因名一一。**雲水源**在曲江縣有湯泉沸涌每至雪霜其上蒸氣高數丈生物投之戲而熟矣。韓愈詩韶州南去接宣溪一一蒼茫日向西**臨水源**在曲江縣其山有石室室前盤石上羅列十銀瓶昔縣人封驅之奴株蒙竊銀瓶行未數里爲大蛇所螫封驅驚悟尋奴則奴已死而瓶存

井泉

大涌泉在曲江南渡真水十里余襄公作涌泉亭後朱新仲記自有天地便有此泉振高僧之錫而蟠發人之疑多矣若搡石臨清舉白盡醉則自我輩始**卓錫泉**在大庾嶺圖經云六祖大鑒禪師自黃梅傳衣鉢之曹溪五百大衆相逐至大庾嶺取五祖所傳衣鉢回大衆久立告渴者半祖師手拈錫杖點石眼寒泉遂湧清冷甘美大衆驚駭

樓閣

韶陽樓許渾一一夜宴詩待月江一卷翠羅玉盃瑤瑟近星河簾開碧樹窮秋密窗外青山薄暮多鷓鴣未知狂客舞鸂鶒先讓美人歌使君不惜通宵醉刀筆初從馬伏波**朝陽樓**唐李守建皇甫湜有記**九成臺**在州宅。蘇子瞻一一銘云韶州太守狄咸新作一一一一玉局散吏爲之銘曰自秦并天下滅禮樂韶之不作蓋千二百二十有三年矣其器存其人亡則韶既已隱矣而况人器兩忘而不傳雖然韶則亡矣而有不亡者存蓋嘗與日月寒暑晦明風雨並行乎天地之間世無南郭子綦則耳未嘗聞地籟也而况得聞其天籟使耳得聞天籟則凡有形有聲皆吾羽旄干戚管磬匏絃嘗試與子登夫韶石之上舜峰之下望蒼梧之渺莽九疑之聯綿覽觀江山之吐吞草木之俯仰鳥獸之鳴號衆竅之呼吸往來唱和非有度數而均節自成者非韶之大全乎　上方立極以安天下人和而氣應氣應而樂作則夫所謂簫韶一一來鳳凰而舞百獸者既已粲然畢陳于前矣**逍遙臺**隋薛道衡刺史創水東有遺址張九齡陪王司馬登臺詩常聞薛公疾非直雍門琴寂遂留遺迹悲涼見此心府中因暇豫江山幸招尋人事已成古風流獨至今

堂亭

思古堂在州宅守狄咸建蘇子瞻名并書**清淑堂**在九成臺下圖經王介甫天聖間侍其父令公守韶日讀書于此**政寶堂**有蘇黃石刻楊廷秀跋云蘇黃皆落南而嶺南無二先生帖大似曾人不識麒麟惟韶有之耿光異氣上燭南斗下貫碧海矣又有米帖楊廷秀跋云萬里學書最晚雖徧參諸方然袖手一瓣香五十年未拈出今得此帖乃知李密未見秦王耳**盡善亭**在建封寺。蘇子瞻詩雙闕浮空照短亭至今猿鳥嘯青熒君王自此西巡狩再使魚龍舞洞庭。蜀人文賦楚人詞竟在崇山舜九疑聖主若非真得道南來萬里亦何爲**整冠亭**梁安世記云左瞰真水右俯武溪方山衮衮飛在目前。韓愈詩暫欲係舡韶石下上賓虞舜一一　**望韶亭**楊廷秀題一一一一詩新隆寺後看韶石三三兩兩略依稀金坑

津頭看韶石十十五五不整齊一來望韶亭上看九韶八音皆一奏金鐘大鏞浮水涯玉琴瑤琴倚天半堯時文物也雖跡禮樂猶帶鴻荒餘韋英殿上鼖土鼓蕢桴聲外無笙竽黄能郎君未川嶽頒取后夔拊擊樂峰山椒樹夜半鳴泗水石頭清畫躍山祇川后爭獻珍姚家制作初一新帝思南嶽來時巡宫璨兩賓守駿奔曲江清澈碧覽秋海山孤尖翠屏張天顏有喜后夔知一奏雲韶供亞飯帝登九疑忘却歸不知斑盡湘筠枝后夔一腔跋莫隨坐看衆樂江之湄儀鳳舞獸歸無迹獨留一族守其側至今喚作獅子石雨淋日炙爛不得洞庭張樂已蕃吾觀為獲落亦塵埃不如九韶故無恙更擊尚可知冬雷何時九秋霜月裏來聽湘妃瑟聲美曲終莫道不見人江上數峯是誰子

韶亭 余安道記賢人君子樂夫佳山水者蓋將寓閑曠之目託高遠之思滌蕩煩紲開納和粹故遠則攀蘿捫雲以躋乎杳冥近則築土飭材以寄乎觀望惟韶山去州治八十里自元精胚胎陽結陰流不知鑱鑿者誰獨秀茲境在昔虞舜南狩蒼梧九韶之樂奏于石上山之得名起於是矣 國家丕冒海隅擇材敍遠殿省丞潘君伯恭特膺詔選來守嶺陀勉強御名弱有意於古下車期年人用休息乃曰山為州鎮厥名尤著自秦開五嶺迄今千載憑軾之使泛舟之賓大麓之下往還如織不知觀臨之地以為山榮豈守之若詳近而略遠哉遂按郡諜而相之背山東渡五里而近得地曰靈溪即道左建亭而山之奇秀森然在目矣作來以圖授之棟宇先是賜紫僧法崇者推誠好善衆所欽信嘗於康衢創名刹以壯州邦既勸為縮將齋粹讓太守曰吾以斲朴化人無事於侈可去華就實移其用於茲亭崇曰明使君之言非唯集事兼存為政之体雖是捨飾盡之資市樸梓之美材特命兼運斧斤者子來而樂成矣越再歲而亭就以茲山具美纖芥無隱屹若如斷関者如座平者如臺呼者如谷向者如鬬背者如逃人立烏跂霞明霧晴碧玉千仞青螺萬髻殊形詭制紛不可名驅鬼役物巧不能備信方外之絕區也既而請名太守曰亭以山名而能盡山之美其名韶云

寺觀

南華寺 梁天監元年有天竺國僧智藥自西土來泛船至漢土溯流上至韶州曹溪水口聞其香掬嘗其味曰此水上流有勝地尋之遂開山立石寶林乃云此去一百七十年當有無上法寶在此演法今六祖｜｜｜是也。六祖姓盧名惠能新州人得法於黄梅五祖忍大師傳其衣鉢唐萬歲通天初則天皇后錫賚宣詔元和間賜塔曰靈照之塔柳宗元為記其寺為嶺外禪林之冠。唐曹松詩西土文殊留印跡大中皇帝舊參禪。蘇子瞻詩前身便是盧行者。楊廷秀詩南斗東頭第一山白頭初得扣禪關祖衣半似雲來薄金鎖繞閑霧作團

光運寺 在水西即始興內史王導故宅

廣果寺 宋之問詩影殿臨丹壑香臺隱翠霞巢飛象鳥砌躡雨空花寶鐸搖初霽金池映晚沙莫愁歸路遠門外有二車

天慶觀 祥符間刱依欽南山太平宮玉皇殿様式造其勝妙出諸州上

祠廟

虞帝廟 在州西北七里皇岡嶺有石刻朱文公迎送神樂歌見靜江府

張相國祠 在郡東墓在武臨原唐子西云張相鐵胎韶人相傳以為明皇悔時所鑄。鄭功父詩常平致主陳金鏡後世宮祠見鐵胎

周濂溪祠 在州學。朱文公記云泰漢以來道不明於天下而士不知所以為學言天者遺人而無用語人者不及天而無本專下學者不知上達而滯於形器必上達者不務下學而溺於空虛優於治己者或不足及人而隨世以就功名者又未必自其本而推之也先生言聖學之有要而下學者知勝私復

禮之可以馴致於上達明天下之有本而言治者知誠心端身可以舉而措之天下脉絡分明而規模宏遠矣　**余襄公祠** 在相國廟東偏

〔名宦〕**王導** 晉人爲內史　**蕭道成** 爲內史　**郎齊高祖**　**范雲** 爲內史郡多盜賊雲撫以恩德曲江有修仁水雲酌而飲之賦詩云三楓何習習五渡何悠悠且飲修仁水不挹貪邪流　**皇朝許申** 天僖初爲太守栽官道松楮數萬株至今行者感其德　**王益** 天聖間爲守初夷越無男女之別公一切窮治未幾男女之行別於塗　**周頤** 熙寧間爲提刑不憚瘴毒荒崖絕島人迹所不至皆錢視徐按以洗冤澤物爲已任以病求知南康軍　**楊萬里** 爲憲臨汀有寇勢連潮梅公即日召諸郡兵直抵循梅賊懼就擒有詩云不是湍池赤白囊何緣扶憊到潮陽官軍已掃狐兎穴歸路莫孤山水鄉　**林光朝** 自號艾軒爲憲嘗繫茶冠

〔人物〕**鄧文進** 始興人爲本州刺史移州於水西蕭銑叛發兵攻樂昌城文進堅守累有戰功朝食樂昌　**張九齡** 曲江人七歲知屬文擢進士調校書郎中初武惠妃謀陷太子譖官奴誘公爲援公叱去之安祿山以范陽偏校入奏事九齡謂裴光庭曰亂幽州者此胡雛也及討奚契丹師敗又奏請誅之帝不聽祿山犯闕帝思其忠遣使祭於韶州厚幣恤其家方明皇千秋節羣獻服玩公奏金鑑錄以箴規之　**皇朝余靖** 曲江人爲集賢校理范仲淹以言事忤意貶饒州諫官不敢言靖上疏論仲淹不當貶出知秦州

〔題詠〕**薜荔搖青氣** 宋之問詩云云桄榔翳碧苔南中雖可悅北思日悠哉　**炎海韶州牧** 杜甫送韋員外牧韶州詩云云風流漢署郎分符先令望同舍有輝光白首多年疾秋天昨夜涼洞庭無過鴈書疏莫相忘　**看取北來魚** 同上　**蕃拙江湖外朝廷記憶疎離無南過鴈云云**　**江曲山如畫** 許渾送竇司直詩云云貪程亦駐舟　**行舟傍越岑** 張曲江真陽詩云云窈窕越溪深水闇先秋冷山晴當晝陰　**曲江水滿花千樹** 韓愈同張籍遊曲江寄白居易詩漠漠輕陰晚自開青春白日映樓臺云云有底忙時不肯來　**曲江山水聞來久** 韓愈將至韶州先寄張史君借圖經詩云云恐不知名訪倍難願借圖經將入界每逢佳處便開看　**乘舡泛鷁下韶端** 唐胡曾自嶺下泛舟清遠峽詩云云絕景方知在嶺南薜荔兩餘山似染蒹葭煙盡水如藍日遊蕭帝新松寺夜宿嫦娥桂影潭不爲盧中書未獻便來此地結茅庵　**怪石巉巉上沉寥** 王介甫送崔左藏之廣東詩云云昔人於此奏簫韶水清但有嘉魚出風暖何曾毒草搖今日淹留君按節當時嬉戲我垂髫因尋舊政詢遺老爲作新詩變俚謠

〔四六〕
眷昔始興　雖曰炎州　惟炎海之遐陬
舊爲南粵　實爲樂土　有曲江之名郡
山明水秀九成之韶樂可賓　濂溪持節備殫問俗之勞
人傑地靈千秋之鑑錄未泯　坡老作銘妙得聞韶之意
張曲江千秋之錄爲作忠規　江濱軌別振九成韶石之音
余襄公四諫之名凛有生氣　嶺外重來賦萬里梅花之句

新編方輿勝覽卷之三十六

建安祝穆和父編

潮州 海陽 潮陽 揭陽

【建置沿革】禹貢揚州之域牽牛之分野古閩越地秦屬南海郡秦末屬南越漢武屬南海郡今州即漢南海之揭陽縣地晉成帝分立東官郡安帝又分東官之義安郡及海陽縣梁置東揚州又改瀛州陳廢爲義安郡隋廢郡置潮州煬帝復爲義安郡唐復爲潮州改潮陽郡復爲潮州 皇朝因之今領縣三治海陽

【事要】【郡名】潮陽 古瀛 鳳城以鳳皇山得名 金城以是州舊屬於金氏 鱷渚以鱷魚名

【風俗】士篤於文行見韓廟碑 州人知書自文公始圖經 聯名桂籍自太平興國始同上 稻得再熟寰宇記云云蠶亦五收 夷獠遂生皇甫持正韓文公神道碑洞丨海丨陶然丨丨鱷魚稻蟹不暴天物

【形勝】大海在其南韓愈祭鱷魚文 閩南兩越之界韓愈胡公墓碑 在廣府極東韓愈潮州謝表臣所領州云云界上去廣府雖云才二千里然來往動皆經月過海口下惡水濤瀧壯猛難計程期颶風鱷魚患禍不測州南近界漲海連天毒霧瘴氛日夕發作臣少多病年才五十髮白齒落理不久長居瘴癘之地蓋與魑魅爲鄰苟非陛下哀而憐之誰肯爲臣言者

【山川】韓山與州山相對 湖山與韓山對其麓寺觀錯立 東山在州東文公舊遊山之地今多亭榭 蛇山皇甫持正送簡師序適潮不頑丨丨鱷渚萬里之險 鳳凰山在海陽縣昔有爰居來集因名之山海經南方有贛巨人人面長脣黑身有毛反踵見人笑亦笑笑則脣蔽其面寰宇記有神名山都即此 金城山九域志山上有韓木韓愈所植不知其名士人觀其華之疏密以知登第之多寡 獅子巖在郡東山坡上 雙旌石州東山之二峯 東湖在韓山之後四面回環荷花彌望 西湖縈繞於州之太平橋下徑湖以橋 鱷溪舊名惡溪產鱷魚其身黃四足脩尾其形如鼉而舉止趫疾口森鋸齒往往害人鹿走崖岸之上羣鱷噑叫其下鹿必怖懼落崖亦物之相攝服也○按韓愈傳潮之惡溪有鱷魚食民畜產且盡愈令其屬秦濟以一羊一豕投溪水而祝之其略曰鱷魚有知其聽刺史言潮之州大海在其南今與鱷魚約盡三日其率醜類南徙于海以避天子之命吏三日不能至五日五日不能至七日七日不能是終不肯徙也刺史則選材技吏民操強弓毒矢以與鱷魚從事必盡殺乃止其無悔是夕暴風震電起溪中數日水盡涸徙六十里自是潮無鱷魚之患○周洪道云韓退之逐鱷事李翱行狀及皇甫湜神道碑皆不載豈以鱷近怪故刪去乎

【樓閣】揭陽樓韓愈建今之韓亭 東齋在揭陽縣治丞相梁克家嘗館於是梅花忽即其地大梁賦詩曰九鼎燮調終有待百花羞澀敢言芳後魁天下不十年登宰輔 水簾亭在州東 梅花院在倅廳取陳文惠丨丨庭丨竹青青之句

【祠廟】韓文公廟蘇子瞻作廟碑匹夫而爲百世師一言而爲天下法是皆

有以參天地之化關盛衰之運其生也有自來其逝也有所爲故申呂自嶽降傅說爲列星古今所傳不可誣也孟子曰我善養吾浩然之氣是氣也寓於尋常之中而塞乎天地之間卒然遇之則王公失其貴晉楚失其富良平失其智賁育失其勇儀秦失其辯是孰使之然哉其必有不依形而立不恃力而行不待生而存不隨死而亡者矣故在天爲星辰在地爲河嶽幽則爲鬼神而明則復爲人此理之常無足怪者自東漢以來道喪文弊異端並起歷唐正觀開元之盛輔以房杜姚宋而不能救獨韓文公起布衣談笑而麾之天下靡然從公復歸於正蓋三百年於此矣文起八代之衰道濟天下之溺忠犯人主之怒而勇奪三軍之帥豈非參天地關盛衰浩然而獨存者乎蓋嘗論天下之辨以謂人無所不至惟天不容僞智可以欺王公不可以欺豚魚力可以得天下不可以得匹夫匹婦之心故公之精誠能開衡山之雲而不能回憲宗之惑能馴鱷魚之暴而不能弭皇甫鎛李逢吉之謗能信於南海之民廟食百世而不能使其身一日安於朝廷之上蓋公之所能者天也所不能者人也始潮之人未知學公命趙德爲之師自是潮人皆篤於文行延及齊民至于今號稱易治信乎孔子之言君子學道則愛人小人學道則易使也潮人之事公也飲食必祭水旱疾疫凡有求必禱焉而廟在刺史公堂之後民以出入爲艱前守欲請諸朝作新廟不果元祐五年朝散郎王君滌來守是邦凡所以養士治民者一以君爲師民既悅服則出令曰願新公廟者聽民讙趨之卜地於州城之南七里朞年而廟成或曰公去國萬里而謫于潮不能一歲而歸沒而有知其不眷戀於潮也審矣軾曰不然公之神在天下者如水之在地中無所往而不在也而潮人獨信之深思之至焄蒿悽愴若或見之譬如鑿井得泉而曰水專在是豈理也哉元祐十年詔封公昌黎伯故榜曰昌黎伯韓公之廟潮人請書其事于石因爲作詩以遺之使歌以祀之其詞曰公昔騎龍白雲鄉手決雲漢分天章天孫爲織雲錦裳飄然乘風來帝旁下與濁世掃粃糠西遊咸池略扶桑草木衣被昭回光追逐李杜參翱翔汗流籍湜走且僵滅沒倒景不可望作書詆佛譏君王要觀南海窺衡湘歷舜九疑弔英皇祝融先驅海若藏約束蛟鱷如驅羊鈞天無人帝悲傷謳吟下招遣巫陽犦牲雞卜羞我觴於粲荔丹與蕉黃公不少留我涕滂翩然被髮下大荒

古跡

韓木 揚廷秀詩云笑爲先生一問天身前身後兩般看亭前樹子關何事也得天公賜姓韓

名宦

常袞 爲刺史所歷有丞相績　**韓愈** 以論佛骨貶潮州刺史謝表云治平天子神聖威武慈仁子養億兆人庶無有親疏遠邇雖在萬里之外嶺海之陬待之一如畿甸○韓湘公之姪孫落魄不羈嘗賦詩云解造逡巡酒能開頃刻花公曰子安能奪造化開花乎湘曰直易事耳取土聚之以盆覆其上頃臾曰花已發矣及啓視之花葉上有小金字乃詩一聯云雲橫秦嶺家何在雪擁藍關馬不前公亦莫曉其意湘曰事久乃驗後公以言佛骨事貶潮州途中俄有一人冒雪而來乃湘也謂公曰頗憶前日花上之句乎此地即藍關也公嗟異乃足成一聯曰一封朝奏九重天夕貶潮陽路八千欲爲聖明除弊事豈於衰朽計殘年云云知汝遠來因有意好收吾骨瘴江邊湘曰公非久即當回矣遂別而去　**李德裕** 爲司戶　**皇朝陳堯佐** 類苑陳希元以言事切直謫潮州通判時潮人張氏子濯於江邊爲鱷魚食之公曰昔韓吏部以文投惡溪鱷爲遠徙今鱷魚食人則不可赦矣乃命吏督漁者網而得之因鳴鼓告其罪戮之于市

人物

趙德 韓文公請

置鄉校牒云——秀才排異端而宗孔氏 **皇朝許申** 爲本路漕詳見惠州 **吳復古** 字子野有道之士見知於待制李師中曰白雲在天引領何及蘇子瞻名其室曰遠遊且爲銘

〔名宦〕 **趙鼎** 紹興間坐與秦檜不協安置潮州中丞詹大方乞竄鼎遠方乃移吉陽軍時鼎子汾力請侍行鼎不忍使之俱死瘴鄉乃手書付之曰紹聖初呂微仲丞相謫嶺南惟一子曰景山愛之不令同行而景山堅欲隨去將過嶺呂頤其子謂曰吾萬死何恤汝何罪欲俱死瘴鄉耶我不若先死尤有後也呂遂絕飲而死吾不令汝侍行亦微仲意也微仲大防字也

〔題詠〕 **鰐魚大於舡** 韓愈詩云惡溪瘴毒聚雷霆常洶洶云云牙眼怖殺儂

颶風有時作 同上詩州南數十里有海無天地云云撇𢴾真差事

鱟實如惠文 韓南食貽元十八詩云云骨眼相負行蠔相黏爲山百十各自生蒲魚尾如蛇口眼不相營蛤即是蝦蟆同實浪異名章舉馬甲柱鬬以怪自呈其餘數十種莫不可歎驚我來禦魑魅自宜味南烹調以鹹與酸芼以椒與橙腥臊始發越咀吞面汗騂惟蛇舊所識實憚口眼獰開籠聽其去鬱屈尚不平賣爾非我罪不屠豈非情不祈靈珠報幸無嫌怨并聊書以記之又以告同行

海氣昏昏水拍天 韓詩潮陽未到人先說云云

魚鹽城郭民熙熙 陳希元送潮州李孜主簿詩云潮陽山水東南奇云云

海邊鄒魯是潮陽 陳希元送王生及第歸潮陽詩休嗟城邑住天荒已得仙枝躍故鄉從此方輿載人物云云

方三六　五

〔四六〕 演綸藝禁 城號鳳棲 眷今古瀛 惟時嶺表 剖竹鳳城 溪傳鰐去 實望南粵 莫盛潮陽

惟潮陽之偏壘 封疆雖隸於炎方 雖境土有閩廣之異 實廣右之奧區 文物不殊於上國 而風俗無潮漳之分

十里秀民已習韓昌黎之教 土俗熙熙無福建廣南之異 累朝故老能言陳文惠之賢 人文郁郁自昌黎趙德而來

魚佩虎符忝自疑於燕寢 文章政事曾逢嶺表之韓陳 鳳城龍首愧何有於鰐魚 氣習風聲今號海濱之鄒魯

梅州　程鄉

〔建置沿革〕 禹貢揚州之域牽牛之分野古閩越地秦漢並屬南海郡晉屬東官郡晉末及宋並屬義安郡梁屬東揚州又改屬瀛州隋置潮州而程鄉以縣屬焉煬帝屬義安郡唐復屬潮州僞漢劉氏割潮之程鄉縣置敬州 皇朝以敬州犯翼祖諱改名梅州賜名義安郡 中興以來廢而復置今領縣一治程鄉

方州六　六

〔事要〕 〔郡名〕 **義安** 〔風俗〕 **土曠民惰** 圖經云云而業農者鮮惡籍汀贛僑寓者耕焉 **其俗信巫尚鬼** 同上云云捨醫而即神 〔形勝〕 **在廣之極東** 同上 **介汀贛之兩間** 同上云云 〔土產〕 **菱米** 同上不知種之所自出植於旱山不假耒耜不事灌溉逮秋自熟粒米粗糲 〔山川〕 **西陽山** 在程鄉縣東南四十五里 **明山** 在州東三十里相傳昔有叟黃姓者採茶於山值兩人坐石而弈遺叟以拳石歸視之白金也叟後來亦絕粒不知所終 **東巖** 在州東五里 **西巖** 在州西七里中

登山若元祐間元城嘗登覽賦詩

南田石洞 在州西北六十里郡之名士古姓者詩云仙客有靈千古在洞門无金四時開

石窟洞 距城八十里中有石敲天竇又有小溪

程江 在州西北七十里盖因程旼姓氏而名

百花洲 ｜｜在城南介兩水之間古讖云｜｜星斉州前此地出狀元

（井泉）**曾井** 曾姓者所金泉甘而清人苦瘴疠一歃爽即止

（亭榭）**東亭** 在東城上衙逺山吞長江爲一郡登覽之勝

望雲樓 在城上

（名宦）**方漸** 知梅州嘗謂梅人无殖産教以讀書

（人物）**程旼** 圖經云不知何代人或云隋人家于｜江口性嗜書恬榮進結廬江濵環堵蕭然人服其行義有未平不詣官府而質於｜

（名賢）**皇朝劉安世** 紹聖初章子厚入相公謫知南安軍又貶英州徙梅州先生謫南七年未嘗一日病問其故則曰絕慾斷酒以是无恙後北歸十年壽幾八十張致遠詩曾井有泉消毒瘴程江无屋祀高賢

（題詠）**市小山城寂** 揚廷秀詩云云舡稀野渡横金愷梅藥日玉吟草根霜

只爲梅花也合來 揚廷秀云自彭田鋪至揚田道傍｜｜十餘里有詩云一行誰栽十里梅下臨溪水恰齊開此行便是无官事云云

循州過了到梅州 揚廷秀題瘦牛嶺行尽天涯意未休云云平生不慣乘肥馬老夫須教過瘦牛

深入循梅瘴癘鄉 前人云云煙雲浮動日蒼涼連年踏遍嶺南士賴有仙翁肘後方

方州六　七

（四六）疏榮魏闕｜眷是義安　析隋唐之一縣雖號偏州

比守揑江　介于東廣　介汀贛之兩間頗存獠俗

昔曰隋縣剖符竹以更新　中和宣布洗蠻煙瘴雨之餘

今似誠斎爲野梅而一到　稚老歡呼在春風和氣之内

惠州

歸善　博羅　海豐　河源

（建置沿革）古南粤之地星紀之次秦屬南海郡漢因之今州即漢博羅縣之地也梁置梁化郡隋置循州煬帝改龍川郡唐復置循州今惠州本循州之舊理也僞漢劉鋹移舊循州立禎州　国朝避仁廟諱改曰惠州今領縣四治歸善

（事要）

（郡名）**惠陽**　**羅浮**　**龍川**　**浮陵** 皮日休有｜｜集

鵝城 舊經相傳有古仙披木鵝流而至于此因建城故至今称爲｜｜鵝嶺

（風俗）**吾州以東坡重** 圖經潮州以昌黎重云云

文物不下他州 郡斈記古成之第進士張宋卿秘郎魁南宮皆惠人爲南越倡故此邦云云

盤游飯谷董羹 士人好造盤游飯取鮓鮒膾炙皆埋之飯中又好作谷董羹取凡飲食雜烹之除道士詩投醪谷董羹鍋口掘窖盤游飯椀中蘇子瞻見之大喜

啗蜜唧 蘇子瞻詩云朝盤見蜜唧夜枕聞鵂鶹蓋士人取鼠未生毛開眼者飼以蜜以箸挾而啗之謂之蜜唧以其唧唧作声也鵂鶹者惡鳥土人惡之

紅螺白餅 紅螺蜆屬也冬間甚盛土人多以配白酒故名

（形勝）**軒轅所居** 皮日休頌羅浮云乃昔軒

方州六　八

宋本方輿勝覽

韓皇帝所居 南海之濱郡志

山川

羅山 在博丨西北三十里漢志浮丨自會稽浮來博於丨丨故又名博丨丨丨。羅浮記云蓬萊之一島堯時洪水所漂浮海而來與丨丨合而為一今山上猶有東方草木及翡翠五距越王山雞。元和志山之峯四百三十有二南越志高三千六百丈周迴三百二十七里十五嶺三十二峯九百八十瀑泉。茅君內傳曰丨浮丨有洞周迴五里名曰朱明曜真天又曰勾曲洞天東通王屋北通岱西通峨眉南通丨浮是也丨有洞房石室七十里所有巨竹皆十圍謂之龍葼竹有瀑布垂流三十仞有奇石勢如削成謂之石樓山有上湖岸周迴數里常應海潮又云山有鐵橋石柱人罕到者又有啞虎巡山。晉葛洪為岣嶁令遂將子姪至廣州刺史鄧嶽留之不聽去乃止丨浮丨。劉禹錫丨浮丨見日詩陰陽迭用事乃俾夜作晨咿喔天雞鳴扶桑色昕昕赤

方卅四 九

波千萬里湧出黃金輪。蘇子瞻同過子遊丨浮丨詩人間有此白玉京羅浮見日初一鳴。西樓未必齊日觀郁儀自欲朝朱明東坡之師抱朴老真契久已交前生玉堂金馬久流落寸田尺宅今誰耕道華亦嘗啖一棗契虛正欲仇三彭鐵橋石柱連空橫杖藜欲趁飛猱輕雲溪夜逢溪虎伏斗壇晝出銅龍獰小兒少年有奇志中宵起坐存黃庭近者戲作凌雲賦筆勢髣髴離騷經負書從我盍歸去群仙正草新宮銘汝應奴隸蔡少霞我亦季孟山玄卿還須略報老同叔贏糧萬里尋初平

白水山 在羅浮東麓有奇及縣水崖有巨人跡名佛迹巖。蘇子瞻詩何人守蓬萊夜半失左股浮山如鵬蹲怒展垂天翅根株互連絡崖嶠爭吞吐神功自鎔鑄融液相綴補至今餘隙縫流出千斛乳方其欲化時天匠麾月斧帝觴分餘瀝山骨醉后土盡藏尚開闔潤谷猶呼噏海風吹未凝古佛來布武當時汪罔氏投足不蓋腑青蓮雖不見千古落花雨雙溪匯九折萬馬騰一鼓奔雷濺玉雪潭洞開水府潛鱗有飢蛟掉尾取渴虎我來方醉從濯足聊戲侮回風卷飛雹掠面過強弩山靈莫惡劇微命安足賭此山吾欲老慎勿歌求取溪流變春酒與我相賓主當連青竹筒下灌黃精圃

白鶴峯 在江之東舊稱真陽為鶴嶺者以此山下有合江樓蘇子瞻所居

石埭山 在郡西七里其崖石壁立有水簾洞

瑇瑁山 在羅浮山之東山下池中有丨丨

龍穴山 在河源縣相傳有五色龍乘雲出入

南海 在海豐縣多鮫鯢其大吞舟又有鰐魚朝出食暮則宿其母腹

西江 發源九龍山二百里至郡城

釣潭 在歸善縣北抵西江有盤石小潭可以垂釣蘇子瞻嘗遊因作江郊詩曰江郊葱曨雲水蒨絢碕岸斗入回潭輪轉先生悅之布席閑燕初日下照潛鱗

方卅四 十

俯見意釣忘魚樂此竿綫優哉游哉玩物之變

豐湖 在郡西廣袤十里亦名西湖楊廷秀過惠遊丨丨詩三處西湖一色秋錢塘顏水更羅浮東坡元是西湖長不到羅浮便得休

龍塘 在郡南有龍居之

井泉

湯泉 在白水山。蘇子瞻詩積水焚火飄畜油灾武庫藝燃冰相并疑浣將軍布自憐耳目隘未測陰陽故彼火山烈燔沸丨丨注豈惟渴獸駭坐使癡兒怖安能長魚鱉僅可燒狐兔山中惟木客户外時芒屨誰無傾城浴幸免亡國汚

卓錫泉 唐子西記云人之精神亦何所不至哉揮戈可以退日搏膺可以隕霜悲泣可以頹城浩歎可以決石而況於得道者乎諸妄既除表裏皆空一真之外無復餘物則其精神之外又何如哉吾遊羅浮至寶積之寺飲泉而甘寺僧曰此丨丨丨也昔梁景泰禪師始居此山其徒以無水難之師笑而不答已而庵成師卓錫于地

泉湧數尺自是得井山中迨今賴之知水者以爲甲於嶠南而自漢以來未有絶其業者夫師之爲人誠不可得而知然吾聞世間萬有皆心想所生而古之學道未有不用定慧得者定則深定慧則流通以深定流通之精神而致吾心想中物如父之使子君之使臣有必得之勢其於此也特未足多也或曰前世之士如李廣利耿恭之徒皆功名進取之人以成敗得喪爲心其精神之富不踰常人而喑嗚叱咤飛泉爲之湧溢與師無異此何理也曰二人者皆一時貴臣左氏所謂用物精多至於神明方其由於絶域之中感激奮發於萬死一生之時其用意至到與精進二體惟其出於一切之誠而無定慧之素以故得之艱勤非若師之嚬指目使既捷而且逸也嗟乎事之不立也我知之矣志意耗於思慮聰明流於視聽則精神所感不行於父子兄弟之間而尚何有於物苟能全吾之精神則雖山石之堅水泉之柔雖容談笑之間

堅者可使闢其柔者可使激而躍也獨不得於人乎吾是以知天下之善無不可立者

【樓閣】

合江樓 在郡東昔蘇子瞻嘗居焉。詩云海山葱曨氣佳哉二江合處朱樓開蓬萊方丈應不遠肯爲蘇子浮江來

平湖閣 在豐湖泗洲寺前枕湖倚山最爲勝遊之地取豐湖平以名

【亭臺】

松風亭 在嘉祐寺。蘇子瞻有松風亭下梅花詩云春風嶺上淮南村昔年梅花曾斷魂豈知流落復相見蠻風蜑雨愁黃昏長條半落荔支浦卧樹獨秀桄榔園豈惟幽光留夜色直恐冷豔排冬温松風亭下荆棘裏兩株玉蘂明朝暾海南仙雲嬌墮砌月下縞衣來扣門酒醒夢覺起繞樹妙意有在終無言先生獨飲勿嘆息幸有落月窺清尊

野吏亭 在州宅太守陳垚元建

平遠臺 在興寧縣倅廳前爲一郡游覽之勝

【橋梁】

東新橋 在郡東。蘇子瞻詩羣鯨貫鐵索背負橫空霓首搖翻雪江尾插崩雲溪機牙任信縮漲落隨高低轆轤卷巨索青蛟挂長堤奔舟免狂觸脫筏防撞擠一橋何足云歡傳廣東西父老有不識喜笑爭攀躋的熊羆亦驚逃雷霆生馬蹄嗟此病涉久公私困留稽姦民食此險出没如鳧鷖似賣失舡壺如去脊樓梯不知百年來幾人如沙泥豈知濤瀾上安若堂與閨往來無晨夜醉病休扶攜使君傾我言妙割無牛雞不云二子勞歎我捐腰犀我亦壽使君一言聽扶藜常當倣未壞勿使後噬臍

西新橋 在郡豐湖上。蘇子瞻詩昔橋本千柱挂湖如斷霓浮梁陷積淖破敗隨奔溪笑看遠岸没坐覺孤城低聊因三農隙稍進百步堤炎洲無巨植潦水輕推擠千年誰在者鐵柱羅浮西獨有石鹽木白蟻不敢躋似開銅駝峯如鑿鐵馬蹄岌類蠏石山川非會稽嗟我久閣筆不書紙尾聲譪然無尺

蓮欲鶩飛空掃百夫下一杙撇此百尺泥探囊賴故侯寶鏹出金閨父老喜雲集簞壺無空攜三日飲不散殺盡西村雞似聞百歲前海近湖有犀那知陵谷變桂濱生茭藜後來勿忘今冬涉水過臍

【寺觀】

棲禪寺 在湖山。蘇子瞻葬朝雲于此松寮三筆云東坡既至惠州殘臘獨出至棲｜｜不逢一僧其詩云江蓮有微行詠曲背城市平湖春草合步至棲禪寺堂空不見人老稚掩門睡所營在一食食已寧復事客行豈無得施子淨掃地松風獨不靜送我作鼓吹

白鶴觀 觀廢蘇子瞻請其地築室以居堂曰德有鄰齋曰思無邪。蘇子瞻詩云前年家水東回首夕陽麗去年家水西濕面春雨細東西兩無擇緣盡我輒逝今年復東徙舊館聊一憇已買｜｜峯規作終老計長江在北戶雪浪舞吾砌青山滿墻頭鬖髿幾雲髻雖慙抱朴子金鼎陋蟬蛻猶嫌柳柳州廟俎薦丹荔吾生本無

待俯仰了此世念念自成刼塵塵
各有際下觀生物息相吹等蚊蚋
蘇子瞻云近於壇上
獲銅龍六銅魚一
之

沖虛觀 有朱明洞朱眞人朝斗壇

〔題詠〕

蘇公堤 在豐湖上蘇子瞻出上所賜金錢築

將軍樹 ——陳文惠祠下有公手植荔支郡人謂之——蘇子瞻詩丞相祠堂下——大——旁炎
雲駢火實瑞露酌天漿爛紫垂先熟高
紅掛遠揚分甘遍鈴下也到黑衣郎

〔名賢〕

皇朝陳堯佐 潮州志載公以潮倅權惠守舟溯十許中偕行艤舟于岸新月初出纔甲夜有馬騎數人指呼其最云丞
相與漕使會宿於此其或踈虞眞不赦公與申相對驚喜
莫測其由明日行訪其地有姚娘廟爲公居相位遣人祭告
申亦任本路轉運使一如其言

陳偁 爲守嘗奏罷豐湖魚租時子瓘隨侍即了翁也

〔名賢〕

趙師雄 龍城錄載隋開皇中——遷浮羅一日天寒日暮於松林間酒肆旁舍見美人淡粧素服出近時已昏
黑殘雪未銷月色微明師雄與語言極清麗芳香襲人因與
之扣酒家門共飲少頃一綠衣童來笑歌戲舞——醉寢但
覺風寒相襲久之東方已白起視大梅花樹上有翠羽啾嘈
相顧月落參橫但惆悵而已蔡襄隨筆參星見於昏者至曉
則已殁故蘇子瞻梅詩云耿耿獨與參橫昏也

皇朝蘇軾 紹聖元年謫居○蘇子瞻在惠州有詩云
爲報先生春睡美道人輕打五更鍾傳至京師章子厚笑曰
蘇子尚爾快活耶故有昌化之命○黃魯直詩東坡謫嶺南
時宰欲殺之飽喫惠州飯細和淵明詩淵明千
載人東坡百世士出處雖不同氣味仍相似

陳鵬飛 字少南永嘉人以言事謫死惠州初居郡之舍人巷面湖榜
曰謫官湖○唐子西詩湖邊冷豔淺秋浦湖上寒光轉夜烏
太白持盃問月夜子爲題作謫官湖

唐庚 謫居沙子步有故宅

〔題詠〕

蜑家滿城邑 唐殺堯涉寄嶺南張明甫詩云瘴雨出虹蝀蠻煙渡江急魯賓聞彝夷俗云云

散葉桄榔林 蘇子瞻惠州上元夜詩前年侍玉輦端門萬枝燈璧月掛罘罳珠星綴觚棱去年中山府老病亦宵興紅旗穿
夜市鐵馬響春冰今年江海上雲房寄山僧亦復舉膏火松
間見層留云云林疎月暗會使君致酒罷鰲鼓轉松陵狂生
來索酒一舉輒數升浩歌出門去我亦歸瞢騰

鄰翁饋龜蛇 蘇子瞻詩何以侑一盃云云

蠻果粲蕉荔 蘇子瞻遊栖禪詩淒涼羅浮館風壁頹雨動棲賢暗置酒云云

蠻菊秋未花 蘇子瞻詩登山作重九云云

梅雨翛翛荔子然 蘇子瞻見顏秀才談惠州風物之美詩云到處聚觀香案吏此邦
宜着玉堂仙　江雲漠漠桂花濕云云閒道黃柑常抵鵲不容
朱橘更論錢恰從神武來
弘景便向羅浮見稚川

置酒椰葉桄榔間 蘇子瞻詩
云云艤舟蓋戶龍岡窟

嶺南萬戶皆春色 蘇子瞻詩云云會有幽人客寓公

蝦菜賤時皆丙穴 唐子西詩云云羊柴美處即郫筒

〔四六〕

剔菝偏豐　鵝城斗大　視翠羽於梅梢難爭故迹
遊在炎陬　鰐穴淵深　酌天漿於荔子聊和新詩
飽惠州之飯和淵明之詩　瀹泉誦卓錫之記貫以精神
使渤海之民悉宣帝之化　渡江讀新橋之詩施於惠政

新編方輿勝覽卷之三十七

建安祝穆和父編

循州

龍川　興寧　長樂

建置沿革 古楊州之境，其分野與粵地，其女星紀，其星牽牛。春秋爲百越地，戰國屬楚，秦置南海郡，龍川以縣屬焉，而趙佗爲龍川令。漢、吳因之。晉割龍川縣地置興寧縣，隸東官郡，故又爲南海東官之地。隋於歸善縣置循州，煬帝改循州爲龍川郡。唐復爲循州，總管府改海豐郡，復爲循州。國朝平嶺南，地歸版圖，宣和賜名博羅郡。今領縣三，治龍川。

事要

郡名 循陽　龍川　海豐

風俗 爲最饒富 林諮大廳記：循户四萬，歲出租米僅十萬石，於番禺都會中云云，今租米僅二萬耳。資奉易足 余安道晉安寺記云：地有魚鹽之饒，士多汀海之衆，故云云。藉蘇陳爲光榮 循陽志：蘇子由、陳次升遷徙茲土，蘇著龍川志，陳有論諫，循之談者云云。無大寒盛暑 蘇子瞻黙化堂序略：大嶺南云云，秋冬之交勾萌必發，春夏之際柯葉潜改。

形勝 重山峻嶺 循陽志：東南抵惠，東北接梅、潮，西連汀、贛，云云數百。尉佗故基 郡志：紹興十五年韓京遷於城東，即——城之——。漢之名部 余安道普安寺記：龍川郡者云云，越之沃野。常屯甲兵 林諮廳記：梁、唐、晉、漢、周之間，常爲總管府，甲兵屯焉。

土產 碧雞　鸚鵡 寰宇記：邪則五距。——越鳥——。楩楠杞梓 林諮大廳記：循之山林云云，罔不畢具。水精 出長樂縣山間。

山川 敖山 在城西北五里。霍山 在龍川東北八十里，山有佛迹石逕、石樓，多海中草木。○曹松詩：七千七百七十丈，丈丈藤蘿入九天。西土文殊曾印迹，大中皇帝親參禪。月將河漢巡巖轉，僧與龍蛇共穴眠。直是虛工須瞬筆，更無名畫入流傳。博羅山 郡國志：有山浮海而來，着——，故名。丞相嶺 在興寧，即循、廣二州分水嶺。北唐常袞除潮州，經此嶺，人呼爲——。詳見惠州。浰溪 一名龍川。裴氏廣州記：龍川本博羅之東鄉，有龍穿地而出，即穴泉流，因以爲名。循江 在河源縣界。蚌湖 在興寧東北四十里，有老蚌，大數尺，夜吐光。敖湖 在州北，周回數里，龍潭之水注。龍潭 在敖山上，有三潭，龍藏焉，祈雨必應。

堂閣 黙化堂 在郡治。蘇子瞻在惠州時，爲循守周彦質命名，大書其榜。水心閣 在城廣福寺前，敖塘環繞，前峯疊秀，爲一郡登臨勝概。

名宦 趙佗 西漢南粤王傳：佗爲龍川令。李翱 知循州，詳見文集。李義山 有謝循州刺史表。

人物 韋思明 唐詩紀事載：李衆征客循州，宿——家，年八十餘，與衆征談論，至李涉詩，酷稱。羅孟郊 五代時自南昌選守興寧，官至翰林學士，有郊居數間，號翰林古亭，有泉曰羅公滌硯池。

名賢 皇朝陳次升 仙遊人，爲御史，論章子厚、蔡京、卞，又乞留陳瓘，洗鄒浩，謫循州。蘇轍 謫循州，撰龍川志。巢谷 眉山人，蘇子瞻責黃州，與谷同鄉因與之遊及軾與弟轍在朝谷未嘗一見軾轍謫嶺海平生親舊無相聞者谷慨然自眉山徒步訪兩蘇谷見轍握手相泣時已七十三矣將復見軾於海南自循至新遂病死

【題詠】**地說炎蒸極** 盧綸得循水趙司馬書因寄回使詩瘴海寄雙魚中宵達我居兩行燈下淚一紙嶺南書云云人稱老病餘殷勤報賈傅莫致酒杯疎 **昔我游龍川** 蘇子由贈彖有象詩云云不見平生人傾囊買破屋風雨疵病身頹然一道士野鶴隋雞羣飛鳴閭巷中稍覺老子親 **時叨送米續晨炊** 蘇子瞻杏周循州詩疏飯藜牀破衲衣掃除習氣不吟詩前身自是盧行者後學過呼韓退之未敢叩門求夜話云云拓君清俸難多輟且覓黃精與療飢 **籃輿熱道龍川** 李伯紀詩海嶠經行歲兩年云云只愁青草黃茅瘴敢意江風佳月天

【四六】疏榮蕃禁　作鎮龍川　郡濱嶺海　地接潮梅　惟尉佗之故基　乃隋代之名部　濱江控海俗頗擅於魚鹽　粵從五季之間嘗爲會府　跨漢歷隋權遂專於保鄣　及至先朝之盛亦號名藩　學漳壁記尚尋李商隱之舊題　點檢圖經盡訪蘇潁濱之陳迹

連州

桂陽　陽山　連山

【建置沿革】禹貢荊州之域翼軫之分野春秋時楚地秦爲長沙郡之南境西漢有桂陽郡而桂陽陽山以縣屬焉吳分桂陽置始興郡宋改始興爲廣興郡齊復爲始興郡梁武帝分置陽山郡隋廢郡置連州因黃連嶺以爲名煬帝改熙平郡唐復置連州改連山郡復爲連州　國朝因之今領縣三治桂陽

【事要】【郡名】**陽山** 九域志曰出先照故名 **連山** 劉禹錫云州以山得名 **湟川** 以水得名

【風俗】**風俗醇厚** 朱椋石路記溪山鍾秀云云視南方爲佳郡 **炎裔之涼墟** 劉禹錫記環峯密林激清儲陰海風驅溫交戰不勝觸石轉柯化爲涼颸城壓赭岡踞高負陽上伯噓濕抵堅而散襲山逗谷化爲鮮雲故罕喔咄之患亟有華皓之齒信荒服之善部而云云也 **地大民衆** 劉勃敍府樓記云云過於他郡 **商賈阜通** 劉若冲連山縣記人物富庶云云嘗有小梁州之號 **鳥言夷面** 韓愈送區冊序陽山天下之窮處也陸有丘陵之險虎豹之虞水有江流悍急橫波之石廉利侔劍戟舟上下失勢破碎淪溺者往往有之縣郭無居民官無丞尉夾江荒茅篁竹之間小吏十餘家皆鳥言夷面始至言語不相通畫地爲字然後可告以出租賦奉期約是以賓客游從之士無所爲而至 **陽山天下之窮處** **荒茅篁竹之間** 並見上 **湟川八景** 一雙溪春漲二龍潭飛雨三楞伽曉月四靜福寒林五中峯遠眺六秀巖滴翠七星峯曉靄八巖湖秋巘南軒有賦

【形勝】**北接九疑** 歐陽經雲關記云云南連衡嶽其清粹秀爽之氣鍾爲勝槩賢傑繼出 **介楚越間** 貫從閔武亭記連云云號爲會衝 **地控荊湖** 詹鴻西園記熙平古郡云云 **犬牙番禺** 劉禹錫廳壁記由壞劉與番禺相犬牙觀民風

與長沙同祖習無土山濁水武陽襄學記地接湖湘云云秀徹之氣凜然浮空山
水爲嶺南冠歐陽實蔣氏三徑記云云奇峯怪石游烈興造記荊粵之
偏是惟連川土壤寒殖溪山岑峻云云森若圖繪【土産】石鍾乳劉禹錫記山秀而宣靈液
滲漉故丨丨爲天下甲歲貢三百銖紵蕉劉禹錫記原鮮而膴卉物柔澤故丨丨爲王服貴歲貢十笥
林富桂檜同上云云土宜陶旊故侯居以壯閭石作琅玕水孕金碧故境物以獎聞【山川】
桂山在桂陽縣方山在桂陽對九疑山靜福山在桂陽縣北五十里梁廖冲詩
爲本郡主簿役於此山飛昇陽巖山在陽山縣西十二里黃連嶺在桂陽縣西南

百五十里巾子嶺州之案山天際嶺陶弼南來未見此高峯下際滄溟上際空辛苦
限蠻成底事坐看嵩華作三公同冠峽韓文公丨丨詩今日是何朝天晴物色饒落英千尺墮遊絲
百尺飄泄乳交叢脉懸流揭浪標無心思嶺北猿鳥莫相撩貞女峽在桂陽縣南十五里郡國志有
石臨水狀若婦人云秦時女子採螺於風雨中忽化爲石○韓愈詩云江盤峽束春湍豪雷風戰鬪魚龍逃懸流轟轟射
水府一瀉百里翻雲濤漂船擺石萬瓦裂迅尺性命輕鴻毛陽山關史記云尉佗移檄丨丨丨曰盗
兵且至急絕道聚兵自守今縣北當騎田嶺路秦於此立關湟谿關在陽山縣劉勃鼓角樓記連雖
介於楚越之間僻在一隅秦於此置丨丨丨漢武誅建德兵出桂陽下湟水實此地也湟水在桂陽縣即漢

伏波將軍路博討南越之所桂水源出桂山之陽東入于湘五溪在桂陽西合爲一江龍
宮灘韓愈有詩海陽湖在桂陽東北二里唐大曆間元結到此創湖通小舟遊之劉禹錫賦
丨丨丨十詠【井泉】潮泉在桂陽縣南有山泉每二月巳後至初秋每日丑時水滿流至申時住八
月巳後至初春從申時滿流至丑時住【[illegible]】海陽亭呂溫荅崔連州丨丨丨詩云史中習
隱好蹤攀不擾披人便自閑閒詠殷勤海陽事今人轉憶舜祠山宴喜亭在州城○韓愈記大原王
弘中在連州與學佛之人景常元惠者游異日從二人者行於其居之後荒丘之間上高而望得異處焉斬茅而嘉樹列
發石而清泉激噴蔽壞焚榯鬭却立而視之出者突然成丘陷者呀然成谷窪者爲池而缺者爲洞若有鬼神異物陰來

相之自是弘中與二人者晨往而夕忘歸焉乃立屋以避風雨寒暑既成愈請名之其丘曰俟德之丘蔽於古而顯於今
有俟時之道也其石谷曰受謙之谷瀑曰振鷺之瀑谷言德瀑言容也其土谷曰黃金之谷瀑曰秩秩之瀑谷言容瀑言
德也洞曰寒居之洞志其入時也池曰君子之池虛以鍾其美盈以出其惡也泉之源曰天澤之泉出高而施下也合而
言之以屋曰丨丨之丨取詩所謂魯侯燕喜頌者也於是州民之聞者相與觀焉曰吾州之山水名天下然而無與燕喜
若比經營於其側者相接也而莫宜其地凡天作而地藏之以遺其人乎弘中自吏部貶秩而來次其道途所經自藍田
山入商洛涉淅湍臨漢水升峴首而望方城出荊門下岷江過洞庭上湘水行衡山之下繇郴踰嶺猿狖所家魚龍所宮
極幽遐瓌詭之觀宜其於山水飫聞而厭見也今其意乃不足傳曰智者樂水仁者樂山弘中之德與其所好可謂叶矣

智以謀之仁以居之吾知其去是而羽儀於天朝也不遠矣遂刻石以記。李賀後記余自幼伏覧外王父昌黎文公｜｜｜記則知連州山水之殊亭之辯因記爲天下所嘉連爲郡既遠且秀亦因亭而高時談山水可娛者較數連矣中州人既以連遐遠不可得與遊皆依記以圖爲館宇飾味山水者莫不目登心到焉如此則亭豈可荒記豈可仆乎三年冬余侍行承紐于連水陸南馳幽無所攄志無所用乃縱業于山水以資養志况又外祖所記亭在是耶昔聞今見必矣雖于郡則訪焉耆老曰無矣吁昔奚寵遇而讃詠之如彼今遭何人廢棄之如此豈亭之屯耶竊嘆數月得刺史武公至嘆之尤甚且曰不修則過及余矣遽揮徒而窮尋之冒翳穫淖抵巇壁蔓得餘趾焉級塼缺擲棟榱垣庵寸折片碎蕪汚其甚石記斷偃莓昧其字公整而修之鑱記本於余家易石而琢之不旬就矣於舊不移不損煥而爲新命余記其迹余辭小子豈敢措筆以並前記公曰不與記實此則又毀後人知子至而不顧子過矣余何別不修者乎余曰諾

詠亭　劉禹錫序元次山作海陽湖後人作亭榭標之曰｜｜曰吏隱｜切雲亭雲英潭玄覧亭裴溪飛練瀑雙溪月窟篆池蓉絲瀑即十詠也

【名宦】

劉禹錫　唐永正元年自屯田郎出爲連州刺史又以尚書郎得譴刺連山禹錫云重領連山郡印綬居五年不得調滯念歘起因作問大鈞賦。韓愈作柳宗元墓誌云中山劉夢得亦在譴中當詣播州子厚泣曰播州非人所居而夢得親在堂吾不忍夢得之窮無辭以白其大人且萬無子母俱往理請于朝將拜疏願以柳易播雖重得罪死不恨遇有以夢得事白上者夢得於是改刺連州嗚呼士窮乃見節義今夫平居里巷相慕悅酒食游戲相征逐詡詡強笑語以相取下握手出肺肝相示指天日涕泣誓生死不相背負真若可信一旦臨小利害僅如毛髮比反眼若不相識落陷穽不一引手救反擠之又下石焉者皆是也此宜禽獸所不忍爲而其人自視以爲得計聞子厚之風亦少媿矣

韓愈　自監察御史出爲陽山令有惠及下百姓多以公之姓命其子

王晙　唐肇武德迄光化己未九二百八十二年作太守者九十一人惟王晙位至將相

皇朝

李若谷　自開寶三年至熙寧戊申九九十九年假守者四十五人惟李若谷嘗參大政

【名宦】

張浚｜｜紹興十六年以排講和連州居住

【題詠】

窮冬或搖扇　韓愈詩遠地觸塗異吏民似猿猴山狩知怨狠辭舌上嘲啁白日屋簷下雙鳥鬪鵂鶹有蛇類兩頭有蟲羣飛游云云盛夏或重裘颶起最可畏訇哱歎林丘

毒霧怕熏晝　韓詩投荒誠職分領邑幸寬赦湖波翻日車嶺石坼天罅云云炎風每燒夏

何處好畬田　劉夢得詩云云團團縵山腹鑽龜得兩卦上山燒卧木下種暖灰中乗陽坼牙蘖蒼蒼一雨後苕穎如雲發

忽有飛詔從天來　韓和張十一詩陽山鳥路出臨武驛馬拒地驅頻價蹋蛇茹蠱不擇死云云

唯有青山畫不如　劉禹錫詩測中若問連州事云云

邊鴻不到水南流　唐劉禹錫詩云謫在三湘最遠州云云

連州萬里無親戚　盧肇詩云云舊識唯應有荔支

【四六】

宰山水縣　韓詩云云讀書松竹林蕭條捐末事邂逅得初心哀抗醒俗耳清泉潔塵襟詩成有共賦酒熟無孤斟青竹時默釣白雲日幽尋南方本多毒北客恒懼侵讁謫甘自守滯留愧難任投

章類編帶佇益逾兼金

【四六】有華銀嶺，蹤恩北關；地接中州，苦無瘴癘。遠界銅符，宅枚南郊；舶通蠻徼，素號剽繁。陽山篁竹之地，不圖見於似人；皂蓋來轓，聊訪湟川八景。曲江櫻筍之天，儻共談於今夕；清香畫戟，細和湖亭十詩。昌黎宰縣而賦詩，頻嗟毒霧；失討茲來，悔長安日邊之遠。夢得爲州而作記，乃謂涼墟；相逢一笑，說陽山天下之窮。

南雄州

保昌　始興

【建置沿革】禹貢揚州之域，越地，牽牛、婺女之分野。春秋爲百越地。戰國屬楚。秦屬南海郡。漢平南粵，而曲江以縣隸桂陽郡，統於荆州。三國屬吳，孫皓分桂陽爲始興郡，治曲江，而始興以縣屬焉。宋屬廣興郡。齊復屬始興。梁、陳因之。隋廢始興郡，屬廣州。唐初屬韶州，後分其地置須昌縣。五代劉氏割據，割韶之湞昌、始興二縣置雄州。國朝藩美征嶺南，克英、雄二州，自此復歸版圖。以河北有雄州，故加南字。宣和賜名保昌郡。今領縣二，治保昌。

【事要】

【郡名】凌江詳見名宦凌皓注　保昌

【風俗】俗雜夷夏 倅廳題名記：地當衝要云云。　無珍異之產 洪勳修學記：地雖褊小云云。以來四方之民。　有膏沃之田 同上：而土性溫厚云云，以爲家給之具。　擅八行之殊選 洪勳修學記：大觀元年，天子親製孝弟睦姻任恤忠和八行之選，每路以三人爲率，廣十五郡無應選者，惟南雄得譚煥、歐陽班詳孜二人，以其行聞奏，以八行一路殊選，而南雄擅之。　操翰墨取青紫者相屬 同上：本朝以來，――比比―――。

【形勝】兩路喉襟 倅廳題名記：南雄古郡，――之――，由東度嶺而南，由南度嶺而東，足跡所接，舟車所會，其地甚重焉。　襟會百粵 同上　控帶羣蠻 修城記：州獨以雄名，蓋以其云云，襟會百粵，傑然峙於一隅。

【山川】中山 在州北，州之主山。　青嶂山 在城東南五十里，有神仙隱几一鍋，以玉磨琢，瀑布瀉溪，相傳龍王居此，祈禱有應。　桂山 在始興，桂木叢致，人多以爲藥，故名。　丹鳳山 在始興西北。天監中有鳳翔此山。　天柱峯 在始興西二十里，峭秀奇拔，無支峯贅阜，屹然撐天。梁天監中九鳳翔集，亦名九鳳山。傅大士講經于下。　玲瓏巖 在始興縣南，石峯平地拔立，有石室虛曠，葛仙嘗煉丹于此。　掛歷巖 距城西北二十里，山巔方廣百餘丈，飛泉瀉空，有龍祠，祈禱輒應。　仙女巖 在州東北關天封寺，杉檜鬱翳，求石瀑溪中有二仙像，謂秦時二女子於此得道飛仙。　梅嶺 在始興，即大庾嶺，一名塞嶺，在五嶺東。詳見南安軍。　羅漢洞 在州東。天漢中有――數尊現相。　正陽峽 張九齡詩：行舟傍越吟，窈窕越溪深。水暗先秋冷，山晴當晝陰。重林間五色，對石聳千尋。此物生遐遠，離知造化心。　放鉢石 在雲封寺。章希言詩：石上曾經轉鉢盂，石邊南北路崎嶇。行人不見空嗟嘆，還識西來意也無。　朔水 在始興縣東三十五里，水出顧州，遇月朔即漲，晦即減。　修仁水 在城南二十里。郡苑雲爲守，至此嘗酌水賦詩。

【井泉】龍井 在州北道傍寺。

中深百餘尺舊傳通海眼時有龍躍蘇子瞻張順之皆有詩

霹靂泉　昔大鑒禪師得法南歸經庾嶺有卓錫遺跡後人從而瑩之遂爲一方名藍詳見南安軍

〔堂院〕景郇堂　在州宅

道院　李俠修黃匪躬記

〔樓亭〕城樓　蔡祖之詩漢初開郡山南夷方壑千巖足峻峨天上斗牛應共域人間江嶺自分岐

通越亭　在庾嶺余安道猶嶠古來稱絶徼樹上從此識通津

〔古迹〕皐天子墓　在始興縣不知何代相傳云昔有人掘之銅人數十擁劍列侍俄聞擊鼓大呼震動山谷遂返

張九齡書堂　在始興縣南山幽水秀花木長春几案庭户皆石琢就

〔名宦〕楊僕　漢人爲樓船將軍出豫章下横浦即此

皇朝章得象　爲守後入相封郇公

方輿七　十七

凌皓　知保昌興水利開導江水農人感德號曰凌江

蕭渤　爲守著染城以禦儂賊

〔人物〕張九齡　曲江人蓋雄州未建之前均隸曲江既又析曲祖居始興縣今墳墓宅基皆在焉本傳謂韶州江爲雄州則九齡乃雄州始興縣人也今子孫盡在南雄

皇朝鄧戒　始興縣人與弟開聯名登第

顔希甫　保昌人與子袤相繼登科

李郃　保昌人與子琰俱登第

〔名賢〕吳元美　任福建帥幹坐作賦譏貯宰又其家有潛光亭閣恩堂鄭樺併作啓上秦公檜云亭號潛光蓋有心於黨李堂名閣恩本無意於仕秦後遷南雄以死

〔題詠〕庾嶺南邊第一州　章希言詩凌江清淺繞城流云云惟有梅花傳遠信只憑寬早慰離憂

一麾遠在百蠻中　前人

黃梅雨歇荔支紅　前人青草瘴深盧橘熟云云

兩州南北護梅關　章穎詩云云盡日人行石壁間

〔四六〕榮分漢竹來訪嶺梅　斗牛共域江嶺分岐　惟凌水之名邦號廣南之道院　章郇公舊治之邦尚存善政張相國始生之地可想高風　度嶺而南尚接六州之美俗浮江而下實爲東廣之上游

南恩州　陽江　陽春

〔建置沿革〕禹貢揚州之域斗牛之分野春秋時爲百粵地秦爲南海郡漢置合浦郡今州即合浦之高涼縣地也吳屬高興郡置海安縣宋屬東官郡齊置齊安郡海安以縣屬焉梁置陽春郡隋廢郡入高州置高涼郡以

方輿七　十二

海安陽春二縣隸焉唐立春州太宗又立恩州改恩州爲恩平郡後爲恩州　皇朝廢春州以其地隸恩州尋復置春州　仁宗時以河北路貝州爲恩州仍於舊恩州上加南字今領縣二治陽江

〔事要〕〔郡名〕恩平　鼉山　唐郡

〔風俗〕與夷獠雜居　春州記

瘴癘以春州爲首　同上四方言云云故凡補吏得罷必加優賞焉

五馬名目　倦游錄載陳亞滑稽之語云使君之五馬僅存名目而已螃蟹之一文兩箇真實不虛

其地下濕宜稻　同上

耕種多在洞中　寰宇記七地多颶多旱云云

郡兼山海之利　恩平志云云富於魚鹽

〔形勝〕南

濵巨海郡守丁璉學記恩平古郡漢屬合浦云云耳目遠於中州**阻山瀕海**圖經恩平與廣右接境云云**孤絶海隅**李觀琴臺亭**襟帶巖洞**春州記東南湊大海繞百里環山繞林云云**昔春勤二州之地**羅山志序云今之陽江盃併唐之三縣而陽春乃云云**當五州之要路**投荒録當海南五郡泛海之路頗有廣陵會稽賈人循海而至故吳越所産不乏於斯

【山川】**東山**在州之東舊築熙春臺於其上**羅琴山**在州西二十里昔羅含嘗攜琴遊此**射木山**在陽春縣春州記一一之一以爲望**龍竈山**在陽春縣爲南服之冠**鳳凰山**一名北甘山倦遊録此山壁立千仞有瀑水飛下猿猱不能至鳳凰巢其上遇大風雨或飄墮其雛**鐵坑山**在陽春縣東。胡邦衡詩初疑金谷嶺元是一一一人云茲地惡我嵾碧嶙巋**峒石山**在陽春縣巖谷幽邃。胡邦衡詩茲應山皆石他山盡不如固非從地出疑是補天餘下漏一拳小高凌千仞屋奇章應未見名不到中書**望海岡**在州南二里**金雞石**在州西北郡國志石上時有一一**漠陽江**在陽江西流入大海**恩平江**在城界平城山發源

【亭臺】**揖秀亭**胡邦衡詩云青山如高人可揖不可致**熙春臺**在州東北高跨嶺首下視南溟**望海臺**胡邦衡南遷賦詩君恩寛逐客萬里聽歸來未上凌煙閣聊登一一一山爲翠濤湧潮拓碧天開目斷飛雲處終身愧老萊

【古跡】**劉王女冢素馨花**舊名耶悉茗昔劉王女名素馨冢上生此花傅伯成詩見泉州

【名宦】**皇朝李綸**郇之子寓居泉南所至有清操提舉廣東常平日適仍氏繼出守恩平酌別江濱相勵以清白綸慷慨臨江矢天曰儻負君民有如此水遂投盃于江盃停不没

【名賢】**胡銓**謫居自號澹菴

【題詠】**荒城斗樣大**郡守王千明賦西樓詩云西江橫玉虹西山羅畫屏云云此樓何崢嶸炎嶺狀龍蜀三洲逼逢瀛人煙幾村落數點如晨星誰謂海一涯好峯無數青**簿書休吏早**黃狀元度隆蔭崖詩云云花鳥向人閒**縣古松杉老**胡邦衡詩云人居水竹間守民無獄訟携客有江山

【四六】繽綸黎禁畫地千里包春勤二州之地剖竹羅山負海一隅得猜嚼五馬之名海舶所經當五州之要路山石補天餘乃胡澹菴之貝賓郡城雖小介二廣之提封簿書休吏早有黃文昌之留題

新州　新興

【建置沿革】古南越之地星土分野與廣州同秦屬南海郡漢置臨允郡屬合浦郡吳屬蒼梧郡東晉穆帝始分蒼梧立新寧郡又分臨允地置新寧縣以屬焉梁武改置新州立新興縣隋廢州以新興縣屬信安郡唐又置新州改新昌郡復爲新州後　國朝因之隸感寨軍節度今領縣一治新興

【事要】【郡名】**新昌**見沿革注**臨允**元和志云今州即漢合浦郡之一一也

【風俗】瘴氣最惡 郡縣志云：云嶺外代答今俗以新州為大法場，英州為小法場。俗以雞卜 郡志：｜｜骨｜吉凶。漢書越巫以雞卜，即此。民薄產而多貧 崔瑞題名記：地僻境隘云云。喪祭則鳴銅鼓 寰宇記：豪渫之家云云，召衆則鳴舂堂。此路荊棘 元祐間范忠宣為右僕射，有吳處厚者以蔡確題安州車蓋亭詩來上，以為謗訕。宣仁太后怒曰：蔡確以吾比武后，當重謫。呂汲公為左丞，不敢言。初議貶確新州，忠宣謂汲公曰云云。已七八十年，吾輩開之，恐自不免。

【土産】異花 有花曰優曇鉢，以琵琶無花而實。異木 寰宇記：山多香木，謂之密香，辟惡氣，殺鬼精。斷續藤 山行渴則斷取汁而飲之。號曰東風菜。勾緣藤 南人績以為布。木葵 可以為扇。異禽 越王鳥似鳶而口勾，可受二升，南人以為酒盃。雲白鳥能禁蛇。乾闥婆城二有鷃鳥，似山雞，以家雞鬭之則可擒，其聲有光，漢以飾侍中冠。桂山有翡翠孔雀。異獸 桂山有黑猿鼯鼠。江中有潛牛，形似魚，能上岸與牛鬭。

【山川】龍山 在州南。錦山 在州南。金山 在信安縣。銀山 出白金。天露山 在州東南二十里，高於諸山。雲秀山 在州東二十五里。寶蓋山 在州西五里。瑞峯山 在州北七里。桂山 在新會縣西南三十四里。南海 在新會縣南百五十里，有浮洲襟帶，其遠山挺方木，水食珠母。新江 新興縣南二百里。階湍 寰宇記：在永固縣南，魚鱉不可至，雖呂梁之險無以過，石如階級故也。三章溪 允吾縣南，溪有三源。新昌水 經永順縣南二里。

【院宇】道院 在州宅東，郡守魏彥琳建。澹庵 在嶽祠東，胡邦衡居焉。覺軒 在龍山寺方丈後，左丞王履道為銘曰：本自不迷，何者為｜。推無舌人，滿口道着，龍山名｜。無病求藥，從而銘之，分一半錯。十仙園 在郡西南。謂新昌官屬自郡守而下止十貟，皆簡用足官，遊若神仙焉。雙溪亭 彭德遠｜｜｜詩碑，乃唐光府君清德碑，一沉東江之上，故詩云：兩過畫橋橫蝃蝀，月明玉塔臥清瀾。景全堪作吾鄉冠，還有沉碑客未看。相遊亭 在秀羅寺後，蔡持正喜遊之，僧因以名。

【橋梁】仁義橋 在東門外，跨江三十六間，覆以瓦屋。

【名宦】張柬之 武三思使鄭愔告柬之與王同皎通謀，貶新州司馬。皇朝梁立則 熙寧中為守，於郡西十里得白塘坑，決其水灌田，至今為利。黃濟 靜江府人，紹興間守新州，舊無城，濟以竹環植之，蠻豚不能徑，號竹城，至今以為利。

【[illegible]】郭元振 還吏部尚書。元宗講武驪山，軍容不整，流新州。皇朝劉摯 字莘老，以論新法貶新州。鄒浩 為正言，乞追停劉后冊禮，編管新州。蔡確 謫石名。胡銓 為樞密院編修官，上書乞斬秦檜，謫新州。胡寅 為起居郎，排和議，忤秦檜，謫新州。

【題詠】仁義橋邊楊柳斜 蔡持正詩云云。洸亭岡畔種桑麻。龍山水遶祖師塔 前人。國恩寺乃六祖故居，寺有木塔，安祖師像。夏院雲埋宰相家 前人

炎嶺窮陬　雖曰炎荒　地居嶺海之窮

【四六】新昌小郡　實稱道院　郡自晉唐而創

事簡訟稀官爲有十仙之號　郡在炎陬雖遠宦美官之窒至

民貧地僻州城方千里之封　時稱惡地乃騷人遷客之界臨

新編方輿勝覽卷之三十七

新編方輿勝覽卷之三十八

建安祝穆和父編

○廣西路

靜江府 臨桂 興安 靈川 陽朔 永福 修仁 理定 古縣 荔浦 義寧

【建置沿革】禹貢荊州之域翼軫之分鶉尾之次古百粵之地七國時楚越之交秦置桂林郡漢置零陵郡始興隸焉置蒼梧郡荔浦縣隸焉今州即始興縣地東漢為始安國吳置始安郡屬荊州晉屬廣州梁立桂州於蒼梧鬱林之境因桂江以為名隋置始安郡唐置桂州總管府改始安郡又改建陵郡後為桂州置桂管都防禦等使改桂管為靜江軍節度　皇朝兼廣西經略安撫以高宗潛藩陞靜江府今統郡二十五領縣十六臨桂

本路轉運提刑提舉置司

【郡名】八桂　桂林　【風俗】俗比華風

【事要】唐蕭昕送桂州刺史序云云化同內地　多荒茅篁竹張敬夫靜江府學記然其土素瘠云云風俗異西北民之生理甚艱是以賦入寡小郡縣亦例以迫束　赤子龍蛇同上而又柔猾非止一而蠻夷之性不常云云交致其思威乃克無事故其任常重　一日四時之氣備嶺外代荅云冬月久晴不離葛衣盛夏月苦雨急須襲裌重裘大抵早溫晝熱晚涼夜寒云云　氣候與江浙頗類嶺外代荅云雨下便寒晴便熱不論春夏與秋冬此蓋南方之氣候桂林與江浙頗類過桂林而南則大異矣　風氣清淑范至能虞衡志序始予自紫微垣出帥廣右姻親故人張飲松江皆以炎荒風土為戚余取唐人詩考桂林之地少陵謂之宜人樂天謂之桂林無瘴氣退之至以湘南江山勝於驂鸞仙去則宦遊之適寧有踰此者乎至郡則云云果如所聞　士之秀美甚於人張敬夫三先生祠記桂為郡山拔而水清云云

【形勝】東控海嶺門為勝制云云右控蠻荒　西距雕題交趾韓雲卿平蠻頌云云南控夜郎昆明北泊黔巫衡湘彌亘萬里　東接諸溪吳宗旦設廳記西連交趾南極炎海云云　湘水之南李彥弼八桂堂記云云粵壤之西是為桂林秦以郡置唐以管分　左控荊衡鄭見義修城記云云右走甌越枕離湘之間為一都會　南浮瓊崖唐弼安遠樓記西通道於交趾大理之區云云盡與夷之國　與湖南犬牙虞衡志　重江東臨柳宗元訾家洲記萬山面內云云聯巖合嶂　千巖競秀唐韋宗卿隱山六峒記桂林郡郭云云　山皆平地拔起倦遊錄桂州左右山皆平地拔起數百丈竹木茂鬱石如黛染陽朔縣尤佳四面峯巒皆聳立　居五嶺之表唐蕭昕送桂州刺史序云云控兩越之郊　五管桂為大唐弼安遠記——之地——被山帶江控制數千里　為西南會府李彥弼湘南樓記桂云云所以為襟纓帶海用兵遣將之樞　地望隆重張敬夫壁記唐末陞靜江軍節度然是時嶺南已分為東西路而西

道所領實在邕管桂獨得察州十餘宋有天下四方萬里罔不臣規摹法制加詳於前代景祐二年詔桂州兼廣西兵鈐後十七年又詔兼經畧安撫於是始得顯制云云其後復兼大都督之號

控制雄劇 同上合一路所領郡二十有五其外則羈縻之州七十有二又其外則諸小蕃羈縻自把特磨白衣之屬環之又其外則交趾大理等國屬焉其地南入于海去帥治所水陸幾四千餘里其ㄧㄧ亦可謂ㄧㄧ矣

襟喉 **二十有六州** 李彥弼八桂堂記云過衡海覊旁控蠻徼云云巋然爲會府

二廣爲天子南庫 范至能聽法奏

山川

桂山 在臨桂縣之東山海經云八桂成林ㄧㄧ范至能虞衡志序余嘗評ㄧㄧ之秀宜爲天下第一太行常山衡嶽廬阜皆崇高雄厚雖有諸峯之名政爾魁然大山其最奇秀莫如池之九華歙之黃山括之仙都溫之雁蕩夔之巫峽此天下同珍之者然皆數峯而止又因重岡複嶺之勢盤而起桂之千峯皆旁無延緣悉自平地崛然特立玉筍瑤簪森列無際誠爲天下第一觀韓愈詩柳宗元訾家洲記黃魯直詩則ㄧㄧ之奇在目中矣

堯山 在府城東北四十里

舜山 在城北有舜廟并虞帝碑

隱山 吳宇記云唐李渤出領見石門大開有水淵澂乃爽塏無纖跡通巖穴上有六洞皆在西湖中ㄧㄧ之上一曰朝陽二曰夕陽三曰南華四曰北牖五曰嘉蓮六曰白雀泥湖泊舟自西北登山先至南華中有水十許步水傍平坦可坐數十人出洞而西至夕陽其深百丈水亦竟爲洞窮有石門可上出至北牖潭水沉黑巨魚躍然左右怪石萬狀潭上石室便房奧窔如琢玉出洞十許步至朝陽潭水尤清冽下通湖西其上石壁有碧石白石二盆盆中常有水數升與之不竭轉至一處別名雲戶洞有石榻刻爲博局故又名仙弈傍通虛明下臨湖山如指掌又西至白雀穴口隘狹側身入中有石室容數十人潭上石欄有二石人若倚欄者中有穴通嘉蓮多白蝙蝠有石榻石琴之類不可具載也西湖之外既有四山繞之碧玉數十峯倒映水面固已奇絕而湖心又浸ㄧㄧ諸洞之外別有奇峯繪畫所不及余名其最巧一峯曰沉香大略似雕鎪通脫沉香山子也湖水連漪荷花時有泛舟故事勝賞甲於西南

灕山 在城南二里灕水之陽其山孤拔下有澄潭傍有洞穴廣數丈世亂民保以避寇

陽朔山 宋咸詩獨起竊高雄入漢相輝相映翠成堆若非舉玉爲西玉即是三峯海上來疑有洞天通日月絕無樵路到塵埃如何得似巨靈手擘向天家對鳳臺

南溪山 在臨桂縣南五里其山聳拔千尺其溪東注與桂江合

靈巖山 在靈川縣西北三十里山下有洞南北相通水灌其中

龍隱巖 在水東七星山俗傳昔有龍蟠伏其間今江水泊舟至石壁下有大洞門高可百丈鼓棹而入兩壁石皆玉立仰視洞頂有龍迹夭矯若印泥然其長竟洞舟行僅一箭許別有洞門可出兩門虛明相射泊舟其間琴奕觴詠奇賞終日巖在洞側山半有小寺即巖爲佛堂不復屋

雉巖 江濱獨山有小洞深百許步路窄不可窮

劉仙巖 在白龍洞之陽仙人劉仲遠所居巖道險峻攀援而上石室高寒出半山間

佛子巖 亦名中隱巖去城十里號最遠一山衆起乘奔中山腰有上中下三洞下洞最廣如橫大艦入洞秉燭行亦有石液融結爲人物轉一再曲道窄不可進中洞明敞高百許丈透出山背洞門垂石高深如幬蓋飛仙騰虬之屬以千百計仰視驚心奪目移晷忘去

疊綵巖 在八桂堂後大山并開壁

立山石僧一一橫斷如積疊錦繡躡支徑幾太半有大洞門入洞行十許步則曲轉穿出山背北望平遠如畫前後洞門皆有蒼石駢巖古苔封之如世所作仙聖宴坐之龕游者徘徊不忍去前山脚有小洞幽闇不可窮昔有僧栖居之自有傳記

屛風巖在平地斷山峭壁之下入洞門上下左右皆高廣百餘丈如康莊大逵延納光景內外明徹中有平地可宴百客仰視鍾乳床森然倒垂如珠玉瓔珞穹蓋者甚多石乳融結丈餘圓如囷廩外紋縠皺星纈極可翫躡石磴五十級有石穴通明復穴而出則山川城郭恍然無際余因其勝作壼天觀而命其洞曰空明

讀書巖在獨秀峯下直郡治後爲桂主山傍無坡阜突起千丈峯趾石屋有便房石榻石牖如環堵之室顏延年守郡時讀書其中

伏波巖在灕江濱突然而起且千丈下有洞可容二十榻穿透戶牖旁出有懸石如柱去地一線不合俗名馬丨丨試劍石

五嶺李白詩桂水之丨丨衡山朝九疑丶嶺外代荅曰秦世有丨丨之說皆指山名考之乃入嶺之途五耳

白龍洞在溪南平地半山中龕然大石屋盛暑重裘而入半途有石室四壁悉是乳液所凝玉鱗雪花爍若寶所

棲霞洞在七里山者七峯位置如北斗又一小峰在傍曰輔星石洞在山半腹入石門下行百餘級得平地可坐數十人穴口空明下瞰高爽明豁故爾大空也盛暑無炎歊大冬溫然竟日忘出傍有兩路其一西行兩壁石液凝沍玉鱗雪華瓈瑩奇目踰秉炬入石色亦自照人頂高數十丈路闊亦三四丈地亦甚平如行通衢中頓足曳杖鼓鏗有聲鼓擊蓋洞之下又有洞焉半里遇大壑不可進一步北行俯僂而入數步則寬廣傍十許丈石液融結多所形似鍾乳垂下纍纍凡乳床必因石脉方出不自頑石出也路高下曲折或須蹲攀匍匐始可進里餘所見益奇如佛寺經藏高大莊嚴四衆圍繞有如塑畫刻削平正疑仙聖之所盤旋石液滴至地凝爲老釋人物幢蓋囷廩牛馬狻猊異獸之伏者不可勝紀又行食頃則多岐遊者恐迷路不敢進云通九疑山也唐人鄭冠卿遇日華君於洞中仙者與詩略云不因今世行方便安得今朝會碧虛余於洞口作亭以碧虛牓之登覽之勝與千山觀齊名

水月洞在宜山之麓其半浸江天然刓刻作大洞門透徹山背頂高數十丈其形正員望之映空明皎端正如大月輪

元風洞去棲霞旁數百步風自洞中出寒如冰雪不可當戶立

曾公洞舊名冷水巖山根石門砑然入門石橋甚華曾公相子宣所作有澗水莫知所從來自洞中石旋東流橋下復自右入莫知所往或謂流入于江也仰視崖石如垂蓮萌雲危欲下墮度橋有仙田數畝畦畛龍鱗過田路窄且濕俯視石縫尺餘匍匐而進旋復高曠可通棲霞又復自左隅數十步回至澗旁其水清淺不流崖壁星星然

南潛洞在西湖中羅家山上自南竇持炬入數步則豁然乳石中峙如經藏乳燕翾然地有跡如龍爪所劃俗名龍田下有水清深不可進山背復有小穴既下丈餘得層洞其左即前所謂龍田者

北潛洞在隱山之北中有石室石臺又有石果作荔子胡桃棗栗之狀人採取之或以爲餽相遺

虛秀洞去城差遠大石室面平野室左右皆有徑隧各數十百步穿透兩旁亦臨平野以上所紀皆附郭可日涉者餘外邑岩洞尚多興安之乳洞雲泉之靈巖最奇乳洞上中下三洞有泉凝碧自洞中沿石壁流出窈然深黑水上有龍田溝塍如鑿每稜中常瀦貯水未嘗竭水至洞門觸石噴激瀕洞洞外有盤登山至中洞門有三石柱及石室石床雲氣常霏衣袂清冷自

中洞左盤至上洞入門却下入十步至平處秉炬入石乳玲瓏有五色石橫亘其上如飛霞有淺水揭厲可行水中亦多石果好事者名其下洞曰噴雷中曰駐雲下曰飛雲此洞與栖霞相甲乙靈巖尤殊絕大江洞其腹闊數十丈深不可測遊望山根橫光一線迫之乃知巖在山底水上表裏明徹而然巖口水面拍拍僅容小舟擊汰而入仰視巖腹與水面正平相去纔丈餘水深不可施篙仰摔巖腹以行而輒以機篙擲之聲鏗然震動人聲發則山水皆響應大聲叱咤則砰隱者裂可駭當巖正中石穴隆起如蓋其下神龍所居歲旱遣官祈龍沒水歸禱往往有應故爲遊觀當處陽朔亦有繡山羅漢華蓋白鶴味明五洞皆奇羅漢之高十尋繡山石壁如繡畫洞浸江可棹舟入焉陽朔在府城之南故余不能至又閬客州都嶠有三洞天融州有老君洞張舍人安國榜曰天下第一真仙之洞相傳不下桂林但皆在瘴地仕者罕到曾丞相子宣風洞詩云都嶠三天臨瘴水雲巖千里接溪蠻何如咫尺鄰風穴扶藜時時一往還蓋桂山來去城府邇真杖藜間物天下所稀也又其風俗醇厚士民各安本業猶有太平遺餘宦遊者與之相安而登臨之勝又如此蓋忘其身之在嶺表云

華景洞 高廣如十間巖洞門亦然

桂江 在臨桂縣

荔江 今名荔水源出崇仁縣

陽江 在臨桂縣南二里源出靈川縣界東流合於桂江

灕水 輿地廣記云灕水湘水二水皆出海陽山而分源南北爲灕北流爲湘漢討南粵戈船下將軍瀨出零陵下丨丨即此

癸水 范至能詩癸水遶東城水不見刀兵

西湖 江文叔詩桂林佳麗冠荆城父老從來不識兵南嶠昔雖多勝槩丨丨今獨擅佳名

訾家洲 在臨桂縣。柳宗元丨丨記桂州多靈山發地峭堅林立四野署之左曰灕水水之中曰訾氏之洲凡嶠南之山川達于海上於是畢出而古今莫能知中丞裴公伐惡木刜奧草考極相方南爲燕亭蓋非桂山之靈不足以瓌觀非是洲之曠不足以極視非公之鑒不能以獨得

府學 乾道間守張維從學南軒張敬夫爲記後南軒一新建造。朱元晦記云靜江之學自唐觀察使李侯昌夔始立於牙城之西其後又徙於東南乾道間又徙於始安故郡之墟蓋其地自郡廢而爲浮屠之室者三始議易置而部使者有惑異教持不可乃僅得其一以故規模褊陋至于今侯乃得并斥左右佛舍置館所度材鳩匠合其地而一新焉夫遠非鬼崇本教侯之爲是既可書已侯名栻字敬夫丞相魏國忠獻公次子其學近推程氏以達於孔孟治已教人一以居敬爲主明理爲先嘗以左司副郎侍講禁中既而出臨此邦以幸遠民其論說政教皆有明法則士之學於是者可謂得師矣

八桂堂 在府治

無倦齋 在府治張敬夫云舊名綏帶予懼其肆也更題曰丨丨且志其故昔者洙泗之門子張問政夫子首告之以無倦是知爲政終始之道無越乎此也夫難存而易怠者心也吏者分天子之民而治焉受天子之土而守焉一日之間所爲酬酢事物者亦不一端矣幾微之所形紀綱之所寓常隱於所忽而壞於所因循纖毫之不謹而萬緒之失其機方寸之不存而千里之受其害又況欲動而物乘意佚而形隨其所差謬何可勝計可不畏哉

逍遙樓 在城東角宋考功陪王都督登樓詩晦日登樓望江山一半天

千山觀 在西峯之絕頂群峯回環西湖蕩漾爲桂林登覽之會

虞帝廟 朱元晦記云靜江府故有丨丨在城東北五里而近虞山之下皇澤之灣蓋莫詳其始所自立而有唐世刻

詞在焉淳熙二年春秘閣張侯栻撤而新之時又方按國典毀諸淫祀不如法者因悉致其美材文石以奉兹役新安朱熹又作此歌以遺桂人使聲于廟備牲牲焉其迎神詞曰皇胡爲兮山之幽覽觀長薄兮俯清流眺冀州兮何有恭茲上兮淹留皇之仁兮如在子我民兮不窮以愛浹皇澤兮横流暢威靈兮無外淡尊兮肥牲九歌兮招舜嗟莫報兮皇之祐皇欲下兮儼相羊烈風雷兮以衷雨甘送神曰皇之陽兮灕之渚皇降集兮巫屢舞桂酒湛兮瑤觴皇之歸兮何許龍駕兮大門翔泛兮繽紛俯故宮兮一顧哉惟宙兮無際無際兮奈何七政協兮羣生嘉信元功兮不宰摘彷彿兮山阿

三先生祠在府學濂溪明道伊川也○南軒何記云師道之不可不立也久矣良材美質何世無之而後世之人才所以不古如者以夫師道之不立故也繼自今瞻｜｜｜之在此｜也其各起敬起慕求其書而讀之味其言考其行講論細繹心存而身履以進於孔孟之門墻將見人才之作興與灕江相爲無窮矣

名宦

顏延之宋時爲始安守

常衮爲桂管安撫使

皇朝陳堯叟爲廣西運使勸民種麻苧請以苧麻充折桑柘又其俗有疾不服藥唯禱神｜｜以集驗方刻石桂州驛舍自後始有服藥者嶺外少林木井泉｜｜爲植木道倍鑿井置二舍至今爲利

余靖五朝言行録儂智高叛交阯請出兵討賊詔不許公以邕州與交阯接境今不納必怨而反助智高乃以便宜趣交阯會兵公曰使不與智高合足矣又智高入邕州遂無外援又遣人入特磨襲取智高母獻于京師

范成大爲漕及帥作虞衡志

汪應辰繫年録｜｜倅靜江帥臣呂愿中欲殺其卒王超｜｜諫而止有録事周某者持與奈擔行舊嘗以國忌命妓｜｜欲糾之周懷感使人持書告檜以應辰嘗從使渡海餉趙鼎又與小子並交通趙以計鵒其書易之應辰乃得免

張栻顏外代谷南軒爲帥請于朝以三分鹽息分諸州而免諸州民納苗米每一石二斗耗又毀淫祠新學校

人物

王世則太平興國八年以安州貫中進士第一爲右正言

題詠

江作青羅帶韓愈送桂州嚴大夫詩蒼蒼森八桂茲地在湘南云云山爲碧玉簪戶多輸翠羽家自種黃柑遠勝登仙去飛鸞不假驂

宜人獨桂林杜甫寄楊五桂州詩五嶺皆炎熱云云梅花萬里外雪片一冬深聞此寬相憶爲邦復好音江邊送孫楚遠附白頭吟

桂林無瘴氣白居易送嚴大夫赴桂州詩地壓坤方重官兼憲府雄云云柏署有清風山水衙門外旌旗艦艦中大夫應絕席詩酒與誰同

南州實炎德謝靈運詩云云桂樹凌寒山

桂水通百粤孟浩然詩

英英桂林伯韓愈云云實惟文武材

嶺頭分界堠王建送嚴大夫詩云云一半屬湘潭水驛門旗出山巒洞主參辟邪犀角重解酒荔支甘莫道中華遠安南更有南

南島鯨波鴐梁安世詩列城二十五去國一百舍西夷蟻穴通云云

行路九疑南張籍送嚴大夫之桂州詩旌旆過湘潭幽奇得遍探蕊城百粤北云云有地多生桂無時不養蠶聽歌疑似曲風俗自相諳

我所思兮在桂林張衡賦云云欲往從之湘水深

桂嶺環城如鴈蕩黃庭堅直到桂州詩云云平地蒼玉忽嵯峨李成不生郭熙死奈此百嶂千峰何

湖如

杭穎共佳名　姚少彭山接衡湘多爽氣云云　八桂西南天一握　王安中詩云云　重二千四州民樂否　張安國詩云云　江今古水雙流　莫敎一物　瘴連梅嶺月多昏　木淵送陳希元赴廣西漕詩云兩歌桂林悲途窮秋更賤　棹衝秋霧瘴江流　楊佩送陳希元詩云馬困炎天瘴嶺路云云

碧蓮峰裏住人家　唐宋彬蹈陽朔縣詩陶潛彭澤五株柳潘岳河陽一縣花西廳韋如陽朔縣云云　瀑布聲中窺寀牘　陶弼詩云青碧千森森遠縣衙不離床衽見煙霞民耕紫芋爲朝食僧煮黃精代晚茶云云女蘿陰裏勸桑麻欲知言偃絃歌地水墨屏風數百家

榕葉陰中掩縣門　前人桂花香裏尋僧寺云云

四六

申命九從　楓陛選賢　桂居五筦　水接重湖

開藩八桂　桂林作牧　地控諸蠻　山當五嶺

有唐五筦之雄　帝惟嶺嶠　西控龍編　玉簪羅帶

南越一都之會　地遠朝廷　東連鯨海　雪片梅花

蒼梧直斗牛之次　羈縻餘七十州　一札十行自天而下

桂林當楚越之交　封畛蓋四千里　五羊八桂易地皆然

信行銅柱之蠻邦　外接南詔六蕃　唐分五筦以建節度

威南樓舡之故道　西連交趾九道　宋專一道以制邊陲

指揮部偏多至二十五城　外則羅殿自杞諸小蕃之部落

綏撫蠻徭不知幾千萬落　遠而占城大理數外國之梯航

兆炎州之瘴霧盡變清涼　垂矣建臺何八桂軍民之未逞

驅滄海之波濤一歸約束　復茲開府乃七星風月之有緣

貪如羊狠如狼每難控御　裴中丞發輿洲之遊府容久外

好則人怒則獸正賴撫綏　張曲江自桂筦而入岄正發庸

英英桂林之伯顧懋膺功　羈縻幾百餘種連特磨自杞之間

渺渺洞庭之波尚資餘潤　節制二十五州到渤海滄溟之外

玉簪羅帶固知風土之宜人　玉簪羅帶江山分一半之天

卉服鴂音抑見蠻夷之向化　金節油幢庭户行千里之地

別江東日暮之雲不妨移鎮　李百藥請郡暫輟侍郎而除

賦五嶺梅花之雪趂得班春　張九齡還朝旋膺相國之拜

柳州

柳城　馬平　洛容

建置沿革　古百粤地牽牛婺女之分野秦平百粤爲桂林郡漢改鬱林郡又爲鬱林郡之潭中縣地梁置龍州隋以馬平縣置象州尋始安郡唐置南昆州又改爲柳州以當柳星之下又置崖山縣又置洛封洛容縣改龍城郡復爲柳州更洛封曰洛曹　皇朝仍爲柳州以洛曹隸宜州改龍城爲柳城省象縣入洛容今覊縻思順歸化二州領縣三治馬平

事要

郡名　柳江　柳城　龍城

風俗　古爲南夷　柳宗元孔子廟碑　風俗與全永不相遠　圖經柳雜古荒服而實連湖湘云云　風氣與中州不甚異　南豐曾子固送李材叔知柳州序云談者謂南越偏且遠其風氣與中州異故官者皆不欲久居往往鮮帥然憂且勤之心然越與閩蜀始俱爲夷閩蜀皆已變而越獨尚陋豈其俗不可更歟蓋爲吏者莫致其治教之意也噫彼不知繇京師而之越水陸之道皆安行非閩

溪峽江蜀棧之不測則均之吏於遠此非獨優賢其風氣若所謂之與中州亦不甚異起居不違其節未嘗有暴疴違節雖中州寧能不生疾邪其物產之美果有荔子龍眼蕉柑橄欖花有素馨山丹含笑之屬食有海之百物累歲之酒醋皆絕於天下人少鬭訟喜嬉樂吏者惟其無久居之心故謂之不可如其有久居之心爲越人滌其陋俗而歐於治居閩蜀上其事出千年之表則其美之巨細可知也予知其材之穎然過於衆人能行吾説者李材叔而已今材叔爲柳州其越人之幸也夫其可賀也夫

至唐始循法度 孔子廟碑云云 柳河東之

教化 圖經地近桂林號無瘴且山水清曠中朝名士如王初蔡帶貴遷地寓居耳濡目染或若恥於爲非韓碑言云云其所由來者遠矣

唐多遷客 圖經序自唐以來多着遷客山袁浦思鄙墨具存

絃誦爲嶺南諸州冠 汪彦章學記大觀中士子之絃誦者至三百人云云

登科自甘翔始 龍城志嶺南云云翔乃景祐張唐卿榜

蠶不能帛 郡志云云率以爲纊

聚巫用卜 唐柳宗元大雲寺記云越人信祥而易殺傲化而偭仁病且憂則聚巫師用雞卜始則殺小牲不可則殺中牲又不可則殺大牲而又不可則訣親戚飭死事曰神不置我已矣因不食蔽面死

【形勝】州界柳嶺 寰宇記云云因以爲名

山石奇秀 同上云云平地忽崛起數百章曲鄰社蓋無之

【土產】荔丹　龍眼 見前肇字　小魚 圖經武陽——大如針候蟲異於他所窮冬猶鳴

【山川】背石山 柳宗元山水記云古之州治在潯水南山石間今徙在水北直北四十里南北東西皆水匯北有雙山夾道曰——

甑山 南絕水有山無麓廣百尋高五丈上下若一曰——

駕鶴山 甑山之南皆大山多奇又南且西曰——壯聳環立古州治負焉有泉在坎下常盈而不流

屏山 南有山正方而崇類屏者故名

四姥山 其西曰————皆獨立不倚北流潯水瀨下

仙弈山 又西曰——之—可上其上有究究有屏有室有宇其宇下有流石成形東入小穴常有四尺則豁然甚大無竅正黑燭之僅見其宇皆流石怪狀由屏南室中入小穴倍常而上始黑已而大明爲上室由上室而上有穴北出之乃臨大野飛鳥皆視其背其始登者得石枰於上黑肌而赤脉十有八道可奕

石魚山 全石無大草木山小而高其形如立魚在多秭歸西

龍壁 有支川東流入于潯水其東有曰——下多秀石可硯

雷塘 雷山兩崖皆東西雷水出焉蓄崖中曰——能出雲氣作雲雨變見有光禱用粗魚豆彘脩形糈稌酒陰虔則應〇以上並見柳文

柳水 一名潯水源自牂牁出辰沅經融州東會于郡又東過潯藤至廣州入海

龍江 源出宜州會于柳

【井泉】靈泉 山麓泉大類穀雷鳴西奔二十尺有洞在石澗因伏無所見多綠青之魚及石鯽多儵

【堂館】柑子堂 柳宗元城西種柑詩手植黃柑二百株春來新葉遍城隅方同楚客憐皇樹不學荆州利木奴幾歲開花聞噴雪何人摘實見垂珠若教坐待成林日滋味還堪養老夫〇陶弼詩子厚才名甲有唐謫官分得荔支鄉雖池水盡黃柑死獨有空碑在書堂

明秀堂 在郡治王安中書扁龕龍石刻甚富

南樓 在郡治蔡刻張安國鄂州本榜之

東亭 在就日門外柳宗元有記

祠廟

文宣王廟 柳宗元記仲尼之道與王化相遠邇惟柳州古為南夷椎髻卉裳攻劫鬬暴雖唐虞之仁不能柔秦漢之勇不能威至于有國始循法度置吏奉貢咸若采衛冠帶憲令進用文事學者道堯舜孔子如取諸左右執經書引仁義旋辟唯諾中州之士猶或病焉然後知唐之德大以遐孔氏之道尊而明元和十年八月州之廟屋壞幾毀神位刺史柳宗元始至大懼不任以隳教基丁未奠薦法齊時事禮不克施乃合初亞終獻三官衣布洎于贏財取土木金石徵工儀功完舊益新十月乙丑王宮正室成乃安神棲乃正法庭祗會群吏卜日之吉虔告于王靈曰昔者夫子嘗欲居九夷其時門人猶有惑聖言今夫子代千有餘載其教始行至於是邦人去其陋而本於儒孝父忠君言及禮義又況巍然炳然臨而炙之乎惟夫子以神道設教我今罔敢知欽若茲教以寧其神追思昔誨如在乎前苟神之在曷敢不虔居而無陋罔貳昔言中陳嚴祀永永是尊麗牲有碑刻在廟門

雷塘廟 見一一注柳宗元禱雨文云惟神之居為坎為雷專此一象宅于巖隈風馬雲車肅馬徘徊能澤地産以祛人災斂茲有靈爰以廟饗歲既旱暵害于生長敢用昭告期於肸嚮

羅池廟 韓愈撰廟碑云一一者故刺史柳侯廟也柳侯為州不鄙夷其民動以禮法三年民各自矜奮曰茲土雖遠京師吾等亦天民今天幸惠仁侯若不化服我則非人於是老少相教語莫違侯令凡有所為於其鄉閭及於其家皆曰吾侯聞之得無不可於意否莫不忖度而後從事凡令之期民勸趨之無有後先必以其時於是民業有經公無負租流逋四歸樂生興事宅有新屋步有新船池園潔修豬牛鴨雞肥大蕃息子嚴父詔婦順夫指嫁娶葬送各有條法出相弟長入相慈孝先時民貧以男女相質久不得贖盡沒為隸我侯之至按國之經故以傭除本悉奪歸之大修孔子廟城郭巷陌皆治使端正樹以名木柳民既皆悅喜嘗與其部將魏忠謝寧歐陽翼飲酒驛亭謂曰吾棄於時而寄於此與若等好也明年吾將死死而為神後三年為廟祀我及期而死三年孟秋辛卯侯降於州之後堂歐陽翼等見而拜之其夕夢翼而告曰館我於一一其月景辰廟成大祭過客李儀醉酒慢侮堂上得疾扶出廟門即死明年春魏忠歐陽翼使謝寧來京師請書其事于石余謂柳侯生能澤其民死能驚動禍福之以食其土可謂靈也已作迎享送神詩遺柳民俾歌以祀焉而并刻之柳侯河東人諱宗元字子厚賢而有文章嘗位於朝光顯矣已而擯不用其辭曰荔子丹兮蕉黃雜肴蔬兮進侯堂侯之船兮兩旗度中流兮風薄之待侯不來兮不知我悲侯乘駒兮入廟慰我民兮不嚬以笑鵝之山兮柳之水桂樹團團兮白石齒齒侯朝出遊兮暮來歸春與猿吟兮秋鶴與飛北方之人兮為侯是非千秋萬歲兮侯無我違福我兮壽我驅厲鬼兮山之左下無苦濕兮高無乾秔稌充羨兮蛇蛟結蟠我民報事兮無怠其始自今兮欽于世世

官吏

柳宗元 墓誌云子厚少精敏無不通少年取進士第嶄然見頭角衆謂柳氏有子矣議論證據今古出入經史百子踔厲風發率常屈其座人名聲大振一時皆慕與之交諸公要人爭欲令出我門下交口薦譽之

劉蕡 蕡以對策直言下第令狐楚牛僧孺表蕡之入幕竟為宦者所嫉誣貶柳州司戶

人物

皇朝

甘翔 鄖人景祐登第

張亞卿 再試擢第

王之才 進士題名記柳有林談昞過南宮雁行侍從為張亞卿一一發科設也

流寓

王安中 字履道北京居號初寮道人建

人建炎中遊地于郡與兵少宰汪丞相拓樞密遊得郡人熊氏園植桃數百本號曰小桃源

題詠

種柳柳江邊　柳宗元詩柳州柳刺史云云談笑成故事推移成昔年垂陰當覆地聳幹會參天好作思人樹慚無惠化傳

寄書龍城守　唐韓愈詩云云君驥何時秣謂子厚也

讀書教蠻獠　蘇子瞻詩莫學柳儀曹云云

印文生綠經旬合　柳宗元詩云云硯匣留塵盡日封

很荒猶得紀山川　柳宗元南省轉牒令道風俗故事詩聖代提封盡海壖云云華夷圖上應初錄風土記中殊未傳椎髻老人難借問黃茅深洞敢留連南宮有意求遺俗試檢周書王會篇

共來百粵文身地　柳宗元登柳州城樓詩云城上高樓接大荒海天愁思正茫茫驚風亂颭芙蓉水密雨斜侵薜荔牆嶺樹重遮千里目江流曲似九回腸云云猶自音書滯一鄉

榕葉滿庭鶯亂啼　柳宗元柳州二月榕葉落盡偶題宦情羈思共悽悽春半如秋意轉迷山城過雨百花盡云云

剩種庭前木槲花　前人詩殊應長作龍城守云云

青箬裹鹽歸峒客　柳宗元詠峒詩郡城南下接通津異服殊音不可親云云綠荷包飯趁虛人鵝毛禦臘縫山罽雞骨占年拜水神愁向公庭問重譯欲投章甫作文身

山腹雨晴添象跡　前人嶺南江行詩瘴江南去入雲煙望盡黃茅是海邊云云潭心日暖長蛟涎射工巧伺游人影颶母偏驚旅客船從此憂來非一事豈容華髮待流年

正北三千到錦州　柳宗元柳州寄京中親故詩林邑山聯瘴海秋牂牁水向郡前流勞君遠問龍城地云云

四六

韜珥鷺序　出綸楓陛　朱轓皂蓋肯惠顧於偏州

作填龍城　作牧柳城　青裘綠包示不忘於遠俗

儒學冠於嶺南　因柳記而夫子之教行何拘夷俗

物產絕於天下　有韓碑而郡侯之功著是即吏師

新編方輿勝覽卷之三十八

新編方輿勝覽卷之三十九

建安祝穆和父編

鬱林州　南流　興業　博白

【建置沿革】古南越地。前漢志爲牛女分野，唐志爲翼軫。秦置桂林郡，漢改鬱林郡，王莽改曰鬱平郡。梁置定州，又改爲南定州。隋改爲尹州，煬帝改鬱州，尋改鬱林郡。唐初曰尹州，太宗改貴州，尋析貴州一鬱州，又改鬱林郡，尋復爲鬱林州。皇朝因之。今領縣三，治南流。

【事要】

【郡名】**鬱林**　**西甌**郡國志：永嘉爲東甌，鬱林爲——。

【風俗】**俗反淳古**蔡絛叢話：嶺右僻且陋，而博白又甚焉。惟其僻陋之甚，故云云。且多長年，博白城下有新村，吾叟扶其閒至一村舍，有兩老對坐飲，乃兄弟也。大者年九十四，謂客曰：此吾幼弟纔七十八矣。從旁環拱而侍之，皆兩老人之曾孫。是殆可入畫圖也。**力田務本**倦李記：鬱林古郡，居嶺海之間，其民不誘於末，知孝弟云云。**好學者多**倦游錄：鬱林風土比諸郡爲盛，良才秀民云云而已。**啜糟搏飯**寰宇記：夷人居山谷，食用手搏，酒名鬱林，合糟共飲，刻木契爲信。**椎髻散髮**古黨洞夷人女以烏色相間爲裙，用緋點綴，叢下男——女——徒跣吹笙，叢居夜泊。

【形勝】**鬱林古郡**見後劉斂送楊侯序。**居三州之境**郡志：鬱林爲郡，已併唐牢、黨、白三州之境。**前引長江**政績堂記云云。北背牢阜，形浅勢坦，無崗露瘴。

【土產】**鱷魚**狀如龜，齒如鋸，食人。**猩猩**封溪有——，似黃狗，人面，善言，音如女人。**檳榔木**樹如棕櫚，高七八丈，無枝柯，葉堪爲扇。與蛤灰同食，令人齒黑，故有雕題黑齒之俗。**椰子木**樹似檳榔，實大如瓜，堪爲飲器。文選曰：檳榔無枝，椰葉無陰。**桄榔木**似棕櫚，心中出麵。**人面木**春花夏實，秋熟而遂似人面。

【山川】**寒山**九域志：南越尉佗遣人入山採橘，七日方回，問其故，云山中大寒，不得歸，故名。**大龍山**在南流縣，以形得名。**飛雲山**在博白縣，石上有巨人跡。**宴石山**在博白縣西六十里，其山皆盤石壁立峭絕，北臨大江，中有流泉。**萬石山**在興業縣西南。**鬼門山**郡國志：在牢州界。語云：昔受鬼門關，十去九不還。言多瘴也。**隱仙巖**在南流縣西一里，有石室幽邃。**綠秀嶺**在博白縣，林泉秀絕，因名——。**大江**源出容州，入縣界。**羅望江**在南流縣。**定川水**在故牢州定川縣。

【井泉】**濯纓泉**即城南江縣石井。

【堂亭】**尋山堂**在博白縣，劉子羽謫白州時所作。**賞心亭**郡守王過有詩。

【古跡】**越王船**郡國志：馬援造銅舡濟海，後令沉于渚，天晴水澄，往往望見。**綠珠井**太平寰記：在白州雙角山下。昔梁氏之女有容貌，石季倫爲交趾採訪使，以真珠三斛買之。梁氏之居舊井存焉，汲飲者必誕美女，里閭以美女無益，遂以石填之。○黃魯直詩：欲買娉婷供煮茗，我無一斛明月珠。用此事。

【祠廟】**伏波廟**在鬼門山之隈。○司馬君實詩：漢令班南海，蠻兵避鬱林。天涯分柱也。

界徼外貢輸金坐失數万意誰名報國心一棺忠勇骨漂泊瘴煙深

【官吏】谷永 後漢南蠻傳永守鬱林以恩信招降烏滸人十餘萬內附皆受冠帶

陸績 唐陸龜蒙傳其遠祖績仕吳守鬱林歸裝舟輕不可越海取石爲重人稱其廉號鬱林石

皇朝楊侯 劉遺父送楊鬱林序鬱林古郡也太守尊官也其任不輕矣然而當拜若輒以炎瘴霧露爲解天子以謂此皆全軀保妻子之臣無憂國之風皆置不用而詔丞相擇刺史之賢者使率奇偉倜儻之士以充其選於是大人部荊州詔書先至則以楊侯聞天子可爲遂自郡從事遷廷尉丞假五品服以行賜錢十萬衆皆榮之然楊侯既受命退而治裝泛然不以爲喜聞嶺海之訴風土之異漠然不以爲憂如它日爲人皆曰楊侯矯亢人也嗚呼前世之所以能治也爲官擇人後世之所以不治也爲人擇官彼庸庸之臣志得意滿生而養交以饕富貴真若已若一旦有竟外之事憂畏首鼠擘以死辭若常庸之夫不可使往春秋賢爲若無君子何以矯也吾以楊侯矯世之君子春秋之徒歟推此心也雖在嶺海之外而加千乘之國其有難治哉於其行序以贈之

【名宦】劉子羽 紹興安置白州初子羽參宣撫吳玠統制軍馬頗相得甚後子羽坐事安置玠憐其母老力辭於朝至納節請贖上高其義釋子羽凡降詔獎諭

【題詠】今到鬼門關 沈佺期入鬼門關詩昔傳瘴江路云云土地無人老流落幾家還

訟訴榕庭空 王據道和鬱林守詩官遊梅嶺林云云

波濤初過鬱林州 張籍送崑崙兒詩崑崙家住海中州蠻客將來漢地遊言語解通秦吉了云云

越裳濟海喜天晴 陶弼寄郡守姚道源詩云云五樂戈船不渡兵竟辭遠東皆樂國漢唐諸將半書生

桂門關在鬱林西 始呼爲鬼門關近曹戴作文辨之云寄語往來荊楚客云云

【四六】桂嶺遐陬　地雖僻陋　境包三郡之封

鬱林古郡　民乃朴淳　郡雜群蠻之俗

漢賢守之分符是爲古郡　序稽遺父賞辭炎嶺之鬱蒸

唐詩人之題句乃謂惡鄉　詩誦初寮頗謂訟庭之清簡

橫州 寧浦 永定

【建置沿革】古百越之地牽牛婺女之分野趙佗王越地亦屬之漢平南越置合浦郡合州即漢合浦郡之高涼縣地今在高州界吳孫休分立合浦北部晉改立寧浦郡梁分立簡陽郡隋於寧浦置簡州又改爲緣州煬帝廢寧浦縣爲鬱林郡唐以鬱林郡之寧浦樂山縣置簡州改南簡州又改曰橫州改寧浦郡復爲橫州　國朝因之

今領縣二

治寧浦

【事要】

【郡名】寧浦　橫槎 寰宇記橫州號橫槎

【風俗】地隘民瘠 圖經　俗惟種田 同上

【形勝】南瀕海徼 同上云云西接傜洞　東聯懷澤 守章鎬貢院上梁文云云西接欽江貴二州車馬之衝　拒邕爲鄰 易祓記云云實大牙相制之地　三梁故縣 寰宇記云云烏蠻所巢

【山川】東山 在寧浦縣南三十里　寶華山 在寧浦縣南二十里山頂嘗有寶氣○徐安國詩秀出城

南號寳華翠微深處衲僧家百年臺殿歸爐盛一逕蒼苔落晩花**古鉢山**在寧浦縣西十里下有廟○徐安國詩羣嶺中推古鉢草山川羅列掌中存亭臺突兀聖婆劉立垤逶迤山子村**秀林山**在寧浦縣十里山林秀鬱因名**鬱江**在寧浦縣**清江**在寧浦縣東十五里【井泉】**古辣泉**在桂海虞衡志云古辣乃賓橫間墟名以爐中泉釀酒既熟不煑但埋之地中日足取出色淺紅味甘可致遠雖行烈日中不至壞南州珍之【樓亭】**望雲樓**在郡治**橫浦樓**在城上**僊槎亭**在登高嶺【橋梁】**海棠橋**梁詡擬懷古亭記橋附城郭抱林麓大江橫鶩澗流屈折政爾幽趣故老云此橋之南北舊皆海棠有書生祝其姓者家爲少游嘗醉宿其家明日題一詞而去所謂醉鄉廣大人間小是也【祠廟】**慈感廟**舊經唐正觀中婦人陳氏居朝京門外有鬻魚者忽見白衣人謂陳曰魚不可食既而可擲於水急上山頂避之陳如其言比至山巔回望所居皆陷而爲池矣陳既沒即山頂立祠○徐安國詩有時風雨連村暗夜半龍遊古鉢歸【名宦】**杜正倫**本傳由中書令出爲橫州刺史【名宦】**皇朝秦觀**字少游嘗居橫州有寧浦書懷詩云揮汗讀書不已人皆怪我何求我豈更求聞達日長聊以消憂【題詠】**一灣江抱海槎浮**徐安國橫浦詩萬疊山圍城堞古云云**盡日江山對雙目**賈成之橫浦樓詩橫槎三月江如東風浪縈紆接天綠郡樓新粉插雲飛云云

【四六】疏紵披垣　維桂林之舊郡　昔爲烏滸之故巢　分符寧浦　有寧浦之小邦　今乃虎符之重寄　榮分符竹實爲杜中令之舊邦　地僻民貧郡雖居於遐嶠　試訪海棠猶誦秦淮海之佳句　山圍江抱景如在於仙槎

邕州

宣化　武緣

【建置沿革】禹貢九州之外揚州之南境天文星紀牽牛之次古越地秦併南越爲桂林縣地漢平南越改爲鬱林郡又爲鬱林郡之領方郡也東漢因之晉分鬱林置晉興郡宋齊因之隋廢晉興爲縣屬簡州後又屬鬱林郡唐置南晉州太守改爲邕州以州近邕溪故名後以廣桂容邕安南五府皆隸廣府謂之五府節度名嶺南五管後改永寧郡復爲邕州又置建武軍節度　皇朝更晉興爲樂昌今爲邕州建武軍節度管溪洞羈縻州十三仍兼安撫都監領縣二治宣化

【事要】【郡名】**邕管　建武　樂昌**【風俗】**推髻箕踞**隋志人性輕悍而云云乃其舊風**鼻飲之俗**王介甫諭交趾文略曰爾民頭飛我有車馬爾民｜｜我有酒食用華爾｜｜也爾民斷髮我有衣冠爾民鳥語我有詩書用教爾之禮也煌煌炎洲煙蒸霧煮我飛舟雲洒爾甘雨湯湯瘴海雲燒日鎔我張舜琴扇爲薰風【形勝】**唐爲西道**唐大詔令咸通三年分嶺南爲東西道廣州爲東道邕州爲西道又爲都督府**三十六洞**郡志先是兩江州洞各執山獠古銅印至治平四年準朝廷給賜銅印左江十八面右江十八面今所謂三十六洞者此

也繼此又降卬
識固不止此
夢蛇示城址皇祐築城隨築輙壞役者苦之夜夢有蛇環地而行若示其址遂即其地而築焉
號為大府雄州圖經皇祐丁賓臣新城記嶺南東西二部四十五州惟有性邕｜｜｜雲南頭楚入分尾杜光復風土歌云
所莅最廣李大異書横山買馬圖云廣嶺而西為州二十有五而道里延袤與蠻獠居有永平横山二寨永平通交趾暨于海外横山通自杞羅殿諸蠻控連巴蜀
土産
象出交趾山谷惟雄者有两牙以鼻為用一軀之力皆在鼻將行先以鼻柱地乃移足知其足力劣於鼻也安南出象處曰象山歲一捕之縛欄道旁中為大穽以雌象前行為媒遺甘蔗於地傳藥蔗上雄象來食蔗漸引入欄閉其中就穽中教習馴擾之始甚咆哮穽深不可出牧者以言語喻之久則漸解人意不馴則告之云當為闌引雌來即聽

山猪即毫猪身有棘刺能振發以禦人一二三百為羣以害苗稼
蠻犬如獵狗警而猘諸｜率携一｜自防盜莫敢近
孔雀生溪洞高山喬木之上而下浴沙上雄者尾長數尺生三年尾成長金碧晃耀時時自矜盡張其尾圓如錦輪俗謂之朝其朝熙時
秦吉了似鸜鵒
鸚鵡能言
倒挂綠毛常｜｜於樹枝
翡翠人採其羽
錦雞能吐錦又復收入
山川
武甓山在州南二十里高五十丈
馬退山在州西詳見柳宗元茅亭記
羅秀山在州西昔有羅秀隱于此後昇仙
崑崙山在宣化縣東九十二里崑崙關在焉
鏌鄉山在武緣縣南三十二里山形盤薄地勢險隘鏌鄉關在焉
横山其山横截江河置横山寨於此為市馬之地。中興小曆紹興初五路既陷馬極難得韓肖胄建議宜即邕州置市馬場取馬嶺表以資國用。朝野雜記廣馬者建炎末廣西提舉峒丁李棫始請市戰馬赴　行在紹興初隷經略司三年春即邕州置司提舉市於羅殿自杞大理諸蠻未幾廢市馬司以帥臣領其事七年待御胡舜陟為帥歲中市馬四千二百疋詔賞之其後馬益精歲費黄金五鎰中金二百五十鎰錦四百端絁絹千疋廉州鹽二百萬斤而得馬千五百疋必四尺二寸以上乃市之其直為銀四十兩每高一寸增銀十兩有至六七十兩者土人云其尤駔駿者在其出處或博黄金二百兩日行四百里但官價有定數不能致此耳然自杞諸蕃本自無馬又市之南詔南詔大理國也夫自杞國可二十程而自杞至邕州横山寨二十二程横山寨至静江府又二十餘程羅殿國又遠如自杞十程宜州溪洞巡檢常禁者赴

闕將南丹州莫延甚表求乞就宜州市馬比之横山可省三十餘程張說在樞筦以其表聞李壽翁時為檢詳文字為說言邕遠宜近人孰不知前遠其塗亦豈無意況今黄氏方横乃欲為之除道而攬以互市之饒誤矣小吏妄作將啓邊釁請論如法說不聽命從義郎李宗爽以提點綱馬驛程往宜州措置既而說罷政密院乃奏宗爽所言邊防不便罷之時淳熙元年也又諸蕃多以馬易錦蓋蠻人死即以一錦纏繞親友賻者亦以錦貴人至纏十數疋故須錦為急
望仙坡在州東與羅秀山相對故名｜｜｜皇祐間狄青余靖孫沔平儂賊營于上後郡守陶弼因而建堂
左江出源州界至合江鎮與右江水合為一水流入横州號鬱水｜｜道隸太平永平寨右江道隸横江寨各管羈縻州
右江源出峩利州界虞衡志｜｜水與大理大槃水通大槃在大理之威楚州而特磨道又與甚善

闡府相應自邕道諸蠻至大理四五程北梗自杞南梗特磨故父不得至。陶弼右江詩云昔年觀地志此水出牂牁

邕溪源出欽州**鬱水**與地廣記即夜郎溪水與溫水合又與驩水合亦名鬱越水郡縣志云在城西北兩江合處源出蠻地

〖景物〗

清風堂在郡治

茅亭在馬退山柳宗元作邕州柳中丞丨丨記冬十月作新亭於馬退山之陽因高山之阻以面勢無犄櫨節稅之華不斲椽不剪茨不列牆以白雲為藩籬碧山為屏風昭其儉也是山崒然起於莽蒼之中馳奔雲矗亘數十百里尾蟠荒陬首注大溪諸山來朝勢若星拱蒼翠詭狀綺綰繡錯蓋天鍾秀於是不限於遐裔也然以壤接荒服俗參夷徼周王之馬跡不至謝公之屐齒不及巖徑蕭條登探者以為嘆歲在辛卯我仲兄以方牧之命試于是邦夫其德及故信孚信孚故人和人和故政多暇由是常徘徊此山以寄勝槩乃壂乃塗作我攸宇不崇朝而木工告成每風止雨收煙霞澄鮮輒角巾鹿裘率昆弟友生冠者五六人步山椒而登焉於是手揮絲桐目送還雲西山爽氣在我襟袖以極萬類攬不盈掌夫美不自美因人而彰蘭亭也不遭右軍則清湍脩竹蕪沒於空山矣是亭也僻介閩嶺佳境罕到不盡所作使盛跡鬱湮是貽林澗之媿故志

三公亭在望仙坡上。陶弼詩異日誰相繼來書第四名謂狄青余靖孫沔三公也

〖古跡〗

銅鼓郡志此古蠻人所用左右溪峒時得之相傳為馬伏波所製其形如坐墩而空其下滿腹皆細花紋極工緻四角有小蟾蜍兩人舁行拊之聲似鞞鼓

銅柱漢伏波將軍馬援征蠻立柱界上又唐馬總為安南都護獠夷安之建二丨丨於漢故處鑱著唐德以明伏波之裔故今左右江各有其一又其一在欽州蠻界其刻云丨丨折交人滅至今交人來往累碎石於下不絕。呂伯恭作銘曰溪蠻洞獠慴息奉詔約牿牛開馬不敢飲啖漢銅水

〖名宦〗

馬援字文淵交趾女子徵側反拜援伏波將軍南擊交趾軍至浪泊上處未滅之時下潦上霧毒氣熏蒸仰視飛鳶跕跕墮水中臥念少游平生時語何可得也今賴士大夫之力蒙被大恩且喜且慚吏士皆伏

李翱文集載正元中翱守邕大首領黃氏帥其屬納贄供賦黃氏儂氏皆羣盜也常氏不附率羣黃之兵以攻之而逐諸海黃氏既至羣盜皆伏於是十三部二十九州之蠻悉平

皇朝狄青東軒筆錄狄青之征儂智高也自過桂林即以辨色時先鋒行先鋒既行青乃出帳受偏裨命諸將坐飲酒一卮小餐然後中軍行率以為常及頓軍崑崙關下翊日將度關復起諸將張立甚久而青尚未坐殆至日高覘吏疑之遽入帳周視則不知青所在諸將方相顧驚怛俄有軍候至曰宣徽傳語諸官請過關喫食方知青已微服同先鋒度關矣。言行錄青入邕州獲尸有衣金龍之衣者或言智高已死亂兵中當亟作奏者公曰安知其非詐寧失智高不敢欺朝廷也。郡志時智高舁犯邕或以告襄公賊必送死何若膿處邕而潰勢不可久也已而果然

余靖為廣西經略同狄青經制廣西盜賊作平蠻碑曰蠢茲狂寇起乎徼外卒陷邕郛乘流東邁天生狄公仗節臨戎英材鱗集猛將風從賊之敢鬪實惟天誘僭補偽署叢然授首殲惟邕邊南國之紀九洞襟帶列城咨嗟我公之來電掃雲開天聲遠揚緊公之材

陶弼治平間以崇儀使知邕州撫完儂賊有功

孔宗旦為司戶逆料智高必反守陳珙不聽及城陷宗旦死於賊

蘇緘以右騏驥使知邕州儂賊攻城以戰而死今賜廟焉

〖人物〗

石鑑邕州人舉進士儂智高攻廣州不下還據

邕州鑑干余靖言若使智高盡得邕州三十六洞之兵其爲中國患未可量鑑請說諭諸洞酋長使之不附智高靖遣鑑說諸洞酋長皆聽命惟結洞酋長黃守陵强暴智高深與相結鑑說守陵智高父子貪詐不可不爲之備守陵由是稍疎智高智高怒遣兵襲之守陵先爲之備逆戰破之遂不敢入結洞而奔逃於特磨

〔[illegible]〕韓愈有論黃家賊事宜狀以爲宜招討柳宗元有代裴中丞論黃家賊事宜狀

〔題詠〕山川禹貢外唐子西詩云云城郭漢兵餘入分野窮禹畫劉禹錫送張蒼赴邕幕詩云云人煙過虎猶不言此行遠所樂相知新恩沾黃儂族陶弼橫山詩云云師還左右溪象隈銅柱臥成痕沈彬詩龍約海舡行有氣云云路指鬼門幽且夐韓愈贈張十一詩云僉君又署南荒吏云云五十溪州六萬丁陶弼詩南極諸蠻衛與荊斗間時復見飛將君王仁恕將軍老云云

〔四六〕地標銅柱郡固金城　俗頑而荒民驕以悍　眷邕川之地重距嶠陛之天遥

地控龍編之遠　維茲建武之封　粥一塵際窮荒之遠

歲通駱胃之奇　越在嶠南之外　乃舉蠻來互市之衡

自韓及柳備言討冦之宜　朱轓皂蓋來分竹使之左符

惟狄與余尤壯平蠻之策　碧山白雲尚訪茅亭之佳致

布揚威德遠踰銅柱之封　虎符出守益總五千衆之屯

牢輯疆陲益壯金城之勢　馬政攸關要謹十二閑之別

互市散集關馬政之重輕

兵籍盈虛係猺獠之捍御

廉州 合浦 石康

〔建置沿革〕古越地牽牛婺女之分野秦屬象郡漢置合浦郡即今州治也吳時改珠官郡復改合浦郡宋置越州隋煬帝改爲祿州又改爲合州又廢爲合浦郡唐又爲越州又置珠池縣改爲廉州　皇朝移州治於長沙場開寶廢廉州於海門鎮置太平州後又爲廉州今領縣二治合浦

事要

〔郡名〕合浦

〔風俗〕青草黃茅瘴元和志自瘴江至此瘴癘尤甚中之者多死舉體如墨春秋兩時彌甚春謂青草瘴秋謂黃茅瘴馬援所謂仰視鳥鳶跕跕墮水中即此也土人諳則不爲病土少耕稼郡志

〔形勝〕因洞爲名元和志地有大廉洞故元德五年置大廉縣今縣雖廢而州名則以大廉洞故名耳鑿山爲城門宋陳伯紹爲刺史云云以威服蠻獠距海二百里自州西南至廉江入海艇約二百里海口有梁德鎮亦是往來安南水路

〔土産〕珠郡國志合浦縣海曲出珠號曰珠池唐正觀五年置珠池縣嶺外代答云合浦產珠之地名曰斷望池去岸數十里蜑人沒而得蚌剖珠蜑家自云海中珠池若城郭然其中光怪不可向邇常有怪物護持蔡絛叢談云合浦珠池大抵皆居海中珠母者蚌也採珠必蜑丁皆居海艇中採珠以大船環池以石懸大絙別以小繩繫諸蜑腰沒水取珠氣迫則撼繩繩動舶人覺亟絞取人緣大絙上紹興二十六年　詔廉州歲貢珠取之或傷人命自今可罷貢龍眼蘇子瞻詩云異哉南海濱珠樹羅文圓纍纍似桃李一一流膏乳坐

疑星隕空又恐珠還浦圖經未嘗說玉食遠莫數獨喜皺皮生弄色映瑚祖蠻荒非汝爭李兒妃子汚

【山川】

畫山 在古縣北五十里其山百丈明艷如然　**狼頭山** 在合浦縣　**廉江** 在州界又名合浦江　**鳫湖** 在古廉州二百步鳫所罕至故名　**明月溪** 合浦北八十里

【亭榭】

還珠亭 陶弼有詩合浦還珠舊有亭史君方似古人清沙中蚌蛤胎常滿潭底蛟龍睡不驚　**海角亭** 見欽州天涯亭注

【名宦】

孟嘗 後漢循吏傳云嘗遷合浦太守郡不產穀實而海出珠寶與交趾比境常通商販貿糴糧食先時宰守並多貪穢詭人採求不知紀極珠遂漸徙於交趾界嘗到官革易前弊求民利病曾未踰歲去珠復還百姓皆反其業商貨流通稱爲神明

【名宦】

皇朝蘇軾 紹聖初御史論軾貶昌化軍徽廟移廉州　**陳瓘** 論蔡卞又識曾布貶袁移廉　**曾布** 坐薦趙諗及棄湟州地謫廉州

【題詠】

荒涼海南北 蘇子瞻宿興廉村淨行院詩云云佛舍如雞栖忽此榕林中跨空飛拱栟當門列碧井洗我兩耳泥高堂磨新塼洞口分角圭倒床便酣寢鼻息如虹霓僮僕不肯去我爲半日稽　**示我海濱石** 陶弼詠海石史君合浦來云云千巖秀掌上大者不盈尺

【四六】

拜寵玉宸分符珠浦　已著還珠之瑞即歸鳴玉之班　地不宜於稼寶海特富於驪珠　孟太守之声名與此邦而不朽廉操冰清與郡名而相稱　蘇長公之氣節尚故老之能言寬恩春播至海物而亦豊

新編方輿勝覽卷之四十

建安祝穆和父編

象州

陽壽 來賓 武仙

建置沿革 古百粵之地，於天文屬翼軫之度鶉尾之次。秦始皇南取百粵以爲桂林、象郡，象郡之名始此，然非今之象州。漢初爲南越王趙佗所據，漢武平南越，以桂林地置鬱林郡，而秦之象郡更名日南，今之象州即鬱林郡之中溜、潭中二縣也。東漢因之。吳孫皓分鬱林置桂林郡，晉桂林郡有潭中而無中溜，宋桂林郡有中溜而無潭中。陳置象郡，隋置象州，此則象州之所從始也。煬帝廢象州爲縣，屬桂林郡。唐以陽壽、桂林縣置象州。皇朝因之。今領縣三，治陽壽。

事要

郡名 象臺 象郡

風俗 俗好淫祀 郡縣志云云。以雞骨卜吉凶。人多驍獷 同上云云。郡少秀民。地無桑柘 象郡志云云。民不事蠶，佗雖間有之，不能繅絲，第爲綿絮而已。或水漚而紉績之，以爲粗紬。婦女以緝麻織布爲業。多膏腴之田 象郡志云云。長腰玉粒，爲南方之最，旁郡亦多取給焉。

形勝 控扼蠻洞 象郡志：連屬桂林，外接交邕。云云。往來要衝。居嶺嶠之表 漕邊公翊撰新井記云云。接蠻貊之疆 當牂牁龍江之沿流 象郡志：郡跨三邑之封云云。城門畫象 嶺外代答：象州郡治西樓正面西山，山腹忽起白雲，狀如白象，經時不滅，然不常有。案秦象郡乃交趾，非象州地。今象州城門畫一白象，不審何義。然象州自昔不遭兵革，凡有大盜，皆相戒以不宜犯象鼻。然則城門之畫象，豈著此也耶。水泉甘潔 郡志：民富魚稻。云云。不減中州。

土產 水清魚肥 郡志：踰桂嶺而南云云。爲南方之最。貨多珠翠 瑶光堂記云。地宜稻粱。山多麋鹿 同上云。

山川 象山 在陽壽縣西五里，以形得名。又見城門畫象注。西山 與象山相連。風土記云：刀兵求不見，┐┐最高現。說者以儂智高、陳進之倡亂，至境或自退或敗亡，士人以爲應讖。象臺山 近柳州界三十里，平地突起，巋然一臺，蓋古之州治也。唐武德始遷治陽壽，今猶相承謂州爲象臺云。銅鼓山 在武仙縣西十里，下有銅鼓灘。昔馬援南征，獲駱越銅鼓。衔化志：俚獠鑄銅爲鼓，惟以高大爲貴，面闊丈餘。初成，懸於庭，剋晨置酒，招致同類，來者盈門。雙泉巖 在來賓縣西北百里，夏涼冬溫，士人多於巖中結課。舊傳山中患無水，忽一日雙泉湧迸，因名。大江 在來賓縣西五十步，至武仙縣通潯州入海。雷江 在來賓西北三十里。舊經：有毛雷捕魚於此，因名。牂牁水 郡國志：巖州州門有長水，自牂牁流下來賓。陽水 在陽壽縣。大藤溪 在武仙縣東，南源出潯州大立山，今延賓驛前溪是也。

井泉 靈泉 在陽壽縣。

堂樓 扶疎堂 在城外東南街，士人謝氏建，竹木深邃，王右丞孫尚書寓此，壁間有舊題。率齋 郡守陳太和建，孫覿記。瑶光樓 在西城上，俯瞰溪山，景物勝絕，今爲西峯樓。

名宦 薛仁貴 絳州人。吐蕃入

寇命爲邏娑道行軍總管兵敗於大非川敗象州後召爲都督擊突厥大破之 皇朝王安中字履道自號初寮道人宣和中遷尚書右丞靖康謫象州 孫覿紹興中謫象州

【題詠】烏蠻通茘浦陳陶南海送韋七使君赴象州一鷄啼公子新恩鎮郡侍云云龍節過蒼梧地里金城近天涯玉樹孤聖朝朱紱貴從此展雄圖 炎涼頃刻分陶弼題太平驛詩云急雨隨風至云云 人家多在竹棚頭張籍詩瘴水蠻江入洞流云云青山海上無城郭惟見松排出象州 瘴雲如海蹴天浮孫覿詩過嶺逢人問象州云云

【四六】疏恩鳳闕眷此象臺 作填象臺總在駱粵 地控百蠻疆連五嶺 地窄香叢俗饒魚稻 雖雕題交趾之俗漸染華風而含哺鼓腹之人雅安淳政 象郡自秦既入中州之境虎符分漢共資循吏之功 竹使虎符允謂人生之貴桂林象郡諒增地望之雄 吏通茘浦既變俗之雜居人住竹棚亦土風之甚朴

潯州 桂平 平南

【建置沿革】粵地牽牛婺女之分野秦平百粵屬桂林郡漢改桂林爲鬱林郡今潯州之桂平即鬱林郡布山之地梁置桂平郡隋以布山縣置桂平縣屬鬱林郡唐初爲鸞州太宗以鸞州之桂平大賓等三縣置潯州尋廢隸龔州後復創龔州桂平大賓三縣置潯州改潯江郡復爲潯州 皇朝平嶺南廢隸貴州尋復置今龔州之平南即猛陵縣地 中興廢龔州爲平南縣隸潯州自是以後合龔潯二水爲一州今領縣二治桂平

【事要】

【郡名】清潯 潯江

【風俗】民淳訟簡郡志云云 人多業儒 地瘠民貧趙善瑧奏狀與山閒云云 土無空惡慶曆學記以爲昔地鬱江東注云云溪蠻峒猺不際其境民之從化豈間然哉

【形勝】實有三州之地同上封域廣袤云云繡州鸞州龔州是也 限以二江郡志云云左黔右鬱黔之源出牂牁鬱之源出交趾合于山之麓曰潯水 山水奇秀同上潯雖爲古荒服沃壤頗多云云○李邦彥留題白石云潯江鬱瘴嶺之南郡雖僻旁與都嶠勾漏爲鄰而白石近在境上其江山氣象之秀有以嘉者

【山川】白石山在州南六十里下有洞曰白石洞天內有清真觀旁有壽聖寺洞門自下透入容州勾漏洞天世傳葛仙翁往來其間 閔石山在州北有梁狀元嘗讀書巖 暢巖在郡西龍華寺之上郡守姚嗣宗詩其谷常留九秋氣——別是一壺天 羅叢巖在郡西南六十里巖中明快可容三百人內有三教殿東曰碧虛洞西曰靈源洞又曰水月巖超然亭賞潯之勝 潯江在桂平縣北二十步 鬱江在州南一里 黔江在州北二十步 烏江在平南縣西 淥水在平南縣南十五里曠野之中天然甃石甃其傍泉水深碧而澄清中有巨魚人不敢捕

【堂亭】清心堂在郡治 平政堂在郡治 清涼境界在郡圃

【祠廟】廣祐廟在思靈山郡守舌虎守禱于神信宿虎夾死廟樹間范希文嘗言其事姚嗣宗記其靈驗

【古跡】

鷰石在平南縣東南十二里圖經云春夏燕巢其上故唐置鷰州　糖牛大賓縣南山有一一與蛇同穴牛嚙齒里人以皮裹手拴搤入穴探之其角如玉琢以爲器

名宦

皇朝姚坦嘗守潯州東都事略載越王元傑嘗作假山召僚屬置酒共觀之翊善姚坦曰坦見血山不見假山　太宗亦爲假山或以坦言聞亟命毁之　程珦皇祐間守龔州二子隨侍乃明道伊川也

人物

梁嵩郡人南漢時狀元及第仕至翰林學士故龔以公爲大魁歷仕因獲蠲一郡之丁賦以迄于今郡人感公立白馬廟

題詠

西巖境獨清姚嗣宗詩并邑倦炎酷云云　兩江橫截壯金湯康德明南樓詩三里之城緻大荒云云唐家設險基猶在聖代增陴感更長　嶺外此州爲道院石廛孫巍南山詩孤標去邊天浩渺萬家窮處水滸環云云風煙殊不類南蠻

四六

塗鴻書省　入分虎清淨　地控兩江之會　境壤三郡之封　惟清淨之郡境　有白石之洞天　欲簡民淳夙號嶺南之道院　山奇水秀亦稱物外之洞天　豈盡分茶此郡頗傳於地望　玉堂揮翰甘賢曾破於天荒

藤州

鐔津　岑溪

建置沿革

古百粤地秦爲南海郡漢地理志牽牛之分野即唐志所謂谿石以西朱崖以東爲星紀之分是也漢屬蒼梧郡之猛陵縣地晉分蒼梧立永平郡宋晉以後因之隋廢永平郡置石州又改爲藤州煬帝復爲永平郡唐置藤州初領永平猛陵安基武林隋建陽安晉寧戎城寧人淳人大賓賀川等十二縣後以武林屬龔州皆寧屬容州猛陵屬梧州以隋建爲龔州改義感郡復爲藤州廢南儀州以岑溪縣隸藤　皇朝平嶺南移州治於大江南岸今領縣二治鐔津

事要

郡名

鐔江　古藤

風俗

俗不知歲寰宇記云云唯用八月酉日爲臘長幼相賀以爲年　以白布裹頭同上男兒以白布爲頭巾女兒以白布爲衫　以青石爲刀劍郡國志其俗云云如鐵婦人亦以爲環玦代珠玉也

形勝

郡居大江之南郡志

土產

竹枝霜土人沿江種甘蔗冬初壓取汁作糖以淨器貯之醮以一一皆結一　蔞藤土人採取雜蚌灰并檳榔啗之左思作吳都賦所引石帆水松東風扶留此其一也一名扶留○又産大藤又涉羅蜜樹竹子布

山川

羅山在故南儀州山有冷泉　羅慢山在鐔津縣　秀峯山在岑溪縣　鳳山在岑溪縣　鐔江一名繡江發源自容州之鐔嶺　濛江自昭州立江縣來經城外古龔州地與潯江合　繡江自容江來經州東南與鐔江合

樓閣

江月樓在州治以坡詩名　鬱繡樓在州城東　南浦亭在州城東

名宦

裴敬業隋人爲永平縣丞得民吏心

人物

皇朝蘇軾子瞻自惠州謫昌化子由亦貶雷州相遇於藤同途至雷　秦觀紹聖初御史劉拯論其增損實錄謫藤州以終觀嘗作詞云醉卧古藤陰下杳不知南北時以

爲識

陳師道字無己號后山謫藤州○黃魯直鐔江即事詩閉門覓句陳無己對客揮毫秦少游二子不知溫飽味西風吹淚古藤州

題詠

嶠南瘴毒地蘇子瞻藤州城下對月詩江月照我心江水清我肝端如徑寸珠墮此白玉盤我心本如此月滿江不湍起舞者誰歟莫作三人看云云有此江月寒乃知天壤間何人不清安棲頭有白酒盎若白露漙獨酌還獨醒夜氣清漫漫仍呼邵道士取琴月下彈相將乘一葉夜下蒼梧灘

繫舟藤城下蘇子瞻詩松如遷客老酒似使君醇云云弄月鐔江濆

躋險綠中行宋之問發藤州朝夕苦遄征孤魂長自驚況舟依岳泊投館聽猿鳴石髮緣溪蔓林衣拂地輕雲峰刻不似苔壁畫難成露裛千花氣泉和萬籟聲攀幽紅處歇云云戀結芝蘭砌悲纏松柏塋丹心江北死白髮嶺南生魑魅天邊國窮愁海外情勞歌意無限今日爲誰明

四六

塗鷗禁掖　雖居炎嶠　惟火江之最近

分虎鐔江　實號名邦　宜毒霧之潛銷

聞滕君之仁政皆願受廛　民夷雜處昔雖劣於華風

歌蘇子之月詩何妨舉酒　名勝寄居今實爲於佳郡

梧州 蒼梧

建置沿革

禹貢荊州之域越地婺女牽牛之次舜帝南巡至于蒼梧之野秦取百越爲桂林郡漢武以其地爲蒼梧郡之廣信縣後於蒼梧郡兼置交州治廣信更漢立交州牧治蒼梧後徙治番禺晉宋齊梁陳爲郡不改梁析廣信郡兼置成州隋改爲封州隋於廣信縣置蒼梧縣爲靜州唐置梧州改蒼梧郡復爲梧州　皇朝因之今

領縣一

治蒼梧

事要

郡名

蒼梧以一一名郡始於漢武然不知何所本檀弓云舜葬於一一之野傳以爲南越地湘中記九疑舜之所葬漢書載漢武望祀虞舜於九疑又與檀弓不合漢文穎注曰九疑山半在一一半在零陵如淳曰舜葬九疑九疑在一一之爲東縣九域志謂九疑山亦名一一山未免皆牽合按太史公云舜南狩死於一一之野歸葬於江南之九疑是爲零陵則是舜死於一一之野歸葬於零陵之九疑山太史公徧歷名山大川必有所據

風俗

質直尚信隋志自嶺以南二十餘郡大率下溼瘴癘人性輕悍俚人則一一一一諸蠻則勇敢自立皆重財輕死

樂音閑美蒼梧志一一節一一有京洛遺風廣西俗語推遜亦謂梧州樂韶州角云又善爲渠舞舞

爲善地吳具士賢祠記云蒼梧於南紀一一一

地氣歊瘴史通蒼梧云云

形勝

襟喉五羊丘翔蒼梧郡賦啓商湖湘云云距封圻於高要鄰津漵於端江

山連五嶺史通地總百越云云

交趾之域東漢郡守喻猛類於惟蒼梧云云

土產

鍾乳南越志孟陵縣山多一一及石英

翠羽舊孟陵縣山多一一

賜夷勒盧南越志賜夷之甲以錫薄飾之雜以州炎照耀皇甫左思所謂云云

山川

火山寰宇記山下有丙穴嘉魚生焉虞衡志嘉魚狀如小鯽魚味極腴美出梧州火山春末尤多山上有火每三五夜一見如野燒之狀或言其下水中有寶氣或言越王尉佗藏神劍於山阿故深夜騰焰如火○沈佺期詩身經火

山熱頽入犨鄉消 **大蟲山** 在州東三里搜神記扶南王范尋常養虎五六頭若有犯罪投與虎不噬乃赦之因名 **鬱水** 南去縣八里 **雷水** 出戎城縣 **赤溪** 在大江之西有茂林脩竹小橋流水之勝傍有古寺與李太白讀書臺相對 【井泉】**冰井** 在州東北一里味甘且冷元結過郡自曰□□又爲銘刻石泉上有火山無火冰井無冰之句皇朝宣和間郡守蕭磐訪求得之詩云井名未磨滅自我發沉晦 【堂館】**習隱堂** 在東山太守李子伯有記 **蒼梧道院** 在郡圃 **江山偉觀** 在子城上 【寺觀】**白鶴觀** 唐開元置咸通末宰相鄭畋自翰林承旨謫官蒼梧太守增修觀宇臨江建水閣因題詩云松陰如蓋水如羅秋夕山青白鳥過獨坐一龕心正寂數聲何處竹枝歌

【名宦】**范曄** 宋人爲守 **皇朝陳執中** 七賢祠亭公爲郡陶以嘗學愛山水爲富草以道其勝覽之勝至作相猶眷眷不忘 【人物】**陳元** 蒼梧廣信人明左氏春秋後漢時辟司徒府 **吳士燮** 蒼梧廣信人爲交趾太守學問優博兄弟四人一爲合浦太守鮪爲九真太守武爲南海太守 【題詠】**南國無霜霰** 宋之問經梧州云云連年見物華青林暗換葉紅蘂續開花 **草沒嘉魚穴** 陶商翁送呂壽典獄詩峽口蒼梧縣城依南斗魁江澤潮海上地熱火山來云云雲封拜表臺到應無獄訟豈蔻酒頻開 **看發蒼梧太守船** 張籍送王梧州詩楚江渟上秋風起云云千里同行從此別相逢又隔幾多年 **蒼梧獨在天一方**

蘇子瞻詩九疑連綿屬湘湘云云孤城吹角煙樹裏落月未落江茫汒幽人撫枕坐歎息我行忽至舜所藏他年誰作輿地志海南萬里真吾鄉 **鬱鬱蒼梧海上山** 蘇子瞻詩云云蓬萊萬丈有無間自注鬱州山自蒼梧浮來 **蒼梧之邦舜遊處** 郭功父和梧守蔡希蘧留別詩惟君万里分符去云云九疑七澤皆相連墨海濡毫寫長句 【四六】榮分符竹來涖蒼梧 地乃舜遊郡因漢置 居百粵五嶺之中連九疑七澤之勝 北接湖湘而爲藩翰之邦下通番禺而有咽喉之勢 潮海火山曾入陶商翁之句青林紅蘂備陳宋之問之詩 地望匪輕曾是陳恭公之舊治人才亦盛尚爲吳太守之故家

貴州 鬱林

【建置沿革】虞商暨周並爲荒裔古西甌駱越之地牽牛婺女之分野其次星紀秦平百越置桂林郡而貴州乃桂林之南境徙謫人以居之秦末尉佗自王其地漢武平呂嘉改爲鬱林郡廣鬱縣隸焉吳立陰平縣晉武改爲鬱平縣梁武割鬱林寧浦二郡立定州後改南定州隋置鬱林郡改南定州爲尹州又改尹州爲鬱州尋罷爲鬱林郡唐平蕭銑置南尹州又改爲貴州又更貴州爲懷澤郡復爲貴州 國朝因之廢懷澤義山潮水入鬱林縣後孝宗爲貴州防禦使本州不曾陳乞恩例今領縣一治鬱林

【事要】 【郡名】**懷澤** 【風俗】**土風尚朴** 懷澤志云云不

事華飾不機巧趨利

人性輕悍 隋志云云而椎髻箕踞乃其舊風

民力耕爲業 風土記云云不産蠶絲

民貧地瘠 崇寧加封二侯廟制

亭臺彌望 守趙汝鉞奏狀最爾之區閑田瘠土云云而無原隰膏腴之地

以嘗爲雄 舊經俚人質直重貨輕死云云蓋古者夷獠之俗如此

夷獠雜處 郡志懷澤乃漢廣鬱之地與云云自谷永陸績出守是邦始迪以詩書禮樂之化。異物志郡北連山數百里有俚人皆烏滸諸蠻巢居鼻飲以射翠求珠爲業

連山數百里 見上

負郭二千家 圖經有唐盛時

【山川】

東山 在州東二十里峯巒秀峙古經云唐時有何特進候光二人隱此山化爲石今山狀如二人立西北一峯望之如婦人搭帔簪花號爲新婦巖

方輿十　十

南山 在州南十里羣峯秀異甲於一郡山有石笋髣象相傳葛仙翁於此煉丹

西山 在郡西三十里多躑躅花

北山 在城北十里山高聳上有瀑布有池周數十丈神人羽客多棲止焉古經云周穆王時山上有物相鬬有羣女號泣云吾乃山神因金牛星驅雷電與山上池中神物相鬬今神物已化爲石牛矣世傳石牛神每歲禱旱無不應祭則殺牲取血和泥塗於牛背用鹹菹塗於牛口鄉人歌放牛之歌以樂之祀畢即雨泥盡乃晴

龍影山 在州南石壁上有五色畫龍

鬱江 來自邕横經州界入清潯

寶江 在州西二里又名浮江水來自賓州

紫水 鬱江有丨丨兩派若流出即有異其對州門流下者郡守必除擢在州向上而流下者應在僚屬

【井泉】

東井 在州東北二里中有惟石

谷永井 在州治東北漢丨丨磐古刻猶存

陸績井 在城內東偏有橘一株乃乾和中刺史劉傳古所種

嘉魚井 在州西井泉通江風土記水足丨丨臨水觀之歷歷在目有亭臺舊基存焉

【亭榭】

南澗亭 在城西二里。守唐卿詩云伏泉地脈能通海疊平山峯喜近城

巢蓮亭 在郡治蓮池北亭有蘇子瞻墨刻

薰風亭 子瞻爲梁詔書

【名宦】

谷永 爲鬱林太守今之縣名故附見也

陸績 爲鬱林太守今水南有懷橘坊存焉

【人物】

皇朝梁紹 州東下郭人少孤事母至孝任廣東提幹未幾以母病掛冠而歸母卒廬墓側手植松柏號碧林亭有甘露降芝草生蘇子瞻海外聞其孝節往見之易亭名曰甘露林名曰瑞松坡皆爲親染

【題詠】

方輿十　十一

鬱江清徹底 運判董端逸詩云云十里郡城南

萬山飛不出 運使王繁會山驛詩云云守令最相親

二十四峯尖 郡守俞括詩云云參差列郡南半空鞏鬱爲字絕頂寄僧龕

二十四峯稱小桂 郡守陳岡昭鹿鳴宴詩

朝衣駝裘暮揮扇 陳耳伯詩冬來行部駕輕車一日之間氣候殊云云未應嵐瘴傳全無蓋泛言南中氣候也

【四六】

眷今懷澤　析古鬱林

眷懷澤之小邦　亦炎荒之樂土

賦少而供億亦稀　民淳而獄訟頗簡

鼻飲巢居雖遠夷之俗　山環水遶不虛小桂之稱

民既力耕有斗米三錢之俗　郡無囂訟乃人生五馬之榮

昭州

平樂 恭城 龍平 立山

建置沿革 禹貢荊州之域古百粵之地牽牛婺女之分野秦爲桂林郡地二漢並屬蒼梧郡吳置始安郡仍置平樂縣隸爲晉宋齊因之至隋不改唐以平樂縣置樂州又以恭城縣來屬與永平縣而四更名昭州取昭潭以爲名改平樂郡復爲昭州 皇朝仍爲昭州今領縣四治平樂

事要

郡名 昭潭 昭平

風俗 風俗視沅湘伯仲 昭潭志序云風聲氣習布衣韋帶之士有摩挾焉視沅湘以南猶伯仲

决科入仕不乏 鄒道鄉得志軒記云——每每——朝

方四十

十三

廷興崇學校而中上舍者三人貢辟雍者二人

大法場 嶺外代答云嶺外瘴毒不必深廣之地如海南之瓊管海北之廉雷化雖曰深廣而瘴乃輕昭州與湖南靜江接境士大夫反指爲——言瘴毒之多也如横邕欽貴其瘴殆與昭等然今俗又以廣東之新州爲大法場英州爲小法場也

形勝 與清湘九疑犬牙相入 昭潭志序居蒼梧始安之間云云

灘瀧至昭而中分 俗謂自靜江以至梧——三百六十——自昭而上至靜江不甚險惡自昭而下至梧多銳石灘高而水湍激兩岸皆懸崖峭壁

山川 西山 在平樂縣西有巨石徑百尺屹立水中如神龍戲珠狀

榮山 寰宇記山多曲折有木客形似小兒行坐衣服不異人而能歎山居崖宿時出市易依器人亦無別

昭潭岡 在郡北

陶李峒 在平樂縣有二仙廟相傳唐陶英太尉謫居與李氏聯姻後此二姓居峒數百家世爲婚姻云

平樂溪 在縣南三里其西岸曰昭潭周回一里在今光孝寺考槃澗之口

漓水 自州合流東南過梧州會鬱江客江達廣入于海漢戈船將軍下漓水即此

荔水 源出桂之荔浦

井泉 感應泉 夷堅己志鄒忠公再謫昭州江水不可飲汲於數里山中人暑月殊以爲苦所居仙宮嶺下忽有泉涌清冷瑩潔因疏爲小池日得四五斛遂給用名曰——將有北歸之命數日前泉乃涸旋有人大醉至門厲聲呼曰侍郎歸矣尋求不可見明日命下故龜山先生楊中立爲公挽詞有泉甘不出户客至豈無神之句蓋指二事也

亭臺 天繪亭 夷堅志郡圃有亭名天繪郡守以與金國年號同欲之名於徐師川易之忽積

方四十

十四

壤中得片石其略云予擇勝得此亭名曰——後某年月日當有俗子易名清暉者可爲一笑。鄒道鄉詩江山天繪出留待主賓同

十愛亭 在城內光孝寺門側刺史梅摯作仍有十愛詩石刻今存焉

雙榕閣 在州治東二里江邊二榕之間

祠廟 鄒公祠 張敬夫記按郡城之西北有所謂得志軒者公所嘗游歷也下臨長塘曰木杪廣數十畝群山環於前其形曰龍戲舊爲郡士張雲卿之居公實名而記之棟宇今無復存者乃即其地爲屋四楹繪公像於中俾張氏之後人居而世守之

名宦 章陟 貶平樂尉 楊國忠忌才諭守令齎陟使憂死土豪諭以輕舟泛溪峒——曰我無負神理命之合酬其敢逃刑歲餘起爲吾郡守

皇朝胡銓 紹興八年爲密院編修上疏乞斬王倫并秦檜孫近乃以銓監昭州鹽倉銓之行也鼓院

陳剛中以啓送之云岳勝請和知廊廟御侮之無策張膽論事喜樞庭經遠之有人身爲南海之行名若泰山之重又云知無不言願請上方之劍不遇故去聊乘下澤之車石坐謫知賀州安遠縣

梅摯 爲太守

【人物】

周渭 字得臣恭城人建隆初由桃源舉進士走京師以書干藝祖皇帝畫下嶺表之策召對稱旨賜進士出身調滑州司馬籍 太宗時爲御史乞不受錫賜願充昭州所收百姓秋田耗米鄉人德之爲立祠徐俯爲記

韓逈 郡人以太子中舍致仕寵東山野叟仍作書院年八十有三運使李師中以詩贈之曰未衰前已得懸車骨立清風八十餘松竹最宜貧宅舍江山偏照白髮頻

【名宦】

鄒浩 東都事畧有田晝者志義之士也與浩善浩除言官一日報立皇后劉氏晝曰鄒君不言可以絶矣又一日鄒以書約晝會頃晝自云得罪留連三日臨別浩出涕晝正色責之曰使君隱默官京都遇寒疾不汗五日死矣豈獨嶺海之外能死人哉願毋以此自滿

徐俯 字師川避亂抵昭州紹興間召除諫議大夫遂執政

【題詠】

猿上驛樓啼 李義山昭州詩桂水春猶早昭州日正西虎當官路鬭云云

絶爛金泱井松乾乳洞梯鄉昔吁可駭仍有醉如泥

千家不禁燒 俗名酒謂之燒故梅公十愛有此句此亦唐人燒春之義 國朝以南方瘴霧特弛其禁家自市曾酒

偷閑少送迎 陶弼詩假守昭平郡云云

韶移亭標梅老句堂識敬公名

丞相木蘭舟 許渾聞昭州李相公移拜郴州詩云云桂水鷁溪嶺北流青漢夢歸雙闕曉白雲吟過五湖秋

【[illegible]】

燈火似漁村 陶弼過龍平詩數家深峽裏云云

入城人半是漁樵 立山縣劉君詩

度暑田夫竹作衫 立山縣俚婦長於織績吉貝𧜏落之類甚細輕又能以竹作衫充暑服劉詩云云即此也

【四六】

桂嶺遐陬　雖居賓右　鄒陳辱臨遂致江山之秀

昭潭佳郡　實接湘南　周韓挺出足爲人物之英

烏鳴拍府當知人傑而地靈　入仕決科備著道鄉之記

猿上驛樓可想境幽而郡僻　凝香處句尚存梅老之詩

新編方輿勝覽卷之四十

新編方輿勝覽卷之四十一　建安祝穆和父編

融州　融水　懷遠

【建置沿革】春秋戰國爲百越地。漢志以爲牛女之分野。唐志以爲翼軫之分野。漢爲鬱林郡潭中縣地。吳分鬱林郡置鬱林縣。晉置齊熙郡。梁置東寧州。隋改東寧爲融州，又改齊熙郡爲義熙縣。煬帝隸始安郡，即今之桂州也。唐置融州，改融水郡。皇朝復爲融州。大觀中陞清遠軍節度。今領縣二，治融水。

【事要】

【郡名】**玉融**　同上。昔石湖范至能帥桂林，嘗請于朝云云。

【風俗】**氣候不殊荊湖**　圖經。**民傜雜居**　每歲令傜人頂聖旨御銘，蓋除屬縣塞堡外州峒。羅殿至千人，列坐兩廡下，皆椎髻，剪衣以青紅染紵織成花縵爲服，吹瓢笙爲樂，聽之如聚蚊聲。十數連袂，眩轉而舞，以足頓地爲節。刻木爲契，約字畫如梵書不可曉。

【形勝】**東南接桂林**　同上云云。郡志：大觀初，置黔南帥府於融州，黔南帥府云云。三年罷，陞爲清遠軍。**鎮壓諸蠻**　乞建節鎮奏狀云云。安靜邊界，曲鄉會之境，西北有牂牁、夜郎之地，潭江合荊湖數路之水。**黔南帥府**　郡志：大觀初置黔南帥府云云。三年罷陞

清遠軍。**鎮壓諸蠻**　卓行李巽制：融水並邊，兼撫夷落。

【山川】**山水爲天下最**　山水巖洞序云：玉融云云，而真仙巖、老人巖之類，又其最也。**銅鼓山**　在城西二十里。昔諸葛武侯浮牂江而下，以銅鼓散埋用厭蠻徼，後得於此山，故名。**石門山**　在縣西十八里，山相對如門。**真仙巖**　本名靈巖山，又名老君洞，在州南五里。洞高二十丈，仰視高遠，靈氣貫串中出，玲瓏清響，如環珮聲。有白石高四五丈，巍然一天尊像，道服冠舄，俗傳老君南游至融，語人曰：此洞天絕勝，不復西渡流沙，我當隱爲一夕。身爲石，匪雕匪鐫，大質具焉。石鄉冊籠羅列，後先玉柱擎天，龍鱗印地，仙遊蹤跡顯然可攷。咸平中，敕改爲真仙巖。頌降太宗御書一百二十軸，藏巖內。張安國書崖大書「天下第一真仙之巖」。**老人巖**　在城西五里。舊傳有垂白老人，杖策悠揚其上。洞在山半，高峻不可登。旁有一洞穿出，闊五六丈，深二十丈。郡因其勢，增建層閣，凭欄一視，如在半天。大江橫其前，支流遶其下，禁侍清淺，可濯可游。**潭江**　在融水縣，接叙州界。**融水**　在州北六里。**清潭**　在州南七里，其水無源，而自成潭。

【堂院】**康靜堂**　在郡治。**玉融道院**　在郡治。**真仙書院**　在真仙巖之前，太守李興時建。

【名宦】**皇朝岳飛**　清遠軍節度使。

【人物】**傅自得**　忠肅公察之子，知興化，以體究趙令衿在泉時事，勒徙融州。四年，陳文恭公奏聞，得徙自便。

【題詠】**遊遍真仙洞府中**　陶弼題仙巖詩：溪僧過此說山公云云。乳石崖邊得靈草，可能封裹寄衰翁。

【四六】漁綸西掖，跳葉金閨。維東寧之列郡，乃南土之名區。分竹東寧，作鎮玉融。綠二千石之尊，宮贊紱遠俗。山居谷聚，控並海之蠻夷；地大物夥，擅仙城之襟帶。揭第一巖之佳號，頗稱英遊。

賓州　嶺方　遷江　上林

古越地。漢志牽牛婺女之分野，唐志翼軫之分

【建置沿革】野。秦置桂林象郡，漢更爲鬱林郡，今州即鬱林郡之嶺方縣也。吳改嶺方縣曰臨浦，梁立嶺方郡，隋爲嶺方縣，屬尹州。唐置南方州，太宗又析南方州之嶺方、琅琊、思干、南尹州之安城縣置賓州，更南方州曰澄州，改安城郡，又改嶺方郡，復爲賓州。皇朝廢賓州隸邕州，尋復舊。唐以南方州地析爲賓州與澄州，至本朝合而歸之賓州，又益以思剛州，是以唐之三州併爲一州，而三縣即唐之三州也。今領縣三，治嶺方。

事要

【郡名】南賓　安城

【風俗】民醇事簡（圖經云云，俗阜物康，視他州爲樂土。）巢居崖處（圖經巢居崖處，盡力農事。）築室如巢窟（范太史曰：賓人計口云云，屋壁以木爲籬，竹織不加塗墍。）民雜素冠（圖經云云，墟市所集，白黑相半。前輩詩云：簫鼓不分憂樂事，衣冠難辨吉凶人。）野不植桑（同上。賓俗工於織布，黄線如雲，鎮俗可愛，婦不識蠶云云。野蠶乃食楓葉，漁者取其絲以爲綸，或取織紬。）採木綿茅花（同上。羅紬絲帛仰給它郡，俗多云云，採作絮綿以禦冬寒。）惟事雞卜（同上。病者不求醫藥云云。郡守蔣國博刻方書一冊，邦人稍爲之變。）博扇爲昏（同上。羅奉嶺去城七里，春秋二社，士女畢集，男女未成婚嫁者以歌詩相應和，自擇配偶，各以所執扇帕相博，謂之博扇，歸日父母即與成禮。）擊鼓吹笙（寰宇記云：其俗有禮會，丨丨丨葫蘆丨以爲樂。）

【形勝】西接建武（余靖譙樓記云云，北拒邕，遥欽、象、横、貴，皆擬其境。）無大江以泄水氣（圖經：賓之爲州云云，民居皆迫溪巒，故人多罹瘴脚軟之患。）

【山川】嶺方山（在上林縣南五里。○風土記且說賓州一片地，金龜出海勢，正背乾來自嶺方，此地稱安康。○五代蠻獠雖廢郡，治遷徙靡定，開寶間始還今州治。）鎮鄒山（在上林縣南三十二里，昔人有得古劒於此。）銅錢山（在州東十五里，相傳有藏銅錢于此。）仙影山（在解粲驛北。○陶弼詩：月弁星冠七大夫，遠香雖有近還無。瑶池侍女雙成過，遺下羣仙聚飲圖。）葛仙巖（在州西十五里，有洞深窈，非執炬不可入，緣石磴而上，直至巖。○西南諸山皆在目前。）明鏡湖（在州南三十五里，闊五頃。）寶水（在嶺方縣西南十五里，中有股蝦可以蘸旧。）賓水（在州西五里。）賀水（在遷江縣，其水流入柳江。）浮江水（在嶺方縣南二里。）瑯琊水（在故琅琊縣西一里。）馬潭（在州東七里，歲遇旱投彈以虎頭，謂之鬪龍，即感應也。）

【樓閣】環山樓（舊名凌霄。）翠中樓（在城北，墉最高。）琅琊奇觀（在郡治。）

【名宦】皇朝陶弼（弼之父及姪皆嘗爲守，有懷政堂。）王鞏（字定国，素之子也。從東坡遊，嘗坐軾黨貶賓州酒稅。坡既北歸，出侍兒柔奴勸坡酒。坡問柔奴：嶺南應是不好？柔奴曰：此心安處，便是吾鄉。坡因綴定風波，其詞曰：誰羨人間琢玉郎，天教分付點酥娘。自作清歌傳皓齒，風起，雪飛炎海變清涼。万里歸來顏愈少，笑時猶帶嶺梅香。試問嶺南應不好，却道：此心安處是吾鄉。）狄青（言行錄載青宣撫廣西時

儂智高守崑崙關青至賓州值上元節令大張燈燭犒軍校次夜二鼓時青忽起如內久之使人諭孫元規令暫主席行酒至曉客未敢退報者云是夜三鼓狄宣撫已奪崑崙關矣

【人物】章厥 漢章平元成之裔唐武德七年持節壓伏生蠻開拓化外詔領澄州刺史後隱於智誠洞公與諸子皆封侯廟食爲廟者九

【名宦】范祖禹 紹聖初言者論祖禹朋附司馬光責永州移賓州

【題詠】賓州在何許 蘇子瞻在黃州詩云云爲子上樓霞

凍筍蒼崖坼 蘇子瞻和王鞏詩云春蔬黃土軟云云

民俗不知金鼓聲 陶弼詩官曹惟識簿書字云云

金鼓聲闌劍戟收 前人詩云云史君廻上雅歌樓擕前一闋清商曲消盡窮邊萬里愁

安城太守知邊許 前人詩云往歲傳聞南詔檄近時方築伏波城云云蒟醬花中閟水兵

莫教弦管作蠻聲 前人詩勸把盃黃記官樣云云

方四十一　五

【外邑】思剛置縣衙 邑令秦崧遷江紀實詩廣右開炎服云云羈縻唐世及正朔聖朝加又鄉分今貨水邑隸古琅琊泉脉通明鏡 封鄰接鎮鄒蓋縣爲羈縻思剛州 本朝改爲遷江縣有明鏡湖及鎮鄒山

【四六】出綸北闕分牧南賓 事簡訟稀物康俗阜 推轂方之小郡乃越駱之通都 陶刺史之舊詩可知風土狄武襄之陳迹猶記威聲 雖蠻風之雜襲見謂陋邦然物產之豐盈頗爲樂土

慶遠府

宜山　忻城　天河　思恩　河池

【建置沿革】粵地牽牛分野春秋象郡漢屬交趾日南二郡界並同南安府後沒于蠻夷唐招降析置初曰粵州後曰環州改爲龍水郡復爲粵州改爲宜州 皇朝詔嶺南羈縻環州鎮寧州金城州智州懷遠軍並依前隸宜州又以羈縻定 折歸恩燕三州地爲忻城縣來屬以英宗潛邸陞慶遠軍節度咸淳元年八月二日係 今上潛藩之地陞爲慶遠府今領縣五治宜山又管五十名羈縻之州十有八

【事要】【郡名】龍江　宜陽

【風俗】人風獷戾 寰宇記山川險峻云云 以巖穴爲居止 同上左衽椎髻常持兵甲以事戰爭 禮異俗殊云云

【形勝】爲嶺南要害之地 郡志控牂牁昆明等十五部云云

方四十二　六

控扼夷蠻 嶺外代答廣西云云曰邕曰宜邕屯全將宜屯半將 本朝皇祐間分宜州爲一路帥所統多夷州後罷爲郡今守臣猶兼廣西都監爲慶遠節度宜之西境有南丹州安化州三州一鎮又有撫水五洞龍河茅灘荔波等蠻又陸家砦其外有龍羅方石張五姓謂之淺蠻又有西南韋番及蘇綺羅坐夜回訶利流求謂之生蠻又其外則有羅殿毗那大蠻皆深路直抵宜城之境上

【土產】宜砂 虞衡志宜之山人云出砂處與湖北相犬牙山北曰辰砂山南曰宜砂然地脉不殊無甚分別也

宜錫 出蠻峒中

【山川】宜山 宣和更龍水曰宜山

南山 山中有龍隱洞及神祠

日山 在城東九里

月山 在城西十五里風土記東有日山西有月年年征戰無休歇謂此也繼之曰賴得西水向東流世代永無憂

高

峯山九域志昔有陸倚仙隱此山　拜相山又名天門山二峯如筍崒㠑參天焉三元祖塋在其下

龍江在城北一百步石岸峭崄東流至柳象潯藤梧等州一千餘里至廣州入於南海謂江道如龍故名云　小江在州城北合龍江　洛蒙江在城南六十里通龍水北流至崖山合龍江

【井泉】龍泉去郡城二里宜陽志龍泉瀕其前龍江繞其後是也其水湧出猶勺合然而潤澤丘畝綽有餘裕

【學校】州學張敬夫學記宜為州被邊所控制非一前此為州者日夜究切備禦繕治財計之不暇莫遑他議韓侯璧至官既舉其職慨然念學校委廢議所以修復之蓋積累而後成廟宮既嚴講肄有堂師生有舍門廡庖湢悉具合境人士歎息誦詠俾來請記方韓侯之為是舉也或者竊笑以為在邊州乃不急之務且曰宜固寡士亦何必汲汲為此獨以為不然蓋俎豆之脩則軍旅之事斯猶庠而不忒教化興行則禍亂之氣坐銷於冥冥之中詩曰既作泮宮淮夷攸服是有實理非虛言也建學於此使為士者知名教之重禮義之尊脩其孝弟忠信則其細民亦將風動胥勸尊君親上協力一心守固攻克又孰禦焉近而吾民既已和輯則夫境外聚落聞吾風者亦豈不感動有以服其心志柔其肌膚其孰有不順况於秉彝之心人皆有之奇才之出何間遠邇遠方固曰寡士然如唐張公九齡出於曲江姜公公輔出於日南皆表然著見於後世宜之士由是而作興安知異日不有繼二公而出者乎然則其可以寡士而忽諸

【[illegible]】宜山堂在郡治　四賢堂在宜山堂後謂黃山谷馮三元趙清獻呂充公也　南樓有山谷所書范孟博傳石刻在焉

【官吏】曹克明嘗知邕州既而宜州澄海軍校陳進反會桂江暴漲州城摧克明伐木造舟為筏城水上以備守禦仍求溪洞兵趣象州賊遂南去巡撫使曹利用召克明會兵至貴州遇賊斬首四百餘級賊平利用卑其功克明恥自言　趙抃嘗倅是邦有一卒殺人當死方繫獄病疽未潰公使醫療得不死會赦以免公愛人之周如此

【人物】馮京慶曆間廷對第一解省又俱與首選時號三元其母葬長沙有讀書堂在春陵其解試寓鄂渚其生長于宜其遊學隨所至而往祖塋在龍江浪步之北今有瀉村　區華嘗與黃魯直交遊後為增州秋掾曾直以青玉案送之有送我之官窮海上䟽吞舟揖盤嘘樓觀落筆添清壯之句

【[illegible]】黃庭堅太府丞余伯山禹績之六世祖若著悴宜州日山谷謫居是州時黨禁甚嚴若著為之經理舍館遣二子滋許從之游一日請曰先生今日舉動無愧東都黨錮諸賢願寫范孟博一傳許之遂默誦大書盡卷僅有二三字疑誤後六年遂仙去○黃大臨別魯直於江夏詩翰墨精神全魏漢文章波瀾似春秋可是中州著不得江南已遠更宜州○徐得之試雙井茶詩先生老作宜州鬼誰與一甌同注湯至今椿看雙井枕猶帶是翁書傳香

【[illegible]】孤城溪洞裏陶弼詩云云聞說已甚哀蠻水如鮮血瘴天已死灰吏憂民罟毒巫幸鬼為災　去作宜州夢黃魯直寄翠巖禪師詩云山谷青石牛自負萬鈞重八風吹得行處處是日用又將十六口云云

【四六】剖竹宜城余安之撰疏榮蠶棘　維今分虎之邦　懷紱龍江　乃昔潛龍之邸　民多獷矣境實接於蠻風　趙清獻題輿之郡地望固隆　郡固荒凉土頗饒於珍產　馮三元毓秀之邦人才不乏

賀州 臨賀 富川 桂嶺

【建置沿革】禹貢荆州之域，分野當星紀鶉尾之次。春秋屬越，七國屬楚，秦置南海郡，趙佗王南越，其地屬焉。漢武帝平南越，置蒼梧郡，屬交州，今州即蒼梧郡之臨賀縣也。後漢因之。吳大帝為臨賀郡，隸荆州。宋改為臨慶，齊為臨賀國。隋置賀州，改臨賀郡，其後又更為綏越郡。唐置賀州，因賀水以名。皇朝平嶺南，賀州首入版圖。開寶四年省蕩山、封陽二縣及賀城場入臨賀，馮乘縣入富川。今領縣三，治臨賀。

【事要】

【郡名】臨賀 輿地廣記云：臨水西流，右合賀水，縣對二水之會，故以臨賀為名。

【風俗】俗重雞卜 寰宇記：俗重鬼，嘗以雞骨卜。 架木為巢 同上。俗多云云，以避瘴氣，

洸四十一

所居謂之欄。 好吹匏笙 同上。節會則鳴銅鼓，云云。俚人則削竹為筩，以桀刷之，名曰圭黎。 民少瘴癘 圖經：氣候稍近湖外，山清水秀云云。 民不飢寒 同上。云州二十里深山大澤間多猺人所居，俗耕種雖無蓄積亦一一一。 士知為學 同上。賀之為州云云，民知力田，雖溪洞猺亦皆委順服從，無剽敓之患。 鴈塔有人 同上。自咸平三年歐陽陟登科之後，題名一一時一其一。

【形勝】崇山峻嶺 裴氏記：自九疑之南云云，高掛嶺漢綿亘數百里，皆賀之境也。 山清水秀 見上。

【山川】甑山 在州西五里，舊名幽山。唐李郃出守，山有新煙覆其上，因名。 橘山 在臨賀東三十里，其山七十一峯，多橘株。 秦山 在富川縣西百八十里，北連蓮州。荆州記：昔孫權時，此山夜聞樂聚，雲開為六洞。○陳去非有遊秦山詩。 桂山 在桂嶺縣東北十二里，山多桂竹，東接連比接道。 白雲山 去富川縣五十里，乃丹霞福地。 銀殿山 去富川縣百五十里舊馮乘縣，山上常有白雲，故名。 萌渚嶠 元和志：在馮乘縣北一百三十里，即五嶺之第四也。按今州與道州江華縣分界於此嶠之上。 臨水 源出舊馮乘縣西北蓮山下，南流至縣界。 賀水 源出富川縣地名石龍，亘郡城，合桂嶺水，至三江口，謂賀江、梧江、封江也。 橘水 出橘山，合賀江。 桂水 順流至州城東南，合於賀江。 富水 在富川縣西四十里，南入昭州。 竈溪水 在富川西五十里，相傳天師煉丹取此水，故名。

【亭閣】荔枝亭 在郡治，譙良佐建。

洸四十二

清音閣 在城西五里佛寺之西，有溪布巖，故名。

【名宦】李郃 唐文宗時舉賢良，劉蕡對策極言宦官，考官不敢取。郃曰：劉蕡不第，我輩登科，能無厚顏？乃上疏言：臣所對不及蕡遠甚，内懷愧恥，乞回所授以旌蕡直。帝不納。中人深疾，蕡誣貶卿州司戶，郃遂出知賀州，為政有聲。見李時亮古碑摭錄。 皇朝岳飛 神武軍副都統。紹興初，曹成再入賀州，飛引兵擊成，大破之。

【名賢】范祖禹 紹興初，言者論所修實錄誣謗，又論乳媼事，以為離間兩宮，貶賀州，後徙賓州，再移化州卒。 呂居仁 避地于此。 陳與義 避地于此。

【題詠】鐔開蠻俗合 陶弼桂嶺詩云：捨舟歷天險，身疑出馬郡。云云。 齊盡蒼江分 賀州城西丹甑山 郭功父詩云云：一亭遥插紫雲間，龍嶼讓策名猶在，鶴馭凌風

去不還善政再來應瑞物勝遊安得伴酡
顏元戎詞翰鏘金玉千古長如碧澗傍
【四六】明嶠遐陬　玆剖竹符
賀江古郡　乃依桂嶺
龍舉遂第夫聞賢守之高風　龍山紀事備陳郭功父之詩
虎帳論功尚想元戎之妙略　秦洞勝遊尚訪陳簡齋之迹

化州　石龍　吳川　石城

【建置沿革】禹貢職方所不載五嶺之外古越地牽牛婺女之分野秦屬象郡漢爲合浦郡高凉縣之地高凉縣在今高州界吳孫權立高凉郡又立高興郡梁因之仍置羅州唐以高州之石龍吳川二縣置羅州又於石龍縣置南石州尋改南石州爲辯州改羅州曰招義郡辯州曰陵水郡　皇朝廢羅州入辯州又改辯州曰化州　中興復置石城今領縣三治石龍

【事要】【郡名】陵水　羅川　【風俗】其俗信鬼圖經云云好淫祠　無復文身斷髮同上夷俗悉是左衽今士民被禮遜之教頗衣冠相尚雖賤隸亦襟衽云云之舊　【形勝】大海環其南同上　三江遶其東北同上云云賓海數郡惟此地炎風不蒸三水繞城以泄嵐瘴民少疾疫　境多土山同上云云無甚峻嶺　【山川】東山起高凉拱於州治之左　南山起雷州拱於州治之右有龍毋廟　麗山在古幹水縣東北二十里　帽子山山在石龍縣之南五里

大海東去吳川縣四里　陵水寰宇記在石龍縣源出容州界會羅水合流　羅水在廢陵羅縣西北五里自龔州界東州羅辯縣界南流下合陵水州治在陵羅二水之間陰陽家謂其得浮龜之形　零烈水在陵縣南三十里源出廉江入大江　【景物】清心堂在州治　歸鴻亭在龍毋山之巔淳熙辛丑寇平取歸民安集之義　【名宦】皇朝李冊紹興初爲守有發城之績　廖顒爲守凌鐵之擾有招諭之功　【人物】楊思勉石城人唐元憲朝嘗平諸蠻見唐本傳　【流寓】范祖禹紹聖初言者論祖禹朋附司馬光永州安置再貶賀州移賓州又移化州卒窆之南山後歸葬焉　沈長卿先是紹興戊午李光自洪州召歸長卿以啓賀之云縉紳競守和親甘出婁敬之下策夷狄難以信結孰虞吐蕃之劫盟與其竭四海以奉豺狼之欲何至辱萬乘而下穹廬之拜至紹興甲戌通判常州以吟詩謫化州　莫伋湖州人自號月湖紹興間謫居于此　【題詠】羅川帶郭古南州郡守詩云云陵水環城小便樓雲淡青林無過雁南溫冊荔集鳴鳩叫榮銅竹三經夏勸課農桑事有秋好趁端流下吳會莫嫌無柳繫歸舟

【四六】疏恩藩屏　農桑粗足　越居五嶺之外
分牧羅川　獄訟亦稀　近臨二水之間
自唐世人才已盛備見平蠻　雖周職方之不載越在炎陬
至皇朝郡縣更新足知向化　然唐郡治之屢遷頗稱善地

新編方輿勝覽卷之四十一

新編方輿勝覽卷之四十二

建安祝穆和父編

高州

電白　信宜　茂名

建置沿革　古越地牽牛婺女之分野星紀之次秦屬南海郡漢武帝平南越置合浦郡今州即漢合浦郡之高涼縣地吳孫權立高涼郡又立高興郡梁討平俚洞置高州隋爲高涼郡唐復置高州移州治於舊州南三十里電白縣界置　皇朝廢高州入竇州尋復置高州今領縣三治電白

事要

郡名　高涼　投荒錄土厚而山環繞高而稍涼因以名焉○舊經有云一日常具四時一氣至三伏間夜無畏暑者命名似不苟然郡境自有高涼山昔人名郡或取諸此

風俗　民尚簡儉　圖經云云交易於取足　祭鬼祈福　元城先生曰此間飲食粗足絕無醫藥土人遇疾惟以　多燠少寒　圖經郡據叢山之中去海百里四時之候云云春冬遇雨差凍須刻日出復如四五月　號爲瘴鄉　同上五嶺之南云云諺曰高竇雷化說著也怕　椎髻洗足　寰宇記云穀熟時里閈同取戌日爲臘男女盛服椎髻洗足聚會作歌舞以高欄爲居號曰干欄三日一市

形勝　依山爲郡　舊經郡不濱海云云　去海百里　見上

土產　樹石屏　洪景嚴記云祁陽石藉人力磨治此即渾然天成略無斧鑿一跡

山川　寶山　在州治之後去城二里創登高亭于上爲一郡登臨勝處　高涼山　在郡西四十里羣山森然盤夏如秋因名　銅魚山　與郡治對頓仙翁風土歌一絛丁水銅魚塞三十年來舊相識　龍湫山　在電白縣東二十里一泉出巖石之下四時常湧有坎甚深相傳有龍伏其間名曰龍湫井每遇歲旱鄉民相率祭於井上因以竹木刺之則雷雨立至因以立廟以爲祈禱之地　大海　在平定縣界東百里　高源水　在信宜縣西北源出高源嶺入茂名縣界

名宦　馮盎　祖馮業燕人浮海奔宋居新會自業至孫融世爲羅州刺史融子寶爲高涼太守聘洗氏之女爲婦李遷仕反洗氏擊走之孫盎隋仁壽初爲宋康令潮成等五州獠叛詔盎擊平之後以地降高祖授以高州總管洗氏封譙國夫人又封靈順誠敬夫人有廟　皇朝　杜介之　瓊州人爲高州司法李光有詩贈曰南極當老人及見九代孫君生古崖州氣質清且溫今年八十二顏貌行步奔白髮映紅頰疑是羲皇人

名賢　劉安世　號元城先生安置英州移高涼

題詠　嶺外向潘州　唐詩紀事李明遠謫爲潘州司馬潘州今屬高州詩云北鳥飛不到南人誰去遊天涯浮瘴水云云

四六　地高而涼　在天一涯　雖若炎瘴之鄉　民朴而儉　去海百里　乃是高涼之境　馮將軍之故封是爲古郡　考禹貢之分疆固非侯服　劉元城之寓處宜有秀民　稽唐詩之紀事是謂潘州

容州

普寧　北流　陸川

建置沿革　古越州其分星紀其星牽牛秦開五嶺置南海桂林象郡漢置合浦郡屬交阯今州即合浦縣

地宋立南流郡屬越州隋爲合浦永平二郡地唐於今州理北置銅州即合浦之北流縣永平之普寧縣也又改銅州爲容州以州西帶銅山因以爲名改普寧郡置容州管內安撫使初唐嶺南舊五管廣桂邕容安南皆隸嶺南節度自蔡京制置嶺南始奏以廣州爲東道邕州爲西道又割容管縣置一州隸邕管又置寧遠軍於容州　國朝因之初王拱辰請倣唐制益以東路之潮西路之邕容各爲總制與桂廣爲五管不果行　中興以來陞寧遠軍今領縣三治

普寧縣

【事要】

【郡名】容管　普寧

【風俗】人性剛悍　十道志云云　重死輕生　不習文學　同上　卑飲跣行　同上夷多夏少云云好以前舊室擊銅鼓習射弓弩無蠶桑績葛以爲布　呼市爲虛　同上云云五日一集　地多瘴氣　寰宇記云云春謂青草瘴秋謂黃茅瘴　禮度同中州　容管志云渡江以來北客避地留家者衆今衣冠一一並一一　仕五管者多至卿相　唐容管經略刺史題名記宋璟李勉杜佑馬植盧鈞李渤王翃輩皆一時名臣由五管罷歸多至卿相

【形勝】介桂廣閒　容管志容云云蓋粵徼也　由漢始登版籍　普寧郡志序云五嶺以南爲貢職方所不載一一以來一一一

【山川】容山　寰宇記在陸川縣其山迴闊故曰容山州以此得名　勾漏山　在普寧縣其巖穴多勾曲而穿漏故名平川中石峯千百皆直立特起周迴三十里相傳葛仙翁修煉于此　都嶠山　寰宇記在普寧山上有八峯曰兆子馬軫入紫雲蓋香爐仙人中峯冊龍而入疊奇秀視諸峯最高有南北兩洞俱有石室南洞寬坦中刻浮屠大象儀制甚古北洞差狹爲堂凡八二洞虛爽大造地設非它洞比幽騎之比雲衡志云三洞天不下桂林　白石山　在陸川縣山色紫白四面懸絕上有飛泉瀑布下有勾芒木可爲布　普照巖　吳元美記山如覆釜登巖却顧則黃坡翠嶂與石峯相對歷歷落落尤可觀也　獨秀巖　吳元美記普照巖而西平野中聳然孤峙者獨秀巖也洞門玄邃古木蕭森與羅真抗衡室中可容數千人石乳掛壁上如彌陀大士像　白沙洞　吳元美記云秉炬貫入俯偃扶伏凡經六七竇每過益寬而所見益奇行里餘乃至中洞千態萬狀不可殫盡勾漏甲於天下而此洞爲勾漏之次　鬼門關　舊唐書云在北流縣之南有兩石相對俗號鬼門關漢伏波將軍馬援討林邑蠻路由此立碑石龜尚在昔時趍交趾皆由此關其南尤多瘴癘去者罕得生還諺曰鬼門關十人去九不還唐李德裕貶崖州經此賦詩云一去一萬里千知千不還崖州在何處生度一一一一　容江　在普寧縣郡國志即馬援所謂仰視飛鳶跕跕墮水中者是也　繡江　在普寧縣前　石湖　在陸川縣　崑崙水　在陸川縣水中有石似崑崙

【亭榭】迎富亭　與滄浪亭相對容俗以二月二日爲迎富節因以一一名　繡江亭　在州西南子城外江流橫陳都嶠諸峯一覽可盡

【宮觀】翛真觀　出洞天門其東曰一一觀中碣爲漢時中官陳君所經始觀當勾漏之中旁鄰玉虛而拱玉田東望寶圭西

抵普照獨秀 靈寶觀在州西勾漏山寶圭洞天江之千古勾漏城也群峯森羅在上而道出其間行若駭愕觀直當其門戶觀後石峯挺起千仞獨以一柱擎天

【名宦】葛洪字稚川欲煉丹聞交趾出丹砂求爲勾漏令曰非以爲榮爲有丹砂耳杜甫詩遠憐勾漏令不得問丹砂 元結授容管經略使身諭蠻豪綏定八州民樂其教至立石頌德 韋丹丹爲容州刺史始城容州周十二里韓文公銘其墓

【題詠】直傍青天崖賈島送張校書季霞詩詩容州幾千里云云 泉歸滄海近柳宗元酬徐中丞普寧池館詩落日明朱欄繫艇照羽觴云云樹入楚山長 燒香翠羽帳杜牧送容州中丞赴鎮詩交趾同星坐龍泉佩斗文云云看舞鬱金裙鷁首衝瀧浪犀渠拂嶺雲莫教銅柱北空說馬將軍 浪經蛟浦闊歐公歸田錄載僧惠崇送遷客詩云云山入鬼門關 尋盡洞中天陶弼詩云一年勾漏守云云郡有勾漏白石都嶠等山所謂三洞天也 佛記廬藏用藏用大雲寺記石高丈二尺 仙壇葛稚川見勾漏山 醒心西驛水韋丹建閣下有石泉并記 燒眼碧池邊後唐李復作池木擬詠曰北池植蓮數畝 詩碑與酒泉我豈元新事云云並陶弼詩 萬松亭下清風蒲劉禹錫傷秦姝行池北含煙瑤草短云云北池與萬松皆容州之勝槩 有唐曾宿萬家兵陶弼詩云云節制東南十一城此若得人無盜賊昔之爲守盡公卿

【四六】山綠雕嵌分符容管 介于桂廣雜以民夷 元次山之故封葛稚川之仙境 漢抵百蠻關實雄於林邑唐爲五管鎮尤重於御州 勾漏名山夙號神仙之宅普寧舊著實爲卿相之階

欽州 安遠 靈山

【建置沿革】古越地非九州之域其次星紀其星牽牛秦爲象郡地尉佗王越地亦隨屬焉今州即合浦郡之合浦縣也在廉州界二漢其晉並屬合浦郡宋置宋壽郡隸交州後隸越州齊屬交州梁武帝於今欽江縣南置安州隋改曰欽州取欽江以爲名改欽州爲寧越郡唐復爲欽州又置玉州南亭州並隸欽州總管府改爲寧越郡復爲欽州○國朝因之初治欽江後治靈山今領縣二治安遠

【事要】【郡名】寧越 【風俗】人戴白巾寰宇記今鄉村云云 赤棍短褐同上又有蜑子業居海曲每歲一移椎髻鑿齒云云 食用手摶同上俚人不解言語交肱椎髻云云水從鼻飲之 用臘日爲歲同上又有一種夷人不種田入海捕魚爲業婚嫁不避同姓云云 逢掖之士蓋鮮見南軒州學記 【形勝】南轅窮途同上 瀕海而郡同上 【土産】欽鹽朝野雜記建炎十二年議者以欽州鹹土生發歲產鹽三十餘萬斤商人不通請復官賣許之後又改爲鈔法乾道四年罷鈔令漕司自認鈔錢蓋南極以爲患淳熙初張欽夫爲帥始與漕司參酌仁叶議立爲定額定直且條上之邕州官賣鹽每斤百錢二

公既去漕遞公論增其六十　欽州歲貢額半闕公論亦增其五六年侍御史江漕以爲言　上黜公論詔闕偕發尋買自有舊額及冠直自今毋得擅有增添

【山川】

三山在安遠縣南五里　**柱山**在安遠東二十里　**孔雀山**在州西南五里三峯峙立仍多孔雀上有亭　**羅浮山**在州西北六十里形似惠之羅浮　**三海巖**在靈山縣西一曰錢巖一曰月巖一曰龜巖治平間陶弼訪得之詩云新邑西南古洞天我來方信海爲田無名不入州圖載有路惟聞野老傳　**海嶺**在安遠縣之北去海一十里　**峯子嶺**在靈山即縣之主山　**五湖**在城外江岸上有亭　**欽水**自城外東南流入于海　**羅浮水**在州南四十里入於海　**瀑布灣**在那蒙村其瀑自石頂飛激下成深灣歲旱則投石於灣以禱之雨立至

【學校】

州學張敬夫州學記云安陽岳侯霖爲欽州之明年政通人和乃經理其州之學盡易故之陋隨顧業齋廡次第一新伻來謁記久未暇也又明年其學之教授周去非挾蕭道桂復以侯意來請且曰欽之爲郡僻在海隅地近蠻而俗尚利逢掖之士蓋鮮有焉惟侯不敢以其陋而鮮加忽也故新其學以勸之且求一言以示後來或有起也栻於是而歎曰是可書也已夫所謂建學者固欲其士之衆多也今夫通都大邑操觚習辭發策決科肩摩袂屬必如是而後謂之多士乎哉殆未然也夫窮陬士亦何病十室之邑必有忠信之質者焉其成就與否則係乎學與不學而已學也者所以成才而善俗也今欽雖僻而陋也其士雖鮮然其間亦豈無忠信之質若乎無以揭之曷其昭之無以導之曷其通之爲之嚴學宮於此詳其啓迪以夫人倫之教聖賢之言行漸濡之以漸由耳目以入其心志其質之美者能不有所感發乎有所感發則將去利就義以求夫爲學之方而又訓其子弟率其朋友則多士之風豈不庶幾矣異時人才成就風俗醇美其必由侯今日之舉有以發之請刻諸學

【亭臺】

天涯亭在東門外臨水嶺外代荅欽州有｜｜廉州有海角亭二郡亞南轅窮途也欽遠於廉則天涯之名甚於海角之可悲矣昔余襄公守欽爲直鈎軒於亭之東偏即江濱之三石命曰鈎石蹲石臥石云　**直鈎軒**在天涯亭之東余靖陶弼有詩

【古跡】

銅柱漢馬伏波平交趾立｜｜爲極西界唐馬總爲安南都護夷獠爲建二銅柱於伏波之處以明總爲伏波之嗣是銅柱在安南矣按欽境有古森峒與安南抵界有馬援銅柱有誓云銅柱折交人滅安南人每過其下人以一石培之遂成丘陵又見邕州

【名宦】

李邕元宗時自陳州刺史左遷欽州遵化尉　**皇朝余靖**爲守　**楊友**紹興初太守｜｜以交趾貢使爭地界公推鐵槍於庭謂之曰若必要地界請鬥戰一場交使惕息而退今邦人誌之呼爲楊鐵槍

【人物】

張說說爲鳳閣舍人辨張易之誣陷魏元忠貶官流欽州　**皇朝呂祖泰**上書辨趙子直之忠乞誅韓侂胄及蘇師旦周筠而罷逐陳自強之徒以周必大任其事遂謫欽州

【題詠】

客懼蠻螺作酒盃陶弼寄欽州洪適侍御詩僧齋海石爲棊子云云自笑平生嘗館略此時倒汁上金臺　**民樂古城稻米豐**陶弼三山亭詩鷓夸合浦珠胎賤云云火炬影沉江岸北潮聲流過郡城東　**紅螺紫蠏新鱸膾**陶弼詩云云白鶴黃柑晚荔又酒壺

月斜潮半落山翁不肖上船時

【四六】疏逕衮庭　遐居廣右　眷惟嶺外之邦　分符欽管　越在天涯　實接安南之境　半谷頗荓故多逐末之民　訪襄公之釣磯惟知直道　維掖者稀故罕業儒之士　讀南軒之學記一洗陋風

雷州　海康　遂溪　徐聞

【建置沿革】古越地牽牛婺女之分野秦屬象郡漢平呂嘉置合浦郡統縣六其一爲徐聞隸合浦郡梁分合浦郡立合州又改南合州隋爲合州置海康縣爲合浦郡隋置南合州改海康曰徐聞又改名曰雷州復置遂溪縣改海康縣復爲雷州　皇朝省徐聞遂溪入海康　紹興間高宗升知雷州節制高容廉化四州軍馬今領縣三

沿海

康

【事要】【郡名】海康　雷陽 國史補雷州春夏多雷無日無之秋日則伏地中其狀如彘人取而食之。投荒錄以其雷聲近在檐宇之上與他郡不同故名雷陽

【風俗】風俗頗淳 余安道學記海康郡瀕海之樂郊也地域雖遠云云聖訓涵濡人多嚮學　實雜黎俗 圖經本州云云故有官語客語黎語　居民富實 同上州多平田沃壤又有海道可通閩浙故云云市井居廬之盛　夷多欄居 寰宇記地濱炎海人推夷獠多欄居以避時毒　氣候倍熱 圖經州居海上之極南云云甲於廣右所謂除夜納涼者容有之　徐聞交易 元和志漢置在右候官在徐聞縣南七里積貨物於此交易諺曰欲拔貧詣徐聞　以己酉爲臘 郡志或云路伏波之闕九郡也徐聞之人以冬己酉日遇害故州人以是日爲臘而祭其先○顏須和陶酬詩曰人飲嘉平蒸酒如江注云雷人以十月臘祭蓋其年己酉在十月耳　以鵲巢占颶風 同上州人以鵲巢爲占蓋巢低則有颶風巢高則無之　呼遷客爲相公 折彥質記陳瑩中云嶺南人見遷客不問官之尊卑盡呼相公豈非相公嘗遊此乎近日瑩中赴龍城士美相繼過桂又報伯紀來因念瑩中言發一笑云

【形勝】三面並海 圖經

【土產】浮留藤 左太沖蜀都賦云蒟醬流味於番禺之鄉本草藥譜注蔓生葉似王瓜而厚大實似桑椹皮黑肉白其苗爲浮留藤合檳榔食之辛香又呼蔞藤

【山川】擎雷山 在海康縣南八里昔被雷震而有水　英高山 在海康西南百三十里兩峯聳峙有泉湧出　徒會山 在海康東南百三十里西海中上有巖穴奇怪又有泉　螺岡 在海康北八十里　大海 在城外

【學館】州學 張敬夫記廬陵戴君爲雷州之明年以書抵栻曰雷之爲州窮服嶺而並南海士生其間不得與先生長者接於聞見爲寡而其風聲氣習亦未有能遷變者某惟念所以善其俗宜莫先於學校願不鄙爲記以詔之予嘗觀孟子論王政其於學曰謹庠序之教申之以孝弟之義而後知先王所以建庠序之意以教之孝悌爲先戴君之所以教宜莫越於是矣

【樓閣】北樓 舊名雄閣　思亭 希白先生爲記　蓬萊館 在蓬萊坊英録山有亭榭十餘所

【亭榭】

雷公廟嶺表異錄云雷州西南八里有｜｜｜每歲鄉人造雷鼓雷車置廟內有以魚彘肉同食者立有霆震人皆畏憚○丁謂撰記曰舊記云州南七里有擎雷水今南渡是也昔里民陳氏家無子因射獵中獲一大卵圍及尺餘携歸家不知其何名忽一日霆霹而開遂生一子鞠育撫養遂成其家鄉俗異之曰雷種陳天建二年也今其廟曰威顯

威武廟蘇子瞻廟記漢有兩伏波皆有功德於嶺南之民前伏波邳離路侯也後伏波新息馬侯也南越自三代不能有秦雖遠通置吏旋復為夷邳離始伐滅其國開九郡然至東漢一女子側貳反海南震動六十餘城時世祖初平天下民勞厭兵方閉玉關謝西域況南荒何足以辱王師非新息苦戰則九郡左衽至今矣由此論之兩伏波廟食於嶺南均也古今所傳莫能定于一自徐聞渡海適朱崖南望連山若有若無杳一髮耳艤舟將濟眩栗喪魄海上有伏波祠元豐中詔封忠顯王凡濟海者必卜焉曰某日可濟乎必告而後敢濟使人信之如度量衡石必不吾欺者嗚呼非盛德其孰能如此自漢以來朱崖儋耳或置或否揚雄有言曰朱崖之棄捐之力也否則介鱗易我衣裳此言施於當時可也自漢末至五代中原避亂之人多家於此今衣冠禮樂蓋班班然矣其可復言棄乎四州之人以徐聞為咽喉南北之濟者以伏波為指南車神其可不恭其以罪謫儋耳三年今乃獲還海北往返皆順風無以荅神貺乃碑而銘之至險莫測海與風至幽不仁此魚龍至信可恃漢兩公寄命一葉万仞中自此而南洗汝胷撫循民吏必清通自此而北端汝躬屈伸窮達常正忠生為人英歿愈雄神雖無言我意同

萊公廟在報恩寺紹興年間勅賜廟額曰旌忠烈

官吏

李邕邕坐與張東之善貶雷州

皇朝寇準字平仲再相○真宗天禧末為丁謂所誣再貶雷州司户及境吏以圖獻抵海岸凡十里公恍然悟曰少時有到海祇十里過山應萬重之句乃今日意亦人生得喪豈偶然耶○上庠錄公之貶雷州也丁晉公遣中使賚勅往授之以錦囊貯劍揭於馬前既至萊公方與郡官宴飲驛吏言狀萊公遣郡官出迎之中使避不見入傳舍中不出問其所以來之故不荅上下皆皇恐不知所為萊公神色自若使人謂之曰朝廷若賜準死願見勅書中使不得已乃以勅授之萊公乃從錄事參軍借綠衫着之短纔至膝拜受勅於庭升階復宴坐至暮而罷

丁謂天聖元年為○真宗山陵使內侍雷允恭擅移域貶崖州司户後徙雷州公從者聞丁當來有欲謀不利於丁者公知之陳大席一燕間設戲具悉召坐且命之博弈因隱凡觀為閒行乃罷初謂之貶崖州也作陳情表假家書附商販行詳見崖州

章子厚徽宗朝貶雷州司户初蘇子由謫雷不許占官舍遂僦民屋子厚以為強奪民居下州追民究治以僦券甚明乃已及子厚謫雷州亦問舍于民民曰前蘇公來為章戕破我家今不可也人以為報

蘇轍子由既謫雷州子瞻亦謫儋耳相遇於藤同至海康月餘郡人具国鑑特築室以處焉其後黨禍浸密屋亦漸廢靖康丙午海康令買而有之且開濱貞軒繪二公像於中大

秦觀少游謫居有詩云白髮坐鈎黨南遷海瀕州灌園以餬口身自雜蒼頭籬落秋暑中碧花蔓牽牛誰知把鋤人舊日東陵侯

李綱留題云余謫万安次雷陽過海南黎寇猖獗艱阻留寓天寧寺丈室累月聞官軍既破賊即日成行南渡次瓊管不三日祇奉德音蒙恩聽還往返纔十日復天寧舊館建炎己酉書又云故翰林蘇公謫儋耳既北歸作漢伏波廟記迨今踰三十年未克建立綱以罪謫居万安遣子宗之攝祭默禱于神異時倘得生還當書

蘇公所作廟碑以香神貺

人物

吳國鑑 海康人爲太廟齋郎紹聖中蘇子由貶雷州戲國鑑宅居焉創一小閣元符初本路走馬承受段諷言其事詔提舉常平董必具實狀以聞必至雷置獄根治詔轍移循州知州張逢以下降罰有差國鑑編管

古迹

回望古合州 蘇子瞻寄子由詩云云屬此琉璃鍾離別向尺道我生豈有終 **同落百蠻裏** 前人詩與子各行意云云 **猶在寰海中** 蘇子由詩我遷海康郡云云 **風露淒涼西館靜** 寇平仲海康西館有懷云云悄然懷舊一長歎海雲銷盡金波冷半夜無人獨凭欄 **聖恩尚許遙相望** 蘇子瞻寄子由詩莫嫌瓊雷隔雲海云云 **老去仍栖隔海村** 前人詩儋耳在海南戲云 **茲遊奇絕冠平生** 蘇子瞻詩九死南荒吾不恨云云

四六

出綸天上 作填雷陽 今之海康 古者越地 夷言莫辨 海氣常昏 既有泉田之沃 亦居溟渤之衝

東坡廟碑謂禮樂衣冠之地 馬路兩伏波苦戰澤在斯民

南軒學記皆仁義道德之言 寇丁二相國謫居論公後世

新編方輿勝覽卷之四十二

新編方輿勝覽卷之四十三　建安祝穆和父編

○海外四州

瓊州　瓊山　澄邁　文昌　臨高　樂會

【建置沿革】非禹貢所及春秋所治古揚越地牽牛婺女之分野漢武帝遣路博德平南粵以其地為珠崖儋耳郡至昭帝時凡六反遂罷儋耳併屬珠崖至元帝時珠崖又反賈捐之建議不當擊遂罷珠崖郡東漢立珠崖屬合浦郡吳大帝於徐聞立珠崖郡又於其地立珠官一縣招撫竟不從化晉省珠崖入合浦梁又廢珠官梁置崖州又於徐聞立珠崖郡竟不有其地隋煬帝更置珠崖郡立十縣又置儋耳臨振二郡唐立都督府管崖儋振三州太宗以崖州之瓊山置瓊州領瓊山萬安二縣又割崖州之臨機來屬析置曾江顔羅容瓊縣又置樂會縣皇朝平南漢割崖州之地入瓊州以舍城文昌澄邁來屬後省舍城入瓊山以儋崖振萬安四州隸瓊州守臣提舉儋崖萬安等州水陸轉運事改瓊管安撫昌化萬安吉陽三軍隸焉政和元年陞靖海軍節度今隸廣西經略司領縣五治瓊山

【事要】

【郡名】瓊管　瓊臺在譙樓下臨放生池蓋置使府以使臺得名

【風俗】其俗朴野郡志云二云非叔伯兄弟之子不以齒序伯之子雖少皆以兄自居而叔之子雖耄亦為弟也　氣候不甚寒熱郡志夏不至熱冬不甚寒鄉邑多老人　風土則見於東坡數語蘇子瞻帖云食無肉出無友居無室病無醫冬無炭夏無寒泉語雖不多已盡風土之槩夏無蠅蚋則可喜也　夷人之俗寰宇記夷人無城郭俗異居非譯語難辨其言不知禮法須以威服號曰生黎巢居深洞績木皮為衣以木綿為毯性好酒每醞釀用木皮草葉代麴蘗熟則以竹筒吸之打鼓吹笙以為樂男則髻首插梳帶人齒為環飾好弓矢削竹為弦箭鏃銳而無羽女人文頰穿耳垂環病無藥餌但烹犬羊祀神而已長編開寶八年瓊州之俗無醫民疾病但求巫祝詔以方書本草給之　生黎熟黎繫年錄初知瓊州定南寨劉鴻籍黎人王文滿銀香馬鐵而不償文滿破定南寨遂掠臨高澄邁二縣紹興三十年劉祚為瓊管安撫擊遂之奪其田以賜有功者以聞黎海南四郡島上蠻也島直雷州有黎母山諸蠻環居號黎人其去省地遠不供職役者號生黎耕作省地者號熟黎——之外始是州縣四郡各占島之一陲珠崖在島南既不可取徑則復桴海循海島而南所謂再涉鯨波也四郡之人多黎姓蓋其裔族而今黎人乃多姓王　郡民皆服布漢志云云如單被穿中央為貫頭　島夷卉服郡志瓊無麻歲四收採閩廣蠶事用之常得怡利南中所出木綿吉布苧蕉麻皮無非卉也　以檳榔為命瓊人云云其產於石山者最良歲過閩廣者不知其幾非檳榔之利不能為此一州也　以藷菜為糧海南所產秔稌不足於食乃以藷蕷為粮雜菜作粥蘇子瞻有云海南藷為粮幾米之十六　以安石榴釀酒崖州婦人着緦緻以土為釜器用瓢瓤無水人飲椎石汁以安石榴花着釜中經旬即成

酒其味香美仍醉人 賜一監書 慶曆間提刑彭次雲巡歷至此奏請云云詔俞其請 無馬與虎 漢志云云民有五畜山多麈麖郡志今其地無虎而馬實繁

【形勝】 居海中洲 漢書賈捐之傳初武帝立儋耳珠崖郡皆在南方海中洲居廣袤千里合十六縣户二萬三千其民暴惡自以阻絶數犯吏禁吏亦酷之率數年一反○通典瓊崖環海尤難賓服 南極之外 交州記朱崖在大海云云 南望連山 蘇子瞻伏波廟記云云詳見雷州注 如囷廩大 元和志珠崖云云與徐聞對渡北風舉帆一夕一日而至 潮候不同 嶺外代答江浙之潮自有定候欽廉之潮則朔望大潮謂之先水日止一潮謂之小水瓊海之潮半月東流半月西流潮之大小隨長短星不係月之盈虧豈不異哉

【土產】 瓊枝 出樂會縣海岸惟此邑有之販者徑自取載以往瓊人莫之用也 椰子 無時而生樹似檳櫚葉如鳳尾 海漆 海南有野花如芍藥因爲倒捻子漬以爲膠可代柹油東坡命名 長節竹 黎母山有水五派流入四郡其源有巨竹節長不啻丈許 知風草 叢生若藤蔓土人視其葉之節有無以知一歲之風候 檳榔水 郡城環百里絶無水惟烈村有石井諸村三五十里内盡馬每每用葫蘆員水以歸其人經月不盥手每取草上露濡手遇雨則檳榔樹下溜水甕中雖久不穢 五色雀 海南謂之鳳皇父旱而見則雨○坡詩仁心知憫農常告雨霽符叫翔天壤間何必隱此都 紅藤簞 北户録云方言謂之笙亦曰籧篨 烏喙 蘇子瞻云余來儋耳得犬曰｜｜甚猛而馴隨予遷合浦過澄邁泗而濟路人皆驚○詩云長橋不肯躡遠渡清深浦何當許家書黄耳乃其祖

【山川】 瓊山 在本縣有｜｜白玉二村其石皆白似玉而潤種諸其上特美所產檳榔其味尤佳州以此山而得名 郁射山 在瓊山縣其人以射獵爲生 黎母山 圖經岀上四州以｜｜｜爲主山特高每日辰巳後雲霧收歛則一峯聳翠挿天申酉間復蔽不見此必所謂南極星芒所降之地也○瓊衡志云山極高常在雲霧中黎人自鮮識之父晴海氣清明時見翠尖浮半空○劉誼平黎記故老相傳雷攝一蛇卵在此山中生一女號爲｜｜食山果爲糧巢林木爲居歲久致交趾之蠻過海採香因與之結昏子孫種多方開山種粮又云天將降雨則祥光夜見望氣者謂南極星降又云婺女星見此山因名黎婺後訛呼爲｜｜ 雲露山 在瓊山縣西南六十里有三潭俗傳陷塋潭上潭林木陰森人不敢近次二潭有小石如鐵攬有竅可穿歲旱禱雨故名 毗耶山 在臨高縣有廟每有黎人叛則神驅蜂以禦之官軍遂勝 東狃山 在文昌縣其鄉之民如獠狃然狃婦紡績吉貝細毳瑩白 浮丘山 郭功父詩僊翁得仙二千歲碧海變田田變海｜｜却接番禺西游跡篙痕至今在 銅鼓嶺 在文昌縣俗傳民得｜｜乃諸葛武侯征蠻之鉦 神應港 名白沙津番舶所聚之地其港不通大舟而海岸又多風濤之虞王帥光祖欲直開一港以便商旅已開而沙復合忽颶風吹開一港尤徑今遂名｜｜｜時淳熙戊申也

【井泉】 雙泉 乃兩井相去咫尺而異味昔東坡寓此後紹興間李光貶瓊州亦居此九年再貶昌化 惠通泉 蘇子瞻記云唐相李文饒好飲惠山泉置驛以取水

有僧言長安昊天觀井與惠山泉通雜以它水十餘缶試之僧獨指其一曰此惠山泉也文饒爲罷水驛瓊州之東五十餘里有三山庵庵下有泉味類惠山泉東坡居士後過瓊庵僧惟德以水餉焉且求爲名名之曰惠通泉

卓錫泉 在州東北二十里雲峯巍然聳拔分兩臂並趨西南一泉中湧相傳景泰禪師之所——也有七仙爲守其地開山得石優鉢寺中

學校

州學 朱元晦瓊——記云昔者聖王作民君師設官分職以長以治而其教民之目則曰父子有親君臣有義夫婦有別長幼有序朋友有信五者而已蓋民有是身則必有是五者而不能一日離有是心則必有是五者之理而不可以一日離也是以聖王立教因其固有還以導之使不忘乎其初然又慮其由而不知無以久而不壞也則爲之擇其民之秀者羣之以——校而聯之以師儒開之以詩書而成之以禮樂凡所以使之明是理而守之不失傳是教而施之無窮者蓋亦莫非因其固有而發明之而未始有所務於外也夫如是是以其教易明其學易成而其施之之博至於無遠之不暨而無微之不化此先王教化之澤所以爲盛而非後世所能及也淳熙九年瓊管帥守長樂韓侯壁既新其——之——而使以圖來請記曰吾州在中國西南萬里炎天漲海之外其民之能爲士者既少幸而有之其記誦文詞之習又不能有以先於北方之學者故其功名事業遂無以自白於當世僕切悲之今其公堂序室則既脩矣然尚懼其未能知所興起也是以願有謁焉吾子其有以振德之某竊惟國家教學之意不爲不廣斯人蒙化之日不爲不深然猶有如侯之所慮者豈前日之所以教者未嘗導之以其身心之所固有而徒強之以其外是以若彼其難與因爲之書其所聞於古者以告之使瓊之士知夫所以爲學者不外於身心之所固有而用其一日之力爲則其德成行脩而無所疑於天下之理將無難者而凡所謂功名事業云者其本已在是矣若彼記誦文詞之末則本非吾事之所急而又何足爲輕重乎嗚呼瓊士勉旃天生蒸民有物有則民之秉彝好是懿德是豈有古今之間遠近之殊哉侯於是邦政多可紀已具刻於池亭之石因不復書而是役之面勢功程又非侯所以屬筆之意也亦略不論著云

亭軒

知樂亭 郡守韓璧建朱元晦記云瓊管在中州西南萬里鯨波浩蕩之外其長吏常以領護臨中四郡鎮撫民夷爲職委寄甚重然以其險且遠也朝廷往往不暇擇人冒而往者意或私有所利因不復知所謂承流宣化爲何等事是以其地今爲王土數百年而舊俗未盡華論者因鄙夷之以爲是果不足以與中國之聲教其人蓋深恥之而未有以雪也淳熙八年今帥守韓侯始以經略使廉察表行州事而天子許之至則爲之正田畝之籍薄鹽米之征教之以耕耨灌溉之法而繩其官吏之無狀者民業既有經矣然後日爲陳說禮義廉恥之意以開曉之既又表其從化之民以厲其不率教者出入阡陌勞來不息行之朞年民吏浹和俗以一變化外黎人聞風感慕至有願得供田稅比省民者於是侯亦自喜其政而幸其民之不我違也乃取莊生濠上之語作知樂之亭於放生池上北望觀闕於雲天縹緲之間以爲歲時瞻仰祝延之地且曰其使邦人士女嘉辰暇日有所詠歌鼓舞以自樂其得被聖化而不愧於王民也間而以書屬予記之予惟韓侯之於此邦其勤至矣不但一亭之作爲可書也然其爲政本末之序則於此亦有可觀者因爲書之以告後人使凡居侯之位而遊於是者必以侯之心爲心又觀於其政而取法焉則庶乎民生日厚民德日新而王化之純無遠邇矣世豈有絕不可教之民哉

茉莉軒 在臨高縣治胡邦衡有題——詩

【樓閣】**海山樓** 在州城南。○陳瑩中詩：勝事荒煙久，高城觀閣宜。均勞青瑣客，餘事——詩。

鑒空閣 在城西五十里金利崇福寺前，瞰江流。○蘇子瞻詩：明月本自明，無心孰爲境。掛空如水鑑，寫此山河影。吾觀大瀛海，巨浸與天永。九州居其間，何異蛇盤鏡。空水兩無質，相照但耿耿。

通明閣 在澄邁縣。○蘇子瞻詩：倦客愁聞歸路遥，眼明飛閣俯長橋。貪看白鷺橫秋浦，不覺青林没晚潮。

【古迹】**鐵柱** 南海志云：劉氏鑄——十二，築乾和殿後，柯述取四柱植於設廳，今子城東濠水中尚存其二，餘莫知所在。

焚艘 平黎記云：漢武發兵至雷州海岸，造艘舡渡兵。黎人不出降，亦無兵粮。李將軍於海岸焚舟而回，故名。

方四十三　七

雞窠小兒 錢易洞微志云：李守爲承旨，奉使過海至瓊，道逢一翁，自稱楊遐舉，年八十一。其父叔皆一百二十餘。又見其祖宋卿，年百九十五。次見——中有——出頭下視。宋卿曰：此九代祖也。不語不食，不知其年歲。

【名宦】**皇朝蘇軾** 紹聖自惠州再謫瓊州別駕、昌化軍安置；元符量移廉州，由澄邁北渡。

【人物】**姜唐佐** 字君弼，郡人也。黄門云：予兄子瞻謫居儋耳，瓊士——遂從之遊，氣和而通，有中州士人之風。子瞻贈之一聯曰：滄海何曾斷地脉，白袍端合破天荒。後姜以詩示子由，坡已下世，子由續之云：錦衣他日千人看，始信東坡眼目長。

【題詠】**四州環一島** 蘇子瞻詩云云：如度月半弓，登高望中原，但見積水空。此生當安歸，四顧真途窮。眇觀大瀛海，坐詠談天翁。區區魏中梁，一米誰雌雄。幽懷忽破散，永嘯來天風。千山動鱗甲，萬谷酣笙鍾。安知非羣仙，鈞天宴未終。喜我歸有期，舉酒屬青童。急雨豈無意，催詩走羣龍。夢雲忽變色，笑電亦改容。應怪東坡老，顏衰語徒工。久矣此妙聲，不聞蓬萊宮。

南方到海行 釋無可送使君赴瓊州兼五州招討使：分竹雄兼使云云。臨門雙斾引，隔嶺五州迎。猿鶴同枝宿，蘭蕉夾道生。雲垂前騎失，山豁去帆輕。雨霧蒸秋岸，潮濤震夜城。政閑開迥閣，款枕出風清。

青山一髮是中原 蘇子瞻題澄邁驛通明閣詩：餘生欲老海南村，帝遣巫陽招客魂。海闊天低鶻没處，云云。

玆遊奇絕冠平生 蘇子瞻過海北歸詩：九死南荒吾不恨，云云。

脚力行窮地盡州 胡邦衡題茉莉軒詩：眼明漸見天涯驛，云云。

萬山行盡逢黎母 胡邦衡到瓊和李參政詩：落網從前一念斜，崖州前定復何嗟。云云。雙井渾疑似若耶。行止非人十年夢，發興有命一浮家。此行所得誠多矣，更願從今泛北槎。

方四十三　八

【四六】拜命玉宸，領瓊管之一麾；據百粵通道之要津。分符瓊管，涉鯨波之萬里；兼四國守藩之重寄。雙旌五馬，有節制之權；鯨波萬里，暫同李路之乘桴。一島四州，盡入蕃宣之域；鳳闕九重，遥想子牟之馳志。東坡之勉瓊士，賦詩合破於天荒；文公之訓邦民，作記顧慚於聖化。

吉陽軍 寧遠

【建置沿革】星土分野並同瓊州。本漢珠崖郡地。漢武帝初置珠崖、儋耳二郡，至昭帝併儋耳入珠崖。元帝用賈捐之議，遂罷珠崖郡。東漢立珠崖縣，屬合浦郡。吳於徐聞縣立珠崖郡，於其地置珠官縣。晉省珠崖入合浦。梁立崖州。隋文以臨振縣爲洗夫人湯沐邑，煬帝置臨振郡。唐改爲振州，析延德置吉陽縣，改爲延德郡，復爲振州。本朝割舊崖州之地隸瓊州，改振州爲崖州，又爲朱崖軍，又改吉陽軍。今軍城非崖與振之古城，乃吉陽縣基也。中興以來廢爲寧遠縣，未幾復爲軍，又以軍使兼知縣事，未幾依舊爲軍。今隸瓊管，領縣一：治寧遠。

事要

【郡名】**朱耶　延德　珠崖** 漢武紀元鼎六年應劭注：郡在大海之中，崖岸之邊出珠，故曰——。

【風俗】**地狹民稀** 郡志吉陽云云。氣候不正，春常苦旱，涉夏方雨，樵牧漁獵，與黎獠錯雜，出入持弓矢，婦女不事蠶桑，止織吉貝。**多陰陽拘忌** 胡邦衡云吉陽夷俗云云，有數十年不葬其親者。**水土無他惡** 國朝盧多遜以開寶六年貶崖州，李符謂趙普曰崖州云云。**地僻無書** 李德裕鶴愁志亭。

【形勝】**西則眞臘交趾** 瓊管志：其外則烏里蘇密吉浪之洲，南與占城相對云云，東則千里長沙，萬里石塘，上下聯注，千里一色。**無復陸途** 同上，至吉陽則海之極處云云。○東西兩路並無鋪兵，緣昌化、萬安兩界道路不通，邊角皆由海道。**再涉鯨波** 同上。瓊去吉陽隔越黎洞，雖有陸路，已八十年不通，赴官者以云云爲可畏。自知寨陳繼翰方誘暴黎開通道路。自昌化縣泛海三日而至軍城，阻風則月餘，若往儋萬則無阻焉，去儋尤近。**地多高山** 郡志吉陽云云，峯巒秀拔，所以郡人間有能自立者。**崖州爲大** 丁公言謫崖州，嘗問客天下州郡孰爲大，客曰京師也。公言曰：不然，朝廷宰相作崖州司户參軍，則——也。聞者絶倒。○瓊管志：海南以——者，郡崖州舊治在今瓊州之譯村，土人猶呼爲舊崖州。

【山川】**南山** 在城西南十里枕海。**黎義山** 在吉陽縣東七十里。**澄邁山** 寰宇記。**石舡** 在南嶺之南，距海數步，長丈餘，形如舡，旁有峻嶺名試劍峯。**石盤** 去城十二里，平如掌，周圍數丈，可坐十客，林木茂密，傍有淵水。**臨川水** 在吉陽縣。**藤橋水** 在吉陽縣。

【堂亭】**洗兵堂** 郡西過江二里，胡邦衡名，取挽天河洗甲兵之義。**相公亭** 在城南十五里，地名力韶田。○天聖間丁晉公謫是郡，續有旨拘於荒僻不近人煙之處，郡乃建屋數椽，名曰相公亭。

【名宦】**李德裕** 唐人，貶崖州司户。瑣言云：德裕爲寒進開路，及南遷，或有詩曰：八百孤寒齊下淚，一時南望李崖州。新繁縣有東湖，德裕爲宰日所鑿。夜夢一父老曰：潛形其下，幸庇之，明府富貴今鼎來，七九之年當相見於萬里外。後於土中得一龜，徑數尺，投之水中。而德裕以六十三卒於朱崖，果應七九之讖。公卒，見夢於令狐綯曰：公幸哀我，使我歸葬。綯曰：衛公精爽可畏，不言禍將及。乃白于帝，得以喪還。**韋執誼** 執誼自卑官常諱言嶺南州縣名，觀職方圖，每至嶺南，閉目不視。至拜相，還所坐堂，北壁有圖，乃崖州也，甚惡之。永正元年坐王叔文黨貶崖州司户。此雖非古崖州，聊附見焉。**皇朝丁謂** 字公言，初字謂之，蘇州人也。真宗既相李迪，未幾亦拜謂同中書門下平章事，加司空，封晉國公，尋貶崖州司户參軍。謂在朱崖凡五年，嘗以家財與士人商販殖其息，其人問所欲，曰：願寄家書至洛陽爾。仍戒其人俟有中貴人至，與留守宴，即投之。其人如教，留守得之大驚，不敢拆其書，遂奏之，乃謂作陳情表，假家書以達之其表叙其受遺冊立之功有云臣有彌天之罪亦有彌天之功　章獻與　仁宗覽之惻然遂從雷州。歸田錄云丁公言貶雷州時權臣實有力焉後十二年丁以秘監召還光州致仕時權臣出鎮許田丁以啓謝之其略曰三十年門館遊從不無事契一萬里風波往復盡出生成其婉約若此又自變漕召還知制誥謝兩府啓云效謹密於孔光不言溫樹體風流於謝傳且詠蒼苔公在朱崖有詩近百篇號知命集其警句有云草解忘憂憂底事花名含笑笑何人

趙鼎 紹興九年以與秦檜議和戎及議宗子出閣不合貶之潮州後移吉陽軍。中興遺史紹興十七年八月ㅣㅣ安置在海外者九數年秦檜降　朝旨令吉陽軍月具存亡申尚書省鼎遣人呼其子至委之曰檜必欲我死也我若不死必當誅及一家死則汝曹無患矣付以後事不食而死年六十三。容齋隨筆趙忠簡公謫朱崖士大夫畏秦氏無敢寄聲張淵道為廣西帥遣書持藥及酒餉焉忠簡答書令存張氏又夷堅志云趙丞相居朱崖桂林帥遣使臣往致酒米之饋自雷州浮海而南越三日方張帆早行風力甚勁顧見洪濤間紅旗靡靡相逐而下極目不斷遠望不可審疑為海寇或外國兵甲呼問舟人舟人搖手令勿語愁怖之色可掬急入舟被髮持刃出蓬背立劃其舌出血滴水中戒使臣使閉目坐舡內凡經兩時頃聞舟人相呼曰更生更生乃言曰朝來所見蓋巨鰌也平生未嘗覩所謂旗者海鰌耳世所傳吞舟魚何足道使是鰌與吾舟相值在數里之間身一展轉則已淪溺於鯨波中矣吁可畏哉是時舟南去而鰌北上相望兩時彼此各行數百里計其身當千里有餘莊子鯤鵬之說非寓言也此說張子思得之使臣云

胡銓 繫年錄紹興十八年自新州移貶吉陽軍知新州張棣奏銓自賦詞云欲駕巾車歸去有豺狼當轍為譏諷。容齋三筆紹興中ㅣㅣ竄新州再貶吉陽軍軍士張生乃右列指使遇之無狀邦衡有性命之憂朝不謀夕是時黎酋聞邦衡名遣子就學其居去城三十里嘗邀邦衡入山見軍守者荷枷絣西廡下酋指而語曰此人貪虐已甚吾將殺之邦衡曰此人固無狀要之為一邦之主合以告海南安撫司不行則訟于密院不應擅殺人酋悟釋之明日詣邦衡謝

人物

裴瑑 字開義潮丞相為作家譜本裴晉公十四代孫瑑守雷州時中原亂不得歸召為吉陽守遂居吉陽焉

題詠

鳥飛猶用半年程 李德裕望闕亭詩云獨上江亭望帝京云云碧山也恐人歸去百匝千遭遶重城

聞道崖州一萬里 名賢詩話云晉公舊有園在保康門內園內有仙遊亭及洞景趣瀟洒有道士劉遁相往來遁作仙遊亭詩贈公曰謫官三年尚未回故人今日又重來云云今朝須盡數千盃又云晏上仙遊亭上醉仙遊洞裏杳無人他時駕鶴遊滄海同看蓬萊海上春公初莫曉其意及南遷遁往見公於崖公方悟乃知遁異人也與之泛舟海上而飲公曰今日之遊成子之詩意也

户口

都無三百家 丁公言到崖見ㅣㅣ蕭條賦詩今到崖州事可嗟夢中常若在京華程途何啻一萬里云云夜聽猿啼孤樹遠曉看潮上瘴煙斜吏人不見中朝禮麋鹿時時到縣衙

人生何處不相逢 湘山野錄云初寇忠愍南貶日丁當秉筆謂憑相曰欲與竄崖人今再涉鯨波如何憑但唯唯丁乃除擬雷州及丁之貶也適當憑相秉筆謂眾曰丁相欲貶竄於崖嘗有鯨波之嘆今暫屈丁公涉鯨波一巡竟竄崖州時人為之語曰傳語崖州寇司户云云

生前定合到朱耶 胡邦衡在新州夢謁

趙丞相後十年乃遷朱崖館丞相之舊居李參政詩夢裏分明見黎母云云 南來怕入買

愁村 胡邦衡跋裴氏家譜云遷朱崖時行臨高道中買愁村曰古未有對馬上口占云北往長思聞善縣云云區區萬里天涯路野草荒煙正斷魂

四六 朱耶古郡　郡毋薄於朱耶　惟擾揉之路莫通黎母名山　民實均於赤子　故鯨鯢之彼再涉

四州環一島不異中原　買捐之八百餘言足知夷俗大海控百蠻是為遠徼　丁晋公三千二字備見土風

昌化軍 宜倫　感恩　昌化

建置沿革 星土分野與珠崖同本漢儋耳郡以其人鏤離其耳為名昭帝罷儋耳郡併入珠崖自漢至陳更不得其本地梁置崖州隋即宜倫縣為珠崖郡治煬帝分珠崖置儋耳郡隋亂陷賊唐平蕭銑置儋州領義倫昌化感恩富羅四縣州城即漢儋耳郡城初隸高州總管隸嶺南道瓊州都督府又分昌化置晋安縣尋廢割隸廣州又隸崖州改昌化郡後為儋州又置洛場縣五代為南漢所有　國朝平嶺南更義倫曰宜倫省富羅洛場二縣入宜倫詔改三州為軍而儋州賜名昌化軍中興以來廢為宜倫縣隸瓊州復為昌化軍仍隸瓊管今領縣三治宜倫

事要

郡名 儋耳

風俗 民服單被 西漢志儋耳珠崖郡民所服如單被穿中央為貫頭男則耕稼禾稻紵麻女子桑蠶績織民有五畜山多麞麖兵則矛戈刀木弓弩竹矢或骨為鏃自初為郡縣吏卒中國人多侵陵之故率數歲一反元帝遂罷棄之 數百家之聚 蘇子瞻謂葛延之曰儋州雖云云州人所須取之市而足

山川 峻靈山 在昌化縣西北有廟 黎母山 寰宇記 黎粉山 同上 黎毗山 在宜倫縣之北六十里 黎曉山 在宜倫縣西四十里 毗耶山 在宜倫縣山有獸似犬虫俚人呼為毗耶故名 感勞山 在感恩縣 黎虞山 在感恩縣東五十里 落膊岡 在昌化縣 南龍江 在感恩縣西北二十里 南崖江 在昌化縣 南湘江 同上 延澄江 在感恩縣東北 黎水 在宜倫縣東 基子灣 在峻靈山側有石如丨丨每取之即以紙錢擲神山之下所取不得揀選取畢視之黑白相均 清水池 在城東四季荷花不絕 城南池 在蘇子瞻所居之側 溫湯 寰宇記在感恩縣北七十里夏即清冷冬即沸熱有患疥癬者浴之皆愈

井泉 白馬井 唐咸通中命辛傅李趙四將部兵來南蠻將過海兵馬渴甚有白馬嘶啾以足跑沙美泉湧出 乳泉 蘇子瞻居儋耳天慶觀得泉甚甘作乳泉賦 相泉 趙丞相謫吉陽過儋耳十五里盛暑渴甚鑿井數尺得泉以濟從者之渴

堂亭 吏隱堂 在軍治栽花蒔竹疊石為山李參政光命名因賦詩云旋移松石成叢壑時引笙歌入醉鄉吏散簾垂公事畢清風一榻傲羲皇 賓燕堂 李參政光云海南群花早發至春時已盡獨荷花自四五月至臘與梅菊相接雖花葉稍小而香色可愛蘇端明詩云城南有荒池瑣細誰復採幽姿小芙蕖香色獨未改蓋此池也胡邦衡詩危亭俯風沼盛夏秋

色冷。

載酒堂　在城南，儋耳人黎氏之居。蘇子瞻訪之，爲名其堂，仍作詩云：城南兩黎子，室邇人自遠。呼我釣其池，人魚兩忘返。使君亦命駕，恨子林塘淺。

秀香堂　在陳氏北園。李參政名之，取醉翁亭記中語。有詩云：月林夜動參差影，花徑時供自在香。

問漢亭　州人築亭橋上，胡邦衡名。李參政詩云：河畔牽牛織女星，東西相望幾千齡。我欲機邊坐，應解停梭問姓名。

息軒　在天慶觀司命宮。○蘇子瞻詩：無事此靜坐，一日似兩日。若活七十年，便是百四十。黃金幾時成，白髮日夜出。開眼三十秋，速於駒過隙。是故東坡老，貴汝一念丨。時來登此丨，日送過海席。家山歸未得，題詩寄屋壁。

〔祠廟〕

峻靈王廟　在丨丨山上。有巨石，極爲靈異，祈禱多應。○蘇子瞻作廟碑云：古者王室及大諸侯皆有寶，周有琬琰大玉，魯有夏后氏之璜，皆所以守其社稷、鎮其人民也。唐代宗之世，有比丘尼若夢恍惚見上帝，得八寶以獻諸朝，且傳命曰：中原兵不久解。醒聞于天，故以此寶鎮之，則改元寶應。以是知天亦分寶藥世也。自徐聞渡海，歷瓊至儋耳，又西至昌化縣，西北有山秀峙海上，石峯巉然若巨人冠帽，西南向而坐者，里人謂之山胳膊。而僞漢之世，封其山神鎮海廣德王。五代之末，南夷有望氣者曰：是山有寶氣，上達于天。艤舟其下，斲山發石以求之，夜半大風浪，驚其舟空中，碎之石峯之右，夷皆溺死，儋之父老猶有及見敗船山上者，今獨有石存焉耳。天地之寶，非人所得睥睨者。晉張華使其客雷煥發豐城獄，取寶劍佩之，終以忠遇禍，坐此也。今夫此山之上，上帝賜寶以奠南極，而貪冒無知之夷欲以力取而已有之，其誅死宜矣。元豐五年七月，瓊州別駕蘇軾以罪謫於儋，至元符三年五月，有詔徙廉州，自念謫居海南三載，飲咸食腥，凌暴颶霧而得生還者，山川之神實相之，謹再拜稽首，向西而辭焉，且書其事碑而銘之。山有石池，産紫鱗魚，民莫敢犯。石峯之側有荔枝、黃柑，得就食，持去則有風雹之變。銘曰：瓊崖千里環海中，民夷雜居古相蒙。方壺蓬萊此別宮，丨丨獨立秀且雄。爲帝守寶甚嚴恭，庇蔭嘉穀歲屢豐。大小逍遙逐蝦龍，鴉鵲安棲不避風。我浮而西今復東，碑銘燁然照無窮。

洗氏廟　高涼人，適馮融之子寶。在隋時以忠義佐國，有平寇之功，封譙國夫人。至唐武德，夫人之孫馮盎以地降高祖，儋人事之甚嚴。蘇子瞻詩云：馮洗古烈婦，翁媼國於茲。

〔名宦〕

皇朝裴聞義　知昌化，父紹爲吉陽守，胡邦衡題其堂曰盛德。

陳中孚　字中正，爲方軍令，黎賊犯城，存守有勞，擢知昌化軍。子適爲臨高尉，儋耳民王高叛，適徑造賊壘，諭以禍福，賊遂歛去。後辟知昌化，有繼美堂，胡公邦衡作記。

〔人物〕

王霄　以貢士在辟雍，建炎間歸鄉，潛德不仕，年九十六，推爲鄉先生。

王公輔　號王六公，蘇子瞻雅重之，年百單三。

〔流寓〕

蘇軾　紹聖四年，自惠州再責昌化，寓城南天慶觀。初軾與弟轍相別渡海，既登舟，笑謂曰：豈所謂道不行，乘桴浮於海者耶？元符三年，徽廟登極，赦移廉州，由澄邁北渡，有「九死南荒吾不恨，茲遊奇絕冠平生」之句。○費袞云：東坡在儋耳，儋守張中事之甚至，且日從叔黨棊以娛東坡。洎張解官北歸，東坡凡三作詩送之。東坡在儋耳，一日過黎子雲，遇雨，乃從農家借蒻笠戴之，著屐而歸，婦人小兒相隨爭笑，邑犬群吠。竹坡周少隱有詩云：持節休誇海上蘇，前身便是牧羊奴。應嫌朱紱當年夢，故作黃冠一笑娛。遺跡與公歸海外，清風爲我襲庭隅。憑誰喚起王摩詰，畫作東坡戴笠圖。今時亦有畫此者，然多俗筆也。○黃魯直作東坡贊二首：子瞻堂　出於峨眉，司馬班揚。金馬石渠閱

方四十三　十五　十六

上如墻上前論事釋之馮唐言語以爲階而投諸嶺夢之黃東坡之酒赤壁之笛嬉笑怒罵皆成文章觧羈而歸紫微玉堂子瞻之德未变於初亦而名之曰元祐之黨貶之珠崖儋耳方其金馬石渠不自知其東坡赤壁也及其東坡赤壁不自意其紫微玉堂也及其紫微玉堂不自知其朱崖儋耳也九州四海知有東坡東坡歸矣民笑且歌一日不朝其間容戈其一丘一壑則无如此道人何○岌岌堂堂如山如河其愛之也引之上西掖鑾坡是亦一東坡非亦一東坡槁項黃馘觸時干戈其惡之也投之於鯨鯢之波是亦一東坡非亦一東坡計東坡之在天下如太倉之一粒米至於臨大節而不可奪則與天地相終始

呂公著貶昌化司户參軍　任伯雨謫居　折彥質自号葆真居士建炎間謫居　李光自号体物老人紹興間謫居

〔[illegible]〕莅章

山城小覆維送李秘書往儋州詩云魋魯爲伍蓬萊近拜郎官心瞻北門家事在南荒云云毛州——知必大爭是泛滄浪　自古無戰場蘇子瞻和擬古詩少年好遠遊蕩志隘八荒九夷爲藩維四海環我堂稍喜海南州云云奇峯望黎母何異嵩與邙飛泉瀉万仞舞鶴双低昂芋魁儻可飽无肉亦奚傷　日與雕題親蘇子瞻與殷晉安別詩云久安儋耳陋云云　南極多老人李光與杜秀才詩云云及見九代孫君生古——且温今年八十二頰齊行步奔白馬映紅頰疑是叡青人

〔四六〕跳然宸廷分符海島　凡蠻耳以爲氓皆銘心而感德　維南海之小邦有東坡之遺迹

民本岛夷漢代始称於儋耳　海環郡治坡仙嘗擬於蓬萊　非循良則不足以分遠俗之竹符　非重厚則不足以作此邦之宝鎮

萬安軍　万寧　陵水

〔建置沿革〕十道志万安軍万安郡與朱崖同唐置万安州星土分野並同瓊州　南海亭云海南諸国漢武通爲元帝棄之唐析文昌縣置万安縣并置富雲博遼二縣属瓊州尋屬崖州又立万安州明皇時移理陵水更州爲万全郡復爲万安州五代爲劉氏所據　皇朝更爲軍移軍於陵水洞又移於博遼後移今處未幾提刑董分奏廢爲万寧縣以軍使兼知縣隸瓊州安撫王成奏復爲軍今領縣二治万寧

〔事要〕

〔郡名〕萬全

〔風俗〕其俗質野圖經此邦與黎蛋雜居云云而畏法不喜爲盜牛羊被野无敢冒認　居多茅竹同上云云絕少瓦屋　信尚巫鬼同上　以織貝爲業同上云云不事文繡　服色頗異同上女人以五色布爲帽以班布爲裙以袋号曰都籠以班布爲衫方五尺當中開孔但容頭入名曰思便

〔山川〕南山在陵水縣南八十四里　靈山去陵水縣三十里　聲山在陵水縣内　獨洲山在城東南五十里其峯插天　赤隴山在万安縣東南三十里　湳陵山在万寧縣西南二里　金牛嶺在城西北有宝氣　都籠水在陵水縣東北十五里

金仙水在萬安縣北三十里

【堂亭】愛民堂在萬安軍治　凝香亭在軍治

【名宦】皇朝湯鷟南劍人以武峯守郡南洞王利孚叛鷟平之民為立祠

【名賢】李綱建炎元年以尚書左僕射落職自鄂移澧自澧移万未及軍而還　楊煒以排和議貶

【題詠】萬安無市井蘇東坡夜卧濯足詩云云斗水寬百憂天低瘴雲重地薄海氣浮

【四六】疏恩一札出守萬全　漢棄其地唐創為州　當海邦之窮處與黎蜑以雜居　臬使騰褒嘗發軍而為邑帥臣奏疏復自邑而陞軍　烏言夷面非譯語而莫通茅屋荊榛亦土風之甚陋

新編方輿勝覽卷之四十三

新編方輿勝覽卷之四十四　建安祝穆和父編

○淮東路

揚州　江都　泰興

【建置沿革】禹貢淮海惟揚州。唐虞淮海之間皆州域也。於天文為牛斗之分星紀之次。春秋時屬吳，故吳城邗溝通江淮。後屬越，越後屬楚。秦隸九江郡。漢為荆王國，又為吳王國。景帝更江都國，武帝更廣陵國。東漢為廣陵郡。三國初屬魏，後屬吳。西晉為廣陵郡。宋改為南兗州。北齊改東廣州。後周為吳州。隋唐為揚州。皇朝陞節度安撫。今統郡九，領縣二，治江都。

○本路安撫制置司

【事要】

【郡名】**廣陵**　**江都**　**淮海**　**惟揚**　**蕪城**　**邗城** 僧皎然詩別渚望邗城

【風俗】**江南之氣躁勁** 元和郡縣志云云，故曰揚州。**土俗輕揚** 孔六帖李濟翁謂其云云，故名揚州。**朴而不爭** 廣陵志其俗云云有學而好文。**富庶甲天下** 通鑑唐昭宗曰揚州云云，故稱揚一益二。**俗喜商賈** 唐書李襲譽傳云揚州江吳大都會云云不事農。**遷徙貿易皆出揚州** 沈存中云自淮南之西大江之東南至五嶺蜀漢十一路百州｜｜｜｜之人往還｜｜｜｜之下，舟車日夜灌輸京師者居天下之七。○容齋隨筆唐鹽鐵轉運使揚州判官多至數十人，故諺稱揚一益二。杜牧之有春風十里珠簾捲之句，張祜詩有十里長街市井連，月明橋上看神仙。本朝承平百七十年，尚不能及唐之什一，今日真可酸鼻也。

【形勝】**據淮拒海** 秦少游揚州集序北｜｜｜東南｜｜江湖之間盡有其地。王觀揚州賦南蹴于距海之滸，北壓乎長淮之流。**枕江臂淮** 王觀揚州賦曰揚州古都會也云云，與益部號為天下望，故有唐以來節鎮首稱揚益焉。**重江複關** 文選鮑照登廣陵城作蕪城賦云云之險，四會五達之衢。**士甚平曠** 南齊地理志云云，刺史每以秋月出海陵觀濤。**江左大鎮** 通典云云莫過荆揚。○宋書割荆江置郢州議，江左以來以揚州為根本。**東南佳麗** 廣陵志序長淮之區綿亘數百里，揚其都會也。迷樓九曲鳳池螢苑之名甲於前代，而十里珠簾二十四橋風月之景尤為云云，以至春風蕩城郭，滿耳沸笙歌，與夫重城向夕，絳紗萬戶，珠翠填咽於街陌者，又天下所無也。

【土產】**芍藥**｜｜為天下冠 王觀序云有三十二種。○蘇子瞻志林揚州蔡繁卿為守，始作萬花會，用花十餘萬枝，既殘諸園，又吏因緣為姦，久亦必為民患也。會當有罷之者。錢惟演為留守，始置驛貢洛花，識者鄙之，此宮妾愛君之意也。○孔武仲｜｜譜云州宅舊有｜｜廳，在都廳後，聚一州絕品於其中，今鎮淮堂是也。

【山川】**浮山** 去地纔高三尺二寸，其狀似鐵，不生草木。**大銅山** 在江都縣西北七十二里。漢書吳王濞即山鑄錢，此其處也。**崑崙山** 一名廣陵。鮑照蕪城賦拖以漕渠，軸以金銀池。又河圖括地象曰｜

崙山横爲地軸此陵交帶崑崙故曰廣陵也○權德輿廣陵行云廣陵實佳麗隋季此爲京八方稱輻湊五達如砥平

蜀岡舊傳地脉通蜀或曰産茶味如蒙頂故曰丨丨 **大江**在江都縣南四十五里郡國志西北自六合縣界流入舊闊四十餘里昔魏文帝登廣陵觀兵戎卒數十萬旌旗數百里臨江見波濤洶湧歎曰吾武騎萬隊何所用之蓋乎固天地所以限南北也○晉元帝以祖逖爲奮威將軍豫州刺史渡江中流擊楫而誓曰祖逖不能清中原而復濟者有如大江辭色壯烈○江面舊有揚子鎮與京口對岸而瓜洲乃江中一洲耳故潮水悉通城中李紳與李頻詩云鷓鴣山頭片雲晴揚州城裏看潮生白大曆後潮水始不通 **揚子江**揚廷秀詩天將天塹護吴天不數殽函百二關萬里銀河瀉銀海一雙玉塔表金山旌旗陽岸淮南近鼓角吹霜塞北寒多謝江神風色好滄波千頃片時間 **伊婁河**即揚子鎮以南至江運河也潤州刺史齊澣所開自隋以前未有此河潤唐時江濱始積沙至二十五里故穿此河 **南冷水**李秀卿至維揚逢陸鴻漸李曰聞陸君別茶揚子丨丨又殊絶二妙千載一遇命軍士謹畏者入江取丨丨及至陸以杓揚水曰江則江矣非丨丨臨岸者乎既而傾丨及半陸又以杓揚之曰此似南冷者矣使者蹶然曰某自丨丨賫至岸舟蕩覆過懼其尠挹岸丨增之處士乃神鑒也其敢隱焉 **茱萸灣**郡國志云在江陽縣東北九里隋仁壽四年開以通漕運其側有丨丨村故名又吴王濞莊開茱萸灣以通海陵倉 **灣口**坡詩丨丨錯憂送 **淮口**王介甫望丨丨詩白煙淵漫接天涯顛顛飛空一道斜有似錢塘江上望晚潮初落見平沙 **瓜洲渡**在江都縣南四十里江濱昔爲丨丨村蓋揚子江中之沙磧也沙漸漲出其狀如瓜接連揚子江口民居其上唐爲鎮今有石城三面丨丨爲丨介于江淮之間南之瀟湘北走奈瓏○鄭谷詩揚子江頭楊柳春楊花愁殺度江人數聲風笛離亭晚君向瀟湘我向秦○孟浩然揚子津望京口詩北固臨京口夷山近海濱江風白浪起愁殺渡頭人○楊廷秀過丨丨鎮詩夜愁風浪不成眠曉渡清平却晏然數棒金鉦到江步一檣霜月到淮舡佛狸馬死無遺骨阿亮臺傾只野田士人云元顏亮辛巳南寇築臺望江誅死其上南北休兵三十載桑疇麥壠正連天 **邗溝**左傳哀公九年吴城丨丨通江淮注云於邗江築城穿溝東北射陽湖西北至末口入淮通糧道也今廣陵韓江是○郡縣志云合瀆渠在江都縣東二里昔吴王夫差將伐齊北霸中國自廣陵城東南築邗城下掘深溝謂之邗江亦曰丨丨自江東北通射陽湖今謂之官河亦謂之山陽瀆又云漕河貫城中即丨丨也 **薔薇溝**在江都縣東北六十里接高郵永安港者舊云昔之丨丨村也 **雷塘**在州東北十里煬帝平昔遊之多從宮人故時耕出寶釵爲蘇子瞻詩云丨丨水乾禾黍滿寶釵耕出餘鸞龍○煬帝葬其上羅隱題煬帝陵詩入郭登橋出郭船紅樓日日柳年年君王忍把平陳業只換雷塘數頃田○唐李襲譽爲刺史引丨丨水灌田故又名雷陂 **新塘**在城外紹定間以張燈之夕敗逆賊李全于此露布有云畜憾蹇軍開關延敵實精兵於壁寨發酋雾於丨丨其後又云擧戈既畜遂春郊瞞之喉異服空遺俱識智高之面 **蜀井**在蜀岡上井水最宜煎茶○蘇子瞻詩剩覓丨岡新丨水○蘇子由詩信腳東遊十二年甘泉香稻憶歸田行逢丨丨恍如夢試煑山茶意自便短綆不收容盥濯紅泥仍許置清鮮早知鄉味勝爲客遊宦何須更著鞭○秦少游次韻蜀岡精

氣蓄多年故有清泉發石田下飲肺肝俱蕭灑又寬杖屨亦清便炊成香稻流珠滑煮出新茶潑乳鮮坐使二公鄉思動放杯西望欲揮鞭

【堂舍】**平山堂** 在州城西北大明寺側慶曆八年二月歐陽公來牧是邦爲堂於大明寺庭之坤隅江南諸山拱列檐下若可攀取因目之曰——沈括爲記○洪邁撰——後記云揚爲州最古南傳海北襟淮廾而方之萬里後世華離紛析殆凡百郡獨廣陵得專其名故常稱巨鎮爲刺史治所爲總管府爲大都督府爲淮南節度使方唐盛時全蜀尚列其下有揚一益二之語入本朝事權寖衰而太守猶一道鈐轄安撫使品其域望他方莫與京也迷樓九曲珠簾十里二十四橋風月登臨氣槩殆以突兀今古盍堂最後出前志謂江南諸峯植立闌户且肩摩領接若可扳取山既佳而又歐陽實張之故聲壓宇宙如揭日月鮮紳之東西以身不到爲永恨意謂會城闉闍風中天之臺抑末耳然餘百年間嗟豪學歐尾老木腐圮之以傾陊存之以兵革而禾黍離離无復一存荒煙白露蚕叢滅没使人慈然歎然誦山色有无之句付之三嘆而已吳興周踪復興是堂○王介甫詩云城北橫岡走翠虬一堂高視兩三州淮岑日對朱欄出江岫雲齊碧瓦浮墟落耕桑公豈弟杯觴談笑客風流不知峴首登臨處壯觀當時有此不○蘇子瞻——次王居卿韻高會日陪山簡醉狂言屢發次公醒酒如人面天然白山向吾曹分外青江上飛雲來北固檻前脩竹憶南屏六朝興廢餘丘壠空使姦雄笑寧馨○蘇子由詩堂上平看江上山晴光十里對花欄海門僅可一二數雲夢猶吞八九寬簷外小棠陰蔽芾壁間遺墨涕汍瀾人亡坐覺風流盡遺構仍須子細觀○秦少游次韻棟宇高開古寺間盡收佳處入雕欄山浮海上青螺遠天轉江南碧玉寬雨檻幽花滋淺淚風卮清酒漲微瀾遊人若論登臨美酒作淮東第一觀○劉原父詩蕪城此地遠人寰盡借江南萬疊山後歐公在翰林原父出守公作朝中措詞餞之有曰平山欄檻倚晴空山色有无中手種堂前楊柳別來幾度春風文章太守揮毫萬字一飲千鍾行樂直須年少樽前看取衰翁○蘇子瞻西江月三過——下半生彈指聲中十年不見老仙翁壁上龍蛇飛動欲弔文章太守仍歌楊柳春風休言萬事轉頭空未轉頭時已夢

淮海堂 在州宅

四并堂 韓忠獻建于郡圃

谷林堂 在大明寺元祐中建○郡守蘇子瞻詩深谷下窈窕高林合扶疎是也

【館驛】**水館** 李紳宿揚州——詩舟依淺浦參差合橋映晴虹上下連輕檝過時從水月遠灯繁處隔秋煙却思海嶠還悵數近況江海更寥然閑凭欄干指星漢尚疑煙盡在樓舡

臨都驛 唐白居易詩揚子江頭月——裏燈

【亭榭】**斗野亭** 東坡秦觀孫覺蘇子由米芾皆有詩○黃魯直詩維斗天司南其下百瀆傾蟠酒淮海閒風煙浸十里

九曲亭 按圖志藝祖之破李重進也駐蹕九江池上有龍鬭於池今有——在池上○鮮于侁廣陵雜詩序煬帝奏樂于此地初帝欲幸江都命樂府撰水調九曲工人王令言謂子曰此曲無宮聲又無回韻汝必不還又蘇子由——詩鈆老清彈似廣陵隋家水調寄哀音可憐——猶聲盡只有一池春水深

無雙亭 與后土廟瓊花相對歐陽公名前賢賦詠甚多

摘星亭 秦少游次韻崑崙左右兩招提中起孤高排堞西不見燒香成佰霧虛傳栽錦作障泥螢流花落飛星亂苔滿荒城綠鬢齊長憶偕欄風雨後斷虹明處海天低○障泥事見李商隱隋宮詩

【樓閣】**文選樓** 下觀揚州

賦曰帝子父去兮空文選之樓圖經**迎仙樓**高駢建○
云文樓巷即其處曰煬帝嘗幸焉羅隱詩云
仙境是誰知處所**摘星樓**在城西角江淮**鎮淮樓**
人間空自造樓臺南北一目可盡呂申公
在南城上**賞心樓**孔氏六帖云揚**雲山閣**公著守
規模甚壯州有｜｜｜
維揚建詩寺觀**法雲寺**謝安故宅劉禹
見秦觀注錫有雙檜詩**禪智寺**
杜牧留題雨過一蟬噪飄蕭松桂秋青苔滿階砌白鳥故遲
留暮靄生深樹斜陽下小樓誰知竹西路歌吹是揚州○羅
隱春日獨遊詩遠樹連天水接空幾年行樂舊隋宮花開花
謝長如此人去人來自不同鸞鳳調高何處酒吴牛蹄健滿
車風思量只合騰騰**石塔寺**小說載王播少孤貧客揚
醉煮海平陳盡夢中州木蘭院隨僧齋粥僧厭

方四十四　七

苦之飯後擊鐘其後播鎮揚州訪舊處題詩曰上堂已了各
西東慙愧闍黎飯後鐘後二紀播出鎮是邦向所題已碧紗
籠之矣乃續云三十年來塵撲面如今始得碧紗籠○蘇子
瞻云世傳王播飯後鐘詩蓋揚州｜｜院事也詩云飢眼眩
西東詩腸忘蚤晏雖知燈是火不悟鐘非飯山僧異漂母但
可供一莞胡為三十年記憶作此訕齋廚養若人無益祇遺
患乃知飯後鐘闍黎蓋具眼又有石塔試茶詩云禪
窻麗午景蜀井出冰雪坐客皆可人鼎器手自潔**蕃禧**
觀即古之后土廟有瓊花擅天下無雙之名香如蓮花清
馥可愛○唐詩紀事云揚州唐昌觀玉蘂花折有仙人
遊或云唐所植即李衛公所謂玉蘂花也康駢劇談録謂有
女子遊其下○劉禹錫詩玉女來看玉樹花異香先引七香
車攀枝弄雪時回首驚怪人間日易斜○雪蘂瓊絲滿院春
羽衣輕步不生塵君平簾下徒相問長伴吹簫別有人○王

禁天中樹金閨昔共窺落英閑舞雪密葉作低帷舊賞煙霄
遠前歡歲月移今來想顏色還似憶瓊枝○王元之云揚州
后土廟有花一株潔白可愛且其樹大而花繁不知實何木
也俗謂之瓊花因賦詩以狀其態云春冰薄薄壓枝柯分與
清香是月娥忽似暑天深澗底老松擎雪白婆娑○劉原父
云自淮南遷東平移后土廟瓊花植於灌纓亭此花天下獨
一株爾永叔為揚州作無雙亭以賞之彼土人別號八仙花
或云李衛公所賦玉蘂即此也詩云淮海無雙玉蘂花異時
來自八仙家會人未識天古跡**故城**羅隱題故都詩江
中樹乞與春風當物華南江北兩風流一
作迷津一拜侯畢竟不如隋煬帝破家猶得到揚州○孟遲
廣陵城詩紅遶高樓綠遶城城邊春草傍墻生隋家不向此
中盡汴水應無更去聲○郭棣知揚州以為｜｜憑高下臨
四面國初李重進始東而敗卜今相距三十里處勢畢濬

方四十四　八

遺壘巍峨則闐在掌股中虜亮之來厭欲可鑒請即遺址建
築兩壕相通轉餉綴急足以相赴為九曲池即建樓為籌邊
倚欄舒眺見百里秋毫以杜他日伏戎**隋宮**李義山｜｜
之患三塘既豐運河常溢卓為上策詩紫泉宮殿
鎖煙霞欲取蕪城作帝家玉璽不緣歸日角錦帆應是到天
涯于今腐草無螢火終日垂楊有暮鴉地下若逢陳後主豈
宜重問**玉鉤斜**桂苑叢話唐李蔚自大梁移鎮淮海見
後庭花郡寡勝遊之地命於戲馬亭西連｜｜
｜道葺亭名之曰賞心**騎鶴仙**太平廣記有四人各言
披詩路失玉鉤芳草合所願甲曰願多財乙曰
願為揚州太守丙曰願為仙丁曰願腰纏十萬貫騎
鶴上揚州蘇子瞻詩曰野無佩犢子府有｜｜｜**來蘇**
舞因類載杜邠公守維揚耽於遊燕有獄市之譽宣宗聞
除崔鉉為代以詩送之有一方獄市喜來蘇之句揚州

柳衙傳希聞之即教習丨丨。**迷樓九曲**廣陵志：揚州建新宮成，帝幸之曰：若使真仙遊此，亦自當迷。○杜牧詩：揚帝雷塘路，迷藏有舊樓。誰家唱水調，明月滿揚州。駿馬宜閑出，千金好暗遊。喧闐醉年少，半脫紫貂裘。**珠簾十里**承平時東南之士試京師取高第，往來皆經維揚，其詞曰：王京此去春猶淺，正雪絮馬頭零亂，蝶娥剪就綠雲袍，待來到蟾宮與換。來年三月桃花岸，棹雙槳浪平煙暖，揚州十里小紅樓，盡捲上珠簾一半。○杜牧詩：娉娉嫋嫋十三餘，荳蔻梢頭二月初。春風丨丨揚州路，捲上珠簾總不如。**吹臺琴室**徐湛之為南兖州刺史，建於城北，今亡其處。**水亭**獨孤及有丨丨泛舟望月宴集賦詩序。徐知誥每夜引宋齊丘於丨丨屏語，獨置大爐相向坐，不言，以畫灰為字，讀即滅去，故所謀人莫得而知。**東府齋**梁宣城王為揚州刺史，顧野王及王褒為賓客，野王好丹青，於東府起齋，令野王畫古賢，命王褒書贊，稱為兩絕。**二十四橋**隋置，並以城門坊市為名。後韓令坤省築州城，分布阡陌，別立橋梁，所謂丨丨丨丨若或存或廢，不可得而考。○杜牧之寄韓判官詩：雲山隱隱水迢迢，秋盡江南草木凋。丨丨丨丨明月夜，玉人何處教吹簫。○歐公自揚州移汝，西湖詩云：綠芰紅蓮畫舸浮，使君那復憶揚州。都將丨丨丨丨月，換作西湖十頃秋。○後蘇子瞻自汝移揚，作詩曰：丨丨丨丨亦何有，換此十頃玻璃風。**三十六陂**在江都縣。王介甫題西太乙宮壁：丨丨丨丨春水，白頭。**皂角林**紹興逆亮入寇，劉琦自淮陰回軍瓜洲，虜將高景山以兵十萬直擣瓜洲，琦伏於丨丨丨破虜兵，斬景山。○楊廷秀詩云：水漾霜風冷客襟，苔封戰骨動人心。河邊獨樹知何木，今古相傳皂角林。

雙檜在法雲寺。張祜詩：謝家雙植本南榮，樹老人亡地變更。朱頂鶴知深蓋偃，白眉僧見小枝生。高臨月殿秋雲影，靜入風簷夜雨聲。縱使百年為上壽，綠陰終借暫時行。**酒肆柱間詞**黃魯直謂州東酒肆或書詞云：秋風吹渭水，落葉滿長安。黃塵車馬道，獨清閑自然。爐鼎虎繞與龍盤，九轉丹砂就，琴心三疊蘂宮看舞胎仙。便萬釘寶帶貂蟬，富貴欲薰天。黃粱炊未熟，夢驚殘。舟遊漁浦，藏山後。有辭道士於廣陵市上歌此曲，或云即呂洞賓也。

名宦

韓信漢人，為楚王。**董仲舒**出為江都相。**張綱**為廣陵守。張嬰等寇亂揚徐，綱單車之職，將吏卒十餘人過嬰壘，賊面縛歸降。**謝安**築新城堰。**謝元**領廣陵相。**何遜**為揚州法曹，廨舍有梅花盛開，遜吟詠其下。後居洛思梅，因請曹職，至，適梅花方盛，遜對之彷徨終日。遜嘗有梅詩云：兔園標物序，驚時最是梅。銜霜當路發，映雪擬寒開。枝橫卻月觀，花逐凌風臺。應知先百卉，故逐上春來。以月觀風臺為揚州勝景故也。**李德裕**父吉甫年五十一出鎮淮南，五十四自淮南復相。及德裕鎮淮南，後入相，一如父之年。**杜牧**性疏放，會丞相牛僧孺出鎮揚州，辟節度掌書記，唯以遊宴為事。揚州勝地也，每重城向夕，樓上常有絳紗燈萬數，輝耀空中，九里三十步街珠翠填咽，邈若仙境。牧常出沒馳逐其間，初無虛夕。有街卒三十易服隨後潛護之，僧孺之密教也，而牧自謂人不知之。及召拜，僧孺餞之，發一書篋，乃街卒之密報也，悉曰：某夕杜書記過某家無恙。**杜鴻漸**唐宋遺史：劉禹錫為蘇守，背赴揚州大司馬丨丨丨宴，醉歸宿傳舍，既醒，見二妓在側，驚問之，乃曰：郎中席上與司空詩，因遣某等。問其詩何言，曰：高髻雲鬟宮樣粧，春風一曲杜韋娘。司空見慣

淮開事逃亂蘄州刺史賜

皇朝陳升之 為守高郵。遣使入貢所經川縣悉要地圖，升之給使者欲盡見所得地圖，數其規模供造，又盛至，聚而焚之。

鄒浩 字志完，嘗為教授。呂申公守維揚，命撰樂語，鄒不允。公曰：使教授他時作翰林學士將如何？鄒答曰：使為翰林學士則可，為國子司業則不可。後首薦之。

韓琦 魏公守維揚，王介甫為僉判，每讀書達旦，假寐日已高，亟上府，多不及盥漱。魏公意其年少夜飲，謂公曰：少年毋廢書，不可自棄。公不荅，退而言曰：韓公非知我者。及魏公薨，介甫有挽詩曰：幕府少年今白髮，傷心無路送靈輀。又有望揚州詩云：落日平村一水邊，蕪城掩映只蒼然。白頭追想當年事，幕府青衫最少年。猶不忘前事也。○魏公自樞副出守維揚，初葺郡圃，芍藥盛開，忽於叢中得黃緣者四朶，士人呼為金纏腰，云數年間或有一二，不常見也。魏公開宴，時王岐公珪

倅郡，王荊公安石為幕官，陳秀公升之初授衛尉丞，忽經由，相召同賞，各簪一朶。其後四人相繼皆登宰輔，果花瑞也。

歐陽脩 與魏公為代，有手帖云：廣陵幸遵遺矩，獨平山堂占勝，蜀岡江南諸山一目千里，以至大明并瓊花二亭，此三者拾公之遺以繼盛美云。

呂公著 公守維揚，蘇子瞻自黃岡移汝海，經從見公，公置酒終日不交一語。子瞻昏睏，歌者唱夜來微覺羅衣薄，子瞻驚覺，小語云：夜來走知羅巫博也。歌者匿笑。後子瞻書歌者團扇，公見之亦無語。

蘇軾 來郡專以軾嘗作詩，言者妄詆，以龍圖閣學士知潁州，徙揚州，俄以兵部尚書召還兼侍讀。

晁補之 子瞻知揚州，无咎作倅，子瞻作點絳唇詞云：獨倚胡牀，庾公樓外峯千朶。與誰同坐，明月清風我。別乘一來，有唱然須和。還知麽，自從添个，風月平分破。

晁詠之 字之道。蘇子瞻知揚州，无咎為倅，以其求詩文獻子瞻，子瞻曰：有才如此，獨不令識一曲耶？詠之時以蔭入官，為揚州司法，未上，見參軍禮入謁，子瞻下堂挽而上之，謂坐客曰：此奇才也。

韓世忠 紹興四年，兀朮與酋帥撻孛耶合三路兵入寇，自泗取揚，步兵自楚取高郵，遷駐飛烏。時建康鎮江淮東宣撫使丨丨丨自鎮江舟師親提騎以當淮泗之寇，伐木為柵，自斷歸路。會朝廷遣魏良臣使虜，至維揚，世忠置酒送別，杯示所行，世忠曰：有　詔移屯守江。乃撤炊爨旋師。良臣喜，疾馳出境。世忠乃上馬，令軍中曰：視吾鞭所向。四面並進，虜大半降服。凱旋，論者以此舉為中興武功第一。

（人物）

陳琳 魏太祖謂琳所草檄能愈頭風。

張祜 客淮南幕中，赴宴時杜紫微為支使，坐中有屬意與索骰子賭酒，牧之微吟曰：骰子逡巡裹手拈，無因得見玉纖纖。祜應聲曰：但知報道金釵落，彷彿還應露指尖。

李邕 唐人既冠，見李嶠，自言讀書未徧，願一見秘書。

李善 邕之子，注文選。

李紳 唐摭言：李紳鎮揚州，謂張孝標賦春雪詩，云：六出花飛處處飄，粘窗拂砌上寒條。朱門到曉難盈尺，盡是三軍喜氣銷。

淳于棼 家廣陵，宅南有古槐，夢至大槐安國，王以女妻之，命理南柯郡，凡二十載，卒葬於盤龍岡，遂覺。因尋古槐下穴，可容一榻，上有土壤為城郭臺殿之狀，有蟻數斛，即槐安都邑也；南枝則郡也；旁通則山也；一穴盤屈若龍蛇狀，有小塚隆然，即盤龍岡也。其墓今在縣北十里，俗呼為南柯太守墓。

徐鉉 與韓熙載齊名，謂之韓徐。

皇朝張方平 天性穎悟，凡書皆一閱終身不再讀，屬文未嘗起草。

秦觀 字少游，高郵人。呂申公守維揚，以舉子詔見，時適中秋，雲山閣成，宴客其上，公素聞秦才名，即煩撰樂語，云：雲山營構接晴空，公宴初開氣鬱蔥。照海旌旗秋

色裏激天鼓吹月明中香槽旋滴珠千顆歌扇縈**呂溱**溱
閭王一叢二十四橋人望處台星已在廣寒宮廳
舉作鯤化爲鵬詩有九霄離海嶠一息到天池之句
仁宗見之升爲第一時有三魁謂｜｜王昻李易也

〔名宦〕

陳瓘遭紹聖崇寧黨錮之禍與任伯兩相繼內徙是州洪
不幸死兩家子弟奉遺命丘壠對封於西山之下

〔詩〕

揚州隋故都武元衡詩云云竹使漢名儒**海雲助兵**
氣韋應物詩雄藩鎮楚郊地勢鬱岧嶢雙旌擁万戟中有
霍嫖姚云云賓貨盈軍饒嚴城動寒角晚騎踏霜橋
潮吞海門石劉長卿氣混京口雲云云**秋色上蕪城**劉長卿寒
潮落瓜步云云**紅旆擁雙節**白居易送牛僧孺鎮揚州坐移丞相閣春入廣陵城云云白髮

方四十四　十三

無一莖**煙花三月下揚州**李白送孟浩然之廣陵故人西辭黃鶴樓云云孤帆
遠影碧山盡惟見長江天際流**蒜山晴日照揚州**獨孤及詩蕪城西眺極滄流漠
漠春煙暗曙樓瓜步早潮催建業云云**維揚景物勝西川**杜荀鶴詩見說西川
景物繁云云青春花柳樹臨水白日綺羅人上船**夜市千燈照碧雲**王建詩云
云樓高紅袖客紛紛如今不似時平日猶自笙歌徹曉聞**故人多在芙蓉幙**杜荀
鶴惟揚冬末寄幙中二從事江上數株桑棗樹自從離亂更荒涼那堪旅館經殘臘秖把空書寄故鄉典尽客衣三尺雪
鍊精詩句一頭霜云云應笑孜孜道未光**江蹙海門帆散出**羅隱開元寺門上作

滿檻山川漾落暉檻前舊事去如飛雲中雞犬劉安過月裏
笙歌煬帝歸云云地吞淮口樹相依紅樓翠幙知多少長向
東風有是非**五馬雙旌何處逢**劉長卿詩眇眇雲山去幾重依依獨聽廣陵鐘
明朝借問南來客云云**灞陵殘雨夢依依**趙嘏送盧緘歸揚州詩曾向雷塘寄
掩扉百家燈火有餘輝閑河日暮空坊揚柳漫頭人獨歸隋苑荒臺人袞袞云云今年赤色逕相與爲我江邊謝釣磯
春風十里珠簾捲黃魯直早春過廣陵詩云云駸駸三生杜牧之紅藥梢頭初繭
栗揚州風物鬢成絲**淮南二十四橋月**黃魯直詩云云馬上時時夢見之想得揚
州醉年少正聞紅袖寫烏絲**飛雪堆盤膾魚腹**黃魯直次王定國揚州見寄韻

方四十四　十四

云云明珠論斗煮雞頭**團臍紫蟹脂填腹**蘇子瞻揚州以土物寄少游詩鮮鯽
經年秘醽醁云云後春蓴出滑於酥先社薑芽肥勝肉鳧子纍纍何足道點綴盤飧亦時欲淮南風俗事瓶罌方法相傳
竟留蓄且同千里寄鵝毛何用孜孜飲麋鹿

〔四六〕

尤奉宸綸宏開制閫　維今重鎮自古雄藩　廣陵奧區淮甸重鎮　開大幙府號小朝廷
惟江都之舊壤亦海道之要衝　眷揚楚之重鎮據吳越之通塗　戢淮南漕賦之淵尤藉東淮鹽茗之利
分淮海之巨屏控東南之要津　昔號往來之會今當守禦之衝　禹別九州斯爲輿壤唐分十道號曰大邦
處亮於焉而送死逆全即此以就誅　陝以東周公分陝尊任重閫以外將軍制命專威行

練卒勵兵固藩籬於江面　龍蛇飛動重尋歐子之舊地
出師犒賊壯聲援於邊頭　貔虎鼓行尚繼韓王之盛元
竹西歌吹遥聞刺史之居　萬竈雲屯盡屬元戎之節制
山東捷書行入詩人之詠　群兇風靡皆驚大將之威名
静而固境或為牽制之謀　歌珠簾十里之詩略與舊覩
動以除兇直作掃清之舉　和風笛數聲之句空有羈情
分閫令嚴肯作棘門兒戲　數百萬貔之甲兵頻聞奏凱
平戎捷奏當符爪步童謡　二十四橋之風月静聽傳更
韓忠獻之規模惟歐公而可繼
蘇東坡之風月非晁子而莫分
淮海惟揚州襲夏后平成之號
江吳大都會為唐朝繁盛之區

新編方輿勝覽卷之四十四

新編方輿勝覽卷之四十五　　建安祝穆和父編

真州　揚子　六合

【建置沿革】禹貢揚州之域爲斗牛之分星紀之次春秋爲吳楚二國之境五代並屬揚州僞吳置迎鑾鎮國朝　太祖陞迎鑾鎮爲建安軍又以揚州之永正縣隸焉又割揚州之六合縣併隸於軍六合本楚之棠邑也真宗以鑄　聖像成陞爲真州淳化始建漕臺或兼大使後又陞爲儀真郡今領縣二治揚子

○淮東轉運置司

【事要】【郡名】儀真見前沿革注　白沙見名宦門陳德林注　【風俗】其俗躁勁郡國志云云　市井荒陋郡志屢經焚掠云云茅簷草屋未甚華也　民以魚鹽爲業同上　【形勝】望於淮右壯觀亭記朝廷次第郡邑固已當東南之水會見後歐陽公東園記　江淮一都會司馬君實送吳獻厚知真州序　東南水陸要衝繫年錄梁揚祖云云　大江奔流壯觀亭記丨丨日夜丨丨羣山古今秀峙羅列目前應接不暇　【山川】橫山在揚子西三十里與丫山方山鼎峙　方山前朝六宮居之　瓜步山鮑照丨丨丨文云因迥爲高據絕作雄凌清瞰遠擅奇含秀　小銅山去揚子縣二十里相傳吳王鼓鑄之所　赤岸山其山巖與江岸數里土色皆赤○羅君章詩云丨丨若朝霞鄭景純江賦云鼓洪濤於丨丨　六合山即定山在縣北八十里其山有六峯相接連吳敏白鷺泉達磨觀音兩巖亭巖壑之秀殆非淮南有　蜀岡在揚子縣西北自胥浦至江都界並謂之丨丨以其來遠也　揚子江在揚子縣南與鎮江分界　運河在城南其東通淮揚　胥浦詩話繆子胥解劍渡江之所　五馬渡在宣化山之陽爲建康往來津渡之要晉五王南渡於此　回軍渡在六合縣　藝祖皇帝以舟師伐李璟於瓜步振旅凱旋因名云　瓦梁堰即徐塘也王巘謂徐河而上數百里鉅細聯比合五十四流輻湊於此堰　【亭館】壯觀亭在城北五里山之頂米元章書榜有賦云壯哉江山之觀也又詩云遍賓丨丨不辭寒玉立風神氣上千欲識謝公清興處千山萬嶺雪漫漫　谿陰亭在縣東黨氏園蘇子瞻嘗游有詩　東園施正臣許子春爲發運使作○歐陽永叔記云真爲州當東南之水會所謂丨丨者流水橫其前清池浸其右高臺起其北臺吾望以拂雲之亭池吾俯以澄虛之閣水吾泛以畫舫之舟敞其中以爲清讌之堂闢其後以爲射賓之圃芙蕖芰荷之的歷幽蘭白芷之芬芳與夫佳花美木列植而交陰此前日之蒼煙白露而荊棘也高甍巨桷水光日景動搖而下上其寬閑靚深可以答遠響而生清風此前日之頹垣斷塹而荒墟也嘉時令節州人士女嘯歌而管絃此前日之晦冥風雨鼪鼯鳥獸之嗥音也吾於是信有力焉○王介甫詩十年徧歷人間事卻繞新花認故叢南北此身知幾日山川長在淚痕中蔡君謨書時謂三絕　舫齋在州治頗深廣　【寺觀】長蘆

寺 元在｜｜鎮　章獻明肅太后少隨父至京師長老勉之入京及垂簾聽政長老已往后問所需曰｜｜無三門后乃以本閣服用器物成之淳熙十二年徙于滁口山之東○劉邠詩云越舶吳商倚萬檣紺園金刹起中霄魚龍聽法因多雨江海歸心每上潮林黑夜深燈影白川平天闊梵聲遥心知水陸俱調伏借取靈犀不用燒○王介甫舟過詩云木落草摇洲渚昏泊舡深閉雨中門回燈紙欲尋歸夢兒女紛紛解笑言○黄魯直阻風入｜｜｜詩福公開百室不惜鄰网推法筵森龍象天樂下管弦我來雨花地依元薰爐煙含動江水鍾煮到客舡茗椀洗昏著經行數阻年歲寒風落山故鄉甚言旋林回負赤子白壁乃可掮持覲如復氷風雨淼暗川

永定寺 在六合縣其北　有豸草澗○韋應物過｜｜｜詩云獨憐幽草澗邊行上有黄鸝深樹鳴春潮帶雨晚來急野渡無人舟自横

儀真觀 祥符間司天臺言建安軍西山有旺氣詔即其地鑄聖像時有青鸞白鶴景雲繞爐冶之瑞詔建｜｜｜立青鸞白鶴亭

名宦

唐王績 爲六合丞以周易老子置牀頭他書罕讀也著五斗先生傳醉鄉記自號東皐子

皇朝胡伯 爲揚子尉大水溺民居令不能救省曰拯溺吾職也即率公私舟以前所活數千人

胡宗愈 英宗朝李定自信州推官除御史知制誥蘇頌李大臨不草制皆落職歸班宗愈以舍人封還詞頭坐落職通判真州

陳德林 肯爲真州守蘇子瞻詩白沙何必煩此翁真州唐求正白沙鎮也

吳處厚 司馬君實送｜｜｜知真州詩云鄉託星屏駕今隨冰桐東終朝容懶拙經歲泥污兼共此趍雲閣旋開建隼旟江淮一都會遊刃必多餘

人物

蔡薿 自元祐中居真州崇寧間魁多士後任尚書蔡京叙宗盟結死黨詳見言行録

孫洙 錫之子錫年十九登第洙年十九亦登第辛制科與二蘇李邦直同選陳襄薦士在三十三人之數

題詠

維舟至長蘆 李白送趙明府赴長蘆詩云云目送烟雲高搖鞭對酒樓把袂特歔欷

江聲六合暮 韓翃送郭贊善歸淮南驂馬淮南客歸時引塹新云云郭邑萬家春白紵歌西曲黄苞寄北人不知心賞後早晚見行塵

金山只隔水 蘇子由送董掾詩云云時復聽晨鐘

分符江海衝 前人奏課西南最云云

夜江看斗辨西東 歐陽永叔知滁州出儀真泛大江詩孤舟日日去無窮行色蒼茫杳靄中山浦轉帆迷向背云云

昇州一日到真州 彭汝礪真州江亭詩潮落佳風起不收云云多情楊柳能青眼底事波瀾亦白頭

當使淮人服教條 王介甫送吳仲純守儀真詩江上齋舡駐彩橈鳴笳應满綠楊橋久爲漢吏知文法云云拱木延陵睎故國叢祠瓜步認前朝登臨莫負山川好終欲東歸聽楚謠

四六

分符江國　將漕淮壖
臺府秉棨　節麾交耀
遂以偏師　獨當一面
每藏素備　自折遐衝

維儀真之名郡　控揚子之要津
內護江流之險　外當淮甸之衝
當撫蘇供億之繁　頻醒名泉通之利

使節聯持既重將輸之任　州符兼綰尤嚴保鄣之圖
闤闠蕭條尋存繹於蹂躪　里閭安靜尤有賴於撫摩

居東南之水會可謂要津　控西北之風巢實爲重鎮
郡圃褰苹細讀東閣之記　江樓倚徙好賡北固之詩

通州 靜海 海門

建置沿革 禹貢揚州之域，星土分野與泰州同。春秋屬吳，吳滅屬越，戰國屬楚，秦屬九江郡，漢屬臨淮郡，東漢晉屬廣陵郡，隋初郡廢，屬江都郡，唐爲揚州，南唐李氏於海陵之東境置靜海都鎮制置院，周世宗建靜海軍，爲通州。皇朝因之，後改曰崇川，紹興復爲通州。今領縣二，治靜海。

事要

郡名 通川　崇川

風俗 其民苦窳而貧 朱彥海山樓記。

訟庭多虛 郡守楊阜作通州圖序云云，圖圄空寀隙，殆有古之淳風。

仕宦之樂土 曾肇曲阜行宋湜知通州制：瀕專城而治，不須於吏部而選於朝廷，非以其獄訟稀簡，魚稻饒足爲云云耶。

利市州 談苑：先是數舉士人至辟雍者皆不利。大觀中朱侍郎彥爲守，始移壯武營射垛，不使壓州學，上當年所解三名至辟雍，皆上舍選，太守教官及考官皆轉一官，以其全榜皆過，御筆添解額十名，通州號爲———。

魚稻饒足 曾肇曲阜行宋湜知通州制。

民以魚鹽爲業 俞獻能劄子。

形勝 瀕海控江 俞獻能劄子：通之爲郡云云，南通閩粵。

旁通吳越 揚阜序：南瀕吳會，北通燕魯。列壤相望云云。

東北當海口 繫年錄：知通州郭璞奏云云，南接大江，最爲要害。

極淮之南 海山樓記：通爲州云云，距海之濱。

風帆海道 揚阜序云云。

土産 鹽戶納鹽 長編云云。舊以布泉茶米等折償其直，開寶庚辰詔折以錢，今官爲擔鈔。

山川 狼山 在靜海縣南，與——五山相連。陶隱居注曰：狼五山在海中，對句章岸，今直呼爲——。山下有拇窠，上有鞭迹，皆着石。或云始皇復是山，且鞭以撥海中，不知何據。尚書郎齊鄖有歌曰：祖龍神兵驅不得，揮電成鞭有遺迹。及觀六帖云：始皇作石橋過海，有神人能驅山下石，去不速，若神輒鞭之。云淳化中呂長楊鈞乞改狼爲琅。○趙閱道詩云：——五峯高下壓淮壖。郡○任伯雨詩：狼去青山迹已陳，惟餘樓閣向南薰。

軍山 在江際。

海門島 長編：國初以來，犯死獲貸者多配隸登州沙門島、通州———，皆有屯兵使者領護。

料角 海門有——，其中有鹹淡二水不相混，雖舟人不待汲能辨之。形勢控扼，紹興中差舟師把隘。其沙脉堋漲不常，潮小則委蛇曲折，水路可見，潮大水則一槩漫沒，非熟於往來者未易知也。李寶。

大海 去海門縣東八十里。澠水燕談：熙寧四年，高麗遣使脩貢，將由四明登岸，爲海風飄至新港，先以狀致通州云：望斗極以乘槎，初離下國；指桃源而迷路，誤到仙鄉。其同行朴寅亮詩尤精，如泗州龜山詩：門前客棹洪濤急，竹下僧棊白日閑。

大江 在靜海縣南十五里。

運河 周世宗從仁矩鑿渠四十里接泰州，時被其利。

南布洲 舊是大海，其中沙漲，復爲洲。

東布洲 元是海嶼沙島之地。

堂亭 淮南道院 楊廷秀談苑：通州南阻江，東北瀕海，士大夫罕至，居民以魚鹽自給，不爲盜賊，訟希事簡，仕宦者最爲選，士大夫號通州爲———。

三會亭 在狼山東，顧巨海，南瞰長江，吳楚煙雲勝槩，一覽周盡。

樓閣 海山樓 在城上。○陳瑩中作青玉案云：碧空黯淡

寒雲繞聽枕上風聲峭明透紗牕初欲曉珠簾才捲美人驚
報一夜青山老使君留客金樽倒正千里瓊瑤未經掃欺壓
梅花春信早十分農事滿城和氣管取來年好○陳 **南門**
博古有詩云門下｜海奔鐵騎檻前｜特擁金鼇
樓 鄉僧妙璞云崇寧門有青巾白袍偉丈夫現於其上蓋呂夷簡也 **狼山閣** 賢良齋唐有詩海腹藏吳楚天樞轉斗牛夜分驚日浴潮退見鯨遊

名宦

王素 爲守 **呂夷簡** 嘗通判通泰二州往河北拔行水災還奏免天下農器之算 **范仲淹** 監西溪倉建白于朝請築堤于三州之境以衛民田 **元絳** 知靜海縣時私販鹽至二十斤請坐徒絳曰海旁之民斥鹵不毛持鹽以生自是非羣販者止笞罰 **沈興宗** 爲海門令王介甫爲撰海門興利記 **岳飛** 爲通泰鎮撫使

方四五

人物

吳及 字幾道年十七以進士起家直昭文館兼知桂州 **姚原道** 知吉州黃太史嘗誌其墓 **張東喬** 以父蔭補官年十六以文潞公起復調泰興簿包孝肅公司馬溫公皆愛重之 **張次山** 公明直節受知包孝肅及溫公嘗知泰州

題詠

曲渚留越舡 趙閱道詩云云遥岑辨吳分 **遠水南回建業舡** 夏子喬侍父監通州鹽場登狼山賦詩云渡口人稀黯翠煙登臨嘗恨夕陽天殘雲右倚維揚樹云云山引亂帆嘶古樹電驅甘雨過閑田季鷹死後無歸客江上鱸魚不直錢公時年十七識者謂甘雨過閑田雖有爲霖之志終無澤物之功 **江氣南吞吳**
分野 揚士彥題狼山詩云云海波北撼楚封陲

四六

輟從朝路　通川名郡　左臨淮甸　彈壓江流
擢守海邦　淮甸奧區　右控海沂　隄防海道
以洙泗之遺教　富商豐魚鹽之利　豈特富魚鹽之利
易淮海之陋風　章甫喧弦誦之聲　抑將資保鄣之雄
海邦千里幸安魚稻之居　觀山海上重尋清獻之舊遊
覲闕九重徒結鼓鍾之戀　詠雪樓頭曾入了齋之樂府
通浙並淮昔官遊之樂土
控江瀕海今備禦之要津

泰州

海陵　如皋

建置沿革

禹貢揚州之域爲牛斗之分星紀之次春秋屬吳後屬越戰國屬楚秦屬九江郡漢初以封吳王濞海陵屬爲東晉分廣陵置海陵郡唐初置吳州更海陵縣曰吳陵縣南唐升爲泰州相傳以爲取通泰之義

方四五

皇朝中興爲通泰鎮撫使後仍爲州今領縣二治海陵

○淮東提刑提舉置司

事要

郡名

海陽 郡志晉以海陵爲｜｜以其地並海而高故名 **吳陵** 唐改海陵曰｜｜

風俗

性多朴野 吳陵志見下注 **俗務儒雅** 吳陵志雖窮巷茅茨之下往往聞弦誦聲 **有屯田煮海之饒** 按江南李主時驛壁記以海陵云云因建爲泰州

形勝

幽邃肥美 吳陵郡志引晉中興書云海陵｜｜而地｜｜故民事耕桑樵漁而性多朴野恥以浮薄相夸鮮出機巧謀利雖無富强豪右而家亦自給 **賜鼓角門**

戟皇祐間大廳題名戴周世宗云云 海陵倉粟流衍 枚乘說吳王曰吳實富於
天子轉粟西鄉陸行不絕水行滿河不如海陵之倉左思吳都賦覩｜｜之｜則紅｜｜｜ 【土產】 鹽
課與解池等 皇朝皇祐間通泰二州一云六歲終四百萬緡 【山川】 天目
山 在海陵縣東六十里寰宇記云土山也山有雙井相對其水清冽發運使蔣之奇開古井獲金龍玉璧三十六
羅浮山 在海陵縣澤藪中不爲水所沒遙望如｜｜｜ 摩訶山 在揚子江中流亦名
蝦蟆 呂城山 縣東三十里高一丈形如城 於祈湖 縣東北四十里 雞雀
湖 縣東北五十里 包老湖 縣北四十里湖水清而無滓挈壺氏取以供滴漏 捍海
堰 在海陵縣百五十三里大唐李承創范仲淹重築○呂伯恭修桑子河堰記淳熙元年夏六月泰州東部潮大
上敗｜｜｜詔州與使者參治維堰初作於文正范公首起海陵笔爲鹽城衛二縣間百餘里及是半圮於水有司繕築
未幾以訖工閒獨桑子河以南湮如泉境繚許氏莊後皆文正規略所未及詔以委今魏侯甫半月堰成 【井泉】
天女繅絲井 在西溪鎮西廣福院相傳漢董永所居井即｜｜汲以｜｜者 【樓閣】
望京樓 曾密公詩見後題詠 安邊樓 在郡城上可以遠眺 芙蓉閣
曾正臣詩云參差紅藕間苔蓮遷綠孤蒲沙鷺窺吟揭風蟬入坐隅 【堂舍】 淮東道院 在州
治大廳之東海陵地僻少訟故以｜｜｜｜名之左丞陸農師到任謝表云飛蚊漸少頓無澤國之風過客甚稀至有道

堂之號 清風堂 自五代時疊石爲山高三丈五尺東西十丈有五尺翼以兩徑爲登陟之階咸平中
魯肅公以戶部員外郎知州事有郡圃山亭六詠｜｜｜詩云更無塵土當軒起只有松蘿繞檻生紹興間其孫文昭公
肇復興是郡文昭之父易占又嘗知如皋縣以三世守官海陵遂立三至堂云 文會堂 范希文書滕子
京從事｜｜｜詩云東南滄海郡幕府清風堂詩書對周孔琴瑟親羲黃君子不獨樂我朋來無方又云一學許周查三
仙周陳唐德星一聚會千載有餘光 五賢堂 在光孝寺內祠張發運綸范希文富彥國嘗侍父爲征官
讀書于此又增郡之先賢胡侍講王內翰爲｜｜｜ 狀元坊 在市河西即王右司所居宣和間爲大魁
而郡志不書其名 【古跡】 高麗鼓 在西溪鎮聖果院相傳係大中海沙飄至○范希文詩千
年人已化三昧語空傳唐世碑尤在｜｜｜半穿即此也 古井欄 在聖果院相傳僞唐保大中造舊有
綆迹深寸許今復生合而誌文亦漫滅莫辨蓋活石云按歐陽公集古目錄有李陽冰書縉雲三碑篆刻最細瘦世言此
三碑皆活歲久漸生刻處幾合故細耳亦此類也 富鄭公讀書堂 在景德寺之東○韓
子蒼詩藤床孤枕伴清風破悶文書亦謾供鄉信未傳霜後鴈旅懷生怯曉來鐘淹留已辦三年計流落應無萬戶封猶
有筆間詩句在他時誰爲寫塵容 小兒塚 在州宅之東有墳數十宋江南初主本徐溫養子及僭號
遷徐氏于海陵中主繼統用謀士齊丘計徐氏無男女少長皆殺之後齊丘有一｜｜｜病有老樂工作一詩書紙爲上放
入齊丘第中其詩云化家爲國實良圖總是先生畫計謨一箇小兒抛不得上皇當日合何如謂此也 【名宦】

皇朝曾致堯為守　曾肇致堯孫為守　韓琦以侍中知秦州時以目病適夢以手捧天者再不覺驚悟其後受顧命援　英宗於濮邸翼戴　神宗於春宮捧天之祥已肇於此矣　呂夷簡監西溪鹽場皇朝類苑云呂文靖嘗官于此手植牡丹一本有詩刻其後范文正亦嘗臨涖復題一絕云陽和不擇地海角亦逢春憶得上林色相看如故人以二公詩筆故題詠極多而花亦為人所貴重　范仲淹公為西溪鹽官嘗築捍海堤景德寺有生祠○監倉楊皋作畫像詩云青衫下僚名世高節捍患禦災豈不在余又云我思范公水遠隄長　滕子京為郡從事　劉攽自道山倅海陵詩云璧閒金闕倚天開五見宮花落晚梅明日扁舟滄海去却尋雲氣訪蓬萊○蘇子贍送行詩君不見阮嗣宗臧否不掛口休誇舌在齒牙牢是中惟可飲醇酒　呂本中謫海陵縣尉　張次山為守嘗有鶴集戒石前若有所訴次山諭鶴使先飛令兵官隨往鶴集一大木上蓋鄰側有取其二雛烹食者即以其人至府鶴亦同至次山為治其罪鶴乃飛去　張綸為制置發運使自請兼州築堤堰范希文為作生祠記詩云海陵畎畝古防弗牢萬頃良田歲凶于濤又云草萊饑逢征饑四過心過金鐵對天不奪又云盤盤堤堰百里而遠如天作皐奠爾家產朝以公賢兼于藩宣云云　趙抃知海陵縣　岳飛建炎四年為通泰鎮撫使

〔人物〕　查道南唐文徽之孫鑿冰求鯉以養母竹間見一蹄金而掩之　查陶南唐近臣　太宗知其名除監察御史後贈兵部尚書　周孟陽終天章閣待制少遊徑山賦詩有地高多與風雲會天近常為日月臨之句人以為遭遇　英宗之符

胡瑗字翼之海陵邑人自明道景祐以來學者有師惟先生暨泰山孫明復石守道先生嘗為湖州州學教授邊防水利各居一齋　王觀洽聞強記善屬文　王覿為翰林學士後以黨禍奪官

〔題詠〕　人家匝海隅曾正臣望京樓詩云望京樓上望望久思踟躕境土連江徼云云陽山人隱映近郭水縈紆雨過風腥檻潮來岸浸蘆　野水粘天鸛鶴飛呂本中至海陵詩江村濕雨濃麻亂云云　吏散重門印不開鮑潘寄海陵縣韓長官詩云云玉琴招鶴舞徘徊野人為此多東望雲雨仍從海上來　香粳炊熟泰州紅陸務觀對食戲作云云苜甲蓴絲放箸空

〔四六〕　眷惟海陵　眷此海邦　有煮海擿山之大利
實冠淮甸　號稱名郡　當航川梯嶠之要津
紗豐轉餉歲益於商緡　暫遣舟楫望雲氣於蓬萊
新擊論輸日交於吏案　來駕朱幡息風濤於瀚海
土風淳厚人自足於魚鹽　海隄功著想范文正之遺風
吏隱曹餘地不驚於烽燧　道院名標追陸左丞之故事

新編方輿勝覽卷之四十六

建安祝穆和父編

淮安軍

山陽　鹽城　淮陰

【建置沿革】禹貢揚州之域，在牽牛之分。春秋時屬吳，後屬越。戰國屬楚。秦屬九江郡。西漢屬臨淮郡及廣陵國。東漢屬廣陵郡及下邳國。三國屬魏。東晉祖逖屯淮陰。庾希自下邳退屯于山陽。謝元自彭城退屯于淮陰。又分廣陵置山陽郡。宋以山陽爲重鎮。宋蕭道成鎮淮陰，爲北兗州。東魏復爲山陽郡。隋廢郡爲楚州。唐初爲臧君相所據，曰東楚州，尋歸于唐，改曰楚州。皇朝爲團練州。寶慶以逆全之亂，陞爲淮安軍。今領縣三，治山陽。

【事要】

【郡名】山陽 境內有地名∣∣。　東楚　淮陰 許氏說文：水之北爲陽，水之南爲陰。縣在淮水之南，故曰∣∣。

【風俗】其俗勁悍輕剽 隋志云云。　士任氣節 同上。其∣則挾∣∣，好尚賓遊，蓋楚之風焉。　戰爭詐僞 晉伏滔正淮論：其俗尚材氣而多勇悍，其人習∣∣而貴∣∣，豪右兼并之家十室而九，藏甲挾劍之民比屋皆是。　急則以驟戎馬 新志：閒之故老，物盛人衆，足爲一都會，今擬於邊鄙徼塞云云，緩則以宅[illegible]。

【土產】唐鹽課四十五萬石 郡縣志云：今關中置鹽監，以收其利，每歲煑鹽四十五萬石。○阮昇之南兗州記云：鹽城海水有南兗州鹽池百二十所，縣人以魚鹽爲業，略不耕種，擅利巨海，用致沃饒，公私商運，充實四遠，舳艫往來，常以千計，此吳王所以富國強兵而抗漢室也。

【形勝】北有清泗 南齊志云云。臨淮守險。　屏蔽淮東 紹興十一年，高宗謂大臣曰：山陽要地云云，無山陽則通泰不能固，賊來徑趨蘇常。　水陸交通 晉荀羨北征議：淮陰舊鎮，地形都要云云，易以觀釁，沃野有開殖之利，方舟漕運，亦無他阻。　揚楚要衝 長編云：太宗朝，王化基澄清略云：江淮諸郡，∣∣最曰∣∣，水陸兩塗，咽喉數國，務繁事衆，地廣民繁。　淮南控扼之地 繫年錄：左正言吳表臣言：楚州實云云。　南北必爭之地 繫年錄：徐宗偃云：山陽俯臨淮海，實云云，我得之可以控制山東。　東晉爲重鎮 廣陵記云云：元帝嘗使劉隗守淮陰。　有道之齊魯山東 新志：一道自南渡門絕淮，則之齊魯山東；一道自淮陰放洪澤闖達淮，則入汴入洛。

【山川】羽山 崔國輔石頭瀨詩云：悵矣秋風時，予臨石頭瀨，因高見遠望，盡此楚州內。∣∣一點青，海岸雜花碎。日暮千里帆，楚色有微靄。　鐵柱岡 在鹽城北門外二里海岸。故老相傳秦王繫馬處也。　金牛岡 在山陽縣北七十里。周世宗宿兵于此。　大海 在鹽城南一里。　淮水 在山陽北五里。水經注云：∣∣之會，即城角也，左右兩川夾翼二水，以入即泗口也。白鷺山之北，蔡同楚城東入于海。詩：大淮有三洲。今山陽灣對岸有上洲、中洲、下洲，豈其此歟。　淮河 揚廷秀登楚州城詩云：望中白處日爭明，箇是∣∣凍作冰。此去中原三里許，一條玉帶界天橫。　清河 在淮陰縣北十里。　新河 大樂盤古跡八十步，乾道中開。　老鸛河 在城西。周世宗至此，艦大不能過，遂開此河以通其道。　故沙河

在山陽縣西北十里蒲蒲閘之西避山陽灣清河口風濤之患

射陽湖 在山陽縣東南八十里今與寶應鹽城分湖爲界縈回三百里

邗溝 自寶應縣北流入淮左傳哀公九年吳城——通江淮隋大業元年發淮南民十萬開——自山陽至揚子入江廣四十步○王介甫詩云將毋——上留家白紵陰月明聞杜宇南北總關心

公路浦 即淮口也寰宇記袁術字公路向九江將奔袁譚路出斯浦因名

捍海堰 在鹽城縣詳見泰州呂東萊記

南昌亭 在山陽縣西三十五里史記云韓信布衣就——長寄食長覺絕之信爲楚王召亭長賜錢百萬曰公小人爲德不竟

籌邊樓 在郡治輪奐壯麗甲於鄰郡

宴花樓 趙嘏題楚州———詩門外煙横載酒舡謝公携客醉華筵舉花偶坐將軍樹飲酒方重刺史天幾曲艷歌春色裏斷行高鴈暮雲邊分明聽得行人語願及行春更一年

淮陰廟 錢諫議詩榮增拜勲恩雖厚躡足封時慮已深隆準若知同鳥喙將軍應有五湖心○劉禹錫詩將略兵機命世雄蒼黃鍾室歎良弓遂令後代登壇者每一尋思怕立功○羅昭諫詩剪項移秦勢自雄布衣還是負深功寡妻稚女俱堪恨休把餘杯奠蒯通○許渾詩朝言雲夢暮南循已爲功名少退身盡控兵權猶不得更將心事託何人○汪遵詩秦季賢愚混不分只應漂母識王孫歸榮便累千金贈爲報當時一飯恩○張文潛詩雲夢何須僞出遊遭讒猶得故鄉侯平生蕭相真知己何事還同女子謀

跨下橋 在淮陰縣即韓信爲少年所辱之處

東西塚 在縣北八里東塚韓信母墓也本傳云信行營高燥地令旁可置萬家即此也西塚即漂母墓也○羅昭諫漂母墓詩云寂寂荒墳一水濱蘆洲絕島自相親雖然寂寞千秋魄猶是韓侯舊主人

紫極觀畫壁 李伯時嘗於壁間畫猴戲馬驚而圉人鞭之時稱奇筆東坡題其後曰吾觀沐猴以馬爲戲至使此馬驚齕嚙人言沐猴宜馬而今爲累真虛言耳陳后山亦有詩曰沐猴自戲馬自驚圉人未解猴馬情術其天資馬何罪懲欲防患猶傷生異類相宜亦相失同類相傷非所及志行萬里回一悟吐豆乾萁甘伏櫪舊有石刻今不存

張敞 守山陽以之渤海膠東嘗起拜膠東相盜悉平

鄭弘 弘遷淮陰太守行春天旱隨車致雨白鹿方道夾轂而行弘恠問主簿黃國曰是爲吉爲凶國拜賀曰聞三公車轓畫作鹿明府必爲宰相

祖逖 屯淮陰常誓清中原

皇朝蔣之奇 爲太守

米芾 自無爲移守山陽

韓世忠 繫年錄紹興五年都督張浚出江淮師至鎮江召——視諭上旨使移屯楚州以撫山東世忠欣然受命即日舉軍渡江又云山陽獘之餘世忠披荆棘立軍府與士同力役軍壘既成乃撫集流散通商惠工遂爲重鎮岳飛至楚州視兵籍始知世忠止有衆三萬而在楚州十餘年金人不敢犯猶有餘力以侵山東可謂奇特之士也

韓信 淮陰人封侯

枚乘 淮陰人有舊宅巷在縣南二百步

枚皐 淮陰人並見漢書本傳

皇朝徐積 字仲車本州人從安定胡先生學事母孝年四十不婚不仕鄉人勸就舉偕母之京師既登第未調官母亡遂不仕監司上其行謚曰節孝處士

張耒 淮陰人也從蘇子瞻學有文集

趙師旦 本州人也嘗守康州儂智高亂率羸師血戰而死

陳瓘因彈蔡京謫居台州著尊堯集益加罪遂最後移楚州居住

〔詩〕蕪城枕楚田温庭筠送淮陰縣令隋堤楊柳煙孤棹正悠然蕭寺通淮戍云云魚鹽橋上市燈火雨中船故老青葭岸先知疾子賢

淮水東南第一州白居易贈郭史君詩云云山圍雉堞月當樓

野人懷惠欲移家劉商送元使君自楚移越詩露冕行春向若耶云云東風二月淮陰近惟見棠梨一樹花

家在枚臯舊宅邊唐趙嘏憶山陽詩云云竹軒晴與楚波連芰荷香透垂鞭袖楊柳風横閒笛舡

士林皆賀振家聲劉禹錫送李楚州縱騎朱旗入楚城云云兒童但喜迎賢守故吏猶應記小名

山陽太守政嚴明白居易枸杞井詩云云吏靜人安無犬驚不知靈藥根成狗怪得時聞吠夜聲

韓枚步騭建三亭淮陰有｜｜｜晁端彥詩云云故蹟當時猶相名

秋燈點點淮陰市陳羽宿淮陰縣作云云楚客連檣宿淮水夜深風起魚鼈腥韓信祠堂月明裏

劉伶臺下稻花晚許用晦詩云云韓信廟前楓葉秋

雜耕今是一雄藩楊廷秀望楚州新城詩已近山陽望漸寬湖光百里見千村人家四面皆臨水柳樹雙垂便是門全盛向來元孔道云云金湯前首眞長策此外道須子細論

〔四六〕

維今東楚大江前流長淮奥壤既護藩籬

寶國北門長淮却阻表海名邦就窺堂奥

郡居江北既嚴護於近畿邦人還定各安鴻鴈之居

路出山東更掃清於小醜海道肅清更息鯨鯢之浪

躬韓信之故封宜知兵略兵衛森羅既作淮壖之重鎮

訪枚臯之舊宅益倡文風舟師畢集又居海道之要衝

寶應州寶應

〔州沿革〕星土與淮安軍同本漢平安縣屬廣陵國王莽嘗改爲杜鄉隋地理志云梁置陽平郡又東莞郡開皇初郡廢爲安宜縣又廢石鼈縣入焉安宜溪在縣界因此得名唐武德立倉州領安宜一縣及州廢縣屬楚州上元三年縣尼真如獲定國十三寶以其年爲寶應元年改安宜縣爲寶應縣　皇朝因之寶慶三年六月以蒙國進寶璽　詔年穀屢豐雨暘時若可謂受寶之應以寶應縣陞寶應州今領縣一

〔事要〕

〔郡名〕安宜

〔風俗〕與淮安軍同

〔形勝〕地居四塞郡志｜｜｜之衝無險可守

〔山川〕箕山在州東六十里寰宇記今無山唯丘阜百餘

雲山在城西南百二十里山下有白龍潭

射陽湖在州城北十五里其西頗多丘阜

清水湖在城南五里

范光湖在城西南三十里

安宜溪在州城西南四十餘里

白水陂在城西八十里乃鄧艾所築闊三十里

〔古迹〕孝仙橋在城北市蘇子瞻曰秦少游言寶應民有以嫁娶會客者客一人徑起出門至橋下若將赴水者主人急持之客曰婦人以詩招我其詩曰長橋直下有蘭舟破月衝煙任意游金玉滿堂何所用爭如年少去來休倉皇就之不知其

爲水也然客亦無他

【古跡】神寶 唐楚州刺史鄭輅撰記曰肅宗元年建子月十六夜女尼真如忽見二皂衣引至一所見天帝因出寶授真如曰汝往今刺史崔侁進達於天子肅宗寢疾方甚視寶召代宗謂曰汝自楚王爲皇太子今上天賜寶獲於楚州天祚汝也宜保愛之代宗再拜受賜即日以寶應紀年云 高黎王城 在縣西八十里 金牛城 在縣南十五里 石鼈城 在縣西八十里本丨丨縣寰宇記以爲石鼈山引郡國志云山有石鼈游因名之山下有鄧艾築城猶存今驗其處無山有城以爲山誤也荀羨傳曰羨鎮淮陰屯田于東陽之石鼈通典載宋因晋以山陽爲重鎮曰北對清泗臨淮守險有平陽石鼈稻田豐饒蓋歷代皆屯田於此舊志隷山陽非是

【名宦】當考

【人物】當考

【題詠】賤買魚蝦已厭烹 呂本中行次寶應有詩云平升濁酒試尊羹云云淺水依蒲有舟過淡煙籠月更人行 聞說德宗曾到此 陶應題寶應縣詩雲樓當月動清寒渭水深山烏外看云云吟詩不敢倚欄干

【四六】跡紓宸廷　奧由男國　既重蚕桑之務
分符邊壘　陛建侯邦　亦爲魚稻之鄉
石鼈罷城昔號屯兵之地　寶璽紀祥蓋古今之嘉瑞
銅魚分治今爲國閫之邦　銅符疏澤當南北之要衝
淮陰東楚既應援之匪遙　城惟斗大雖又猶劣於十同
渭水梁山亦鼓行之甚易　地近風寒要使雄當於一面

高郵軍 高郵 興化

【建置沿革】禹貢揚州之域分野與揚州同春秋時屬吳戰國屬楚秦因高郵置郵傳爲高郵亭漢屬廣陵國晉屬臨淮郡東晉有三阿宋屬廣陵郡梁置廣業郡尋以有嘉禾爲神農郡隋屬江都郡唐爲邗州　皇朝始建爲高郵軍　中興以來陞爲承州割泰之興化縣來屬置鎮撫使尋爲高郵縣兼軍使復陞爲高郵軍今領縣二治高郵

高郵

【事要】

【郡名】盂城 郡志謂地形四隅皆低城基特高狀如覆盂 秦郵 同上一名丨丨見公羊注 高沙 有丨丨館

【風俗】俗厚而勤稼 題名舊記士高而厲於氷丨丨於丨 好談儒學 郡志自孫覺秦觀諸公以文章政事名至今云云其間桀黠之民好以訟相雄往往挾法律以譏吏足非然亦終不敢犯長吏故易治而難服 人足於衣食 揚公濟衆樂園記云高郵當東南儥會邑居繁盛加之魚稻之富云云

【形勝】東漸于海 郡志云云南接大江 北據長淮 同上西有土山云云 南通真揚 馬仲甫記云云北連楚泗 古稱大邑 皇朝開寶間建軍詔析彼高郵云云舟車交會水陸要衝宜建軍名以隆地望 南北水道之要衝 趙俟脩水門記高郵古邗州蓋邗溝所經云云 介于揚楚之間 巢宗古太守題名記云云號爲東南咽領連帶陂湖轉入江淮 水深而岸峻 黃令狐絢御虜淮南徐卒龐勛等逃歸御將李湘曰山高郵之北云云我以鋭卒夾枝舟塞其前勁兵邀其

後蓋可畫澮也。**形便而勢利** 舊經高郵據諸郡脊挖亢拊背云云莫之能禦

【山川】

土山 在高郵縣西南六十里上有石井石臼俗傳謝安公煉丹于此 **孤山** 在興化縣東南七十里 **陽山** 在興化縣西四里舊有廟史記楚世家昭陽爲楚懷王令尹出入將相此即其廟 **五湖** 去城六十里。黃魯直詩九陌黃塵烏帽底五湖春水白鷗前扁舟不爲鱸魚去收取聲名四十年。秦少游詩高郵西北多巨湖累累相連如貫珠。蔣穎叔詩三十六湖水所瀦其間尤大爲丨丨 **三湖** 繫年錄承楚相氾有樊梁等三湖 **甓社湖** 去城三十里東南長七十里南北闊五十里湖有明珠崔伯易賦序云夜見大珠其光屬天嘗問諸漁者皆云或遇於它湖中有緇謀之者則風輒引舡而去又云明珠光焰類火炬然不徒見不有大喜必有大

灾。圖經高郵西北有新開甓社塘下五湖平阿七里張良珠湖。又有黃里石臼鵝兒白凡十一湖相連內有一灣名子父灣。楊廷秀詩云爲愛淮中似掌平忽逢巨浪卻心驚莊來萬頃不生浪俠合五湖都是水碧玉湖寬容我到白銀池滑沒人行惢游只道清無價清殺詩翁也不勝。孫莘老於丨丨丨丨上讀書夜見明珠而登第黃魯直遺詩云丨丨丨丨中有明月淮南草木借光輝。建炎中光賁夜縱而賊犯郡 **白沙湖** 在興化縣南十里 **得勝湖** 本名率頭湖張榮貫虎嘗掩擊金虜撻辣于此 **南溪** 在興化縣范希文宰邑日有鶂鶂詩 **平淮堰** 在高郵縣境內李吉甫築溉田數千頃 **捍海堰** 范希文監西溪倉悉力脩之詳見泰州

【井泉】

玉女井 崔伯易記在高郵縣治之東圖經云東鄉郟公道光與其女居井旁煉丹見神仙傳少西有望仙橋今其側盖闤闠之地。蔣穎叔詩蒼龍脫角瑩且澤解瓜自與風雷俱郟家女子已仙去尚有故井存通衢

【堂亭】

燕堂 揚公濟詩更闌盂城九十旬豐年日日是佳辰五讙朽樂齊散故何處揚州更兩春 **贍衮堂** 在軍北城上紹興四年都督丞相張公撫臨侯衛次于淮東後人名之 **威敵堂** 在軍治之後 **濯纓亭** 在税務前范文正公建。詩云素心愛雲水此日東南行笑解塵纓處滄浪無限清。滄浪清可愛白鳥識中飛不信有京洛風塵化客衣 **寄老庵** 黃魯直有賦 **四達齋** 蘇子瞻集高郵進使君晦之作齋東閭戶牖四達因以名之眉山蘇軾過而爲之銘曰有藏于中必謀于外惟慢與謹皆盜之誨就知此間空洞無物戶牖開闔廣爲丨丨擊去盜易使無盜難我無可攘以守則全盜

侯無心得法赤溪四出其丨以遠民迷 **文游臺** 在城東二里舊傳東坡與王鞏孫秦諸公及李伯時同游論文飲酒因以名之伯時畫爲圖刻之石

【祠廟】

露筋廟 去城三十里舊傳有女子夜過此天陰蚊盛有耕夫田舍在焉其嫂止宿女曰吾寧處死不可失節遂以蚊死其筋見焉。歐陽永叔詩云近聞高郵間有虞夜雪哀哉丨丨女蛩胡饑不使

【古跡】

邗溝 左傳哀公九年吳城邗溝杜預注云於丨丨築城穿溝東北通射陽湖西北至末口入淮通糧道唐爲邗州以此得名 **三阿** 即今北阿鎮在晉爲丨丨即謝安破堅將彭超之地唐爲下阿徐敬業屯兵下阿溪魏思溫破之於此

【名宦】

李承 唐人始創捍海堰 **李吉甫** 爲淮南節度於高郵築陂塘溉田 **皇朝范仲淹** 監西溪倉

又字興化

揚蟠 字公濟有詩名

張浚 初辟慶稼高郵軍公自往招撫之留公三日而外閒不知宰執議遽罷公極究奉祠變以兵衛公出乃赴行在

韓世忠 胡馬自中閒初躁浚淮楚北部之寄略無寧歲及——節制淮東募敢死士號背嵬軍教以擊刺戰射之法無不一當百與虜遇於大長大儀間其酋孛堇撻也擁鐵騎來皆嵬百遇百克虜以爲神轉戰至高郵卒擒撻也淳俘獻于朝紹興四年劉豫借援入寇步騎數萬淵然如風雨至公以銳士絕江橫其衆於高郵之北門乘勝駐軍淮楚以遏賊衝並見郡志

【人物】

皇朝孫覺 字莘老其先邵武人卜居高郵迁吏侍坐元祐黨

孫覽 覺之弟知諫院

崔公度 字伯易直龍圖閣

王鞏 字定國從蘇子瞻遊

朱壽昌 父守雍日年三歲毋劉氏嫁民間毋子不相知者五十年熙寧初棄官入秦尋訪行次同州遂獲其母相持慟哭感動行路乃迎以歸王荆公而下皆有孝子詩數百篇後徒居高郵名其里曰彰孝

喬竦 以鄉先生教授鄉里莘老其徒也

喬執中 以經術教授淮孺與孫莘齊名

秦觀 字少游與張耒黃庭堅晁補之號四學士有淮海閒居集○黃魯直贈詩云國士無雙秦少游全篇見揚州○觀進士不中元祐中蘇軾以賢良方正薦于朝除太學博士校書遷正字兼國史院編脩紹聖中坐黨籍通判杭州以御史劉拯論其增損實錄責監處州酒稅又編置郴州橫雷二州至滕州而卒觀長於議論文麗而思深蘇軾嘗以其詩薦之於王安石安石曰公奇秦君口之而不置我得其詩手之而不釋

秦覯 字少章有詩名坡谷皆稱之

馬永卿 從劉元城遊

【題詠】

過淮風氣清 蘇子瞻過高郵寄孫君孚詩云云一洗塵埃容水木漸幽茂葳蕤雜游龍可憐夜合花青枝散紅茸美人游不歸一笑當誰供故園在何許已倦手種松我行忽失路歸夢千山重聞君有負郭二頃收橫從卷野卑秋穫般床閒夜春樂哉何所憂社酒粥面濃宦游豈不好毋令到千鍾

地據揚楚脊 秦少游詩吾鄉如覆盂云云環以萬頃湖粘天無四壁

濛濛春雨濕邗溝 歐陽永叔詩云云遂底安眠畫攤爽知有故人家在此速將詩卷洗窮愁

霜落邗溝積水清 秦少游詩云云寒星無數傍舩明菰蒲深處疑無地忽有人家笑語聲

城外城中四通水 揚廷秀詩解纜維揚破夕陽過舟疑蓋已晨光夾河漁屋都編荻背日舩蓮尚滿霜云云堤南堤北萬垂楊一州小大君休笑國士秦郎此故鄉

【四六】

觳班禁陛作鎮高沙　勢若覆盂俗皆奠枕　西臨滄海北控清淮　州維斗大地控風寒

覷秦郵之高阜壁壘鞏堅　昔者蟬騷遺患幾成於餐虎

控隋漕之通津舟車畢集　今而安集務農皆傾於買牛

淮海之高文大冊可想英風　長安日近豈容聖化之不霑

紫巖之妙略深籌尚存陳迹　瀚海波澄抑使邊烽之自息

滁州　清流　來安　全椒

【建置沿革】禹貢揚州之域吳地斗分野春秋時屬吳楚之交秦爲九江郡二漢因之晉屬淮南郡宋爲新昌郡梁於此立南譙州今之州城是也又改北譙爲臨滁郡而南譙領新昌臨滁高塘三縣隋改南譙爲滁州唐析揚州地置滁州皇朝因之中興爲滁濠鎮撫使今領縣三治清流

【事要】

【郡名】滁陽　臨滁　滁上　永陽王元之詩淮邊永陽郡　南譙韋應物詩今歲卧丨丨

【風俗】風俗醇厚常安民州學記滁之人雖云云而尚氣易以德化難以力服　地僻事簡韋衡重建醉翁亭記滁陽云云其俗安閑　年豐事少同上　命世之士至焉曾子開二賢堂祝文滁在江淮號爲僻陋然磊落瑰偉丨丨丨丨亦或丨丨　賢士君子居焉歐陽永叔答李大臨書永陽窮僻而多山林之景又嘗得云云

【形勝】羣峯環於西南慶曆前集政滁陽古名郡云云清溪注於東北形勢深秀實甲淮海李衛公昔懷嵩之記李庶子刻泉石之銘韋應物形野渡之詠　清淮灌其北林希望撰白鶴觀記云云烏江蕩其南　環滁皆山歐陽永叔醉翁亭記　滁當備禦周必大奏當世賢說淮南地形緩急欲守滁臣謂不然滁有山林之阻若盧和嬰廣衡此則當備禦

【山川】豐山在清流縣西南五里歐公於此建豐樂亭有漢高帝劉　琅琊山在清流縣南十里有丨丨洞舊經云晉元帝爲丨丨王避地于此○曾子開滁州集序泉石林亭之勝至聞天下○顏況詩東晉王家在此溪南山樹色隔窻低碑沉字滅昔人遠谷鳥猶向寒花啼　八公山在來安縣西南十三里即淮南丨丨憩石之輿　五湖山在全椒縣東北十八里山下有丨丨在縣境最爲險要　九鬬山一名陰陵山在全椒縣南九十餘里昔項羽兵敗欲東渡烏江經此山與漢兵一日丨丨故名　幽谷即豐樂亭地有紫微泉○歐陽永叔詩滁陽丨丨抱山斜我鑿清泉手種花故事留傳父老識世人合作畫圖誇　石屏路梅聖俞詩翠壁常畫屏多畫山何意此山還作屏峭巘直下幾千尺下有石路莓苔青　滁水在全椒縣南六十里其源出廬州　菱水在清流縣出永陽嶺西經皇道山下歐陽永叔有菱溪石記云李名荇溪避楊行密嫌名改名曰菱　清流水晏公類要云自全椒縣界流入　達溪見吳卓南譙郡城十詠　明月溪在琅琊山○王元之詩惜哉幽勝事盡落庸賢手推餘舊時月團圓照山口　西澗韋蘇州詩獨憐幽草澗邊行上有黃鸝深樹鳴春潮帶雨晚來急野渡無人舟自橫

【井泉】真珠泉在清流縣西三十里泉水濺射有若跳珠　紫微泉呂元中記歐陽文忠公以右正言知制誥謫守滁上明年得釀泉於醉翁亭之東南隅一日會僚屬於州廨有以新茶獻者公敕吏汲泉未至而汲者仆出水且慮後期遂酌他泉以進而公已知其非釀泉窮問之得丨丨丨於幽谷下文忠博學多識而

又好奇既得是泉乃作亭以臨泉上名之曰豐樂當時名公宿儒皆爲賦詩以紀其事由是｜｜始盛聞於天下今帖所稱酒名豈非滁陽官釀耶

庶子泉

在琅琊山寶應寺唐李幼卿守滁州公有｜｜｜。盛度詩深藏西竺寺寒擁北譙城石字贊皇古泉銘｜｜清。歐陽永叔云右｜｜｜銘李陽冰撰并書慶曆五年余自河北都轉運使貶滁陽屢至陽冰刻石興未嘗不裴徊其下｜｜｜昔爲流溪今爲山僧填爲平地起屋其上問其泉則指一大井曰此｜｜｜也可不惜哉

六乙泉

在琅琊山[闕]

東園

在郡城東偶唐李紳有詩梅執禮敘云滁陽舊無郡圃而醉翁豐樂諸亭皆在關外李紳所謂｜｜者南直琅琊諸山北通西澗脩木交映左右又適介乎武宅閒一作亂也

醉翁亭

在琅琊寺慶曆中太守歐陽永叔記云環滁皆山也其西南諸峰林壑尤美望之蔚然而深秀者琅琊也山行六七里漸聞水聲潺潺而瀉出乎兩峰之間者讓泉也峰回路轉有亭翼然臨于泉上者｜｜｜也作亭者誰山之僧曰智仙也名之者誰太守自謂也太守與客來飲于此飲少輒醉而年又甚高故自號曰醉翁也｜｜之意不在酒在乎山水之間也山水之樂得之心而寓之酒也若夫日出而林霏開雲歸而巖穴暝晦明變化者山間之朝暮也野芳發而幽香佳木秀而繁陰風霜高潔水落而石出者山間之四時也朝而往暮而歸四時之景不同而樂亦無窮也至于負者歌于塗行者休于樹前者呼後者應傴僂提攜往來而不絕者滁人游也臨谿而漁谿深而魚肥讓泉爲酒泉香而酒洌山殽野蔌雜然而前陳者太守宴也宴酣之樂非絲非竹射者中奕者勝觥籌交錯起坐而諠譁者衆賓懽也蒼顏白髮頹然乎其間者太守醉也已而夕陽在山人影散亂太守歸而賓客從也樹林陰翳鳴聲上下游人去而禽鳥樂也然而禽鳥知山林之樂而不知人之樂人知從太守游而樂而不知太守之樂其樂也醉能同其樂醒能述以文者太守也太守謂誰廬陵歐陽脩也。滁陽郡志云記成刻石遠近爭傳疲於模打山僧云寺庫有氈打碑用盡至取僧堂臥氈給用凡商賈來供施亦多求其本所過關征以贈監官可以免稅

豐樂亭

歐陽永叔記云脩既治滁之明年夏始飲滁水而甘問諸滁人得於州南百步之近其上則豐山聳然而特立下則幽谷窈然而深藏中有清泉滃然而仰出俯仰左右顧而樂之於是疏泉鑿石闢地以爲亭而與滁人往遊其間滁於五代干戈之際用武之地也 太祖皇帝嘗以周師破李景兵十五萬於清流山下生擒其將皇甫暉姚鳳於滁東門之外遂以平滁脩嘗考其山川按其圖記升高以望清流之關欲求暉鳳就擒之所而故老皆無在者蓋天下之平久矣自唐失其政海內分裂豪傑並起而爭所在爲敵國何可勝數及 宋受天命聖人出而四海一向之憑恃險阻剗削消磨百年之間漠然徒見山高而水清欲問其事則遺老盡矣今滁介于江淮之間舟車商賈四方賓客之所不至民生不見外事而安於畎畝衣食以樂生送死而孰知上之功德休養生息涵煦百年之深也脩之來此樂其地僻而事簡又愛其俗之安閑既得斯泉於山谷之間乃日與滁人仰而望山俯而聽泉掇幽芳而蔭喬木風霜冰雪刻露清秀四時之景無不可愛又幸其民樂其歲物之豐成而喜與予遊也因爲本其山川道其風俗之美使民知所以安其豐年之樂者幸生無事之時也夫宣上恩德以與民共樂此刺史之事也遂書以名其亭云

醒心亭

在琅琊山曾子固記滁州之西南泉水之涯歐陽公作亭曰豐樂自爲記以見其名之意既又直豐樂之東築亭曰｜｜而望以見夫羣山之

相環雲煙之相滋曠野之無窮草木衆而泉石嘉使目新乎其所覩耳新乎其所聞則其心洒然而醒更欲久而忘歸也故即其所以然而爲名取韓子退之北湖之詩云噫其可謂善取樂於山泉之間而名之以見其實又善者矣雖然公之樂吾能言之吾君優游而無爲於上吾民給足而無憾於下天下之學者皆爲材且良夷狄鳥獸草木之生者皆得其宜公樂也一山之隅一泉之旁豈公樂哉乃公所以寄意於此也若公之賢韓子歿數百年而始有之今同遊之賓客尚未知公之難遇也後百千年有慕公之爲人而覽公之迹思欲見之有不可及之歎然後知公之難遇也則凡同遊於此者其可不喜且幸歟而鞏也又得以文辭託名於公文之次其又不喜且幸歟○西清詩話云歐陽公作一一醉翁兩一於琅琊山命植花卉有詩云淺深紅白宜相間先後仍須次第栽我欲四時攜酒去莫教一日不花開○常安民詩爲愛昌黎湖上句醉來直上一一吹醒不待山風解卧讀殘碑已自醒

茶仙亭 在琅琊寺紹聖中建南豊說○杜牧之詩云誰知病太守猶得作一一

【景物】

四賢堂 在琅琊寺張商英詩文昭文定二曾與文忠歐內翰元之共四公政事風流俱第一典刑人物更誰同能詩只有東坡老到郡唯尋六一翁故遺滁陽招作客五星同聚此堂中

北樓 在郡治後唐李德裕貶滁州作此樓又作懷嵩賦後名懷嵩樓又名賛皇樓

【古迹】

統軍池 在郡治後○曾文昭詩云山漫刻金芝頌宮相空吟石竹詩事往嵗深無覓開北閣唯見孟家池注云孟元喆淳化中以龍武一一知軍事鑿一北閣

清流關 在一一縣西南二十餘里舊傳南唐置關地尤險要周世宗征淮南將皇甫暉姚鳳率衆塞一一　太祖擊走之生擒暉及鳳遂下滁州

【名宦】

韋應物 爲守　**李德裕** 爲刺史　**獨孤及** 爲刺史

皇朝趙普 爲判官後封韓王　**王元之** 爲翰林學士以草繼遷制誤馬五十疋以備濡潤一一以書不如式知之出守滁州元之到郡謝表云諸縣豐登若無公事一家飽煖全荷君恩歐公嘗用以作詩

歐陽脩 初仁宗朝杜韓范富以黨議罷公上疏言之爲言事者所誣詔獄坐左遷知滁州脩之在滁作亭琅琊山以醉翁名之

張方平 慶曆知州　**曾肇** 紹聖知州　**張商英** 爲守

羅畸 字疇老嘗授滁州法椽或曰滁山郡也以公高才顧此非宜公曰此歐陽之醉鄉也雖草木禽魚皆能出祥光發妙音燕子紫薇香泉萬斛以爲供給琅琊幽谷白雲千頃以爲職田何謂貧僻耶

【人物】

南唐

張洎 全椒縣人仕南唐知制誥矣頗機密　太祖朝爲參政

茅革 爲池州貴池令黃魯直爲墓誌

【詩詠】

古國群舒地 司空曙送永陽崔明府詩云云前當桐柏關滄綿江上兩衢疊楚南山

分竹守南譙 韋應物詩云云或謂韋應物守亳不知南譙乃滁州也晦齋云耳

山郡多暇日 韋蘇州寒食日滁州作詩云云社時放吏歸

典郡清淮旁 王元之詩今年四十二云云卧錦郎位正腰金服色光

偷詠左司篇 韋應物自左司刺滁有詩後李紳爲刺史和登北樓詩君憎風月夕余當童稚年閒燒讀書罷云云

芭蕉葉上獨題詩 韋應物詩盡日高齋無一事云云

時傍青山去問農

梅聖俞春日詩林下鳴鳩拆紅杏田間 公餘多愛入
水撥春溶溶使君固自足風味云云
林泉 王元之詩忽從大匕謫人間知向山州住幾年倖外
不數收果實云云朝簪未解難妨道官路無機即是
禪鈴閣悄然私自問 此心長在水雲閒 王元之詩 名
郡齋何異玉堂前
雖爲翁實少年 歐陽永叔詩云我昔 滁人思我
被謫居滁州云云
雖未忘 前人詩云云見 諸縣豐登少公事 前人
我今憊不能識
蜀王元之畫像云云 教得滁人解吟詠 蘇子瞻詩
一家飽暖荷君恩 君看永叔
與元之共斬一生遺口語
又云云至今里俗嘲輕肥

今四七　　七

四六
疏榮北閣 淮右奥區 雖曰山城 地僻山深
出守南譙 滁陽名郡 實都邊徼 民淳俗阜
自閩關百戰之場 雖依山而爲固隱若長城
僅生聚十室之邑 然號備而郡修家無外患
山秀水清風流可想 六乙記文勝事並推於佳郡
年登事少賦詠猶存 東坡字畫豐碑爭掛於高堂
琅琊舊俗户户魚鹽 不能五十里之國獨占林泉
魯國大夫人人絃誦 其推二千石之良庶安田里
環滁皆山名已聞於天下 五馬雖旌自得游山之樂也
釀泉爲酒恨不到於亭間 四郊多壘安能高枕而卧哉

招信軍 盱眙 天長
招信

建置沿革
禹貢揚州之域於天文爲鶉尾星紀之次春秋
時爲吴善道之地後屬楚戰國時楚始爲縣秦
二世時項羽立懷王都於此西漢爲盱眙縣屬臨淮郡東
漢屬下邳國西晉爲臨淮郡治盱眙東晉立盱眙郡南齊
北兖州自淮陰移鎮盱眙魏置盱眙郡陳置北兖州唐改
西楚州改隸泗州 皇朝屬楚州復隸于泗 中興以來
陞爲盱眙軍紹定間金虜殘黨合縱買
住乞降改招信軍今領縣三治盱眙

事要
郡名 都梁 見山注
風俗 尊儒慕學 隋書地理
志盱眙本屬下邳隋書謂其地在列 東南之秀 章綱記
國爲楚魯之交云云有洙泗之俗 鬱鬱蔥
蔥之氣萃於東南
而云云實起於此 東魯之遺風 郡守沈該勸學文云
地連洙泗有云云
郡有搉場 郡志云云南北㩁遷
凡物與土產無異焉
形勝 阻山帶海

今四七　　八

圖經云云自漢以來爲戰守之地漢建安初袁術攻劉備
備使張飛守下邳自將拒術於盱眙晉姚萇屯于盱眙紹興
間張浚駐兵于盱眙與虜對壘後以
和議撤戍而劉錡亦嘗屯守盱眙 襟帶吳楚 章綱撰
東南起
秀記云云弁翰京邑盡神州赤縣之地非榆關沙漠
之比也仰觀天宇下瞰邦郡清淮耀明古汴涵景 江淮
要衝 宋沈琰以爲國北門 都梁志序云 淮南本
爲云云 云爲今重鎮
原 魏高閭以爲壽 梁宋吳楚之衝 陸務觀翠屏堂
陽盱眙云云也 記盱眙實云云

山川
東山 在郡治之東有石洞有南山十景此居其首
郡治霍庭重循治之界以方池映以朱户洞
中曲折相通宛然洞府
左曰雲關右曰劒壁
軍山 在盱眙北六里郡 斗山 在盱
父於此築堰溉田

盱眙縣西南當淮水之險峻故名

龜山 在盱眙縣北三十里其西南上有絕壁下有重淵。寰宇記禹治水以鐵鎖鎖淮渦水神無支祁於丨丨之足。按張商英丨丨水陸院記以佛書考之則五百梵僧遊止之地以仙經考之則太真元君之別治也。周明老題丨丨回文詩云迢迢綠樹淮天曉靄靄紅霞海日晴遙望四山雲接水碧峯千點數帆輕

浮山 在招信縣西七十里梁天監築堰於此。秦少游有丨丨堰賦

橫山 在招信縣南五十里劉綱保聚於此

第一山 在都東一名南山。米元章詩莫論衡霍擁星斗且是東南丨丨丨。楊廷秀詩第一山頭第一亭閒名未到負平生不因王事略小出那得高人同此行萬里中原青未了半篙淮水碧無情登臨不覺風煙暮腸斷漁燈隔岸明

寶積山 在郡南與都梁相接為郡朝山

都梁山 在盱眙縣

隋於此置都梁宮出都梁香古詩博山爐中百和香鬱金蘇合與都梁

盱眙山 在縣東南四十里一名馬鞍天寶改今名

望州山 在盱眙縣南五里自南而登見泗州城

臺子山 在盱眙縣東一里宋書云宋將臧質守盱眙以拒魏師魏造弩臺以射城中因以為名

長圍山 在盱眙縣北七里宋臧質守盱眙魏太武遂於都梁山築長城造浮橋絕水路即此

三臺山 在招信縣南九十里上可屯十萬衆

青平山 在招信縣東南二十五里紹興間劉澤保聚於此虜不敢近嘉定末武統制敗虜于此

杏花巖 在崇福寺後蔣穎叔名之陳述古諸賢皆有題名

繡谷 在普濟院南其石巖多花木春日如錦丨

淮水 經盱眙縣故城西

新河 在龜山鎮蔣之奇開河以避淮流。蘇子瞻詩云故人宴坐虹梁南丨丨巧出龜山背

東溪 在都梁山東五里

曲溪 在盱眙縣西南十里周顯德五年張永德敗泗州兵于丨丨堰

長沙汀 在盱眙縣北自淮河渡南接牛場巷長一里餘高丈餘淮水泛漲時賴以捍禦。蘇子瞻詩云十里清淮上長隄隱雪龍是也

井泉

玻璃泉 在第一山之下。張文潛詩丨丨美酒舊知名崇寧中劉晦叔名之曰丨丨丨。楊廷秀有詩云清如淮水未為佳泉迸淮山好煮茶鑄出丨丨閒瀹眼更和月露瀹春芽仰看絕壁一千丈削下青瑤無點瑕從事不澆愁肺渴臨泓帶雪吸冰花

堂亭

清淮堂 在百花巖前取蔣穎叔綠野有佳氣丨丨無點塵之句以名之

淮山堂 在第一山起秀亭下後即玻璃泉

雲山堂 郡守蹇駕創取東坡一看丨丨遶淮甸之句以

名左山右淮北眺中原咸在几席

飛步亭 在東山。楊廷秀和太守霍和卿韻杏花巖左新東巖臨使淮山掎攙間招信上流總奔赴僧伽孤塔正灣環今來古往皆陳迹遠草斜陽幾慘顔走馬看山真懶懶忙中拾得片時閑

起秀亭 在玻璃泉上舊名會景後曰參雲曰覽翠郡守吳說改曰淮山偉觀淳熙庚子郡守王遲易名東南丨丨西對汴口下瞰城郭亭後石壁峭列東坡米元章諸公皆有詩詞刻于上

寺觀

靈巖寺 在浮山頂上。白居易宿寺上院詩高高白日上青林客去僧歸獨夜深葷血屏除唯對酒歌鐘放散只留琴更無俗物當人眼但有泉聲洗我心最愛曉亭東望好太湖煙水綠沉沉。趙嘏宿寺詩明月溪頭寺蟲聲滿樹洲倚欄香徑晚移石太湖秋古樹雲歸盡荒臺水更流無人見惆悵獨上最高樓。羅鄴夏日宿寺示分院詩寺入千巖石路長

泒吟一宿逺公房卧聽半夜杉壇雨轉覺中峰枕簟凉花界已無悲喜念禪襟自足是非妨他年縱使重來此息得心猿贊巳羈〇蘇子瞻詩人言寺是六鰲宫汴降隨波與海通共坐船中那復見乾坤浮水水浮空

名宦

沈璞 宋元嘉末爲盱眙太守魏太武以三十萬衆攻之三旬不克而去臧質以璞城主使之上露版璞固辭歸功於質上聞而嘉之

孫堅 熹平間除鹽瀆丞徙盱眙丞又徙下邳丞江表傳曰堅歷佐三縣所在有稱黄巾賊起堅身當一面登城先入衆乃蟻附遂大破之拜堅司馬

皇朝江夢孫 知天長縣民爭馬二年不決馬繫于官夢孫曰吾聞管仲以老馬識路王尨馬知其故第遂縱馬郊外馬尺釋羈束果奔入其主家訟遂息

包拯 知天長縣有訟盜割牛舌者公使歸屠其牛鬻之既而有告私屠牛者拯曰何爲割其家牛舌而又告之盜色變遂引伏徙知端州後爲樞密使謚曰孝肅

人物

武涉 盱眙人嘗說韓信以三分天下

皇朝沈晦 分定錄云晦赴省至天長中夢身騎大鵬摶風而上因作大鵬賦以紀其事已而果魁天下

題詠

落帆逗淮鎮 韋應物云云停舫臨孤館

白煙橫海戍 崔峒送陸明府之官盱眙詩陶令之官去窮秋慘別魂云云紅葉下淮村

雲濕淮南樹 喻坦之晚泊盱眙詩廣莫夾深流蕭蕭到海秋宿船橫月浦驚鳥逐霜洲云云猶清泗上樓徙懸鄉國思鶴跡尚東遊

平沙依雁宿 常建泊舟盱眙詩泊舟淮水次霜降夕流清夜久潮侵岸天寒月近城云云候館聽雞鳴鄉國雲霄外誰堪羈旅情

繫舟清洛尾 蘇子瞻送程表弟詩云云初具淮南山淮山相媚好曉鏡開煙鬟

山凝翠黛孤峰迥 李紳入淮至盱眙詩云云淮起銀花五丈高天外綺霞明海鶴日邊紅樹艷仙桃岸驚目眩同奔馬浦溢心疑覩抃鰲寄謝雲帆疾飛鳥莫誇迴鴈卷輕毛

黄壓欲礙龜山出 王介甫詩云云白浪空分汾水來

隔淮雲海暗人家 蘇子瞻詩照汴玉峯明佛刹云云

清淮濁汴爭強雄 蘇子由詩云云龜山下閣支郝宫

魚躍銀刀正出淮 水多白魚尤爲世所珍美蘇子由有是句

舡頭出汴翠屏間 自京洛抵都梁山始有山淮汴渦泗皆會于此實山川之會故米元章詩京洛風塵千里還云云

淮增汴水長流急 李昭玘詩云云城壓南峯不遜高

四六

近控長淮鄰都梁之畫境　河海東聯而西帶
俯臨古汴實北鄙之要蕃　川塗南往而北來
畢淪左衽之區乾從效順　邊烽未息適當敵境之要衝
今際右文之世可奧升平　郡政素脩庸作淮壖之保鄣
瘡痍未復驚鴻有待於懋安　況貿遷有無故阜通於商旅
啓齒相依貔虎當嚴於守衛　而還定安集在摩撫於人民

新編方輿勝覽卷之四十八
建安祝穆和父編

○淮西路

廬州 合肥 梁縣 舒城

【建置沿革】禹貢揚州之域吳地斗分野春秋時屬舒戰國屬楚秦爲合肥縣漢分立廬江國東漢爲合肥侯國仍隸九江郡又更爲淮南國合肥隸焉魏晉爲重鎮宋齊二代皆爲廬江郡地梁改合肥爲汝陰郡尋改爲合州隋改合州爲廬州以廬江名舊經云古廬子國此蓋惑於應劭之說非也又引左氏云自廬以往振廩同食此乃中廬之地去合肥遠矣煬帝改爲廬江郡唐爲廬州後唐陞爲昭順軍節度周世宗改爲保信軍節度皇朝因之紹興兼淮西安撫使馬步軍都總管後復兼制置領州七軍二領縣三治合肥

○本路安撫制置轉運置司

【事要】

【郡名】合肥 見下肥水注

【風俗】人性躁勁 隋地理志廬江云云風氣果決包藏禍害視死如歸好戰而貴詐 俗尚淳質 同上自平陳之後其——頗——好儉約喪禮婚姻率漸於禮廬江記云人物語音風土明茂甘勝淮左諸郡唐羅珦德政碑云不好學而信鬼神廣占田而不耕人稀而病於吏衆藝桑麻而布帛踈濫舊經云率性真直賤商賈喪自更戎馬遺叱存者不什二而江浙轉徙之民實居之故嚚訟喜爭率不如古非其風土然也 酷信淫祀 唐刺史羅珦德政碑廬江之俗不好學而云云 嚚訟好爭 郡志自兵火之後江淮之民實居之流移多於土著於是乎醇厚之風不如古而云云者紛然非其風土本然也

【形勝】南臨江湖 魏蕭穎士云南臨江湖北達壽春 淮海之郡廬爲大 羅珦德政碑云云封畛闊而土田齊人產寡井賦太重 龍眠蟠其前 曹明之新城記云云紫金蹲其北 地大以要 樂祖洽撰三不堂記云廬於淮西爲一道都會人物之富甲兵之強四方商旅游士之多不比他郡云云故選守常重 廬爲淮西根本 崔琳撰田侯廟記云云 合肥號金斗 曹明之記合肥入斗度最多故號金斗 江北恃爲唇齒 曹明之新城記云淮右襟喉之地 亦一都會 前漢志壽春合肥受南北湖皮革鮑木之輸云云 地有所必爭 魏明帝曰先帝東置合肥南守襄陽西固祁山敵來輒破於三城之下云云 腹巢湖控渦潁 韓無咎風鶴亭記云淮之南故秦九江郡也至漢孝文析其郡又爲廬江實今西路也自春秋季年吳楚嘗會于此吳楚爭而漢封下皆在於六及孫曹紛爭則以合肥屬揚州之治繼爲新城晉人拒肥水以敗秦師周世宗舊兵正陽攻戰於紫金山下尚跡猶存故今廬州形勝云云齊濡須桃襟皖隱然爲用武之郊

【山川】潛山 今州治所據言舒之——其二支至此而伏 大蜀山 在合肥縣西二十里爾雅釋山蜀者獨也此山獨起無岡阜連屬故名 小蜀山 在合肥縣西四十里 龍穴山 在合肥縣西百三十里穴上有池張又新以此

水爲第十

四頂山 在合肥縣東南。寰宇記作四鼎。郡國志：鄒伯陽煉丹之所。○羅隱詩：勝境天然別，精神入畫圖。一山分四頂，三面瞰平湖。過夏僧無熱，凌冬草不枯。遊人來至此，願剃鬢和鬚。

雞鳴山 在合肥縣西北四十里

紫蓬山 在合肥縣西南七十里

龍眠山 在舒城縣西南八十里，如卧龍狀，李公麟因取此山自號。

春秋山 在舒城縣南三十里，有李公麟讀書堂。

浮槎山 在梁縣東南三十五里。按隋志云有浮闍山，俗傳自海上來。昔有梵僧過而指曰：此耆闍一峰也。梁天監間帝女擕持大師於此建道林寺。無諸釋用孫覺題詩云：山爲浮來海莫沉，蕭梁曾此布黃金。梵僧親指耆闍路，帝女歸傳遠瑟心。地控好峯排萬仞，潤餘流水落千尋。靈蹤斷處人何在，日夕雲霞空轉深。人謂可得山中大槩。歐陽公水記云：碑陰有元豐七年洛陽景誤游山留刻云：寺有榴花，根幹偉茂，世傳昔梁武帝女所植也。有井泉，陸羽所謂乳泉漫流者也。歐陽公水記｜｜｜與龍穴山皆在廬州界中，較其水味，不及浮槎遠甚。

北峽關 在舒城南四十五里，官兵守把，爲入蘄黃之要地。

肥水 在合肥縣南。應劭曰：夏水出父城東南，至此與淮合，故曰合肥。○爾雅云：歸異出同曰肥。○盧江四辦曰：水出雞鳴山，北流二十里，分而爲二，其一東南流入巢湖，其一西北流二百里，出壽春而投于淮，二水皆曰肥。○郡志載：梁韋叡爲豫州刺史，討魏至合肥，乃堰｜｜道戰艦，高與合肥城等，城遂潰。

巢湖 港汊大小三百六十，周圍四百里，與合肥、舒城、巢、盧江四邑接境。詳見無爲軍。

藏舟浦 在金斗門外，長八十丈，闊十丈。舊經云：昔魏將張遼掘巨浦，與孫權藏戰艦於此。唐正元間，刺史杜公作斗門，與肥水相接。浦內爲陂花木，頗爲佳景。

小史港 在城東門內。按太平寰宇記：廬江府小史焦仲卿妻劉氏爲姑所出，自誓不嫁，其家逼之，乃投水死。仲卿聞之，自縊，因以爲名。李太白廬江主人婦詩云：孔雀東飛何處棲，廬江小史仲卿妻。爲客裁縫君自見，城烏獨宿夜空歸。

龍潭 在梁縣治不十步，有蛟渦好爲

鵲岸 在舒城縣西北。左傳昭公五年：楚伐吳，吳人敗諸｜｜。杜預注云：謂廬江舒縣鵲尾渚。

【堂亭】

安邊堂 在州治

衣錦亭 在州治。天禧中馬忠肅公歸守鄉郡，創此亭，因名。

三至堂 在州治。陳文惠公三守是邦，故名。

【祠廟】

張龍公祠 在合肥縣西百三十里龍穴山。按歐陽公集古錄載唐布衣趙耕撰張龍公碑云：張公諱路斯，潁上百社人。仕隋爲宣城令，罷歸，每夕出，自戌至丑歸，常體濕且冷。其夫人石氏異而詢之，公曰：吾龍也。蓼人鄭祥遠亦龍也，吾據池，蓼與龍戰，明日取決，可令吾子挾弓矢射之，繫鬣以青綃者鄭也，絳綃者吾也。子遂射中青綃者，鄭怒東北去，投合肥西山死，今龍穴山是也。其後蘇內翰軾作｜｜｜｜記，亦載此事。山之東南隅有池，傍有一祠，遇旱，鄉人即請水以禱。詳見龍穴山注。

廣惠王廟 在合肥縣西二十里。按廟碑有云：唐正觀間有僧慧滿結庵此山誦經，忽有布衣造門曰：我東漢龍王之少子。屬時苦旱，僧令其降雨，荅曰：盜布天澤，罪當殛死。須臾霈澤，隨霈三日，龍死於山隅。僧乃瘞以葬，而民爲之立祠。其後水旱禱之必驗。

【古跡】

石牛 在土地堂前，有二｜｜。父老相傳：初濬治肥河，得之土中，形製甚精，對峙爲角觝狀。後遭二牧童橫笛跨其上。

飛騎橋 即今西津橋。大觀間所立碑乃曰飛騎，且謂吳孫權爲魏將張遼所襲，橋丈餘無板，擢乘

駿馬越而獲去因此得名

教弩臺 在懷德坊明教寺舊經云昔魏武帝築臺教彊弩五百人以禦孫權棹舡唐大曆間因得鐵佛高一丈八尺刺史裴綰奏請爲明教寺

明遠臺 在梁縣城內西南隅迴環皆水中有一洲古老相傳鮑明遠讀書于此

【官吏】

劉馥 魏太祖表爲揚州刺史馥受命單馬造合肥空城建立州治興治芍陂及茹陂吳塘諸堰

朱敬則 唐朝爲刺史代還無淮南一物所乘止一馬子曹步從以歸

鄭綮 爲刺史黃巢掠淮南綮移檄請無犯州境巢笑爲歛兵

李翱 爲廬州刺史

皇朝陳堯佐 知州以方嚴肅下

馬亮 合肥人兩爲本郡守

包拯 苕溪漁隱曰拯合肥人守本郡不肯少屈法以阿鄉曲之好故流俗稍稍謗議公乃爲詩見意曰直幹終爲棟精鋼不作鉤其守正不回如此

孫覺 以司諫知州蘇子瞻有詩送之

周美成 爲教授

馮京 爲守

【人物】

周瑜 仕吳廬江舒人

陶侃 仕晉廬江人

揚行密 合肥人墓在鐵素澗

皇朝李公麟 字伯時舒城人博學好古多識奇字以丹青妙絕一世號爲龍眠居士

【題詠】

西江天柱遠 李白送裴大擇赴廬州長史詩云云東越海門深去割慈親戀行憂報國心好風吹落日流水引長吟五月披裘者應知不取金

平湖阻城南 張祜詩云云長淮帶城西壯哉金斗勢曹瞞築合肥

多幸逢時擁旆旌 唐鄭綮題合肥郡齋詩九衢城裏一書生云云醉裏眼開金使字紫旂風動耀昆明

襟帶東南第一州 郭功父澄惠寺詩云云揚鞭得從使君遊

蜀山迴出千螺秀 郭功父郡城眺望詩云云肥水長縈一帶迴猶有金城藏後浦不惟銅雀起高臺

郡城百里即群舒 劉貢父詩云云留滯頻驚歲月除

沃壤欲包淮甸盡 朱服詩昔年吳魏交兵地今日承平會府開云云堅城猶抱蜀山迴柳塘春水藏舟浦蘭若秋風教弩臺獨有無情原上草青青還入燒痕來

【四六】

中命宸廷　總戎御閫

開大幕府　號小朝廷

淮甸極邊　合肥重鎮

惟合肥之重鎮　按古壽之長淮

邊城蹂躪之餘野馬也塵埃也　御閫經營之始繭絲乎保鄣乎

陛文昌垣獻納之班　重合肥水守禦之寄

得李勣之才見謂城堅於金斗　知柴虔之績未嘆人老於玉關

胡人不敢縱南下之牧　天子遂可寬西顧之憂

分陝之西則合肥既爲重鎮　自關以外則元帥實總中權

擬元戎之旌纛名震江淮　建大將之鼓旗威行蠻貊

開閫延敵精兵發弩以飈馳　射賊擒王黠虜奔圍而星遁

折衝禦侮寬南面之顧憂　肅東運籌壯西淮之屏蔽

宿重兵百萬之屯前禦大敵　總元戎千乘之寄進取中原

無爲軍

無爲　巢縣　廬江

【建置沿革】

禹貢揚州之域吳地斗之分野商時爲巢伯之國春秋戰國屬楚秦爲九江郡漢高帝更爲淮南國以黥布爲王景帝爲廬江郡統縣十一而居巢臨湖襄安皆隸焉即今無爲之地也曹操屯軍居巢後屬吳周瑜爲居巢長梁置南譙州又屬合州隋屬廬州唐武德以居巢縣爲巢州　皇朝太平興國間析舊廬州廬江縣爲巢

縣以無爲鎮爲無爲軍又蓍舊相傳云無爲軍本號城口鎮隸巢縣淳化中鎮居上豪侯仁信等進狀乞創軍時僭僞悉平思與天下安於無事因取無爲而治之意以名之熙寧間又析巢縣廬江之六鄉置無爲縣今領縣三治

無

爲

○本路提刑提舉置司

【事要】

【郡名】濡須 寰宇記魏築無爲城臨——水上源本爲無爲監乃江淮之要津酈道元水經所謂城口鎮者因此——城得名

【風俗】習於干戈 郡志其民云云勇於戰鬭 風氣果決 南地理志 頗務農桑 郡志承平以來云云

【形勝】古南譙郡 郡志晉咸康中置南譙郡即今之南譙鄉在巢縣 濡川上游 錢惟岳雙峯院記載 捲渾之捷徑據——之—— 北聯和廬 無爲郡志秀溪驛記云云南接舒蘄在淮甸實爲要衝 江淮要津 寰宇記 吳魏相持於此 無爲志云云東關之北岸吳築城西關之南岸魏置柵

【山川】巢山 在巢縣西南百里 姥山 在巢湖中湖陷姥升此山有廟○羅隱詩臨塘古廟一神仙繡幌花容色儼然爲逐朝雲來此地因隨暮雨不歸天借分初月明中鬢香散餘風竹上煙借問邑人沈水事已經秦漢幾千年 紫芝山 在無爲縣錦繡溪西晉王祐間生紫芝 八公山 在巢縣西北苻堅時所望草木爲晉兵之山○水經注云山無草木惟童阜耳上有淮南王安劉漢高帝之孫

所節下士好神仙祕法鴻寶之道忽有八公皆鬚眉皓素詣門希見門者曰吾王好長生今先生無駐衰之術未敢聞八公咸變成童白日升天餘藥在器雞犬舐之者皆得上升故山以八公爲目○王介甫詩淮山但有八公名鴻寶燒金竟不成身與仙人守都廁可能雞犬得長生 銀瓶山 在軍城之西時有雲氣以形得名 亞父山 在巢縣東十二里昔范增居此山之陽 七寶山 在巢縣濡須山謂之東關七寶山謂之西關 王喬山 在巢縣西南九十里昔有王子喬於此山採藥遂得名 臥牛山 在巢縣城南 九華山 蘇子由過九華題詩云南遷私自喜看盡江南山休卅少僮僕此去還復難獨從守破燦聯翩過重岡岩嶺鸞九華峰高拱立我前蕭然九仙人縹緲凌雲煙碧霞爲裳衣肯從青琅玕揮手謝世人可望不可攀我行竟草草安能拍其肩但聞有高士叫醒松風眠松根得茯苓狀若千歲鶴煮食一朝忍終身藥腥羶腹忏生綠毛輕舉如翔鸞鷹相逢欲借問已在長松端何年脫羈馽此駕良日便芒鞋拄藤杖逆山即盤桓斯人未可求嶽室儻復存 西江 岷山導江至此號—— 巢湖 在巢縣西周圍四百里占合肥舒城廬江巢縣四邑境○郡志云昔有巫言居巢縣門有四石龜口出血此地當陷爲湖未幾有人以猪血置龜口巫嫗見之南走其地遂陷○青瑣高議云今巢湖古巢縣一日江漲港有巨魚漁者取以貨於市合郡食之有一姥獨不食遇老叟曰此吾子也汝獨不食吾厚報汝若東門石龜目赤城當陷姥日往視有稚子訝之姥以實告稚子欺之以朱傅目姥見急出城有青衣童子曰吾龍之子乃引姥登山而免於東漢永平之時——山黃金則城陷之說妄矣○杜荀鶴過巢湖詩世人貪利復貪榮來向

湖邊始至試男子登舟與登陸犯心何不一般行**濡須水**在軍北二十五里源出巢湖東流經亞父山曹吳相拒於此月餘曹公嘆曰春水方生公宜速去公曰推不敢欺孤遂還**錦繡溪**在城內天慶觀前

【堂舍】**仰高堂**在郡治米元章建有記後張孝祥題扁**寶晉齋**米元章建中藏晉人法帖**羣山觀**在漕廳之東俯揖江南繁昌鍾阜諸山

【樓閣】**南樓**揚次公詩云此樓此景他州無山川形勢吞三吳**九華樓**在移風門上米元章建江南九華諸峯嶄然相向**明遠樓**在楚澤門郡守米元章所建下臨百萬湖**聚山閣**在郡圃北群山橫列惟二山爲勝銀瓶之深秀則喬松所居驚峰之壯嶮則吳魏之所守也

【園池】**西園**亭館爲一郡之勝槩**墨池**在郡廳米元章所鑿

【寺觀】**大寧院**在軍東南六十里地名臨湖當濡須潛水之交有湖山林泉之勝○呂坦夫詩飄然吟艇到鼇龜山好句窮留水石間眼愛濤虛心不息浮生能有幾人閑**紫微觀**去巢縣北八里有紫微山及洞道書所謂第十八金庭福地此山乃王喬登仙之處有碑云乘鳧馭鶴吹笙脫屣而歸舉手長別其碑鈒刻難讀今亦不存矣**玉虛觀**在廬江南一里又曰南臺東漢左慈真人之故隱也○後有人自稱劉方顯詩於壁曰南臺清觀再來修亦鳳排徊無樹留芳草滿時迷白鹿落花深處卧青牛九天宛轉雲常在萬劫縱橫月不收應是廬江人不識蟾宮遺下水晶樓人謂左真人後來也觀後有水簾洞

【古跡】**巢縣**堯世巢父即巢之著文也書稱成湯放桀於南巢旅獒稱巢伯來朝左傳文公十二年群舒叛楚遂圍巢襄公二十六年吳伐巢昭公九年城巢即今一一也**亞父井**在巢縣廳之西廡云亞父宅基**柘皋**在巢縣即春秋哀公十二年會吳於橐皋是也紹興十一年兀朮入寇劉錡敗之於一一**潛城**在廬江縣南六里左昭二十七年吳公子燭庸帥師圍潛**濡須塢**在巢縣東南亦名偃月城四十里接巢湖西北至合肥界湖東南有石梁鑿石通水是名關口相傳云夏禹所鑿其地高峻險狹實守扼之所故天下有事是爲必爭之地吳魏相持於此初孫權欲作塢諸將皆曰上岸擊賊洗足上船何用塢爲呂蒙曰兵有利鈍戰無百勝如有邂逅賊步騎蹙人不暇及水其得入船乎權曰善遂築之曹公攻之不能破○嘉平四年諸葛恪於東關作大隄遏巢湖左右依山挾築兩城各留千餘人使全端留略守之魏遣諸葛誕胡遵圍東關將壞其隄諸葛恪率衆四萬大破之遂退○阮戶部東西關詩節杖芒鞋上短蓬半篙春水飽帆風兩關三寺山無數藏在濛濛煙雨中○葉相詩南北安危限兩關迅流一去幾時還淒凉千古干戈地春水方生鷗自閑

【名宦】**周瑜**三國志本傳吳中呼爲周郎以恩信著於廬江袁術欲以爲將瑜觀術終無成求爲居巢長遂還吳**劉知幾**唐人封居巢子

皇朝**米芾**字元章傳云善書畫初　宣仁聖烈皇后在藩時母出入邸中後以恩補校書郎嘗爲大學博士出守無爲軍後召爲書畫博士擢禮部員外郎然元章性好石守無爲日初到公廨適有一石甚奇元章見大喜曰吾當以兄事之遂再拜未幾言路有論其性不可治民者　徽廟薄其罪**陳瓘**以論蔡京責揚州料院續知無爲軍**李公麟**字伯時廬州舒城人自號龍眠居士有才名馳譽丹青元豐中爲無爲司戶參軍撰

百刻漏箭其浮箭艘平鼇龍頭龜荷渴烏蝎首皆有法
度今譙樓銅壺上刻吳道子所畫者乃伯時所製也
楚建中為守與文潞公耆英會

呂夷簡為作

人物

范增鄭人年七十居家好奇計。王介甫詩云鄭人七十謾多奇為漢驅民了不知誰合軍中稱亞父直須推讓外黃兒

文翁廬江人嘗為蜀郡太守

朱邑廬江人為大司農嘗為桐江嗇夫

皇朝焦蹈無為縣人四為舉首元豐八年魁多士六日而終

左慈廬江人嘗在曹操坐以銅盤貯水以竹竿餌釣於盤中引鱸魚鱠之詳見蘇州

題詠

掩映軍城隔水鄉林君復詩云云人煙物景共蒼蒼酒家樓閣搖風旆茶客舟舡獲雨檣殘笛遠砧聞野聚老昔寒檜香僧房狎鷗更有西湖興珍重江頭白一行

山橫大秀一峰高楊次公詩云云水入平湖千里遠

四六

疏榮禁掖　分壘巢湖
雖云小壘　乃是次邊
惟吳楚相持之地　乃江淮至要之津
濡須立塢素稱襟帶之雄　淳化創軍實據江淮之險
外連肥水之衝足為保鄣　內護長江之險實固藩籬
州壓肅攤分千里以鎮臨　地望雄誇建兩營而對峙
人歷物景尚歸和靖之新篇　樓扁亭名尚倚元章之妙墨

安豐軍　壽春　安豐　霍丘　六安

建置沿革

禹貢揚州之域吳地斗分野春秋時為六蓼國地後屬楚考烈王自陳徙都壽春命曰郢秦漢屬九江郡東漢為揚州刺史治所魏即安豐縣陞為郡晉為淮南郡治壽春東晉為豫州刺史治所梁以壽陽為豫州隋曰壽州唐元宗改壽春郡後復為壽州後唐陞為順化軍節度南唐改為清淮軍周平淮南徙壽州治下蔡以清淮軍為忠正軍自此州治始在淮北而舊州廢為壽春縣仍隸焉　國朝因之後陞為壽春府紹興間陞安豐縣為軍今領縣四治壽春

事要

郡名

壽陽

風俗

人習戰爭伏滔正淮論其俗尚勇力而多勇悍

文辭巧而少信漢書地理志其云云而貴詐偽

形勝

皋陶所封晏類要｜｜子孫封於英六皋覽云皋陶冢在六安縣春秋文公五年楚人滅六與蓼臧文仲聞六與蓼俱滅嘆曰皋陶庭堅不祀忽諸

古壽州地圖經宣撫使張浚奏子欲將壽春縣改為壽春府以淮北壽春府為下蔡縣仍隸焉其安豐軍卻合改作縣使隸壽春府又云古壽春在淮南自周世宗攻劉仁贍於此惡其險遂徙壽州治於淮北下蔡是安豐即｜｜｜

南引荊汝之利晉伏滔正淮論東連三吳之富云云北接梁宋平塗幾七百里西援陳許水陸千里

外有江湖之阻上同云云內保淮淝之固

有陂澤之饒宋地理志為淮南一都會地方千里云云

為要害之地郡縣志自東晉至唐云云

城郭如帛繞花宋武帝嘗登八公山劉安故臺曰｜｜｜仄｜｜叢｜

山川

霍山元和郡縣志漢武帝以｜｜為南嶽遂祭其神今其土俗呼南嶽隋以江南衡山為南嶽

八公山在壽春北四里苻堅伐晉望山上草木皆人形。謝元幢

和王著作丨丨詩二別阻漢坻雙峙望河與潁嶺復嶠屼分區莫淮服東限琅邪臺西距孟諸陸阡綿如雜樹櫂森蔭脩竹日隱磵凝空雲聚袖如複出沒眺樓雉遠近送春門戎州昔亂華袁景論伊穀阽危賴宗袞謝安微官寄明牧謝元長蛇固能剪奔鯨自此曜遒峻芳塵流業滿弁運條平生仰今圖吁嗟命不淑浩蕩別親知連翩戒征軸再遠館娃宮兩去河陽谷風煙四時犯霜雨期夜沐春夯良已凋秋場庶能築

大別山 漢書云禹丨丨丨在霍山縣圖經在安豐縣西南

硤石山 寰宇記云兩岸相對淮水經中過山上立二城以防津要故名爲丨丨丨

紫金山 在壽春南或云即八公山。周顯德四年征淮太祖率殿前諸軍擊丨丨丨連珠砦拔之遂下壽州

青岡 去壽春縣三十里晉書謝元敗符堅於丨丨死者如麻即此地也

淮水 經潁陽西北

淝水 東南自安豐縣界流入壽春界經縣北二里入淮晉謝元傳符堅率兵次于項城衆號百萬詔以元爲前鋒都督諸軍衆凡八萬進屯壽陽列陣臨肥水元軍不得渡元使謂符融曰君遠涉吾境而臨水爲陣是不欲速戰諸君稍却令將士得周旋僕與諸君緩轡而觀之不亦樂乎衆皆曰宜阻肥水莫令得上我衆彼寡勢必萬全堅曰但却軍令得過而我以鐵騎數十萬向水逼而殺之融亦以爲然麾使却陣衆因亂不能止於是元與從弟琰中郎將桓伊等以精銳八千涉渡丨丨決戰堅中流矢臨陣斬融堅衆奔潰自相蹈藉投水死者不可勝計丨丨爲之不流餘衆棄甲宵遁聞風聲鶴唳皆以爲王師至獲堅乘輿軍資寶貨山積

逃蛟澗 在六安縣舊傳河有蛟爲人害楚公子芊乙操弓矢射之蛟走邑人德之爲立廟

芍陂 在安豐縣東崔寔月令曰孫叔敖作期思陂即此郡縣志周廻三百二十里灌田萬頃與陽泉陂大業陂並孫叔敖作鄧艾脩之淮廬陵等十鎮皆仰給於此疆場甚稔無復轉輸之勞

小史堨 在安豐縣魏武帝遣小史何亥寔開因以爲名後魏遣大將宋王劉昶攻壽春北豫州刺史桓崇祖乃於城西北立堰塞肥水堰北起小城使數千人守之及魏軍攻小城崇祖決丨丨水勢奔下魏軍溺死甚衆遂退走

井泉

咄泉 在壽春縣東北十里人至其傍大叫則大湧小叫則小湧

亭院

慶豐亭 下臨芍陂故有是名

官吏

竇融 漢封安豐侯

時苗 爲壽春令牛生一犢留之而去今有飲犢池

鄧艾 魏邵陵厲公嘗屯於芍陂詳見前芍陂

劉仁贍 南唐時李景稱臣割地而仁贍獨守壽春不下故治壽春世宗以其難剋遂徙下蔡而後其軍曰忠正軍曰吾以旌仁贍之節也○漁隱叢話曰王魏公游金陵界元寺見房壁上有繪金紫大夫上題詩曰陣前金牌生無愧鼓下蠻奴死合羞三尺生綃畫塵土凜然霜髯欲横秋不能解卷書歸示其父平甫曰此丨丨丨像袁世弼詩也○

皇朝陳舜俞 字令舉爲判官

明鎬 通判壽州薛奎稱其有廊廟才

曾致堯 嘗爲兩浙漕諫議魏庠知蘇州介舊恩以進致堯奏劾其罪　太宗曰是敢治魏庠可畏也知壽州

人物

英布 六人皐陶之後

梅福 壽春人

召信臣 九江壽春人

陸贄 授鄭縣尉省母歸至壽春刺史張鎰有名當時大加賞識既別鎰以貨泉爲贐且曰願以此奉太夫人一日之膳丨丨悉辭之領新茶一串而已

皇朝呂夷簡 字坦老河南人祖龜祥知壽州因家于此　仁宗皇帝朝拜平章事封中國公

【題詠】風獵紅旗入壽春 劉禹錫寄揚壽州詩云云蒲城歌舞向朱輪八公山下淸淮水千騎塵中白面人

【四六】簡求人傑 塗之禁掖 昔為男國 彈壓邊城 分竹壽陽 今號侯邦

眷壽陽之小壘 南控荊湖之地 犢比蘖時畱之介 當淮右之要衝 北連梁宋之郊 芍陂溉鄧艾之功

分斗大之一州 初無地險 望公山草木之狀 儼若旌旗 欒風寒之萬里 賴有人謀 聞淝水風鶴之聲 凜如鼙鼓

方醜虜衆以來 俄而大敗 以孤城而當一面 始歎其難 自壽春移鎭之後 罕此奇功 及百戰而解重圍 然知其勇

精兵八千而破敵 重逢前代之謝元 強敵百萬而解圍 蓋有當今之杜預

濠州 鍾離 定遠

【建置沿革】禹貢揚州之域 吳地 斗分野 塗山氏之國 春秋時為鍾離子之國 嬴姓 徐子之別封 戰國屬楚 秦并天下 屬九江郡 漢置鍾離縣 屬九江 莽曰蠶富 縣東漢為鍾離侯國 宋立徐州 齊改西楚州 隋改濠州 皇朝因之 領縣二 治鍾離

【事要】

【郡名】濠梁 郡志濠水中有石梁 故名 臨濠 唐地理志濠州作豪 天寶改從濠

【風俗】性率真直 寰宇志云云 賤商務農 其食稻 其衣絁布 地帶淮濠 皆通舟楫

文詞並興 錢文子修學記 濠水之上 江淮之間 東莊隱士 昔所遊 勲淮南賓客集而著書 流風所被云云 非南北二濠比

【形勝】長淮橫其北 連南夫修城記 濠之為城也 ｜｜桐柏之流 ｜｜｜石梁會衆水之流 環其西 兩水中注 介於城闉

背渦口之曲流 魏王粲浮山賦云云 芍望馬丘之高 瞰濆 錄云五代時渦口為控扼之地

阻淮帶山 郡縣志

舊有二城 昔魏中山王英圍鍾離 梁韋叡救之 曹景宗敗軍士卒潛行水底 得達東城 則知州有東西城舊矣 自建炎間 連南夫作郡守 謂濠水介于兩城 不合一 始決濠水徑達于淮 而不復介于城中 城始為一矣

南北朝為重鎭 郡縣志

【山川】塗山 在鍾離縣西九十五里 左傳昭公四年 禹有塗山之會 杜預注在壽春東北 今有禹會村 紹興亦有｜｜ 未知孰是 ○蘇子瞻濠州｜｜詩 川鎖支祁水尚渾 地埋汪罔骨猶存 樵蘇已入黃熊廟 烏鵲猶朝禹會村 左傳 鯀化為黃熊 ○蘇子由詩 娶婦山中不肯留 會朝山下萬諸侯 古人辛苦今誰信 只見淸淮入海流

荊山 在鍾離縣西八十三里 梁魏爭戰時 又築堰 以灌壽陽

杏山 在鍾離南六十里 世傳董奉居此山 種杏為人治病

畫山 在鍾離西七十里 崔確 崔白 李從 張濤 皆郡人 以畫名 人謂此山炳靈

韭山 在定遠縣東北四十里 其山多韭 繫年錄 鍾離人王惟忠嘗據山上 累石為城 民之依者九萬餘人 金人以孫興知濠州 惟忠不從偽命 率衆歸節制劉位 為左軍統領

臨淮山 一名浮山 在鍾離九十里 山下有穴 名浮山洞 夏潦不能及 而冬不加高 故人疑其浮也 ○蘇子瞻詩 人言洞府是鼇宮 升降隨波與海通 共坐船中那得見 乾坤浮水水浮空

雲母山 在鍾離南四十里 出雲母 彭祖取服 其上有𡨥

○蘇子瞻詩跨歷商周看盛衰欲將齒髮鬬蛇龜空登丨迹丨盡不見蟠桃着子時

横涧山在定遠西北七十里與……火中爲屯聚之地

濠水州臨丨丨故名西丨丨山鍾離山東丨丨出濠塘山

淮水出桐柏山

洛水出定遠縣下流入淮

井泉

漢泉在定遠縣世傳漢軍至此渴因大呼泉遂出

楚泉在定遠縣其流稍鐵○呂坦夫有詩云地與分變泒天方鬬二雄

堂亭

威信堂在郡治淳熙間守王回陞辭上論曰守邊之道無出威信二字

一品亭在子城西南隅遺錄云王欽若父郁爲郡判官作亭後文穆天聖初知濠州亭尚在公之孫仲微守濠增大之遂名今廢

翛然亭在倅廳子城上舊名觀瀾元祐中王雍爲郡丞有言晉簡文遊華林園謂左右曰會心處不必在遠翛然臨水便有濠濮間趣覺鳥獸禽魚自來親人當知濠自是佳處雍遂易亭名翛然

三槐亭在倅廳通判王淮名既以三槐在其側又以王欽若呂夷簡曾懷皆爲倅故名

短李亭即四望亭唐李紳分司東洛道濠州爲作記紳矮小時號丨丨因名丨丨○蘇子瞻詩頎短破碪沒柴荊故老猶言矮李亭敢請使君重起廢落霞孤鶩換新銘

樓臺

清淮樓張頓詩觀魚惠子臺蕪沒夢蝶莊生冢木秋唯有清淮供四望年年依舊背城流

觀魚臺在鍾離縣西南七里莊子遊於濠梁上見鯈魚出游從容莊子曰是魚樂乎惠子曰子非魚安知魚之樂耶莊子曰子非我安知我不知魚之樂耶○蘇子瞻詩欲將同異較錙銖肝膽猶能楚越如若信萬殊皆一理子今知我我知魚

逍遙臺在開元寺後唐開元中刺史梁延嗣累土爲臺刻莊子像於其上○蘇子瞻詩常怪劉伶死便埋豈伊忘死未忘骸烏鳶奪得與螻蟻誰信先生無此懷

館驛

水館張祜濠州丨丨詩高閣去煩燠客心遂安舒清流中浴鳥白石下游魚秋樹色凋翠夜橋聲裊虛南軒更何待坐見玉蟾蜍

古跡

望仙橋相傳藍採和登仙時人聚此橋以望石上有藍採和足跡

夢蝶坊在開元寺之西○莊子云周夢爲蝴蝶栩栩然蝴蝶也俄然覺則遽遽然周也不知周之夢爲蝴蝶歟蝴蝶之夢爲周歟

解帶石在清流門外昔項羽敗垓下投薛公薛公不納羽解帶置石上而去今清流門外有丨丨丨

陰陵高適東征賦次靈壁之逆旅面垓下之遺墟嗟魯公之慷慨聞楚聲而悒於歌拔山而涕淚切霸圖以狼狽至丨丨以躋踣

虞姬冢在定遠縣南今宿州亦有墓相傳靈壁葬其身此葬其首○蘇子瞻詩帳下佳人拭淚痕門前壯士氣如雲倉皇不負君王意只有虞姬與鄭君

弈壇在州西七里石臨河刻其局又鑿爲可置棊子上刻唐人詩字甚古

渦口城去鍾離九十里唐李正己反張萬福馳至渦口梁崇發漕船相銜以進賊兵倚岸熟視不動郡縣志自正元後西渦口置兩城刺史常帶兩城使

垂花塢在逍遙臺南十餘步上有擇藤垂花唐獨孤及甚愛之名曰丨丨丨又詩云紫蔓青條覆酒壺落花時與竹風俱歸來自負花前醉笑向游魚問樂無

乘龍洲去州二十里在淮水中周世宗征濠夜遣兵排北東岸蛇絕淮濠兵驚以爲鬼乘龍也因以名洲

斷梅谷周世宗征淮以荆塗二山乃濠州之朝岡有王者氣命斷之有梅樹居此因曰斷梅山

官吏

張萬福李正己反德宗以丨丨丨爲濠

州刺史召謂曰先帝改爾名正者所以褒也朕謂江淮草木亦知爾威名若從所改恐賊不曉卿復舊名萬福

獨孤及 爲刺史歲飢賑貸鄰郡流亡而此州獨安

皇朝梅詢 詢仕於朝乞請守濠王文正公訪問之曰欲遍故耳文正曰當除一通判俾讀於是呂申公夷簡通判州事今州治倅廳之西閤有梅呂讀書之所存焉

王旦 王文正公旦呂文靖公夷簡尹公洙皆爲通守於此元祐四年通判王雍刻石題名甚詳近世丞相曾懷亦嘗爲倅議者謂倅廳多賢達

趙抃 清獻公

王欽若 文僖公

游酢 定夫先生並爲守

人物

莊周 爲漆園吏墓在開元寺後

魯肅 吳人字子敬臨濠東城人也周瑜爲居巢長將數百人往見肅幷求資糧肅家有米兩囷各三千斛乃指一囷與之肅遂仕吳爲橫江將軍

皇朝郭延澤 知濠州代還致仕居濠州城南傳寫書籍至萬卷號爲書藏景德中遣使詣其家取三館所闕書至三千卷以進

題詠

傳語濠州賢刺史 黃魯直道中寄景珍兼簡庾元鎮云云隔年詩債幾時還

塗山廣大納萬國 王郎詩云云帝禹於此分江河

四六

乃眷濠梁實臨邊境 昔爲男國今乃侯邦 推其當要害之衝所以重藩宣之任

得塞翁之馬初亦何心 古稱別駕率多公家之曾遊

觀莊氏之魚大過初望 今得名流可卜緩屛之必貴

地當邊徼敢論分虎之榮 自遶烽燧之餘久陶容澤

時急軍需何有觀魚之樂 遂鑿井耕田之樂殆若中州

新編方輿勝覽卷之四十八

新編方輿勝覽卷之四十九

建安祝穆和父編

和州

歷陽 烏江 含山

建置沿革 禹貢揚州之域於天文直南斗甠下春秋戰國屬楚秦爲歷陽縣隸九江郡漢屬淮南國後屬九江郡而歷陽爲治所後漢揚州移理於此三國吴爲重鎮晉立歷陽郡宋爲南豫州治歷陽後齊立和州隋唐或爲歷陽郡或爲和州 皇朝因之 甞兼管内安撫今領縣三治歷陽

郡名 歷陽

風俗 取協和之義 劉禹錫歷陽壁記云梁之亡也北齊圖霸功擁正陽侯淵明以歸王僧辯來迎會于兹地二國協和故以名州 男夫尚壟闞 同上云云無即山近監之逃女工尚堅全無文章交錯之奇 無游人異物以遷其志 同上

事要

形勝 内險之地 郭功甫含山縣記方用兵時而含山爲云云不當江淮水陸之衝故鋭師宿將嘗屯營于此 實爲要津 李白天門山銘梁山博望關扃楚濱夾據洪流云云 城高而堅 劉禹錫記云云亞父所營 常留重兵 劉禹錫曰自孫權距六代云云 上岸擊賊 吴欲擊楚諸將曰云云洗足上舡 吴魏相持於此 晏類要南岸吴築城北岸魏置柵云云月餘

山川 梅山 在歷陽南五十里昔曹操指山上梅林軍士渴止蓋此山也。王安上詩將軍爲上設良謀遥指青山指梅樹 梁山 郡縣志在歷陽南七十里俯臨歷水侯景之亂梁王僧辯軍次蕪湖與景將侯子鑒戰于梁山大破之江東有博望山隔姑孰二山濶江相對如門南朝謂之天門山兩岸山頂各有城並王元謨所築自六代皆於此屯兵扞禦 歷陽山 在歷陽縣西北四十里吳志六——石文理成字 八公山 在郡城北未山之左世説有八仙人閑綦舍飲于此故名張祁謂仙風對八公蓋一郡之勝槩 雞龍山 在歷陽西北四十里道家第四十福地淮南子云麻湖初陷之時有一老母提雞籠以登此山因化爲石今有石狀如雞籠故名。劉禹錫詩雞龍爲石顆龜眼入泥坑 陰陵山 在烏江西北四十五里即項羽迷失道處 四潰山 在烏江縣西北三十里直陰陵山項羽既敗于垓下走至東城所從惟二十八騎漢兵追者千餘羽乃引騎依此山爲圜陣 濡須山 在含山西南七十五里與無爲軍七寶山對峙中爲石梁鑿石通水山川險阻最爲控扼之雄吳魏必爭之地陸士衡論孫權聞曹公來築此塢拒之狀如偃月詳見無爲軍 華陽山 在含山縣北十八里本名蘭陵山下有華陽亭因名山有洞曰華陽至和初王介甫遊焉洞有二前洞遊者甚衆後洞則介甫所遊寺僧言山嶺有天漈洞 石湖闞 紹興辛酉兀朮再犯境張浚以兵五千守——虜遂遁去 大江 白峴山西南流過歷陽烏江二縣界。劉禹錫詩海潮隨月——水應春生 柵江 在歷陽縣西南百五十里與無爲軍分界——口古濡須口也 歷湖 在歷陽縣西三十里今謂之麻湖蓋訛爲歷字。淮南子云歷陽之郡一夕爲湖。劉禹錫詩憶昔泉源變斯須地軸傾 烏江浦 在烏江縣東四里即亭長艤船待項王處 當

利浦在州城東十二里。晉時王濬過三山，王渾遣人邀之，濬曰：風利不得泊。遂先入石頭，故名。**橫江浦**建安初，揚州刺史劉繇遣將樊能、于糜屯橫江，孫策破之。對江南之采石，往來濟渡處。**濂溪**在歷陽西一里。其源出金泉寺之山。○唐李白詩：水通滴瀝浴米崖，蓋其流雖小而冷然也。○王安上詩：冷冷一帶清溪水，遠遠來穿歷陽市。涓涓出自渠湖中，流入楚江煙霧裏。

【井泉】**沸井**圖經在郡西百步。郭璞筮云：歷陽井當沸。○劉禹錫詩：一一今無湧，烏江舊有名。

【堂亭】**惠政堂**在郡治堂偏，乃孝宗居青宮時親洒宸翰，賜守臣胡昉。**三老堂**元祐孫賁建。三老，即劉摯、傅堯俞、范純仁也。○胡彥國詩：歷陽賓主昔多賢，三老風流二十年。聯翩豸冠中曾補袞，鳳凰池上迭鷔夫。**雲蔭軒**劉莘老詩：古木無年歲，新花記舊樓。**衣錦亭**劉莘老詩：陰陰佳木與城齊，襟袖迎風弄晚暉。**凌雲亭**劉莘老詩：軒宇憑虛出半天，忽驚身寄碧雲端。**水心亭**在三老堂前。○唐張籍詩：送客特過山口堰，看花多向一一。

方四十九

【祠廟】**西楚霸王廟**在烏江縣東南二里，號靈惠廟。紹興辛巳，逆亮欲渡江，乞杯珓不從，亮怒，欲焚廟，俄大蛇遶出屋梁，毀後林木中鼓譟聲若數千兵，然亮大驚，左右皆駭散。○杜牧詩：勝負兵家事不期，包羞忍恥是男兒。江東子弟多才俊，卷土重來未可知。○李山甫詩：爲虜爲王盡偶然，有何羞見漢江舡。平分天下猶嫌少，可要行人贈紙錢。○王介甫詩：百戰疲勞壯士哀，中原一敗勢難迴。江東子弟今雖在，肯與君王卷土來。○胡曾詩：爭帝圖王勢已傾，八千兵散楚歌聲。烏江不是無舡渡，恥向東吳再起兵。○許表詩：千載興亡莫浪愁，漢家功業亦荒丘。空餘原上虞姬草，舞盡春風未肯休。**龍洞山廟**游文清九言禱雨辭并序：慶元庚申夏不雨，燥風挾日，播植焦黃。九言涖邑全椒，徧禱莫孚。或言烏江有龍洞山，山出青蛇，神龍之裔，人多崇之。因民之憂，越境躬造。自湯泉入山，未百步，有蛇而甌者道絕中道。從者喜曰：龍也。凡禱雨類索于山，幸遽得之，勿失。余疑焉。夫山川吐雲霧爲潤澤，蓋天地陰陽之氣也。人一氣相爲流通，精神懇惻，乃有感動。龍靈物，能乘陰陽變化，故言興雨必求之。若可捕也，龍其何神。挹洞水足矣，捕蛇非禮也。既至，酌荐甫畢，忽顧石罅之上，翠鱗驤首，盤不盈握，目光警耀，若吁而笑，衆亦驚歎，奉以潔器。雲陰護行，空濛絲洒，用彰感應。明日飄潤草木，又明日霑霈，總浹四民，喜驩炷香再拜。餞龍之日，遂大傾注，溪澗充盈，豐登有兆。嘗觀天下至毒者莫過於蟲。江南有蛇，青竹者脩細如筋，螫人若針，若死者十九，幸而一活，肢體已殘。今蛇無異青竹，卅蛇傷人，以手搦之，夷猶不懼，復能吸酒，蓋形雖同而善惡遠甚，豉爲龍者歟？古今以來，君子小人狀貌固同，惟交際而情態見，蛇亦然哉。蛇本毒類，而慈祥若此，是尤可敬異也。已湯泉僧道海曰：蛇室洞傍，弗搜弗獲，今先五里而見，其相迎也。又知世雖我損而神不余斁也。既感龍君之惠，迺爲辭曰：山阿峨兮巖幽邃，君居兮大江流。歆變化兮歆雲起，霈澤兮九州。烏酦酦兮陽空，坎坎兮阿丘。儼喬茁兮戾止，吸扁酒兮嬉游，謂余不來兮盍憂惰。藏泉脩兮石洞，老木毅兮枝樛。御雲氣兮頭晦，靈夭矯兮千秋。

【古跡】**歷陽城**劉禹錫一一書事：一夕爲湖地，千年列郡名。霸王迷路處，亞父所封城。漢置東南尉，梁分肘腋兵。本吳風俗剽，兼楚語音傖。沸井今無湧，烏江舊有名。土臺遊柱史，石室隱彭鏗。老君遇楚有墓存焉，彭祖石室在八公山勝。曹操祠猶在，濡須塢未平。一一

方卌九

【名宦】**范增**

封歷陽矣　張萬福爲和州刺史德宗謂江淮草木亦知威名　劉禹錫爲刺史○白居易答劉和州詩換印雖頻會未遍歷陽湖上又秋風不敎才展休明代爲罰詩爭造化功我亦思歸田舍下君因歷郡齋中好相收拾爲閑伴年齒官稱略約同　皇朝范純仁爲成都轉運坐失察僚佐燕遊左遷知和州　劉摯爲守　傅堯俞以論濮邸出知和州　鄭居中爲守　胡宗愈爲守　吳居厚太守爲宰執者凡六人　游酢知和州因家焉

【人物】紀瞻晉朝自丹陽徙歷陽以方直知名　何蕃和州人朱泚反諸生將從亂蕃正色叱之故六館之士無受汚者韓愈爲傳　張籍烏江人與韓愈游有宅在通淮門裏報恩寺是也有讀書臺在縣西五里紫極觀後桃花塢　皇朝彭思永明道程先生之外舅也明道年方十二三思永異之許妻以女其鑒裁賢於人遠矣　魏矼歷陽人爲監察御史會虜入寇矼勸高宗親征罷講和二字忤秦檜退寓常山僧舍十四年　沈文通皇祐魁多士　張孝祥紹興魁多士

【題詠】一夕爲湖地劉禹錫詩云云　當利江頭最僻州傅堯俞寄王徽之詩云云懷人推是數登樓　今年送君守歷陽蘇子瞻送呂希道知和州詩去年送君守解梁云云觀君嶸峨眞奇表便合劍佩趍明光胡爲小郡屈奔走征散未解風帆張

【四六】疏恩北闕　分壘西淮　擁麾邊頭　控持江面　旣江山登覽之稀　亦井邑蕭條之甚

郡居四達之衝此爲孔道　當吳魏戰爭之境實異偏州
江有兩山之峙兹乃要衝　居江淮來往之衝是爲孔道
近連屬邑濡須之城塢猶存　堂標三老旣推先達之曾來
旁拱陪京采石之波濤不興　郡有雙魁可當異才之間出

安慶府

懷寧　桐城　宿松　望江　太湖

【建置沿革】禹貢揚州之域爲斗分野春秋時皖國偃姓咎繇之後亦爲舒國桐國之地皆爲楚所滅戰國時爲楚秦屬九江郡二漢屬廬江郡魏爲重鎭梁置豫州陳曰晉州隋曰熙州後廢爲同安郡唐初爲東安州改爲舒州　皇朝因之政和陞德慶軍紹興以康州陞德慶府改本軍爲安慶軍又以寧宗潛邸陞安慶府今領縣五治懷寧

【事要】

【郡名】龍舒郡縣志漢爲廬江統縣十二有皖有潛有舒有丨丨又云舒有五名舒龍舒舒鳩舒鮑舒城其實一也又曰群舒按合肥志今舒城縣屬廬州引春秋注且曰廬江南有舒城舒城西南有丨丨當考　皖城見上　桐鄉　同安

【風俗】人性躁勁隋地理志云云　風氣果决　風土清美圖經　率性眞直寰宇記云云　賤商務農　稉稻之饒圖經

【形勝】其山深秀而頴厚郡志云云其川迤邐而瀉滿有魚鰕麥禾之饒　九江之北潛山賦丨丨丨丨三楚之南　介于壽春合肥之間郡志舒附楚而迫於吳云云　淮服之屏蔽

朱綽壁記云云江介之會衝。江表得之亦以患中國 徐鍇潛山詩序云中國得之可以制江表云云故孫權克皖而曹魏不寧世宗平淮而李氏就蹙

【山川】潛山 一名潛嶽在懷寧西北二十里魏左慈居此山有煉丹房 皖山 在懷寧西十里皖伯始封之地漢地理志與潛山天柱峯相連三峯鼎峙疊嶂重巒拒雲蔽日登陟無由東有激水冬夏懸流狀如瀑布下有九井有一石牀可容百人其井莫知深淺若旱則殺一犬投其中即降雲雨犬亦流出 龍眠山 在桐城西北六十里又屬舒城。黃魯直詩諸山何處是——舊日龍眠今不眠聞道已隨雲物去不應只雨一方田 石鏡山 在懷寧北其西有石裂皎然望之如玉鑑一名玉照。黃魯直詩仙人持玉照留在潛峯西 三祖山 在郡西有唐三祖禪師志公塔 主簿山 在玉鏡山之東昔唐相畢誠讀書于此 司空山 在太湖東北百三十里。李白避地司空原言懷詩南風昔不競豪聖思經綸我則異於是潛光皖水濱卜築司空原北將天柱鄰雪霽萬里月雲開九江春俟乎泰階平然後託微身傾家事金鼎年貌可長新所願得此道終然保清真弄景奔日馭攀星戲河津一隨王喬去長年玉天賓 投子山 劉與言詩三雄分漢鼎郊野戰羣龍將軍偶敗北投子空山中。周美成詩緬懷黃將軍兵敗攜部曲來投衲子衣解甲飯戎叔誰令名此山異代有餘辱 浮渡山 在桐城東九十里上有三十五巖其可居可遊者三十六西南有獨山直上千仞大江環遶望之若浮。黃魯直志——名刹也巖名大通者居半山間視諸巖最勝泉瀑千仞真奇觀也 西硤山 在桐城縣

北四十七里呂蒙正甘寧伐皖張遼救之至硤石聞城已拔乃退築—— 天柱峯 在皖山高三千七百丈周二百五十里山東有瀑布漢武帝嘗登此山即司元洞府九天司命真君所主也。獨孤及詩旱歲禱五嶽嘗為壁機璣孰知——今與郡齋對漢皇南遊日望秩此昭配法駕到谷口禮容振荒外燔柴百神趨執玉萬方會如今封禪壇惟見雲雨晦 大江 在懷寧南百八十里中流與江州池州分界 南湖 在郡南舊名南園三面依城古木參天湖浸甚廣 潛水 出潛山 皖水 自霍山縣流入經懷寧縣北二里又東南流三百四十里入大江 吳塘陂 在懷寧南二十里皖水所注曹公遣朱元光屯皖大開稻田呂蒙上言皖地肥美若一收熟彼衆必增宜早除之乃征皖破之此塘即朱元光所開也。王介甫封舒國詩開國桐鄉已白頭國人誰復記前遊故情但有吳塘水轉入東江向我流

【堂閣】靜山堂 在郡圃以王介甫詩命名詩云皖城終日靜如山府掾應從到日閑一水碧羅栽綠繞萬峯蒼翠刻屏顏舊遊寒暑今老浪走塵沙鬢已斑攬轡羨君橋北路春風裝上鳥關關 英輔齋 在太平寺東乃王禹玉讀書之地公自舒發解至登台輔守朱綽易此名 天柱閣 在郡圃。郡功父詩羣山奔來一峯起千丈美蒼碧雲叢老松自作孤鳳吟潮浪時生三井水 潛峯閣 在倅廳乃王介甫通守日讀書之地 擢秀閣 在彭法寺乃陳瑩中讀書之所自此登第黃魯直名而書之

【亭館】橋公亭 在懷寧北即漢末橋公故居今廢為歎溪寺 浯翁亭 在山谷寺石牛相對 西溪館 在城西一里刺史呂渭所創當小夾

沼爲一州勝概（寺觀）山谷寺 在懷寧西二十里梁大同二年以山谷名寺東北隅有三祖璨大師塔。王介甫留題三祖——石壁云水泠泠而北出山靡靡以旁圍欲窮源而不得竟悵望以空歸。西北有石牛洞其狀如牛唐李翱諸賢題詠甚多李伯時畫黄魯直坐石牛上魯直因自號山谷道人仍題詩石上云郗郗窈窈天官宅諸峰排霄帝不隔六時謁天關闢鑰我身金華牧羊客羊眠野草我世間高真衆靈思我還石盆之中有甘露青牛駕我山谷路。又書小石橋下有詩云司命無心播物祖師有記傳衣白雲横而不渡高鳥倦而猶飛 神霄宫 在桐城縣西南五里本爲投子寺政和間改爲——萬壽—— （名宦）周大夫皖伯 始封于此 朱邑 字仲卿少時爲桐鄉嗇夫廉平不苛所部吏民愛敬焉入爲大司農後病且死曰我

方四十九　九

故爲桐鄉吏其民必愛我死必葬桐鄉縣人爲立生祠今有墓在縣西 呂蒙 初魏遣朱元光大田皖城蒙建議攻皖拔之拜蒙廬江太守又見吳塘陂注 陶侃 領樅陽令有能名 獨孤及 權載之集共理舒州屬歲飢旱而舒人不知凶年發廩賑貸 李翱 爲刺史 麯令 爲望江令禱雨即應百姓爲之立祠後歿因葬焉。白居易詩我聞望江縣——撫惸嫠及不得去留葬此江湄 皇朝樊若水 長編云若水江南人言事不報遂謀北歸先釣魚采石以小舫載絲繩以度江之廣狹開寶中遂詣闕自言有策可取江南令學士院試賜及第授舒州團練推官如若水之策造大艦及黄龍船數千艘將浮江以濟也 王安石 以殿中丞通判舒州及爲相又封舒國 黄庭堅 知州召爲吏部員外郎 游

酢 爲太守（人物）文翁 舒人爲蜀郡守 周瑜 字公瑾廬江舒人孫策取荆州以爲中護軍攻皖拔之得橋公兩女兼納大橋瑜納小橋後破曹公於赤壁 李白 安祿山反轉仄宿松匡廬間 皇朝潘閬 劉貢父詩話閬字逍遥爲詩有唐人風因得罪匿舒州潛山寺爲行者題詩鐘樓云頑童趂暖貪春睡忘却登樓打曉鐘孫僅見之曰此逍遥也令寺僧呼之閬已亡去 李公麟 黄魯直有送李伯時歸舒州龍眠詩則當爲舒人又見廬州（名賢）徐鉉 以直道忤時貶舒三年 徐俯 字師川山谷之甥也崇觀間僑居同安（題詠）古國羣舒地 唐司空水部詩云云前當擲柏閣 溪長二水流 徐師川詩有云久留舒子國慣作北門遊山遠三峯出云云

方四十九　十

白水千丈瀑 徐師川詩云云吳塘千頃陂 月黑虎夔藩 容齋隨筆黄魯直宿舒州太湖觀音院詩汲烹寒泉窟伐燭古松根相戒莫得出云云按杜甫課伐木詩序云有虎必昏黑撐突夔人屋壁所謂夔人者述其土俗耳本無抵觸之義蓋誤用之 松竹二喬宅 黄魯直築室皖公城木末罝曲欄歲晚對煙雨人家橘柚門獨秀司命峯衆山遊高巢云云雪雲三祖山 龍舒太守人中傑 唐人殷文圭詩云云風韻堂中心似月 二十七峯常對門 徐師川詩云云 當時我自愛桐鄉 王介甫封舒國公詩桐鄉山遠復川長紫翠連城碧滿隍今日桐鄉誰愛我云云 行問嗇夫多不記 王介甫到舒州

咨平甫詩云夜別江舡曉解驂秋風氣象亦潭潭山從樹外青爭出水向沙邊綠半涵云云坐論公瑾少能談紙懸地辟興賓客詹學從諫得指南

官閣應得看潛峰 羅隱送宿松縣傅堅詩云離江漢渚樹重重東過長淮到宿松縣好也知臨浣水云云春生綠野兵歌悲雪霽平郊楚酒濃留取餘波待張翰明年歸棹一從容

四六

蹤業鳳閣　古稱佳郡　市邑頗繁　雖號次邊

出鎮龍舒　今號潛藩　里閭不擾　實爲重鎮

矧群舒之劇郡　唯此邦士之封　近居潛皖之旁

控九江之奧區　昔者官遊之壤　密接光黃之境

皖伯古城立學舒之祀　北連大霍乃司命之別宮

潛峯勝地經漢武之游　南眺廬灊聚真之靈洞

方四十九　八十

一麾出守龍分刺史之符　考於方志舊爲蕃國之附庸

八柱承天實表元臣之象　驗彼民風尚有漢臣之遺愛

符分銅虎皆循吏之遺風　又陶聖化非復曾侯之所懲

洞紀石牛有前賢之陳迹　循習仁風乃嘗朱邑之見愛

瀕江爲郡古稱沙腳之卑　真仙所游司命有集靈之宇

建議築城今號石頭之固　禪林特盛祖師開說法之堂

蘄州

蘄春　蘄水　黃梅　廣濟　羅田

建置沿革　禹貢揚州之域楚地翼軫之分野春秋戰國並屬楚西漢爲蘄春縣隸江夏郡三國時屬魏吳爲蘄春郡晉以爲縣屬弋陽郡東晉改蘄春爲蘄陽縣避宣太后諱也北齊置齊昌郡又置羅州後周改爲蘄州隋廢爲郡唐復爲蘄州　皇朝因之今領縣五治蘄春

事要

郡名　蘄陽 曹公與孫戰于丨水之丨　蘄春

風俗　淳厖近古 李常廣濟寺記其人丨丨而丨丨　秀民樂於爲儒 同上云云而不輕釋其業於彬喜學有鄒魯遺風

形勝　南距江 王之義蘄州舊治記云云北接光黃西連黃岡東峙潛皖　左舒右黃 張子師廣教院記蘄春古郡云佳山秀水環繞千里有鼓吹之勝　白雲余章二泉　瀕帶江淮 唐大詔令李勣制蘄春之地云云　居江湖絕處　占淮壖之上腴 閔詠神光觀記蘄西故封浠水古邑溪山重複云云堂記云云　居三楚之中 史記楚文王徙都于郢江陵爲西楚云云

方四十九　十七

土產　蘄簟 韓愈謝鄭羣贈簟詩蘄州笛竹天下知鄭君所寶尤瓌奇攜來當晝不得臥一府爭看黃琉璃體堅色淨又藏節盡眼凝滑無瑕疵法曹貧賤衆所易腰腹空大何能爲自從五月困暑濕如坐深甑遭蒸炊手磨袖拂心語口慢膚多汗真相宜日暮歸來獨惆悵有賣直欲傾家貲誰謂故人知我意卷送八尺含風漪呼奴掃地鋪未了光彩照耀驚童兒青蠅側翅蚤蝨避肅肅疑有清飈吹倒身甘寢百疾愈却願天日常炎曦明珠青玉不足報贈子相好無時衰　白居易寄蘄簟與元九詩笛竹出蘄春霜刀劈翠筠織成雙鎖簟寄與獨眠人卷作筒中信舒爲席上珍滑如鋪薤葉冷似臥龍鱗清潤宜乘露鮮華不受塵通州炎瘴地此物最關身　蘄笛 劉禹錫武昌老人說笛歌武昌老人七十餘手把庾令相問書自言年少學吹笛早事曹王曾賞激往年鎮戍蘄州時楚山蕭蕭笛竹秋當時買林恣搜索典卻身上烏貂裘古苔蒼蒼封老

節石上孤生飽風雪商聲五音隨指發水中龍應行雲絕曾將黃鶴樓上吹一聲占盡秋江月如今老去語猶遲音韻高低耳不知氣力已無心尚在時時一曲夢中吹

【山川】

蔡山 出大龜尚書九江納錫大龜即此山也

茶山 在蘄水縣北每年造貢茶之所 **白雲山** 在城北四里 **盤龍山** 在城南十五里 **鳳凰山** 在城北雞真人飛昇于此 **靜明山** 在城東三十里 **三角山** 在州北七十里有龍潭 **四祖山** 在黃梅縣西北二十五里即大醫禪師道場 **五祖山** 在黃梅東北二十五里即大滿禪師道場 **烏牙山** 在黃梅東北五十里有紫峯院白居易張商英碑記存焉 **練巖** 在羅田縣西三十里有瀑泉 **大江** 上接黃州過伍州巴河蘭溪蘄河下流入舒州宿松界 **蘄河** 源出大浮山謂之蘄陽口 **巴河** 源出板石山 **浠水** 源出於雲山 **蘭溪** 在蘄水縣產竹之地

【井泉】

三泉 余章——記米芾書鳳山之陰蘭溪之陽有泉出石罅為蘭溪其在寺庭之除為陸羽烹茶之泉其在鳳山之陰為逸少澤筆之井蘭溪於茶經之品第三茶之所最宜王陸二水皆蘭溪一源耳在蘄水縣西蘇子瞻云游清泉寺洗筆泉水極甘○王元之題陸羽泉詩甃石封苔百尺深試嘗茶味少知音惟餘夜半泉中月留得先生一片心

【亭閣】

四見亭 在州北城後范忠宣名

涵暉閣 在郡治子城之上○蘇子瞻在黃客有道其勝而誦所賦齊安夫在水春態柳藏橋之句先生欣然謂以態易色字此蓋賦——也自是涵暉之名益著○郭功父寄題呈太守章子平詩天垂星斗數峯近地卷雲山千里來

【名宦】

員半千 為刺史 **皇朝王元之** 元之自黃州移蘄州聞啼鳥問其名或曰此名蘄州鬼元之大惡之未幾果卒於蘄蘇子瞻作寓言詩云使君向蘄州更唱蘄州鬼我不識使君寧知使君死人生作鬼會不免使君已老知何晚 **范純仁** 為殿中侍御史時議濮王典禮出通判安州徙知蘄州

【人物】

吳公瑛 瑛比部安道之子壯年以母憂服除遂致仕歸隱溫公贈以詩

【題詠】

下車書奏龔黃課 白居易寄蘄州李使君詩云云 動筆時傳鮑謝風江郡謳吟夸杜母洛城歡會憶車公循愁春盡悔花裏篸冷秋生薤葉中不道蘄州歌酒少使君難稱與誰同

春風門外有紅旗 白居易送蘄春李十九使君赴郡詩可憐官職好文詞五十專城未是遲曉日鏡前無白髮云云 郡中何處堪攜酒席上誰人解和詩惟共交親開口笑知君不及洛陽時

松花滿椀試新茶 劉禹錫送李蘄州詩葉照人呈夏簟云云

【四六】

跡榮甚黻　擢守邊城　蘄陽古壘　淮右極邊　內則牧民　外而固圉　當嚴兵備　庸折虜鋒

雖仰官爐之羨　不勝偽冶之多　既郡計之少舒　亦兵威之卑弱　粵由淮南行鐵以來　以至蘄口置監而後

胡壁蒲目每壞蹂躪之餘　郡政勞心尤切瘡痍之念　土產無奇簟特稱於蘄葉　泉源有品茶可試於松花

馭江湖之絕馭振地則偏　當淮甸之極邊恃人而險　堅甲利兵抗方張之虜勢　深溝高壘得固守之民心

新編方輿勝覽卷之四十九

新編方輿勝覽卷之五十

建安祝穆和父編

黃州 黃岡 黃陂 麻城

建置沿革 禹貢荊州之域楚地翼軫之分野春秋時為黃國之地楚滅黃而有其地楚宣王滅邾徙其君於此又名邾城秦屬南郡漢為西陵縣及邾縣地屬江夏郡晉為西陽國宋為西陽郡蕭齊分西陽為齊安郡北齊別置衡州隋改為黃州煬帝改永安郡唐復為黃州置總管府於麻城縣置亭州於黃陂縣又置南司州後並廢為黃州 國朝因之或兼本路提刑今領縣三治黃岡

事要

郡名 齊安 見前沿革注 黃岡 丨

風俗 其民寡求而不爭 蘇子瞻跋韓忠獻贈詩云云 其士朴而不陋 同上其士靜而文丨丨丨丨尊德樂道異於他邦

形勝 東望夏口 蘇子瞻赤壁賦云云 前介大江 唐咸通中脩文宣王廟記云云後據崇阜 襟帶湘漢 齊安志通接巴蜀云云介乎淮楚之交 地連雲夢 王元之謝表云云城倚大江 濱江帶山 蘇子瞻書云云多適耳目之好而生事百須亦不難致 山靈川媚 許端夫瑞慶堂記云云亦甘生大賢為國家瑞慶 楚東北之鄙 張文潛撰雜志云黃州蓋云云與蘄鄂江沔光壽一大藪澤

山川 赤山 在黃岡縣之楊林店 南山 蘇子瞻詩丨丨一尺雪雪尽山蒼然澗谷深自暖梅花應已繁使君欲騎從車馬留山前行歌招野叟共步青林間 柯山 一名柯丘 黃岡山 瑞慶堂記齊安郡治據依丨丨丨來自天柱 赤壁山 水經載赤鼻山齊安拾遺遂以赤鼻山為丨丨丨以三江下口為夏口以武昌縣華容鎮為曹操敗走華容道其說乖繆蓋周瑜自柴桑至武昌縣樊口而後遇於赤壁則赤壁當在樊口之上今赤鼻山在樊口對岸何待進軍而後遇之乎又赤壁初戰操軍不利引次江北而後有烏林之敗則赤壁當在江之南岸今赤壁乃在江北亦非也然蘇子瞻赤壁賦乃疑似語而大江東去之詞亦云人道是三國周郎赤壁又可見矣子瞻嘗云黃州守居之數百步為赤壁或言即周瑜破曹公處不知是否斷崖壁立江水深碧二鶻巢其上有二蛇或見之遇風浪靜輒至其下○赤壁賦壬戌之秋七月既望蘇子與客泛舟遊於赤壁之下清風徐來水波不興舉酒屬客誦明月之詩歌窈窕之章少焉月出於東山之上裴回於斗牛之間白露橫江水光接天縱一葦之所如凌萬頃之茫然浩浩乎如馮虛御風而不知其所止飄飄乎如遺世獨立羽化而登仙於是飲酒樂甚扣舷而歌之歌曰桂棹兮蘭槳擊空明兮泝流光渺渺兮予懷望美人兮天一方客有吹洞簫者倚歌而和之其聲嗚嗚然如怨如慕如泣如訴餘音嫋嫋不絕如縷舞幽壑之潛蛟泣孤舟之嫠婦蘇子愀然正襟危坐而問客曰何為其然也客曰月明星稀烏鵲南飛此非曹孟德之詩乎西望夏口東望武昌山川相繆鬱乎蒼蒼此非孟德之困於周郎者乎方其破荊州下江陵順流而東也舳艫千里旌旗蔽空釃酒臨江橫槊賦詩固一世之雄也而今安在哉況吾與子漁樵於江渚之上侶魚蝦而友麋鹿駕一葉之扁舟舉匏樽以相屬寄蜉蝣於天地渺浮海之一粟哀吾生之須臾羨長江之無窮挾飛仙以遨遊抱明

月而長終知不可乎驟得託遺響於悲風蘇子曰客亦知夫水與月乎逝者如斯而未嘗往也盈虛者如代而卒莫消長也蓋將自其變者而觀之則天地曾不能以一瞬自其不變者而觀之則物與我皆無盡也而又何羨乎且夫天地之間物各有主苟非吾之所有雖一毫而莫取惟江上之清風與山間之明月耳得之而爲聲目遇之而成色取之無禁用之不竭是造物者之無盡藏而吾與子之所共食客喜而笑洗盞更酌肴核既盡杯盤狼籍相與枕藉乎舟中不知東方之既白○後赤壁賦是歲十月之望步自雪堂將歸于臨皋二客從予過黃泥之坂霜露既降木葉盡脫人影在地仰見明月顧而樂之行歌相答已而歎曰有客無酒有酒無肴月白風清如此良夜何客曰今者薄暮舉網得魚巨口細鱗狀似松江之鱸顧安所得酒乎歸而謀諸婦婦曰我有斗酒藏之久矣以待子不時之須於是攜酒與魚復遊於赤壁之下江流有聲斷岸千尺山高月小水落石出曾日月之幾何而江山不可復識矣予乃攝衣而上履巉巖披蒙茸踞虎豹登虬龍攀棲鶻之危巢俯馮夷之幽宮蓋二客不能從焉劃然長嘯草木振動山鳴谷應風起水涌予亦悄然而悲肅然而恐凜乎其不可留也反而登舟放乎中流聽其所止而休焉時夜將半四顧寂寥適有孤鶴橫江東來翅如車輪玄裳縞衣戛然長鳴掠予舟而西也須臾客去予亦就睡夢二道士羽衣翩躚過臨皋之下揖予而言曰赤壁之遊樂乎問其姓名俛而不答嗚呼噫嘻我知之矣疇昔之夜飛鳴而過我者非子也耶道士顧笑予亦驚悟開户視之不見其處○朱元晦云前赤壁賦言吾與子之所共食食如食邑之食今人改作共樂非矣後賦前言二道士後言孤鶴東坡親蹟亦然則或是筆誤耳

聚寶山 在石壁之上山多小石紅黃粲然東坡蘇子瞻所作怪石供即此也

徐公洞 蘇子瞻云非有洞穴但深邃耳圖經云徐邈不知何人

烏林 按水經述江水源流至今巴陵之下云江水左逕止丨丨南酈道元注云右逕赤壁山北則赤壁丨丨相去二百餘里又赤壁初戰操軍不利引次江北而後有烏林之敗二戰初不同日後漢紀總書曰爲丨丨赤壁故荊州記臨嶂山南峯謂之烏林峯亦謂之赤壁寰宇記引圖經以烏林爲赤壁皆失之要之道元乃後魏人去三國尚近考驗必得其真

武湖 郡縣志在黃陂縣乃黃祖習戰閱武之所宋謝晦走丨丨戍即此

夏瀵 在州西南二里許夏子喬爲守鑿泉入陂以藏舟

崢嶸洲 晉劉毅破桓元處在黃岡與武昌相近

井泉

君子泉 郡倅孟震身有賢德時稱孟君子庭中有泉蘇子瞻名之曰丨丨丨丨黃魯直詩雲夢澤南丨丨丨水無名字託人賢

堂館

雪堂 在州治東百步蜀人蘇子瞻謫居黃三年故人馬正卿爲守以故營地數十畝與之是爲東坡以大雪中築室名曰丨丨繪雪于堂之壁西有小橋堂下有暗井七年移汝州去黃之日遂以雪堂付潘大臨兄弟居焉崇寧壬午黨禁既興堂遂毀其後邦人爲神霄宮道士李斯立重建何斯舉作上梁文其警聯云歲在辛酉蔚爲鸞鳳之樓堂毀崇寧奄作燕鼯之野又云前身化鶴嘗陪赤壁之遊故事博鵝與復黃庭之字蓋佳語也其後韓子蒼爲守日遊赤壁詩翠綫尋竹白沙遊更挽藤梢到上頭豈有危巢尚棲鶻亦無陳迹但飛鷗經營二頃將歸去眷戀群山爲少留百日史君何足道空餘詩句滿江樓

相隱堂 在司理廳龐公籍初爲郡司理後邦人即廳建丨丨

思賢堂 在黃陂尉廳二程先生生於此故名

清暉堂 在州治

臨皋館 在朝宗門外舊曰臨

臯亭東坡嘗寓居焉故相秦檜之父檥舟其下秦公生於是館

横江館 在赤壁南李宗諤圖經以爲晉龍驤將軍劉恩建○杜牧留題孫家兄弟晉龍驤馳騁功名業帝王事竟江山誰是主苔磯空屬釣魚郎

樓亭

竹樓 王元之記黃岡之地多竹大者如椽竹工破之刳去其節用代陶瓦比屋皆是以其價廉而工省也子城西北隅雉堞圮毁蓁莽荒穢因作小竹樓二間與月波樓通遠呑山光平挹江瀨幽闃遼夐不可具狀夏宜急雨有瀑布聲冬宜密雪有碎玉聲宜鼓琴琴調虛暢宜詠詩詩韻清絶宜圍棊子聲丁丁然宜投壺矢聲錚錚然皆竹樓之所助也公退之暇披鶴氅戴華陽巾手執周易一卷焚香默坐銷遣世慮江山之外第見風帆沙鳥煙雲竹木而已待其酒力醒茶煙歇送夕陽迎素月亦謫居之勝槩也彼齊雲落星高則高矣井幹麗譙華則華矣止於貯妓女藏歌舞非騷人之事吾所不取吾聞竹工云竹之爲瓦僅十稔若重覆之得二十稔噫吾以至道乙未歲自翰林出滁上丙申移廣陵丁酉又入西掖戊戌歲除日有齊安之命己亥閏三月到郡四年之間奔走不暇未知明年又在何處豈懼竹樓之易朽乎幸後之人與我同志嗣而葺之庶斯樓之不朽也

月波樓 在郡廳後

涵暉樓 曾史君詩雪浪蹴千頃雲波列萬艘後改名與盡藏

棲霞樓 在儀門外之西南軒豁爽塏爲一郡奇景蘇子瞻所爲賦鼓笛慢者也○和王禹偁詩黃州在何處爲子上棲霞

四望亭 在雪堂南高阜之上唐劉嗣之立李紳記

快哉亭 蘇子由記江出西陵始得平地其流奔放肆大南合湘沅北合漢沔其勢益張至於赤壁之下波流浸灌與海相若清河張君夢得謫居齊安即其廬之西南爲亭以覽觀江流之勝而余兄子瞻名之曰快哉蓋亭之所見南北百里東西一舍濤瀾洶湧風雲開闔晝則舟楫出没於其前夜則魚龍悲嘯於其上變化倏忽動心駭目不可久視今乃得翫之几席之上舉目而足西望武昌諸山岡陵起伏草木行列煙消日出漁父樵夫之舍皆可指數此其所以快哉者也至於長洲之濱故城之墟曹孟德孫仲謀之所睥睨周瑜陸遜之所騁騖其流風遺俗亦足以稱快世俗

覽春亭 在州治韓魏公嘗作詩序

萬松亭 在麻城縣西縣令張毅夾道植松萬株立亭其中○蘇子瞻詩云千年栽種百年規好德無人助我儀爲問幾株能合抱殷勤記取角弓詩

堂軒

鴻軒 張文潛記云——者文潛讀書舍也客有言曰吾聞鴻之時其往來以避寒暑之害而高飛遠舉能使弋人無篡者鴻也今子以黯暗不見事幾得譴斥於聖世蒙垢忍恥於泥塗苟升斗以自養而欲自比於鴻不亦愧乎張子曰子之言是也然余居此以己卯之秋其還也庚辰之春與夫發蟄破澤中猶食以活秋至而春去者得無類乎客曰然

祠墓

二程先生祠 朱元晦記云齊安在江淮間最爲窮僻而 國朝以來名卿大夫多辱居之如王翰林韓忠獻公蘇文忠公邦人至今樂稱而於蘇氏尤致詳焉至於河南兩程夫子則亦生於是邦而未有能道之者蓋王公之文章韓公之勳業皆已震耀於一時而其議論氣節卓犖奇偉尤足以聳動世俗之耳目則又莫若蘇公之盛也若程夫子則其事業湮鬱既不足以表於當年文詞平淡又不足以夸於後世獨其道學之妙有不可誣者而又非知德者莫能知之此其遺跡所以不能無顯晦之殊亦其理勢之宜然也蓋天聖中洛人太中大夫程珦初仕爲黃陂尉秩滿不能去而遂家焉實以明道元年壬申生子曰顥字伯淳又以明年癸酉生子曰頤字正叔其後十有

餘年當慶曆丙戌丁亥之間攝貳南安乃得獄掾舂陵周公
惇頤而與之游於是二子因受學焉而慨然始有求道之志
旣乃得夫孔孟以來不傳之緒於遺經遂以其學爲諸儒倡
則今所謂明道先生伊川先生是也先生之學以大學論語
中庸孟子爲標指而達于六經使人讀書窮理以誠其意正
其心脩其身而自家而國以及于天下其道坦而明其說簡
而通其行端而實是蓋將有以振百代之沉迷而內之聖賢
之域其視一時之事業詞章議論氣節所繫孰爲輕重所施
孰爲短長當有能辨之者而世非徒不之好也甚者乃或目
以爲道學之邪氣而必剪滅之於斯時也苟無濂溪伐木而
削迹焉斯已幸矣尚何望其餘哉今太守李侯乃能原念本
始追誦遺烈立二夫子之祀於學官以風厲其人而作興之
非其自信之篤而不以世俗之趨舍動其心其孰能與於此
李侯名誠字誠之其爲此邦勤事愛民固多可紀特於此舉

尤足以見其操行之不凡而非衆人之所能及
足以因其請記而具論之以告來者使有考焉

【古跡】五關 李埜奏乞復——之險夫虎頭關形勢最險兩山千仞
一澗衝激黃土關形勢聳峭白沙關相去密邇虜人往
來俱由此關山路峭壁委折而上大城關山關不甚高峻而
橫斜盤繞據高臨下北望二十里皆在目中霽雨積雪日見
壞𡑞切聞虜人初破黃土白沙亦由小路以犯大城關兵數
千先至關內適射雉者六七人與之遇遂用射雉之弩連斃
兩騎虜疑有伏竟以退走不敢犯關向
使諸關之兵據險效死虜豈能遽入乎 東坡 張安國詩繫所着兩日蚓
秋到—— 暗井蛙成部荒祠鳥作巢老仙騎
鶴去稚子飯牛歌興廢何須問斯文自不磨 韓魏公讀
書堂 在安國寺

【名宦】杜牧 爲刺史○郡齋獨酌詩前年鬢生雪今年鬚帶霜往往自撫己

淚下神君召御史詔分洛舉趾何猖狂闕下諫官集拜疏無
文章氣僧解夢乞酒緩愁腸貴爲妻子計未去山林藏平
生五色線願補舜衣裳弦歌教㷀黎龡蘭芷浴河湟腥膻一洒
掃兇狠皆披攘生人但眠食壽域富農桑孤吟志在此自亦
笑荒唐江郡雨初霽刀好截秋光池邊成獨酌擁鼻菊
枝香醺酣更唱太平曲仁聖天子壽無疆見樊川集

皇朝龐籍 爲戶掾溫公集以爲任理掾 王元之 以脩實錄出爲守州境有二虎鬭其
一死而食其半羣雞夜鳴經月不止元之上疏引洪範傳中
戒且自劾　真宗詢日官則云守臣當其咎丞移知蘄州元
之謝表云宣室鬼神之問敢望生還茂陵封禪之書正期身
後至郡未踰年而卒年四十八○黃魯直嘗題其墨蹟後云
掘地與斲木智不如機舂聖人懷餘巧故爲萬物宗世有斷
泥手或不待郢人往時王黃州謀國極匪躬朝聞不及夕白

壬避其鋒九鼎安盤石一身轉孤蓬浮雲蔽
日月白髮照秋空諸君發蒙耳汲直與君同 程珦 河洛程遷寓居
黃陂子珦爲黃陂尉生二子曰顥號明道
先生曰頤號伊川先生今尉廨有思賢堂 張耒 謫監黃州酒稅繼爲
倅又爲守凡三至焉榜其所居曰鴻軒 劉摯 爲相落職知黃州 韓駒 字子蒼爲黃州守有詩名
洪芻 黃魯直之甥爲黃之酒正榜其室曰壁陰軒黃公爲之銘

【人物】潘大臨 郡人
字邠老有詩名 何頡之 黃岡人從蘇子瞻遊 陳慥 字季常寓居岐之陂亭號龍丘子東坡爲
作方山子傳

【名賢】韓琦 謚忠獻封魏公嘗寓居于黃州 蘇軾 謚文忠嘗謫居于黃州

【題詠】雲夢澤南州 杜牧懷齊安詩平生睡足處云云一夜風欺竹連江雨送秋格

早常汨汨力學殊悠悠終棹塵中手瀟湘釣漫流 太守政如水 杜牧詩 傍村林有虎 方干詩頭節郡安郡孤城百戰殘云云帶郭縣無官暮有梅花怨清江桂影寒吞離緣底事掠我起長歎 赤壁風月笛 黃魯直和蘇子瞻詩云云玉堂雲霧窓 黃岡壁上游 王元之詩淮甸為内地云云 官閑無一事 舒人朱載為黃教官有詩云云 湖蛛上階飛子瞻見之稱賞 使君家似野人居 杜牧齊安晚秋詩柳岸風來影漸疎云云雲谷水態還堪賞嘯志歌懷亦自如雨暗殘燈棊欲散酒醒孤枕鴈來初可憐赤壁爭雄渡惟有簑翁坐釣魚 茅屋數間依竹葦 蘇子瞻入任似通判黃州詩黃州小郡夾溪谷云云知命無憂我何病見與不薦誰當恥 試問淮南風月主 黃魯直詩云云今年桃李為誰開 陂陁山上使君衙 董又望江南有詩云縹緲煙中漁父疑云云 風帆一日到潯陽 董又詩雲影万重連鄂渚云云 長江遶郭知魚美 蘇子瞻詩云云好竹連山覺筍香 為買烏犍三百尾 黃州水牛蘇子瞻詩郤下關山入蔡州云云

四六 申命嚴宸 出綸丹禁 眷茲名郡 爾惟州麾 擁麾重鎮 紆紱黃岡 控彼窮邊 棠兼憲節 維荊城之名郡 實淮甸之要衝 惟黃岡之要地 據赤壁之上游 切觀雲夢之南州 素號江淮之要地

登覽故迹多名勝嘯詠之餘 參政前聞亦豪傑驅馳之舊 横槊釃酒悼英德一世之雄 揮扇岸巾想公瑾當年之統 黃堂勝概傳王杜之風流 赤壁威稜餘孫劉之烈 横槊賦詩繼烏鵲南飛之句 舉酒屬客歌大江東去之詞 訟牒書稀吏既欣於靜治 戎亭夜寂民亦樂於莫居 郡將堅城蕃鋭不輕於一試 賊兵卷巾逃形遂解於重圍 固境息民甞獨專於守禦 訓民積粟當力贊於修攘 往者開邊赤子横遭於糜爛 今而固圉黃童思勝於呻吟

光州

定城 光山 固始

建置沿革 禹貢揚州之域楚地翼軫之分野上應鶉尾在春秋為強國黃國將國後併於楚秦屬九江郡漢屬汝南郡之弋陽國及期思縣江夏郡之西陽縣及軑縣東漢兼屬固始侯國置魏弋陽郡晉立光城縣宋末於光城縣置光州隋改弋陽郡唐為光州又自光山徙定城 皇朝因之以 神宗潛邸陞光山軍節度 中興以來改為蔣州復為光州 今領縣三治定城

事要

郡名 浮光

風俗 人性躁勁 隋志江都弋陽云云氣習果決視死如歸 俗好儉約 同上其一一尚淳質而一一一 俗美民淳 郡守任詩勸學文云云其冀才秀民業儒術以自見於世 地雄物夥 浮光志序云云 士尚名教 郡志西漢之時其俗急疾有氣勢東漢有月旦評汝潁俊多奇士 本朝耕牽習俗雅循靖康之難逆亮之變城不陷於虜云云居田里者亦畏礼法

形勝 面山負野 范令立賞心堂記云云限

淮爲圻。襟帶長淮郡志云云控扼荆淮爲一方巨屏　下濕墝埆漢孫叔敖廟碑楚莊王顯封孫叔敖之子子辭曰始楚不忘臣父而欲賞必於潘國云云人所不貪遂封潘即固始

【山川】杏山在固始亦名弋山上有抱朴子仙迹甚多皇朝元符間郝及中詩佩蘭隱者今何往嫌杏仙翁去不還　浮光山在固始縣西八十里一名浮弋山水經云此即弋陽山出名玉及黑石碁子　梅林山在固始自此山隘口至蚌港皆山險去處可以守禦　鐵林山在固始可以把守　石嶺山在固始縣紹興初忠義軍統領張昂聚之爲寨　石盤山在沙窩之西自山腰盤旋取道而登其勢險峻可屯千餘人　五關在光山縣西南一曰白沙二曰土門三曰斗木嶺四曰黄土嶺五曰修善嶺又見黄州　中渡市在光山縣北十里與蔡彭息縣灌陽對境　沙窩市在光山縣東百八十里有寨　金鳧湖源出固始縣大蘇山唐陳懷順命名　淮水去固始縣六十里　澮水在故殷城縣五里　渒水在固始縣西五十里　潢水在城北　龍潭在固始縣北世傳漢高祖從此過去墮玉鞭塘中

【井泉】金線泉在城外河水名

【堂亭】煙水堂在光山縣西○張紫微詩此堂縱逸人俱發亦有陽氷篆字存　愚閣見盛文肅弋陽十詠

【樓閣】鎮淮樓在州城潢橋門上　籌邊樓即雙櫻樓舊基　脩竹臺盛文肅詩我來小小郡愛此高臺前對脩竹萬竿球琳材

【祠廟】温公祠記云公父池以天禧甲午自湖南赴闕夫人有娠次光山驛一夕生公相傳有光山驛裏生司馬之句因以名之或謂即父爲光山令時

【名宦】臧宫後漢人封期思侯　屈突通唐人封蔣國公　皇朝盛度爲守諡文肅　司馬池陝州人盛度守光州池爲光山令大內火詔諸州市竹木期以三日畢輸池以土不產轉市於鄰郡非三日可得度怒甚而光山爲諸邑先池於民有信而不俟於催督也　王堯臣知光州歲旱民發倉廩吏法當死公謂飢民求食減死遂以爲令後拜相謚文定　鄭俠字介夫福唐人嘗從王安石學舉進士調光州司法秩滿言青苗免役用兵之害坐責詳見福州　朱勝非宣撫

【人物】孫叔敖爲楚相　黄歇世傳州治即歇故宅　丁蘭今固始有丁母冢　祖尚樂安人唐有傳

【題詠】山城信美曠盛度詩我來佩竹使方且燕熊轓云云公庭接闃然　居常郡事簡前人詩云云閒或閑户坐　分得方州在淮滋前人詩前年斗直湍灘歲云云　潢河遶出趙彥珖詩云云樓枕潢南城上頭天　郡城樓闊星連翼軫分地長川帶漢江流

【四六】光山名郡隱然巨屏淮甸奧區端若長城　重兵出戍聿嚴萬竈之屯要地分符兼恃五關之險　以司馬公鍾秀之鄉宜知遺烈以盛文肅分符之郡盡繼流芳　平日承流盡是龍黄之惠一朝排難盡推張許之忠

新編方輿勝覽卷之五十一　　建安祝穆和父編

○成都府路

成都府

成都　華陽　郫縣　新都　新繁　温江　雙流　廣都　靈泉

【建置沿革】禹貢梁州之域秦地觜觿之次天官東井輿鬼之分野入參一度古蜀國也歷夏商不改周武王伐商蜀人從焉周官職方氏以梁合雍又為雍州之地及周衰蜀僭號稱王秦惠王時蜀人來朝巴蜀相攻秦使司馬錯張儀伐蜀滅之貶蜀王為侯於成都置蜀郡因蜀山以為名漢武帝改古梁州曰益州蜀郡隸焉王莽改益州曰庸部蜀郡曰導江公孫述改益州曰司隸蜀郡曰成都郡東漢靈帝末劉焉為益州牧自綿竹徙治成都蜀先主有蜀於益州置牧蜀郡置守魏鍾會鄧艾伐蜀蜀降分益州置梁州晉武帝改蜀郡為成都國宋齊並為益州梁置始康郡後周置益州總管及置蜀郡隋罷州為蜀郡唐改蜀郡為益州總管府又陞為大都督府置劍南節度使改益州為蜀郡明皇幸蜀駐蹕成都及還京改蜀郡為成都府長史為尹又分劍南東西川各置節度使五代孟蜀繼有其地而知府始於前蜀　皇朝分西川為兩路又分益梓夔利四路而成都為益州路復陞為成都府以益州路為成都府路　中興以來罷兼西路始帶一路安撫使後兼四路更名安撫制置大使以成都而得行四川民事自張燾始制置不與宣撫並除用兵則宣制二司間或置司利沔二州休兵則本府始帶成都府路安撫今統郡十六領縣九治成都華陽兩縣

○本路安撫轉運四川提舉茶馬置司

【叙蜀開國之始】寰宇記蜀之先肇於人皇之際至黄帝子昌意娶蜀人女生帝嚳後封其支庶於蜀歷夏殷周始稱王者自名蠶叢次曰柏濩次曰魚鳧其後有王曰杜宇宇稱帝號望帝自恃功德高乃以褒斜為前門熊耳靈關為後户玉壘峨眉為池澤時有荊人鼈靈其尸隨水上荊人求之不可得鼈靈至汶山下忽復見望帝立以為相後帝自以其德不如鼈靈因禪位於鼈靈號開明遂自亡去化為子鵑故蜀人聞子鵑鳴曰是我望帝也自開明而上至蠶叢凡四千歲自開明而下五葉有尚始立宗廟尚書牧誓所謂庸蜀者即此通鑑慎靚王五年巴蜀相攻俱告急於秦秦使張儀司馬錯伐蜀滅之貶蜀王更號為侯後以其地為蜀郡

【分差四路定差】諭蜀編云定差之法逐路漕司分四孟定差銓量就權皆漕使主之注闕之後類聚申部給換差劄闕有三等有本司闕則漕使得專予奪有部闕則申部給換差劄制司闕則制司自辟若辟闕則監司具申以聽　朝廷之予奪若得就權帖則可先期赴上定差之闕非特蜀人東南士夫移籍入蜀皆可入闕

【分差四路辟差】辟差不拘川南貫籍皆可或資格不及亦可辟往往逐司使長薦選而辟制司可辟漕司亦可同辟教官則提學司主之公邊停貳則制司主之買馬州郡則茶司主之或小小州郡往往取制閫之命路鈐則多屬帥閫及制閫大郡則必候朝廷降旨也

【叙諸四路類試】朝野雜記紹興二十四年並以中秋日引試惟四川則悉用三月十五日其類

省試舊以九月二十九日制置司言去行在地遠恐舉人赴御試不及請以八月鎖院許之今以八月初一日鎖院十五日引試九月十四日開院又云建炎元年命諸道即轉運司所在州類試紹興五年始試進士於南省惟四川即試宣撫司後又移付制置司二十七年言者請悉令赴南省楊椿言於朝曰蜀士多貧而使之狼狽萬里可乎欲革此弊一監試得人足矣又云自慶元後監試考官率以南士餘官選南士及蜀人參之然去取之柄多在南人無復曩時之弊矣

【總論蜀兵】華陽國志周赧王七年秦司馬錯率巴蜀之士十萬大舶舡萬艘浮江伐楚取商於之地為黔中郡漢高帝發賨民兵定三秦蜀劉禪之降也甲士十萬二千晉王濬用蜀兵伐吳戍卒八萬梁武陵王紀在蜀器甲殷積有馬八千匹元和郡縣志劍南節度管兵三萬四千七百人馬三千匹蓋唐止備西南二邊故兵數不多蜀檮杌云蜀王建武成二年講武於星宿山步騎二十萬官馬八千私馬四千通鑑後唐明宗天成元年初郭崇韜時蜀騎兵三千步兵二萬四千孟知祥增置六千人皆羅城內萬六千人分戍管內州縣四千人分戍成都境內六千人分戍濱江諸州長興三年知祥克遂閬利夔黔梓六鎮得東兵三萬孟蜀之兵垂十萬矣孟昶之降有十四萬人齊解甲之句則五代已前蜀兵之數可考也

【總論鹽】朝野雜記有陵州之仙井邛州之蒲江榮州之公井大寧富順之井監西和州之鹽官長寧軍之淯井皆大井也若隆榮等十七州則皆卓筒小井用力甚艱推大寧之井鹹泉出於山竇間有如飛瀑民間分而引之又有彭山之瑞應井味稍稍得隆榮鹵餅雜煎之然後成鹽元豐崇寧兩嘗禁止以食者多病故也仙井歲產鹹二百餘萬斤隸轉運司蒲江亞之隸總領所大寧監二百五十餘萬斤歲取其四分隸總領所淯井監四十餘萬斤歲取其贏五萬餘緡爲軍食之用自　祖宗以來民間自煮鹽歲輸課利錢八十萬緡。又云自紹興初趙應祥變鹽法增至四百餘萬緡又從絕之井許人增其額以承認鹽既益多遂不可售紹熙三年楊嗣勳總計援閉卯筒二千鹽由是頓易自後井户稍舒而民愈食貴鹽矣

【總論酒】中興小曆建炎三年張浚以趙開為本司隨軍轉運使總領三川財賦大變酒法自成都始朝野雜記云建炎中總爲緡錢一百四十萬趙開變法置隔釀民願釀者米一斛輸錢三千偏四路行其法於是增至六百九十餘萬緡紹熙王瞻叔爲潼川漕請罷監榷務許撲賣四川酒課累減之餘猶爲緡錢四百一十餘萬夔路自祖宗以來不榷酒趙應祥始榷之歲取錢四萬二千九百餘引鄭剛中爲宣撫奏除之眉州志云范成大帥四川議减鹽酒課以蘇蜀民朱時敏白范曰榷貨之法不除則今日之惠有時而盡後時敏爲都司奏曰　陛下軫念全蜀歲捐上供對减酒課四十八萬德至渥也未减之前元管酒額五百五十七萬既減之後今甫七年又增近五百四十餘萬矣欲乞罷榷貨之法而用推排　孝宗可其奏

【總論四川總領】朝野雜記古無其官靖康末　高宗駐軍濟州命梁揚祖總領措置財用然未以名官也建炎末張魏公用趙應祥總領四川財賦總領之官自此始四川始置都轉運司故四川總領又廢中興小曆

方五十一

紹興十年侍御史汪勃請罷四川總領沿利州朝野雜記云東西三總領皆仰朝廷科撥獨四川總領專掌利源即有軍興朝廷亦不問故趙應祥榷鹽酒而王贍叔括白契以佐軍需中興小曆紹興三年初趙開言自改修茶鹽酒已壞之法歲有常息起建炎己酉至紹興癸丑共收一千五百餘萬緡兼陝西茶馱及陝西造銅錢引紐計川錢又八百三十餘萬緡朝野雜記云紹興休兵之初歲費二千六百六十五萬緡始紹興五年四川收錢物總三千三百四十二萬緡而所多五十二萬緡趙應祥既與武安不協遂丐免十二年朝廷罷兵鄭亨仲為宣撫副使以後始節節寬減亨仲召歸而宣總所指積錢至五千餘萬休兵之力也又中興小曆紹興三十一年王之望總領四川財賦時本以見錢引一千四百四十餘萬道粮三百餘萬石朝野雜記乾道中淮東淮西湖廣三總領所支僅當四川一年之數蓋川中雜買歲為八百三十餘萬緡而東南三總領收正色米故也

四川茶馬 朝野雜記川秦榷牧自元豐以來雖各有西司然大抵川秦皆止除一使紹興中乃合為一司熊克通略云元豐元年初蜀茶額歲三十萬緡熙寧中四十萬及李稷加為五十萬至是陸師閔加至一百六十萬詔定以百萬為額中興小曆建炎二年趙開奏榷茶馬乞依嘉祐故事併歸漕司及開主管川陝茶馬事開乃先更茶法的政和都茶場法印給茶引使茶商執引與茶戶交易改成都茶場為合同場仍置茶市交易者必由市引與茶相隨四年買馬踰二萬匹茶收錢一百七十餘萬緡十六年先是茶馬司設買馬兩務一在成都府市於文叙黎珍等州號川馬一在興元府市於西和之宕昌寨階之峯貼峽號秦馬十九年歲發川馬二百匹進御而以四千匹付諸駐屯軍鎮江建康荊鄂各七百五十匹江池各五百匹又秦馬三千五百匹付三衙殿前司一千五百匹侍御兩軍各一千匹又七百二匹付宣撫司總計八千四百二十匹朝野雜記云乾道川秦茶馬之類歲為萬有一千九百匹川司六千秦司五千九百其後文州改隸秦司而川司增珍州之額共為四千八百九十六秦司六千一百二十合兩司為萬有一千十有六匹此慶元初之額也嘉泰末川司增為五千一百九十六匹秦司增為七千七百九十八匹兩司為萬有二千九百九十四匹然累歲所市多不及額焉成都府馬務每年排發江上諸軍馬五十八綱興元府馬務每年排發三衙馬一百十二綱容齋隨筆云蜀道諸司惟茶馬一臺最為富盛東坡有送周漢詩云茶馬西南病昕俗記二李何人折其鋒矯矯六君子又朝野雜記云殿前取馬官彭輅賂蘇師旦自言西人知馬政翌日召輅見韓平原遂有分司之命王大過與輅分領之大過置司成都輅置司興元

四路監司 輿蜀編云成都路漕置司成都憲置司嘉定而漕不及憲潼川路漕置司遂寧憲置司潼川而憲不及漕利路憲置司興元漕置司利州而憲過於漕夔路憲置司重慶漕置司夔門而漕過於憲夔路郡守監司帥臣皆在三路之下獨漕為八監司之最蓋專一路鹽利故也

事要

郡名 錦城 錦里 西川 龜城 張儀之初築城也屢築屢頹忽有大龜出於江儀異之以問巫巫曰隨龜築之功果就故名 成都 蓋取史記所謂三年成都之義 益州 風俗記蠶叢益廣故號益州釋名曰益阨也言其險阨

風俗 民性

循柔回況四蜀箋表圖序云云喜文而畏兵○華陽志云益州之俗文多於質故其民柔弱　其俗
好文寰宇記其人尚侈云云　學者比齊魯見文翁注　江漢炳
靈蜀都賦云云世載其美丨丨相如皭若君平王褒丨丨而秀發揚雄含章而挺生　奮之則
賨旅同上若乃剛悍生其方風謠尚其武云云翫之則渝舞銳氣剽於中華蹻容世於樂府　地險
物侈張俞送黃七安序外戎內華云云　國富民殷漢龐統說先主曰益州云云户口百
萬寶貨無求於外今可權借以定大事　工商結駟常璩華陽國志丨丨致丨丨連騎豪族服王侯
美衣　寶數珍藏文同成都漕廳照思堂記推劍南西川原撲衍沃甿庶豐夥金繒紵絮天洒地發業
緄日報舟浮蠶走以給中府以贍諸塞號居大農所調之半縣官倚之為云云　樂國豐壤回況序蜀
視四方云云陰庭縱連而錯出其間無所不足　萬商之淵蜀都賦　夜市三鼓
成都志載古詩云錦江丨丨連丨丨石室書齋徹五更　遨頭宴集成都遊賞之盛甲於四蜀俗好
娛樂凡太守歲時宴集騎從雜沓車服鮮華倡優鼓吹出入擁道四方奇技幻怪百貨之肆進於前以從民樂歲率有期謂
之故事及期則士女闐道嬉遊以坐具列於廣庭謂之遨床謂太守為丨丨　蠶市藥市成都古蹟
叢之國其民重蠶事故一歲之中二月望日鬻花木蠶器於其所者號丨丨丨丨五月鬻香藥於觀街者號丨丨丨丨鬻器用者號
七寶市

形勝

西抗吐蕃元和志西川節度使云云南撫蠻獠　東接廣

漢華陽志云云北接汶山西丨丨嘉犍為州治太城郡治少城　上絡東井河圖曰岷山之
地丨丨丨丨帝以會昌神以建福○郭璞云岷山之精云云作紀南夏　外負銅梁蜀都賦云云宕
渠內函要害膏腴　華陽西極揚雄益州箴云云黑水南流　面越負秦成都
記左巴右涼云云　岷嶓鎮其域華陽志蜀之為邦天文井絡輝其上地理云云五嶽華山
表其陽四瀆汶江出其徼番衍三州廣土萬里　包玉壘以為宇蜀都賦夫蜀都者蓋兆基
於上世開國於中古廓靈關而為門云云帶二江之雙流抗峨眉之重阻水陸所湊兼六合而交會焉豐蔚所盛茂八區
而菴藹焉○靈關今在雅州玉壘今在茂州　以褒斜為前門河圖括地象云云能耳靈
關為後戶玉壘峨眉為城郭江潛綿絡為地澤汶山為畜牧南中為園苑　緣以劍閣蜀賦對背華容
北指崑崙云云阻以石門　金城石郭同上賦云云兼匝中區既麗且崇實號成都　雲門
陸澤同上其封域之內則有原隰墳衍通望彌博演以潛沃浸以綿絡溝洫脈散疆里綺錯黍稷油油粳稻莫
莫指渠口以為丨丨灑滮池而為丨丨雖星畢之滂沱尚未齊其膏液注言水自渠而灌田指渠口為丨丨猶雲來則雨
至也滮池畜水池也言自此而灑田實為丨地之潤丨丨　地擁天府華陽志丨丨丨丨丨原曰華陽
坤維大都會范暮劬街記市區櫛比衢巷基布太少二城云云○陳子昂傳蜀為西南一都
會國之寶府　地大且要蘇明允吳職方書蜀之云云無如益與嘉皆為諸郡綱領　一人

守隘蜀賦若臨谷爲塞因山爲障峻岨塍埒長城豁險吞若巨防云云萬夫莫向公孫躍馬而稱帝劉宗下輦而自王由此言之天下孰尚故雖兼諸夏之富有猶未若茲都之無量也二九之門同上闕丨丨通丨漢元鼎間立太城九門少城九門揚一益二見廣陵志

土産

蜀箋有薛濤十色箋濤蜀妓也以紙爲業。南部新書云元和之初薛濤好製小詩惜其幅大不忍長賸乃狹小之丨中才子後減諸丨因號爲薛濤箋。李義山送崔珏詩卜肆至今多寂寞酒壚從古擅風流浣花箋紙桃花色好好題詩詠玉鈎。楊文公談苑載韓浦與弟洎皆有辭藻洎語人曰吾兄爲文譬如繩樞草舍聊避風雨予之爲文是造五鳳樓手因寄丨丨仍贈詩曰十樣蠻箋出益州寄來新自浣溪頭老兄得此渾無用助爾添修五鳳樓蜀錦錦江橋之水濯錦則鮮明嘉魚細鱗蜀中謂之拙魚海棠本出蜀中而杜甫獨無此詩故鄭谷詩云濃淡方春滿蜀鄉半隨風雨斷鶯腸浣花溪上堪惆悵子美無情爲發揚。陸務觀羈舍見故昇風畫丨丨有感云成都二月丨丨開錦繡裹城迷巷陌燕宮最盛號花海蜀國雄豪有遺跡桐花鳳桐花中有小鳥紅翠碧相間生於花間人畫丨丨丨扇即此也

山川

雪山一名丨丨嶺在城西又名西丨丨。杜甫詩雪嶺界天白見萬里橋注又云東郫縣江合西山白雪高武擔山在城北二百步一名武都山蜀記云武都山精化爲女子蜀王納爲妃不習水土而死王遣五丁於武都山擔土爲冢故曰丨丨今丨有石照表其門馬開明悼念不已爲作史邪之歌龍歸之曲今成都又北橋有一折石長三丈相傳是五丁擔土擔聖燈山在廣都縣東南四十里世傳郡人苟榆奉釋教于此普賢丨丨出現蜀太后有看聖燈詩所恨風光看未足却驅金翠入龜城大塔山在廣都縣東四十里有阿育王塔因名天涯石與照覺寺相對地角石見羅城記支機石因話錄載漢書張騫窮河源言其奉使之遠實無天河之說惟張茂先博物志說近世有人居海上每年八月見槎來不違時齎一年糧乘之到天河見婦人織丈夫飲牛遣問嚴君平云某年某月某日客星犯牛斗即此人也後人相傳云得織女丨丨丨持以問君平今成都嚴真觀有一石呼爲丨丨丨余寶曆中下第還家於京師途中逢官差遊夫舁張騫槎不知是何物相襲訛謬繼出雜詩亦不足據也一石筍在城內寰宇記蜀之五丁每一王死輒爲立大石長三丈重千鈞以爲墓誌今丨丨是也。杜甫詩君不見城西門陌上丨丨雙高蹲古來相傳是海眼

苔蘚蝕盡波濤痕雨多往往得瑟瑟此事恍惚難明論恐是昔時卿相墓立石爲表今仍存惜哉俗態好蒙蔽亦如小臣媚至尊政化錯迕失大體坐看傾危受厚恩嗟爾丨丨擅虛名後生未識猶駿奔安得壯士擲天外使人不疑見本根石犀去城三十五里犀浦太守李冰作五丨丨沉江以壓水怪。杜甫詩君不見秦時蜀太守刻丨立作三丨牛自古雖有厭勝法天生江水向東流蜀人矜夸一千載泛溢不近張儀樓今年灌口損户口此事或恐爲神羞終藉隄防出衆力高擁木石當清秋先王作法皆正道詭怪何得參人謀嗟爾三丨不經濟缺訛只與長川逝但見元氣常調和自免洪濤恣凋瘵安得壯士提天綱再平水土犀奔茫石牛在成都縣鄉文翁之南即秦惠王所遺蜀者石婦在錦城門西十五里昔有婦守節後人刻丨象之。白居易詩至今爲丨者見者孝心生不比山頭石空

爲通沲**石鏡**在武擔山○杜甫詩蜀王將此鏡送死至空山冥漠憐香骨提攜近玉顔衆妃無復歎千騎亦逞遠獨有傷心石湮淪玉宇間**三江**一名汶江一名流江經縣南七里蜀守李冰穿二江成都中皆可行舟溉田萬頃蜀中又謂流江爲笮橋水此水濯錦鮮於它水　皇朝郡縣志初太守鑿離堆又開二渠由永康過新繁入成都謂之外江一渠由永康過郫入成都謂之內江高駢未築羅城內外江皆從城西入自駢築城遂從西北作縻棗堰堰外江遶城北而東注於合江復回內江水循城南而與外水俱注○又名錦江杜甫詩錦江春色來天地玉壘浮雲變古今**沲江**在新繁縣禹貢岷山導江別爲沲**岷江**支流過溫江縣西二里東南分入成都双流縣界**浣花溪**在城西五里一名百花潭按吳中復冀國夫人任氏碑記云夫人微時以四月十九日見一僧

方五十一　十八

墜汚渠衣爲濯其衣百花滿潭因名曰百花潭**解玉溪**在大慈寺之南韋皋所鑿用其沙解玉則易爲功**皂水**在溫江縣李膺記云相林寺前清｜二｜是也**粉水**一名都江水在郡城西水宜造粉

（池井）**躍龍池**在成都縣東南十二里隋開皇中欲伐陳鑿大池以教水戰○僞蜀王衍乾德元年以｜｜｜爲宣華苑即此○隋蜀王秀取土築廣子城因爲池有胡僧見之曰摩訶宮毗羅蓋胡僧謂摩訶爲大宮毗羅爲龍謂此池廣大有龍耳又云摩訶池或云萬摩訶所開○杜甫陪嚴武泛舟有詩云湍駛風醒酒船回霧起隄**諸葛井**孔明欲通井絡王氣故爲井**通仙井**在嚴真觀相傳此井與廣漢綿竹縣君平宅井相通往歲有人淘井得銅錢三徑可二寸因恍惚不安復投井中立愈或謂此君平擲卦錢也

錦樓在羅城之上前瞰大江岸列花木西眺雪嶺東望長松二江合流白鷺中常登其上有詩**錦官樓**在制司後廳呂大防建**籌邊樓**在府治**雪錦樓**在大慈寺門元宵守帥遊賞于此**丹霞樓**杜光庭續記云王建作即擣析所藏孟知祥宮人乞巧之所**散花樓**李白登錦城｜｜｜詩日照錦城頭朝光｜｜｜金窗夾綺戶珠箔懸瓊鉤飛梯綠雲中極目散我憂暮雨向三峽春江繞双流今來一登望如在九天遊**張儀樓**李膺記即宣明樓也重閣複道跨陽城門故左思賦云結陽城之延閣飛觀榭乎雲中**琴臺**即司馬相如宅寰宇記在華陽縣市橋西成都志云在浣花溪之海安寺南今爲金花寺城內非其舊○杜甫詩茂陵多病後尚愛卓文君酒肆人間世｜｜｜日暮雲野花留寶靨蔓草見羅裙歸鳳求凰意寥寥寂不聞**草元臺**岑參詩吾悲子雲居寂寞人已去娟娟西江月猶照｜｜

九五十一　十九

處精怪喜無人睢盱藏老樹○圖經云即今中興寺有載酒亭及墨池郫縣有子雲讀書堂趙清獻爲記**讀書臺**在廣都縣順聖寺南蓋段文昌遺址**寫經臺**在新繁縣漢末荀居士於臺上援筆書經曰吾爲諸天｜｜雨降則吾止不沾濕｜側有石硯**望鄉臺**隋蜀王秀所築○杜甫詩神女作賦客力盡｜｜｜

（宅舍）**君平宅**在府城西今爲嚴真觀一名｜｜｜肆其後有井名通仙相傳君平所浚○岑參詩君平曾賣卜卜肆蕪已久至今杖頭錢時時地上有不知支機石還在人間否**杜甫宅**在浣花溪○｜｜｜卜居詩浣花流水水西頭主人爲卜林塘幽已知出郭少塵事更有澄江銷客愁○西郊詩時出碧雞坊西

郊向草堂市橋官柳細江路野梅香傍架齊書帙看題減藥囊無人覺來往疏懶意何長○茅屋為秋風所破歌八月秋高風怒號卷我屋上三重茅茅飛渡江灑江郊高者掛罥長林梢下者飄轉沉塘坳南村群童欺我老無力忍能對面為盜賊公然抱茅入竹去脣焦口燥呼不得歸來倚杖自嘆息俄頃風定雲墨色秋天漠漠向昏黑布衾多年冷似鐵嬌兒惡臥踏裏裂床床屋漏無乾處雨腳如麻未斷絕自經喪亂少睡眠長夜沾濕何由徹安得廣廈千萬間大庇天下寒士俱歡顏風雨不動安如山嗚呼何時眼前突兀見此屋吾廬獨破受凍死亦足○黃魯直浣花溪圖引云拾遺流落錦官城故人作尹眼為青碧雞坊西結茅屋百花潭水濯冠纓故衣未補新衣綻空蟠胸中書萬卷探道欲度羲皇前論詩未覺國風遠干戈崢嶸暗宇縣杜陵韋曲無雞犬老妻稚子宜眼前弟妹飄零不相見此公樂易真可人園翁溪友肯卜鄰鄰家有酒邀皆去得意魚鳥來相親浣花酒船散車騎野牆無主看桃李宗文守家宗武扶落日蹇驢馱醉起願聞解鞍脫兜鍪老儒不用千戶侯中原未得平安報醉裏眉攢萬國愁生綃鋪牆粉墨落平生忠義公寂寞兒孫不蘇驢失腳猶恐醒來有新作常使詩人拜畫圖煎膠續弦千古無

橋梁

七星橋 李冰造上應丨丨李膺記一長星丨今名萬里二員星橋今名安樂三璣星橋今名建昌四夷星橋今名笮橋五尾星橋今名禪尼六沖星橋今名永平橋七曲星橋今名昇仙

萬里橋 在成都縣之東按寰宇記昔諸葛亮送費禕聘吳至此曰丨丨之路始於此矣又劉光祖丨記云孔明於此送吳使張温曰此水下至揚州萬里不同又唐史載元宗狩蜀至成都過此問橋名左右對曰丨丨上因歎曰開元末僧一行謂朕曰更二十年國有難陛下當遠遊至萬里之外此是也由是駐蹕成都○杜甫詩丨丨南宅百花潭北莊層軒皆面水老樹飽經霜雪嶺界天白錦城曛日黃惜哉形勢地回首一茫茫

昇仙橋 橋北有送客亭司馬相如嘗題柱云不乘駟馬車不過此橋

市橋 在州西四里常璩云石牛門曰丨丨後漢吳漢征公孫述而延岑渡丨丨挑戰漢擊大破之即此橋杜詩謂丨丨即此

鴈橋 龜城中水出金鴈因名

寺觀

中興寺 成都志唐高僧智浩於此寺常誦法華經鄰有龍女祠龍每夜聽之一夕施一寶珠浩以僧家無用龍以神力化大圓石榴而去今以水澆之則龍宮石寶四字隱隱可見

梵安寺 在成都縣南與杜甫草堂相接每歲四月中澣前一日太守宴集于此呂大防建草堂繪少陵像張燾又取少陵詩勒石刻置焉

安福寺塔 成都志大中間建塔十有三級李順之亂塔燬於火祥符間重建仍十有三級初取材岷山得青石中隱白畫浮圖像十有三級梁柱欄楯皆歷歷可觀此建塔之神異也

道觀

玉局觀 道經二十四化上應二十四氣六十甲子分隸之玉局化其一也彭乘記後漢永壽元年李老君與張道陵至此有局腳玉床自地而出老君昇座為道陵說南北斗經既去而座隱地中因成洞穴故以玉局名之○子瞻送戴蒙赴成都丨丨丨將老焉詩云拾遺被酒行歌處野梅官柳西郊路聞道華陽版籍中至今尚有城南杜我欲歸尋萬里橋水花風葉暮蕭蕭芋魁徑尺誰能盡榿木三年已足燒百歲風狂定何有羡君今作峨眉叟縱未家生執戟郎也勝世出埋輪守莫欺老病未歸身玉局他年第幾人會待子猷清興發還須雪夜去尋君

天師觀 在廣都縣北張道陵之祠也今壇下有井名伏鬼井蜀閬道記華陽縣衡山有井妖怪藏其中道陵運石

以鎮其并鬼妖乃絶邑人爲立祠植杖并旁今爲喬木白戒鬼末又有曬經壇

青羊觀 蜀王本紀老子謂關令尹喜曰後於｜｜中相尋因立觀也 元和志在成都

祠廟

盤古祠 縣東三十里徐整三五曆記云天地渾沌如雞子盤古生其中八万四千歲天地開闢陽清爲天陰濁爲地｜｜在其中一日九變神於天聖於地天日高一丈地日厚一丈盤古日長一丈如此滿八万四千歲天極高地極深｜｜極長後乃有三皇數起於一立於三成於五盛於七處於九故天去地九万里也

蠶叢祠 蜀王｜｜氏祠也 今呼爲青衣神在聖壽寺｜｜氏教人養蠶作金蠶數十家給一蠶後聚而弗給瘞之江上爲蠶墓○南史齊永明間始興王蕭鑑爲益州刺史於州園得古冢有金爲蠶數斗鑑一無取復爲起冢且立祠焉

望帝祠 在州西五里 杜宇自立爲蜀王號｜｜有墓在郫縣南一里與鼈靈墓相對○杜甫詩云君不見昔日蜀天子化爲杜鵑似老烏寄巢生子不自啄群鳥至今爲哺雛雖同君臣有舊礼骨肉滿眼身羈孤業工竄伏深樹裏四月五月偏號呼其声哀痛口流血所訴何事常區區尓豈摧殘始發憤羞帶羽翮傷形愚蒼天變化誰料得万事反覆何所無万事反覆何所無豈憶當殿羣臣趍

周公祠 前代以｜｜爲先聖至唐正觀始從房元齡等議更祀孔子至開元冊謚爲文宣王位南嚮自是號文宣王殿而周公之祀遂廢然舊冢猶存帥袁説友乃爲殿祀之

金馬碧雞祠 在金馬坊前漢宣帝聞益州有｜｜｜｜之神遣諫議大夫王襃持節醮祭而致之　本朝賜爲昭應廟封其神爲靈光侯

關張祠 俱在府西七里惠陵左右

江瀆祠 在成都縣南四里漢郊祀志載秦併天下立江水祠於蜀至今歲祀焉　太祖平蜀依唐志立夏日祭｜｜於成都

蜀先主廟 成都記在府南八里○杜甫詩慘澹風雲會乘時各有人力侔分社稷志屈偃經綸復漢留長策中原仗老臣雜耕心未已歐血事酸辛霸氣西南歇雄圖歷數屯錦江元過楚劍閣復通秦舊俗存祠廟空山立鬼神虛簷交鳥道枯木半龍鱗竹送清溪月苔移玉座春閭閻兒女換歌舞歲時新絶域歸舟遠荒城繫馬頻如何對揺落況乃久風塵孰與關張並功臨耿鄧親應天才不小得士契無鄰遲暮堪帷幄飄零且釣緡向來憂國淚寂寞洒衣巾○劉夢得詩天下英雄氣千秋尚凜然勢分三足鼎業復五銖錢得相能開國生兒不象賢淒涼蜀故妓來舞魏宮前

武侯廟 在府西北二里今爲乘煙觀孔明表云薄田十頃桑八百株即此地孔明初亡百姓遇節朔各私祭於道上李雄稱王始爲廟於少城內桓溫平蜀夷少城獨存孔明廟後封武興王廟至今祠祀不絶○杜甫詩丞相祠堂何處尋錦官城外柏森森映階碧草自春色隔葉黃鸝空好音三顧頻繁天下計兩朝開濟老臣心出師未戰身先死長使英雄淚滿襟

張忠定祠 淳化咸平間公兩治蜀自蜀召歸留畫一軸遺僧希白曰後十年開僧開計開視乃公像衣布褐大縚巾裹自爲贊曰乖則違俗崖不利物中崖之名聊以表德嘉祐四年建祠於馬務街

張文定祠 蘇老泉作畫像記至和元年秋蜀人傳言有寇至邊軍夜呼野無居人妖言流聞京師震驚方命擇帥天子曰毋養乱毋助變衆言朋興朕志自定外乱不作變且中起既不可以文令又不可以武競惟朕一二大吏孰爲能處茲文武之間其命往撫朕師乃推曰張公方平其人天子曰然公以親辭不可遂行冬十一月至蜀至之日歸屯軍撤守備使謂郡縣寇來在吾

無爾勞苦明年正月朔旦蜀人相慶如他日遂以無事又明年正月相告 公像于淨衆寺公不能禁眉陽蘇洵言於衆曰未亂易治也既乱易治也有乱之萌无乱之形是謂將乱將乱難治不可以有乱急亦不可以无乱弛惟是元年之秋如器之欹未墜於地惟爾張公安坐於其旁顏色不變徐起而正之既正油然而退无矜容為天子牧小民不倦惟爾張公爾繄以生惟爾父母且公嘗謂我言民无常性惟上所待人皆曰蜀人多變於是待之以盜賊之意而繩之以盜賊之法重足屏息之民而以碪斧令於是民始忍以其父母妻子之所恃賴之身而棄之於盜賊故每々大乱夫約之以礼驅之以法惟蜀人為易至於急之而生變雖齊魯亦然吾以齊魯待蜀人而蜀人亦自以齊魯之人待其身若夫肆意於法律之外以威劫齊民吾不忍為也嗚呼愛蜀人之深待蜀人之厚自公而前吾未始見也皆再拜稽首曰然蘇洵又曰公

之恩在爾心爾死在爾子孫其功業在史官无以像為也且公意不欲奈何皆曰公何事於斯雖然於我心有不釋焉今夫平居聞一善必問其人之姓名与其鄰里之所在以至於其長短小大美惡之狀甚者或詰其平生所嗜好以想見其為人而史官亦書之於其傳意使天下之人思之於心則存之於目存之於目則其思之於心也固由此觀之而亦不為无助蘇洵无以詰遂為之記公南京人為人慷慨有大節以度量雄天下天下有大事公可屬系之以詩曰天子在祚歲在甲午西人傳言有寇在垣庭有武臣謀夫如雲天子曰嘻命我張公々來自東旗纛舒舒西人聚觀于巷于塗謂公暨暨公來于々公謂西人安爾室家无敢或訛訛言不祥往即爾常春爾條桑秋爾滌場西人稽首公我父兄公在西囿草木騈々公宴其僚伐鼓淵々西人來觀祝公万年有女娟々閨門閑々有童哇々亦既能言昔公未來斯須棄捐禾麻芃芃倉庾崇々嗟我婦子樂此歲豐公在朝廷天子股肱天子曰歸公敢不承作堂嚴々有庑有庭公像在中朝服冠纓西人相告无敢逸荒公歸京師公像在堂

古跡

太城 府子城張儀所築

少城 張儀既築太城後一年又築——唯西南北三壁東即左城之西墉○容齋續筆晉益州刺史治太城蜀郡太守治少城猶言大城小城耳

芙蓉城 孟昶在蜀僭擬宮苑城上尽種——謂左右曰真錦—也

錦官城 一名錦里言——猶合浦之珠官也

龍壇 在万歲池唐開元中有僧誦法華經有老叟來聽僧問之曰我池中龍也僧曰今方旱何不降雨叟曰凡雨須天符不爾天誅之今當為師降雨師其棄我是夕大雨質明池邊大蛇斬而兩僧取焚之為立塔呼為——

名宦

李冰 秦昭王時為守宋祁作廟碑云冰為蜀鑿離堆遂捍水以灌所及常无旱年西人德之因言冰身与水怪鬭——不勝死自是江無暴流蛟蚕怖藏人恬以生故像大勇毅哉擊羊豕雜魚伐鼓謳歌傾數十州之人奔走鼓舞以娛悅神

文翁 景帝末為守宋祁作廟碑云翁之治蜀開學校以詩書教人渠[illegible]故俗長長少少親々尊々百姓順賴其後司馬相如王褒楊雄以文章倡張寬以博聞顯嚴遵李仲元以有道稱何武入為三公漢家號令典章赫然与三代等蜀有儒自公始初公為禮殿以舍孔子及七十二子之象殿右廡作石室舍公像於中

王尊 先是王陽為益州刺史至九折坂歎曰奉先人遺體奈何乘此險遂以疾去官後——為刺史至坂叱其馭驅之曰王陽為孝子——為忠臣

張堪 成都志云光武伐公孫述拜堪蜀郡太守去職之日乘折轅車布被囊而已

王褒 蜀人何武傳宣帝時天下和平益州刺史——頌漢德作中和樂職

詩武年十四五与成都揚覆飛幸習歌之。**廉范**建中初為太守民歌之曰廉叔度來何暮不禁火民安作平生无襦今五袴。**王濬**為廣漢太守夜夢三刀懸於臥梁上須臾又益一刀濬甚惡之李毅曰三刀為州字又益一刀者明府其臨益州乎果遷益州刺史。**嚴武**武節度劍南東西川甫往依焉武再帥劍南表甫為參謀檢校工部員外郎武以世舊待甫甚善親詣其家甫見之或時不巾而性褊躁傲誕嘗登武床瞪視曰嚴挺之乃有此兒武亦暴猛外若不為忤中銜之一日欲殺甫及梓州刺史章彝集吏于門武將出冠鈎于簾三左右白其母奔救得止獨殺彝。**杜甫**居嚴武幕。**皇朝張詠**知成都府嘗曰前日李順脅民為賊今日吾化賊為民不亦可乎在蜀有録曹參軍老病廢事公責之曰何故不歸明日參軍求去且以詩留別其略曰秋光多似宦情薄山色不如歸興濃公驚歎曰吾過矣同僚能詩而吾不知留而慰薦之。塵史乖崖守蜀兵火之餘人懷反側一日令軍旅大閱始出衆遂嵩呼者三乖崖亦下馬東北望而三呼復攬轡行衆不敢譁何。**趙抃**知成都　神宗召知諫院故事自成都還者必更省府大臣以為疑帝曰吾賴其言耳及謝帝曰聞卿匹馬入蜀以一琴一鶴自隨政簡易亦稱是耳未幾擢為參知政事熙寧五年再知成都舁去鶴止一蒼頭執事張公裕以詩送之云馬諳舊路行來滑龜放長江不共來。**宋祁**東軒筆録子京知成都府帶唐書於本任刊修每宴罷盥漱畢開寢門垂一簾燃二椽燭媵婢夾侍和墨伸紙遠近觀者皆知尚書修唐書望之如神仙焉。**薛奎**天聖四年守蜀二人以比張公詠而不苛。薛簡肅公知成都范蜀公方為童子一見愛之館於府舍俾与子弟講学每曰范君廊廟人也公入參大政謙退乘小駟至銅壺閣下

即步行趨府門踰年人不知為帥客也簡肅還朝載蜀公以去或問簡肅曰自成都歸得何奇物曰蜀珍産不足道吾歸得一偉人耳。**文彥博**慶曆間以密直知益州多蔵集有飛語至京師御史何郯聖從謁告歸蜀上遣伺察之張俞少愚潞公客也迎見聖從於漢州同郡會有營妓楊其姓者善舞聖從喜之少愚因取其項帕題詩曰蜀國佳人號細腰東臺御史惜妖嬈從今喚作楊臺柳舞盡春風万万條後數日聖從至成都頗嚴重一日潞公大作樂以燕之迎其妓雜府妓中歌少愚之詩以酌聖從聖從每為之醉聖從還朝潞公之謗乃息此与陶穀使江南郵亭詞頗相類云。潞公少時從其父赴眉州幕官過成都潞公入江瀆廟祠官接之甚勤且言夜夢神令洒埽祠庭明日有宰相來公笑曰宰相非所望若為成都當使廟宇一新及知益州謁江瀆廟若有感焉即經營改造忽江漲大木數千章蔽流而下取以為材廟成壯觀甲于天下並聞見錄。**張方平**為守奏減橫賦四十万。**馮京**知成都夷人寇雅標闌京出兵夷人懼請降議者欲蕩其巢穴京禁侵掠給種苗粮餉使歸夷人出犬豕盟願世為漢藩召知審院以疾未至　神宗勞京造朝甚慰乃賜京詔有渴想儀刑不忘寤寐之語。**司馬池**宋武志云池為郫縣尉邑人妄傳蠻人將入寇富室爭瘞金玉避於山谷間池攝縣事上元乃張燈作樂縱民遊觀凡三日民心遂安

人物

司馬相如字長卿成都人嘗慕藺相如之為人更名相如著子虛賦上林賦武帝有朕不得与此人同時之歎詳見邛州。**欒巴**後漢人為尚書郎正朝大會得酒不飲西南噀之有司奏巴大不敬巴謝曰臣本縣成都失火故噀酒以為雨後成都奏火得雨而滅雨中作酒氣也。**揚雄**字子雲蜀郡人著不

嚴遵字君平按西漢王貢叙傳君平卜筮於成都市以爲卜筮者賤業而可以惠衆人有邪惡非正之問則依蓍龜爲言利害與人子言依於孝與人弟言依於順與人臣言依於忠各因勢導之以善從吾言者已過半矣裁日閲數人得百錢足自養則閉肆下簾而授老子博覽亡不通依老子莊周之指著十餘萬言揚雄少時從遊學其論曰蜀嚴湛冥不作苟見然未嘗仕其風聲足以激貪厲俗近古之逸民也

李白蜀郡人

皇朝

梅摯新繁人慶曆中爲御史嘗論張堯佐緣宮掖以進恐上累聖德　仁宗曰摯言事有体

范鎮華陽人　神宗朝論新法不合遂請致仕司馬温公言勇決不如范景仁

范祖禹鎮從姪温公辟同修通鑑進帝學政與唐鑑之書紹聖初責化州卒與范鎮范百祿號曰三范

成都隱者二程侍父入蜀至大慈寺有箍桶者口吟易數就揖之挽歸質所疑酬答如響問其姓名不答徑去

宇文虛中廣都人建炎二年使金虜不如所請遂不與還每家令人懷蠟彈奏虛實願早爲北伐之討和議既定金人來取虛中一家秦檜發往盡爲所害

文章

李郃南鄭人善河洛風星爲郡候吏和帝遣二使微行至蜀宿郃候舍郃問曰君來時寧知二使何日發耶二人惟之郃指星曰有二使者入益部

題詠

蜀道之難李白歌云噫吁嚱危乎高哉蜀道之難難於上青天蠶叢及魚鳧開國何茫然爾來四萬八千歲不與秦塞通人煙西當太白有鳥道可以橫絕峨眉巔地崩山摧壯士死然後天梯石棧相鈎連上有橫河斷海之浮雲下有衝波逆折之回川黃鶴之飛尚不得過猿猱欲度愁攀緣青泥何盤盤百步九折縈巖巒捫參歷井仰脅息以手撫膺坐長歎問君西北何當還畏途巉巖不可攀但見悲鳥號古木雄飛雌從遶林間又聞子規啼夜月愁空山蜀道之難難於上青天使人聽此凋朱顏連峯去天不盈尺枯松倒挂倚絕壁飛湍瀑流爭喧豗砯崖轉石萬壑雷其險也如此嗟尓遠道之人胡爲乎來哉劍閣崢嶸而崔嵬一夫當關萬夫莫開所守或匪親化爲狼與豺朝避猛虎夕避長蛇磨牙吮血殺人如麻錦城雖云樂不如早還家蜀道之難難於上青天側身西望長咨嗟

西蜀稱天府隋盧思道詩云云由來擅沃饒雲浮玉壘夕日映錦城朝南尋九折路東上七星橋琴心若易解令客豈難要

分土跨梁岷褚亮列宿光輿井云云

公來雪山重杜甫八哀詩云云諸葛蜀人愛文翁儒化成云云公去雪山輕

吳蜀水相通杜甫詠蜀道畫圖詩曰臨公館靜畫列地圖雄劍閣星橋北松州雪嶺東華夷山不斷云云與煙霞會清樽幸不空

閣道通丹地杜甫送嚴公入朝詩鼎湖瞻望遠象闕憲章新四海猶多難中原憶舊臣與時安反側自昔有經綸感激張天步從容靜塞塵南圖回羽翮北極捧星辰漏鼓還思晝宮鶯罷囀春空留玉帳術愁殺錦宮人云云江頭態白蘋此生那老蜀不死會歸秦公若登台輔臨危莫愛身

說尹終在口杜甫遭田父泥飲美嚴中丞詩步屧隨春風村村自花柳田翁逼社日邀我嘗春酒酒酣誇新尹畜眼未見有語多雖雜乱云云

萬里至揚州武元衡詩蜀國春與秋岷江朝夕流長波東接海云云

政簡坤維靜司馬君實寄成都吳龍圖同年詩云云仁深紹井安

情依節制尊杜甫寄嚴公詩旂忝朝廷舊云云

舊俗

接魚蠶蟲蘇子瞻詩遺民悲相行云云　文章西子盛雍陶詩云云道路五丁開　元戎小隊出郊坰杜甫嚴中丞見過云云問柳尋花到野亭川合東西瞻使節地分南北任流萍扁舟不獨如張翰白帽應兼似管寧寂莫江天雲霧裏何人道有少微星　魚知丙穴猶來美杜甫寄嚴鄭公詩得歸茅屋赴成都直爲文翁再剖符但使閭閻還揖讓敢論松竹久荒蕪云云酒憶郫筒不用沽五馬舊曾諳小徑幾回書札待潛夫　枉沐旌麾出城府杜甫奉酬嚴公寄題野亭詩云拾遺曾奏數行書懶性從來水竹居奉引濫騎沙苑馬幽棲眞釣錦江魚謝安不倦登臨費阮籍焉知禮法疎云云草茅無逕欲教鋤　竹裏行廚洗玉盤杜甫嚴公仲夏枉駕草堂攜酒饌詩云云花邊立馬簇金鞍非關使者徵求急自識將軍禮數寬百年地闢柴門迥五月江深草閣寒看弄漁舟移白日老農何有罄交歡　重鎮還須濟世材杜甫呈嚴大夫詩殊方又負故人老云云常怪偏裨終日待不知旌節隔年回欲辭巴徼啼鶯合遠下荊門去鷁催身老時危思會面一生襟抱向誰開　錦里逢迎有主人杜甫寄嚴公詩雪山斥候無兵馬云云　甘棠終少海棠多范至能有詩云手開花逕錦城窠浩蕩春風載酒過來歲遊人應解笑云云　少城風物似揚州范至能詩十里珠簾都捲上云云　石犀江下春波綠陸務觀云云金鴈橋邊夜燭紅　桑麻接畛餘無地

王介甫送人赴成都詩盤礴西南江與岷石犀金馬世稱神云云錦城連城別有春

四六

庭揚成渙　頼賢禁用　踐恩北闕　疏渥天庭
關制全坤　作鎮少城　作牧西陲　出鎮坤軸
距上國万里之遥　躋班禹闕　進直奎文　火井沉熒
爲西蜀一都之會　宅牧蜀郡　借留井絡　雪山增重
其民務本而力穡　天有井絡　宣揚兌澤　眷此坤方
其士好爭而有文　地稱坤維　告戒坤垠　號稱天府
許以金城之便宜　仰止高才　帝命岷峨　井鬼名疆
以護玉關之疆埸　屹然方面　地連關陝　岷峨會府
況攢棧之舊閣　維蜀一方　捫參歷井　夢協三刀
不見秦兵之耐戰　去天万里　挹斗會箕　恩覃兩劍
方護成西山之壘　有可稱處危之次　擁元戎之小隊
何因近南斗之星　諒何憚參井之捫　布方國之細書
張忠定嚴明爲政　天使爲入蜀之星　長沙千里之平
趙清獻簡易臨民　人已卜擒胡之月　成都万事之好
召從瞿唐灔澦之間　駕風鞭霆已上蓬萊之島
歸奉閭闔明光之對　捫參歷井欲登蜀道之天
非天府前驅而後殿　捫參歷井重經蜀道之難
始雪山昔重而今輕　就日望雲不啻長安之遠
去來關雪山之重輕　遠日而走長安幾穿破履
出入係蜀道之難易　登天而攀蜀道忽得請纔
益州疲弊民不聊生　古來天府之腴莫如益部
劍閣崢嶸君誰與守　今使雪山之重是在我公
推漢有文翁廉范之規　万甕万牛窘萬舉之去鎮
在唐有德裕元衡之略　一琴一鶴欠清獻之乘軺
惟貞宰士象十二月之班　星紀一周未皐吾丘而莫執
而大府帥總六十州之重　風寒數廟屹在存之長城

金馬入消兩經烏鼠之邦　蠶叢啓國魚鳧羽化於湔山
歷井捫參再造魚鳧之國　望帝開基蠶叢復宅於岷水
松茂並擇難除故國之歸期　周家地官方賴小司徒之職
四海章堂聊藉老師之補袞　益州天府遂勤大元帥之行
臨民簡易有趙清獻之餘風　千二百里之邊面威令風行
馭下嚴明繼張忠定之遺躅　六十餘郡之人心驩呼雷動
江路市橋想已遂碧雞之訪　孔明用蜀府中實委之費禕
天梯石棧得無識黃鶴之飛　嚴武鎮川幕下固謀之杜甫
雲門陸澤風稱要害之膏腴
石棧天梯素忌吮磨之牙血
儼承明勞侍從久陪上雍之祠
望太白横岷峨爰馳論蜀之檄
出鎮踰歲月共期裝相之來歸
小隊駐郊坰復喜嚴公之因任

撫五十四州之軍民蕃漢帖泰
壯一百八盤之門户氣色晶明
三分籌策小試渭濱耕戰之謀
百二山河行復關中帝王之業
魚鳧以來幾千年素稱用武之國
蠶叢之衆百萬騎今為足食之謀
載惟魚鳧之國幾千歲今則不殊
使有熊羆之士不二心誰其敢侮
推成都風稱陸海海已近於撤壁
而益部舊號使星星今同於質石
謂江漢朝宗于海以導岷而導嶓
當荆益跨有之時欲保吳則保蜀

新編方輿勝覽卷之五十二　　建安祝穆和父編

崇慶府

晉原　新津　江原　永康

【建置沿革】禹貢梁州之域。秦地，天官東井輿鬼之分野，入參一度。秦置蜀郡。在漢爲蜀郡之江原縣。莽曰邛原。後漢復曰江原。晉因之。李雄據蜀，分爲漢原郡。晉穆帝改晉原郡。南齊爲晉康郡。西魏平蜀，移爲犍爲郡，理立多融縣。後周廢郡，以縣入蜀郡。隋改屬益州。唐分益州四縣地，於晉原縣立蜀州，改唐安郡，復爲蜀州。唐末及五代蜀王氏建、孟氏昶有其地。皇朝平蜀，地歸版圖。以高宗潛邸，陞爲崇慶軍節度。紹興陞府。今領縣四，治晉原。

【事要】

【郡名】蜀郡　晉康　唐安　並郡志

【風俗】輕易褊阨　漢志：民食稻魚，亡凶年之憂，俗不愁苦，而云云。尚修好文　益州記：其風俗｜｜而｜｜。俗好歌舞　常璩志：云云，危弦促管，聲尤激切。

【形勝】土地肥美　周職方：巴蜀廣漢云云，有山林竹木蔬食菓實之饒。連山特起　張俞李記：武陽西鄙云云。四相牧州　唐張柬之、鍾紹京、李峴、王縉四公皆牧是州。唐刺史皇甫澈壁記云云。三千官柳　劍南詩藁云：蜀人謂唐安有云云四十琵琶，故詩云：歸心日夜逆江流，官柳三千憶蜀州。

【山川】査山　去永康縣五里，上有寺。龍華山　唐詩紀事：郭震留題云：最好寺淩開眼覷。段文昌有讀書堂。鶴鳴山　在晉原縣西八十里，絕壁千尋。李膺益州記：張道陵登仙之所，嘗有白鶴遊其上。

天國山　在永康縣左，連大面，右連鶴鳴，前臨獅子，後枕大隨等山。有龍池及融照寺、青城山，有入大洞，此乃第五洞也。有山曰香爐峯。翠圍山　在永康縣西八里，上有院，前有繩橋，乃古王仙柯燒丹之處。石門山　在永康西七里，上有天池及石龍，又有化成寺，縣人以元旦遊禮焉。蠶頭山　在永康縣西七里，山有穴，類｜｜，中多蠶，號蠶市。天社山　在新津縣南三里，北枕大江，南接建嶺。益土有難，人多依焉。稠稉山　在新津南八里，有草名稠稉，服之長生不死。鄢江　自青城縣南流入縣界。味江　入永康縣界，注白馬、文井兩江。舊經：蜀主征西蕃，有野人以壺酒獻王，王使投之江中，三軍飲之皆醉，因名。白馬江　自晉源縣界入新津縣界。東湖　有蜀清獻留題。西湖　在郡圃，蓋皂江之水皆道城中，環守之居，因瀦其餘以爲湖云。黑水　在永康縣西十一里，流入青城縣，溪石皆黑，故名。皂水　自江源縣流入天社山下。文溪　自永康縣白崖流出大溪。夜郎溪　在新津北七里。

【亭閣】浮觴亭　在西湖，文與可楊之范蜀公有詩。東閣　杜甫和裴迪登東亭送客見梅｜｜：官梅動詩興，還如何遜在揚州。此時對雪遙相憶，送客逢春可自由。幸不折來傷歲暮，若爲看去亂鄉愁。江邊一樹垂垂發，朝夕催人自白頭。

【橋梁】北橋　杜甫詩：望極春城上，開筵近鳥巢。白花簷外朵，青柳檻前梢。池水觀爲政，廚煙覺遠庖。西川供望眼，唯有此江郊。竹橋　杜甫陪李司馬皂江上觀造｜｜詩：伐｜爲｜結構同，褰裳不涉往來通。天寒白鶴歸華表，日落青龍見水中。顧我老非題柱客，知君才是濟川功。合歡

却笑千年事驅石何時到海東

【寺觀】修覺寺 在新津縣南五里○杜甫新津寺寄王侍郎詩何限倚山木吟詩秋葉黃蟬聲集古寺鳥影度寒塘風物悲遊子登臨憶侍郎老夫貪佛日隨意宿僧房○遊－－－詩野寺江天豁山扉花竹幽詩應有神助吾得及春遊徑石相縈帶川雲自去留禪枝宿衆鳥漂轉暮歸愁○寺憶曾遊處橋憐再渡時江山如有待花柳更無私野潤煙光薄沙暄日色遲客愁全為減捨此復何之

龍門院 在永康縣六里古青城大面三十六峯嵯峨萬仞盡在軒檻間張天覺記其本末且賦詩云四時積雪蟠巉嶺三派飛泉出洞天

太平院 在府城有范鎮留題

妙真觀 在永康縣西四十里昔有女子於此上昇有真仙洞聖水

投龍觀 在新津縣南六里挾夜郎溪及白木水上有龍穴祈雨有驗池有燒藥爐

【祠墓】蜀先主廟 在晉原縣西二里有唐碑乃房琯文

杜工部祠 在江源縣邑宰趙抃建昔杜甫依高適寓於此頗多題詠故為立祠

文潞公祠 在判官廳蓋潞公之父在天禧時來作判官今公受業於晉原大夫張鎬之客任君後為立祠

【名宦】高適 為蜀刺史

張柬之 為守○皇甫湜詩周曆第二元命天步值艱阻烈烈張漢陽左袒誅諸武休明神器正文物舊儀觀南向埛大君西宮朝聖母茂勳鑄鍾鼎江山食茅土至今稱五王卓立邁千古

皇朝趙抃 皇祐初宰江源與邑之張景通遊有詩題其堂

【人物】鍾紹京 皇甫湜詩清宮闢闔啓滌穢氛沴滅紫陌重昭回皇天新日月從容廟堂士肅穆人神悅唐元佐命功輝煥何烈烈

張令問 本唐興人隱居不仕號天国山人與杜光庭詩試問朝中為宰相何如林下作神仙一壺美酒一爐藥飽聽松風清晝眠

皇朝張商英 字天覺新津人為童子時日記萬言十四歲從其兄唐英遊學梁山鄉先生向子山見而大驚妻以女資使入京登治平第崇寧中入相以力詆蔡京之姦入元祐黨籍

【題詠】城闕輔三秦 王勃送杜少府之任蜀州詩云云風煙望五津與君離別意同是宦遊人

煙綿劍道微 宋之問送趙司馬赴蜀州詩餞子西南望云云橋寒金鴈落林曙碧雞飛

【山川】水足野田芸鼓急 永康令国表民題天林寺詩松雲多雨綠苔荒郊事閑隨日月長云云風回山塔茗旗香

【四六】疏禁漢札擢守唐安惟蜀地之奧區有晉康之古郡趙清獻分符之地張丞相毓秀之鄉剖西川之符竹可謂勝遊賦東閤之官梅未妨佳致導玻瓈萬頃之江委諸紋井駐峨眉半輪之月暇此唐安

簡州 陽安 平泉

【建置沿革】禹貢梁州之域秦地東井輿鬼之分野秦屬蜀郡地漢武分蜀郡置犍為郡今州即犍為郡之牛鞞縣也屬益州東漢及晉因之南齊於此置牛鞞戍又置縣西魏置資州及武康郡後周移資州於漢資中城隋文帝於此置簡州煬帝廢州唐分益州復置簡州又改陽安郡復為簡州號清化軍　國朝割金水縣隸懷安軍今領縣二治陽安

【事要】【郡名】陽安　簡池　【風俗】有鄉曾

風劉昊記土厚水深民和俗阜云云四出大魁圖經云王歸璞爲蜀時狀元　皇朝許將張孝祥及許奕云云皆此邦之人成都不如唐刺史韋宗御璧記按以氣候較似土冝雖云云也東之朴西之文閬菁孫碑陰記東普慈西成都有丨丨丨丨丨丨蕭寄出磊落瑰奇之士人多工巧隋志云云綾錦雕鏤之妙侔於上國郡治之古郡志設廳棟宇書唐御與七題唐寶曆元年簡州刺史張炎建祇嘉定之壬午已三百九十有八年矣不被兵火郡守題名序云簡之先民有言蜀屢殘獨我州云云自唐正觀丁亥距今開禧丁卯五百八十有一年

【形勝】

東界普慈閬菁孫碑陰記南距赤水郡守鄭由中叢桂樓記云云東距鳳江二水合流是爲陽安之郡治東望漢江趙汝霖志民亭記丨丨丨丨雲煙眺綿西望前溪林壑茂美控扼巴峽折柳亭記寄通川府云云山不險而川平沈璞平泉縣題名記山峙而不險水流而且平土地肥美漢地理志曉饒而田瘠靈惠廟記

【土産】

鹽郡守江見禮撰御史胡公生祠記淳熙六年有盲簡之郡延丨爲最盛頷尤多每歲計鹽除折估錢五萬四千九百五十餘萬皆胡公奏蠲免

【山川】

賴山去陽安五十里又名賴懸東山在東江之外州治之左逍遙山在元都山去城三十里景德間有楊用晦者隱居此山其北有習崖命工發之得東西二室西室後刻二龕皆春州之所又鑿二龕中可坐五七人東西二壁鐫二孔雀二神人有漢安元年四月十八日會仙字自漢安至景德二年已九百二十餘年矣南巖在陽安縣有光孝寺前瞰飛閣盡覽江山之勝左有洞可容數十人北巖在州北有寺及洞牛鞞戍在州城西岸西齊於此置戍赤水在陽安縣南七十步鴈水在陽安縣東溪姚孳碧波亭詩賴簡池臺兩蜀誇東溪別是一仙家令人却憶康王谷坐看珠簾瀲雨花三溪劉巨濟云三溪號一郡之勝前溪在陽安縣治之北南溪在壽昌寺之側沿江行一里許是爲東溪最勝三池郡以丨丨名或指賴簡池柳池鳳池以足三者之數賴簡池在陽安縣九十里隋高祖立州名取此

【堂院】

清忠堂在倅廳以趙丨獻范丨直嘗按臨斯郡故以爲名西州道院紹興間黎持道院記陽安隣於會府而有江山之勝陋於高仰而有魚稻之饒民事獄訟比之旁郡十無一二凡隱於吏者樂趍焉人目之爲云云

【樓亭】

望湖樓在州治道院之後湖光山色交相輝映輕舟小樂時二櫂出柳陰之中不謂重岡疊嶂間乃有瀟湘雲夢之景也江月樓在郡治下臨鴈赤二水之間小桃源在郡治以桃花最多故名天水相接放目無際爲西州之絕景會勝亭在郡治西北角舊趙清獻公像龕于壁公將漕西蜀按部至此賦詩詞十五年王帥蜀復和前韻今皆刻於亭中琴軒在報恩寺以僧能琴故名趙清獻聽琴詩云歸欽措節會勝亭溪山佳處古琴横憑君傾耳殷勤聽一弄清風四坐生

【橋梁】

忠宣橋熙寧間運使范丨丨公巡按始命架此丨折柳橋在朝天門外舊名情盡。唐刺史陶雍詩從來只說

甚難盡何事教名情盡搞自此改名爲折柳任教離恨一條條

【寺觀】東巖院在陽安縣東五里唐智通禪師卓菴之地院居兩山之間溪流其中又有縣灑清音不絕旁有洞又有古柏可二十圍爲一郡之望剎也

景德觀在郡南一里黃魯直詩序云資州道人種竹於所居之東軒使君楊夢貺題其軒曰也足取古人所謂但有歲寒心兩三竿也足者仍爲之賦詩余輒次韻詩云道人手種兩三竹使君忽來唾珠玉不須客賦千首詩若是賞音一夔足世人愛厭但同流一絲不掛似太俗客來若問有何好道人傳景遠山綠

天光觀在陽安縣東二十里仙人李八百煉丹于此有亞

【名宦】何遐隨侍父世英爲平原主簿嘗平朱泚之亂德宗在奉天命群臣射鳫遐一發双鳫應弦而落章皐贈詩曰腰間寶劒七星文掌上彎弓掛六鈞箭發雲中双鳫落始知秦地有將軍

劉晏其先秦人也唐僖宗時爲平泉令因家焉嘗遇異人告曰劉氏其子孫因家於平泉自是官矣既而子諷登第而子孫之登第者七世九人焉

皇朝利師道爲任孜倅

【人物】皇朝劉諷爲都官郎爲平泉令蘇子瞻贈詩曰平泉老令更可悲六十青衫貧欲死官年六十三致仕宋景文贈詩云称疾未遊事辭官終引年還家二遲在教子一經傳子孝孫爲侍御史

許奕慶元廷試爲第一

【題詠】城下江流金鴈水灃蔡渥詩云亭中人弄玉弦琴

參差章樹連巴國熙寧間李珣詩云云依約雲煙近楚臺

兩江回合東南隅提刑臨郡城好風西州一九云云

東溪清絕人最奇李良臣詩簡州何處是最佳云云

【四六】金鴈禁省分虎簡池 維此東溪冠於西蜀 地僻左而非舟集之地山周遭而皆境埆之田 地產不豐所恃牟鹽之利民生甚朴亦稀拱扞之姦 江山頗勝曾無標道院之名人物所鍾亦有倫魁之彥

嘉定府

龍遊 夾江 犍爲 峩眉 洪雅

【建置沿革】禹貢梁州之域東井輿鬼之分野秦爲蜀郡今府即漢犍爲郡之南安縣地也梁武帝開通外徼立青州取青衣以爲名西魏改青州爲眉州取峨眉山以爲名後周復曰青州又改曰嘉州取漢嘉郡以爲名隋改嘉州爲眉州唐復爲嘉州改犍爲郡復曰嘉州 皇朝因之以 寧宗潛邸陞嘉定府及嘉慶軍節度今領縣五治龍遊

○本路提刑置司

【事要】

【郡名】漢嘉李巽巖作雅州學田記昔公孫述據蜀青衣不賓光武嘉之後因改青衣曰嘉陽 嘉陵 犍爲 南犍韓魏公詩云主人獨戀南漢嘉攜樂只恐瓜期未肯歸

【風俗】地靈人秀鮮于繪議道堂記漢嘉其負三峨襟帶二江爲西南州最清麗云云○任熙明教授題名記云蜀爲西南巨屏繇漢以來號爲多士莫盛於眉益二邦而嘉定次之

人士俊乂華陽國志益州以蜀郡廣漢犍爲三蜀土地沃美云云 爲風月主

人海錄碎事僞蜀歐陽郴守嘉州曰青山綠水中爲二千石作詩飲酒丨丨丨丨豈不佳哉

【形勝】西有熊耳華陽國志云云南有義眉東接江陽同上云云西接廣漢南接朱提北接蜀郡地大且要蘇明允上吳職方書蜀之云云無如益與嘉者非漢夜郎輿地廣記漢武帝開夜郎置犍爲郡而漢史地理志夜郎故縣乃屬牂牁郡則知今嘉州犍爲縣非夜郎故地後世徒見嘉州名犍爲郡又領犍爲縣遂以爲夜郎國失其真矣分巴割蜀華陽國志孟漢時云云以成犍爲郡當荊蜀渝瀘要道宇文粹中萬景樓記畫八景圖太守呂昌朝得宋復古丨丨丨丨來嘉州而其目曰洞庭晚靄瀟湘草秋雲平沙鴈落遠浦帆歸雨暗江村雪藏山麓泉巖古柏石岸孤松故東坡有八詠繼東吳之句三峨之勝聞天下楊輔貢院記漢嘉江山雄秀云云

【土產】荔支吳中復詩莫愛荔子紅嵗作嘉州聲橘柚文選蜀郡賦戶有丨丨之園注曰出犍爲南安縣

【山川】蒙山禹貢梁州之山四岷嶓蔡丨西丨背岷北山背嶓南山背蒙峨眉之在禹貢則丨丨之首也九頂山在城左有九峯曰鳳集棲鸞靈寶就日丹霞祝融擁翠望雲兜率會昌以前峯各有寺今惟存報恩一寺烏尤山一名離堆山在九頂山之左舊名烏牛突然於水中如犀牛狀至山谷題浩爾亭始謂之丨丨高標山一名高望乃府之主山嶺然高峙萬象在前海棠山在石碑山上皆植海棠爲郡守宴賞之地梨花山過西津橋五里有寺

金燈山即至樂山其趾有淵每歲人日郡守於此脩油丨丨故事謂以油灑水面觀其紋驗一歲之豐歉揚雄山在府治西有洞深邃子雲隱居于此今爲延祥觀古像山在城西有石鐫彌勒佛如淩雲像而小或謂初作此以爲大像之式錦江山在龍游縣北四十里江自成都經此山大峨山在峨眉縣南百里兩山相對如峨眉山記云其山周匝千里有石龕百一十二大洞十二小洞二十八南北有臺○凡遊大峨者自縣勝峯門出至華嚴院恰十五里前代於峨眉山刱寺六光相居山之絕頂爲遊山之底華嚴居山之前峯爲遊山之嚮導○陳子昂詩浩然坐何慕吾蜀有峨眉念與楚狂子悠悠白雲期○李白登峨眉山蜀國多仙山峨眉邈難匹周流試登覽絕怪安可悉青冥倚天開彩錯疑畫出泠然紫霞賞果得錦囊術雲間吟瓊簫

石上弄寶瑟平生有微尚歡笑自此畢煙容如在顏塵累忽相失儻逢騎羊子携手凌白日○李白峨眉山月歌峨眉山月半輪秋影入平羌江水流夜發清溪向三峽思君不見下渝州○蘇子瞻詩峨眉山西雪千里北望成都如井底春風日日吹不消五月行人凍如蟻○田錫詩高高百里一屈盤八十四盤青雲端○宋白詩不知立處高多少只見星辰在下頭○陸務觀詩三峨舊不到郡齋留與詩人供几案中峨山在峨眉縣南二十里又名覆蓬山有葛仙洞一穴初纔容人行數里漸寬其蝙蝠大如箕小峨山在峨眉縣南三十里一名鍾刃山又有季仙洞是爲三峨龍門山在峨眉西十里分兩崖峭峙其形如削仰視青天纔餘一罅脩文山在洪雅縣西八里雅江所注驚湍怒濤名曰龍潭漁者不敢入阿吒山在洪雅縣西四十里

有寺鐫石羅漢一百八身

隱豪山在洪雅縣南晉處士龍居士字隱豪處此

張綱山在犍爲縣東北五里以張綱墓在其側後漢人討張嬰以功授廣陵太守到郡一年卒百姓五百餘人素服行喪送至此山葬之成墳

東巖在城東佛峽山明水秀有洞曰丨丨泉宜醮酒坡詩一時何與丨丨酒謂此也

聖崗即郡治前岡○杜甫詩遠村通後徑一郡隔前岡

白雲洞在白崖山趙清獻爲漕曹遊爲

方響洞在丁東院洞壁有水如環珮聲黃魯直改今名

大江一名汶江俗名通江自平羌縣界流入

瀆江即岷江也

陽江蜀南方之水所交會

明月湖在州東

大渡河一名沫水源出嶲州入龍游縣界藝祖得天下以所持玉斧畫地圖自大渡爲界此外吾不有也故二百年無外患遠覽如此

漢水漢成帝時得古磬十六枚於水濱

青衣水出蘆山徼外東南流進嚴道洪雅夾江至龍游與岷江合青衣以縣名一名蒙水以山名一名大渡以渡名又曰雅州以江名

夷惜水源出嶲州有嘉魚每年二月隨水而下八月逆水而上

璧玉津隋置玉津縣以江有璧玉故名

龍泓在龍遊縣

（井泉）八卦井在城內皆晉郭璞所鑿

（樓閣）明月樓在譙樓之右下瞰明月湖郭璞讖云姑姑將州對洛都但看千載後變成明月湖後隋將始將軍開此湖

荔支樓陸務觀詩山横瓦屋披雲出水自牂牁裂地來

璧津樓在城東南隅下瞰三江三峨九頂森列左右

澄江樓在憲司左窺龍泓右瞰烏尤高明爽塏得江山之勝

萬景樓在郡治安樂園太守呂由誠建諸邑望寨一目可盡○范至能詩若爲喚得涪翁起題作西南第一樓

涪翁亭在萬景樓之前○黃然詩清音妙絕東坡老方響名高太史公水東烏尤識久外江連洪雅書閣中

競秀亭陸務觀詩竹葉泝江船春新陽樹煙

太白亭在平羌鎮錦江寺之側

清音亭在九頂山蘇子瞻書額

（寺觀）凌雲寺在府之南山唐開元中僧海通於瀆江沫水濛水三江之合悍流怒浪之濱鑿山爲彌勒大像高踰三百六十尺建七層閣以覆之至韋皋時積十九作而工始備皋有大像記又有清音亭邵博記天下山水之勝在蜀蜀之勝曰嘉州州之勝在丨丨寺之南山又其勝也蘇子瞻名其亭曰清音又南山之勝也○岑參詩寺出飛鳥外青峯戴朱樓搏壁躋半空喜得登上頭始知宇宙闊下看三江流天晴見峨眉如向波上遊○薛能詩像閣與山齊何人致石梯萬煙生聚落一崦露招提○司空文明題詩春山古寺繞滄波石磴盤空鳥道過百丈金身開翠壁萬龕燈焰隔煙蘿雲生客到侵衣濕花落僧禪覆地多不與方袍同結社下歸塵世竟如何○陸務觀凌雲謁大像詩出郭尋幽一笑新旋呼艇子截煙津不辭疾步登重閣聊欲今生識偉人泉鏡正涵螺髻綠浪花不犯寶趺塵一泉自然正在巖下每歲水漲不能及佛足始知神力無窮盡丈六黃金果小身觀佛三昧經云或現小身丈六八尺

光相寺自白水至寺歷八十四盤山徑如線可通登躋如是者六十里至峯頂即普賢示現之處寺屋皆以板爲之

石洞院在小市黃太史自叙南經此有所作墨竹記

東津院有黃魯直草書圖熙太師小碑詩云赤旃檀塔六七級白菡萏花三四枝禪客

相逢只彈指此心能有幾人知

能仁院 陸務觀詩——前有石像丈餘蓋作大像時樣也詩云江闊欲開千尺像雲龕先定此規模斜陽徙倚空三歎嘗試成功自古无

天慶觀 在城北有唐元和銅鍾重千斤

碑記

花將軍廟 在州之西。邵氏聞見録云廟史匣藏唐鄭丞相告云——敬定——也。高適傳梓州副使段子章反以兵攻東川節度李奐適率州兵與西川節度崔光遠攻子章斬之西川牙將花敬定者恃勇既誅子章大掠東蜀天子怒之。杜子美戲作花卿歌成都猛將有花卿學語小兒知姓名用如快鶻風火生見賊惟多身始輕綿州副使著柘黄我卿埽除即日平子章髑髏血模糊手提擲還崔大夫李侯重有此節度人道我卿絶世無既稱絶世無天子何不喚取守京都卽此也

名宦

杜軫 晉人罕列俱爲犍爲太守

岑參 唐人爲守陸務觀讀岑嘉州詩漢嘉山水邦岑公昔所寓公詩信豪偉筆力追李杜

趙昱 嘗隱青城山。隋煬帝起爲嘉州太守時犍爲潭中有老蛟爲害昱率甲士千人夾江鼓譟昱持刀入水有頃江水盡赤昱左手執蛟手右手持刀奮波而出隋大亂隱去不知所終後嘉陵水漲蜀人見昱青霧中騎白馬從數獵者於波面過　太宗賜封神勇大將軍廟食灌江口

皇朝吳中復 爲犍爲令土産紅桑紫竹勸栽三香爲民害作三戒詩勸諸石

宋白 爲玉津縣有貽田表聖詩云玉津縣裏三年閟金粟山前九月愁又竹底衙人吏花間押簿書

石介 爲軍事推官魏華父作祠記云昔歐公嗜先生之文嘗爲詩曰後世苟不公至今无聖賢又曰我欲犯衆怒爲子記此寃嗚呼後世必有發於斯言者矣

楊儀之 劉光祖縣宰記義眉自——文莊爲之邑長田公諫議客其門流風所被文教興焉

人物

楚狂接輿 貫上戲歌鳳堂記云按晉皇甫謐作高士傳宋劉孝標注世説唐陳子昂賦感遇詩皆以爲避楚入蜀隱于峩眉接輿姓陸名通接輿其字也

李密 犍爲人晉武帝召爲洗馬以祖母老上陳情表固辭密與人交常公議其得失而切責之嘗言吾獨立於世顧影无儔

皇朝田錫 弟二人及第仕至諫議大夫蘇子瞻爲文集序曰田公古之遺直也公洪雅縣人屬嘉眉二州

題詠

犍爲古佳郡 唐詩云云山水宜不惡

縈我是犍爲 薛能初發嘉州詩云云南征又北移唯聞杜鵑夜不見海棠時

巉巉九頂峰 蘇子由初發嘉州詩放舟沫江濱往意念荊楚擊鼓樹兩旗勢如遠征戍紛紛上舡人釋急不容語余生雖江陽未嘗至嘉樹云云可愛不可住飛舟過山足佛脚見江濆舟人盡斂容競欲揖其拥敬須臾已不見烏牛在中渚移舟近山陰壁峭上无路云有古郭生此地舌叢注屢屢辨虫魚尔雅細分縷洗硯去殘墨遍水如黑霧至今江上魚頂有遺墨迹覽物悲古人嗟此空自苦余今方南行朝夕事鳴櫓至楚不復留上馬千里去誰能居深土永與禽獸伍此事誰是非行行重回顧

不見故人十年餘 杜甫寄岑嘉州詩云云不道故人无素書願逢顔色關塞遠豈意出守江城居外江三峽且相接斗酒新詩終自疎謝朓每篇堪諷誦馮唐已老聽吹噓泊船秋夜經青草伏枕青楓限玉除眼前所寄漢何物贈子雲中雙鯉魚

重疊江山遶城郭 李堯夫嘉州地僻天西南

犍爲城下牂牁路 陳羽城下聞夷歌云云空冢灘西賈客舟此夜可憐云云

江上月夷歌銅鼓不勝愁**竹籬西畔是雲南**揚徽之俗遇臘辰持樂獻吏逢衙日偶花參耆宿因來問封部云云**聊將八詠繼東吳**蘇子瞻送呂昌朝知嘉州詩不羨三刀夢蜀都云云卧看古佛凌雲閣勑勝詩人明月湖得句會應緣竹鶴思歸寧復爲蓴鱸横空好在潺眉色頭白猶堪乞左符**頗願身爲漢嘉守**蘇子瞻送張嘉州詩少年不願萬户侯亦不願識韓荆州云云載酒時作凌雲遊虛名無用今白首夢中却到龍泓口浮雲軒冕何足言唯有江山難入手峨眉山月半輪秋影入平羌江水流謫仙此語誰解道請君見月時登樓笑談萬事真何有一時付與東巖酒歸來還受一大錢好意莫違黄髮叟**公事無多厨釀美**陸務觀詩平羌江水接天流凉入簾櫳已似秋云云此身端不負嘉州

四六

疏恩北闕對月半輪好在漢嘉之太守分牧南犍披雲五朵乃是瀟湘之故人

風俗甚美有岑杜石典刑之尚在

高山良美與彭蜀漢境土之相連

太白對影成三人更弄平羌之明月

東坡不願封萬户只尋古佛於凌雲

新編方輿勝覽卷之五十三　　建安祝穆和父編

眉州　眉山　彭山　丹稜　青神

【建置沿革】禹貢梁州之域觜觿參主益州秦地井鬼分野秦爲蜀郡之武陽縣漢武帝分蜀地置犍爲郡武陽縣隸焉昭帝時武陽爲犍爲郡治王莽改武陽曰戢成後漢仍以武陽爲郡治齊分置齊通郡梁立青州取漢青衣縣爲名西魏改青州爲眉州因峨眉山爲名後周復曰青州改爲嘉州隋又改爲眉州又爲眉山郡唐復曰嘉州又別置眉州尋移今治所改爲通義郡復爲眉州皇朝陞爲防禦今領縣四治眉山

【事要】

【郡名】眉山　眉陽　峩眉　通義

【風俗】俗近古者三見蘇子瞻遠景樓記　學者獨盛張剛通義儒榮圖序後世以蜀學比齊魯而蜀之ーー亦於通義政和御筆西蜀惟眉州學者最多　以詩書爲業修譙樓記其民云云以故家文獻爲重夜燃燈誦聲琅琅相聞　以名節相尚華陽志公孫述據蜀時犍爲拒守不屈述攻之曹朱遵逆戰死任永忠閉户費貽素隱光武嘉之曰士大夫之郡也圖經云唐張文紀出于武陽名節卓犖照映今古本朝士大夫尤盛元祐之黨而此州乃有八人焉元符之黨而本州有二十六人焉靖康之禍而眉之忠義死守者猶有四人焉　舉禮部者四十五人蘇子瞻上范舍人書通義蜀之小州眉山又其一縣去歲云云得者十三人其他可知矣　蠶市二月十五日村人鬻器于市因作樂縱觀以爲ーー○蘇子瞻詩蜀人衣食常苦艱蜀人遊樂不知還千人耕種萬人食一年辛苦一生閑

【形勝】古犍爲之地毛敏列仙棧記　介岷峨之間張剛序通義云云前揖三峨後通岷江　象耳鎮於後唐盧揉羅城記云峨眉列乎前　山秀水清通義志昔人評吾州不高而ーー不深而ーー　通衢平直同上吾州之勝似乎洛陽眉之云云廣衍夾以覕物綠陰喬然

【山川】峨眉山在眉山縣詳見嘉定府　蟇頤山在眉山縣東七里狀如蟇頤因名有至德觀有余朱淘丹泉傳記所載以爲軒轅氏卅宅山腹有穴曰龍洞傳者以爲四目老翁唐末有楊太虛得道于此今祠中有三仙象四目居中焉人日出東郊渡江遊ーーー眉之故事也蘇子瞻詩人日東郊尚有梅　石佛山在眉山之南蘇子瞻寄子由詩ー田向何許ーーー下路下有余家山千畦種秔稌山泉宅龍蟄平地流膏乳　熊耳山在青神縣蜀志曰望帝以褒斜爲前門ーー靈關爲後户　崌崍山在彭山縣東二十里　象耳山在彭山縣有揚祐甫十事記一曰ーーー二曰彭祖宅三曰大悲道場四曰寳現磨鍼二溪五曰太白書臺有石刻太白留題云夜來月下卧醒花影零乱滿人襟袖疑如濯魄於冰壺也六曰師悟志栖二大士會昌寺七曰辭范二詩八曰龍池蝌泉九曰千歲松柏十曰石恪畫護法身　金華山在彭山縣東五里有丈六佛像夜多神燈　盤石山在彭山縣有普照寺巖腹有石室○范文忠公留題云躡幽訪盤石細徑入飛涼蹈葉穫巖隈觸花衣袂香　平蓋

山在彭山縣北二十四化之一也李文簡平蓋觀詩平蓋神仙院武陽山水鄉 **打鼻山**在彭山縣南十餘里山形孤起東臨江水昔周鼎淪於此或見其鼻故名 **鵝鼻山**在長泉北五里長泉士人每登科而歸鄉人迓之於此三蘇史幹詩云龍泉五盞張帆去鵝鼻三盃未錦歸寄語長泉後生者年年盛事莫相違 **上巖**去中巖五里唐末有佛刹號垂棋寺相傳巖下龍聽僧講經于此由是建寺 **中巖**在青神縣諾矩羅尊者道場遊者渡江入巖口有喚魚潭循山三里許始至寺中有羅漢洞即牛頭以木綸扣石筍處 **下巖**馮當可題三峯詩古院無人僧依佛碧潭有水魚化龍當年矩諾小遊戲一石擊碎成三峯 **小桃源**小南城門村家多竹籬桃樹春色可愛橋之下流皆花竹楊柳泛舟其間鄉人謂之———蘇子由詩彷彿城南路繁香撲市橋 **蜀江**在城外一名玻瓈江輿地志後漢安帝以蜀郡廣漢犍爲爲三蜀故名——。蘇子瞻送楊孟容詩我家峨眉陰與子同一邦相望六十里共飲玻瓈江。陸務觀詩玻瓈江上柳如絲行樂家家要及時只逕今朝空巷出使君人日宴蟇頤 **大江**一名汶江李膺記山下有灘昔周之衰鼎淪沒其一每雲開風息則睎然見之 **導江**在眉山縣東四里源出岷山 **芙蓉溪**在青神縣岸有芙蓉因名 **磨鍼溪**在象耳山下世傳李太白讀書山中未成棄去過是溪逢老媼方磨鐵杵問之曰欲作針太白感其意還卒業媼自言武姓今溪傍有武氏巖 **繫龍潭**在彭山縣北四里舊經後漢安元年仙人瞿君武入峨眉山得道乘龍還家每年化——于—。龐鶴詩集鳳閣鸞臺遠夢———下認前題 **喚魚潭**南

詩藁云在中巖客至撫掌魚輒群出。陸務觀詩春梳悠然夢何許兩枝節杖——— **魚蛇水**在青神縣二十里源出陵州木梓山合導江有魚似蛇故名 **玉津**陸務觀舟過——詩玻瓈江上送殘春疊鼓催帆過——

井泉

猪龍泉漁隱叢話載蘇子瞻云青神縣百年前有牝猪伏於此化爲二鯉在泉中而莫有見者余一日偶見之以告妻兄王愿愿疑余誕余因禱于泉已而二鯉復出 **老人泉**梅聖俞寄蘇明允詩泉上有老人隱見不可常蘇子居其間飲水樂未央淵中必有魚與子自倘佯淵中苟無魚子特龍滄浪日月不知老家有雛鳳凰百鳥戢羽翼不敢言文章去爲仲尼歎出爲盛時祥方今天子聖毋滯彼泉傍

樓閣

遠景樓蘇子瞻記云吾州之俗有近古者三其士大夫貴經術而重氏族其民尊吏而畏法其農夫合耦以相助蓋有三代漢唐之遺風而他郡莫之及也始朝廷以聲律取士而天聖以前學者猶襲五代之弊獨吾州之士通經學古以西漢文詞爲宗師方是時四方指以爲迂闊至於郡縣胥吏皆挾經載筆應對進退有足觀者而大家顯人以門族相尚推次甲乙皆有定品謂之江鄉非此族也雖貴且富不通婚姻其民事太守縣令如古君臣既去輒畫像事之而其賢者則記錄其行事以爲口實至四五十年不忘富商小民常儲善物而別異之以待官吏之求家藏律令往往通念而不以爲非雖薄刑小罪終身有不敢犯者歲二月農事始作四月初吉穀稚而草壯耘者畢出數十百人爲曹立表下漏鳴鼓以致衆擇其徒爲衆所敬畏者二人一人掌鼓一人掌漏進退坐作惟二人之聽鼓之不至至之不力皆有罰量田計功終事而會之田多而丁少則出錢以償衆七月既望斬艾而草衰則仆鼓決漏取罰金與償衆之錢買羊釀

酒以祀田祖作樂飲食醉飽而去歲以爲常其風俗益如此故其民皆聰明才智務本而力作易治而難服守令始至視其言語輒了其爲人其明且能者不復以事試終日寂然苟不以其道則陳義秉法以譏切之故不知者以爲難治今太守黎侯希聲軾先君子之友人也簡而文剛而仁明而不苛衆以爲易事既滿將代不忍其去相率而留之上不奪其請既留三年民益信遂以無事因守居之北牖而增築之作遠景樓日與賓客僚友游覽其上軾方爲徐州吾州之人以書相往來未嘗不道黎侯之善而求文以爲記嗟夫軾之去鄉久矣所謂遠景樓者雖想見其處而不能道其詳也然則人之所以樂斯樓之成而欲記焉者豈非尚有易治之俗也哉孔子曰吾猶及史之闕文也有馬者借人乘之今亡矣夫夫是二者於道未有大損益也然且録之今吾州近古之俗獨能累世而不遷蓋耆老昔人豈弟之澤而賢守令撫循教誨

不倦之力也可不録乎若夫登臨覽觀之樂山川風物之美軾將歸老於故丘布衣幅巾從邦君於上酒酣樂作援筆而賦之以頌黎侯之遺愛尚未晩也

清風閣 蘇子瞻記云文慧大師應符居成都玉溪上爲閣曰|||求文爲記天地之相磨虛空與有物之相推而風於是焉生執之而不可得也逐之而不可及也汝爲居室而名之吾又爲汝記之不亦惑歟又云風起於蒼茫之間彷徨乎山澤激越乎城郭道路虛徐演漾以泛汝之軒窗欄楯幃帷而不去也汝隱几而觀之亦有得乎力止於所激而不自爲力故不勞形生於所遇而不自爲形故不窮嘗試以是而觀之

臨風閣 唐沈迥有詩煙霞生座右林沼匝城隈

明霞閣 在蟇頤山至德觀又有春風樓

嘉祐閣 枕羅城繪三蘇於上刻和陶詩於壁間

堂閣

大雅堂 丹稜人楊素從黃魯直遊黃謫戎州嘗曰安得一奇士而有力者盡刻杜子美東西川及夔州詩使大雅之音復盈三巴之耳哉素聞之欣然拏舟訪黃於戎請攻堅珉裒書工作華堂以宇之黃偉其言悉書子美詩遺之因以大雅名其堂且爲之記

借景亭 黃魯直文集在青神尉廳下瞰史家園嘗有詩云當官借景未傷民恰似鑿池取明月

披風榭 在郡治

祠墓

孟拾遺祠 在蟇頤山僖宗幸蜀政事堂出内侍田令孜之手左拾遺孟昭圖右補闕常濬上疏論事昭圖坐貶令孜遣人投之蟇頤津賜濬死後人爲立祠裴激詩一章何罪死何名千載誰君與屈平從此蜀江煙雨夜杜鵑應作兩般聲

張綱墓 在崏崍山東

花卿冢 漁隱叢話載黃魯直云在丹稜之東館鎮至今有英氣血食其鄉

老泉墓 蘇明允葬於蟇頤山東二十里地名老翁泉

名宦

蘇味道 楊繪題名序|||練達臺閣王方慶深明禮典

高仁厚 中和二年以西川牙將討羅夫子之亂凡出軍六日賊皆平

張琳 許昌人蜀檮杌載五代前蜀時爲眉州刺史修章仇通濟堰溉彭山通義青神田萬五千頃民被其惠歌曰前有章仇後張公疏决水利秔稻豐南陽杜詩不可同何不用之代天工

山行章 嚴稜記行章攝守眉州時郡無羅城山侯合五縣之力城之逮淳化中李順之亂攻圍半載竟不能下

皇朝梁周翰 太祖時以左拾遺通判眉州

段思恭 眉城人乾德三年全師雄之黨攻眉州思恭募先登者許以厚賞賊遂敗走思恭矯詔出上供錢帛給之其後度支劾思恭上嘉其果幹命知軍事

李簡 淳化中爲守四年盜起陷州郡

冠至設方略堅壁固
守賊力屈解圍去〔人物〕**蘇洵**眉山人號老泉先生二子軾仕至翰林學士禮
部尚書轍仕至門下
侍郎天下號曰三蘇**蘇軾**貶黃州築室於東坡自號東坡居士○贈太師制云 朕承絕
學於百聖之後探微言於六籍之中將興起於斯文爰緬懷
於故老雖儀刑之莫覿尚簡冊之可求揭為儒者之宗川錫
帝師之號故禮部尚書端明殿學士贈資政殿學士諡文忠
｜｜養其氣以剛大尊所聞而高明博觀載籍之傳幾海涵
而地負遠追正始之作殆王振而金聲知言自況於孟軻論
事肯卑於陸贄方嘉祐全盛嘗膺特起之招至熙寧紛更乃
陳長治之策歎異人之間出驚讒口之中傷放浪嶺海而如
在朝廷斟酌古今而寺幹造化不可奪者嶷然之節莫之致
者自然之名經綸不究於生前議論嘗公於身後人傳元祐
之學家有眉山之書 朕三復遺書久欽高躅王佐之才可

大用恨不同時君子之道闇而彰是以論世尚九原之**蘇**
可作庶千載以同風惟而英爽之靈服我袞衣之命
轍致仕卜築于許號潁濱遺老○王元之贊受之於天起
出乎萬物之表而充塞乎天地之間者氣也施之於事
業足以消汩金石形之於文章足以羽翼元化惟轍為不可
及矣故置之朝廷之上而不為之喜斥之嶺海之外而不為
之溫邁往之氣折而不屈此人中龍也轍之名跡與軾相上
下而心閑神至學道有得是以年益加而道益邃則
於世事愈泊如也
不有所守而然哉**楊繪**題名序楊紫微以諫諍顯**孫抃**字夢得擢御史中丞內侍
任守忠建節抃奏罷之張貴妃卒追冊為后抃議陵廟抃
固爭丞相陳執中嬖妾笞殺婢抃疏十二上罷執中抃嘗藏
書為樓置書其
上號書臺樓孫氏**任孜**字師聖及字師中東坡謂之大任小任**陳希亮**字公

弼早孤其兄使治息錢三十餘萬希亮悉召逋家焚券從學
登天聖第後知鳳翔時東坡為僉書子慥字季常號方山子
孫與義有簡
齋集行于世**唐庚**字子西丹稜人張商英薦其才後坐貶惠州**杜莘老**甫十
三世孫遷殿中侍御
史論王繼先奏檜**任盡言**奏檜死推湯鵬舉為侍御史盡言以啓賀曰敢以三
尺之童連冠兩科之士老牛舐犢
溺愛誰先野鳥為鸞欺君孰甚**程仁霸**蘇子瞻記其外祖｜｜公逸
事云公諱｜｜眉山人以仁厚信於鄉里蜀平中朝士大夫
憚遠官闕選士人有行義者攝公攝錄事參軍眉山尉有得
盜蘆菔根者而所持刀誤中主人尉幸賞以劫聞獄掾受賕
掠成之太守將慮囚因坐廡下泣涕衣盡濕公適過之知其
寃呼謂盜曰汝寃盍自言吾為直之盜果稱寃移獄竟殺盜
公坐沭囚罷歸不及月尉掾皆暴卒後三十餘年公晝日見

盜拜庭下曰尉掾未定服待公而決前此地府欲召公暫對
我叩頭爭之曰不可以我故死公是以至今公壽盡今日我
為公荷擔而往暫對即生人天子孫壽福朱紫滿前矣公具
以語家人沐浴衣冠就寢而卒其幼時聞此語已而外祖父
壽九十舅氏始貴顯壽八十五曾孫皆仕有聲而獄掾之子
孫微矣紹聖二年三月九日某在惠州讀陶淵明所作外祖
孟府君傳云凱風寒泉之思實鍾厥心意淒然悲
之乃記公之逸事以遺程氏亦庶幾淵明之心也**李燾**丹稜
人 孝宗朝仕至禮侍同脩國史本朝典故尤為該洽續資
治通鑑長編千卷號巽巖先生子垕中賢良壁參政埴亦為
參政〔題詠〕**劒門倚青漢**賈島送眉州穆少府詩云云君昔未曾過日暮行人少山
深異鳥多猿啼和峽雨棧盡到
江波一路白雲裏飛泉灑薜蘿**江花照錦衣**司馬君實送石

昌言詩鄉樹迎朱轂云云臨卭不足並榮耀古今稱**江山秀氣聚西眉**李熙續詩云云人有儒宗學有規**郡齋閑静似僧居**李熙續詩民俗畏公無訟事云云**王畧歸封詔檢泥**龐籍詩眉山秋色無多戀云云**峨眉翠掃雨餘天**蘇子瞻寄黎眉州詩膠西高處望西川應在孤雲落照邊瓦屋寒堆春後雪云云**白魚紫筍不論錢**蘇子瞻有詩云想見青衣江畔路云云

八分邑

官閑日閑門仲昂冊樓即事處深常高枕云云**主人王事簡**文與可留題彭山縣詩公館静寒園主景物饒光明瓶釣樹影映危譙山鳥忽雙下池魚時一跳云云文酒且逍遙

方五十三　十八

四六

東坡故國　西眉古壘　今得蘇顔
通義名邦　右蜀名區　大似雞肋

或秉耒以耦耕　名山大川鍾蘇氏一門之秀
亦戴經而絃誦　皇天后土鑒坡老千古之忠
家有眉山之書　丙穴維舟竟欲歸耕於谷口
人知元祐之學　東書傳賈傾令改牧於峨眉
爲政未善恙負薪必譏於市中
讀書不知雖斲輪亦笑於堂下
然四蜀衣冠之郡冝煩禮樂之英
在三蘇翰墨之鄉合着文章之守
然好文而蓀權勢至今餘西漢之風
其事守如古君臣近世異北牖之記

隆州

仁壽　井研　貴平　籍

建置沿革　禹貢梁州之域東井輿鬼分野鶉首之次秦爲蜀郡治漢武置犍爲郡又爲蜀郡後漢三國因之晉仍屬犍爲及蜀郡宋屬犍爲寧蜀二郡齊因之梁置懷仁郡西魏置隆山郡及隆州又置陵州因張道陵井爲名隋煬帝爲隆山郡唐爲陵州改仁壽郡復爲隆州　國朝平蜀陞爲團練廢爲陵井監改仙井監陞爲隆州今領縣四治

仁壽

事要

郡名　隆山　陵陽

風俗　**有古淳質之風**郡縣志俗愿愨而好靜公議而無私云云**地左俗朴**韓子蒼進士題名記其上瘠故無萬鍾之家其||故無千金之賈其||不樂迂徙**地瘠而力耕**何丞相㮚作仁壽縣學記云云**側耕危穫**文同後二井記**家貧而好學**仁壽學記**頗慕文學**隋志云隆山風俗與漢中不別而云云

方五十三　十

形勝　**牛鞞在其東**隆山志前距漢嘉後距廣都云云鼎峙峽在其西**南臨鹽井**元和志州城東北二面懸岸斗絕西面顯敞云云**州以蹲鼇名**李石超覺寺記云云者居三嵎山之麓也**居三嵎中**圖經郡治||之中兩山環合有自然之勢**在高山上**蘇子瞻玉堂硯銘曰文與可將赴陵州孫洙巨源以玉堂大硯贈之子瞻爲之銘又曰硯大如四塼許而陵州云云難得水故以戲之

土産　**鹽井**古名陵井寰宇記按圖經漢時有山神號十二玉女爲道人張道陵開||因此名陵州

今有玉女廟甚靈若以火墜井中即雷吼沸湧煙氣上衝殿泥漂石甚可畏也或云井泉傍通江海嘗有敗船木浮出其井煎水爲鹽歷代因之唐萬歲通天二年右補闕郭文簡奏賣水一日得四十五函半百姓貪利失業長安二年停賣水依舊秘鹽先天二年加課利歲有三千六百二貫偽蜀井塞國朝乾德三年平蜀陵州通判賈璉重開舊井一晝一夜汲水七十五函每函煎鹽四十斤日獲三千斤至雍熙元年春冬日收三千八百一十七斤秋夏日收三千四百四十七斤蓋水源之有長短也○郡國志云井乃東漢張道陵所開曰狼毒井有毒龍藏井中及鹽神玉女十二爲祟天師以道力驅出毒龍禁玉女於井下然後人獲鹹泉之利又云在仁壽縣縱廣三十丈深八十丈益部鹽井甚多陵井最大以大牛皮囊盛水引出之役作甚苦以刑徒充役後廢陵井更開狼毒井今之煮井是也又有主井官有兩灶二十八鑊一旦夜收鹽四碩又有營井蒲井在籍縣及研井梭井律井在井研縣○沈存中筆談云陵州鹽井陰氣襲人入者輒死候雨入井則隨雨施工後人以木盤滿中貯水底鑿小竅灑水如雨點設於井上謂之雨盤終日不絕井幹於是一新○張天覺治平末主文是郡閱其山川起伏盤礴謂此英靈秀粹之氣必生異人黎波出素利及全蜀非所稱也

山川

印山在跨鼇山之坳栩滕先生前公故居之上 **麒麟山**與井研縣治相對 **鳳山**與井研縣學相對登科者題名於此 **龜山**在井研縣南 **鐵山**在井研縣東北六十里出鐵諸葛亮取以爲兵器其鐵剛利堪充貢焉 **鼎鼻山**在仁壽縣南一里其山隆起又曰隆山州蓋以此得名 **三嵎山**在仁壽縣之東南隅三山相對去鹽井一里東曰飛泉南曰點嵎西曰跨鼇即州衙坐山也民謠云三嵎青陵陽榮三嵎翠陵陽貴郡守何公嘗於東山之下作青榮臺以表之○張紹祖山齋記曰有四北來莫窮所自不亟不徐躍趨東南欲薄城下岐而爲三行且五里虎踞盤礴不復去此陵陽之所謂三山也 **飛泉山**舊名東嵎山隋仁壽元年獠亂百姓城於山頂避亂其上無水百姓致禱丨丨湧出由是建廟於丨頂立二碑以紀其靈焉 **跨鼇山**上有跨鼇亭每歲上元重九太守率僚屬燕其上 **玉屏山**距城西二十里西山環聚玉屏爲之冠冕丞相父祺功德院在焉 **石城山**在仁壽院石壁似城絕頂望見峨眉山 **瑞雲山**在仁壽縣東四十里丞相何公始生之日此山夜半有紅霧亘天 **執笏山**在井研縣南五里一峯突出下有青陽氏登科不絕 **唱車山**在貴平縣南九里漢宋辰爲巴郡守有惠於人州人送辰到蜀迴至此爲辰立廟以其山近鹹井閑推車唱歌之聲故名 **艷陽洞**在州城至道觀之後昔天師既誓玉女於井因藏其衣念藏之未固伊取鐵之石室或謂之藏衣洞洞在重巖之下嵌岈幽窈晦明變化千態萬狀雖距闤闠不數舉武而若與世隔蓋張道陵修煉之所也 **石姥**在跨鼇山頂歲旱里人轉徙之天即顯靈雨四注文同嘗賦之云上跨鼇之飛泉兮披蒼蔚之榛莽爰有石之跂跂兮旁無附而相依其遠望之若人兮迫而揣之疑其踞虎里俗神而甚恭兮號相尊而曰姥 **息壤**在籍縣南一里有地畝餘踏之軟動 **蟥溪**在飛泉山下丞相何公居其側 **蘭溪**在貴平縣北四十里唐末隱士張鴆所居

亭閣

樂道園在州東鳳門外城中游賞惟此最盛文與可有詩 **蓬萊閣**在艷陽洞之前○秦少游詩雄

磬傑犖躋峥嵘帶上風雲指顧生千里鵰形歸俎豆七州和氣入簫笙人遊曉岸朱樓遠鳥度晴空碧嶂横今夜請看東越分藩星躔帶少微明。程公闢次韻半天鍾鼓宴峥嵘早晚晴陰景旋生湖暖水香春載酒月寒雲向夜開堂尖嶽巃破海頭爭並玉霧排煙陣自横我是蓬萊東道主倚闌先占日初明

平雲閣 在郡圃。文與可詩云陵陽郡事全稀少嬾守長贏半日閑晚後須來上高閣就中無獻是雲山

【祠廟】

玉女祠 在仁壽縣今名靈真夫人郡國志昔張道陵於此得鹽井後人因祀玉女於井内初〻〻無夫每年取一少年置於井中不尔水即竭又蜀郡西山有大蟒蛇吸人上有〻號曰西山神每歲土人莊嚴一女置祠傍以爲神妻蛇輒吸去周氏平蜀宇文貴爲益州總管乃擇日設樂送玉女穿像以配西山神自是之後無復此害

翳嘶神廟 相傳爲巴郡太守嚴顔之祠

【名宦】

皇朝賈璉 冊闕陵井

孫明復 爲倅

文同 梓州人爲守嘗奏陵井爲民害乞從買撲

蘇協 爲州推官其子易簡生於官舍中

張商英 司文是邦

【人物】

范雍 籍縣人張詠冠準所薦天聖間拜樞使

黄千 井研人以選人上書試時相入黨籍

陳祐 爲諫官後入黨籍

李新 仁壽詩人元符上書入黨籍

喻汝礪 請康初爲祠部員外郎不附割三鎮之議金賊立張邦昌遂掛冠號捫膝先生

何㮚 政和五年狀元及第後爲相不肯割三鎮死於國事與兄棠弟榘號爲三鳳

虞允文 仁壽人事親篤孝嗜李好修紹興三十一年冬元顔亮入冦以中書舍人督視府參謀督戰敗之於采石自此名聞一時歷兵部尚書四川宣撫荆襄制置還朝爲僉樞參政知院宣撫四川召還拜相

韓駒 字子蒼

【題詠】

岳牧用詞人 杜甫送陵州路使君詩云王室比多難高官皆武臣幽燕通使者云云國待賢良急君當拔擢新佩刀成氣象行葢山風塵戰伐乾坤破劍瘡府庫貧衆僚宜潔白万役但均平霄漢瞻佳士泥塗任此身秋天正搖落回首大江濱

俊髦始接迹 貞安輿有詩云国初吾鄉民万户一縫掖蓋自咸平後云云

蕭條官宇巖嶺上 文與可送通判喻郎中詩前年請郡得陵時不謂其州陋如此云云零落民家坑谷裏

近日簿書全簡少 文與可詩云云吏人誰所可銜休歸來便只尋冠履遶遍林亭山上頭

寂寥都不似州城 同上可笑山州爲刺史云云若无書籍兼圖畫便不教人白髮生

【四六】

地重跨鼇　恩隆分虎

陵井襲波鳳擅牢盆之利　嵎山毓秀率爲鈞軸之才

雖封疆不足於千里　陋州如此至形文與可之詩

而風俗未歉於四川　縫掖者稀亦著貞安輿之咏

新編方輿勝覽卷之五十三

新編方輿勝覽卷之五十四

建安祝穆和父編

彭州

九隴　崇寧　濛陽

【建置沿革】禹貢揚州之域秦地鶉首井鬼分野在周爲彭國秦爲蜀郡新繁縣屬焉漢晉因之宋曰晉壽梁置東益州後周州廢置九隴郡隋郡廢後置濛州尋廢入蜀郡唐初又置濛州尋又廢以縣屬益州尋分益州四縣置彭州始隸劒南道後分劒南爲東西川而彭隸西川改濛陽郡又復爲彭州後爲威勝軍　國朝平蜀來屬今領縣三治九隴

【事要】【郡名】濛陽　彭門【風俗】其人敏惠隋地理志云云頗慕文學　士多英才元符中袁陽東湖記地宜嘉禾云云美發西南闓于天下　大旱不旱古語有云云蜀有彭漢以其土地沃饒也【形勝】號爲斗城忠濟王楊晟守彭州王建來攻晟曰此斗城也　比之郫邑益州記彭之土地肥良云云號小郫　九峯高峙袁陽記云云山濛水潛發　湖分東西同上云云樓閣亭軒隱映於茂林脩竹間　小成都圖經云宋元嘉間有樵人於山左見群麂引弓將射之有一麞所趨險絕進入石穴行數十步則豁然平衍邑屋連接阡陌交通問是何所有人荅云丨丨丨後更往尋之不知所在【土產】牡丹彭門丨丨在今蜀爲第一承平洛陽花最盛蜀彭門有小洛陽之稱按酉陽雜俎隋朝文士集中無丨丨歌詩隋種植法七十卷丨丨亦不著錄丨丨之號起唐天寶間而蜀亦未有成都記載僞蜀王氏宣華苑所植多自梁洋間移本秦州董城村僧院紅丨丨至擢土方丈盛以木匣歷三千里而致之及孟氏以丨丨名苑時彭門爲輔郡與州者多其咸里得之上苑而彭門花之所始也天彭亦爾之花州而牛心山下謂之花村宋景文帥蜀以彭門丨丨錦被堆爲第一

【山川】彭門山兩峯如闕相去四十步名天彭門因以名州又曰彭祖山入此山因名彭門　九隴山古彭州之西山一伏隴二互隴三秋隴四龍奔隴五走馬隴六駱駝隴七千秋隴八較車隴九橫騰隴　至德山在郡西三十里上有贊明院蜀王衍車事遊幸嘗登是山患其高險今於福唐寺東別開一徑凡數里廣可二丈栽松砌石以達于寺從官悉騎以從松枯石怯尚有存者　金城山在九隴縣西北五十里即二十四化之一　大隋山在堋口鎮北三十五里昔神照禪師居之有瀑布張天覺記云西山之勝在彭門者大隋爲甲　中隋山在大隋山後又上三十里至光相閣三月半間掃去積雪峯頂下視葛仙白鹿大隋眞培塿也　白鹿山在濛陽縣西北二十里有大乘金堂禪寺本晉佛圖澄所建　曲尺山在城北五十里有雲居院春時遊覽之所　葛仙山有崇真觀在濛陽北四十里二十四化之第五化也葛仙翁璝楊仙翁昇賢於此得道大同中蒲仙翁處遠後於此白日上昇梁武帝錫名上清觀劉莘先作碑以紀其事按成都記韋皋夢神人謂曰異日富貴無忘葛璝也後尹成都再夢乃復新觀宇化之東有明月宮千人龕洞穴八十一所及二十四峯有韋皋記　羅江在九隴縣西北二十餘里　東湖

在倅廳政和間眉山蘇元老頎加開浚

西湖唐元和間守王偕蕭祐創

瀘水｜｜在濛陽縣

【井泉】夏水泉在城北駱氏家池水清瑩爲避暑之地

【樓閣】南樓在郡圃中范百祿有記

望雲樓在子城上

【古跡】誓水碑集古錄載秦李冰爲蜀守鑿山導江以去水患其神怒化爲牛出沒波上君操刀入水殺之因刻石以爲五犀牛立之水旁與江誓曰後世没無至足深無至肩謂之｜｜｜立在彭州

【名宦】高適爲彭州刺史

皇朝馬知節年十八監彭州兵馬嚴飭見憚如老將李順之亂公討平之

【題詠】彭門地里遥杜甫詩蜀路江干窄云云

城勢誠斗絶唐蘇頲經三泉詩天彭信方隅云云忝曳尚書履吻兼使臣節

巴戍渠翰光杜甫寄彭州高使君適虢州岑使君參詩有云彭門劒閣外號略鼎湖旁荆玉鈒頭冷云云豈異神仙宅俱兼雲水鄉竹齋燒藥竈花嶼讀書床

交情老更親杜甫簡高使君詩當代論才子如君復幾人驊騮開道路鷹隼離風塵行色秋將晚云云天涯喜相見披豁對吾真

何時救急難杜甫寄高彭州詩百年已過半秋至轉飢寒爲問彭州牧云云

皂蓋能忘折嶺梅杜甫集王侍御携酒至草堂邀高使君同到詩絺衣屢許携家醉云云戲假霸威促山簡須成一醉習家池

今年復拜二千石高適春酒歌去年留司在東京云云盛夏五月西南行彭門劒門蜀山裏

東來誰迎使君車蘇子瞻送宋朝散知彭州迎侍二親詩云云知是丈人屋上烏丈人今年二毛初登樓上馬不用扶使君貢篤爲前驅蜀人不復談相如老幼化服一事無有輕不拖安用蒲春波如天漲平湖鞋紅照坐香生膚勝講上壽白玉壺公堂登歌鳳將雛諸孫微笑爭挽鬚蜀人畫作西湖圖

【四六】輟班漢闕出守彭門｜榮膺芝撿來涖花州

人夸剖竹嘗經高使君之吟

俗重賞花亦有小洛陽之號

漢州

雒縣　什邡　緜竹　德陽

【建置沿革】禹貢梁州之域秦地井鬼之分野秦屬蜀郡漢分蜀郡爲廣漢郡今州即廣漢郡之雒縣也後漢爲益州刺史理所劉焉徙益州治於成都郡如故西漢分置新都國宋郊爲廣漢郡後周至隋郡廢以其地併入蜀郡唐分益州雒縣等五縣復立漢州改爲漢陽郡復爲漢州今領縣四治雒縣

【事要】

【郡名】廣漢

【風俗】土地沃美華陽國志以蜀郡廣漢犍爲爲三蜀云云

人士俊乂同上

士爲世師式三國時夏侯纂爲廣漢太守纂問主簿王朴曰至於貴州養生之具實絶餘州矣不知士人何如餘州也朴對曰先漢以來其爵位或不如餘州乃若著作爲世師式則不負於餘州也

大亂不亂唐章仇置成都市刻誓文曰云云蜀有廣漢大亂不亂蜀有蹲鴟

【形勝】西接汶山華陽國志云云北接梓潼東接巴蜀

咽

喉外蜀圖經云云而浸以縣洛蜀都賦云云謂縣
皆視諸郡水洛水也蜀人称
郫繁白膏腴分巴割蜀華陽國志高帝分巴郡置廣漢
綿洛爲浸沃郡武帝又兩割巴蜀郡置犍爲
郡故世本曰云杜甫詩鵝兒黄似酒對
云以成犍廣【土産】鵝兒酒酒愛新鵝故陸務觀詩
云隋川名醞避鵝黄乃漢【山川】章山在什邡縣又名洛
中酒名蜀中無能及者通山華陽國志李
冰導洛水龍居山在什邡縣有等慈院飛瀑千尺
通于此壺亭屹然橋横路轉万栢擁翠
蓬山在什邡縣高崖聳天而立瀑大
布飛落最爲奇觀有保聖院小蓬山在縣竹縣
遂中有石柱左右懸出有石洞椽
白龍十二蜿蜒如盘龍角山在縣竹北三十紫巖
里以形得名
山在縣竹縣去縣爲山武都山在縣竹縣即蜀王妃
十里皆西北勝絶處所生之地蜀王本紀
一一一精化爲女子頗已美絶蜀王納以爲妃
未幾物故乃發卒之武都擔土葬于成都郭中庚除山
在縣竹縣二十四化之一山有石室三國初有霧露子者入
洞中見樓臺金碧門者呵止之曰子凡骨可亟去不然及禍
霧露子回後再入東武山有江淹出白尊
石洞遂迷故道爲一州之最鴈江在雒縣南
曾有金鴈故名又有鴈橋記云廣漢境中獨洛鴈二水最盛
太史公河渠書著雒堆而略洛口两漢地理志名洛水而遺
鴈水房公湖又名西湖○蘇子由詩酒壓郫筒憶舊酤
何耶祝傳丘老出新圖此行真勝成都尹直爲
房公百玉妃溪在縣竹縣成都耆老傳載妃與五丁同
里湖生父母棄之溪中後聞呱呱之声就視

乃一女五男文即蜀洛水在州東寰宇記水性剛直宜淬
文併妃男即五丁刀有犀橋大抵州境上下衆水
皆會于金堂縣同縣水在雒縣東三十里源出縣
出峽謂之内江竹縣紫巖山灌田頗廣【井泉】
七星井相傳嚴君平八角井在什邡縣石碑鎮相
鑿如北斗象傳龍真人浴丹於此
患瘡者洗濯纓泉在什邡縣之水陸院上有陽范蜀公
之立愈嘗留題○趙珣詩云一一一梁存遺
跡促軫亭空想舊風公暇未【堂榭】清心堂在倅廳文
廳無客會稀遊更喜與民同與可爲倅
日造房湖亭榭按壁記房相上元初牧此邦其時始鑿湖
有詩存焉同時高適夫杜子美皆嘗賦詠
李贊皇劉賓客相繼有作迨國朝程文簡宋景文司馬文
正趙清獻韓子蒼文與可留題者甚衆治平間郡守韓標叙
云今亭館皆非房公時事○房琯遊西湖詩高流纏峻隅城
下踊立壓決渠信浩蕩潭島成江湖結宇依回渚水中還可
居三伏氣不蒸四達暑自徂○杜甫得房公池鵝詩房相西
湖鴈一群眠沙泛渚白於雲鳳凰池上應回首爲報籠隨王
右軍○趙閱道詩廣漢園池蜀所無却思房相未如吾湖東
歸去君恩重乞得蓬萊與鑑湖○王之望詩金雁橋南二頃
湖房公遺墨未湮蕪人遊杜牧晚晴賦境對王維別墅圖紹
始園林公自巧祈衡廊廟術何違常時只作幽人計留得陳
濤四万夫○宋子京詩丞相于番日疏
湖歎蜀西疑從瀚川地寫出勸璜溪【古跡】蠶女冢
在什邡綿竹德陽三縣界每歲祈蚕者雲集蜀之風俗塑女
像披馬皮謂之馬頭娘以祈蚕焉初高辛時有女子父爲人
所掠所乘馬其母誓衆曰有得父還者以女嫁之馬聞其
言振迅而去數日父乘馬歸自此馬嘶鳴不已父怒射殺之

曝其皮於庭蹶然而起卷女飛去旬日皮棲桑上女化爲蚕食葉吐絲成繭一曰蚕女乘雲駕馬謂父母曰太上以我心不忘義授以九宮仙嬪矣

【名宦】雍齒封什邡侯　陳寵後漢人爲郡守　閻憲後漢人爲綿竹令邑人夜行得遺綿平明送縣憲曰行得遺物是天賜也何爲將來曰縣有明府犯此則慚　蔣琬蜀漢志云先主擢爲什邡令　許遜晉南人爲德陽令　房琯爲守　皇朝文同爲守二子爲綷有畫墨竹仍題詩云興來雷出土萬籜起崖谷今畫與詩皆亡矣　程珦爲守二子曰顥曰頤實侍焉公爲郡日嘗以書幣請綿竹宇文之邵典學士人從學者甚衆邦人今繪三先生之像祠于學

【人物】嚴遵字君平或云廣漢人詳見成都　姜詩廣漢人姑好江水及魚妻每汲旦出雙鯉赤眉亂經詩里弛兵而過曰驚大孝必觸鬼神　國朝賜勅曰孝感　蘇子瞻詩廣漢有姜子孝弟行里閭赤眉雖猘虎弛兵過其墟至今空涌泉無復雙鯉魚　皇朝張浚字德遠南渡以來士大夫唱爲和議公毅然以爲未滅爲己責　張栻以蔭補官召爲侍講子拭號南軒謚宣公寓居長沙

【題詠】召還當有詔　蘇子瞻送周朝議守漢州詩茶爲東南病蜀俗記二李何人折其鋒矯矯六君子君家尤出力流落初坐此謂當收桑榆華髮看紛優胡爲犯風雪歲晚行未已念歸誠得計顧自爲謀耳吾聞江漢間奇瑋有未紀莫輕龍漢老君王付尺箠云云挽袖謝鄰里猶堪作水衡供帳園林美　松桂影中旌旆色唐韋莊詩北來初入漢州城郭邑樓臺觸目驚云云受文荷風宮管弦聲　八年漢州爲刺史

陸務觀詩房公一跌叢衆嗤云云遶城鑿湖一百頃島嶼屈曲三四里

【四六】紫佩銅魚　雒今廣漢　元和宰相之舊遊
出臨金雁　實古雒城　紫巖先生之故里
疏鑿成湖來訪房公之陳迹
召還有詔頗賽坡老之名篇
登橋而訪君平挹河漢之遺派
臨池而憶諸葛懷宇宙之大名

綿州

巴西　彰明　魏城　羅江　鹽泉

【建置沿革】禹貢梁州之域周併於雍秦之分野鶉首之次秦屬蜀郡漢分蜀郡爲廣漢郡今州即廣漢郡之涪縣莽曰統睦東漢復曰涪縣劉備分廣漢郡立梓潼郡涪縣亦屬焉宋爲巴西梓潼二郡梁置西潼二州西魏別置潼州隋梓潼城在今綿州界隋文帝改潼州爲綿州改爲金山郡唐復爲綿州改巴西郡復爲綿州　國朝因之　中興以來兼綿茂石泉沿邊安撫使制屯戍軍馬今領縣五治巴西

【事要】

【郡名】左綿以綿水經其左故謂之左綿。左大冲蜀都賦於東則有左綿巴中綿者綿歷也　金山　涪陵　巴西

【風俗】文而不華郡縣志郡界東西二州北負梁雍風氣所濡各得其偏故其俗云云淳而不醨剛而不很柔而不弱　人饒地腴文同通判廳代木堂記巴西郡劇二蜀之會云云財貨繁茂　有巴渝舞郡國志賓人銳氣而喜舞故云云

【形勝】北接漢中郡國志東接巴西南接廣漢西接陰

平云云北負果雍古涪志介平東西二川之間云云西臨涪水元和郡縣志按州城理漢涪縣也去成都三百五十里依山作州東據天池云云形如北斗臥龍伏馬梁天監中張齊爲太守更造樓櫓却敵有東西門東門久塞富樂山氣所衝門開則喪亂宋元嘉初太守王懷素開之果致喪敗爾後從塞控扼二川通判陳君墻壁記云云舟車輻湊水陸四衝古涪志序左綿據涪上流云云爲蜀重地爲三川之襟帶張演撰廉泉堂記云東介於梓遂西北與劍利接云云

【山川】靈山在巴西縣郡志山南絕頂有方石相傳神女擣衣于此康山在彰明縣北。杜甫寄李白詩不見李生久佯狂真可哀世人皆欲殺吾意獨憐才敏捷詩千首飄零酒一盃丨丨讀書匡頭白早歸來

。容齋續筆引吳曾漫錄取李白新墓碑云白本宗室子厭先避地客蜀居蜀之彰明太白生焉彰明綿之屬邑有大小康山白讀書於大康山有讀書堂在清廉鄉後廢爲龍西院蓋以太白得名院後有太白像吳君以是證杜甫詩蓋蜀之康山非匡山也。郡志又名戴天山太白集有訪戴天山道士不遇詩犬吠水聲中桃花帶露濃樹深時見鹿溪午不聞鐘野竹分青靄飛泉掛碧峯無人知去處愁倚兩三松富樂山在巴西縣東五里劉備自發荊入蜀劉璋延之於此山望見蜀之全盛飲酒樂甚故得丨丨之名又有石爲山迎真觀臥佛院洞靈觀在山之麓。雍有容詩當時四海一劉備至此已堪悲失腳川語當爲樂國想是人止可偏方着大漢曾封隆準翁開道山河錦繡中安能髀髀久居此髀髖三秦日欲東。唐子西詩富樂之名誰所留建安年中劉豫州擁兵入蜀萬騎翔擧璋洗國來迎頭軍中醼酒稚千牛炙如巴山酒如涪酒酣握手登高丘極日紫庠蹭春嘯富樂之名此其由君聞此說還信不當時兵起四十秋折屋不足供誅求生靈嗷嗷鼎中油山中胡爲乃爾優想今富樂萬倍劉瑞能容我逃窮愁山僧笑言客罷休天池山在州城北二十餘步即郡之主山也山頂有池方數丈冬夏不竭。唐子西詩上到山椒窮始覺天池尊延賢山即郡之南山岸曲有巨石初有父老釣於涪水因名涪翁釣磯後漢書云郭玉嘗傳其學故延賢之名因此得之苑鎮有詩文同有記白馬山在魏城縣西山勢高峻上有龐統墓杜甫詩云連山西南斷所見千里豁靈臺山在彰明縣北一名天柱山即漢張道陵昇仙之所郡志云天柱崖下有一桃樹高五丈餘道陵與王長趙昇試法于此桃迄今不朽有小碑記之竇圌山在彰明縣李白題丨丨詩樵夫與耕者出入畫屏中又送竇主簿詩願隨子明去煉火燒金丹竇子明名圌隱此山故名羅江在本縣兩水相交成羅紋故名美蓉溪在郡北官道傍有亭下瞰一名蚌溪。唐子西詩人間八月秋羅紈丨丨丨上春酣酣二南變書史筆七國戰處鄉飫談人間二月春光好溪上美蓉迹如掃廟家盛衰伯夷枯漢室隆時賈生老小兒造化誰能窮幾回枯枿還芳叢只應人老不復少有酒且幾莪頰紅涪水白龍州入州界廉水在彰明縣北平地泉出宋書范柏年梓潼人明帝因問鄉郡土有貪泉否柏年曰臣梁益間有廉讓水不聞有貪泉帝嘉之仰拜蜀郡太守或云人飲此水則廉讓故名潺水水經注云源出潺山有金銀礦下注流涪水合羅江梓潼水經鹽泉縣八十里東津杜甫觀打魚歌縣州江水之東津魴魚潑潑色

勝銀漁人漾舟沉大網截江一擁數百鱗衆魚常才盡却弃赤鯉躍出如有神潛龍懾聾老蛟怒迴風颯颯吹沙塵饔子左右揮霜刀鱠飛金盤白雪高徐州禿尾不足惜漢陰槎頭遠遁逃魴魚肥美知第一既飽歡娛亦蕭瑟君不見朝來割素鬐咫尺波濤永相失

〔樓閣〕**越王樓** 在城西北唐顯慶中太宗子越王正為綿州刺史日建。○杜甫詩緜州州府何磊落顯慶年中越王作孤城西北起高樓碧瓦朱甍照城郭樓下長江百丈清山頭落日半輪明君王舊迹今人賞轉見千秋萬古情○李隆詩越王曾牧劍南州因向城隅建此樓橫玉遠開千嶠雪暗雷下聽一江流

江樓 在城之東隅上有唐江亭記○杜甫送嚴侍郎到綿州同登杜使君——宴詩野興每難盡——延賞心歸朝送使節落景惜登臨稍稍煙集渚微微風動襟重舡依淺瀨輕鳥度層陰檻峻背幽谷窗虛交茂林觀此句則古之江樓在南山下燈光散遠近月彩靜高深城擁朝來客天橫醉後參窮途衰謝意苦調短長吟此會共能幾諸孫賢至今不勞朱户閉自待白河沉

捫參閣 在天池寺據山之巔

〔堂亭〕**六一堂** 在司户廳舊為推官廳昔歐陽文忠父鄭公觀為推官公實生於此地

思賢堂 在州宅畫揚子雲杜子美李白樊紹述蘇易簡歐陽永叔司馬君實蘇子瞻唐子西九賢之像

十賢堂 繪治翁顧綜蔣琬杜公微尹公默李白陳設蘇易簡王仲華歐陽脩共十人

南山亭 在城南治平院有范蜀公留題在焉

〔驛舍〕**萬安驛** 在羅江縣西舊經云唐明皇幸蜀至此聞驛名歎曰一安尚不可況——乎移宿真明寺舊驛碑所載如此○張演有詩云勁兵重作付胡奴歐雀歐魚計自踈地入萬安知幾許知憐此邑然回車

〔古跡〕**桃花犬** 楊大年談苑淳化中州貢羅江犬常循於御榻前太宗不豫犬不食及上僊號呼滯泗以至羸瘠見者隕涕參政李至作——歌以寄史館錢若水末句云白麟赤鴈且勿書願君書此警浮俗

姜楚公畫鷹 陸務觀劍南詩藁云在綿州錄參廳杜甫有詩

〔名宦〕**霍峻** 字仲邈南郡枝江人先主定蜀嘉峻之功分廣漢為梓潼郡以峻為太守

嚴武 舊唐書自綿州刺史遷東川節度

皇朝唐庚 為倅

〔人物〕**李白** 李陽冰草堂集序——興聖皇帝之九世孫其先非辠謫居條支神龍之始逃歸於蜀之昌明按彰明縣自先天以前止曰隆昌後避元宗始曰昌明而五代時改曰彰明又按唐詩紀事東蜀楊天惠彰明逸事云李白本邑人隱居戴天大匡山

皇朝蘇易簡 母薛氏朞而弗誕有虹入室少選散去井池盆盎水皆涸俄而易簡生十歲能誦五經屬詞賦名傳京師太平興國中進士第一後為翰林　太宗書玉堂之署以賜後參大政

〔題詠〕**淡煙喬木隔綿州** 羅隱魏城逢故人詩一年兩度錦江遊前值東風後值秋芳草有情皆礙馬好雲無處不遮樓山將別恨和心斷水帶離聲入夢流今日因君試回首云云

〔四六〕
龍分左竹　右蜀奧區　越王樓和少陵之傑句
來泝東綿　左綿佳郡　隴西寺訪太白之舊遊
登富樂山懷劉備之遺業　然富樂之山固有富樂之實
酌廉遜水挹柏年之清風　在磊落之府正須磊落之人

新編方輿勝覽卷之五十五

建安祝穆和父編

雅州

嚴道 名山 盧山 百丈 榮經

建置沿革 禹貢梁州之域，東井輿鬼之分野，鶉首之次。秦之分也。周屬雍州。秦滅蜀，爲嚴道縣。漢爲蜀郡。蜀縣，後漢屬漢嘉郡。自李雄竊據，夷獠雜居。西魏僑立蒙山縣，後置雅州。煬帝廢爲臨邛郡。唐復爲雅州，後改爲盧山郡，復爲雅州。孟蜀置永平軍，治雅州。皇朝平蜀，始入版圖，仍提舉黎州兵甲，領縣五，治嚴道。

事要

郡名 雅安

風俗 地多嵐瘴 圖經：州治舊在雅安山上。大中祥符間，國子博士何昌言爲守，以云云，聞于朝，徙山之麓。

黎風雅雨 大小漏天在雅州西北山谷，高深沉晦，多雨。黎州常多風，故謂云云。

皇祐始有登科者 郡縣志：自國初曹光實父子以忠義奮云云。

形勝 西通碉門 郡志道路序云云，南通沉黎，北通盧山，東出者與臨邛之蒲江、嘉定之洪雅相接。

左據蔡山 王大象邛崍關記云云，右依蒙頂。又孫漸招應廟記：其山蔡蒙，其關邛崍。○吳叢遊蔡山亭：蜀惟岷山、蔡蒙二山，雅獨兼有之。

控帶夷落 謝湜太守題名記：抵接沉黎，云云，在蜀最爲都會。○孫漸清嘯樓記云：襟帶邛筰，羈縻諸蕃。

南詔之咽喉 張昱遷城記：西蜀之襟帶云云。

當西南夷孔道 張方平奏乞用雷大簡知雅州，以云云。

古漢嘉地 吳巽戰記：公孫述據蜀，青衣不賓，光武嘉之，後因改青衣曰漢嘉。古犍青衣、漢嘉，今雅州之嚴道、名山、盧山三縣，實當之。

土產 蒙頂茶 圖經：｜｜有｜受陽氣全，故茶芳香。白樂天琴茶行云：李丞相德裕入蜀，得蒙餅，以沃於湯餅之上，移時盡化，以驗其真。○文彥博謝人惠｜｜｜詩：舊譜最稱蒙頂味，露芽雲液勝醍醐。○吳中復謝惠茶詩：我聞蒙山之巔多秀嶺，烓巖抱合五峰頂，岷峨氣象壓西垂，惡草不生生荈茗。

紫竹 梅聖俞蒙山｜｜鞭詩：蜀道之峭壁兮，如快刀一削平無痕，春雷驚龍走竹鞭。

山川 蔡山 禹貢曰：蔡蒙旅平。梁少蘊解：蔡在嚴道，蒙在漢嘉。郎嚴道也。舊傳諸葛亮於此夢見周公，因立廟，爲文惠王廟，遂號周公山。○吳巽岩詩：岩巒最高頂，雲氣時翁薈，彷彿群仙宅，宮闕耀珠貝。

蒙山 在嚴道南十里。山有五頂，前一峯最高，曰上清峯。產甘露茶，常有瑞雲及瑞相影現。

盧山 在本縣北九里，接邛州火井縣。

孟山 在榮經東十里，前臨大江，曰七縱渡，即孔明擒孟獲之地。

雅安山 郡以此山名。

離崖山 秦蜀守李冰所鑿，以導江崖，音雅。

翠屏山 在嚴道旗頭，山環列如屏。

金雞山 在嚴道北三十五里，俗傳有金雞鳴于此。

龍頭山 在盧山前後，峽綿亘四十里，夭矯如龍，接番部，實爲要害。

百丈山 去本縣十五里。

邛崍山 自邛筰而來，距百丈山西南九十里，阻峻如羊腸，即漢書王尊所謂九折坂。一云在榮經縣，詳見黎州。

瓦屋山 在榮經縣東百二十里，形如瓦屋，上有念佛鳥、婆羅花，其巔朝現辟支，午現普賢，夜有神燈。或問禪惠大師：瓦屋何故却似木皮蓋？師曰：錦府豈從機上織，劍門寧自匣中開。○吳巽巖詩：瓦屋如棠平，金仙閟光景。

萬勝岡 在州西，有龍觀

寺其趾曰百丈山自邛崍或起或伏環雅州治

漏閣 在嚴道縣○宇文溥新路賦惟天下之至險有嚴道之漏閣焉孤峯上絶於青天湍波下走於長川斷崖横壁立之岸飛溜濺千尺之泉

靈關 在盧山縣北十里蜀都賦關丨丨以爲門其地甚險一人守之可以當百有峽口闊三丈長二百步俗呼爲丨丨去蕃界旬日程以繩爲橋外此不知里數

平羌江 在嚴道東北城下嘉州亦號丨丨

竹溪 在郡西三十里郡士胥九鼎所居陶仙洞在焉

沫水 自盧山發源注于郡之平羌江夾洪雅大江與沉黎之陽山江合流陽山有林泉之勝江即丨丨也

丙穴 在州城南出嘉魚興州雅州皆有之

【堂亭】

雙鳳堂 在設廳後爲二蘇設至和中老泉携二子謁太守雷簡夫所以書薦于張文定公及韓魏公歐陽文忠公其後太守樊汝霖作堂以表其事

無弦亭 在州學南長濱江側舊在王潛所居也潛好琴趙清獻公爲榜其亭曰濯纓丈同書

萬壑亭 在雅安山頗有勝槩

【名宦】

皇朝雷簡夫 至和初儂智高走入雲南蜀人相驚知益州張方平乞用簡夫爲守既至而蜀人遂安

虞允文 嘗爲名山監茶今北脈在清溪橋左有梅及楓柳皆虞雍公手植壁間有公遺墨尚存

李壽 嘗爲監酒繫年錄紹興中欲增簡州鹽筴以其事爲雅州推官丨丨毅力拒之張浚謝其有氣讜風

【人物】

高頤 後漢人字貫方弟君貫字貫光而丈三乃其子一門三舉孝廉貫光歷仕至益州刺史見所存石碑

曹光實 百丈縣人爲銀夏都巡檢使擒李繼遷之母以獻克明乃光實從子字晦之亂攻復雅州後又平溪洞賊賜推誠保順功臣

【題詠】

江聲捲出風雷響 李文詩云云山色搜將圖畫來

【四六】

郡貫平羌　適鬱貂之邦　邛作兩關之壁峙

江連邛峽　入狼夷之界　蔡蒙四面之屏開

疑香舊治益東坡顧濱之曾來　劉開家頂之雲近依堯日

莞庫微官乃雖公熙巖之不鄙　收斂漏天之雨需作商霖

茂州

汶山　汶川

【建置沿革】

禹貢梁州之域秦地井鬼之分野蜀近入井三度古氏羌地周武興師羌髳八國始從征伐至秦漢時君長十數冉駹最大漢武誅且蘭君冉駹請臣遂以冉駹爲汶山郡宣帝罷汶山郡東漢爲汶山道安帝復爲汶山郡晉隷汶陽郡梁置繩州後周改曰汶州隋改爲蜀州又改爲會州煬帝罷爲汶山郡唐改南會州太宗改爲茂州改通化郡復爲茂州　國朝因之治汶川縣置威武軍使後爲茂州今領縣二治汶川

【事要】

【郡名】

通化　汶山

【風俗】

夷俗耐飢寒 史記曰南越破後冉駹等皆請臣置吏以冉駹爲丨太守

隴蜀 寰宇記隴山之南首故曰丨丨闕

壘石爲礫 同上夷俗云云以居如浮圖數重門內以級梯上下貨藏于上人居其中畜圉于下高二三丈者謂之雞籠十餘丈者謂之碉亦有拔屋土屋者自汶川以東皆有屋宇不立碉礫豹嶺以西皆織毛毯蓋屋如穹廬

氈裘雜揉 見王洛防邊五事云

盛夏凝凍 華陽國志汶山郡云云不耕故夷人冬則避寒入蜀傭賃自食夏則反落避暑習以爲常蜀人謂之作氏

詩書之

訓鬩如寰宇記此州本戎羌之人好弓馬以勇悍相髙云云耕作者多舊經其俗漸漬聲教云云號爲難理唐同車院記土惟高潤產多諸珍岷瀧之源東注于海雖節鎮徼叙咸共京華而冉駹之俗云云並無兩税寰宇記自古及今一一一

形勝

東接蜀郡華陽國志云云南接漢嘉西接梁州華陽志云云酒泉北接陰平西近邛筰西漢志云云筰馬旄牛古氐羌地後漢志冉駹有六夷七羌九氐各有部落其王侯頗知書而法制嚴重地當西極宣和西嶽神加封勅詞云雖彼通化云云金天氏之分域也控制吐蕃圖經全蜀巨屏同上岷山巉絕崛立實捍阻羌以一一倚爲一一

即灌口之障蔽淳熙五年胡元質奏曰唐之季年吐蕃入寇必入黎文南詔入寇必入沉黎吐蕃南詔合入寇必出灌口其文黎兩州去成都尚千里關隘險阻足以限隔唯灌口一路去成都止百里又皆平陸朝發夕至威茂兩州云云大率沿邊諸州城資堡寨以爲蔽堡寨賴州城以爲援惟此兩州不然堡寨參錯於中州城孤立於外而爲部番落周分環據二三百里之間官路僅留一線以達于兩州若邊事不寧孤城坐見隔絕

山川

岷山即汶山去青城石山百里天色晴明望見城都山嶺停雪當深百丈夏月始泮○張敬夫西嶽碑一一之祠見于秦其禮與五嶽侔在茂州之列鵝村其趾曰羊膊則江所出也○郡志岷山俗謂之鐵豹嶺熙寧九年靜州楊文緒導蕃董阿丹作亂盤據俱絕至書木牌投于江以告急朝廷遣內侍王中正將兵旁出雞宗山擊之楊文緒等伏誅中正請割石泉軍屬綿州舊路與茂通者斷絕之政和間蕃衆復作亂朝廷遣兵剿其一村明年詔石泉爲軍專一控制自是蕃部始服○王谷上備邊五事云近年蕃僧自熙河來至鐵豹嶺下云自此平地二十程可至熙州茂濕山郡志州以此名雞宗山在州南四十里扼羌人出入之路熙寧九年置鎮羌寨玉壘山在汶川縣東四里出璧玉七盤山去汶川縣九里相公嶺州之主山桃關在汶川縣之南八十里遠通西域公私經過唯此一路關北當風穴其一二里間晝夜起風飛沙揚石龍洞在牛溪鎮入洞數步向南石壁有穴可通無路可陟掌洞道人附巨竹一枝於穴內令遊人攀竹而上汶江郡國志即大江發源在當州故當州號江源郡玉輪江在汶川縣北三里龍溪水引水城內至光孝寺以兩池瀦之居民常汲飲龍湫在巨人山號黑一一王其湫四山環繞百二十里

堂亭

雪峯堂在州治列岫堂在州治郡齋記九頂列於南屏風盤臺列於西巨人崇嶺列於東練光亭王谷留題云汶江自徼外東繞汶山郡西北出極目可百里許每朝陽舒彩夜月流天之際一望水光若萬丈長虹夭矯其上而吐吞之也舊有亭曰觀瀾據城之隅不與景會因取少陵賦岷山沱江圖川虵飲練光之句因以練光題其額西亭李新詩水出吐蕃分黑白地窮巴蜀隔幽陰

祠廟

大禹廟在州東門元和志禹本汶山廣柔人生於石紐村其石綠色古石紐在茂州故有廟今石紐隸石泉軍江瀆神圖經神姓姓生於汶川爲導江岷山神佐之昇爲昭靈孚應威

烈廣源王。山海經云岷山神馬首龍身祠用雄雞瘞用黍則風雨可致焉。又云大禹生於石紐江瀆神生於汶川

【名宦】皇朝趙抃 言行録茂州蕃部鹿明玉等邀聚剽掠趙清獻公遣兵討之夷人乞降願殺婢以咀。公使人諭之曰人不可用三牲可也闔命讙呼以聽訖不殺一人 家定國 眉州人為永康軍司法韓絳帥蜀欲治西山道定國謂蜀近夷特險以安昔唐中衰吐蕃三入寇一出汶川今鑿平塹爲坦途將貽蜀憂韓然其言爲之罷役

【題詠】雨雪閉松州 杜甫西山詩辛苦三城戍長防萬里秋煙塵侵火井云云 松州會解圍 杜甫詩云王壘蜂傳急云云 夷界荒山頂 杜甫西山詩云云蠻州積粟邊 轉粟上青天 同上梁城依白帝云云 朔雲邊雪滿西山 杜甫軍城早秋詩昨夜秋風入漢關云云更催飛將追驕虜莫遣沙場匹馬還 玉帳分弓射虜營 杜甫詩秋風嫋嫋動高旌云已收滴博雲間戍更奪蓬婆雪外城 雪迷夏禹從前宅 李新靜坐詩

【四六】佩銅虎竹　貢賦無三品之金　越岷峨深入不毛
臨鐵豹嶺　羈縻近十州之據　古松州強名曰郡
江山炳靈雖神禹之故宅　凝鄰靜治對白雪於西山
走獠雜亂乃冉駹之舊都　還表趣環侍紅雲於北闕

永康軍 導江 青城

【建置沿革】禹貢梁州之域秦地東井輿鬼之分野秦隸蜀郡太守李冰堰流以灌平陸因名灌口漢屬蜀郡郫縣虎江原三縣蜀置安都縣屬汶陽郡晉徙安都於灌口屬汶山郡後魏置灌口鎮後因廢郡以汶山縣屬益州隋屬蜀郡唐改汶山縣爲盤龍縣尋改爲導江又割屬濛州太宗於灌口鎮地立爲鎮静軍唐末易名灌州 國朝改永安軍治灌口鎮尋改永康軍兼渠堰事又廢爲灌口寨後即導江縣置永康軍使兼知縣後陞爲永康軍今領縣二
治導江

【事要】

【郡名】灌口

【風俗】其俗剛悍 圖經云云頗尚氣勁 頗雜夷風 同上 民知力耕 同上

【形勝】上應井絡 河圖括地象云岷山之地云云下爲坤維今岷山實在永康其星分上應東井明矣 外控夷詔 熙寧七年趙抃知成都日乞復永康軍奏狀云云内捍成都嘉定二年知軍虞剛簡五事曰本軍近接威茂并青城一帶山不五七十里即是夷界唐吐蕃入寇自此塗出又距成都百二十里而近其爲緊切甚於黎雅 正控西山 熙寧置永康軍詔云云六州軍隘口 古魚鳧國 成都記魚鳧治在導江縣 井陘之地 元和志灌口鎮在導江縣西二十六里後魏置白灌口坂迄千須山五百里開兩岸壁立有瀑布飛流十里而九昔人以爲云云 泉源爲四瀆之首 秦宓曰江河淮濟四瀆江爲之首

【山川】汶山 在導江縣西北三十里即岷山詳見茂州揚雄蜀王本紀汶山爲天彭門二峯相對如闕 高臺山 在岷山上有天池晉朝立天宮於上號曰上清宮夜燃火飛行滿空或謂草木

之精所爲**登高山**在郡城之西北一峯卓立舊有亭**灌口山**在導江縣西北二十六里漢時蜀文翁穿湔江灌溉故以名山**玉壘山**在導江縣西北二十九里漢地理志云湔水所出**青城山**在本縣北三十二里玉匱經黃帝封爲五嶽丈人乃嶽瀆之上司真仙之崇秩一月之內群嶽再朝一名赤城一名青城都亦爲第五大洞寶仙九室之天上有流泉懸澍一日三時洒落謂之潮泉天倉諸峯屹然三十有六前有十八謂之陽峯後有十八謂之陰峯○杜光庭一一記岷山連峯接岫千里不絕青城乃第一峯也此山前號青城後曰大面山其實一耳有七十二小洞應七十二候有八大洞應八節乃神仙都會之府也○五嶽真形圖洞天所在其下別有日月分精以照張天師道陵於此山與鬼兵爲誓○福地記上有甘露芝草天池醴泉○杜甫詩自爲青城客不唾青城地爲愛丈人山丹梯近幽意丈人祠西佳氣濃緣雲擬住最高峯掃除白髮黃精在君看他時氷雪容**天倉山**在延慶觀南分爲三十六神仙以爲祭庫**鬼城山**在丈人觀西北**大面山**在三溪之北**慈母山**在青城山東導江人爲大量與八仙相遇入隱此山**蠶崖關**在導江縣西五十里以振西山之走集**牡丹平**自青城之長平山捫蘿而上由爲道三十里許有平皐數十畝高樹蔽天春深先花後葉狀如芙蕖香類牡丹譙定天授李浩太素二先生隱其中云○范至能詩十丈牡丹如錦蓋人間姚魏敢爭春**老人村**在大面山之北如秦人之桃源昔人避難居其中多享年壽故名或云潛夫張不群因入山採藥浹旬不返見一叟致敬而問之曰吾族本丞相范賢之裔范公知李雄之祚不永挈吾輩居此爲終焉之計圖經云即老澤也○蘇子贈云蜀青城山老人村有五世孫者道極嶮遠生不識鹽醯而溪中多枸杞根如龍蛇飲其水故壽近歲道漸通漸能致五味而壽亦益衰**岷江**禹貢岷山導江郡縣志岷山在茂州直西北裂鵜村水之上原曰羊膊裂爲三派一入大渡河一入征南一入溢村至石紐則禹之所導江也**湔水**在導江縣出玉壘山**味江水**在青城縣其水甘美故名**沱江水**在導江縣西北二十里源出岷江**白沙水**在導江縣西三十里源出灌口**獠澤**在青城縣北百三十里或曰諸葛亮仙群獠於青城山下故名或曰一一即老人村**花洲**在軍城南百步王子俊爲賦魏華父爲記

【堂亭】**玉壘堂**在軍治**致爽軒**范至能詩夕陽廳內漲郊墟六六峯頭夢覺餘竹色喚人來下馬亂蟬深處有圖書○陸務觀詩黃塵赤日汗沾裾竹裏煎茶喜有餘堪笑放翁窮薄巧就君池館讀君書○子婷詩團團竹色遶郊居勾引清風百畝餘憶昔敲門蘇內翰而今下馬范中書**廣莫亭**在軍北朝天門守呂汲公建李壁記危簷飛檻負城四出觀覽之勝甲於東南出金馬門過朝天寺登廣莫亭憑欄下視一目千里

【佛寺】**飛赴寺**在青城縣飛赴山下名昌聖院乃唐左軍容使嚴君美捨宅有四望亭○呂汲公詩最勝西峯下林梢四望亭江山觀掌握梁益布丹青**香積寺**在青城縣香積山有瀑布及雞骨禪師塔○張孝芳詩雞骨埋靈塔龍山對佛龕○吳致詩斷碑唐日寺遺像晉時僧

【道觀】**丈人觀**在青城北二十里今名會慶建福宮舊記云昔寧封先生栖於北巖之上黃帝師焉乃築壇拜寧君爲五

嶽丈人，或云故基在今重慶府天國寺中。○胡叔豹詩：宮掖瀆山方得地，闕藏宸翰不知年。○陸務觀丈人觀詩：黃金篆書榜朱門，夾道巨竹屯蒼雲。崖豁劃若天地分，千柱耽耽壓其根。纓冠肅謁丈人君，廣殿空庭吹簫鼓，澎湃畫牆手爲皴。異哉山夔與土羵，物怪奇譎冠丘墳。儼人佩玉雜恍惚，手整鬚冠最不羣。欲去不忍恨日曛，道翁來藥晝夜勤。松根茯苓獲兼斤，人芝植立強骨筋。拘杞群吠聲狺狺，山鑪小甑炊幽芬。朱顏不飲常自醺，我亦宿誦五千文。一念之差墮世紛，逝將從翁走如麋。隱書祕訣何由聞。○又題丈人觀道院壁詩：斷雲浮月磬聲殘，木影如龍布石壇。偶駕青鸞塵世窄，閑吹玉笛洞天寒。許香滿院晨炊熟，異氣穿巖夜浴丹。却笑飛僊未忘俗，金貂猶帶侍中冠。

長生觀 舊名碧落觀，在青城縣北二十里。昔有范寂，字無爲，劉先主時棲止青城山中，以脩煉爲事。先主徵之不起，就封爲逍遙公，得長生久視之道。劉禪易其宅爲－－－。有巨楠高數十尋，圍三十尺，世傳長生手植。上有赤城閣，臨眺甚遠。○胡叔豹詩：更斷盤根藏大藥，也令嘉樹得長生。○張孝芳詩：老龍拏空欲輕舉，山靈地祇挽之住。

清都觀 自延慶觀上二三里有觀，曰洞天。宋逸士費元規讀書于此。唐道士薛昌飲章陸酒得道，有浴丹井。杜光庭亦尸解于此。文潞公鎮蜀，與張俞定交，市觀側之地以贈之，號白雲隱居。○任宗易詩：懶隨六詔上丹闕，高臥一峯藏白雲。

延慶宮 自會慶宮西行一二里有觀，曰常道，乃古黃帝祠。觀乃隋時建，有張天師遺跡及唐明皇御札碑。其南有六時水，六時洒水以代晷漏，於陰時即飄然而洒，陽時即無。○呂汲公詩：巖暉萬古照，泉漏六時飛。○京鏜詩：八千里隔東西境，十二時分晝夜泉。○有九株松，范蜀公詩：九松峥嶸妄一一大夫封。

儲福宮 在天倉峯下，有唐睿宗女玉真公主及明皇像，乃公主修真之地。有天峯閣，望三十六峯如列屏焉。○沈少南玉真像詩：割盡蘇封奉晉元，更開沁水占名園。何如帝子空山外，落日騎驢芳草原。○胡叔豹詩：棄形如遺但養神，阿兄爛醉梨園春。人百媚之耳不聞，何物女子乃獨醒。徑來空山卧白雲，不見漁陽胡馬塵。○晁公遡詩：天風夜半剪水花，三十六峯如玉立。○趙雄詩：三十六峯如不到，青城還似不曾遊。○陸務觀詩：路轉屏風疊，雲藏帝子家。

上清宮 在高臺山丈人祠之側，晉朝立宮于上，夜則神燈遍空。其東北麓有天師手植栗十七株。仁宗踐祚之六年，宮庭太生異花，曰太平瑞聖花。○范至能詩：但覺星辰垂地上，不知風雨滿人間。○王叔瞻詩：神燈點點光可燭，星斗熒熒低欲捫。○處士孫知微詩：臺殿壓平青嶂頂，松杉揷破白雲根。

古跡

張天師誓鬼壇 一曰石日月。日在延慶觀東北，月在溪西崖中，並徑五尺六寸半。一曰石天地。天形有十二角，地形正方，闊六七尺，在常道觀北。

楊妃池 按樂史楊太真人傳云：貴妃小字玉環，父玄琰爲蜀州司户。貴妃生於蜀，嘗誤墮此池中。在導江縣，今爲唐氏居。

花蘂夫人宅 後山詩話：費氏，蜀之青城人，以才色入蜀宮，後主嬖之。效王建作宮詞百首。國亡，入備後宮。太祖聞之，召使陳詩，誦其國亡詩云：君王城上豎降旗，妾在深宮那得知。十四萬人齊解甲，寧無一箇是男兒。

孫太古畫范長生像 劒南詩藁云：青城山中有孫太古畫碧落侍中范長生，舉手整貂蟬，像特妙。其詩云：浮世深沉何足計，丹成碧落珥貂蟬。

名宦

李冰 漢河渠書：蜀守－－鑿離堆，在軍之南，避沫水之害，穿二江成都之中。此渠皆可行舟，有餘則用灌溉，百姓享其利。立廟祠之，歲封

羊以數萬計

皇朝劉隨景德中爲軍判官得蜀人心後擢右正言

趙抃事見容齋隨筆

呂大防圖經云嘉祐辛丑宰青城至今邑人誦之

人物

張俞字少愚居岷山之白雲溪六辭召入命有詩云欲作外臣誰是友白雲孤鶴在巖扉

宋汝爲字師禹東海豐邑人呂頤浩爲相使之致書劉豫面陳劉廷寄意遇兀朮軍師禹入覆壁見兀朮不屈乃送之京師見豫勉以忠義不從乃謀刼豫南歸除遣蠟彈事泄逃歸後虜人講和知蠟彈始於師禹遂以姓名來求師禹時爲卭州倅乃改姓名爲趙復而字逸老入青城山其後金虜叛盟劉廷始求師禹而師禹已死葬青城山乃官其子南強朱元晦嘗錄其遺事

譙定劒南詩稾青城大面山有二隱士一曰一先生一字天授建炎初召至揚州留之講筵不可拜通直郎致仕今百三十餘歲矣

險絕人不能到而先生數年輙一出山前人亦罕有見之者

姚平仲同上其一曰姚太尉平仲字希晏靖康初在圍城中夜將士攻賊營不利騎驢逃去建炎初所在揭榜以觀察使召之不出淳熈間乃或見之於丈人觀道院年近九十紫髯長委地蓋皆得道於山中

題詠

江從灌口來杜甫詩竹瘦青城合云云

蠶崖鐵馬瘦杜甫有詩云云灌口米航稀

玉壘浮雲變古今杜甫詩云云

四六

疏跱形庭　古號蠶叢之國　外當夷徼之要衝

分符玉壘　今多鴃舌之蠻　內作成都之捍蔽

職方之籍用列附庸　對玉壘之浮雲未妨吟詠

公車之章乃容專達　訪青城之仙境不憚躋攀

郡惟斗墨似稍僻於經綸

地近瞿塘實有資於撫御

新編方輿勝覽卷之五十五

新編方輿勝覽卷之五十六

建安祝穆和父編

威州 保寧 通化

建置沿革 本漢徼外冉駹之地秦地東井輿鬼之分野漢武帝開之爲汶山郡蜀劉禪時姜維馬忠等討汶山叛羌此其地也自晉以後羌夷或降或叛隋討叛羌以其地置薛城戍屬會州唐初白茍羌首領鄧賢佐內附於姜維故城置維州以統之太宗時叛羌州縣皆罷復立維州始以羈縻州屬茂州後爲正州改維川郡後爲維州五代王氏孟氏繼有其地徙就中州城即今治也皇朝平蜀後以京兆發維州誤至維州因改曰威州類要唐置此州以威制西羌故也今領縣二治保寧

事要

郡名 維川 維城

風俗 工習射 郡國志 獷 隋地理志地本氐羌人尤勁悍性多質直云云 衣褐羊皮鞜韈 云云 懸珠爲飾 同上婦人多戴金花穿云云

形勝 冉駹之地 九域志 南界江城 李宗諤圖經云云岷山連嶺而西不知其極 北望雪山 同上云云 積雪如玉 東望成都 同上云云若在井底 據高山絕頂 李文饒集云云 在瀘戎平川之衝是漢地入邊之路 三面臨江 圖經云云是西蜀控吐蕃之要衝 地甚險固 元和志 地接蕃部 通略韓億知益州以維茂二州云云以其歲至永康官場鬻馬因執道路恐阻兩川遂奏徙於州境上

山川 雪山 在保寧縣西南連乳川白狗嶺山有九峯山有積雪春夏不消 花崖山 在保寧縣水合大江 高碉山 今州縣治並據此山三面懸崖 定廉山 在故定廉縣東十里下有鹽溪 白狗嶺 與雪山連 沱水 東經保寧至汶州與大江合 赤水 在保寧縣

古跡 無憂城 圖經李德裕築吐蕃曉曰……

名宦 王重華 司空表聖集云重華深究韜鈐從擊匈奴青務盟府歷維州刺史 皇朝桂堂 彭山人熙寧登第諸司薦堂守威是時羈縻保霸二州交惡堂自攜斗酒至通化軍會二州酋長諭以禍福乃降

題詠 窓含西嶺千秋雪 杜甫詩云云門泊東吳萬里船

四六 蹤榮漢札外聯番部將名實自於姜維作鎮維城內控蜀都築壘亦由於德裕 虎符分領蓋將威制於羌戎身被羯羊蓋雜夷人之俗 鳳詔趣裝行即班高於禁籞符分銅虎有隆郡將之權

卬州 臨卬 依政 安仁 大邑 蒲江 火井

建置沿革 禹貢梁州之域秦地鶉首之次天官東井輿鬼之分野秦爲蜀郡地今州即蜀郡之臨卬縣地自滇以北君長以十數漢武帝十三部刺史在益州之部東漢屬蜀郡晉因之宋及齊梁不置郡縣惟豪家能服獠者名爲保主據屬益州梁益州刺史蕭範於蒲水口立柵以備生獠名爲蒲口頓武陵王紀於蒲口頓改置卬州西

魏置蒲陽郡後因置臨邛縣隋廢郡爲縣屬雅州唐割雅
州五縣置邛州治依政縣移治臨邛縣僖宗置永平軍
皇朝復爲邛州今
領縣六治臨邛

事要

郡名 **臨邛** 南接邛崍山因名臨邛 **邛崍** 圖經邛山序

風俗 **其人敏慧** 隋志臨邛風俗大率與漢中不別云云頗慕文學 **郡多富人** 司馬相如傳臨邛多富人卓王孫僮客八百人程鄭亦數百人○華陽國志秦始皇徙上郡人以實之又按史記卓王孫之先趙郡人因遷徙到臨邛則是秦徙民之驗也 **夷獠相雜** 寰宇記云

形勝 **外接邛筰** 蜀自臨邛外即接邛筰界○圖經序山曰邛崍浸曰邛水淵曰邛池毛曰邛竹 **東接太城** 通判題名記云云南通沈黎越嶲之邦後接秦襲作都之表

方五十六

土産 **鹽井** 蘇子瞻志林蜀去海遠取鹽於井陵州井最古淯井富順監亦云久矣惟邛州蒲江縣乃祥符中民王鸒所開利入至厚自慶曆皇祐以來蜀始創筒井用圜刃鑿山如盌大深者數十丈以巨竹去節牝牡相銜爲井以隔横入淡水則鹹泉自上又以竹之差小者出入井中爲桶無底而竅其上懸熟皮數寸出入水中氣自呼吸而啓閉之一筒致水數斗凡筒井皆用機械利之所在人無不知後漢書有水鞴法此法惟蜀中鐵冶用之大略似丨丨取水筒太子賢不識妄以意解非也○張上行曰此郡昔有四利今有四害曰茶曰鹽曰酒曰鐵爲利有四他郡或有其一或有其二而吾邛獨全昔以爲利民競豪富今以爲害民廿貧薄

山川 **霧山** 與石城山相連○張少俞詩霧山環合白雲川户有青溪種玉田萬木挑花不知處幾人曾得問秦年 **邛崍山** 山海經云山出邛竹杖蜀記漢張騫奉使尋河源得高節竹植於邛山甚爲杖 **白鶴山** 在城西八里常璩曰臨邛名山曰四明亦曰群羊即今白鶴也漢胡安嘗於山中乘白鶴仙去弟子即其處爲白鶴臺○魏華父嘗遊記曰州之西直治城十里所有山曰白鶴林麓蓊翠江流縈紆蔚爲是州之望山故爲浮屠之宮自隋唐迄今庵院凡十四所遠有胡安先生授易之洞近有常公諫議讀書之庵泉有滴珠樹有木蓮白鶴有臺玉兔有蹤中峯並美平雲之觀西巖翠屏萬竹之境皆山中勝處壁間繪像學范參杜措立文擂諸人名筆雖丹青剝落而筆法具在 **七盤山** 在臨邛 **銅官山** 在臨邛縣南二里鄧通所封史記蜀卓氏之先趙人也秦破趙卓氏夫妻推輦而行曰吾聞岷山下沃野有蹲鴟乃求遠遷致之臨邛即

方五十六

山鑄鐵即此山也○華陽國志臨邛縣有石山有石鏡大如鈽子火燒成鐵甚剛因置鐵官漢文帝時以銅鐵山賜鄧通通假民卓王孫歲取千疋故王孫貲累鉅萬億鄧通錢亦徧布天下 **鳳凰山** 在大邑縣 **北平山** 在依政縣二十四化之一也 **相臺山** 在火井縣東北唐袁天綱登此山以相縣治故名 **青霞嶂** 劍南詩藁云丨丨碧玉攢皆山水佳處詩云千巖角逐互吞吐一峯拔起矜崔嵬日光微漏見潭底水氣上薄雲成堆 **後巖** 在鳳凰山下七八里山水尤奇絕○陸務觀詩云丨丨在眼中飛去無羽翼 **西湖** 距城八里 **邛水** 出邛崍山下入青衣江 **鄰水** 在臨邛 **布濮水** 在臨邛縣出撩界來合火井 **牡丹池** 在大邑縣牡丹平或纖芥墜其水中則鴛鴦野鶩即銜去之

浴丹池在蒲江縣崇真觀世傳軒轅修煉于此【井泉】火井在臨邛縣西南八里○文選蜀都賦——沉熒於幽泉高焰飛煽於天垂注曰欲出其光先以家火投之須臾隆隆如雷聲焰出通天光輝十里以筒盛之接其光而無炭今無復見○異苑云當漢室之隆則炎赫彌熾暨威靈之際火勢漸微諸葛一闚而更盛故曰高焰飛煽於天垂井有二水取井火煑之一斛水得五斗鹽家火煑之利無幾 虎掔泉在大邑縣之鳳凰山文與可記唐契闊道人結庵于此有虎爲之掔地出泉【樓閣】南樓瀕大江 翠屛閣在西巖○陸務觀詩把酒孤亭半日留西巖獨擅鶴山秋【亭館】平雲亭在大邑之靜惠山蓋蜀郡文忠范公所居公熙寧閒上疏論新法致仕既還蜀弱山水勝處徜徉此山○詩云平日蘭陔隱春霽蕙帳眠定應猿鶴怪歸夫執蓋蘘○魏道離云險宥與亦可行坐來知日永立處與雲平

方五十六　七

信美亭勾龍庭實——詩云縈壘渡水西頭東面一亭無限幽火井江潮盤附郭浮暑天際表吾州 萬松亭在臨邛三十里靈巖之趾傾蓋得一覽江山之勝 白鶴館館中有文與可所作栝木竹石真蹟號曰墨林【古跡】騎鯨柏在鳳凰山紫柏十圍根盤巨石之上如騎鯨然 相如琴臺在臨邛或云在成都 文君井在臨邛○陸務觀詩落魄西州泥酒杯酒酣幾度上琴臺青鞋自笑無拘束又向——上來【名宦】袁天罡舊史云天罡爲火山令按圖經云天罡嘗登相臺山相縣治則當是火井令 柏正節丹陽集云杜子美柏中允除官制詩舊注以爲柏耆又以爲柏

——按杜詩云紛然喪亂際見此忠孝門蜀中寇已甚柏氏功彌存三止錦江沸獨清玉壘昏當是有功於蜀者方是時段子璋反於上元徐知道反於寶應而柏正節爲邛州刺史數有功則是正節無疑矣 皇朝楊繼勳司馬君實日曆云楊繼勳以閤門祗候知邛州王均反繼勳伏兵於竹林殲之乘勝逼成都擒諸州皆會賊由是不能犯他州 文同皇祐間自州判官攝蒲江縣事又通判邛州○王介甫送文學士倅邛州詩文翁出治蜀蜀士始文章司馬唱成都嗣音得王揚粹漢守孫千秋起相望操筆賦上林脫身還爲郎擁書天祿閣奇字校偏傍忽乘駟馬車牛酒過故鄉時平無喻檄不訪碧雞祥問君行何爲聞廬正繁霜中和助宣布循吏繼前芳豈特爲親勢區區矜一方【人物】嚴遵臨邛人詳見成都 司馬相如本傳字長卿成都人素與

方五十六　八

臨邛令王吉相善相如往舍都亭富人卓王孫聞令有貴客爲具召之并召令酒酣令前奏琴曰竊聞長卿好之願以自娛相如爲鼓一再行是時卓王孫有女文君新寡好音故相如繆與令相重而以琴心挑之相如時從車騎甚都文君竊從戶窺心悅而好之相如乃令侍人重賜文君侍者通殷勤文君夜亡奔相如與俱之臨邛盡賣車騎買酒舍乃令文君當壚相如身自著犢鼻褌滌器於市中卓王孫恥之不得已分與文君僮百人錢百萬及其嫁時衣被財物居久之以子虛賦得召會邛筰之君長願爲臣妾乃拜相如爲中郎將建節往使至蜀太守以下郊迎縣令負弩矢先驅蜀人以爲寵於是卓王孫臨邛諸公皆因門下獻牛酒以交驩乃厚分與其女財與男等相如以通邛筰還報天子大悅 林閭字公孺臨邛人善學揚雄師之 甘寧臨邛人仕吳爲折衝將軍今廟食於富池口 皇朝

李公泰依政人累遷至起居舍人仁宗春秋高未有繼嗣公因侍祠高禖奏賦上嘉納之
常安民臨邛人哲宗朝爲御史與蔡確有連確爲相終不與通子同亦爲言官
常同爲言官忤時宰出知衢州湖州汪應辰撰墓碑
陳賓號白衣御史登第後上書論蔡京之奸
魏了翁自號鶴山仕至參政

題詠

雲水遶重城柴存道詩平生林壑性客宦久羈束得麾邛江限雖遠慨所欲云云青山長在目
綠髮監州冊府歸唐許渾送人之任邛州詩云云還家樂事我先知群童竹馬交迎日二老蘭觴初見時
鄉郡榮歸及壯時
王介甫送李大防才元知邛州詩朝廷方治稱今日云云闕
吏相呼迎印綬兒童爭出望旌麾此堂已足夸三公南畝當

令識兩岐偏我尚留貞
有命天於人欲本無私

四六

疏綸渙渥　火井標奇　昔擅銅山之利
趣節臨邛　珠泉紀勝　今夸鹽井之饒
過蠶叢百牢之關亦兹導轍
叱邛崍九折之坂俄復東轅
胡氏之易相如之賦在漢有聞
常公之諫鶴山之文于今尤盛

黎州 漢源

建置沿革

禹貢梁州之域天文東井輿鬼分野古西南夷
自越巂以東北君長以十數徙筰都最大秦時
嘗爲郡縣至漢興而罷自唐蒙使略通夜郎而邛筰之君
請爲內臣及漢誅且蘭邛君并殺筰侯乃以邛都爲越巂
郡筰都爲沈黎郡尋罷郡置兩部都尉一治旄牛主外羌
一治青衣主漢民並隸蜀郡李雄又立沈黎漢原二郡晉
立南陰平宋齊並爲沈黎郡後周置黎州隋置沈黎郡及
登州唐置南登州已而復置黎州改爲洪源郡後曰漢源
郡後爲黎州唐宗又置永平軍　國朝復爲
黎州繼陞平軍節度今領縣一治漢源

事要

郡名

沈黎　筰都元鼎五年以筰都爲沈黎郡

風俗

黎常多風梁益記云云雅常多雨
嵐霧常晦唐古碑云山林參天
漢番博易不用錢寰宇記云云漢以紬絹茶布番用紅椒鹽馬
氈裘
椎髻郡守余授味糠堂記蠻商越騏云云交錯於闤闠中

形勝

內捍右蜀圖經云云外捍羣夷元和志西與蕃接南與蠻接北與秦接

南隣六詔樊柔直侯寶堂記全蜀五十餘州沉黎爲襟喉地云云
三面隣絕澗元和志南唐以來皆治大渡河內而水源在城外韋阜始築今城東西南云云惟北西稍平地多井泉與諸城鎮戍烽火相通誠西南之險要
處越巂邛蜀之中唐古碑云
爲蜀西門王巳盤陀寨記蜀爲今日之重地而沈黎又云云
關沫若司馬相如傳注張揖曰以沫若水爲關沫水出蜀廣平徼外若水出旄牛徼外
徼牂柯同上南至牂柯爲徼張揖曰徼謂以木水石爲界
南北二路郡志自黎州清溪關出邛部川經姚州入雲南謂之南路自戎州石門外出魯望昆川經拓東城至雲南謂之北路
棄羈縻州

寰宇記唐黎州五十四皆徼外生蠻　本朝太守題名記　太祖以玉斧畫大渡河外云云

【土產】邛竹杖生於邛峽山　市馬務國朝以後設茶馬買馬兩務成都府市於文黎珍敘等州威川馬梁武陵王紀在蜀十七年有馬八千匹通鑑唐昭宗天復二年朱全忠遣王殷賂蜀王建與之宴殷言蜀甲兵之盛但乏馬耳建乃集諸州馬大閱於星宿山官馬八千私馬四千部隊甚整建本騎將故得蜀之後於文黎雅茂州市胡馬十年之間遂及玆數此川馬之始也

【山川】邛崍山在州北本名邛筰乃邛人筰人界也又曰邛人自蜀入度此山故名邛崍漢書作郲華陽國志作崍水經作來關路記作萊又有邛崍關距州七十里昔有楊氏婦造閣其上　登高山在州西五里上有小阜曰望州坡　筭筤山在州西北五十餘里有前筤山後筤山多筍故名春時州人百十爲群入山採筍紹興間守臣始立租以蠲舉歲收緡錢八十千山又採林木樵蘇者以爲衣食之源　和尚山在州東南百里與峨眉瓦屋爲三乘山常有五色光現天晴輒爲奇觀　白崖山在州西北二百五十里山外即生界險峻不通人跡　鏤靈山漢書謂通靈山道也　九折坂在邛峽山其坂阻峻曲同九折乃至山上凝氷夏結冬則極寒。漢書王陽爲益州刺史行部至邛郲丨丨丨歎曰奉先人遺體奈何數乘此險後以病去及尊爲刺史至其坂問吏曰此非王陽所畏道耶吏對曰是尊叱其馭曰驅之王陽爲孝子王尊爲忠臣　風穴在白崖山之右有巨穴如井不知淺深穴口四圍津洋如汗間有氣出騰空如白雲須臾風起怒號如雷里人見雲即如風氣散則風定細則風小盛則風猛室其穴風雖少而民多瘴開之風如故而瘴亦衰

東湖在郡圃方廣十丈架橋其中　大渡河寰宇記丨丨丨自吐蕃界經雅州諸部落至黎州東界流入通望界入黎州爲南邊要害之地唐時大渡之戍一不守則黎雅邛嘉成都皆擾建隆三年王全斌平蜀以圖來上議者欲因兵威復越巂　藝祖皇帝以玉斧畫此河曰外此吾不有也於是爲黎之極邊熙寧時河道平廣可通漕舟自玉斧畫河之後河之中流忽陷下五六十丈河流至此澈湃如瀑從空而落春撞號怒波濤洶湧舡筏不通名爲噎口殆天設險以限夷狄父老常云舊有寨將欲將杉木版於楊山入嘉定貿易以數片板試之板至噎口爲水所吞沒須臾但見其板片片自水下浮出蠻人知此益不敢妄有窺伺　漢水發源自飛越嶺寰宇記云在漢源縣西百二十里地名通望合入大渡河夏秋常有瘴氣中人爲瘴疾　橋　孫水漢書孫水出臺登縣南入若水顏曰於孫水上作橋也　龍池在州東十里蘭若寺前方廣十數丈池上有龍祠水中有枯楂三株隱然如龍狀觸之則暴風卒雨變於俄頃歲旱取湫立應

【井泉】白雲泉在州宅東從白崖谷前取水穴城東以入始以木槽承之分四大井

【堂亭】靜鎮堂在州治弘敞邃深爲郡治之冠　思仙堂圖經昔有人駕牛採樵入蒙秦化見二老人奕棊其人係牛坐斧而觀局未終老人謂曰非汝久留之所樵者起而斧柯已爛牛已爲枯矣詩云思仙亭上望蒙秦此間昔有避秦人不應棊罷知歸去再見桃花且問津　藤廳在州治小廳之東隅世傳唐三藏師遊西域經行植藤杖於此云他日州治在此後果遷如師言杖成株高五十尺闊九十尺。余授詩神僧曾西征目覽江山異深林植杖藤他日成州治

【名官】皇朝蕭定基明道中爲守郡始無舉進士者得薪誘誨之逾年以文貢禮部

虞允文紹興間自鈴轄司幹辦公事攝郡時有旨下制司市真珠蓋秦檜之意公持之不下會檜没而止

【題詠】偏城越嶲東知郡余授詩絶塞邛崍外云云山含初夏雪林侵夕陽風

地僻無參謁同上云云民淳少訟爭唯餘兵校教衙退吏歸耕 萬重山

梟到沉黎提刑李師錫詩窮冬按部極西陲鳥道盤空棧雲迷報國憂民寧憚遠云云

【四六】惟此沉黎介在雪嶺 疏恩擁壁出鎮旄騎 乃眷惡熊之地實爲市駿之區

持玉斧以畫河實存深意 下方國十行之書寵承委寄

分銅符而治徼當奉寬恩 陟邛崍九折之阪來任番宣

石泉軍

石泉 神泉 龍安

【建置沿革】禹貢岷山之域秦地井鬼之分野蜀郡入井三度古氏羌地至秦漢時君長以十數冉駹最大漢誅且蘭君冉駹恐請臣遂以冉駹爲汶山郡宣帝以汶江蠶陵廣柔三縣立汶山郡廣柔即今石泉地後周屬汶州隋爲蜀州及會州唐改爲南會州又改爲茂州太宗始析汶山地置石泉縣爲茂州其後吐蕃内侵茂州以西被兵無寧歲 皇朝 神宗時靜州夷寇邊攻茂州塗龍東以孤石泉成都守孫羲叟經畫事宜以石泉爲邑介綿茂之間道里闊遠緩急不相應非扼其衝要不足捍外患於是詔改石泉縣爲軍今領縣三治石泉

【事要】【郡名】石泉 【風俗】習俗靜約圖經云云不萌修心

【形勝】西接汶山舊經 東北接文茂同上 控扼番路夔帥張上行奏狀 地介夷壤成都帥席貢議石泉利害 國乎衆山之隈圖經

【山川】浮山在龍安縣南二十里有十二峯峭拔如屏湶槐皁真人上昇于此 石紐山本屬茂州今在石泉縣南 石城山在石城縣東一里 鳳凰山在軍北二水合流其下 三面山在石泉北六十里三面峭向上有龍湫徑不及四寸而水流不竭 瓜菜山在神泉北二里饅真人上昇于此 松嶺山去龍安縣四十里出附子雖産不可食 龍安山在龍安縣北十里有林泉之勝唐開皇中蜀王秀立亭館以避暑 赤溪在神泉東北二里天鋒山之衆水出焉 黑水在神泉北百餘里合大江水皆大石湍險不通舟 綿水在神泉縣西南四十餘里 積石水在龍安西三十餘里 銀線潭在神泉縣南山相傳白龍往來其間水面有銀線一道以物撓之即不見波定如故

【井泉】神泉在縣西平地冬温夏沸氣如附子能愈衆疾

【堂台】愛山堂在郡治取杜甫爲愛丈人山之句

【祠廟】大禹廟在石紐山下江邊。按帝王世紀以爲鯀納有莘氏胸臆坼而生禹於石紐郡人以禹六月六日生是日熏脩禊享歲以爲常又見茂州

【名宦】皇朝張上行字道從漢州德陽人登元豐第後會石泉夷人犯邊朝廷命孫羲叟帥蜀召公問計公曰按唐王涯傳云吐蕃有兩道一由龍

州清川縣抵松州一由綿州威蕃栅抵雞城皆爲險要之地今石泉三十里威蕃亭地名栅底即唐之威蕃栅宜先築堡寨以禦其來次陞石泉爲軍以重其權然後調思黔義軍以制其暴則收功一時爲利後世不然蜀之憂未艾也義皆盡用其策且命公調軍馳步兵至境急擊大破之夷人自是服蜀以無事

魏僖守郡十三載治狀最著民思不忘立祠在郡圖雞心山春秋嘗奉之

題詠　闕

四六　雖爲小壘　實係要衝　訟簡獄稀　賦儉用嗇　石紐山乃神禹之所生　冉駹郡至漢靈而後創　析而置邑昔非廣於封疆　陞以爲軍今欲威於夷落　內當寬疲瘵以令民力之蘇　外當嚴訓閱以使邊烽之息

新編方輿勝覽卷之五十六

新編方輿勝覽卷之五十七　建安祝穆和父編

○夔州路

夔州　奉節　巫山　雲安

【建置沿革】禹貢荊梁二州之域當翼軫之分野鶉首之次周初爲魚復國春秋庸國之魚邑其後楚人秦人巴人滅庸分其地屬於巴秦置巴郡魚復隸焉二漢因之公孫述據蜀土自稱白帝更魚復曰白帝城東漢獻帝分巴郡爲永寧郡劉璋又改爲巴東郡蜀先主改爲永安縣又於此置固陵郡蜀先主改固陵郡爲巴東郡爲蜀重鎮晉仍爲魚復宋置二巴校尉治白帝梁置信州治白帝城周移治永安宮南即瀼西也總管王述移府於白帝隋揚素又復修之煬帝罷爲巴東郡唐爲信州改爲夔州又爲雲安郡復爲夔州蜀主以施夔忠萬置鎮江軍治夔州後唐改寧江軍節度　皇朝平蜀後徙治瀼西　中興陞爲帥帶歸峽州兵甲司公事今統郡十五領縣三治奉節

○本路安撫轉運置司

【事要】

【郡名】夔門　固陵　漢初平間分巴爲三以朐䏰至魚復爲｜｜郡

三巴　杜巴東歌注云劉璋分｜｜有中巴巴西巴東魚復巴東之屬也○｜｜記閬白二水東南流三曲如巴字故曰三巴

【風俗】其人豪　李貽孫都督府記云｜｜｜其俗信鬼其税易征其民不偷

人多勁勇　巴志郡與楚接云云少文學有將帥材

雪不到地　宋肇詩序夔冬｜暖云云惟山高處白

燒地而耕　杜詩注峽土磽确煖氣晚達故民云云謂之火耕

未嘗苦飢　范至能勞畬耕序峽民平生不識秔稻而云云

踏蹟而遊　圖經夔人重諸葛武侯以人日傾城出遊八陣磧上謂之踏蹟婦人拾小石之可穿者貫以綵索繫於釵頭以爲一歲之祥府帥宴於磧上○王梅溪詩今日爲人日傾城出江皋遨頭老病守呼賓酌春醪好遨蜀風俗夔人貧亦遨○陸務觀詩鬼門關外逢人日踏歌千家萬家出

使女負薪　杜甫負薪行云夔州處女髮半華四十五十無夫家更遭喪乱嫁不售一生抱恨長咨嗟土風坐男使女立應當門戶女出入十猶八九負薪歸賣薪得錢應供給至老雙鬟只垂頸野花山葉銀釵並筋力登危集市門死生射利兼鹽井面粧首飾雜啼痕地褊衣寒困石根若道巫山女粗醜何得此有昭君村

【形勝】據三峽之上　寰宇記云郡城臨江而云云

據荊楚上游　歐陽詹引水記夔州控二川限五溪云云爲巴蜀要郡

據三州要津　趙寘之鈐轄廳記瞿唐云云

居瞿唐上游　丁公言夔州移城記云云即白帝舊址

當全蜀之口　董鉞制勝樓序夔爲｜｜路｜左右｜｜｜｜

堅完兩川　丁公言記巴中郡多崖居岸泊登危履險以控東要道蓋云云間隔三楚也

咽喉巴峽　丁公言記憑高控深云云

介于巴楚　徐粹中學記夔之爲州云云

荊蜀之衝　張天覺制勝樓序｜｜往來｜｜渝瀘施黔疆埸之制

鎮以灩澦　報恩寺佛牙樓記夔當全蜀衆水所會云云挽以瞿唐

水陸津要 吳蘭言作熙容公衆冠記當云云乃蜀之東門也 非古夔國 史記楚世家熊虞注夔在巫山之陽秭歸鄉是也

土產

橘柚 蜀都賦戶有丨丨之園注朐䏰魚復二縣出橘。上海溪與曹夢良書有荔而不及停有柑而不及果

山川

白帝山 元和志即州城所據與赤甲山相接初公孫述殿前井有白龍出因號丨丨丨。杜甫迁居夔州詩伏枕雲安縣遷居白帝城春知催柳別江與放船清農事聞人說山光見鳥情禹功饒斷石且就土微平注云公泌峽皆因開鑿而成故少平土惟夔州稍平耳。又詩巉峨白帝城東西南有龍湫北虎溪

赤甲山 元和志在城北三里上有孤城漢時常取巴人爲赤甲軍蓋犀甲之色也寰宇記公孫述築不生樹木土石悉赤如人袒背故曰赤甲與舊白帝城相連類要赤甲城即古魚復縣基

方五十七　三

白鹽山 在城東十七里崖壁五十餘里其色炳耀狀若白鹽。杜甫詩卓立群峯外蟠根積水邊他皆任厚地爾獨近高天白榜千家邑衞秋萬里舡詞人取佳句刻畫竟誰傳

臥龍山 在奉節縣有諸葛武侯祠及寺觀有泉極清冷

麝香山 在城東百三十里。杜詩水生魚復浦雲煖丨丨丨

女觀山 在巫山縣東北四里有石如人形相傳昔婦人夫官于蜀登山望夫因化爲石

十二峯 在巫山曰望霞翠屏朝雲松巒集仙聚鶴淨壇上昇起雲飛鳳登龍聖泉其下即巫山神女廟

琵琶峯 在巫山對蜀江之南形如琵琶此鄉婦女皆曉音律

巫峽 在巫山縣之西水經云杜宇所鑿以通江水圖經云此山當抗峯岷峨偕嶺衡嶽疑結翼附並出青雲謂之巫山有十二峯上有神女廟陽雲臺高一百二十丈

三峽 謂西峽巫峽歸峽盛弘之荊州記丨丨七百里中兩岸連山略無闕處重巖疊嶂隱天蔽日自非亭午夜分不見日月至於夏水襄陵沿泝阻絕或王命急宣有時朝發白帝暮至江陵其間一千二百里雖乘奔馭風不爲疾也春冬之時則素湍綠潭迴清倒影絕巘多生檉柏懸泉瀑布飛漱其間清榮峻茂良多雅趣每晴初霜旦林寒澗肅有高猿長嘯屬引淒異空岫傳響哀轉久絕故漁者歌曰巴東丨丨巫峽長猿鳴三聲淚沾裳。梁簡文蜀道難詩峽山七百里巴水三回曲笛聲下復高猿鳴斷還續。杜甫客居詩峽開四千里水合數百源人虎相半相殘終兩存又歸詩林中纔有地峽外絕無天

南鄉峽 在奉節縣西五十里荊州記峽西八十里有巴鄉村善釀酒村傍有溪曰龍門多靈壽木

瞿唐峽 在州東一里舊名西陵峽丨丨乃三丨之門兩崖對峙中貫一江望之如門。杜甫瞿唐兩崖詩三峽傳何處雙崖壯此門入天猶石色穿水入雲根猱玃鬚髯古蛟龍窟宅尊羲和冬馭近愁畏日車翻。白居易夜入丨丨丨詩瞿唐天下險夜上信難哉岸似雙屏合天如匹練開逆風驚浪起拔惢暗船來欲識愁多少高於灩澦堆。又云瞿唐呀直瀉灩澦屹中峙未夜黑巖昏無風白浪起。范至能詩不知灩澦在舡底但覺瞿唐如鏡平劍閣翻成蜀道易詩看范子瞿唐行

方五十七　四

鬼門關 在奉節縣東北三十里。范至能詩百年會須作鬼無事先穿鬼門

百牢關 辛毗曰夔州丨丨丨兵馬不可越。杜甫詩中巴之東巴東山江水開闢流其間白帝高爲三峽鎮夔州險過百牢關然觀此詩則當在興元

灩澦堆 在州西南二百步瞿唐峽口蜀江之心水經注白帝城西有孤石冬出二十餘丈夏即沒名丨丨丨土人云灩澦大如象瞿唐不可上灩澦大如馬瞿唐不可

下峽人以此爲水候又曰舟子取途不决名曰猶豫。杜甫詩巨石水中央江寒出水長沉牛荅雲雨如馬戒舟航天意存傾覆神功接混茫干戈連解纜行止憶垂堂。又詩灩澦既没孤根深西來水多愁太陰江天漠漠鳥飛去風雨時時龍一吟舟人漁子歌回首估客胡商淚滿襟寄語舟航惡年少休翻鹽井横黄金。張祜詩不遠夔州路層波灩澦連下來千里峽入去一條天樹色秋帆上灘聲夜枕前何堪正危側百丈半山巔。白居易送人赴峽詩見説瞿唐峽斜銜灩澦根難於蜀道險過上龍門。元稹詩倒入黄牛峽還驚｜｜｜古今流不盡流去不曾回。張舜詩象馬誠可驗彼神亦霹靂六乙以爲絶唱。蘇子瞻｜｜｜賦天下之至信者惟水而已江河之大與海之深而可以意揣惟其不自爲形而因物以賦形是故千變萬化而有必然之理掀騰勃怒萬夫不敢前兮宛然聽命惟人之所使予泊舟乎瞿唐之口而觀乎灩澦之崖嵬然後知其所以開峽而不去者固有以也蜀江遠來兮浩漫漫之平沙行千里而未嘗齟齬兮其意驕逞而不可摧忽峽口之逼窄兮納萬頃於一盃方其未知其峽也而戰乎灩澦之下喧豗震掉盡力以與石鬬勃乎若萬騎之西來忽孤城之當道兮鉤援臨衝畢至於其下兮城堅而不可取矢盡劒折兮迤邐循城而東去於是滔滔汩汩相與入峽安行而不敢怒嗟夫物固有以安而生變兮亦有用危而求安得吾説而推之兮亦足以知夫物理之固然

長江在灩澦之下。杜甫｜｜詩衆水會涪萬瞿唐爭一門朝宗人共挹盜賊爾誰尊孤石隱如馬高蘿垂飲猿歸心異波浪何事即飛翻。李白自白帝下江陵詩朝辭白帝彩雲間千里江陵一日還兩岸猿聲啼不盡須臾却過萬重山

龍脊灘在城東三里狀若龍脊夏没冬見

虎鬚灘在奉節縣。杜詩瞿唐漫天虎鬚怒

魚復浦漢之魚復縣基即奉節縣

大瀼水在奉節縣州城以景德二年迁瀼西。夷堅志夔人龍濬遊瀼水見水中一石合命漁人探取之獲玉印五文字如星霞篆非世間篆籀比忽見天神侍立曰其乃九天使者所獲玉印乃上帝所寶昔禹治水既而投之水土既平復藏之名山大川今守護不謹可亟投元處濬如其言後亦登科爲桃源令。杜甫詩瀼東瀼西一萬家江南江北春冬花

相公溪在瀼東王龜齡云以丁公言得名水可烹茶

〔井泉〕

義泉源出卧龍山。杜甫引水詩月峽瞿唐雲作頂亂石峥嶸俗無井雲安沽水奴僕悲魚復移居心力省白帝城西萬竹竿接筒引水喉不乾人生留滯生理難斗水何直百憂寬。王龜齡詩夔州苦無井俗癭殊可憐竹筒喉不乾可浣不可煎日汲卧龍水屢賴擔夫肩宫費接筒竹民窮沽水錢丁寧後來者莫負義名泉

〔樓亭〕

白帝樓在城上。杜甫｜｜城｜詩江度寒山閣城高絶塞樓翠屏宜晚對白谷會深遊急急能鳴鴈輕輕不下鷗夷陵春色起漸擬放扁舟。又詩漠漠虚無裏連連睥睨侵樓光去日遠峽影入江深臘破思端綺春歸待一金去年梅柳意還欲攪邊心

最高樓杜甫詩城尖徑仄旌旆愁獨立縹緲之飛樓峽坼雲霾龍虎睡江清日抱黿鼉遊扶桑西枝封斷石弱水東影隨長流杖藜歎世者誰子泣血迸空回白頭

制勝樓王延禧詩夔子城新築長江便作壕百蠻歸指掌三峽見秋毫

白雲樓在計臺有三層登覽之勝甲於一郡

江月亭在戎鈐司。王龜齡詩長江何處水明月幾州天月與江無約相逢是偶然

〔堂閣〕

三峽堂在瞿唐宋肇建

十賢堂在州

治。○王龜齡記夔州十賢：唐大夫嚴刺史、諸葛武侯、杜少陵、陸宣公、章丞相（諱郇）、厚白文公、柳文公、寇萊公、唐質肅公。續得七人：宋玉、源乾曜、李適之、李吉甫、溫造、程伊川、黃太史。

高齋 陸務觀｜｜記：少陵居夔三徙居，皆名｜｜。其記曰：次水門者，白帝城之｜｜也；曰依藥餌者，瀼西之｜｜也；見一川者，東屯之｜｜也。

【祠廟】

高唐神女廟 在巫山縣西北二百五十步，有陽臺。○漫叟詩話：高唐事乃懷王，非襄王也。苕溪漁隱曰：高唐賦云：昔楚襄王與宋玉遊於雲夢之臺，玉曰：昔先王嘗遊高唐，怠而晝寢，夢一婦人曰：妾巫山之女也。李善注：楚懷王。則漫叟之言是也。然神女賦復云：襄王與宋玉遊雲夢之浦，使玉賦高唐之事，其夜與神女遇，與同當考。○襄陽耆舊傳曰：楚襄王遊於高唐，怠而晝寢，夢見一婦人，云：我帝之女，名瑤姬，未行而亡，封于巫山之臺，乃辭去曰：妾在巫山之陽，高丘之岨，朝為行雲，暮為行雨。比旦視之，如其言，乃立廟，號為朝雲。年代已久，今無遺跡。○劉禹錫詩：星河好夜聞清珮，雲雨歸時帶異香。何事神仙九天上，人間來就楚襄王。○白居易詩：巫山廟花紅似粉，昭君村柳翠於眉。誠知老去風情少，見此爭無一句詩。○李義山詩：非關宋玉有微詞，却是襄王夢覺遲。一自高唐賦成後，楚天雲雨盡堪疑。○李群玉宿巫山廟詩：寂寞高唐別楚君，玉人天上逐行雲。停舟十二峯巒下，仙佩仙香半夜聞。○李賀詩：巫山叢碧高插天，大江翻瀾神曳煙。楚魂尋夢風颸然，曉風飛雨生苔錢。瑤姬一去一千年，丁香筇竹啼老猿。古祠近月蟾桂寒，椒花墜紅濕雲間。○鮑溶巫山懷古詩：十二峯巒闘翠微，石煙花霧犯容暉。青春楚女妬雲老，白日神人入夢稀。誰傷宋玉千秋後，留得青山辨是非。○韋莊謁廟詩：亂猿啼處訪高唐，路入煙霞草木香。山色未能忘宋玉，水聲猶似哭襄王。○李涉詩：巫峽雲開神女

祠，綠鬟紅樹影參差。不勞戍口初相問，無義灘頭剩別離。○又詩：十二山晴花盡開，楚宮雙闕對陽臺。細腰爭舞君沉醉，白日秦兵天下來。○元微之詩：楚王怨妖夢，宋王復淫詞。萬事捐宮館，空山雲雨期。○蘇子瞻詩：遥觀神女石，綽約誠有以。世人喜狂佐，論說驚幼稚。○蘇子由詩：山中廟堂古，神女楚巫婆。婆奏歌舞空山日，落悲風吹。舉手睢盱道神語，神仙潔清非世人，瓦盎傾醪薦麋脯。子知神君竟何自，西方真人古王母。飄然乘風遊九州，朅渡西海薄中土。白雲為車駕蒼虯，驂乘湘君宓妃御。天孫織綃素非素，衣裳飄飄薄煙霧。泊然沖虛眇無營，朝食屑玉噉瓊乳。下視人世安可擇，超江乘山去無所。巫山之下江流清，偶然愛之不能去。湍崖激作相喧豗，白花翻翻龍正怒。竟使大禹導九川，石隕山墜幾折股。山前恐懼久無措，稽首山下苦求助。丹書玉笈世莫觀，指示文字相爾汝。擘山洩江幸無苦，庚辰虞余實相禹。功成事定世莫知，空山餓殞千萬古。廟中擊鼓吹長簫，采蘭為飧蕙為肴。玉缶薦芰香飄蕭，龍勺取酒注白茅。神來享之風飄飄，荒山長河何所有，嘗有瓊玉薦沉寥。神君聰明無我責，為我驅獸攫龍蛟。乘舡入楚泝巴蜀，濆旋深惡秋水高。歸來無恙無以報，山下麥熟可作醪。神君尊貴豈待我，再拜長跪神所勞。○吳簡詩：惆悵巫娥事不平，當時一夢是虛成。只因宋玉閑唇吻，流盡巫江洗不清。○朱元晦嘗云：宋玉賦雖有思萬方憂國害聞聖賢輔不遠之語，亦習兒之禮佛，娼家之讀禮耳。

白帝廟 在奉節縣東八里夔州城內，有三石筍猶存。公孫述據蜀，自稱白帝。○杜甫詩：白帝空祠廟，浮雲自往來。江山城宛轉，棟宇各徘徊。勇略今何在，當年亦壯哉。後人將酒肉，虛殿日煙埃。谷鳥鳴還過，林花落又開。多慙病無力，騎馬入蒼苔。○蘇子瞻詩：朔風催入峽，慘慘去何之。共指蒼山路，來朝白帝祠。荒城秋草滿，古樹野藤垂。浩蕩荊

江遠凄凉獨客悲遊回問風俗涕泗閱興衰故國依然在遺民豈復知一方稱警蹕萬乘擁旌旗遠略初吞漢雄心豈在變崎嶇來野廟閱然愧當時破甑丟山麥長歌唱竹枝荆都真壯士吳杜本經師失計雖然及圖王固已奇猶餘帝王號皎皎在門楣

蜀先主廟 去奉節縣六里○杜甫詩蜀主窺吳幸三峽崩年亦在永安宮翠華想像空山裏玉殿虛無野寺中古廟杉松巢水鶴歲時伏臘走村童武侯祠屋長鄰近一體君臣祭祀同○｜｜｜詩云天下英雄氣千秋尚凜然勢分三鼎足業復五銖錢得相能開國生兒不象賢淒涼蜀故妓來舞魏宮前

諸葛忠武侯廟 在州城中八陣臺下後封威烈武靈仁濟王○杜甫詩久遊巴子國屢入武侯祠竹日斜虛寢溪風滿薄帷君臣當共濟賢聖亦同時翊戴歸先主并吞更出師蟲蛇穿畫壁巫覡醉蛛絲㝡憶吟梁父躬耕起未遲

古跡 **陽雲臺** 在巫山縣西北五十步寰宇記南枕大江宋玉賦云楚王遊於｜｜之｜望高唐之觀即此○李白詩我到巫山渚尋古登陽臺天近彩雲城地佇清風來神女知已久襄王安在哉

永安宮 在奉節縣東七里魏武七年蜀先主自征吳為陸遜所敗還至白帝改魚復為｜｜｜居之明年寢疾而卒諸葛亮受遺於此○蘇子瞻詩千古陵谷變故宮安得存徘徊問耆舊惟有變州門游人雜楚蜀車馬晚喧喧不見重樓好誰知昔日尊吁嗟蜀先主兵敗此亡魂只因法正死使公去遭燔

八陣磧 荊州圖經云在奉節縣西南七里又云在永安宮南一里渚下平磧上有孔明八陣圖聚細石為之各高五丈皆棊布相當中間相去九尺正中開南北巷悉廣五尺凡六十四聚或為人散亂及為夏水所没及水退復依然如故又有二十四聚作兩層其後每層各十二聚○成都圖經云武侯之八陣凡三在夔者六十有四方陣法也在牟彌者一百二十有八當頭陣法也其在棊盤市者二百五十有六十營法也○興元志興元西縣亦有八陣則八陣凡四矣○杜甫詩云功蓋三分國名成八陣圖江流石不轉遺恨失吞吳○蘇子瞻云嘗夢子美謂僕世人多誤會吾八陣圖詩以為先主武侯恨不滅吳非也我意謂吳蜀唇齒不當相圖晉所以能取蜀者以蜀有吞吳之意以此為恨耳此說甚長○劉禹錫詩軒皇傳上略蜀相運神機水落龍蛇出沙平鵝鸛飛○蘇子瞻詩平沙何茫茫髣髴見石蹟縱橫滿江上歲歲沙水齧孔明死已久誰復辨行列唯餘八陣圖千古壯夔峽

越公堂 在瞿唐關城內隋楊公素所為也○杜甫｜｜｜詩此堂存古制城上俯江郊落構垂雲雨荒階蔓草茅柱穿蜂溜蜜棧缺燕添巢坐接春杯氣心傷艷蕊梢英靈如過隙宴衎願投膠莫向東流水生涯未即拋

杜少陵故宅 陸務觀記東屯李氏居已數世上距少陵纔三易主唐大曆初故券猶在○王龜齡云世傳計臺乃少陵舊宅今有祠堂舊經云少陵祠有三在漕臺奉節縣及東屯三處○東屯乃公孫述留屯之所距白帝五里杜甫移居東屯詩白鹽危嶠北赤甲古城東平地一川穩高齋四面同○東屯有青苗陂杜詩云東屯稻田一百頃北有澗水通青苗晴浴狎鷗分處處雨隨神女下朝朝又云東屯復瀼西一種住青溪東屯之田可得百許頃稻米為蜀第一郡給諸官俸廩以高下為差帥漕月得九斗故王龜齡詩云少陵別業古東屯一飯遺忠畎畝存我輩月叨官九斗須知粒粒是君恩

官吏 **鮑陋** 鎮白帝城為譙道福所圍城中無水鑿石開道以汲引道福不悟謂陋渴欲降之陋令人於江捕得生魚以遺道福乃解圍去鑿之跡今猶存

李孝

恭唐高祖時封趙郡王拜山南招討大使數進策圖蕭銑帝嘉納　源乾曜劉禹錫壁記云嘗爲參軍修圖經言風俗甚備　劉禹錫爲刺史有別夔州官吏詩三年楚國巴城守一去揚州揚子津唯有九歌詞數首里中留與賽蠻神黃太史書之號爲絕唱　柏中丞大曆中鎮夔。杜甫詩柏公鎮夔門滯務茲一掃　皇朝慕容德琛淳化中爲守值王小波李順之亂以孤城抗賊大破賊衆乘勢尅取一十郡　丁謂咸平五年施黔蠻爲寇以丁謂爲夔路轉運使謂乃罷兵并從吏自入溪洞蠻酋田彥伊出迎謂言有詔赦不殺蠻酋皆感泣作誓刻石柱立境上　唐介宰奉節今有祠堂王龜齡爲記　王十朋公遠牧古夔朝廷初議以馬綱行水路巴蜀病之公力奏其不可。公賦詩云村落尚餘煙火舍山林暫息斧斤痕坐看巴蜀回生意敢我雖呼倒酒尊

方五十七　十一

【人物】廖彥正郡人也以南平錄參上書論時政後與黨籍　李公京奉節人公京蒙之子龜之姪公奕龜之子公京之從弟也父子叔姪五人相繼登科號李氏五桂　袁師頤雲安人張九成榜登科師頤孝純之子師允師文之弟也父子兄弟四人相繼登科

【流寓】李綱靖康中安置

【詩】傳聲典信州杜甫送王信州詩下詔選郎署云云唐志信州即夔州也　絕塞烏蠻北杜甫夔府書懷詩云云孤城白帝邊又峽束滄江起巖排石樹圓拂雲霾楚氣朝海蹴吳天煑井爲鹽速燒畬度地偏有時驚疊嶂何處覓平川鸂鶒雙雙舞獼猴壘壘懸碧蘿長似帶錦石小如錢黃牛峽出錦石有五彩花紋　西南控百蠻杜甫詩峽口大江間云云城高連粉堞岸斷更連山開闢多天險防隅一水關亂離聞鼓角秋氣動衰顏　城峻隨天壁杜甫詩云云樓高更女墻江流思夏后風至憶襄王老去聞悲角人扶報夕陽公孫初恃險躍馬意何長　地蒸餘破扇杜甫詩云云冬熱更纖絺　家家養烏鬼杜甫詩異俗吁可怪斯人難並居云云頓頓食黃魚舊識難爲態新知已暗疏治生且耕鑿只有不關渠沈筆談曰峽中人謂鸕鷀爲烏鬼漫叟詩話以爲猪元稹詩病賽爲蠻鬼巫占瓦代龜蔡寬夫詩話亦曰烏蠻鬼吳虎臣謾錄曰老鳥神若是養鸕鷀與猪則未爲異俗可怪當是養鬼但養字讀作去聲　粔籹作人情杜甫詩西歷青羌坂南留白帝城於菟侵客恨云云瓦卜傳神語畬田費火耕是非何處定高枕笑浮生粔籹以蜜和米煎之

方五十七　十二

鐃管隨征旆唐劉禹錫送盧使君赴夔州云云高秋上遠巴白波連霧雨青壁斷蒹葭倚几雙幢靜登樓萬井斜政成知俗變當應畫輪車　青壁與城連盧綸送夔州班使君曉日照樓船三軍拜峽前白雲隨浪散云云萬嶺岷峨雪千家橘柚川還如赴河內天子許經年　夜鼓祭神多司空曙送夔府班使君詩魚國巴庸路麾幢漢分過曉檣爭市隘云云雲白當山雨風清滿峽波夷陵舊人吏猶誦兩歧歌　天旋夔子峽杜甫續得觀書定出三峽詩云云春近岳陽湖　民風雜莫徭陸務觀夔府書懷詩云云封城近南詔淒涼黃魔宮峭絕白帝廟通耀舞竹枝祺門對山燒但見瘿累累把鏡羞自照　夔府孤城落日斜杜甫秋興詩云云每依南斗望京華

聽猿實下三聲淚奉使虛隨八月槎畫省香爐違伏枕
山樓粉堞隱悲笳請看石上藤蘿月已映洲前蘆荻花
赤甲白鹽高刺天
杜甫夔州詩云云閭閻繚繞接山巔
楓林大樹丹青合複道重樓錦繡懸
白帝城中雲出門
杜甫詩云云白帝城南雨翻盆
高江急峽雷霆鬬翠木長藤日
月昏戎馬不如歸馬逸千家今有百家
存哀哀寡婦誅求盡慟哭秋原何處村
峽門江腹擁城隅
杜甫詩云閬風玄圃與蓬壺中有高
堂天下無借問夔州壓何處云云
南紀巫廬瘴不絕
杜甫苦寒行云云太古以來無尺雪蠻夷長老
怨苦寒昆侖天關凍應折玄猿禁口不能嘯白
鶴垂翅眼流血安
得春泥補地裂
三峽星河影動搖
杜甫閣夜詩
五更鼓角聲

方五十七　十三

悲壯
云云
蜀麻吳鹽自古通
杜甫詩云云萬斛之舟行
若風長年三老長謌裏白
晝攤錢
高浪中
夔峽民淳獄訟稀
王龜齡詩云云使
君無事只吟詩
山從夔子盡侵雲
石湖范至能詩人入
巷南多附贅云云
壯憶公孫舞劒器
陸務觀思夔州有詩云
云愁思宜容竹枝歌
[illegible]
今年強作歸
杜甫巫山縣唐使君宴別題壁詩臥病巴東久云云故
人猶遠謫玆日倍多違接宴身兼杖聽歌淚滿衣諸公
不相棄擁
別惜光輝
巴俗深留客
黃魯直用韻云云吳儂但憶
歸直知難共語不是故相違
東縣聞銅臭蓋過巫山用銅錢江陵
換夾衣丁寧巫峽雨謹莫暗朝暉
宓子彈琴宰邑

日
杜甫題終明府水樓詩云云終軍棄繻英妙時承家節
操尚不泯為政風流今在玆可憐賓客盡傾蓋何處老
翁來賦詩楚江巫峽半
雲雨清簟疏簾看奕棊
題詠
白帝城頭春草生
劉禹錫竹枝歌云云白鹽山下蜀江清
試聽南來歌一曲北人莫上動鄉情
山桃紅花滿上頭
云云蜀江春水拍江流花紅易
衰似郎意水流無限似儂愁
瞿唐嘈嘈十二灘
云云此中道路古來難長恨人
心不如水等閑平地起波瀾
巫峽蒼蒼煙雨時
云云清猿啼在最高枝箇裏行
人腸自斷由來不是此聲悲
楊柳青青江水平
云云聞郎江上唱歌聲東邊日
出西邊雨道是無晴還有晴

方五十七　十四

四六
瞻甯靈石　古來夔子　節以夔門　眷此巴渝
攺牧夔藩　地近烏蠻　當夫蜀隘　實鄰溪洞
惟此巴夔之寄　西南四道之咽喉　自蜀道分入使之權
介乎荊蜀之間　吳楚萬里之襟帶　以夔州爲諸司之冠
領卧龍之遺蹟　地荒半雜於猩猺　天旋夔峽良實驅馳
有化鶴之故城　俗獷易罹於狴犴　地重泰關徑煩彈壓
惟巴山之三峽　竊惟夔子之故邦　況巴渝十四州之地
會鼎唐之一門　實雜冉駹之蠻俗　撫其蜀八千里之衝
擢東壁之圖書光于列館　晨入太學而招諸生逐求外補
控西陵之門戶專在三巴　夜發清溪而向三峽聊作西遊
蛇退猿愁人何堪而至此　瞿唐五六月自昔畏圖之天
戒帝往嘯公所過以晏然　巫山十二峯何況朝朝之雨
富媼孕靈坐溢牢盆之利　認常山之蛇黙識木牛之運
姦胥落膽盡空訟諜之冤　蹊灩澦之象佇觀畫鷁之來

假以節旄摠列城於帥閫　烏蠻塞近狌狌夷獠之居
後之鼓吹兼他道之戎鈐　白帝城高象馬卜瞿唐之險
烏蠻塞近古牂牁駹之居　白帝城高符節久煩於兼領
瀧須浪高人占象馬之險　烏孫國亂藩維有資於預防
白鹽赤甲又淹長城之賢　一百八盤之天險率在部封
紫誥黃麻行有左席之召　五十四郡之星分敢爲門户
盧矢彤弓新元戎之號令　畫舫青簾皆資躑躅須之馬
白鹽赤甲壯全蜀之藩垣　碧油紅旆今重認常山之蛇

新編方輿勝覽卷之五十七

新編方輿勝覽卷之五十八

建安祝穆和父編

歸州 秭歸 巴東 興山

建置沿革 禹貢荆州之域楚地翼軫之分野周爲夔子之國後屬楚秦屬南郡二漢因之魏武平荆州以秭歸縣屬臨江郡三國先屬蜀後屬吳景帝置建平郡晉因之宋屬荆州南齊屬巴州梁屬涪州後周置秭歸郡隋屬巴東郡之秭歸縣唐改爲夔州割秭歸巴東二縣置歸州 皇朝因之中興割隸夔州而夔帥兼提舉歸陝兵甲

今領縣三

治秭歸

事要

郡名 巴東 建平 秭歸 郡志屈原既被放怨然暫歸有賢姊曰女須亦歸諭令自寬離騷所謂女須之嬋媛兮申申其詈予也袁崧以爲——之名始於此

風俗 郡少農桑 荆州記建平云云農不如工工不如商 最爲墝瘠 建平郡嘉禾詩序湖楚之北郡十有二歸之地云云 最能操舟 杜甫最能行峽中丈夫輒輕死少在公門多在水富豪有餘駕大舸貧窮取給隨艑子小兒學問止論語大兒結束隨商旅欹帆側柂入波濤撇旋梢㗭無險阻朝發白帝暮江陵頃來目擊信有徵瞿唐漫天虎鬚怒歸州長年與最能此鄉之人氣量窄誤競南風疏北客若道士無英俊才何得山有屈原宅 夷夏相半 夔州圖經 踏啼之歌 同上有巴人爲有白虎人爲有蠻蜑人爲巴人好歌名踏啼白虎人事道蠻蜑人與巴人事鬼伐鼓以祭祀叫嘯以興哀詰朝爲市男女錯雜日未午交易而 拔河之戲 同上以麻絙巨竹分朋而挽水退謂之拔河以定勝負而祈農桑

形勝 左荆襄右巴蜀 秭歸志云云西苑黔背金房大江經其前香溪遶其後 劉備故城 同上云相傳劉先主征吳連營七百里至秭歸此城蓋當時所築舊址 四川之門户 楊輔乞歸峽甲兵司奏狀夔歸峽之郡云云 國之藩表 通鑑吳陸抗疾篤上疏曰西陵建平云云既處上流受敵二境若敵汎舟順流星奔雷邁非可恃援他部以救倒懸也 增建平兵 三國志晉將王濬自蜀沿江伐吳守將吳彦表皓曰請——若建平不下晉師終不敢過皓不從

山川 巴山 在巴東縣治所依 朱雀山 在秭歸縣南故名—— 與州治相對 卧牛山 在秭歸縣治之後有翰林亭 破石山 在秭歸縣山有大石破爲十字人登者咸經其間 明月山 在巴東山上有穀如明月 石門山 在巴東縣東北三十五里山有石逕深若重門劉備爲陸遜所破走經石門追者甚急備乃燒鎧斷道然後得免 八學士山 在秭歸有八疊皆朝州治 建陽峽 在興山東七十里源出房郡曲折四十八渡約十餘里至建陽村中 空舲峽 在秭歸縣東絕崖壁立飛鳥不能栖有一火燼插石崖間長數尺相傳堯洪水時行者泊舟繫於崖側故插餘燼于此至今猶曰插竈 玉虛洞 在興山縣南五十里舊經唐天寶有人遇白鹿於此山逐而視之乃有洞可容千人遂於洞側置觀 雷鳴洞 在秭歸縣大江之左駭浪激石聲若——故名 龍昌

洞亦名三游洞在巴東有龍昌寺此非石洞有溪十里可浮舟往來大沱石在巴東縣歐公
硯譜云歸州大沱石其色青黑班班其文微麄亦頻發墨○杜詩奉使三年後長嘯得石硯吒溪在秭歸縣
水石相激如噴吒之聲在雷鳴洞之南分三吒官槽口爲上吒雷鳴洞爲中吒黃石口爲下吒吒心大潭如甕舟行多覆
溺之患故名人鮓甕○黃魯直詩命輕人鮓甕頭船合溪在秭歸縣兩溪合流香溪即昭君溪也
下牢溪在秭歸縣西六十里○杜甫詩始知雲雨峽忽盡下牢邊○歐陽永叔詩隔谷聞溪聲尋溪度
橫嶺清流涵白石靜見千峰影巖花無時歇翠柏鬱何整安能戀潺湲俯仰弄雲景滑石灘在秭歸縣
岸皆滑石【井泉】清冷泉出東溪石罅極清冷作亭其下因泉爲名石碣尚存【堂亭】

方五十八　三

雙鳳堂在秭歸縣治縣令鄧推清生二子後俱參政事此堂因名白雲亭在巴東縣
秋風亭在巴東縣並寇萊公建○陸務觀詩江上秋風宋玉悲長官手自葺茅茨人生窮達誰能料蠟淚
成堆又一時翰林亭在卧牛山下唐翰林李嶷爲刺史嘗建亭故名【寺觀】靈泉
寺在州西三里西臨水狀若瀑布張無盡於此院著華合論○詩云合道遍爲七卷經默教開眼示羣生不須天
女添瓶水自有靈泉一派清雲居觀在秭歸縣有金銅混元皇帝像并二鐵真人皆唐開元間鑄
【祠廟】三閭大夫祠晏類要在州東五里○東漢地理志引荆門記云秭歸縣北一
百里有屈平故宅累石爲室基名樂平里其東北十里又有女須廟擣衣石猶存○陸務觀歸州逢端午詩屈平鄉國逢

重午不比常年角黍盤黃魔神寰宇記載其廟記云咸通壬辰翰林蘭陵公蕭遘自右史竄黔南泝
三峽次秭歸夢神人曰險不足懼公詰之曰我｜｜｜也居紫極宮之西北隅將祐助明公出于此境又廟記載李吉甫
自忠州除替峽漲洶怒忽有神人湧出水上爲之扶船李公祝而謝曰是何神也神曰我｜｜｜也本本朝寇萊公經從
吒灘亦有神扶舡而下自號｜｜｜寇萊公祠在龍興觀之西又巴東亦有祠有萊公柏二株在縣
庭民以比甘棠○蘇子瞻詩萊公昔未遇寂寞在巴東聞道山中樹猶餘手種松明妃廟昭君名嬙
避晉諱改曰明妃本縣人王穰之女也年十七漢元帝時待詔掖庭不得見後單于願壻漢氏於是以昭君行○寰宇記
在興山縣昔明妃入胡於馬上彈琵琶然且歌曰秋木萋萋其葉萎黃有鳥處此集于苞桑昭君服毒而死單于舉國葬

方五十八　四

之胡中多白草而此塚獨青鄉人思之爲之立廟○州東北四十里有昭君村○白居易詩靈珠產無種彩雲出無根亦
如彼姝子生此遐陋村○杜甫詩羣山萬壑赴荆門生長明妃尚有村一去紫臺連朔漠獨留青塚向黃昏又云若道巫
山女麤醜何得此有昭君村○李白詩漢月還從東海出明妃西嫁無來日燕支長寒雪作花蛾眉憔悴沒胡沙生乏黃
金枉圖畫死留青塚使人嗟○又云丹青能令醜者妍無鹽翻在漢宮裏○唐楊凌明妃怨漢國明妃去不還馬駝絃管
向陰山匣中縱有菱花鏡羞對單于照舊顏○王介甫詩當時枉殺毛延壽意態由來畫不成○歐陽永叔詩雖能殺畫
工於事竟何益耳目所及尚如此萬里安能制夷狄【古跡】丹陽城在秭歸東八里今屈沱楚
王城是也北枕大江周十二里山海經云夏啓封孟涂於丹陽城昔周武王封熊繹於荆丹陽之地即此與江南丹陽不

同夔子城寰宇記在秭歸縣東二十里春秋夔子之都熊摯所治也高陽城在興山縣西三里山上歸鄉城在秭歸縣東五里即歸國也向王槍在巴東縣北臨大江傍有鐵槍頭長數丈經數百年不損目曰向王槍公孫樓柱盛弘之荆門記巴東有一折柱孤直高三丈可十圍相傳云是公孫述樓柱枯而不朽

名宦　杜延年封建平侯蔡邕為巴東守李嚴牢待歸後輔蜀少主皇朝寇準為巴東令有野水無人渡孤舟盡日橫之句○王龜齡詩云澶淵一段奇功業句在孤舟野水中○陸務觀詩云巴東詩句澶淵策信手拈來盡可驚

人物　屈伯庸屈瑕之後采食於屈因氏焉生女顏及子平屈平字原仕楚懷為三閭大夫以讒被逐自沉汨羅宋玉屈原弟子為楚大夫閔其師以忠被放乃作九辯以述其志州東五里有故宅○杜甫詩搖落深秋宋玉悲風流儒雅亦吾師江山故宅空文藻雲雨荒臺豈夢思

名賢　張商英以忤蔡京安置歸州移峽州

題詠　看我過龍門秭歸集詩亂石烏牛伏驚濤白馬奔大家齊拭目云云楚水春多逆浪風白居易入峽次巴東詩巫山暮足霑花雨云云兩片紅旌數聲鼓使君艛艓上巴東竹籬茅舍作晚市陁至能詩云云青蓋黃旗擁使君城邑舊為夔子國王龜齡詩自秉華軺忍熊繹詞誦離騷弔屈原云云民人多是楚王孫過眼黃牛竹節灘秭歸集詩驚心烏石

蓮花浡云云征棹直從中當過好山只得片時看

四六　巴東古郡　建平小壘　地雖要害　雖云古地
蜀口要津　荆楚上流　境則蕭條　尚習蠻風
山城分壘巴峙固圍之功　夔子國蜀主城尚存遺址
野水橫舟行作濟川之具　昭君村屈原宅曾入名篇
地惟瘠土民不富於田疇　竹籬茅舍分符聊試於小邦
水亦奔湍俗善操於舟楫　金馬玉堂召對即躋於近列

雲安軍　雲安

建置沿革　禹貢梁州之域秦巴郡之地漢朐䏰縣也其地下濕多朐䏰蟲故名周武帝改為雲安縣屬巴東郡隋因之唐隸夔州後為雲安監　皇朝開寶以雲安縣陞為監　中興以來分道置師以雲安為夔州屬邑差京朝官為軍使仍借服色蓋雖以縣隸而軍額仍舊今領縣一

事要

郡名　雲安

風俗　風俗淳厚唐兩眞君飛昇記雲安云云陶染真風如瞿法言揚雲外之徒繼出故琳宮秘館獨盛於它郡猶存使名李壆雲安橘官堂記建炎中改軍為縣隸於夔云云官儀仍備太守之略而時節得以需章自達于朝他邑莫比也

形勝　東有臞唐張顒雲安鍾秀亭記云云灩澦之壯西有縉雲同上云云嵞山之美

土產　鹽元和志郡有丨官橘官

山川　石城山在岷江北岸相去一里漢志朐䏰山有小大石城飛鳳山與縣治相對馬嶺山在縣北三十里扶嘉所謂

三牛馬嶺　**曲水**　李思㬊留題云雲安之西三十里有自然曲水泊舟搒石灘步往訪之水岐急不可流觴巖頂有永和間題字　**龍溪**　在縣西三十里

【堂宇】**德輝堂**　晁公遡有記　**橘官堂**　李壴有記　**杜鵑亭**　杜甫詩云雲安有杜鵑　**水閣**　杜甫水閣朝霽奉簡嚴雲安詩東城抱春岑江閣鄰石面崔嵬晨雲白朝日射方甸雨檻卧花叢風牀展書卷鉤簾宿鷺起丸藥流鶯囀呼婢取酒壺續兒誦文選晚交嚴明府矧此數相見

【人物】**扶嘉**　按雜記漢廷尉一一朐䏰人也初嘉母於湯溪水側遇龍後生嘉長占吉凶巧發奇中高祖爲漢王時與嘉相遇嘉勸定三秦高祖以嘉志在扶翼賜姓扶氏爲廷尉食邑朐䏰嘉臨終有言曰三牛對馬嶺不出貴人出鹽井

【題詠】**天外巴子國**　劉禹錫始至雲安縣詩云云山頭白帝城波傾蜀帝盡雲散荒臺傾　**避暑雲安縣**　杜甫奉寄李祕書詩云云秋風早下來　**終日子規啼**　杜甫子規詩峽裏雲安縣江樓翼瓦齊兩邊山木合云云　**雲安縣前江可憐**　杜甫十二月一日詩今朝臘月春意動云云一聲何處送書鴈百丈誰家上瀨船未將梅蕊驚愁眼更取椒花媚遠天明光起草人所羨肺病幾時朝日邊　**日長巫峽雨濛濛**　唐戎昱雲安阻雨云云又說歸州路未通遊人不及西江水先得東流到渚宮　**雲安酒醲麥米賤**　范至能竹枝歌云云家家扶得醉人歸　**贈子雲安雙鯉魚**　杜甫寄岑嘉州詩云眼前所寄選何物云云　**雲安沽水奴僕悲**　杜甫引水詩見夔州義井注

【四六】塗之泥檢剖竹雲安　名雖小邑體如大邦　維雲安之最邑乃夔峽之要區

聽巫峽之鵑似催佳句　地分朐䏰之番封強名郡治

聞雲安之鴈忽送尺書　憂及雲安之斗水可想土風

大寧監　大昌

【建置沿革】禹貢荆州之郡占星軫之分野在峽之北於夔爲近春秋時夔并於楚秦以爲巫縣漢屬南郡三國迭有其地蜀分南郡立宜都郡吳孫休分宜都立建平郡晉置建昌縣又改泰昌屬建平郡後周又改曰建昌縣又改曰大昌郡隋屬巴東郡唐屬夔州縣有鹽井其後劉晏爲鹽鐵使以嘉興及大昌等爲十監五代屬夔州

皇朝開寶六年於鹽井十七里置大寧監端拱間以大昌縣來屬今領縣一與監治自爲兩處

【事要】【郡名】**大寧**　【風俗】**最爲褊陋**　知監黃中江山堂記大寧在巴峽云云　**軒冕耆寡**　登科題名記大寧僻在東南云云而封略之内皆樂善之編氓　**田賦不滿六百頃**　大寧志序　**藉商賈以爲國**　同上云云圖經一泉之利足以奔走四方吳蜀之貨咸萃于此　**辣茶辟嵐氣**　監地接朐䏰多瘴土人以茱萸煎茶飲之可以辟嵐氣以其味辛名曰辣茶

【形勝】**地近巴夔**　圖經云云有楚遺風又壁記云僻在夔峽之左土產不及他郡中下　**亂山縈紆**　知監元克鳳山泉記境土延袤數百

里大寧皆云云一水經乎其中**峽郡之桃源**知監正子中大寧志序一溪前陳可濯可泳象峯巒絕如削泐如畫亦云云也

【土産】**鹽井**寰類要山嶺峭壁之中鹹泉湧出土人以竹引泉置鑊煮鹽。郡志鹽井隸監淳熙甲辰部使若楊公輔更法歸之漕司監不復與熙寧中歲額四百餘萬斤紹興中以二百四十萬斤爲額閏年加十萬斤爲二百五十萬斤又云鹽泉有絞筅引泉踏溪每一筧用一筅其筧與筅經一年十月旦日以新易陳郡守作樂以臨之井民相慶謂之絞筅。杜甫詩鹵中草木白青者官鹽煙官作既有催煮鹽煙在川汲井歲榾榾出車日連連自公斗三百轉致斛六千君子慎止足小人苦喧闐我何良歎嗟物理固自然

【山川】**鳳山**直監治之東亦名東山際溪千仞木石蒼翠景物幽絕**寶山**在監北十七里半山有穴如瀑泉即鹹泉也山有牡丹芍藥蘭蕙氣象盤蔚大寧諸山惟此獨雄**石柱山**在監東四里一峯削成如巫峽所望剪刀峯與道士峯相連皆奇觀也**石鍾山**在監東北十五里與三仙山相望有巨石如鍾下有三足煙火之跡宛然父老以爲爾朱丹爐云**道士峯**在監東四里與石柱山相連**觀音巖**在監治東鳳凰山郡守張孝芳愛其類湘中山水暇日窮討得月窟雲巖釣雪玉環浮玉寶華之勝**二仙洞**在鹽泉之側峭壁上有石紋如人相對起伏狀洞深不可測前有池不竭又有仙跡長丈餘**馬連溪**在監西五里中春清明郡守領客於江皐泛舟遊人亦買州載吹隨之會飲於綠陰之下不減蠶市之樂**千頃池**在大昌縣西三十六里波瀾浩渺分爲三道一道東流爲當縣井源一道西流爲雲安縣陽溪一道南流爲奉節縣西瀼水

【樓閣】**絕雲樓**在郡治**藏春塢**在廨治

【名宦】**皇朝雷說**淳化中說知監見人戶汲泉強弱相凌多抵於訟乃於穴傍創爲石池以豬之外設橫板三十竅承以脩竹謂之筧筒**孔嗣宗**嘉定中歲久瀉弊朝廷乃遣榮州資官令孔嗣宗措置有不便於民者悉除去止存牆戶資鹽三色除去四色

【人物】**姚邦基**調開封尉氏令以劉豫僭竊遂匿跡於山林高尚嘉之華以京秩**王文義**景德中文義母疾篤刲股進藥母卒廬墓去水遠忽感夢得泉今名孝感泉崔守有文以記之

【題詠】**燒畬度地偏**杜甫詩黃井爲鹽速云云注云巫土瘠确煖氣晚達故民燒地而耕謂之火耕**匣琴虛夜夜**杜甫西閣期大昌嚴明府不至詩云云手板自朝朝**分符真吏隱**白異題江山堂詩云云燕寢倚巖捷

【四六】光齊鳳綍榮佩虎符　昔維置監今實爲州　官儀頗覺於森嚴地望無嫌於褊陋　黃井爲鹽既利權之莫擅燒畬度地復田賦之甚微　環郡皆山疑是桃源之聚落陞邑爲監均爲竹使之蕃宣

新編方輿勝覽卷之五十九　建安祝穆和父編

開州

開江　清水

【建置沿革】禹貢梁州之域東井輿鬼之分野秦漢爲巴郡朐䏰縣地後漢獻帝分朐䏰西北界今州南二里置漢豐縣屬固陵郡蜀先主改爲巴東郡西魏恭帝於達州新寧縣置開州因開州以爲名後周置漢豐縣爲永寧縣自東關郡城移開州於今理今州西九十里蜀水故城是也隋煬帝改永寧爲盛山縣恭帝於盛山縣置萬州及萬歲郡唐重置開州改盛山郡復爲開州皇朝因之今領縣二治開江

【事要】

【郡名】盛山　朐䏰 天寶更名｜｜劉禹錫云｜｜蚯蚓也地濕多此虫故名

【風俗】俗重田神 寰宇記云云　績文相高 寰宇記士以云云 有溫造柳公綽之餘烈　唱竹枝歌 寰宇記男女皆云云

【形勝】漢中支郡 推載之作開州刺史廳宅記云云曰盛山所理陋陋　禹服荒略 溫造宿雲亭記云郡當｜｜之｜｜巴封之徼隧　水陸所湊 隋志巴東等郡云云貨殖所萃蓋一都會也

【山川】盛山 在州北三里山下有宿雲亭隱月岫流盃渠琵琶臺琴衣石　熊耳山 在州東北其南至夔州界　青岡山 在開江縣西南百四十里　石門山 在清水縣東北十里有石穴至深　靈洞 在州南五里溫井後　兩江 開江清江又名疊江　墊江 發源高梁山流至縣南　白水溪 在清水縣西南

【亭臺】宿雲亭 在盛山堂溫造有記○韋處厚詩齋平聮郭柳帶繞抱城江　琴鄉亭 夏侯孚先記云盛山風物冠晃峽郡其間十二景唐宋鉅公更酬迭唱云　雲鴻亭 賈偉有詩　四并臺 張頎有詩

【名宦】韋處厚 韓愈開州韋處厚侍講盛山十二詩序韋侯昔以考功副郎守盛山人謂韋侯美士考功顯曹盛山僻郡奪所宜處納之惡地以枉其材韋侯將怨且不釋矣或曰不然夫得利則躍躍以喜不得利則戚戚以泣若不可生者豈韋侯之謂哉韋侯讀六藝之文以探周公孔子之意又妙能爲辭章可謂儒者夫儒者之於患難苟非其自取之其拒而不受於懷也若築河隄以障屋霤其容而消之也若水之於海冰之於夏日其觀而忘之以文辭也若奏金石以破蟋蟀之鳴蟲飛之聲況一不快於考功盛山一出入息之間哉未幾果有以韋侯所爲十二詩遺余者其意方且以入谿谷上巖石追逐雲月不足日爲事讀而歌詠之令人欲棄百事往而與之游不知其出於巴東以屬朐䏰也于時應而和者凡十人及此年韋侯爲中書舍人侍講六經禁中名處厚和者通州元司馬名稹爲宰相洋州許使君名康佐爲京兆忠州白使君名居易爲中書舍人李使君景儉爲諫議大夫黔府嚴中丞武爲祕書少監溫司馬造爲起居舍人皆集闕下於是盛山十二詩與其和者大行於時聯爲大卷家有之焉慕而爲者將日益多則分爲別卷韋侯俾余題其首　柳公綽 爲守劉禹錫爲屯田郎中以自代　宋申錫 唐書文宗朝王守澄黨鄭注誣告申錫貶開州司馬許渾有聞開江｜相公｜｜下世詩云必竟功成何處是五湖雲月一帆開　皇朝劉源 遂寧人爲開州

萬歲令即清水也賞號鑿縣灘號曰開灘長官張堯佐爲開州太守

【題詠】開州入夏皆涼冷杜甫寄常徵君有詩云云不如雲安熱毒新挂笏看山尋盛字蓋山如盛字也盛山更在天上頭謝譓詩金房開達皆名州云云

【四六】言從涪水易守固陵春惟峽郡莫若盛山自魚鳬之開國析朐䏰以爲州蜀道數千里廉舉戴驅編元子之播機多庫詩賦盛山十二詩正將偶和秦章侯之金石又如辭章雖云僻郡不無奔所宜興之嫌其在清朝即有選諸所表之褒

達州

通川 巴渠 永睦 新寧 東鄉 明通

【建置沿革】古巴子國秦地鶉首之分野秦爲巴郡漢爲巴郡宕渠縣之東界後漢分宕渠置宣漢郡即今通川理所劉璋分屬巴西郡晉省宣漢縣宋武帝又置宣漢縣屬南宕渠蕭齊又屬巴渠郡梁於宣漢縣置萬州及東關郡因界內萬頃池故名西魏廢帝以郡居四達之路改通州隋廢通川郡唐改通州 皇朝平蜀以淮南有通州改達州今領縣六治通川

【事要】

【郡名】古通 通川 寶城並郡志

【風俗】地濕墊卑褊唐詩紀事元稹受通之初有習通之態者曰云云人士稀少邑無吏市無貨百姓茹草木刺史以下計粒而食大有虎豹蛇虺之患小有蟆蚋浮塵蜘蛛之類皆能鑽齧肌膚使人瘡痏夏多陰霪秋爲痢瘧○元微之集通之地叢穢卑褊蒸瘴陰鬱土地肥美地理志云巴有江水沃野山林蔬食果實之饒任俠尚氣通川志山高水深民俗秀野云云有楚公黃歇之風質朴無文隋志云云不甚趨利俗不耕桑九域志男女不耕桑貿實用雜物以代錢地無醫藥圖經夏秋多瘴白居易詩人稀地僻醫巫少夏旱秋霖瘴瘧多○又訓元刺史詩來時子細說通州州在山根峽岸頭四面千重火雲合中心一道瘴江流○又云匼匝巔山萬仞餘人間恰似甑中居○元稹訓樂天詩君避海鯨驚浪裏我隨巴蟒瘴煙中一樹梅花數升酒醉尋江岸笑春風○又云三冬有電連春雨九月無霜盡

火雲併與巴南終歲熱四時誰道各平分茅舍竹籬元稹酬樂天詩茅苦屋舍竹籬州虎怕偏蹄蛇兩頭暗蠱有時迷酒影浮塵終日似波流沙含水弩多傷骨田仰畬刀少用牛知得共君相見否近來魂夢轉悠悠○白居易詩蛇蟲白日攔官道蚊蟆黃昏撲郡樓父罷母孃楊衷云齊人呼母爲孃今巴俗亦然呼父爲罷山中人亦呼爲罷故詩云結網孃教女操舟罷誦男

【形勝】東瀉巴水陳升擧王軒序通川之境云云西峙鐵嶺南對臥雲北望鳳山郡居四達見沿革其州枕江寰宇記山水之國曾滋雙清閣記盖四萬室元稹告三傀神文通川爲郡云云寰宇記土居十萬戶水居三千戶爲四川咽喉宣撫司謝表上言明通東鄉兩縣云云

【土產】**魚鹽絲帛** 朱胠記：通川在諸郡為最優，蠶桑畎畝，米漢中有不如者。○常氏馬鳴山記：水航於蜀，陸宥於雍，特金易絲帛者不絕于道。○殷氏蜀記：鹺鹽漆之利。

【山川】**竹山** 在通川縣東南十餘里。**鐵山** 馬溝有詩。**鳳凰山** 在通川縣西五里。**金華山** 去通川縣四十里，與石城山相接。楊晨詩：吾州金華峙，霄漢上有兜率香飄帷。**石城山** 四面斗絕，鼎公瀨有詩。**八疊山** 張才有詩。**七盤山** 在永睦縣東北三十里。**盐巖** 巖壁巉然，下有平池，春時遊人甚盛。**垂虹巖** 在大原市之西，有水自巖巔流下，春夏甚壯，若垂虹焉。**巴嶺** 在故宣漢縣東十里。**赤溪** 在巴渠縣東五里。**黑潭** 在安居鎮，潭上有穹巖嶢然，其下平廣，巖東偏有瀑水自上流下，作水簾狀。**丙穴** 在明通縣井峽中，其穴凡十，其中皆產嘉魚，春社之前魚即出穴，秋社即歸，其出也止於巴渠。龍脊灘首有黑點，謂照映星象相感而成，長身細鱗，肉白如玉，其味自鹹，蓋食鹽泉也。

【樓亭】**六相樓** 李嶠自宰相、劉晏自京兆尹皆貶為刺史，元稹自拾遺貶為司馬，與前刺史李適之後皆登相位。熙寧中張天覺為通川主簿，今後亦為相。狀炎丁未余應求記。後以韓滉為州長史，共為一一一。又有韋昭範貶通州，昭宗時為平章事。**夏雲亭** 在南山，元稹為司馬時立，下瞰江流，周覽城邑。**勝江亭** 在州西三里，郡守王番因讀江州司馬白居易寄通州司馬元稹詩有"通州猶似一一州"之句，因以名一。

【名宦】**李適之** 遷通州刺史。**李嶠** 武后時出為潤州刺史，改通州。**韓滉** 休之子，為通川郡長史，代宗時調發糧帛，當時賴之。**元稹** 字微之，自御史左遷司馬，權知州事。微之到通州日，授館未安，見壁間有數行字，乃是樸十五年前初及第時贈長安妓阿軟絕句。緬思往事，杳若夢中，懷舊感今，因酬長句。呈白居易，詩云：十五年前似夢遊，曾將詩句結風流。偶助紅袖佳人唱，今遣青衫司馬愁。**劉晏** 自京兆尹出為通州刺史。

【皇朝】**韓廣叔** 赴通川日，黃太史以言贈之曰：惟勤能辦公家，惟清能律貪吏，嚴而信則吏不病民，簡而敏則民多在野。**張商英** 公初調通川簿，渝州蠻反，詔夔漕張詵討之，惟王袞未降，詵檄公往，王袞見而下拜，蠻遂平。**陳并** 以上書斥蔡京之黨，謫監達州茶場，後亦與黨籍。**余應求** 欽宗擢為御史，以論事謫監達州茶場。

【人物】**羅戩** 通川人，以剛直聞于鄉里，為武學諭。上幸學，百官先集，蔡京於坐談兵，戩昂視屋角不聽，翩然奪官。**謝昇** 仁資州人，父立為達州推官，因家焉。以上書救鄒浩，斥為邪等。

【題詠】**芒屩泗牛婦** 元稹酬樂天百詠云：丫頭蕩漿夫。酢醅荷裹賣，醨酒水淋沾。**江郭舡添店** 元稹詩：夷音啼似笑，蠻語謎相呼云云。山城木豎郭，楚風輕似蜀，巴地濕如吳。**天與通州繞郡山** 元稹詩：愛山欲得山中住云云。睡到日西無一事，月儲三萬買教閑。**別君緣是在通州** 元稹別李十一詩：京城每與閑人別，猶自傷心欲白頭。今日別君心更苦云云。**江館無人虎印泥** 元稹見樂天詩：通州到日日平西云云。忽向破簷殘漏處，見君詩在柱中題。**偏梁閣道上通州** 白居

易兩夜憶元九詩一揰兩中君最苦云云閣欄都大似巢居元稹訓樂天詩平地繚應一頃餘云云

四六

巫峽奥區　地居四達　據四川之通道
通川名郡　山列千峯　總六邑之提封
火雲電雨柰天氣之多炎　絲泉魚鼈備載通川之記
茅舍竹籬亦土風之甚陋　蟲虵蚊蚋乃表長慶之詩
乃眷通川之太守地望雖輕
曾逢長慶之詩人州符特重

萬州　南浦　武寧

建置沿革　秦地鶉首之分野春秋及戰國並屬巴國又爲楚之西鄙秦屬巴郡今州即漢巴郡朐䏰縣之地東漢末劉璋以朐䏰屬巴東郡蜀後主立南浦郡屬巴東郡此南浦郡之所自始也後周分朐䏰縣置安鄉郡又改萬川郡又兼置南州於此隋廢郡及萬州改萬川縣爲南浦縣唐初創信州之南浦縣置南浦州後立浦州太宗改爲萬州　皇朝平蜀割梁山縣置梁山軍又以萬州今領縣二治南浦

事要

郡名　萬川　南浦

風俗　風俗朴野圖經　尚鬼信巫同上云云乃巴蜀之舊　民賴魚罟寰宇記土地多泉云云五魚泉縣

形勝　北環梁山張白雲濟川亭記　北接夔門南浦記云云前控歸峽寨有裴風　南帶長川同上　岷江流于前西池記萬川枕都歷山足云云亭溪出其右　夔岷嶓之下唐段文昌岑公洞記云云據三峽之上　控束巴楚瀼川亭記云云有舟車之會　萬川八景郡守趙公有詩曰岑公洞曰西山曰秋屏曰魯池曰江會樓曰天生橋曰蛾眉磧曰古練石

山川

西山距州治二里初泉荒草蕪郡守馬元穎魯有開元翰修｜｜池亭種蓮栽蒜支雜果几三百本白雲張俞作詩於至和間云池光瀲灧萬象皆鏡入蜀公范鎮作詩於熙寧云｜｜瞰大江迤邐龍鱗濕○郡守王逖記曰｜｜之勝聞天下蓋以張范二詩重故亭以詩名○王伯岑公洞記｜｜如一帶翠屏下浸湖面○南浦令史元穎云萬州｜｜爲峽上絕勝○黃魯直留題｜｜勸封院云郡西渡大壑稍陟半山竹柏蒼蔚水泉瀰爲大湖亭榭環之倚舍樓觀重複出沒煙霧之間光影在水景

物清絕爲夔路第一　南山下瞰大江水落石出曰蛾眉磧即州之對山也　都歷山在郡北一峯突出衆山之上巋嵷爲平阜氣象融結蓋郡之主山　高梁山在州北四十里江源記云山尾東跨江西首綴閣東西數千里望之若長雲垂天俯視衆山泯若平原劔閣銘所謂巖巖梁山積石峩峩者是也

下巖黃魯直云萬州之｜｜唐末有劉道者開道於雲居膺禪師爲開巖第一祖法號道微自盤石龕曰死便藏龕中不用日時門人奉其命二百年來遊者題詩不可勝讀莫能紀此開巖者故予作詩表見之云空巖靜發鍾磬響古木倒掛藤蘿昏莫道書屋鎖瓛骨肯應持缽到諸村

岑公巖在大江之南廣六十餘丈深四十餘丈石巖巉絕上有華蓋左右方池有泉湧出巖巖遍巖盛夏注水如簾松草藤蘿蓊蔚蔥翠真神仙窟○唐刺史馬冉詩南溪有仙

洞咫尺非人間泠泠松風下日暮空蒼山○范蜀公詩洞居獨嶽空壁滴珠玉濺○黃太史詩有與欲到岑公洞正怯衝泥傍險行經花岑公閟清境春光一夜雨連明

古練巖 在州西一里有寺

絕壁龍 在西山石壁間幽人勝士之所遊覽有唐人題記

大江 即岷江也在州東其左有二石穴名天倉地倉地倉滿則豐天倉滿則歉

南溪 在州南

岑溪 在州西

魯池 在西山即太守魯有開所鑿廣百畝植以紅蓮

【井泉】**包泉** 在西山或謂與惠泉相上下

【樓堂】**江會樓** 在州西

桂華樓 在州宅太守侯賓以郡士二人同年登科故名

四望樓 白居易寄瀾楊万州——詩江上新樓名四望東西南北水茫茫無由得與君攜手同憑闌干一望鄉

七賢堂 太守魯有開白雲張俞蜀公范鎮老泉蘇洵東坡蘇軾潁濱蘇轍山谷黃庭堅先後經行取其詩諭刻置堂上仍繪七賢像

【橋梁】**天生橋** 在岑溪乃一巨石自然成橋其長與溪等而平闊如砥平地溪流出其下

【寺觀】**白鶴寺** 在武寧縣三里有題詠

白鶴觀 在武寧縣許旌陽舊宅

【名宦】**皇朝嚴挺之** 爲萬州司户

魯有開 宗道乃其從父皇祐間爲守西山池亭自公發之

馮時行 紹興間爲守號縉雲先生

【人物】**甘寧** 臨江人即今武寧縣地佐吳爲折衝將軍輕財敬士

【名宦】**苗拯** 柳文先友記云上黨人有學術峭直以諫議大夫論省中語貶萬州

【題詠】**青山繞萬州** 鄭谷寄南浦謫官詩白首爲遷客云云醉歌梅障曉歌壓竹枝秋

我懷巴東守 白居易初到忠州登東樓寄萬州楊八使君前見忠州云云本是關西賢平生已不淺流落重相憐水梗漂万里龍鍾四五年新恩同雨露遠郡鄰山川書信雖往復封疆徒接連其如美人而欲見肯無緣

迴頭望南浦 白居易寄楊萬州詩云云

南浦凄凄別 白居易南浦詩云云西風嫋嫋秋

南州煙水北州雲 白居易寄楊使君登樓見憶詩忠萬樓中南北望云云兩州何事偏相憶各是籠禽作使君

東都綠李萬州栽 白居易和楊萬州嘉慶李詩云云君子封題我手開把得欲嘗先悵望與渠同別故鄉來

峽中天下最窮處 陸務觀憶萬州短歌云云萬州蘭條誰肯顧南浦尋梅墮滿舟西山載酒空生後

【四六】出綍西垣　雖峽中之窮郡　據三峽之上游

分符南浦　乃天下之名區　有諸賢之遺迹

南浦尋梅頗動雪舟之興　五馬雙旌暫向名邦而出守

西山載酒尚爲蠟屐之遊　萬川八景不妨小隊之行春

新編方輿勝覽卷之五十九

新編方輿勝覽卷之六十　　建安祝穆和父編

梁山軍　梁山

建置沿革　禹貢梁州之域天文屬鶉首之次本漢朐䏰縣地西魏分置安鄉郡又改爲萬川郡後周又分朐䏰縣地置梁山郡因界內高梁山以爲名隋爲巴東郡唐置浦州梁山以縣爲屬尋改浦州爲萬州五代僞蜀在今軍治置務曰石氏屯田務　皇朝平蜀土豪石處贇納莊田八所遂廢此田務移縣于此因陞爲軍今領縣一治梁山

事要

郡名　高梁　都梁

風俗　閲旬無訟　郡守題名記其民未嘗造難聽之訟以澗有司守居蕭然云云牒至庭下　稻田蕪廡　劉煥題名序云云常多豐年又云西境之田獨平衍可耕

形勝　前涪後峽　同上云云挾以夔萬皆崇山環委　介夔梓之間　圖經　與萬州表裏　同上一一爲水陸一一要地　夔子咽喉　續題名記　控扼巖險　同上

山川　高梁山　去城四十餘里按江源記一云蜀中望之其長亙天　蟠龍山　在城東二十里孤峙秀傑突出衆山之上下有二洞洞中有二石龍狀首尾相蟠故名旁曰噴霧崖洞中之泉下注垂崖約二百餘丈噴薄如霧張無盡嘗游留題云水味甘腴偏宜煑茗非陸羽莫能辨范石湖以爲天下瀑布第一　峰門山　在軍東十五里其山高大頂有寨泉兩崖對峙如門故名　多喜山　在軍南五十里山或神光夜現則是境之人必一一事陳希夷嘗修煉于此有丹井石牀猶存　白雲山　在軍西百里奇峯突出如筆亦名筆山○張無盡詩一一一一上排廿萬各以須力濟羣生識者知其有宰相器　書院峽　在軍東五十里峽石市之北每風雨夜其如聞讀書聲故其中有夫子崖子貢墳　寒泉洞　在軍之西熊鎮十里許有洞曰一一勝槩不減盤龍　桂溪　兩岸多桂　御史灘　在軍西百里張無盡丞相游學之地及爲一一與親朋燕飲于此故名　丙穴　在梁山南十里拍枝山産嘉魚其美同於蜀漢

樓亭　垂雲樓　在子城之北左瞰馮石右倚東山景物奇麗峽中所未有　飛練亭　在蟠龍山瀑布之下舊取徐凝詩名曰一一東坡以爲惡詩今取歐陽公六月飛雪灑石矼之句改曰飛雪　瑞豐亭　在郡圃端敏堂之右○陸務觀詩峽中地偏常苦貧政今愈簡民愈淳本來無事只畏擾撓若才吏非庸人都梁之民獨無苦須晴得晴雨得雨父老羅拜豐年賜纖塵之旁非上瑞

名宦　人物　並闕

題詠　梁山鎮地險　袁文宗蜀道難云云積石阻雲端飛梁架絕嶺棧道接危巒　梁山蘊異妙天下　何少卿子應詩云云下郡金穀盈大把梁山雞黃所産特奇其色鮮黃其味肥美

四六　夔峽上流　梁山要地　聯絡涪萬　控扼梓夔　郡耕蓮幕之清閑　俗喜稻田之平衍　昔屯田而置務聯望猶輕　今植戟以陞軍其權實重　瀑泉飛灑尋張無盡之舊游　年穀常豐和陸放翁之佳句

施州 清江 建始

建置沿革 古荆梁二州之域亦蠻夷之境翼軫之分春秋巴國之界戰國爲楚巫郡之地秦屬黔中郡後漢爲巫山縣之境隸南郡漢武平西南夷置牂牁郡蜀先主分南郡置宜都郡銀山隸焉吴孫休置建平郡建始沙渠隸焉晉析牂牁置夜郎郡縣隸焉東晉末亘元樊寵太陽蠻中築城臨施水號施王城子孫襲王至後周保定初平之以其地置施州而清江郡隸焉州乃施王之餘址故以名焉尋改爲亭州又改爲庸州又爲清江郡恭帝復置施州唐改清江郡又改清化郡復爲施州 皇朝因之今領縣二治清江

事要

郡名 清江

風俗 地雜夷落 黔中記施之丨雖丨丨丨猶近華風故鄉音則蠻夷巴漢言語相混

伐木燒畬 同上其山岡砂石不通牛犁唯云云以種五穀

冬暖夏寒 圖經隆冬可單衣盛夏可挾

形勝 夜郎故地 歌羅寨本夜丨縣丨丨唐置珍州乾德四年歸首珍州刺史田景遷內附納土以酉江爲界自是酉江以北所謂夜郎縣丨丨盡入施州

山川 扞山 去州二十里永寧村古吳蜀分境之險阻深據高便於扞敵故名

銀山 在州東七十餘里

祿山 在州城之南百五十里山窩有禽獸足充夷人之庖洞蠻恃以爲廩祿

連珠山 在州東二里五峯相丨如貫丨珠之望丨也

猿啼山 在州東八十里林木深茂嗜猿聲韻比諸山最多○黃魯直弟知命詩云大猿啼罷小猿啼箐裏行人白晝迷惡藤牽頸石齧足嫗牽兒隨淚陸續我亦行下冥啼哭

都亭山 後漢南蠻傳江夷水出西丨丨蓋此丨也隋書云後周置亭州取此山以爲名

東門山 在歌羅寨西北五十里東即夜郎故地古來夷夏分界入貢之門戶

州基山 在建始縣東三十五里隋建業州于此

瘦驢嶺 黃魯直詩老馬飢嘶驢瘦嶺病人生入鬼門關病人丗作五溪卧老馬猶思十二閑劍南詩藁嶺在施黔間前輩或用作驢瘦嶺盖誤也故雜咸詩有數危寧度丨丨丨奔走冥隨肥馬塵之句

清江 圖經一名夷水蜀中江水皆濁惟此獨清故名

麒麟溪 在州西八里藥山下

盤龍溪 在州驛北馬公泉腳下昔有丨丨于此

鐵溝 蘇子瞻丨丨行贈喬大博云城東坡隴何所似風吹海濤低復起城中病守無所爲走馬來尋丨丨水丨丨水淺不容舟恰似當年韓與侯有魚有魚何足道駕言聊復寫我憂

祠廟 竹王祠 在歌羅寨西北五十里東門山即夜郎侯祠也華陽國志初有女子浣於遯水有三節竹流至閒其中有嬰兒聲剖竹得男歸而養之及長材武遂自立爲夜郎王以竹爲姓捐竹於地遂成竹林 崇寧間賜靈惠廟額

磨嵯神廟 在州治南百步按磨嵯山屬黔州界山極高深洛浦蠻依爲巢穴頗爲邊患孟蜀王擊破之及祥符中歸順故老云洛浦蠻犯邊神每以陰兵助官軍擊賊靈跡顯著所在祠之

名宦 南承嗣 范陽人霽雲之子柳子厚睢陽廟碑云爲婺州別駕歷施涪二州服忠恩孝無替負荷

皇朝丁謂 爲夔路漕以施近蠻食常不足而有鹽井之利使鋪卒三十人往者負粟以次達施州返者負鹽以次達巫山至是民無轉餉之勞而諸寨粟皆可給

人物

詹邈元祐為狀元

【四六】南謁裴施州 杜甫鄭典設自施州歸詩：吾賢滎陽秀冒暑初有適名賢慎出處不肯妄行役旅茲殊俗遠竟以屢空迫云云氣合無險僻攀援懸根木登頓入矢石青山自一川城郭洗憂慼聽子話此邦令我心悅懌其俗則純朴不知有主客溫溫諸侯門禮亦如古昔勑廚倍常羞盃盤頗狼藉時雖屬喪亂事貴賞匹敵中宵懷良會裴鄭非遠戚群書一萬卷博涉供務隙他日辱銀鉤森疏見矛戟倒屣喜旋歸畫地求所歷乃聞風土質又重田疇闢刺史似寇恂列郡宜競借音迹北風吹瘴癘羸老思散策渚拂蒹葭塞嶠穿蘿蔦冪此身仗兒僕高興潛有激孟冬方首路強飯取崖壁歎爾疲駑駘汗溝血不赤終然備外飾駑駘何所益我有平肩輿前途猶準的翩翩入鳥道庶脫蹉跌厄

廊廟之具裴施州 杜甫寄裴施州詩云云宿昔一逢與此流金鐘大鏞在東序冰壺玉鑑懸清秋自從相遇減多病三歲為客寬邊愁堯有四岳明至理漢二千石真分憂幾度寄書白鹽北苦寒贈我青羔裘霜雪迴光避錦袖蛟龍動篋蟠銀鉤紫衣使者辭復命再拜故人謝佳政將老已失子孫憂後來況接才華盛

雞號黑暗通蠻貨 胡人謂犀為黑暗。蘇子瞻送喬施州詩恨無負郭田二頃空有載行書五車江上青山橫絕壁雲間細路躡飛蛇云云雞鬧黃昏採蜜花共恠河南門下士不應萬里向長沙

一別施州向十霜 黃魯直寄施州張使君詩云云傳聞佳句望風降空眷不易當堅敵叛臂猶思起病劇

夜郎自古流遷客 黃魯直和張仲謀送別詩云云聖世初投第一人不是施州肯回首五溪三峽更誰親

【外邑】看君

自是青田質 黃魯直次韻清江詩趙彥成詩曰轉溪山幾百遭歌聞虎嘯與猿號笙歌忽把二天酒風雨猶驚三峽濤巴作齊民尋要術安能痛飲讀離騷云云清唳當聞徹九皐

【四六】巫峽故疆 民雜侏儒 眷惟分虎之邦

清江名郡 俗稱純朴 乃近啼猿之境

夜郎郡蠻貊之邦胡然惠顧 朱轓皂蓋暫緩為太守之行

裴施州廊廟之具行矣召環 玉鑑冰壺敢重歌詩人之句

紹慶府 彭水 黔江

【建置沿革】禹貢荊州之域楚地翼軫之分野古蠻夷地戰國時楚威王使莊蹻將兵略江上自巴黔以西屬楚秦惠王請以武關之外易黔中地昭王使司馬錯攻楚黔中拔之秦武安君定巫黔中初置黔中郡漢改為武陵郡武帝於此置涪陵縣蜀先主又於五溪立黔安郡晉永嘉後地沒蠻夷宇文周時治涪陵蠻田思鶴以地內附因置奉州又改黔州自周隋州郡易名遂與秦漢黔中犬牙難辨隋為黔安郡唐改黔州唐末陷武泰軍移黔南就涪州為行府　皇朝因之　太宗朝復歸黔置理所後改紹慶府今領縣二治彭水

事要

【郡名】黔中　黔安　黔南 並郡志

【風俗】巴渝同俗 隋地理志 草木少凋 舊經陰雨多晦云云 少有蠶絲 同上云云人多衣布 蠻獠雜混 同上地接蕃蠻境連挂廣雜辨州蠻人户星居道路崎嶇多阻崖壁行歇則跣足露頭契約則結繩刻木 號為難治 黃魯直黔江縣題名記黔江縣治所蓋楚

開黔中郡時漢蠻聚落也於今爲縣二鄉七里戶千有二百其秋賦庸稚不登三十萬錢以地產役於公者八十有五其義軍二千九百部諭夷自將其報者五百七十其役於公之人質野畏事大畧與義軍夷狩須不殊也使之非其義或跳梁不爲用決訟失其情或憂掠以償直暗則小智者亦涵澀畔而爲欺懦則細黠吏亦能用其柄市斷牒以百計市蜂蠟以千計則吏以長吏爲侮寬則以利啗吾徒而爲兒猛則鳥獸駭而奔箐中矣至今得其人勸垢肥瘠民以按堵而異時號爲難治吾不知其爲說也

風俗形勝

古蠻蜑聚落 晏公類要云相傳楚子滅巴巴子兄弟五人流入五溪各爲一溪之長一說謂五溪蠻皆槃瓠子孫自爲統長乃云云 **爲楚西南徼道** 權載之黔州觀察使廳記黔中云云在漢爲武陵郡蹻循江以略地唐蒙浮舡以制越 **地近荆楚** 舊經云云僰如巴蜀 **五溪襟東** 同上云云爲一都會 **多倚溪巖** 舊經路途闊遠亦無館舍凡至宿泊云云就水造食鑽木出火

土產

茶鹽 舊經云夏供茶蠟秋輸火粮。彭水縣有鹽泉有左右監官收其課

山川

狼山 郡國志云——出野狼眼在背上能食諸獸 **蒟醬山** 在故都濡縣 **壺頭山** 方輿記山形似壺馬援曾戰于此 **摩圍山** 在彭水縣西隔江四里與州城對岸夷獠呼天曰圍言此山摩天故名 **伏牛山** 在彭山縣方輿記山左右有鹽井州人置竈煮以充食用 **三峿山** 九域志云音鄧艾用師于此 **小歌羅山** 在黔江縣東北四十九里 **內江** 相傳江心有石魚見則豐稔之兆。杜甫送弟使蜀詩數盃巫峽酒百丈內江舡 **巴江** 又名白沙 **涪陵江** 自本州西北流入涪州三百二十里入蜀江 **彭水** 在供寧縣即古黔中地 **五溪** 謂酉辰巫武元等五溪實耽四夷述云即武陵——蠻之西界

景物

歌羅驛 黃曾直嘗作竹枝歌題——云撐崖拄谷蝮蛇愁入箐攀天猿掉頭鬼門關外莫言遠五十三驛是皇州。浮雲一百八盤縈落日四十九渡明鬼門關外莫言遠四海一家皆弟兄。尺五攀天天慘眼鹽煙溪瘴鎖諸蠻平生夢亦未嘗到聞有鵐飛不到山。風黑馬蹄驢瘦嶺日黃人度鬼門關黔南此去無多遠想在夕陽猿嘯間。竹竿坡面蛇倒退摩圍山腰胡孫愁杜鵑無血可續淚何日金雞赦九州——命輕人鮓甕頭紅日瘦鬼門關外天北人墮溪南人笑青壁無梯聞杜鵑

古跡

黔之驢 柳文黔無驢有好事者船載以入則無可用放之山下虎見驢尨然大物也以爲神它日驢一鳴虎大駭然往來視之覺無異能稍近益狎驢怒蹄之虎喜曰技止此耳因跳踉大㘚斷其喉盡其肉乃去

名宦

馬植 自安南都護徙黔州觀察使太平廣記植移黔南時維舟岸下夜見白衣吟曰裁竹爲筒作鳳吹砌壓池上鳳凰飛勞君更向黔南去即是釣陶萬物時公不久遂拜相

人物

柳莊敏 漢人舉孝廉有碑在州治

仙釋

長孫無忌 郡志謂黔州 **皇朝蕭公** 名犯高廟諱宸宗記載歸州紫極宮黃魔神廟記云咸通壬辰翰林蕭公自右史竄黔南遊三峽次秭歸夢神人曰險不足懼公詰之曰我黃魔神也居紫極宮之西北隅將祐助明公出于此境丞爲宰相 **黃庭堅** 豫章人以脩實錄被謫黔中與秦太虛書曰某屏棄不毛之鄉以禦

魑魅耳目昏塞舊學廢忘是黔中一老叢耳

〔新添〕**山色夜郎西** 唐嘉祐送上官侍御赴黔中詩莫向黔中路令人到欲迷水聲巫峽裏云云

言語多重譯 唐詩紀事竇羣詩云云壺觴每獨謠

地遠官無法 劉長卿送任侍郎黔中充判官詩不識黔中路今看遣使臣猿隨萬里客鳥以五溪人云云山深俗易漓須令荒徼外亦解懼埋輪

郡響蠻江漲 許常寄黔南李校書詩從戎巫峽外吟興更應多云云山昏濁雨過

官俸請丹砂 杜荀鶴送人尉黔中詩盤山行幾驛水路復通巴峽聯三川雪園開四季花公庭飛白鳥云云知尉黔中後高吟採物華

日日江魚入饌來 杜甫送王判官扶侍還黔中詩大家東征逐子回大家指其母風生洲渚錦帆開青青竹笋迎船出云云離別不堪無限意艱危深仗濟時才黔陽信使應稀少莫怪頻頻勸酒盃

〔四六〕

昔號蠻邦　維黔中之古郡　使蠻煙瘴雨之中

今陞著府　控湖右之要區　沐瑞露和風之化

槃瓠子孫頗雜蠻風之很戾

羅歌聚落盡憑巖險之崎嶇

山深而俗易淳雖載劉長卿之句

夷雜而號難治尚稽黄太史之言

重慶府

巴縣　江津　璧江

〔建置沿革〕禹貢梁州之域東井輿鬼之分野西南有巴國因水以爲名武王伐紂巴蜀之屬皆從微盧爲武王克商封宗姬支庶於巴是爲巴子春秋時亦爲巴國戰國時巴與蜀俱稱王秦以其地置巴郡劉璋分墊江以上爲巴郡理安漢縣墊江以下爲永寧郡理江津縣蜀先主又以固陵爲巴東郡故巴郡分而爲三蜀後主屬益州曹魏屬梁州梁武陵王置楚州後魏改爲巴州周改帝又改楚州隋改渝州復爲巴郡唐爲渝州改爲南平郡後爲渝州　皇朝因之崇寧改恭州以光宗潛藩陞重慶府今領縣三治巴縣

○本路提刑置司

事要

〔郡名〕**南平**　**三巴** 見沿革泰蜀分爲――○――記閬白二水東南流曲折三回如巴字故曰――

〔風俗〕**剛悍生其方** 文選蜀都賦云云風謠尚其武奮之則賨旅號之則渝舞銳氣剽於中華蹈容盛於樂府

善歌舞 蜀都賦注引應劭風俗通云巴人剽勇高祖爲漢王時閬人范目說高祖募取賨人定三秦封目爲慈鳧鄉侯並復除目所發賨人盧朴沓鄂度夕龔七姓不供租賦閬中有渝水賨人左右居銳氣喜舞高祖樂其猛勇數觀其舞後令樂舞習之晉禮樂志巴部――――高祖愛其舞詔樂府習之巴渝舞是也

重屋累居 華陽國志郡治江津地勢峻急皆云云結舫水居五百餘家

閣欄以居 寰宇記今渝之山谷中有狼猱鄉俗構屋高樹謂之閣欄不解絲竹唯皷銅皷視木葉以別四時父子同諱夫妻共名

商販旁午 舊題名記二江――舟楫――

〔形勝〕**西控僰道** 郡縣志東連魚復云云北接漢中南至牂牁

在岷江之北 寰宇記巴城云云漢水之南

承三江之會 華陽志云云

蜀將古城

郡縣志先主令李嚴鎮此又鑿南山欲會汶涪二水使城在孤洲上會嚴被召不卒其事今鑿處猶存

山川

浮山在巴縣堯時洪水不沒故名　巴山在巴縣西南百二十里其山高聳上有白水相傳黃帝於此山合神冊　方山去巴縣五十里　瀛山在故南平縣西百七十里以其高峻象海中之蓬瀛故名　塗山重慶太平涪州皆有之然重慶指爲之丨丨也　白崖山在府城北三十里有市及寺　君井山在江津縣西五十里有井泉常以水之盈縮卜牧守之賢否　重壁山在璧山縣四面高山中央平田周二百里　龜停山在江津縣西一里岷江中其山若龜形　明月峽在巴縣石壁高四十丈有孔若丨丨又有廣德等丨亦謂之三峽　巴江在巴縣水折三回如巴字

○鮮于侁詩三川會合遶城下巴字體勢何盤盤却疑天工勅水帝戲寫鳥迹傾波瀾　涪江在巴縣西來自合州西北至州城北會岷江　岷江在巴縣東北來自江津縣界至州城北合涪江　內外江水自渝上合州者謂之內江自渝西戎瀘上蜀者謂之外江杜甫詩云百丈內江船　白水在州南二百二十里其色如練故名　赤水在故南平縣西四里

井泉

溫泉在城北百餘里有寺。查仲本詩浴罷臨泉一整冠令人搔首憶長安御湯搖蕩雙龍影疑是胡兒挾馬鞍

樓閣

香章樓在江津縣西南旁有仙池多植丨丨故名　荔支圃在巴縣

名宦

張汭漢人爲巴郡太守有德政碑　王濬晉人蘇子瞻忝李鄴州書晉丨丨爲巴郡太守巴生子皆不舉濬嚴其科條寬其徭役所活數千人及後伐吳所活者皆堪爲兵其父母戒之曰王府君活汝汝必死之　柳玭昭宗時以渝州刺史遷瀘州刺史柳氏自公綽以來世以孝悌禮法爲士大夫所宗玭嘗戒其子弟曰凡門地高可畏不可恃也立身行已一事有失則得罪重於他人死無以見先人於地下矣　皇朝張浚自山南府士曹改秩調恭州司錄參軍

人物

譙渙江津人爲汝南太守　然溫江津人爲度遼將軍桂陽郡太守　皇朝馮時行巴縣人嘗知萬州紹興初以斥和議忤秦檜坐廢

題詠

山帶烏蠻闊杜甫渝州候嚴侍御不到下峽詩云云江連白帝深船經一柱過留眼共登臨　看君妙爲政杜甫送鮮于萬州遷巴州詩京兆先時傑琳琅照一門朝廷偏注意接近與名藩祖帳排舟數寒江觸石

喧云云他日有殊恩　思君不見下渝州李白峨眉山月歌夜發清溪向三峽云云　故自渝南擲郡章劉禹錫送周使君罷渝州歸郢中詩思君郢上吟歸去云云　荔支春熟向渝瀘鄭谷之瀘郡遇裴晤詩我拜師門更南去云云

四六

中巴古郡西蜀要衝　控蠻臨巴字之江擽捲譚渝歌之俗　有易擲難安之俗多擻孤負弱之奸

益驕容而剽銳氣盡屬惠綏妙爲政而有殊恩蚤聞命召渝爲潛邸僻據十四州之上游帝念遠民必付二千石之良吏

南平軍

南川　隆化

【建置沿革】禹貢梁州之域東井輿鬼之分野春秋戰國爲巴地秦屬巴郡西漢屬巴郡之江州及枳縣地漢武開西南夷置牂牁郡今軍之南則牂牁郡之境北則巴郡之故疆也東漢晉宋齊因之後爲蠻夷所據唐初置南州更名棘州後爲南州治南川縣此南州建置之本末也南平獠遣使内款以其地隸渝州太宗分渝州巴縣南界置南平州改爲霸州此南平州建置之本末也二郡俱在渝南境唐衰棄之　皇朝平蜀南州即先歸化陞爲懷化軍隸渝州其後收復疆土

建南平軍今領縣二治南川

【事要】

【郡名】南平　渝南　牂牁 亞郡志

【風俗】風俗朴野 王元中簿尉廳壁記云云服食儉陋　化爲中華 何麒軍學記四民冠昏租襲耕桑被野云云圖經又云自唐賓服開拓爲郡今衣冠宮室一皆中國○真景元送南平江知軍序南平故漢巴渝地至唐循以獠名我　朝元豐中聲教遠浹始即其地置軍焉百三四十年間浸以道德薰以詩書賦馬與東西州等矣紹定四年冬予友江君往爲之守將行請曰南平地雜民夷有赤子龍蛇之異擾而馴之政未易也將何以教我予惟江君之先蒙州以吏治名當世江君以世學踵儒科嘗令靖之永平邸席請願白清簡人便安之以其治靖者治南平直易易耳顧弗自足而求助於予此樂正子好善之心孟氏所謂優於天下者也推以治平何鄉不可獨南平乎哉然嘗竊歎古之爲政者變戎而華今之爲吏者驅民而狄昔箕子八條之化孔子九夷之居皆聖人事吾不敢以律後世若錫光任延漢守將爾於交趾能與其禮義之俗於九真能迪以父子之性是不曰變戎而華乎今之豎虐吏羅布郡縣細者爲宣爲蚋以嗜人之膚大者爲貔貐爲虋繭以血人之顱以刃其家以封其孳於是民始蕩然喪其樂生之志而甘自棄於盜賊之徒矣是不曰驅民而狄乎故爲政者以厚視其人雖戎而華可也以薄待其人雖民而狄弗難矣循其本而觀之爲吏者不自狄其身然後能不狄其民善黜貨而忘義者狄也喜殺而偭仁者狄也以中國之士大夫爲天子之命吏而其所爲無異於狄亦何誅其民之狄哉予方疾當世之吏錮吾民於狄故因君之請而一吐之儻以爲然則願風示屬縣之爲吏者使皆懋於仁而譽於義不亦可乎江君曰然遂書以贈　尚鬼信巫 圖經風俗與恭涪類云云巴蜀之舊

【形勝】南獠故地 熊本建軍奏夷人吅古巴郡板楯七蠻南獠故地　夜郎夷界 南平縣題名記云云犬牙相錯舊爲保郎　西連僰道 舊經云云南極牂牁　外控諸酋 陳復亨判官廳壁記南平邊夜郎云云圖經又云南平跨漢二郡唐五州之境封疆閎遠控扼蠻夷之要地也　跨接溪洞 晏殊撰劉孝標墓銘土地曠遠云云　山高谷深 縉尉壁記　四砦九堡 自熊本平夷獠木斗得地五百里云云建南平軍

【山川】瀛山 在軍西北七十里周迴九十里崖壁峭峻林醫蒼蔚山類三峽○有四十八面而皆不同劉觀臺詩山盤四十八面險是也　南山 在瀛山之對岡勢甚遠其上平廣有石笋峯嶄然秀拔　最高山 在軍東南九十里高十五里林箐深密視衆山猶培塿　永隆山 在隆化縣西二十餘里縣以此名　鳳凰山 在隆化縣北七十二里以形得名　九逝山 在隆化縣東六十里絕壁如銀

色人視其色之昏明以候晴雨上有水湍爲洞又有石龍矼非鐫刻洞以龍名

獅子峯 與鳳凰山相距不數里兩山爲一邑之冠

徙崖 在軍之西有撩居之

櫃崖 在軍東南十里峭崖壁立有洞其門有櫃

白錦堡 去播州三百里係納土官楊光榮子孫世襲守之

鹿箇堡 去秦溪三十里其先夷大姓木攢大觀中納土賜姓趙名尊子孫亦世襲

三溪 蓋棘溪東溪詹溪三水合流也

棘溪 從夜郎境流過軍城下

東溪 在軍之西北上有小市有孝感橋紹興甲戌有里婦從其姑過溪其姑墮水即隨入拯之漂至灘下忽若有人扶之而出兩人俱活故以名橋

四十八渡水 在隆化縣東三十里兩山壁立一水灣環其中涉是溪者凡四十有八渡其門有九如戶牖

【堂閣】

雲山堂 劉夷叔詩山繞郡樓秋過雨月臨池樹晚生煙

北閣 在軍治規模宏壯

【關塞】

塞

樂園 在軍西一里

南川驛 蒲公詩鶯花非濮舊棟宇尚曹餘

【名宦】

皇朝陳少遊 爲南平縣令有政聲陞桂州刺史

劉孝標 守南州日請置郡縣後建軍壘遠人安之晏殊爲撰墓銘

【人物】

尹珍 漢武帝時人從汝南許叔重受五經還牂牁以教授其鄉人是南域始知學

【題詠】

封疆接播溱 趙彥邁詩風俗連巴僰云云

蕞地曾無一掌平 趙彥邁歲熟詩云云由來作郡亦強城

名峯連萬翠山橫翠川合三溪水遶

崖深經夏不融雪 李曼詩

【四六】

出綸西掖　內雜蠻風　地析古之牂牁

分竹南川　外連夷界　俗雜今之溪洞

禹九州之域既嘗入於版圖　置軍而邑荒從劉孝標之時

漢五溪之蠻亦久漸於聲教　變戎而華更賴真西山之序

新編方輿勝覽卷之六十

新編方輿勝覽卷之六十一　建安祝穆和父編

涪州　涪陵　樂溫　武龍

建置沿革　禹貢梁州之域，周爲雍州之地。東井輿鬼之分野，鶉首之次。春秋爲巴國地。秦置巴郡。在西漢領縣十一，東漢領縣十四，而涪陵與枳縣居其二。蜀先主以其地控巴江之源，因於此立涪陵郡，領漢平、漢葭縣。晉以涪郡理枳縣地。宋齊並屬涪陵及巴郡。後周於故枳城立涪陵鎮。隋改爲縣。唐置涪州，改涪陵郡，復爲涪州。皇朝平蜀，隸峽路，今隸夔路。領縣三：治涪陵。

事要

郡名　涪陵　龜陵

風俗　人多戇勇　華陽志：山險水灘云云。　刀耕火種　郡志：峽路在巉巖嶮峻之中，其俗云云。惟涪深重夔郡稍有稻田。　俗有夏巴蠻夷　郡志云云：夏則中夏之人，巴則廩君之後，蠻則槃瓠之種，夷則白虎之裔。巴夏居城郭，蠻夷居山谷。　地暖早熟　龜陵志：五月半早稻已熟，便可食新。七八月間収割已畢云云，與中州氣候不同。

形勝　東接巴東　華陽志云云：南接武陵，西接牂牁，北接巴部。　州在涪江之西　元和志：州在蜀江之南。今云云。　在今爲要　魏華父題名記：江出汶山，合西南衆水至重慶，至嘉陵水至涪陵受黔水，故涪陵云云。　控瞿唐上流　郡志：亭會川蜀之衆水云云。　與荊楚接境　寰宇記。

土産　荔支　寰宇記：地産｜｜尤勝諸郡。○圖經：相傳城西十五里有妃子園，其地多荔支。昔楊妃所嗜，當時以馬遞馳載，七日七夜至京，人馬多斃於路，百姓苦之。故杜牧之過華清宮詩云：「長安迴望繡成堆，山頂千門次第開。一騎紅塵妃子笑，無人知道荔支來。」又晁說之詩：「荔支一騎紅塵後，便有漁陽萬騎來。」謂此也。然蜀中荔支瀘、叙之品爲上，涪州次之，合州又次之。涪州徒以妃子得名，其實不如瀘、叙也。○蘇子瞻荔支歎：「十里一置飛塵灰，五里一堠兵火催。顛坑仆谷相枕藉，知是荔支龍眼來。飛車跨山鶻橫海，風枝露葉如新採。宮中美人一破顔，驚塵濺血流千載。永元荔支來交州，天寶歲貢取之涪。至今欲食林甫肉，無人擧觴酹伯游。我願天公憐赤子，莫生尤物爲瘡痏。雨順風調百穀生，民不饑寒爲上瑞。君不見武夷溪邊粟粒芽，前丁後蔡相籠加。爭新買寵各出意，今年鬭品充官茶。吾君所乏豈此物，致養口體何陋耶。洛陽相君忠孝家，可憐亦進黃姚花。」○漢永元間，交州進荔支龍眼，十里一置，五里一候，奔騰死亡，罹猛獸之害者無數。唐羗守伯游爲陵武長，上書言狀，和帝罷之。　扇　段民記：涪州出｜，爲時所貴。　松屏　出石山間。相傳爾朱先生種松於此，映山之石皆有松紋。匠人欲採，先祈禱山神，焚香方得佳者，不加人力，天然成文。　茶磨　江巖細密之石，名曰青蝴，可作｜｜。

山川　龜山　在黔江東岸，州治據其上，形如龜，故州以此名。　鐵櫃山　舊經：一名吳君山，橫亘江北，與涪陵縣相對，雄壓諸山。　遊蘭山　在高松鄉，地名羅雲。蘭真人修煉之處，人至洞門，望見丹竈。真人題字巖石，自搖欲躋，巖不可至。　巾子山　在樂溫縣北百里。　北巖　在大江之北，相傳王真人修煉於此。　石甕磧　與州治相對，東瀼高峯之上。耆舊云

國初太守吳侯來遊過一婦人行繳步行指石梁磧云我父
居其地又取玉環一付廂吏云爲我以此謝史君異日當顯
仕子孫復來守
此州言訖不見**涪江**自思州之上費溪發源經五十八節名灘方至黔州既自黔州流與施州
江會流九十里經彭水武德二縣九五百餘里與蜀江會于
州之東水常湛然徹底以其出於黔州又呼黔江坡詩合水
來如電黔江綠似藍又名內江昔同
馬錯泝此水南上擊奪楚黔中地**蜀江**發源岷山經嘉敘瀘重慶至城
下自成都登舟十三程至此會合黔江過忠
萬雲安夔歸峽至荊南一千七百七十里**鑑湖**有景物之勝

白鶴灘在州之上流**錦繡洲**在銅柱灘東北洲人能織錦蜀故名

井泉

鹹泉在武龍縣距白馬津東三十餘里江岸有丨丨初康定間有程運使舟次鶴岸聞江中有硫黃氣襲人太
甚謂此必有丨丨勝覽六十一駐舟召工開之果得鹹脈是時兩岸止數熬
贍足民未知烹煎之法乃於忠州遷井竈戶十餘家教以煮
鹽之法未幾有四百餘竈由
是兩岸林木芟薙悉成童山

堂樓

朋樂堂黃魯直命名并記

鈎深堂在北巖紹聖丁丑伊川謫居於涪即普淨院闢堂傳易閱再歲而成元符庚辰從夷陵會大史
黃公自涪移戎過其堂因榜曰丨丨嘉定丁丑范仲武請爲
北巖書院正堂奉安伊川先生朔像其左待制尹公祠其右
爲直閣譙公祠簡
池劉光祖爲之記**四賢樓**在北巖謂程黃尹譙也

古跡

江心

石魚在涪陵縣江心有雙魚刻石上每一魚三十六鱗銜蓂草一銜蓮花有石秤石斗在傍三五年或十年
方一出出必豐年唐
大順元年鐫詩甚多

名宦

張濬唐先啓中爲守郡少井泉濬乃窮山泉之源以
竹引之民賴其利今廢惟吳公溪上俗
猶呼爲水筒埡今千福院濬之記尚存

人物

皇朝譙定字天授樂溫縣玉溪人深於易自號涪陵居士伊川曾直相繼謫居于涪聞其名未之識遂率伊川往訪之從
此深加敬仰後隨伊川入洛靖康初許右丞薦至維揚從駕
授通直郎直秘閣未幾冠至不知所之或以爲得道隱青城
山　淵聖皇帝召涪陵處士譙定至京師
處以諫職定以言不用力辭杜門不出

名宦

程頤字正叔紹聖謫居寓于北巖先生嘗自言昔貶涪州過漢江中流
舡幾覆舉舟之人皆相視號泣伊川正襟安坐心存誠敬已
而舡及岸於同舟衆人有老父問伊川曰當舡危時君坐甚
莊何以伊川曰心守誠敬耳老父曰心守誠敬固善不若無
心伊川尚欲與
之言因忽不見**尹焞**字彥明避亂於涪獨處一室泥中舉自代靖康中朝廷以布衣特起既至
京師懇辭還山賜號和靖
處士建炎召充崇政說書**黃庭堅**字魯直紹聖間謫涪州別駕黔州安置

題詠

暮過高唐雨張祜送李長史歸涪州詩涪江江上客歲晚却還鄉云云秋經
巫峽霜急灘舡失次鷩嶂樹無
行好爲題新什知君思不常**文風齊兩蜀**宋翰題涪陵郡
中詩錦綉洲猶在熊羆夢已無云云**仙洞接三都白**
石從天設青崖見地圖荔支妃子國不復暴時輸**舟楫**
三川會馮損幹涪州五十韻地據咽喉重城踰雉堞堅東漸鄰楚分南望帶夷遼云云封疆五郡連許
雄山若峽馬援與相連灘急氂豬沸崖高洛馬懸石魚占歲
稔鐵櫃鎖崩天地暖冬無雪人賀歲不綿嶽標山谷字觀塑
爾朱
仙**人家避水半危樓**陸務觀詩官道近山多亂石云云

四六 銅鼃疏榮 惟涪陵之名郡 眷龜陵千里之邦 石魚標瑞 控夔峽之上流 爲夔門一道之冠 臨荔子之邦詩誇於杜牧 連五郡之封疆此爲要地 玩松紋之石迹難訪於爾朱 薰四賢之德義尚挹遺風

咸淳府

臨江 墊江 豐都 南賓 龍渠

建置沿革 禹貢梁州之域輿鬼之分野入參八度春秋戰國爲巴地秦屬巴郡漢爲益州巴郡之臨江縣東漢爲永寧郡梁於此立臨江郡後周兼置臨州隋煬帝罷臨州以縣隸巴東郡恭帝重立臨州唐改忠州又爲南賓郡後爲忠州隸荊南 皇朝隸夔路咸淳元年八月旨係 今上潛藩之地陞咸淳府今領縣五治臨江

事要 郡名 南賓 風俗 氣候差熱 清化志其地與恭涪氣候等視他郡差熱要不至與桂嶺並爲瘴鄉 其地荒遠瘴癘 黃魯直獲古記云云 士頗尚氣 進士題名記有巴蔓子代節死義之遺風故云云有耳霸與文廣休任俠之遺風故士頗倜儻 安節不屈 清化志嚴顏云云因改名忠寰宇記以地瀕巴徼嘗懷忠信爲名 四君子相望 復古記云云謂劉晏陸贄李吉甫白居易也 形勝 古巴子國 清化志 在恭涪夔萬之間 南賓志 土產 馴鹿 唐段文昌記珍禽 荔支 白居易在忠州有郡中——十八韻及寄荔支與楊使君詩 丹橘 唐段文昌記 ——素奈 山川 倚天山 在臨江縣 石堡山 在臨江縣東五十里 平都山 在豐都縣東北一里神仙傳後漢陰長生於此山上昇有煉丹遺跡 屏風山 即夏祠山 引藤山 在龍渠縣東十五里山出引藤俗用以取酒 岷江 自豐都縣南五十步流入臨江縣界 鳴玉溪 在州北十里有懸崖瀑布高五十餘尺潭洞奇邃古木蒼然 樊石灘 在豐都縣張無盡有詩 東澗 在開元寺白公——種柳詩野性愛栽植植柳水中坻三年未離郡可以見依依 東池 在開元寺白公有東池春草詩 樓閣 巴東道院 在州治 荔支樓 在城西南隅白公置公有荔支樓對酒詩荔支新熟雞冠色燒酒初開琥珀香欲摘一枝傾一盞西樓無客共誰嘗 東樓 白公詩山東邑居窄峽牽氣候偏林巒少平地霧雨多陰天隱隱蒼蒼盤火滾滾燒畬煙賴此東樓夕風月時翛然憑軒望所思目斷心悄悄背春有鴈去上水無來舡 西樓 白公詩悄悄復悄悄城隅隱林杪山郭燈火稀峽天星漢少年光東流水生計南枝鳥月沒江沉沉西樓殊未曉 四賢閣 黃魯直記 忠州漢巴郡之臨江墊江縣也其治所在臨江故梁以爲臨川後周以爲南賓郡唐貞觀八年始爲忠州其地荒遠瘴癘近臣得罪多出爲刺史司馬故劉尚書以刺史貶一年死陸宣公以別駕貶十年死李忠懿公以刺史居六年白文公以刺史居二年其後追事者以四公俱賢圖像爲——故相贈司徒鄭州刺史南華劉晏士安故相贈兵部尚書嘉興陸贄敬輿中書侍郎平章事贈司徒安邑李吉甫宏憲刑部尚書贈左僕射下邽白居易樂天由開元以來訖于會昌四君子相望凜然猶有生氣忠民書以此自負而郡守至者必矜式焉紹聖三年正月知州事營丘王君聞之聖涂下車問民

疾苦曰東驚而民困故聖俞爲州均養柔良知其飽飢鉏治猾姦幾於傷手治繁錯然邑中豪吏故時受賕舞文法者相與謀曰屬且無類即以智籠小駭吏郡訴於部使者聖俞不爲變且歎曰白頭老翁安能錄錄畏吏民耶亦會部使者察其爲姦而聖俞治成時休車騎野次咨問故老訪四賢之逸事而三君之政寂寥無聞蓋士安即賜死而敬輿別駕不治民宋憲雖在州六年亦嘿嘿耳樂天由江州司馬除刺史爲稍遷故爲郡最暇豫有遺迹又其在州時詩見傳東樓以宴賓佐西樓以賦鳴玉溪登龍昌上寺以望江南諸山張樂巴子臺以會竹枝歌女東坡種花東澗種柳皆相傳識其處所於是一花一竹皆考於詩復其舊貫種荔支數百株移木蓮且十本忠於一時遂爲三峽名郡聖俞乃以書請涪翁曰爲我記之涪翁曰聖俞惠鰥寡之病使遠方沐浴縣官之澤可謂知務矣掃除四賢之室思欲追配古人可謂樂善矣樂

天去忠州於今爲二百七十有九年在官者覬覦然常憂瘴癘之病已數日求去故樂天之遺事蕪没欲盡聖俞鄰人也蓋不能已峽之風土又其擊強撥煩材有餘地而晚暮爲遠郡守迺能慨然不倦興舊起廢使郡中池觀花竹擀然如元和已亥時追樂天而與之友聖俞於是賢於人遠矣聖俞爲州之明年六月而涪翁爲之記

東坡亭　在郡圃白公於此種花。詩云何處慇懃重回首東坡桃李種新成又云最憶東坡紅爛熳野桃山杏水林檎。蘇子瞻別杭州詩云平生自覺出處老少粗似樂天非東坡之名偶爾同也又有西坡白公亦有詩

東亭　白公詩綠樹爲閑客紅蕉當美人

南亭　白公詩高城直下視蒸蒸見巴蠻安可撫政教尚不通語言

舉盃亭　在城東石盤山

寺觀

龍昌寺　在臨江縣今爲治平寺白公嘗於寺旁植柳柳盛則寺興柳衰則寺廢僧愛此物比之甘棠

龍興寺　陸務觀有龍興寺弔少陵先生寓居詩中原草草失承平戍火胡塵到兩京扈蹕老臣身萬里天寒來此聽江聲寺門聽江聲甚壯

景德宮　在平都山舊名仙都觀即白鶴觀也自豐都縣東行二里許始登山石徑縈迴可一二里平瑩如掃林木邃茂夾徑皆翠柏殆數萬株有老柏十數云皆千年物也麂鹿時出没林間皆與人狎甚又名禹廟又名平都福地乃前漢王方平得道之所張芳祥爲書紫府真仙之居。陸務觀詩唐碑多斷蝕梁殿半欹傾

祠墓

禹祠　在臨江縣南過岷江二里。杜甫詩禹廟空山裏秋風落日斜荒庭垂橘柚古屋畫龍蛇雲氣生虛壁江聲走白沙早知乘四載疏鑿控三巴

屈原塔　在臨江縣東。蘇子瞻｜｜｜詩楚人悲屈原千載意未歇至今滄江上投飯救飢渴遺風成競渡哀叫

楚山裂南賓舊屬楚山下有墳塔應是奉佛人恐子就淪滅

陸宣公墓　在玉虛觀南三十步舊經陸宣公嘗棄葬于此或曰宣公已歸葬而忠南特虛塚耳然杜子美已歸葬偃師而耒陽之墓自若李太白已移殯青山而釆石之塚猶存則敬輿此墓宜封殖之

古跡

巴子臺　在臨江縣。白公登城東古臺詩迢迢東郊上有土青崔嵬不知何代物疑是巴王臺巴歌久無聲巴宮没黃埃

黃葛木　景德觀前有古木大數十圍枝柯盤鬱如蓋山中人云此黃葛木千年物也

黃心木　白公木蓮樹詩自序云巴人呼爲｜｜｜大者高四五丈涉冬不凋身如青楊葉如桂花如蓮香色豔膩皆然獨房蕊有異四月初花自開迨謝僅二十日忠州鳴玉溪生者穠茂尤異。又有詩云如折芙蓉栽旱地似抛芍藥掛高枝雲埋水隔無人見惟有南賓太守知

【名宦】**嚴顏** 三國時劉璋使守巴郡爲張飛所擒顏曰有斷頭將軍無降將軍飛怒命斬之顏色不變曰斫頭便斫頭何必怒耶今臨江縣西南二十里有嚴太守祠東坡嚴顏碑詩注云在忠州。詩曰先主反劉璋兵意頗不義孔明古豪傑何以爲此事劉璋固庸主誰爲死不二嚴子獨何賢談笑傲碪几國亡君已執嗟子死何爲何人刻山石使我空涕洟

劉晏 坐與元載有仇貶忠州刺史

陸贄 以論延齡姦佞貶忠州別駕公在忠州十年避謗不著書集古今名方五十卷號集驗方今紫極觀有宣公墓。王介甫詩英英陸忠州學問輔明睿低回得坎軻勳業終不遂

李吉甫 吉甫初爲陸贄所擬出爲明州刺史及贄貶忠州時宰欲殺之起李吉甫爲忠州刺史使甘心焉既至置怨結驩人益重其量贊皇公來爲忠州時李獻公生於巫峽之中歸時已六歲矣

白居易 初盜殺武元衡公首請捕賊貶江州司馬久之徙忠州刺史居忠二年政事之美吟詠之什至今忠人以矜耀四方

皇朝**胡旦** 爲守

王旦 知臨江縣壁記

【人物】**巴蔓子** 巴人也周末國亂將軍巴蔓子請師于楚許以三城楚王巴救巴使請城蔓子曰藉楚之靈克濟禍難誠許楚王城可持吾頭往謝城不可得也乃自刎使者以蔓子首歸報楚王王曰使吾得臣如巴蔓子者用城何爲乃以上卿之禮葬其首巴亦舉其尸以上卿之禮葬之施州今有廟焉

【題詠】**井邑聚雲根** 杜甫詩忠州三峽內云云小市常爭米孤城早閉門空看過客淚莫覓主人恩淹泊仍愁虎深居賴獨園

巫峽中心郡 白居易感春詩云云巴城四面春

峽深田地窄 白居易詩城暗雲霧多云云

薰草鋪坐席 白居易郡中春宴詩云云藤枝注酒尊盤鼓聲坎坎巴女舞蹲蹲

山上巴子城 白居易詩云云山下巴江水中有窮獨人強名爲刺史時時竊自哂刺史豈如是倉粟餧家人黃縑裹妻子注云忠州刺史巴下悉以畬田粟給祿食以黃絹支給充俸

可憐島夷師 白居易忠州詩云云自稱爲吏君勿笑風俗陋勿欺官府貧蜂巢與蟻穴隨分有君臣

吏人生硬都如鹿 白居易初到忠州詩好在天涯李使君江頭相見日黃昏云云市井疎蕪只抵村一隻蘭舡當驛路百層石磴上州門更無平地堪行處虛受朱輪五馬恩

悶取藤枝引酒嘗 白居易春至詩閑拈蕉葉題詩句云云 圖經云蜀地多山多種黍爲酒民家亦飲粟酒地產藤枝長十餘尺大如指中空可吸謂之引藤蓋其端置醅中注之如晷漏本夷俗所尚土人效之耳

徒使花袍紅似火 白居易著刺史緋詩故人安慰善爲辭五十專城未是遲云云其如蓬鬢白成絲

黃茅岸上是忠州 白居易寄向侍御詩明月峽邊逢制使云云

忠萬樓中南北望 白居易荅楊萬州見憶詩詳見萬州

多是通州司馬詩 白居易竹枝歌江畔諸人唱竹枝前聲斷咽後聲遲怪來調苦緣詞苦云云夔人所歌劉禹錫九章今南賓所傳有白文公四章讀載其一

【四六】西蜀奥區 南賓大郡 按巫峽之上游 有唐賢之遺烈 乃卷雲根之聚 正當月峽之間

皂蓋朱轓尚嚴官儀之盛　巴子故城遺俗尚餘於氣節
黄繖紅粟未嫌俸入之微　樂天舊部勝遊殆徧於詩歌

珍州　樂源　綏陽

建置沿革 禹貢荆州之域爲翼軫之分野古山獠夜郎國自古非臣服之地南夷君長以十數夜郎最大漢武帝時唐蒙請置夜郎縣及牂牁郡晉分牂牁置夜郎郡宋南齊因之隋無所經見唐太宗開山洞置珍州并置夜郎麗皐洛源三縣改爲舞州又爲鶴州復爲珍州憲宗廢屬溱州五代復爲蠻夷　皇朝復賜珍州舊名繼改高州以廣西有高州改爲西高州　徽宗時大駱解上下族帥駱世華駱文貴等獻地立珍州亦曰樂源郡今領縣二治樂源

事要

郡名 樂源　夜郎

風俗 其俗夷獠 圖經遵義軍宣和改爲寨隸樂源縣其俗以射獵山伐爲業信巫鬼重誤祝好詛盟外癡內黠安土重舊凢交易刻木爲書契結繩以爲數其桀黠能言議屈服種人者謂之耆老其昏姻以銅器氈刀弩矢爲禮其燕樂以銅鑼鼓橫笛歌舞爲樂其所居無城池之固架木爲閣聯竹爲壁開窗出箭以備不虞出入佩刀弩自衛至與華人交易畧無侵犯禮義之風凢賓客聚會酋長乃以漢服爲貴　其民以耕殖爲業 同上｜｜端厖淳固｜｜｜｜天資忠順慕華風

形勝 古夜郎郡 圖經云云唐改珍州　黔中故壤 見圖經云　夷州之境 同上云云與黔思犬牙相錯又云夷州乃古夜郎牂牁郡故地

山川 豹子山 在州北八里山多産豹　羅蒙山 在州西南二百九十里　東松山 在州南三百五十里　西松山 在州南三百二十五里　綏陽山 在州西二百四十里　白崖堡 乃官軍於此把守之地有麗皐堡思義堡安定堡壽山堡　三江 去州三十里一名明溪　虎溪 在州東十七里　思溪 在州西北百八十里出南平軍與明溪合　貫珠溪 在州東南五十里

人物 尹珍 漢威帝時牂牁人珍自以居於荒裔不知禮義乃從汝南許慎應奉受經書圖緯學成還鄉里教授於是南域始有學焉

名賢 李白 蔡寬夫詩話云太白之從永王璘世頗疑之唐書載其事甚畧亦不爲明辨其是否獨其書自序云半夜水軍來潯陽滿旌旃空名適自誤迫脅上樓船徒賜五百金棄之若浮煙辭官不受賞翻謫夜郎邊以此觀之則太白豈從人亂者哉

題詠 夜郎萬里道 唐李白寄江夏韋太守詩云云西上令人老　山繞夜郎城 張文昌送蠻客詩借問炎洲客天南幾日行江連惡溪路云云　夜郎遷客帶霜寒 李白寄韋南陵詩君爲張掖近酒泉我竄三巴九千里天地再造法令寬云云

四六 夔路輿區　樂源古郡　雖云夷俗　實慕華風　古不居於臣服　今又被於皇靈　萬里朱轓暫撫夜郎之俗　一封紫詔即歸曉禁之班　奥從漢代尹珍之教化始行　猶至唐朝太白之詩歌尤盛

思州　務川　邛水　安夷

【建置沿革】楚地翼軫之分野戰國土地與黔中同楚爲黔中地秦置郡自漢至吳並爲武陵郡酉陽縣地吳分置黔陽郡隋屬清江郡又置務川縣屬庸州即今之黔江縣是也尋廢屬巴東郡唐以務川當牂牁要路置務州太宗改爲思州以思邛爲名明皇改寧夷郡復爲思州黔州之蕃府而爲夷　皇朝平蜀思州不預大觀元年蕃部長田祐恭願爲王民始建思州而夔路化外州郡九十而思居其首尋省爲務川城　高宗中興復以務川城爲思州就以田祐恭爲守今領縣三治務川

事要

【郡名】務川　思南

【風俗】蠻獠雜居 寰宇記俗同黔中地在荒徼之外云云言語各異 漸被華風 圖經思南之地云云飲食言語悉所服習椎髻之俗勁悍之性靡然變易矣

【形勝】當牂牁要路 唐招慰使冊安昌以務川云云須置郡以撫之 縣名思王 元和志故老相傳漢陳立爲牂牁太守阻兵保據思邛水漢將夜郎王兵數萬破立於此撫安百姓時人思慕遂名思王縣 郡非古城 輿地廣記本朝但據夷人所指以爲縣涪州夷判官謂思州舊城去今城百八十里 一寨四堡 運使龐恭孫建築思州奏州治務川因山川控扼建云云以備要害

【山川】唐山 在州東四里南連河只水北枕內江水 思王山 在州西南三百七十里抵貴州界 思邛山 在思王縣東南 都來山 在思邛縣東二十五里接錦州界 都波山 在思邛縣東接錦州界 無黨山 夫思邛縣四十里四面懸絕 巴江水 出城西南牂牁界 河只水 在務川縣東二十里河只若獠姓名 羅多水 在務川縣東八十里羅多亦獠姓名

【土產】

【名宦】【人物】【題詠】並闕

【四六】
夔路奧區　蕞地以守　雖曰黔中之地
思南要地　變戎而辟　實爲徼外之州
周職方之不及固遠華風　在天一涯雖駛舌侏僑之俗
秦郡國之肇分乆漸王化　環地千里藉虎符彈壓之威

新編方輿勝覽卷之六十一

新編方輿勝覽卷之六十二

建安祝　穆　和父編

○潼川府路

瀘州　瀘川　江安　合江

【建置沿革】禹貢梁州之域天文東井輿鬼之分野春秋戰國爲巴子國秦屬巴郡漢武帝分置犍爲郡而犍爲之江陽符縣即今之州城是也東漢末劉璋立爲江陽郡晉寄治武陽穆帝置東江陽郡宋齊因之梁置瀘州取瀘川以爲名移治馬湖江口隋爲瀘川郡唐復爲瀘州改瀘川郡復爲瀘州　皇朝陞爲上州又陞爲節度賜名瀘川軍　中興以來四路建帥府分委邊防而夔路鈐轄猶兼於瀘南張魏公奏請夔梓各專其任乃各陞本路安撫其後以瀘南爲潼川府路安撫使自梁介始今統郡十五領縣三治瀘川

○本路安撫置司

【事要】

【郡名】瀘川　瀘南　江陽

【風俗】朴野少儒學　華陽國志江陽之俗云云　氣候偏陽　勾公權瀘川縣廨記江陽云云夏秋多炎燠冬無苦寒每夏秋蒸溽如傍挹大爐鞴　畬田刀耕　寰宇記地無桑麻每歲云云火種

【形勝】東接巴郡　華陽國志云云南接牂牁西接犍爲北接廣漢　西連僰道　鎮遠樓記云云東接巴渝南望夜郎牂牁　本漢江陽　華陽國志瀘川縣云云昔漢光武微時過江陽有一子望氣者言江陽有貴兒孫王求之縣人殺之光武怒爲子立祠謫江陽人不使冠帶　肘江負山　劉正字李周序瀘爲州云云隣山西南蟠其址　古巴子國　任伋開福寺記瀘云云宗流東北貫其隅　枕帶雙流　輿地廣記據江洛會　舟車之衝　照庵記江安隋舊邑也號爲｜｜往來｜｜其外即與西南夷接自唐閣羅鳳之師出入於此而　國朝元豐以來問罪之師亦由此啓行　最近蠻獠　通畧太祖開寶八年召新瀘州錢文敏見於講武殿謂之曰瀘州云云尤宜綏撫　爲邊隅重地　孫羲叟修城記瀘控西南諸夷遠隸夔路最云云元豐以來用武守其後始更置儒守　權任益重　李壺西山堂記乾道升領帥南一道十五州云云

【土產】鹽井　華陽國志土地雖迫山川特美｜｜魚地一郡豐沃　瀘茶　茶經云瀘州之茶樹夷獠常攜瓢穴其側每登樹採摘茶必含於口中待其展然後置瓢中旋塞其竅歸必置於暖處故味極佳　荔支　杜甫過瀘州詩憶過瀘戎摘｜｜青楓隱映石逶迤京中舊見君顏色紅顆酸甜只自知

【山川】寶山　在城南初名堡子山爲巡檢廨陳公損之移廨山西建堂其上袁公說友名其堂曰江山平遠易堡子爲｜｜皆大書揭之下瞰城郭萬瓦鱗集兩江合流○郡國志一名瀘峯山高三十丈地多瘴三四月度之必死唯五月上旬度之即無害故諸葛亮云五月渡瀘即今之｜｜李壺西山堂記云以常璩華陽國志及辛怡顯雲南錄攷之乃在越巂之地明其非瀘之｜｜也　方山　距州三十五里又名同峯山其山八面下瞰江有魏武帝廟　南壽山　在城西南三十

五里山既高且秀 **安樂山** 圖經在合江西五里三峯俱秀有溪及祉真觀有石櫃爲仙人藏經之所岐而左有爛柯跡後有仙然影隱隱在石壁中岐而右壓木楠臺仙人屋十二盤至頂又在脩山有八洞通南嶺有石臼許由瓢又有紫蓋城滴水崖白猿洞此三峯之景也。任伋遊安樂山詩安樂溪上峯万木森翠羽孤樟切天心横拓璧坤殿氣勢西吞嘉光芒南定楚雲泉出石竇琳瀉漫玉字煙蘿纏林梢搖曳垂翠組。山有天符葉一夕大風雨拔去後得於客子山如篆林葉而長上有紋如蟲蝕如篆或以爲劉真人仙跡。蘇子瞻詩天師化去知何日玉印相傳世共珍故國子孫今尚在滿山秋葉豈能神 **境子山** 在江安縣南五里又名聚山一峯中峙西峯聳翼二溪交流峯巒積翠庵宇梵室金碧交輝旁有二潭爲龍所居禱旱輙應山有眠雲石觀瀾橋玎璫巖磨鐮溪爲一邑勝遊之地 **木龍巖** 在寶山之趾有古榕木盤結天矯如龍黃魯直爲題榜 **東巖** 在汶江之東紹興中邦人關創大像依巖架足以庇風雨近歲有句者祁氏覩一死尸暴棄舍香火於此巖邦人信之不十年重樓複屋佛宮經藏甲於一境 **北巖** 在城北舊有小庵尚書楊汲明創爲大刹又創五峯書院以爲士友會課之所焉 **龍女洞** 在城東南二十五里高崖之半有二穴俗傳爲□□□李嘉謨嘗遊有留題 **汶江** 出岷山東流入合江縣界 **瀘江** 按辛怡顯雲南錄及唐書志姚州雲南郡下有瀘南縣則瀘水當在姚州。李燾西山堂記云郡得名爲瀘者蓋始因梁大同中嘗徙治馬湖江口置瀘州蓋馬湖即瀘水下流因遠取瀘水以名州 **中江** 一名綿水經瀘川縣北三里出鐵金 **涇灘** 在江安縣南三十里灘上有山刺天瀑布飛下相傳

方六十一

武侯誓衆之地 **黃龍堆** 在瀘江中有大石闕每季春則黃龍堆沒此闕亦平。水經云尹吉甫生子伯奇至孝後母譖之自投江中衣苔帶藻忽夢水仙賜之美樂揚声淅歌舡人斈之吉甫聞其声援琴作子安之操即瀘川縣之黃龍堆也韓文公猗蘭操亦援此事

井泉

雙井 在城西偏紹興中掘濠塹得碑乃唐乾元中蘇德充所開也 **滴乳泉** 在城西真如寺自崖石中流出味甚甘魯直經行大書此三字

堂樓

衮繡堂 在州治以趙衛公出鎮于此改今名 **整暇堂** 在郡圃之內 **西山堂** 在寶山 **南定樓** 在州治取出師表語。陸務觀詩行遍梁州到益州今年又作渡瀘遊江山重樓爭供眼風雨縱橫亂入樓

亭觀

方六十二

四香亭 在州治淳熙趙公建自題云永嘉何希深之言曰荼蘼香春芙蓉香夏木犀香秋梅花香冬斯名以之 **偶住亭** 在江安縣之對建中初黃魯直自僰道還過邑宰石諒同遊此亭書琴操後改爲渡瀘亭有范百祿平蠻碑在焉 **海觀** 在州治侍郎閻蒼舒詩雲南之陰大江東二水奔騰如海衝誰能具此壯觀眼南定樓中今則能

名宦

諸葛亮 按叙州李嘉謨武侯祠堂記云武侯南征使李恢自建寧馬忠自牂牁而身自出越嶲五月渡瀘世未有原其說者蓋吳蜀之分五溪諸夷遙接益州四郡雖不能爲害然有事之際得之即強故先主伐吳使馬良招五溪諸蠻授以官爵五溪之南即益州牂牁郡界及先主敗於秭歸益州四郡皆叛應吳高恣睢於越嶲雍闓跋扈於建寧朱褒反叛於牂牁闓又受吳之爵執蜀刺史張裔以與吳然不忍此非獨以險遠爲心蓋要益州四郡上可擬巴峽以爲蔽下可通湘廣以備敵自漢

以來益州四郡皆士大夫主之非獨蠻夷而已公之南伐蓋以杜塞四郡歸吳之心使四郡根據於吳遂結五溪諸夷則巴峽非漢有也傳所謂因其酋豪擒縱孟獲使之不叛者特公之餘略耳

柳玭 通監昭宗景福二年以渝州刺史—|—爲瀘州刺史柳氏自公綽以來世以孝悌禮法爲士大夫所宗玭爲御史大夫上欲以爲相宦官惡之故以謫於外

皇朝錢若水 以右贊善爲守　太祖召見於武德殿謂之曰瀘州最近蠻尤宜綏撫

鄧綰 爲江安令有安樂溪記

【人物】

尹吉甫 江陽人有祠在城南又報恩觀建清穆堂以祠之

皇朝唐庚 字子西來自眉家於瀘之安夷門外有文集

【題詠】

地兼夷漢重 任伋題安樂山詩云云江帶梓夔寒

瀘戎瘴癘窟 劉望之荔支詩云云閩粤山水鄉如何產此物爛然照炎荒

餘甘渡頭客艇 唐子西瀘川六言百斤黃鱸鱠玉萬戶赤酒流霞云云荔支林下人家

牛羊村落晚晴處 唐子西雲南老人行云云煙火樓臺日暮時

安排春織待新篇 唐子西贈瀘倅詩寄語江陽夷洛道云云自注云清井夷人蠻布織梅聖俞詩

歌唱竹枝終日楚 同上云云笛吹梅弄數聲羌

【四六】

西瀼奏功　若時江陽　宋開帥府

東川彼鎮　寶聯益部　盡護兵權

地控雲南之六詔　維瀘川之大郡　地望隆重視古元侯

疆連井絡之三邊　控巴徼之羣蠻　民俗怡熙爲今道院

烏言夷而雖久被於文明　占一星之入蜀謂合遄歸

狼子野心然偽萌於嘯聚　不五月而渡瀘卻疑深入

元戎小隊復班石谷之春　尹吉甫之清風穆如可挹

方國細書趣侍雲臺之下　唐子西之遺範炳若猶存

潼川府

郪縣　平江　涪城　通泉　射洪

鹽亭　飛烏　銅山　東關　永泰

【建置沿革】 禹貢梁州之域東井輿鬼之分野春秋戰國爲蜀地漢高帝分置廣漢郡郪縣與爲後漢因之先主定蜀分廣漢蜀梓潼郡晉又分置新都郡蕭紀於郪縣置新州西魏置昌城郡隋改新州爲梓州因梓潼水爲名煬帝廢爲新城郡唐改爲梓州又改爲梓潼郡復爲梓州肅宗以梓州爲東川節度治所前蜀爲武德軍　國朝改靜戎軍又改安靜軍又詔梓州稱劍南東川陞爲潼川府以梓州爲潼川府路乾道間陞瀘南爲潼川府路安撫使而潼川守臣兼果渠懷安廣安五郡兵馬事今領縣十治郪縣

○本路提刑置司

【事要】

【郡名】 **梓潼　東川　左蜀**

【風俗】 **俗好勝尚氣** 舊經云云不恥貧賤

士通經學古 舊經曰云云罕爲異習

人傑地靈 圖經梓州出趙蕤之智術陳子昂之文章所謂人傑地靈者也○岑象求趙嚴記東漢以來人物可見者僅數人其間以禮自持不應辟命者殆居其半

【形勝】 **左帶涪水** 通典云云

右挾中江 居水陸之衝要

東控瀘叙 乞陞潼川府奏狀云云西扼綿茂江山形勝水陸之衝爲劍外

一郡會與成都相對　**古廣漢郡**　劉甲人物志序唐以前凡稱梓潼者即今之隆慶稱涪者即今之綿州惟稱郪及廣漢縣乃潼川也　**不及西川一大縣**　○元和志州城宋元嘉中築

郪良能南樓記云自唐為東川節度名有十邑與西川等而壤地瘠薄民物之產云云　**通泉為梓名邑**　楊天惠撰通泉縣連鰲閣記梓於西南為大都云云江山秀潤土田平夷

【土產】**桃竹**　杜甫一一杖詩江心蟠石生桃竹蒼波噴浸尺度足斬根削皮如紫玉江妃水仙惜不得梓潼使君開一東蒲堂賓客皆歎息憐我老病贈兩莖出入爪甲鏗有聲老夫復欲東南征乘濤鼓枻白帝城路幽必為鬼神奪拔劍或與蛟龍爭重為告曰杖兮杖兮爾之生也甚正直慎勿見水踴躍變化龍使我不得爾之扶持滅跡於君山湖上之青峯噫風塵澒洞兮豺虎咬人忽失雙杖兮君將曷從

方六十二　七

【山川】**牛頭山**　在郪縣西南二里形似一一一四面孤絕俯臨州郭下有長樂寺樓閣為一方勝槩圖經有云羅漢洞在巖之半永福寺據其頂廣化寺據其岡羅漢院據其麓

東山　在城東○杜甫陪王侍御同登東山最高頂宴姚通泉晚携酒泛江詩姚公美政誰與儔不減昔時陳太丘邑中上客有杜史多暇日陪驄馬游東山高頂羅珍羞下顧城郭銷我憂清江白日落欲盡復攜美人登綵舟笛聲憤怒哀中流妙舞逶迤夜未休燈前往往大魚出聽曲低昂如有求三更風起寒浪湧取樂喧呼覺船重滿空星河光破碎四座賓客色不動請公臨深莫相違迴船罷酒上馬歸人生歡會豈有極無使霜露霑人衣

大雄山　在中江有真武祠杜甫有題玄武禪師屋壁詩即此

東武山　在射洪縣東十里唐陳伯玉集云陳方慶

好道隱於此有唐朝道觀遺址

金華山　在射洪縣有陳拾遺學堂○杜甫詩涪右衆山內金華紫崔嵬上有蔚藍天垂光抱瓊臺繫舟接絕壁杖策窮縈迴四顧俯層巔淡然川谷開雪嶺日色死霜鴻有餘哀焚香玉女跪霧裏仙人來陳公讀書堂石柱側青苔蕭瑟風為我起激烈傷雄材

白崖山　在射洪縣南十五里

郪江　在郪縣西南源出銅山縣赤岸溪

涪江　在郪縣北通遂州

射江　涪江水東南流與射江合

鵝溪　在鹽亭縣境其地產絹

梓潼水　在鹽亭縣其源出劍州

沉水　在通泉縣北公孫述令延岑盛兵固守一一漢臧宮進兵鑿之斬首溺死者萬餘人即此

【堂亭】**名世堂**　在府治畫司馬相如王褒楊雄嚴君平屈原陳子昂李太白蘇子瞻八人

來袞堂　在府治以趙丞相更名

方六十二　八

西郊亭　蒲公規亭記云蜀相高平公所建

野亭　在通泉縣東○杜甫陪王侍御宴通泉東山一一詩江水東流去清樽日復斜異方同宴賞何處是京華亭影臨山水村煙對浦沙狂歌過形勝得醉即為家

山亭　杜甫登牛頭一一詩云路出雙林外亭窺萬井中江城孤照日山谷遠含紅兵革身將老關河信不通猶殘數行淚忍對百花叢

水亭　杜甫章梓州一一詩城晚通雲霧亭深到芰荷吏人橋外少秋水席邊多

【館驛】**通泉驛**　杜甫詩溪行衣自濕亭午氣始散冬溫蚊蚋集人遠鳧鴨亂驛樓衰柳側縣郭輕煙畔一川何綺麗盡日窮壯觀

【寺觀】**慧義寺**　杜甫陪章梓州詩云春日無人境虛空不住天鶯花隨世界樓閣倚山巔遲暮身何得登臨意惘然誰能解金印瀟洒共安禪○前人送王少尹赴成都詩云

苒苒谷中寺娟娟林表峯闌干上處遠結搆坐來重騎馬行春徑衣冠起暮鍾雲門青寂寂此別惜相從

牛頭寺 杜甫詩青山意不盡袞袞上牛頭無復能拘礙真成汗漫遊花濃春寺靜竹細野池幽何處鶯啼切移時獨未休○望｜｜｜詩牛頭見鶴林梯徑繞幽深春色浮山外天河宿殿陰傳燈無白日布地有黃金休作狂歌客回看不住心

兜率寺 在南山名長壽有劉蛻文冢碑及蛻三詩刻之石○杜甫詩兜率知名寺真如會法堂江山有巴蜀棟宇自齊梁庾信哀雖久何顒好不忘白牛連遠近且欲上慈航○望｜｜｜詩樹密當山徑江深隔寺門霏霏雲氣重閃閃浪花翻不復知天大空餘見佛尊時應清盥罷隨喜給孤園

東山寺 名普惠寺在城東涪江之外去城三里寺有蘇公泉臨川門下瞰涪江

香積寺 在涪城縣有官閣○杜甫詩寺下春江深不流山腰官閣迥添愁諸天合在藤蘿上昏黑應須到上頭

東臺院 在鹽亭縣郎中任伯傳於山上建亭讀書十年而兄弟子孫登科者十餘人其孫任源有記

玉京觀 在射洪縣北金華山上東晉陳勳學道山中白日仙去梁天監中建觀有唐明皇所鑄老君像有陳拾遺讀書堂及蠲戲用祭文

〔祠廟〕

白崖廟 在白崖山圖經云神姓陸諱彌梁天監中為瀘州刺史卒於官歸舟過此山下舟皆沉没後為立廟

勾溪廟 在中江縣即天齊王祠○子瞻有看畫古叢祠之句見後題詠

〔名宦〕

郭元振 唐詩紀事元振神龍間尉通泉任俠使氣不事小節武后召欲詰問既與語奇之索所為文章上寶劍篇后覽之嘉歎○杜甫過代公宅詩豪傑初未遇其跡或脫畧代公尉通泉放意何自若及夫登袞冕直氣森噴薄磊落見異人豈伊常情度定策神龍後宮中翕清廓俄頃辨尊親指揮存顧託羣公有慙色王室無削弱迥出名臣上丹青照臺閣我行得遺跡池館皆疏鑿壯公臨事斷顧步涕橫落高詠寶劍篇神交付冥漠

蘇榮 唐相味道之父為梓州參軍致書鄉人曰頃注吏部州參子頲縣帶妻名由來不涉老身併是婦兒官職時人賞之

柳仲郢 公綽之子字諭蒙為東川節度使美績流聞又孫光憲北門瑣言曰西川人言梓州者我東門之草市也仲郢為東川節度使聞之曰吾仕朝廷三十年清華備歷今日始與西川作市令耶

李商隱 唐大中時為東川判官今護彌勒巖佛頌及南禪四證堂碑皆商隱文

皇朝燕肅 天聖中為守作蓮花漏

張維 德安人知梓州值李順之亂士遯彌煩奇尚簡素卒死郡孤歌頌之聲溢於道路

范百祿 淳熙間為提刑會瀘夷反命熊本措置夷數千請命將欲屠之百祿不可遂受其降

〔人物〕

王渙 郪人為洛陽令寬猛得宜人為立祠

王堂 郪人遷汝南太守委功曹陳蕃臣理政務郡內稱治亞東漢時

趙蕤 鹽亭人篤學不仕與李白善著書號長短經

陳元敬 子昂之父瓌偉倜儻弱冠豪俠屬鄉人阻飢散粟萬斛以濟貧民年二十二擢第天后居攝遂山棲餌朮見趙儋頌

陳子昂 射洪人唐興文章徐庾餘風天下祖尚子昂始變雅正武后時上書言事為右拾遺後為縣令段簡所害盧藏用云道喪五百載而得陳君子昂有感興詩墓在獨坐山學堂遺址在金華山

顏彥暉 郡人以忠義稱

皇朝蘇易簡 銅山人太平興國五年狀元

文同 字與可梓人文潞公守成都奇之致書與可云襟韻灑落如晴雲秋月

塵埃不可到司馬温公稱文忠公尤敬重之有丹淵集

【題詠】官柳着行新杜甫郪城送李判官詩云憑高送所親久坐惜芳辰遠水兼無浪他山自有春天際傷離別離筵酒太頻野花隨處發云云

江水流城郭杜甫春日登梓州城樓詩行路難如此登樓望欲迷身無却少壯跡有但羈棲云云春風入鼓鼙雙雙新燕子依舊已銜泥

五馬何時到杜甫送梓州李使君之任詩近看除刺忠還喜得吾賢云云雙魚會早傳

江清歌扇底杜甫陪李梓州泛江有女樂在諸舫戲爲豔曲詩上客回空騎佳人滿近船云云野曠舞衣前玉袖臨風並金壺隱浪偏競將明媚色偷眼豔陽天

立馬千山暮前人白日移歌袖青霄近笛牀翠眉縈度曲雲鬢儼分行云云回舟一水香使君自有婦莫學野鴛鴦

銜恩到梓州姚合送楊尚書赴東川詩鄭穀詩書將云云遶身垂印綬護馬執戈矛劍閣和銘峭巴江帶字流從來皆惜別此別復何愁

漢女輸橦布王維送梓州李使君詩萬壑樹參天鄉音聽杜鵑山中一半雨樹杪百重泉云云巴人訟芋田文翁翻教授不敢倚先賢

得郡書生榮蘇子瞻送周正孺知東川詩云云還家昔人重而況東西川千騎擁上冢里門下車日父老自驚聳端如何武賢不事長卿寵清時養材傑杞梓方培擁未應遺合抱取用及把拱如君尚出壁顧我宜耕隴告歸勸先手求去悔不早豈云畏罪退實自知衰冗爲君掃棠陰畫像或相踵

東川得望郎蘇子瞻次前韻云云坐與西爭重高峯傾石室舊學鄙文家蜀人安使君所至野不聳竹馬迎細侯大錢送劉寵遙知勾溪路老稚

相扶擁看畫古叢祠百堵朝幽拱牛頭與兜率雲木蔚堆擁醉鄉追隨遊筆陣賈餘勇聊將詩酒樂一掃簿書冗西風吹好句珠玉本無蹤

水散巴渝下五溪杜甫野望詩金華山北涪溪西仲冬風月始淒淒山連越嶲蟠三蜀云云

從來不奉一行書杜甫投簡梓州幕府兼簡韋郎詩幕下郎官安穩無云云固知貧病人須棄能使韋郎迹也疎

一門三鎮擁朱輪潼川舊記鮮于叔明功德碑載嚴氏詩三院四人簪白筆云云

訓練彊兵動鬼神杜甫寄章侍御詩淮海維揚一俊人金章紫綬照青春指麾能事回天地云云關西不得歸關羽河内猶宜借寇恂朝覲從容問幽側勿云江漢有垂綸

鞭指金門望轉清張順之送大諫赴闕詩一萬餘家留戀意二三十里管絃聲寒加棠水流難盡云云

深僻還如樗社村張順之寄唐山人詩梓潼江口涪江上云云

鳳凰城裏花時別陳羽梓州與温商夜別詩云云玄武江邊月下逢客舍莫辭先買酒相門曾忝共登龍近風驛屑千家竹隔水悠揚五夜鐘明日又行西蜀路不堪天際遠山重

【分邑】高山擁縣青杜甫行次鹽亭寄嚴遂州蓬州二使君詩馬首見鹽亭云云雲溪花淡淡春郭水冷冷全蜀多名士嚴家有德星登臨意無極好爲老夫聽

山縣早休市杜甫倚杖詩自注在鹽亭時作看花隨郭内倚杖即溪邊云云江橋春聚舡狎鷗經白浪歸鴈喜青天物色兼生意淒涼憶去年

烏好人亦好杜甫贈射洪李四丈丈人屋上烏云云人生意氣豁

不在相逢早 薛公十一鶴 杜甫通泉縣署壁後薛少保畫鶴詩云云 皆寫青田真感遥
白鳳態非是倉庚鄰赤霄有真骨恥飲洿池津眞宜任所往脫略誰能馴 江頭且繫舡 杜甫題鄭縣鄭明府茅屋壁云云 爲爾獨相憐雲散灌壇雨春青彭澤田頻驚適小國一擬問高天別後巴東路逢人問幾賢

四六

山綸北關　蜀川巨鎮　地接三江
賜履東川　鄭道名邦　鎮分二蜀

轄從楓陛分竹使以鼎來　柳侯見薄笑言市令之如
坐使梓潼與錦城而爭重　坡老送行刀以望郎而重
建臺務治盍田諫議之言　陳伯王之故鄉風生諫草
持節策名有趙清獻之烈　潜　杜少陵之遺跡月冷詩壇
接漏天之霧雨
歸番冢之煙雲

新編方輿勝覽卷之六十二

十三

新編方輿勝覽卷之六十三　建安　祝穆　和父編

遂寧府　小溪　蓬溪　長江　青石　遂寧

建置沿革　禹貢梁州之域，東井輿鬼之分野。春秋戰國爲蜀地。秦爲蜀郡地。漢分爲廣漢郡。今州爲廣漢縣。又分爲德陽縣。東晉於德陽縣界東南置遂寧郡。後周置遂州，又改名曰石山郡。唐改爲遂州，改遂寧郡，後爲遂州，陞東川防禦使，又陞武信軍節度。皇朝因之，提舉合遂等七州兵甲。徽宗潛邸，陞遂寧府。今領縣五，治小溪。

○本路轉運置司

事要

郡名　古遂　武信

風俗　民醇有古風　張震賦序云云。人物富繁　馬咸記云云。江山灑落

形勝　東連巴蜀　圖經四達之區，西接成都云云。劍南大鎮　曲阜行李延制遂寧云云。涪水上游　馬咸撰云云，乃東川會邑。東蜀都會　劉儀鳳南樓記：平原沃野，貫以涪江，氣象寬舒。山原肥沃　華陽志云云，有澤漁之利。遂居蜀腹　白居易行刺史李繁制。有城如斗　唐節度使夏侯孜文云云，有壁如金。

土產　蔗霜　容齋五筆：宣和初，王黼判應奉司，遂寧嘗貢糖霜。黃魯直在戎州作頌答雍熙長老寄糖霜詩：遂寧蔗霜知有味，勝如崔子水晶盤。

山川　鳳凰山　在府城西。書臺山　在府城西南，以張九宗得名，連寶臺與金魚山爲三峯，今建學宫於上。玉堂山　在小溪縣北十里，巖巒聳秀。傘子山　在小溪縣白水鎮。唐大曆間有禪師跨一白驢抵此山，結茅以居。環山之民素以植蔗爲業，和尚所騎白驢嘗食民蔗，居民苦之，詣和尚請焉。和尚曰：汝知糖之爲糖，而不知糖之爲霜，其利十倍。因示以試遂寧糖霜，其色如琥珀，遂爲上品。鼓樓山　在蓬溪縣北十里，雙峯對峙，山高千餘仞。王蜀時嘗置鼓樓，望烽火於其上。赤城山　在蓬溪縣東二里。廟山　在長江縣南十里，孤峯峭拔，下臨江島。明月山　在長江縣西南二里。○賈島詩：長江微雨後，明月衆星中。五龍山　在長江東五里。青石山　在青石縣，有祠甚嚴。九州要記云：天下青石無加於此，可爲鐘磬。招隱洞　在長江縣南二十里，內有唐貞半千題字。涪江　源出廣魏涪縣，南至小廣魏，與梓潼合江。郪水　自銅山飛鳥縣合衆流，歷長江，會涪水。赤溪　自蓬溪縣西流入小溪東，合涪江。

方六十三　七

井泉　火井　在長江縣客館鎮之北二里伏龍山下。地窪若甑，以火引之則有聲隱隱然，發於池中，少頃熾炎。夏月積雨停水，則焰生水上，水爲之沸而寒如故。水涸則土上有焰，觀者至焚其衣裾。

堂院　靜治堂　孝宗御書三字賜丁逢。東蜀道院　在郡治。晁子西爲記。

寺觀　廣利寺　在小溪縣西五里，巖壑之勝甲於一方。○丁公言詩：出城數里即青山，路入青松白石間。只合步行尋石徑，不宜呵喝入松關。資聖院　在小溪靈泉山。○孫謂詩：四山藏一寺，方丈壓諸峯。聞有坐禪處，白雲深幾重。

名宦　顏杲卿　調遂州司

法性剛直嘗爲判史詰責正色别白賈島字浪仙唐文宗時謫長江縣主簿有墓在焉。杜荀鶴詩謫官自麻
衣衘怨至死時山根三尺墓人口數聯詩仙桂終無分皇天
似有私暗松風雨夜空使老猿悲。唐安撫過其墓題詩曰
倚恃才難斷昂藏貌不恭騎驢衝大尹奪卷忤宣宗
馳譽超先輩吟詩下我儂司倉舊曾署一見一心冲張九
宗小溪人德宗時持節刻侯歸典鄉郡其榮禄詩牛羊嘶草貌環佩鳥雀離花聽管絃皇朝司
馬池乾興初爲小溪大夫初正版籍賦役子溫公方四歲識者已知其非凡兒矣趙抃爲轉運使
李燾蜀人爲守號巽巖馮檝小溪縣人苗劉之變檝爲正字貽書諭以禍福累遷給事知瀘州

題詠

肩輿太守醉張霽詩春苗半没歷杜酒期蒲醼云云燈火歸騎趁惟有漢月
明依然照山曲劍嶺横天古棧微司馬君實送張兵部中庸知遂州詩云云相如
重巒傳車歸覲倚門望已久千騎踏雪行如飛人間富貴
非不有似君榮耀世亦稀開道西川有遺像使我涕泗空沾
衣謫官何事謫詩仙鄭谷旅次遇裴晤員外謫居於此因寄詩云誰解登高問
上玄云云不知幾首南行曲留與巴兒萬口傳

四六

武信舊藩遂寧新府　土田肥沃人物阜繁　據涪水之上游乃東川之都會
地重潛藩節鎮素雄於一面　道院堂清備載郭子西之記
權專會府甲兵兼總於七州　禪關勝絕更稽丁晉公之詩

順慶府　南充　西充　相如　流溪

建置沿革

禹貢梁州之域秦楚之交鶉首之次參井之分
春秋戰國爲巴子國秦城巴立爲巴郡即漢巴
郡之安漢縣也亦爲充國縣地二縣並屬益州之巴郡漢
劉璋分墊江置巴西郡宋於安漢故城置南宕渠郡隋罷
宕渠郡以安漢縣屬隆州改安漢縣爲南充縣改隆州爲
巴西郡唐割隆州南充相如二縣置果州隸山南西道改
南充郡復爲果州改爲充州尋復爲果州僞蜀爲永寧節
度。皇朝平蜀隸梓州路以　寧宗潛邸陞順慶府今領
縣四治
南充

事要

郡名　巴西　南充

風俗　其民喜
商賈程涇社稷壇記郡當舟車往來之衝云云而息稿事人才之盛郡守趙不拙鼓角樓
記果之爲州山深水長秀氣所鍾古今人物不絕紀將軍忠
節練御史史才謝真人飛昇程仙師尸解牧牛峯大名尊宿
顛顛在人耳目。呂好問覽秀亭記思史謙思賢淵之遺風
而熊周陳子昂之舊績想陳綠師謝自然之仙蹤慕張盛嗣
贊之英蹤。開漢志在漢以忠節名義著在
唐以神仙浮譽顯在　本朝以文章學術名

形勝　本安
漢城馮休文宣王廟記地屬梁雍云云巴子舊封邵伯溫詞云云充城樂土大
江襟帶開漢志嘉陵云云於左金泉栖樂諸山雄峙於右羣峯矗於四
望馮耘濯口廟記果之郛宓夾溪水迎其西南云云號小成都郡志自邵伯溫守此邦名
山勝景題品無遺至以小成都目之。郡守楊濟開漢樓記
自號小益不復數潼遂又云果州雖亞於潼遂而士民所聚

則過之【土產】黃柑邵伯温詩果山仙果秀天香馥馥圓金樹樹芳【山川】果山在南充縣南八里郡以此名郡人御史陳壽隱於此有祠金泉山在城西果山之足唐謝自然於此上昇有青霞觀○韓愈作謝自然詩果州南充縣寒女謝自然童騃無所識但聞有神仙輕生學其術乃在丨丨丨一朝坐空室雲霧生其間須臾自輕舉飄若風中煙入門無所見冠履同蛻蟬大方山距城十五里又有小方山千峯方嶺有芶洞天寶臺山距州城西與金泉對峙有覽秀亭清泉山距城十里有古刹下瞰龍門諸山有邵太史留題朱鳳山在州南十里乃爾丨仙及李淳風養煉之地回視郡城如在掌握其山有鳳凰集因置丨丨觀清居山在南充縣內有四亭白雲亭光相亭吸江亭五友亭南岷山距西充縣十五里有十三小峯漢何岷者隱其上遂以名山大耽山在龍溪縣隋居士楊耽居此修養冬居丨丨丨石窟中夏居小耽山之絕頂肖巖在西充縣小陵鎮東巖寶空潤泉水清潔嘉陵江在相如縣東二百步○韋應物聽丨丨丨水寄深上人詩水性自云靜石中本無聲如何兩相激雷轉空山驚西溪在丨充縣東四十步又有東丨大小洲閬經載昔讖云過此云丨洲連丨丨此地出公侯【井泉】滴浮泉在小方山道士何志全飲此水年八十面如桃紅○樊汝賢詩雲液落山腹脉與崑崙通云何山中叟八十桃顏紅【樓閣】開漢樓郡守楊濟記云聖朝褒綸有實丨丨業之語摘二字以名是丨見紀信注仙鶴樓在郡城後子城上下瞰大

江邵伯温詩鶴樓端勝庾公樓覽秀亭在南充縣寶臺山上爲鄉士期集題名之所清暉閣在南充縣下俯大江其景清絕【名宦】韋貫之白居易集云羊若冀叔直言者出爲果州刺史崔元亮爲守史謙恕海錄碎事謙恕爲果州刺史百姓歌曰使君來何晚昔日無儲今有飯皇朝查道字湛然知果州王均之亂賊黨相語曰查果州以仁義撫此境頗得衆心未可攻也抵城而宵遯又云道微服單馬造賊所諭以朝意乃相率投兵羅拜請降邵伯温康節之子妙得先天之旨時相欲傳其易學公力拒之後守果州【人物】紀信郡城太平門有忠祐廟誥詞云以忠徇國代君任患實開漢業使後世知君爲重身爲輕雖糜捐不避者僕有力焉司馬相如在相如縣南三十五里宅濱嘉陵江有琴臺又水北有相如坪譙周安漢人陳壽常師之孫譙秀陳壽安漢人撰三國志譙秀李商隱懷譙秀詩梓潼不見馬相如更欲南行問酒壚行到巴西覓丨丨巴西惟是有寒蕪皇朝馮休南充人真廟朝不應辟召歸山著書【題詠】褒斜不容幰唐王維詩云云之子欲何之鳥道一千里猿啼十二時五馬過窮巷王維謝鄭果州相過詩云云雙童送老身騎吏綠青壁姚合果州刺史崔元亮詩云云旌旗度白雲動鈴生蘚色巴字疊成文華省思仙侶疲民愛使君閬苑南邊第一州邵伯温果山即事云云江山絕勝對城樓又若守自慚無善政衰翁不稱作遨頭萬家燈

火春風陌邵伯温詩從昔遨遊盛兩川充城人物自駢闐云云十里綺羅明月天傾城出送舊遨頭邵伯温離果州詩曰今日行人去果州云云蜀人喚作小成都邵伯温過充城詩云自昔充城號奧區云云四川惟說好充城邵伯温充城口號詩山圍翠合水連雲萬室樓臺照眼明勝地風淳真樂國云云充城繁盛冠東川前人云云

四六

維今閬漢　紀侯之忠節　維東梓之奧區
號小成都　謝女之仙風　有南充之佳郡
內輸邦賦視資普而後先　疲民愛使君盡繼崔元亮之政
外給軍儲與嘉眉而甲乙　勝地真樂士愿賡邵伯温之詩

方六十三　七

資州

盤石　資陽　內江　龍水

建置沿革

禹貢梁州之域東井輿鬼之分野入參三度周屬雍州春秋戰國爲蜀地秦置蜀郡漢武分置犍爲郡即犍爲郡之中資縣地自晉雄之亂東獠居之西魏析武康郡之安陽縣置資州理今簡州陽安縣界古資陽城後周於今簡州陽安縣移資州於漢資中故城爲治所仍改資中爲盤石隋併郡於安陽縣煬帝又置資陽郡唐改爲資州隸東川復隸西川徙治內江復治盤石　皇朝因之今領縣四治盤石

事要

郡名　資川　資中

風俗　地狹民貧宋京至道觀記資中云云無土以耕在蜀爲窮僻之地爲多士國李浩大晟樂記資在東梓云云。圖經云王褒起資以文詞鳴自褒以來如董鈞范崇凱李鼎祚皆以文顯詞客才士未嘗一至宋京至道觀記資中江山瑰奇自古王公貴人云云故不得見於歌詠而爲浮圖老子氏之學者往往擅而有之東漢雒居唐韋皐奏號資與瀘境相接山川連結云云

形勝　長江帶其南李石企仙樓記靈巖盤其右傳耆盤石縣遷治舍記艾江流其前谷神隱其其北醮壇據其主云云大溪繞其北企仙樓記云云有山岌然中峙爲郡治勝勢東抵昌瀘圖經資在東蜀云云北通普遂南接榮瀘西達隆簡山水之秀劉光祖狀元樓記蜀東十數郡云云不敢與資中抗

方六十三　八

山川　鳳凰山在州北小熊山後形若鳳故名重龍山在州南二里舊名翠微孤峙若龍蟠亭閣之勝及諸梵刹列踞其上江山城市歷歷可觀氈帽山在州南四里玉清山在州南二里左職平湖侯真人遺跡在焉王京山在州西南五十里峭險壁立得道山在州北十五里有張開光遺跡存焉月山在州北三十里醮壇山在州北二里張道陵李阿真人修煉于此資山在資陽縣。范淳甫詩——巖谷多神仙駕東鳳馬隨飛煙神女蕭蕭來暮雨浮丘往往下雲軿德林山宋京李觀有題錢氏——詩平岡山在盤石縣西三里李阿傳仙宗崔中古崔逵居之華蓋山距內江縣十里昔唐范崇凱於此讀書詳見名宦鼇山在龍水縣西北一里孟巖

唐揚禹珪題｜｜詩郡雖饒勝境偏愛｜｜山 **東巖** 距州城三里若剖大甕側立千尺溪壑深杳林木葱蒨

西巖 在城西六里山行踰百步石壁夾道如城如峽。宋京跋資中四巖獨｜｜幽深山水富足 **南**

巖 去盤石縣五里 **北巖** 去郡城半里等慈寺之東。唐盧并等慈寺詩地靈無俗草巖靜有仙禽郡志

崖峻不可游息其巔古像半濕苔蘚乳泉滴瀝四時不絕宋京｜｜記云東蜀領郡十六而山川瑰奇資中爲之甲資中

勝遊十數而北巖又爲之最 **琵琶峽** 在盤石縣南三里 **盤石** 在州城北二里狀若盤陀

因以名縣 **珠江** 相傳江中有光夜現如燈燭。劉光祖狀元樓記資號｜｜以地之靈出產瓌異 **中**

江 在資陽縣西沈約宋書資江爲中水涪江爲內水 **龍溪** 在龍水縣西北 〔樓閣〕 **台**

方輿六十三 十

星樓 即東城門乃趙魏公建黃裳爲之記 **省元樓** 在譙樓南爲郡人趙雄建 **狀元**

樓 在譙樓東爲郡人趙逵建 **企仙閣** 一名漾秉在郡治之北高據絕頂得一郡之要李石記李

傳侯張各據一山合四山而拱揖故名 〔亭榭〕 **瀛洲亭** 在郡圃繪唐十八學士故名鮮于燊

記云千巖萬壑綺綰綉錯如拱如揖顧接不暇 **道勝亭** 梅堯臣題龍水縣錢氏｜｜｜詩龍川傳山下

高卧一儒生有室羅怨史無心繫組纓 〔名宦〕 **韋皐** 唐｜｜時東蠻數爲邊患能綏服之又戰有功

蠻部震服乃建安夷軍於資州維制諸蠻 **盧并** 文宗時守資中長於歌詠有詩刻在等慈寺 **皇朝**

范祖禹 治平中宰龍水 **宋京** 政和間爲郡舉昔於詩翰 **李新** 字元應隆州人爲本

州司錄東坡命賦墨竹嘗稱賞之 〔人物〕 **萇弘** 資中人即夫子問樂者也 **王褒** 資中人爲

聖主得賢臣頌今墓前有石碣高一丈字已磨滅惟鄰硯池尚存 **董鈞** 東漢永平中爲博士嘗與議禮樂

范崇凱 內江人善屬文明皇命作華萼賦入奏爲第一弟元凱 **皇朝趙逵** 盤石

人廷對第一不附秦檜 **趙雄** 內江人類試爲第一孝宗朝爲相 〔題詠〕 **元戎鎮**

靜無邊事 羊士諤資州宴行營面將詩几劍盈庭酒論邊戍人歸日及瓜時云云遣向營中偃畫旗

日落琵琶峽口風 宋京詩云雲生種帽山頭雨云云 〔四六〕 **縣**

門倚巖石 范漢甫宰龍水日賦詩云云終日對青峯初仕惜爲宰讀書過三冬忘機狎鷗鳥覲稼親

方輿六十三 十

老農訟庭可羅雀鋪印苔鮮封 **資水通巫峽** 范漢甫詩云云譙家萬里舡

〔四六〕 蜀左名區資中佳郡 山川甲於左蜀人物擬於西川 褒然龍首之英卓矣鳳池之彥

地雜窮僻洞谿溪貌之雜居山獨瑰奇釋子仙翁之多占 學從漢代名高作頌之文人迨至本朝秀毓東鈞之賢相

普州 安岳 樂至 安居

〔建置沿革〕 禹貢梁州之域秦地東井輿鬼之分野春秋戰國爲巴蜀之境秦爲巴蜀二郡地今州即漢之

資中牛鞞墊江後漢之德陽四縣之境晉因之梁置普慈郡于此後周武帝於郡立普州又置多業縣于此隋改多

業縣爲普慈縣煬帝罷屬資州唐初又置普州改爲安岳郡復爲普州 皇朝領縣三治安岳

【事要】【郡名】東普　普慈　【風俗】地僻俗固唐文若學記云云士瘠民貧馮山州學記俗爲近古黎持文宣王廟記普慈之人有無相通憂患相恤最爲近古少而舉卒者避弟而聽從退而里居者無傲於教育士多於民唐文若安居縣學記安居普下邑地狹而賦寡占籍爲士者多於民○王平彭公堂記其民朴厚而俗美士雅素而篤學排村徧井云云故其俗尚禮義好尊賢者冠帶並西眉四賢堂記冠帶之盛與西蜀並稱○何耆仲進士題名記蜀東西州論士所出必曰眉曰普普居山谷間不能當眉之屬縣而人物表表殆相頡頏【形勝】普之秀以石郡志云眉之秀以水閬之秀以山云云介萬山間普慈志序云云無土地肥饒之産無舟車貨利之聚爲東蜀下州馮山州學記【土産】棗梨藕郡土磽瘠無珍異之産惟鐵山棗崇龕梨夫池藕三者皆陳希夷所種【山川】鳳凰山在郡治後形如飛鳳福濟廟居其絶頂舞鳳亭當其脒州治據其脊左爲惠民院右爲白馬廟延袤數里氣象雄勝雲居山在城南一里其上爲真相寺有葛仙洞爲近城游覽勝處大雲山在鐵山門外二里安岳以邑治在山四面險故曰艮巖在安岳之清流鎮杜孝巖有記西巖郡守李騑有詩月巖在安居高灘福聖院相對隱士趙鶩居之後巖尤奇岳陽溪在安岳縣天聖中郡守彭乘鑿石爲曲水後名翰林灘每歲脩禊事于此雙溪

在郡西七里與岳陽溪合而東大安溪在安居故老云孟蜀時取魚於此當時號其溪【井泉】破石井在城西其水清冽乃一巨石鑿開而得水云陳摶相地所開【堂閣】清簡堂在郡治玉虹閣在郡治【寺觀】報恩寺在安岳有會景亭便於眺覽福勝院在安居縣南五里依巖架屋下瞰韓朋溪有巖泉之勝棲巖寺有李洞讀易洞洞雍州人避朱泚之難入蜀於大雲山鑿石爲洞讀易其中嘗師事賈島【祠廟】鐵山神祠在州西神姓姚諱景澈隋文帝時普昌瀘三州夷作亂帝命神爲都統將兵討平之卒葬韓朋鎮石城山後人爲立廟嘉定乙卯紅巾作亂於普昌遂入普屯於廟山是夕暴風雷雨撤揭寨舍賊首莫簡見空中神異謁廟謝過探鐵得擒賊先擒王之句已而就擒普應廟在鳳凰山神姓多名岳天彭人自孟蜀時授徒於普國初未有登科者端拱間門人牟寀廷試第七自是儒科相踵實自侯而始侯既殁牟寀率諸弟子葬之鳳凰山遂立祠【名宦】賈島蘇絳銘序云島字浪仙范陽人長材間氣超卓挺生屬思五言孤絶之句記在人口罹譖責授遂州長江主簿自長江簿遷司倉參軍又遷普州司戶參軍終焉有祠在城南三里○韓愈詩孟郊死葬北邙山日月星辰頓覺閑天恐文章中斷絶故教賈島在人間皇朝彭乘益州華陽人爲漢陽軍判官頃望鄉閭悵然曰親老矣乞歸侍養寇準薦之召爲集賢校理求便親得知普州舊制蜀人不許赴蜀官特恩自乘始慶曆中與歐陽文忠公宋景文公張文定公同在翰林今東溪上曰翰林灘者公遺迹也文同潼川人以親老自辭

職丐外
守晉州【人物】陳摶 字希夷普州崇龕人也隱於武當山及華山 太宗令見 真宗於壽邸
及門而返曰王門廝役皆將相材也何必見王按祥符舊經
謂陳摶崇龕人既長辭父母去學道或居亳爲亳人或居洛
中則爲洛人或居華山則爲華山人此說最有理祥符
去國初甚近李宗諤博物君子撰定圖經必得其實 牟
衮 永興人國初登科自衮始兄弟皆繼踵擢第謂一門四桂 諸馮 自唐馮宿之後爲彰明令因家于蜀
在晉有南宗北宗之別南宗則有馮如晦能辨范公純仁之
誣獄馮宋則與陳東同伏闕上書北宗則有馮光戩能戒大
拚揚璮之殺降馮
澥之忤蔡京遭貶【題詠】石秀山田氣象雄 郡守郭功
詩地靈人勝
風流古云云 文屬君華武硬弓 蜀茹愚詩地靈人秀誰稱首云云牟
衮字君華破荒及第劉澤武藝精絶從 太祖定天下號劉硬弓
【四六】疏紆北門 雖千里地 地望在東晉而最卑
分符東晉 介萬山間 人才與西眉而相埒
試考圖經地最蜀東之陋 貲浪仙宦遊之国詩句難聽
載觀形勝石爲天下之奇 陳希夷鍾秀之鄉清風可挹

建安祝穆和父編

合州

石照 巴川 銅梁 漢初 赤水

【建置沿革】禹貢梁州之域秦地參井之分野古巴子之國秦以其地為巴郡今州即秦漢巴郡之墊江也東漢及魏晉因之宋於此置宕渠郡南齊以墊江縣屬寧蜀郡西魏置合州改墊江為石鏡縣改宕渠曰墊江郡後復曰宕渠隋廢宕渠郡改合州曰涪州煬帝置涪陵郡唐復為合州改巴川郡後為合州 皇朝因之及分川陝為益梓利夔四路而合隸梓州路今領縣五治石照

【事要】

【郡名】巴川 墊江

【風俗】**土風朴厚** 華陽國志巴蜀之人質直好義云云有先民之流 **人多秀異** 墊江志表之以四山之環合中之以兩溪之襟帶田畝桑麻左右交映丨生其間丨丨而喜習詩書

【形勝】**乃古墊江** 按漢晉宋志巴郡之墊江縣今為合州之石鏡縣此丨丨也丨丨通典云魏恭帝始置忠州墊江縣後周改鎮安隋開皇十八年復為墊江乃今忠州之墊江 **枕二江口** 趙鰐新堤記合州丨丨丨丨之丨衆水之湊也○重修單公隄記涪漢合流州因以名 **巴蜀要津** 晁公武清華樓記魏大統初於丨丨丨丨置合州其山曰龍多銅梁上接岷峨下綠甌越或斷或續厲海而上所謂南戒也其水曰涪曰嘉陵合流於城下貫江沱通漢沔控引衆川俱入于海所謂南紀也

【山川】**銅梁山** 在石照縣南五里左思蜀都賦外負銅梁即此山縉雲馮時行序山有茶色白甘腴俗謂之水茶甲於巴蜀山之北趾即巴子故城多玉瑩花元和志出鐵及桃竹杖 **東山** 在石照縣東十里冢子伯章之別業也下瞰涪江 **東臺山** 在石照縣東北七里東漢末薛融讀書於此 **牟山** 在石照縣西二十里唐興元良讀書於此 **學士山** 在石照縣東五里直郡治之江樓其高不踰旁山而南峯斜塞諸山班班若出其下亦其奧也山西北張氏荔枝異本合郡唐文若曲端嘗賦之 **釣魚山** 在石照縣東十里涪內水在其南西溪上流經其北郡人遊者以舟下涪水溯而上已乃繞山北沿西漢水而歸此遊觀之奇也山南大石砥平有巨人跡相傳異人坐其上投釣江中山以是名下有大刹曰護國每歲二月八日郡守帥僚屬宴集于此 **純陽山** 在石照縣北三里州治在其陽唐女冠志玄得道處天寶間天使任安者至山中慕之而志玄變為男子○劉儀鳳詩曰誰家遊冶郎閬頁窺幽闃但見臉如花不知心似鐵一夕變其軀雲姿映雲鬟昔為桃李姿今作松筠節 **龍多山** 在赤水縣北五里按唐孫戢方樵丨丨丨錄有至道觀東有大池即唐武后時放生池中峯有鷲臺院東有佛髻院有萬竹竹徑圍尺有東嶺廣五十丈多唐人刻字又有靈山院泉自巖出瀦為方池大旱不竭其山高明窈深變態萬狀有駕鶴軒下視涪水如帶煙雲出沒山之偉觀也○圖經云廣漢人馮蓋羅煉丹於丨丨丨之仙臺晉永嘉三年舉家十七人仙去孫樵丨丨丨錄亦紀其事○馮時詩見童便讀山中記老大才登記夔山○何騏詩世路聱牙赤水過故升天險問龍多書中舊識唐公昉圖裏又聞馮蓋羅 **龍門山** 在銅梁縣東北七十里山高一里隱者蘇汝礪之居也有書院藏書三萬卷

雙山在巴川縣南五十里相傳昔漁者網得二石其一飛去其一留因即山築室而寶祠之石埋土中其可見者高不盈咫廣尺有二寸 聖燈山在巴川縣西六十里巖間夜有光熒然 中峯在巴川縣東南六十里山環二十里如盤民錯居如畫有泉自山注下曰天池 南峯在巴川縣東四十里高五里是爲峽山之首兩山複出對峙中廣十里淦左有穴謂之仙洞其深五里實水流出爲潤有嘉魚 北巖在州北五里或附會爲濮巖非也巖有柏數千章密園八九尺有定林院正月九日郡以故事設宴遊人盛集又有荔枝閣 斜崖在石照縣東北八十里高十餘里有石橫亘崖腹如拖脩帛延長四五里崖以此得名下有穴謂之龍洞水由中出 墊江三國志謂先主詣丨丨即此 內江在州南百步源出剛氏徼外有石屹立水心正圓如月其下嶄岩如雲氣俗謂石鏡冬出水可三丈南流至渝州入江又名內江○杜甫送十五弟使蜀詩數盃巫峽酒百丈內江船注水自渝上合州者謂之內江由戎瀘上蜀者謂之外江 嘉陵江在石照縣東 宕渠水酈道元水經謂之潛水又謂之渝水俗謂渠江在縣北十里 西漢水在石照縣東百步天下之大川以漢名者二班固謂之東漢西漢而黎州之漢水源於飛越嶺者不與焉固之所謂東漢則禹貢之漾漢其源出於今興元之西縣嶓冢山逕洋金房均襄漢至漢陽入江者是也西漢則蘇代所謂漢中之甲輕舟出於巴乘夏水下漢四日而至五渚者其源出於西和州徼外徑階沔水與嘉陵水會俗謂之西漢又逕大安軍利劍閬果合與涪水會至重慶府入江

堂亭

沈厚堂取姚崇薦張柬之之言以名 江樓在郡治 清華樓在郡治有晁公記此

古跡

什邡城凡城志漢封雍齒爲什邡侯即此 巴子城在石照南五里 仙栢在龍多山圍丈有二尺中空而柯葉敷腴

名宦

張柬之以諫諸王娶突厥女出守合州 皇朝文同爲銅梁縣令 周頎僉書合州判官郡事不經先生手吏不敢決 虞允文爲守

人物

譙君黃仕漢成哀間爲諫議大夫後避王莽不仕 皇朝趙性赤水人紹興入對集英舟次至嘉亭同年以故事酌酒相勞時秦檜用事氣欲薰灼更相戒無及時事性奮然曰公等宜各行其志豈當盡掩多士之口耶對策以正士大夫之心術爲急且曰以括囊爲得計臣知其人矣主和議者當之以首尾爲兩端臣知其人矣杜言路者當之考官鶩以爲劉蕡無以過者

題詠

合水來如電蘇子瞻詩云云黔波綠似藍 井徑東山縣范至能詩云云山河古合州木根拏斷岸急雨洗中流闊下嘉陵水沙頭杜老舟江花應好在無計會江樓 江花未盡會江樓杜甫送祁錄事歸合州因寄蘇使君詩君今起柂春江流余亦沙邊具小舟幸爲達書賢府尹云云 銅梁山色空翠重晁公武將發合州詩云云石鏡水落灘聲遲 合州太守鬢將絲石守道以燕脂板浣花牋寄除合州詩云云聞說歡情尚未衰板與歌郎拍新調牋共狎客寫芳詞

四六

問津蜀道作塡墊江 兆統一郡實會二江 二水合流訪江樓之陳迹千巖競秀尋山寺之清遊

竹符出守乃雍囿之嘗臨　分漢上之竹符宜盍遠於東之
運幕簡像以元公而增重　具沙灘之舟迎謁將陪於杜叟

紹熙府　榮德　威遠　資官　應靈

建置沿革　禹貢梁州之域天文參井輿鬼之分野秦爲蜀
郡漢爲南安縣地李雄據蜀後夷獠居之所謂
鐵山生獠也齊立南安郡隋以其地屬資陽又置大牢縣
唐置榮州又改大牢爲應靈州改和義郡復爲榮州　皇
朝屬梓州路後以係　光宗皇帝
潛藩陞紹熙府今領縣四治榮德

事要　郡名　榮南　三榮　和義　風俗　有
簡儉風　圖經并云云　其人敬慧　隋志云云纍文李　欒獠雜
處　寰宇記夏人少ー ー多男不巾櫛女衣班巾姓名顛倒不知禮法　形勝　其地四
塞　地理志云云山川重阻　山環水繞　舊經　本爲潛藩　朝野雜記天子
即位嘗所領州鎮自防禦州而下皆陞軍名若節鎮州則建
爲府　光宗自榮州刺史進封榮王而榮州至今不錫軍名
蓋中書之誤也　山川　榮德山　在州東北四十二里州以此得名其山在川谷之中獨拔五百
餘丈中有希夷觀老君祠刻石爲像有小路至　榮黎山
山頂以木爲梯半山有唐刺史薛高摩崖碑
在州東十五里山上有龍池祈禱無不應有　榮隱山　在縣
松如盤龍竹有如龍形者俗謂之羅漢杖
北三十里有ー ー先生修道于此　五山　州北凡ー ー以西爲上州治據其首州李次之嘉祐寺又次之天慶

觀又次之東郭外東嶽祠又次之州之西北
曰鳳鳴山州之西南曰浮圖巖相連如畫屏　鐵山　在資官縣北百
里出ー ー礦　龍洞　在州東南四里真如院巖穴峭深春樵指傳以
爲祠洞之左石壁奇峭巨拓老蒼洞之右有石
角立舊經以爲孫登嘯臺三百乃榮之勝處爲四川之冠故
州郡以爲節岸游宴之地。陸務觀詩峭壁摩天如立壁柵
根橫走松倒植呀然一岫鑿前空洞披北
三百尺幽陰宜爲異物託角爪痕存猶可識　嘯臺　在富義門外一
里號孫登ー ー。陸務觀詩ー ー　火穴　在威遠縣西北
載酒雲生擾仙穴驟梅雨墊巾　雙溪　在城
北三里一從西來其水濁　軒榭
一從東來其水清會城下　此君軒　黃魯直題榮州祖元大師
ー ー ー詩王師學琴三十年響如清夜落澗泉有酒如澠客
滿門不可一日無此君當時寺裁數寸碧聲挾風雨今連雲
此君傾蓋如故舊骨相奇怪清且秀程嬰杵臼立孤難伯夷
叔齊采薇瘦霜鐘堂上弄秋月微風入絃此君悦君家周彥
筆如椽此君　橫溪閣　陸務觀脱登ー ー ー詩青旗市近
語意當能傳　溪家早煮井人忙下麥遲州多鹽
井秋冬收
新芋最急　名宦　皇朝李虛己　太宗親擢能吏給以御書縣紙曰布恵愛
民奉法除奸者書之時被選者　李畋　名臣傳畋爲國子直
二十餘人而虛己與其首列　講求郡縣登講席諸
生見畋巾兩端火
起是日報得榮州　李燾　紹興間自四川制置知榮州
山集宗攝火井縣令瘦瘠之民
戴如父母羸羸之盜畏如神明　皇朝王夢易　以正論　人物　陳寧　李義　榮德人
不合棄官而歸范　夢易之子不仕號廉退處士勅旌
蜀公嘗贈以詩　王庠　表門閭謚康節先生其序爲微闗

學士

〔題詠〕江流入漢清 皇朝類苑崔仰之送人牧榮州詩云山色臨巴迥云云 傳者或云古夜郎 陸務觀入榮州境詩然孤城天一方云云 千里鬱為詩書鄉 同上其民簡陋古甚良云云 亂山缺處城樓呀 陸放翁初到榮州詩云云雙旗蕭蕭吹笳煙綠樹臨絕壁霜落淺瀨鳴寒沙壓臺巳無隱士嘯遺宅尚有高人家（雙溪王氏有石坎黃太史書刻仙洞）鈴齋下榻約僧話松陰枕石放吏衙杯羹最珍慈竹筍餅水自蒼山蓄花地爐堆獸熾石炭瓦鼎號蚓煎秋茶少年遠遊無百里一飢能使行天涯豈惟慣見峩嵋雪直恐遂泛星河槎故巢肯作兒女戀異境會向鄉關誇一杯徑醉幘自墮灯下鬢影看鬖髿

〔四六〕寵膺一札 疏榮銅虎 風寒數驛 和義小壘 來填三榮 作鎮石龜 日費千金 光廟潛藩 佐黔巫之東鄙 惟和義之斗絕 陞軍開府獨未霑恩 守巴賨之南榮 賓夜郎之奎隈 視邦選侯率多就近 燁起於巾幘出臨於千里 事簡地偏舊號稱於道院 秋生於腹即入應於三公 吏貪俗悍今殆類於法場 盡一歲止五千石之經租 與其猶潤下之鹹徒滋他族 而諸司近八十萬之折估 孰若助攻苦之淡以張吾軍

昌州 大足 昌元 永川

〔建置沿革〕禹貢梁州之域鶉首之次井柳之度春秋戰國為巴蜀之境秦屬巴蜀二郡漢資中之東境墊江之西境江陽郡之北境唐為瀘普渝合資榮等六州地肅宗時割六州界置昌州尋為狂賊張朝等所焚州遂廢地各還所屬其後復置仍充靜南軍使以鎮蠻獠五代屬遂州 皇朝陞為上州隸潼川府路今領縣三治大足

〔事要〕〔郡名〕靜南 昌元 九域志昌元郡軍事 〔風俗〕其俗朴厚 太守于保道院記昌介於資普冨義瀘合之間云云又多秀民 民勤而力穡 靜南志云云不趨末作不事嬉游 士愿而勤學 圖經云云深山窮谷戶曉禮義 尊道而重儒 蒲傳正撰州學記云云擊鞏以事聖人為急 物產不及他郡 于保道院記九衣食物資以養生者不及它郡雖無舟楫江沱之利而有桑麻秔稌之饒 〔形勝〕東臨赤水 元和志云云西枕鐺山 北倚長巖 同上云云最為險固 環山為城 太守于保道院記昌附三邑不滿千里郡云云其民纔千百家 山水奇秀 揚子謨顯惠廟記靜南云云士大夫避地者多居焉仙靈遺迹尚有畫蓍之遺風

〔土產〕鹽 長編太平興國三年有司言昌州歲收鹽額十一萬八千五百餘斤及開寶中知州李佩率意掊獻以希課最於歲額外別額部民羨鹽民甚以為苦轉運使以聞二月甲子詔悉除之 松石 在永川縣來蘇鎮相近有松化石石質而松理或二三尺許大可合抱然不過捐望數山有之俗呼雷燒松杜詩所謂萬年松化石者即此類亦異產也

〔山川〕南山 在大足縣南五里上有龍洞熊壇旱禱輒應淳化間供奉官盧斌平蜀賊任誘等嘗駐兵此山土人云他郡有警則置烽火於此 北山 去城二里唐刺史韋靖於此置城 陔山 在大足縣東四十里接三

華之秀氣，屹然鼎立。

葛仙山 在昌元縣南百五十里，下臨中江，上千霄漢，以——翁名。有煉丹巖、洗藥池、甘露茶、打子石。

藏馬崖 在大足縣南。相傳云王蜀時，山中民任氏產龍馬，日行千里。歐陽云：予讀蜀書，見龜、龍、駒、虞、鸑鷟出其國，異哉！則龍馬亦或有之。

英山洞 在永川縣西三十里。相傳山間有石洞，窮絕處有一潭，或漂出敗蓬、破板，疑與江河相接。

赤水溪 在大足縣，其水源自普州安溪縣界來。

樓閣

三華樓 在東街。郡有——山，差遠莫相領會，太守黃皐創——以挹其勝。

五桂樓 在正街西。乾道辛卯，郡五士同奏名外省，太守曹岍創——。

香霏堂 冷齋夜話載：有人謁官都下，踰年始得昌守，已而求易便郡。有淵才者聞而往見之，曰：昌佳郡也，官欲易地，有之乎？曰：然。淵曰：誤誤矣。曰：俸給

方六十四　九

優乎？淵曰：否。訟簡乎？淵曰：不然。則奚誤？曰：海棠患無香，獨昌南者有香，非佳郡而何？故昌號海棠香國。土人云地宜此花，易植易蕃。郡治——一老樹，重跌疊萼，每花或二十餘葉，花氣醲郁，餘不能及也。太守品題詩甚多。孔平仲談苑載淵才海棠詩云：雨過溫泉浴妃子，露濃湯餅試何郎。

捫參閣 詩見題詠。

郵驛

牛尾驛 鄭國華留題云：龍尾道中退朝客，雕鞍寶馬黃金勒。誰憐遠使足胝駈，夜半孤村——。何㮚志續三韻云：十年去國真悠悠，秪今使可行歸休。平生意氣羞年後，去踏金鼇頂上遊。

名宦

段建中 文昌之父，嘗典榮昌二郡，事見李德裕成都資福寺記。唐守之可攷者惟——、楊珆、李師望、韋君集四人。

皇朝　雍之奇 任大足縣令，號為聖長官。鮮于學士贈詩：鄉閭舊號賢夫子，士論今推聖長官。

人物

譙南薰 昌元人，居鴨子池，登皇祐五年進士第，後以祕書丞知閬州。

李戡 時昌元縣南二十里老鴉山有李戡、李戣兄弟善棊，曾屢索其戰於國朝。詔求天下善弈者，尚郎以戡應詔，屢登風，知畏不敢措手。文潞公贈以詩云：昌元建邑幾經春，百里封疆秀氣新。鴨子池邊登第客，老鴉山下着棊人。

題詠

分手路悠悠 江總別袁昌州詩：河梁望隴頭，云云。祖年驚若雷，烈日欲成秋。黃鵠飛飛遠，青山去去愁。不言雲易散，更似水東流。

比屋談經史 張孝芳詩：昌言古佳郡，云云。山岡疊坡陀，溪瀨為清泚。蓄為靈秀氣，磊落出髦士。

隆冬方似早春天 宣和太守張唐民詩：無訟正如高隱地，云云。州民富庶風光好，誰信當貝憂滿二年。

訟簡民淳羨小州 張唐民題捫參

方六十四　十

閣詩：云云。兩衙纔退似歸休，一懷山果三勝酒，暮擁青峯即下樓。

四六

眷維蜀左　民勤稼穡　州小而庸詠雍容
有若静南　俗喜詩書　民淳而文書簡靜
財匪鬼輸全仰作鹹之潤　昔聞杜叟詠松石於名山
郡資井養詎堪竭澤之漁　今說淵才號海棠香之佳郡

渠州

流江　鄰山　鄰水　大竹

建置沿革

禹貢梁州之域，秦地，東井之分野。春秋戰國為巴國地，秦滅巴以為郡，漢置宕渠縣，屬巴郡，因山以名。蜀先主割巴郡之宕渠等三縣置宕渠郡，晉初屬巴西郡，惠帝又置宕渠郡，宋屬南宕渠郡，又自漢宕渠縣移理安漢故城，南齊因之。梁置北宕渠郡，又置渠州。後周改北宕渠郡為流江郡，隋初仍為渠州，煬帝改為宕渠郡

唐復爲渠州改爲鄰山郡
後爲渠州領縣四治流江

事要

郡名 **宕渠** 風俗 **其人勇健** 輿地廣記云云
好歌 **人才盛於漢** 華陽志先漢以來縣民車騎將軍馮緄大司農玄賀大鴻臚龐雄桂陽太守李溫皆建功立業有補於世
地瘠民寠 師帥堂記州介蠻獠間云云 形勝 **古之賓國** 元和志古賓國城在流江縣東北七十里晉中興書賓者廩君之苗裔也巴氏子務相乘土舡而浮衆異之立爲廩君子孫列巴中秦并天下薄其稅賦人出錢四十巴人謂賦爲賨遂因名焉後佐高祖定天下喜歌舞所謂巴渝舞也
依山爲郡 天寧寺記曰宕渠古郡云云自珠嶺東下至石門伏而特起隱隱隆隆由郡壯直南而下爲馬鞍爲登高爲西巖擁敵坤維升壓降原始得郡治岡分嶺別俛首東向爲袁氏之巖迤邐南轉爲瞿氏之山下瞰巴江岧嶤長陘直趨水濱而後已由瞿山之北袁巖以南川原開曠形勢之勝與郡治相埒是爲天寧寺
接連漢中 按隋書地理志通川宕渠其地皆云云
山川 **宕渠山** 一名大青山岡巒在州東五十里其山東西兩門延連相接山澗長峽有似溝渠蜀都賦外負朝梁石渠
八濛山 在流江縣東北七里起伏八處有水環之不匝者一里常有煙霧濛其上故名三國志張郃自漢川進軍宕渠濛頭盪石與張飛相拒五十餘日飛率精兵萬餘人從他道邀郃軍交戰山道狹前後不得救飛遂破郃巴土乃得安
綠沼山 在流江縣北四十五里上有池水常綠
樂山 在流江縣北三十二里每歲正月七日鄉人携酒食登山娛樂以祈蠶事
鄰山 去本縣百餘里此山出鐵鑛比相次
黑壤山 在鄰山縣北百里其壤皆黑故名一一
皛然山 在鄰水縣之南相去三十餘里東有崖下有石乳三條呼爲石鍾村民擊之以禱
龍穴 在鄰山金盤山下入龍門鎮有瀑布百八十尺號爲散水
渠江 在流江縣東三百步其水二源一源自巴嶺一源出羅娛山下
鄰水 在本縣源出鄰山中有大磧懸流十丈
渝水 即流江也夾水上下皆賓氏所居
井泉 **聖泉** 在州西七十步西巖院其後有虹飲焉
亭榭 **虹飲亭** 在西巖
佛寺 **冲相寺** 距城四十里乃定光佛道場舊傳唐相崔渙宗時避亂至蜀題詩云水流花謝兩無情送盡春風過楚城蝴蝶夢中家萬里杜鵑枝上月三更故園書動經年絕華髮春惟滿鏡生
洴江寺 鄭谷渠州一一自是不歸歸便得五湖煙景有誰爭一依退居瀟洒寄禪閑高掛朝簪淨室間孤島暫留雙鶴歇五雲爭放二龍閑輕舟共泛花邊水野衣同登竹外山仙署金閨虛位久夜清燕夢近天顔
名宦 **第五倫** 後漢人嘗爲宕渠令
皇朝 **虞允文** 紹興中知渠州地瘠民窶賦之外又行加斂公奏罷之歲減緡錢一萬有奇遠民鼓舞
人物 **王平** 華陽志宕渠人丞相亮征隴西平以牙門屬馬謖謖違亮指大敗街亭惟平所領不敗
皇朝 **彭戢** 鄰水人元豐擢第爲兩浙提舉奉祠以歸嘗蓄雙鶴江左士大夫送行有扁舟載雙鶴萬卷貯羣書之句
何拯 爲屯田員外郎祥符間兄弟接踵登科嘗有詩云嫦娥不惜蟾宮桂從此何家第二枝
題詠

渠江明淨峽逶迤元微之南昌灘有詩云云舡到名灘搜索遲櫓窣動搖妨作夢巴童指點笑吟詩

畬餘宿麥黃山腹同上云云日背殘花白水湄物色可憐心莫恨此行都是獨行時

四六

今之宕渠　古則賨國

出綸禁掖　分竹宕渠

封疆介夔梓之間　歌舞帶巴渝之俗

賨雖公之奏蠲橫斂民至今稱何屯田之擬取高科士皆知勸

枝上月夢重裹家動崔涂之歸興竹外山花邊水尋鄭谷之舊遊

新編方輿勝覽卷之六十四

新編方輿勝覽卷之六十五　建安祝穆和父編

叙州　宜賓　南溪　宣化　慶符

【建置沿革】禹貢梁州之域秦地東井輿鬼分野入參二度古僰國初秦嘗破滇畧通五尺道漢武帝遣唐蒙發巴蜀卒自僰道抵牂牁鑿石開道通西南夷置僰道縣屬犍為郡仍理僰道東漢晉宋齊為郡徙治武陽而僰道復為支縣南齊復為郡治梁武帝使先識討定夷獠乃立戎州梁又置六同郡於如廣縣以六合所同為郡之名隋廢郡而戎州存煬帝廢戎州為犍為郡唐初復為戎州移治南溪太宗時徙僰道在蜀江之西三江口明皇改為南溪郡復為戎州武帝時以大水移於蜀江之北即今治也　皇朝陞為上州紹聖四年戎倅蘇時曰今車書同聲敎一州名戎是夷其民也請易之遂改名叙州領縣四治宜賓

【事要】

【郡名】古戎　南溪　戎僰黄魯直作楊子建揆序　叙南嘉定志西漢僰道今丨丨也

【風俗】朴而易治李宗丞圖記云云然夷漢雜處遶户茅簷鬢髻詭服頓首拊掌而歌　士静而文同上其丨丨有丨丨　夷夏雜居圖經云云其蠻獠之類不識文字推髻跣足鑿齒穿耳以鬼為證驗以殺傷為戲笑　以涪翁重黄太史祠堂記戎州云云詩書禮義之澤漸漬至今

【形勝】東距瀘水圖經云云西連大峨南通六詔北接三梁　鈎帶二江黄魯直戎州舍利塔結惟我戎州治漢僰道云云撫有蠻獠　控扼諸蠻譙炎東樓記自漢以來號為重地蓋丨丨石門馬湖丨丨威德周兼用要必有以鎮壓而讋服之者　負山濱江張鼎修忠利廟記州西南云云地勢險阻　古僰道史公亮宜賓縣譙樓記叙州丨丨　介兩蜀間圖經云云　南征之道韋南康贊石門乃隋史萬歲云云　舟車之衝同上州雖小實當云云冠蓋往來相望

【土産】荔支郡國志僰在施夷中古謂之僰僮之富以丨丨為業○黄魯直詩云王公權家荔支緑酒廖致平家緑荔支試傾一盃重碧色快剝千顆輕紅肌潑醅蒲萄未足數堆盤馬乳則同時誰能同此勝絶味惟有老杜東樓詩　苦笋黄魯直有丨丨賦云僰道苦笋冠冕兩川甘而有味如忠諫之可活國多而不害如舉士之皆得賢○又詩云岑寂東園可散愁膠膠擾擾夢神遊萬竿苦竹旌旗卷兩部鳴蛙鼓吹休又從斌老求苦笋詩南園苦笋味勝肉籜龍稱冤莫採録煩君便致蒼玉束明日風雨皆成竹

【山川】東山在州城東門外有報恩寺塔高二百尺　蘭山在僰溪縣界圖經云蘭生於深林石門尤多有春蘭秋蘭崇蘭鳳尾蘭竹蘭石蘭春蘭花生於葉之下崇蘭花生於葉之上黄魯直幽芳亭記一榦兩三花而香有餘者蘭一榦十數花而香不足者蕙　小梁山在宜賓縣四時常雨霧霧不絶俗呼為大漏天小漏天　南山去宣化縣三里與犍為接境　洞山在宣化縣西一里有登眺之勝　夷牢山在宣化縣界南二蘇有過宜賓見丨丨亂山詩即此　漢陽山在慶符縣下西接犍為　朱提山在故開邊縣界漢書云丨丨出銀諸葛亮書漢嘉

金來提銀採之不足以自食韓退之贈立之詩我有雙飲醆其銀得朱提

平蓋山 在南溪縣西十五里分三山九隴惟平蓋一山特出衆山之上山頂圓平

峯巖 在宜賓西百里山坡荔支連襄多屬廖氏

青衣江 在南溪縣南十五里舊經云古有青衣國與叙州相隣其人因貿至蜀見漢衣冠遂求內屬因以名焉

馬湖江 源出沉黎實大渡之支流從馬湖部落之後舟行十餘日方至平夷合石門江至三江口會蜀江

汶江 去南溪縣十步

鎖江 兩岸大石屹立因置鐵絙横截其處控扼夷蕃

蘇溪 自州治泝流十里有前後潭瀑布自然崖千尺而下

涪溪 李燾謙記黃太史紹興初章黔州二年移戎州才公之遷以涪州別駕因自號為涪翁放浪山水間初不知有遷謫困窮之意城南有溪公游而樂之命之曰涪溪其後溪山遂以是名

滇池 在州西二十里一名天池一名波淩池其池長五十里闊七里風雷一動波浪淩山中有支荷別駕牟乳錫詩天池十里如鑑湖荷花可折魚可贈

黑水 輿地志華陽黑水惟梁州今出南寧州南廣縣汾關山北至僰道縣入江一名阜水

【寺院】

東州道院 在州治之內

荔支廳 在郡廳名曰萬朵紅最為佳品又一本在尉廳一株四柯西南一柯獨南厚而味甘黃魯直云

江山偉觀 在郡治

大雅堂 眉人楊素從黃庭堅謫戎州嘗曰安得一奇士而有力者盡刻杜子美東西川及夔州詩使大雅之音復盈三巴之耳哉素聞之欣然拏舟訪黃於戎請攻堅珉募善工作華堂以宇之黃偉其言悉書子美詩遺之因名其堂曰大雅且為記

【樓亭】

西樓 在州治。陸務觀畫舫衝雨入戎州縹緲山横杜若洲須信䏶平邊候靜傳烽夜夜到西樓

東樓 杜甫宴戎州楊使君東樓詩勝絕驚身老情忘發興奇坐從歌妓密樂任主人為重碧拈春酒輕紅擘荔支樓高欲愁思横笛未休吹

鎖江亭 黃魯直鎖江亭酌酒詩西來雪浪如炰烹兩崖一葦乃可横酒酣未覺浮槎滑茶鼎已作蒼蠅鳴。山繞樓臺鍾鼓晚江橫石礎砧杵鳴鎖江主人能致酒煩渠乂住莫終更。鎖江亭上一樽酒山自白雲江自横。陸務觀詩千尋鐵鎖漫漫空鎖長江不鎖愁

味諫軒 程史云戎州有蔡次律者家于近郊黃魯直嘗過之延以飲有小軒極華潔檻外植甘子數株因乞名焉題之曰味諫軒後王子予以橄欖遺之魯直有詩云方懷味諫軒中果忽見金盤橄欖來

【寺院】

無等院 在州南門外魯直以元符間寓居作喬木庵今猶存其寺額亦魯直筆蹟。陸務觀詩文章何罪觸雷霆風雨南溪自醉醒八十年間遺老盡壞堂無壁草青青

壽昌院 在城北門外有浮圖高二百尺東坡過戎州艤舟遊此壁間有留題

【名官】

先鐵 梁武帝使先鐵討定夷獠乃立戎州以鐵為刺史

張九宗 為刺史猿花臺寺記云

【人物】

任永 後漢李業傳載永雙道人長於曆數公孫述招之託盲不至

隗相 事母孝母好飲江水中流有橫石生為橋漢徵為郎

黎幹 叙之上人唐史有傳

皇朝廖琮 宜賓人同眉山二蘇登進士第

【名賢】

黃庭堅 紹聖初以修史貶涪州移戎州安置自號涪翁

【題詠】

夜泊防虎豹 岷峩發犍為至泥溪作云云朝行過魚龍一道鳴迅湍兩邊走連峯依排岸花落鳥啼處樹重煙鳥吳楚連泝

沿湖海通 亂山圍古郡 子瞻敘州詩江水通三峽州城控百蠻云云市易帶群蠻環嶺春耕少孤城夜滿關往時邊有警征馬去無還自頃方從化年來亦歎閑頗能貪漢布但未脫金環何足爭強弱吾民尽玉顏

四六 漢開僰道 眷此敘南 郡在万山之底
唐立戎州 隸于蜀左 俗居群僚之中
荔支紅熟曾吟杜叟之詩 雲出無心且聊尔陽臺之下
苦笋綠肥更入涪翁之賦 春行有脚又移之僰道之間

懷安軍 金水 金堂

建置沿革 禹貢梁州之域天官東井輿鬼之分野周及春秋戎國爲蜀地二漢屬廣漢郡新都縣地晉屬新都郡宋屬廣漢郡南齊亦如之西魏置金淵縣及郡以金堂山爲名隋廢郡屬簡州唐避高祖諱改金水縣屬簡州又置金堂縣屬益州前後蜀因之 皇朝曾翰奏請建置爲軍遂割簡漢之邑隸金水縣爲懷安軍今領縣二治

金

水

事要 郡名 金淵 風俗 土瘠民稚 寇汝明求惠院記懷安小國寡民艱窘西南六十驛遠宅於深山大谷之中土瘠而無他產民稚而無他技 士務力學 前人軍學記士務人淳云云 形勝 環郡皆山 寇汝明澄江樓記云云其西北長岡峻嶺連亘相屬 山雄峙而江洪深 金淵志山之雄峙從梁勍而來江之洪深自湔灌洛而至 介山峽之阻 李曼卿澄江樓記有云懷安一一兩川間一一一一地勢險要

有雲峯月峽之勝 金淵志懷安最小國而云云英靈平齊卒鍾爲人物 介三大府 郡志壤地褊小介于益梓遂三大府之間 城依雲麓 晁公武作兩寮堂記云云而中江縈之氣象蔚然巖巒洲渚之美映帶左右 軍不如縣 圖經懷安縣二而鎮九以縣而言金堂爲大以鎮而言古城爲富諺謂云云縣不如鎮

山川 東山 在城東郡之主山 雲頂山 在城西十五里一名石城山上有神泉及祥符寺有楠樹已枯有石離而爲二先是頭陀語曰五百年後寺當廢若楠再生石再合然後復興果如其言 白神山 在城西南高五十步周廻三里 金水山 在本縣北四十里本名銅官山 三學山 在金堂縣東北十里山有佛迹石理堅潤瑩白如玉非世間追琢所能又有神燈又有決海普濟廣濟三寺○李義山爲八戒和尚謝復三學精舍表云况一一一夜有神燈朝明佛足風飄雨濕且無金炊寺洛時羅剎若優尚有宝花承足○又有碧玉佛龕鶴絲袈裟錦字多心經貝葉金字涅槃經寺前後檜柏皆隋唐故物又有飛石乃自雲頂山飛來又有鸂鶒塔乃鸂鶒能念佛死遂瘞于塔○王雍詩五色琉璃白晝寒當年佛脚印猶存鶴絲織出三衣妙貝葉經傳一偈難夜有聖燈紅照寺曉驚飛石碧環圩更聞鸂鶒因緣塔八十山僧試說看 中江 在軍西北源從漢州綿竹縣至洛水叫橋若三水會爲一江 三江 即大江中江北江 柳溪 在金水縣南七里舊有柳藥從穴出也 洛水 在金堂縣北三十里

堂閣 淳簡堂 在郡治之內 紫雲閣 在郡治之北

名宦 皇朝張矣

祺嘗卒金堂召爲監察御史論新法不合王安石之意天祺曰不知天下要政也謫監鳳翔司竹監海内稱爲小橫渠

【人物】段龔後漢新都人習易經明風角今天學觀即龔故宅　王忳新都人范曄書忳爲大度亭長即今金堂也　皇朝張正金水人也國朝建軍以來破荒登科自正始蓋天慶曆間仕至太常少卿子公紀　張、公紀景祐間登第仕至太常少卿父正守節公紀亦領衡陽比境分符范蜀公蘇老泉李大臨俱以詩餞送之及授代父同舟而歸且俱至常卿時人榮之　謝湜字持正金堂人霽隱先生守中之子年十六伊川先生侍親官廣漢公往從之集中有與謝推官書是也

【題詠】霈作東州雨羅大全送孫太冲守懷安詩頗挽玻瓈江云云　桃李照城郭勾龍行父送孫太冲詩余淵春三月云云石峽頹鯉魚時時醉賓幕

【四六】疏綸王陛植戟金淵　深山大谷之僻居土風甚朴逵宦高人之罕至地望亦輕　陛一小縣雖斗壘之強名介三大邦獨雲山之差勝

廣安軍

渠江　岳池　新明　和溪

【郡沿革】古梁州之域東井輿鬼之分野統於鶉首春秋戰國爲巴地秦及二漢屬巴郡之宕渠墊江安漢三縣地晉屬巴郡及巴西郡地宋屬巴郡巴西及南宕渠二郡地南齊因之西魏屬流江宕渠墊江三郡隋屬宕渠巴西涪陵三郡唐屬渠合果三州　皇朝初置廣安軍以合果渠三州相去差遠山川險僻多聚寇攘故置軍今領縣四治渠江

【事要】

【郡名】賓城　【風俗】賓人剽勇賨勁風俗通云云　人物間出郡縣志近世以來儒風尤勝云云不栽果遂之風　【形勝】南鄰渠水寰宇記隋大業間自賓城縣故城移於今理云云東枕大溪。圖經云右倚秀屏左瞰渠江　北接通川何行中宕渠廣安驛泊記南連巴徼云云控衡東據清江西下林深箐密幽邃　介三州間圖經｜乎果合渠｜｜之｜

【土産】紫梨廣安軍梨有數種入口即化者爲上左太冲蜀都賦所謂｜｜淳潤是也○世謂廣安有十似紙似池塘似鮮梨似耿魚以嘉猶之可也他則未必皆然若所謂金黃玉飯與夫紅腊｜｜則不爲盛美金黃謂鵝也

【山川】秀屏山即軍所倚峭壁森聳草木叢茂宛若屏障　鼎然山在廣安縣之東詳見渠州蓋相接境　龍穴山在岳池之封山去縣五里有唐何少卿讀書堂　漢山在岳池縣南五里有王文雅者煉丹于此　[illegible]山在岳池縣東南三十里最高大　羊山此山下十許里有洞曰角竹元豐間張諫議廷堅諸公讀書于此　渠江在城東三百步　濃水出於龍扶迷山東流入渠江　洄水下注渠水縈廻爲瀘　篆水去渠江縣五里有石洲水之灌輸其間者渦停渠別莫知其幾中兩渠相距二尺廣深半之可受流觴天巧致然非人力疏鑿人多遊焉

【井泉】石龍泉在報德禪院經藏坐脚以自然全石爲之初石工刻

形龍形自爾龍〔樓亭〕秀屏樓在郡治　戲仙亭在渠江縣
口水滴今廢
丈十里相傳有女子游戲其上。張無盡詩濃涸江水瀉高
灘中有神龍父祖蟠舞樂妙音時聞響亮雙娃長袖忽珊珊出
閒變化無非幻閣上登臨正好觀〔名宦〕皇朝李睦
幻見真真亦幻谷花巖草謾凭欄
開寶初建軍知軍從人
以睦知軍事朱昂居翰林〔人物〕馮緄舉孝廉七遷
緄為廣漢屬國
皇朝張庭堅渠江人為右正言後與黨籍　黎錞渠江人任直講
英宗以蜀士問
歐陽脩對曰文行蘇
洵經術黎錞帝大悅
安丙字子文渠江人吳曦叛即僞位丙
矯密詔誅曦除四川宣撫使召
為樞密知潭州奉祠家居漢中叛兵莫簡張福等殺
總領楊九鼎以叛再除宣撫未幾平西蜀再安

〔題詠〕欲識賓城好〔方六十五〕憲使何志熙詩云云先榮萬物妍金葵
收梢後紅臘落梅前照座梨偏紫堆案
荔更鮮爽藤尤異
產蔗不數花箴

〔四六〕金鸚禁掖　山峙秀屏　畫戟朱幡雖曰州城之陋
分虎賓城　石流曲水　紫梨紅臘頗誇方物之奇
依巖負險多佩劍以撞搪
宣化承流摟建牙而彈壓

長寧軍　安寧

〔建置沿革〕禹貢梁州之域東井輿鬼之分野古夜郎之國
漢犍為郡漢陽江陽縣地晉宋齊並屬犍為郡
之江陽及宋為郡之漢陽縣隋屬瀘川郡之江安縣唐屬
賢州之鹽泉縣唐置羈縻寧十四州屬瀘州唐末廢四州
存者十州僖宗在蜀韓秀昇之亂淯井道梗偽蜀王建置
淯井刺史　國朝初置淯井監屬瀘州　神宗朝夷人獻
納十州地以屬焉　徽宗陞淯井監為長寧軍創武寧縣
為軍治　中興加沿邊都巡檢使舊差武臣自乾道始差
文臣　安夷寨為縣名曰
安寧今領縣一治淯井監

〔事要〕〔郡名〕武寧〔風俗〕地多瘴疫祥符年中運司
申請漢夷交易長寧軍申運司漢戶許典賣熟
夷田漢戶田土不許夷人買　集夷
云云
為軍自大中祥符以來每有邊事則屯集名夷義軍為用
屋獲功賞今安寧縣所管七姓十九姓夷戎皆是義軍
也　國朝署今義軍之長咸命以
官得世襲歲給贈鹽細及冬夏犒設　酒名弛禁云云是以
〔方六十五〕人樂其生。王章嘉魚泉　聲教所漸同上唐因四夷內
記兵廚之酒冠於東州　十
屬之勢即西南夷
部落開山洞置州縣雖貢賦版籍多〔形勝〕西境馬湖
不上戶部而丨丨暨丨如華風
圖經云云南控烏蠻　左連阿水趙招討平夷表　外鄰
東介安溪北接綿水　云云右連石門
蕃蠻圖經云云內接瀘戎。兪　常當兵衝軍學記瀘
廳記控扼蠻夷捍蔽瀘叙　南邊面闊
遠有警則〔土產〕鹽井圖經初人未知有井俄有牧人辨
長寧云云　其鹹告之有司乃置監鬻丨其丨
不鑿而自成十州五團記西南夷十州獻其鹽地官後
為淯井監然自唐末僖宗朝淯井之鹽已給蜀用　筇竹
蒟醬郡志今夷獠開箐路交去丨丨
少有之惟冬丨丨可以入藥〔山川〕寶屏山

軍治之主山與械山諸峯相對**牛心山**在軍治左**筆架山**在軍治右**燕巖**去軍北三里許在棲真洞路旁石岩森列數百處甚簡有記**水簾洞**去寨遠寨三里山泉於巖前滴下**楒子洞**在郡北三十里內有蟬真洞在絕頂棲真洞在山谷之幽名勝來游皆有詩**介湖**在郡治西城下中植荷芰**東溪**發源白崖山與嘉魚泉合**西溪**發源越王山與桃源溪合**硯石溪**在牛心山後岸石如磐可以爲硯**淫灘瀑布**自山頂飛流而下幾數十丈下有深潭

【井泉】**嘉魚泉**去城二里馬鞍山之趾泉漱石湧出有小魚四時如一不增不長故以名之邦人釀酒必用山後糯米及嘉魚泉則味極甘否則剛硬

方六四　十

【樓閣】**鬱藍樓**在介湖上**臨流閣**在嘉魚泉

【亭榭】**登雲亭**在寶屏山上每歲九日登高于此**小桃源**相傳有耕者得一銅牌曰丨丨丨其上有詩云綽約去朝真仙源萬木春要知竊桃客定是會稽人其水發源筆架山在軍城冷水溪之上嘉定巳巳太守張公市民田種植桃李創置亭榭曰仙律橋桃源洞亭曰烝霞堂曰論然**小離堆**在城北山岸濱上崇德廟前後中有恠石似離堆之象因作亭於此榜曰丨丨丨

【名宦】**皇朝劉堯年**建軍之初以堯年權發遣軍事卜漏之變堯年以諸路兵爲先鋒忠勇叶濟卒平寇難**甄援**中興遺史載建炎間苗傅劉正彥爲亂高宗退居顯寧寺張浚呂頤浩等遣兵勤王遣援推蠟彈間行入顯寧寺　高宗始知勤王消息後以閤門宣贊權軍事譙樓記載其補天浴日之功蓋謂此

【人物】**單演之**乾道辛卯破荒以明經中外省

【題詠】**蠻錦織成詩**歸田錄載蘇子瞻嘗於渝井監得夷人所賣蠻弓衣其文織成梅聖俞春雪詩蓋其名也傳於夷狄**醉眼誰能望夷落**楊君登寶屏詩云云平生逸興斷鴻邊**武陵勝處今何在**張師夔云云不闕沁流問花落

【四六】瀘水遐陬，夜郎故境。肇唐室之羈縻，成安夷之聚落。儀鳳之初羅陽建郡，天授以後思義啓封。右橫筆架而下瞰鵝湖，背倚寶屏而前矗織嶺。渝井煮鹽或少裨於財計，蠻鄉織錦亦能重於詩章。

富順監

方六五　十一

【建置沿革】禹貢梁州之域東井輿鬼之分野春秋戰國爲巴地秦爲巴郡漢武初置犍爲郡東漢末劉璋分犍爲立江陽郡江陽縣仍屬爲江陽縣有富義井後周置洛源郡及富世縣隋廢郡以縣屬瀘州唐因之後避太宗諱改爲富義縣　皇朝平蜀以瀘州富義縣地置富義監尋改富順監熙寧中置富順縣尋省今隸潼川府不領縣

【事要】

【郡名】**釜川**

【風俗】**俗愨而愿**教授錢士開泮水巷記**俗知禮遜**同上天聖初赤崖斗郎春犯命旋即討平今之夷人多其子孫其丨尚多不巾而髽近始服青布刺繡紋呼爲上獠漸陶既久習丨知有丨丨**仍有夷風**郡縣志云云**士競於文**泮水巷記云云

【形勝】**南距戎瀘**李昌金山驛記云云北走普資

大江環其下泮水非記翠微絡繹張其前｜｜繚繞｜｜奠梁蜀之東知監趙泰題名記富順云云為水陸之會擬於列藩金川驛記舊例等於諸縣嘉祐以新例云云

土產

鹽井寰宇記縣有｜｜人獲厚利故曰富世○郡志劒南鹽井惟此最大舊日為額八百餘斤今日額千五百餘斤○楊光清操堂記三榮富順產鹽其地號為貪泉

山川

東山在監治東　龍山在監治後　凌雲山在監西養秀山西北大江前橫一峯突兀為監人登臨之地　馬腦山在監西與凌雲相接西北諸山惟此最高下即中巖　聖登山在監西五里　養秀山在監西一峯聳秀　中巖山西北二里富順云云歌惟山勢盤薄林木蓊茂有叢林氣象　北巖在監北有五百羅漢洞又水簾　內江發源漢州雒源歷監之南門自東而西此地因號金川　西湖在監之西相傳有此監即有此湖皇祐間周侯延雋有記仍有亭榭

方六十五　十三

堂亭

霧隱堂在中巖趙丞相沂公謂中巖大士捷以夢告明年舉于鄉公為文記之有雲霄橫翔之語後人為建斯堂　振文樓在監南魏了翁為記　榕叢齋榕木名　西疇在監治以由城之南西行計六七里其地廣六十畝萬松森列嘉樹離立絕江而上乃李氏｜｜趙公逌記有亭臺花木之勝盤據一方

名宦

皇朝張宗誨天聖間為守赤崖夷賊斗郎春等面縛請降

人物

丁處榮家於富義王均叛處榮與押衙李英恪詐降即擒斬斗郎春賊平論權為州長史　李見英恪之子

■祠龜山有讀易洞　李文淵治平間登第仕至朝議大夫

題詠

置吏撫南夷司馬君實送張寺丞知富順監詩漢家尺五道云云欲使文翁化兼令孟獲知蠻堆猶習舞歌雜竹枝辭　民夷居半巖壁韓子華送周知監詩云唐家論巴蜀通道至邛棘列郡徼西南云云　俗半夷風韓絳詩朌外吾能說山川大抵同君行在巴徼云云火田租賦薄鹽井歲時豐　所資鹽井利韓子華詩土瘠事刀耕家無終歲蓄云云持易他州粟　山高地窄江水惡韓絳詩蜀土風景信不好君之所治西南夷云云刀耕火種黎民疲　街巷家家小酒旗解曰詩亭臺處處垂楊影云云

十四

四六

蹤恩宸陛　雄云一監
擢守富川　可擬列藩
火田租薄故罕事於農耕　監特強名敢擬諸邦君之貴
監井利優故多趨於商販　事雖專達不過一大縣之封

新編方輿勝覽卷之六十五

新編方輿勝覽卷之六十六　　建安祝穆和父編

○利州東路

興元府　南鄭　廉水　城固　褒城　西縣

【建置沿革】禹貢梁州之域秦楚之交東井輿鬼翼軫之分野周合梁於雍又屬雍州春秋戰國屬秦楚秦為南鄭及漢中郡項羽封漢高為王都於此漢改梁曰益王莽改曰新城郡後漢張魯據漢中改曰漢寧漢武復置漢中郡蜀先主為漢中王晉為梁州自宋以來多理南郡後魏亦立梁州及漢中郡後周改為漢川郡隋廢梁州為漢川郡唐為梁州又以梁涼聲相近更名褒州尋復故名改漢中郡復為梁州德宗以朱泚之亂幸梁洋陞興元府皇朝乾德鑄興元尹印分益梓利夔四路興元府為利州路後分利州東西路而興元為利東路今統郡十領縣五治南鄭

○本路安撫提刑置司

【事要】【郡名】漢中　天漢 蕭何諫高祖曰丨丨其稱甚美○劉禹錫廳壁記丨丨之邦奮居右部　南鄭　褒中　褒陽　【風俗】其氣彊梁 東漢志西方之氣丨丨故曰梁州　其民質直 華陽志云云好義土風朴厚有先民之風　多事畋漁 隋志漢中之人朴質無文不甚趨利性嗜口腹丨丨丨丨雖柴門蓬室食必兼味

秦資其富 華陽國志序云云用兼天下　漢用以興 同上漢祖階之奄有四海又以帝業所興不封藩王　【形勝】南接廣漢 華陽國志東接南郡云云西接隴西陰平北接秦川歐壤沃美貢賦所出畧似三蜀　前瞰三秦 紹興孫道夫奏漢中云云後蔽四川黃權以為蜀之股肱楊洪以為蜀之咽喉故諸葛亮蔣琬費禕之徒皆駐兵于此　前控六路之師 張魏公德遠奏漢中形勢之地云云後據兩蜀之粟左通荊襄之財右出秦隴之馬　為巴蜀捍蔽 元和志漢中云云故蜀先主得漢中曰曹公雖來亦無能為也是以公孫述劉備李雄據蜀漢中皆陷　蜀之股臂 救三國蜀志黃權傳曰今若失漢中則三巴不振此為割蜀之股臂也　成都之喉隘 隋書南鄭要險云云　秦蜀出入之衝 太守文同奏云云誠山西岩壤之奧區　地形險固 曹洪曰漢中云云四嶽三塗皆不及也　連高夾深 歐陽詹秦之坤蜀之艮云云九州之險也陰谿窮谷高切直下森崖峭壁千里無土　為威禦之鎮 寰宇記氏屬接畛云云

【山川】中梁山 去南鄭縣十三里南方之美者有梁山之犖家為州因山名鎮梁州之中故以為之號　漢山 山在南鄭縣西南二十里四峯八面其南接巴山山有池水　天臺山 在南鄭縣北四十里山頂平坦如臺興元坐其周脉石有金星可作硯　金華山 在南鄭縣西南七十里峭峯特起　青銼山 在南鄭縣西南五十里山頂一石如銼　梁州山

在南鄭縣東南百八十里與孤雲兩角相接大山四圍其上三十里許甚平或云古ㅣㅣ治也孤雲山
在廉水縣東南百七十里兩角山與孤雲山相連○玉堂閑話云興元之南有太行路通於巴州其路
險峻三日而達于山頂其絶高處謂之孤雲兩角去天一握淮陰廟在焉仙臺山在廉水縣道經云仙
女玉女所居之地有韓信廟云蕭何追信至此斗山在城固縣道經云山有五穴一通崑崙一通隴山一通武
光一通青城一通長安三嵎山在城固縣西北四十里三峯鼎立万仞箕山在褒縣北
十五里鄭子真隱於此山諸葛亮嘗遣趙雲鄧芝等據箕谷卓筆山去西縣二十里一峯削出如筆
定軍山在縣西南十里北臨沔水三國志建安二十二年劉備營於ㅣㅣㅣ夏侯淵引兵爭之即此有

方六十六　六

武侯墓嶓冢山在故金牛縣東二十八里漢水所出石臼嶺歐陽詹詩鳥企蛇盤
地半天下窺千仞到浮煙因高回望沾恩處認得梁州落日邊褒谷在褒城縣北郡國志謂北口曰斜南口曰
褒長四百七十里同爲一谷兩谷高峻中間谷道褒水所流乃張良送高祖至褒中說燒棧道曹操出斜谷邀要以臨漢
平諸葛亮由斜谷耶鄙皆此道也斜谷在府西北入ㅣㅣ路至鳳州界百五十里有棧閣二千九百八十九
間板閣二千八百九十二間土人云其間有一溪可行舟○孫資曰昔武帝征南鄭取張魯陽平之役危而後濟又自往
拔出夏侯淵軍數言南鄭直爲天獄中斜谷道爲五百石穴言其深險喜出淵軍之辭也駱谷崔觀詩高峯偃
蹇雲崔嵬磴崖巨壑長峽開龍蛇縱橫虎豹亂古棧朽滅埋深谷子午谷詳見洋州武鄉

谷諸葛亮封武鄉侯即此百牢關在西縣三十里元和志隋置白馬關後以黎陽有白馬關
故更此名○李義山送叔梓州詩莫歎万重山君還我未還武關猶在望何況ㅣㅣㅣ石頂關在西
縣東南三十里今置關最爲險要七盤路在褒城北三十里元稹有詩見題詠門石門
在褒城縣西北○元稹詩東凌ㅣㅣ險西表金華瑞○書蘇州有懷谷口詩云念昔白衣士結廬在ㅣㅣ蓋石門即谷口
鄭子真所居也街亭三國志魏張郃與蜀將馬謖戰于此華陽水在褒城縣西北十五里
黑水在城固縣西北太白山南流入漢禹華陽ㅣㅣ惟梁州諸葛亮箋云朝發南鄭暮宿ㅣㅣ廉水
出大巴山北谿谷中詳見范栢年註遜水其源起於廉水溉田之餘東南流至古廉水城之側文水

方六十六　七

在城固縣北褒水出太白山下褒中即山河堰也或云本蕭何堰訛爲山河丙水源出褒城縣西
北牛頭山有丙穴出嘉魚堂亭桂石堂在府園○文與可詩嘗聞陽朔山万尺從地起孤峯
立亭下此石無乃似天漢樓在府治子城上山川環繞爲一郡登覽之勝處亭榭四
照亭在府園○文與可詩云秦嶺附梁山汀洲隨漢水秋容上昇障左右三百里此景誰能論殘霞獨憑几
盤雲塢在府園○文與可詩幾曲上層城盤盤次文石館驛褒城驛孫譙
記ㅣㅣㅣ天下第一及得寓目視其沼則淺混而茅視其舟則離敗而勝庭除甚蕪堂廡甚殘烏覩其所謂宏麗者訊於
驛吏則曰忠穆公嘗牧梁州以褒城控二節度治所龍節虎旗馳馹奔軺以去以來轂交蹄劘由是崇侈其驛以云摧六

蓋當時視他驛爲壯且一歲賓至者不下數百輩苟夕得其庇飢得其飽皆暮至朝去者寧有顧惜心耶至如棹舟則必折篙破舷碎鷁而後止魚釣則必枯泉汩泥盡魚而後止至有飼馬於軒宿隼於堂凡所以汙敗室廬糜毀器用官小者其下雖氣猛可制官大者其下益暴橫難禁由是日益破碎不與曩類其曹八九輩雖以供饋之隙一二力治之其能補數百人殘暴乎語未既有老甿笑於旁且曰舉今州縣皆驛也吾聞開元中天下無金革之聲而戶口日益破彊埸無侵前之虞而墾田者益寡生民日益困財力日益竭其故何哉凡與天子共治天下者刺史縣令而已以耳目接於民而政令速於行也今朝廷命官既已輕任刺史縣令而又促數於變易且刺史縣令者三歲再更故州縣之政苟有不利於民可以出意革去者其在刺史縣令則曰我即去何用如此當愁醉醲當飢飽鮮囊帛匱金笑與秋燕嗚呼州縣者眞驛耶翩更代之隙黠吏因緣恣爲姦欺以賣州縣者乎如此而欲望生民不困財力不竭戶口不破墾田不寡難哉予既揖退老甿條其言書於褒城驛壁

古迹

嬀墟 世本云在城固縣西北舜之居也劉禹錫驛路記云鎮于川

褒城 胡曾詩恃寵驕多得自由驪山舉火戲諸侯抵知一笑傾人國不覓胡人滿玉樓

八陣圖 在西縣定軍山下郡志每陰晴則有聲鼓之聲

名宦

田叔 華陽國志蕭何守關中以田叔爲漢中守叔既饋以軍饟又致名材帝嘉之

魏延 蜀先主迁治成都當得重將以鎮漢中衆論必在張飛飛亦以心自許先主乃拔延爲督漢中

范柏年 宋人爲州將劉亮使至京師諳事明帝言至廣州貪泉因問柏年卿州亦有此水否答曰梁州惟有文川武鄉廉泉讓水又問卿宅在何處答曰臣所居在廉讓之間帝美其對

温造 以興元軍乱殺李絳䝉詔造可夷其乱乃授節度使

李德裕 以李訓用事爲節度使

元結 少遇乱泝浮人間蘇元明薦結於肅宗上時議三篇上悅擢山南西道節度使

元稹 爲刺史

孟郊 興元節度使鄭餘慶奏爲參謀

皇朝許遜 祥符間爲守府有堰溉田万頃世傳蕭何所爲堰壞船治木石修之堰成歲大豐歐公爲記其事

曹宗道 祥符中以祕丞知城固縣

張浚 宣和中爲士曹言行錄謂褒城令

劉子羽 紹興四年爲帥初宣司移軍閬中公留閬外護軍明年吳玠戍河池王彥戍金州二鎮皆飢興元帥閉關塞糴斜二鎮病之張公浚乃承制拜公知興元至之日尽弛其禁通商輸粟二鎮乃安

人物

鄧先 城固人多奇計吳楚反帝誅錯先爲校尉擊吳楚還上問曰七國聞誅錯兵罷否曰七國爲反謀數歲發怒削地非爲錯也帝曰公言善

張騫 城固人建元中使月氏開西南夷封博望侯

鄭子真 褒中人成帝時王鳳備礼聘之不應家于谷口

楊王孫 城固人治黃老家累千金厚自奉養臨終告其子曰我死裸葬以復吾真

李郃 南鄭人通五經善河洛風星知有二使者入益部詳見成都

李固 南鄭人爲太尉以欲立清河王蒜爲梁冀所害

皇朝楊沖遠 魏公張德遠試吏興元理掾往別鄉先生楊用中曰公當往來梁洋其人士有與子遊者乎楊曰興元楊沖遠可以爲師洋州雍退翁可以爲友公至興元遂與爲友雍諱沖退翁其字也方元祐大臣變更政事沖居太學上書數其罪乞誅之有旨移興元府自訟齋

許尹 紹聖中知興元召對言今日莫若重蜀重蜀以興元爲本　高宗嘉納其說

安守忠長編王師克興元上召安守忠謂曰遠俗困於前雲南鄭走集之地爲撫和之遺知興元府

【四六】梁惟西南屏韓獻鄭相公云云山厲水刻竄稟生肖勤剛難諧在民物榮公鼎軸老其幹力健倔帝咨女子任牙蠢前坌坲威風挾雷氣蓋壞兩劃拂

緑樹滿褒斜劉禹錫送趙中丞參山南幕府詩云云西南蜀道縣驛門臨白草棧道過黃花

棧道與雲齊趙氏雜言寄杜叢詩梁州秦嶺西云云

棧想武侯征元微之褒城贈黃明府詩序元稹爲刺史奉使東川至褒城驛有黃明府見迎艤舟同載因備問其褒陽山水則褒姒所奔之城在其左諸葛亮所征之路次其右作贈黃明府詩迤邐七盤路坡陁數丈城花緑褒女笑云云

後騎踏橋聲劉禹錫送令狐

相公鎮梁州詩雲樹褒中路風煙漢上城前挫轉谷去云云

詩書理漢中姚合送鄭尚書赴興元儒有登壇貴何人得此功紅旗燒密雪白馬踏長風斧鉞來天上云云方知百勝略應不在彎弓

孤鶩入洋州崔鶠城樓詩斷煙橫沔水云云

一身騎馬縣官迎元稹詩今日清明江上去云云

忽驚身在古梁州元稹詩云驛吏呼人排馬去云云

計程今日到梁州白居易寄元稹詩花時同醉破春愁醉折花枝作酒籌忽憶古人天際去云云

聽唱梁州雙管逐李聰西城聽唱梁州詞行人夜上西城宿云云此時秋月滿關中何處關山無此曲

萬轉江山通蜀國羅隱送人赴任褒中詩云云兩行珠翠見褒人海棠花謝東風老應念京都共苦辛

戮盡鯨鯢漢水清劉禹錫送溫尚書出鎮興元詩旌旗入境太無聲云云從此世人開耳目始知名將出書生

棧底江含雪水寒劉禹錫送令狐楚詩山中花帶煙嵐晚云云

漢中沃野如關中黃晃仲言和雜之病作罷鑷行云云四五百里煙濛濛黃雲連天夏麥熟水稻漠漠吹秋風七月八月穲稏紅一家往往收千鍾

雲棧屏山月月遊陸務觀漢中詩云云馬蹄初喜踏梁州地連秦雍川原壯水下荆揚日夜流

【小詩】月明西縣驛南樓元稹漢江聞笛詩小年爲寫游梁賦最說漢中聞笛愁今夜聽時在何處云云

出綸天上　眷西陲之要地　褒姒所奔之城
建鎮漢中　有南鄭之名邦　諸葛出征之路

【四六】昔炎劉之肇造由此而興　青天上蜀道久嚴分閫之權
今全蜀之欲安賴茲以守　黑水惟梁州允賴安邊之傑
宣化承流分五馬雙旌之寄　張留侯棧道之絕陳迹可尋
躋危歷險在孤雲兩角之邊　鄭子真谷口之耕清風猶凜
谷號褒斜漢功臣之所保　出鎮梁州歷挫谷騎橋之險
水名廉遜宋名士之攸居　大書褒驛嚴還金囊帛之詞

利州

綿谷　葭萌　昭化　嘉川

【建置沿革】禹貢梁州之域井鬼之分鶉首之次春秋戰國爲蜀地蜀王封其弟葭萌於漢中號苴侯因命其邑曰葭萌秦置巴蜀及漢中郡而葭萌隸蜀郡漢分置廣漢郡今州即廣漢郡之葭萌地蜀先主改爲漢壽縣屬

梓潼郡晉武改為晉壽縣尋陷於李雄宋文帝時陷于楊難當郡分晉壽之興安縣置東晉郡於烏奴城郡對烏奴山即其故地也魏改為西益州梁改為黎州又為西益州又改為利州隋煬帝改為義成郡唐又為利州改益昌郡復為利州初隸感義軍東感義曰昭武軍治利州五代前蜀仍為昭武軍後唐平蜀改曰益州後蜀因之　皇朝改昭武軍為寧武軍　中興以來張浚以宣撫使退保利州鄭剛中為宣撫使置司利州王炎始移司興元安丙仍乞置司利州今

領縣四治綿谷

○四川總領本路轉運置司

事要

郡名　**寧武**　**益川**　**益昌**　**小益** 圖經呼為｜｜對成都為大益也

覧ヲナヨリ

劍外 寧武志寧｜一大都會

風俗　**土瘠民貧** 寶峯亭記云云城郭庳而居室陋

民貧役重 蘇子瞻跋鮮于子駿益昌八詠云云

壤錯羌氏 司馬公祠堂記郡｜故｜｜與上庸百濮徼擊盧俱

雜以秦語 寧武志自城以南純帶巴音由城以北云云

形勝　**南走劍門** 陳俠庠廳題名記益昌之｜陸｜｜｜過劍而東西川在焉水走閬果由閬果而去適夔峽焉西則趣文龍二州東則會集華諸郡故益昌於蜀最為一方之都會

後通巴蜀 寧武志前接關表云云

前界關表 寧武志云云後據劍北實為重地

西臨嘉陵 元和志州城云云

為蜀北門 重修學記云云

據秦

巴之衝 司馬温公祠堂記云云

據川陸之會 寧武志云云

咽喉要路 蜀志先主使陳戒絕馬鳴閣魏武聞之喜曰此閣過漢中之陰平乃｜｜之｜｜○綿谷驛記利控蜀之吭四集之國也

四戰之地 唐周庠說王建曰葭萌云云難以久安蜀檮杌曰利州四會五達

山川　**烏奴山** 在綿谷山北六七里以李烏奴得名峭壁如削有洞高不可上五代時王真人學家上昇於此

龍門山 梁州記蔥嶺石穴高數十丈如門亦名龍洞山

朝天嶺 在州北五十里路徑紲險其後即朝天程積路在朝天峽棧閣遂開此道人甚便之○文與可｜｜｜詩嶺若屏隨峽勢水如衣帶轉巖陰

漫天嶺 長編乾德二年王師伐蜀蜀主遣絕棧道退保葭萌鍬擊金山寨又破漫天寨蜀人退保大漫天寨拔之追至利州郭奕詩見閬州

五盤嶺 杜甫詩五盤雖云險山色佳有餘仰凌棧道細俯映江本踈地僻無網罟水清反多魚好鳥不妄飛野人半巢居喜見淳朴俗坦然心神舒東郊尚格鬪巨猾何時除故鄉有弟妹流落隨丘墟成都亦事好暫若歸吾廬○岑參早上｜｜｜詩平旦驅駟馬曠然出五盤江迴兩崖鬪日隱群峯攢蒼翠煙氛晴森沉雲樹寒松疎露孤驛花密藏廻灘棧道溪雨滑畬田燒草乾此行為知已不覺蜀道難

白衛嶺 在昭化縣南與劍門相接有白衛鋪○唐詩紀事載明皇幸蜀登｜｜｜眺覽良久歎李嶠詩山川滿目淚沾衣富貴榮華能幾時不見只今汾水上惟有年年秋鴈飛曰李嶠真才子也

龍門閣 在綿谷縣一里馮紱幹田云其他閣道雖險然在山腰亦微有徑可以增置閣道獨惟此閣石壁斗立虛鑿石竅而架木

其上比他處極險。杜甫龍門閣詩清江下龍門絕壁無尺土長風駕高浪浩浩自太古危途中縈盤仰望垂線縷滑石欹誰鑿浮梁裊相拄目眩隕雜花頭風吹過雨百年不敢料一墜那得取飽聞經瞿唐足見度大庾終身歷艱險恐懼從此數

石櫃閣 杜甫詩季冬日已長山晚半天赤蜀道多草花江閣饒奇石石櫃曾波上臨虛蕩高閣清暉回羣鷗暝色帶遠客羈棲負幽意感嘆向絕跡信甘孱懦嬰不獨凍餒迫優游謝康樂放浪陶彭澤吾衰未自由謝爾性有適

馬鳴閣 在昭化縣

劍閣 在綿谷葭萌縣又見隆慶府劍門關註。歐陽詹棧道銘斜根玉壘旁綴青泥摠庸蜀之道塗統岐雍之㢠壯。李白送友人王炎入蜀作劍閣賦云若明月出於劍閣兮與君兩鄉對酒而相憶

大劍城 元和志即秦張儀司馬錯伐蜀所由路又謂之石牛道詳見劍門關

小劍城 在益昌西南五十里去大劍城三十里連山險絕飛閣通劍故謂劍也

潭毒關 在州北九十里有衛前軍屯駐于此下瞰大江路皆滑石登陟頗艱異時撤離合破與元帥劉子羽屯兵于此以捍蜀口又其下深潭有一鐵索見則兵動

明月峽 晏公類要巫峽巴峽明月峽三峽惟明月峽在此界

石欄橋 在綿谷縣一里自城北至大安軍界管橋欄閣共一萬五千三百一十六間其著名者爲石櫃龍洞焉

西漢水 一名嘉陵江在綿谷西一里

潛水 出綿谷縣東北龍門山書沱潛既道

藍溪 在葭萌縣出龍鼻山流入閬州界

南渡 溫庭筠利州南渡詩澹然空水帶斜暉曲島蒼茫接翠微波上馬嘶看棹去柳邊人歇待船歸數叢沙草羣鷗散萬頃江田一鷺飛誰解乘舟尋范蠡五湖煙水獨忘機

桔

栢潭 在昭化縣今昭化驛有古栢土人呼栢栢故以名潭。杜甫詩青冥寒江渡駕竹爲長橋竿濕煙漠漠江水風蕭蕭連笮動嫋娜征衣颯飄颻急流鴇鶂散絕岸黿鼉驕西轅自茲異東逝余可要高通荊門路闊會滄海潮孤光隱顧眄遊子悵寂寥無以洗心胷前登但山椒

南池 劍南詩藁云杜詩所謂安知有蒼池者即此地或云在閬州

【堂亭】

八公居八詠 鮮于侁題靈溪亭白桐軒竹軒栢軒巽堂山齋燕間亭會景堂寶峯亭凡五言八句司馬溫公范蜀公蘇頴濱文與可偕有詩

會景堂 鮮于子駿詩金城環雉堞雪屋瞰閬閬雙林聳江右九隴峴天外

寶峯亭 司馬君實詩髻鬟烏奴翠衣帶嘉陵碧霞生白水尾日沒九隴眷。鮮于子駿丹航日上下車馬不少閑近邑湊商賈遠峯自雲煙。文與可嘉陵抱江回平衍出横溢中間築雄壘獨據兩川會行臺嚴府君嵩洛北城外潭潭走翠樞直上巒嶺背

山齋 范蜀公詩云衆山四面合二水南北流蘇穎濱詩簡書日填委牀堆幽獨

【古迹】

望鄉臺 九域志武元衡送柳郎中詩望鄉臺下秦人去學射山中杜鵑哀

望喜驛 李義山詩嘉陵江水北東流望喜樓中憶閬州若到閬州還赴海閬州應更有高樓

嘉陵驛 武元衡詩悠悠風旆遶山川山驛空濛雨作煙路半嘉陵頭已白蜀門西更上青天

籌筆驛 在綿谷縣去州北九十九里舊傳諸葛武侯出師嘗駐此。杜牧詩三只列嫠女九錫獄孤兒覇主業未半本朝心是誰求安宮受詔筆驛沉思書地乾坤在濡毫勝負知艱難同草創得失計毫釐寂默經千慮分明混一期川流縈智慮山聳助扶持慷慨匡時略從容問罪師褒中秋鼓角渭曲晚旌旗仗義懸無敵鳴攻固得宜

若非天奪去，豈復慮能支。子夜星纔落，鴻毛鼎便移。郵亭世自換，白日事長垂。何必躬耕者，猶題八字詩。○李義山詩：魚鳥猶疑畏簡書，風雲長為護儲胥。徒令上將揮神筆，終見降王走傳車。管樂有才終不忝，關張無命欲何如。他年錦里經祠廟，梁父吟成恨有餘。○羅隱：顛拋南陽為主憂，北征東討盡良籌。時來天地皆同力，運去英雄不自由。千里山河輕孺子，兩朝冠劍恨譙周。惟餘巖下多情水，猶解年年傍驛流。○薛逢題：天地三分魏蜀吳，武侯崛起贊訏謨。身依豪傑傾心術，目對雲山演陣圖。赤伏運衰功莫就，皇綱力振命先徂。出師表上留遺恨，猶自千年激壯夫。○陸游題：一等人間管城子，不堪譙叟作降箋。

名宦

武士彠 九域志：士彠為利州都督，生武后于此，今皇澤寺有武后真容殿。

沈長源 按歐陽脩集：正元中，吳興沈公長源牧利州，其為政五年，予旅遊乎利，觀人安

方六十六　十三

俗阜，欽所以美，作益昌行詩，有曰：驅馬至益昌，倍驚風俗和。耕夫壟上行，賈者塗中歌。

何易于 唐史：見循吏傳。易于為益昌令，刺史崔朴嘗泛舟出益昌，索民挽繂，易于即腰笏引舟。朴驚問狀，易于曰：方春，百姓耕且蠶，為推令不事，可任其勞。朴愧，疾驅去。

顏真卿 自蓬州遷利州刺史。

皇朝王素 為守。

司馬池 天聖間為轉運使。按烏奴山祠堂記云：公侍其先君駐節此邦，春秋纔十有四，已和鮮于子駿寶峯之詩。

鮮于侁 為轉運副使，有益昌八詠。又嘗為京東運使，司馬公以福星稱之。

虞允文 蜀帥兵猝，以公為四川宣撫使，公開幕於利州。時軍政久竄，公首劾大將之病民十一人，薦其可為將帥者三人，諸軍歡呼相慶焉。

題詠

葭萌氏種迥 杜甫愁坐作詩云云。坐擔大戎也。

棧道籠迅湍 岑參云云：行人貫層崖。

關山同一照 杜甫呈漢王詩云云：烏鵲自多驚。

青原帶秦彊 蘇子由詩：嘉陵橫其陰，劍門屹其陽，黑水環禹跡云云。

不覺蜀道難 前人：此行為知巳云云。

朝登劍閣雲隨馬 岑參嘉州和裴相公發益昌云云：晚渡巴江雨洗兵。

百里夷塗無十步 陸務觀木瓜鋪詩敍：棧坡前木瓜鋪，歲晚悲辛，利州路當車礧礧石如屋云云。

馬經斷棧危無路 陸務觀次益昌詩云云：風掠枯茅颯有聲。

暮雪烏奴停醉帽 陸務觀詩云云：秋風白帝放歸舡。

方六十六　十四

四六

輟自朝端，出臨劍外。晝千里地，依五盤山。旁聯四邑，對峙兩臺。帝念益殷朝，地隣嶓冢。

昔開帥閫，中興嘗駐於重兵；木牛轉粟，路即達於褒斜。

今號侯藩，全蜀此為之都會；銅虎剖符，師可臨於秦隴。

山川險阻，多杜陵叟之詩篇；驛名籌筆，羣賢之詩句常存。

亭館清幽，有范蜀公之賦詠；山號劍門，千古之碑銘不泯。

新編方輿勝覽卷之六十六

新編方輿勝覽卷之六十七　建安祝穆和父

隆慶府

普安　陰平　梓潼　武連　普成

建置沿革　禹貢梁州之域，東井輿鬼之分野。春秋戰國爲蜀地，秦屬蜀郡，漢屬廣漢郡之梓潼縣。武帝屬益州。劉先主立梓潼郡。諸葛武侯相蜀，於此立劍門，以大劍山至此有隘束之路，故曰劍門。以閣道三十里至險，乃有閣尉。蜀尉姜維拒鍾會於此。晉以其地入梓潼郡。元溫入蜀，於晉壽郡置劍閣縣，屬梁州。後武帝分梓潼北界立晉壽郡。梁置南梁州，又分立安州。西魏改爲始州，兼置普安郡。隋廢州，置普安郡。唐初爲始州，置劍門縣，改爲劍州。皇朝伐蜀，破劍門，遂平蜀。後以孝宗潛藩陞隆慶府、普安軍節度。今領縣五，治普安。

事要

郡名　普安　劍陽

風俗　人性謙和　郭岡陰平縣記：地湧香泉，池名百頃，山河橫阻云云。世有俊彥　華陽國志云：云作於巴蜀。

形勝　西接岷峨　山海經：高梁之山云云，東到荊衡。東接巴西　華陽志云云：南接廣漢，西接陰平，北接漢中。前瞰巨澗　元祐郭忱靜照堂記云云：後倚層巒，多崎嶇高下之勢，僻平夷亢爽之地。緣以劍閣　左太沖賦云云。○史記蔡澤謂范雎曰：今君相秦，棧道千里，通於蜀漢。奇峯森列　秦坦春風樓記云云：躍入青漢，高下眩轉，隅闕雲兩。兩川咽喉　郡守題名記云云：守土之寄重焉。邊山立州　春風樓記一一而一是一一迥坡地中貫大溪，太守之居已在半山，內外居民悉在山上，其下原野農淡若相次第，林巒升降，若有等級，望之若圖畫，卷舒壁歷可見。

山川　梁山　在普安縣西北四十九里，一名大劍山。姜維拒鍾會于此。詳見利州及劍門內註。臥龍山　在普安縣東二里，高百丈，盤繞府城。馬閣山　在陰平縣北六十里，峻峭崚嶒，極爲艱險。鄧艾伐蜀，軍行至此，路不得通，乃懸車束馬，造作棧閣，始通江油，因名馬閣。葛山　在梓潼縣北二十五里。昔諸葛亮置營於此。鴈門山　在梓潼縣南三十餘里，山東西起兩嶺，鴈從中過，故曰鴈門。五盤山　見利州。七盤山　在武連縣西，縣令何琰按圖記、郭璞云：縣路翠武功貴縣路青武功縈，遂刻石焉。九龍山　在武連縣山腹，有洞，洞前石壁如屋。普翠山　在普城縣郭外一里，混一真人棲真之地。秀巖　在普安縣後，有池貯泉。劍閣　張孟陽一一銘：巖巖梁山，積石峩峩，遠屬荊衡，近綴岷嶓。南通邛僰，北達褒斜。狹過彭碣，高踰嵩華。惟蜀之門，作固作鎮，是曰劍閣。壁立千仞，窮地之險，極路之峻。世濁則逆，道清斯順。閉由往漢，開自有晉。秦得百二秦地險以二當萬二之數可敵百萬，并吞諸侯；齊得十二，田生獻籌。矧茲狹隘，土之外區，一人荷戟，百人趑趄。形勝之地，匪親勿居。昔在武侯，中流而喜，山河之固，見屈吳起。興實在德，險亦難恃。洞庭孟門，二國不祀。自古及今，天命匪易。憑阻作昏，鮮不敗績。公孫既滅，劉氏銜璧。覆車之軌，無或重跡。勒銘山河，敢告梁益。○柳宗元銘序：惟蜀都重險，多貨，混同戎蠻，人恥俗剽，嗜爲寇亂。皇帝元年八月，師袁叛，懸罍疑不制，妖孽竊行，怙恃富強，淵天阻兵，攻陷他部，北包劍門，據負丘陵，以張鼇猛毅，利鋒鏑以拒大順，謂雷霆之誅莫己加也。淮梁守臣禮部尚書

方六十七

嚴公以國害爲私讎以天討爲己任推仁仗信不待司死神人致其命立義抗憤不待潔血而士一其心悉師出次祗侯明詔凡諸侯之師必出於是巉峙饗賚取其豐樸乃遣前軍嚴秦奉揚王誅詭告南土十一月右師逾利州踰葭地東山斬虜以渴奔衝左師出于劒門大攘頑狼誘引劫脅蟻潰鼠駭險無以爲固汲奪利地以須王師刲剔胃腸振拔根柢俾無以肆每用集我勳力戩敵一振元戎啓行取其渠魁以爲大戮由忠勇憤悱授任堅明謀猷弘長用能啓關陰夷爲大途袁沮害氣對乎天意帝用休嘉議功居首增秩師長進爲大藩宅是南服將校群吏願刊山石昭著公之功垂號無窮銘曰　井絡坤垠畤惟外區界山爲門環手蜀都叢險積貨混并羕騁狂猾狼際信指嘯呼恣瀕勢勝厚其宄徒皇帝之仁宥而不誅暴非德剿害及巴渝乃出王旅乃命列岳牧臣司梁萬甚要東器備收積粮糧是畜人無增賦師以饒足

方六十七　三

洪血誓士玄機在握分命虓貅陳爲犄角右渝崛山左直劒門攻出九地上披重雲蹙大蹈空夷視阻艱破裂層雲珍殲羣頑内獲固圉外臨平原天兵徐驅卒乘嘽嘽大憝囚戮戎夏咸歡帝圖厥功惟梁是先閫國進位南服于藩邦之清夷人以完安銘功鑿乱永代是觀○杜甫詩維天有設險劒閣天下壯連山抱西南石角皆北向兩崖崇墉倚刻畫城郭狀一夫怒臨關百萬未可傍珠玉走中原岷峨氣悽愴三皇五帝前雞犬莫相放後王尚柔遠職貢道已喪至今英雄人高視見霸王并吞與割據極力不相讓吾將罪真宰意欲鏟疊嶂恐此復偶然臨風默惆悵○李白蜀道難見成都題詠

飛仙閣　在梁山○杜甫詩土門山行窄微徑緣秋毫棧雲闌干峻梯石結構牢万壑欹疎林積陰帶奔濤寒日外淡泊長風中怒號歇鞍在地底始覺所歷高往來雜坐卧人馬同疲勞浮生有定分飢飽豈可逃歎息謂妻子我何陋汝曹

石櫃閣　詩見利州

石牛道　在梁山詩見劒門關詩

百頃堌　七曲山之上可以望見其地極平衍而豐腴

嘉陵江　自鳳州大散關發源從利州下流入劒門縣界

潼江水　在梓潼縣西四里源出陰平馬閣山蜀志夏禹於沱陳山伐梓樹神化爲童子故其水曰潼水

華容水　蜀都賦劫背華容

白沙渡　杜甫詩畏途隨長江渡口下絕岸差池上舟揖窈窕入雲漢天寒荒野外日暮中流半我馬向北嘶山猿飲相喚水清石礧礧沙白灘漫漫迥然洗愁辛多病一疎散高壁抵嶔崟洪濤越凌亂臨風獨回首攬轡復三歎

水會渡　一名水回渡○杜甫詩山行有常程中夜尚未安微月沒已久崖傾路何難大江動我前洶若溟渤寬篙師暗理楫歌笑輕波瀾霜濃木石滑風急手足

方六十七　四

寒入舟已千憂陟巘仍万盤迴眺積水外始知衆星乾遠遊令人瘦衰疾慚加餐

【井泉】

香泉　在陰平縣二十五里平地湧出周迴八十步其水香碧故名

劒泉　在梓潼縣北十一里昔蜀五丁至此見大蛇入穴兄弟怒而拔之山摧五丁斃焉餘劒隱於路隅以爲一泉每庚申甲子日其劒見光

靈泉　劒南詩蘆云過武連縣安國院有二泉傳云唐僖宗幸蜀至此飲泉賜名靈泉○陸務觀有詩云滴瀝珠璣落壁間遺蹤曾得奉龍顏

聞泉　即東園也唐正元中蘇洪之刻聞泉賦治平中太守王綱有聞泉十二詠

【樓亭】

春風樓　在郡圃

重陽亭　在郡東山之陽唐大中間太守蔣偕創亭李商隱作亭銘

【古跡】

古陰平道　鄧艾所出■■■在今文州漢陰平也其地與江油爲鄰此陰平縣自晉宋始置地鄰

平郡非鄧艾之陰平也　**上亭驛**　在梓潼武連二郡之界唐明皇帝蜀聞鈴声之地又名琅璫驛○羅隱詩山雨霏微宿上亭雨中應想雨淋鈴貴為天子猶魂斷窮着荷衣好涕零○揚子方詩時平愡忽忠臣語世亂仍遭弄臣侮至今説到忒琅璫行路猶能痛千古

祠廟　**李杜祠**　按劍門題詩以太白子美為重而世未有並祠之者會從李參預壁得所賜　皇陵御書蜀道難又從李左史得趙忠定汝愚大書劍門詩因建祠刻二詩於前楹其堂曰文熖取韓退之詩語也　**靈應廟**　即梓潼廟在梓潼縣北七八里七曲山按圖志神姓張諱亞子其先越嶲人也因報母仇徙陷縣邑徙居是山僖宗幸蜀神於利州桔柏津見護駕甚有禮敬賜回封濟順王親幸其廟王鐸詩云云為報山東諸將相拄天功業頼陰兵

方六十七

名宦　**李頻**　唐人為劍州刺史

五

李義山　有赴職梓潼詩　**皇朝張知白**　景德間為守

人物　**邊孝先**　居梓潼縣南五里長卿山　**景鸞**　入儒林傳　**李業**　入獨行傳

題詠　**丹嶂五丁開**　唐明皇怨狩言歸詩劍閣横空峻鑾輿出狩回翠屏千仞合云云　**絶壁劍為峯**　宋之問借問梁山道嶔岑幾萬重遥州刀作字云云　**山高人盡耕**　雷周輔詩地險客須到云云　**牢落三年坐劍州**　杜甫寄別李劍州使君高義驅今古云云但見文翁能化蜀當知李廣未封侯路經灧澦雙蓬鬢天入滄浪一釣舟戎馬相逢更何日春風回首仲宣樓　**井邑全居水國中**　姜遵詩城隍盡枕溪巖畔云云　**地控咽喉限**

蜀城　范百祿詩山連襟帶通秦蜀云云

四六　塗之險扼　乃眷州城　分銅虎符　昔號偏州　剖竹并安　實依閣道　控石牛道　今陞藩府　自漢以來保蜀必嚴於棧道　雖天設險猨猱欲度而愁攀　至唐而後司梁允重於牧臣　以人守關貔虎莫施其勇　後從君前蜀雖平夷亢爽之區　昔稱今濡頼其常中和之政　太白之歎少陵之句日月爭光　子厚之序孟陽之銘山川增重

劍門關　劍門

建置沿革　禹貢梁州之域東井輿鬼之分野上應參宿春秋戰國為蜀地秦屬蜀郡漢為廣漢郡為葭萌縣地蜀先主以霍峻為梓潼太守是時有劍門縣有閣道至險及有閣尉諸葛亮於此立劍門秦符堅遣徐成施蜀攻二劍克之始有二劍之號隋置閣之地皆有關官而於二劍尚未嘗閲唐置劍門縣劍門始置関唐又有大劍戍小劍鎮五代時董璋遣兵扼劍門關為七砦又於關北置永定關　皇朝戍蜀克劍門禽蜀將王昭遠以劍門縣隸劍門關兵馬都監主之　中興以來劍門關亦列在利路十七郡之数今領縣一治劍門

方六十七

六

事要

郡名　**劍關**

風俗　**直行申發文字**　圖經云関官許令直受須降詔赦亦許云云聖節月旦亦有表疏異時訓飭関吏至親洒宸翰皆所以重設險之寄也　**貨殖所萃**　晉安志其地四塞山川重阻水陸所湊云云蓋一都會也

形勝　**界山**

爲門柳宗元劍門銘云云環千蜀都詳見隆慶府壁立千仞張載劍閣記惟蜀之門云
云窮地之險極路之峻。韋表微劍閣銘天作梁山坤維之畢發地千仞連岡萬里左右絶壁秦坦
記云云作見天鑴蜀土外户劉儀鳳劍門關記梁山之險丨丨所恃以爲丨丨蜀之
金城黄晁仲脩關議劍門云云崇墉屹崖其高切雲綿數千里包裹全蜀中出棧道行者側立雖有百萬之衆
安所用之爲西南戸樞明善堂記蜀云云。何介速山亭記有云劍門據蜀樞爲天下壯
劍嶺據其會張衍羅漢閣記蜀之襟帶云云挾巴包漢慶曆張俞劍閣
銘極險之巇壽峯倒壑云云劍閣截野横天呀秦攏蜀控扼荒蜀趙正亮紀事西南之險山曰劍

方六十七　七

門云云襟帶京洛萬夫莫當向辯議劍門天險一夫荷戈云云晉張載劍閣記一人守險萬人趑
趄無内顧憂通鑑趙季良語僞蜀主孟知祥乞守劍門曰若衍兵守劍門大軍雖來至吾云云

【山川】大劍山在劍門縣亦名梁山又有小劍山在其西北三十里又有小劍故城在益昌縣
西南五十里輿地廣記山有小石門穿山通道六丈有餘昔
秦伐蜀而不知道則作五石牛以金置尾下言能糞金欲以
遺蜀蜀主負力而貪乃令五丁開道引之秦因使張儀司馬
錯引兵尋路滅蜀謂之石牛道至永平中司隸楊厥又鑿而
廣之自縣東南經益昌戍又東南入劍州普安縣界即漢中
伐蜀之路其地連山絶險又謂之劍閣道大劍雖號天險有
阨塞可守崇墉之間徑路頗夷小劍則鑿石架閣有不容越
太白所謂一夫當關萬夫莫開者是也又按二劍古不以關

名寰宇記云諸葛亮相蜀鑿石駕空爲飛閣道以通行路見
此立劍門縣以大劍山至此有隘束之路故曰劍門。晉元
康中李特偕流人入蜀至劍閣顧眄險阻
曰劉禪有此地而面縛於人豈非庸才耶龍巖在劍門縣西一里洞
穴可坐百許人雲齋小説云王建爲盜朝廷捕之急逃於劍門巨石穴中劍閣銘詩並見隆慶府劍
門李德裕題奇峯百仞懸清眺出嵐煙迥若戈回日高疑劍倚天參差霞壁聳合水碧流奔連綿是三刀夢森然在
目前玉女臺在大劍山絶頂上峭壁千仞下瞰古道行人如蟻有小石刻云玉女煉丹之所大
劍水又有小劍水見大劍山註【樓閣】思賢樓在水門上有張孟陽李太白杜子美
柳子厚畫像因以爲名【寺觀】誌公寺劉蜕誌公殿記云劍閣之下有壽聖寺石壁之西偏

方六十七　八

由益昌道中望之隱隱如行僧頂伽帽每秋時出或見光景仙女觀在梁山之頂李宗諤圖經云在
縣東五十里北崖頂唐先天二年置道士恭修去觀僅一里
渡仙女橋有燒丹臺岩畔有仙女影近代以來改爲禪院
【名宦】皇朝李士衡咸平間知劍州益州賊王均破漢州未發劍公乃焚倉庫守劍
州与劍門之兵合以拒賊公逆擊大破之【題詠】劍門當石隘文苑英華陳子昂詩
中庸詩云云棧道入雲危劍閣崢嶸而崔嵬李白蜀道難詩云云全篇見成都府
劍壁門高五千丈李白巡南京歌胡塵輕拂建章臺聖主西巡蜀道來云云石爲
樓閣九天開劍閣重關蜀北門李白詩云云鍵閉諸蠻

昇帝都唐李商隱題劍門先寄上西蜀司徒杜公詩云峭壁橫空限一隅劃開元氣建洪樞梯航百貨通邦計云云兩蜀夬戎威北狄南吞荊郢制東兵千年管鑰誰熔範只自先天造化爐鑄爲雙劍倚蒼穹杜光庭誰運乾坤陶冶功云云題詩曾駐三天駕碾日長含八海風倚天雙劍峯巒峻楊旦贊云云控蜀三川郡府雄倚劍峯巒挿太虛稍閱道詩云云高門中闢限坤隅奸雄莫謂防關險一百年來自坦途

四六

肅奉淵綸　出臨坤戶　五百餘里之石穴　万夫莫當之劍門　環數千里而行者側立　因石爲關政欲守關於坤軸　縱百萬衆而誰其敢當　平戎有劍豈疑倚劍於天津

守當要地是爲双劍之門　所謂一夫當關而万夫莫開　躰若大邦式臨三刀之夢　何必三里爲城而七里之郭

閬州

閬中　南部　新井　蒼溪　奉國　新政　西水

建置沿革

禹貢梁州之域東井輿鬼之分野晉梁益分野臨參宿唐一行定鶉首之次井柳之度周梁合於雍又爲雍州地春秋爲巴地巴子後理閬中秦爲巴郡閬中縣兩漢因之劉璋改爲巴西郡晉改巴西隸梁州李雄之亂郡縣荒蕪宋立北巴西郡梁又即巴西立南梁州西魏興畧曰此州古有隆城故又謂之南隆治古閬中城又改巴西郡爲盤龍郡隋廢郡而州存煬帝屬巴西郡唐改爲隆州又改閬州取閬水以爲名曰閬中郡復爲閬州後唐爲保寧軍節度　皇朝改安德軍節度初隸西山東隸利州路　中興隸利東路今領縣七治閬中

事要

郡名

閬苑唐時滕王元嬰以衙宇卑陋遂修飾宏大之擬於宮苑內是謂之隆苑其後以明皇諱隆其改曰閬苑閬中閬山四合於郡故曰——

風俗

地勝氣清太守李獻卿南樓詩序地僻人富唐周庠說王建曰閬州云云地險人豪同上云云恭儉而文馮忠恕記其民云云在西南爲佳郡民淳事簡南樓詩序云云銳氣喜舞三巴記閬州有渝水賨民云云漢高祖使人習之故樂府中有巴渝舞剛悍生其方左思蜀都賦云云風謠尚其武奮之則賨旅玩之則渝舞人才之盛元祐中里人有閬苑三學士鄉貢三狀元之語學士謂雍元直蒲傳正鮮于端夫也狀元謂陳堯叟堯咨馬涓也

形勝

東接巴郡巴志云云南接梓潼北接梁西城土地平衍馮忠恕記其云云而沃山川秀麗同上記云云在羣山磽确之中董元思政堂記閬中在劍南巴峽云云當梁洋梓益之衝馮忠恕設廳記閬之爲郡云云有五城十二樓之勝槩或謂閬苑仙——人今有五城而樓尚闕宋公德之爲守乃建碧玉樓於商城之西南隅亦名十二樓以成閬苑之勝槩

山川

閬山在城南唐先天改名錦屏山在城南三里對郡治其山四合於郡山上有四院曰禱嵩寺羅漢院書錦院西禱院後又繫閬峯亭以眺望焉○陸務觀詩城中飛閣連危亭處處軒窗對錦

屏涉江親到錦屏上，却對城郭如卅青。**靈山**周地圖晉蜀王鼈靈登此山因名。**蟠龍山**在閬中縣東南三里，以形得名。**蘭登山**在新井縣東二十里，相傳嚴君平隱居于此。**雲臺山**在蒼溪縣東南三十五里，一名天柱山，張道陵升仙之地。○蒲傳正詩：閬州勝絕是雲臺，十里松蘿殿閣開。**小錦屏**在蒼溪縣之對，頗類錦屏。**東巖**在城東五里，有寺，鑿山為巖。**北巖**在州北五里，有曰纖蓋山，乃高僧宣什道場。**南巖**在閬中縣東南五里，有曰大像山，乃南唐高士安隱居之所。太平興國中，陳堯叟兄弟讀書於此，亦曰台星巖。**停雲巖**在南部縣謝景珝家。於此巖前為居室，至者不知其為巖。**離堆巖**在新政縣東，有山曰離堆，鑿巖為巖。唐鮮于仲通與弟叔明潛脩于此，有顏魯公磨

崖記。**閬水**晏公類要亦曰閬江，又曰渝水，出鳳州梁泉縣。郡志一名西漢水，源出秦州嘉陵谷，又名嘉陵江。○元稹蒼溪縣寄揚州兄弟詩：蒼溪縣下嘉陵水，入洞穿江到海流。○余義山有望喜驛詩，見利州註。**海棠溪**在州城對江，多海棠。**龍爪灘**雍熙中，閬州光聖院山下嘉陵江有丨丨丨出焉。未幾，陳氏二元繼出。元豐間，大像山東北嘉陵江又有灘生，里人亦以龍爪名之。元祐六年，馬涓果擢第一。**南池**在高祖廟傍，東西四里，南北八里。漢志彭道將池，在今丨丨也。魚池在今郭池也。然則此池本彭之所聞。○杜甫詩：峥嶸巴閬間，所向盡山谷。安知有蒼池，萬頃浸坤軸。呼然閬城南，枕帶巴江腹。芰荷入異縣，粳稻共比屋。豈天不無意，美利戒止足。高田失西成，此物頗豐熟。清源多衆魚，遠岸富喬木。獨嘆楓香林，春時好顏色。南有漢王祠，終朝走巫祝。歌舞散靈衣，荒哉舊

風俗。高堂亦明王，魂魄猶正直。不應空波上，縹緲親酒食。淫祀自古昔，非惟一川瀆。干戈浩茫茫，地僻傷極目。平生江海興，遭亂身局促。駐馬望漁舟，躊躇慰羈束。

【堂】

整暇堂在州治。○黃魯直記：無事而使物物得其所，可以折千里之衝之謂整；有事而以逸待勞，以實擊虛，彼不足而我有餘之謂暇。夫不素備而應卒，可以徼幸於無事，而其顛沛狼狽者十常八九也。豈惟人事哉？昔者晉欒鍼使於楚，楚執政問晉國之勇，對曰：好以衆整。又問如何，曰：好以暇。雖晉楚爭盟，務以辭相勝，亢其情，楚豈能與中國抗衡哉？今之郡守，古諸侯也，提千里之兵以守關要，平居燕安拱者奉三尺而有餘，至倉卒變故，巧者應事機而不足，此不知整暇故也。**治平園**國朝治平初，太守宋壽昌築東園於牙城東，內有郎官庵、三角四照紅藥之亭、清風明月之臺、錦屏閣、花塢、柳橋、曲池，文與可嘗賦十詠詩。

【樓亭】

錦屏樓在郡治。**南樓**閬州江山奇秀聞天下，直前據其會，曰丨丨。若唐滕王元嬰所建也。○李獻卿丨丨詩：三面江光抱城郭，四圍山勢領煙霞。馬數領上渾如錦，纖蓋門前半是花。**會景樓**雍子儀建於將相坊，蘇子瞻為題。**滕王亭**即滕王元嬰所建，在玉臺觀。○杜甫詩：君王臺榭枕巴山，萬丈仙梯尚可攀。春日鶯啼脩竹裏，仙家犬吠白雲間。清江碧石傷心麗，嫩蕊濃花滿目斑。人到于今歌出牧，來遊此地不知還。**奪錦亭**在西巖。○陸務觀詩：奪錦軒中醉倚欄，錦屏紫翠插雲端。平生不喜言爭奪，付與游人自在看。**紫微亭**即三陳布衣時所寓交遊之地。後諸陳既貴，鮮于康肅寄詩：當時未識紫微星，獨到漁陽訪此亭。今日園林為勝地，好將前事載圖經。鮮于乃子駿之父，嘗助三陳以公輔。**捧硯**

亭 司馬君實侍親游三陳讀書岩題名其末云司馬光捧硯勾龍瞻可請以捧硯爲名

【寺觀】東寺 丹陽集云元白齊名有自來矣蓋元微之寫白居易詩於閬州——壁白居易寫元詩百篇合爲屏風更相傾慕如此居易詩云憶君元九詩寫君詩盡寫千行說向誰題在閬州東寺壁幾時知是見君時

慈光院 寇平仲過新井———留題海棠詩晴風花雜滿欄香盡日幽吟嘆異常翻笑牡丹虛得地玉階開落對君王

玉臺觀 在州北七里唐滕王嘗遊有亭及墓。杜甫詩中天積翠——遙上帝高居絳節朝遂有馮夷來擊鼓始知嬴女善吹簫江光隱見黿鼉窟石勢參差烏鵲橋更有紅顏生羽翼便應黃髮老漁樵

【祠廟】張侯祠 在州治東蓋張飛爲巴東太守。曾子固記侯以智勇爲將號萬人敵當蜀之初與魏將張郃相拒於此能破

郃軍以安此土可謂功施於人矣其歿也又能澤而賜之則其食於閬人也宜哉

顏魯公祠 在新政縣詳見蓬州。馬存撰祠記上元中———爲蓬州長史過新政作離堆記四百餘言書而刻之石壁上字徑三寸雖崩壞剝裂之餘而典刑具在使人見之凜然也元符三年余友強叔來尹是邑始爲公作祠堂於其側而求文以爲記余謂仁之勝不仁久矣然有時乎不勝而反爲所陷焉命也史臣論公晚節偃蹇爲奸臣所擠見殞賊手是未必然公孫丞相以仲舒相膠西梁冀以張綱守廣陵李逢吉以韓愈使鎮州而盧杞以公使希烈其用意正相類爾然於數君終不能有所傷而公獨不免於虎口由是觀之士之成敗存亡豈不有命耶而小人軒然自以爲得計不亦繆乎且吾聞之古之尚友者以友天下善士爲未足又尚論古之人誦其詩讀其書思見其人而不可得則方且欲招屈子於江濱起士會於九原蓋其志所願則超然慕之於數千百載之後而況於公乎公之功名事業已絕於人而文章之妙亦不可及用其書畫之所在而祠之此昔人尚友之意也嘗試與強叔登離堆探石室觀其遺迹而有味其平生則今之精神風采猶或可以想見也夫

【名宦】滕王元嬰 爲刺史詳見前閬苑註

韋諷 杜甫東津送——閬州錄事詩聞說江山好憐君吏隱兼寵行舟遠泛怯別酒頻添推薦非承乏操持必去嫌他時如按縣不得慢陶潛

皇朝文彥博 公孩孺之年侍先令公監征閬州紫極宮道士何守真謂公實南極之靈降而爲国申甫公遂自號南極真子

唐庚 字子西眉州人爲閬中令以清獻若庭下風生有惜海賦

朱壽昌 嘉祐中爲守

郭奕 中興遺史紹興元年三月張浚自陝西回過漫天坡奕爲詩曰大漫天是小漫

天小漫天是大漫天只因大小漫天後遂使生靈入四川後奕罷官司幹官與通判不赴往普州賣餅爲生晏如也

【人物】范目 王伯夫序云佐高祖起漢中

譙隆 字伯同閬州人漢景帝時爲上林令任成皐令

洛下閎 字長公閬中人隱於洛亭武帝徵造太初曆

鮮于仲通 唐書志與鮮于叔明相繼爲京兆

皇朝鮮于侁 仲通之後登景祐第爲本路轉運判官方行新法諸路騷動公獨平心處之泰使九年東坡蘇公以爲上不害法中不傷民下不廢親爲三難云司馬溫公當国除爲京東轉運曰子駿福星也

陳堯叟 文忠公堯佐文惠公堯咨康肅公皆新井人堯叟堯咨皆狀元及第而堯佐登第輔人皆謂陳氏三公先是三陳未第時訪華山陳摶謂之曰三子皆將相才仲子伯季不逮也父省華致仕閑居

傳孟則三子衣金紫侍立曰寒可無衣飢可無食至於書不可一日失

蒲宗孟 新井人爲尚書左丞家多書捌樓曰清風以藏之嘗作訓戒諸子弟

馬涓 南部人父從政未有子買妾見髮間繫白而紅其上問之乃曰父母死不克葬自鬻以葬從政嗟嘆即歸妾不理所負後夢一老翁來謝曰我妾父也閬之上衣冠矣願君家富貴涓涓不絕及得子名涓元祐六年廷對第一後入黨籍

張唐英 爲御史嘗撰蜀檮杌及撰昭陵名臣傳

〔題詠〕

閬州城東靈山白 杜甫作閬山歌云云閬州城北玉臺碧松浮欲盡不盡頭江動將傾未傾石那知根無爪神會已竟

閬州城南天下稀 杜甫作閬水歌嘉陵江色何所似石黛碧玉相因依正憐日破浪花出更復春從沙際歸巴童蕩槳欹側過水雞銜魚來去飛閬州勝事可斷腸云云

溪行盡日無村塢 杜甫發閬中詩前有毒蛇後猛虎云云江風蕭蕭雲拂地山木慘慘天欲雨女病妻憂歸意速秋花錦石誰復數到家三月一得書避地何時免愁苦

花落空山入閬川 鄭谷游蜀詩云云橫遂巢燕秦

語音漸正近咸秦 陸務觀閬中詩遨樂甸云云無時冠巴蜀云云

〔□〕

送客蒼溪縣 杜甫詩云云山寒雨不開直愁騎馬滑故作泛舟廻青惜峯巒過黃知橘柚來江流大自在坐穩與悠哉

〔四六〕

出綍禁庭——雖劍外之遐陬——若非蓬島之仙居

分符閬苑——有閬中之佳郡——安得錦屏之勝槩

五城十二樓是謂閬中之勝——山圍海上之閬風鳳推閬苑

四蜀六十郡此爲天下之稀——水寫人間之巴字益壯巴風

觀曾公碑尚想清忠之節——持絳節而遊玉臺實非凡俗

讀山谷記當爲整暇之圖——結茅齋而傍青壁正託帡幪

新編方輿勝覽卷之六十七

新編方輿勝覽卷之六十八　建安　祝　穆　和父編

蓬州

蓬池　儀隴　營山　良山　伏虞

建置沿革　禹貢梁州之域，東井輿鬼之分野。古巴國之地，秦爲巴郡。漢即巴郡之宕渠縣地。東漢置巴西郡，晉因之。後李特據蜀，不置郡縣。宋爲歸化郡，齊因之。梁立伏虞郡。後周武帝立蓬州。隋廢，以其地入清化、宕渠、巴西三郡。唐初復置蓬州，改爲咸安郡，又改爲蓬山郡，復爲蓬州。皇朝分川陝爲四路，蓬州隸利州東路。今領縣五，治蓬池。

事要

郡名　咸安

風俗　其民純朴咸安志云云好義弗爭華後　少商多儒同上｜｜爲｜｜爲｜家詩戶書文物甚盛　務農力作同上云云田里娶嫁　婚禮必親迎同上｜｜雖賤｜｜尤爲近古

形勝　巴國之墟同上云云梁州之分　環蓬皆山圖經云云而北山爲之主　西蓬高峙同上溪山奇秀云云屹然雲霄多神仙隱士　山多蘭菊同上山多崇蘭黃花每春秋開時清香滿山谷間勳外側州罕有也

山川　大蓬山在城東南七十里，狀若海中蓬萊，因以爲名，州名亦以此。按列仙傳，葛由乘木羊上綏山，隨者皆得仙。綏山即｜｜之始號也。小蓬山名｜｜秀立與大蓬對峙，相去二里。北山在蓬池縣西北，郡之主山。衮山在城西四十五里，隸營山縣。有鳳凰院山之頂有鳳凰臺，傳以爲鳳曾棲其上。有龍馬槽，石壁隱隱如龍鱗之狀。○郡守吳幾復詩：蒼石皺紋龍跡在，清泉涵泳海源通。儀隴山在本縣西三十里，山頂右刻儀隴字。伏虞山在本縣東南六十五里，甚險要，孫被征即入此山中。透明巖亦名捿真巖，在大蓬山前，俯瞰縣郭，天氣清明，坐達諸山，隱隱可數。東巖在儀隴山，俯瞰大蓬，前眺歌陽、安固諸山，歷歷可數，爲一郡登眺之勝。西巖在報恩寺西南隅，巖竅奇秀，前有閣曰松風，爲一郡勝槩。嘉陵江在城西六十里，屬營山縣。青溪水在營山縣西南五十里。平溪水在儀隴縣東北十里。鰲水去儀隴縣三十里，水湧突出一石如鰲，故名。

方六十八　三

堂館　蓬萊堂在郡治。蓬山館記云：蓬之爲郡，以蓬山得名，故自昔傳與神仙相接，其地靈人傑，足以發紆千古江山之勝。

名宦　顏真卿本傳：上元元年，李輔國迁明皇於西內，真卿率百僚上表請問起居，輔國惡之，貶蓬州長史。○郡志：真卿在蓬四年，往來新政縣鮮于氏家，爲書離堆記，今在崖石間；又書鮮于仲通里門記，復以小字書之；又大書磨崖碑數丈，今在崖石間。其書勝尤爲真妙。皇朝王旦端拱間爲守。

人物　何造自成都徙蓬，其後子絳、孫修、輔、曾孫恪，非但第進士。

題詠　去天一尺古蓬州唐子西贈杜守詩云云。除守年來得勝流。使旌巡稼欲觀農郡守吳幾復往鳳凰院觀稼詩云云。霹靂雷霄火曬東

【四六】輟班擲陛　連巴引梓　環郡皆山是謂神仙之境
作牧蓬山　蔽伽抃羨　分封而守宜煩岳牧之才
名應毛起鎮宜有蓬島之仙居　顔長史離堆之書尚存崖石
小隊出郊聊訪蓬山之勝槩　元微之蓬萊之守有似州名

巴州　化城　難江　恩陽　曾口　通江

【建置沿革】禹貢梁州之域觜觜分野古巴國之地秦漢屬巴郡宕渠縣後漢分宕渠北界置漢昌縣今州理是也劉先主分蜀巴西郡晉因之至李特擅蜀此地遂爲獠所有宋武帝置歸化水北二郡歸化即今州理是也齊因之魏於漢昌縣理置大谷郡又於郡北置巴州隋改爲清化郡唐改爲巴州又爲清化郡復爲巴州　皇朝平蜀此地歸版圖今領縣五治化城

【事要】

【郡名】清化　字江　三巴　中巴　按華陽國志載漢末劉璋爲益州牧以墊江以上爲巴郡江州至臨江爲永寧郡朐䏰至固陵巴道分矣此居其中爲ーー

【風俗】地僻民淳　張悉修州學記　地大俗阜　州辛振文堂記　安於簡儉　清化志風俗云云　樂於歌舞　同上以歌舞遨遊爲樂

【形勝】名因古巴國　寰宇記因古巴國以名○山海經昔太皞生咸鳥咸鳥生乘釐乘釐生后照是爲巴人郭璞注云巴之始祖　併壁集二州　振文堂記推茲巴土尚書云梁徽蓋今巴蜀之地実公云云之地今難江縣則故集州通江縣即故壁州也　包錯萬山　洪邁冊楊書院記云今之巴非昔之巴也然云云一水環縈　水成巴字　輿地廣記巴峽實曰字江因川形而成州名ーー蟠曲ーーー或云江分三流中有小流横貫成巴字故以爲名　控扼南鄭　紹興張忠獻奏疏巴州云云要路乃命知州兼管內安撫　犄角利閬　王子明作高士瑰壽隊記巴控扼梁洋吾蜀孔道形勢絶劍關之險飛碯踰棧道之危云云連衡綿劍遮蔽東西川最爲襟喉要地○李右與太守鄭郊書三巴吾蜀要地

【土產】桃笙　柳宗元詩云ーー葵扇安可當子瞻云偶閱方言笙宋魏謂之笙乃悟ーー以桃竹爲簟桃竹出巴渝間杜子美有桃竹杖引又見潼川府　竹根酒注　段氏蜀記巴州以竹根爲酒注爲時所珍　米膏餅　廣雅云荊巴間採茶作餅既成以米膏出之欲煮餅先炙令色赤擣末置瓷器中以湯澆覆之用葱薑芼之

【山川】化城山　在城南相去三里　崑山　在城東四十里出璞石　玉山　在化城南六十里多王石然深險不可取　王望山　在江之北岸自郡城絶江而登山高二里許岩徑極險占一郡之勝相傳云王真人得道此山真人名裳故名王裳山舊志云唐元宗控白驢至此山望見京闕曰此去京師不遠故名ーー　米倉山　繫年録紹興三年云巴之北境即ーーーー下視興元出兵之孔道　孤雲山　與兩角山相連在難江縣北九十里又見興元府○王子韶詩孤雲兩角去天一握有石刻云漢相国邀韓信至此大唐集州刺史楊師謀記　登科山　在恩陽縣東北一里鄉人謝周卿謝耕王紹謝震讀書于此　壁山　在通江縣西下枕諾水与縣治相對　歌籟山　在通江縣東上有石鼓擊之声聞數

里連磐方山在通江北十五里突十二峯在難江縣
則雨出衆山其狀如斗四十里馬
盤礴嶮巇聳秀大小一一一最爲奇觀有客去曾口
題詩曰插立翠屏峯十二爲君喚作小巫山雲峯縣十里
衆山特大巴嶺在城此山之南一
出一峯北小巴嶺即古巴國巴江名
字江見凡水在儀奇章縣水清化縣界東明水
前註屈曲如凡字清水流入化成縣
在難江縣北五十餘里水間出虎井在州學前井
硯屏林木山川之形隱於石間〔井泉〕有聲如雷則
其年必有〔樓亭〕擊甌樓唐張祎詩駢連元帥遺風在
人登科擊甌高人逸興酬水轉巴文
清瀏急山漣流觴亭在西龕寺唐乾元間嚴鄭公武所
㟁岫翠光涵創其水屈曲可以流觴楊士諤有

方六八　五

詩〔館驛〕氷清驛姚序遊詩見説巴南一〔名宦〕王
小州孤城寂寞守江頭
潛爲巴郡太守兵士苦役生男多不育潛乃𡟡其科條寬
其徭課所全活者數千人及後伐吳所活者皆堪爲兵
其父母戒之曰王府君活汝汝蘇味道降集州嚴武
以死之見東坡與朱鄂州書刺史
至德初坐房琯爲巴州刺史人詠之曰日出而耕日
事貶巴州刺史薛逢入而歸吏不到門夜不掩扉有孩有
童頑以名並何以楊士諤出古甫之門後貶巴州刺史
字之諱孫薛兒有流杯十四詠士諤能詩有
直〔人物〕洛下閎巴郡人武帝太初元年詔壽遂司馬
聲選等議造漢曆方士唐都一一一與
爲甘寧壯吳爲大將通江人今張飛有像在刺
有甘谷即其所居也史大廳東皇朝

李森昔口人登第爲中執法東演居思成溪早與范習
嘗勸王龢出知復州公同往太學范貴忠
方釋褐范贈以詩云相逢三十年前話記得途
中並馬銜顧我偕從成白首喜君新命得青衫
〔題詠〕何
路出巴山杜甫寄嚴大夫詩地僻炎瘴昏杜甫
不眠持漢節云云寄巴
州嚴史君詩云看看妙爲政杜甫送鮮于萬州遷巴
云山擁隘石泉川詩云云他日有殊恩
巴水急如箭唐李白巴女詞云云巴舡去若南國
飛十月三千里郎行幾歲歸
浮雲水上多杜甫寄馬巴州詩云扁東巴集壁
舟繫岸河邊久云云
西梁洋杜甫云云問誰臥向巴山落月時嚴
腰鏤胡與羌武

方六八　六

答杜甫詩云云兩鄉千里勢相思江
頭赤葉楓愁落籬外黃花菊對誰巴童聲節渝兒
舞韓翊送楊巴州詩白雲縣北千山口青歲欲開殘雪後
前驅錦帶魚皮鞍側佩金璋虎頭綬南鄭侯家醉落輝
東關陌上著鞭歸愁看野馬隨官騎笑取春人帶客旗使
君下車憂疾苦豪吏銷聲出公府萬里歌鍾相慶時云云
出綸詞掖　維三巴之舊域　後連延於秦隴
〔四六〕來牧字江　控全蜀之左隅　前迤邐於荊吳
耀東壁之圖書光于列宿　三刀夢應乃當水流成字之邦
控西陵之門户專在三巴　五袴高興已偏民俗喜歌之境

金州　西城　漢陰　洵陽
石泉　平利　上津
〔建置沿革〕禹貢梁州之域秦楚之交東井輿鬼兼翼軫之
分野虞舜居之謂之嬀墟戰國周爲庸國之地

春秋戰国皆屬楚秦惠文王置漢中郡今州即漢中郡之西城縣也西漢屬漢中郡東漢末置西城郡魏文帝改西城爲魏興郡晉因之安康西城以縣隸焉宋入魏興之安康縣置安康郡齊因之梁爲東梁州西魏以其地出金改爲金州置金城郡仍領魏興郡隋改爲西城郡唐復爲金州改安康郡又改漢南郡復爲金州置昭信軍防禦改戎昭軍五代前蜀王建改雄武軍石晉置懷德軍　皇朝平蜀改昭化軍節度舊隸京西　中興以來改隸利路或帶金房開達四郡安撫或兼管内安撫今領縣六治西城

事要

郡名　金城　昭化　安康

風俗　深有楚風　寰宇記漢高祖發巴蜀伐三秦迁巴中渠帥七姓居商洛其俗多獵山伐木云云　詞訟絶少　陳彭年奏劄本州諸縣率皆人户蕭疎路岐荒僻云云租賦甚微　俗重寒食　郡志每歲是日傾家上冢相饋相飲其俗大類漢中遊人相逢先淺慢數拜後急深六七拜如是者三次乃止則又類洋州是即皇祐閒洋守王冲詩所謂鳴佩相逢拜不休是也

形勝　東接襄沔　安康郡志云云南通巴達西連梁洋北控商虢　北阻方山　元和志云南臨漢水　秦頭楚尾　圖經自渡江以後州東輻湊商賈接踵遂爲云云一大都會　金多平曠　同上自漢中而東則謂金多山嶺由均房而西則謂云云

山川　西城山　在州北五里　魏山　在城西南九里其山東西南三面險絶不通昔晉吉挹爲梁州督護苻堅使韋鍾伐之挹於忿口岐山爲壘固守鍾三年不能下即此山也　牛山　在城北五里爲金州羣山之冠上有泉禱雨輒應　鳳凰山　去漢陰縣百五十里山有十二層縣棟万仞　天柱山　在上津縣懸崖壁立有洞　饒風嶺　乃洋州來路極險要紹興二年撒離喝與四太子入寇發車声言東歸太原反自於商出漢陰侍梁洋金州失守吳玠率兵從越金洋與賊大戰丨丨丨上賊敗衂撒離喝潛軍間道踰蟬漢嶺出官軍斷公歸路公按兵從趙西縣扼其吭賊便旋中梁山淡月一夕潛遁　鶻嶺　在上津縣防遏商州來路地極險要　安康石　圖經歲飢則見歲豐則沒於沙磧之下　漢水　元和志去城百步書云嶓冢導漾東流爲漢歷洋州縈紆數千百里而後至金之境

井泉　金泉井　在子城東取金生水之義

亭榭　忘歸亭　陳師道亭記云廢丘故宮頹城敗塚遶于四境狐鳴鳥声日夜閒作　翠光亭　楊徽之詩云釣舟浮淺瀨閩舍倚重林雲我千峯出花藏一徑深

古跡　伎陵城　晏類要在洵陽縣庾雍漢水記即太蘭寨蜀軍救梁達之所　牛山黃獸　王明清揮麈録黃巢凌切州縣唐中和三年有太白山人謁金州刺史崔堯封云請奏掘破牛山則賊自敗堯封遂發義丁万人掘之有一石桶〻中有黃腰獸其上有一劍獸見劍自撲而死黃巢至秋果衰是歲中原克平

名宦　吉挹　通鑑晉太元四年秦兵拔魏興太守丨丨不食而死詔贈益州刺史　姚合　爲守　姜公輔　爲金州刺史置石泉縣　李翱　爲郡刺史　皇朝陳彭年　爲守　曾有開　爲守

人物　漢陰丈人　莊子

云子過漢陰過一丈人方爲圃畦鑿隧而入抱甕而出子貢曰有機於此日浸百畦挈水若抽名曰桔槔丈人曰有機心吾不爲也 **錫光** 漢西城縣人爲交阯太守王莽篡位據郡不附世祖嘉其忠遂拜爲大將軍

（題詠）**帆入漢陰山** 方干金州客舍詩管聚苔春前滌未捲關江流嶠寒雨云云落葉歇眠後孤砧倚樓聞此情偏耐鄉夢難遮酒醒閑 **山程踐白雲** 賈島贈李金州詩云綿里同前後云云 **山鉄通巴峽** 馬戴寄金州姚使君老懷清淨化乞去守洵陽郡井人運嘯空山虎自藏迸泉疎石竇殘雨發春青云云江流帶巷擂勸農出野思繡鞍結雲衣濯荷拟移影聽琴月寶光鳥鳴歸郡印傳去置禪床肯罷金休鑾壺寒斑更長退公披鶴氅高步隔雞行相見朱門內麿幢掛署霜 **刺郡輟仙曹** 李洞送李郎中赴金州詩雲明溱嶺高云云臣接窺猿頂公庭掃鶴毛 **簿書嵐氣裏** 姚合金州書事詩云云鼓角水声中井邑神州接帆檣海路通 **倚庭看鶴多** 項斯贈金州姚合郎中詩爲郎名更重領郡是蹉跎官壁題詩盡云云城 **樹勢** 迤連巒壁離落帶欲披禾黃旗騰貴閑行躑躅多 **連巴没** 方干送姚合員外赴金州受詔從華省開旗發帝州野煙新驛路殘照古山秋云云江声入楚流唯聽化行後 **數里時逢一兩花** 方干路入金州絕句棹尋瓯岸吟句上閑援紫洞去云云知非代來貴金劍江邊牧皆亦被沙

（四六）被命天涂　地分南楚　岡連子午　城連於漢水　出臨金管　邑號西城　路接褒斜　境接於秦川

寄重一麾兼牙課番宣之最　刺郡輟仙曹又領粉闈之儀　名同五管有隆彈壓之權　題詩盡官壁當知鈴閣之清　趁尾秦頭是亦舟車之會　數路風寒方重溪壘熊之寄　召父杜母已傳袴襦之謠　列營新輔難希倚庭看鶴之娛

洋州

真符　興道　西鄉

（建置沿革）禹貢梁州之域益州分野參實臨之周隸雍州春秋戰國爲楚地秦置漢中郡城固縣地漢隸益州部蜀分城固縣立南鄉縣晉改爲西鄉縣魏廢縣仍於豐寧戍置豐寧縣廢帝於此置洋州又立洋州領城二郡隋置洋川郡屬漢中郡唐復於西鄉立洋州改洋州郡自西鄉縣移理興道即今州理是也復爲洋州又置武定軍節度孟蜀避孟知祥諱改名源州　皇朝平蜀地歸版圖復爲洋州隸利州東路改武康軍節度領縣三治興道

方六十八　十

（事要）（郡名）**武康　洋川**

（風俗）**好氣勇鬪** 郡志云云如燕趙 **信鬼不信醫** 同上云云如荊楚 **健訟少文藝** 郡志云云 **孟春解繳** 孟春四日居人遊江上遇藤葛纏繳草木者解之取解殃纏谷之意因而有丨丨謂之丨丨 **繫石宜蠶** 孟春中澣遊人集於江上求石穿者以絲繫歸謂之宜蠶 **祝佛送耗** 孟春中澣後一日州人將五穀贊於寺觀中因而丨丨以祓禳虛耗謂之丨丨 **午節踏石** 五月五日太守率僚屬觀競渡謂之踏石 **臘日揭蒲** 冬月成蒲萬籌鶂公濆上寒魚皆依之丨丨太守率僚屬泛舟張樂揭取之游人縱觀謂之丨丨

（形勝）**東連襄**

漢洋川志序云云西接秦鳳南蔽巴蜀同上云云北直長安境臨秦雍呂彥玗褒昌壇云云地接金商上通荊楚文同乞修城狀云云旁出雍奇貨易畢至之地衣被秦蜀有足仰者楚之北境蔡交修李記云云居華山陽郡志云云要地有三曰褒谷曰駱谷曰子午谷而駱谷子午谷在洋國家於駱谷口置石佛堡子午谷置陽豬寨西城路置渭門寨分水寨皆備禦之要也置關有八白敝關水礁關褊木閣翦豬關三饋關重陽關華陽關以上並繫於青風寨

【山川】興勢山蜀先主遣諸葛亮出駱谷戍丨丨丨指掌圖以為在興元寰宇記云在興道縣北四十三里今郡城所治形如一盆外險而內有大谷為要道上數里方及四門因名太白山去真符縣四百五十里山面隸鳳翔府山背屬真符縣天寶中於山崖下得玉冊遂改為真符縣○韓愈南山詩西南雄太白突起莫間簉念佛巖在興道縣下有潭黃金谷在興道縣海錄碎事楊難當令魏興太守薛健據金戍姜宗據鐵戍即此谷也○郡縣志黃金水出縣西百畝山丨丨丨南流經縣西去其谷水陸艱險魏遣曹爽由駱谷伐蜀蜀將王平拒之於興勢張旗至黃金谷子午谷在州東百六十里又見興元郡縣志舊子午道在金州安康縣界梁將軍王神念以緣山避水橋梁百數多有毀壞乃別開乾路更名子午道即此路是也魏魏延請直從褒中出循秦嶺而東當子午而北不十日可至長安又張郃由子午攻漢中晉桓溫命梁州刺史司馬勳出子午道州東二十里曰龍亭此出入子午谷之路至谷六百六十里○洋川志概紀嚮生蘇文詔驛自涪陵由達州取西鄉入子午谷至長安纔三日香色俱未變杜甫詩百馬死山谷至今耆舊悲駱谷在真符縣又見興元府回八十里凡八十四盤蜀姜維出丨丨魏曹爽自丨丨入漢中魏鍾會由斜谷丨丨伐蜀晉司馬勳出駱谷並古之出入駱谷者也赤坂在州東二十里龍亭山也蜀建興八年魏司馬懿伐蜀丞相亮侍之於城固丨丨清涼川寰宇記在西鄉縣北唐德宗幸梁洋中書舍人齊映從駕至此見旌旗蔽野上心駭謂此之兵追蹤至此見梁帥嚴震具軍容拜馬前上喜令震登馬與朕作主人映叱震從與之導道馬頭之上次洋州行宮召映責以儒生不達機權映曰山南士庶只知有嚴震不知有陛下今令蜀士民知天子之尊上於是嘆美久之洋水出嶓洋川縣巴嶺郡因此水得名漢水在興勢縣南入金州界駱水在興勢縣西丨丨里壻水在興道縣因神仙唐公昉尽室昇天其壻不得偕升遂以名水又鎮小龍溪在興道縣東北三十餘里大石上有赤書字曰漫溪張魯女因臥石上便有孕後生二龍即此也鵝公潭去興道縣十三里漢江之南有石鵝一對

【堂宇】龔美堂在州宅韓忠憲公億與子縝嘗守是邦郡人以其父參大政子居帥席故名書軒在州宅顯顯詩綠竹覆清渠心日日疏使君遺癖在依舊讀文書

【樓閣】望雲樓在郡圃○文與可詩巴山樓之東秦嶺樓之北樓上捲簾時滿樓雲一色秦雲閣在興道縣治北望秦山雲物變態皆見几案間物也天漢臺文與可詩漢水東流見舊經銀河左界上通雲此臺試向天文覓閣道中間第幾星

【亭榭】披錦亭鄭子瞻詩

煙紅露綠曉風香燕舞鶯啼春日長 擁翠亭 在倅廳北
誰道使君貧且老繡屏錦帳咽笙簧 望叢嶺山亦
一奇 二樂榭 在郡圃北望秦嶺一月數萬里。劉 郡
觀 光祖詩同登——擬續四賢詩
圃 文同詩湖上雙禽之泛橋邊細柳垂垂日永庭中無事
使君來此吟詩。鮮于子駿詩朝陽動湖水春色入名
園邑人千萬戶 篔簹谷 守文與可作。蘇子瞻記子詩
日日望朱轓 云漢川脩竹賤如蓬斤斧何曾
赦籜龍料得清貧饞太守渭濱千畝在胸中是日與 館驛
可同妻游谷中燒筍晚食發函得詩失笑噴飯滿按
望雲驛 元稹——詩云駱駝山下斧刃堆望秦嶺下
堆頭石五六百里真符縣四十八盤青山驛
寺院 醴泉院 在興道院又名開化院和凝遊——
詩萬山嵐靄覆洋城數處禪齋盡有名
古柏八株雄翠色 名宦 班超 後漢人封為定遠侯有故
靈泉一派逗寒聲 城在今漢中西鄉縣南

洋六十八 十三

蔡倫 桂陽人後漢元初二年鄧太后封為龍亭侯龍亭即
今之洋州興道縣東龍亭之人至今造紙甚特盛
鄭昳 見前清 于興宗 嘗為洋州節 和凝 天成中以
涼川注 度有政績 檢校工負
來為掌 皇朝韓億 東軒筆錄祥符二年韓忠憲公知洋
書記 州日有李申以財豪於鄉里誣其兄
子以為他姓公繁其冤一日盡召其黨立 韓縝 忠憲之子
庭下出乳醫示之皆伏罪子母復如初 嘉祐五年
為守後 韓琦 皇祐間拜武 文同 熙寧為守開元院有古
相泰陵 康軍節度使 柏八株根節磊砢公有
留題筆 人物 李固 城固縣人有遂住南鄭 張猛 漢元
勢飛動 今之洋即古之城固 帝時

騫之 皇朝雍退翁 洋川人見輿 題詠 清涼是
孫也 元人物註
德鄰 劉禹錫和令狐相公寄洋州崔侍御詩云金 武定
牛蜀路遠玉樹帝城春來往皆回首云云
新雄關 蔡交詩云云豊盈舊與墟地兼秦蜀美川會漢
洋舒乾酒香村落不入潤之米乾酪生金富里閭陸會
梁笋石江遨揭聚魚繖
胖藤解折耗用穀驅除 知在青山綠水邊 和凝詩
云華夷
會上見洋川云云官閑最好 駱谷轉山圍境內 韓
遊僧舍江近癡須買釣舡 宗
魏詩云云漢江奔浪遶城迻又南浦揭蒲當鳥測西溪路石
正胭姸又楊柳影中沽酒市芰河香裏釣魚舡娥媌廟字青
羌沒和相詩牌綠薜公三縣俗
淳宜靜理兩衙公退稱閑眠

四六 虎符地重 惟洋雖曰小州 況武康之為鎮
駱谷山高 在蜀最為美地 據全蜀之上游

洋六十八 十四

自從南渡以來 封疆密接於長安 盛時常均逸於公卿
分號西陲之極 風物不同於他郡 佳境亦寄情於名勝
桐木韓家之父子龍美叢符 和相曾臨於蓮幕六字題詩
眉山蘇氏之弟兄留題亭榭 文侯亦剖於竹符數篇紀詠
弓刀萬騎謁壯士之雲屯
鐘鼓三更帶江城之月色

大安軍 三泉

建置沿革 禹貢梁州之域星土分野與興元同春秋戰國
為蜀地秦屬蜀郡二漢屬廣漢郡為葭萌地蜀
改為漢壽郡屬梓潼郡晉末屬晉壽郡唐初析綿谷置三
泉縣於縣置南安州尋廢州以縣屬利州改屬梁州又改

縣於閬城倉陌沙水西即今縣理唐末岐蜀交兵始戍三泉後唐伐蜀戰于三泉　皇朝平蜀先下三泉建為大安軍未幾廢為縣　中興以來諸將屯三泉以護蜀口後以縣令權輕奏復為軍今領縣一治三泉

事要

【郡名】龍門

【風俗】純朴好勇 郡志其民云云　務農習獵 同上云云

【形勝】東北通秦隴 圖經云云　西南控川蜀 同上云云　介居二大國間 同上曰云云冠蓋往來之衝　棧道連空 同上云云極天下之至險與利州至三泉縣橋閣共一萬九千三百十八間護險偏欄共四萬七千一百三十四間　州宅如在山林 相業堂記云云

【山川】龍門山 去軍城五里官道之傍懸壁環合上透碧虛中敞大洞下散清泉宛然天造水簾懸夏永柱凝冬真異境也文路公詩壺中別有境天下更無奇宋景文趙清獻王素韓絳田況呂公弼呂大防諸公皆有留題行三里又有後洞蘇元老龍洞記自利至因行五百里幾半蜀道而巖洞之可喜者莫如龍洞重巒疊嶂窒源不可窮○唐沈槩卿詩長簷亘五里宛轉復嵌空伏湍照潛石瀑水生輪風　潭毒山 繫年錄紹興三年撒離喝入興元府劉子羽退屯三泉縣以一一形勢斗拔其上寬平有水乃築壁壘於是軍勢復振　玉簪山 江山井邑尽在目前為一郡登覽之要　龜山 去軍五里往江之北有淨法院　魚山 在江之南　滴水巖 在軍之西七十里兩山峭拔其中一峯有飛瀑千丈下至山根　白崖 在軍東北八十里平山有洞　百牢關 在縣西漢於此置關　萬勝平 在軍東北平川五里　嘉陵江 晏類要西半里其源出大巖至魚關始通舟楫　韓溪 源出崑崙山里人以蕭何追韓信至此得名考之唐碑當以巴州為是　漾水 在縣南有關

【井泉】三泉 一一記云在今軍東門外瀨江蒼石上森然為泉者三如小車輪如古盤盂品列鼎峙不越步武幽竇之瀦涓涓而注汲而負者甫就瑢有而泉之水實又滿

【館驛】金牛驛 在大安縣東六十里見通典○胡曾一一詩云山嶺千重擁蜀門成都別是一乾坤五丁不鑿一一道秦惠何由得併吞

【名宦】未詳

【人物】未詳

【題詠】透石飛梁下 蘇頲經三泉路詩云三月松作花春行日漸賒竹郭山鳥路藤蔓野人家云云尋雲絕磴斜　柳花漠漠嘉陵岸 陸務觀大安酒病詩云云別是天涯一段愁

【四六】疏綸蕃被　作鎮龍門　近控益夔　旁聯秦隴　特一小縣之地　介二大邦之間　蜀門要地欲增重於事權　棧道連空當謹防於關隘　斗邑遐陬已課推良之最　水簾勝槩不妨小隊之遊

新編方輿勝覽卷之六十八

新編方輿勝覽卷之六十九　建安祝穆和父編

○利州西路

沔州　略陽　長舉

建置沿革　禹貢梁州之域秦分東井輿鬼之分野戰國時爲白馬氐之東境秦屬蜀郡漢分白馬氐置武都郡今州即武都郡之沮縣也蜀置梁州治漢中之沔陽西晉末氐人楊茂搜自號氐王據武都後分王武興即今之州理是也宋立東益州梁立武興蕃王國西魏改東益爲興州因武興郡爲名隋爲順政郡唐復置興州　皇朝因之　中興以來爲利西路帥司治所開禧逆曦之變改爲沔州今統郡八領縣二治略陽

本路安撫置司

事要　**郡名**　**武興**　元和志州城即古一一城也蜀以興當衝要置武興督以守之城雖在平地甚牢實周回五百許步唯開西北一門外有壘三面周匝　**風俗**　**人性質直**　隋志順政郡人尤功**務農習獵**　同上皆一一於一一　**連雜氐**　事土一一射一一悍性多質直　**羌**　同上云云　**形勝**　**崖谷險峻**　柳宗元興州江運記興州之西爲戎居歲備亭障實以精卒以道之險隘兵困于食守用不固御史嚴公牧于梁也之曰自長舉北至於青泥山又西抵于成州過栗亭川逾寶井堡云云十里百折負重而上若蹈利刃若是者綿三百里而餘自長舉而西可以導江而下二百里而至乃即山獄功轉巨石仆大木焚以炎火沃以食醯摧其堅剛化爲灰燼畚鍤之下易甚朽壤隨山之曲直以休人力順地之高下以殺湍悍於是決去壅土疏導江濤雷騰雲奔百里一瞬既會既遠淡爲安流烝徒謳歌枕臥而至戍人無虞專力待寇惟我公之功疇可侔也是用假辭謁工勒而存之用永憲於後祀云　**十里百折**　見上　**人居山上**　隋志山高水峻云云種殖甚微唯以射獵爲業礼樂之道未聞

山川　**龍山**　在州西五里山形夭矯如龍下有水泉　**鳳凰山**　一名巾子山去州一里如鳳之翔　**武興山**　在州西一里古興州城於此　**烽燧山**　在州東一里爲蜀時多舉一一於此　**大景山**　在州南七十里与小景山相連本作丙以避諱改相傳北有丙穴產嘉魚　**飛仙嶺**　在州東三十里相傳徐佐卿化鶴踨泊之地故名飛仙上有閣道百餘間即入蜀路○杜甫一一一詩見隆慶府　**青泥嶺**　在長舉縣西北五十里懸崖萬仞上多雲雨行者多逢泥淖　**藥水巖**　去州七里有院院南有二石洞洞門有泉能療疾○鮮于侁詩千峯環郡宇二石繞城堞每憐山水佳况復閻崖冗　**殺金平**　在長舉縣紹興四年金人遣四太子進攻鐵山於仙人關高嶺立大柵下瞰吳玠營關傍有一一一玠堅壘於平土岩兵以備衝丑攻玠營會玠弟璘由七方關入援兵禦之虜遂退　**沔水**　圖經亦名沮水源出鳳州界按沔州在嘉陵江之側漢中在一一之濱沔州之江則非沔水州以此名更當詳考　**東池**　在城東三里○唐鄭谷詩南連郡郭流瀾碧浸晴樓倒底千峯影無風一片秋○宋餘慶與賈島一一遊著詩四面無炎氣環流闊復深蝶飛逢草住魚戲見人沉

○司馬君實寄題兆都官東沼詩名郎遊勝地公跡繼風騷昔爲題詩著今因好事修四山相映照五馬屢淹留想見波光淨依然一片秋○蘇子瞻寄兆都官東沼詩百畝新池傍郭斜居人行樂路人誇自然官長如靈運能使江山似永嘉

【古跡】郙閣 在靈巖寺閣上有漢銘○文與可詩南征曾讀浯溪頌西遊今覩郙閣銘

【詩】

青陽驛 在順政縣東五十里○石才孺詩幸蜀蒼皇爲祿兒聞鈴夜雨有餘悲青陽一夕難高寢黼幄千官減盛儀○錦繃兒戲情方昵繡襪那知禍已成自古覆車猶一轍哲王寧不玷聰明

【名官】嚴震 唐人爲沔州團練使爲政清嚴理行第一　嚴礪 權載之集嘗爲興州刺史郡志云元和中爲節度自長舉縣而西流嘉陵江三百里通漕以饋成州　皇朝薛奎 嘗知興州向敏中薦其才擢監察御史　邵伯溫 建炎元年逆賊史斌據興州守臣向子寵望風遁去賊自武興謀入蜀鈐轄盧法原提刑邵伯溫遣兵扼劍門以拒之斌乃去蜀賴以安

【詩】武興山水郡 文與可靈岩寺詩云云左右有佳處仙巖兩蟬殼佛宇一玉樹　人已作秦音 郡守楊粹中題青泥驛詩山猶連蜀道云云　坐聽嘉陵江水聲 唐鄭谷興州江館詩向蜀還秦計未成寒蛩一夜透床鳴愁眠不穩孤燈盡云云　山遶興州萬疊青 蘇子由東池詩云云池開近郭百泉井　江上宅尋兵御史 邵博詩云云池邊詩覓鄭都官

【四六】輟班文石分閫武興　千峯環列二水交流　控梁益之間雜氏羌之俗

匪西閭之帥權有降彈壓　開藩飛仙嶺之旁實爲重鎮集東池之賓從不廢吟哦　護塞殺金牛之畔當繼前功

天水軍 天水

【州沿革】禹貢雍州之域東井秦之分野周以前爲西戎地至周孝王時其地始有秦邑即天水隴西縣秦亭是也至武公伐邽冀戎滅初縣之即邽戎邑也冀郡屬天水郡今軍爲上邽治境即秦之舊縣也始皇時屬隴西郡漢武帝分置天水郡治平襄取天水湖以爲名王莽改曰鎮戎郡東漢改天水郡爲漢陽郡治冀魏立秦州晉復曰天水郡治上邽復爲秦州後魏秦州有兩天水郡隋廢唐平薛舉改置秦州初治上邽以地震移治成紀之敬親川改天水郡還治上邽復爲秦州又置天水縣屬秦州徙治成紀而上邽廢唐末復置石晉時徙治赤沙川即今之軍治也　皇朝中興虜陷秦州公畫南北界而天水縣屬于我始撥隸成州虜犯天水徙治米谷寨又徙治榆林又徙興州平又以秦州之太平社隴城之東阿社來屬及和議成復歸於天水自永平時議者欲升縣爲軍以尊表國姓會兵興乃寢及虜騎西來陝右百城盡陷惟天水獨存議者以爲當陞軍會四川宣撫使安丙奏乞將天水縣陞爲軍仍置天水縣今領縣一治天水

事要

【郡名】隴西　鎮戎

【風俗】人性質直 隋地理志其丨丨尤丨丨然尚儉約習仁義勤於稼穡多畜牧无復寇盜矣　以射獵爲生 漢地理志云云　以材力爲官 同上漢興郡家子選給羽林期門云云名將出焉

尚氣槩先勇力朱元晦詩解曰岐豐之地文王用之以興二南之化如彼其忠且厚也秦人用之未幾而一变其俗見於詩者大抵云云已悍然有招八州而朝同列之氣矣蓋雍州土厚水深其民端重質直不爲浮靡以善導之則易以興起以猛驅之則其強毅果敢之資亦足以強兵力農而成国家富強之業也

〔形勝〕

天水本隸秦史記秦本紀曰周孝王時非子好馬及善畜養孝王曰昔柏翳爲舜主牧畜多息故有土賜姓嬴今其後世亦爲朕息馬遂分土地爲附庸邑之秦使續嬴氏○同谷志云云在汧隴之西秦仲始以車馬禮樂華其戎狄之習

古爲六郡地隋地理志天水云云

迫近戎狄班固地理志天水云云

〔土產〕花石屛在艾蒿下鎮峽中有石青質黑理其紋有松栢人物

溪橋水石山林樓臺日月之狀可爲屛

〔山川〕兊山堯本紀申命和仲宅西土曰昧谷鄭康成注西者隴西之西今人謂之ㄧㄧ今天水縣古上邽西縣地也

嶓冢山通典嶓冢一在天水郡之上邽一在漢中之金牛○同谷志一在西縣大安之間一在天水即西漢水之所出也

米谷山去天水縣四十里去成州百餘里唐寶應間吐蕃陷天水邑人保聚於此山

麥積山在天水縣東百里狀如ㄧㄧ爲秦地林泉之冠上有姚秦所建寺杜甫秦州山寺詩麝香眠石竹鸚鵡啄金桃即此山之北曰鵰巢谷又有隗囂避暑宮對面瀑布瀉出於蒼崖之間亦勝景也又有魏乙弗后墓○李師中詩曰路入青松翠靄間斜陽倒影下溪灣此中猨鶴休相顧謝傳東歸自有山

黑谷山在天水北五十里大山喬木連跨数縣有黑谷関紹興初郡守程俊置以防秦鞏來路最要衝

太祖山在天水縣南九十里山岩聳秀下瞰数州歷ㄧㄧ可辨

鐵堂山在天水縣東五里有石筍高長者至丈餘小者可以爲硯杜甫詩見成州

醉仙崖在天水縣連鳳山○尊百能詩云高倚青冥插酒星山崖誰作醉仙形從來天地爲衾枕雁笑人間有獨醒

石榴關去天水縣九十五里

現子關去天水縣百里對壠州吳山路

東柯谷在大水縣杜甫詩傳道ㄧㄧ深藏数十家又瘦地翻宜粟陽坡好種瓜○紹興間栗亭令王知彰作祠堂記云工部棄官寓東柯姪佐之居

湫池堡天水縣七十里

靖安堡去天水縣三百里

皂郊堡在天水縣東北四十里去秦州綫三十里

地網自虜陷陝西天水長道並當邊面地勢平衍虜騎四

布縱橫無礙步兵不能捍禦隆興中四川宣撫吳璘乃創地ㄧ其制於平田間縱橫鑿爲渠每渠闊八尺深丈餘連綿不斷如布網然明年虜犯天水礙以ㄧㄧ始不得肆天水元管三百六十條後增爲五百五十四條四川制司利西帥司每歲農隙差民開淘近歲兩水湮塞已損於舊矣

木門去天水縣十里張郃追諸葛亮於ㄧㄧ中飛矢死即此也

天水發源栗亭縣

清水古ㄧㄧ縣杜詩所謂清渠一邑傳是也

〔寺觀〕華藏院在天水東溪山頗勝

瑞應院在麥積山後秦姚興鑿山而脩千崖万象轉崖爲閣乃秦川勝境又有隋時塔○杜甫詩乱石通人過懸崖置屋牢五代王仁裕詩躡尽懸崖万仞梯等閑身與白雲齊簷前下顧羣峯小掌上平分落日低

〔名宦〕姜謩上邽人高祖平薛仁果擢爲秦州刺史帝曰昔人稱衣錦故鄉今以

本州相勵襃嘗主邊撫以恩信盜賊寢息人喜曰不意復見太平官府

人物

趙充國 隴西上邽人

段會宗 上邽人為西域都護

姜維 天水人諸葛亮軍出祁山以維為倉曹掾遷征西將軍

皇朝王仁裕 天水人又見西和州嘗知貢舉王溥李昉和凝范質皆其門生皆至宰相

劉愿 天水人潛心洛學以八行舉

董遈 天水人好讀書教子經四登賢書綬及緯約並皆擢第

題詠

清渭無情極 杜甫秦州雜詩秦州城北寺勝迹隗囂宮隗囂據隴西天水郡寺即其故居

關雲常帶雨 杜甫寓目詩云云塞水不成河羌女輕烽燧胡兒制駱駝

四六

出綸中禁維郡名之甚雅 至秦而入於版圖迄漢而列於郡邑

剖竹上邽在国姓以當榮

土厚水深實叙雍州之域 分符欲扞於坤維豈輕郡寄

地靈人傑亦多漢代之賢 設險具存於地網盍謹邊防

方六九　七

鳳州

梁泉　兩當　河池

建置沿革

禹貢梁州之域鶉首之次春秋為氐羌之所居戰国及秦時為隴西郡地漢高帝分置廣漢郡武帝置武都郡領縣九其屬有固道河池二縣今州即二縣之地東漢因之魏明帝時其地没於蜀初楊氏部落居仇池至難當傾国南寇宋文帝遣裴方明討之難當奔魏後魏拓定仇池於此置固道郡南齊以固道郡置南岐州西魏改歸真郡又改南岐州曰鳳州隋置河池郡唐復為鳳州改河池郡復為鳳州前蜀王建置武興軍 皇朝降為團練州分川峽為四路隸秦鳳路 中興以來以鳳州隸利西路今領縣三治梁泉

事要

郡名

鳳城 南岐志鳳之名州其礁理與鳳翔府相鄰有周之興鸑鷟嘗鳴於岐鄰翔至於南而集焉是以西岐曰鳳翔府南岐曰鳳州

南岐 ——志鳳州居岐之南與關中相表裏四塞險固

風俗

質直好義 同上大抵務農力穡云云

有豳風之餘 同上西岐鄰壤相接云云

形勝

大散扼其東 郡志云云武休鄣其西北

北限秦嶺 同上云云西通漁梁重峦疊嶂聯絡隱然為蜀門之重

東綿秦漢 寰宇記云云北接蕃戎

萬山盤踞 郡志云云關隘險固

土産

金絲柳 邵堯夫詩楊柳垂金絲風動如飛蓋元豐間有旨下本州取香醪白瓶——百根

方六九　八

山川

豆積山 在梁泉縣北一里中妙先生之別隱淳熙中憲使李大正大書遯跡山三字鐫於石山之麓後表挂有詩辨之云通元靈異不勝多此處名山未是訛豆積更名為遯跡西康麥積合如何

御愛山 在梁泉縣松陵堡之側唐韋莊入蜀記云大散嶺之北唐僖宗迴幸歷山下愛翫不能去○王素知成都賦詩曰當日蒙塵經險艱猶逢蒼翠強開顏吾皇高拱岩廊上只愛生靈不愛山

紫柏山 在梁泉縣七十里山有七十二洞仙人多隱于此

鳳凰山 在河池縣東五里山

鸑鷟山 在兩當縣東

木皮嶺 在河池縣西十里詳見成州杜甫發同谷取路栗亭南入郡界當旁村度—— 由白水峽入蜀即此

大散關 在梁泉縣係極邊為秦蜀要路按漢高祖引兵從固道敗章邯於陳倉諸葛出散關圍陳倉曹操自陳倉出散

關至河池後魏尉遲迥自散關伐蜀後唐郭崇韜入散關取鳳州石敬瑭伐蜀入散關後周王環出兵自散關趨秦州。王仁裕詩鐵鎖寨門扃白日火張旗幟插青天

仙人關 雲抄謾錄自講好後關中之地中分爲界如南關大散仙人饒風武休等皆爲我有丨丨丨外分左右道自成州經天水縣出皁郊堡直抵秦州頃年吳玠大軍嘗由此以出西道地皆平衍即其地壕塹縱橫引水繚行名曰地網以遏奔衝此丨丨丨左出之路也自兩當縣趨鳳州直出大散關拒和尚原繞𨑰尺彼常憑原下視散關僅如培塿故其勢易以危卒有緩急仙人關可恃耳此仙人右出之路也

武休饒風關 鳳州之東興元之西褒斜谷在焉谷口三山翼然對峙南曰褒北曰斜在唐爲驛路所以通巴漢秦連丨丨關又極東爲丨丨丨丨地斗入糧運難致異時獨倚饒風以控商虢由武休以達長安故當關

方六十九

爲蜀之咽喉向來撒離合寇饒風以迫仙人吳玠劉子羽以死守故不失四蜀則今諸關其可不嚴其備乎紹興十二年金人遣賀景仁來分劃乃割商秦之半存上津豐陽天水三邑及隴西成紀餘地棄和尚原方山原以大散關爲界於關內則興趙原

和尚原 朝野雜記紹興初金陝西還鎮都統婁宿死兀朮會諸道及女真兵爲控扼之所數萬人造浮梁跨渭親攻丨丨丨吳武安以陝西都統制出奇邀擊大破之兀朮中流矢二獲其麾蓋自虜入中原未嘗如此敗衄也。知成都張燾曰丨丨丨最爲衝要自原以南則入川路散失此原是無蜀也

嘉陵江 源出大散關之西去州九十里循城下入兩當河池

黃花川 在梁泉縣大散水流入丨丨丨唐有黃花縣後併爲梁泉王維有詩

紫金水 在河池縣北一里泌流自武休關入漢中爲山河堰即褒水也源出太白山

【[illegible]】香泉 在城北泉自一石眼中流出清冽而甘宜釀酒

【堂亭】嘯歌堂 在郡治取魯直丨丨山水重之句

【館驛】黃花驛 唐薛逢詩孤戍迢迢蜀路長鳥鳴山館客思鄉更看絕頂煙霞外數樹巖花照夕陽。李端送人詩黃花西上路何如青壁連天鴈亦疎

兩當驛 兩當縣東抵京都西抵益州皆三十六程故曰兩當趙閣道丨丨丨詩云里數三千七百餘兩當更夜宿中途

【名宦】蕭瑀 隋朝還內史侍郎言事忤旨出守河池至唐爲相

皇朝唐庚 眉山人爲州學掾以文名世

趙鼎 爲兩當尉紹興爲相

【人物】張果老 夏居丑積冬居[illegible]鸞明皇聘之不至

吳郁 兩當人爲侍御史以言事被謫居家不仕與杜子美交游今杜集中有吳侍御江上宅詩

方六十九

【名宦】皇朝文彥博 公微時嘗客兩當富民邵氏之館教授諸生

邵雍 嘗登郡樓賦詩紀一時觀覽之勝留九十日而去

【古跡】仙鳳歷遺墟

王勃晚屆鳳州詩寳雞辭舊域云云

蜀門自茲始 陳伯玉西還至散關詩攬衣度函谷銜涕望秦川云云雲山方浩然

散關三尺雪 李義山至散關遇雪詩云云回夢舊鴛機

鳥去林自空 邵堯夫郡樓書所見吟云云雲移山不礙晚角時斷續鳥崖迹明晦殘陽掛疎紅遠水生微瀨寒目煙岑客都城若天外

猿啼鬼迷店 陸務觀秋夜感舊詩往者秦蜀間慷慨事征戍云云馬嘶飛石鋪鬼迷店在大散關下飛石鋪在小益道中

頻行鳳集南 陸務觀追懷從

戍南鄭往來興鳳詩昔戍蕃叢北云云二王陳呂四宗臣韓魏公詩云云繼擁輕軺諭蜀民矜戒簡心俱入輔後來何德接芳塵秉軺相繼有三王王拱辰詩聖神深意念遐方前後皆馳諭蜀郎從此郵亭爲盛事云云

四六

出綸綍 爲蜀西部 馮軾鳳城 在周南岐

鄰棧吟詠乃邵康節之舊遊 承流千里載臨鳳集之邦

使節經行亦韓魏公之嘗歷 守險諸關小試龍韜之績

千騎載驅問道黄花之驛 十行即下趣環玉筍之班

新編方輿勝覽卷之六十九

新編方輿勝覽卷之七十　建安祝穆和父編

西和州

長道　大潭　祐川

【建置沿革】禹貢雍州之域古西羌地東井輿鬼之分野在秦爲隴西郡之臨洮縣自秦末至兩漢迄魏晋並爲隴西郡地西魏文帝於此置岷州南有岷山故名仍領同和郡又改臨洮郡隋爲岷州煬帝又改臨洮郡恭帝又改岷州唐因之改政和郡復爲岷州宣宗時爲歸義軍節度後爲吐蕃奴郡瀬未所據　神宗時下河州破木征而岷州木令征以城降復爲岷州隸熙河路後隸秦鳳路紹興間叛將慕容有等相繼降虜而洮岷之地復失宣撫吳玠復五路以李永琪守岷遂移治於白石及金人請和朝廷從之改岷曰西和以郡爲和政故也又淮西亦有和州故加西字以别之附於利州路今領縣三治長道

【事要】

【郡名】西岷　崆峒

【風俗】其俗悍勁　郡志云云　地瘠少田　同上其ㄧㄧ可耕之ㄧㄧ

【形勝】内則屏翰蜀門　郡志張士佺乞築城奏云云外則控制虜境　北並洮疊　圖經州境東直吐谷渾青海之塞南直白馬氐之地西連熙鞏云云在西河爲重地　秦城起於州界　通鑑秦始皇三十三年蒙恬斥逐匈奴收河南地築長城因地形用制險塞築臨洮長城起今州城二十里崆峒山自山傍洮水而東　僑治白石鎮　丙午金人初犯中原越五年陝西盡陷是州北臨洮州與吐蕃接界直疊州去蜀遠控絶無輔熙河偏將関師古率熙河兵駐于本州之白石鎮外控強虜内爲全蜀之保鄣州遂僑治於此　據南山建城　紹興間安撫李永琪始徙鎮云云以禦突騎而蔽藏刑獄咸在

【山川】岷山　元和志在縣南一里九域志ㄧㄧ上黑無樹木其西有天女神洮水經其下禹於此見長人受黑玉書　祁山　在長道縣南十里上有城極嚴間開山圖云漢陽西南有ㄧㄧ乃九州之名阻天下之奇峻蜀志云諸葛亮率諸軍攻祁山南安天水安定郡叛魏應亮即此　隴山　在漢陽縣接通典漢陽有大坂曰隴坻亦曰ㄧㄧ其坂九回上者七日乃越通鑑建武八年隗囂反使王元拒隴坻即此地也元和志每山東西行役升此眺望莫不悲思隴上有水東西分流因號爲分水嶺行人歌曰隴頭流水鳴聲嗚咽遥見秦川肝腸斷絶　西傾山　即禹貢ㄧㄧ在縣西南都尉部是也　朱圉山　在大潭縣漢地理志天水冀縣有ㄧㄧ　崆峒山　在古滋樂縣西二十步　通靈山　去大潭縣七十里四山環合二水縈流有清水巖飛落如玉繩亦勝境也　屏風峽　在長道縣西四十里大觀間郭思作祁山神廟記以此爲正祁山　鐵堂峽　唐杜甫詩云山風吹遊子縹緲乘陵絶硤形藏堂隍壁色立積鐵徑摩穹蒼蟠石與厚地裂修纖無限竹嵌空太始雪威遲哀壑底徒旅慘不悅水寒長冰橫我馬骨正折生涯抵弧矢盜賊殊未滅飄蓬踰三年廻首肝肺熱　南北峴　在長道縣二峴有万餘家諸葛亮上表言祁山去沮五百里有人万户瞻其丘墟信爲殷矣　十八盤路　在大潭縣百二十里　白江　源出疊州歷階昌入江油花石峽過武階下文龍至

昭化合嘉陵江

洮水　漢地理志出西羌中經岷山之下北至枹罕東入于河

漢水　在長道縣南有諸葛亮故壘

清水　在大潭縣西南從番界流來

古迹

白石鎮古城　乃唐宣宗築按漢時星隕于地成白石狀如龜故名○唐人郭思詩云落星一石幾千年門外何人扣漢川

仇池城　晉時楊難當竊據築城自山之上爲長道下屬成州同谷

名宦

辛公義　開皇間爲岷州刺史州人大疫公義命𦐂置廳下爲具醫藥身自省問

皇朝种諤　國朝元祐間爲岷州郡守

人物

李翕　東漢爲漢陽人實秦州也

姜維　本秦州天水縣人世代居鐵堂峽今有子孫

王仁裕　天水郡漢陽人年二十五方有意於學忽夢西江神剖其腸胃到西江以水澆之睹水中沙石皆有篆文因取而吞之自是文顏進五代漢高帝即位充翰林承旨後充少保

碑記

亂山深處一茅廬　郡人詩云云元是姜公舊隱居惟有鐵堂空峽在六齡留與子孫無

四六

出綸北闕　北連青海之塞　孔明師出於祁山

作牧西岷　南直白馬之氐　子美詩成於鐵峽

源尋洮水古戎洛之封疆　千里金城秦蒙恬之遺迹

地重岷山今蜀門之扞蔽　一廬鐵峽蜀姜維之故居

同慶府　同谷　栗亭

建置沿革

禹貢梁州之域鶉首之次東井輿鬼之分野古西戎地戰國時羌戎君之爲白馬氐羌國有山曰仇池地方百頃白馬氐據焉秦逐西羌置隴西郡漢武置武都郡治下辨今州是界于隴西武都二郡之間西晉末楊茂搜保據百頃號爲仇池王後楊定稱藩於晉爲仇池郡治仇池城魏於此置仇池鎮理百頃峯上後又改爲仇池郡梁改爲南秦州西魏改爲成州隋煬帝改曰漢陽郡治上祿唐復爲成州又改爲同谷郡後爲成州沒于吐蕃於同谷西泥功山權置行州收復之後復置成州朱梁改爲汶州　皇朝屬陝西路以秦隴鳳階成州鳳翔府自爲一路　中興隸利州路陞同慶府今隸西路領縣二治同谷

事要

郡名

仇池　嘉祐石洵直郡守題名記郡曰丨丨州曰南秦東監

同谷　張行成裴公湖記關外四州丨丨爲最

風俗

其民以耕織爲生　李脩己記云云居養自足

以射獵爲先　漢書天水隴西及安定北地上郡西河皆迫近戎狄脩習戰備尚氣力云云

俗重冬至　郡志里人重此節饋遺慶賀頗盛或謂地近西周故以周正爲重

有崆峒之氣　石洵直其民質朴勁勇云云

有古挑源風　張行成雙梧堂記川原平衍而編氓生生之具足自給不能咄及於人上下以儉約自持若陋而甚樸云云

形勝

南則棧道　晁以道發興閣記其丨丨丨窈窕望西崖以極白沙丨丨

郡介秦隴間　同谷志成爲云云古爲用武之國高祖以曹參攻下辨今同谷是也○石洵直云襟帶秦隴其田沃壤雖以原隰比

背山面池　石洵直記城郭之勝云云

羊腸盤道　晏類要云云三十六間

俗鄰羌戎　仙巖亭記成之云云據山谷易於動難於安可以恩惠臨不可以刑法制

山川

寶井山 石洵直記長慶中始遷於寶井其傍曰紫金山即今郡治所據 **鳳凰山** 在州東南十里下爲鳳村溪中有二石如鯛山腰有瀑布名迸珠泉天寶間哥舒翰有留題刻半巖間相傳漢世有鳳凰棲其上號鳳凰臺。杜甫詩亭亭鳳凰臺北對西康州西伯今寂寞鳳聲亦悠悠山峻路絕蹤石林氣高浮安得萬丈梯爲君上上頭恐有無母雛飢寒日啾啾我能剖心血飲啄慰孤愁心以當竹實炯然忘外求血以當醴泉豈徒比清流所重王者瑞敢辭微命休坐看綵翮長舉意八極周自天銜瑞圖飛下十二樓圖以奉至尊鳳以垂鴻猷再光中興業一洗蒼生憂深衷止爲此舉盜何淹留 **仇池山** 在郡西百里寰宇記在今成州上祿縣其山萬峯萬向山勢自利東西二門盤道可七里史記所謂秦得百二之固也元和志載宋書氐胡傳云仇池地方百頃四面斗絕高平地方二十餘里羊腸盤道三十六回山上豐水泉煮土成鹽范曄後漢書河池方百頃左右皆白馬氐矣。許靖過仇池樹下有碑蹟一覽無遺故杜詩云讀記憶仇池謂此也又萬古仇池穴潛通小有天神魚人不見福地語真傳近接西南境長懷十九泉何時一茅屋送老白雲邊 **鹿玉山** 在郡東十里雲徑如線有獅子洞乃神仙之家 **天井山** 在郡西二十里有白龍潭及漢耿勳摩崖碑 **雞頭山** 在郡城西南十五里史記黃帝東至海登岱宗至崆峒登雞頭山人指爲此山 **泥功山** 在郡西二十里唐正元五年權置行州今有舊城基泥功嶺乃石像天成古怪殊甚唐趙鴻泥功嶺詩立石泥翁狀天然詭怪形未嘗私禍福終不費丹青。杜甫詩朝行青泥上暮行青泥中泥濘非一時版築勞人功不畏道路永反將汨沒同白馬爲鐵驪小兒成老翁哀猨透却墜死鹿力所窮寄語北來人後來莫忽忽 **方山** 在郡東西四十里晉書武都氐酋丄飛炎鐵籠殺隴西太守姚回畧三十餘家據丨丨即此 **醉僊巖** 巖壁間有山像如世間所畫醉仙狀有詩見天水事注 **飛龍峽** 在仇池山下氐楊飛龍若據仇池因得名其東乃杜甫天寶避亂居此有龍湫虎穴杜甫詩俾驂龍潭雲回首虎崖石又寄贊上人詩排徊虎穴上面勢龍泓頭 **木皮嶺** 在郡東二十里郡志黃巢之亂王鐸置關於此以遮秦隴路極險。杜甫詩首路栗亭西尚想鳳凰村季冬攜童稚辛苦赴蜀門南登丨丨丨艱險不可論汗流被我體祁寒爲之暄遠岫爭輔佐千巖自崩奔始知五嶽外別有他山尊仰干塞大明俯入裂厚坤再聞虎豹鬭屢跼風水昏高有廢閣道推折如短轅下有冬青林石上走長根西崖特秀發煥若靈芝繁潤聚金碧氣清無沙土痕憶觀崑崙圖目擊玄圃存對此欲何適默傷垂老魂 **石龍** 在成州近境。杜甫詩熊羆號我東虎豹號我西我後鬼長嘯我前狨又啼天寒昏無日山遠道路迷驅車丨丨下仲冬見虹霓伐竹者誰思悲歌上雲梯爲官采美箭五歲供梁齊皆云直簳盡無以充提攜奈何漁陽騎颯颯驚蒸黎 **裴公湖** 舊傳乃裴冀公牧蜀日所開上有湖山堂 **天水** 發源經栗亭縣東南流入河池界合嘉陵江 **萬丈潭** 在同谷縣東南七里舊經昔有黑龍自潭飛出。杜甫詩青溪合冥漠神物有顯晦龍依積水蟠窟壓萬丈內跼步凌垠堮側身下煙靄前臨洪濤寬卻立蒼石大山危一徑盡岸絕兩壁對削成根虛無倒影垂澹瀨黑如灣環底清見光炯碎孤峯倒來深飛鳥不在外高蘿成帷幄寒木壘旌旆遠川曲通流橫石潛洩瀨造幽無人境發興自我輩告歸遺恨多將老斯游最閑藏脩鱗蟄出入巨石㟢何事炎天過，快意風雨會。

龍泓 一在飛龍峽，一在天井山。

【井泉】

王繩泉 在州南七里龍峽之下萬丈潭之旁。有泰鳳寨喻陟題詩：萬丈潭邊方丈山，山根一竇落飛泉。玉繩自我題巖石，流作人間美事傳。

【亭軒】

清風軒 在郡治。晁說之記云：守居之東隅有軒曰清風，壘障前後爲之屏几，清風無時而不來也。吾郡漢武都郡之所領也，有漢武都太守河陽李翕伯都竟陵四年之碑在魚竅峽，其辭曰：民歌德惠，穆如清風。昔人本諸此而名斯軒歟。

【樓閣】

八景樓 取仇池、子美祠、鳳臺、醉仙崖、仙人龕、鹿玉山、泥功山、裴公湖八景。

【名宦】

康范 歷武威武都太守。

孔奮 爲武都太守。

馬融 爲守。

李翕 靈帝時爲守，開西峽及天井道。

虞詡 爲守，初到，羌衆萬餘攻圍赤亭，詡奮擊，大破之，郡遂以安。

皇朝 种師道 權同谷縣。

晁說之 字以道，自號景迂。宣和領郡。

【人物】

趙壹 漢陽西縣人。光和間往造河南羊陟，與語大奇之。明日從車騎奉謁，名動京師。十辟公府，不就。

王澤 同谷農家，六世同居。

【名賢】

杜甫 乾元中寓居同谷縣，作七歌，末章云：男兒生不成名身已老，三年飢走荒山道。長安卿相多少年，富貴應須致身早。山中儒生舊相識，但話宿昔傷懷抱。嗚呼七歌兮悄終曲，仰視皇天白日速。朱元晦嘗書七歌，仍跋其後云：杜陵此歌豪宕奇崛，詩流少及之者。顧其卒章嘆老嗟卑，則志亦陋矣。人可以不聞道哉。

【題詠】

同谷爲咽喉 杜甫述韋評事充同谷郡防禦判官詩：鑾輿駐鳳翔，云云。西扼弱水道，南鎮抱罕陬。府中韋使君，道足示懷柔。受詞太白腳，走馬仇池頭。

居人有萬家 杜甫秦州雜詩：州圖領同谷，驛道出流沙。降虜兼千帳，云云。

能官聖主聞 岑參送程使君赴成州詩：程侯新出守，好日發行軍。拜命時人羨，云云。江樓黑塞雨，山郭冷秋雲。竹馬諸童子，朝朝待使君。

江分白馬氏 晉百能詩：山占仇池地，云云。潭深龍自蟄，亭迥鳳曾棲。

按部由茲得梔車 杜正獻公按部過此留題詩：仇池行館最清虛，云云。對竹只宜思凡鳳，臨流不可見淵魚。

嶺接青泥入劍天 史渝詩云：溪從沮水流嶓冢，云云。

下辨土風殊不惡 郭執中詩：云云。我生薄賦自多屯。

【[illegible]】

邑有佳主人 杜甫同谷縣積草嶺詩：云云。情已如會面。來書語絕妙，遠客驚深眷。食蕨不願餘，茅茨眼中見。

【四六】

仇池勝境，同谷名藩。背山面河，襟秦帶隴。鳳山獅洞之標名，虎穴龍泓之占勝。關外四州，地望獨隆於同谷；樓中八景，詩篇當似於東陽。杜少陵寓興之鄉，江山增耀；康叔度承流之郡，田里相安。龍蟠虎豹，雖云絕險之區；車繞羊腸，有閣道難攀之路。臺上鳳凰，行應中興之瑞；戟森燕寢，爲仇池小有之天。

文州 曲水

【建置沿革】

禹貢梁州之域，周爲雍州之境。星土分野與階、成同。春秋戰國及秦爲氐羌地。漢武帝開西南夷，置陰平道，屬廣漢郡。東漢安帝以爲屬國都尉，別領三城，曰陰平道、曰甸氐道、曰剛氐道。晉爲陰平郡。自李雄據有其地故諸志並不録西魏平蜀後周因之始以嵓廬爲文州理陰平郡隋廢州屬武都郡唐平隴蜀復爲文州改陰平郡復爲文州德宗以舊城在平地窄小難守遂移於故城東四里高原上即今州理是也　皇朝因之　中興初帶沿邊管内安撫葬罷今隷利西路領縣一治曲水

【事要】

【郡名】文臺 譙樓記故地在直西五里平地唐吐蕃之難徙茲高阜號曰丨丨

文南○陰平 閻伯才譙門記文南古丨丨郡爲氐羌地

【風俗】俗同秦隴 楊甫斉記云文南郡本邊壘地雜羌戎其丨視吾蜀不類頗丨丨丨

無可耕之野 慈濡棚記乱山環合云云

【形勝】東接漢中 華陽志云云南接梓潼西接隴右北接酒泉

東望劍嶺 張覓民清暉樓顏北賦秦嶺之蔚莫兮南眄江油之氷湄西窮鳥獸之宄處兮云云之參差

西北出入之地 重脩譙門記鑿山通道攀木緣崖冒万死而得之其西則征西將軍之所以入也国小民疲智窮力竭僥倖於万一而夫之其北則蜀漢將軍之所以出也

唐吐蕃域 圖經云云自昔用武之国

居萬山中 鮮于子駿題文州詩序文臺云云郡宅高原

左山右河 宇文之邵申狀云云可耕之田無幾

蒼崖絕壁 慈濡棚記自城闈四出云云屹爲巨限

爲蜀門戶 同谷志文州有平陰道云云○古今記今天下根本在蜀蜀屏蔽在文州○寰宇記先主都蜀此地爲邊陲要阨其後鍾會伐蜀姜維請備陰平橋後主不從故敗又鄧艾自陰平景谷道懸兵束馬經江油

出綿竹以滅蜀即此路

【山川】南山 過橋而左則爲東壁右則爲丨丨閻蒼舒詩老夫聊熱青天帳只借南山作畫屏

龍頭山 在龍西七里從故松州党叢山來至當州絕故以形名

龍女山 前如犬屏相傳蜀廣政間有郡守夢一女子於南山自稱龍女遂立廟

素嶺山 在故扶州尚流縣冬夏積雪

太白山 在縣南五十里山高多雪

滴水巖 在州北乱山矗立劍開兩峯如丫髻對峙有飛泉千尺鑿槽引之以給州人

麻關谷 上有鄧艾姜維故城

飛印洞 在州西其高接天

上清洞 在州北四十里深遠不可窮

陰平道 同谷志秦蜀出入之道漢武開西南夷置陰平道蜀先主劉備以爲邊陲要阨諸葛亮定之因爲西蜀之防

王枕石 山有石狀如王枕色白在巉巖絕壁間人跡所不能到有驛曰王女驛○揚煙詩棧道嶮復嶮客懷愁更愁万山俱絶壁一水不通舟

雲下田 邑有耕天村其田之良皆謂之云云

天池 亦名天池湫尚書郎朱輅山叟記云予斥居階州進士杜防言自階接文州界山上合衆山凹爲大壑環百五十里積水其中防嘗登焉水平山之巔不見畔岸

黒水 出羌中

白水 出城外五十步發源於州赤磨嶺下

【堂亭】安靜堂 在州治○呂澤父詩峽束秋空一線青万山深處長官廳此堂虛曠無餘物面面爲開碧玉屏

坐嘯亭 呂澤父詩使君坐嘯無餘事楊柳陰中放早衙

得要亭 呂澤父詩人在江山窟裏居江山雖好不關渠使君獨其登臨眼亭上江山畫不如

【祠廟】文王廟 在郡治後孫謂

詩秋空獨見周王廟夜月猶懸蜀將營

【名宦】宇文之邵 廣漢綿竹人爲曲水令歲飢轉運使以綃高價抑配之邵言民貧不可重困忤運使意遂乞致仕司馬君實曰志不行顧祿仕如錙銖道不同視富貴如土芥今於之邵見之後累召不起建亭於綿竹名曰止止 皇朝周嗣武 孝宗朝爲夔路漕建言蜀號天險捨劍門無他道近歲文州蕃開青塘嶺利州轄開馬道院皆不由劍閣別架剗道以引商販異收其算宜杜邊境萌隙奏疏繳之

【人物】張覺民 郡人元祐間進士第七人與馬涓等六十人上書言得失忤權貴坐黨錮

【題詠】官路縈迂水石間 鮮于子駿普門寺詩江流蛩曲林巒際云云寺址劉開青靄破僧居長與白雲閑 皇 邊人高入白雲耕 孫正臣詩

方七十　十一

煙籠合與日華明龍女山橫擁郡城番馬遠隨流水至云云

【四六】乃眷文臺　襟帶梓潼　互市守羈縻之術　實遐蜀境　控扼秦隴　警巡兼彈壓之權　郡落万山對玉屏之環立　賦需一縣人依崖谷以耕耘　溪流一水惜畫舸之難通　廩給千兵歲備羌蕃之侵擾

龍州　江油　清川

【建置沿革】禹貢梁州之域秦地東井輿鬼之分野春秋及秦爲氐羌之地西漢屬廣漢郡爲北部都尉治所東漢爲屬國都尉後置陰平郡會羌反其後已郡板循蠻夷漢中大破羌始復郡治置助郡都尉劉先主入漢中諸葛亮遣陳戒拔武都陰平郡屬益州魏亦遙置陰平郡屬雍州及鄧艾伐蜀自陰平行無人之地七百里鑿山通道造作橋閣至江油即此地也晉於此置武平縣爲陰平郡至梁有楊李二姓分據其地各稱藩於梁後魏得其地置江油郡西魏立龍州後周仍改爲江油郡隋復爲縣煬帝發爲武平郡唐改爲龍州郡加西字又爲龍州改江油郡復爲龍州　皇朝因之　徽宗朝避龍字改政州尋復舊今領縣二治江油

【郡名】武平 唐志爲平武郡隋志爲——郡 龍城

【風俗】

【事要】

性多質直 隋地理志人尤勁悍云云 務農工獵 同上 仰食於綿劍 治平間江油令許群民謠序所向皆山石少平陸鮮穀稻人患云云鄰邑 巖居谷處 舊經云———多李道教空有儒術 關譏出入 蒲規脩造記通接秦路禁出入與劍門關爲比

方七十　十二

【形勝】境帶靈山 唐升都督府詔江油舊壤云云 緣以劍閣 蜀都賦云云阻以石門 山高水峻 寰宇記云云人多瘤癭盤蓋山水之氣使然也 峭壁雲棧 蒲翰十景記云云聯屬百里 郡連氐羌 隋地理志平武云云圖經西北與羌戎接壤 乃蜀捍蔽 圖經龍州云云不獨以備氐羌也

【山川】鳳朝山 在州城北高數十丈 龍門山 在江油縣東北二十里 馬盤山 在州北二百里高三千三百丈重巒層障極爲險阻 牛心山 在江油縣西一里 玉案山 在江油北一里 天柱山 在江油縣東北五里鹿苑大師道場 弩牙山 在郡城東二百三十里高三千七百丈

鳴水山在江油縣東南上有飛泉 太華山在江油縣南一百四十里有三峯奇怪 崆峒山在州西二百五十里接番部山谷深險不通行人 朝陽洞在州南八十里陰洞潛冗氣蒸成川有飛泉下流百里入劍州 十二關曰涪水距城一里曰泰隴南至清川縣十五里曰撹率在清川縣曰木蘗在楮株口三店原去州八十餘里餘不盡載 六閣左江油縣左擔路上涪水崖壁上曰青崖曰蟇頤曰石囤曰七里曰東閣曰石城凡丨丨又縣有二閣曰簇臂曰黃林木 左擔路自文州界青塘嶺至州百五十里地理志自此至南者右肩不得易所負故云丨丨此則鄧艾伐蜀丨 石門在江油縣東百里有丨丨戍與氐分界見蜀鑑 涪江在江油縣北一里 金盤溪南至綿州

以此溪為界至 醍醐水在清川縣北 【堂亭】吏隱堂在倅廳○簽判趙衆詩蒲耳江聲蒲目山此身疑不在人寰民含古意村村靜吏東刑書日日閑○司馬君實和詩四望逶迤万疊山微通雲棧訪雲巒誰知吏道自可隱未必人間有此閑○范景仁花陰柳楓常欹枕月色侵門不下閑因諷君詩想佳景夜涼依約夢魂間 龍陽十景蒲翰記曰朝陽洞龍門峽瀑布明月潭璣珠泉太白臺月泉巢雲閣躡翠亭雲根亭郡守趙善甫有十詩 【亭臺】太白臺在江油縣丨丨與江油尉往來故有丨在尉廳蒲翰為之記 【祠廟】李龍仙廟按道教靈驗記李虎葬龍州之牛心山又牛心山靈異記梁武陵王紀理益州使龍遷築城於牛心山龍遷既沒即葬於山側鄉里立祠號李古人廟武德中改為觀其後武氏革命鑿

斷山脉明皇幸蜀有老人蘇坦奏曰龍州牛心山国王之祖墓今日鑿塹之禍乃則天掘鑿所致明皇即命刺史蘇遊併工脩填如舊明年誅祿山復官闕至德二年乃升龍州為都督府號靈應郡僖宗幸蜀宗子李特請遣道士醮山祈福明年遂復兩京以二記考之則李虎與龍仙即一人也又按唐書高祖紀七世祖曰暠暠為梁昭武王生歆歆生重耳重耳生熙熙生天錫天錫生虎虎生昞昞生淵是為唐高祖當西魏時賜姓大野氏是虎嘗仕西魏亦非仕梁也 【名宦】辛昂隴西狄道人魏尉遲迥平蜀表為龍州長史威惠洽著民畏而愛之 陸騰代人魏孝武時拜龍州刺史通江油路直出南秦 皇朝許醇先是龍州官兵廩給就遷左綿租以足之嘉祐丁酉有請運綿三千四於江油清川兩邑博糴故米價增重嘉祐癸卯前部使者李稷乞移綿米四千斛輸龍州權罷糴以俟豐年

既而奉常史炤將漕權後復行乃移綿邑米豆万斛輸龍州仍奏罷博糴江油令許醇作民謡以紀其事 【題詠】土產唯宜藥許崇送龍州樊使君詩曾見邛人說龍州地未深碧溪飛白鳥紅旆映青林云云王祖只貢金政成閑宴日誰作使君吟 龍陽古昔惟荒野江油令許醇民謡云云石險山深甲天下始聞魏將征蜀時閑道通行有來者又綠崖傍澗縈居止風景孕將他郡比地稀平陸少稻粱菽麥蕎麥而已矣此土瘠薄不出穀稅廪不踰三百斛我朝設官屯戍兵供億常於左綿督 亂山深處指龍州邵稽仲詩峭壁陰森古木稠云云按啼鴉噪溪雲暮不是愁人亦自愁 【四六】疏榮鳳闕作填龍城 惟武平之名郡控全蜀之奧區 事簡頗宜於吏隱山深不似於州居

羣亦爲境接當飛護於數関　野無耕地賦輸旣畱於田疇
五馬山行試品題於十景　境有屯兵供億每資於鄰里

階州

福津　將利

【建置沿革】禹貢雍梁之域古西戎之地東井輿鬼之分野戰国時白馬氏居焉氏即西戎之別種也漢武帝以其地爲武都郡後漢爲武都道魏武徙武都於美陽即今好畤縣界也西晉復爲武都郡永嘉南遷武都又爲氏陽茂搜所據宋高祖封茂搜之孫元盛爲武都王文帝又封楊難當爲武都王西魏宜武帝復置武階郡改置武州後周改武都郡隋廢唐置武州後爲行州及收蕭関復立武州即今州是也更名階州　皇朝因之今領縣二治福津

【事要】

【郡名】武都

【風俗】性多質直 同谷志人尤悍勁云云又曰其人半秦多勇戇　地雜羌氐 漢志云云　文王理化 寰宇記爲西伯——西羌文王薨後羌人感其化婦人爲孝髽用至今未泯　務農習獵 同谷志云——

【形勝】東接梓潼 華陽志云云西接天水北接始平　道通隴蜀 曾皁行鄭玠知階州制壞接羌戎云云　土地險阻 華陽志云云　天池大澤 漢地理志武都郡云云在縣西以有大澤故謂之都

【土産】紫泥封璽 晏類要隴右記武都——水有——其色紫而粘漢朝貢之用以————書故謂之泥部

【山川】石雞山 在福津縣　石鶴山 在福津縣　盤池山 在縣東南七十里郡縣志魏將鄧艾與蜀將姜維相持於此置兵加鎭戍後於此置縣　楊家崖 郡縣志即階州家計寨控白江月掌山路建炎紹興間吴玠兄弟雖爲大將保蜀口時四州未有城命逐州各擇地爲寨而家計寨最控扼險阻又素有積粟水泉之類冠至常不能破　角弩谷 在沮水西即蜀將姜維敗五部氐羌之所　青閣 在福津縣又有牛圈閣及赤閣鵝鼻閣　紫水 出紫泥可封璽又出上品雄黃色如雞冠　羌水 在將利縣　白江水 源出西番界東流到州入文州合嘉陵江

【名宦】虞詡 以有將帥之畧遷武都太守　王弘贄 後漢人爲階州刺史到任添主客户三千餘户請置將利福津二邑　皇朝李公璹 祥符中爲守城東北隅有河爲害公命鑿山回河俾東南流導入於江郡人德之

【人物】未詳

【題詠】闕

【四六】輟班文石出守武都　雜羌氐之俗通隴蜀之郊　爲蜀之蔽已欣牧守之得人暨階而升行慶公卿之選表

新編方輿勝覽卷之七十

始予遊諸公間強予以四六之作不過依陶公樣初不能工也其後稍識户牖則酷好編輯郡志如耆昌

歜予亦自莫曉其癖所至輙借圖經積十餘秊方輿風物收拾略盡出以詒予友乃見譏曰還如食小魚

所得不償勞予恍然自失益蒐獵古今記序詩文與夫稗官小說之類摘其要語以附入之予友又唶曰

天吳與彩鳳顛倒在短褐予復愧其破碎斷續而首末之不貫也又益取夫鉅篇短章所不可闕者悉載

全文大書以提其綱附註以詳其目至三易藁而體統粗備予友亦印可焉予猶未敢以爲然也既又携以謁今　御史呂公竹坡先生幸不斥以狂僭辱爲之序走不足以當也嗟夫昔者孔子嘗曰爲命裨諶

草創之世叔討論之行人子羽修飾之東里子產潤色之夫以一命令之出猶更四賢之手矧予陋聞謏見徒以兩耳目之所及而欲該天下之事事物物坎蛙窺天其不量甚矣雖然世有楊子雲必知是編之

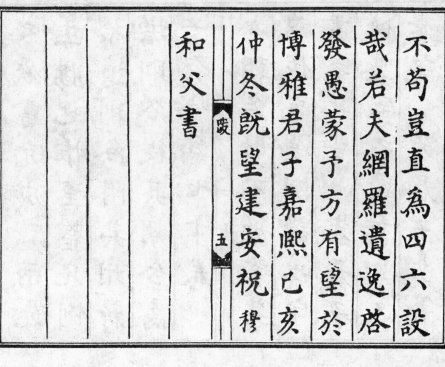

不苟豈直爲四六設
哉若夫網羅遺逸啓
發愚蒙予方有望於
博雅君子嘉熙己亥
仲冬既望建安祝穆
和父書

先君子游戲翰墨編
輯方輿勝覽行于世
者三十餘季學士大
夫家有其書每恨板
老而字漫爾益部二

星聚臨閩分 文昌
寶堂先生吳公漕無
府事乃遣工新之
中書朔齋先生劉公
府無漕事又委官董

之厥書克成　兩先
生賜也惟重整凡例
拾遺則各附其州新
增則各從其類合爲
一褏分爲七十卷

本朝名賢不敢書其
諱依文選例謹以字
書之此皆先君子
欲更定之遺意　洙又
嘗記先君子易簀

時語州郡風土續抄
小集東南之景物略
盡中原吾能述之圖
經不足證也且朗吟
陸放翁絶筆之詩曰

王師北定中原日家
祭毋忘告迺翁堂堂
忠憤之志若合符節
厥今
君王神武江東　將

相文非久下人者雪
耻百王除兇千古　洙
泚筆以侯大書特書
不一書鋪張金甌之
全盛于勝覽有光云

九

咸淳丁卯季春清明
孤從政郎新差監
行在文思院　洙　謹跋

福建轉運使司　録白
據祝太傅宅幹人吳吉狀稱本宅先隱士私編事
文類聚方輿勝覽四六妙語本官思院續編朱子
四書附録進塵
御覽並行于世家有其書乃是一生燈窗辛勤所
就非其它剽竊編類者比當來累經兩浙轉運使
司浙東提舉司給榜禁戢翻刊近日書市有一等
嗜利之徒不能自出己見編輯專一翻板竊恐或
改換名目或節略文字有誤學士大夫披閱實爲
利害照得雕書合經使臺申明狀乞給榜下麻沙
書坊長平熊屯刊書籍等處張掛曉示仍乞帖嘉
禾縣嚴責知委如有此色容本宅陳告追人毀板
斷治施行庶杜翻刊之患奉
運使判府節制待制　制修史中書侍郎台判給榜
須至曉示
右令榜麻沙書坊張掛曉示各仰通知毋至違犯故
榜
咸淳貳年陸月　日
使　台押
兩浙路轉運司狀乞給榜約束所屬不得翻刊上件
書板並同前式更不再録白

1010_4 王

宋本方輿勝覽地名索引

6

4030。寸

4033，赤

志

3077₇ 官

十八/7上	三十二/1上	四十九/11下
十八/12上	三十二/3下	五十/1上
十九/13上	三十二/9下	五十/10上
二十/1上	三十三/3上	五十一/1上
二十/7上	三十三/7上	五十一/11上
二十/13上	三十三/9上	五十二/1上
二十一/1上	三十三/12上	五十二/4下
二十一/7下	三十四/1上	五十二/8上
二十一/12下	三十五/5上	五十二/9下
二十二/1上	三十五/8下	五十三/1上
二十二/10上	三十六/1上	五十三/10上
二十二/12上	三十六/6上	五十四/1上
二十三/1上	三十七/3下	五十四/4上
二十四/1上	三十七/9上	五十四/8上
二十四/6下	三十七/12上	五十五/1上
二十五/1上	三十八/1上	五十五/2上
二十五/5下	三十九/6上	五十五/4上
二十六/1上	四十/7下	五十五/7下
二十六/3下	四十/13上	五十五/10上
二十六/6上	四十一/9上	五十六/1下
二十六/7下	四十一/11上	五十六/7下
二十七/1上	四十三/1上	五十六/11下
二十七/12下	四十四/1上	五十七/1上
二十八/1上	四十五/1上	五十八/1上
二十八/1下	四十五/5上	五十八/6上
二十九/1上	四十五/8上	五十八/8上
二十九/4上	四十六/1上	五十九/1上
二十九/8下	四十六/8上	六十/1上
二十九/17上	四十七/1上	六十/6上
三十/1上	四十七/7下	六十/9下
三十/6上	四十八/1上	六十/13上
三十/9上	四十八/6下	六十一/1上
三十一/5上	四十八/11下	六十一/5上
三十一/6上	四十八/15下	六十一/11上
三十一/10下	四十九/1上	六十二/1上
三十一/13下	四十九/6上	六十二/6上

宋本方輿勝覽引書索引

宋本方輿勝覽人名索引

數見原書中縫)。

六、本索引用四角號碼排列法排列。

宋本《方輿勝覽》地名索引編例

一、本索引收録宋本《方輿勝覽》各卷標題所列的宋代路、府州軍監、縣及帥漕憲倉等行政區劃名稱和卷中郡名、山川、學館、堂院、樓閣、亭榭、井泉、館驛、橋梁、佛寺、道觀、古跡等用大字標目的各種地名。

二、所録二字以上縣名均加"〔縣〕"字，郡名均加"〔郡〕"字，以便區分同名的郡、縣、山川等。

三、《方輿勝覽》以州(府、軍、監)為記述單位，不同的州(府、軍、監)中所見地名，每有相同名稱，其間既有一山河綿延數州，如廬山，既見于卷十七南康軍，又見于卷二十二江州，亦有異地同名，如西湖、東湖、西山、東山、鳳凰山等等，每有一二十處，本索引一一記其出處，讀者自可區分。

四、如某一地名在標目下的小字注文中舉有異稱，皆附注于正條後，加圓括號，並立異稱為參見條；集合性地名如"五湖"、"十景"等，如注文中舉有其全部或部分名稱，亦立作參見條。

五、索引條目下所列出處為原影印本中的原書卷、葉，如

石櫃閣

六十七/4上

表示"石櫃閣"見於本書第六十七卷内第4葉上半葉(葉

〔向吳亭東千里秋〕詩(杜牧)

三/14上

四、《方輿勝覽》的各部分，几乎均引用"舊經"、"圖經"、"郡志"等當地地方志，索引在這類書名後加注其府州軍監名，置于方括號中，如

郡志〔閬州〕

六十七/ 11下

五、《方輿勝覽》的各部分，常引用"廳壁記"、"州學記"之類文章篇名，索引在這類篇名前加注其府州軍監名，置于方括號中。

六、一著作在半葉中被引用兩次以上，在出處後圓括號内用阿拉伯數字表示引用次數。

七、索引條目下所列出處為影印本中的原書卷、葉，如

華陽國志(常璩)

六十七/ 1 下(2)

表示常璩所著《華陽國志》在本書第六十七卷内第 1 葉下半葉被引用了兩次。

八、本索引用四角號碼排列法排列。

宋本《方輿勝覽》引書索引編例

一、本索引收録宋本《方輿勝覽》所引用的書名和詩文題名。

二、《方輿勝覽》引用某一種著作，所舉書名、篇名如果前後詳略不同，索引取其中較完整者立目，其他名稱在出處中注明。

三、《方輿勝覽》所引詩文，或有題或無題，索引按下列原則處理：

1．引用時舉有標題，即以所舉標題出條。

2．引用時無題，而在總目後原附之“引用文目”中有題，則據“引用文集”目立題，題前加＊號。

3．引用時無題，取該被引詩文上的大字標目為題，並加上方括號。如卷三十七連州第5葉大字標目“天際嶺”下有“陶弼南來未見此高峰下際滄溟上際空……”，索引即作：

〔天際嶺〕詩（陶弼）

三十七/5下

4．引用時無題，而該被引詩文上的大字標目為該詩文之一句的，取該詩文首句代題，並加上方括號。如卷三鎮江府第十四葉“題詠”類大字標目“緑水橋邊多酒樓”下有“杜牧詩向吳亭東千里秋放歌曾作昔年遊……”，索引即作：

表示“李頻”見於本書第六十七卷内第5葉上半葉（葉數見原書中縫）。

六、本索引用四角號碼排列法排列。

宋本《方輿勝覽》人名索引編例

一、本索引收録宋本《方輿勝覽》中“名宦”、“人物”等類目下用大字標目的傳記人名和小字注文中所引詩文的作者名。

二、引用詩文作者名下列出本書所引該作者全部詩文題名及其所在卷葉。題名加方括號的，説詳見引書索引編例。

三、“名宦”、“人物”類目中用大字標目的傳記人物如又有詩文被引用，則在該人名條下先依卷次列出全部傳記資料所在卷葉（一人物隨其宦跡所至，往往在各處都有其傳記資料），再依卷次列出其全部被引用著作名及其所在卷葉。一著作如被多次引用，則併其出處于首見條下。

四、“名宦”、“人物”類目中用大字標目的傳記人名下注文中如舉有該人物的字號等異稱，皆附注于正條後，加圓括號，並立異稱為參見條。引用詩文的作者名原書每用字號異稱，本索引盡量考出其姓名，立為正條，而以原書所用異稱為參見條，以利讀者查檢。所考容有誤漏，讀者自可作進一步研究。

五、索引條目下所列出處為影印本中的原書卷、葉，如：

李頻

六十七/5上

宋本方輿勝覽
人名引書地名索引

李偉國　編